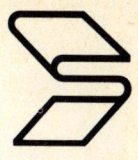

The Soviet Union
Figures - Facts - Data

Die Sowjetunion
Zahlen - Fakten - Daten

Edited by / Herausgegeben von
Borys Lewytzkyj

K·G·Saur
München·New York·London·Paris 1979

K. G. Saur Verlag KG
Pössenbacherstr. 2b, 8000 München 71
Federal Republic of Germany
Tel. (089) 79 89 01
Telex 5212067 saur d

ISBN 3-598-07040-3

CIP-Kurztitelaufnahme der Deutschen Bibliothek

The Soviet Union : figures, facts, data =
Die Sowjetunion / ed. by Borys Lewytzkyj.
— München, New York, London, Paris: Saur,
1979.
   ISBN 3-598-07040-3 (München)
   ISBN 0-89664-010-8 (New York)

NE: Lewytzkyj, Borys [Hrsg.]; PT

K. G. Saur Publishing, Inc.
175 Fifth Avenue
New York, N.Y. 10010, U.S.A.
Tel. (212) 477-2500
Telex 0023/238386 kgspur

ISBN 0-89664-010-8

Library of Congress Cataloging in Publication Data

Lewytzkyj, Borys.
   Die Sowjetunion, Zahlen - Fakten - Daten = The Soviet Union, figures - facts - data.

   English and German.
   1. Russia. I. Title. II. Title: The Soviet Union, figures - facts - data.
DK17.L46   947.085   79-11237
ISBN 0-89664-010-8

© 1979 by K. G. Saur Verlag KG, München
Printed in the Federal Republic of Germany
by grafik + druck GmbH & Co., München
Bound by Thomas-Buchbinderei GmbH, Augsburg

CONTENTS

Preface VII

Systematic Index XI

List of Diagrams XXXI

Introduction: The Political System of the USSR... XXXIII

Figures, Facts, Data 1

INHALT

Vorwort IX

Systematische Übersicht XXI

Verzeichnis der Graphischen Darstellungen XXXI

Einführung: Das Politische System der UdSSR XXXV

Zahlen, Fakten, Daten 1

Note for English users: geographical and proper names as well as headlines and technical terms were transliterated from the Russian according to the international German transliteration system (whereby the diacritical sign ˇ had to be rendered ˆ for technical reasons), i.e.:

                    ts = c
                    ch = ĉ
                    kh = ch
                    i = i
                        etc.

Examples: Ashkhabad   = Aŝchabad
             Chrushchev   = Chruŝchev
             Chekhov   = Ĉechov
             Arkhangelsk   = Archangelsk
             Sovetskaia
             entsiklopediia   = Sovjetskaja enciklopedija
             Zhitomir   = Žitomir
             Chita   = Ĉita
             Soiuz   = Sojuz

PREFACE

For the first time ever in western documentation this work attempts to give an insight into all aspects of the Soviet state and Soviet society by using an encyclopedic approach (names, figures and other data are presented in tabular form). The information contained ranges from details about size of territories, population, structure of administration, party and state apparat, national economy, science and education to information about public organizations and various other instructive details. The data is presented in three languages (English, German and Russian), with Russian included only as an aid to prevent any misinterpretation.

This volume offers quick and comprehensive information to institutions, government agencies, libraries and to specialists in a wide range of fields and is a valuable aid to individuals engaged in politics, science, business and trade, to students, and last but not least, to the interested general public. At the same time, editors, journalists and publishers will find this handbook a clearly arranged and easy-to-use reference tool.

The information on the national economy was taken from official Soviet sources and does not always entirely satisfy western readers and users. It should be pointed out in this context that an increasing readiness to release information did not set in until the beginning of the sixties. The first statistical collection, "Narodnoe Khozjaistvo", was published by the Central Statistical Administration in 1956. Meanwhile, more detailed and comprehensive works are published annually, but unfortunately those relating to the economy of the union republics are not regularly published by the Central Statistical Administrations of these republics. At the beginning of every year, the daily papers publish a report describing how the plan was fulfilled in the preceding year in the USSR as a whole as well as in the republics. This type of information was also processed for the present volume. It should be kept in mind that in the Soviet Union statistics and surveys are prepared for a select group of specialists and high-ranking functionaries which are not accessible in the West but sometimes appear in the studies of a number of Soviet specialists.

The criteria and methods applied in Soviet statistics posed a special problem. Very often they differ considerably from the standard figures generally used in the West, and frequently the reckoning methods and criteria used are not elaborated. The size of the country alone made standardized and centralized data collecting and surveying difficult in the past. Electronic data processing has improved the situation significantly, though it has remained impossible to this day to guarantee the accuracy of information received from the lower-echelon organizations. Factories, kolkhozes and sovkhozes still tend to embellish their records by giving them a "face lifting" according to the traditional practice of "pripiski" (attribution).

The most irritating factor in all state surveys - including areas not connected with the national economy - is the ideological tenet that the function of statistics is to "prove" the ever-increasing productivity resulting from the construction of socialism. This is criticized by many Soviet economists and statisticians too. At the beginning of the sixties, when discussion was still relatively liberal, hard and open criticism of these built-in errors was also expressed. An analysis attributed to A. Aganbegian, the famous economist , said bluntly: "Several statistical findings which were published by the Central Statistical Administration prove to be downright absurd." One must admit, however, that with increasing modernization of statistical methods and tools, some improvement has been achieved.

The greater part of the material used here comes from the archives of the author, especially the information on persons and institutions. It is the result of decades of research and study of the Soviet newspapers, journals, encyclopedias, lexica and other relevant publications. In this work the author was aided by an experienced researcher. Among the literature published within the last years, a number of publications on special subject groups which reflect the somewhat improved methods applied in Soviet statistics deserve special mention.

Numerous w e s t e r n studies also cover various aspects and fields of Soviet life in detail. Among those, the publications by the U.S. Department of Commerce, Industry and Trade (Administration Bureau of East-West Trade) and those of the Joint Economic Committee, in particular "Soviet Economic Prospects for the Seventies", all of them being accessible to the public, are of special value. A number of publications attempt to render a comprehensive picture of developments in the Soviet Union. The (German) Federal Institute for East-European and International Studies in Cologne publishes an annual report entitled "The Soviet Union 19--. Domestic policy, economy, foreign policy - Analysis and review", containing carefully edited information on the subjects named in the title for the year in question.

A new edition of the present volume is scheduled for 1980/81. By then the figures for the results of the Tenth Five-Year Plan (1976-80) as well as the target goals for the Eleventh Five-Year Plan (1981-85) will be available. Furthermore, the XXVI. Party Congress of the CPSU as well as the Party Congresses of the union republics will have taken place, very likely resulting in considerable change in personnel within the top leadership and an accelerated influx of the younger generation, a trend which is already noticeable. And perhaps most important of all: the information on the census which is to take place in 1979 will be available for the next edition.

Munich, 1978   Borys Lewytzkyj

VORWORT

Mit der vorliegenden Arbeit wird erstmals in der westlichen Literatur versucht, in enzyklopädischer Art durch Namen und Daten, in Tabellen geordnet, Einblick in alle Bereiche des sowjetischen Systems und der sowjetischen Gesellschaft zu geben. Die Informationen reichen von Gebietsgröße, Bevölkerungszahl, Verwaltungsgliederung, Partei- und Staatsapparaten, Wirtschaft, Wissenschaft und Erziehung bis hin zu gesellschaftlichen Organisationen und verschiedenen wissenswerten Einzelinformationen. Das Werk ist dreisprachig (Englisch, Deutsch, Russisch), wobei Russisch nur als Hilfsmittel gedacht ist, um jegliche Mißverständnisse auszuschließen.

Diese Arbeit soll eine rasche und umfassende Information bieten für Institute, Behörden, Bibliotheken, Fachleute der verschiedensten Richtungen, Persönlichkeiten aus Politik, Wirtschaft, Wissenschaft und Handel, aber last not least auch für Studenten sowie für eine interessierte Öffentlichkeit. Zugleich dient dieser Band als übersichtliches und leicht zu handhabendes Nachschlagwerk für Redakteure, Journalisten und Verlage.

Bei den Angaben für die Wirtschaft werden offizielle Daten aus sowjetischen Quellen wiedergegeben. Sie können westliche Leser und Benutzer des Werkes nicht immer vollständig befriedigen. In diesem Zusammenhang sei daran erinnert, daß eine allmählich wachsende Informationsfreudigkeit erst seit den sechziger Jahren zu beobachten ist. Der erste statistische Sammelband "Narodnoe chozjaistvo SSSR" wurde 1956 von der Statistischen Zentralverwaltung der UdSSR herausgebracht. Inzwischen werden jährlich umfangreichere Sammelbände veröffentlicht, leider erscheinen jedoch die von den Statistischen Zentralverwaltungen der jeweiligen Republiken herausgegebenen Sammelbände über die Volkswirtschaft der Republiken nicht regelmäßig. Zu Beginn eines jeden Jahres wird ein Bericht über die Planerfüllung im vorangegangenen Jahr in der gesamten UdSSR wie in den Unionsrepubliken in Tageszeitungen veröffentlicht. Auch diese Daten wurden für die vorliegende Arbeit ausgewertet. Hierbei ist zu beachten, daß in der Sowjetunion für einen engen Expertenkreis bzw. für verantwortliche Funktionäre Statistiken und Übersichten erstellt werden, die im Westen nicht zugänglich sind, die jedoch manchmal in Studien einiger sowjetischer Fachleute auftauchen.

Eine besondere Schwierigkeit lag in den von der sowjetischen Statistik verwendeten Kriterien und Methoden. Sie weichen sehr oft stark von den üblichen westlichen Erfassungsgrößen ab, sie bedienen sich häufig nicht explizierter Zählungsmethoden und -kriterien. Allein die Größe des Landes hat lange Zeit eine einheitliche und zentralisierte Datenerfassung erschwert. Hier hat die EDV inzwischen erhebliche Verbesserungen gebracht. Bis heute gelang es allerdings nicht, die Zuverlässigkeit der von unten nach oben gelangenden Informationen zu gewährleisten. Betriebe, Kolchosen und Sowchosen neigen nach wie vor dazu, ihre eigenen Leistungen aufzuwerten, also nach oben zu "korrigieren" - nach der traditionellen Unsitte der "pripiski" (Zuschreibungen).

Als wesentlichster Störfaktor aller statistischen Erhebungen - auch außerhalb der Wirtschaft - erweist sich die ideologische Verpflichtung, die Statistik habe die kontinuierliche Zunahme der Errungenschaften beim Aufbau des Sozialismus "nachzuweisen". Damit sind auch zahlreiche sowjetische Wirtschaftler und Statistiker unzufrieden. Zu Beginn der sechziger Jahre, als noch ein relativ breiter Diskussionsspielraum bestand, gab es auch harte, offene Kritiken an diesen "immanenten" Fehlerquellen. Eine Analyse, die dem bekannten Ökonomen A. Aganbegian zugeschrieben wird, formulierte schonungslos: "Mehrere statistische Angaben, die von der Statistischen Zentralverwaltung publiziert wurden, erweisen sich beim Versuch, sie zu analysieren, als schlichtweg absurd". Man muß allerdings anerkennen, daß bei der Modernisierung der statistischen Verfahren und der zuständigen statistischen Apparate und Institute einige Erfolge erzielt werden konnten.

Das Gros der hier vorgelegten Angaben stammt aus dem Archiv des Verfassers, das gilt vor allem für die Informationen über Personen und Institutionen. Sie sind das Ergebnis jahrzehntelanger Forschungstätigkeit auf der Grundlage der Auswertung sowjetischer Zeitungen, Zeitschriften, Enzyklopädien, Lexika und anderer einschlägiger Veröffentlichungen, unterstützt durch eine erfahrene Fachkraft. Unter den in den letzten Jahren erschienenen Informationsquellen sind hier Sammelbände nach Fachgebieten hervorzuheben, in denen sich auch etwas verbesserte Methoden der sowjetischen Statistik spiegeln.

Viele w e s t l i c h e Studien befassen sich auch mit einer eingehenden Darstellung verschiedener Einzelaspekte bzw. Einzelbereiche des sowjetischen Lebens. Von besonderem Wert sind dabei die öffentlich zugänglichen Publikationen, die vom U.S. Department of Commerce, Industry and Trade, Administration Bureau of East-West Trade, herausgegeben werden, sowie die Publikationen des Joint Economic Committee, insbesondere "Soviet Economic Prospects for the Seventies". In einigen Publikationen wurde auch versucht, eine Gesamtdarstellung der sowjetischen Entwicklung zu leisten. Das Bundesinstitut für ostwissenschaftliche und internationale Fragen in Köln (Bundesrepublik Deutschland) veröffentlicht als Jahresbericht einen Band "Sowjetunion 19.. (Jahreszahl). Innenpolitik, Wirtschaft, Aussenpolitik - Analyse und Bilanz", der kritisch aufbereitete Informationen aus den im Titel genannten Bereichen für das genannte Jahr bietet.

In den Jahren 1980/81 soll eine Neuauflage der vorliegenden Arbeit erscheinen. Bis dahin werden Zahlen über die Erfüllung des X. Fünfjahrplanes (1976-80) bekannt sein, desgleichen die Planziele des XI. Fünfjahrplanes (1981-85). In diesen Zeitraum fallen dann auch der XXVI. Parteitag der KPdSU und Parteitage in den Unionsrepubliken, die mit Sicherheit erhebliche personelle Veränderungen in den Führungsgremien bringen werden, gekennzeichnet vor allem durch einen sich bereits heute beschleunigenden Generationswechsel. Und vielleicht das Wichtigste: die Unterlagen über die Volkszählung von 1979 werden zur Verfügung stehen.

München, 1978   Borys Lewytzkyj

SYSTEMATIC INDEX

1. Administrative-territorial survey
1.1	Union Republics	1
1.2	Union Republics (Territory and Capitals)	4
1.3	Autonomous Republics	5
1.4	Autonomous Regions, National Krais, Oblasts, Raions, and Village Soviets in the Union Republics	6
1.5	Cities, Urban-Type Settlements and Raions in the Cities	6

2. Population
2.1	Population 1897-1977	7
2.2	Population of the USSR and the Union Republics	8
2.2.1	Urban	9
2.2.2	Rural	9
2.3	Population of the Union Republics	10
2.4	Population of the Economic Raions, Autonomous Republics and Oblasts	12
2.5	Cities with more than 50,000 inhabitants	24
2.6	Increase in population	33
2.7	Cities and Urban-type Settlements by Population	34
2.8	Male and Female	35
2.9	Population by Sex	36
2.9.1	Urban population	37
2.9.2	Rural population	38
2.10	Distribution of Population by Sex and Age	40
2.10.1	Urban population	40
2.10.2	Rural population	42
2.11	Peoples of the Soviet Union	46
2.11.1	Principal Nationalities of the Union Republics	46
2.11.2	Peoples of the Soviet Union by Ethnic-Linguistic Groups	47
2.11.3	National Composition of Population	51
2.11.4	Nationalities represented among the Population of the USSR and the Union Republics	54

3. Communist Party of the Soviet Union
3.1	Party Congresses	57
3.2	Number of Members 1917-1975	59
3.3	Politburo CC CPSU	62
3.3.1	Secretariat CC CPSU	75
3.4	Social Composition of the CPSU	83
3.4.1	Social Composition	83
3.4.2	Communist Party Members by Profession	83
3.5	Level of Education of Communist Party Members	84
3.5.1	Level of Education of Communist Party Members (in thous.)	84
3.5.2	Level of Education of Communist Party Members (in percent)	85
3.5.3	Number of Communist Party Members with Academic Degree	85
3.6	Women in the CPSU	86
3.7	National Composition of the CPSU	87
3.7.1	Nationalities represented in the CPSU	87
3.7.2	National Composition as of 1/1/1976	88
3.8	Primary Party Organizations	89
3.8.1	Network of Primary Organizations	89
3.8.2	Primary Party Organizations by Percentage of Communist Party Members	90
3.8.3	Communist Party Members by Field of Economic Activity	90

Index

3.8.4	Structure of the Primary Party Organizations	91
3.9	Elected Leading Party Organizations	95
3.9.1	CC CPSU	95
3.9.2	Politburo CC CPSU	95
3.9.3	Secretariat CC CPSU	97
3.9.4	Network of Leading Party Organizations	98
3.9.5	Elected Leading Party Organizations of the Union Republics	98
3.10	Nominated Party Apparatus	109
3.10.1	CPSU CC Apparatus under the Direction of the CC Secretariat	109
3.10.2	CC Apparatus of CPs of the Union Republics	110
3.10.3	Nominated Apparatus of the Local Party Organizations	112
4.	**State Structure**	
4.1	Soviet State Organs	114
4.2.1	Number of the Soviets of the People's Deputies	117
4.2.2	Chairmen of the USSR Supreme Soviet Presidium	117
4.2.3	Number of the Elected Deputies of the USSR Supreme Soviet	118
4.2.4	USSR Supreme Soviet	118
4.2.5	Composition of the Deputies of the USSR Supreme Soviet	120
4.3	USSR Council of Ministers	122
4.3.1	Chairmen of the USSR Council of Ministers	122
4.3.2	Composition of the USSR Council of Ministers	123
4.3.3	USSR Ministry of Foreign Affairs	127
4.3.4	USSR Ministry of Defense	133
4.4	Supreme Soviets and Councils of Ministers of the Union Rep.	139
4.4.1	RSFSR	139
4.4.2	Ukrainskaja SSR	141
4.4.3	Belorusskaja SSR	144
4.4.4	Uzbekskaja SSR	146
4.4.5	Kazachskaja SSR	149
4.4.6	Gruzinskaja SSR	151
4.4.7	Azerbajdžanskaja SSR	154
4.4.8	Litovskaja SSR	156
4.4.9	Moldavskaja SSR	158
4.4.10	Latvijskaja SSR	161
4.4.11	Kirgizskaja SSR	163
4.4.12	Tadžikskaja SSR	165
4.4.13	Armjanskaja SSR	167
4.4.14	Turkmenskaja SSR	169
4.4.15	Estonskaja SSR	172
5.	**Economy**	
5.1	Industry	174
5.1.1	Output of the most important Industrial Branches	174
5.1.2	Electric Power	192
5.1.2.1	Capacity of Electric Power Stations and Output of Electric Power	192
5.1.2.2	Consumption of Electric Power	193
5.1.2.3	Energetic Capacity and Consumption of Electric Power by the most important Industrial Branches	194
5.1.2.4	Power Capacity of the Power Stations in the USSR	195
5.1.2.5	Electric Power Output per capita	195
5.1.2.6	Electric Power Output in the Union Republics	196
5.1.3	Iron and Steel Industry	197
5.1.3.1	Output of Pig Iron Steel, Finished Rolled Steel and Steel Tubes	197
5.1.3.2	Output of Iron and Manganese Ore (Commercial Type)	198
5.1.3.3	Pig Iron Output in the Union Republics	198
5.1.3.4	Steel Output in the Union Republics	199

5.1.3.5	Production of Finished Rolled Steel in the Union Republics	199
5.1.4	Fuel Industry	200
5.1.4.1	Fuel Output by Types	200
5.1.4.2	Coal Output by Types	201
5.1.4.3	Coal Output in the Union Republics	202
5.1.4.4	Mineral Oil Output (incl.Gas Condensate) in the Union Rep.	202
5.1.4.5	Natural Gas Output in the Union Republics	203
5.1.5	Machine Building and Metal Working Industry	204
5.1.5.1	Output of Equipment for Various Branches of the Industry	204
5.1.5.2	Output of Instruments, Means of Automation, and Computers	206
5.1.5.3	Production of Chemical Equipment	207
5.1.5.4	Production of Material-Handling Equipment	208
5.1.5.5	Output of Production Equipment for the Light, Food and Printing Industries and for Trade and Catering Enterprises	209
5.1.5.6	Output of Sanitary Engineering Equipment	213
5.1.5.7	Output of Agricultural Machines	214
5.1.5.8	Output of Tractors by Types	216
5.1.6	Chemical Industry	217
5.1.6.1	Output of Mineral Fertilizers by Types	217
5.1.6.2	Output of Mineral Fertilizers in the Union Republics	218
5.1.6.3	Output of Synthetic Resins and Plastics	218
5.1.6.4	Output of Chemical Fibres and Yarns	219
5.1.6.5	Output of Tires by Types	220
5.1.7	Forestry, Wood Working and Cellulose-Paper Industry	221
5.1.7.1	Timber Logging	221
5.1.7.2	Exploitation of Densely Wooded Regions	221
5.1.7.3	Output of Sawed Timber and Plywood	223
5.1.7.4	Output of Sawed Timber in the Union Republics	223
5.1.7.5	Timber Logging in the Union Republics	224
5.1.7.6	Output of Cellulose, Newsprint, and Cardboard	226
5.1.7.7	Output of Newsprint in the Union Republics	226
5.1.8	Construction Materials Industry	227
5.1.8.1	Output of Cement by Types, in 1975	227
5.1.8.2	Output of Cement in the Union Republics	227
5.1.8.3	Output of Various Types of Precast Concrete Structures and Components	228
5.1.8.4	Output of Wall Construction Materials	229
5.1.8.5	Output of Roofing Materials	230
5.1.8.6	Output of Linoleum	230
5.1.9	Light Industry	231
5.1.9.1	Output of the most important Products of the Light Industry	231
5.1.9.2	Output of Cotton Fabrics in the Union Republics	233
5.1.9.3	Output of Woolen Fabrics in the Union Republics	233
5.1.9.4	Output of Linen Fabrics in the Union Republics	234
5.1.9.5	Output of Silk Fabrics in the Union Republics	234
5.1.9.6	Output of Cotton Fibres in the Union Republics	234
5.1.9.7	Output of Raw Silk in the Union Republics	235
5.1.9.8	Output of Hosiery and Socks in the Union Republics	235
5.1.9.9	Output of Linen Hosiery in the Union Republics	236
5.1.9.10	Output of Outer Hosiery in the Union Republics	236
5.1.9.11	Output of Woven Fabrics and Hosiery containing Synthetic Fibres	237
5.1.10	Food Industry	238
5.1.10.1	Output of the most important Products of the Food Industry	238
5.1.10.2	Production of Castor and Refined Sugar	239
5.1.10.3	Production of Castor Sugar by Union Republics	239
5.1.10.4	Meat Production by Types	240
5.1.10.5	Meat Production by Union Republics	240
5.1.10.6	Production of Animal Fats by Union Republics	241
5.1.10.7	Production of Vegetable Fats by Union Republics	241

Index

5.1.10.8	Production of Canned Goods by Types	242
5.2	Agriculture	243
5.2.1	Gross Agricultural Output by Union Republics	243
5.2.1.1	Agricultural Output - Output of Livestock Products	244
5.2.2	Output of Agricultural Products	245
5.2.3	Yield of Agricultural Crops	247
5.2.4	Share of Total Production of Agricultural Raw Products of State Farms, Collective Farms and Other State-owned Enterprises	248
5.2.5	Production of Marketable Goods in Agriculture	250
5.2.6	Share of Total Marketable Production of the Co-operative Agriculture of State and Collective Farms and Other State-owned Enterprises (in percent)	251
5.2.7	Gross Yield of Grain Crops by Union Republics	253
5.2.8	Gross Yield of Winter and Summer Wheat by Union Republics	253
5.2.9	Gross Yield of Winter and Summer Rye by Union Republics	254
5.2.10	Gross Yield of Maize (Ripe) by Union Republics	254
5.2.11	Gross Yield of Millet by Union Republics	254
5.2.12	Gross Yield of Buckwheat by Union Republics	255
5.2.13	Gross Yield of Rice by Union Republics	255
5.2.14	Gross Yield of Legumes by Union Republics	255
5.2.15	Gross Yield of Sugar-Beet (for Factory Processing) by Union Republics	256
5.2.16	Gross Yield of Flax Fibre by Union Republics	256
5.2.17	Gross Yield of Sunflower Seeds by Union Republics	256
5.2.18	Gross Yield of Potatoes by Union Republics	256
5.2.19	Gross Yield of Vegetables by Union Republics	257
5.2.20	Gross Yield of Grapes by Union Republics	257
5.2.21	Gross Yield of Fruit and Berries by Union Republics	258
5.2.22	Sowing Area of Grain by Union Republics	258
5.2.23	Sowing Area of Winter Wheat by Union Republics	259
5.2.24	Sowing Area of Summer Wheat by Union Republics	259
5.2.25	Total Sowing Area of Winter and Summer Rye by Union Republics	260
5.2.26	Sowing Area of Maize (Ripe) by Union Republics	260
5.2.27	Sowing Area of Millet by Union Republics	260
5.2.28	Sowing Area of Buckwheat by Union Republics	260
5.2.29	Sowing Area of Rice by Union Republics	261
5.2.30	Sowing Area of Legumes by Union Republics	261
5.2.31	Total Sowing Area of Industrial Crops by Union Republics	261
5.2.32	Sowing Area of Cotton by Union Republics	262
5.2.33	Sowing Area of Sugar-Beet by Union Republics	262
5.2.34	Sowing Area of Long-Fibre Flax by Union Republics	262
5.2.35	Sowing Area of Sunflower Seeds by Union Republics	263
5.2.36	Sowing Area of Potatoes by Union Republics	263
5.2.37	Sowing Area of Vegetables by Union Republics	263
5.2.38	Sowing Area of Fodder Crops by Union Republics	264
5.2.39	Sowing Area of Seasonal and Perennial Grass incl. Winter Sowing for Green Fodder by Union Republics	264
5.2.40	Area of Irrigated Ground in Collective and State Farms and Other State Enterprises by Union Republics	265
5.2.41	Sowing Area of Agricultural Crops on Irrigated Ground in Collective and State Farms and other State Enterprises by Union Republics	266
5.2.42	Fruit-Growing and Viticulture	267
5.2.43	Area of Viticulture of all Growing Phases by Union Republics	265
5.2.44	Area of Viticulture at Fruit-Bearing State by Union Republics	268
5.2.45	Sowing Area of Tea by Union Republics	268
5.2.46	Livestock Breeding	269
5.2.46.1	Livestock	269

Index

5.2.46.2	Dairy Cattle and Livestock in Individual Agricultural Enterprises	270
5.2.46.3	Beef Cattle by Union Republics	272
5.2.46.4	Dairy Cattle by Union Republics	272
5.2.46.5	Pigs by Union Republics	273
5.2.46.6	Sheep and Goats by Union Republics	273
5.2.46.7	Sheep by Union Republics	274
5.2.46.8	Poultry by Union Republics	274
5.2.46.9	Basic Livestock Products	275
5.2.46.10	Basic Livestock Products by Union Republics	277
5.2.46.11	Meat Production by Union Republics	278
5.2.46.12	Milk Production by Union Republics	278
5.2.46.13	Egg Production by Union Republics	279
5.2.46.14	Wool Production by Union Republics	279
5.2.47	Collective Farms	280
5.2.47.1	Basic Indicators of Collective Farm Development	280
5.2.47.2	Breakdown of Collective Farms by Amount of Gross Income per 100 Hectares Arable Land	283
5.2.47.3	Breakdown of Collective Farms by Number of Households	284
5.2.47.4	Breakdown of Collective Farms by Livestock	285
5.2.47.5	Basic Indicators of Collective Farm Development by Union Rep.	286
5.2.48	State Farms	288
5.2.48.1	Number of State Farms	288
5.2.48.2	Basic Indicators on State Farm Development	289
5.2.48.3	Number of State Farms by Union Republics	291
5.2.49	State Purchases of Agricultural Products	292
5.2.49.1	State Purchases of Basic Agricultural Products from the Collective and State Farms and other State Agricultural Enterprises	292
5.2.49.2	State Purchases of Agricultural Products	293
5.2.49.3	State Purchases of Staple Agricultural Products	295
5.2.49.4	State Purchases of Grain Crops by Union Republics	296
5.2.49.5	State Purchases of Wheat by Union Republics	297
5.2.49.6	State Purchases of Rye by Union Republics	297
5.2.49.7	State Purchases of Sugar-Beet by Union Republics	297
5.2.49.8	State Purchases of Flax Fibres by Union Republics	298
5.2.49.9	State Purchases of Sunflower Seeds by Union Republics	298
5.2.49.10	State Purchases of Potatoes by Union Republics	298
5.2.49.11	State Purchases of Vegetables by Union Republics	299
5.2.49.12	State Purchases of Fruits and Berries by Union Republics	299
5.2.49.13	State Purchases of Grapes by Union Republics	299
5.2.49.14	Gross Yield (Purchases) of Raw Tea by Union Republics	300
5.2.49.15	State Purchases of Basic Livestock Products in Individual Agricultural Enterprises	300
5.2.49.16	State Purchases of Cattle and Poultry by Union Republics (live weight)	301
5.2.49.17	State Purchases of Cattle and Poultry by Union Republics (slaughter weight)	302
5.2.49.18	State Purchases of Milk and Dairy Products by Union Republics	302
5.2.49.19	State Purchases of Eggs by Union Republics	303
5.2.49.20	State Purchases of Wool by Union Republics	303
5.2.50	Supply of Tractors, Lorries and Agricultural Machines to Agriculture	304
5.2.51	Number of Tractors in Agriculture by Union Republics	305
5.2.52	Number of Grain Harvesters in Agriculture by Union Republics	306
5.2.53	Supply of Mineral Fertilizers to Agriculture	307
5.2.54	Cadres in Agriculture	308
5.2.54.1	Average Annual Number of Persons engaged at Collective and State Farms, Subsidiary and Other Agricultural Prod.Enterpr.	308

XV

Index

5.2.54.2	Average Annual Number of all Collective Farmers participating in Work on Collective Farms, by Union Republics	309
5.2.54.3	Number of Specialists with Higher and Specialized Secondary Education Engaged at Collective and State Farms, Subsidiary and Other Agricultural Production Enterprises	310
5.2.54.4	Number of Specialists with Higher and Specialized Secondary Education Engaged at Collective and State Farms, Subsidiary and Other Agricultural Production Enterprises, by Union Rep.	311
5.2.54.5	Number of Leading Cadres on Collective Farms by Jobs and Union Republics	312
5.2.54.6	Number of Leading Cadres on State Farms by Jobs and Union Rep.	313
5.2.54.7	Number of Mechanist-Cadres at Collective and State Farms	314
5.2.54.8	Number of Mechanist-Cadres at Collective and State Farms by Union Republics	315
5.3	Transport and Communications	316
5.3.1	Freight Transport by All Types of Public Transport Facilities	316
5.3.2	Passenger Transport by All Types of Public Transport	317
5.3.3	Railway Transport	318
5.3.3.1	Length of Railway Network from the Ministry of Railways	318
5.3.3.2	Length of Railway Network from the Ministry of Railways by Union Republics	319
5.3.3.3	Passenger Traffic by Railway	319
5.3.4	Marine Transport	320
5.3.4.1	Basic Indicators of Marine Transport from the Ministry of the High-Sea Fleet	320
5.3.5	Inland Water Transport	321
5.3.5.1	Basic Indicators on Public Inland Waterway Transport	321
5.3.5.2	Freight Carried and Passenger Traffic in Public Inland Water Transport, by Union Republics	323
5.3.6	Pipeline	324
5.3.6.1	Pipeline for Petroleum and Petroleum Products	324
5.3.6.2	Gas Lines	324
5.3.7	Motor Transport	325
5.3.7.1	Basic Indicators for Freight Transport	325
5.3.7.2	Length of Motor Roads with Hard Pavement	325
5.3.7.3	Length of Motor Roads by Union Republics	326
5.3.7.4	Passenger Bus Transport in the Public Transportation System, by Union Republics	328
5.3.7.5	Municipal Passenger Transport with Buses of the Public Transport System	328
5.3.7.6	Suburban Passenger Transport with Buses of the Public Transport System	329
5.3.7.7	Utilization of Passenger Taxis in the Public Transp.System	329
5.3.8	Municipal Electrified Passenger Transportation	330
5.3.8.1	Development of Municipal Electrified Passenger Transportation	330
5.3.8.2	Passenger Transport on Subways by Union Republics	331
5.3.8.3	Length of Public Transportation Routes by Union Republics	332
5.3.8.4	Movable Stock of the Municipal Electrified Passenger Transport System by Union Republics	333
5.3.9	Air Traffic	334
5.3.9.1	Basic Indicators on Air Traffic from the Ministry of Civil Aviation	334
5.3.9.2	Basic Indicators on Air Traffic on an International Basis	335
5.3.10	Communications	336
5.3.10.1	Basic Indicators on Communication Development	336
5.3.10.2	Number of Post, Telegraph and Telephone Offices by Union Rep.	338
5.3.10.3	Number of Radio Receivers (Radio Sets, TV Sets and Rediffusion Loudspeakers) by Union Republics	339
5.4	Capital Construction	340
5.4.1	Commissioned Fixed Assets	340

5.4.2	Productive Capacities Commissioned by Expanding and Reconstructing Existing and Building New Enterprises	341
5.4.3	Investments by the State and Collective Farms in Agriculture	345
5.4.4	Structure of Investments in Fixed Assets	347
5.4.5	Number of Plants, Building and Other Projects which were Constructed, are Being Constructed or Are Planned with the Technical Aid of the USSR since 1945	348
5.4.6	Number of Enterprises, Buildings and Other Projects which were Constructed, Are Being Constructed or are planned in Foreign Countries with the Technical Aid of the USSR since 1945	349
5.5	Foreign Trade	351
5.5.1	Foreign Trade Turnover	351
5.5.2	Foreign Trade by Country Groups	352
5.5.3	Foreign Trade by Countries	353
5.5.4	Export Structure	364
5.5.5	Import Structure	365
5.5.6	Share of the Most Important Products in Export	366
5.5.7	Foreign Trade Organizations	369
6.	**Labour**	
6.1	Share of the Working-Age Population Based on Total Population	392
6.2	Educational Level of the Working-Age Population	396
6.3	Educational Level of the Population of the USSR by Professions	408
6.4	Average Annual Number of Workers and Employees by Branches of the National Economy	412
6.5	Average Annual Number of Workers and Employees in the National Economy	414
6.6	Percentage of Females in Relation to Total Number of Workers and Employees by Branches of the National Economy	415
6.7	Percentage of Females in Relation to Total Number of Workers and Employees by Union Republics	417
6.8	Percentage of Females in Relation to Average Annual Number of all Collective Farmers having Participated in the Work at Collective Farms, by Union Republics	417
6.9	Number of Female Specialists with Higher and Specialized Secondary Education, Engaged in the National Economy	418
6.10	Number of Woman Doctors in all Special Branches	418
6.11	Percentage of Workers and Employees of 55 Years of Age and Older by Branches of the National Economy	419
7.	**Social Structure**	
7.1	Breakdown of the Population of the USSR and the Union Republics by Social Groups	420
7.2	Breakdown of Gainfully Employed Population of the USSR and the Union Republics by Social Groups	426
7.3	Breakdown of the Population of the USSR and the Union Republics by Means of Income	432
7.4	Breakdown of the Population of the USSR and the Union Republics by Means of Income and Social Groups	437
7.5	Social Structure of the Population of the Union Republics 1939	449
7.6	Social Structure of the Population of the Union Republics 1959	450
8.	**Science**	
8.1	Academy of Sciences of the USSR, Academies of Sciences of the Union Republics and Branch Academies	451
8.2	Scientific Centers of the Academy of Sciences	453
8.3	Personnel Composition of the Academy of Sciences of the USSR	456
8.3.1	USSR Branch Academies	478
8.3.2	Academies of Sciences of the Union Republics	479
8.4	List of Institutes	480
8.5	Number of Persons Working in the Scientific Field	494
8.5.1	Number of Persons Engaged in the Scientific Field by Nationality	495
8.5.2	Number of Persons Engaged in the Scientific Field by Union Rep.	495

Index

8.5.3	Number of Females Engaged in the Scientific Field, by Union Rep.	496
8.5.4	Number of Aspirants	497
8.5.5	Number of Aspirants by Union Republics	498
8.5.6	Number of Female Aspirants	499
8.5.7	Breakdown of Aspirants by Nationalities and Ethnic Groups	500
8.6	Scientific and Technical Information	502

9. Education

9.1	Number of Pupils and Students by Types of Education	505
9.2	General Educational Day Schools by Union Republics	506
9.3	Graduates from General Educational Schools of All Types, by Union Republics	513
9.4	Percentage of Females in Relation to Total Number of Teachers at General Educational Day Schools	515
9.5	Number of Teachers at General Educational Day Schools by Jobs, Education and Duration of Their Pedagogical Occupation	516
9.6	Number of Teachers of the Upper Forms at General Educational Day Schools by Subjects and Education	521
9.7	General Educational Evening (Shift) Schools in the Union Republics	522
9.8	Permanent Preparatory Educational Establishments in the Union Rep.	524
9.9	Number of Other Educational Institutions of the USSR Ministry of Education	527
9.10	Music, Art and Ballet Schools of the USSR Ministry of Culture in the Union Republics	528

10. Printing and Publishing

10.1	Publication of Books and Brochures in the Languages of the USSR and Foreign Languages in 1976	529
10.2	Books and Booklets in Russian and in Other Languages of USSR Peoples	534
10.3	Book Production by Subjects	534
10.4	Publication of Literature (Books and Brochures) Divided by Subjects for the Year 1976	538
10.5	Publication of Books and Brochures Divided by Subjects for the Year 1976	544
10.6	Publication of Books and Brochures by Subjects	548
10.7	Publication of Periodicals and Serialized Literature (without Newspapers)	551
10.8	Publication of Periodicals and Serials (without Newspapers) in the Languages of the Main Nationalities of the USSR for 1976	553
10.9	Publication of Periodicals and Serials (without newspapers) by Subjects for the Year 1976	554
10.10	Publication of Periodicals and Serials (without Newspapers) by Destination for the Year 1976	557
10.11	Publication of Newspapers by Types	559
10.12	Publication of Newspapers in the Languages of the Nationalities of the USSR and Foreign Languages in 1976	561

11. Standard of Living, Social Security

11.1	Income of the Population	562
11.1.1	Growth of the Real Income of the Population	562
11.1.2	Average Monthly Wages and Salaries of Workers and Employees in the National Economy	562
11.1.3	Average Monthly Wages and Salaries of Workers and Employees by Branches of the National Economy	563
11.1.4	Growth of the Monthly Wages and Salaries of Workers & Employees	565
11.1.5	Average Monthly Wage and Salary in the National Economy and in Branches with Highest and Lowest Wage and Salary Bracket	565
11.1.6	Correlation Between Average and Minimum Wage and Salary	565
11.1.7	Growth of Pay of Kolkhoz Workers	566
11.1.8	Share of Income from Private Farming of Total Income of Industrial and Kolkhoz Workers	566

11.1.9	Allowances and Benefits for the Population out of the Public Consumer Funds	567
11.1.10	Growth of Allowances and Benefits for the Population out of the Public Consumer Funds	568
11.2	Housing Construction	569
11.2.1	Number of Newly Built Apartment Houses	569
11.2.2	Municipal Housing Fund	570
11.2.3	Housing Funds of the Capitals of the Union Republics	571
11.3	Retail Trade	571
11.3.1	Retail Stores and Sales Floor Space of State and Cooperative Organizations in the Union Republics	571
11.3.2	Communal Catering Organizations and Number of Available Places in the Union Republics	572
11.3.3	Self-Service Shops	573
11.3.4	Growth in Trade Turnover and Retail Outlets	574
11.3.5	Provision of City and Rural Population with Durable Consumer and Household Goods	575
11.4	Health	576
11.4.1	Basic Indicators of the Development of Health Services	576
11.4.2	Number of Doctors of All Special Branches by Union Republics	579
11.4.3	Number of Woman Doctors of All Special Branches	580
11.4.4	Number of Medical Facilities for Ambulant Treatment	580
11.4.5	Growth in Number of Hospitals and Hospital Beds	581
12.	Public Organizations	
12.1	List of Leading Public Organizations	582
12.2	Trade Unions	584
12.2.1	Number of Trade Union Members at USSR Trade Union Congresses	584
12.2.2	Chairmen of the All-Union Central Council of Trade Unions	585
12.2.3	All-Union Central Council of Trade Unions	585
12.2.4	CCs of the Branch Trade Unions	585
12.2.5	Trade Union Councils of the Union Republics	587
12.2.6	Societies and Organizations Working under the Guidance of Trade Unions	588
12.3	All-Union Leninist Young Communist League	588
12.3.1	Number of Members at Komsomol Congresses	588
12.3.2	CC of USSR Komsomol	590
12.3.3	CCs of the Komsomol of the Union Republics	591
12.3.4	Number of CPSU Members and Candidates within the Komsomol	591
12.3.5	All-Union Pioneers Organization	592
12.4	Number of Members of some Voluntary All-Union Societies	592
12.5	Additional Information on Some Public Organizations	593
13.	Religion	
13.1	Council for Religious Affairs at the USSR Council of Ministers	596
13.2	General Data	596
13.3	The Russian Orthodox Church	597
13.4	The Georgian Orthodox Church	599
13.5	The Armenian Gregorian Church	599
13.6	The Old Believers	599
13.7	Islam	599
13.8	The Roman Catholic Church	600
13.9	The Evangelical Lutheran Church	600
13.10	The Evangelical Christians-Baptists	600
13.11	Judaism	600
13.12	Buddhism	601
13.13	Other Denominations	601
13.14	Most Important Illegal Churches and Sects	601

14. Miscellaneous Information
14.1	Soviet Anthem	603
14.2	Territorial Expansion after the Second World War	604
14.3	The Boundaries of the USSR	604
14.4	The Highest Mountains	605
14.5	Volcanoes	605
14.6	The Principal Rivers	605
14.7	The Biggest Lakes	606
14.8	The Principal Peninsulas	607
14.9	Economy	607
14.9.1	Official Exchange Rate of the Ruble (March 1978)	607
14.9.2	Five-Year Plans	609
14.9.3	Wheat Imports	609
14.9.4	Mineral Oil and Mineral Oil Products Exports	609
14.9.5	Natural Gas Export	610
14.9.6	Share of Agricultural Production of Private Subsidiary Enterprises	610
14.10	Other Organizations and Institutions of CPSU CC	611
14.11	Press Agencies	611
14.12	USSR Orders	
14.13	Some Cultural Institutions	613
14.13.1	Libraries	613
14.13.2	Public Libraries in the Union Republics	613
14.13.3	Number of Theatres in the Union Republics	613
14.13.4	Circuses	614
14.13.5	Number of Museums in the Union Republics	614

SYSTEMATISCHE INHALTSÜBERSICHT

1.	**Administrativ-territoriale Zusammensetzung**	
1.1	Unionsrepubliken	1
1.2	Unionsrepubliken (Territorium und Hauptstädte)	4
1.3	Autonome Republiken	5
1.4	Autonome Gebiete, nationale Kreise, Krajs, Oblast, Rayons und Dorfsowjets in den Unionsrepubliken	6
1.5	Städte, städtische Siedlungen und Rayons in den Städten	6
2.	**Bevölkerung**	
2.1	Bevölkerung 1897-1977	7
2.2	Bevölkerung der UdSSR und der Unionsrepubliken	8
2.2.1	Stadtbevölkerung	9
2.2.2	Landbevölkerung	9
2.3	Bevölkerung der Unionsrepubliken	10
2.4	Bevölkerung der Wirtschaftsrayons, Autonomen Republiken, Krai und Oblasti	12
2.5	Städte mit über 50.000 Einwohnern	24
2.6	Bevölkerungszuwachs	33
2.7	Städte und städtische Siedlungen nach Einwohnerzahl	34
2.8	Männer und Frauen	35
2.9	Bevölkerung nach Geschlechtern	36
2.9.1	Stadtbevölkerung	37
2.9.2	Landbevölkerung	38
2.10	Verteilung der Bevölkerung nach Geschlecht und Alter	40
2.10.1	Stadtbevölkerung	40
2.10.2	Landbevölkerung	42
2.11	Völker der Sowjetunion	46
2.11.1	Hauptnationen der Unionsrepubliken	46
2.11.2	Völker der Sowjetunion nach ethnisch-linguistischen Gruppen	47
2.11.3	Nationale Zusammensetzung der Bevölkerung	51
2.11.4	Anteil der Hauptnationen an der Bevölkerung der UdSSR und den Unionsrepubliken	54
3.	**Kommunistische Partei der Sowjetunion**	
3.1	Parteitage	57
3.2	Mitgliederzahlen 1917-1975	59
3.3	Politbüro ZK KPdSU	62
3.3.1	Sekretariat ZK KPdSU	75
3.4	Soziale Zusammensetzung der KPdSU	83
3.4.1	Soziale Zusammensetzung	83
3.4.2	Zusammensetzung der Angestellten-Kommunisten nach Berufen	83
3.5	Bildungsstand der Kommunisten	84
3.5.1	Bildungsstand der Kommunisten (in Tausend)	84
3.5.2	Bildungsstand der Kommunisten (in Prozent)	85
3.5.3	Zahl der Kommunisten mit Akademischem Grad	85
3.6	Frauen in der KPdSU	86
3.7	Nationale Zusammensetzung der KPdSU	87
3.7.1	Anteil der Hauptnationen	87
3.7.2	Nationale Zusammensetzung nach dem 1.1.1976	88
3.8	Grundorganisationen der Partei	89
3.8.1	Netz der Grundorganisationen	89
3.8.2	Grundorganisationen der Partei nach Anteil der Kommunisten	90
3.8.3	Verteilung der Kommunisten nach Wirtschaftszweigen	90

3.8.4	Struktur der Grundorganisationen der Partei	91
3.9	Gewählte leitende Organe der Partei	95
3.9.1	ZK der KPdSU	95
3.9.2	Politbüro ZK KPdSU	95
3.9.3	Sekretariat ZK KPdSU	97
3.9.4	Netz der leitenden Parteiorgane	98
3.9.5	Gewählte leitende Organe der Partei der Unionsrepubliken	98
3.10	Ernannter Parteiapparat	109
3.10.1	Apparat des ZK der KPdSU unter der Leitung des ZK-Sekretar.	109
3.10.2	Apparate der ZKs der KPs der Unionsrepubliken	110
3.10.3	Ernannter Apparat der lokalen Parteiorganisationen	112
4.	**Staatsordnung**	
4.1	Sowjetische Staatsorgane	114
4.2.1	Zahl der Sowjets der Volksdeputierten	117
4.2.2	Vorsitzende des Präsidiums des Obersten Sowjets der UdSSR	117
4.2.3	Zahl der gewählten Deputierten des Obersten Sowjets d.UdSSR	118
4.2.4	Oberster Sowjet der UdSSR	118
4.2.5	Zusammensetzung der Deputierten des Obersten Sowjets d.UdSSR	120
4.3	Ministerrat der UdSSR	122
4.3.1	Vorsitzende des Ministerrates der UdSSR	122
4.3.2	Zusammensetzung des Ministerrates der UdSSR	123
4.3.3	Außenministerium der UdSSR	127
4.3.4	Verteidigungsministerium der UdSSR	133
4.4	Oberste Sowjets und Ministerräte der Unionsrepubliken	139
4.4.1	RSFSR	139
4.4.2	Ukrainskaja SSR	141
4.4.3	Belorusskaja SSR	144
4.4.4	Uzbekskaja SSR	146
4.4.5	Kazachskaja SSR	149
4.4.6	Gruzinskaja SSR	151
4.4.7	Azerbajdžanskaja SSR	154
4.4.8	Litovskaja SSR	156
4.4.9	Moldavskaja SSR	158
4.4.10	Latvijskaja SSR	161
4.4.11	Kirgizskaja SSR	163
4.4.12	Tadžikskaja SSR	165
4.4.13	Armjanskaja SSR	167
4.4.14	Turkmenskaja SSR	169
4.4.15	Estonskaja SSR	172
5.	**Wirtschaft**	
5.1	Industrie	174
5.1.1	Produktion der wichtigsten Industriezweige	174
5.1.2	Elektroenergie	192
5.1.2.1	Kapazität der Elektrizitätswerke und Elektroenergieerzeugung	192
5.1.2.2	Verbrauch an Elektroenergie	193
5.1.2.3	Energetische Kapazitäten und Verbrauch an Elektroenergie nach den wichtigsten Industriezwegen	194
5.1.2.4	Energetische Kapazitäten in den Kraftwerken der UdSSR	195
5.1.2.5	Elektroenergieerzeugung pro Kopf der Bevölkerung	195
5.1.2.6	Elektroenergieerzeugung in den Unionsrepubliken	196
5.1.3	Eisen- und Stahlindustrie	197
5.1.3.1	Produktion von Roheisen, Stahl, Eisen- und Stahlwalzgut und Stahlrohren	197
5.1.3.2	Gewinnung von Eisen- und Manganerz (Handelsware)	198
5.1.3.3	Roheisengewinnung in den Unionsrepubliken	198
5.1.3.4	Stahlgewinnung in den Unionsrepubliken	199

Inhaltsübersicht

5.1.3.5	Produktion von fertigem Eisen- und Stahlwalzgut in den Unionsrepubliken	199
5.1.4	Brennstoffindustrie	200
5.1.4.1	Brennstoffgewinnung nach Arten	200
5.1.4.2	Kohlegewinnung nach Arten	201
5.1.4.3	Kohlegewinnung in den Unionsrepubliken	202
5.1.4.4	Erdölgewinnung (mit Gaskondensat) in den Unionsrepubliken	202
5.1.4.5	Gasgewinnung in den Unionsrepubliken	203
5.1.5	Maschinenbau und metallbearbeitende Industrie	204
5.1.5.1	Produktion von Ausrüstungen für verschiedene Industriezweige	204
5.1.5.2	Produktion von Geräten, Automatisationsmitteln und EDV	206
5.1.5.3	Produktion von chemischen Ausrüstungen	207
5.1.5.4	Produktion von Hebe- und Transportausrüstungen	208
5.1.5.5	Produktion von technologischen Ausrüstungen für die Leicht-, Nahrungsmittel- und polygraphische Industrie und für Betriebe des Handels und der öffentlichen Ernährung	209
5.1.5.6	Produktion von sanitär-technischen Ausrüstungen	213
5.1.5.7	Produktion von Landwirtschaftsmaschinen	214
5.1.5.8	Produktion von Traktoren nach Arten	216
5.1.6	Chemische Industrie	217
5.1.6.1	Produktion von Mineraldünger nach Arten	217
5.1.6.2	Produktion von Mineraldünger in den Unionsrepubliken	218
5.1.6.3	Produktion von synthetischen Harzen und Kunststoffen	218
5.1.6.4	Produktion von chemischen Fasern	219
5.1.6.5	Produktion von Kraftfahrzeug- und Fahrraddecken	220
5.1.7	Forst-, holzbearbeitende und Zellulose-Papier-Industrie	221
5.1.7.1	Nutzholzeinschlag	221
5.1.7.2	Erschließung der waldreichen Regionen	221
5.1.7.3	Produktion von Schnittholz und Furnierplatten	223
5.1.7.4	Produktion von Schnittholz in den Unionsrepubliken	223
5.1.7.5	Holzeinschlag in den Unionsrepubliken	224
5.1.7.6	Produktion von Zellulose, Papier und Karton	226
5.1.7.7	Papiererzeugung in den Unionsrepubliken	226
5.1.8	Baustoffindustrie	227
5.1.8.1	Zementerzeugung nach Sorten im Jahre 1975	227
5.1.8.2	Zementerzeugung in den Unionsrepubliken	227
5.1.8.3	Produktion einzelner Arten von montierbaren Stahlbetonkonstruktionen und Details	228
5.1.8.4	Produktion von Baustoffen nach Arten	229
5.1.8.5	Produktion von Bedachungsmaterialien	230
5.1.8.6	Produktion von Linoleum	230
5.1.9	Leichtindustrie	231
5.1.9.1	Produktion der wichtigsten Erzeugnisse der Leichtindustrie	231
5.1.9.2	Produktion von Baumwollgeweben nach Unionsrepubliken	233
5.1.9.3	Produktion von Wollgeweben nach Unionsrepubliken	233
5.1.9.4	Produktion von Leinengeweben nach Unionsrepubliken	234
5.1.9.5	Produktion von Seidengeweben nach Unionsrepubliken	234
5.1.9.6	Produktion von Baumwollfasern nach Unionsrepubliken	234
5.1.9.7	Produktion von Rohseide nach Unionsrepubliken	235
5.1.9.8	Produktion von Strumpf-Socken-Erzeugnissen n.Unionsrepubliken	235
5.1.9.9	Produktion von Wäschetrikotagen nach Unionsrepubliken	236
5.1.9.10	Produktion von Obertrikotagen nach Unionsrepubliken	236
5.1.9.11	Produktion von Geweben und Trikotagenerzeugnissen unter Verwendung von chemischen Fasern	237
5.1.10	Nahrungsmittelindustrie	238
5.1.10.1	Produktion der wichtigsten Erzeugnisse der Nahrungsmittelindustrie	238
5.1.10.2	Produktion von Streuzucker und Raffinade	239
5.1.10.3	Produktion von Streuzucker in den Unionsrepubliken	239

Inhaltsübersicht

5.1.10.4	Fleischproduktion nach Arten	240
5.1.10.5	Fleischproduktion nach Unionsrepubliken	240
5.1.10.6	Produktion von tierischen Fetten nach Unionsrepubliken	241
5.1.10.7	Produktion von pflanzlichen Fetten nach Unionsrepubliken	241
5.1.10.8	Konservenproduktion nach Arten	242
5.2	Landwirtschaft	243
5.2.1	Bruttoproduktion der Landwirtschaft nach Unionsrepubliken	243
5.2.1.1	Produktion von Getreide u.Feldfrüchten - Viehwirtschaft	244
5.2.2	Erzeugung der landwirtschaftlichen Produkte	245
5.2.3	Bruttoernteertrag der landwirtschaftlichen Kulturen	247
5.2.4	Anteil der Produktion landwirtschaftlicher Grunderzeugnisse der Kolchosen,Sowchosen und anderen staatlichen landwirtschaftlichen Betrieben an der Gesamtproduktion	248
5.2.5	Marktproduktion der Landwirtschaft	250
5.2.6	Anteil der Warenproduktion der gesellschaftlichen Landwirtschaft der Kolchosen,Sowchosen und anderen staatlichen Wirtschaft an der gemeinsamen Warenproduktion	251
5.2.7	Bruttoernteertrag an Getreide nach Unionsrepubliken	253
5.2.8	Bruttoernteertrag an Winter-u.Sommerweizen n.Unionsrepubliken	253
5.2.9	Bruttoernteertrag an Winter-u.Sommerroggen n.Unionsrepubliken	254
5.2.10	Bruttoernteertrag an Körnermais nach Unionsrepubliken	254
5.2.11	Bruttoernteertrag an Hirse nach Unionsrepubliken	254
5.2.12	Bruttoernteertrag an Buchweizen nach Unionsrepubliken	255
5.2.13	Bruttoernteertrag an Reis nach Unionsrepubliken	255
5.2.14	Bruttoernteertrag an Hülsenfrüchten nach Unionsrepubliken	255
5.2.15	Bruttoernteertrag an Zuckerrüben nach Unionsrepubliken	256
5.2.16	Bruttoernteertrag an Flachsfaser nach Unionsrepubliken	256
5.2.17	Bruttoernteertrag an Sonnenblumensamen nach Unionsrepubliken	256
5.2.18	Bruttoernteertrag an Kartoffeln nach Unionsrepubliken	256
5.2.19	Bruttoernteertrag an Gemüse nach Unionsrepubliken	257
5.2.20	Bruttoernteertrag an Weintrauben nach Unionsrepubliken	257
5.2.21	Bruttoernteertrag an Obst und Beerenobst nach Unionsrepubliken	258
5.2.22	Getreideanbaufläche nach Unionsrepubliken	258
5.2.23	Winterweizenanbaufläche nach Unionsrepubliken	259
5.2.24	Sommerweizenanbaufläche nach Unionsrepubliken	259
5.2.25	Gesamtanbaufläche an Winter- und Sommerroggen n.Unionsrep.	260
5.2.26	Anbaufläche an Körnermais nach Unionsrepubliken	260
5.2.27	Hirseanbaufläche nach Unionsrepubliken	260
5.2.28	Anbaufläche an Buchweizen nach Unionsrepubliken	260
5.2.29	Reisanbaufläche nach Unionsrepubliken	261
5.2.30	Anbaufläche an Hülsenfrüchten nach Unionsrepubliken	261
5.2.31	Gesamtanbaufläche an technischen Kulturen n.Unionsrepubliken	261
5.2.32	Baumwollanbaufläche nach Unionsrepubliken	262
5.2.33	Anbaufläche an Zuckerrüben nach Unionsrepubliken	262
5.2.34	Anbaufläche an Faserlein nach Unionsrepubliken	262
5.2.35	Anbaufläche an Sonnenblumensamen nach Unionsrepubliken	263
5.2.36	Kartoffelanbaufläche nach Unionsrepubliken	263
5.2.37	Gemüseanbaufläche nach Unionsrepubliken	263
5.2.38	Anbaufläche an Viehfutter nach Unionsrepubliken	264
5.2.39	Anbaufläche an mehr- und einjährigen Gräsern einschl. Winteraussaat für Grünfutter nach Unionsrepubliken	264
5.2.40	Bewässerte Bodenfläche in Kolchosen, Sowchosen und anderen staatlichen Wirtschaften nach Unionsrepubliken	265
5.2.41	Anbaufläche an landwirtschaftl.Kulturen auf dem bewässerten Boden in Kolchosen,Sowchosen u.a.staatl.Wirtschaften nach Unionsrepubliken	266
5.2.42	Obst- und Weinbau	267
5.2.43	Weinbaufläche aller Wachstumsphasen nach Unionsrepubliken	265

5.2.44	Weinbaufläche im fruchttragenden Stadium n.Unionsrepubliken	268
5.2.45	Teeanbaufläche nach Unionsrepubliken	268
5.2.46	Viehwirtschaft	269
5.2.46.1	Viehbestand	269
5.2.46.2	Nutzviehbestand in den einzelnen landwirtschaftl.Betrieben	270
5.2.46.3	Rinderbestand nach Unionsrepubliken	272
5.2.46.4	Kühebestand nach Unionsrepubliken	272
5.2.46.5	Schweinebestand nach Unionsrepubliken	273
5.2.46.6	Schaf- und Ziegenbestand nach Unionsrepubliken	273
5.2.46.7	Schafbestand nach Unionsrepubliken	274
5.2.46.8	Geflügelbestand nach Unionsrepubliken	274
5.2.46.9	Grunderzeugnisse der Viehwirtschaft	275
5.2.46.10	Grunderzeugnisse der Viehwirtschaft nach Unionsrepubliken	277
5.2.46.11	Fleischerzeugung nach Unionsrepubliken	278
5.2.46.12	Milcherzeugung nach Unionsrepubliken	278
5.2.46.13	Eierproduktion nach Unionsrepubliken	279
5.2.46.14	Erzeugung von Wolle nach Unionsrepubliken	279
5.2.47	Kolchosen	280
5.2.47.1	Hauptkennziffern der Entwicklung der Kolchosen	280
5.2.47.2	Gliederung der Kolchosen nach Höhe des Bruttoeinkommens pro 100 ha Ackerland	283
5.2.47.3	Gliederung der Kolchosen nach Anzahl der Höfe	284
5.2.47.4	Gliederung der Kolchosen nach Viehbestand	285
5.2.47.5	Hauptkennziffern der Entwicklung der Kolchosen nach Unionsrepubliken	286
5.2.48	Sowchosen	288
5.2.48.1	Anzahl der Sowchosen	288
5.2.48.2	Grundkennziffern der Entwicklung der Sowchosen	289
5.2.48.3	Anzahl der Sowchosen nach Unionsrepubliken	291
5.2.49	Staatliche Aufkäufe von landwirtschaftlichen Erzeugnissen	292
5.2.49.1	Anteil der Aufkäufe der landwirtschaftl.Grunderzeugnisse in den Kolchosen,Sowchosen und anderen staatlichen Betrieben an den gesamten staatlichen Aufkäufen	292
5.2.49.2	Staatl.Aufkäufe von landwirtschaftl.Erzeugnissen	293
5.2.49.3	Staatl.Aufkäufe von Grunderzeugnissen der Landwirtschaft	295
5.2.49.4	Staatl.Aufkäufe an Getreidekulturen nach Unionsrepubliken	296
5.2.49.5	Staatl.Aufkäufe an Weizen nach Unionsrepubliken	297
5.2.49.6	Staatl.Aufkäufe an Roggen nach Unionsrepubliken	297
5.2.49.7	Staatl.Aufkäufe an Zuckerrüben nach Unionsrepubliken	297
5.2.49.8	Staatl.Aufkäufe an Flachsfasern nach Unionsrepubliken	298
5.2.49.9	Staatl.Aufkäufe an Sonnenblumensamen nach Unionsrepubliken	298
5.2.49.10	Staatl.Aufkäufe an Kartoffeln nach Unionsrepubliken	298
5.2.49.11	Staatl.Aufkäufe an Gemüse nach Unionsrepubliken	299
5.2.49.12	Staatl.Aufkäufe an Obst und Beeren nach Unionsrepubliken	299
5.2.49.13	Staatl.Aufkäufe von Weintrauben nach Unionsrepubliken	299
5.2.49.14	Bruttoernteertrag (Aufkäufe) an Sortenteeblättern nach Unionsrepubliken	300
5.2.49.15	Staatl.Aufkäufe von Grunderzeugnissen der Viehwirtschaft	300
5.2.49.16	Staatl.Aufkäufe von Vieh und Geflügel nach Unionsrepubliken (Lebendgewicht)	301
5.2.49.17	Staatl.Aufkäufe von Vieh und Geflügel nach Unionsrepubliken (umgerechnet auf Schlachtgewicht)	302
5.2.49.18	Staatl.Aufkäufe von Milch u.Milchprodukten n.Unionsrep.	302
5.2.49.19	Staatl.Aufkäufe von Eiern nach Unionsrepubliken	303
5.2.49.20	Staatl.Aufkäufe von Wolle nach Unionsrepubliken	303
5.2.50	Belieferung der Landwirtschaft mit Traktoren, Lastkraftwagen und Landmaschinen	304
5.2.51	Traktorenpark in der Landwirtschaft nach Unionsrepubliken	305
5.2.52	Mähdrescherpark in der Landwirtschaft nach Unionsrepubliken	306

Inhaltsübersicht

5.2.53	Belieferung der Landwirtschaft mit mineralischen Düngemitteln	307
5.2.54	Kader in der Landwirtschaft	308
5.2.54.1	Jahresdurchschnittszahl der Beschäftigten in Kolchosen, Sowchosen, Neben-u.anderen landwirtschaftl.Produktionsbetr.	308
5.2.54.2	Jahresdurchschnittszahl aller Kolchosbauern, die sich an der Arbeit der Kolchosen beteiligen, nach Unionsrepubliken	309
5.2.54.3	Anzahl der Spezialisten mit Hochschul-u.mittl.Fachschulbildung, die in Kolchosen,Sowchosen,Neben- u.anderen landwirtschaftl.Produktionsbetrieben beschäftigt sind	310
5.2.54.4	Anzahl der Spezialisten mit Hoch-u.mittl.Fachschulbildung, die in Kolchosen,Sowchosen,Neben-u.anderen landwirtschaftl. Produktionsbetrieben beschäftigt sind, nach Unionsrepubliken	311
5.2.54.5	Anzahl der leitenden Kader der Kolchosen nach ihren Posten, nach Unionsrepubliken	312
5.2.54.6	Anzahl der leitenden Kader der Sowchosen nach ihren Posten, nach Unionsrepubliken	313
5.2.54.7	Anzahl der Mechanisatoren-Kader in Kolchosen u.Sowchosen	314
5.2.54.8	Anzahl der Mechanisatoren-Kader in Kolchosen u.Sowchosen nach Unionsrepubliken	315
5.3	Transport-, Post- und Fernmeldewesen	316
5.3.1	Gütertransportleistung aller Transportzweige des öffentlichen Verkehrs	316
5.3.2	Personenbeförderungsleistung aller Transportzweige des öffentlichen Verkehrs	317
5.3.3	Eisenbahntransport	318
5.3.3.1	Länge des benutzten Eisenbahnnetzes des Ministeriums für Verkehrswesen	318
5.3.3.2	Länge des benutzten Eisenbahnnetzes des Ministeriums für Verkehrswesen nach Unionsrepubliken	319
5.3.3.3	Personenbeförderung per Bahn	319
5.3.4	Seetransport	320
5.3.4.1	Grundkennziffern des Seetransports des Ministeriums für Hochseeschiffahrt	320
5.3.5	Binnenwassertransport	321
5.3.5.1	Grundkennziffern des öffentlichen Binnenwassertransports	321
5.3.5.2	Gütertransport und Personenbeförderung im öffentlichen Binnenwassertransport, nach Unionsrepubliken	323
5.3.6	Rohrfernleitungen	324
5.3.6.1	Rohrfernleitungen für Erdöl und Erdölprodukte	324
5.3.7	Kraftverkehr	325
5.3.7.1	Grundkennziffern des volkswirtschaftl.Kraftverkehrs	325
5.3.7.2	Länge der Autostraßen mit harter Decke	325
5.3.7.3	Länge der Autostraßen nach Unionsrepubliken	326
5.3.7.4	Personenbeförderung mit Autobussen der öffentlichen Verkehrsmittel, nach Unionsrepubliken	328
5.3.7.5	Städtische Personenbeförderung mit Autobussen der öffentlichen Verkehrsmittel	328
5.3.7.6	Vorort-Personenbeförderung mit Autobussen der öffentlichen Verkehrsmittel	329
5.3.7.7	Nutzung der Personentaxi d.öffentl.Verkehrsmittel	329
5.3.8	Städtische elektrifizierte Personenverkehrsmittel	330
5.3.8.1	Entwicklung der städtischen elektrifzierten Personenverkehrsmittel	330
5.3.8.2	Passagierbeförderung in U-Bahnen nach Unionsrepubliken	331
5.3.8.3	Länge der benutzten Verkehrswege nach Unionsrepubliken	332
5.3.8.4	Beweglicher Bestand der städtischen elektrifizierten Verkehrsmittel nach Unionsrepubliken	333
5.3.9	Luftverkehr	334
5.3.9.1	Grundkennziffern des Luftverkehrs des Ministeriums für zivile Luftfahrt	334

5.3.9.2	Grundkennziffern des Luftverkehrs auf internationaler Ebene	335
5.3.10	Post- und Fernmeldewesen	336
5.3.10.1	Grundkennziffern der Entwicklung des Post-u.Fernmeldewesens	336
5.3.10.2	Anzahl der Post-, Telegraphen-u.Telephonämter n.Unionsrep.	338
5.3.10.3	Anzahl der Funkempfangsanschlüsse(Rundfunkgeräte, Fernsehgeräte u.Drahtfunkleitstellen) nach Unionsrepubliken	339
5.4	Investitionsbau	340
5.4.1	Inanspruchnahme der Grundfonds	341
5.4.2	Anteil der Produktionskapazitäten durch Erweiterung und Rekonstruktion von bestehenden und Bau von neuen Betrieben	341
5.4.3	Investitionen des Staates u.d.Kolchosen i.d.Landwirtschaft	345
5.4.4	Struktur der Investitionen	347
5.4.5	Anzahl der Betriebe,Bauten u.a.Objekte, die seit 1945 mit techn. Hilfe der UdSSR im Ausland gebaut wurden, sich im Bau befinden oder gebaut werden sollen	348
5.4.6	Anzahl der Betriebe,Bauten u.a.Objekte, die seit 1945 mit techn. Hilfe der UdSSR im Ausland gebaut wurden, sich im Bau befinden oder gebaut werden sollen, nach Wirtschaftszweigen	349
5.5	Außenwirtschaftliche Beziehungen	351
5.5.1	Außenhandelsumsatz	351
5.5.2	Außenhandel nach Ländergruppen	352
5.5.3	Außenhandelsumsatz nach Ländern	353
5.5.4	Struktur des Exports	364
5.5.5	Struktur des Imports	365
5.5.6	Anteil der wichtigsten Güter am Export	366
5.5.7	Außenhandelsorganisationen	369
6.	**Arbeitsreserven**	
6.1	Anteil der Bevölkerung im arbeitsfähigen Alter an der Gesamtbevölkerung	392
6.2	Bildungsstand der Bevölkerung im arbeitsfähigen Alter	396
6.3	Bildungsstand der Bevölkerung der UdSSR nach Berufen	408
6.4	Jahresdurchschnittszahl der Arbeiter und Angestellten nach Volkswirtschaftsbereichen	412
6.5	Jahresdurchschnittszahl der Arbeiter und Angestellten in der Volkswirtschaft	414
6.6	Prozentualer Anteil der Frauen an der Gesamtzahl der Arbeiter und Angestellten nach Volkswirtschaftszweigen	415
6.7	Prozentualer Anteil der Frauen an der Gesamtzahl der Arbeiter und Angestellten nach Unionsrepubliken	417
6.8	Prozentualer Anteil der Frauen a.d.Jahresdurchschnittszahl aller Kolchosbauern,die sich an Arbeiten in den Kolchosen beteiligt haben, nach Unionsrepubliken	417
6.9	Zahl der in der Volkswirtschaft beschäftigten Frauen-Spezialisten mit Hochschul- und mittlerer Fachschulbildung	418
6.10	Zahl der Ärztinnen aller Fachrichtungen	418
6.11	Prozentualer Anteil von Arbeitern und Angestellten, die 55 Jahre alt und älter sind, nach Volkswirtschaftszweigen	419
7.	**Soziale Struktur**	
7.1	Aufteilung der Bevölkerung der UdSSR und der Unionsrepubliken nach gesellschaftlichen Gruppen	420
7.2	Aufteilung der beschäftigten Bevölkerung der UdSSR und der Unionsrepubliken nach gesellschaftlichen Gruppen	426
7.3	Aufteilung der Bevölkerung der UdSSR und der Unionsrepubliken nach Einkommensquellen	432
7.4	Aufteilung der Bevölkerung der UdSSR und der Unionsrepubliken nach Einkommensquellen und gesellschaftlichen Gruppen	437
7.5	Soziale Struktur der Bevölkerung der Unionsrepubliken 1939	449
7.6	Soziale Struktur der Bevölkerung der Unionsrepubliken 1959	450

Inhaltsübersicht

8. Wissenschaft

8.1	Akademie der Wissenschaften der UdSSR, Akademien der Wissenschaften der Unionsrepubliken und Branchenakademien	451
8.2	Wissenschaftliche Zentren der Akademie der Wissenschaften	453
8.3	Personelle Zusammensetzung der Akademie d.Wissenschaften d.UdSSR	456
8.3.1	Zweigakademien der UdSSR	478
8.3.2	Akademien der Wissenschaften der Unionsrepubliken	479
8.4	Verzeichnis der Institute	480
8.5	Zahl der im wissenschaftl.Bereich tätigen Personen	494
8.5.1	Zahl der im wissenschaftl.Bereich tätigen Personen nach Nationalität	495
8.5.2	Zahl der im wissenschaftl.Bereich tätigen Personen nach Unionsrepubliken	495
8.5.3	Zahl der im wissenschaftl.Bereich tätigen Frauen nach Unionsrepubliken	496
8.5.4	Zahl der Aspiranten	497
8.5.5	Zahl der Aspiranten nach Unionsrepubliken	498
8.5.6	Zahl der Frauen-Aspiranten	499
8.5.7	Aufteilung der Aspiranten nach Nationalität bzw. ethnischer Abstammung	500
8.6	Wissenschaftlich-technische Information	502

9. Bildungswesen

9.1	Zahl der Schüler und Studenten nach Schularten	505
9.2	Allgemeinbildende Tagesschulen nach Unionsrepubliken	506
9.3	Absolventen aus den allgemeinbildenden Schulen aller Arten nach Unionsrepubliken	513
9.4	Anteil der Frauen an der Gesamtzahl der Lehrer der allgemeinbildenden Tagesschulen	515
9.5	Zahl der Lehrer an allgemeinbildenden Tagesschulen nach Posten, Bildung und Dauer ihrer pädagogischen Tätigkeit	516
9.6	Zahl der Lehrer der oberen Klassen der allgemeinbildenden Tagesschulen nach Fächern und Bildung	521
9.7	Allgemeinbildende Abend(Schicht-)schulen i.d.Unionsrepubliken	522
9.8	Ständige Vorschuleinrichtungen in den Unionsrepubliken	524
9.9	Zahl der außerschulischen Einrichtungen des Ministeriums für Volksbildung der UdSSR	527
9.10	Musik-, Kunst- und Ballettschulen des Kulturministeriums der UdSSR in den Unionsrepubliken	528

10. Druck- und Verlagswesen

10.1	Publikation von Büchern und Broschüren in den Sprachen der Völker der UdSSR und der Völker des Auslands im Jahre 1976	529
10.1.1	in den Unionsrepubliken	532
10.2	Bücher u.Broschüren in russischer Sprache und in Sprachen anderer Völker der UdSSR	534
10.3	Buchproduktion in thematischer Aufteilung	534
10.4	Publikation von Literatur (Bücher und Broschüren) in thematischer Aufteilung im Jahre 1976	538
10.5	Publikation von Büchern und Broschüren in thematischer Aufteilung im Jahre 1976	544
10.6	Publikation von Büchern und Broschüren nach Zielbestimmung	548
10.7	Publikation von periodischen und Fortsetzungspublikationen (ohne Zeitungen)	551
10.8	Publikation von periodischen und Fortsetzungspublikationen (ohne Zeitungen) in den Sprachen der Hauptnationen der UdSSR im Jahre 1976	553
10.9	Publikation von periodischen und Fortsetzungspublikationen (ohne Zeitungen) in thematischer Aufteilung im Jahre 1976	554

10.10	Publikation von periodischen und Fortsetzungspublikationen (ohne Zeitungen) nach Zielbestimmung im Jahre 1976	557
10.11	Publikation von Zeitungen nach Typen	559
10.12	Publikation von Zeitungen in den Sprachen der Völker der UdSSR und des Auslands im Jahre 1976	561

11. Lebensstandard, Sozialfürsorge

11.1	Einkommen der Bevölkerung	562
11.1.1	Wachstum des Realeinkommens der Bevölkerung	562
11.1.2	Durchschnittl.Monatslohn d.Arbeiter u.Angestellten in der Volkswirtschaft	562
11.1.3	Durchschnittl.Monatslohn d.Arbeiter u.Angestellten nach Volkswirtschaftszweigen	563
11.1.4	Wachstum des durchschnittl.Monatslohnes d.Arbeiter u.Angest.	565
11.1.5	Durchschnittl.Monatslohn in der Volkswirtschaft und in den Zweigen mit höchster und niedrigster Lohnstufe	565
11.1.6	Verhältnis zwischen Durchschnitts- und Minimallohn	565
11.1.7	Wachstum der Entlohnung der Kolchosbauern	566
11.1.8	Anteil des Einkommens aus privaten Nebenwirtschaften am Einkommen der Industriearbeiter und Kolchosbauern	566
11.1.9	Zahlungen und Leistungen für die Bevölkerung aus den öffentlichen Bedarfsfonds	567
11.1.10	Wachstum der Zahlungen und Leistungen für die Bevölkerung aus den öffentlichen Bedarfsfonds	568
11.2	Wohnungsbau	569
11.2.1	Fertiggestellte Wohnhäuser	569
11.2.2	Städtischer Wohnungsfonds	570
11.2.3	Wohnungsfonds der Hauptstädte der Unionsrepubliken	571
11.3	Einzelhandel	571
11.3.1	Einzelhandelsbetriebe u.Verkaufsfläche der Läden der staatl. u.genossenschaftl.Organisationen in den Unionsrepubliken	571
11.3.2	Betriebe der Gemeinschaftsverpflegung und Zahl der dort vorhandenen Plätze in den Unionsrepubliken	572
11.3.3	Selbstbedienungsläden	573
11.3.4	Wachstum des Warenumsatzes u.d.Handelsnetzes im Einzelhandel	574
11.3.5	Versorgung der Stadt-u.Landbevölkerung mit langlebigen Kultur- und Haushaltsgütern	575
11.4	Gesundheitswesen	576
11.4.1	Grundkennziffern der Entwicklung des Gesundheitswesens	576
11.4.2	Zahl der Ärzte aller Fachrichtungen nach Unionsrepubliken	579
11.4.3	Zahl der Ärztinnen aller Fachrichtungen	580
11.4.4	Zahl der medizinischen Einrichtungen für ambulant-poliklinische ärztliche Betreuung	580
11.4.5	Wachstum des Netzes der Krankenanstalten u.d.Bettenkontingents	581

12. Gesellschaftliche Organisationen

12.1	Verzeichnis der wichtigsten gesellschaftlichen Organisationen	582
12.2	Gewerkschaften	584
12.2.1	Zahl der Gewerkschaftsmitglieder zu Gewerkschaftskongressen der UdSSR	584
12.2.2	Vorsitzende des Unionszentralrates der Gewerkschaften	585
12.2.3	Unionszentralrat der Gewerkschaften	585
12.2.4	ZKs der Branchengewerkschaften	585
12.2.5	Gewerkschaftsräte der Unionsrepubliken	587
12.2.6	Unter der Leitung der Gewerkschaften tätige Gesellschaften und Organisationen	588
12.3	Leninscher Kommunistischer Jugendverband - Komsomol	588
12.3.1	Zahl der Mitglieder zu Komsomolkongressen	588
12.3.2	ZK des Komsomol der UdSSR	590
12.3.3	ZKs des Komsomol der Unionsrepubliken	591

Inhaltsübersicht

12.3.4	Zahl der im Komsomol tätigen Mitglieder u.Kandidaten d.KPdSU	591
12.3.5	Unionspionierorganisation	592
12.4	Mitgliederzahl einiger freiwilliger Unionsgesellschaften	592
12.5	Zusätzliche Informationen über einige gesellschaftliche Organisationen	593

13. Religion

13.1	Rat für Religiöse Angelegenheiten beim Ministerrat der UdSSR	596
13.2	Allgemeine Daten	596
13.3	Die Russisch-Orthodoxe Kirche	597
13.4	Die Georgische Orthodoxe Kirche	599
13.5	Die Armenisch-Gregorianische Kirche	599
13.6	Die Altgläubigen	599
13.7	Moslems	599
13.8	Die Römisch-Katholische Kirche	600
13.9	Die Evangelisch-Lutherische Kirche	600
13.10	Die Christlich-Evangelischen Baptisten	600
13.11	Mosaische Glaubensgemeinschaften	600
13.12	Buddhismus	601
13.13	Andere Konfessionen	601
13.14	Wichtigste illegale Kirchen und Sekten	601

14. Diverses

14.1	Hymne der Sowjetunion	603
14.2	Territoriale Ausdehnung nach dem Zweiten Weltkrieg	604
14.3	Die Staatsgrenze der UdSSR	604
14.4	Die höchsten Bodenerhebungen	605
14.5	Vulkane	605
14.6	Die wichtigsten Flüsse	605
14.7	Die größten Seen	606
14.8	Die wichtigsten Inseln	607
14.9	Wirtschaft	607
14.9.1	Offizieller Rubelkurs (März 1978)	607
14.9.2	Fünfjahrpläne	609
14.9.3	Weizenimporte	609
14.9.4	Export von Erdöl und Erdölprodukten	609
14.9.5	Export von Erdgas	610
14.9.6	Anteil der privaten Nebenwirtschaftn an der landwirtschaftlichen Produktion	610
14.10	Weitere Organisationen und Institutionen des ZK der KPdSU	611
14.11	Presseagenturen	611
14.12	Orden der UdSSR	611
14.13	Einige kulturelle Institutionen	613
14.13.1	Bibliotheken	613
14.13.2	Öffentliche Bibliotheken in den Unionsrepubliken	613
14.13.3	Zahl der Theater in den Unionsrepubliken	613
14.13.4	Zirkusse	614
14.13.5	Zahl der Museen in den Unionsrepubliken	614

LIST OF DIAGRAMS

National State Structure of the USSR	3
Age-Sex-Pyramid 1926	44
Age Sex-Pyramid 1970	45
Communist Party of the Soviet Union	56
CPSU Central Committee	61
Primary Organization with less than 50 Communist Party Members	92
Primary Organization with Party Committee	93
Primary Organization with the Rights of a Rayon Committee	94
Main Political Directorate of the Soviet Army	108
Soviets of the USSR People's Deputies	116
General Assembly of the Academy of Sciences of the USSR	455
Scheme of the State System of Scientific-Technical Information	501
Congress of the USSR Trade Unions	589

VERZEICHNIS DER GRAPHISCHEN DARSTELLUNGEN

National-staatlicher Aufbau der UdSSR	3
Alter-Geschlecht-Pyramide 1926	44
Alter-Geschlecht-Pyramide 1970	45
Kommunistische Partei der Sowjetunion	56
Zentralkomitee der KPdSU	61
Grundorganisation mit weniger als 50 Kommunisten	92
Grundorganisation mit Parteikomitee	93
Grundorganisation mit Parteikomitee mit den Rechten eines Raykoms	94
Politische Hauptverwaltung der Armee und Seekriegsflotte der UdSSR	108
Sowjets der Volksdeputierten der UdSSR	116
Generalversammlung der Akademie der Wissenschaften der UdSSR	455
Schema des staatlichen Systems der wissenschaftlich-technischen Information	501
Kongreß der Gewerkschaften der UdSSR	589

INTRODUCTION: THE POLITICAL SYSTEM OF THE USSR

The political system embraces all interdependent parts - the state apparat as well as all organizations and institutions - which are active within this system.

The CPSU is described as the "guiding force" of the whole system, i.e. it guides (rukovodit) all parts of the system, determines (opredeljajet) and directs (napravljajet) all its activities.

All decisions of the Party, the Central Committee of the CPSU and of the union republics are meant as directives for the activities of the state apparat, the institutions and organizations of the whole society. Every Five-Year Plan is drafted by the Central Committee (first) and then ratified by the state agencies. In legislature too the Party is the sole determining force, i.e. it initiates laws or amends or corrects bills before submitting them to the Supreme Soviet of the USSR for voting. The total Party operates through its elected party administration (s.p.95) and the nominated apparat (s.p.109).

The implementation of Party and Government decisions is the responsibility of the basic Party organizations in all organizations and institutions (in the Supreme Soviet of the USSR and of the republics it is the party groups, the same goes for the Councils of the People's Deputies on all levels, the trade unions and other public organizations).

One of the Party's most important tools of power is its c a d r e   p o l i c y , guaranteeing the Party a monopoly on the appointment (nomination) of important posts, and this within the Party as well as in a l l   a r e a s   o u t s i d e   t h e P a r t y . For this cadre policy the following principles are applied: "r e c o m e n d a c i j a" (recommendation) means that the next-highest Party agency "recommends" those eligible for the election to leading Party posts; in the sphere outside the Party it is the Party organizations which "recommend" those persons to be nominated (appointed) to leading posts in a l l areas (except ministries and the Armed Forces); "n o m e n - c l a t u r a" (nomenclature) is the second system with which a list of posts (especially in the economic and administrative sector) is drafted which are to be filled exclusively by the Party even in cases where various regulations stipulate that the nomination (appointment) of these posts is the responsibility of administrative agencies or individuals; "k o m p l e k t i - r o v a n i e" (completion) describes a system guaranteeing the composition of an entire apparat with persons - including non-Party affiliated persons - who suit the Party (scientific councils, for example, or Councils of the People's Deputies).

The Party organizations are empowered to control the administration (except the ministries and the Armed Forces) as far as the implementation of Party and Government decisions on the local (primary) level is concerned; it has the right to formulate suggestions for improvement and recommend changes in personnel.

The Party has a monopoly on the whole field of "ideological work" which encompasses education, literature and the arts, mass communications media, all cultural institutions and **agitation** work.

In addition there are a number of other mechanisms which were developed outside the legislature but which were recognized by all organizations and institutions, with which the Party tries to secure its supremacy which is permanently "to be perfected" and to further strengthen and expand its function as a guiding and inspiring force of the whole society.

THE POLITICAL SYSTEM OF THE USSR - DAS POLITISCHE SYSTEM DER UdSSR

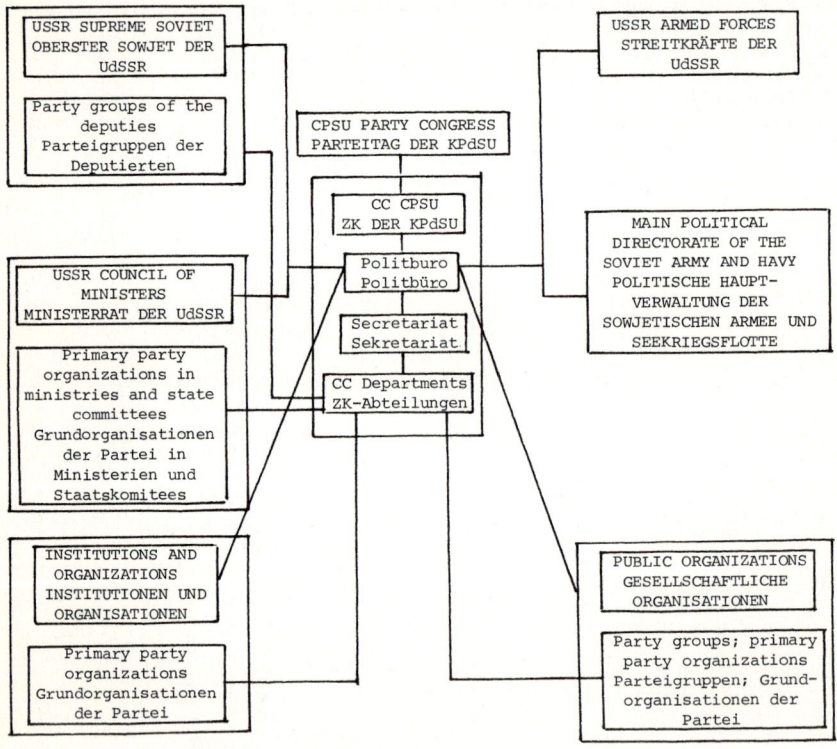

Article 6 of the Soviet constitution of 1977 reads: "The leading and guiding forces of Soviet society and the nucleus of its political system, of all state organizations and public organizations, is the Communist Party of the Soviet Union. The CPSU exists for the people and serves the people."
Die sowjetische Verfassung von 1977 sagt in Artikel 6: "Die führende und lenkende Kraft der sowjetischen Gesellschaft, der Kern ihres politischen Systems, der staatlichen Organe und gesellschaftlichen Organisationen ist die Kommunistische Partei der Sowjetunion. Die KPdSU ist für das Volk da und dient dem Volk."

EINFÜHRUNG: DAS POLITISCHE SYSTEM DER UdSSR

Dem politischen System gehören alle voneinander abhängigen Teile - Staatsapparate ebenso wie alle Organisationen und Institutionen - an und wirken darin zusammen. Als "leitender Kern" des gesamten Systems wird die KPdSU beschrieben, sie leitet (rukovodit) alle Teile des Systems, bestimmt (opredeljajet) und steuert (napravljajet) deren gesamte Tätigkeit.

Alle Beschlüsse der Partei, der ZKs der KPdSU wie der Parteien der Unionsrepubliken, haben den Charakter von Direktiven für die Tätigkeit aller Staatsapparate, Institutionen und Organisationen der gesamten Gesellschaft. Alle Fünfjahrpläne werden zunächst vom ZK beschlossen und anschließend von den Staatsapparaten bestätigt. Die Partei ist auch im Bereich der Legislative die alleinbestimmende Kraft, indem sie als Initiatorin von Gesetzen auftritt, gegebenenfalls Gesetzesvorlagen ergänzt und korrigiert und sie erst dann dem Obersten Sowjet der UdSSR zur Abstimmung vorlegt. Für die totale Parteileitung sind gewählte Leitungsorgane der Partei (s.S.95) und der ernannte Apparat (s.S.109) zuständig.

Die Realisierung der Partei- und Regierungsbeschlüsse übernehmen in allen Organisationen und Institutionen die Grundorganisationen der Partei (in den Obersten Sowjets der UdSSR und der Unionsrepubliken sind es Parteigruppen, das gleiche gilt für die Räte der Volksdeputierten auf allen Ebenen, die Gewerkschaften und andere gesellschaftliche Organisationen).

Eines der wichtigsten Machtinstrumente der Partei ist die K a d e r p o l i t i k . Sie garantiert dem Parteiapparat das Monopol auf die Besetzung aller wichtigen Posten, und zwar sowohl innerhalb der Partei wie i n a l l e n B e r e i c h e n a u ß e r h a l b d e r P a r t e i . Für die Kaderpolitik bedient sie sich folgender Mechanismen: "r e k o m e n d a - c i j a" (Empfehlung) bedeutet, daß die nächsthöhere Parteiinstanz bei der Wahl der leitenden Parteiorgane die für Führungsposten zu Wählenden "empfiehlt"; im außerparteilichen Bereich sind es die Parteiorganisationen, die die Personen "empfehlen", die in a l l e n Bereichen für führende Posten nominiert werden (Ausnahme: Ministerien und Streitkräfte); "n o m e n k l a t u r a" (Nomenklatur) ist ein zweites "System", mit dessen Hilfe eine Liste von Posten erstellt wird, insbesondere in Wirtschaft und Verwaltung, die ausschließlich durch die Partei zu besetzen sind, selbst dann, wenn verschiedene Bestimmungen und Verordnungen ausdrücklich die personelle Besetzung in die Kompetenz von Behörden oder Einzelpersonen stellen; "k o m p l e k t i r o v a n i e" (Komplettierung) ist ein System, das die Zusammensetzung eines ganzen Apparates mit solchen Personen - darunter auch Parteilosen - garantiert, die der Partei genehm sind (z.B. Wissenschaftliche Räte oder Räte der Volksdeputierten).

Die Parteiorganisationen haben das Recht, die Tätigkeit der Verwaltung (Ausnahme: Ministerien und Streitkräfte) daraufhin zu kontrollieren, ob durch sie die Beschlüsse von Partei und Regierung vor Ort realisiert wurden; sie sind berechtigt, Verbesserungsvorschläge auszuarbeiten und notfalls personelle Veränderungen vorzuschlagen.

Die Partei hat das Monopol auf dem gesamten Gebiet der "ideologischen Arbeit", zu dem Bildung, Literatur und Kunst, Massenmedien, alle kulturellen Institutionen und Agitationsarbeit gehören.

Hinzu kommen verschiedene andere, außerhalb der Legislative entstandene, aber von allen Organisationen und Institutionen anerkannte Mechanismen, mit deren Hilfe die Partei versucht, ihre stets zu "vervollkommnende" Herrschaft zu sichern, ihre Funktion als leitende und inspirierende Kraft der gesamten Gesellschaft immer weiter zu festigen und auszubauen.

1. ADMINISTRATIVE-TERRITORIAL SURVEY
ADMINISTRATIV-TERRITORIALE ZUSAMMENSETZUNG
NACIONAL'NO-GOSUDARSTVENNOE DELENIE

1.1 <u>UNION REPUBLICS - UNIONSREPUBLIKEN - SOJUZNYE RESPUBLIKI</u>

Sojuz Sovetskich Socialistiĉeskich respublik, SSSR, Sojuz SSR;
Sovetskij Sojuz
Union of Soviet Socialist Republics, U.S.S.R.; Soviet Union
Union der Sozialistischen Sowjetrepubliken, UdSSR; Sowjetunion

Rossijskaja Sovetskaja Federativnaja Socialistiĉeskaja respublika;
RSFSR
Russian Soviet Federative Socialist Republic; RSFSR
Russische Sozialistische Föderative Sowjetrepublik; Rußland

Ukrainskaja Sovetskaja Socialistiĉeskaja respublika, Ukrainskaja SSR,
USSR; Ukraina
Ukrainian Soviet Socialist Republic; Ukraine
Ukrainische Sozialistische Sowjetrepublik; Ukraine

Belorusskaja Sovetskaja Socialistiĉeskaja respublika, Belorusskaja
SSR, BSSR; Belorussija
Belorussian Soviet Socialist Republic; Belorussia
Belorussische Sozialistische Sowjetrepublik; Belorußland

Uzbekskaja Sovetskaja Socialistiĉeskaja respublika, Uzbekskaja SSR,
UZBSSR; Uzbekistan
Uzbek Soviet Socialist Republic; Uzbekistan
Usbekische Sozialistische Sowjetrepublik; Usbekistan

Kazachskaja Sovetskaja Socialistiĉeskaja respublika, Kazachskaja
SSR, KAZSSR; Kazachstan
Kazakh Soviet Socialist Republic; Kazakhstan
Kasachische Sozialistische Sowjetrepublik; Kasachstan

Gruzinskaja Sovetskaja Socialistiĉeskaja respublika, Gruzinskaja
SSR, GRUZSSR; Gruzija
Georgian Soviet Socialist Republic; Georgia
Grusinische Sozialistische Sowjetrepublik; Grusien, Grusinien

Azerbajdžanskaja Sovetskaja Socialistiĉeskaja respublika,
Azerbajdžanskaja SSR, AZERBSSR; Azerbajdžan
Azerbaidzhan Soviet Socialist Republic; Azerbaidzhan
Aserbaidschanische Sozialistische Sowjetrepublik; Aserbaidschan

1.1 Administrative-territorial survey
Administrativ-territoriale Zusammensetzung

Latvijskaja Sovetskaja Socialističeskaja respublika, Latvijskaja
  SSR, LATVSSR; Latvija
Latvian Soviet Socialist Republic; Latvia
Lettische Sozialistische Sowjetrepublik; Lettland

Kirgizskaja Sovetskaja Socialističeskaja respublika, Kirgizskaja
  SSR, KIRGSSR; Kirgizija
Kirghiz Soviet Socialist Republic; Kirghizia
Kirgisische Sozialistische Sowjetrepublik; Kirgisien

Tadžikskaja Sovetskaja Socialističeskaja respublika, Tadžikskaja
  SSR, TADŽSSR; Tadžikistan
Tadzhik Soviet Socialist Republic; Tadzhikistan
Tadschikische Sozialistische Sowjetrepublik; Tadschikistan

Armjanskaja Sovetskaja Socialističeskaja respublika, Armjanskaja
  SSR, ARMSSR; Armenija
Armenian Soviet Socialist Republic; Armenia
Armenische Sozialistische Sowjetrepublik; Armenien

Turkmenskaja Sovetskaja Socialističeskaja respublika, Turkmenskaja
  SSR, TURKMSSR; Turkmenija, Turkmenistan
Turkmen Soviet Socialist Republic; Turkmenistan
Turkmenische Sozialistische Sowjetrepublik; Turkmenien

Estonskaja Sovetskaja Socialističeskaja respublika, Estonskaja SSR,
  ESTSSR; Estonija
Estonian Soviet Socialist Republic; Estonia
Estnische Sozialistische Sowjetrepublik; Estland

Litovskaja Sovetskaja Socialističeskaja respublika, Litovskaja SSR,
  LITSSR; Litva
Lithuanian Soviet Socialist Republic; Lithuania
Litauische Sozialistische Sowjetrepublik; Litauen

Moldavskaja Sovetskaja Socialističeskaja respublika, Moldavskaja
  SSR, MOLDSSR; Moldavija
Moldavian Soviet Socialist Republic; Moldavia
Moldauische Sozialistische Sowjetrepublik; Moldau

Administrative-territorial survey
Administrativ-territoriale Zusammensetzung

NATIONAL STATE STRUCTURE OF THE USSR
NATIONAL-STAATLICHER AUFBAU DER UdSSR
NACIONAL'NO-GOSUDARSTVENNOE USTROJSTVO SSSR

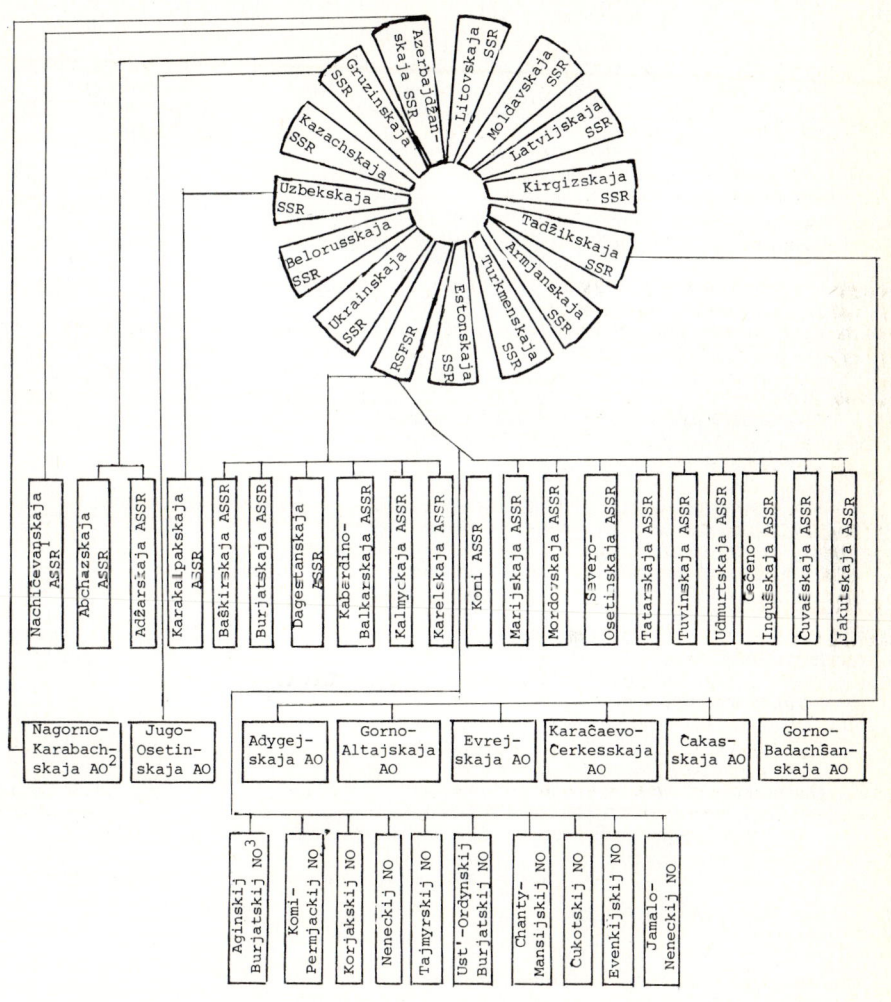

1 ASSR - Avtonomnaja respublika - Autonomous Republic - Autonome Republik
2 AO   - Avtonomnaja oblast' - Autonomous Oblast - Autonomes Gebiet
3 NO   - Nacional'nyj okrug - National Okrug - Nationaler Kreis

1.2 Administrative-territorial survey
Administrativ-territoriale Zusammensetzung

1.2 UNION REPUBLICS (TERRITORY AND CAPITALS)
UNIONSREPUBLIKEN (TERRITORIUM UND HAUPTSTÄDTE)
SOJUZNYE RESPUBLIKI (PLOČSAD' I STOLICY)

	Territory Territorium ploščad' ('000 sq km) (1000 km²)	Capitals Hauptstädte stolicy	Date of Foundation Gründungs- datum Data obrazo- vanija	Date of Entry into the USSR Datum des Eintritts in die UdSSR Data vchoždenija v SSSR
RSFSR	17,075.4	Moskva	7.11.1917	30.12.1922
Ukrainskaja SSR	603.7	Kiev	25.12.1917	30.12.1922
Belorusskaja SSR	207.6	Minsk	1. 1.1919	30.12.1922
Uzbekskaja SSR	447.4	Taškent	27.10.1924	27.10.1924
Kazachskaja SSR	2,717.3	Alma-Ata	5.12.1936	5.12.1936
Gruzinskaja SSR	69.7	Tbilisi	25. 2.1921	30.12.1922 +)
Azerbajdžanskaja SSR	86.6	Baku	28. 4.1920	30.12.1922 +)
Litovskaja SSR	65.2	Vilnius	21. 7.1940	3. 8.1940
Moldavskaja SSR	33.7	Kišinev	2. 8.1940	2. 8.1940
Latvijskaja SSR	63.7	Riga	21. 7.1940	5. 8.1940
Kirgizskaja SSR	198.5	Frunze	5.12.1936	5.12.1936
Tadžikskaja SSR	143.1	Dušanbe	16.10.1929	5.12.1929
Armjanskaja SSR	29.8	Erevan	29.11.1920	30.12.1922 +)
Turkmenskaja SSR	488.1	Aschabad	27.10.1924	27.10.1924
Estonskaja SSR	45.1	Tallin	21. 7.1940	6. 8.1940

+) as a member of the Transcaucasian Federation
+) als Mitglied der Transkaukasischen Föderation
+) v sostave Zakavkazskoj Federacii

Administrative-territorial survey
Administrativ-territoriale Zusammensetzung 1.3

1.3 AUTONOMOUS REPUBLICS - AUTONOME REPUBLIKEN - AVTONOMNYE RESPUBLIKI

	Territory Territorium ploŝčad' ('000 sq.km) (1000 km^2)	Capital Hauptstadt stolicy	Date of Foundation Gründungs- datum data obra- zovanija
RSFSR			
Baŝkirskaja ASSR	143.6	Ufa	23. 3.1919
Burjatskaja ASSR	351.3	Ulan-Ude	30. 5.1923
Dagestanskaja ASSR	50.3	Machačkala	20. 1.1921
Kabardino-Balkarskaja ASSR	12.5	Nal'čik	5.12.1936
Kalmyckaja ASSR	75.9	Elista	20.10.1935
Karelskaja ASSR	172.4	Petrozavodsk	25. 7.1923
Komi ASSR	415.9	Syktyvkar	5.12.1936
Marijskaja ASSR	23.2	Joŝkar-Ola	5.12.1936
Mordovskaja ASSR	26.2	Saransk	20.12.1934
Severo-Osetinskaja ASSR	8.0	Ordžonikidze	5.12.1936
Tatarskaja ASSR	68.0	Kazan'	27. 5.1920
Tuvinskaja ASSR	170.5	Kyzyl	10.10.1961
Udmurtskaja ASSR	42.1	Iževsk	28.12.1934
Čečeno-Inguŝskaja ASSR	19.3	Groznyj	5.12.1936
Čuvaŝskaja ASSR	18.3	Čeboksary	21. 4.1925
Jakutskaja ASSR	3,103.2	Jakutsk	27. 4.1922
Uzbekskaja SSR			
Karakalpakskaja ASSR	165.6	Nukus	20. 3.1932
Gruzinskaja SSR			
Abchazskaja ASSR	8.6	Suchumi	4. 3.1921
Adžarskaja ASSR	3.0	Batumi	16. 7.1921
Azerbajdžanskaja SSR			
Nachičevanskaja ASSR	5.5	Nachičevan'	9. 2.1924

1.4 AUTONOMOUS REGIONS, NATIONAL KRAIS, OBLASTS, RAIONS, AND
VILLAGE SOVIETS IN THE UNION REPUBLICS (as of Jan.1, 1977)
AUTONOME GEBIETE, NATIONALE KREISE, KRAJS, OBLAST, RAYONS UND
DORFSOWJETS IN DEN UNIONSREPUBLIKEN (zum 1.1.1977)
AVTONOMNYE OBLASTI, NACIONAL'NYE OKRUGA, KRAJA, OBLASTI,
RAJONY I SEL'SOVETY V SOJUZNYCH RESPUBLIKACH (1.1.1977)

Union Republics Unionsrepubliken Sojuznye respubliki	Autonomous Oblasts Autonome Oblast Avtonomnye Oblasti	Krais Krajs Kraja	Oblasts Oblast Oblasti	National Krais Nationale Kreise Nacional'- nye okruga	Raions(with- out cities) Rayons(ohne Städte) Rajony(bez gorodskich)	Village Soviets Dorf- sowjets Sel'skie sovety
SSSR	8	6	120	10	3,117	41,249
RSFSR	5	6	49	10	1,783	22,710
Ukrainskaja SSR	-	-	25	-	477	8,542
Belorusskaja SSR	-	-	6	-	117	1,512
Uzbekskaja SSR	-	-	11	-	134	977
Kazachskaja SSR	-	-	19	-	210	2,174
Gruzinskaja SSR	1	-	-	-	65	923
Azerbajdžanskaja SSR	1	-	-	-	61	1,051
Litovskaja SSR	-	-	-	-	44	594
Moldavskaja SSR	-	-	-	-	34	712
Latvijskaja SSR	-	-	-	-	26	507
Kirgizskaja SSR	-	-	3	-	34	362
Tadžikskaja SSR	1	-	2	-	41	293
Armjanskaja SSR	-	-	-	-	36	469
Turkmenskaja SSR	-	-	5	-	40	229
Estonskaja SSR	-	-	-	-	15	194

1.5 CITIES, URBAN-TYPE SETTLEMENTS AND RAIONS IN THE CITIES
STÄDTE, STÄDTISCHE SIEDLUNGEN UND RAYONS IN DEN STÄDTEN
GORODA, POSELKI GORODSKOGO TIPA I RAJONY V GORODACH
(as of Jan.1, 1977 - zum 1.1.1977)

	Cities Städte Goroda Total Insg. Vsego	Urban-type settlements[1] Städtische Siedlungen[1] Poselki gorod- skogo tipa	Raions in the Cities Rayons in den Städten Rajony v gorodach
SSSR	2,040	3,784	572
RSFSR	995	2,015	344
Ukrainskaja SSR	398	896	115
Belorusskaja SSR	96	109	16
Uzbekskaja SSR	82	84	12
Kazachskaja SSR	82	189	29
Gruzinskaja SSR	51	62	8
Azerbajdžanskaja SSR	60	125	10
Litovskaja SSR	92	20	7
Moldavskaja SSR	21	37	3
Latvijskaja SSR	56	36	6
Kirgizskaja SSR	17	32	4
Tadžikskaja SSR	18	47	4
Armjanskaja SSR	24	33	7
Turkmenskaja SSR	15	73	3
Estonskaja SSR	33	26	4

[1] Urban-type settlements: all suburbs lying outside the city limits - workers' settle-
ments with more than 3,000 inhabitants, health resorts with more than 2,000
inhabitants, vacation colonies - Städtische Siedlungen: alle Vororte, die außerhalb
der Stadtgrenze liegen - Arbeitersiedlungen mit über 3.000 Einwohnern, Kurorte mit
über 2.000 Einwohnern, Feriensiedlungen

2. POPULATION – BEVÖLKERUNG – NASELENIE

2.1 POPULATION - BEVÖLKERUNG - NASELENIE 1897 - 1977

Year Jahr Gody	Number Gesamtzahl čislennost' in Mill.	urban Stadt gorod- skoge	rural Land sel'- skoge	Percent of total urban in % zur Gesamtbevölkerung Stadt % ko vsemu naseleniju gorodskoe	rural Land sel'skoe
1897	124,6	18,4	106,2	15	85
1913	159,2	28,5	130,7	18	82
1940	194,1	63,1	131,0	33	67
1951	181,6	73,0	108,6	40	60
1956	197,9	88,2	109,7	45	55
1959	208,8	100,0	108,8	48	52
1961	216,3	107,9	108,4	50	50
1966	232,2	123,7	108,5	53	47
1967	234,8	126,9	107,9	54	46
1968	237,2	129,8	107,4	55	45
1969	239,5	132,9	106,6	55	45
1970	241,7	136,0	105,7	56	44
1971	243,9	139,0	104,9	57	43
1972	246,3	142,5	103,8	58	42
1973	248,6	146,1	102,5	59	41
1974	250,9	149,6	101,3	60	40
1975	253,3	153,1	100,1	60	40
1976	255,5	156,6	98,9	61	39
1977	257,8	159,6	98,2	62	38
1978	260,0				

2.2 Population
Bevölkerung

2.2 POPULATION OF USSR AND THE UNION REPUBLICS
BEVÖLKERUNG DER UdSSR UND DER UNIONSREPUBLIKEN
NASELENIE SSSR I SOJUZNYCH RESPUBLIK

CENSUS - VOLKSZÄHLUNG - PEREPIS' NASELENIJA 1939, 1959, 1970

	Total - Gesamtbevölkerung - vse naselenie		
	1939	1959	1970
SSSR	190,677,890	208,826,650	241,720,134
RSFSR	108,377,210	117,534,306	130,079,210
Ukrainskaja SSR	40,468,848	41,869,046	47,126,517
Belorusskaja SSR	8,912,218	8,055,714	9,002,338
Uzbekskaja SSR	6,346,928	8,119,103	11,799,429
Kazachskaja SSR	6,081,361	9,294,741	13,008,726
Gruzinskaja SSR	3,540,023	4,044,045	4,686,358
Azerbajdžanskaja SSR	3,205,150	3,697,717	5,117,081
Litovskaja SSR	2,880,000	2,711,445	3,128,236
Moldavskaja SSR	2,452,023	2,884,477	3,568,873
Latvijskaja SSR	1,884,756	2,093,458	2,364,127
Kirgizskaja SSR	1,458,213	2,065,837	2,932,805
Tadžikskaja SSR	1,484,922	1,980,547	2,899,602
Armjanskaja SSR	1,282,338	1,763,048	2,491,873
Turkmenskaja SSR	1,251,883	1,516,375	2,158,880
Estonskaja SSR	1,052,017	1,196,791	1,356,079

Population 2.2.1
Bevölkerung 2.2.2

2.2.1 URBAN - STADTBEVÖLKERUNG - GORODSKOE NASELENIE

	1939		1959		1970	
	Total Insg. vsego	%	Total Insg. vsego	%	Total Insg. vsego	%
SSSR	60,409,216	32	99,977,695	48	135,991,514	56
RSFSR	36,295,552	33	61,611,074	52	80,981,143	62
Ukrainskaja SSR	13,568,999	34	19,147,419	46	25,688,560	55
Belorusskaja SSR	1,854,817	21	2,480,505	31	3,907,783	43
Uzbekskaja SSR	1,469,847	23	2,728,580	34	4,321,603	37
Kazachskaja SSR	1,689,450	28	4,067,224	44	6,538,652	50
Gruzinskaja SSR	1,066,226	30	1,712,897	42	2,239,738	48
Azerbajdžanskaja SSR	1,156,798	36	1,767,270	48	2,564,551	50
Litovskaja SSR	658,900	23	1,045,965	39	1,571,737	50
Moldavskaja SSR	328,581	13	642,244	22	1,130,048	32
Latvijskaja SSR	662,669	35	1,173,976	56	1,476,602	62
Kirgizskaja SSR	270,086	19	696,207	34	1,097,498	37
Tadžikskaja SSR	249,301	17	646,178	33	1,076,700	37
Armjanskaja SSR	366,447	29	881,844	50	1,481,532	59
Turkmenskaja SSR	416,264	33	700,797	46	1,034,199	48
Estonskaja SSR	355,279	34	675,515	56	881,168	65

2.2.2 RURAL - LANDBEVÖLKERUNG - SEL'SKOE NASELENIE

	1939		1959		1970	
	Total Insg. vsego	%	Total Insg. vsego	%	Total Insg. vsego	%
SSSR	130,268,674	68	108,848,955	52	105,728,620	44
RSFSR	72,081,658	67	55,923,232	48	49,098,067	38
Ukrainskaja SSR	26,899,849	66	22,721,627	54	21,437,957	45
Belorusskaja SSR	7,057,401	79	5,575,209	69	5,094,555	57
Uzbekskaja SSR	4,877,081	77	5,390,523	66	7,477,826	63
Kazachskaja SSR	4,391,911	72	5,227,517	56	6,470,074	50
Gruzinskaja SSR	2,473,797	70	2,331,148	58	2,446,620	52
Azerbajdžanskaja SSR	2,048,352	64	1,930,447	52	2,552,530	50
Litovskaja SSR	2,221,100	77	1,665,480	61	1,556,499	50
Moldavskaja SSR	2,123,442	87	2,242,233	78	2,438,825	68
Latvijskaja SSR	1,222,087	65	919,482	44	887,525	38
Kirgizskaja SSR	1,188,127	81	1,369,630	66	1,835,307	63
Tadžikskaja SSR	1,235,621	83	1,334,369	67	1,822,902	63
Armjanskaja SSR	915,891	71	881,204	50	1,010,341	41
Turkmenskaja SSR	835,619	67	815,578	54	1,124,681	52
Estonskaja SSR	696,738	66	521,276	44	474,911	35

2.3 Population / Bevölkerung

2.3 POPULATION OF UNION REPUBLICS - BEVÖLKERUNG DER ('000)

	1897	1920	1926	1939	1951
SSSR	124,649	136,810	147,028	190,678	181,603
A urban Stadtbevölkerung gorodskoe naselenie	18,436	20,885	26,314	60,409	73,005
B rural Landbevölkerung sel'skoe naselenie	106,213	115,925	120,714	130,269	108,598
1. RSFSR	67,473	88,247	92,735	108,377	102,945
A	9,894	12,553	16,455	36,296	45,901
B	57,579	75,694	76,280	72,081	57,044
2. Ukrainskaja SSR	28,445	26,400	29,515	40,469	37,223
A	4,320	5,110	5,673	13,569	13,447
B	24,125	21,290	23,842	26,900	23,776
3. Belorusskaja SSR	6,673	4,359	4,986	8,912	7,781
A	899	740	848	1,855	1,726
B	5,774	3,619	4,138	7,057	6,055
4. Uzbekskaja SSR	3,948	4,470	4,621	6,347	6,434
A	743	807	1,012	1,470	1,975
B	3,205	3,663	3,609	4,877	4,459
5. Kazachskaja SSR	4,333	5,400	6,025	6,082	6,813
A	303	380	519	1,690	2,675
B	4,030	5,020	5,506	4,392	4,138
6. Gruzinskaja SSR	1,894	2,408	2,677	3,540	3,560
A	359	481	594	1,066	1,291
B	1,535	1,927	2,083	2,474	2,269
7. Azerbajdžanskaja SSR	1,807	1,952	2,314	3,205	2,933
A	305	406	650	1,157	1,320
B	1,502	1,546	1,664	2,048	1,613
8. Litovskaja SSR	2,536	...	...	2,880	2,561
A	355	...	...	659	792
B	2,181	...	...	2,221	1,769
9. Moldavskaja SSR	1,615	2,331	2,421	2,452	2,392
A	251	48	31	328	418
B	1,364	185	211	2,124	1,974
10. Latvijskaja SSR	1,929	...	...	1,885	1,954
A	542	...	...	663	917
B	1,387	...	...	1,222	1,037
11. Kirgizskaja SSR	663	860	1,002	1,458	1,764
A	63	93	122	270	503
B	600	767	880	1,188	1,261
12. Tadžikskaja SSR	810	924	1,032	1,485	1,554
A	69	58	106	249	424
B	741	866	926	1,236	1,130
13. Armjanskaja SSR	798	720	881	1,282	1,360
A	97	122	167	366	599
B	701	598	714	916	761
14. Turkmenskaja SSR	750	837	998	1,252	1,225
A	79	87	137	416	469
B	671	750	861	836	756
15. Estonskaja SSR	975	...	...	1,052	1,104
A	157	...	...	355	548
B	818	...	...	697	556

Population 2.3
Bevölkerung

UNIONSREPUBLIKEN - NASELENIJE SOJUZNYCH RESPUBLIK
(1000)

1956	1959	1961	1966	1970	1974	1976	
197,902	208,827	216,286	232,243	241,720	250,869	255,524	
88,171	99,978	107,883	123,720	135,991	149,589	156,590	A
109,731	108,849	108,403	108,523	105,729	101,280	98,934	B
112,266	117,534	120,766	127,189	130,079	132,913	134,650	1.
55,392	61,611	66,098	74,698	80,981	88,231	92,101	A
56,874	55,923	54,668	52,491	49,098	44,682	42,549	B
39,742	41,869	43,097	45,548	47,126	48,521	49,075	2.
16,038	19,147	20,647	23,358	25,688	28,195	29,341	A
23,704	22,722	22,450	22,190	21,438	20,326	19,734	B
7,850	8,056	8,233	8,656	9,002	9,268	9,371	3.
2,115	2,481	2,745	3,337	3,908	4,549	4,868	A
5,735	5,575	5,488	5,319	5,094	4,719	4,503	B
7,341	8,119	8,722	10,399	11,800	13,289	14,079	4.
2,382	2,729	3,036	3,704	4,322	5,030	5,484	A
4,959	5,390	5,686	6,695	7,478	8,259	8,595	B
8,283	9,295	10,236	12,047	13.009	13,928	14,337	5.
3,368	4,067	4,590	5,702	6,538	7,348	7,706	A
4,915	5,228	5,646	6,345	6,471	6,580	6,631	B
3,876	4,044	4,190	4,505	4,686	4,878	4,954	6.
1,549	1,713	1,803	2,073	2,240	2,398	2,507	A
2,327	2,331	2,387	2,432	2,446	2,480	2,447	B
3,375	3,698	3,973	4,640	5,117	5,514	5,689	7.
1,617	1,767	1,946	2,300	2,564	2,821	2,943	A
1,758	1,931	2,027	2,340	2,553	2,693	2,746	B
2,644	2,711	2,802	2,989	3,128	3,262	3,315	8.
928	1,046	1,127	1,343	1,571	1,796	1,903	A
1,716	1,665	1,675	1,646	1,557	1,466	1,412	B
2,652	2,885	3,039	3,367	3,569	3,764	3,850	9.
534	643	725	949	1,130	1,332	1,433	A
2,118	2,242	2,314	2,418	2,439	2,432	2,417	B
2,020	2,093	2,144	2,279	2,364	2,454	2,497	10.
1,056	1,174	1,226	1,374	1,477	1,584	1,650	A
964	919	918	905	887	870	847	B
1,920	2,066	2,214	2,615	2,933	3,219	3,368	11.
611	696	760	965	1,098	1,228	1,312	A
1,309	1,370	1,454	1,650	1,835	1,991	2,056	B
1,808	1,981	2,120	2,556	2,900	3,283	3,486	12.
577	646	720	921	1,077	1,242	1,300	A
1,231	1,335	1,400	1,635	1,823	2,041	2,186	B
1,592	1,763	1,905	2,239	2,492	2,728	2,834	13.
755	882	988	1,258	1,482	1,699	1,806	A
837	881	917	981	1,010	1,029	1,028	B
1,371	1,516	1,623	1,917	2,159	2,430	2,581	14.
609	700	763	924	1,034	1,182	1,254	A
762	816	860	993	1,125	1,248	1,327	B
1,162	1,197	1,222	1,297	1,356	1,418	1,438	15.
640	676	709	814	881	954	982	A
522	521	513	483	475	464	456	B

2.4 Population / Bevölkerung

2.4 POPULATION OF THE ECONOMIC RAIONS, AUTONOMOUS
BEVÖLKERUNG DER WIRTSCHAFTSRAYONS, AUTONOMEN
NASELENIE EKONOMIČESKICH RAJONOV, AVTONOMNYCH
(1000)

	1926			1939		
	Total Insg. vsego	urban Stadt gorodskoe	rural Land sel'skoe	Total Insg. vsego	urban Stadt gorodskoe	rural Land sel'skoe
SSSR	147,028	26,314	120,714	190,678	60,409	130,269
RSFSR	92,735	16,455	76,280	108,377	36,296	72,081
1. Severo-Zapadnyj rajon	8,538	2,491	6,047	11,174	5,366	5,808
Archangel'skaja oblast'	861	114	747	1,109	435	674
Neneckij nacional'nyj okrug	14	--	14	46	14	32
Vologodskaja oblast'	1,728	156	1,572	1,601	288	1,313
g. Leningrad[1]	1,737	1,737	---	3,401	3,401	---
Leningradskaja oblast'	923	142	781	1,279	375	904
Murmanskaja oblast'	32	17	15	291	245	46
Novgorodskaja oblast'	1,092	133	959	1,153	243	910
Pskovskaja oblast'	1,678	128	1,550	1,551	100	1,451
Karel'skaja ASSR	261	54	207	469	150	319
Komi ASSR	226	10	216	320	29	291
2. Central'nyj rajon	22,472	5,183	17,289	26,595	10,934	15,661
Brjanskaja oblast'	1,709	265	1,444	1,802	450	1,352
Vladimirskaja oblast'	1,211	262	949	1,344	494	850
Ivanovskaja oblast'	1,064	330	734	1,385	727	658
Kalininskaja oblast'	2,667	325	2,342	2,487	609	1,878
Kalužskaja oblast'	1,324	138	1,186	1,183	235	948
Kostromskaja oblast'	1,081	128	953	1,077	239	838
g. Moskva[1]	2,080	2,080	---	4,542	4,542	---
Moskovskaja oblast'	2,608	630	1,978	4,256	1,686	2,570
Orlovskaja oblast'	1,537	146	1,391	1,286	162	1,124
Rjazanskaja oblast'	2,079	163	1,916	1,925	204	1,721
Smolenskaja oblast'	2,166	216	1,950	1,980	363	1,617
Tul'skaja oblast'	1,523	221	1,302	1,726	616	1,110
Jaroslavskaja oblast'	1,423	279	1,144	1,602	607	995
3. Volgo-Vjatskij rajon	7,602	699	6,903	8,695	1,778	6,917
Gor'kovskaja oblast'	2,754	444	2,310	3,565	1,143	2,422
Kirovskaja oblast'	2,209	142	2,067	2,284	346	1,938
Marijskaja ASSR	489	20	469	581	76	505
Mordovskaja ASSR	1,259	48	1,211	1,187	82	1,105
Čuvašskaja ASSR	891	45	846	1,078	131	947
4. Central'no-Černozemnyj rajon	9,542	900	8,642	9,153	1,293	7,860
Belgorodskaja oblast'	1,677	118	1,559	1,440	95	1,345
Voronežskaja oblast'	2,525	277	2,248	2,709	553	2,156
Kurskaja oblast'	1,846	161	1,685	1,773	182	1,591
Lipeckaja oblast'	1,478	128	1,350	1,353	185	1,168
Tambovskaja oblast'	2,016	216	1,800	1,878	278	1,600

[1] Including urban-type settlements under the jurisdiction of the City Soviet
[1] Einschl. der dem Stadtsowjet unterstellten Siedlungen städtischen Typs
[1] i gorodskie poselenija, podčinennye gorsovetu

Population 2.4
Bevölkerung

REPUBLICS, KRAIS AND OBLASTS
REPUBLIKEN, KRAI UND OBLASTI
RESPUBLIK, KRAEV I OBLASTEJ
(1000)

	1959			1970			1974		
	Total Insg. vsego	urban Stadt gorod- skoe	rural Land sel' skoe	Total Insg. vsego	urban Stadt gorod- skoe	rural Land sel' skoe	Total Insg. vsego	urban Stadt gorod- skoe	rural Land sel' skoe
	208,827	99,978	108,849	241,720	135,991	105,729	250,869	149,589	101,280
	117,534	61,611	55,923	130,079	80,981	49,098	132,913	88,231	44,682
1.	10,865	7,023	3,842	12,157	8,913	3,244	12,611	9,658	2,953
	1,267	666	601	1,401	921	480	1,421	993	428
	37	17	20	39	21	18	39	22	17
	1,309	453	856	1,296	616	680	1,283	690	593
	3,340	3,340	---	3,987	3,987	---	4,243	4,243	---
	1,226	609	617	1,399	834	565	1,471	911	560
	568	523	45	799	708	91	881	782	99
	736	281	455	722	386	336	718	424	294
	953	258	695	875	373	502	860	421	439
	651	409	242	713	490	223	722	533	189
	815	484	331	965	598	367	1,012	661	351
2.	25,718	15,287	10,431	27,652	19,703	7,949	28,136	21,128	7,008
	1,550	540	1,010	1,582	750	832	1,540	819	721
	1,405	796	609	1,511	1,023	488	1,537	1,099	438
	1,320	876	444	1,339	1,010	329	1,323	1,037	286
	1,805	786	1,019	1,717	976	741	1,693	1,049	644
	938	350	588	995	516	479	986	563	423
	921	366	555	871	465	405	814	494	320
	6,044	6,044	---	7,077	7,077	---	7,528	7,528	---
	4,906	2,755	2,151	5,759	3,957	1,802	6,015	4,275	1,740
	929	221	708	931	362	569	897	424	473
	1,445	433	1,012	1,412	665	747	1,375	733	642
	1,141	366	775	1,106	529	577	1,090	593	497
	1,918	1,160	758	1,952	1,392	560	1,938	1,471	467
	1,396	814	582	1,400	981	419	1,400	1,043	357
3.	8,252	3,216	5,036	8,348	4,412	3,936	8,271	4,790	3,481
	3,618	1,882	1,736	3,683	2,378	1,305	3,656	2,526	1,130
	1,886	704	1,182	1,727	944	783	1,666	1,012	654
	648	183	465	685	280	405	690	329	361
	1,002	184	818	1,029	373	656	1,002	415	587
	1,098	263	835	1,224	437	787	1,257	508	749
4.	7,769	2,117	5,652	7,998	3,214	4,784	7,823	3,635	4,188
	1,226	240	986	1,261	444	817	1,257	547	710
	2,369	821	1,548	2,527	1,151	1,376	2,498	1,259	1,239
	1,483	303	1,180	1,474	486	988	1,423	581	842
	1,142	345	797	1,224	542	682	1,215	605	610
	1,549	408	1,141	1,512	591	921	1,430	643	787

2.4 Population
    Bevölkerung

	1926			1939		
	Total Insg. vsego	urban Stadt gorod- skoe	rural Land sel' skoe	Total Insg. vsego	urban Stadt gorod- skoe	rural Land sel' skoe
5. Povolžskij rajon	14,876	2,075	12,801	15,456	3,938	11,518
Astrachanskaja oblast'	615	207	408	683	294	389
Volgogradskaja oblast'	1,724	280	1,444	1,775	613	1,162
Kujbyševskaja oblast'	1,454	262	1,192	1,644	577	1,067
Penzenskaja oblast'	1,997	220	1,777	1,648	285	1,363
Saratovskaja oblast'	2,541	470	2,071	2,273	788	1,485
Ul'janovskaja oblast'	1,276	126	1,150	1,183	196	987
Baškirskaja ASSR	2,546	229	2,317	3,157	541	2,616
Kalmyckaja ASSR	135	---	135	179	30	149
Tatarskaja ASSR	2,588	281	2,307	2,914	614	2,300
6. Severo-Kavkazskij rajon	9,135	1,740	7,395	10,332	3,077	7,255
Krasnodarskij kraj	3,196	553	2,643	3,167	784	2,383
of which-darunter- v tom čisle: Adygejskaja avtonomnaja oblast'	262	53	209	278	56	222
Stavropol'skij kraj	1,695	247	1,448	1,764	351	1,413
of which-darunter- v tom čisle: Karačaevo- Čerkesskaja avtonomnaja oblast'	178	19	159	251	39	212
Rostovskaja oblast'	2,450	643	1,807	2,893	1,264	1,629
Dagestanskaja ASSR	744	85	659	1,023	220	803
Kabardino-Balkarskaja ASSR	224	16	208	350	85	265
Severo-Osetinskaja ASSR	287	94	193	408	174	234
Čečeno-Ingušskaja ASSR	539	102	437	727	199	528
7. Ural'skij rajon	8,261	1,599	6,662	10,298	4,213	6,085
Kurganskaja oblast'	1,236	62	1,174	976	97	879
Orenburgskaja oblast'	1,498	213	1,285	1,675	380	1,295
Permskaja oblast'	1,734	317	1,417	2,084	827	1,257
of which-darunter- v tom čisle: Komi-Perm- jackij nacional'nyj okrug	171	---	171	169	14	155
Sverdlovskaja oblast'	1,716	557	1,159	2,611	1,555	1,056
Čeljabinskaja oblast'	1,052	322	730	1,729	1,034	695
Udmurtskaja ASSR	1,025	128	897	1,223	320	903
8. Zapadno-Sibirskij rajon	7,432	877	6,555	8,927	2,581	6,346
Altajskij kraj	2,586	199	2,387	2,387	411	1,976
of which-darunter- v tom čisle: Gorno-Altaj- skaja avtonomnaja oblast'	107	6	101	162	24	138
Kemerovskaja oblast'	798	120	678	1,654	910	744
Novosibirskaja oblast'	1,588	171	1,417	1,862	582	1,280
Omskaja oblast'	1,122	193	929	1,390	330	1,060
Tomskaja oblast'	395	94	301	643	172	471
Tjumenskaja oblast'	943	100	843	991	176	815
of which-darunter- v tom čisle: Chanty-Mansijskij nacional' nyj okrug	39	3	36	93	8	85
Jamalo-Neneckij nacional'- nyj okrug	19	---	19	48	13	35

Population 2.4
Bevölkerung

	1959			1970			1974			
Total Insg. vsego	urban Stadt gorodskoe	rural Land sel'skoe	Total Insg. vsego	urban Stadt gorodskoe	rural Land sel'skoe	Total Insg. vsego	urban Stadt gorodskoe	rural Land sel'skoe	
15,975	7,348	8,627	18,374	10,482	7,892	18,845	11,695	7,150	5.
702	365	337	868	526	342	899	577	322	
1,854	1,008	846	2,323	1,523	800	2,399	1,660	739	
2,256	1,397	859	2,751	1,970	781	2,956	2,247	709	
1,508	500	1,008	1,536	679	857	1,504	741	763	
2,163	1,164	999	2,454	1,598	856	2,495	1,732	763	
1,117	404	713	1,225	641	584	1,230	722	508	
3,340	1,281	2,059	3,818	1,839	1,979	3,825	2,027	1,798	
185	39	146	268	92	176	269	107	162	
2,850	1,190	1,660	3,131	1,614	1,517	3,268	1,882	1,386	
11,601	4,961	6,640	14,281	7,106	7,175	14,899	7,849	7,050	6.
3,756	1,462	2,294	4,510	2,121	2,389	4,666	2,308	2,358	
324	105	219	385	152	233	400	180	220	
1,889	587	1,302	2,306	980	1,326	2,400	1,118	1,282	
285	66	219	345	113	232	356	124	232	
3,312	1,899	1,413	3,831	2,420	1,411	3,967	2,633	1,334	
1,063	315	748	1,429	505	924	1,521	566	955	
420	166	254	588	280	308	634	354	280	
451	238	213	552	356	196	582	389	193	
710	294	416	1,065	444	621	1,129	481	648	
14,184	8,863	5,321	15,185	10,440	4,745	15,233	11,047	4,186	7.
999	328	671	1,085	464	621	1,065	511	554	
1,832	827	1,005	2,050	1,088	962	2,057	1,189	868	
2,991	1,765	1,226	3,023	2,031	992	2,974	2,122	852	
236	34	202	212	40	172	188	40	148	
4,045	3,074	971	4,320	3,485	835	4,356	3,639	717	
2,979	2,275	704	3,289	2,563	726	3,345	2,688	657	
1,338	594	744	1,418	809	609	1,436	898	538	
11,252	5,724	5,528	12,109	7,431	4,678	12,291	8,071	4,220	8.
2,682	882	1,800	2,670	1,228	1,442	2,638	1,336	1,302	
157	30	127	168	40	128	165	45	120	
2,786	2,149	637	2,918	2,401	517	2,910	2,467	443	
2,299	1,275	1,024	2,505	1,638	867	2,531	1,755	776	
1,645	711	934	1,824	1,008	816	1,858	1,134	724	
747	360	387	786	466	320	818	525	293	
1,093	347	746	1,406	690	716	1,536	854	682	
124	33	91	271	170	101	362	249	113	
62	22	40	80	34	46	109	58	51	

15

2.4 Population / Bevölkerung

	1926			1939		
	Total Insg. vsego	urban Stadt gorodskoe	rural Land sel'skoe	Total Insg. vsego	urban Stadt gorodskoe	rural Land sel'skoe
9. Vostočno-Sibirskij rajon	3,305	523	2,782	4,771	1,731	3,040
Krasnojarskij kraj	1,426	167	1,259	1,959	585	1,374
of which - darunter - v tom čisle:						
Chakasskaja avtonomnaja oblast'	121	6	115	276	111	165
Tajmyrskij(Dolgano-Nenec-kij)nacional'nyj okrug	7	---	7	15	---	15
Evenkijskij nacional'nyj okrug	5	---	5	10	2	8
Irkutskaja oblast'	861	186	675	1,303	581	722
of which - darunter - v tom čisle:						
Ust'-Ordynskij Burjatskij nacional'nyj okrug	119	---	119	131	---	131
Čitinskaja oblast'	629	120	509	963	398	565
of which-darunter-v tom čisle: Aginskij Burjatskij nacional'nyj okrug	34	---	34	36	---	36
Burjatskaja ASSR	389	50	339	546	167	379
Tuvinskaja ASSR	...	...	...	...	...	...
10. Dal'nevostočnyj rajon	1,572	368	1,204	2,976	1,385	1,591
Primorskij kraj	637	173	464	888	452	436
Chabarovskij kraj	183	69	114	658	416	242
of which-darunter-v tom čisle: Evrejskaja avtonomaja oblast'	36	9	27	109	72	37
Amurskaja oblast'	414	106	308	634	289	345
Kamčatskaja oblast'	19	2	17	109	35	74
of which-darunter-v tom čisle: Korjakskij nacional'nyj okrug	10	---	10	23	---	23
Magadanskaja oblast'	20	---	20	173	31	142
of which-darunter-v tom čisle: Čukotskij nacional'nyj okrug	13	---	13	21	3	18
Sachalinskaja oblast'	12	3	9	100	50	50
Jakutskaja ASSR	287	15	272	414	112	302
Ukrainskaja SSR	29,515	5,673	23,842	40,469	13,569	26,900
11. Donecko-Pridneprovskij rajon	13,735	2,727	11,008	15,942	7,651	8,291
Vorošilovgradskaja oblast'	1,322	286	1,036	1,837	1,209	628
Dnepropetrovskaja oblast'	1,790	396	1,394	2,273	1,206	1,067
Doneckaja oblast'	1,645	648	997	3,104	2,421	683
Zaporožskaja oblast'	1,108	129	979	1,389	546	843

Population 2.4
Bevölkerung

	1959			1970			1974		
Total Insg. vsego	urban Stadt gorod- skoe	rural Land sel'	Total Insg. vsego	urban Stadt gorod- skoe	rural Land sel' skoe	Total Insg. vsego	urban Stadt gorod- skoe	rural Land sel' skoe	
6,473	3,413	3,060	7,463	4,612	2,851	7,733	5,101	2,632	9.
2,615	1,296	1,319	2,962	1,831	1,131	3,041	2,006	1,035	
411	222	189	446	266	180	471	300	171	
33	20	13	38	23	15	42	26	16	
11	2	9	13	4	9	14	5	9	
1,977	1,227	750	2,313	1,673	640	2,411	1,827	584	
146	20	126	146	25	121	140	27	113	
1,036	564	472	1,145	658	487	1,192	730	462	
46	---	46	66	14	52	68	18	50	
673	276	397	812	363	449	841	440	401	
172	50	122	231	87	144	248	98	150	
4,834	3,265	1,569	5,780	4,132	1,648	6,300	4,674	1,626	10.
1,381	928	453	1,721	1,254	467	1,872	1,410	462	
1,142	848	294	1,346	1,047	299	1,451	1,150	301	
163	117	46	172	118	54	184	127	57	
718	429	289	793	490	303	849	552	297	
221	141	80	288	219	69	334	276	58	
28	6	22	31	10	21	33	13	20	
236	191	45	353	264	89	411	312	99	
47	27	20	101	70	31	118	85	33	
649	489	160	615	483	132	647	530	117	
487	239	248	664	375	289	736	444	292	
41,869	19,147	22,722	47,126	25,688	21,438	48,521	28,195	20,326	
17,766	11,248	6,518	20,057	14,107	5,950	20,620	15,081	5,539	11.
2,452	1,944	508	2,751	2,271	480	2,802	2,355	447	
2,705	1,899	806	3,343	2,549	794	3,505	2,760	745	
4,263	3,656	607	4,892	4,276	616	5,061	4,481	580	
1,464	829	635	1,775	1,167	608	1,861	1,288	573	

2.4 Population / Bevölkerung

	1926			1939		
	Total Insg. vsego	urban Stadt gorodskoe	rural Land sel'skoe	Total Insg. vsego	urban Stadt gorodskoe	rural Land sel'skoe
Kirovogradskaja oblast'	1,522	165	1,357	1,222	225	997
Poltavskaja oblast'	2,199	273	1,926	1,890	381	1,509
Sumskaja oblast'	1,824	236	1,588	1,673	319	1,354
Charkovskaja oblast'	2,325	594	1,731	2,554	1,344	1,210
12. Jugo-Zapadnyj rajon	12,115	1,864	10,251	19,664	4,133	15,531
Vinnickaja oblast'	2,434	273	2,161	2,268	271	1,997
Volynskaja oblast'	...	...	...	1,034	169	865
Žitomirskaja oblast'	1,760	286	1,474	1,692	347	1,345
Zakarpatskaja oblast'	...	...	...	...	...	...
Ivano-Frankovskaja oblast'	...	...	...	1,282	294	988
g. Kiev	514	514	---	851	851	---
Kievskaja oblast'	1,931	170	1,761	1,716	209	1,507
L'vovskaja oblast'	...	...	...	2,457	779	1,678
Rovenskaja oblast'	...	...	...	1,052	139	913
Ternopol'skaja oblast'	...	...	...	1,413	204	1,209
Chmel'nickaja oblast'	1,788	203	1,585	1,732	204	1,528
Čerkasskaja oblast'	1,825	192	1,633	1,556	218	1,338
Černigovskaja oblast'	1,863	226	1,637	1,799	282	1,517
Černovickaja oblast'	...	...	...	812	166	646
13. Južnyj rajon	3,665	1,082	2,583	4,863	1,785	3,078
Krymskaja oblast'	712	330	382	1,124	586	538
Nikolaevskaja oblast'	940	168	772	917	248	669
Odesskaja oblast'	1,277	484	793	2,079	784	1,295
Chersonskaja oblast'	736	100	636	743	167	576
14. Pribaltijskij rajon	...	...	...	5,817	1,677	4,140
Litovskaja SSR	...	...	...	2,880	659	2,221
15. g. Vil'njus	...	...	...	215	215	---
Latvijskaja SSR	...	...	...	1,885	663	1,222
g. Riga	...	...	...	348	348	---
Estonskaja SSR	...	...	...	1,052	355	697
16. g. Tallin	...	...	...	160	160	---
Kaliningradskaja oblast'	...	...	...	...	...	...
Zakavkazskij rajon	5,872	1,411	4,461	8,027	2,589	5,438
Gruzinskaja SSR	2,677	594	2,083	3,540	1,066	2,474
17. g. Tbilisi	294	294	---	519	519	---
Abchazskaja ASSR	212	32	180	312	88	224
Adžarskaja ASSR	132	50	82	200	76	124
Jugo-Osetinskaja avtonomnaja oblast'	87	6	81	106	14	92
Azerbajdžanskaja SSR	2,314	650	1,664	3,205	1,157	2,048
18. g. Baku[1]	453	453	---	773	773	---
Nachičevanskaja ASSR	105	15	90	127	23	104
Nagorno-Karabachskaja avtonomnaja oblast'	125	8	117	151	16	135

1 Including urban-type settlements under the jurisdiction of the City Soviet
1 Einschl. der dem Stadtsowjet unterstellten Siedlungen städtischen Typs
1 i gorodskie poselenija, podčinennye gorsovetu

Population 2.4
Bevölkerung

1959			1970			1974			
Total Insg. vsego	urban Stadt gorodskoe	rural Land sel' skoe	Total Insg. vsego	urban Stadt gorodskoe	rural Land sel' skoe	Total Insg. vsego	urban Stadt gorodskoe	rural Land sel' skoe	
1,250	380	870	1,259	552	707	1,266	599	667	
1,627	484	1,143	1,706	679	1,027	1,730	794	936	
1,486	482	1,004	1,505	655	850	1,465	690	775	
2,519	1,574	945	2,826	1,958	868	2,930	2,114	816	
19,028	5,434	13,594	20,689	7,940	12,749	21,158	9,032	12,126	12.
2,132	363	1,769	2,132	542	1,590	2,104	639	1,465	
893	231	662	974	313	661	1,002	357	645	
1,606	417	1,189	1,626	568	1,058	1,589	629	960	
920	265	655	1,057	314	743	1,112	381	731	
1,095	250	845	1,249	384	865	1,295	432	863	
1,110	1,110	---	1,632	1,632	---	1,887	1,887	---	
1,717	438	1,279	1,834	655	1,179	1,863	755	1,108	
2,111	821	1,290	2,429	1,149	1,280	2,501	1,254	1,247	
921	157	764	1,048	288	760	1,084	337	747	
1,086	180	906	1,153	269	884	1,173	310	863	
1,606	305	1,301	1,615	431	1,184	1,602	497	1,105	
1,484	341	1,143	1,535	563	972	1,553	640	913	
1,573	353	1,220	1,560	540	1,020	1,524	606	918	
774	203	571	845	292	553	869	308	561	
5,075	2,465	2,610	6,380	3,641	2,739	6,743	4,082	2,661	13.
1,201	775	426	1,813	1,146	667	1,982	1,299	683	
1,012	401	611	1,148	605	543	1,189	690	499	
2,038	957	1,081	2,389	1,335	1,054	2,491	1,470	1,021	
824	332	492	1,030	555	475	1,081	623	458	
6,612	3,290	3,322	7,580	4,465	3,115	7,905	4,917	2,988	14.
2,711	1,046	1,665	3,128	1,571	1,557	3,262	1,796	1,466	
236	236	---	372	372	---	420	420	---	15.
2,093	1,174	919	2,364	1,477	887	2,454	1,584	870	
580	580	---	732	732	---	776	776	---	
1,197	676	521	1,356	881	475	1,418	954	464	
282	282	---	363	363	---	392	392	---	16.
611	394	217	732	536	196	771	583	188	
9,505	4,362	5,143	12,295	6,286	6,009	13,120	6,918	6,202	
4,044	1,713	2,331	4,686	2,240	2,446	4,878	2,398	2,480	
703	703	---	889	889	---	984	984	---	17.
405	150	255	487	215	272	497	224	273	
245	111	134	310	137	173	334	150	184	
97	24	73	99	36	63	103	39	64	
3,698	1,767	1,931	5,117	2,564	2,553	5,514	2,821	2,693	
968	968	---	1,266	1,266	---	1,359	1,359	---	18.
141	38	103	202	50	152	219	54	165	
131	27	104	150	57	93	154	61	93	

2.4 Population / Bevölkerung

	1926			1939		
	Total Insg. vsego	urban Stadt gorod- skoe	rural Land sel' skoe	Total Insg. vsego	urban Stadt gorod- skoe	rural Land sel' skoe
Armjanskaja SSR	881	167	714	1,282	366	916
19. g. Erevan	65	65	---	204	204	---
Sredneaziatskij rajon	7,653	1,377	6,276	10,542	2,405	8,137
Uzbekskaja SSR	4,621	1,012	3,609	6,347	1,470	4,877
20. Andižanskaja oblast'	483	90	393	653	96	557
Bucharskaja oblast'	477	64	413	481	83	398
Džizakskaja oblast'	129	14	115	177	10	167
Kaškadar'inskaja oblast'	343	39	304	460	41	419
Namanganskaja oblast'	400	107	293	521	103	418
Samarkandskaja oblast'	628	150	478	844	182	662
Surchandar'inskaja oblast'	203	17	186	315	17	298
Syrdar'inskaja oblast'	97	3	94	157	16	141
g. Taškent	314	314	---	556	556	---
Taškentskaja oblast'	325	24	301	605	96	509
Ferganskaja oblast'	597	144	453	779	175	604
Chorezmskaja oblast'	294	29	265	323	37	286
Karakalpakskaja ASSR	331	17	314	476	58	418
Kirgizskaja SSR	1,002	122	880	1,458	270	1,188
21. g. Frunze	37	37	---	93	93	---
Issyk-Kul'skaja oblast'	134	13	121	174	27	147
Narynskaja oblast'	102	2	100	124	4	120
Ošskaja oblast'	477	55	422	675	107	568
Tadžikskaja SSR	1,032	106	926	1,485	249	1,236
22. g. Dušanbe	6	6	---	83	83	---
Kuljabskaja oblast'	233	4	229	226	11	215
Leninabadskaja oblast'	364	91	273	513	121	392
Gorno-Badachšanskaja avtonomnaja oblast'	56	1	55	72	4	68
Turkmenskaja SSR	998	137	861	1,252	416	836
23. g. Ašchabad	52	52	---	127	127	---
Ašchabadskaja oblast'	170	5	165	191	25	166
Krasnovodskaja oblast'	81	23	58	128	80	48
Maryjskaja oblast'	242	29	213	290	74	216
Tašauzskaja oblast'	128	4	124	249	24	225
Čardžouskaja oblast'	325	24	301	266	85	181
Kazachstanskij rajon **Kazachskaja SSR**	6,025	519	5,506	6,082	1,690	4,392
24. Aktjubinskij oblast'	365	34	331	338	89	249
g. Alma-Ata	44	44	---	222	222	---
Alma-Atinskaja oblast'	384	3	381	308	19	289
Vostočno-Kazachstanskaja oblast'	452	37	415	537	134	403

Population 2.4
Bevölkerung

	1959			1970			1974		
Total Insg. vsego	urban Stadt gorod- skoe	rural Land sel' skoe	Total Insg. vsego	urban Stadt gorod- skoe	rural Land sel' skoe	Total Insg. vsego	urban Stadt gorod- skoe	rural Land sel' skoe	
1,763	882	881	2,492	1,482	1,010	2,728	1,699	1,029	
493	493	---	767	767	---	870	870	---	19.
13,682	4,771	8,911	19,792	7,531	12,261	22,221	8,682	13,539	
8,119	2,729	5,390	11,800	4,322	7,478	13,289	5,030	8,259	
768	174	594	1,059	255	804	1,193	311	882	20.
574	130	444	934	292	642	1,068	347	721	
218	26	192	341	39	302	396	76	320	
508	67	441	801	132	669	907	159	748	
594	155	439	847	242	605	963	301	662	
953	288	665	1,363	387	976	1,527	457	1,070	
422	65	357	662	106	556	751	128	623	
245	66	179	341	100	241	394	117	277	
927	927	---	1,385	1,385	---	1,552	1,552	---	
1,080	327	753	1,479	592	887	1,623	677	946	
939	301	638	1,332	440	892	1,510	499	1,011	
381	64	317	554	103	451	625	119	506	
510	139	371	702	249	453	780	287	493	
2,066	696	1,370	2,933	1,098	1,835	3,219	1,228	1,991	
220	220	---	431	431	---	474	474	---	21.
234	60	174	312	89	223	337	102	235	
135	27	108	186	28	158	209	34	175	
869	278	591	1,233	381	852	1,377	435	942	
1,981	646	1,335	2,900	1,077	1,823	3,283	1,242	2,041	
227	227	---	374	374	---	422	422	---	22.
255	43	212	368	99	269	418	113	305	
666	247	419	938	354	584	1,061	404	657	
73	8	65	98	12	86	110	14	96	
1,516	700	816	2,159	1,034	1,125	2,430	1,182	1,248	
170	170	---	253	253	---	280	280	---	23.
185	53	132	294	86	208	334	107	227	
192	154	38	259	210	49	283	232	51	
351	121	230	482	160	322	549	182	367	
295	71	224	411	119	292	460	140	320	
321	129	192	457	203	254	521	238	283	
9,295	4,067	5,228	13,009	6,538	6,471	13,928	7,348	6,580	
401	174	227	551	248	303	592	272	320	24.
456	456	---	730	730	---	813	813	---	
468	37	431	712	131	581	791	156	635	
735	394	341	845	485	360	861	508	353	

2.4 Population / Bevölkerung

	1926			1939		
	Total Insg. vsego	urban Stadt gorod- skoe	rural Land sel' skoe	Total Insg. vsego	urban Stadt gorod- skoe	rural Land sel' skoe
Gur'evskaja oblast'	238	16	222	245	83	162
Džambulskaja oblast'	347	30	317	354	94	260
Džezkazganskaja oblast'	77	--	77	108	61	47
Karagandinskaja oblast'	203	5	198	295	174	121
Kzyl-Ordinskaja oblast'	319	42	277	328	95	233
Kokčetavskaja oblast'	321	11	310	330	50	280
Kustanajskaja oblast'	436	27	409	339	49	290
Mangyšlakskaja oblast'	45	2	43	42	10	32
Pavlodarskaja oblast'	322	18	304	222	34	188
Severo-Kazachstanskaja oblast'	334	47	287	371	92	279
Semipalatinskaja oblast'	462	61	401	409	154	255
Taldy-Kurganskaja oblast'	299	16	283	269	55	214
Turgajskaja oblast'	107	--	107	79	--	79
Ural'skaja oblast'	416	44	372	380	68	312
Celinogradskaja oblast'	324	20	304	269	40	229
Čimkentskaja oblast'	530	62	468	637	167	470
Belorusskij rajon Belorusskaja SSR	4,986	848	4,138	8,912	1,855	7,057
25. Brestskaja oblast'	...	...	...	1,209	203	1,006
Vitebskaja oblast'	1,281	219	1,062	1,702	374	1,328
Gomel'skaja oblast'	1,320	207	1,113	1,529	324	1,205
Grodnenskaja oblast'	...	...	...	1,239	201	1,038
g. Minsk	132	132	---	237	237	---
Minskaja oblast'	1,001	104	897	1,599	199	1,400
Mogilevskaja oblast'	1,252	186	1,066	1,397	317	1,080
Moldavskaja SSR	242	31	211	2,452	328	2,124
26. g. Kišinev	...	...	...	112	112	---

[1] Including urban-type settlements under the jurisdiction of the City Soviet
[1] Einschl. der dem Stadtsowjet unterstellten Siedlungen städtischen Typs
[1] i gorodskie poselenija, podčinennye gorsovetu

Population 2.4
Bevölkerung

	1959			1970			1974		
	Total Insg. vsego	urban Stadt gorodskoe	rural Land sel' skoe	Total Insg. vsego	urban Stadt gorodskoe	rural Land sel' skoe	Total Insg. vsego	urban Stadt gorodskoe	rural Land sel' skoe	
	252	146	106	336	194	142	362	214	148	
	560	202	358	794	320	474	870	377	493	
	279	217	62	411	313	98	441	343	98	
	740	580	160	1,141	946	195	1,223	1,044	179	
	327	152	175	492	269	223	529	300	229	
	492	123	369	589	178	411	598	195	403	
	654	184	470	889	367	522	921	417	504	
	36	16	20	164	136	28	218	190	28	
	455	132	323	698	340	358	750	402	348	
	469	156	313	556	212	344	551	228	323	
	516	224	292	714	317	397	744	354	390	
	485	166	319	610	237	373	655	264	391	
	127	14	113	222	58	164	249	74	175	
	381	113	268	513	158	355	547	193	354	
	555	248	307	755	399	356	797	447	350	
	907	333	574	1,287	500	787	1,416	557	859	
	8,056	2,481	5,575	9,002	3,908	5,094	9,268	4,549	4,719	
	1,182	284	898	1,295	451	844	1,324	528	796	25.
	1,276	410	866	1,370	623	747	1,391	715	676	
	1,364	389	975	1,533	616	917	1,560	718	842	
	1,077	251	826	1,120	369	751	1,132	420	712	
	509	509	---	917	917	---	1,095	1,095	---	
	1,471	273	1,198	1,540	410	1,130	1,527	462	1,065	
	1,177	365	812	1,227	522	705	1,239	611	628	
	2,885	643	2,242	3,569	1,130	2,439	3,764	1,332	2,432	
	216	216	---	356	356	---	432	432	---	26.

2.5 Population / Bevölkerung

2.5 CITIES WITH MORE THAN 50,000 INHABITANTS
STÄDTE MIT ÜBER 50.000 EINWOHNERN
GORODA S NASELENIEM SVYŠE 50 TYS. ČELOVEK

(1000)

	1926	1939	1959	1970	1974	1976	1977
Abakan	3	37	56	90	112	120	123
Azov	18	25	40	59	68	73	75
Aktjubinsk	21	49	97	150	170	179	184
Alapaevsk	12	25	47	52	52	52	52
Aleksandrija	19	20	49	69	75	78	79
Aleksandrov	13	28	37	50	55	57	58
Aleksin	4	22	46	61	64	65	66
Alma-Ata	44	222	456	730	813	851	871
Almalyk	--	--	40	81	91	95	97
Almetevsk	--	--	49	87	97	102	104
Anadyr	--	2	2.7	7.7	9.7	--	--
Angarsk	--	--	135	203	224	231	233
Angren	--	--	56	76	84	99	102
Andižan	73	85	131	188	210	220	224
Anžero-Sudžensk	30	69	116	106	103	104	105
Antracit	7	36	56	55	58	59	60
Apatity	--	4	15	46	53	56	58
Arzamas	15	26	42	67	79	85	89
Armavir	75	84	111	145	155	158	158
Arsenev	--	11	26	47	56	58	60
Artem	4	35	55	61	67	69	70
Artemovsk (Oblast Doneck)	38	58	63	82	89	91	91
Archangelsk	77	251	258	343	369	383	391
Asbest	8	30	63	76	79	80	80
Astrachan	184	259	305	410	445	458	466
Ačinsk	18	32	50	97	109	114	117
Ašchabad	52	127	170	253	280	297	302
Baku	453	773	968	1,266	1,359	1,406	1,435
+)	453	544	643	852	913	943	961
Balakovo	19	23	36	103	123	135	140
Balašicha	8	29	58	92	101	106	108
Balašov	27	48	64	83	88	90	91
Balchaš	--	33	53	76	80	78	79
Baranoviči	...	27	58	101	115	123	126
Barnaul	74	148	303	439	488	514	522
Batajsk	23	48	52	85	96	100	102
Batumi	48	70	82	101	111	117	118
Bekabad	--	8	41	58	60	61	63
Belaja Cerkov'	43	47	71	109	128	137	141
Belgorod	31	34	72	151	198	219	227
Belovo	1	43	100	108	110	111	112
Belogorsk (Oblast Amur)	8	34	49	57	62	64	65
Beloreck	20	41	59	67	70	72	72
Belcy	...	30	66	101	115	121	123

+) not including urban-type settlements under the jurisdiction of the City Soviet
+) ohne dem Stadtsowjet unterstellte Siedlungen städtischen Typs
+) v tom čisle bez gorodskich poselenij, podčinennych gorsovetu

Population 2.5
Bevölkerung

	1926	1939	1959	1970	1974	1976	1977
Bendery	...	31	43	72	89	97	100
Berdičev	56	62	53	71	77	80	80
Berdsk	--	11	29	53	60	63	64
Berdjansk	26	52	65	100	113	117	119
Berezniki	7	51	106	146	161	172	176
Bijsk	46	80	146	186	203	209	212
Birobidžan	--	30	41	56	62	65	67
Blagoveščensk (Oblast Amur)	61	58	94	128	157	171	177
Bobrujsk	51	84	98	138	170	185	192
Bor	10	25	43	55	59	62	62
Borisov	26	49	59	84	95	102	106
Borisoglebsk	40	53	54	64	67	69	69
Boroviči	19	41	49	55	57	58	59
Bratsk	--	--	43	155	184	195	203
Brest	...	41	74	122	150	162	167
Brjanka	14	56	78	71	69	68	67
Brjansk	86	174	207	318	358	375	385
Buguruslan	18	21	42	49	51	53	53
Bugulma	14	25	61	72	78	81	82
Buzuluk	25	42	55	67	72	75	76
Buchara	47	50	69	112	133	144	147
Velikije Luki	21	35	59	85	98	101	103
Vilnius	...	215	236	372	420	447	458
Vinnica	58	93	122	212	264	288	297
Vitebsk	99	167	148	231	265	279	286
Vičuga	25	47	52	53	52	52	52
Vjazma	--	34	32	44	--	50	51
Vladivostok	108	206	291	441	495	526	536
Vladimir	40	67	154	234	263	278	284
Volgograd	151	445	591	818	885	918	931
Volžsk	--	19	33	43	--	53	54
Volžskij	--	--	67	142	178	195	203
Vologda	58	95	139	178	205	219	224
Volsk	35	56	62	69	71	72	72
Vorkuta	--	--	83	90	93	96	96
Voronež	122	344	447	660	729	764	779
Vorošilovgrad	73	215	275	383	423	439	445
Voskresensk	4	29	45	67	71	73	74
Votkinsk	19	39	60	74	80	86	88
Vyborg	...	...	51	65	69	71	72
Vyšnij Voloček	32	64	66	74	76	75	75
Gatčina	19	38	37	63	70	73	74
Georgievsk	--	32	35	44	--	50	51
Georgiu-Dej	7	25	38	49	51	52	52
Glazov	7	16	59	68	75	79	82
Gomel	86	139	168	272	324	349	360
Gori	11	20	35	48	52	54	54
Gorlovka	41	189	308	335	341	342	342
Gorkij	222	644	941	1,170	1,260	1,305	1,319
Grodno	...	49	73	132	161	176	182
Groznyj	97	172	250	341	369	381	387
Gubkin	--	--	21	54	63	67	68
Gukovo	--	9	53	65	69	70	71
Gurev	12	41	79	114	125	131	134
Gus'-Chrustalnyj	18	40	54	65	67	69	70

25

2.5 Population
Bevölkerung

	1926	1939	1959	1970	1974	1976	1977
Daugaupils	...	52	65	100	109	112	114
Derbent	23	34	47	57	63	66	69
Džalal-Abad	10	15	31	44	50	53	54
Džambul	25	64	113	187	228	246	252
Džezkazgan	--	3	32	62	74	82	85
Dzeržinsk (Oblast Gorkij)	9	103	164	221	235	245	248
Dimitrov	6	27	51	52	55	57	58
Dimitrovgrad	18	32	51	81	92	97	99
Dneprodzeržinsk	34	148	194	227	242	248	251
Dnepropetrovsk	237	528	661	862	941	976	995
Dolgoprudnyj	--	8	25	53	59	63	64
Doneck	174	474	708	879	934	967	984
Drogobyč	...	37	42	56	63	66	68
Družkovka	13	32	43	53	59	60	61
Dubna	--	10	33	44	--	50	51
Dušanbe	6	83	227	374	422	448	460
Evpatorija	24	47	57	79	88	92	94
Egorevsk	30	56	59	67	71	71	71
Ejsk	36	45	55	64	69	71	71
Elgava	...	32	36	55	61	64	65
Elec	43	51	78	101	108	112	113
Enakievo	--	109	117	115	--	114	114
Erevan	65	204	493	767	870	928	956
Essentuki	7	16	48	65	70	73	74
Efremov	10	27	29	48	52	53	53
Ždanov	63	222	284	417	451	467	474
Železnogorsk	--	--	2	31	--	57	60
Železnodorožnyj	1	17	40	57	64	69	72
Želtye Vody	--	7	32	40	--	51	52
Žitomir	77	95	106	161	209	229	236
Žukovskij	--	11	42	74	82	85	87
Zagorsk	21	45	74	92	98	100	101
Zaporože	54	289	449	658	729	760	772
Zelenograd	--	--	--	89	112	121	125
Zelenodolsk	3	30	60	77	83	86	86
Zima	--	28	39	42	--	50	51
Zlatoust	48	99	161	180	188	195	197
Zyrjanovsk	3	16	54	56	54	54	55
Ivanovo	111	285	335	420	447	458	461
Ivano-Frankovsk	...	65	66	105	128	139	142
Iževsk	63	176	285	422	489	522	534
Izmail	...	24	48	70	75	78	79
Izjum	23	35	38	52	56	58	58
Inta	--	--	45	50	51	51	52
Irbit	12	26	45	49	51	52	52
Irkutsk	108	250	366	451	497	519	532
Iskitim	--	14	34	45	53	57	59
Išim	14	31	48	56	61	62	63
Išimbaj	--	22	47	54	56	57	58
Joškar-Ola	4	27	89	166	195	210	216
Kadievka[1]	27	96	123	137	140	141	141
Kazan	179	406	667	869	931	958	970
Kalinin	108	216	261	345	383	395	401
Kaliningrad (Oblast Kaliningrad)	...	...	204	297	331	345	353
Kaliningrad (Oblast Moskau)	--	44	72	106	114	119	121

[1] as of Feb.15,1978 - ab 15.2.78: Stachanov

Population 2.5
Bevölkerung

	1926	1939	1959	1970	1974	1976	1977
Kaluga	52	89	134	211	240	255	262
Kaluš	...	14	13	41	51	55	57
Kamenec-Podolskij	30	35	40	57	71	77	79
Kamensk-Uralskij	5	51	141	169	178	185	187
Kamensk-Šachtinskij	17	43	58	68	73	75	76
Kamyšin	18	24	57	97	103	108	109
Kansk	19	42	74	95	96	97	98
Karaganda	--	154	383	523	559	570	576
Karši	15	23	33	71	84	91	95
Kaunas	...	152	219	305	337	352	359
Kemerovo	22	137	289	385	425	446	454
Kentau	--	3	37	55	58	60	61
Kerč	36	104	98	128	145	152	154
Kzyl-Orda	23	47	66	122	135	143	148
Kiev	514	851	1,110	1,632	1,887	2,013	2,079
Kimry	19	35	41	53	58	59	59
Kinešma	34	75	85	96	98	100	101
Kirov	62	144	252	333	364	376	381
Kirovabad	57	99	136	190	203	211	216
Kirovakan	9	18	49	107	123	130	133
Kirovograd	71	103	132	189	211	224	228
Kirovo-Čepeck	--	--	29	51	57	62	64
Kiselevsk	--	44	128	127	125	125	124
Kislovodsk	26	51	78	90	94	97	98
Kišinev	...	112	216	356	432	471	489
Klajpeda	...	...	90	140	160	169	173
Klimovsk	--	11	29	43	--	52	52
Klin	9	28	53	81	86	88	89
Klincy	22	40	42	58	63	66	66
Kovrov	27	67	99	123	132	138	140
Kokand	69	85	105	133	147	152	155
Kokčetav	11	19	53	81	91	97	98
Kolomna	35	87	118	136	141	144	145
Kolomyja	--	38	31	41	--	50	51
Kolpino	17	38	35	70	95	102	104
Kommunarsk	16	55	98	123	127	129	129
Komsomolsk-na-Amure	--	71	177	218	234	246	252
Konotop	33	46	54	68	73	76	77
Konstantinovka	25	96	89	105	109	111	111
Kopejsk	9	60	162	156	156	157	157
Kočkino	--	12	81	71	69	67	66
Korosten'	12	31	38	56	58	61	62
Kostroma	74	121	172	223	240	247	250
Kotlas	4	27	53	56	59	62	63
Kochtla-Jarve	--	--	56	68	71	71	72
Kramatorsk	12	94	115	150	162	167	171
Krasnoarmejsk (Oblast Doneck)	11	30	48	55	57	59	59
Krasnovodsk	10	21	39	49	53	54	55
Krasnogorsk (Oblast Moskau)	--	18	35	63	68	71	72
Krasnodar	153	193	313	464	519	543	552
Krasnokamsk	--	30	55	55	56	57	58
Krasnoturinsk	6	10	62	59	58	59	60
Krasnojarsk	72	190	412	648	728	758	769
Krasnyj Luč	13	59	94	103	104	105	105
Kremenčug	--	90	93	166	171	202	206
Krivoj Rog	33	192	401	573	620	634	641

2.5 Population / Bevölkerung

	1926	1939	1959	1970	1974	1976	1977
Kropotkin	31	42	54	68	72	73	74
Kstovo	--	--	24	48	53	55	56
Kuzneck	30	38	57	84	91	94	96
Kujbyŝev	176	390	806	1,045	1,140	1,186	1,204
Kumečtau	--	--	31	44	--	52	54
Kungur	21	36	65	74	79	82	83
Kurgan	28	53	146	244	278	257	304
Kursk	82	120	205	284	338	363	373
Kustanaj	25	34	86	124	143	151	154
Kutaisi	48	78	128	161	169	177	182
Kyzyl	...	10	34	52	60	57	59
Labinsk	29	---	42	50	55	57	57
Leninabad	37	46	77	103	116	121	123
Leninakan	42	68	108	165	180	188	192
Leningrad	1,737	3,401	3,340	3,987	4,243	4,372	4,425
+)	1,619	3,119	3,003	3,550	3,786	3,911	3,963
Leninogorsk (Oblast Ost-Kasachstan)	9	50	74	72	70	69	69
Leninogorsk (Tatarskaja ASSR)	--	--	39	47	--	51	52
Leninsk-Kuzneckij	20	83	132	128	130	131	131
Lida	...	33	29	48	52	55	56
Liepaja	...	53	71	93	98	103	104
Lipeck	21	67	157	289	339	363	375
Lisičansk	35	85	104	118	120	123	123
Luck	...	39	56	94	115	128	133
Lvov	...	340	411	553	605	629	612
Lysva	27	51	73	73	74	75	76
Ljubercy	10	48	95	139	151	154	156
Magadan	--	27	62	92	105	112	116
Magnitogorsk	--	146	311	364	384	393	398
Majkop	53	56	82	110	124	127	128
Makeevka	--	270	407	429	--	437	437
Margilan	44	46	68	95	108	113	115
Mary	22	37	48	62	70	70	72
Machačkala	34	87	119	186	214	231	239
Meždurečensk	---	--	55	82	88	89	91
Melitopol	25	76	95	137	149	155	157
Miass	20	38	98	131	141	145	146
Mingečaur	--	--	20	43	--	52	54
Minsk	132	237	509	917	1,095	1,189	1,231
Mineralnye Vody	18	31	40	55	60	62	64
Michajlovka	13	18	35	50	55	57	58
Mičurinsk	50	72	81	94	99	101	102
Mogilev	50	99	122	202	244	264	275
Mozyr	10	17	26	49	61	69	72
Molodečno	...	7	26	50	60	64	66

+) not including urban-type settlements under the jurisdiction of the City Soviet
+) ohne dem Stadtsowjet unterstellte Siedlungen städtischen Typs
+) v tom čisle bez gorodskich poselenij, podčinennych gorsovetu

Population 2.5
Bevölkerung

	1926	1939	1959	1970	1974	1976	1977
Moskva	2,080	4,542	6,044	7,077	7,528	7,734	7,819
+)	2,079	4,537	6,009	6,942	7,368	7,563	7,644
Mukačevo	...	...	46	57	65	69	71
Murmansk	9	119	222	309	347	369	374
Murom	23	40	72	99	107	111	112
Mytišči	17	60	99	119	127	133	136
Naberežnye Čelny	4	9	16	38	163	225	253
Navoi	4	3	10	61	77	85	87
Nalčik	13	48	88	146	182	195	199
Namangan	74	80	123	175	202	217	224
Narva	...	20	27	58	68	71	72
Naro-Fominsk	16	32	35	49	53	54	54
Nachodka	--	--	64	104	121	127	129
Nebit-Dag	--	4	33	56	62	65	67
Nevinnomyssk	--	--	40	85	95	100	101
Nežin	38	39	46	56	63	68	70
Neftekamsk	--	--	--	46	57	62	63
Nižnekamsk	--	--	--	49	84	112	120
Nižnevartovsk	--	--	--	16	--	63	76
Nižnij Tagil	39	160	338	378	390	396	399
Nikolaev	105	184	251	362	412	436	447
Nikopol	14	58	83	125	137	143	146
Novgorod	33	40	61	128	158	172	179
Novoaltajsk	--	9	34	49	51	52	53
Novokuzneck	4	166	382	499	519	530	537
Novokujbyševsk	--	--	63	104	111	113	114
Novomoskovsk (Oblast Dnepropetrovsk)	17	37	44	61	66	68	70
Novomoskovsk (Oblast Tula)	1	76	107	134	143	146	147
Novopolock	--	--	--	40	56	62	65
Novorossijsk	68	95	93	133	143	150	153
Novosibirsk	120	404	885	1,161	1,243	1,286	1,304
Novotroick	--	3	54	83	91	95	96
Novočeboksarsk	--	--	--	39	58	69	74
Novočerkassk	62	81	123	162	178	183	184
Novošachtinsk	7	48	104	102	101	101	101
Noginsk	38	81	93	104	108	111	112
Norilsk	--	14	118	135	156	168	173
Nukus	--	10	39	74	88	96	100
Obninsk	--	--	16	49	61	66	69
Odessa	418	599	664	892	981	1,023	1,039
Odincovo	3	13	20	67	72	78	80
Oktjabrskij	--	--	65	77	80	86	88
Omsk	162	289	581	821	935	1,002	1,026
Ordžonikidze	78	131	164	236	265	276	281
Orel	76	111	150	232	265	282	289
Orenburg	123	172	267	344	400	435	446
Orechovo-Zuevo	63	99	108	120	125	128	130
Orsk	14	66	176	225	237	243	244
Orša	22	54	64	101	111	114	116
Osinniki	--	25	67	62	60	60	60
Oš	31	33	65	120	143	155	161
Pavlovo	16	32	48	63	67	68	68
Pavlovskij Posad	21	43	55	66	68	69	69

+) not including urban-type settlements under the jurisdiction of the City Soviet
+) ohne dem Stadtsowjet unterstellte Siedlungen städtischen Typs
+) v tom čisle bez gorodskich poselenij, podčinennych gorsovetu

2.5 Population / Bevölkerung

	1926	1939	1959	1970	1974	1976	1977
Pavlograd	21	40	46	80	94	97	100
Pavlodar	18	29	90	187	228	247	258
Panevežis	...	27	41	73	88	94	97
Penza	92	160	255	374	414	436	443
Pervomajsk (Oblast Nikolaev)	32	33	44	59	69	73	75
Pervouralsk	9	44	90	117	122	125	126
Perm	121	306	629	850	920	957	972
Petrozavodsk	27	70	135	184	203	216	220
Petrodvorec	12	44	39	60	63	64	65
Petropavlovsk	47	92	131	173	188	196	199
Petropavlovsk-Kamčatskij	2	35	86	154	187	202	207
Pinsk	..	30	42	62	77	84	87
Podolsk	20	72	129	169	183	191	193
Polevskoj	11	25	47	58	60	62	64
Polock	26	30	44	64	73	75	76
Poltava	91	128	143	220	254	270	274
Poti	13	25	42	46	51	54	54
Prževalsk	13	21	33	42	48	50	51
Priluki	29	37	44	57	63	66	66
Prokopevsk	11	107	282	274	269	267	267
Pskov	43	60	81	127	146	155	167
Puškin	25	56	46	79	82	86	86
Puškino (Oblast (Moskau)	4	21	30	48	57	62	65
Pjatigorsk	41	62	70	93	100	103	105
Ramenskoe	14	28	46	61	69	72	73
Revda	10	32	55	59	60	61	61
Reutov	7	15	24	50	56	58	59
Rečica	17	30	31	48	55	59	60
Ržev	33	54	49	61	66	68	69
Riga	...	348	580	732	776	806	816
Romny	--	26	36	48	--	51	51
Rovenki	13	36	57	61	62	62	62
Rovno	...	43	56	116	147	162	167
Roslavl	26	41	37	49	54	55	55
Rostov-na-Donu	308	510	600	789	867	907	921
Rubežnoe	5	22	35	58	66	67	68
Rubcovsk	16	38	111	145	163	171	173
Rudnyj	--	--	33	96	105	108	108
Rustavi	--	--	62	98	117	127	131
Rybinsk	60	144	182	218	230	236	237
Rjazan	51	95	214	350	405	432	442
Salavat	--	--	61	114	126	130	131
Salsk	7	11	35	50	55	57	57
Samarkand	105	136	196	267	293	304	312
Saransk	15	41	91	191	223	241	248
Saran	--	5	40	49	52	54	55
Sarapul	25	42	69	97	102	107	108
Saratov	220	372	579	757	820	848	856
Safonovo	--	4	32	46	51	53	53
Sverdlovsk	140	423	779	1,025	1,122	1,171	1,187
Sverdlovsk (Oblast Vorošilovgrad)	3	37	62	68	69	71	72
Svetlogorsk (Oblast Gomel)	--	--	6	40	51	56	57
Svobodnyj	10	44	56	63	68	70	72

Population 2.5
Bevölkerung

	1926	1939	1959	1970	1974	1976	1977
Sevastopol	--	109	142°	229	259	290	283
Severodvinsk	--	21	79	145	166	180	188
Severodoneck	--	5	33	90	104	109	111
Semipalatinsk	57	110	156	236	265	277	282
Serov	33	65	98	101	100	100	101
Serpuchov	56	91	106	124	130	131	132
Simferopol	82	143	186	249	275	286	291
Slavjansk	29	81	99	124	133	137	138
Slavjansk-na-Kubani	--	--	39	52	55	56	57
Smela	28	34	45	55	58	60	60
Smolensk	79	157	147	211	242	258	264
Snežnoe	5	44	69	64	65	64	63
Soligorsk	--	--	--	38	--	54	57
Solikamsk	6	38	83	89	93	95	97
Solncevo	--	--	--	41	--	51	51
Soči	13	71	127	224	244	251	255
Spassk-Dalnij	--	23	40	45	--	52	52
Stavropol	59	85	141	198	226	239	245
Staryj Oskol	20	11	27	52	66	80	92
Sterlitamak	25	39	112	185	205	210	211
Stryj	...	34	36	48	54	56	57
Stupino	--	19	40	59	62	64	64
Sumgait	--	6	51	124	152	168	174
Sumy	44	64	98	159	189	199	203
Surgut	1	--	6	34	53	67	74
Suchumi	22	44	65	102	112	118	120
Syzran	50	83	148	173	181	185	187
Syktyvkar	5	24	69	125	148	157	161
Taganrog	86	189	202	254	272	282	285
Taldy-Kurgan	--	--	41	61	76	82	84
Tallin	...	160	282	363	392	408	415
Tambov	72	106	172	230	252	262	265
Tartu	...	57	74	90	96	99	100
Tašauz	4	15	38	63	75	81	84
Taškent	314	556	927	1,385	1,552	1,643	1,689
Tbilisi	294	519	703	889	984	1,030	1,042
Temirtau	--	5	77	166	192	200	202
Termez	10	13	28	45	52	55	57
Ternopol	...	50	52	85	112	127	133
Tiraspol	19	38	63	105	126	137	142
Tichoreck	19	37	50	60	62	63	63
Tichvin	--	16	18	34	--	52	54
Tobolsk	--	32	36	49	--	51	53
Tokmak (Kirgizskaja SSR)	16	19	29	42	50	54	56
Togliatti	6	--	72	251	403	463	479
Tomsk	92	145	249	338	386	413	423
Torez	2	49	92	93	95	96	96
Troick	30	47	76	85	90	92	92
Tuapse	12	30	37	51	58	61	63
Tula	155	285	351	462	494	506	510
Tulun	6	28	42	49	51	51	51
Turkestan	22	36	38	54	57	60	61
Tjumen	50	79	150	269	312	335	347
Užgorod	...	30	47	65	72	77	85
Uzlovaja	3	18	54	62	64	64	64
Ulan-Ude	29	126	174	254	287	302	308
Uljanovsk	66	98	206	351	410	436	447
Uman	44	44	45	63	75	79	81

2.5 Population
Bevölkerung

	1926	1939	1959	1970	1974	1976	1977
Uralsk	36	67	99	134	149	157	162
Urgenč	5	22	44	76	87	91	94
Usolje-Sibirskoe	8	20	48	87	96	100	101
Ussurijsk	35	72	104	128	142	145	147
Ust-Kamenogorsk	14	20	150	230	252	262	267
Ufa	99	258	547	771	871	923	942
Uchta	--	3	36	63	75	78	77
Feodosija	29	45	46	65	71	75	77
Fergana	14	36	72	111	124	132	135
Frunze	37	93	220	431	474	498	511
Chabarovsk	52	207	323	436	488	513	524
Charcyzsk	5	14	34	51	55	59	60
Charkov	417	840	953	1,223	1,330	1,385	1,405
Chasavjurt	7	23	34	54	60	64	66
Cherson	59	97	158	261	299	315	324
Chimki	3	23	48	87	97	103	106
Chmelnickij	32	37	62	113	144	161	167
Celinograd	13	31	99	180	209	217	222
Čajkovskij	--	--	13	48	60	63	64
Čapaevsk	14	58	83	86	86	87	87
Čardžou	14	51	66	96	104	110	113
Čeboksary	9	31	104	216	251	278	292
Čeljabinsk	59	273	689	875	947	989	1,007
Červonograd	...	...	12	44	51	52	53
Čeremchovo	14	56	122	99	91	88	87
Čerepovec	22	32	92	188	223	238	246
Čerkassy	40	52	85	158	204	221	229
Čerkessk	19	29	42	67	78	82	85
Černigov	35	69	90	159	205	225	233
Černovcy	...	106	152	187	199	209	214
Černogorsk	1	17	51	60	66	69	70
Čimkent	21	74	153	247	284	296	303
Čirčik	--	15	66	107	121	128	131
Čistopol	18	32	52	60	64	66	67
Čita	64	121	172	241	275	290	294
Čusovoj	18	43	61	58	58	58	59
Šadrinsk	19	31	52	73	79	81	82
Šachtersk (Oblast Doneck)	--	29	65	65	70	72	73
Šachtinsk	--	--	7	40	--	51	52
Šachty	49	135	196	205	217	222	223
Ševčenko	--	--	--	59	89	104	111
Šostka	9	29	39	64	65	64	64
Šuja	34	58	65	69	70	72	72
Šjauljaj	...	31	60	93	107	112	115
Ščekino	--	11	46	61	70	71	72
Ščelkovo	12	27	58	78	86	89	91
Ekibastuz	--	--	25	44	51	54	55
Elektrostal	--	43	97	123	130	134	135
Elista	--	17	23	50	59	62	63
Engels	34	69	91	130	148	159	163
Južno-Sachalinsk	...	...	86	106	124	131	134
Jurga	--	--	47	62	69	73	75
Jurmala	...	13	38	54	57	59	59
Jakutsk	11	53	74	108	133	143	149
Jalta	29	33	44	62	73	76	77
Jangijul	4	16	45	55	59	60	62
Jaroslavl	116	309	407	517	558	577	584

Population 2.6
Bevölkerung

2.6
INCREASE IN POPULATION - BEVÖLKERUNGSZUWACHS - PRIROST NASELENIJA
(in percent - in Prozent - v procentach)

Year Jahr Gody	Urban Stadt Gorod- skoe	Rural Land Sel' skoe	Absolute Increase or Decrease Absoluter Zuwachs bzw. Abnahme Absoljutnyj prirost ili ubyl'	
			Urban Stadt Gorod- skoe	Rural Land Sel'- skoe
1950	69,4	109,1	3,6	- 0,5
1951	73,0	108,6	3,8	- 0,6
1952	76,8	108,0	3,4	- 0,2
1953	80,2	107,8	3,4	- 0,4
1954	83,6	107,4	2,7	+ 0,7
1955	86,3	108,1	1,9	+ 1,6
1956	88,2	109,7	3,2	+ 0,3
1957	91,4	110,0	4,2	- 0,7
1958	95,6	109,3	4,4	- 0,5
1959	100,0	108,8	3,6	- 0,0
1960	103,6	108,8	4,3	- 0,4
1961	107,9	108,4	3,3	+ 0,4
1962	111,2	108,8	3,2	+ 0,3
1963	114,4	109,1	3,3	- 0,1
1964	117,7	109,0	3,0	- 0,1
1965	120,7	108,9	3,0	- 0,4
1966	123,7	108,5	3,2	- 0,6
1967	126,9	107,9	2,9	- 0,5
1968	129,8	107,4	3,1	- 0,8
1969	132,9	106,6	3,0	- 0,9
1970	135,9	105,7	3,1	- 0,8
1971	139,0	104,9	3,5	- 1,1
1972	142,5	103,8	3,6	- 1,3
1973	146,1	102,5	3,8	- 1,3
1974	149,6	101,3	3,5	- 1,2
1975	153,1	100,2	3,5	- 1,0
1976	156,6	98,9	3,5	- 1,3
1977	160,8	98,1	3,5	- 1,3

2.7 Population / Bevölkerung

2.7 CITIES AND URBAN-TYPE SETTLEMENTS BY POPULATION
STÄDTE UND STÄDTISCHE SIEDLUNGEN NACH EINWOHNERZAHL
GORODA I POSELKI GORODSKOGO TIPA PO ČISLU ŽITELEJ

	Number of urban-type settlements / Anzahl städtischer Siedlungen / Čislo gorodskich poselenij				Population / Einwohnerzahl / Čislo žitelej (1000)			
	1926	1959	1970	1974	1926	1959	1970	1974
Total urban settlements Gesamte städtische Siedlungen Vse gorodskie poselenia	1,925	4,619	5,505	5,699	26,316	99,978	135,991	149,589
- 3,000	748	843	1,118	1,115	1,207	1,610	2,052	2,040
3,000 - 5,000	320	904	1,028	1,040	1,256	3,597	4,098	4,097
5,000 - 10,000	378	1,296	1,430	1,502	2,688	9,214	10,070	10,611
10,000 - 20,000	253	798	919	973	3,523	11,150	12,722	13,588
20,000 - 50,000	135	474	600	618	3,983	14,828	18,469	19,096
50,000 - 100,000	60	156	189	213	4,109	10,990	13,055	14,718
100,000 - 500,000	28	123	188	203	5,397	24,426	38,239	43,713
500,000 and above und mehr i bolee	3	25	33	35	4,153	24,163	37,286	41,726
Cities-Städte-goroda	709	1,679	1,935	1,999	21,696	82,941	116,267	128,692
- 3,000	51	90	78	71	106	191	156	138
3,000 - 5,000	90	115	90	76	361	460	364	303
5,000 - 10,000	168	283	255	264	1,208	2,123	1,954	1,989
10,000 - 20,000	182	443	546	564	2,574	6,507	7,911	8,242
20,000 - 50,000	127	444	556	573	3,788	14,081	17,302	17,863
50,000 - 100,000	60	156	189	213	4,109	10,990	13,055	14,718
100,000 - 500,000	28	123	188	203	5,397	24,426	38,239	43,713
500,000 and above und mehr i bolee	3	25	33	35	4,153	24,163	37,286	41,726
Urban-type settlements Siedlungen städtischen Typs Poselki gorodskogo tipa	1,216	2,940	3,570	3,700	4,620	17,037	19,724	20,897
- 3,000	697	753	1,040	1,044	1,101	1,419	1,896	1,902
3,000 - 5,000	230	789	938	964	895	3,137	3,734	3,794
5,000 - 10,000	210	1,013	1,175	1,238	1,480	7,091	8,116	8,622
10,000 - 20,000	71	355	373	409	949	4,643	4,811	5,346
20,000 and above und mehr i bolee	8	30	44	45	195	747	1,167	1,233

Population 2.8
Bevölkerung

2.8 MALE AND FEMALE — MÄNNER UND FRAUEN — MUŽČINY I ŽENŠČINY

Year / Jahr / Gody	Total population Gesamtbevölkerung Vse naselenie (mill.)	male Männer mužčiny	female Frauen ženščiny	male Männer mužčiny (%)	female Frauen ženščiny
1897	124,6	62,0	62,6	49,8	50,2
1913	159,2	79,1	80,1	49,7	50,3
1920	136,8	65,3	71,5	47,7	52,3
1922	136,1	65,0	71,1	47,7	52,3
1926	147,0	71,0	76,0	48,3	51,7
1939	190,7	91,4	99,3	47,9	52,1
1950	178,5	78,4	100,1	43,9	56,1
1951	181,6	79,9	101,7	44,0	56,0
1952	184,8	81,5	103,3	44,1	55,9
1953	188,0	83,3	104,7	44,3	55,7
1954	191,0	84,8	106,2	44,4	55,6
1955	194,4	86,5	107,9	44,5	55,5
1956	197,9	88,5	109,4	44,7	55,3
1957	201,4	90,2	111,2	44,8	55,2
1958	204,9	92,0	112,9	44,9	55,1
1959	208,8	94,0	114,8	45,0	55,0
1960	212,4	95,9	116,5	45,2	54,8
1961	216,3	97,9	118,4	45,3	54,7
1962	220,0	99,9	120,1	45,4	54,6
1963	223,5	101,7	121,8	45,5	54,5
1964	226,7	103,4	123,3	45,6	54,4
1965	229,6	104,9	124,7	45,7	54,3
1966	232,2	106,3	125,9	45,8	54,2
1967	234,8	107,7	127,1	45,9	54,1
1968	237,2	108,9	128,3	45,9	54,1
1969	239,5	110,1	129,4	46,0	54,0
1970	241,7	111,4	130,3	46,1	53,9
1971	243,9	112,5	131,4	46,1	53,9
1972	246,3	113,8	132,5	46,2	53,8
1973	248,6	115,0	133,6	46,3	53,7
1974	250,9	116,2	134,7	46,3	53,7
1975	253,3	117,5	135,8	46,4	53,6
1976	255,5	118,7	136,8	46,4	53,6

2.9 Population
Bevölkerung

2.9 POPULATION BY SEX - BEVÖLKERUNG NACH GESCHLECHTERN - NASELENIE PO POLU

1939, 1959, 1970 (Census-Volkszählungen-Perepis'naselenija)

2.9 Total population
Gesamtbevölkerung

Vse naselenie	1939	1959	1970
SSSR	190,677,890	208,826,650	241,720,134
A. male -Männer-mužčiny	91,404,452	94,050,303	111,399,377
B. female -Frauen-ženščiny	99,273,438	114,776,347	130,320,757
RSFSR	108,377,210	117,534,306	130,079,210
A.	51,100,972	52,424,832	59,324,787
B.	57,276,238	65,109,474	70,754,423
Ukrainskaja SSR	40,468,848	41,869,046	47,126,517
A.	19,362,060	18,575,382	21,305,320
B.	21,106,788	23,293,664	25,821,197
Belorusskaja SSR	8,912,218	8,055,714	9,002,338
A.	4,316,755	3,581,485	4,137,816
B.	4,595,463	4,474,229	4,864,522
Uzbekskaja SSR	6,346,928	8,119,103	11,799,429
A.	3,278,175	3,897,342	5,743,956
B.	3,068,753	4,221,761	6,055,473
Kazachskaja SSR	6,081,361	9,294,741	13,008,726
A.	3,161,954	4,414,699	6,262,721
B.	2,919,407	4,880,042	6,746,005
Gruzinskaja SSR	3,540,023	4,044,045	4,686,358
A.	1,764,967	1,865,345	2,202,580
B.	1,775,056	2,178,700	2,483,778
Azerbajdžanskaja SSR	3,205,150	3,697,717	5,117,081
A.	1,642,612	1,756,561	2,483,035
B.	1,562,538	1,941,156	2,634,046
Litovskaja SSR	2,880,000	2,711,445	3,128,236
A.	1,381,300	1,244,678	1,467,950
B.	1,498,700	1,466,767	1,660,286
Moldavskaja SSR	2,452,023	2,884,477	3,568,873
A.	1,214,489	1,333,794	1,662,275
B.	1,237,534	1,550,683	1,906,598
Latvijskaja SSR	1,884,756	2,093,458	2,364,127
A.	886,181	919,008	1,080,616
B.	998,575	1,174,450	1,283,511
Kirgizskaja SSR	1,458,213	2,065,837	2,932,805
A.	742,169	974,620	1,401,557
B.	716,044	1,091,217	1,531,248
Tadžikskaja SSR	1,484,922	1,980,547	2,899,602
A.	769,674	964,728	1,426,255
B.	715,248	1,015,819	1,473,347

Population 2.9
Bevölkerung 2.9.1

	1939	1959	1970
Armjanskaja SSR	1,282,338	1,763,048	2,491,873
A.	648,614	842,406	1,217,163
B.	633,724	920,642	1,274,710
Turkmenskaja SSR	1,251,883	1,516,375	2,158,880
A.	645,280	730,333	1,063,151
B.	606,603	786,042	1,095,729
Estonskaja SSR	1,052,017	1,196,791	1,356,079
A.	489,250	525,090	620,195
B.	562,767	671,701	735,884

2.9.1 Urban population
    Stadtbevölkerung

Gorodskoe naselenie	1939	1959	1970
SSSR	60,409,216	99,977,695	135,991,514
A.	28,920,615	45,208,278	63,026,095
B.	31,488,601	54,769,417	72,965,419
RSFSR	36,295,552	61,611,074	80,981,143
A.	17,202,121	27,652,664	37,137,193
B.	19,093,431	33,958,410	43,843,950
Ukrainskaja SSR	13,568,999	19,147,419	25,688,560
A.	6,462,266	8,664,550	11,881,383
B.	7,106,733	10,482,869	13,807,177
Belorusskaja SSR	1,854,817	2,480,505	3,907,783
A.	896,618	1,105,079	1,835,603
B.	958,199	1,375,426	2,072,180
Uzbekskaja SSR	1,469,847	2,728,580	4,321,603
A.	756,134	1,284,590	2,089,086
B.	713,713	1,443,990	2,232,517
Kazachskaja SSR	1,689,450	4,067,224	6,538,652
A.	876,882	1,922,760	3,151,725
B.	812,568	2,144,464	3,386,927
Gruzinskaja SSR	1,066,226	1,712,897	2,239,738
A.	521,425	779,420	1,046,903
B.	544,801	933,477	1,192,835
Azerbajdžanskaja SSR	1,156,798	1,767,270	2,564,551
A.	580,669	836,017	1,254,991
B.	576,129	931,253	1,309,560
Litovskaja SSR	658,900	1,045,965	1,571,737
A.	325,500	472,738	741,258
B.	333,400	573,227	830,479
Moldavskaja SSR	328,581	642,244	1,130,048
A.	160,841	293,768	529,339
B.	167,740	348,476	600,709
Latvijskaja SSR	662,669	1,173,976	1,476,602
A.	303,397	508,815	675,437
B.	359,272	665,161	801,165

2.9.1 Population
2.9.2 Bevölkerung

	1939	1959	1970
Kirgizskaja SSR	270,086	696,207	1,097,498
A.	142,716	326,442	515,622
B.	127,370	369,765	581,876
Tadžikskaja SSR	249,301	646,178	1,076,700
A.	133,424	308,021	527,776
B.	115,877	338,157	548,924
Armjanskaja SSR	366,447	881,844	1,481,532
A.	186,287	422,307	725,022
B.	180,160	459,537	756,510
Turkmenskaja SSR	416,264	700,797	1,034,199
A.	215,873	335,199	512,621
B.	200,391	365,598	521,578
Estonskaja SSR	355,279	675,515	881,168
A.	156,462	295,908	402,136
B.	198,817	379,607	479,032

2.9.2 Rural population
Landbevölkerung

Sel'skoe naselenie	1939	1959	1970
SSSR	130,268,674	108,848,955	105,728,620
A.	62,483,837	48,842,025	48,373,282
B.	67,784,837	60,006,930	57,355,338
RSFSR	72,081,658	55,923,232	49,098,067
A.	33,898,851	24,772,168	22,187,594
B.	38,182,807	31,151,064	26,910,473
Ukrainskaja SSR	26,899,849	22,721,627	21,437,957
A.	12,899,794	9,910,832	9,423,937
B.	14,000,055	12,810,795	12,014,020
Belorusskaja SSR	7,057,401	5,575,209	5,094,555
A.	3,420,137	2,476,406	2,302,213
B.	3,637,264	3,098,803	2,792,342
Uzbekskaja SSR	4,877,081	5,390,523	7,477,826
A.	2,522,041	2,612,752	3,654,870
B.	2,355,040	2,777,771	3,822,956
Kazachskaja SSR	4,391,911	5,227,517	6,470,074
A.	2,285,072	2,491,939	3,110,996
B.	2,106,839	2,735,578	3,359,078
Gruzinskaja SSR	2,473,797	2,331,148	2,446,620
A.	1,243,542	1,085,925	1,155,677
B.	1,230,255	1,245,223	1,290,943
Azerbajdžanskaja SSR	2,048,352	1,930,447	2,552,530
A.	1,061,943	920,544	1,228,044
B.	986,409	1,009,903	1,324,486
Litovskaja SSR	2,221,100	1,665,480	1,556,499
A.	1,055,800	771,940	726,692
B.	1,165,300	893,540	829,807

Population 2.9.2
Bevölkerung

	1939	1959	1970
Moldavskaja SSR	2,123,442	2,242,233	2,438,825
A.	1,053,648	1,040,026	1,132,936
B.	1,069,794	1,202,207	1,305,889
Latvijskaja SSR	1,222,087	919,482	887,525
A.	582,784	410,193	405,179
B.	639,303	509,289	482,346
Kirgizskaja SSR	1,188,127	1,369,630	1,835,307
A.	599,453	648,178	885,935
B.	588,674	721,452	949,372
Tadžikskaja SSR	1,235,621	1,334,369	1,822,902
A.	636,250	656,707	898,479
B.	599,371	677,662	924,423
Armjanskaja SSR	915,891	881,204	1,010,341
A.	462,327	420,099	492,141
B.	453,564	461,105	518,200
Turkmenskaja SSR	835,619	815,578	1,124,681
A.	429,407	395,134	550,530
B.	406,212	420,444	574,151
Estonskaja SSR	696,738	521,276	474,911
A.	332,788	229,182	218,059
B.	363,950	292,094	256,852

2.10 Population
2.10.1 Bevölkerung

DISTRIBUTION OF POPULATION BY SEX AND AGE-VERTEILUNG DER BEVÖLKERUNG

2.10 Total population
Gesamtbevölkerung
Vse naselenie

	1959		
	total zusammen oba pola	male (m.) Männer(M.) mužčiny(m.)	female (f.) Frauen (F.) ženščiny(ž.)
Total - Insg. - vsego	208,826,650	94,050,303	114,776,347
0 - 4 years-Jahre-let	24,433,215	12,405,396	11,927,819
5 - 9	22,029,147	11,202,904	10,826,243
10 - 14	15,337,202	7,807,678	7,529,524
15 - 19	16,471,448	8,258,809	8,212,639
20 - 24	20,343,028	10,055,978	10,287,050
25 - 29	18,190,129	8,916,969	9,273,160
30 - 34	18,998,899	8,611,011	10,387,888
35 - 39	11,590,509	4,528,340	7,062,169
40 - 44	10,408,095	3,998,239	6,409,856
45 - 49	12,263,494	4,705,764	7,557,730
50 - 54	10,446,734	4,010,114	6,436,620
55 - 59	8,698,854	2,905,486	5,793,368
60 - 69	11,736,245	4,098,922	7,637,323
70 - 79	6,168,022	2,020,519	4,147,503
80 - 89	1,578,473	464,794	1,113,679
90 - 99	203,086	49,940	153,146
100 and older - und älter - i starše	21,708	5,432	16,276
Age not indicated-Alter nicht angegeben-Vozrast ne ukazan	8,362	4,008	4,354
Gainfully employed population Bevölkerung im arbeitsfähigen Alter Naselenie v trudosposobnom vozraste (m.,M. 16-59, f.,F.,ž. 16-54)	119,821,618	55,076,204	64,745,414

2.10.1 Urban population
Stadtbevölkerung
Gorodskoe naselenie

Total - Insg. - vsego	99,977,695	45,208,278	54,769,417
0 - 4 years-Jahre-let	10,161,001	5,186,946	4,974,055
5 - 9	9,534,431	4,848,497	4,685,934
10 - 14	7,001,362	3,540,864	3,460,498
15 - 19	8,056,716	3,978,033	4,078,683
20 - 24	10,891,855	5,294,947	5,596,908
25 - 29	9,504,857	4,693,941	4,810,916
30 - 34	10,269,278	4,701,605	5,567,673
35 - 39	6,039,259	2,352,370	3,686,889
40 - 44	5,513,994	2,219,355	3,294,639
45 - 49	6,221,233	2,518,349	3,702,884

Population 2.10
Bevölkerung 2.10.1

NACH GESCHLECHT UND ALTER-RASPREDELENIE NASELENIJA PO POLU I VOZRASTU

	1970			1970 % in relation to % Verhältnis zu % k 1959			per 1,000 inhabitants auf 1.000 Einwohner na 1000 žitelej			
total zusammen oba pola	m. M. m.	f. F. ž.	total zusammen oba pola	m. M. m.	f. F. ž.	1959 m. M. m.	1959 f. F. ž.	1970 m. M. m.	1970 f. F. ž.	
241,720,134	111,399,377	130,320,757	+ 16	+ 18	+ 14	450	550	461	539
20,509,889	10,434,611	10,075,278	- 16	- 16	- 16	510	490	509	491
24,475,707	12,474,721	12,000,986	+ 11	+ 11	+ 11	509	491	510	490
24,988,366	12,730,029	12,258,337	+ 63	+ 63	+ 63	509	491	509	491
21,999,236	11,225,249	10,773,987	+ 34	+ 36	+ 31	501	499	510	490
17,105,210	8,626,904	8,478,306	- 16	- 14	- 18	494	506	504	496
13,770,411	6,813,420	6,956,991	- 24	- 24	- 25	490	510	495	505
21,144,685	10,408,341	10,736,344	+ 11	+ 21	+ 3	453	547	492	508
16,593,854	8,139,761	8,454,093	+ 43	+ 80	+ 20	391	609	491	509
19,003,071	8,758,628	10,244,443	+ 83	+119	+ 60	384	616	461	539
12,255,572	4,743,540	7,512,032	--	+ 1	- 1	384	616	387	613
9,077,740	3,429,835	5,647,905	- 13	- 14	- 12	384	616	378	622
12,013,176	4,273,019	7,740,157	+ 38	+ 47	+ 34	334	666	356	644
17,595,299	5,922,428	11,672,871	+ 50	+ 44	+ 53	349	651	337	663
8,024,761	2,505,750	5,519,011	+ 30	+ 24	+ 33	328	672	312	688
2,597,266	711,842	1,885,424	+ 65	+ 53	+ 69	294	706	274	726
277,799	66,664	211,135	+ 37	+ 33	+ 38	246	754	240	760
19,304	4,252	15,052	- 11	- 22	- 8	250	750	220	780
268,788	130,383	138,405							
130,486,541	64,003,489	66,483,052	+ 9	+ 16	+ 3	460	540	490	510
135,991,514	63,026,095	72,965,419	+ 36	+ 39	+ 33	452	548	463	537
9,866,019	5,029,626	4,836,393	- 3	- 3	- 3	510	490	510	490
11,699,893	5,972,123	5,727,770	+ 23	+ 23	+ 22	509	491	510	490
12,120,124	6,172,929	5,947,195	+ 73	+ 74	+ 72	506	494	509	491
13,723,142	6,924,741	6,798,401	+ 70	+ 74	+ 67	494	506	505	495
11,910,115	5,981,465	5,928,650	+ 9	+ 13	+ 6	486	514	502	498
8,821,452	4,407,079	4,414,373	- 7	- 6	- 8	494	506	500	500
13,409,641	6,599,988	6,809,653	+ 31	+ 40	+ 22	458	542	492	508
9,772,862	4,791,556	4,981,306	+ 62	+104	+ 35	390	610	490	510
11,423,242	5,339,814	6,083,428	+107	+141	+ 85	402	598	467	533
7,102,885	2,751,857	4,351,028	+ 14	+ 9	+ 18	405	595	387	613

2.10.1 Population
2.10.2 Bevölkerung

	1959		
	total zusammen oba pola	m. M. m.	f. F. ẑ.
50 - 54 years-Jahre-let	5,094,463	2,003,762	3,090,701
55 - 59	3,896,021	1,358,958	2,537,063
60 - 69	4,873,355	1,669,587	3,203,768
70 - 79	2,323,923	693,570	1,630,353
80 - 89	534,551	133,674	400,877
90 - 99	53,863	11,259	42,604
100 and older- und älter - i starŝe	4,436	912	3,524
Age not indicated-Alter nicht angegeben-Vozrast ne ukazan	3,097	1,649	1,448
Gainfully employed population Bevölkerung im arbeitsfähigen Alter Naselenie v trudosposobnom vozraste (m.,M.16-59,f.,F.,ẑ.16-54)	62,187,956	28,744,501	33,443,455

2.10.2 Rural population
Landbevölkerung
Sel'skoe naselenie

	total	m.	f.
Total - Insg. - vsego	108,848,955	48,842,025	60,006,930
0 - 4 years-Jahre-let	14,172,214	7,218,450	6,953,764
5 - 9	12,494,716	6,354,407	6,140,309
10 - 14	8,335,840	4,266,814	4,069,026
15 - 19	8,414,732	4,280,776	4,133,956
20 - 24	9,451,173	4,761,031	4,690,142
25 - 29	8,685,272	4,223,028	4,462,244
30 - 34	8,729,621	3,909,406	4,820,215
35 - 39	5,551,250	2,175,970	3,375,280
40 - 44	4,894,101	1,778,884	3,115,217
45 - 49	6,042,261	2,187,415	3,854,846
50 - 54	5,352,271	2,006,352	3,345,919
55 - 59	4,802,833	1,546,528	3,256,305
60 - 69	6,862,890	2,429,335	4,433,555
70 - 79	3,844,099	1,326,949	2,517,150
80 - 89	1,043,922	331,120	712,802
90 - 99	149,223	38,681	110,542
100 and older - und älter - i starŝe	17,272	4,520	12,752
Age not indicated-Alter nicht angegeben-Vozrast ne ukazan	5,265	2,359	2,906
Gainfully employed population Bevölkerung im arbeitsfähigen Alter Naselenie v trudosposobnom vozraste (m.,M.16-59,f.,F.,ẑ.16-54)	57,633,662	26,331,703	31,301,959

Population 2.10.1
Bevölkerung 2.10.2

	1970			1970 % in relation to % Verhältnis zu % k 1959			per 1,000 inhabitants auf 1.000 Einwohner na 1000 žitelej			
							1959		1970	
total zusammen oba pola	m. M. m.	f. F. ž.	total zusammen oba pola	m. M. m.	f. F. ž.		m. M. m.	f. F. ž.	m. M. m.	f. F. ž.
5,295,610	2,076,603	3,219,007	+ 4	+ 4	+ 4		393	607	392	608
6,607,335	2,473,908	4,133,427	+ 70	+ 82	+ 63		349	651	374	626
9,044,334	3,026,044	6,018,290	+ 86	+ 81	+ 88		343	657	335	665
3,834,642	1,112,470	2,722,172	+ 65	+ 60	+ 67		298	702	290	710
1,112,570	275,197	837,373	+108	+106	+109		250	750	247	753
104,476	21,505	82,971	+ 94	+ 91	+ 95		209	791	206	794
5,368	955	4,413	+ 21	+ 5	+ 25		206	794	178	822
137,804	68,235	69,569								
81,363,923	40,034,653	41,329,270	+ 31	+ 39	+ 24		462	538	492	508
105,728,620	48,373,282	57,355,338	- 3	- 1	- 4		449	551	458	542
10,643,870	5,404,985	5,238,885	- 25	- 25	- 25		509	491	508	492
12,775,814	6,502,598	6,273,216	+ 2	+ 2	+ 2		509	491	509	491
12,868,242	6,557,100	6,311,142	+ 54	+ 54	+ 55		512	488	510	490
8,276,094	4,300,508	3,975,586	- 2	0	- 4		509	491	520	480
5,195,095	2,645,439	2,549,656	- 45	- 44	- 46		504	496	509	491
4,948,959	2,406,341	2,542,618	- 43	- 43	- 43		486	514	486	514
7,735,044	3,808,353	3,926,691	- 11	- 3	- 19		448	552	492	508
6,820,992	3,348,205	3,472,787	+ 23	+ 54	+ 3		392	608	491	509
7,579,829	3,418,814	4,161,015	+ 55	+ 92	+ 34		363	637	451	549
5,152,687	1,991,683	3,161,004	- 15	- 9	- 18		362	638	387	613
3,782,130	1,353,232	2,428,898	- 29	- 33	- 27		375	625	358	642
5,405,841	1,799,111	3,606,730	+ 13	+ 16	+ 11		322	678	333	667
8,550,965	2,896,384	5,654,581	+ 25	+ 19	+ 28		354	646	339	661
4,190,119	1,393,280	2,796,839	+ 9	+ 5	+ 11		345	655	333	667
1,484,696	436,645	1,048,051	+ 42	+ 32	+ 47		317	683	294	706
173,323	45,159	128,164	+ 16	+ 17	+ 16		259	741	261	739
13,936	3,297	10,639	- 19	- 27	- 17		262	738	237	763
130,984	62,148	68,836								
49,122,618	23,968,836	25,153,782	- 15	- 9	- 20		457	543	488	512

2. Population
   Bevölkerung

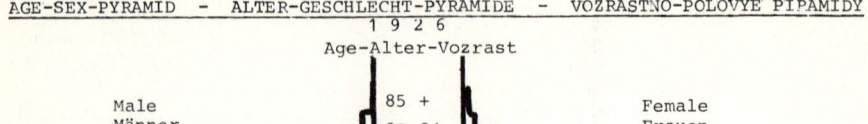

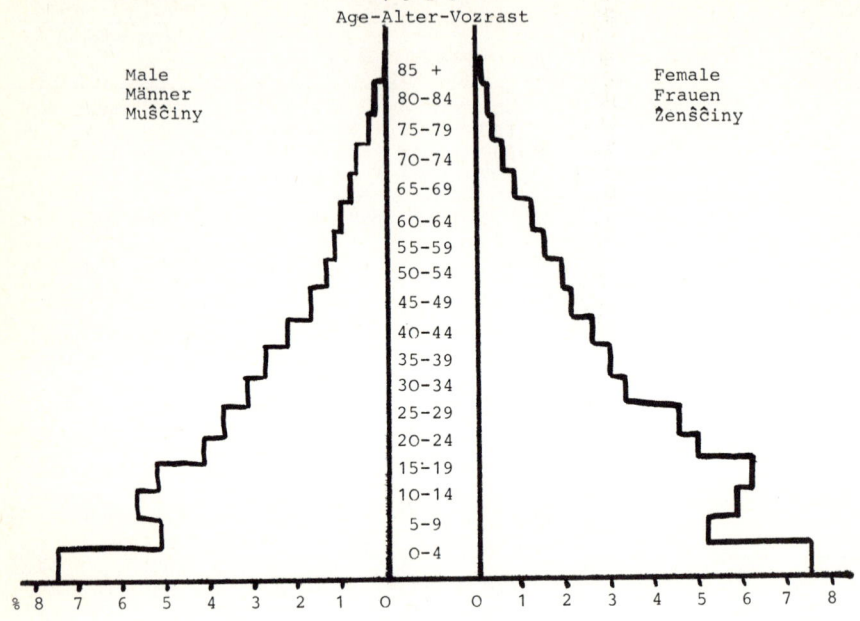

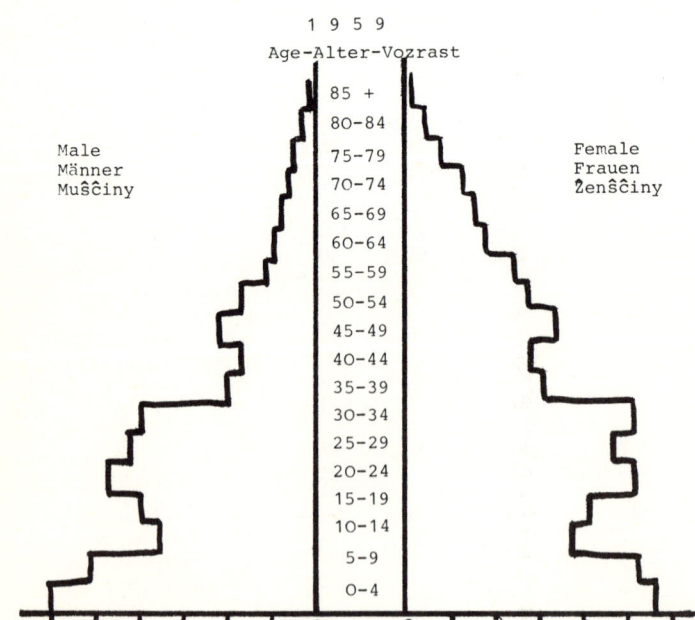

Population
Bevölkerung

AGE-SEX-PYRAMID - ALTER-GESCHLECHT-PYRAMIDE - VOZRASTNO-POLOVYE PIRAMIDY

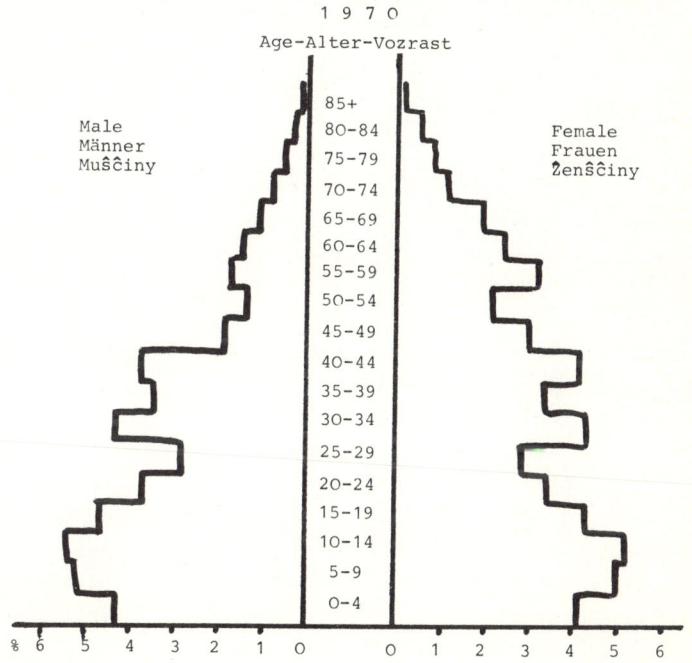

2.11 Population
2.11.1 Bevölkerung

2.11 PEOPLES OF THE SOVIET UNION
VÖLKER DER SOWJETUNION
NARODY SSSR

2.11.1 PRINCIPAL NATIONALITIES OF THE UNION PEPUBLICS
HAUPTNATIONEN DER UNIONSREPUBLIKEN
GLAVNYE NACII SOJUZNYCH RESPUBLIK

English	Deutsch	Po russki	Self-Designation Selbstbezeichnung Samonazvanie
Russians	Russen	Russkie	Russkie
Ukrainians	Ukrainer	Ukraincy	Ukrainci
Belorussians	Belorussen	Belorusy	Belarusy
Uzbeks	Usbeken	Uzbeki	Ozbeklar
Kazakhs	Kasachen	Kazachi	Kazakdar
Georgians	Georgier	Gruziny	Kartveli
Azerbaidzhans	Aserbaidschaner	Azerbajdžancy	Azerbajĝan
Lithuanians	Litauer	Litovcy	Lietuvi
Moldavians	Moldauer	Moldavane	Moldoven'
Latvians	Letten	Latyŝi	Latvieŝi
Kirghiz	Kirgisen	Kirgizy	Kirghizdar
Tadzhiks	Tadschiken	Tadžiki	Todžik
Armenians	Armenier	Armjane	Chaj
Turkmens	Turkmenier	Turkmeny	Türkmenlar
Estonians	Esten	Estoncy	Eesti(-Rahvas)

Population 2.11.2
Bevölkerung

English	Deutsch	Po russki	Self-Designation Selbstbezeichnung Samozvanie
	Ugrische Gruppe	Ugorskaja gruppa	
Khanty	Chanten	Chanty	Chanti, Chante, Chantych
Mansi	Mansen (Wogulen)	Mansi	Man'si
Samoyedic group	Samojedische Gruppe	Samodijskaja gruppa	
Nenets	Nenzen	Nency	Neneĉe
Ents	Enzen	Ency	Madu, Pe-baj
Nganasans	Nganassanen	Nganasany	Nja
Selkups	Selkupen	Sel'kupy	Sel'kup, Ŝel'kup, Ĉumyl'kup, Sjussekum, Ŝeŝkum
Turkish group	Türkische Gruppe	Tjurskaja gruppa	
Chuvash	Tschuwaschen	Ĉuvaŝi	Ĉuvaŝlar
Tatars	Tataren	Tatary	Tatarlar
Bashkirs	Baschkiren	Baŝkiry	Baŝkirdlar
Nogais	Nogaier	Nogajcy	Noghailar
Kumuks	Kumyken	Kumyki	Kumuklar
Karachays	Karatschaier	Karaĉaevcy	Karaĉaylar
Balkars	Balkaren	Balkarcy	Balkarlar
Kazakhs	Kasachen	Kazachi	Kazakdar
Karakalpaks	Karakalpaken	Karakalpaki	Karakalpakdar
Kirgiz	Kirgisen	Kirgizy	Kirghizdar
Altays	Altaier	Altajcy	Altaylilar
Shors	Schoren	Ŝorcy	Ŝorlar
Khakas	Chakassen	Chakasy	Hakazdar
Tuvins	Tuwiner	Tuvincy	Tuva'dar
Yakuts	Jakuten	Jakuty	Jakutlar (Sacha)
Tofalars	Topaer	Tofalary	Tofalar
Dolgans	Dolghanen	Dolgany	Dolghanlar
Uyghurs	Ujguren	Ujgury	Uyghurlar
Uzbeks	Usbeken	Uzbeki	Ozbeklär
Turkmens	Turkmenen	Turkmeny	Türkmenler
Aserbaidzhani	Aserbajdschaner	Azerbajdẑancy	Azarîlar, Azerbajĝanli
Gagauz	Gagausen	Gaugauzy	Gagauzlar
Karaims	Karaimer	Karaimy	Karaimlar
Mongolian group	Mongolische Gruppe	Mongol'skaja gruppa	
Buryats	Burjaten	Burjaty	Burjat
Kalmyks	Kalmücken	Kalmyki	Kalmyk, Kalmük
Sart-Kalmaks	Sart-Kalmaken	Sart-Kalmaki	Sart
Tungus-Mancharian group	Tungusisch-Mandschurische Gruppe	Tunguso-Manĉẑurskaja gruppa	
Evenks	Ewenken	Evenki	Evenki
Negidals	Negidalen	Negidal'cy	Elkenbee
Evens	Ewenen	Eveny	Even, Mene, Oroĉ-Oraĉ, Turgechal
Nanajs	Nanai	Nanajcy	Nanaj, Nani
Ulchis	Ultscha	Ul'ĉi	Ul'ĉi, Ol'ĉi
Oroks	Oroken	Oroki	Ul'ta
Udegeys	Ude(he)	Udechejcy	Ude(he)
Orochis	Orotschen	Oroĉi	Oroĉi, Nani

49

2.11.2 Population
Bevölkerung

English	Deutsch	Po russki	Self-Designation Selbstbezeichnung Samozvanie
<u>Paleoasiatic Peoples</u>	<u>Paläoasiatische Völker</u>	<u>Paleoaziatskie narody</u>	
Chukchi	Tschuktschen	Čukči	Čaucu, Čavču, Luoravetlany
Koryaks	Korjaken	Korjaki	Čavčyv, Nymyl'yn
Itelmens	Itelmenen	Itel'meny	Itel'men
Jukagiry	Jukagiren	Jukagiry	Odul
Nivchis	Niwchi (Giljaken)	Nivchi	Nivchi
<u>Eskimo-group</u>	<u>Eskimo-Gruppe</u>	<u>Eskimosskaja gruppa</u>	
Eskimos	Eskimo	Eskimosy	Jupigyt, Nivokagmit, Ukazigmit etc.
Aleuts	Aleuten	Aleuty	Aleuty, Sasignan, Unangany
<u>Ketskaya group</u>	<u>Ketische Gruppe</u>	<u>Ketskaja gruppa</u>	
Kety	Keten	Kety	Ket
<u>Aynskaya group</u>	<u>Ainu-Gruppe</u>	<u>Ajnskaja gruppa</u>	
Ayny	Ainu	Ajny	Ajno, Ajnu
<u>Chinese-Tibetan group</u>	<u>Chinesisch-Tibetanische Gruppe</u>	<u>Kitajskaja gruppa</u>	
Dungans	Dunganen	Dungane	Huei-dsu
Chinese	Chinesen	Kitajcy	Chan'
<u>Korean group</u>	<u>Koreanische Gruppe</u>	<u>Korejskaja gruppa</u>	
Koreans	Koreaner	Korejcy	Čosen-Saram

2.11.3 NATIONAL COMPOSITION OF POPULATION
NATIONALE ZUSAMMENSETZUNG DER BEVÖLKERUNG
NACIONAL'NYJ SOSTAV NASELENIJA

	A		B		C	
			of which - davon - iz nich			
	Total Gesamtzahl Vsego		speak their mother tongue bekennen sich zur Muttersprache sčitajut rodnym jazyk svojej nacii		speak another language spoken in the USSR beherrschen eine andere Sprache der Völker der UdSSR svobodno vladejut vtorym jazykom narodov SSSR	
	(1000)		(%)		1970; %	
	1959	1970	1959	1970	Russian russisch russkim	others andere drugimi
Total population Gesamtbevölkerung Vse naselenie	208,827	241,720	94.3	93.9	17.3	4.2
Russkie	114,114	129,015	99.8	99.8	0.1	3.0
Ukraincy	37,253	40,753	87.7	85.7	36.3	6.0
Uzbeki	6,015	9,195	98.4	98.6	14.5	3.3
Belorusy	7,913	9,052	84.2	80.6	49.0	7.3
Tatary	4,968	5,931	92.1	89.2	62.5	5.3
Kazachi	3,622	5,299	98.4	98.0	41.8	1.8
Azerbajdžancy	2,940	4,380	97.6	98.2	16.6	2.5
Armjane	2,787	3,559	89.9	91.4	30.1	6.0
Gruziny	2,692	3,245	98.6	98.4	21.3	1.0
Moldavane	2,214	2,698	95.2	95.0	36.1	3.6
Litovcy	2,326	2,665	97.8	97.9	35.9	1.9
Evrei	2,268	2,151	21.5	17.7	16.3	28.8
Tadžiki	1,397	2,136	98.1	98.5	15.4	12.0
Nemcy	1,620	1,846	75.0	66.8	59.6	1.1
Čuvaši	1,470	1,694	90.8	86.9	58.4	5.5
Turkmeny	1,002	1,525	98.9	98.9	15.4	1.3
Kirgizy	969	1,452	98.7	98.8	19.1	3.3
Latyši	1,400	1,430	95.1	95.2	45.2	2.4
Nationalitis of Dagestan Nationalitäten Dagestans Narodnosti Dagestana	945	1,365	96.2	96.5	41.7	8.9
of which - davon - iz nich:						
Avarcy	270	396	97.2	97.2	37.8	5.7
Lezginy	223	324	92.7	93.9	31.6	22.3
Dargincy	158	231	98.6	98.4	43.0	2.8
Kumyki	135	189	98.0	98.4	57.4	1.2
Lakcy	64	86	95.8	95.6	56.0	3.5
Tabasarany	35	55	99.2	98.9	31.9	10.2
Nogajcy	39	52	90.0	89.8	68.5	1.1
Rutul'cy	6.7	12	99.9	98.9	30.7	18.8
Cachury	7.3	11	99.2	96.5	12.2	43.5
Aguly	6.7	8.8	99.4	99.4	39.8	9.6

2.11.3 Population
Bevölkerung

	A		B		C	
	1959	1970	1959	1970	Russian russisch russkim	others andere drugimi
Mordva	1,285	1,263	78.1	77.8	65.7	8.1
Baŝkiry	989	1,240	61.9	66.2	53.3	2.6
Poljaki	1,380	1,167	45.2	32.5	37.0	12.7
Estoncy	989	1,007	95.2	95.5	29.0	2.0
Udmurty	625	704	89.1	82.6	63.3	6.9
Čečency	419	613	98.8	98.7	66.7	1.0
Marijcy	504	599	95.1	91.2	62.4	6.2
Osetiny	413	488	89.1	88.6	58.6	10.7
Komi i Komi-Permjaki of which - davon - iz nich:	431	475	88.7	83.7	64.8	5.2
Komi	287	322	89.3	82.7	63.1	5.4
Komi-Permjaki	144	153	87.6	85.8	68.5	4.6
Korejcy	314	357	79.3	68.6	50.3	1.7
Bolgary	324	351	79.4	73.1	58.8	7.9
Greki	309	337	41.5	39.3	35.4	14.5
Burjaty	253	315	94.9	92.6	66.7	2.7
Jakuty	233	296	97.6	96.3	41.7	1.1
Kabardincy	204	280	97.9	98.0	71.4	0.8
Karakalpaki	173	236	95.0	96.6	10.4	3.6
Cygane	132	175	59.3	70.8	53.0	16.4
Ujgury	95	173	85.0	88.5	35.6	9.5
Vengry	155	166	97.2	96.6	25.8	9.8
Inguŝi	106	158	97.9	97.4	71.2	0.9
Gagauzy	124	157	94.0	93.6	63.3	8.6
People of North, Sibiria and Far East Völkerschaften des Nordens, Sibiriens u.des Fernen Ostens Narodnosti Severa, Sibiri i Dal'nego Vostoka of which - davon - iz nich:	129	151	75.7	67.4	52.5	7.1
Nency	23	29	84.7	83.4	55.1	3.3
Evenki	24	25	54.9	51.3	54.9	7.5
Chanty	19	21	77.0	68.9	48.1	7.3
Čukči	12	14	93.9	82.6	58.7	4.8
Eveny	9.1	12	81.4	56.0	46.4	17.6
Nanajcy	8.0	10	86.3	69.1	58.0	9.4
Mansi	6.45	7.7	59.2	52.4	38.6	5.4
Korjaki	6.3	7.5	90.5	81.1	64.3	5.5
Dolgany	3.9	4.9	93.9	89.8	61.9	3.2
Nivchi	3.7	4.4	76.3	49.5	43.8	5.6
Sel'kupy	3.8	4.3	50.6	51.1	40.8	8.6
Ul'či	2.1	2.4	84.9	60.8	56.8	7.0
Saamy	1.8	1.9	69.9	56.2	52.9	9.3
Udegejcy	1.4	1.5	73.7	55.1	46.0	10.1
Itel'meny	1.1	1.3	36.0	35.7	32.5	4.3
Kety	1.0	1.2	77.1	74.9	59.1	2.0
Oroči	0.8	1.1	68.4	48.6	44.4	6.6
Nganasany	0.75	1.0	93.4	75.4	40.0	15.7

Population 2.11.3
Bevölkerung

	A		B		C	
	1959	1970	1959	1970	Russian russisch russkim	others andere drugimi
Jukagiry	0.4	0.6	52.5	46.8	29.1	32.8
Negidal'cy[1]	...	0.5	...	53.3	45.1	6.0
Karely	167	146	71.3	63.0	59.1	15.1
Tuvincy	100	139	99.1	98.7	38.9	0.4
Kalmyki	106	137	91.0	91.7	81.1	1.5
Rumyny	106	119	83.3	63.9	28.5	16.3
Karačaevcy	81	113	96.8	98.1	67.6	1.2
Adygejcy	80	100	96.8	96.5	67.9	1.4
Kurdy	59	89	89.9	87.6	19.9	36.2
Finny	93	85	59.5	51.0	47.0	8.5
Abchazy	65	83	95.0	95.9	59.2	2.8
Chakasy	57	67	86.0	83.7	65.5	3.4
Balkarcy	42	60	97.0	97.2	71.5	2.5
Altajcy	45	56	88.5	87.2	54.9	3.2
Čerkesy	30	40	89.7	92.0	70.0	2.5
Dungane	22	39	95.1	94.3	48.0	5.7
Irancy (Persy)	21	28	44.7	36.9	33.9	12.7
Abaziny	20	25	94.8	96.1	69.5	6.1
Assirijcy	22	24	64.3	64.5	46.2	14.7
Čechi	25	21	49.0	42.9	35.6	21.4
Taty	11	17	70.9	72.6	57.7	15.3
Šorcy	15	16	83.7	73.5	59.8	5.9
Beludži	7.8	13	94.9	98.1	2.9	40.4
Slovaki	15	12	61.2	52.0	39.3	31.3
Vepsy	16	8.3	46.1	34.3	32.8	16.4
Udiny	3.7	5.9	92.6	93.5	36.4	32.6
Chalcha-monqoly	1.8	5.2	86.6	92.9	54.4	1.6
Karaimy	5.7	4.6	13.9	12.8	11.3	21.4
Albancy	5.3	4.4	79.0	56.7	17.4	7.0
Afgancy	1.9	4.2	71.8	70.7	26.7	31.9
French-Franzosen-Francuzy	1.0	2.5	56.4	75.1	19.6	17.7
People of India and Pakistan Völker Indiens und Pakistans Narody Indii i Pakistana	0.4	1.9	84.4	87.7	47.8	2.2
Eskimosy	1.1	1.3	84.0	60.0	50.5	3.4
Ižorcy	1.1	0.8	34.7	26.6	24.5	32.0
Tofy	0.6	0.6	89.1	56.3	48.7	4.5
Aleuty	0.4	0.4	22.3	21.8	18.8	1.8
Others-andere-drugie	97	152	69.1	81.3	33.9	19.0

---

[1] 1959 recorded under Evenks - 1959 unter Ewenken erfaßt - 1959 g. negidal'cy učityvalis' v sostave evenkov

2.11.4 Population
Bevölkerung

2.11.4 NATIONALITIES REPRESENTED AMONG THE POPULATION
ANTEIL DER HAUPTNATIONEN AN DER BEVÖLKERUNG
GLAVNYE NACII V NASELENII
1970 - %

	Total population Gesamtbevölkerung Vse naselenie	of which - davon -						
		Russkie	Ukraincy	Belorusy	Uzbeki	Kazachi	Gruziny	Azerbajdžancy
SSSR	100,0	53,4	16,9	3,7	3,8	2,2	1,3	1,8
RSFSR	100,0	82,8	2,6	0,7	---	0,4	0,1	0,1
Ukrainskaja SSR	100,0	19,4	74,9	0,8	---	---	---	---
Belorusskaja SSR	100,0	10,4	2,1	81,0	---	---	---	---
Uzbekskaja SSR	100,0	12,5	0,9	---	65,5	4,0	---	---
Kazachskaja SSR	100,0	42,4	7,2	1,5	1,7	32,6	---	---
Gruzinskaja SSR	100,0	8,5	1,1	---	---	---	66,8	4,6
Azerbajdžanskaja SSR	100,0	10,0	---	---	---	---	---	73,8
Litovskaja SSR	100,0	8,6	0,8	1,5	---	---	---	---
Moldavskaja SSR	100,0	11,6	14,2	---	---	---	---	---
Latvijskaja SSR	100,0	29,8	2,3	4,0	---	---	---	---
Kirgizskaja SSR	100,0	29,2	4,1	---	11,3	0,8	---	---
Tadžikskaja SSR	100,0	11,9	1,1	---	23,0	0,3	---	---
Armjanskaja SSR	100,0	2,7	---	---	---	---	---	5,9
Turkmenskaja SSR	100,0	14,5	1,6	---	8,3	3,2	---	---
Estonskaja SSR	100,0	24,7	2,1	1,4	---	---	---	---

Population 2.11.4
Bevölkerung

OF THE USSR AND THE UNION REPUBLICS
DER UdSSR UND DEN UNIONSREPUBLIKEN
SSSR I SOJUZNYCH RESPUBLIK
1970 - %

v tom čisle

Litovcy	Moldavane	Latyši	Kirgizy	Tadžiki	Armjane	Turkmeny	Estoncy	Tatary	Evrei	Other nationalities Andere Nationali- täten Drugie nacional- nosti
1,1	1,2	0,6	0,6	0,9	1,5	0,6	0,4	2,4	0,9	6,7
---	0,1	---	---	---	0,2	---	---	3,7	0,6	8,7
---	0,6	---	---	---	---	---	---	---	1,6	2,7
---	---	---	---	---	---	---	---	---	1,6	4,9
---	---	---	0,9	3,8	---	0,6	---	4,9	0,9	6,0
---	---	---	---	---	---	---	---	2,2	---	12,4
---	---	---	---	---	9,7	---	---	---	1,2	8,1
---	---	---	---	---	9,4	---	---	---	---	6,8
80,1	---	---	---	---	---	---	---	---	0,8	8,2
---	64,6	---	---	---	---	---	---	---	2,7	6,9
1,7	---	56,8	---	---	---	---	---	---	1,6	3,8
---	---	---	43,8	0,7	---	---	---	2,4	---	7,7
---	---	---	1,2	56,2	---	0,4	---	2,4	0,5	3,0
---	---	---	---	---	88,6	---	---	---	---	2,8
---	---	---	---	---	1,1	65,6	---	1,7	---	4,0
---	---	---	---	---	---	---	68,2	---	0,4	3,2

Communist Party of the Soviet Union
Kommunistische Partei der Sowjetunion

COMMUNIST PARTY OF THE SOVIET UNION
KOMMUNISTISCHE PARTEI DER SOWJETUNION
KOMMUNISTIČESKAJA PARTIJA SOVETSKOGO SOJUZA

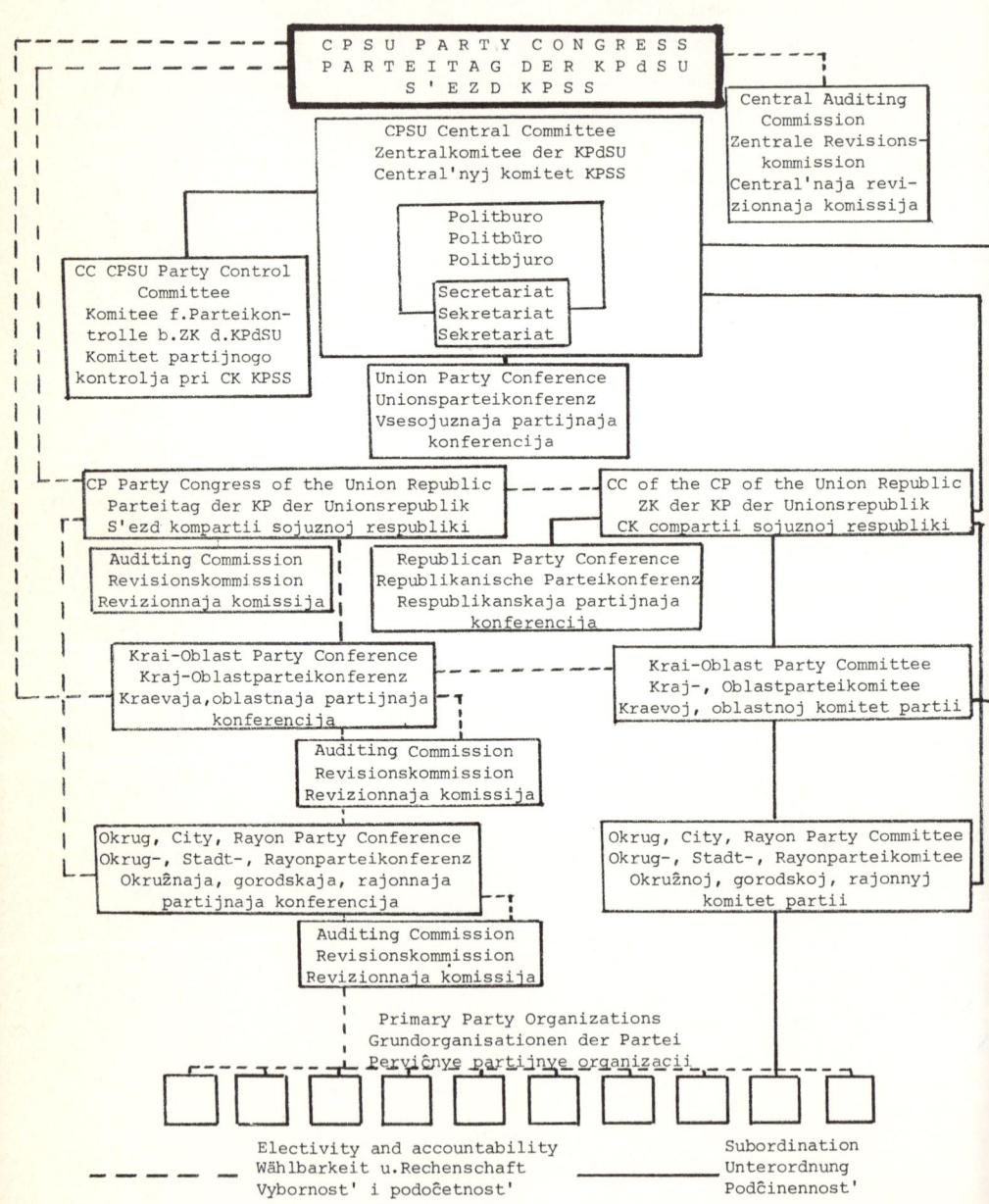

3. COMMUNIST PARTY OF THE SOVIET UNION
KOMMUNISTISCHE PARTEI DER SOWJETUNION
KOMMUNISTIČESKAJA PARTIJA SOVETSKOGO SOJUZA

3.1 PARTY CONGRESSES - PARTEITAGE - S'EZDY PARTII

		Delegates-Delegierte-Delegaty		
		Total Insg. Vsego	of which-davon-iz nich	
			with deciding vote mit entscheidender Stimme s reš.golosom	in an advisory capacity mit beratender Stimme s sovešč. golosom
		A	B	C
1.	RSDRP [1] 1.-3. (13.-15.) 3.1898 Minsk	9	9	-
2.	RSDRP 17.(30.)7.- 10.(23.)8.1903 Bruxelles-London	57	43	14
3.	RSDRP 12.-27.4.(25.4.- 10.5.)1905 London	38	24	14
4.	(Ob'edinitel'nyj) RSDRP 10.-25.4.(23.4.- 8.5.)1906 Stockholm	134	112	22
5.	(Londonskij) RSDRP 30.4.-19.5. (13.5.-1.6.)1907 London	342	303	39
6.	RSDRP(b) [2] 26.7.-3.8. (8.-16.8.)1917 Petrograd	267	157	110
7.	(ekstrennyj) RKP(b) [3] 6.-8.3.1918 Petrograd	106	47	59
8.	RKP(b) 18.-23.3.1919 Moskva	403	301	102
9.	RKP(b) 29.3.-5.4.1920 Moskva	716	554	162

[1] 1898-1917 RSDRP
    Social Democratic Workers' Party of Russia
    Sozialdemokratische Arbeiterpartei Rußlands
    Rossijskaja Social-Demokratičeskaja rabočaja partija

[2] 1917-1918 RSDRP(b)
    Social Democratic Workers' Party of Russia (Bolshevik)
    Sozialdemokratische Arbeiterpartei (Bolschewiki) Rußlands
    Rossijskaja Social-Demokratičeskaja rabočaja partija (bol'ševikov)

[3] 1918-1925 RKP(b)
    Communist Party of Russia (Bolshevik)
    Kommunistische Partei (Bolschewiki) Rußlands
    Rossijskaja Kommunisticheskaja partija (bol'ševikov)

3.1 Communist Party of the Soviet Union
Kommunistische Partei der Sowjetunion

			A	B	C
10.	RKP(b) 8.-16.3.1921	Moskva	990	694	296
11.	RKP(b) 27.3.-2.4.1922	Moskva	687	522	165
12.	RKP(b) 17.-25.4.1923	Moskva	825	408	417
13.	RKP(b) 23.-31.5.1924	Moskva	1,164	748	416
14.	VKP(b)[4] 18.-31.12.1925	Moskva	1,306	665	641
15.	VKP(b) 2.-19.12.1927	Moskva	1,669	898	771
16.	VKP(b) 26.6.-13.7.1930	Moskva	2,159	1,268	891
17.	VKP(b) 26.1.-10.2.1934	Moskva	1,961	1,225	736
18.	VKP(b) 10.-21.3.1939	Moskva	2,035	1,569	466
19.	KPSS[5] 5.-14.10.1952	Moskva	1,359	1,192	167
20.	KPSS 14.-25.2.1956	Moskva	1,430	1,349	81
21.	(Vneočerednoj) KPSS 27.1.-25.2.1959	Moskva	1,367	1,261	106
22.	KPSS 17.-31.10.1961	Moskva	4,799	4,394	405
23.	KPSS 29.3.-8.4.1966	Moskva	4,942	4,619	323
24.	KPSS 30.3.-9.4.1971	Moskva	4,963	4,740	223
25.	KPSS 24.2.-5.3.1976	Moskva	4,998	--	--

---

[4] 1925-1952 VKP(b)
Communist Party of the Soviet Union (Bolshevik)
Kommunistische Partei der Sowjetunion (Bolschewiki)
Vsesojuznaja Kommunističeskaja partija (bol'ševikov)

[5] seit 1952 KPSS
Communist Party of the Soviet Union
Kommunistische Partei der Sowjetunion
Kommunističeskaja partija Sovetskogo Sojuza

3.2 NUMBER OF MEMBERS — MITGLIEDERZAHLEN — ČISLENNYJ SOSTAV 1917 - 1975

	Members Mitglieder Členy	Candidates Kandidaten Kandidaty	Total Insgesamt Vsego
1917 (1. 3.)	24,000	--	24,000
1917 (1.10.)	350,000	--	350,000
1918 (1. 3.)	390,000	--	390,000
1919 (1. 3.)	350,000	--	350,000
1920 (1. 3.)	611,978	--	611,978
1921 (1. 3.)	732,521	--	732,521
1922 (1. 1.)[1]	410,430	117,924	528,354
1923	381,400	117,700	499,100
1924	350,000	122,000	472,000
1925	440,365	361,439	801,804
1926	639,652	440,162	1,079,814
1927	786,288	426,217	1,212,505
1928	914,307	391,547	1,305,854
1929	1,090,508	444,854	1,535,362
1930	1,184,651	493,259	1,677,910
1931	1,369,406	842,819	2,212,225
1932	1,769,773	1,347,477	3,117,250
1933	2,203,951	1,351,387	3,555,338
1934	1,826,756	874,252	2,701,008
1935	1,659,104	699,610	2,358,714
1936	1,489,907	586,935	2,076,842
1937	1,453,828	527,869	1,981,697
1938	1,405,879	514,123	1,920,002
1939	1,514,181	792,792	2,306,973
1940	1,982,743	1,417,232	3,399,975
1941	2,490,479	1,381,986	3,872,465
1942	2,155,336	908,540	3,063,876
1943	2,451,511	1,403,190	3,854,701
1944	3,126,627	1,791,934	4,918,561
1945	3,965,530	1,794,839	5,760,369

[1] as of 1921: 1.1. — ab 1921: zum 1.1. — s 1921 na 1.1.

3.2 Communist Party of the Soviet Union
Kommunistische Partei der Sowjetunion

	Members Mitglieder Členy	Candidates Kandidaten Kandidaty	Total Insgesamt Vsego
1946	4,127,689	1,383,173	5,510,862
1947	4,774,886	1,277,015	6,051,901
1948	5,181,199	1,209,082	6,390,281
1949	5,334,811	1,017,761	6,352,572
1950	5,510,787	829,396	6,340,183
1951	5,658,577	804,398	6,462,975
1952	5,853,200	854,339	6,707,539
1953	6,067,027	830,197	6,897,224
1954	6,402,284	462,579	6,864,863
1955	6,610,238	346,867	6,957,105
1956	6,767,644	405,877	7,173,521
1957	7,001,114	493,459	7,494,573
1958	7,296,559	546,637	7,843,196
1959	7,622,356	616,775	8,239,131
1960	8,017,249	691,418	8,708,667
1961	8,472,396	803,430	9,275,826
1962	9,051,934	839,134	9,891,068
1963	9,581,149	806,047	10,387,196
1964	10,182,916	839,453	11,022,369
1965	10,811,443	946,726	11,758,169
1966	11,548,287	809,021	12,357,308
1967	12,135,103	549,030	12,684,133
1968	12,484,836	695,389	13,180,225
1969	12,958,303	681,588	13,639,891
1970	13,395,253	616,531	14,011,784
1971	13,745,980	626,583	14,372,563
1972	14,109,432	521,857	14,631,289
1973	14,330,525	490,506	14,821,031
1974	14,493,524	532,391	15,025,915
1975	14,719,062	575,741	15,294,803
1976	15,029,562	602,329	15,638,891
1977 (July 1 - 1.7.)	15,545,097	658,349	16,203,446

Communist Party of the Soviet Union
Kommunistische Partei der Sowjetunion

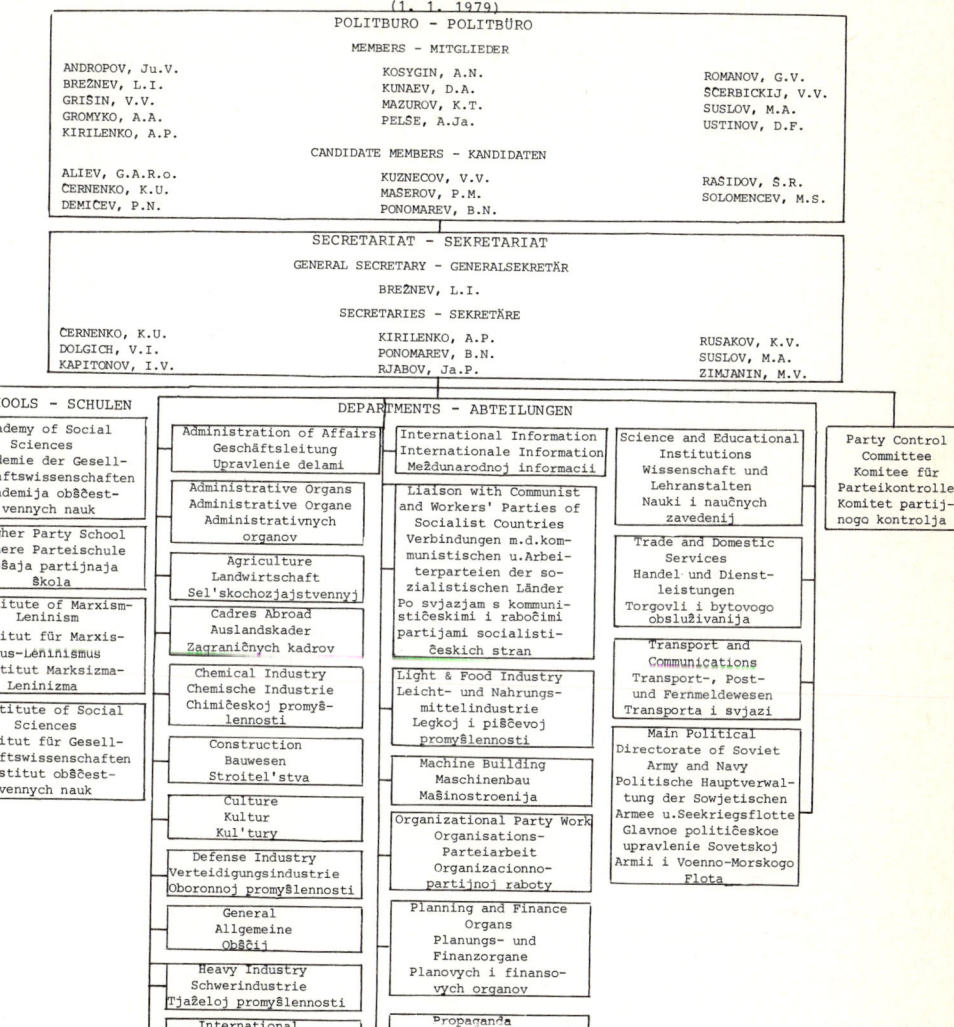

Besides there are following schools of the CC of the CPSU -
Außerdem bestehen beim ZK der KPdSU folgende Schulen:

Institute of Scientific Atheism of the Academy of Social Sciences - Institut für wissenschaftlichen Atheismus -
 Institut naučnogo ateizma Akademii obščestvennych nauk;
Higher Party School for Correspondence Courses - Höhere Parteischule für Fernstudium - Zaočnaja vysšaja partijnaja škola;
Institute for Further Education of the Leading Party and Soviet Cadre of the Higher Party School -
 Institut für die Erhöhung der Qualifikation der leitenden Partei- und Sowjetkader der Höheren Parteischule -
 Institut povyšenija kvalifikacii rukovodjaščich partijnych i sovetskich kadrov Vysšej partijnoj školy.

also see page - siehe auch Seite 95 ff.

3.3 Communist Party of the Soviet Union
Kommunistische Partei der Sowjetunion

3.3
POLITBURO CC CPSU - POLITBÜRO ZK KPdSU - POLITBJURO CK KPSS

(1952-66 Presidium - Präsidium - Prezidium)

	Members Mitglieder Členy			Candidate members Kandidaten Kandidaty		
	Name Name Familija	Date of birth/death Geburts-/ Sterbedat. data rožd. / smerti	Party affiliation Parteizugehörigkeit Partijnyj staž	Name Name Familija	Date of birth/death Geburts-/ Sterbedat. data rožd./ smerti	Party affiliation Parteizugehörigkeit Partijnyj staž
	A	B	C	A	B	C
Zasedanie[1] CK RSDRP(b) 10.(23.)10. 1917	LENIN, V.I.	1870-1924	1893			
	BUBNOV, A.S.	1883-1940[5]	1903			
	ZINOVEV, G.E.	1883-1936[3]	1901-27 1928-32 1933-34			
	KAMENEV, L.B.	1883-1936[3]	1901-27 1928-32 1933-34			
	SOKOLNIKOV, G.Ja.	1888-1939[5]	1905-36			
	STALIN, J.V.	1879-1953	1898			
	TROCKIJ, L.D.	1879-1940[4]	1917-27			
Plenum CK RKP(b) 25.3.1919	KAMENEV, L.B. KRESTINSKIJ, N.N. LENIN, V.I. STALIN, J.V. TROCKIJ, L.D.	1883-1938[3]	1903	BUCHARIN, N.I. ZINOVEV, G.E. KALININ, M.I.	1888-1938[3] 1875-1946	1906 1898
Plenum CK RKP(b) 5.4.1920	KAMENEV, L.B. KRESTINSKIJ, N.N. LENIN, V.I. STALIN, J.V. TROCKIJ, L.D.			BUCHARIN, N.I. ZINOVEV, G.E. KALININ, M.I.		

---

1 Meeting - Tagung - Zasedanie
2 Joint Plenum - Vereinigtes Plenum - Ob'edinennyj plenum
3 liquidated - liquidiert - likvidirovan
4 murdered - ermordet - ubit
5 died in arrest - in Haft gestorben - umer v tjurme
6 suicide - Selbstmord - samoubijstvo
7 Joint Session of the Plenum of the CC CPSU, of the Council of Ministers of the USSR, of the Presidium of the Supreme Soviet of the USSR -
Gemeinsame Tagung des Plenums des ZK der KPdSU, des Ministerrates der UdSSR, des Präsidiums des Obersten Sowjets der UdSSR -
Sovmestnoe zasedanie plenuma CK KPSS, Soveta Ministrov SSSR, Prezidiuma Verchovnogo Soveta SSSR

Communist Party of the Soviet Union
Kommunistische Partei der Sowjetunion   3.3

	Members Mitglieder Členy			Candidate members Kandidaten Kandidaty		
	A	B	C	A	B	C
Plenum CK RKP(b) 16.3.1921	KAMENEV, L.B. ZINOVEV, G.E. LENIN, V.I. STALIN, J.V. TROCKIJ, L.D.			BUCHARIN, N.I. KALININ, M.I. MOLOTOV, V.M.*	1890	1906
Plenum CK RKP(b) 3.4.1922	ZINOVEV, G.E. KAMENEV, L.B. LENIN, V.I. STALIN, J.V. TROCKIJ, L.D.			BUCHARIN, N.I. KALININ, M.I. MOLOTOV, V.M.		
Plenum CK RKP(b) 26.4.1923	ZINOVEV, G.E. KAMENEV, L.B. LENIN, V.I. RYKOV, A.I. STALIN, J.V. TOMSKIJ, M.P. TROCKIJ, L.D.	1881-1938[3] 1880-1936[6]	1899 1904	BUCHARIN, N.I. KALININ, M.I. MOLOTOV, V.M. RUDZUTAK, Ja.E.	1887-1938[3]	1905
Plenum CK RKP(b) 2.6.1924	BUCHARIN, N.I. ZINOVEV, G.E. KAMENEV, L.B. RYKOV, A.I. STALIN, I.V. TOMSKIJ, M.P. TROCKIJ, L.D.			DZERŽINSKIJ, F.E. KALININ, M.I. MOLOTOV, V.M. RUDZUTAK, Ja.E. SOKOLNIKOV, G.Ja. FRUNZE, M.V.	1877-1926 1885-1925	1895 1904
Plenum CK VKP(b) 1.1.1926	BUCHARIN, N.I. VOROŠILOV, K.E. ZINOVEV, G.E. KALININ, M.I. MOLOTOV, V.M. RYKOV, A.I. STALIN, J.V. TOMSKIJ, M.P. TROCKIJ, L.D.	1881-1969	1903	DZERŽINSKIJ, F.E. KAMENEV, L.B. PETROVSKIJ, G.I. RUDZUTAK, Ja.E. UGLANOV, N.A.	1878-1958 1886-1940[5]	1897 1907-32 1932-36
Plenum CK VKP(b) 14.-23.7.1926	BUCHARIN, N.I. VOROŠILOV, K.E. KALININ, M.I. MOLOTOV, V.M. RUDZUTAK, Ja.E. RYKOV, A.I. STALIN, J.V. TOMSKIJ, M.P. TROCKIJ, L.D.			ANDREEV, A.A. KAGANOVIČ, L.M.* KAMENEV, L.B. KIROV, S.M. MIKOJAN, A.I. ORDŽONIKIDZE, G.K. PETROVSKIJ, G.I. UGLANOV, N.A.	1895-1971 1893 1886-1934[4] 1895 1886-1937[6]	1914 1911 1904 1915 1903
Ob'edinennyj[2] plenum CK CKK VKP(b) 23.10.1926	BUCHARIN, N.I. VOROŠILOV, K.E. KALININ, M.I. MOLOTOV, V.M. RUDZUTAK, Ja.E. RYKOV, A.I. STALIN, J.V. TOMSKIJ, M.P.			ANDREEV, A.A. KAGANOVIČ, L.M. KIROV, S.M. MIKOJAN, A.I. ORDŽONIKIDZE, G.K. PETROVSKIJ, G.I. UGLANOV, N.A.		

* 1957 relieved from all party and government posts for "forming group hostiled to party" - 1957 wegen "Bildung einer parteifeindlichen Gruppe" aller Partei-u.Staatsämter enthoben

3.3 Communist Party of the Soviet Union / Kommunistische Partei der Sowjetunion

	Members / Mitglieder / Členy			Candidate members / Kandidaten / Kandidaty		
	A	B	C	A	B	C
Ob'edinnenyj plenum CK i CCK VKP(b) 3.11.1926	BUCHARIN, N.I. VOROŠILOV, K.E. KALININ, M.I. MOLOTOV, V.M. RUDZUTAK, Ja.E. RYKOV, A.I. STALIN, J.V. TOMSKIJ, M.P.			ANDREEV, A.A. KAGANOVIČ, L.M. KIROV, S.M. MIKOJAN, A.I. PETROVSKIJ, G.I. UGLANOV, N.A. ČUBAR, V.Ja.	1891-1939[3]	1907
Plenum CK VKP(b) 19.12.1927	BUCHARIN, N.I. VOROŠILOV, K.E. KALININ, M.I. KUIBYŠEV, V.V. MOLOTOV, V.M. RYKOV, A.I. RUDZUTAK, Ja.E. STALIN, J.V. TOMSKIJ, M.P.	1888-1935[4]	1904	ANDREEV, A.A. KAGANOVIČ, L.M. KIROV, S.M. KOSIOR, S.V. MIKOJAN, A.I. PETROVSKIJ, G.I. UGLANOV, N.A. ČUBAR, V.Ja.	1889-1939[3]	1907
Plenum CK VKP(b) 29.4.1929	BUCHARIN, N.I. VOROŠILOV, K.E. KALININ, M.I. KUIBYŠEV, V.V. MOLOTOV, V.M. RYKOV, A.I. RUDZUTAK, Ja.E. STALIN, J.V. TOMSKIJ, M.P.			ANDREEV, A.A. BAUMAN, K.Ja. KAGANOVIČ, L.M. KIROV, S.M. KOSIOR, S.V. MIKOJAN, A.I. PETROVSKIJ, G.I. ČUBAR, V.Ja.	1892-1937[3]	1907
Plenum CK VKP(b) 21.6.1929	BUCHARIN, N.I. VOROŠILOV, K.E. KALININ, M.I. KUIBYŠEV, V.V. MOLOTOV, V.M. RYKOV, A.I. RUDZUTAK, Ja.E. STALIN, J.V. TOMSKIJ, M.P.			ANDREEV, A.A. BAUMAN, K.Ja. KAGANOVIČ, L.M. KIROV, S.M. KOSIOR, S.V. MIKOJAN, A.I. PETROVSKIJ, G.I. SYRCOV, S.I. ČUBAR, V.Ja.	1893-1938[3]	1913
Plenum CK VKP(b) 10.-17.11.1929	VOROŠILOV, K.E. KALININ, M.I. KUIBYŠEV, V.V. MOLOTOV, V.M. RYKOV, A.I. RUDZUTAK, Ja.E. STALIN, J.V. TOMSKIJ, M.P.			ANDREEV, A.A. BAUMAN, K.Ja. KAGANOVIČ, L.M. KIROV, S.M. KOSIOR, S.V. MIKOJAN, A.I. PETROVSKIJ, G.I. SYRCOV, S.I. ČUBAR, V.Ja.		
Plenum CK VKP(b) 13.7.1930	VOROŠILOV, K.E. KAGANOVIČ, L.M. KALININ, M.I. KIROV, S.M. KOSIOR, S.V. KUIBYŠEV, V.V. MOLOTOV, V.M. RUDZUTAK, Ja.E. RYKOV, A.I. STALIN, J.V.			ANDREEV, A.A. MIKOJAN, A.I. PETROVSKIJ, G.I. SYRCOV, S.I. ČUBAR, V.Ja.		

Communist Party of the Soviet Union
Kommunistische Partei der Sowjetunion

	Members Mitglieder Členy			Candidate members Kandidaten Kandidaty		
	A	B	C	A	B	C
Ob'edinnenyj plenum CK i CKK VKP(b) 17.-21.12.1930	VOROŠILOV, K.E. KAGANOVIČ, L.M. KALININ, M.I. KIROV, S.M. KOSIOR, S.V. KUIBYŠEV, V.V. MOLOTOV, V.M. ORDŽONIKIDZE,G.K. RUDZUTAK, Ja.E. STALIN, J.V.			MIKOJAN, A.I. PETROVSKIJ,G.I. SYRCOV, S.I. ČUBAR, V.Ja.		
Plenum CK VKP(b) 10.2.1934	ANDREEV, A.A. VOROŠILOV, K.E. KAGANOVIČ, L.M. KALININ, M.I. KIROV, S.M. KOSIOR, S.V. KUIBYŠEV, V.V. MOLOTOV, V.M. ORDŽONIKIDZE,G.K. STALIN, J.V.			MIKOJAN, A.I. PETROVSKIJ,G.I. POSTYŠEV, P.P. RUDZUTAK, Ja.E. ČUBAR, V.Ja.	1887-1940[3]	1904
Plenum CK VKP(b) 1.2.1935	ANDREEV, A.A. VOROŠILOV, K.E. KAGANOVIČ, L.M. KALININ, M.I. KIROV, S.M. KOSIOR, S.V. KUIBYŠEV, V.V. MIKOJAN, A.I. MOLOTOV, V.M. ORDŽONIKIDZE,G.K. STALIN, J.V.			ŽDANOV, A.A. PETROVSKIJ,G.I. POSTYŠEV, P.P. RUDZUTAK, Ja.E. ČUBAR, V.Ja. EICHE, R.I.	1896-1948 1890-1940[3]	1915 1905
Plenum CK VKP(b) 11.-12.10.1937	ANDREEV, A.A. VOROŠILOV,K.E. KAGANOVIČ, L.M. KALININ, M.I. KIROV, S.M. KOSIOR, S.V. KUIBYŠEV, V.V. MIKOJAN, A.I. MOLOTOV, V.M. ORDŽONIKIDZE,G.K. STALIN, J.V.			EŽOV, N.I. ŽDANOV, A.A. PETROVSKIJ,G.I. POSTYŠEV, P.P. RUDZUTAK, Ja.E. ČUBAR, V.Ja. EICHE, R.I.	1901-1938[3]	1917
Plenum CK VKP(b) Jan. 1938	ANDREEV, A.A. VOROŠILOV, K.E. KAGANOVIČ, L.M. KALININ, M.I. KIROV, S.M. KOSIOR, S.V. KUIBYŠEV, V.V. MIKOJAN, A.I. MOLOTOV, V.M. ORDŽONIKIDZE,G.K. STALIN, J.V.			ŽDANOV, A.A. PETROVSKIJ,G.I. RUDZUTAK, Ja.E. CHRUŠČEV, N.S.* ČUBAR, V.Ja. EICHE, R.I.	1894-1971	1918

* 1938-1939 and 1939-Oct.1964: member - 1938-1939 und 1939-Okt.1964: Mitglied

3.3 Communist Party of the Soviet Union
Kommunistische Partei der Sowjetunion

	Members Mitglieder Členy			Candidate members Kandidaten Kandidaty		
	A	B	C	A	B	C
Plenum CK VKP(b) 22.3.1939	ANDREEV, A.A. VOROŠILOV, K.E. ŽDANOV, A.A. KAGANOVIČ, L.M. KALININ, M.I. MIKOJAN, A.I. MOLOTOV, V.M. STALIN, J.V. CHRUŠČEV, N.S.			BERIJA, L.P. ŠVERNIK, N.M.	1899-1953[3] 1888-1970	1917 1905
Plenum CK VKP(b) Feb. 1941	ANDREEV, A.A. VOROŠILOV, K.E. ŽDANOV, A.A. KAGANOVIČ, L.M. KALININ, M.I. MIKOJAN, A.I. MOLOTOV, V.M. STALIN, J.V. CHRUŠČEV, N.S.			BERIJA, L.P. VOZNESENSKIJ, N.A. MALENKOV, G.M.* ŠVERNIK, N.M. ŠČERBAKOV, A.S.	1903-1950[3] 1902 1901-1945	1919 1920 1918
Plenum CK VKP(b) March-März 1946	ANDREEV, A.A. BERIJA, L.P. VOROŠILOV, K.E. ŽDANOV, A.A. KAGANOVIČ, L.M. KALININ, M.I. MALENKOV, G.M. MIKOJAN, A.I. MOLOTOV, V.M. STALIN, J.V. CHRUŠČEV, N.S.			BULGANIN, N.A.** VOZNESENSKIJ,N.A. KOSYGIN, A.N. ŠVERNIK, N.M. ŠČERBAKOV, A.S.	1895-1975 1904	1917 1927
Plenum CK VKP(b) Feb. 1948	ANDREEV, A.A. BERIJA, L.P. BULGANIN, N.A. VOROŠILOV, K.E. ŽDANOV, A.A. KAGANOVIČ, L.M. KOSYGIN, A.N. MALENKOV, G.M. MIKOJAN, A.I. MOLOTOV, V.M. STALIN, J.V. CHRUŠČEV, N.S.			VOZNESENSKIJ,N.A. ŠVERNIK, N.M. ŠČERBAKOV, A.S.		
Plenum CK KPSS 16.10.1952	ANDRIANOV, V.M. ARISTOV, A.B. BERIJA, L.P. BULGANIN, N.A. VOROŠILOV, K.E. IGNATEV, S.D. KAGANOVIČ, L.M. KOROTČENKO,D.S. KUZNECOV, V.V.	1902 1903 1903 1894-1969 1901	1926 1921 1924 1918 1927	BREŽNEV, L.I. VYŠINSKIJ,A.Ja. ZVEREV, A.G. IGNATOV, N.G. KABANOV, I.G. KOSYGIN, A.N. PATOLIČEV, N.S. PEGOV, N.M. PUZANOV, A.M.	1906 1883-1954 1900-1969 1901-1966 1898-1972 1908 1905 1906	1931 1920 1919 1924 1917 1928 1930 1925

* 1957 relieved from all party and government posts for "forming group hostiled to party 1957 wegen "Bildung einer parteifeindlichen Gruppe" aller Partei-u.Staatsämter enthobe

** 1958 expelled from Politburo - 1958 aus dem Politbüro ausgeschlossen

Communist Party of the Soviet Union
Kommunistische Partei der Sowjetunion   3.3

| | Members Mitglieder Členy | | | Candidate members Kandidaten Kandidaty | | |
	A	B	C	A	B	C
	KUUSINEN, O.V.	1881-1964	1905	TEVOSJAN, I.F.	1902-1958	1918
	MALENKOV, G.M.			JUDIN, P.F.	1899-1968	1928
	MALYŠEV, V.A.	1902-1957	1926			
	MELNIKOV, L.G.	1906	1928			
	MIKOJAN, A.I.					
	MICHAJLOV, N.A.	1906	1930			
	MOLOTOV, V.M.					
	PERVUCHIN, M.G.	1904-1978	1919			
	PONOMARENKO, P.K.	1902	1925			
	SABUROV, M.Z.	1900*	1920			
	STALIN, J.V.					
	SUSLOV, M.A.	1902	1921			
	CHRUŠČEV, N.S.					
	ČESNOKOV, D.I.	--	1939			
	ŠVERNIK, N.M.					
	SKIRJATOV, M.F.	1883-1954	1906			
Sovmestnoe zasedanie plenuma CK KPSS, Soveta Ministrov SSSR, Prezidiuma Verchovnogo Soveta SSSR[7] March-März 1953	BERIJA, L.P. BULGANIN, N.A. VOROŠILOV, K.E. KAGANOVIČ, L.M. MALENKOV, G.M. MIKOJAN, A.I. MOLOTOV, V.M. PERVUCHIN, M.G. SABUROV, M.Z. CHRUŠČEV, N.S.			BAGIROV, M.D. MELNIKOV, L.G. PONOMARENKO, P.K. ŠVERNIK, N.M.	1896-1956[3]	1917
Plenum CK KPSS July-Juli 1953	BULGANIN, N.A. VOROŠILOV, K.E. KAGANOVIČ, L.M. MALENKOV, G.M. MIKOJAN, A.I. MOLOTOV, V.M. PERVUCHIN, M.G. SABUROV, M.Z. CHRUŠČEV, N.S.			MELNIKOV, L.G. PONOMARENKO, P.K. ŠVERNIK, N.M.		
Plenum CK KPSS 4.-12.7.1955	BULGANIN, N.A. VOROŠILOV, K.E. KAGANOVIČ, L.M. KIRIČENKO, A.I.** MALENKOV, G.M. MIKOJAN, A.I. MOLOTOV, V.M. PERVUCHIN, M.G. SABUROV, M.Z. SUSLOV, M.A. CHRUŠČEV, N.S.	1908	1930	MELNIKOV, L.G. PONOMARENKO, P.K. ŠVERNIK, N.M.		
Plenum CK KPSS 27.2.1956	BULGANIN, N.A. VOROŠILOV, K.E. KAGANOVIČ, L.M. KIRIČENKO, A.I.			BREŽNEV, L.I. ŽUKOV, G.K. MUCHITDINOV, N.A.***	1896-1974 1917	1919 1942

* 1957 relieved from all party and government posts for "forming group hostiled to party"
  1957 wegen "Bildung einer parteifeindlichen Gruppe" aller Partei-u.Staatsämter enthoben
** until May - bis Mai 1960
*** 1956-57; 1957-Nov.1961 Member-Mitglied

3.3 Communist Party of the Soviet Union
Kommunistische Partei der Sowjetunion

	Members Mitglieder Členy			Candidate members Kandidaten Kandidaty		
	A	B	C	A	B	C
	MALENKOV, G.M.			FURCEVA, E.A.	1910-1974	1930
	MIKOJAN, A.I.			ŠVERNIK, N.M.		
	MOLOTOV, V.M.			ŠEPILOV, D.T.*	1905	1926
	PERVUCHIN, M.G.					
	SABUROV, M.Z.					
	SUSLOV, M.A.					
	CHRUŠČEV, N.S.					
Plenum CK KPSS 13.-14.2.1957	BULGANIN, N.A.			BREŽNEV, L.I.		
	VOROŠILOV, K.E.			ŽUKOV, G.K.		
	KAGANOVIČ, L.M.			KOZLOV, F.R.	1908-1965	1926
	KIRIČENKO, A.I.			MUCHITDINOV, N.A.		
	MALENKOV, G.M.			FURCEVA, E.A.		
	MIKOJAN, A.I.			ŠVERNIK, N.M.		
	MOLOTOV, V.M.			ŠEPILOV, D.T.		
	PERVUCHIN, M.G.					
	SABUROV, M.Z.					
	SUSLOV, M.A.					
	CHRUŠČEV, N.S.					
Plenum CK KPSS 22.-29.6.1957	ARISTOV, A.B.			KALNBERZIN, Ja.E.	1893	1917
	BELJAEV, N.I.	1903-1966	1921	KIRILENKO, A.P.	1906	1931
	BREŽNEV, L.I.			KOROTČENKO, D.S.		
	BULGANIN, N.A.			KOSYGIN, A.N.		
	VOROŠILOV, K.E.			MAZUROV, K.T.	1914	1940
	ŽUKOV, G.K.			MŽAVANADZE, V.P.**	1902	1927
	IGNATOV, N.G.			MUCHITDINOV, N.A.		
	KIRIČENKO, A.I.			PERVUCHIN, M.G.		
	KOZLOV, F.R.			POSPELOV, P.N.	1898	1916
	KUUSINEN, O.V.					
	MIKOJAN, A.I.					
	SUSLOV, M.A.					
	FURCEVA, E.A.					
	CHRUŠČEV, N.S.					
	ŠVERNIK, N.M.					
Plenum CK KPSS Oct.-Okt.1957	ARISTOV, A.B.			KALNBERZIN, Ja.E.		
	BELJAEV, N.I.			KIRILENKO, A.P.		
	BREŽNEV, L.I.			KOROTČENKO, D.S.		
	BULGANIN, N.A.			KOSYGIN, A.N.		
	VOROŠILOV, K.E.			MAZUROV, K.T.		
	IGNATOV, N.G.			MŽAVANADZE, V.P.		
	KIRIČENKO, A.I.			MUCHITDINOV, N.A.		
	KOZLOV, F.R.			PERVUCHIN, M.G.		
	KUUSINEN, O.V.			POSPELOV, P.N.		
	MIKOJAN, A.I.					
	SUSLOV, M.A.					
	FURCEVA, E.A.					
	CHRUŠČEV, N.S.					
	ŠVERNIK, N.M.					

* 1957 expelled from CC CPSU for "forming group opposing the party" –
  1957 wegen "Bildung einer antiparteilichen Gruppe" aus dem ZK der KPdSU ausgeschlossen
** until December – bis Dezember 1972

Communist Party of the Soviet Union
Kommunistische Partei der Sowjetunion 3.3

	Members / Mitglieder / Členy			Candidate members / Kandidaten / Kandidaty		
	A	B	C	A	B	C
Plenum CK KPSS 16.-17.12.1957	ARISTOV, A.B. BELJAEV, N.I. BREŽNEV, L.I. BULGANIN, N.A. VOROŠILOV, K.E. IGNATOV, N.G. KIRIČENKO, A.I. KOZLOV, F.R. KUUSINEN, O.V. MIKOJAN, A.I. MUCHITDINOV, N.A. SUSLOV, M.A. FURCEVA, E.A. CHRUŠČEV, N.S. ŠVERNIK, N.M.			KALNBERZIN, Ja.E. KIRILENKO, A.P. KOROTČENKO, D.S. KOSYGIN, A.N. MAZUROV, K.T. MŽAVANADZE, V.P. PERVUCHIN, M.G. POSPELOV, P.N.		
Plenum CK KPSS 17.-18.6.1958	ARISTOV, A.B. BELJAEV, N.I. BREŽNEV, L.I. BULGANIN, N.A. VOROŠILOV, K.E. IGNATOV, N.G. KIRIČENKO, A.I. KOZLOV, F.R. KUUSINEN, O.V. MIKOJAN, A.I. MUCHITDINOV, N.A. SUSLOV, M.A. FURCEVA, E.A. CHRUŠČEV, N.S. ŠVERNIK, N.M.			KALNBERZIN, Ja.E. KIRILENKO, A.P. KOROTČENKO, D.S. KOSYGIN, A.N. MAZUROV, K.T. MŽAVANADZE, V.P. PERVUCHIN, M.G. PODGORNYJ, N.V.* POLJANSKIJ, D.S. POSPELOV, P.N.	1903 1917	1930 1939
Plenum CK KPSS 5.9.1958	ARISTOV, A.B. BELJAEV, N.I. BREŽNEV, L.I. VOROŠILOV, K.E. IGNATOV, N.G. KIRIČENKO, A.I. KOZLOV, F.R. KUUSINEN, O.V. MIKOJAN, A.I. MUCHITDINOV, N.A. SUSLOV, M.A. FURCEVA, E.A. CHRUŠČEV, N.S. ŠVERNIK, N.M.			KALNBERZIN, Ja.E. KIRILENKO, A.P. KOROTČENKO, D.S. KOSYGIN, A.N. MAZUROV, K.T. MŽAVANADZE, V.P. PERVUCHIN, M.G. PODGORNYJ, N.V. POLJANSKIJ, D.S. POSPELOV, P.N.		
Plenum CK KPSS 4.5.1960	ARISTOV, A.B. BREŽNEV, L.I. VOROŠILOV, K.E. IGNATOV, N.G. KOSYGIN, A.N. KOZLOV, F.R. KUUSINEN, O.V. MIKOJAN, A.I. MUCHITDINOV, N.A.			KALNBERZIN, Ja.E. KIRILENKO, A.P. KOROTČENKO, D.S. MAZUROV, K.T. MŽAVANADZE, V.P. PERVUCHIN, M.G. POSPELOV, P.N.		

* 1958-1960 and 1960-May 1977: Member - 1958-1960 und 1960-Mai 1977: Mitglied

3.3 Communist Party of the Soviet Union
Kommunistische Partei der Sowjetunion

	Members Mitglieder Členy			Candidate members Kandidaten Kandidaty		
	A	B	C	A	B	C
	PODGORNYJ, N.V. POLJANSKIJ, D.S. SUSLOV, M.A. FURCEVA, E.A. CHRUŠČEV, N.S. ŠVERNIK, N.M.					
Plenum CK KPSS 13.-16.7.1960	ARISTOV, A.B. BREŽNEV, L.I. IGNATOV, N.G. KOSYGIN, A.N. KOZLOV, F.R. KUUSINEN, O.V. MIKOJAN, A.I. MUCHITDINOV, N.A. PODGORNYJ, N.V. POLJANSKIJ, D.S. SUSLOV, M.A. FURCEVA, E.A. CHRUŠČEV, N.S. ŠVERNIK, N.M.			KALNBERZIN, Ja.E. KIRILENKO, A.P. KOROTČENKO, D.S. MAZUROV, K.T. MŽAVANADZE, V.P. PERVUCHIN, M.G. POSPELOV, P.N.		
Plenum CK KPSS 10.-18.1.1961	ARISTOV, A.B. BREŽNEV, L.I. IGNATOV, N.G. KOSYGIN, A.N. KOZLOV, F.R. KUUSINEN, O.V. MIKOJAN, A.I. MUCHITDINOV, N.A. PODGORNYJ, N.V. POLJANSKIJ, D.S. SUSLOV, M.A. FURCEVA, E.A. CHRUŠČEV, N.S. ŠVERNIK, N.M.			VORONOV, G.I. GRIŠIN, V.V. KALNBERZIN, Ja.E. KIRILENKO, A.P. KOROTČENKO, D.S. MAZUROV, K.T. MŽAVANADZE, V.P. PERVUCHIN, M.G. POSPELOV, P.N.	1910 1914	1931 1939
Plenum CK KPSS 31.10.1961	BREŽNEV, L.I. VORONOV, G.I. KOZLOV, F.R. KOSYGIN, A.N. KUUSINEN, O.V. MIKOJAN, A.I. PODGORNYJ, N.V. POLJANSKIJ, D.S. SUSLOV, M.A. CHRUŠČEV, N.S. ŠVERNIK, N.M.			GRIŠIN, V.V. RAŠIDOV, Š.R. MAZUROV, K.T. MŽAVANADZE, V.P. ŠČERBICKIJ, V.V.	1917 1918	1939 1941
Plenum CK KPSS 26.4.1962	BREŽNEV, L.I. VORONOV, G.I. KIRILENKO, A.P. KOZLOV, F.R. KOSYGIN, A.N. KUUSINEN, O.V. MIKOJAN, A.I.			GRIŠIN, V.V. RAŠIDOV, Š.R. MAZUROV, K.T. MŽAVANADZE, V.P. ŠČERBICKIJ, V.V.		

Communist Party of the Soviet Union
Kommunistische Partei der Sowjetunion 3.3

	Members Mitglieder Členy			Candidate members Kandidaten Kandidaty		
	A	B	C	A	B	C
	PODGORNYJ, N.V. POLJANSKIJ, D.S. SUSLOV, M.A. CHRUŠČEV, N.S. ŠVERNIK, N.M.					
Plenum CK KPSS 23.11.1962	BREŽNEV, L.I. VORONOV, G.I. KIRILENKO, A.P. KOZLOV, F.R. KOSYGIN, A.N. KUUSINEN, O.V. MIKOJAN, A.I. PODGORNYJ, N.V. POLJANSKIJ, D.S. SUSLOV, M.A. CHRUŠČEV, N.S. ŠVERNIK, N.M.			GRIŠIN, V.V. EFREMOV, L.N. RAŠIDOV, Š.R. MAZUROV, K.T. MŽAVANADZE, V.P. ŠČERBICKIJ, V.V.	1912	1941
Plenum CK KPSS 13.12.1963	BREŽNEV, L.I. VORONOV, G.I. KIRILENKO, A.P. KOZLOV, F.R. KOSYGIN, A.N. KUUSINEN, O.V. MIKOJAN, A.I. PODGORNYJ, N.V. POLJANSKIJ, D.S. SUSLOV, M.A. CHRUŠČEV, N.S. ŠVERNIK, N.M.			GRIŠIN, V.V. EFREMOV, L.N. MAZUROV, K.T. MŽAVANADZE, V.P. RAŠIDOV, Š.R. ŠELEST, P.E.*	1908	1928
Plenum CK KPSS 15.10.1964	BREŽNEV, L.I. VORONOV, G.I. KIRILENKO, A.P. KOZLOV, F.R. KOSYGIN, A.N. MIKOJAN, A.I. PODGORNYJ, N.V. POLJANSKIJ, D.S. SUSLOV, M.A. ŠVERNIK, N.M.			GRIŠIN, V.V. EFREMOV, L.N. MAZUROV, K.T. MŽAVANADZE, V.P. RAŠIDOV, Š.R. ŠELEST, P.E.		
Plenum CK KPSS 16.11.1964	BREŽNEV, L.I. VORONOV, G.I. KIRILENKO, A.P. KOSYGIN, A.N. MIKOJAN, A.I. PODGORNYJ, N.V. POLJANSKIJ, D.S. SUSLOV, M.A. ŠELEPIN, A.N. ŠELEST, P.E. ŠVERNIK, N.M.	1918	1940	GRIŠIN, V.V. DEMIČEV, P.N. EFREMOV, L.N. MAZUROV, K.T. MŽAVANADZE, V.P. RAŠIDOV, Š.R.	1918	1939

* 1963-1964 and 1964-April 1973: Member - Mitglied

3.3 Communist Party of the Soviet Union
Kommunistische Partei der Sowjetunion

	Members Mitglieder Členy			Candidate Members Kandidaten Kandidaty		
	A	B	C	A	B	C
Plenum CK KPSS 26.3.1965	BREŽNEV, L.I. VORONOV, G.I. KIRILENKO, A.P. KOSYGIN, A.N. MAZUROV, K.T. MIKOJAN, A.I. PODGORNYJ, N.V. POLJANSKIJ, D.S. SUSLOV, M.A. ŠELEPIN, A.N. ŠELEST, P.E. ŠVERNIK, N.M.			GRIŠIN, V.V. DEMIČEV, P.N. EFREMOV, L.N. MŽAVANADZE, V.P. RAŠIDOV, Š.R. USTINOV, D.F.	1908	1927
Plenum CK KPSS 6.12.1965	BREŽNEV, L.I. VORONOV, G.I. KIRILENKO, A.P. KOSYGIN, A.N. MAZUROV, K.T. MIKOJAN, A.I. PODGORNYJ, N.V. POLJANSKIJ, D.S. SUSLOV, M.A. ŠELEPIN, A.N. ŠELEST, P.E. ŠVERNIK, N.M.			GRIŠIN, V.V. DEMIČEV, P.N. EFREMOV, L.N. MŽAVANADZE, V.P. RAŠIDOV, Š.R. ŠČERBICKIJ, V.V. USTINOV, D.F.		
Plenum CK KPSS 8.4.1966	BREŽNEV, L.I. VORONOV, G.I. KIRILENKO, A.P. KOSYGIN, A.N. MAZUROV, K.T. PELŠE, A.Ja. PODGORNYJ, N.V. POLJANSKIJ, D.S. SUSLOV, M.A. ŠELEPIN, A.N. ŠELEST, P.E.	1899	1915	GRIŠIN, V.V. DEMIČEV, P.N. KUNAEV, D.A. MAŠEROV, P.M. MŽAVANADZE, V.P. RAŠIDOV, Š.R. USTINOV, D.F. ŠČERBICKIJ, V.V.	1912 1918	1939 1943
Plenum CK KPSS 21.6.1967	BREŽNEV, L.I. VORONOV, G.I. KIRILENKO, A.P. KOSYGIN, A.N. MAZUROV, K.T. PELŠE, A.Ja. PODGORNYJ, N.V. POLJANSKIJ, D.S. SUSLOV, M.A. ŠELEPIN, A.N. ŠELEST, P.E.			ANDROPOV, Ju.V. GRIŠIN, V.V. DEMIČEV, P.N. KUNAEV, D.A. MAŠEROV, P.M. MŽAVANADZE, V.P. RAŠIDOV, Š.R. USTINOV, D.F. ŠČERBICKIJ, V.V.	1914	1939
Plenum CK KPSS 9.4.1971	BREŽNEV, L.I. VORONOV, G.I. GRIŠIN, V.V. KIRILENKO, A.P. KOSYGIN, A.N.			ANDROPOV, Ju.V. DEMIČEV, P.N. MAŠEROV, P.M. MŽAVANADZE, V.P. RAŠIDOV, Š.R.		

Communist Party of the Soviet Union
Kommunistische Partei der Sowjetunion 3.3

	Members Mitglieder Členy			Candidate Members Kandidaten Kandidaty		
	A	B	C	A	B	C
	KULAKOV, F.D. KUNAEV, D.A. MAZUROV, K.T. PELŠE, A.Ja. PODGORNYJ, N.V. POLJANSKIJ, D.S. SUSLOV, M.A. ŠELEPIN, A.N. ŠELEST, P.E. ŠČERBICKIJ, V.V.	1918-1978	1940	USTINOV, D.F.		
Plenum CK KPSS 22.-23.11.1971	BREŽNEV, L.I. VORONOV, G.I. GRIŠIN, V.V. KIRILENKO, A.P. KOSYGIN, A.N. KULAKOV, F.D. KUNAEV, D.A. MAZUROV, K.T. PELŠE, A.Ja. PODGORNYJ, N.V. POLJANSKIJ, D.S. SUSLOV, M.A. ŠELEPIN, A.N. ŠELEST, P.E. ŠČERBICKIJ, V.V.			ANDROPOV, Ju.V. DEMIČEV, P.N. MAŠEROV, P.M. MŽAVANADZE, V.P. RAŠIDOV, Š.R. SOLOMENCEV, M.S. USTINOV, D.F.	1913	1940
Plenum CK KPSS 19.5.1972	BREŽNEV, L.I. VORONOV, G.I. GRIŠIN, V.V. KIRILENKO, A.P. KOSYGIN, A.N. KULAKOV, F.D. KUNAEV, D.A. MAZUROV, K.T. PELŠE, A.Ja. PODGORNYJ, N.V. POLJANSKIJ, D.S. SUSLOV, M.A. ŠELEPIN, A.N. ŠELEST, P.E. ŠČERBICKIJ, V.V.			ANDROPOV, Ju.V. DEMIČEV, P.N. MAŠEROV, P.M. MŽAVANADZE, V.P. PONOMAREV, B.N. RAŠIDOV, Š.R. SOLOMENCEV, M.S. USTINOV, D.F.	1905	1919
Plenum CK KPSS 18.12.1972	BREŽNEV, L.I. VORONOV, G.I. GRIŠIN, V.V. KIRILENKO, A.P. KOSYGIN, A.N. KULAKOV, F.D. KUNAEV, D.A. MAZUROV, K.T. PELŠE, A.Ja. PODGORNYJ, N.V. POLJANSKIJ, D.S. SUSLOV, M.A. ŠELEPIN, A.N. ŠELEST, P.E. ŠČERBICKIJ, V.V.			ANDROPOV, Ju.V. DEMIČEV, P.N. MAŠEROV, P.M. PONOMAREV, B.N. RAŠIDOV, Š.R. SOLOMENCEV, M.S. USTINOV, D.F.		

3.3 Communist Party of the Soviet Union
Kommunistische Partei der Sowjetunion

	Members Mitglieder Členy			Candidate members Kandidaten Kandidaty		
	A	B	C	A	B	C
Plenum CK KPSS 26.-27.4.1973	ANDROPOV, Ju.V. BREŽNEV, L.I. GREČKO, A.A. GRIŠIN, V.V. GROMYKO, A.A. KIRILENKO, A.P. KOSYGIN, A.N. KULAKOV, F.D. KUNAEV, D.A. MAZUROV, K.T. PELŠE, A.Ja. PODGORNYJ, N.V. POLJANSKIJ, D.S. SUSLOV, M.A. ŠELEPIN, A.N. ŠČERBICKIJ, V.V.	1903-1976 1909	1928 1931	DEMIČEV, P.N. MAŠEROV, P.M. PONOMAREV, B.N. ROMANOV, G.V. RAŠIDOV, Š.R. SOLOMENCEV, M.S. USTINOV, D.F.	1923	1944
Plenum CK KPSS 16.4.1975	ANDROPOV, Ju.V. BREŽNEV, L.I. GREČKO, A.A. GRIŠIN, V.V. GROMYKO, A.A. KIRILENKO, A.P. KOSYGIN, A.N. KULAKOV, F.D.	KUNAEV, D.A. MAZUROV, K.T. PELŠE, A.Ja. PODGORNYJ, N.V. POLJANSKIJ, D.S. SUSLOV, M.A. ŠČERBICKIJ, V.V.		DEMIČEV, P.N. MAŠEROV, P.M. PONOMAREV, B.N. RAŠIDOV, Š.R. ROMANOV, G.V. SOLOMENCEV, M.S. USTINOV, D.F.		
Plenum CK KPSS 24.2.-4.3.1976	ANDROPOV, Ju.V. BREŽNEV, L.I. GREČKO, A.A. GRIŠIN, V.V. GROMYKO, A.A. KIRILENKO, A.P. KOSYGIN, A.N. KULAKOV, F.D.	KUNAEV, D.A. MAZUROV, K.T. PELŠE, A.Ja. PODGORNYJ, N.V. ROMANOV, G.V. SUSLOV, M.A. ŠČERBICKIJ, V.V. USTINOV, D.F.		ALIEV, G.A.R. DEMIČEV, P.N. MAŠEROV, P.M. PONOMAREV, B.N. RAŠIDOV, Š.R. SOLOMENCEV, M.S.	1923	1945
Plenum CK KPSS 24.5.1977	ANDROPOV, Ju.V. BREŽNEV, L.I. GRIŠIN, V.V. GROMYKO, A.A. KIRILENKO, A.P. KOSYGIN, A.N. KULAKOV, F.D.	KUNAEV, D.A. MAZUROV, K.T. PELŠE, A.Ja. ROMANOV, G.V. SUSLOV, M.A. ŠČERBICKIJ, V.V. USTINOV, D.F.		ALIEV, G.A.R.o. DEMIČEV, P.N. MAŠEROV, P.M. PONOMAREV, B.N. RAŠIDOV, Š.R. SOLOMENCEV, M.S.		
Plenum CK KPSS 3.10.1977	ANDROPOV, Ju.V. BREŽNEV, L.I. GRIŠIN, V.V. GROMYKO, A.A. KIRILENKO, A.P. KOSYGIN, A.N. KULAKOV, F.D.	KUNAEV, D.A. MAZUROV, K.T. PELŠE, A.Ja. ROMANOV, G.V. SUSLOV, M.A. ŠČERBICKIJ, V.V. USTINOV, D.F.		ALIEV, G.A.R.o. ČERNENKO, K.U. DEMIČEV, P.N. KUZNECOV, V.V. MAŠEROV, P.M. PONOMAREV, B.N. RAŠIDOV, Š.R. SOLOMENCEV, M.S.		

3.3.1
SECRETARIAT CC CPSU - SEKRETARIAT ZK KPdSU - SEKRETARIAT CK KPSS

	Name Name Familija A	Date of birth/death Geburts-/ Sterbedat. data rožd./ smerti B	Party affiliation Partei- zugehö- rigkeit Partij- nyj staž C
Plenum CK RKP(b) 25.3.1919	STASOVA, E.D.	1873-1966	1898
Plenum CK RKP(b) 29.11.1919	STASOVA, E.D. KRESTINSKIJ, N.N.	 1883-1938[3]	 1903
Plenum CK RKP(b) 5.4.1920	KRESTINSKIJ, N.N. PREOBRAŽENSKIJ, E.A. SEREBRJAKOV, L.P.	 1886-1938[3] 1890-1937[3]	 1903 1905-27 1930-36
Plenum CK RKP(b) 16.3.1921	MOLOTOV, V.M. MICHAJLOV, V.M. JAROSLAVSKIJ, E.M.	1890 1894-1937 1878-1943	1906 1915 1898
Plenum CK RKP(b) 10.4.1922	STALIN, J.V.[8] KUIBYŠEV, V.V. MOLOTOV, V.M.	1879-1953 1888-1935[4]	1898 1904
Plenum CK RKP(b) 26.4.1923	STALIN, J.V.[8] MOLOTOV, V.M. RUDZUTAK, Ja.E.	 1887-1938[3]	 1905
Plenum CK RKP(b) 2.6.1924	STALIN, J.V.[8] ANDREEV, A.A. ZELENSKIJ, I.A. KAGANOVIČ, L.M. MOLOTOV, V.M.	 1895-1971 1890-1938[3] 1893	 1914 1906 1911
Plenum CK VKP(b) 1.1.1926	STALIN, J.V.[8] EVDOKIMOV, G.E. KOSIOR, S.V. MOLOTOV, V.M. UGLANOV, N.A. ARTJUCHINA, A.V.[10] BUBNOV, A.S.[10]	 1884-1936[3] 1889-1939[3] 1886-1940[5] 1889-1969 1883-1940[5]	 1903-27 1928-34 1907 1907-32 1932-36 1910 1903
Plenum CK VKP(b) 19.12.1927	STALIN, J.V.[8] KOSIOR, S.V. KUBJAK, N.A. MOLOTOV, V.M. UGLANOV, N.A. ARTJUCHINA, A.A.[10] BUBNOV, A.S.[10] MOSKVIN, I.M.[10]	 1881-1942[5]	 1898

[8] Secretary General - Generalsekretär - General'nyj sekretar'
[9] First Secretary - Erster Sekretär - Pervyj sekretar'
[10] Candidate to Secretariate - Kandidat zum Sekretariat - Kandidat sekretariata

3.3.1 Communist Party of the Soviet Union
Kommunistische Partei der Sowjetunion

	A	B	C
Plenum CK VKP(b) 6.-11.4.1928	STALIN, J.V.[8] KOSIOR, S.V. KUBJAK, N.A. MOLOTOV, V.M. UGLANOV, N.A. ARTJUCHINA, A.V.[10] BAUMAN, K.Ja.[10] BUBNOV, A.S.[10] MOSKVIN, I.M.[10]	1892-1937	1907
Plenum CK VKP(b) 4.-12.7.1928	STALIN, J.V.[8] KAGANOVIČ, L.M. KUBJAK, N.A. MOLOTOV, V.M. UGLANOV, N.A. ARTJUCHINA, A.V.[10] BAUMAN, K.Ja.[10] BUBNOV, A.S.[10] MOSKVIN, I.M.[10]		
Plenum CK VKP(b) 29.4.1929	STALIN, J.V.[8] BAUMAN, K.Ja. KAGANOVIČ, L.M. KUBJAK, N.A. MOLOTOV, V.M. ARTJUCHINA, A.V.[10] BUBNOV, A.S.[10] MOSKVIN, I.M.[10]		
Plenum CK VKP(b) 13.7.1930	STALIN, J.V.[8] BAUMAN, K.Ja. KAGANOVIČ, L.M. MOLOTOV, V.M. POSTYŠEV, P.P. MOSKVIN, I.M. ŠVERNIK, N.M.	1887-1940[3] 1888-1970	1904 1905
Plenum CK VKP(b) 10.2.1934	STALIN, J.V.[8] ŽDANOV, A.A. KAGANOVIČ, L.M. KIROV, S.M.	1896-1948 1886-1934[4]	1915 1904
Plenum CK VKP(b) 1.2.1935	STALIN, J.V.[8] EŽOV, N.I. ŽDANOV, A.A. KAGANOVIČ, L.M.	1901-1938[3]	1917
Plenum CK VKP(b) 22.3.1939	STALIN, J.V.[8] ANDREEV, A.A. ŽDANOV, A.A. MALENKOV, G.M.	1902	1920
Plenum CK VKP(b) May-Mai 1941	STALIN, J.V.[8] ANDREEV, A.A. ŽDANOV, A.A. MALENKOV, G.M. ŠČERBAKOV, A.S.	1901-1945	1918

Communist Party of the Soviet Union
Kommunistische Partei der Sowjetunion 3.3.1

	A	B	C
Plenum CK VKP(b) March-März 1946	STALIN, J.V.[8] ŽDANOV, A.A. KUZNECOV, A.A. MALENKOV, G.M. POPOV, G.M.	1905-1949[3] 1906-1968	1925 1926
Plenum CK VKP(b) May-Mai 1946	STALIN, J.V.[8] ŽDANOV, A.A. KUZNECOV, A.A. MALENKOV, G.M. PATOLIČEV, N.S. POPOV, G.M.	1908	1928
Plenum CK VKP(b) May-Mai 1947	STALIN, J.V.[8] ŽDANOV, A.A. KUZNECOV, A.A. MALENKOV, G.M. POPOV, G.M. SUSLOV, M.A.	1902	1921
Plenum CK VKP(b) Oct.-Okt. 1948	STALIN, J.V.[8] KUZNECOV, A.A. MALENKOV, G.M. PONOMARENKO, P.K. POPOV, G.M. SUSLOV, M.A.	1902	
Plenum CK VKP(b) Feb. 1949	STALIN, J.V.[8] MALENKOV, G.M. PONOMARENKO, P.K. POPOV, G.M. SUSLOV, M.A.		
Plenum CK VKP(b) Dec.-Dez. 1949	STALIN, J.V.[8] MALENKOV, G.M. PONOMARENKO, P.K. POPOV, G.M. SUSLOV, M.A. CHRUŠČEV, N.S.*	1894-1971	1918
Plenum CK KPSS 16.10.1952	STALIN, J.V.[8] ARISTOV, A.B. BREŽNEV, L.I. IGNATOV, N.G. MALENKOV, G.M. MICHAJLOV, N.A. PEGOV, N.M. PONOMARENKO, P.K. SUSLOV, M.A. CHRUŠČEV, N.S.	1903 1906 1901-1966 1906 1905	1921 1931 1924 1930 1930
Plenum CK KPSS 14.3.1953	IGNATEV, S.D. POSPELOV, P.N. SUSLOV, M.A. CHRUŠČEV, N.S. ŠATALIN, N.N.	1903 1898 --	1924 1916 1925
Plenum CK KPSS 6.4.1953	POSPELOV, P.N. SUSLOV, M.A. CHRUŠČEV, N.S. ŠATALIN, N.N.		

* 1949-1953; 1953-Oct./Okt.1964: First Secretary-Erster Sekretär

3.3.1 Communist Party of the Soviet Union
Kommunistische Partei der Sowjetunion

	A	B	C
Plenum CK KPSS Sept. 1953	CHRUŠČEV, N.S.[9] POSPELOV, P.N. SUSLOV, M.A. ŠATALIN, N.N.		
Plenum CK KPSS 4.-12.7.1955	CHRUŠČEV, N.S.[9] ARISTOV, A.B. BELJAEV, N.I. POSPELOV, P.N. SUSLOV, M.A. ŠATALIN, N.N. ŠEPILOV, D.T.	1906-1966 1905	1921 1926
Plenum CK KPSS 27.2.1956	CHRUŠČEV, N.S.[9] ARISTOV, A.B. BELJAEV, N.I. BREŽNEV, L.I. POSPELOV, P.N. SUSLOV, M.A. FURCEVA, E.A. ŠEPILOV, D.T.	1910-1974	1930
Plenum CK KPSS 20.-24.12.1956	CHRUŠČEV, N.S.[9] ARISTOV, A.B. BELJAEV, N.I. BREŽNEV, L.I. POSPELOV, P.N. SUSLOV, M.A. FURCEVA, E.A.		
Plenum CK KPSS 13.-14.2.1957	CHRUŠČEV, N.S.[9] ARISTOV, A.B. BELJAEV, N.I. BREŽNEV, L.I. POSPELOV, P.N. SUSLOV, M.A. FURCEVA, E.A. ŠEPILOV, D.T.		
Plenum CK KPSS 29.6.1957	CHRUŠČEV, N.S.[9] ARISTOV, A.B. BELJAEV, N.I. BREŽNEV, L.I. KUUSINEN, O.V. POSPELOV, P.N. SUSLOV, M.A. FURCEVA, E.A.	1881-1964	1905
Plenum CK KPSS 16.-17.12.1957	CHRUŠČEV, N.S.[9] ARISTOV, A.B. BELJAEV, N.I. BREŽNEV, L.I. IGNATOV, N.G. KIRIČENKO, A.I.* KUUSINEN, O.V. MUCHITDINOV, N.A.** POSPELOV, P.N. SUSLOV, M.A. FURCEVA, E.A.	1908 1917	1930 1942

* until May - bis Mai 1960
** until - bis November 1961

Communist Party of the Soviet Union
Kommunistische Partei der Sowjetunion 3.3.1

	A	B	C
Plenum CK KPSS 12.11.1958	CHRUŠČEV, N.S.[9] ARISTOV, A.B. BREŽNEV, L.I. IGNATOV, N.G. KIRIČENKO, A.I. KUUSINEN, O.V. MUCHITDINOV, N.A. POSPELOV, P.N. SUSLOV, M.A. FURCEVA, E.A.		
Plenum CK KPSS 4.5.1960	CHRUŠČEV, N.S.[9] BREŽNEV, L.I. KOZLOV, F.R. KUUSINEN, O.V. MUCHITDINOV, N.A. SUSLOV, M.A.	1908-1965	1926
Plenum CK KPSS 12.-16.7.1960	CHRUŠČEV, N.S.[9] KOZLOV, F.R. KUUSINEN, O.V. MUCHITDINOV, N.A. SUSLOV, N.A.		
Plenum CK KPSS 31.10.1961	CHRUŠČEV, N.S.[9] DEMIČEV, P.N. ILIČEV, L.F. KOZLOV, F.R. KUUSINEN, O.V. PONOMAREV, B.N. SPIRIDONOV, I.V. SUSLOV, M.A. ŠELEPIN, A.N.	1918 1906 1905 1905 1918	1939 1924 1919 1928 1940
Plenum CK KPSS April 1962	CHRUŠČEV, N.S.[9] DEMIČEV, P.N. ILIČEV, L.F. KOZLOV, F.R. KUUSINEN, O.V. PONOMAREV, B.N. SUSLOV, M.A. ŠELEPIN, A.N.		
Plenum CK KPSS 19.-23.11.1962	CHRUŠČEV, N.S.[9] ANDROPOV, Ju.V. DEMIČEV, P.N. ILIČEV, L.F. KOZLOV, F.R. KUUSINEN, O.V. POLJAKOV, V.I. PONOMAREV, B.N. RUDAKOV, A.P. SUSLOV, M.A. TITOV, V.N. ŠELEPIN, A.N.	1914 1913 1910-1966 1907	1939 1939 1931 1938
Plenum CK KPSS 18.-22.6.1963	CHRUŠČEV, N.S.[9] ANDROPOV, Ju.V. BREŽNEV, L.I. DEMIČEV, P.N. ILIČEV, L.F.		

3.3.1 Communist Party of the Soviet Union
Kommunistische Partei der Sowjetunion

	A	B	C
	KOZLOV, F.R. KUUSINEN, O.V. PODGORNYJ, N.V. * POLJAKOV, V.I. PONOMAREV, B.N. RUDAKOV, A.P. SUSLOV, M.A. TITOV, V.N. ŠELEPIN, A.N.	1903	1930
Plenum CK KPSS 14.10.1964	BREŽNEV, L.I.[9] ANDROPOV, Ju.V. DEMIČEV, P.N. ILIČEV, L.F. KOZLOV, F.R. PODGORNYJ, N.V. POLJAKOV, V.I. PONOMAREV, B.N. RUDAKOV, A.P. SUSLOV, M.A. TITOV, V.N. ŠELEPIN, A.N.		
Plenum CK KPSS 16.11.1964	BREŽNEV, L.I.[9] ANDROPOV, Ju.V. DEMIČEV, P.N. ILIČEV, L.F. PODGORNYJ, N.V. PONOMAREV, B.N. RUDAKOV, A.P. SUSLOV, M.A. TITOV, V.N. ŠELEPIN, A.N.		
Plenum CK KPSS 26.3.1965	BREŽNEV, L.I.[9] ANDROPOV, Ju.V. DEMIČEV, P.N. PODGORNYJ, N.V. PONOMAREV, B.N. RUDAKOV, A.P. SUSLOV, M.A. TITOV, V.N. USTINOV, D.F.** ŠELEPIN, A.N.	1908	1927
Plenum CK KPSS 29.9.1965	BREŽNEV, L.I.[9] ANDROPOV, Ju.V. DEMIČEV, P.N. KULAKOV, F.D. PODGORNYJ, N.V. PONOMAREV, B.N. RUDAKOV, A.P. SUSLOV, M.A. USTINOV, D.F. ŠELEPIN, A.N.	1918	1940

* until - bis April 1966
** as of April 30, 1976: USSR Minister of Defense -
   ab 30.4.1976: Verteidigungsminister der UdSSR

Communist Party of the Soviet Union
Kommunistische Partei der Sowjetunion 3.3.1

	A	B	C
Plenum CK KPSS 8.4.1966	BREŽNEV, L.I.[8] ANDROPOV, Ju.V. DEMIČEV, P.N. KAPITONOV, I.V. KIRILENKO, A.P. KULAKOV, F.D. PONOMAREV, B.N. RUDAKOV, A.P. SUSLOV, M.A. USTINOV, D.F. ŠELEPIN, A.N.	1906	1931
Plenum CK KPSS 12.-13.12.1966	BREŽNEV, L.I.[8] ANDROPOV, Ju.V. DEMIČEV, P.N. KAPITONOV, I.V. KIRILENKO, A.P. KULAKOV, F.D. PONOMAREV, B.N. SOLOMENCEV, M.S. SUSLOV, M.A. USTINOV, D.F. ŠELEPIN, A.N.	1913	1940
Plenum CK KPSS 20.-21.6.1967	BREŽNEV, L.I.[8] DEMIČEV, P.N. KAPITONOV, I.V. KIRILENKO, A.P. KULAKOV, F.D. PONOMAREV, B.N. SOLOMENCEV, M.S. SUSLOV, M.A. USTINOV, D.F. ŠELEPIN, A.N.		
Plenum CK KPSS 26.9.1967	BREŽNEV, L.I.[8] DEMIČEV, P.N. KAPITONOV, I.V. KIRILENKO, A.P. KULAKOV, F.D. PONOMAREV, B.N. SOLOMENCEV, M.S. SUSLOV, M.A. USTINOV, D.F.		
Plenum CK KPSS 10.4.1968	BREŽNEV, L.I.[8] DEMIČEV, P.N. KAPITONOV, I.V. KATUŠEV, K.F.[*] KIRILENKO, A.P. KULAKOV, F.D. PONOMAREV, B.N. SOLOMENCEV, M.S. SUSLOV, M.A. USTINOV, D.F.	1927	1952

[*] until May - bis Mai 1977

3.3.1 Communist Party of the Soviet Union
Kommunistische Partei der Sowjetunion

	A	B	C	A	B	C
Plenum CK KPSS 9.4.1971	BREŽNEV, L.I.[8] DEMIČEV, P.N. KAPITONOV, I.V. KATUŠEV, K.F. KIRILENKO, A.P.			KULAKOV, F.D. PONOMAREV, B.N. SOLOMENCEV, M.S. SUSLOV, M.A. USTINOV, D.F.		
Plenum CK KPSS 22.-23.11.1971	BREŽNEV, L.I.[8] DEMIČEV, P.N. KAPITONOV, I.V. KATUŠEV, K.F. KIRILENKO, A.P.			KULAKOV, F.D. PONOMAREV, B.N. SUSLOV, M.A. USTINOV, D.F.		
Plenum CK KPSS 18.12.1972	BREŽNEV, L.I.[8] DEMIČEV, P.N. DOLGICH, V.I. KAPITONOV, I.V. KATUŠEV, K.F.	1924	1942	KIRILENKO, A.P. KULAKOV, F.D. PONOMAREV, B.N. SUSLOV, M.A. USTINOV, D.F.		
Plenum CK KPSS 16.12.1974	BREŽNEV, L.I.[8] DOLGICH, V.I. KAPITONOV, I.V. KATUŠEV, K.F. KIRILENKO, A.P.			KULAKOV, F.D. PONOMAREV, B.N. SUSLOV, M.A. USTINOV, D.F.		
Plenum CK KPSS 24.2.-4.3.1976	BREŽNEV, L.I.[8] DOLGICH, V.I. ZIMJANIN, M.V. KAPITONOV, I.V. KATUŠEV, K.F. KIRILENKO, A.P.	1914	1939	KULAKOV, F.D. PONOMAREV, B.N. SUSLOV, M.A. USTINOV, D.F. ČERNENKO, K.U.	1911	1931
Plenum CK KPSS 25.-26.10.1976	BREŽNEV, L.I.[8] DOLGICH, V.I. ZIMJANIN, M.V. KAPITONOV, I.V. KATUŠEV, K.F. KIRILENKO, A.P.			KULAKOV, F.D. PONOMAREV, B.N. RJABOV, Ja.P. SUSLOV, M.A. ČERNENKO, K.U.		
Plenum CK KPSS 24.5.1977	BREŽNEV, L.I.[8] DOLGICH, V.I. ZIMJANIN, M.V. KAPITONOV, I.V. KIRILENKO, A.P. KULAKOV, F.D.			PONOMAREV, B.N. RJABOV, Ja.P. RUSAKOV, K.V. SUSLOV, M.A. ČERNENKO, K.U.		

3.4 SOCIAL COMPOSITION OF CPSU
SOZIALE ZUSAMMENSETZUNG DER KPdSU
SOCIAL'NYJ SOSTAV KPSS

3.4.1 SOCIAL COMPOSITION - SOZIALE ZUSAMMENSETZUNG - SOCIAL'NYJ SOSTAV
(Mill. & %)

	1971 Mill.	%	1973 Mill.	%	1974 Mill.	%	1975 Mill.	%	1977 Mill.	%
Workers Arbeiter Rabočie	5,76	40,1	6,04	40,7	6,16	41,0	6,35	41,3	6,7	42,0
Kolkhoznik Kolchosbauern kolchozniki	2,17	15,1	2,17	14,7	2,16	14,4	2,17	14,1	2,18	13,9
Employees Angestellte služaščie	6,44	44,8	6,61	44,6	6,70	44,6	6,85	44,6	7,0	44,4

3.4.2 COMMUNIST PARTY MEMBERS BY PROFESSION
ZUSAMMENSETZUNG DER ANGESTELLTEN-KOMMUNISTEN NACH BERUFEN
SOSTAV KOMMUNISTOV-SLUŽAŠČICH PO RODU ZANJATIJ

	1956	1961	1972	1976
Total - Insgesamt - vsego	100	100	100	100
of which - davon - iz nich				
Directors of organizations, institutions, enterprises, construction, projects, sovkhoz and their structural subdivisions Leiter der Organisationen, Institutionen, Betriebe, Bauten, Sowchosen und ihrer strukturellen Unterteilungen rukovoditeli organizacij, učreždenij, predprijatij, stroek, sovchozov i ich strukturnych podrazdelenij	14,0	10,4	8,5	8,9
Engineering, technical and agricultural specialists Ingenieur-technische Kader, Spezialisten der Landwirtschaft inženerno-techničeskich rabotnikov, specialistov sel'skogo chozjajstva	18,2	26,4	38,5	40,0

3.4.2 Communist Party of the Soviet Union
3.5.1 Kommunistische Partei der Sowjetunion

3.4.2

	1956	1961	1972	1976
Scientists, teachers, doctors, writers and artists Wissenschaftler, Lehrer, Ärzte, Literatur- und Kunstschaffende naučnych rabotnikov, učitelej, vračej, dejatelej literatury i iskusstva	18,9	21,3	24,0	24,2

3.5 LEVEL OF EDUCATION OF COMMUNIST PARTY MEMBERS
BILDUNGSSTAND DER KOMMUNISTEN
SOSTAV KOMMUNISTOV PO OBRAZOVANIJU

3.5.1 LEVEL OF EDUCATION OF COMMUNIST PARTY MEMBERS (in thousands)
BILDUNGSSTAND DER KOMMUNISTEN (in Tausenden)
SOSTAV KOMMUNISTOV PO OBRAZOVANIJU (tysjač)

	1971	1976	1977
Members and candidates of the CPSU - total Mitglieder und Kandidaten der KPdSU - insg. Vsego členov i kandidatov v členy KPSS	14,373	15,639	15,994
of which with - davon mit - iz nich imejut obrazovanie: completed college or university education - abgeschlossener Hochschulbildung - vysšee	2,820	3,808	4,009
not completed college or university education - nicht abgeschlossener Hochschulbildung - nezakončennoe vysšee	338	383	380
intermediate school education - mittlerer Schulbildung - srednee	4,933	6,022	6,268
not completed intermediate school education - nicht abgeschlossener mittl.Schulbildung - nepolnoe srednee	3,573	3,175	3,154
elementary school education - Grundschulbildung - načal'noe	2,709	2,251	2,182

3.5.2 LEVEL OF EDUCATION OF COMMUNIST PARTY MEMBERS (in percent)
BILDUNGSSTAND DER KOMMUNISTEN (in Prozenten)
SOSTAV KOMMUNISTOV PO OBRAZOVANIJU (v procentach)

Year Jahr Gody	compl.college or university educ. abgeschl. Hochschulbildung vysšee	not compl.coll. or univ.educ. nicht abgeschl. Hochschulbild. nezakončennoe vysšee	elementary school educ. mittlere Schulbildung srednee	not compl.inter-med.school educ. nicht abgeschl. mittl.Schulbild. nepolnoe srednee	elementary school ed. Grundschulbildung načal'noe	no elem. school ed. keine Grundschulbild. bez nač.
1927	0.8	--	9.1	--	63.0	27.1
1941	6.2	1.9	15.1	16.6	45.2	15.0
1952	8.9	2.8	22.2	27.6	31.4	7.1
1956	11.2	3.6	22.2	29.6	28.4	5.0
1961	13.2	3.0	26.2	28.6	25.8	3.2
1966	15.7	2.5	30.9	27.5	23.4	--
1971	19.6	2.4	34.3	24.9	18.8	--
1972	20.5	2.3	35.0	24.1	18.1	--
1976	24.3	2.5	38.5	20.3	14.4	--
1977	25.1	2.4	39.2	19.7	13.6	--

3.5.3 NUMBER OF COMMUNIST PARTY MEMBERS WITH ACADEMIC DEGREE
ZAHL DER KOMMUNISTEN MIT AKADEMISCHEM GRAD
ČISLO KOMMUNISTOV IMEJUŠČICH UČENUJU STEPEN'

Year Jahr Gody	Doctors of Science[1] Doktoren der Wissenschaften[1] doktora nauk	Candidates of Science[1] Kandidaten der Wissenschaften[1] kandidaty nauk
1950	2,144	14,463
1952	2,767	18,370
1956	3,840	34,513
1961	5,211	47,343
1966	7,488	69,320
1971	12,978	110,131
1972	14,656	120,840
1976	21,511	168,547

[1] The titles "Doctor of Science" and "Candidate of Science" cannot be compared to degrees earned in Western countries. Both are full academic degrees, attainable in all fields of study. The title "Candidate" precedes that of "Doctor". -

Die beiden akademischen Titel "Doktor der Wissenschaften" und "Kandidat der Wissenschaften" sind mit akademischen Graden in westlichen Ländern nicht zu vergleichen. Beide sind volle akademische Titel, die in allen Studienfächern verliehen werden. Der Grad "Kandidat" ist eine Vorstufe zum "Doktor".

3.6 Communist Party of the Soviet Union
Kommunistische Partei der Sowjetunion

3.6 WOMEN IN THE CPSU - FRAUEN IN DER KPdSU - ŽENŠČINY V KPSS

Year Jahr Gody	Total Insg. Vsego	As a percentage of total Communist Party Members In % zur Gesamtzahl der Kommunisten v % k obšĉemu ĉislu kommunistov
1920	45,297	7.5
1925	76,804	9.6
1927	148,306	12.2
1930	219,338	13.1
1934	395,763	14.7
1939	333,821	14.5
1941	575,853	14.9
1946	1,033,115	18.7
1952	1,276,560	19.0
1956	1,414,456	19.7
1962	1,942,080	19.6
1966	2,548,901	20.6
1971	3,195,556	22.2
1972	3,311,281	22.6
1973	3,442,029	23.0
1974	3,518,086	23.6
1975	3,657,231	23.8
1976	3,793,859	24.3
1977	3,947,616	24.7

3.7 NATIONAL COMPOSITION OF THE CPSU
NATIONALE ZUSAMMENSETZUNG DER KPdSU
NACIONAL'NYJ SOSTAV KPSS

3.7.1 NATIONALITIES REPRESENTED IN THE CPSU
ANTEIL DER HAUPTNATIONEN
ČISLO KOMMUNISTOV GLAVNYCH NACIJ

	1967		1973		1977	
	Total Insg. vsego	%	Total Insg. vsego	%	Total Insg. vsego	%
Russkie	7,846,292	61.8	9,025,363	60.9	9,679,129	60.5
Ukraincy	1,983,090	15.6	2,369,200	16.5	2,561,818	16.0
Belorusy	424,360	3.3	521,544	3.5	580,833	3.6
Uzbeki	219,381	1.7	291,550	2.0	333,907	2.1
Kazachi	199,196	1.6	254,667	1.7	292,936	1.8
Gruziny	209,196	1.6	246,214	1.7	265,625	1.7
Azerbaidžancy	162,181	1.3	212,122	1.4	241,677	1.5
Litovcy	71,316	0.6	96,558	0.7	110,934	0.7
Moldavane	46,562	0.4	59,434	0.4	72,331	0.5
Latyŝi	49,559	0.4	61,755	0.4	66,402	0.4
Kirgizy	39,053	0.3	46,049	0.3	51,112	0.3
Tadžiki	46,593	0.4	58,668	0.4	65,477	0.4
Armjane	200,605	1.6	225,132	1.5	239,460	1.5
Turkmeny	35,781	0.3	44,218	0.3	50,269	0.3
Estoncy	37,705	0.3	46,424	0.3	50,984	0.3
Total-Insg.-vsego	11,570,870	91.2	13,558,898	92.5	15,994,476	91.6

3.7.2 Communist Party of the Soviet Union
Kommunistische Partei der Sowjetunion

3.7.2 NATIONAL COMPOSITION AS OF 1.1.1976
NATIONALE ZUSAMMENSETZUNG ZUM 1.1.1976
NACIONAL'NYJ SOSTAV NA 1.1.1976

	Total Insg. vsego	%
Total - Insg. - vsego	15,638,891	100.0
Russkie	9,481,536	60.6
Ukraincy	2,505,378	16.0
Belorusy	563,408	3.6
Uzbeki	321,458	2.1
Kazachi	282,471	1.8
Gruziny	259,520	1.7
Azerbaidžancy	232,223	1.5
Litovcy	106,967	0.7
Moldavane	67,707	0.4
Latyŝi	65,116	0.4
Kirgizy	49,542	0.3
Tadžiki	63,611	0.4
Armjane	234,253	1.5
Turkmeny	48,021	0.3
Estoncy	49,739	0.3
Abchazy	5,274	0.03
Avarcy	19,387	0.1
Adygejcy	5,975	0.04
Altajcy	3,317	0.02
Balkarcy	3,893	0.02
Baŝkiry	55,122	0.4
Burjaty	20,476	0.1
Dargincy	8,408	0.1
Evrei	294,774	1.9
Inguŝi	2,763	0.02
Kabardincy	15,608	0.1
Kalmyki	6,411	0.04
Karakalpaki	9,072	0.1
Karačaevcy	5,191	0.03
Karely	10,284	0.1
Komi	24,986	0.2
Kumyki	8,909	0.1
Lakcy	6,681	0.04
Lezginy	19,716	0.1
Marijcy	21,171	0.1
Mordviny	73,464	0.5
Osetiny	36,758	0.2
Tatary	300,714	1.9
Tuvincy	6,584	0.04
Udmurty	31,666	0.2
Chakasy	2,489	0.02
Čerkesy	2,858	0.02
Čečency	12,959	0.1
Čuvaŝi	83,109	0.5
Jakuty	15,910	1.2
others-andere-drugie nacional'nosti	194,012	1.2

Communist Party of the Soviet Union
Kommunistische Partei der Sowjetunion   3.8.1

3.8   PRIMARY PARTY ORGANIZATIONS
GRUNDORGANISATIONEN DER PARTEI
PERVIČNYE ORGANIZACII PARTII

3.8.1 NETWORK OF PRIMARY ORGANIZATIONS - NETZ DER GRUNDORGANISATIONEN - SET' PERVIČNYCH PARTIJNYCH ORGANIZACIJ

	1. 1. 1971		1. 1. 1976	
	Total Insg. vsego	%	Total Insg. vsego	%
Total - Insg. - vsego	369,695	100.0	390,387	100,0
of which-darunter-iz nich:				
Industry, transport, post and telecommunications and construction work				
Industrie-,Transport-,Post-und Fernmeldewesen und Baubetriebe				
predprijatij promyšlennosti, transporta, svjazi i stroitelstv	95,375	25.8	101,472	26.0
Sovkhoz - Sowchosen - sovchozov	16,972	4.6	18,941	4.9
Kolkhoz - Kolchosen - kolchozov	33,644	9.1	29,081	7.4
Enterprises for trade and provision of foodstuffs				
Betriebe des Handels und der öffentlichen Lebensmittelversorgung				
predprijatij torgovli i obščestvennogo pitanija	14,848	4.0	14,488	3.7
Schools Lehranstalten-učebnych zavedenij	61,881	16.7	67,446	17.3
Scientific institutions-wissenschaftliche Institutionen-naučnych učreždenij	5,148	1.4	6,018	1.5
Cultural and educational institutions (theatre,clubs,museums,cultural centers,etc.)				
Kulturelle und Bildungsanstalten (Theater, Klubs, Museen, Kulturparks u.a.)				
kul'turno-prosvetitel'nych i zrelišČnych učreždenij (teatry, kluby, muzei, parki kul'tury i.t.d.)	5,169	1.4	5,280	1.4
Public health institutions (hospitals, sanatoriums,outpatient medical centers,etc.)				
Kuranstalten (Krankenhäser, Sanatorien, Polykliniken u.a.)				
lečebnych učreždenij (bol'nicy, sanatorii, polikliniki i.t.d.)	15,341	4.1	16,147	4.1
Institutions, organizations, economic institutes (from central to rayon)				
Institutionen, Organisationen, Wirtschaftsorgane (zentrale bis Rayons)				
učreždenij, organizacij i chozorganov (ot central'nych do rajonnych vključitel'no)	59,809	16.2	65,060	16.7
Rural, territorial and property management				
Ländliche, territoriale und Hausverwaltungen				
sel'skich territorialnych, pri domoupravlenijach i pročich vidov	61,508	16.7	66,454	17.0

3.8.2 Communist Party of the Soviet Union
3.8.3 Kommunistische Partei der Sowjetunion

3.8.2
PRIMARY PARTY ORGANIZATIONS BY PERCENTAGE OF COMMUNIST PARTY MEMBERS
GRUNDORGANISATIONEN DER PARTEI NACH ANTEIL DER KOMMUNISTEN
PERVIČNYE PARTIJNYE ORGANIZACII PO ČISLU KOMMUNISTOV

	1946	1957	1961	1966	1972	1977
- 15	63.0	57.5	43.7	40.0	40.2	40.4
15 - 49	29.7	36.4	43.8	43.3	42.0	40.9
50 - 100	5.4	4.2	8.1	10.7	11.6	12.1
above-über-svyše 100	1.9	1.9	4.4	6.0	6.2	6.6

3.8.3
COMMUNIST PARTY MEMBERS BY FIELD OF ECONOMIC ACTIVITY (in percentages)
VERTEILUNG DER KOMMUNISTEN NACH WIRTSCHAFTSZWEIGEN (in Prozenten)
RASSTANOVKA KOMMUNISTOV PO OTRASLJAM NARODNOGO CHOZJAJSTVA
(v procentach)

	1.1.1971	1.1.1976
Total - insg. - vsego	100.0	100.0
of which - davon - iz nich:		
in the manufacturing industry		
in den materiellen Produktionszweigen		
v otrasljach material'nogo proizvodstva	73.4	73.0
of which - darunter - v tom čisle:		
in industry,construction work,transport, post and telecommunications		
in Industrie, Bauwesen, Transport-, Post- und Fernmeldewesen		
v promyšlennosti, stroitel'stve, na transporte i v svjazi	46.4	47.0
in agriculture		
in der Landwirtschaft		
v sel'skom chozjajstve	21.5	20.5
of which - davon - iz nich:		
in Sovkhoz - in Sowchosen - v sovchozach	8.2	8.0
in Kolkhoz - in Kolchosen - v kolchozach	11.7	10.8
Trade,provision of foodstuffs,procurement,material- technical supply and other productive branches		
Handel,öffentl.Lebensmittelversorgung,Beschaffungen, materiell-techn.Versorgung u.a.Produktionszweige		
v torgovle,obščestvennom pitanii,zagotovkach,material'- no-techničeskom snabženii i pročich otrasljach material'nogo proizvodstva	5.5	5.5
in science, education, public services		
in den nicht-materiellen Produktionszweigen		
v neproizvodstvennych otrasljach	26.6	27.0
of which - darunter - v tom čisle:		
Science - Wissenschaft - v nauke	4.0	4.3

Communist Party of the Soviet Union 3.8.3
Kommunistische Partei der Sowjetunion 3.8.4

	1.1.1971	1.1.1976
Elementary schools, colleges and universities, public health, culture and art Volksbildung, Hochschulen, Gesundheitswesen, Kultur und Kunst v prosveščenii, vysših učebnych zavedenijach, zdravoochranenii, kul'ture i iskusstve	12.5	12.4
in leading state and economic agencies, in the party apparat and social organizations In den Organen der Staats-und Wirtschaftsleitung, im Apparat der Partei- und gesellschaftlichen Organisationen v organach gosudarstvennogo i chozjajstvennogo upravlenija, v apparate partijnych i obščestvennych organizacij	8.6	8.6
in housing, communal administration and public services In Wohnungs- und Kommunalwirtschaft und in Dienstleistungsbetrieben v ziliscnom, kommunal'nom chozjajstve i v bytovom obsluzivanii	1.5	1.7

3.8.4   STRUCTURE OF THE PRIMARY PARTY ORGANIZATIONS
        STRUKTUR DER GRUNDORGANISATIONEN DER PARTEI
        STRUKTURA PERVIČNYCH PARTIJNYCH ORGANIZACIJ

	1.1.1971	1.1.1976
Primary party organizations with party committees Grundorganisationen der Partei mit Parteikomitees Pervičnych partorganizacij, imejuščich partkomy	31,219	35,951
party committees with the rights of rayon party committees darunter Parteikomitees mit den Rechten eines Rayonparteikomitees v tom čisle partkomov, imejuščich prava rajkoma partii	610	783
Secondary party organizations Parteiorganisationen der Betriebsabteilungen Cechovych partorganizacij	352,871	400,388
with the rights of a primary party organization davon mit den Rechten einer Grundorganisation der Partei iz nich s pravami pervičnych partorganizacij	235,660	274,454
Secondary party organizations with party committees Parteiorganisationen der Betriebsabteilungen mit Parteikomitee Cechovych partorganizacij, imejuščich partkomy	415	955
Party groups - Parteigruppen - Partijnych grupp	443,233	528,894
Party committees at main railway junctions Knotenpunktparteikomitees im Eisenbahntransport Uzlovych partkomov na železnodorožnom transporte	124	179

Communist Party of the Soviet Union
Kommunistische Partei der Sowjetunion

PRIMARY ORGANIZATION WITH LESS THAN 50 COMMUNIST PARTY MEMBERS
GRUNDORGANISATION MIT WENIGER ALS 50 KOMMUNISTEN
PERVIČNAJA ORGANIZACIJA NASČITYVAJUŠČAJA MENEE 50 KOMMUNISTOV

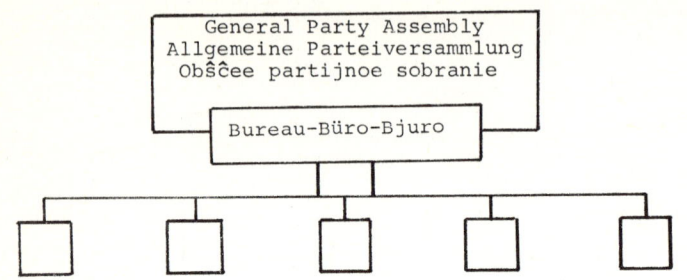

Party groups in the brigades and other production groups
Parteigruppen in den Brigaden und anderen Produktionsgruppen
Partijnye gruppy po brigadam i drugim proizvodstvennym gruppy

PRIMARY ORGANIZATION WITH MORE THAN 50 COMMUNIST PARTY MEMBERS
GRUNDORGANISATION MIT MEHR ALS 50 KOMMUNISTEN
PERVIČNAJA ORGANIZACIJA NASČITYVAJUŠČAJA SVYŠE 50 KOMMUNISTOV

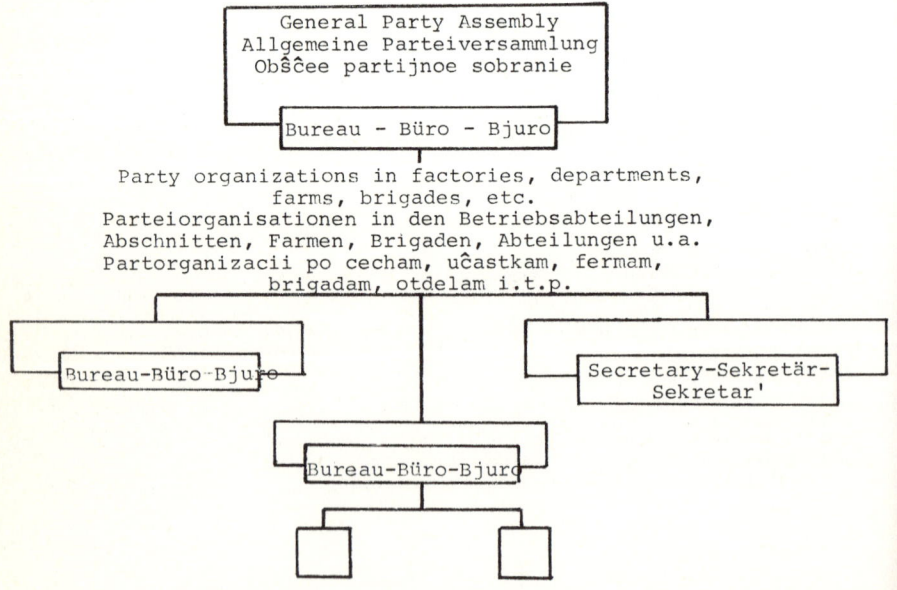

Communist Party of the Soviet Union
Kommunistische Partei der Sowjetunion

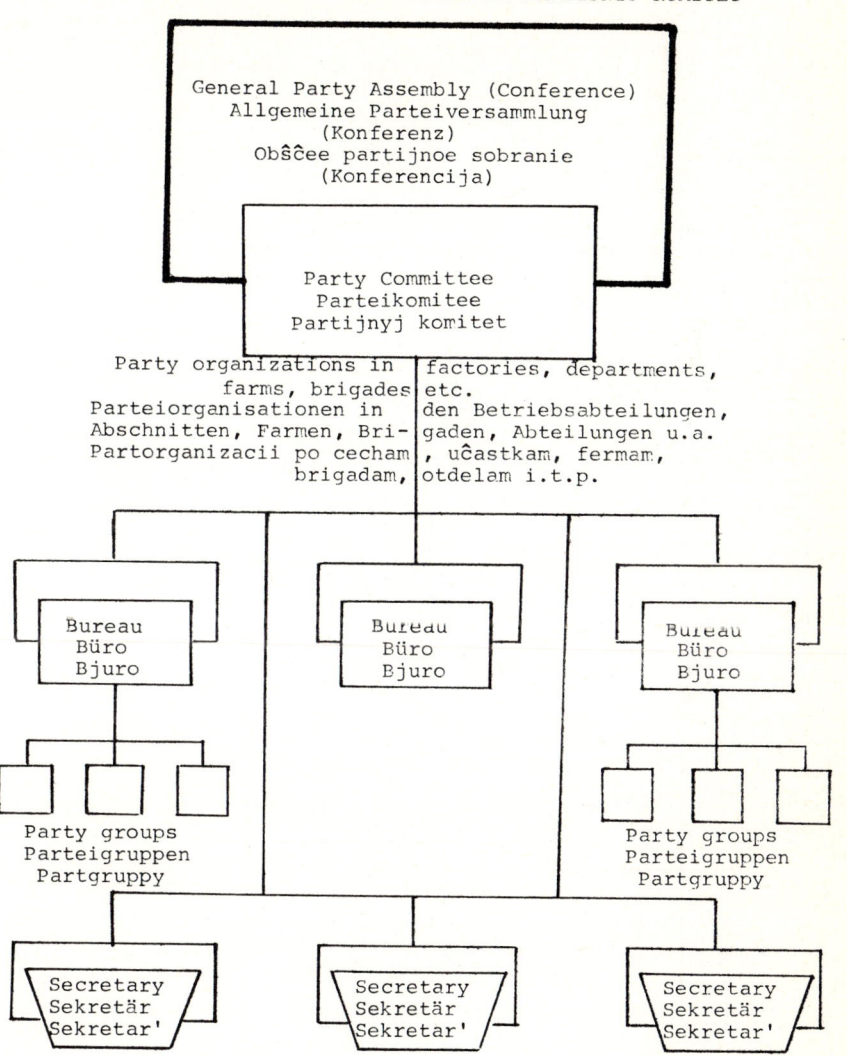

Communist Party of the Soviet Union
Kommunistische Partei der Sowjetunion

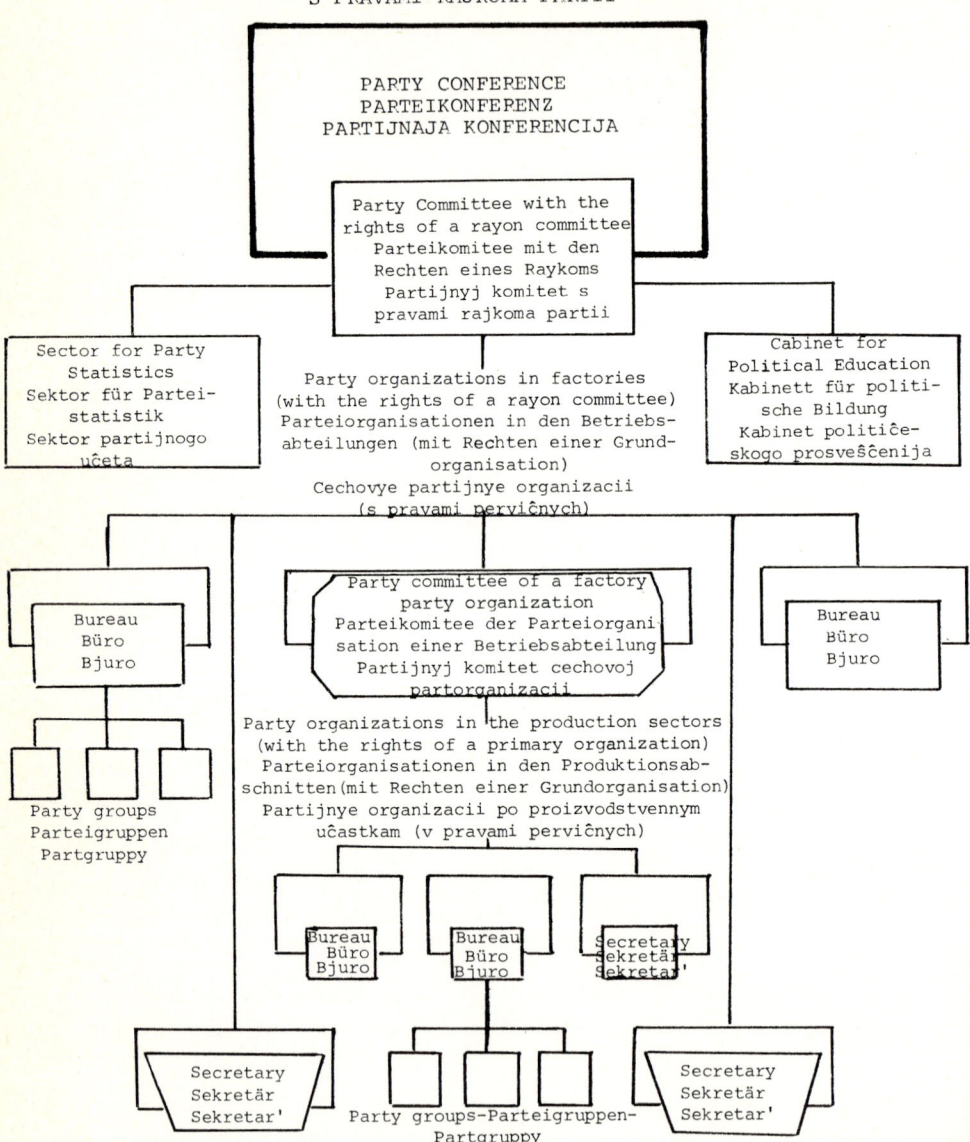

PRIMARY ORGANIZATION WITH THE RIGHTS OF A RAYON COMMITTEE[1]
GRUNDORGANISATION MIT PARTEIKOMITEE MIT DEN RECHTEN EINES RAYKOMS[1]
PERVIČNAJA ORGANIZACIJA IMEJUŠČAJA PARTIJNYJ KOMITET S PRAVAMI RAJKOMA PARTII[1]

[1] In charge of admission to membership in the CPSU, personal background files of members and candidate members and personal affairs of Communists -
in den Fragen der Aufnahme in die KPdSU, Führung der Personalakten der Mitglieder u. Kandidaten d.Partei u.Untersuchung der persönlichen Angelegenheiten der Kommunisten -
po voprosam priema v KPSS, vedenija učeta členov i kandidatov partii i rassmotrenija personal'nych del kommunistov

Communist Party of the Soviet Union 3.9.1
Kommunistische Partei der Sowjetunion 3.9.2

3.9 ELECTED LEADING PARTY ORGANIZATIONS
GEWÄHLTE LEITENDE ORGANE DER PARTEI
VYBORNYE RUKOVODJAŠČIE ORGANY PARTII

3.9.1 CC CPSU - ZK der KPdSU - CK KPSS [+)]

Members
Mitglieder
Členy   - 287

Candidate Members
Kandidaten
Kandidaty   - 139

3.9.2 POLITBURO CC CPSU - POLITBÜRO ZK KPdSU - POLITBJURO CK KPSS

Name Familija	Date of Birth Geburtsdatum Data rožd.	Party Affiliation Parteizuge- hörigkeit Partijnyj staž	Further positions Weitere Positionen Drugie dolžnosti
A	B	C	D

Members - Mitglieder - Členy

ANDROPOV, Ju.V.	1914	1939	Chairman, Committee for State Security of the USSR - Vorsitzender d.Komitees f.Staatssicherheit der UdSSR
BREŽNEV, L.I.	1906	1931	Secretary General, CC CPSU; Chairman, Presidium of USSR Supreme Soviet - Generalsekretär d.ZK d.KPdSU; Vorsitzender d.Präsidiums d.Obersten Sowjets d.UdSSR
GRIŠIN, V.V.	1914	1939	First City Secretary, CPSU Moscow - Erster Stadtsekretär d.KPdSU in Moskau
GROMYKO, A.A.	1909	1931	Minister of Foreign Affairs of the USSR - Außenminister der UdSSR
KIRILENKO, A.P.	1906	1931	Secretary, CC CPSU - Sekretär des ZK der KPdSU
KOSYGIN, A.N.	1904	1927	Chairman, USSR Council of Ministers - Vorsitzender d.Ministerrates d.UdSSR

+) Elected at the XXV.CPSU Party Congress in March 1976. 13 members died prior to Sept. 1978, 8 candidate members were promoted to members -
Gewählt auf dem XXV.Parteitag der KPdSU im März 1976. Bis Sept. 1978 sind 13 Mitglieder gestorben, 8 Kandidaten sind zu Mitgliedern aufgestiegen.

3.9.2 Communist Party of the Soviet Union
Kommunistische Partei der Sowjetunion

A	B	C	D
KULAKOV, F.D.[1]	1918	1940	Secretary, CC CPSU; Chief, CC CPSU Department of Agriculture - Sekretär d.ZK d.KPdSU; Leiter d. Landwirtschaftsabteilung b.ZK d.KPdSU
KUNAEV, D.A.	1912	1939	First Secretary, CC CP of Kazakhstan- Erster Sekretär d.ZK d.KP Kasachstans
MAZUROV, K.T.	1914	1940	First vice-chairman, USSR Council of Ministers - Erster stellv.Vorsitzender d.Ministerrates der UdSSR
PELŠE, A.Ja.	1899	1915	Chairman, CC CPSU Committee for Party Control - Vorsitzender d.Komitees f.Parteikontrolle b.ZK d.KPdSU
ROMANOV, G.V.	1923	1944	First Obkom Secretary of the CPSU in Leningrad - Erster Obkomsekretär d.KPdSU in Leningrad
ŠCERBICKIJ, V.V.	1918	1941	First Secretary, CC CP of the Ukraine- Erster Sekretär d.ZK d.KP d.Ukraine
SUSLOV, M.A.	1902	1921	Secretary, CC CPSU - Sekretär d.ZK d.KPdSU
USTINOV, D.F.	1908	1927	USSR Minister of Defense - Verteidigungsminister der UdSSR
	Candidate Members - Kandidaten - Kandidaty		
ALIEV, G.A.R.o.	1923	1945	First Secretary, CC CP of Azerbaijan - Erster Sekretär d.ZK d.KP Aserbaidschans
ČERNENKO, K.U.	1911	1931	Secretary, CC CPSU; Chief, CC CPSU General Department - Sekretär d.ZK d.KPdSU; Leiter der Allgemeinen Abteilung b.ZK d.KPdSU
DEMIČEV, P.N.	1918	1939	USSR Minister of Culture - Kulturminister der UdSSR
KUZNECOV, V.V.	1901	1927	First Vice-Chairman, Presidium of USSR Supreme Soviet - Erster stellv.Vorsitzender d.Präsidiums d.Obersten Sowjets d.UdSSR
MAŠEROV, P.M.	1918	1943	First Secretary, CC CP of Belorussia - Erster Sekretär d.ZK d.KP Belorußlands
PONOMAREV, B.N.	1905	1919	Secretary, CC CPSU; Chief, CC CPSU International Department - Sekretär d.ZK d.KPdSU; Leiter d.Internationalen Abteilung b.ZK d.KPdSU
RAŠIDOV, S.R.	1917	1939	First Secretary, CC CP of Uzbekistan - Erster Sekretär d.ZK d.KP Usbekistans
SOLOMENCEV, M.S.	1913	1940	Chairman, RSFSR Council of Ministers - Vorsitzender d.Ministerrates d.RSFSR

[1] died on July 17, 1978 - am 17.7.78 gestorben

Communist Party of the Soviet Union
Kommunistische Partei der Sowjetunion 3.9.3

3.9.3

SECRETARIAT CC CPSU - SEKRETARIAT ZK KPdSU - SEKRETARIAT CK KPSS

Name Familija	Date of Birth Geburtsdatum Data rożd.	Party Affiliation Parteizuge- hörigkeit Partijnyj staż	Further positions Weitere Positionen Drugie dolżnosti
\multicolumn{4}{l}{Secretary General - Generalsekretär - General'nyj sekretar'}			
BREŻNEV, L.I.	1906	1931	
\multicolumn{4}{l}{Secretaries - Sekretäre - Sekretari}			
ČERNENKO, K.U.	1911	1931	
DOLGICH, V.I.	1924	1942	Secretary; Chief, CC CPSU Department for Heavy Industry - Sekretär; Leiter d.Abteilung f. Schwerindustrie b.ZK d.KPdSU
KAPITONOV, I.V.	1915	1939	Secretary; Chief, CC CPSU Department for Organizational Party Work - Sekretär; Leiter d.Abteilung für Organisations-Parteiarbeit beim ZK d.KPdSU
KIRILENKO, A.P.	1906	1931	
KULAKOV, F.D. [1]	1918	1940	
PONOMAREV, B.N.	1905	1919	
RJABOV, Ja.P.	1928	1954	Secretary, Armament Industry - Sekretär für Rüstungsindustrie
RUSAKOV, K.V.	1909	1943	Secretary; Chief, CC CPSU Department for Liaison with Communist & Workers' Parties of the Socialist Countries - Sekretär; Leiter d.Abteilung f.Verbindungen m.kommunistischen u.Arbeiterparteien d.sozialistischen Länder b.ZK d.KPdSU
SUSLOV, M.A.	1902	1921	
ZIMJANIN, M.V.	1914	1939	Secretary, Ideological Section - Sekretär für den ideologischen Bereich

[1] died on July 17, 1978 - am 17.7.78 gestorben

3.9.4 Communist Party of the Soviet Union
3.9.5 Kommunistische Partei der Sowjetunion

3.9.4 NETWORK OF LEADING PARTY ORGANISATIONS
NETZ DER LEITENDEN PARTEIORGANE
SET'RUKOVODJAŠČICH PARTIJNYCH ORGANOV

	1922	1926	1930	1934	1939	1952	1956	1961	1966	1971	1972	1977
CC of CPs of the Union Republics - ZK der KPs der Unionsrepubliken CK kompartij sojuznych respublik	6	7	8	8	10	15	15	14	14	14	14	14
Krajkom	1	4	9	12	6	6	6	7	6	6	6	6
Obkom	17	37	37	58	104	156	148	135	133	142	142	149
Gubkom	75	40	--	--	--	--	--	--	--	--	--	--
Okružkom	--	114	228	20	29	23	10	10	10	10	10	10
Ukom	759	442	26	--	--	--	--	--	--	--	--	--
Gorkom		..	..	132	-23	531	554	596	739	760	763	832
Raykom gorodskoj	517	..	..	93	345	490	485	341	410	448	448	594
Raykom sel'skoj		1,530	3,012	2,466	3,492	4,373	4,248	3,231	2,519	2,810	2,813	2,870

3.9.5 ELECTED LEADING PARTY ORGANIZATIONS OF THE UNION REPUBLICS
GEWÄHLTE LEITENDE ORGANE DER PARTEI DER UNIONSREPUBLIKEN
VYBORNYE RUKOVODJAŠČIE ORGANY PARTII SOJUZNYCH RESPUBLIK

RSFSR [1]

CPSU City Committees - Gorkoms der KPdSU - Gorkomy KPSS[2]

Leningrad	--	Moskva	- GRIŠIN, V.V.

CPSU Krai Committees - Krajkomitees der KPdSU - Krajkomy KPSS

Altai	- AKSENOV, N.F.	Krasnojarsk	- FEDIRKO, P.S.
Chabarovsk	- ČERNYJ, A.K.	Primore	- LOMAKIN, V.P.
Krasnodar	- MEDUNOV, S.F.	Stavropol	- GORBAČEV, M.S.

---

1 No party of its own - the party organizations in the RSFSR are subordinate to the CC of the CPSU -
Keine eigene Partei - die Parteiorganisationen auf dem Gebiet der RSFSR sind direkt dem ZK der KPdSU untergeordnet

2 For all Krai-,Oblast- and Gorkoms the First Secretaries are listed -
Bei allen Krai-,Oblast-und Gorkoms werden die Ersten Sekretäre angeführt

Communist Party of the Soviet Union
Kommunistische Partei der Sowjetunion   3.9.5

CPSU Oblast Committees - Oblastkomitees der KPdSU - Obkomy KPSS

Adygejskaja avto-		Kostroma	- BALANDIN, Ju.N.
nomnaja oblast'	- BERSEGOV, N.A.	Kuibyšev	- ORLOV, V.P.
Amur	- AVRAMENKO, S.S.	Kurgan	- KNJAZEV, F.K.
Archangelsk	- POPOV, B.V.	Kursk	- GUDKOV, A.F.
Astrachan	- BORODIN, L.A.	Leningrad	- ROMANOV, G.V.
Baškirskaja ASSR	- ŠAKIROV, M.Z.	Lipeck	- PAVLOV, G.P.
Belgorod	- TRUNOV, M.P.	Magadan	- ŠAJDUROV, S.A.
Brjansk	- SIZENKO, E.I.	Mari ASSR	- NIKONOV, V.P.
Čečeno-Ingušskaja		Mordovskaja ASSR	- BEREZIN, A.I.
ASSR	- VLASOV, A.V.	Moskva	- KONOTOP, V.I.
Čeljabinsk	- VOROPOAEV, M.G.	Murmansk	- PTICYN, V.N.
Chakasskaja avto-		Novgorod	- ANTONOV, N.A.
nomnaja oblast'	- KRYLOV, A.I.	Novosibirsk	- GORJAČEV, F.S.
Čita	- MATAFONOV, M.I.	Omsk	- MANJAKIN, S.I.
Čuvašskaja ASSR	- PROKOPEV, I.P.	Orel	- MEŠKOV, F.S.
Burjatskaja ASSR	- MODOGOEV, A.U.	Orenburg	- KOVALENKO, A.V.
Dagestanskaja ASSR	- UMACHANOV, M.-S.I.	Penza	- ERMIN, L.B.
Evrejskaja avto-		Perm	- KONOPLEV, B.V.
nomnaja oblast'	- ŠAPIRO, L.B.	Pskov	- RYBAKOV, A.M.
Gorkij	- CHRISTORADNOV,Ju.N.	Rjazan	- PRIEZŽEV, N.S.
Gorno-Altajskaja		Rostov	- BONDARENKO, I.A.
avtonomnaja oblast'	- LAZEBNYJ, N.S.	Sachalin	- LEONOV, P.A.
Ivanovo	- KLJUEV, V.G.	Saratov	- GUSEV, V.K.
Irkutsk	- BANNIKOV, N.V.	Severo-Osetinskaja	
Jakutskaja ASSR	- ČIRJAEV, G.I.	ASSR	- KABALOEV, B.E.
Jaroslavl	- LOŠČENKOV, F.I.	Smolensk	- KLIMENKO, I.E.
Kabardino-Balkar-		Sverdlovsk	- ELCIN, B.N.
skaja ASSR	- MALBACHOV, T.K.	Tambov	- CHOMJAKOV, A.A.
Kalinin	- KORYTKOV, N.G.	Tatarskaja ASSR	- TABEEV, F.A.
Kaliningrad	- KONOVALOV, N.S.	Tjumen	- BOGOMJAKOV, G.P.
Kalmyckaja ASSR	- GORODOVIKOV, B.B.	Tomsk	LIGAČEV, E.K.
Kaluga	- KANDRENKOV, A.A.	Tula	- JUNAK, I.Ch.
Kamčatka	- KAČIN, D.I.	Tuvinskaja ASSR	- ŠIRŠIN, G.Č.
Karačaevo-Čerkesskaja		Udmurtskaja ASSR	- MARISOV, V.K.
avtonomnaja oblast'	- MURACHOVSKIJ, V.S.	Uljanovsk	- KUZNECOV, I.M.
Karelskaja ASSR	- SEN'KIN, I.I.	Vladimir	- PONOMAREV, M.A.
Kemerovo	- GORŠKOV, L.A.	Volgograd	- KULIČENKO, L.S.
Kirov	- BESPALOV, I.P.	Vologda	- DRYGIN, A.S.
Komi ASSR	- MOROZOV, I.P.	Voronež	- IGNATOV, V.N.

Ukrainskaja SSR

Politburo - Politbüro - Politbjuro

Members-Mitglieder-Členy

    BORISENKO, N.M.   SOKOLOV, I.Z.
    BOTVIN, A.P.   SOLOGUB, V.A.
    FEDORČUK, V.V.   TITARENKO, A.A.
    LJAŠKO, A.P.   VAŠČENKO, G.I.
    POGREBNJAK, P.L.   VATČENKO, A.F.
    ŠČERBICKIJ, V.V.

Candidate Members-Kandidaten-Kandidaty

    DOBRIK, V.F.   MALANČUK, V.Ju.
    GERASIMOV, I.A.   POGREBNJAK, Ja.P.
    KAČURA, B.V.

3.9.5 Communist Party of the Soviet Union
Kommunistische Partei der Sowjetunion

Secretariat - Sekretariat

First Secretary Erster Sekretär Pervyj Sekretar'	- ŠČERBICKIJ, V.V.	Second Secretary Zweiter Sekretär Vtoroj Sekretar'	- SOKOLOV, I.Z.

Secretaries   - BORISENKO, N.M.
Sekretäre   - MALANČUK, V.Ju.
Sekretari   - POGREBNJAK, Ja.P.
                - TITARENKO, A.A.

CPU City Committee - Gorkom der KPU - Gorkom KPU, Kiev

BOTVIN, A.P.

CPU Oblast Committees - Oblastkomitees der KPU - Obkomy KPU

Čerkassy	- LUTAK, I.K.	Nikolaev	- VASLJAEV, V.A.
Černigov	- UMANEC, N.V.	Odessa	- KIRIČENKO, N.K.
Černovcy	- DIKUSAROV, V.G.	Poltava	- MORGUN, F.T.
Charkov	- SACHNJUK, I.I.	Rovno	- PANASENKO, T.I.
Cherson	- MOZGOVOJ, I.A.	Sumy	- GRINCOV, I.G.
Chmelnickij	- LISOVYJ, T.G.	Ternopol	- JARKOVOJ, I.M.
Dnepropetrovsk	- KAČALOVSKIJ, E.V.	Vinnica	- TARATUTA, V.N.
Doneck	- KAČURA, B.V.	Volynskaja oblast'	
Ivano-Frankovsk	- BEZRUK, P.F.	(Luck)	- KORŽ, M.P.
Kiev	- CYBUL'KO, V.M.	Vorošilovgrad	- GONČARENKO, B.T.
Kirovograd	- KOBYLČAK, M.M.	Zakarpatskaja oblast'	
Krim	- MAKARENKO, V.S.	(Užgorod)	- ILNICKIJ, Ju.V.
Lvov	- DOBRIK, V.F.	Zaporože	- VSEVOLOŽSKIJ, M.N.
		Žitomir	- KAVUN, V.M.

Belorusskaja SSR

Buro - Büro - Bjuro

Members-Mitglieder-Členy

AKSENOV, A.N.   MICKEVIČ, V.F.
GVOZDEV, V.A.   MIKULIČ, V.A.
JAKUŠEV, I.F.   NIKULKIN, Ja.P.
KISELEV, T.Ja.   POLOZOV, N.N.
KOLOKOLOV, Ju.B.   POLJAKOV, I.E.
KUZMIN, A.T.   ŠEVELUCHA, V.S.
LAGIR, M.I.   FIRISANOV, L.S.
MAŠEROV, P.M.   ZAJCEV, M.M.

Candidate Members-Kandidaten-Kandidaty

LOBANOK, V.E.   SNEŽKOVA, N.L.
PLATONOV, K.M.

Secretariat - Sekretariat

First Secretary Erster Sekretär Pervyj sekretar'	- MAŠEROV, P.M.	Second Secretary Zweiter Sekretär Vtoroj Sekretar'	- AKSENOV, A.N.

Secretaries   - KOLOKOLOV, Ju.B.
Sekretäre   KUZMIN, A.T.
Sekretari   ŠEVELUCHA, V.S.
                 FIRISANOV, L.S.

CPB City Committee - Gorkom der KPB - Gorkom KPB, Minsk

LEPEŠKIN, V.A.

CPB Oblast Committees - Oblastkomitees der KPB - Obkomy KPB

Brest	- SOKOLOV, E.E.	Minsk	- MIKULIČ, V.A.
Gomel	- GVOZDEV, V.A.	Mogilev	- PRIŠČEPČIK, V.V.
Grodno	- KLECKOV, L.G.	Vitebsk	- ŠABAŠOV, S.M.

UZBEKSKAJA SSR

Buro - Büro - Bjuro

Members-Mitglieder-Členy

ANISIMKIN, I.G. MATČANOV, N.M.
BELONOŽKO, S.E. MUSACHANOV, M.M.
CHODŽAEV, A.A. OSETROV, T.N.
CHUDAJBERDYEV, N.D. RAŠIDOV, S.R.
GREKOV, L.I. SALIMOV, A.U.
KURBANOV, Ju.R.

Candidate Members-Kandidaten-Kandidaty

KAMALOV, K. ORLOV, G.M.
MACHMUDOV, H. SULTANOVA, S.U.
NORDMAN, E.B.

Secretariat - Sekretariat

First Secretary Erster Sekretär Pervyj Sekretar'	- RAŠIDOV, S.R.	Second Secretary Zweiter Sekretär Vtoroj Sekretar'	- GREKOV, L.I.
	Secretaries Sekretäre Sekretari	- ANISIMKIN, I.G. - KURBANOV, Ju.R. - SALIMOV, A.U.	

CPU City Committee - Gorkom der KPU - Gorkom KPU, Taškent

CHODŽAEV, A.A.

CPU Oblast Committees - Oblastkomitees der KPU - Obkomy KPU

Andižan	- USMANCHODŽAEV, I.B.	Kaška-Darja	- GAIPOV, R.G.
Buchara	- KARIMOV, A.	Namangan	- KAMALOV, M.
Chorezm	- CHUDAJBERGENOV, M.Ch.	Samarkand	- RACHIMOV, B.R.
Džizak	- BAJMIROV, T.B.	Surchan-Darja	- KARIMOV, A.
Fergana	- SAMSUDINOV, F.S.	Syr-Darja	- CHAJDUROV, V.A.
Kara-Kalpaken ASSR	- KAMALOV, K.	Taškent	- MUSACHANOV, M.M.

KAZACHSKAJA SSR

Buro - Büro - Bjuro

Members-Mitglieder-Členy

AŠIMOV, B.A.
ASKAROV, A.A. KUNAEV, D.A.
IMAŠEV, S.N. MIROŠKIN, O.S.
KLIMOV, A.I. NIJAZBEKOV, S.B.
KORKIN, A.I. SMIRNOV, S.A.
KOSPANOV, S.K.

10_1

3.9.5 Communist Party of the Soviet Union
Kommunistische Partei der Sowjetunion

Candidate Members-Kandidaten-Kandidaty

     MUKAŠEV, S.M.   SLAŽNEV, I.G.
     ŠEVČENKO, V.T.

Secretariat - Sekretariat

First Secretary		Second Secretary	
Erster Sekretär	- KUNAEV, D.A.	Zweiter Sekretär	- KORKIN, A.G.
Pervyj Sekretar'		Vtoroj Sekretar'	

     Secretaries - IMAŠEV, S.N.
     Sekretäre   - KLIMOV, A.I.
     Sekretari   - KOSPANOV, S.K.
            - MIROŠKIN, O.S.

CPK City Committee - Gorkom der KPK - Gorkom KPK, Alma-Ata

ERPILOV, P.I.

CPK Oblast Committees - Oblastkomitees der KPK - Obkomy KPK

Aktjubinsk	- LIVENCOV, V.A.	Pavlodar	- ISAEV, B.V.
Alma-Ata	- AUCHADIEV, K.M.	Semipalatinsk	- RAMAZANOV, A.G.
Celinograd	- MOROZOV, N.E.	Severo-Kazachstan-	
Čimkent	- ASKAROV, A.	skaja oblast'	
Džambul	- BEKTURGANOV, Ch.Š.	(Petropavlovsk)	- DEMIDENKO, V.P.
Džezkazgan	- LOSEV, K.S.	Taldy-Kurgan	- KUSAINOV, S.K.
Gurev	- MUKAŠEV, S.M.	Turgajskaja oblast'	
Karaganda	- AKULINCEV, V.K.	(Arkalyk)	- AUELBEKOV, E.N.
Kokčetav	- KUANYŠEV, O.S.	Uralsk	- IKSANOV, M.B.
Kzyl-Orda	- ABDUKARIMOV, I.A.	Vostočno-Kazachstan-	
Kustanai	- BORODIN, A.M.	skaja oblast'	
Mangyšlakskaja ob-		(Ust'-Kamenogorsk)	- PROTOZANOV, A.K.
last' (Ševčenko)	- AŠIMBAEV, T.A.		

GRUZINSKAJA SSR

Buro - Büro - Bjuro

Members-Mitglieder-Členy

     ČCHEIDZE, Z.A.   MENTEŠAŠVILI, T.N.
     GILAŠVILI, P.G.   PATARIDZE, Z.A.
     INAURI, A.N.   PATIAŠVILI, D.I.
     KIKNADZE, Š.D.   ŠEVARDNADZE, E.A.
     KOLBIN, G.V.   SIRADZE, V.M.
     KULIŠEV, O.F.

Candidate Members-Kandidaten-Kandidaty

     ČERKEZIJA, O.E.   MOSAŠVILI, T.I.
     CHABEIŠVILI, S.E. ŠARTAVA, Ž.K.
     ČITANAVA, N.A.

Secretariat - Sekretariat

First Secretary		Second Secretary	
Erster Sekretär	- ŠEVARDNADZE, E.A.	Zweiter Sekretär	- KOLBIN, G.V.
Pervyj Sekretar'		Vtoroj Sekretar'	

     Secretaries - ČCHEIDZE, Z.A.
     Sekretäre   - PATIAŠVILI, D.I.
     Sekretari   - SIRADZE, V.M.

Communist Party of the Soviet Union
Kommunistische Partei der Sowjetunion

CPG City Committee - Gorkom der KPG - Gorkom KPG, Tbilisi

    MENTEŠAŠVILI, T.N.

CPG Oblast Committees - Oblastkomitees der KPG - Obkomy KPG

Abchazskaja ASSR	- ADLEJBA, B.V.
Adžarskaja ASSR	- PAPUNIDZE, V.R.
Jugo-Osetinskaja avtonom- naja oblast'	- SANAKOEV, F.S.

AZERBAJDŽANSKAJA SSR

Buro - Büro - Bjuro

Members-Mitglieder-Členy

ALIEV, G.A.R.o.	KERIMOV, A.G.
BAGIROV, K.M.	KONSTANTINOV, A.U.
CHALILOV, K.A.	KRASILNIKOV, V.S.
IBRAGIMOV, G.Ch.	PUGAČEV, Ju.N.
IBRAGIMOV, I.A.	SEIDOV, G.N.

Candidate Members-Kandidaten-Kandidaty

ASKEROV, I.N.	GUSEJNOVA, Z.I.
EFENDIEV, G.S.	KEVORKOV, B.S.

Secretariat - Sekretariat

First Secretary Erster Sekretär Pervyj Sekretar'	- ALIEV, G.A.R.o.	Second Secretary Zweiter Sekretär Vtoroj Sekretar'	- PUGAČEV, Ju.N.
	Secretaries Sekretäre Sekretari	- IBRAGIMOV, G.Ch. - MAMEDZADE, R.C. - SEIDOV, G.N.	

CPA City Committee - Gorkom der KPA - Gorkom KPA, Baku

    KERIMOV, A.G.

CPA Oblast Committees - Oblastkomitees der KPA - Obkomy KPA

Nagorno-Karabachskaja avtonomnaja oblast'	- KEVORKOV, B.S.
Nachičevanskaja ASSR	- RAGIMOV, K.N.

LITOVSKAJA SSR

Buro - Büro - Bjuro

Members-Mitglieder-Členy

BARAUSKAS, A.B.	KAJRIS, K.K.
BARKAUSKAS, A.S.	MANJUŠIS, Ju.A.
BRAZAUSKAS, A.M.	SAKALAUSKAS, V.V.
CHARAZOV, V.I.	ŠEPETIS, L.K.
FERENSAS, A.A.	SONGAJLA, R.-B.I.
GRIŠKJAVIČJUS, P.P.	

3.9.5 Communist Party of the Soviet Union
Kommunistische Partei der Sowjetunion

Candidate Members-Kandidaten-Kandidaty

ASTRAUSKAS, V.S.	MIKUČJAUSKAS, V.K.
BALTRUNAS, V.	PETKJAVIČJUS, Ju.Ju.

Secretariat - Sekretariat

First Secretary
Erster Sekretär   - GRIŠKJAVIČJUS, P.P.
Pervyj Sekretar'

Second Secretary
Zweiter Sekretär   - CHARAZOV, V.I.
Vtoroj Sekretar'

Secretaries   - BRAZAUSKAS, A.M.
Sekretäre   - ŠEPETIS, L.K.
Sekretari   - SONGAJLA, R.-B.I.

CPL City Committee - Gorkom der KPL - Gorkom KPL, Vilna

SAKALAUSKAS, V.V.

MOLDAVSKAJA SSR

Buro - Büro - Bjuro

Members-Mitglieder-Členy

BODJUL, I.I.	
GROSSU, S.K.	MERENIŠČEV, N.V.
EREMEJ, G.I.	PETRIK, P.P.
ILJAŠENKO, K.P.	SAVOČKO, B.N.
KALENIK, E.P.	VORONIN, P.V.
KALIN, I.P.	

Candidate Members-Kandidaten-Kandidaty

DYGAJ, G.G.	ZAJČENKO, N.M.
RAGOZIN, A.P.	

Secretariat - Sekretariat

First Secretary
Erster Sekretär   - BODJUL, I.I.
Pervyj Sekretar'

Second Secretary
Zweiter Sekretär   - MERENIŠČEV, N.V.
Vtoroj Sekretar'

Secretaries   - KALENIK, E.P.
Sekretäre   - KALIN, I.P.
Sekretari   - SAVOČKO, B.N.

CPM City Committee - Gorkom der KPM - Gorkom KPM, Kišinev

KIKTENKO, V.K.

LATVIJSKAJA SSR

Buro - Büro - Bjuro

Members-Mitglieder-Členy

ANDERSON, I.A.	PETERSON, E.K.
AUŠKAP, E.Ja.	RUBEN, Ju.Ja.
BEMAN, E.K.	STRAUTMANIS, P.Ja.
ČEMM, V.A.	STRELKOV, I.K.
MAJOROV, A.M.	VERRO, R.O.
	VOSS, A.E.

Candidate Members-Kandidaten-Kandidaty

      AVDJUKEVIČ, L.I.   ZITMANIS, A.K.
      VAGRIS, Ja.Ja.

Secretariat - Sekretariat

First Secretary Erster Sekretär Pervyj Sekretar'	- VOSS, A.E.	Second Secretary Zweiter Sekretär Vtoroj Sekretar'	- STRELKOV, I.K.

      Secretaries   - ANDERSON, I.A.
      Sekretäre   - AUŠKAP, E.Ja.
      Sekretari   - ČEMM, V.A.

CPL City Committee - Gorkom der KPL - Gorkom KPL, Riga

      VAGRIS, Ja.Ja.

KIRGIZSKAJA SSR

Buro - Büro - Bjuro

Members-Mitglieder-Členy

      CHODOS, P.M.   MINIČ, N.G.
      FOMIČENKO, K.E. MOLDOBAEV, K.
      IBRAIMOV, S.   NAUMOV, P.I.
      KULATOV, T.   SUJUMBAEV, A.S.
      KULMATOV, K.   USUBALIEV, T.
      MASALIEV, A.M.

Candidate Members-Kandidaten-Kandidaty

      ABAKIROV, E.   BEGMATOVA, S.
              KABANOV, M.F.

Secretariat - Sekretariat

First Secretary Erster Sekretär Pervyj Sekretar'	- USUBALIEV, T.	Second Secretary Zweiter Sekretär Vtoroj Sekretar'	- FOMIČENKO, K.E.

      Secretaries   - KULMATOV, K.K.
      Sekretäre   - MASALIEV, A.M.
      Sekretari   - NAUMOV, P.I.

CPK City Committee - Gorkom der KPK - Gorkom KPK, Frunze

      MOLDOBAEV, K.M.

CPK Oblast Committees - Oblastkomitees der KPK - Obkomy KPK

      Issyk-Kulskaja oblast'
       (Prževalsk)   - DUJŠEEV, A.
      Naryn   - SAVITACHUNOV, A.
      Oš   - KOŠOEV, T.Ch.

TADŽIKSKAJA SSR

Buro - Büro - Bjuro

Members-Mitglieder-Členy

      BABAEV, M.B.   NABIEV, R.
      BOBOSADYKOVA, G.B. PERVENCEV, E.I.
      CHOLOV, M.   POLUKAROV, Ju.I.
      DADABAEV, A.   RACHIMOVA, I.R.
      DEDOV, I.F.   RASULOV, D.R.
      KARMYŠEV, L.K.

3.9.5 Communist Party of the Soviet Union
Kommunistische Partei der Sowjetunion

Candidate Members-Kandidaten-Kandidaty

    CHAJDAROV, A.Ch. USMANOV, U.G.
    NOVIČKOV, V.E.

Secretariat - Sekretariat

First Secretary		Second Secretary	
Erster Sekretär	- RASULOV, D.R.	Zweiter Sekretär	- POLUKAROV, Ju.I.
Pervyj Sekretar'		Vtoroj Sekretar'	

    Secretaries - BABAEV, M.B.
    Sekretäre   - DADABAEV, A.D.
    Sekretari   - RACHIMOVA, I.R.

CPT City Committee - Gorkom der KPT - Gorkom KPT, Dušanbe

    BOBOSADYKOVA, G.B.

CPT Oblast Committees - Oblastkomitees der KPT - Obkomy KPT

Gorno-Badachšanskaja avto-
nomnaja oblast' (Chorog) - DAVLJATKADAMOV, Ch.
Kuljab   - CHISAMUTDINOV, A.B.
Kurgan-Tjube   - PALLAEV, G.
Leninabad   - CHODŽIEV, R.

ARMJANSKAJA SSR

Buro - Büro - Bjuro

Members-Mitglieder-Členy

    ANISIMOV, P.P. NERSESJAN, L.N.
    ARZUMANJAN, R.A. POSTNIKOV, S.I.
    DALLAKJAN, K.L. SARKISJAN, F.T.
    DEMIRČJAN, K.S. SARKISOV, B.E.
    GALUMJAN, V.B. VOSKANJAN, G.M.
    MARTIROSJAN, G.A.

Candidate Members-Kandidaten-Kandidaty

    ARZUMANJAN, M.B. MURADJAN, M.O.
    ASCATRJAN, E.T. SAAKJAN, L.G.
    KOTANDŽJAN, G.S.

Secretariat - Sekretariat

First Secretary		Second Secretary	
Erster Sekretär	- DEMIRČJAN, K.S.	Zweiter Sekretär	- ANISIMOV, P.P.
Pervyj Sekretar'		Vtoroj Sekretar'	

    Secretaries - DALLAKJAN, K.L.
    Sekretäre   - GALUMJAN, V.B.
    Sekretari   - VOSKANJAN, G.M.

CPA City Committee - Gorkom der KPA - Gorkom KPA, Erevan

    NERSESJAN, L.N.

TURKMENSKAJA SSR

Buro - Büro - Bjuro

Members-Mitglieder-Členy

    ANNAORAZOV, P.A.   KLYČEV, A.-M.
    BURAŠNIKOV, B.F.   MAKARKIN, N.V.
    DOLGOV, P.S.   MOLLAEVA, M.
    GAPUROV, M.   PEREUDIN, V.M.
    JASKULIEV, B.Ja.   ŠMIDT, M.G.
    KARRYEV, Č.S.

Candidate Members-Kandidaten-Kandidaty

    ČARYEV, M.A.   KISELEV, Ja.P.
    DURDYEV, A.A.

Secretariat - Sekretariat

First Secretary   Second Secretary
Erster Sekretär - GAPUROV, M.   Zweiter Sekretär - PEREUDIN, V.M.
Pervyj Sekretar'   Vtoroj Sekretar'

    Secretaries   - DOLGOV, P.S.
    Sekretäre   - KARRYEV, Č.S.
    Sekretari   - MOLLAEVA, M.

CPT City Committee - Gorkom der KPT - Gorkom KPT, Ašchabad

    DURDYEV, A.A.

CPT Oblast Committees - Oblastkomitees der KPT - Obkomy KPT

Ašchabad   - ANNAORAZOV, P.A.   Mary   - AKGAEV, A.
Čardžou   - ČARYEV, B.   Tašauz   - ATAEV, B.
Krasnovodsk - MITRIN, E.T.

ESTONSKAJA SSR

Buro - Büro - Bjuro

Members-Mitglieder-Členy

    JUHANSON, N.O.   RJUJTEL, A.
    KEBIN, I.G.   TYNURIST, E.G.
    KLAUSON, V.I.   KIAO, V.A.
    LEBEDEV, K.V.   VAJNO, K.G.
    LENCMAN, L.N.   VJALJAS, V.I.
    MERIMAA, O.O.

Candidate Members-Kandidaten-Kandidaty

    PORK, A.P.   ŠISOV, L.D.
                  ZARUBIN, L.K.

Secretariat - Sekretariat

First Secretary   Second Secretary
Erster Sekretär - VAJNO, K.G.   Zweiter Sekretär - LEBEDEV, K.V.
Pervyj Sekretar'   Vtoroj Sekretar'

    Secretaries   - RJUJTEL, A.
    Sekretäre   - KIAO, V.A.
    Sekretari   - VJALJAS, V.I.

CPE City Committee - Gorkom der KPE - Gorkom KPE, Tallin

    JUHANSON, N.O.

Communist Party of the Soviet Union
Kommunistische Partei der Sowjetunion

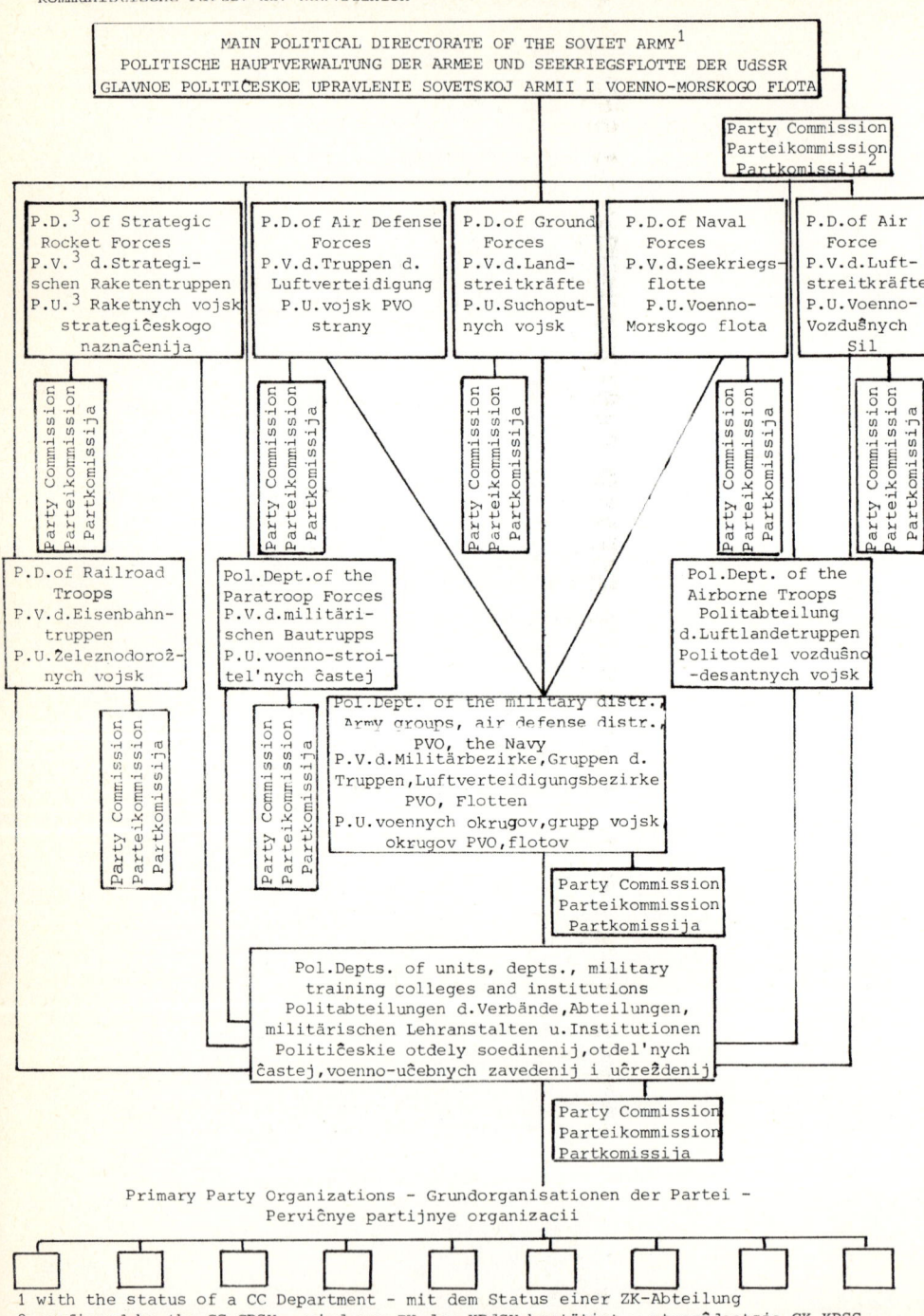

1 with the status of a CC Department - mit dem Status einer ZK-Abteilung
2 confirmed by the CC CPSU - wird vom ZK der KPdSU bestätigt - utverždaetsja CK KPSS
3 P.D.: Political Directora -P.V.: Politische Verwaltung-P.U.: Političeskoe upravlenie

Communist Party of the Soviet Union
Kommunistische Partei der Sowjetunion   3.10.1

3.10 NOMINATED PARTY APPARATUS
ERNANNTER PARTEIAPPARAT
NAZNAČENNYJ PARTIINYI APPARAT

3.10.1 CPSU CC APPARATUS UNDER THE DIRECTION OF THE CC SECRETARIAT
APPARAT DES ZK DER KPdSU UNTER DER LEITUNG DES ZK-SEKRETARIATS
APPARAT CK KPSS POD RUKOVODSTVOM SEKRETARIATA CK

Departments - Abteilungen - Otdely			Chief-Leiter
General	Allgemeine Abteilung	Obščij otdel	ČERNENKO, K.U.
Organizational Party Work	Organisations- Parteiarbeit	Organizacionno-par- tijnoj raboty	KAPITONOV, I.V.
Administrative Organs	Administrative Organe	Administrativnych organov	SAVINKIN, N.I.
Defense Industry	Verteidigungs- industrie	Oboronnoj promyš- lennosti	SERBIN, I.D.
Heavy Industry	Schwerindustrie	Tjaželoj promyšlenn.	DOLGICH, V.I.
Machine Building	Maschinenbau	Mašinostroenija	FROLOV, V.S.
Chemical Industry	Chemische Industrie	Chimičeskoj promyšlenn.	LISTOV, V.V.
Construction	Bauwesen	Stroitel'stva	DMITRIEV, I.N.
Light & Food Industry	Leicht-u.Nahrungs- mittelindustrie	Legkoj i piščevoj promyšlennosti	MOČALIN, F.I.
Agriculture	Landwirtschaft	Sel'skochozjajstvennyj otdel	KARLOV, V.A.
Transport and Communications	Transport-, Post- u.Fernmeldewesen	Transporty i svjazi	SIMONOV, K.S.
Trade and Domestic Services	Handel und Dienst- leistungen	Torgovli i bytovogo obsluživanija	KABKOV, Ja.I.
Planning and Finance Organs	Planungs- u.Finanz- organe	Planovych i finanso- vych organov	GOSTEV, B.I.
Political Main Admi- nistration of the Soviet Army and Maritime Fleet	Politische Hauptver- waltung d.Sowjeti- schen Armee und Seekriegsflotte	Glavnoe Upravlenie Sovetskoj Armii i Voenno-Morskogo Flota	EPIŠEV, A.A.
Science & Educational Institutions	Wissenschaft und Lehranstalten	Nauki i učebnych zavedenij	TRAPEZNIKOV, S.P.
Propaganda	Propaganda	Propagandy	TJAŽELNIKOV, E.M.
Culture	Kultur	Kul'tury	ŠAURO, V.F.
International	Internationale Abteil.	Meždunarodnyj otdel	PONOMAREV, B.N.
Liaison with Commu- nist & Workers' Par- ties of the Socia- list Countries	Verbindungen m.d.kom- munistischen u.Arbei- terparteien d.sozia- listischen Länder	Po svjazjam s kommuni- stičeskimi i rabočimi partijami socialisti- českich stran	RUSAKOV, K.V.
Cadres Abroad	Auslandskader	Zagraničnych kadrov	PEGOV, N.M.
International Information	Internationale Information	Meždunarodnoj informacii	ZAMJATIN, L.M.
Administration of Affairs	Geschäftsleitung	Upravlenie delami	PAVLOV, G.S.

3.10.2 Communist Party of the Soviet Union
Kommunistische Partei der Sowjetunion

3.10.2 CC APPARATUS OF CPs OF THE UNION REPUBLICS
        APPARATE DER ZKs DER KPs DER UNIONSREPUBLIKEN
        APPARATY CK KP SOJUZNYCH RESPUBLIK

Department - Abteilung	Ukrainskaja SSR	Belorusskaja SSR	Uzbekskaja SSR	Kazachskaja SSR	Gruzinskaja SSR	Azerbajdžanskaja SSR	Litovskaja SSR	Moldavskaja SSR	Latvijskaja SSR	Kirgizskaja SSR	Tadžikskaja SSR	Armjanskaja SSR	Turkmenskaja SSR	Estonskaja SSR
Administration of Affairs - Geschäftsleitung - Upravlenie delami	x	x	x	x	x	x	x	x	x	x	x	x	x	x
Administrative Organs - Administrative Organe - Otdel administrativnych organ.	x	x	x	x	x	x	x	x		x	x	x	x	x
General - Allgemeine Abteilung - Obščij otdel	x	x	x	x		x	x	x	x	x	x	x	x	x
Construction & Municipal Services - Bauwesen und städtische Wirtschaft - Otdel stroitel'stva i gorodskogo chozjajstva	x	x	x	x	x	x	x	x	x	x	x	x	x	x
Chemical Industry - Chemische Industrie - Chimičeskoj promyšlennosti	x													
Chemical & Light Industry - Chemische u.Leichtindustrie - Otdel chimičeskoj i legkoj promyšlennosti				x										
Chemical & Petroleum Industry - Chemische u.Erdölindustrie - Otdel chimičeskoj i neftjanoj promyšlennosti						x								
Petroleum & Chemical Industry - Erdöl-u.chemische Industrie - Otdel neftjanoj i chimičeskoj promyšlennosti													x	
Trade & Domestic Services - Handel u. Dienstleistungen - Otdel torgovli i bytovogo obsluživanija	x	x					x		x		x			x
Trade, Planning & Finance Organs - Handel, Planungs-u.Finanzorgane - Otdel torgovli,planovych i finansovych organov		x	x	x	x					x		x	x	
Industry & Transport - Industrie u. Transport - Promyšlenno-transportnyj otdel					x		x	x	x	x		x	x	x
Culture - Kultur - Otdel kul'tury	x	x	x	x	x	x	x	x	x	x	x	x	x	x
Information & liaison w.foreign countr. - Information u.Verbindungen m.d.Ausland - Otdel informacii i zarubežnych svjazej	x		x					x				x		
Agriculture - Landwirtschaft - Sel'skochozjajstvennyj otdel	x	x	x	x	x	x	x			x	x	x	x	x
Agriculture & Food Industry - Landwirtschaft u.Nahrungsmittelindustrie - Otdel sel'skogo chozjajstva i piščevoj promyšlennosti										x				

Communist Party of the Soviet Union
Kommunistische Partei der Sowjetunion   3.10.2

Department - Abteilung	Ukrainskaja SSR	Belorusskaja SSR	Uzbekskaja SSR	Kazachskaja SSR	Gruzinskaja SSR	Azerbajdžanskaja SSR	Litovskaja SSR	Moldavskaja SSR	Latvijskaja SSR	Kirgizskaja SSR	Tadžikskaja SSR	Armjanskaja SSR	Turkmenskaja SSR	Estonskaja SSR
Light & Food Industry - Leicht-u.Nahrungsmittelindustrie - Otdel legkoj i piščevoj promyšlennosti	x		x	x	x	x	x		x	x	x	x	x	x
Machine Building - Maschinenbau - Otdel mašinostroenija	x	x												
Food Industry - Nahrungsmittelindustrie- Otdel piščevoj promyšlennosti		x												
Organizational Party Work - Organisations-Parteiarbeit - Otdel organizacionno-partijnoj raboty	x	x	x	x	x	x	x	x	x	x	x	x	x	x
Planning & Finance Organs - Planungs- u.Finanzorgane - Otdel planovo-finansovych organov	x							x						
Propaganda & Agitation - Propaganda u. Agitation - Otdel propagandy i agitacii	x	x	x	x	x	x	x	x	x	x	x	x	x	x
Heavy Industry - Schwerindustrie - Otdel tjaželoj promyšlennosti	x		x											
Heavy Industry & Machine Building - Schwerindustrie u.Maschinenbau - Otdel tjaželoj promyšlennosti i mašinostroenija		x												
Heavy Industry & Transport - Schwerindustrie u.Transport - Otdel tjaželoj promyšlennosti i transporta		x												
Transport & Communications - Transport, Post-u.Fernmeldewesen - Otdel transporta i svjazi	x	x	x	x										
Liaison w.foreign countr.-Verbindungen m.d.Ausland-Otdel zarubežnych svjazej		x		x	x	x	x		x					x
Water resources - Wasserwirtschaft - Otdel vodnogo chozjajstva			x											
Water resources & Rural Construction - Wasserwirtschaft und Landbauwesen - Otdel vodnogo chozjajstva i sel'skogo stroitel'stva						x						x	x	
Science & Educational - Wissenschaft u.Lehranstalten - Otdel nauki i učebnych zavedenij	x	x	x	x	x	x	x	x	x	x	x	x	x	x

3.10.3 Communist Party of the Soviet Union
Kommunistische Partei der Sowjetunion

NOMINATED APPARATUS OF THE LOCAL PARTY ORGANISATIONS
ERNANNTER APPARAT DER LOKALEN PARTEIORGANISATIONEN
NAZNAČENNYJ APPARAT MESTNYCH PARTIJNYCH ORGANIZACIJ

Departments - Abteilungen - Otdely

Krai, Oblast Committees - Kraj-,Oblastkomitees - Kraevoj, oblastnoj komitet[1]

General	Allgemeine Abteilung	Obščij otdel
Organizational Party Work	Organisations-Parteiarbeit	Organizacionno-partijnoj raboty
Propaganda & Agitation	Propaganda u. Agitation	Propagandy i agitacii
Industry & Transport	Industrie u. Transport	Promyšlenno-transportnyj
Light & Food Industry	Leicht- u. Nahrungsmittelindustrie	Legkoj i piščevoj promyšlennosti
Construction	Bauwesen	Stroitel'stva
Agriculture	Landwirtschaft	Sel'skochozjajstvennyj
Administrative, Trade & Finance Organs	Administrative, Handels- u. Finanzorgane	Administrativnych i torgovo-finansovych organov
Finances & Economics	Finanzen u. Wirtschaft	Finansovo-chozjajstvennyj
Science & Educational Institutions	Wissenschaft u. Lehranstalten	Nauki i učebnych zavedenij
Party Commission	Parteikommission	Partijnaja komissija

City Committees - Stadtkomitees - Gorodskoj komitet[2]

General	Allgemeine Abteilung	Obščij otdel
Organisation	Organisation	Organizacionnyj
Industry & Transport	Industrie u. Transport	Promyšlenno-transportnyj
Propaganda & Agitation	Propaganda u. Agitation	Propagandy i agitacii
Cabinet for Political Education	Kabinett für politische Bildung	Kabinet političeskogo prosveščenija
Sector for Party Statistics	Sektor f. Parteistatistik	Sektor partijnogo učeta
Extrabudgetary departments and commissions	Außeretatmäßige Abteilungen u. Kommissionen	Vneštatnye otdely i komissii

District Committees - Kreiskomitees - Okružnoj komitet[3]

General	Allgemeine Abteilung	Obščij otdel
Organisation	Organisation	Organizacionnyj
Industry & Transport	Industrie u. Transport	Promyšlenno-transportnyj

---

1 headed by the bureau and secretariat of the krai or oblast committees - geleitet von Büro und Sekretariat des Kraj- oder Oblastkomitees
2 headed by the bureau of the city committee - geleitet vom Büro des Stadtkomitees
3 headed by the bureau of the district committee - geleitet vom Büro des Kreiskomitees

Communist Party of the Soviet Union
Kommunistische Partei der Sowjetunion   3.10.3

Agriculture	Landwirtschaft	Sel'skochozjajstvennyj
Propaganda & Agitation	Propaganda u.Agitation	Propagandy i agitacii
Extrabudgetary departments and commissions	Außeretatmäßige Abteilungen u.Kommissionen	Vneštatnye otdely i komissii

Rayon Committees - Rayonkomitees - Rajonnyj komitet[4]

General	Allgemeine Abteilung	Obščij otdel
Organisation	Organisation	Organizacionnyj
Propaganda & Agitation	Propaganda u.Agitation	Propagandy i agitacii
Cabinet for Political Education	Kabinett f.politische Bildung	Kabinet političeskogo prosveščenija
Sector for Party Statistics	Sektor f.Parteistatistik	Sektor partijnogo učeta
Extrabudgetary departments and commissions	Außeretatmäßige Abteilungen u.Kommissionen	Vneštatnye otdely i komissii

---

[4] headed by the bureau of the rayon committee - geleitet vom Büro des Rayonkomitees

4. STATE STRUCTURE
STAATSORDNUNG
GOSUDARSTVENNOE USTROJSTVO

4.1 SOVIET STATE ORGANS
SOWJETISCHE STAATSORGANE
ORGANY SOVETSKOGO GOSUDARSTVA

STATE POWER ORGANS - ORGANE DER STAATSMACHT - ORGANY GOSUDARSTVENNOJ VLASTI

Supreme-Oberste-Vysšie:

USSR Supreme Soviet	Oberster Sowjet der UdSSR	Verchovnyj Sovet SSSR
Supreme Soviet Presidium	Präsidium d.Obersten Sowjets	Prezidium Verchovnogo Soveta SSSR
Supreme Soviets of the Union Republics	Oberste Sowjets der Unionsrepubliken	Verchovnye Sovety sojuznych respublik
Supreme Soviet Presidiums Union Republics	Präsidien der Obersten Sowjets d.Unionsrepubliken	Prezidiumy Verchovnych Sovetov sojuznych respublik
Supreme Soviets of the Autonomous Republics	Oberste Sowjets der Autonomen Republiken	Verchovnye Sovety avtonomnych respublik
Supreme Soviet Presidiums of the Autonomous Republics	Präsidien d.Obersten Sowjets d.Autonomen Republiken	Prezidiumy Verchovnych Sovetov avtonomnych respublik

Local-Lokale-Mestnye

Soviets of the people's deputies:	Sowjets d.Volksdeputierten:	Sovety narodnych deputatov:
of the krai,oblast,autonomous districts,rajons, cities,villages and settlements	der Kraj,Oblast,autonomen Oblast,Nationalkreise, Rayons,Städte,Dörfer u. Siedlungen	Kraevye,oblastnye,avtonomnych respublik,nacional' nych okrugov,rajonnye,gorodskie,sel'skie,poselkovye

STATE ADMINISTRATION ORGANS - ORGANE DER STAATSVERWALTUNG - ORGANY GOSUDARSTVENNOGO UPRAVLENIJA

Supreme-Oberste-Vysšie:

USSR Council of Ministers	Ministerrat der UdSSR	Sovet Ministrov SSSR
Councils of Ministers of the Union Republics	Ministerräte der Unionsrepubliken	Sovety Ministrov sojuznych respublik
Councils of Ministers of the Autonomous Republics	Ministerräte d.Autonomen Republiken	Sovety Ministrov avtonomnych respublik

Central-Zentrale-Central'nye

USSR Ministries	Ministerien der UdSSR	Ministerstva SSSR
USSR Authorities	Behörden der UdSSR	Vedomstva SSSR

State Structure 4.1
Staatsordnung

Ministries of the Union Republics	Ministerien der Unionsrepubliken	Ministerstva sojuznych respublik
Authorities of the Union Republics	Behörden der Unionsrepubliken	Vedomstva sojuznych respublik
Ministries of the Autonomous Republics	Ministerien der Autonomen Republiken	Ministerstva avtonomnych respublik
Authorities of the Autonomous Republics	Behörden der Autonomen Republiken	Vedomstva avtonomnych respublik

Local-Lokale-Mestnye:

Local Soviets' Executive Committees of the people's deputies	Exekutivkomitees der lokalen Sowjets der Volksdeputierten	Ispolnitel'nye komitety mestnych Sovetov narodnych deputatov
Departments & Administration of the Local Soviets' Executive Committees of the people's deputies	Abteilungen u.Verwaltungen der Exekutivkomitees der lokalen Sowjets der Volksdeputierten	Otdely i upravlenija ispolnitel'nych komitetov mestnych Sovetov narodnych deputatov

JUDICIAL ORGANS - JUSTIZORGANE - ORGANY PRAVOSUDIJA

USSR courts	Gerichte der UdSSR	Sudy SSSR
USSR Supreme Court	Oberster Gerichtshof der UdSSR	Verchovnye Sudy SSSR
Court-martials	Kriegsgerichte	Voennye tribunaly
Courts of the Union Republics	Gerichte d.Unionsrepubliken	Sudy sojuznych respublik
Supreme Courts of the Union and Autonomous Republics	Oberste Gerichtshöfe der Unions-u.Autonomen Republiken	Verchovnye Sudy sojuznych i avtonomnych respublik
Krai & District Courts	Kraj-u.Gebietsgerichte	Kraevye, oblastnye sudy
Courts of the Autonomous Oblast & National Districts	Gerichte d.Autonomen Oblast u.Nationalkreise	Sudy avtonomnych oblastej i nacional'nych okrugov
	Rayon-u.Stadtvolksgerichte	Rajonnye, gorodskie narodnye sudy

ORGANS FOR THE ADMINISTRATION OF THE LAW
ORGANE ZUR ÜBERWACHUNG DER RECHTSORDNUNG
ORGANY NADZORA ZA ZAKONNOSTJU

Public Prosecutor's Office	Organe d.Staatsanwaltschaft	Organy prokuratury
Attorney-General of the USSR	Generalstaatsanwalt d.UdSSR	General'nyj prokuror SSSR
District Attorney of the Union's Republics	Staatsanwälte der Unionsrepubliken	Prokurory sojuznych respublik
District Attorneys of the Autonomous Republics	Staatsanwälte der Autonomen Republiken	Prokurory avtonomnych respublik
District Attorneys of the Krai, Oblast, and autonomous Oblast	Staatsanwälte d.Kraj,Oblast u.autonomen Oblast	Prokurory kraev, oblastej i avtonomnych oblastej
District Attorneys of the National Districts	Staatsanwälte d.Nationalen Kreise	Prokurory nacional'nych okrugov
District Attorneys of the Rayons and Cities	Staatsanwälte der Rayons und Städte	Prokurory rajonov i gorodov

4. State Structure
   Staatsordnung

4.2 SOVIETS OF THE USSR PEOPLE'S DEPUTIES
    SOWJETS DER VOLKSDEPUTIERTEN DER UdSSR
    SOVETY NARODNYCH DEPUTATOV SSSR

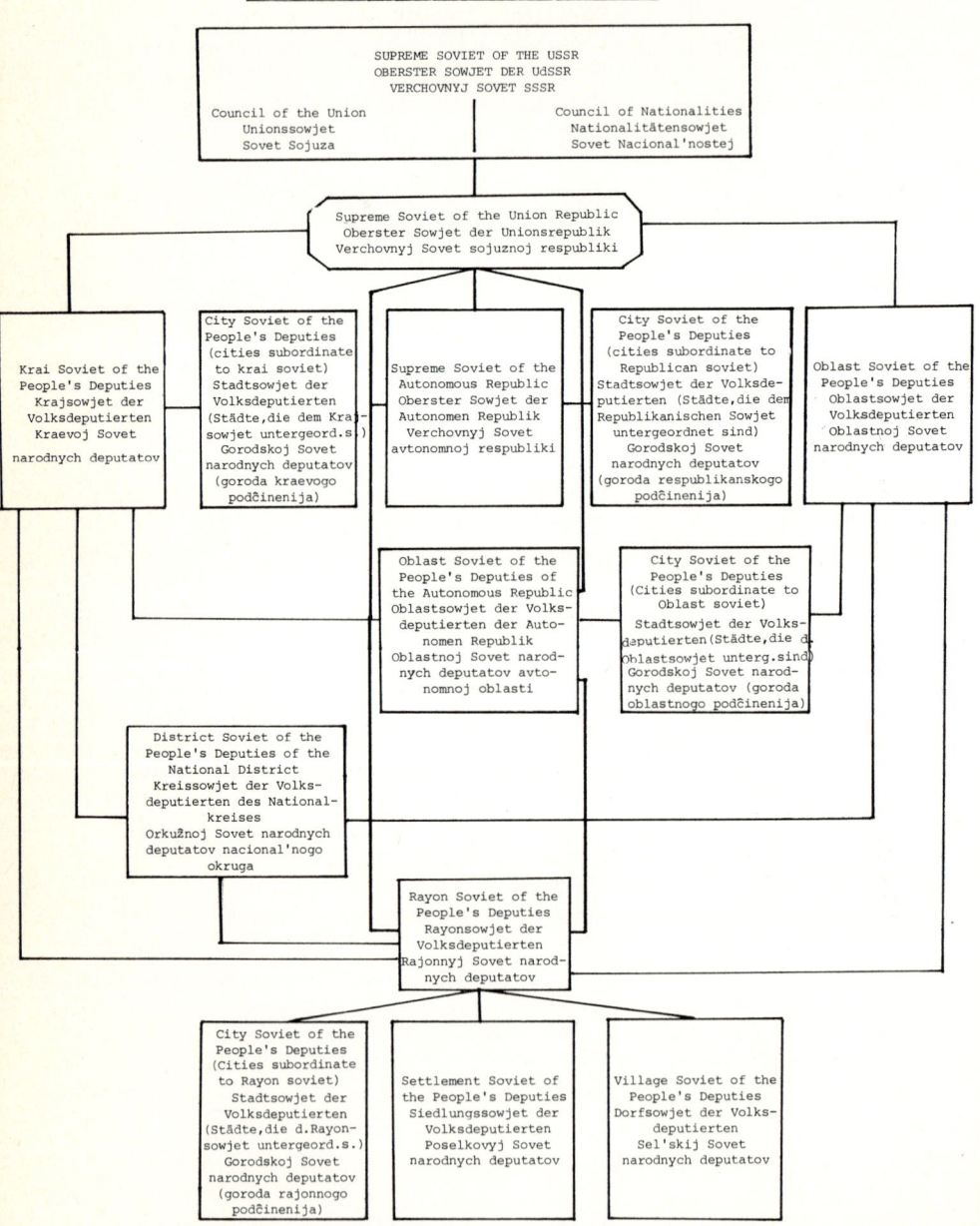

State Structure 4.2.1
Staatsordnung 4.2.2

4.2.1 NUMBER OF THE SOVIETS OF THE PEOPLE'S DEPUTIES
ZAHL DER SOWJETS DER VOLKSDEPUTIERTEN
KOLIČESTVO SOVETOV NARODNYCH DEPUTATOV
(15.6.1975)

USSR Supreme Soviet - Oberster Sowjet der UdSSR - Verchovnyj Sovet SSSR	1
Supreme Soviets of the Union Republics - Oberste Sowjets der Unionsrepubliken - Verchovnye Sovety sojuznych respublik	15
Supreme Soviets of the Autonomous Republics - Oberste Sowjets der Autonomen Republiken - Verchovnye Sovety avtonomnych respublik	20
Krai Soviets - Krajsowjets - Kraevye Sovety	6
Oblast Soviets - Oblastsowjets - Oblastnye Sovety	120
Oblast Soviets of the Autonomous Districts - Oblastsowjets der Autonomen Gebiete - Oblastnye Sovety avtonomnych oblastej	8
District Soviets - Kreissowjets - Okružnye Sovety	10
Rayon Soviets - Rayonsowjets - Rajonnye Sovety	3,003
City Soviets - Stadtsowjets - Gorodskie Sovety	2,006
Rayon Soviets in the Cities - Rayonsowjets in den Städten - Rajonnye Sovety v gorodach	558
Settlement Soviets - Siedlungssowjets - Poselkovye Sovety	3,598
Village Soviets - Dorfsowjets - Sel'skie Sovety	41,128

4.2.2 CHAIRMEN OF THE USSR SUPREME SOVIET PRESIDIUM[1]
VORSITZENDE DES PRÄSIDIUMS DES OBERSTEN SOWJETS DER UdSSR
PREDSEDATELI PREZIDIUMA VERCHOVNOGO SOVETA SSSR

KALININ, M.I.	1922-1946	ŠVERNIK, N.M.	1946-1953
PETROVSKIJ, G.I.	1922-1938	VOROŠILOV, K.E.	1953-1960
ČERVJAKOV, A.G.	1922-1937	BREŽNEV, L.I.	1960-1964
NARIMANOV, N.N.	1922-1925	MIKOJAN, A.I.	1964-1965
AJTAKOV, N.	1925-1937	PODGORNYJ, N.V.	1965-1977
CHODŽAEV, F.A.	1925-1937	BREŽNEV, L.I.	1977-
MAKSUM, N.	1931-1934		
MUSABEKOV, G.M.	1925-1937		
RACHIMBAEV, A.R.	1934-1937		

---

[1] 1922-1938 USSR Central Executive Committee - Zentrales Exekutivkomitee der UdSSR - Central'nyj Ispolnitel'nyj Komitet SSSR (CIK) - with several chairmen - mit mehreren Vorsitzenden

4.2.3 State Structure
4.2.4 Staatsordnung

4.2.3 NUMBER OF THE ELECTED DEPUTIES OF THE USSR SUPREME SOVIET
ZAHL DER GEWÄHLTEN DEPUTIERTEN DES OBERSTEN SOWJETS DER UdSSR
ČISLO VYBRANNYCH DEPUTATOV VERCHOVNOGO SOVETA SSSR

Election Day Wahltag Data vyborov	Legislative Periods Legislaturperioden Sozyvy	Number of Deputies Zahl der Deputierten Čislo deputatov
12.12.1937	1.	1,143
10. 2.1946	2.	1,339
12. 3.1950	3.	1,316
14. 3.1954	4.	1,347
16. 3.1958	5.	1,378
18. 3.1962	6.	1,443
12. 6.1966	7.	1,517
14. 6.1970	8.	1,517
16. 6.1974	9.	1,517

4.2.4 USSR SUPREME SOVIET
OBERSTER SOWJET DER UdSSR
VERCHOVNYJ SOVET SSSR

Presidium-Präsidium-Prezidium

Chairman-Vorsitzender-
  Predsedatel'   - BREŽNEV, L.I.

First Deputy Chairman-Erster
  Stellvertreter-Pervyj Zamestitel   - KUZNECOV, V.V.

| Deputy Chairmen -
Stellvertreter -
Zamestiteli | JASNOV, M.A.
VATČENKO, A.F.
POLJAKOV, I.E.
MATČANOV, N.M.
NIJAZBEKOV, S.B. | GILAŠVILI, P.V.
CHALILOV, K.A.
BARKAUSKAS, A.S.
ILJAŠENKO, K.F.
STRAUTMANIS, P.Ja. | KULATOV, T.
CHOLOV, M.
SARKISOV, B.E.
KLYČEV, A.-M. |

Secretary-Sekretär-Sekretar'   - GEORGADZE, M.P.

| Presidium members -
Mitglieder des
Präsidiums -
Členy prezidiuma | CECEGOV, S.S.
FEDOROV, E.K.
GAMZATOV, R.G.
GITALOV, A.V.
GRIŠIN, V.V.
KONOTOP, V.I.
KUNAEV, D.A.
MAŠEROV, P.M. | NIKOLAEVA-
  TEREŠKOVA, V.V.
NOVOSELOVA, N.A.
PASTUCHOV, B.N.
PUCHOVA, Z.P.
RAŠIDOV, S.R.
ROMANOV, G.V. | ŠAKIROV, M.Z.
ŠČERBICKIJ, V.V.
SIBAEV, A.I.
SMIRNOV, G.N.
TABEEV, F.A.
TYNEL, L.G.
ZLOBIN, N.A. |

Soviet of the Union-Unionssowjet-Sovet Sojuza

Chairman-Vorsitzender-
  Predsedatel'   - ŠITIKOV, A.P.

| Deputy Chairmen - Stellvertreter -
Zamestiteli | ALIEV, G.A.
DAVIDČIK, A.L. | DŽUMAEV, A.
PATON, B.E. |

State Structure 4.2.4
Staatsordnung

Standing Commissions-Ständige Kommissionen-Postojannye Komissii

Credentials Commission - Mandatskommission - Mandatnaja komissija	- BEKTURGANOV, Ch.S.
Legislative Proposals Commission - Kommission f.Gesetzentwürfe - Komissija zakonodatel'nych predloženij	- KAPITONOV, I.V.
Planning and Budget Commission - Plan-u.Budgetkommission - Planovo-bjudžetnaja komissija	- VAŠČENKO, G.I.
Foreign Affairs Commission - Kommission für auswärtige Angelegenheiten - Komissija po inostrannym delam	- SUSLOV, M.A.
Youth Affairs Commission - Kommission für Jugendfragen - Komissija po delam molodeži	- GORBAČEV, M.S.
Industrial Commission - Kommission für Industrie - Komissija po promyšlennosti	- RJABOV, Ja.P.
Transport and Communications Commission - Kommission f. Transport,Post-u.Fernmeldewesen - Komissija po transportu i svjazi	- KLIMENKO, I.E.
Construction and Construction Materials Industry Commission - Kommission f.Bauwesen u.Baustoffindustrie - Komissija po stroitel'stvu i promyšlennosti stroitel'nych materialov	- LOMAKIN, V.P.
Agriculture Commission - Kommission für Landwirtschaft - Komissija po sel'skomu chozjajstvu	- KAVUN, V.M.
Consumer Goods Commission - Kommission für Konsumgüter - Komissija po tovaram narodnogo potreblenija	- ORLOV, V.P.
Health and Social Security Commission - Kommission für Gesundheitswesen u.Sozialfürsorge - Komissija po zdravoochraneniju i social'nomu obespečeniju	- BLOCHINA, I.N.
Education, Science and Culture Commission - Kommission f.Volksbildung,Wissenschaft u.Kultur - Komissija po narodnomu obrazovaniju, nauke i kul'ture	- VOSS, A.E.
Trade, Consumer Services and Municipal Economy Commission - Kommission f.Handel,Dienstleistungen u.Kommunalwirtschaft - Komissija po torgovle, bytovomu obsluživaniju i kommunal'nomu chozjajstvu	- KONOPLEV, B.V.
Commission for Women's Working and Living Conditions, Maternity and Child Care - Kommission f.Arbeits-u. Lebensbedingungen der Frauen, f.Mutter-u.Kindschutz - Komissija po voprosam truda i byta ženščin, ochrany materinstva i detstva	- KULIEVA, Z.T.k.
Nature Conservation Commission - Kommission f.Naturschutz - Komissija po ochrane prirody	- UMACHANOV, M.S.

Soviet of Nationalities-Nationalitätensowjet-Sovet Nacional'nostej

Chairman-Vorsitzender-Predsedatel'	- RUBEN, V.P.	
Deputy Chairmen - Stellvertreter - Zamestiteli	TAŠPULATOVA, D. TICHONOV, N.S.	ZAJČENKO, N.M. ŽAKSYBEKOV, S.Š.

Standing Commissions-Ständige Kommissionen-Postojannye Komissii

Credentials Commission - Mandatskommission - Mandatnaja komissija	- ŠEVARDNADZE, E.A.
Legislative Proposals Commission - Kommission f.Gesetzentwürfe - Komissija zakonodatel'nych predloženij	- KEBIN, I.O.
Planning and Budget Commission - Plan-u.Budgetkommission - Planovo-bjudžetnaja komissija	- MASLENNIKOV, N.I.

119

4.2.4 State Structure
4.2.5 Staatsordnung

Foreign Affairs Commission - Kommission für auswärtige
Angelegenheiten - Komissija po inostrannym delam — - PONOMAREV, B.N.
Youth Affairs Commission - Kommission f.Jugendfragen -
Komissija po delam molodeži — - ASKAROV, A.
Industrial Commission - Kommission für Industrie -
Komissija po promyšlennosti — - KAJRIS, K.K.
Transport and Communications Commission - Kommission f.
Transport,Post-u.Fernmeldewesen - Komissija po
transportu i svjazi — - MARTIROSJAN, G.A.
Construction and Construction Materials Industry
Commission - Kommission f.Bauwesen u.Baustoffindustrie -
Komissija po stroitel'stvu i promyšlennosti stroitel'-
nych materialov — - KALAŠNIKOV, A.M.
Agriculture Commission - Kommission für Landwirtschaft -
Komissija po sel'skomu chozjajstvu — - KARLOV, V.A.
Consumer Goods Commission - Kommission für Konsumgüter -
Komissija po tovaram narodnogo potreblenija — - SMIRNOV, A.A.
Health and Social Security Commission - Kommission für
Gesundheitswesen u.Sozialfürsorge - Komissija po
zdravoochraneniju i social'nomu obespečeniju — - TIMAKOV, V.D.
Education, Science & Culture Commission - Kommission f.Volks-
bildung, Wissenschaft u.Kultur - Komissija po
narodnomu obrazovaniju, nauke i kul'ture — - FEDOSEEV, P.N.
Trade, Consumer Services and Municipal Economy Commission -
Kommission f.Handel, Dienstleistungen u.Kommunalwirt-
schaft - Komissija po torgovle, bytovomu obsluživaniju
i kommunal'nomu chozjajstvu — - OSETROV, T.N.
Commission for Women's Working and Living Conditions,
Maternity and Child Care - Kommission f.Arbeits-u.
Lebensbedingungen der Frauen, f.Mutter-u.Kindschutz -
Komissija po voprosam truda i byta ženščin, ochrany
materinstva i detstva — - LYKOVA, L.P.
Nature Conservation Commission - Kommission für Natur-
schutz - Komissija po ochrane prirody — - GRIDASOV, D.M.

4.2.5 COMPOSITION OF THE DEPUTIES OF THE USSR SUPREME SOVIET
ZUSAMMENSETZUNG DER DEPUTIERTEN DES OBERSTEN SOWJETS DER UdSSR
SOSTAV DEPUTATOV VERCHOVNOGO SOVETA SSSR

	elected-gewählt					
	June-Juni 1966	%	June-Juni 1970	%	June-Juni 1974	%
Total of Deputies - Gesamtzahl d. Deputierten - Vsego deputatov	1,517	100	1,517	100	1,517	100
of which - davon - iz nich: firstly elected - erstmals gewählt - izbrany vpervye	992	65.4	846	55.8	846	55.8
males - Männer - mužčin	1,092	72.0	1,054	69.5	1,042	68.7
females - Frauen - ženščin	425	28.0	463	30.5	475	31.3
CPSU members and candidate members - Mitglieder u.Kandidaten der KPdSU - Členov i kandidatov v členy KPSS.	1,141	75.8	1,096	72.3	1,096	72.2
Non-party members - Parteilose - Bespartijnych	376	24.2	421	27.7	421	27.8

State Structure 4.2.5
Staatsordnung

	elected-gewählt					
	June-Juni 1966	%	June-Juni 1970	%	June-Juni 1974	%
by professions-nach Berufen- po rodu zanjatij:						
Workers - Arbeiter - Rabočich	404	26.6	481	31.7	498	32.8
Kolkhozniks-Kolchosbauern-Kolchoznikov	294	19.4	282	18.6	271	17.9
Directors of enterprises and specialists of all political economy branches-Leiter d.Betriebe u.Spezialisten aller Volkswirtschaftszweige - Rukovoditelej predprijatij i specialistov vsech otraslej narodnogo chozjajstva	91	6.0	73	4.8	--	--
Party, Soviet, Labor Union and Komsomol functionaries - Partei-,Sowjet-,Gewerkschafts-u. Komsomolfunktionäre - Rabotnikov partijnych,sovetskich,profsojuznych i komsomol'skich organov	518	34.1	478	31.5	--	--
Scientists, writers, artists and employees of public instruction and Public Health - Wissenschaftler,Kultur-,Literatur-u. Kunstschaffende u.Beschäftigte d. Volksbildung u.d.Gesundheitswesens - Rabotniki nauki,kultury,literatury i iskusstva,prosveščenija i zdravoochranenija	154	10.2	146	9.6	--	--
Military-Militärs-Voennosluzaščich	56	3.7	57	3.8	--	--
by education-nach Ausbildung- po obrazovaniju:						
university-Hochschule-vysšee	761	50.2	734	48.4	803	53.0
not completed university-nicht abgeschl.Hochschule-nezakončennoe vysšee	47	3.1	46	3.0		
intermediate school-Mittelschule-srednee	275	18.1	448	29.5	698	46.0
not completed intermediate school - nicht abgeschl. Mittelschule - nepolnoe srednee	344	22.7	252	16.6		
elementary school-Grundschule-načal'noe	90	5.9	37	2.5	16	1.0
by age - nach Alter - po vozrastu:						
- 30 years-Jahre-let	182	12.0	281	18.5	279	18.4
31 - 40	434	28.6	349	23.0	--	--
41 - 50	420	27.7	386	25.5	--	--
51 - 60	386	25.4	329	21.7	--	--
above - über - starše 60	95	6.3	172	11.3	--	--

4.3   State Structure
4.3.1 Staatsordnung

4.3 USSR COUNCIL OF MINISTERS
MINISTERRAT DER UdSSR
SOVET MINISTROV SSSR

Presidium-Präsidium-Prezidija

  Chairman-Vorsitzender-Predsedatel'
  First Deputy Chairman-Erster Stellv.Vorsitzender-Pervyj
   zamestitel'predsedatelja
  Deputy Chairmen-Stellv.Vorsitzende-Zamestiteli predsedatelja

  All-Union Ministries-Unionsministerien-Vsesojuznye ministerstva

  Union Republic Ministries-Unionsrepublikanische Ministerien-Sojuzno-
   respublikanskie ministerstva

  State Committees-Staatskomitees-Gosudarstvennye komitety

  Other Agencies-Andere Verwaltungen-drugie upravlenija

  Chairmen of the Republic Councils of Ministers-Vorsitzende der
   Republikanischen Ministerräte-Predsedateli respublikanskich
   Sovetov Ministrov

  Agencies of the Council of Ministers without Ministerial Status -
   Verwaltungen des Ministerrates ohne Ministerialstatus -
   Upravlenija Soveta Ministrov bez statusa Ministerstva

4.3.1 CHAIRMEN OF THE USSR COUNCIL OF MINISTERS[1]
VORSITZENDE DES MINISTERRATES DER UdSSR
PREDSEDATELI SOVETA MINISTROV SSSR

LENIN, V.I.	1917-1923 (RSFSR)
	1923-1924
RYKOV, A.I.	1924-1930
MOLOTOV, V.M.	1930-1941
STALIN, J.V.	1941-1953
MALENKOV, G.M.	1953-1955
BULGANIN, N.A.	1955-1958
CHRUŠČEV, N.S.	1958-1964
KOSYGIN, A.N.	1964-

---

[1] until 1946 Council of the People's Commissars of the USSR
   bis 1946 Rat der Volkskommissare der UdSSR -
     Sovet Narodnych Komissarov SSSR

State Structure 4.3.2
Staatsordnung

4.3.2 COMPOSITION OF THE USSR COUNCIL OF MINISTERS - ZUSAMMENSETZUNG DES
MINISTERRATES DER UdSSR - SOSTAV SOVETA MINISTROV SSSR
(as of September 1, 1978 - zum 1. September 1978)

Chairman-Vorsitzender-Predsedatel'   - KOSYGIN, A.N.

First Deputy Chairmen-Erste Stellvertreter-Pervye zamestiteli   - MAZUROV, K.T.
                                                                TICHONOV, N.A.

Deputy Chairmen-Stellvertreter-Zamestiteli	- ARCHIPOV, I.V.	MARTYNOV, N.V.
	BAJBAKOV, N.K.	NOVIKOV, I.T.
	DYMŠIC, V.E.	NOVIKOV, V.N.
	KATUŠEV, K.F.	NURIEV, Z.N.
	KIRILLIN, V.A.	SMIRNOV, L.V.

All-Union Ministries of - Unionsministerien für - Obščesojuznye Ministerstva:

Automotive Industry-Automobilindustrie-avtomobil'noj promyšlennosti
   Moskva, K-265, Kuzneckij Most, 21/5   - POLJAKOV, V.N.[1]

Aviation Industry-Luftfahrtindustrie-aviacionnoj promyšlennosti
   Moskva, Ulanskij Pereulok, 16   - KAZAKOV, V.A.

Chemical Industry-chemische Industrie-chimičeskoj promyšlennosti
   Moskva, Centr, Ulica Kirova, 20   - KOSTANDOV, L.A.

Chemical and Petroleum Machine Building-chemischen u.Erdöl-
maschinenbau-chimičeskogo i neftjanogo mašinostroenija
   Moskva, I-110, Bezbožnyj Pereulok, 25   - BRECHOV, K.I.

Civil Aviation-zivile Luftfahrt-graždanskoj aviacii
   Moskva, A-167, Leningradskij Prospekt, 37   - BUGAEV, B.P.

Communications Equipment Industry-Kommunikationsmittel-
industrie-promyšlennosti sredstv svjazi   - PERVYŠIN, E.K.

Construction of Petroleum and Gas Industry Enterprises -
Bau von Betrieben der Erdöl- und Gasindustrie -
stroitel'stva predprijatij neftjanoj i gazovoj promyšlennosti   - ŠČERBINA, B.E.

Construction, Road and Municipal Machine Building -
Bau-,Straßenbaumaschinen und kommunalen Maschinenpark -
stroitel'nogo, dorožnogo i kommunal'nogo mašinostroenija
   Moskva, K-12, Malyj Čerkasskij Pereulok, 1/3   - NOVOSELOV, E.S.

Defense - Verteidigung - oborony
   Moskva, Ž-35, Nabereznaja Morisa Toreza, 34   - USTINOV, D.F.

Defense Industry-Verteidigungsindustrie-oboronnoj promyšlennosti- ZVEREV, S.A.

Electrical Equipment Industry-elektrotechnische Industrie-
elektrotechničeskoj promyšlennosti
   Moskva, D-242, Bol'šaja Gruzinskaja Ulica, 12   - ANTONOV, A.K.

Electronics Industry-Elektronenindustrie-elektronnoj promyšlennosti
   Moskva, K-74, Kitajskij Pereulok, 7   - ŠOKIN, A.I.

Foreign Trade-Außenhandel-vnešnej torgovli
   Moskva, G-200, Smolenskaja-Sennaja Ploščad', 32/34   - PATOLIČEV, N.S.

Gas Industry-Gasindustrie-gazovoj promyšlennosti
   Moskva, Centr, Ulica Kirova, 13   - ORUDŽEV, S.A.

General Machine Building-allgemeinen Maschinenbau-
obščego mašinostroenija   - AFANASEV, S.A.

Heavy and Transport Machine Building-schweren und Transport-
maschinenbau-tjaželogo i transportnogo mašinostroenija
   Moskva, Centr, Ulica Bogdana Chmel'nickogo, 12   - ŽIGALIN, V.F.

---
1 Minister-Ministr

4.3.2 State Structure
Staatsordnung

Instrument Making, Automation Equipment and Control Systems -
Gerätebau, elektronische Geräte und Steuerungssysteme -
priborostroenija, sredsts avtomatizacii i sistem upravlenija
Moskva, K-9, Ulica Ogareva, 5 — RUDNEV, K.N.

Machine Building-Maschinenbau-mašinostroenija — BACHIREV, V.V.

Machine Building for Animal Husbandry and Fodder Production -
Maschinenbau f.Viehwirtschaft u.Futterproduktion -
mašinostroenija dlja životnovodstva i kormoproizvodstva
Moskva, Prospekt Kalinina, 27 — BELJAK, K.N.

Machine Building for Light and Food Industry and Household
Appliances-Maschinenbau f.Leicht-u.Nahrungsmittelindustrie
u.Herstellung v.Haushaltsgeräten-mašinostroenija dlja legkoj
i piščevoj promyšlennosti i bytovych priborov
Moskva, D-22, Presnenskij Val, 17 — PUDKOV, I.I.

Machine Tool and Tool Building Industry-Werkzeugmaschinen-
u.Instrumentenbau-stankostroitel'noj i instrumental'noj
promyšlennosti
Moskva, K-50, Ulica Gor'kogo 20 — KOSTOUSOV, A.I.

Maritime Fleet-Hochseeschiffahrt-morskogo flota
Moskva, K-25, Ulica Ždanova, 1/4 — GUŽENKO, T.B.

Medical Industry-medizinische Industrie-medicinskoj promyšlennosti
Moskva, K-12, Čerkasskij Pereulok, 15 — MELNIČENKO, A.K.

Medium Machine Building-mittleren Maschinenbau-srednego
mašinostroenija — SLAVSKIJ, E.P.

Petroleum Industry-Erdölindustrie-neftjanoj promyšlennosti
Moskva, Ž-35, Naberežnaja Morisa Toreza, 26/1 — MALCEV, N.A.

Power Machine Building-Generatoren und Turbinenbau -
energetičeskogo mašinostroenija — KROTOV, V.V.

Pulp and Paper Industry-Zellulose-u.Papierindustrie-
cellulozno-bumažnoj promyšlennosti
Moskva, K-45, Bol'šoj Kisel'nyj Pereulok, 13/15 — GALANŠIN, K.I.

Radio Industry-Radioindustrie-radiopromyšlennosti
Moskva, K-74, Kitajskij Pereulok, 7 — PLEŠAKOV, P.S.

Railways-Verkehrswesen-putej soobščenija
Moskva, B-174, Novaja Bastmannaja Ulica, 2 — PAVLOVSKIJ, I.G.

Shipbuilding Industry-Schiffsbauindustrie-sudostroitel'noj
promyšlennosti
Moskva, D-242, Sadovaja-Kudrinskaja Ulica, 11/13 — EGOROV, M.V.

Tractor and Agricultural Machine Building-Traktoren-u.Land-
maschinenbau-traktornogo i sel'skochozjajstvennogo mašinostroen.
Moskva, K-265, Kuzneckij Most, 21/5 — SINICYN, I.F.

Transport Construction-Transportbauwesen-transportnogo stroitel'stva
Moskva, B-217, Sadovaja-Spasskaja Ulica, 21 — SOSNOV, I.D.

Union Republic Ministries of - Unionsrepublikanische Ministerien für - Sojuzno-
respublikanskie Ministerstva:

Agriculture-Landwirtschaft-sel'skogo chozjajstva
Moskva, I-139, Orlikov Pereulok, 1/11 — MESJAC, V.K.

Coal Industry-Kohlenindustrie-ugol'noj promyšlennosti
Moskva, K-45, Kisel'nyj Pereulok, 13/5 — BRATČENKO, B.F.

State Structure 4.3.2
Staatsordnung

Communications-Post-u.Fernmeldewesen-svjazi
   Moskva, K-9, Ulica Gor'kogo, 7   - TALYZIN, N.V.

Construction-Bauwesen-stroitel'stva
   Moskva, V-311, Pervaja Ulica Stroitelej, 8, Korpus 2   - KARAVAEV, G.A.

Construction of Heavy Industry Enterprises-Bau v.Betrieben d.
Schwerindustrie-stroitel'stva predprijatij tjaželoj industrii
   Moskva, D-242, Sadovaja-Kudrinskaja Ulica, 11/13   - GOLDIN, N.V.

Construction Materials Industry-Baustoffindustrie-
promyšlennosti stroitel'nych materialov
   Moskva, K-9, Prospekt Chudožestvennogo Teatra, 2   - GRIŠMANOV, I.A.

Culture-Kultur-kul'tury
   Moskva, K-12, Ulica Kuibyševa, 10   - DEMIČEV, P.N.

Education-Volksbildung-prosveščenija
   Moskva, B-174, Žabolovka, 49   - PROKOFEV, M.A.

Ferrous Metallurgy-Eisenhüttenindustrie-černoj metallurgii
   Moskva, K-74, Ploščad' Nogina, 2/5   - KAZANEC, I.P.

Finance-Finanzen-finansov
   Moskva, K-97, Ulica Kuibyševa, 9   - GARBUZOV, V.F.

Fish Industry-Fischereiwirtschaft-rybnogo chozjajstva
   Moskva, K-45, Roždestvenskij Bul'var, 12   - IŠKOV, A.A.

Food Industry-Nahrungsmittelindustrie-piščevoj promyšlennosti
   Moskva, K-265, Kuzneckij Most, 21/5   - LEIN, V.P.

Foreign Affairs-auswärtige Angelegenheiten-inostrannych del
   Moskva, G-200, Smolenskaja-Sennaja Ploščad, 32-34   - GROMYKO, A.A.

Geology-Geologie-geologii
   Moskva, D-242, Bol'šaja Gruzinskaja Ulica, 4/6   - KOZLOVSKIJ, E.A.

Health-Gesundheitswesen-zdravoochranenija
   Moskva, K-51, Rachmanovskij Pereulok, 3   - PETROVSKIJ, B.V.

Higher and Secondary Specialized Education-Hochschul-u.
mittlere Fachschulbildung-vysšego-srednego special'nogo
   Moskva, K-31, Ulica Ždanova, 11   - ELJUTIN, V.P.

Industrial Construction-Industriebauwesen-promyšlennogo stroitel'stva
   Moskva, K-25, Prospekt Mazksa, 4   - TOKAREV, A.M.

Installation and Special Construction Work-Montage-u.Spezial-
bauarbeiten-montažnych i special'nych stroitel'nych rabot
   Moskva, K-379, Bol'šaja Sadovaja Ulica, 8-a   - BAKIN, B.V.

Internal Affairs-innere Angelegenheiten-vnutrennich del
   Moskva, K-9, Ulica Ogareva, 6   - ŠČELOKOV, N.A.

Justice-Justiz-justicii
   Moskva, G-260, Ulica Vorovskogo, 15   - TEREBILOV, V.I.

Land Reclamation and Water Resources-Melioration u.Wasser-
wirtschaft-melioracii i vodnogo chozjajstva
   Moskva, I-139, Orlikov Pereulok, 1/11   - ALEKSEEVSKIJ, E.E.

Light Industry-Leichtindustrie-legkoj promyšlennosti
   Moskva, C-19, Prospekt Marksa, 11/1   - TARASOV, N.N.

Meat and Dairy Industry-Fleisch-u.Milchindustrie-
mjasnoj i moločnoj promyšlennosti
   Moskva, B-140, Verchnjaja Krasnosel'skaja Ulica, 15   - ANTONOV, S.F.

4.3.2 State Structure / Staatsordnung

Nonferrous Metallurgy - Buntmetallurgie - cvetnoj metallurgii Moskva, K-74, Ploščad' Nogina, 2/5	- LOMAKO, P.F.
Petroleum Refining and Petrochemical Industry - erdöl- verarbeitende Industrie und Petrochemie - neftepererabatyvajuš- čej i neftechimičeskoj promyšlennosti	- FEDOROV, V.S.
Power and Electrification - Energiewirtschaft und Elektri- fizierung - energetiki i elektrifikacii Moskva, K-74, Kitajskij Pereulok, 7	- NEPOROŽNIJ, P.S.
Procurement - Beschaffungen - zagotovok Moskva, Christoprudnyj Bul'var, 12-A	- ZOLOTUCHIN, G.S.
Rural Construction - Landbauwesen - sel'skogo stroitel'stva Moskva, K-25, Prospekt Marksa, 4, Pervoe Stroenie	- CHITROV, S.D.
Timber and Wood Processing Industry - Holz-u.holzbearbeitende Industrie - lesnoj i derevoobrabatyvajuščej promyšlennosti Moskva, G-19, Ulica Gricevec, 2/16	- TIMOFEEV, N.V.
Trade - Handel - torgovli Moskva, K-12, Ulica Razina, 26-28	- STRUEV, A.I.

All-Union State Comitees of the USSR -
Unions-Staatskomitees der UdSSR -
Obščesojuznye Gosudarstvennye Komitety SSSR:

Chairman/Chief
Vorsitzender/Leiter
Predsedatel'/Načalnik

for Science and Technology - für Wissenschaft u.Technik - po nauke i technike Moskva, Centr, Ulica Gor'kogo, 11	- KIRILLIN, V.A.[1]
for Inventions and Discoveries - für Erfindungen und Entdeckungen - po delam izobretenij i otkrytij Moskva, Centr, Malyj Čerkasskij Pereulok, 2/6	- MAKSAREV, Ju.E.[2]
for Standards - für Normen - standartov Moskva, M-49, Leninskij Prospekt, 9	- BOJCOV, V.V.
for Foreign Economic Relations - für Wirtschaftsbeziehungen mit dem Ausland - po vnešnim ekonomičeskim svjazjam Moskva, V-324, Ovčinnikovskaja Naberežnaja, 18/1	- SKAČKOV, S.A.
for Hydrometeorology and Environment Control - für Hydrometeorologie und Kontrolle der Umwelt - po gidrometeorologii i kontrolju prirodnoj sredy	- IZRAEL, Ju.A.
for Material Reserves - für materielle Reserven - po material'nym rezervam	- KOKAREV, A.A.

Union Republic State Committees of the USSR -
Unionsrepublikanische Staatskomitees der UdSSR -
Sojuzno-respublikanskie Gosudarstvennye Komitety SSSR:

State Planning Committee - Staatliches Plankomitee - Gosudarstvennyj Planovyj komitet - GOSPLAN Moskva, Centr, Prospekt Marksa, 12	- BAJBAKOV, N.K.[1]
for Construction Affairs - für Bauwesen - po delam stroitel'stva - GOSSTROJ Moskva, K-25, Prospekt Marksa, 4	- NOVIKOV, I.T.[1]
for Material and Technical Supply - für materiell-technische Versorgung - po material'no-techničeskomu snabženiju Moskva, I-139, Pervyj Djakovskij Pereulok, 4	- MARTYNOV, N.V.

[1] at the same time Deputy Chairman of the Council of Ministers -
gleichzeitig stellv.Vorsitzender des Ministerrates
[2] until August 9, 1978 - bis 9.8.1978

State Structure 4.3.2
Staatsordnung   4.3.3

for Labor and Social Questions - für Arbeit und soziale
Fragen - po trudu i social'nym voprosam
    Moskva, Centr, Ploščad' Kuibyševa, 1   - LOMONOSOV, V.G.

for Prices - für Preispolitik - cen
    Moskva, Ž-72, Bersenevskaja Naberežnaja, 20   - GLUŠKOV, N.T.

for Vocational and Technical Education - für berufstechnische
Ausbildung - po professional'no-techničeskomu obrazovaniju
    Moskva, K-12, Sadovaja-Sucharevskaja Ulica, 16   - BULGAKOV, A.A.

for Television and Radio Broadcasting - für Fernseh-und Rund-
funkwesen - po televideoniju i radioveščaniju
    Moskva, Ž-326, Pjatnickaja Ulica, 25   - LAPIN, S.G.

for Cinematography - für Filmwesen - po kinematografii
    Moskva, K-9, Malyj Gnezdnikovskij Pereulok, 7   - ERMAŠ, F.T.

for Publishing Houses, Printing Plants and the Book Trade -
für Verlagswesen, Polygraphie und Buchhandel -
po delam izdatel'stv, poligrafii i knižnoj torgovli
    Moskva, K-51, Petrovka, 26   - STUKALIN, B.I.

for Forestry - für Forstwirtschaft - lesnogo chozjajstva
    Moskva, M-162, Chavsko-Šabolovskij Pereulok, 4-A   - VOROBEV, G.I.

for State Security of the USSR - für Staatssicherheit der
UdSSR - Komitet gosudarstvennoj bezopasnosti SSSR
    Moskva, Centr, Ulica Dzeržinskogo, 2   - ANDROPOV, Ju.V.

for Production-Technological Supply in Agriculture -
für produktionstechnische Versorgung der Landwirtschaft -
po proizvodstvenno-techničeskomu obespečeniju sel'skogo choz-
    Moskva, I-139, Orlikov Pereulok, 1/11   jajstva   - EŽEVSKIJ, A.A.

Committee for People's Control - Komitee für Volkskontrolle -
Komitet narodnogo kontrolja
    Moskva, K-132, Ulica Kuibyševa, 21   - ŠKOLNIKOV, A.M.

USSR State Bank - Staatsbank der UdSSR - Gosbank SSSR
    Moskva, K-16, Neglinnaja Ulica, 12   - ALCHIMOV, V.S.

Central Statistical Administration - Statistische Zentral-
verwaltung - Central'noe statističeskoe upravlenie
    Moskva, K-430, Ulica Kirova, 39   - VOLODARSKIJ, L.M.

Head - Geschäftsführer - upravljajuščij delami   - SMIRTJUKOV, M.S.

4.3.3 USSR MINISTRY OF FOREIGN AFFAIRS
AUSSENMINISTERIUM DER UdSSR
MINISTERSTVO INOSTRANNYCH DEL SSSR

Minister - Ministr   - GROMYKO, A.A.

First Deputy Ministers - Erste stellv. Minister -
Pervyj zamestitel'ministra   - KORNIENKO, G.M.
    MALCEV, V.F.

Deputy Ministers - Stellv. Minister -
Zamestiteli Ministra   - FIRJUBIN, N.P.   MALIK, Ja.A.
    ILIČEV, L.F.   SEMENOV, V.S.
    KOVALEV, A.G.   ZEMSKOV, I.M.
    KOZYREV, S.P.

4.3.3 State Structure / Staatsordnung

Secretary General-Generalsekretär-General'nyj sekretar'			- EŽOV, I.M.
Collegium Members -	BONDARENKO, A.P.	KAPICA, M.S.	SEMENOV, V.S.
Mitglieder des Kollegiums -	CHLESTOV, O.N.	KORNIENKO, G.M.	SUDARIKOV, N.G.
Členy kollegii	DUBININ, Ju.V.	KOVALEV, A.G.	SUSLOV, V.P.
	EŽOV, I.M.	KOZYREV, S.P.	SYTENKO, M.D.
	FIRJUBIN, N.P.	MALIK, Ja.A.	TITOV, F.E.
	GROMYKO, A.A.	RODIONOV, N.N.	VORONCOV, Ju.M.
	ILIČEV, L.F.		ZEMSKOV, I.N.
	ISRAELJAN, V.L.		

Apparatus of the Ministry - Apparat des Ministeriums - Apparat Ministerstva

Administration of Affairs-Geschäftsleitung-Upravlenie delami — DUČKOV, B.I.

Administration for Foreign Policy Planning -
Verwaltung für Planung der außenpolitischen Maßnahmen -
Upravlenie po planirovaniju vnešnepolitičeskich meroprijatij — KOVALEV, A.G.

Administration for General International Problems -
Verwaltung für allgemeine internationale Probleme -
Upravlenie po obščim meždunarodnym problemam — ADAMIŠIN, A.L.

Department for Cultural Relations with Foreign Countries -
Abteilung für kulturelle Verbindungen mit dem Ausland -
Otdel po kul'turnym svjazjam s zarubežnymi stranami — --

Protocol Department - Protokollabteilung - Protokol'nyj otdel — NIKIFOROV, D.S.

Press Department - Presseabteilung - Otdel pečati — SOFINSKIJ, V.N.

Information Department - Informationsabteilung -
Otdel informacii — MAKSUDOV, L.M.

International Organizations Department - Abteilung für Internationale Organisationen - Otdel meždunarodnych organizacij — ISRAELJAN, V.L.

International Economic Organizations Department -
Abteilung für internationale Wirtschaftsorganisationen -
Otdel meždunarodnych ekonomičeskich organizacij — NESTERENKO, A.E.

Treaty and Legal Department - Vertrags-u.Rechtsabteilung -
Dogovorno-pravovyj otdel — CHLESTOV, O.N.

Tenth Department (responsible for diplomatic couriers) -
Zehnte Abteilung (zuständig für diplomatischen Kurierdienst) -
Desjatyj otdel (vedaet kur'erskoj služboj) — ŽEREBCOV, N.S.

Consular Administration - Konsularverwaltung -
Konsul'skoe upravlenie — IPPOLITOV, I.I.

Archives Administration - Historisch-Diplomatische Archiv-Verwaltung - Istoriko-diplomatičeskoe upravlenie — TICHVINSKIJ, S.L.

Currency & Finance Administration - Valuta-u.Finanzverwaltung-Valjutno-finansovoe upravlenie — RJABIN, V.A.

Administration for Servicing the Diplomatic Corps -
Verwaltung für die Betreuung des diplomatischen Korps -
Upravlenie po obsluživaniju diplomatičeskogo korpusa — KUZNECOV, V.N.

Bureau of Translations - Übersetzungsbüro - Bjuro perevodov — PASTOEV, V.V.

Moscow State Institute of International Relations -
Moskauer Staatliches Institut für Internationale Beziehungen -
Moskovskij gosudarstvennyj institut meždunarodnych otnošenij — LEBEDEV, N.I. (Rektor)

State Structure 4.3.3
Staatsordnung

Higher Diplomatic School - Höhere Diplomatische Schule -   - POPOV, V.I.
Vysšaja diplomatičeskaja škola   (Rektor)

Higher Courses in Foreign Languages - Höhere Kurse für
Fremdsprachen - Vysšie kursy inostrannych jazykov   - LIFANOV, N.M.

First African Department - Erste Afrikanische Abteilung -
Pervyj Afrikanskij otdel   - SVEDOV, A.A.
  (Algeria,Central African Empire,Chad,Libya,Mali,
  Mauritania,Morocco,Senegal,Tunisia,Upper Volta -
  Algerien,Libyen,Mauretanien,Mali,Marokko,Obervolta,
  Senegal,Tschad,Tunesien,Zentralafrikanisches Kaiserreich)

Second African Department - Zweite Afrikanische Abteilung -
Vtoroj Afrikanskij otdel   - LICHAČEV, V.A.
  (all countries south of the Sahara not belonging to the
  First or Third Department - alle Länder südlich der
  Sahara,die nicht zur Ersten oder Dritten Abteilung gehören)

Third African Department - Dritte Afrikanische Abteilung -
Tretij Afrikanskij otdel   - USTINOV, V.A.
  (Burundi,Ethiopia,Kenya,Malawi,Mauritius,Rwanda,
  Zambia,Somalia,Tanzania,Uganda -
  Äthiopien,Burundi,Kenia,Mauritius,Malawi,Ruanda,Sambia,
  Somalia,Tansania,Uganda)

First European Department - Erste Europäische Abteilung -
Pervyj Evropejskij otdel   - DUBININ, Ju.V.
  (Belgium,France,Italy,Luxemburg,Netherlands,Portugal,
  Switzerland - Belgien,Frankreich,Italien,Luxemburg,
  Niederlande,Portugal,Schweiz)

Second European Department - Zweite Europäische Abteilung -
Vtoroj Evropejskij otdel   - SUSLOV, V.P.
  (Australia,Great Britain,Ireland,Canada,New Zealand -
  Australien,Großbritannien,Irland,Kanada,Neuseeland)

Third European Department - Dritte Europäische Abteilung -
Tretij Evropejskij otdel   - BONDARENKO, A.P.
  (Germany,Austria - Deutschland,Österreich)

Fourth European Department - Vierte Europäische Abteilung -
Četvertyj Evropejskij otdel   - DEEV, M.M.
  (Czechoslovakia,Poland - Polen,Tschechoslowakei)

Fifth European Department - Fünfte Europäische Abteilung -
Pjatyj Evropejskij otdel   - GRUBJAKOV, V.F.
  (Albania,Bulgaria,Cyprus,Greece,Hungary,Romania,Yugoslavia -
  Albanien,Bulgarien,Griechenland,Jugoslawien,Rumänien,Ungarn,Zypern)

First Far Eastern Department - Erste Fernost-Abteilung -
Pervyj Dal'nevostočnyj otdel   - KAPICA, M.S.
  (China,Korea,Mongolia - China,Korea,Mongolei)

Second Far Eastern Department - Zweite Fernost-Abteilung -
Vtoroj Dal'nevostočnyj otdel   - SOLOVEV, N.N.
  (Indonesia,Japan,Philippines - Indonesien,Japan,Philippinen)

Latin American Department - Lateinamerikanische Abteilung -
Otdel stran Latinskoj Ameriki   - ALEKSEEV, N.B.

Middle Eastern Department - Abteilung für den Mittleren Osten-
Otdel stran Srednego Vostoka   - BOLDYREV, V.K.
  (Afghanistan,Iran,Turkey- Türkei)

Near Eastern Department - Nahost-Abteilung -
Otdel stran Bližnego Vostoka   - SYTENKO, M.D.

4.3.3 State Structure
Staatsordnung

   (Egypt,Irak,Israel,Jordan,Kuwait,Lebanon,Saudi-Arabia,Syria,
   Sudan,Yemen Arab Republic,People's Democratic Republic of Yemen -
   Ägypten,Irak,Israel,Arabische Republik Jemen,Volksdemokratische
   Republik Jemen,Jordanien,Kuweit,Libanon,Saudi-Arabien,Sudan,Syrien)

Scandinavian Department - Abteilung für Skandinavische Länder -
  Otdel skandinavskich stran   - SOBOLEV, V.M.
   (Denmark,Finland,Iceland,Norway,Sweden - Dänemark,
   Finnland,Island,Norwegen,Schweden)

South Asian Department - Abteilung für Südasien -
  Otdel Južnoj Azii   - SUDARIKOV, N.G.
   (Bangladesh,Burma,India,Nepal,Pakistan,Sri Lanka -
   Bangladesch,Birma,Indien,Nepal,Pakistan,Sri Lanka)

Southeast Asian Department - Abteilung für Südostasien -
  Otdel Jugo-Vostočnoj Azii   - --
   (Cambodia,Laos,Malaysia,Singapore,Thailand,Vietnam -
   Kambodscha,Laos,Malaysia,Singapur,Thailand,Vietnam)

United States of America Department - US-Abteilung - Otdel SŠA - KORNIENKO, G.M.

<u>Ambassadors for Special Assignments - Sonderbotschafter - Posly po osobym poručenijam</u>

          BELOCHVOSTIKOV, N.D.   PODCEROB, B.F.
          CARAPKIN, S.K.   STRIGANOV, S.R.
          KOLOSOVSKIJ, I.K.   ZORIN, V.A.
          MENDELEVIČ, L.I.

<u>Ambassadors - Botschafter - Posly</u>

   Afghanistan   - PUZANOV, A.M.
   Algeria - Algerien   - RYKOV, V.N.
   Angola   - LOGINOV, V.P.
   Argentina - Argentinien   - STRIGANOV, S.R.
   Australia   - BASOV, A.V.
                                                (Also ambassador to Fiji -
                                                glz.Botschafter in Fidschi)
   Austria - Österreich   - EFREMOV, M.T.
   Bangladesh - Bangladesch   - STEPANOV, V.P.
   Belgium - Belgien   - ROMANOVSKIJ, S.K.
   Benin   - ILIN, I.S.
   Bolivia - Bolivien   - KAZANCEV, B.A.
   Botswana - Botsuana   - PETROV, M.N.
   Brazil - Brasilien   - ŽUKOV, D.A.
   Bulgaria - Bulgarien   - BAZOVSKIJ, V.N.
   Burma - Birma   - GRUZINOV, S.S.
   Burundi   - POŽIDAEV, D.P.
   Cameroon - Kamerun   - TIKUNOV, V.S.
   Canada - Kanada   - JAKOVLEV, A.N.
   Cape Verde Islands - Kapverdische Inseln - SEMENOV, V.M.
                                                (Also ambassador to Guinea-Bissau -
                                                glz.Botschafter in Guinea-Bissau)
   Central African Empire -
   Zentralafrikanisches Kaiserreich   - NAUMOV, A.F.
   Chad - Tschad   - MARČUK, I.I.
   China   - ŠČERBAKOV, I.S.
   Colombia - Kolumbien   - ROMANOV, L.M.
                                                (Also ambassador to Surinam -
                                                glz.Botschafter in Suriname)
   Comores   - STARCEV, A.K.
                                                (Also Ambassador to Seychelles -
                                                glz.Botschafter auf den Seychellen)
   Congo - Kongo   - KUZNECOV, S.A.

State Structure 4.3.3
Staatsordnung

Costa Rica	– ZELENOV, D.A.
Cuba – Kuba	– TOLUBEEV, N.P.
Cyprus – Zypern	– ASTAVIN, S.T.
Czechoslovakia – Tschechoslowakei	– MACKEVIČ, V.V.
Denmark – Dänemark	– EGORYČEV, N.G.
Ecuador	– ŠLJAPNIKOV, H.E.
Egypt – Ägypten	– POLJAKOV,V.P.
Eqatorial Guinea – Äquatorial-Guinea	– BELOUS, N.A.
Ethiopia – Äthiopien	– RATANOV, A.P.
Fiji – Fidschi	– BASOV, A.V.
	(Also ambassador to Australia – glz.Botschafter in Australien)
Finland – Finnland	– STEPANOV, V.S.
France – Frankreich	– ČERVONENKO, S.V.
Gabon – Gabun	– FILATOV, V.G.
Gambia	– TER-GAZARJANC, G.A.
Germany, Federal Republic of – Deutsche Bundesrepublik	– FALIN, V.M.
German Democratic Republic – DDR	– ABRASIMOV, P.A.
Ghana	– BERNOV, Ju.V.
Greece – Griechenland	– UDALCOV, I.I.
Guinea	– MININ, V.I.
Guinea-Bissau	– SEMENOV, V.M.
	(Also ambassador to Cape Verde Islands – glz.Botschafter a.d.Kapverdischen Inseln
Guyana – Guayana	– KOTENEV, V.V.
Hungary – Ungarn	– PAVLOV, V.Ja.
Iceland – Island	– FARAFONOV, G.N.
India – Indien	– VORONCOV, Ju.M.
Indonesia – Indonesien	– ŠPED'KO, I.F.
Iran	– VINOGRADOV, V.M.
Iraq – Irak	– BARKOVSKIJ, A.A.
Ireland – Irland	– KAPLIN, A.S.
Italy – Italien	– RYŽOV, N.S.
Jamaica – Jamaika	– MUSIN, D.P.
Japan	– POLJANSKIJ, D.S.
Jordan – Jordanien	– NIŠANOV, R.N.
Kenya – Kenia	– MIROŠNIČENKO, B.P.
Korea, Democratic People's Republic of – Koreanische Volksdemokratische Republik	– KRIULIN, G.A.
Kuwait – Kuweit	– SIKAČEV, N.N.
Laos	– PODOLSKIJ, M.G.
Lebanon – Libanon	– SOLDATOV, A.A.
Liberia	– ULANOV, A.A.
Libya – Libyen	– ANISIMOV, A.V.
Luxembourg – Luxemburg	– KOSAREV, E.A.
Madagascar – Madagaskar	– ALEKSEEV, A.I.
Malaysia	– KULIK, B.T.
Maldives – Malediven	– PASJUTIN, A.S.
	(Also ambassador to Sri Lanka – glz.Botschafter in Sri Lanka)
Mali	– FAZYLOV, M.S.
Malta	– LUNKOV, N.M.
	(Also ambassador to the United Kingdom – glz.Botschafter in Großbritannien)
Mauritania – Mauretanien	– STARCEV, V.I.

131

4.3.3 State Structure / Staatsordnung

Mauritius	- SAFRONOV, I.I.
Mexico - Mexiko	- VOLSKIJ, Ju.I.
Mongolia - Mongolei	- SMIRNOV, A.I.
Morocco - Marokko	- NERSESOV, E.V.
Mozambique - Mosambik	- EVSJUKOV, P.N.
Nepal	- UDUMJAN, K.B.
Netherlands - Niederlande	- ROMANOV, A.Jo.
New Zealand - Neuseeland	- SELJANINOV, O.P. (Also ambassador to the Kingdom of Tonga - glz.Botschafter im Königreich Tonga)
Niger	- KUDAŠKIN, V.N.
Nigeria	- SNEGIREV, V.V.
Norway - Norwegen	- KIRIČENKO, Ju.A.
Pakistan	- ASIMOV, S.A.
Peru	- KUZMIN, L.F.
Philippines - Philippinen	- MICHAJLOV, V.V.
Poland - Polen	- ARISTOV, B.I.
Portugal	- KALININ, A.I.
Romania - Rumänien	- DROZDENKO, V.I.
Rwanda - Ruanda	- RYKOV, G.V.
Sao Tome and Principe - Sao Tome und Principe	- DJAKONOV, D.A.
Senegal	- TER-GAZARJANC, G.A. (Also ambassador to Gambia - glz.Botschafter in Gambia)
Seychelles - Seschellen	- STARCEV, A.K. (Also ambassador to Comores - glz.Botschafter in Comores)
Sierra Leone	- FILIPPOV, I.F.
Singapore - Singapur	- RAZDUCHOV, Ju.I.
Somalia	- SAMSONOV, G.E.
Spain - Spanien	- BOGOMOLOV, S.A.
Sri Lanka	- PASJUTIN, A.S. (Also ambassador to the Maldives - glz.Botschafter in Malediven)
Sudan	- FEDOTOV, F.N.
Surinam - Suriname	- ROMANOV, L.M. (Also Ambassador to Colombia - glz.Botschafter in Kolumbien)
Sweden - Schweden	- JAKOVLEV, M.D.
Switzerland - Schweiz	- LAVROV, V.S.
Syria - Syrien	- ČERNJAKOV, Ju.N.
Tanzania - Tansania	- SLIPČENKO, S.A.
Thailand	- KUZNECOV, Ju.I.
Togo	- ILJUCHIN, I.A.
Tonga	- SELJANINOV, O.P. (Also ambassador to New Zealand - glz.Botschafter in Neuseeland)
Trinidad and Tobago	- KAZIMIROV, V.N. (Also ambassador to Venezuela - glz.Botschafter in Venezuela)
Tunisia - Tunesien	- KOLOKOLOV, B.L.
Turkey - Türkei	- RODIONOV, A.A.
Uganda	- MUSIJKO, E.V.
United Kingdom - Großbritannien	- LUNKOV, N.M. (Also ambassador to Malta - glz.Botschafter auf Malta)

State Structure 4.3.3
Staatsordnung 4.3.4

United States of America - USA	- DOBRYNIN, A.F.
Upper Volta - Obervolta	- KAZANSKIJ, A.N.
Uruguay	- LEBEDEV, Ju.V.
Venezuela	- KAZIMIROV, V.N.
	(Also ambassador to Trinidad and Tobago- glz.Botschafter in Trinidad und Tobago)
Vietnam	- CAPLIN, B.N.
Yemen Arab Republic - Jemen (Arabische Republik)	- KORNEV, V.I.
Yemen, People's Democratic Republic of - Jemen (Volksdemokratische Republik)	- KABOSKIN, V.F.
Yugoslavia - Jugoslawien	- RODIONOV, N.N.
Zaire	- LAVROV, I.M.
Zambia - Sambia	- SOLODOVNIKOV, V.G.

4.3.4 USSR MINISTRY OF DEFENSE
VERTEIDIGUNGSMINISTERIUM DER UdSSR
MINISTERSTVO OBORONY SSSR

Minister - Ministr
- USTINOV, D.F.
  Marshal of the Soviet Union -
  Marschall der Sowjetunion

First Deputy Ministers -
Erste stellv. Minister -
Pervye zamestiteli ministra
- KULIKOV, V.G.
  Marshal of the Soviet Union -
  Marschall der Sowjetunion
  OGARKOV, N.V.
  Marshal of the Soviet Union -
  Marschall der Sowjetunion
  SOKOLOV, L.S.
  Marshal of the Soviet Union -
  Marschall der Sowjetunion

Deputy Ministers -
Stellv. Minister -
Zamestiteli ministra
- ALEKSEEV, N.N.
  Colonel-General - Generaloberst
  ALTUNIN, A.T.
  Colonel-General - Generaloberst
  BATICKIJ, P.F.
  Marshal of the Soviet Union -
  Marschall der Sowjetunion
  GORSKOV, S.G.
  Naval Admiral of the Soviet Union -
  Flottenadmiral der Sowjetunion
  KURKOTKIN, S.K.
  Army General - Armeegeneral
  KUTACHOV, P.S.
  Captain Marshal of the Air Force -
  Hauptmarschall der Luftwaffe
  MOSKALENKO, K.S.
  Marshal of the Soviet Union -
  Marschall der Sowjetunion
  PAVLOVSKIJ, I.G.
  Army General - Armeegeneral
  TOLUBKO, V.F.
  Army General - Armeegeneral

4.3.4 State Structure / Staatsordnung

General Staff of the USSR Armed Forces -
Generalstab der Streitkräfte der UdSSR -
General'nyj Stab Vooružennych Sil SSSR
   Chief - Chef - Načal'nik   - OGARKOV, N.V.
                                                          Marshal of the Soviet Union
                                                          Marschall der Sowjetunion

   Chief, Political Department - Chef der Polit-
   abteilung - Načal'nik politotdela   --

Main Political Directorate of the Soviet Army and Navy -
Politische Hauptverwaltung der Sowjetischen Armee und
 Seekriegsflotte -
Glavnoe političeskoe upravlenie Sovetskoj Armii i
 Voenno-Morskogo Flota
   Chief - Chef - Načal'nik   - EPIŠEV, A.A.
                                                          Army General - Armeegeneral

Supreme Forces Command - Oberkommando der Waffen-
gattungen - Glavnokomandovanija zodov vojsk

   Air Defense Forces - Truppen der Luftverteidigung
    des Landes - Vojska Protivovozdušnoj oborony strany -
    PVO
       Commander-in-Chief - Oberkommandierender -
        Glavnokomandujuščij   - BATICKIJ, P.F.
                                                   Marshal of the Soviet Union
                                                   Marschall der Sowjetunion

       Chief, Political Directorate/Member,
       Military Council - Chef der Politischen
       Verwaltung, Mitglied des Militärrates -
       Načal'nik Političeskogo upravlenija,
       člen Voennogo soveta   - BOBYLEV, S.
                                                 Colonel-General - Generaloberst

   Air Force - Luftstreitkräfte -
   Voenno-Vozdušnye Sily SSSR
       Commander-in-Chief - Oberkommandierender   - KUTACHOV, P.S.
                                                 Captain Marshal of the Air
                                                 Force - Hauptmarschall
                                                 der Luftwaffe

       Chief, Political Directorate/Member,
       Military Council - Chef der Politischen   - MOROZ, I.
       Verwaltung, Mitglied des Militärrates   Colonel-General - Generaloberst

   Ground Forces - Landstreitkräfte -
   Suchoputnye vojska SSSR
       Commander-in-Chief - Oberkommandierender   - PAVLOVSKIJ, I.G.
                                                 Army General - Armeegeneral
       Chief, Political Directorate/Member,
       Military Council - Chef der Politischen   - VASJAGIN, S.
       Verwaltung, Mitglied des Militärrates   Army General - Armeegeneral

   Naval Forces - Seekriegsflotte -
   Voenno-Morskoj flot SSSR
       Commander-in-Chief - Oberkommandierender   - GORŠKOV, S.G.
                                                 Naval Admiral of the Soviet
                                                 Union - Flottenadmiral der
                                                 Sowjetunion

       Chief, Political Directorate/Member,
       Military Council - Chef der Politischen   - GRIŠANOV, V.M.
       Verwaltung, Mitglied des Militärrates   Naval Admiral - Flottenadmiral

State Structure 4.3.4
Staatsordnung

Strategic Rocket Forces - Strategische Raketen-
truppen - Raketnye vojska strategičeskogo
naznačenija
    Commander-in-Chief - Oberkommandierender   - TOLUBKO, V.F.
        Army General - Armeegeneral

    Chief, Political Directorate/Member,
    Military Council - Chef der Politischen   - GORČAKOV, P.A.
    Verwaltung, Mitglied des Militärrates   Colonel-General - Generaloberst

Joint Armed Forces of Warsaw Pact Nations -
Vereinte Streitkräfte der Teilnehmerstaaten
des Warschauer Paktes - Ob'edinennye Vooru-
žennye Sily gosudarstv učastnikov Waršavskogo
Dogovora
    Commander-in-Chief - Oberkommandierender   - KULIKOV, V.G.
        Marshal of the Soviet Union -
        Marschall der Sowjetunion

    Chief of Staff - Chef des Stabes -
    Načal'nik Štaba   - GRIBKOV, A.I.
        Army General - Armeegeneral

Groups of Forces - Gruppen der Truppen -
Gruppy vojsk

  Central Group of Forces - Zentralgruppe der
  Truppen - Central'naja Gruppa vojsk (CSSR)
    Commander-Kommandierender-Komandujuščij   - TENISČEV, I.
        Colonel-General - Generaloberst

    Chief, Political Directorate/Member,
    Military Council - Chef der Politischen   - MAKSIMOV, K.
    Verwaltung, Mitglied des Militärrates   Lieutenant-General -
        Generalleutnant

  Group of Soviet Forces in Germany - Gruppe der
  Sowjetischen Streitkräfte in Deutschland -
  Gruppa Sovetskich vojsk v Germanii (DDR)
    Commander-in-Chief - Oberkommandierender   - IVANOVSKIJ, E.F.
        Army General - Armeegeneral

    Chief, Political Directorate/Member,
    Military Council - Chef der Politischen   - MEDNIKOV, I.S.
    Verwaltung, Mitglied des Militärrates   Colonel-General - Generaloberst

  Northern Group of Forces - Nordgruppe der
  Truppen - Severnaja Gruppa vojsk
  (Poland-Polen)
    Commander - Kommandierender   - KULIŠEV, O.
        Colonel-General - Generaloberst

    Chief, Political Directorate/Member,
    Military Council - Chef der Politischen   - DANILOV, V.A.
    Verwaltung, Mitglied des Militärrates   Lieutenant-General -
        Generalleutnant

  Southern Group of Forces - Südgruppe der
  Truppen - Južnaja Gruppa vojsk
  (Hungary-Ungarn)
    Commander - Kommandierender   - KRIVDA, F.
        Colonel-General - Generaloberst

    Chief, Political Directorate/Member,
    Military Council - Chef der Politischen   --
    Verwaltung, Mitglied des Militärrates

4.3.4 State Structure / Staatsordnung

Military Districts - Militärbezirke - Voennye okruga

Baltic Military District - Militärbezirk Baltikum - Pribaltijskij voennyj okrug
  Commander - Kommandierender — MAJOROV, A.M.
    Army General - Armeegeneral

  Chief, Political Directorate/Member, Military Council - Chef der Politischen Verwaltung, Mitglied des Militärrates — GUBIN, I.
    Lieutenant-General - Generalleutnant

Belorussian Military District - Militärbezirk Belorußland - Belorusskij voennyj okrug
  Commander - Kommandierender — ZAJCEV, M.M.
    Lieutenant-General of the Tank Forces - Generalleutnant der Panzertruppen

  Chief, Political Directorate/Member, Military Council - Chef der Politischen Verwaltung, Mitglied des Militärrates — DEBALJUK, A.
    Colonel-General - Generaloberst

Carpathian Military District - Militärbezirk Karpaten - Prikarpatskij voennyj okrug
  Commander - Kommandierender — VARENNIKOV, V.I.
    Army-General - Armeegeneral

  Chief, Political Directorate/Member, Military Council - Chef der Politischen Verwaltung, Mitglied des Militärrates — ŠEVKUN, N.
    Lieutenant-General - Generalleutnant

Central Asian Military District - Militärbezirk Mittelasien - Sredneaziatskij voennyj okrug
  Commander - Kommandierender — LUŠEV, P.G.
    Colonel-General - Generaloberst

  Chief, Political Directorate/Member, Military Council - Chef der Politischen Verwaltung, Mitglied des Militärrates — POPKOV, M.
    Lieutenant-General - Generalleutnant

Far East Military District - Militärbezirk Fernost - Dal'nevostočnyj voennyj okrug
  Commander - Kommandierender — TRETJAK, I.
    Army General - Armeegeneral

  Chief, Political Directorate/Member, Military Council - Chef der Politischen Verwaltung, Mitglied des Militärrates — DRUŽININ, M.
    Lieutenant-General - Generalleutnant

Kiev, Military District - Militärbezirk Kiev - Kievskij voennyj okrug
  Commander - Kommandierender — GERASIMOV, I.A.
    Army General - Armeegeneral

  Chief, Political Directorate/Member, Military Council - Chef der Politischen Verwaltung, Mitglied des Militärrates — DEMENTEV, V.
    Lieutenant-General - Generalleutnant

Leningrad Military District - Militärbezirk Leningrad - Leningradskij voennyj okrug
  Commander - Kommandierender — SOROKIN, M.
    Colonel-General - Generaloberst

  Chief, Political Directorate/Member, Military Council - Chef der Politischen Verwaltung, Mitglied des Militärrates — NOVIKOV, V.
    Lieutenant-General - Generalleutnant

State Structure 4.3.4
Staatsordnung

Moscow Military District - Militärbezirk Moskau -
Moskovskij voennyj okrug
   Commander - Kommandierender   - GOVOROV, V.L.
                                                Army General - Armeegeneral
   Chief, Political Directorate/Member,
   Military Council - Chef der Politischen - GRUŠEVOJ, K.
   Verwaltung, Mitglied des Militärrates   Colonel-General - Generaloberst
North Caukasus Military District - Militärbezirk
Nordkaukasus - Severokavkazskij voennyj okrug
   Commander - Kommandierender   - BELIKOV, V.
   Chief, Political Directorate/Member,   Colonel-General - Generaloberst
   Military Council - Chef der Politischen
   Verwaltung, Mitglied des Militärrates   - KOSTENKO, N.
                                                Lieutenant-General -
Odessa Military District - Militärbezirk Odessa -   Generalleutnant
Odesskij voennyj okrug
   Commander - Kommandierender   - VOLOŠIN, I.
                                                Colonel-General-Generaloberst
   Chief, Political Directorate/Member,
   Military Council - Chef der Politischen
   Verwaltung, Mitglied des Militärrates   --

Siberian Military District - Militärbezirk Sibirien -
Sibirskij voennyj okrug
   Commander - Kommandierender   - CHOMULO, M.G.
                                                Colonel-General - Generaloberst
   Chief, Political Directorate/Member,
   Military Council - Chef der Politischen - LYKOV, I.
   Verwaltung, Mitglied des Militärrates   Lieutenant-General -
                                                Generalleutnant
Transbaikal Military District - Militärbezirk
Transbaikal - Zabajkal'skij voennyj okrug
   Commander - Kommandierender   - BELIK, P.A.
   Chief, Political Directorate/Member,   Colonel-General - Generaloberst
   Military Council - Chef der Politischen
   Verwaltung, Mitglied des Militärrates   - LIZIČEV, A.
                                                Lieutenant-General -
Transcaucasus Military District - Militärbezirk   Generalleutnant
Transkaukasus - Zakavkazskij voennyj okrug
   Commander - Kommandierender   - KULIŠEV, O.V.
                                                Colonel-General - Generaloberst
   Chief, Political Directorate/Member,
   Military Council - Chef der Politischen - OVERČUK, A.M.
   Verwaltung, Mitglied des Militärrates   Major-General - Generalmajor
Turkestan Military District - Militärbezirk
Turkestan - Turkestanskij voennyj okrug
   Commander - Kommandierender   - BELONOŽKO, S.
                                                Lieutenant-General -
                                                Generalleutnant
   Chief, Political Directorate/Member,
   Military Council - Chef der Politischen - RODIN, V.
   Verwaltung, Mitglied des Militärrates   Major-General - Generalmajor
Ural Military District - Militärbezirk Ural -
Ural'skij voennyj okrug
   Commander - Kommandierender   - SILČENKO, N.K.
                                                Lieutenant-General -
                                                Generalleutnant
   Chief, Political Directorate/Member,
   Military Council - Chef der Politischen - SAMOJLENKO, V.
   Verwaltung, Mitglied des Militärrates   Lieutenant-General -
                                                Generalleutnant

4.3.4 State Structure / Staatsordnung

Volga Military District - Militärbezirk Wolga -
Privolžskij voennyj okrug
    Commander - Kommandierender   —   --

    Chief, Political Directorate/Member,
    Military Council - Chef der Politischen   - UTKIN, B.
    Verwaltung, Mitglied des Militärrates   Major-General - Generalmajor

Air Defense Districts - Luftverteidigungsbezirke -
Okruga protivovozdušnoj oborony - PVO

  Baku Air Defense District -
  Luftverteidigungsbezirk Baku -
  Bakinskij okrug protivovozdušnoj oborony
    Commander - Kommandierender   - KONSTANTINOV, A.U.
        Colonel-General of the airforce-
        Generaloberst der Luftwaffe
    Chief, Political Directorate/Member,
    Military Council - Chef der Politischen   - SVIRIDOV, I.
    Verwaltung, Mitglied des Militärrates   Major-General - Generalmajor

  Moscow Air Defense District -
  Luftverteidigungsbezirk Moskau -
  Moskovskij okrug protivovozdušnoj oborony
    Commander - Kommandierender   - BOČKOV, B.V.
        Colonel-General-Generaloberst

    Chief, Political Directorate/Member,
    Military Council - Chef der Politischen   - PONOMAREV, V.
    Verwaltung, Mitglied des Militärrates   Lieutenant-General of the air
        force - Generalleutnant der
        Luftwaffe

Fleets - Flotten - Floty

  Baltic Fleet - Baltische Flotte - Baltijskij Flot
    Commander - Kommandierender   - MICHAJLIN, V.V.
        Admiral
    Chief, Political Directorate/Member,
    Military Council - Chef der Politischen
    Verwaltung, Mitglied des Militärrates   --

  Black Sea Fleet - Schwarzmeerflotte - Černomorskij Flot
    Commander - Kommandierender   - CHOVRIN, N.I.
        Admiral
    Chief, Political Directorate/Member,
    Military Council - Chef der Politischen
    Verwaltung, Mitglied des Militärrates   --

  Northern Fleet - Nordmeerflotte - Severnyj Flot
    Commander - Kommandierender   - ČERNAVIN, V.N.
        Vice-admiral - Vizeadmiral

    Chief, Political Directorate/Member,
    Military Council - Chef der Politischen   - PADORIN, Ju.
    Verwaltung, Mitglied des Militärrates   Rear-admiral - Konteradmiral

  Pacific Fleet - Pazifikflotte - Tichookeanskij Flot
    Commander - Kommandierender   - MASLOV, V.P.
        Admiral

    Chief, Political Directorate/Member,
    Military Council - Chef der Politischen   --
    Verwaltung, Mitglied des Militärrates

4.4

SUPREME SOVIETS AND COUNCILS OF MINISTERS OF THE UNION'S REPUBLICS
OBERSTE SOWJETS UND MINISTERRÄTE DER UNIONSREPUBLIKEN
VERCHOVNYE SOVETY I SOVETY MINISTROV SOJUZNYCH RESPUBLIK

4.4.1 RSFSR

Supreme Soviet of the RSFSR - Oberster Sowjet der RSFSR - Verchovnyj Sovet RSFSR

Presidium-Präsidium-Prezidija

Chairman-Vorsitzender-Predsedatel'	- JASNOV, M.A.	
Deputy Chairmen-stellv.Vorsitzende-Zamestiteli predsedatelja	- KOLČINA, O.P.	ASTAJKIN, I.P.
	SULTANOV, F.V.	BASIEV, O.A.
	SEMENOV, B.S.	BATYEV, S.G.
	ŠAMCHALOV, S.M.	DOLČANMAA, B.-K.Š.
	GETTUEV, M.I.	SYSOEV, P.P.
	NAMSINOV, I.E.	BOKOV, Ch.Ch.
	PROKKONEN, P.S.	ISLJUKOV, S.M.
	PANEV, Z.V.	OVČINNIKOVA, A.Ja.
	ALMAKAEV, P.A.	
Secretary-Sekretär-Sekretar'	- NEŠKOV, Ch.P.	
Presidium members-Mitglieder des Präsidiums-Členy prezidiuma	- BABIN, S.D.	KORŽEV-ČUVELEV, G.M.
	BOGATYREV, N.G.	LALETINA, M.F.
	DEMENTEVA, R.F.	MALKOV, N.I.
	DEMIDOVA, A.I.	SILINA, A.I.
	FILATOV, V.A.	SOLOVEV, Ju.F.
	ILIČEV, L.A.	TICHOMIROVA, L.A.
	KIRILENKO, A.P.	VETLICKIJ, V.F.
Chairman of the Supreme Soviet - Vorsitzender des Obersten Sowjets - Predsedatel' Verchovnogo Soveta	- KOTELNIKOV, V.A.	
Deputies-Stellvertreter-Zamestiteli	- AMOSOVA, E.G.	LEVIN, G.M.
	BONDAREV, Ju.V.	MAMAEVA, T.N.
	EFIMOV, S.V.	UGUŽAKOV, V.A.
	GOROVOJ, N.I.	VOROBEV, B.M.

Council of Ministers of the RSFSR - Ministerrat der RSFSR - Sovet Ministrov RSFSR

Chairman-Vorsitzender-Predsedatel'	- SOLOMENCEV, M.S.	
First Deputies-Erste Stellvertreter-Pervyj Zamestiteli	- VASILEV, N.F.	VOROTNIKOV, V.I.
Deputies-Stellvertreter-Zamestiteli	- ALEKSANKIN, A.V.	KAZAKOV, V.I.
	DEMČENKO, V.A.	KOČEMASOV, V.I.
	KALAŠNIKOV, A.M.	LYKOVA, L.P.
	KARPOVA, E.F.	MASLENNIKOV, N.I.

4.4.1 State Structure / Staatsordnung

Union Republican Ministries of – Unionsrepublikanische Ministerien für – Sojuzno-respublikanskie Ministerstva:

Agriculture – Landwirtschaft – sel'skogo chozjajstva	– FLORENTEV, L.Ja.
Construction Materials Industry – Baustoffindustrie – promyšlennosti stroitel'nych materialov	– MARAKOV, G.N.
Culture – Kultur – kul'tury	– MELENTEV, Ju.S.
Education – Volksbildung – prosveščenija	– DANILOV, A.I.
Finance – Finanzen – finansov	– BOBROVNIKOV, A.A.
Fish Industry – Fischereiwirtschaft – rybnogo chozjajstva	– VANJAEV, N.A.
Food Industry – Nahrungsmittelindustrie – piščevoj promyšlennosti	– KLEMENČUK, A.P.
Foreign Affairs – auswärtige Angelegenheiten – inostrannych del	– TITOV, F.E.
Forestry – Forstwirtschaft – lesnogo chozjajstva	– ZVEREV, A.I.
Geology – Geologie – geologii	– ROVNIN, L.I.
Health – Gesundheitswesen – zdravoochranenija	– TROFIMOV, V.V.
Higher and Secondary Specialized Education – Hochschul-u.mittl. Fachschulbildung – vysšego i srednego special'nogo obrazovanija	– OBRAZOCV, I.F.
Justice – Justiz – justicii	– BLINOV, V.M.
Land Reclamation and Water Resources – Melioration u.Wasserwirtschaft – melioracii i vodnogo chozjajstva	– KORNEV, K.S.
Light Industry – Leichtindustrie – legkoj promyšlennosti	– KONDRATKOV, E.F.
Meat and Dairy Industry – Fleisch-u.Milchindustrie – mjasnoj i moločnoj promyšlennosti	– KONARYGIN, V.S.
Procurement – Beschaffungen – zagotovok	– MERKULOV, P.I.
Rural Construction – Landbauwesen – sel'skogo stroitel'stva	– MALCEV, N.S.
Textile Industry – Textilindustrie – tekstil'noj promyšlennosti	– PARAMONOV, A.M.
Trade – Handel – torgovli	– ŠIMANSKIJ, V.P.

Republican Ministries of – Republikanische Ministerien für – Respublikanskie Ministerstva:

Construction and Utilization of Roads – Bau und Nutzung der Autobahnen – stroitel'stva i ekspluatacii avtomobil'nych dorog	– NIKOLAEV, A.A.
Consumer Services – Dienstleistungen – bytovogo obsluživanija naselenija	– DUDENKOV, I.G.
Domestic Construction – zivilen Wohnungsbau – žilišno-graždanskogo stroitel'stva	– GLADYREVSKIJ, A.V.
Fuel Industry – Brennstoffindustrie – toplivnoj promyšlennosti	– PANKRATOV, Ju.A.
Housing and Municipal Services – Wohnungs-u.Kommunalwirtschaft- žilišno-kommunal'nogo chozjajstva	– BUTUSOV, S.M.
Inland Water Transport – Binnenschiffahrt – rečnogo flota	– BAGROV, L.V.
Local Industry – lokale Industrie – mestnoj promyšlennosti	– USPENSKIJ, V.K.
Motor Transport – Kraftverkehr – avtomobil'nogo transporta	– TRUBICYN, E.G.
Social Security – Sozialfürsorge – social'nogo obespečenija	– KOMAROVA, D.P.

Chairman/Chief
Vorsitzender/Leiter
Predsedatel'Načalnik

State Planning Committee – Staatl. Plankomitee – Gosudarstvennyj Planovyj komitet – GOSPLAN	– MASLENNIKOV, N.I.[1]

[1] also Deputy Chairman of the Council of Ministers – glz.stellv.Vorsitzender des Ministerrates

State Structure 4.4.1
Staatsordnung 4.4.2

Committee for People's Control - Komitee für Volkskontrolle -
Komitet narodnogo kontrolja — KONNOV, V.F.
State Committee for Construction Affairs - Staatskomitee für
Bauwesen - Gosudarstvennyj komitet po delam stroitel'stva — BASILOV, D.P.
State Committee for Labor - Staatskomitee für Arbeit -
Gosudarstvennyj komitet po trudu — SOZYKIN, A.G.
State Committee for Vocational and Technical Education -
Staatskomitee für berufstechnische Ausbildung - Gosudarstvennyj
komitet po professional'no-techničeskomu obrazovaniju — KAMAEV, G.L.
State Committee for Cinematography - Staatskomitee f.Filmwesen -
Gosudarstvennyj komitet po kinematografii — FILIPPOV, A.G.
State Committee for Publishing Houses, Printing Plants and the
Book Trade - Staatskomitee für Verlagswesen, Polygraphie und
Buchhandel - Gosudarstvennyj komitet po delam izdatel'stv,
poligrafii i knižnoj torgovli — SVIRIDOV, N.V.
State Committee for Prices - Staatskomitee für Preispolitik -
Gosudarstvennyj komitet cen — FROLOV, K.I.
State Committee for Production-Technological Supply in
Agriculture - Staatskomitee für produktionstechnische Versor-
gung der Landwirtschaft - Gosudarstvennyj komitet po proiz-
vodstvenno-techničeskom obespečeniju sel'skogo chozjajstva — BOSENKO, N.V.
Central Statistical Administration - Zentrale Statistische
Verwaltung - Central'noe statističeskoe upravlenie — DRJUČIN, A.P.

4.4.2 Ukrainskaja SSR

Supreme Soviet of the Ukrainian SSR - Oberster Sowjet der
Ukrainischen SSR - Verchovnyj Sovet Ukrainskoj SSSR

Presidium-Präsidium-Prezidija

Chairman-Vorsitzender-Predsedatel' — VATČENKO, A.F.

First Deputy Chairman -
Erster stellv.Vorsitzender -
Pervyj zamestitel'predsedatelja — ŠEVČENKO, V.S.

Deputy Chairmen-stellv.Vorsitzende -
Zamestiteli predsedatelja — ČEMODUROV, T.N.   ŠCERBINA, V.P.

Secretary-Sekretär-Sekretar' — KOLOTUCHA, Ja.Ja.

Presidium members-Mitglieder des
Präsidiums-Členy prezidiuma — BABIČ, Ju.P.   POVEDA, G.A.
                                EREMENKO, A.A.   POCHODIN, V.P.
                                ERŠOV, I.D.   RADZIEVSKIJ, I.I.
                                GRINCOV, I.G.   RYŽUK, M.M.
                                JUPKO, L.D.   ŠČERBICKIJ, V.V.
                                KAČURA, B.V.   SOLOGUB, V.A.
                                KORNIENKO, A.I.   TELIŠEVSKIJ, T.D.
                                LEGUNOV, G.A.   TKAČENKO, I.G.
                                LUTAK, I.K.   ZAJKOVSKAJA, T.A.
                                PATON, B.E.   SOKOLOV, I.Z.

Chairman of the Supreme Soviet -
Vorsitzender des Obersten Sowjets -
Predsedatel' Verchovnogo Soveta — BILYJ, M.U.

Deputies-Stellvertreter-Zamestiteli — GAVRILOVA, T.A.   MIŠČENKO, N.V.
                                      KAČALOVSKIJ, E.V. PUDENKO, G.I.

141

4.4.2 State Structure
Staatsordnung

Council of Ministers of the Ukrainian SSR - Ministerrat der Ukrainischen SSR - Sovet Ministrov Ukrainskoj SSR

Chairman-Vorsitzender-Predsedatel'   - LJAŠKO, A.P.

First Deputies-Erste Stellvertreter-
Pervyj Zamestiteli   - POGREBNJAK, P.L.   VAŠČENKO, G.I.

Deputies-Stellvertreter-Zamestiteli   - BURMISTROV, A.A.   SEMIČASTNYJ, V.E.
ESYPENKO, P.E.   STEPANENKO, I.D.
KOČEVYCH, I.P.   ORLIK, M.A.
ROZENKO, P.Ja.

Union Republican Ministries of - Unionsrepublikanische Ministerien für -
Sojuzno-respublikanskie Ministerstva:

Agriculture - Landwirtschaft - sel'skogo chozjajstva   - CHORUNŽIJ, M.V.

Coal Industry - Kohlenindustrie - ugol'noj promyšlennosti   - KOLESOV, O.A.

Communications - Post-u.Fernmeldewesen - svjazi   - SINČENKO, G.Z.

Construction of Heavy Industries Enterprises - Bau v.Betrieben
d.Schwerindustrie - stroitel'stva predprijatij tjaželoj
industrii   - LUBENEC, G.K.
Construction Materials Industry - Baustoffindustrie -
promyšlennosti stroitel'nych materialov   - BAKLANOV, G.M.
Culture - Kultur - kul'tury   - BEZKLUBENKO, S.D.

Education - Volksbildung - prosveščenija   - MARINIČ, A.M.

Ferrous Metallurgy - Eisenhüttenindustrie - černoj metallurgii   - KULIKOV, Ja.P.

Finance - Finanzen - finansov   - BARANOVSKIJ, A.M.

Food Industry - Nahrungsmittelindustrie - piščevoj promyšlennosti - SANOV, N.M.

Foreign Affairs - auswärtige Angelegenheiten - inostrannych del   - ŠEVEL, G.G.

Forestry - Forstwirtschaft - lesnogo chozjajstva   - LUKJANOV, B.N.

Geology - Geologie - geologii   - ŠPAK, P.F.

Health - Gesundheitswesen - zdravoochranenija   - ROMANENKO, A.E.

Higher and Secondary Specialized Education - Hochschul-u.mittl.
Fachschulbildung - vysšego i srednego special'nogo obrazovanija - EFIMENKO, G.G.
Industrial Construction - Industriebauwesen - promyšlennogo
stroitel'stva   - AREŠKOVIČ, V.D.
Installation and Special Construction Work - Montage-u.Spezial-
bauarbeiten - montažnych i special'nych stroitel'nych rabot   - BAGRATUNI, G.R.
Internal Affairs - innere Angelegenheiten - vnutrennich del   - GOLOVČENKO, I.Ch.

Justice - Justiz - justicii   - ZAJČUK, V.I.

Land Reclamation and Water Resources - Melioration u.Wasserwirt-
schaft - melioracii i vodnogo chozjajstva   - GARKUŠA, N.A.
Light Industry - Leichtindustrie - legkoj promyšlennosti   - KASJANENKO, O.Ja.

Meat and Dairy Industry - Fleisch-u.Milchindustrie -
mjasnoj i moločnoj promyšlennosti   - SENNIKOV, A.A.
Power and Electrification - Energiewirtschaft u.Elektrifizierung-
energetiki i elektrifikacii   - MAKUCHIN, A.N.
Procurement - Beschaffungen - zagotovok   - ŠMATOLJAN, I.I.

Rural Construction - Landbauwesen - sel'skogo stroitel'stva   - KOTOV, Ju.B.

State Farms - Sowchose - sovchozov   - KOLOMIEC, Ju.P.

State Structure 4.4.2
Staatsordnung

Timber and Wood Processing Industry - Holz- u.holzbearbeitende
Industrie - lesnoj i derevoobrabatyvajuščej promyšlennosti — - GRUNJANSKIJ, I.I.
Trade - Handel - torgovli — - STARUNSKIJ, V.G.

Republican Ministries of - Republikanische Ministerien für - Respublikanskie
Ministerstva:

Construction and Utilization of Roads - Bau und Nutzung der
 Autobahnen - stroitel'stva i ekspluatacii avtomobil'nych dorog — - ŠULGIN, N.P.
Consumer Services - Dienstleistungen - bytovogo
 obsluživanija naselenija — - ŠPAKOVSKIJ, L.K.
Housing and Municipal Services - Wohnungs-u.Kommunalwirtschaft -
 žilíščno-kommunal'nogo chozjajstva — - PLOSČENKO, V.D.
Local Industry - lokale Industrie - mestnoj promyšlennosti — - GAEVSKIJ, Ju.F.
Motor Transport - Kraftverkehr - avtomobil'nogo transporta — - GOLOVČENKO, F.D.
Social Security - Sozialfürsorge - social'nogo obespečenija — - FEDOROV, A.F.

                                                             Chairman/Chief
                                                             Vorsitzender/Leiter
                                                             Predsedatel'Načalnik

State Planning Committee - Staatl. Plankomitee -
 Gosudarstvennyj Planovyj komitet - GOSPLAN — - ROZENKO, P.Ja.[1]
State Committee for Construction Affairs - Staatskomitee für
 Bauwesen - Gosudarstvennyj komitet po delam stroitel'stva — - ZLOBIN, G.K.
Committee for People's Control - Komitee für Volkskontrolle -
 Komitet narodnogo kontrolja — - KUCEVOL, V.S.
State Committee for Prices - Staatskomitee für Preispolitik -
 Gosudarstvennyj komitet cen — - ŠAMBORSKIJ, V.K.
State Committee for Cinematography - Staatskomitee f.Filmwesen -
 Gosudarstvennyj komitet po kinematografii — - BOLŠAK, V.G.
State Committee for Vocational and Technical Education -
 Staatskomitee für berufstechnische Ausbildung - Gosudarstvennyj
 komitet po professional'no-techničeskomu obrazovaniju — - KOVALČUK, N.M.
State Committee for Publishing Houses, Printing Plants and the
 Book Trade - Staatskomitee für Verlagswesen, Polygraphie und
 Buchhandel - Gosudarstvennyj komitet po delam izdatel'stv,
 poligrafii i knižnoj torgovli — - PAŠČENKO, A.Ja.
State Committee for Labor - Staatskomitee für Arbeit -
 Gosudarstvennyj komitet po trudu — - PANTELEEV, N.A.
State Committee for Television and Radio Broadcasting -
 Staatskomitee für Fernseh-und Rundfunkwesen -
 Gosudarstvennyj komitet po televideniju i radioveščaniju — - IVANENKO, B.V.
State Committee for the Protection of Nature - Staatskomitee
 für Naturschutz - Gosudarstvennyj komitet po ochrane prirody — - PROCENKO, D.Jo.
State Committee for the Supervision of Labor Safety in
 Industry and Mining - Staatskomitee f.d.Überwachung
 d.Arbeitssicherheit i.d.Industrie u.f.Bergwerksaufsicht -
 Gosudarstvennyj komitet po nadzoru za bezopasnym vedeniem
 rabot v promyšlennosti i gornomu nadzoru — - DEGTJAREV, V.I.

State Committee for Materials and Technical Supply -
 Staatskomitee für materiell-technische Versorgung -
 Gosudarstvennyj komitet po material'no-techničeskomu snabženiju — - MOSTOVOJ, P.I.
Committee for State Security - Komitee für Staatssicherheit -
 Komitet gosudarstvennoj bezopasnosti — - FEDORČUK, V.V.
State Committee for Production-Technological Supply in
 Agriculture - Staatskomitee für produktionstechnische Ver-
 sorgung der Landwirtschaft - Gosudarstvennyj komitet po proiz-
 vodstvenno-techničeskom obespečeniju sel'skogo chozjajstva — - MOMOTENKO, N.P.

---

[1] also Deputy Chairman of the Council of Ministers -
 glz.stellv.Vorsitzender des Ministerrates

4.4.2 State Structure
4.4.3 Staatsordnung

Main Administration of Horticulture, Wine-growing and Wine
Industry - Hauptverwaltung für Gartenbau, Weinanbau und
Weinindustrie - Glavnoe upravlenie po sadovodstvu, vino-
gradarstvu i vinodel'noj promyšlennosti   - LYSENKO, V.G.
Main Administration of the Petroleum Refining and Petro-
chemical Industry - Hauptverwaltung für erdölverarbeitende
Industrie und Petrochemie - Glavnoe upravlenie po nefteperera-
batyvajuščej i neftechimičeskoj promyšlennosti   - LISNIČIJ, G.E.
Central Statistical Administration - Statistische Zentral-
verwaltung - Central'noe statističeskoe upravlenie   - TROJAN, A.I.

4.4.3 Belorusskaja SSR

Supreme Soviet of the Belorussian SSR - Oberster Sowjet der
Belorussischen SSR - Verchovnyj Sovet Belorusskoj SSR

Presidium-Präsidium-Prezidija

Chairman-Vorsitzender-Predsedatel'	- POLJAKOV, I.E.	
Deputy Chairmen-stellv.Vorsitzende- Zamestiteli predsedatelja	- BYČKOVSKAJA, Z.M.	LOBANOK, V.E.
Secretary-Sekretär-Sekretar'	- ČAGINA, E.P.	
Presidium members-Mitglieder des Präsidiums-Členy prezidiuma	- AKSENOV, A.N. CEKUNOVA, R.S. CHUSAINOV, Ju.M. DEBALJUK, A.V. KABJAK, S.T. KOVALEV, M.V. MACHNAČ, A.S. MASLAKOV, A.V.	MAŠEROV, P.M. MATJUŠEVSKIJ, K.V. RUBIS, P.E. SALENIK, K.P. SUCHIJ, N.A. TJABUT, D.V. ŽURBILO, L.N.
Chairman of the Supreme Soviet - Vorsitzender des Obersten Sowjets - Predsedatel'Verchovnogo Soveta	- SAMJAKIN, I.P.	
Deputies-Stellvertreter-Zamestiteli	- CAGELNIK, A.K. GORBAČ, F.S.	PASAMANOVA, E.N. STAROVOJTOV, V.K.

Council of Ministers of the Belorussian SSR - Ministerrat der
Belorussischen SSR - Sovet Ministrov Belorusskoj SSR

Chairman-Vorsitzender-Predsedatel'	- KISELEV, T.Ja.	
First Deputy-Erster Stellvertreter- Pervyj Zamestitel'	- MICKEVIČ, V.F.	GVOZDEV, V.A.
Deputies-Stellvertreter-Zamestiteli	- CHITRUN, L.I. DANILOV, D.A. GLAZKOV, I.M.	KOLOKOLOV, Ju.B. PILOTOVIČ, S.A. SNEŽKOVA, N.L.

Union Republican Ministries of - Unionsrepublikanische Ministerien für -
Sojuzno-respublikanskie Ministerstva:

Agriculture - Landwirtschaft - sel'skogo chozjajstva	- KOZLOV, V.A.
Communications - Post-u.Fernmeldewesen - svjazi	- AFANASEV, P.V.
Construction Materials Industry - Baustoffindustrie - promyšlennosti stroitel'nych materialov	- TARASOV, M.P.

State Structure 4.4.3
Staatsordnung

Culture – Kultur – kul'tury   – MICHNEVIČ, Ju.M.
Education – Volksbildung – prosveščenija   – MINKEVIČ, M.G.
Finance – Finanzen – finansov   – ŠATILO, B.J.
Food Industry – Nahrungsmittelindustrie – piščevoj promyšlennosti – EREJ, A.I.
Foreign Affairs – auswärtige Angelegenheiten – inostrannych del   – GURINOVIČ, A.E.
Forestry – Forstwirtschaft – lesnogo chozjajstva   – MOISEENKO, S.T.
Health – Gesundheitswesen – zdravoochranenija   – SAVČENKO, N.E.
Higher and Secondary Specialized Education – Hochschul-u.mittl.
 Fachschulbildung – vysšego i srednego special'nogo obrazovanija – MEŠKOV, N.M.
Industrial Construction – Industriebauwesen – promyšlennogo
 stroitel'stva   – ARCHIPEC, N.T.
Installation and Special Construction Work – Montage-u.Spezial-
 bauarbeiten – montažnych i special'nych stroitel'nych rabot   – ANTONOVIČ, Jo.A.
Internal Affairs – innere Angelegenheiten – vnutrennich del   – KLIMOVSKOJ, A.A.
Justice – Justiz – justicii   – ZDANOVIČ, A.A.
Land Reclamation and Water Resources – Melioration und Wasser-
 wirtschaft – melioracii i vodnogo chozjajstva   – PAVLJUČUK, V.Jo.
Light Industry – Leichtindustrie – legkoj promyšlennosti   – NAGIBOVIČ, L.N.
Meat and Dairy Industry – Fleisch-u.Milchindustrie – mjasnoj
 i moločnoj promyšlennosti   – BAVRIN, V.I.
Procurement – Beschaffungen – zagotovok   – KALITKO, A.Ja.
Rural Construction – Landbauwesen – sel'skogo stroitel'stva   – DANILENKO, V.D.
Timber and Wood Processing Industry – Holz-u.holzbearbeitende
 Industrie – lesnoj i derevoobrabatyvajuščej promyšlennosti   – KIJKOV, A.Ja.
Trade – Handel – torgovli   – MOLOČKO, N.P.

Republican Ministries of – Republikanische Ministerien für – Respublikanskie
Ministerstva:

Construction and Utilization of Highways – Bau u.Nutzung der
 Autobahnen – stroitel'stva i ekspluatacii avtomobil'nych dorog   – ŠARAPOV, V.I.
Consumer Services – Dienstleistungen – bytovogo
 obsluživanija naselenija   – GRIB, A.L.
Fuel Industry – Brennstoffindustrie – toplivnoj promyšlennosti   – FILIPPOV, G.A.
Housing and Municipal Services – Wohnungs-u.Kommunalwirtschaft –
 žiliščno-kommunal'nogo chozjajstva   – BEZLJUDOV, A.Jo.
Local Industry – lokale Industrie – mestnoj promyšlennosti   – RUSAKOV, L.V.
Motor Transport – Kraftverkehr – avtomobil'nogo transporta   – ANDREEV, A.E.
Social Security – Sozialfürsorge – social'nogo obespečenija   – LUZGIN, V.I.

                                                                                 Chairman/Chief
                                                                                 Vorsitzender/Leiter
                                                                                 Predsedatel'/Načalnik

State Planning Committee – Staatl. Plankomitee –
 Gosudarstvennyj Planovyj komitet – GOSPLAN   – GVOZDEV, V.A.[1]
State Committee for Construction Affairs – Staatskomitee für
 Bauwesen – Gosudarstvennyj komitet po delam stroitel'stva   – KOROL, V.A.
Committee for People's Control – Komitee für Volkskontrolle –
 Komitet narodnogo kontrolja   – LAGIR, M.I.
State Committee for Labor – Staatskomitee für Arbeit –
 Gosudarstvennyj komitet po trudu   – ROMMA, F.D.

[1] also Deputy Chairman of the Council of Ministers –
 glz.stellv.Vorsitzender des Ministerrates

4.4.3 State Structure
4.4.4 Staatsordnung

State Committee for Television and Radio Broadcasting -
Staatskomitee für Fernseh- und Rundfunkwesen -
Gosudarstvennyj komitet po televideniju i radiovešč niju — - PUCILEV, S.M.
State Committee for Cinematography - Staatskomitee für Film-
wesen - Gosudarstvennyj komitet po kinematografii — - MATVEEV, V.V.
State Committee for Prices - Staatskomitee für Preispolitik -
Gosudarstvennyj komitet cen — - ŽDANKO, G.S.
State Committee for Publishing Houses, Printing Plants and the
Book Trade - Staatskomitee für Verlagswesen, Polygraphie und
Buchhandel - Gosudarstvennyj komitet po delam izdatelstv,
poligrafii i knižnoj torgovli — - DELEC, M.I.
State Committee for Vocational and Technical Education -
Staatskomitee für berufstechnische Ausbildung - Gosudarstvennyj
komitet po professional'no-techničeskomu obrazovaniju — - MAKSIMOV, L.G.
State Committee for the Protection of Nature - Staatskomitee
für Naturschutz - Gosudarstvennyj komitet po ochrane prirody — - VORONCOV, A.I.
State Committee for Materials and Technical Supply -
Staatskomitee für materiell-technische Versorgung -
Gosudarstvennyj komitet po material'no-techničeskogo snabženija — - NEGERIŠ, E.F.
Committee for State Security - Komitee für Staatssicherheit -
Komitet gosudarstvennoj bezopasnosti — - NIKULKIN, Ja.P.
State Committee for Production-Technological Supply in
Agriculture - Staatskomitee für produktionstechnische Versor-
gung der Landwirtschaft - Gosudarstvennyj komitet po proiz-
vodstvenno-techničeskom obespečeniju sel'skogo chozjajstva — - POŽARSKIJ, B.M.
Central Statistical Administration - Statistische Zentral-
verwaltung - Central'noe statističeskoe upravlenie — - ČERVANEV, D.L.
Main Administration for Gasification - Hauptverwaltung für
Gasifizierung - Glavnoe upravlenie gazifikacii — - ČAJKA, E.M.

4.4.4 Uzbekskaja SSR

Supreme Soviet of the Uzbek SSR - Oberster Sowjet der
Usbekischen SSR - Verchovnyj Sovet Uzbekskoj SSR

Presidium-Präsidium-Prezidija

Chairman-Vorsitzender-Predsedatel' — - MATČANOV, N.M.

Deputy Chairmen-stellv.Vorsitzende-
Zamestiteli predsedatelja — - ABDALIN, A.S.   EŠIMBETOV, D.

Secretary-Sekretär-Sekretar' — - PULATOVA, Ch.M.

Presidium members-Mitglieder des   - ACHUNBABAEV, K.Ju.   MACHMUDOVA, N.M.
Präsidiums-Členy prezidiuma   ATAKUZIEV, R.   MUCHSINOVA, T.K.
                                          CHVAN, M.-G.G.   MUJDINOV, M.
                                          GAFURŽANOV, E.G.   RAŠIDOV, S.R.
                                          JUSUPOV, P.Ju.   ŠEVELEV, P.F.
                                          KADYROV, A.M.   SIVEC, V.N.
                                          KARAMATOVA, M.   USMANCHODŽAEV, I.B.
                                          KAZIMOV, V.A.   VLADIMIROVA, A.M.
Chairman of the Supreme Soviet -   MACHMUDOVA, T.
Vorsitzender des Obersten Sowjets -
Predsedatel'Verchovnogo Soveta — - SIRAŽDUNOV, S.Ch.

Deputies-Stellvertreter-Zamestiteli — - CHALMATOV, I.   ISRAILOVA, Z.
                                        CHALMURATOV, P. NOVOSELOV, V.D.

State Structure 4.4.4
Staatsordnung

Council of Ministers of the Uzbek SSR - Ministerrat der Usbekischen SSR - Sovet Ministrov Uzbekskoj SSR

Chairman-Vorsitzender-Predsedatel'	- CHUDAJBERDYEV, N.D.	
First Deputy-Erster Stellvertreter-Pervyj Zamestitel'	- OSETROV, T.N.	
Deputies-Stellvertreter-Zamestiteli	- ABDULLAEVA, R.Ch. ACHMEDOV, K.A. CHODŽAEV, A.R.	MAMARASULOV, S. MUCHORTOV, M.D. TURSUNOV, M.T.

Union Republican Ministries of - Unionsrepublikanische Ministerien für - Sojuzno-respublikanskie Ministerstva:

Agriculture - Landwirtschaft - sel'skogo chozjajstva	- URKINBAEV, A.A.
Communications - Post-u.Fernmeldewesen - svjazi	- TOCHTAEV, T.M.
Construction - Bauwesen - stroitel'stva	- OMEROV, S.A.
Cotton Cleaning Industry - Baumwollreinigungsindustrie - chlopkoočistitel'noj promyšlennosti	- USMANOV, V.
Construction Materials Industry - Baustoffindustrie - promyšlennosti stroitel'nych materialov	- MIRZABEKOV, B.G.
Culture - Kultur - kul'tury	- NADŽIMOV, G.
Education - Volksbildung - prosveščenija	- ŠERMUCHAMEDOV, S.
Finance - Finanzen - finansov	- MURATCHODŽAEV, V.M.
Food Industry - Nahrungsmittelindustrie - piščevoj promyšlennosti	- SADYKOV, V.
Foreign Affairs - auswärtige Angelegenheiten - inostrannych del	- TURSUNOV, M.T.[1]
Forestry - Forstwirtschaft - lesnogo mozjajstva	- TAIROV, S.M.
Geology - Geologie - geologii	- TULJAGANOV, Ch.T.
Health - Gesundheitswesen - zdravoochranenija	- ZAIROV, K.S.
Higher and Secondary Specialized Education - Hochschul-u.mittl. Fachschulbildung - vysšego i srednego special'nogo obrazovanija	- ABDURACHMANOV, G.
Installation and Special Construction Work - Montage-u.Spezialbauarbeiten - montažnych i special'nych stroitel'nych rabot	- BORODAVKO, I.K.
Internal Affairs - innere Angelegenheiten - vnutrennich del	- JACHJAEV, Ch.Ch.
Justice - Justiz - justicii	- VASIKOVA, M.S.
Land Reclamation and Water Resources - Melioration und Wasserwirtschaft - melioracii i vodnogo chozjajstva	- DŽURABEKOV, I.Ch.
Light Industry - Leichtindustrie - legkoj promyšlennosti	- KURBANOV, M.Ch.
Meat and Dairy Industry - Fleisch-und Milchindustrie - mjasnoj i moločnoj promyšlennosti	- MAMADŽANOV, Ju.
Power and Electrification - Energiewirtschaft und Elektrifizierung - energetiki i elektrifikacii	- CHAMIDOV, A.Ch.
Procurement - Beschaffungen - zagotovok	- AŠURALIEV, R.
Rural Construction - Landbauwesen - sel'skogo stroitel'stva	- NASYROV, Ch.M.
Trade - Handel - torgovli	- JUSUPOV, G.G.
Furniture and Wood Processing Industry - Möbel-und holzbearbeitende Industrie - mebel'noj i derevoobrabatyvajuščej promyšlennosti	- UMAROV, A.Ch.

Republican Ministries of - Republikanische Ministerien für - Respublikanskie Ministerstva:

Construction and Utilization of Roads - Bau und Nutzung der Autobahnen - stroitel'stva i ekspluatacii avtomobil'nych dorog	- KAJUMOV, A.K.

[1] also Deputy Chairman of the Council of Ministers - glz.stellv.Vorsitzender des Ministerrates

4.4.4 State Structure
Staatsordnung

Consumer Services - Dienstleistungen - bytovogo obsluživanija naselenija	- BRODOVA, A.I.
Municipal Services - Kommunalwirtschaft - kommunal'nogo chozjajstva	- ILJUCHIN, A.M.
Local Industry - lokale Industrie - mestnoj promyšlennosti	- NASREDDINOV, G.
Motor Transport - Kraftverkehr - avtomobil'nogo transporta	- GAVRILOV, A.F.
Social Security - Sozialfürsorge - social'nogo obespečenija	- SADYKOVA, V.S.
	Chairman/Chief Vorsitzender/Leiter Predsedatel'/Načalnik
State Planning Committee - Staatliches Plankomitee - Gosudarstvennyj Planovyj komitet - GOSPLAN	- ACHMEDOV, K.A.[1]
State Committee for Construction Affairs - Staatskomitee für Bauwesen - Gosudarstvennyj komitet po delam stroitel'stva	- SKREBNEV, V.S.
Committee for People's Control - Komitee für Volkskontrolle - Komitet narodnogo kontrolja	- MACHMUDOV, N.
State Committee for Labor - Staatskomitee für Arbeit - Gosudarstvennyj komitet po trudu	- MURTAZAEV, K.
State Committee for Vocational and Technical Education - Staatskomitee für berufstechnische Ausbildung - Gosudarstvennyj komitet po professional'no-techničeskomu obrazovaniju	- KAJUMOV, P.
State Committee for Cinematography - Staatskomitee für Filmwesen - Gosudarstvennyj komitet po kinematografii	- ABDULLAEV, A.
State Committee for Fishery - Staatskomitee für Fischereiwirtschaft - Gosudarstvennyj komitet po rybnomu chozjajstvu	- MACHMUDOV, A.
State Committee for Publishing Houses, Printing Plants and the Book Trade - Staatskomitee für Verlagswesen, Polygraphie und Buchhandel - Gosudarstvennyj komitet po delam izdatel'stv, poligrafii i knižnoj torgovli	- ESENBAEV, Z.I.
State Committee on Prices - Staatskomitee für Preispolitik - Gosudarstvennyj komitet cen	- TADŽIEV, N.
State Committee for Television and Radio Broadcasting - Staatskomitee für Fernseh- und Rundfunkwesen - Gosudarstvennyj komitet po televideniju i radioveščaniju	- IBRAGIMOV, U.Ja.
Committee for State Security - Komitee für Staatssicherheit - Komitet gosudarstvennoj bezopasnosti	- MELKUMOV, L.N.
State Committee for Production-Technological Supply in Agriculture - Staatskomitee für produktionstechnische Versorgung der Landwirtschaft - Gosudarstvennyj komitet po proizvodstvenno-techničeskom obespečeniju sel'skogo chozjajstva	- SAFAROV, R.
State Committee for Gasification - Staatskomitee für Gasifizierung - Gosudarstvennyj komitet po gazifikacii	- ATADŽANOV, A.R.
Main Administration of Materials and Technical Supply - Hauptverwaltung für materiell-technische Versorgung - Glavnoe upravlenie material'no-techničeskogo snabženija	- ŠARIPOV, T.Ja.
Main Administration for Construction in Tashkent City - Hauptverwaltung für Bauwesen in der Stadt Taškent - Glavnoe upravlenie po stroitel'stvu v gorode Taškente	- NABIEV, T.
State-Cooperative Administration for Construction on Collective Farms - Staatliche Genossenschaftsvereinigung für Bauwesen in den Kolchosen - Gosudarstvenno-kooperativnoe ob'edinenie po stroitel'stvu v kolchozach "Uzkolchozstroj"	- AŠUROV, I.
Agrarian-Industrial Association for the Production, Procurement, Industrial Processing and Wholesale of Potatoes, Vegetables, Melons, Fruits and Grapes - Agrar-industrielle Vereinigung	

---
[1] Also Deputy Chairman of the Council of Ministers - glz.Stellv.Vorsitzender des Ministerrates

für Produktion, Beschaffung, industrielle Verarbeitung und Engros-
Verkauf von Kartoffeln, Gemüse, Melonen, Obst und Weintrauben -
Agrarno-promyšlennoe ob'edinenie po proizvodstvu, zagotovkam,
promyšlennoj pererabotke i optovoj realizacii kartofelja,
ovoščej, bachčevych kul'tur, fruktov i vinograda
"Uzplodovošč" — ALIMOV, A.A.
Central Statistical Administration - Statistische Zentral-
verwaltung - Central'noe statističeskoe upravlenie — MACHMUDOV, S.M.

4.4.5 Kazachskaja SSR

Supreme Soviet of the Kazakh SSR - Oberster Sowjet der Kasachischen
SSR - Verchovnyj Sovet Kazachskoj SSR

Presidium-Präsidium-Prezidija

Chairman-Vorsitzender-Predsedatel'   — NIJAZBEKOV, S.B.

Deputy Chairman-stellv.Vorsitzender-
  Zamestitel' predsedatelja   — --

Secretary-Sekretärin-Sekretar'   — ABAEVA, N.B.

Presidium members-Mitglieder des
  Präsidiums-Členy prezidiuma   — ALIMŽANOV, A.T.   KORKIN, A.G.
                                           BELALOV, I.M.   KULBAEVA, Ch.
                                           BORISOVA, L.A.   KUNAEV, D.A.
                                           EFREMOV, V.V.   MAKUŠEV, V.V.
                                           PLOTNIKOV, A.P.   MYRZAŠEV, R.
                                           GUKASOV, E.Ch.   ŠARF, I.I.
                                           IKSANOV, M.B.   TITENKOVA, G.N.
                                           ISMAGANBETOV, S.M. TURGUMBAEV, K.S.
                                           IZDIKULOVA, R.

Chairman of the Supreme Soviet -
Vorsitzender des Obersten Sowjets -
Predsedatel'Verchovnogo Soveta   — IMAŠEV, S.N.

Deputies-Stellvertreter-Zamestiteli   — PODOJNIKOVA, N.I.   SARSENOVA, D.Ž.
                                           POCELUEV-SNEGIN, D.F.

Council of Ministers of the Kazakh SSR - Ministerrat der Kasachischen
SSR - Sovet Ministrov Kasachskoj SSR

Chairman-Vorsitzender-Predsedatel'   — AŠIMOV, B.

First Deputies-Erste Stellvertreter-
  Pervye Zamestiteli   —   SMIRNOV, S.A.

Deputies-Stellvertreter-Zamestiteli   — BAŠMAKOV, E.F.   TAKEŽANOV, S.T.
                                           DŽIENBAEV, S.S.   ŽANYBEKOV, S.
                                           KUBAŠEV, S.

Union Republican Ministries of - Unionsrepublikanische Ministerien für -
Sojuzno-respublikanskie Ministerstva:

Agriculture - Landwirtschaft - sel'skogo chozjajstva   — MOTORIKO, M.G.

Communications - Post-u.Fernmeldewesen - svjazi   — ELIBAEV, A.A.

Construction of Heavy Industry Enterprises - Bau von Betrieben
der Schwerindustrie - stroitel'stva predprijatij tjaželoj
promyšlennosti   — OL'KOV, N.P.
Culture - Kultur - kul'tury   — ERKIMBEKOV, Ž.

Education - Volksbildung - prosveščenija   — BALACHMETOV, K.B.

4.4.5 State Structure
Staatsordnung

Finance - Finanzen - finansov	- BAJSEITOV, R.S.
Fish Industry - Fischereiwirtschaft - rybnogo chozjajstva	- UTEGALIEV, I.M.
Food Industry - Nahrungsmittelindustrie - piščevoj promyšlennosti	-ZARICKIJ, E.E.
Foreign Affairs - auswärtige Angelegenheiten - inostrannych del	- BAZARBAEV, M.
Forestry - Forstwirtschaft - lesnogo chozjajstva	- ZAJCEV, A.M.
Geology - Ceologie - geologii	CAKABAEV, S.F.
Health - Gesundheitswesen - zdravoochranenija	- ŠARMANOV, T.Š.
Higher and Secondary Specialized Education - Hochschul-und mittlere Fachschulbildung - vysšego i srednego special'nogo obrazovanija	- KATAEV, T.
Installation and Special Construction Work - Montage- und Spezialbauarbeiten - po montažnym i special'nym stroitel'nym rabotam	- ERŽANOV, B.M.
Internal Affairs - innere Angelegenheiten - vnutrennich del	- ESBULATOV, M.
Justice - Justiz - justicii	- DŽUSUPOV, B.
Land Reclamation and Water Economy - Melioration und Wasserwirtschaft - melioracii i vodnogo chozjajstva	- TYNYBAEV, A.A.
Light Industry - Leichtindustrie - legkoj promyšlennosti	- IBRAGIMOV, V.G.
Meat and Dairy Industry - Fleisch-und Milchindustrie - mjasnoj i moločnoj promyšlennosti	- ALYBAEV, A.A.
Nonferrous Metallurgy - Buntmetallurgie - cvetnoj metallurgii	- GREBENJUK, V.A.
Power and Electrification - Energiewirtschaft und Elektrifizierung - energetiki i elektrifikacii	- BATUROV, T.I.
Procurement - Beschaffungen - zagotovok	- DAIROV, M.D.
Rural Construction - Landbauwesen - sel'skogo stroitel'stva	- MUSIN, K.N.
Timber and Wood Processing Industry - Holz- und holzbearbeitende Industrie - lesnoj i derevoobrabatyvajuščej promyšlennosti	- ALDERBAEV, M.
Trade - Handel - torgovli	- IVANOV, M.S.
Construction Materials Industry - Baustoffindustrie - promyšlennosti stroitel'nych materialov	- TREBUCHIN, F.V.

Republican Ministries of - Republikanische Ministerien für - Respublikanskie Ministerstva:

Consumer Services - Dienstleistungen - bytovogo obsluživanija naselenija	- KONAKBAEV, K.D.
Local Industry - lokale Industrie - mestnoj promyšlennosti	- MUCHAMED-RACHIMOV, T.G.
Motor Highways - Landstraßen - šossejnych dorog	- GONČAROV, L.B.
Motor Transport - Kraftverkehr - avtomobil'nogo transporta	- KADYRBAEV, V.K.
Municipal Services - Kommunalwirtschaft - kommunal'nogo chozjajstva	- ČERNYŠOV, A.I.
Social Security - Sozialfürsorge - social'nogo obespečenija	- OMAROVA, Z.S.

Chairman/Chief
Vorsitzender/Leiter
Predsedatel'/Načalnik

State Planning Committee - Staatl. Plankomitee - Gosudarstvennyj Planovyj komitet - GOSPLAN	- TAKEŽANOV, S.T.[1]
State Committee for Construction Affairs - Staatskomitee für Bauwesen - Gosudarstvennyj komitet po delam stroitel'stva	- BEKTEMISOV, A.I.

[1] Also Deputy Chairman of the Council of Ministers - glz.stellv.Vorsitzender des Ministerrates

State Structure 4.4.5
Staatsordnung 4.4.6

Committee for People's Control - Komitee für Volkskontrolle -
Komitet narodnogo kontrolja — KANCELJARISTOV, P.S.
State Committee for Publishing Houses, Printing Plants and the
Book Trade - Staatskomitee für Verlagswesen, Polygraphie und
Buchhandel - Gosudarstvennyj komitet po delam izdatel'stv,
poligrafii i knižnoj torgovli — ELEUKENOV, S.R.
State Committee for Labor - Staatskomitee für Arbeit -
Gosudarstvennyj komitet po trudu — KASYMKANOV, A.K.
State Committee for Cinematography - Staatskomitee für
Filmwesen - Gosudarstvennyj komitet po kinematografii — GALIMŽANOVA, L.G.
State Committee for the Supervision of Labor Safety in
Industry and Mining - Staatskomitee f.d.Überwachung
d.Arbeitssicherheit i.d.Industrie u.f.Bergwerksaufsicht -
Gosudarstvennyj komitet po nadzoru za bezopasnym vedeniem
rabot v promyšlennosti i gornomu nadzoru — GALIMŽANOV, K.G.
State Committee for Vocational and Technical Education -
Staatskomitee für berufstechnische Ausbildung -
Gosudarstvennyj komitet po professional'no-techničeskomu
obrazovaniju — ISABEKOV, A.
State Committee for Television and Radio Broadcasting -
Staatskomitee für Fernseh- und Rundfunkwesen -
Gosudarstvennyj komitet po televideniju i radioveščeniju — CHASENOV, Ch.
State Committee on Prices - Staatskomitee für Preispolitik -
Gosudarstvennyj komitet cen — NAKIPOV, S.K.
Committee for State Security - Komitee für Staatssicherheit -
Komitet gosudarstvennoj bezopasnosti — ŠEVČENKO, V.T.
Main Administration for Material and Technical Supply -
Hauptverwaltung für materiell-technische Versorgung -
Glavnoe upravlenie po material'no-techničeskom snabženiju — TANKIBAEV, Ž.A.
State Committee for Production-Technological Supply in
Agriculture - Staatskomitee für produktionstechnische Versor-
gung der Landwirtschaft - Gosudarstvennyj komitet po proiz-
vodstvenno-techničeskom obespečeniju sel'skogo chozjajstva — EGOROV, A.M.
Central Statistical Administration - Statistische Zentral-
verwaltung - Central'noe statističeskoe upravlenie — TROCENKO, Z.P.

4.4.6 Gruzinskaja SSR

Supreme Soviet of the Georgian SSR - Oberster Sowjet der Georgischen
SSR - Verchovnyj Sovet Gruzinskoj SSR

Presidium-Präsidium-Prezidija

Chairman-Vorsitzender-Predsedatel' — GILAŠVILI, P.G.

Deputy Chairmen-stellv.Vorsitzende-
Zamestiteli predsedatelja — DIASAMIDZE, D.D.   ŠINKUBA, B.V.

Secretary-Sekretärin-Sekretar' — LAŠKARAŠVILI, T.V.

Presidium members-Mitglieder des
Präsidiums-Členy prezidiuma — CIKLAURI, A.N.   MARDANOV, G.I.
DVALIŠVILI, D.N.   MEZVRIŠVILI, M.A.
DŽAVACHIŠVILI, G.D.   ŠARTAVA, Ž.K.
GAPRINDAŠVILI, C.D.   ŠEVARDNADZE, E.A.
KARKARAŠVILI, S.V.   TODUA, I.T.
KOČOJAN, V.A.   ZURABAŠVILI, A.D.
LOBŽANIDZE, B.F.   KVAČADZE, Z.A.

4.4.6 State Structure / Staatsordnung

Chairman of the Supreme Soviet - Vorsitzender des Obersten Sowjets - Predsedatel'Verchovnogo Soveta	- ABAŠIDZE, I.V.	
Deputies-Stellvertreter-Zamestiteli	- GURGENIDZE, N.V. KABULOVA, T.Š.	KARBA, O.N. VASADZE, Z.O.

Council of Ministers of the Georgian SSR - Ministerrat der Georgischen SSR - Sovet Ministrov Gruzinskoj SSR

Chairman-Vorsitzender-Predsedatel'	- PATARIDZE, Z.A.	
First Deputy-Erster Stellvertreter- Pervyj Zamestitel'	- KIKNADZE, S.D.	

Deputies-Stellvertreter-Zamestiteli	- ČERKEZIJA, O.E.
	  DŽAPARIDZE, E.M.
	  GELDIAŠVILI, Z.V.
		KEDIŠVILI, Ju.I.
		VADAČKORIJA, V.I.

Union Republican Ministries of - Unionsrepublikanische Ministerien für - Sojuzno-respublikanskie Ministerstva:

Agriculture - Landwirtschaft - sel'skogo chozjajstva	- ČITANAVA, N.A.
Communications - Post-u.Fernmeldewesen - svjazi	- KOBACHIDZE, V.I.
Construction - Bauwesen - stroitel'stva	- MEDZMARIAŠVILI, N.A.
Construction Materials Industry - Baustoffindustrie - promyšlennosti stroitel'nych materialov	- LOLAŠVILI, O.I.
Culture - Kultur - kul'tury	- TAKTAKIŠVILI, O.V.
Education - Volksbildung - prosveščenija	- KINKLADZE, O.D.
Finance - Finanzen - finansov	- ANANIAŠVILI, P.A.
Food Industry - Nahrungsmittelindustrie - piščevoj promyšl.	- KONCELIDZE, R.Ch.
Foreign Affairs - auswärtige Angelegenheiten - inostranych del	- KIKNADZE, S.D.[1]
Forestry - Forstwirtschaft - lesnogo chozjajstva	- CALAGANIDZE, S.I.
Health - Gesundheitswesen - zdravoochranenija	- LEŽAVA, G.G.
Higher and Secondary Specialized Education - Hochschul-u.mittl. Fachschulbildung - vysšego i srednego special'nogo obrazovanija	-DŽIBLADZE, G.N.
Internal Affairs - innere Angelegenheiten - vnutrennich del	- KETILADZE, K.E.
Justice - Justiz - justicii	- SUČANAŠVILI, A.A.
Land Reclamation and Water Resources - Melioration u.Wasser- wirtschaft - melioracii i vodnogo chozjajstva	- GADELIJA, G.B.
Light Industry - Leichtindustrie - legkoj promyšlennosti	- GAMCEMLIDZE, G.P.
Meat and Dairy Industry - Fleisch-u.Milchindustrie - mjasnoj i moločnoj promyšlennosti	-
Procurement - Beschaffungen - zagotovok	- ČANUKVADZE, S.I.
Rural Construction - Landbauwesen - sel'skogo stroitel'stva	- CHARATIŠVILI, Jo.A.
Timber and Woodworking Industry - Holz-u.holzbearbeitende Industrie - lesnoj i derevoobrabatyvajuščej promyšlennosti	- TITBERIDZE, S.A.
Trade - Handel - torgovli	- MEGRELIŠVILI, M.A.

Republican Ministries of - Republikanische Ministerien für - Respublikanskie Ministerstva:

Consumer Services - Dienstleistungen - bytovogo obsluživanija naselenija	- SOBOLEV, V.A.
Highways - Autobahnen - avtomobil'nych dorog	- ROBITAŠVILI, G.V.
Motor Transport - Kraftverkehr - avtomobil'nogo transporta	- DAVITAŠVILI, T.N.

[1] Also Deputy Chairman of the Council of Ministers
  glz.stellv.Vorsitzender des Ministerrates

State Structure 4.4.6
Staatsordnung

Housing and Municipal Services - Wohnungs-u.Kommunalwirt-
  schaft - Žilišĉno-kommunal'nogo chozjajstva — VAŠADZE, N.G.
Local Industry - lokale Industrie - mestnoj promyšlennosti — MAGRADZE, M.K.
Social Security - Sozialfürsorge - social'nogo obespečenija — GARDABCHADZE, K.K.

Chairman/Chief
Vorsitzender/Leiter
Predsedatel'/Naĉalnik

State Planning Committee - Staatl. Plankomitee -
  Gosudarstvennyj Planovyj komitet - GOSPLAN — DŽAPARIDZE, E.M.[1]
State Committee for Construction Affairs - Staatskomitee für
  Bauwesen - Gosudarstvennyj komitet po delam stroitel'stva — MIZIANAŠVILI, G.Z.
Committee for People's Control - Komitee für Volkskontrolle -
  Komitet narodnogo kontrolja — MELKADZE, O.V.
State Committee for Science and Technology - Staatskomitee
  für Wissenschaft und Technik - Gosudarstvennyj komitet po
  nauke i technike — GVERDCITELI, I.G.
State Committee for Television and Broadcasting - Staats-
  komitee für Fernseh-u.Rundfunkwesen - Gosudarstvennyj
  komitet po televideniju i radioveščaniju — ENUKIDZE, G.N.
State Committee for Vocational and Technical Education -
  Staatskomitee f.berüstechnische Ausbildung - Gosudarstvennyj
  komitet po professional'no-techničeskomu obrazovaniju — ŠEVARDNADZE, I.A.
State Committee for Publishing Houses, Printing Plants and the
  Book Trade - Staatskomitee für Verlagswesen, Polygraphie und
  Buchhandel - Gosudarstvennyj komitet po delam izdatel'stv,
  poligrafii i knižnoj torgovli — ĈIKVAIDZE, A.D.
State Committee for the Protection of Nature - Staatskomitee
  für Naturschutz - Gosudarstvennyj komitet po ochrane prirody — KAĈARAVA, V.Ja.
State Committee for Cinematography - Staatskomitee für Film-
  wesen - Gosudarstvennyj komitet po kinematografii — DVALIŠVILI, A.A.
State Committee for Labor - Staatskomitee für Arbeit -
  Gosudarstvennyj komitet po trudu — DŽAPARIDZE, R.A.
State Committee for the Supervision of Labor Safety in
  Industry and Mining - Staatskomitee f.d.Überwachung
  d.Arbeitssicherheit i.d.Industrie u.f.Bergwerksaufsicht -
  Gosudarstvennyj komitet po nadzoru za bezopasnym vedeniem
  rabot v promyšlennosti i gornomu nadzoru — GAMCHARAŠVILI, A.G.
State Committee for Prices - Staatskomitee für Preispolitik -
  Gosudarstvennyj komitet cen — CIMAKURIDZE, K.S.
Committee for State Security - Komitee für Staatssicherheit -
  Komitet gosudarstvennoj bezopasnosti — INAURI, A.N.
State Committee for Production-Technological Supply in
  Agriculture - Staatskomitee für produktionstechnische Versor-
  gung der Landwirtschaft - Gosudarstvennyj komitet po proiz-
  vodstvenno-techničeskom obespečeniju sel'skogo chozjajstva — SARIŠVILI, D.E.
State Committee for Material and Technical Supply -
  Staatskomitee für materiell-technische Versorgung -
  Gosudarstvennyj komitet po material'no-techničeskogo snabžen. — BUADZE, A.I.
Main Administration of the Gas Industry - Hauptverwaltung
  für Gasifizierung - Glavnoe upravlenie po gazifikacii — --
Main Administration for Installation and Specialized
  Construction Work - Hauptverwaltung für Montage-u.Spezial-
  bauarbeiten - Glavnoe upravlenie montažnych i special'nych
  stroitel'nych rabot — BUCHRAŠVILI, Š.E.
Main Administration for the Industrial Construction - Haupt-
  verwaltung für Investitionsbau - Glavnoe upravlenie
  kapital'nogo stroitel'stva — ZATUAŠVILI, B.A.
Central Statistical Administration - Statistische Zentral-
  verwaltung - Central'noe statističeskoe upravlenie — BASARIJA, R.V.

[1] Also Deputy Chairman of the Council of Ministers
glz.stellv.Vorsitzender des Ministerrates

4.4.7 Azerbajdžanskaja SSR

Supreme Soviet of the Azerbaijan SSR - Oberster Sowjet der Aserbaidschanischen SSR - Verchovnyj Sovet Azerbajdžanskoj SSR

Presidium-Präsidium-Prezidija

Chairman-Vorsitzender-Predsedatel'	- CHALILOV, K.A.o.	
Deputy Chairmen-stellv.Vorsitzende-Zamestiteli predsedatelja	- ALIEVA, S.A.k.	ASLANOV, A.A.
Secretary-Sekretärin-Sekretar'	- ABILOVA, G.A.k.	
Presidium members-Mitglieder des Präsidiums-Členy prezidiuma	- ACHMEDOVA, T.R. ALIEV, G.A.R.o. ALIEV, N.A. KIRILJUK, V.K. DADAŠEV, M.M.o. GADŽIEV, B.A.o. GRIGORJAN, S.A. GUSEJNOV, A.N.o.	GUSEJNOVA, F.R.k. ISMAILOV, V.A.o. KULIEV, I.B.o. MAMEDOV, I.A.o. NIKITIN, N.V. SULEJMANOV, A.A.o. USEJNOV, M.A.
Chairman of the Supreme Soviet - Vorsitzender des Obersten Sowjets - Predsedatel'Verchovnogo Soveta	- RUSTAM-ZADE, S.A.o.	
Deputies-Stellvertreter-Zamestiteli	- ADAMJAN, S.A. FATULLAEVA, F.A.k.	GORBAČEVA, A.A. SAFARALIEV, R.K.

Council of Ministers of the Azerbaijan SSR - Ministerrat der Aserbaidschanischen SSR - Sovet Ministrov Azerbaidžanskoj SSR

Chairman-Vorsitzender-Predsedatel'	- IBRAGIMOV, A.I.	
First Deputy - Erster Stellvertreter - Pervyj Zamestitel'	- TATLIEV, S.B.o.	
Deputies-Stellvertreter-Zamestiteli	- KADIROV, A.M.o. GUSEJNOV, K.A.o. LEMBERANSKIJ, A.D.	RASIZADE, Š.A.R.o. ŠČEGLOV, G.V.

Union Republican Ministries of - Unionsrepublikanische Ministerien für - Sojuzno-respublikanskie Ministerstva:

Agriculture - Landwirtschaft - sel'skogo chozjajstva	- ASKEROV, M.G.o.
Communications - Post-u.Fernmeldewesen - svjazi	- RASULBEKOV, G.D.
Construction Materials Industry - Baustoffindustrie - promyšlennosti stroitel'nych materialov	- ISAEV, N.A.
Culture - Kultur - kul'tury	- BAGIROV, Z.N.o.
Education - Volksbildung - prosveščenija	- MECHTIZADE, M.M.
Finance - Finanzen - finansov	- BACHŠALIEV, B.G.o.
Food Industry - Nahrungsmittelindustrie - piščevoj promyšlennosti	- MAMEDOV, K.S.o.
Foreign Affairs - äußere Angelegenheiten - inostrannych del	- TAIROVA, T.A.
Health - Gesundheitswesen - zdravoochranenija	- ABDULLAEV, G.M.o.
Higher and Secondary Specialized Education - Hochschul-u.mittl. Fachschulbildung - vysšego i srednego special'nogo obrazovanija	- ALIEV, K.G.o.

State Structure 4.4.7
Staatsordnung

Industrial Construction - Industriebauwesen - promyšlennogo
 stroitel'stva — PJATIBRAT, V.L.
Internal Affairs - innere Angelegenheiten - vnutrennich del — --
Justice - Justiz - justicii — MAMEDOV, A.A.o.
Land Reclamation and Water Resources - Melioration u.Wasser-
 wirtschaft - melioracii i vodnogo chozjajstva — RUSTAMOV, N.G.o.
Light Industry - Leichtindustrie - legkoj promyšlennosti — MELIKOV, E.S.o.
Meat and Dairy Industry - Fleisch-und Milchindustrie -
 mjasnoj i moločnoj promyšlennosti — MAMEDOV, A.G.K.o.
Petroleum Refining and Petrochemical Industry - erdölver-
 arbeitende Industrie und Petrochemie - neftepererabatyvajuščej
 i neftechimičeskoj promyšlennosti — AKIMOV, K.A.o.
Procurement - Beschaffungen - zagotovok — AZIZOV, S.G.o.
Rural Construction - Landbauwesen - sel'skogo stroitel'stva — GUSEJN-ZADE, A.M.A.K.o.
Timber and Wood Processing Industry - Holz-u.holzbearbeitende
 Industrie - lesnoj i derevoobrabatyvajuščej promyšlennosti — AJRIJAN, A.A.
Trade - Handel - torgovli — ZEJNALOV, G.Ju.o.

Republican Ministries of - Republikanische Ministerien für - Respublikanskie
 Ministerstva:

Construction and Maintenance of Highways - Bau und Nutzung
 der Autobahnen - stroitel'stva i ekspluatacii avtomobil'-
 nych dorog — ASANOV, D.M.o.
Consumer Services - Dienstleistungen - bytovogo
 obsluživanija naselenija — GASANOVA, Z.M.k.
Local Industry - lokale Industrie - mestnoj promyšlennosti — ASADULLAEV, A.B.o.
Motor Transport - Kraftverkehr - avtomobil'nogo transporta — BABAEV, M.A.o.
Municipal Services - Kommunalwirtschaft - kommunal'nogo
 chozjajstva — TOPČIEV, A.R.
Social Security - Sozialfürsorge - social'nogo obespečenija — KAZIEV, M.Ja.

Chairman/Chief
Vorsitzender/Leiter
Predsedatel'/Načalnik

State Planning Committee - Staatl. Plankomitee -
 Gosudarstvennyj Planovyj komitet - GOSPLAN — KADIROV, A.M.o.[1]
State Committee for Construction Affairs - Staatskomitee für
 Bauwesen - Gosudarstvennyj komitet po delam stroitel'stva — IZMAJLOV, Ja.A.A.
Committee for People's Control - Komitee für Volkskontrolle -
 Komitet narodnogo kontrolja — EFENDIEV, G.Š.o.
State Committee for Vocational and Technical Education -
 Staatskomitee f.berufstechnische Ausbildung - Gosudarstvennyj
 komitet po professional'no-techničeskomu obrazovaniju — ALLACHVERDIEV, T.A.-G.
State Committee for Labor - Staatskomitee für Arbeit -
 Gosudarstvennyj komitet po trudu — KURMAKAEV, Z.A.
Committee for State Security - Komitee für Staatssicherheit -
 Komitet gosudarstvennoj bezopasnosti — KRASILNIKOV, V.S.
State Committee for Forestry - Staatskomitee für Forstwirt-
 schaft - Gosudarstvennyj komitet lesnogo chozjajstva — MUSTAFAEV, M.G.
State Production Committee for Viticulture and Winemaking -
 Staatl.Produktionskomitee für Weinbau und Weinbereitung -
 Gosudarstvennyj proizvodstvennyj komitet po vinogradarstvu
 i vinodeliju — RZAEV, Ju.K.
State Committee for the Protection of Nature - Staatskomitee
 für Naturschutz - Gosudarstvennyj komitet po ochrane prirody — ADIGEZALOV, B.M.S.o.

[1] Also Deputy Chairman of the Council of Ministers
 glz.stellv.Vorsitzender des Ministerrates

4.4.7 State Structure
4.4.8 Staatsordnung

State Committee for Television and Broadcasting - Staatskomitee
für Fernseh- und Rundfunkwesen - Gosudarstvennyj komitet po
televideniju i radioveščaniju — - JUSIFZADE, K.Ju.o.
State Committee for Cinematography - Staatskomitee für Film-
wesen - Gosudarstvennyj komitet po kinematografii — - KURBANOV, M.K.o.
State Committee for Publishing Houses, Printing Plants and the
Book Trade - Staatskomitee für Verlagswesen, Polygraphie und
Buchhandel - Gosudarstvennyj komitet po delam izdatelstv,
poligrafii i knižnoj torgovli — - ALLACHVERDIEV,M.A.o.
State Committee for Prices - Staatskomitee für Preispolitik -
Gosudarstvennyj komitet cen — - ZULFUGAROV, A.M.
Agrarian-Industrial Association for the Production, Procurement,
Industrial Processing and Sale of Vegetables and Fruits -
Agrar-industrielle Vereinigung für Produktion, Beschaffung,
Verarbeitung und Absatz von Gemüse und Obst - Agrarno-
promyšlennoe ob'edinenie po proizvodstvu, zagotovkam,
pererabotke i sbytu ovoščej i plodov "Azplodovoščprom" — - ŠAMIEV, I.Š.
Main Administration for Material and Technical Supply -
Hauptverwaltung für materiell-technische Versorgung -
Glavnoe upravlenie po material'no-techničeskomu snabženiju — - GUSEJNOV, R.A.G.o.
Main Administration for Installation and Special Construction
Work - Hauptverwaltung für Montage-u.Spezialbauarbeiten -
Glavnoe upravlenie po montažnym i special'nym stroitel'nym
rabotam — - KJASIMOV, T.M.o.
Administration for Geology - Verwaltung für Geologie -
Upravlenie geologii — - ŠEKINSKIJ, E.M.M.
State Committee for Production-Technological Supply in
Agriculture - Staatskomitee für produktionstechnische Versor-
gung der Landwirtschaft - Gosudarstvennyj komitet po proiz-
vodstvenno-techničeskom obespečeniju sel'skogo chozjajstva — - MOLOTIEVSKIJ, L.A.
Association for Nonferrous Metallurgy - Verwaltung für
Buntmetallurgie - Ob'edinenie po cvetnoj metallurgii — - RIZAEV, K.N.o.
Central Statistical Administration - Statistische Zentral-
verwaltung - Central'noe statističeskoe upravlenie — - ABBASALIEV, S.k.o.

4.4.8 Litovskaja SSR

Supreme Soviet of the Lithuanian SSR - Oberster Sowjet der
  Litauischen SSR - Verchovnyj Sovet Litovskoj SSR

Presidium-Präsidium-Prezidija

Chairman-Vorsitzender-Predsedatel'	- BARKAUSKAS, A.S.	
Deputy Chairmen-stellv.Vorsitzende-Zamestiteli predsedatelja	- DIRŽINSKAITE-PILJUŠENKO, L.Ju. MEŽELAITIS, E.B.	
Secretary-Sekretär-Sekretar'	- NAUJALIS, S.S.	

Presidium members-Mitglieder des Präsidiums-Členy prezidiuma	- GRIŠKEVICIUS, P.P.
	  GURECKAS, J.J.
	  KULIKOV, Ju.I.
	  MEŠKAUSKIENE, A.A.
	  MIKUČIAUSKAS, V.K.
		PETRONIS, P.P.
		POVILAUSKAS, V.-P.
		ŠPAKOVA, T.I.
		VILEIKIS, A.A.P.
		ZINKEVIČIENE, V.V.

Chairman of the Supreme Soviet - Vorsitzender des Obersten Sowjets - Predsedatel'Verchovnogo Soveta	- SONGAILA, R.-B.I.	
Deputies-Stellvertreter-Zamestiteli	- GREIČUVIENE, Ja.P. KORSAKAS, K.P.	MARKEVICIENE, E.C. SYČEV, G.A.

State Structure 4.4.8
Staatsordnung

Council of Ministers of the Lithuanian SSR - Ministerrat der Litauischen SSR - Sovet Ministrov Litovskoj SSR

Chairman-Vorsitzender-Predsedatel'	- MANIUŠIS, Jo.A.	
First Deputy - Erster Stellvertreter - Pervyj Zamestitel'	- KAIRIS, K.K.	
Deputies-Stellvertreter-Zamestiteli	- ČESNAVIČIUS, A.J. DROBNIS, A.A.	RUSENKO, Ju.L. VAZALINSKAS, V.M.

Union Republican Ministries of - Unionsrepublikanische Ministerien für - Sojuzno-respublikanskie Ministerstva:

Agriculture - Landwirtschaft - sel'skogo chozjajstva	- GRIGALIUNAS, M.Ju.
Communications - Post-und Fernmeldewesen - svjazi	- ONAITIS, K.K.
Construction - Bauwesen - stroitel'stva	- SEŠPLAUKIS, B.A.
Construction Materials Industry - Baustoffindustrie - promyšlennosti stroitel'nych materialov	- JASIUNAS, S.P.
Culture - Kultur - kul'tury	- BELINIS, J.L.
Education - Volksbildung - prosveščenija	- RIMKUS, A.S.
Finance - Finanzen - finansov	- SIKORSKIS, R.A.
Food Industry - Nahrungsmittelindustrie - piščevoj promyšlennosti	-DULSKAS, S.A.
Foreign Affairs - äußere Angelegenheiten - inostrannych del	- ZENKIAVIČIUS, V.
Forestry and Timber Industry - Forstwirtschaft u.Holzindustrie - lesnogo chozjajstva i lesnoj promyšlennosti	- LUKAŠEVIČIUS, V.-P.V.
Furniture and Woodworking Industry - Möbel-u.holzbearbeitende Industrie - mebel'noj i derevoobrabatyvajuščej promyšlennosti	- KURIS, Povilas M.
Health - Gesundheitswesen - zdravoochranenija	- KLEIZA, V.-A.J.
Higher and Secondary Specialized Education - Hochschul-u.mittl. Fachschulbildung - vysšego i srednego special'nogo obrazovanija	-ZABULIS, G.K.
Internal Affairs - innere Angelegenheiten - vnutrennich del	- MIKALAUSKAS, Ju.V.
Justice - Justiz - justicii	- KURIS, Pranas M.
Land Reclamation and Water Resources - Melioration und Wasserwirtschaft - melioracii i vodnogo chozjajstva	- VELIČKA, J.J.
Light Industry - Leichtindustrie - legkoj promyšlennosti	- RAMANAUSKAS, J.K.
Meat and Dairy Industry - Fleisch-u.Milchindustrie - mjasnoj i moločnoj promyšlennosti	- BUKLIS, M.V.
Procurement - Beschaffungen - zagotovok	- KARECKAS, L.J.
Rural Construction - Landbauwesen - sel'skogo stroitel'stva	- BAGDONAS, A.I.
Trade - Handel - torgovli	- MICKUNAS, P.P.

Republican Ministries of - Republikanische Ministerien für - Respublikanskie Ministerstva:

Consumer Services - Dienstleistungen - bytovogo obsluživanija naselenija	- PLECHAVIČIUS, K.P.
Local Industry - lokale Industrie - mestnoj promyšlennosti	- SIMENENKO, G.K.
Motor Transport and Roads - Kraftverkehr und Landstraßen - avtomobil'nogo transporta i šossejnych dorog	- ČERNIKOV, I.S.
Municipal Services - Kommunalwirtschaft - kommunal'nogo chozjajstva	- ŠERIS, Ju.M.
Social Security - Sozialfürsorge - social'nogo obespečenija	- PACEVIČIENE, Ja.B.

4.4.8 State Structure
4.4.9 Staatsordnung

	Chairman/Chief Vorsitzender/Leiter Predsedatel'/Načalnik
State Planning Committee - Staatl. Plankomitee - Gosudarstvennyj Planovyj komitet - GOSPLAN	- DROBNIS, A.A.[1]
State Committee for Construction Affairs - Staatskomitee für Bauwesen - Gosudarstvennyj komitet po delam stroitel'stva	- AKSOMITAS, A.Ju.
Committee for People's Control - Komitee für Volkskontrolle - Komitet narodnogo kontrolja	- BARAUSKAS, A.B.
State Committee for Labor - Staatskomitee für Arbeit - Gosudarstvennyj komitet po trudu	- GAIGALAS, B.P.
State Committee for Cinematography - Staatskomitee für Filmwesen - Gosudarstvennyj komitet po kinematografii	- JUŠKIS, E.Ju.
State Committee for Publishing Houses, Printing Plants and the Book Trade - Staatskomitee für Verlagswesen, Polygraphie und Buchhandel - Gosudarstvennyj komitet po delam izdatel'stv, poligrafii i knižnoj torgovli	- NEKROŠIUS, Ju.P.
State Committee for Vocational and Technical Education - Staatskomitee f.berufstechnische Ausbildung - Gosudarstvennyj komitet po professional'no-techničeskomu obrazovaniju	- MORKUNAS, V.A.
State Committee for Television and Broadcasting - Staatskomitee für Fernseh- und Rundfunkwesen - Gosudarstvennyj komitet po televideniju i radioveščaniju	- JANUITIS, J.J.
State Committee for Prices - Staatskomitee für Preispolitik - Gosudarstvennyj komitet cen	- GRUODIS, M.
Committee for State Security - Komitee für Staatssicherheit - Komitet gosudarstvennoj bezopasnosti	- PETKEVIČIUS, Ju.Ju.
State Committee for Production-Technological Supply in Agriculture - Staatskomitee für produktionstechnische Versorgung der Landwirtschaft - Gosudarstvennyj komitet po proizvodstvenno-techničeskom obespečeniju sel'skogo chozjajstva	- ZORSKAS, A.T.
Central Statistical Administration - Statistische Zentralverwaltung - Central'noe statističeskoe upravlenie	- LENGVINAS, K.K.
Main Administration for Material and Technical Supply - Hauptverwaltung für materiell-technische Versorgung - Glavnoe upravlenie po material'no-techničeskomu snabženiju	- KIRJUŠČENKO, Ja.V.

4.4.9 Moldavskaja SSR

Supreme Soviet of the Moldavian SSR - Oberster Sowjet der Moldauischen SSR - Verchovnyj Sovet Moldavskoj SSR

Presidium-Präsidium-Prezidija

Chairman-Vorsitzender-Predsedatel'	- ILJAŠENKO, K.F.	
Deputy Chairmen - stellv.Vorsitzende - Zamestiteli predsedatelja	- AFTENJUK, G.T.	BOTEZAT, I.F.
Secretary - Sekretär - Sekretar'	- MELNIK, A.V.	
Presidium members - Mitglieder des Präsidiums - Členy prezidiuma	- BODJUL, I.I. BOCU, P.P. ČUTAK, D.I. GOCHBERG, A.Ja. GUCU, I.T. KIŠLAR, A.S. KOCHANSKIJ, V.I.	MARJASOV, N.P. PETRAŠKU, V.G. PLAMADJALA, A.D. PLATONOVA, A.P. RJABČIČ, V.A. SOLOMKO, F.M.

---

[1] Also Deputy Chairman of the Council of Ministers
glz.stellv.Vorsitzender des Ministerrates

State Structure 4.4.9
Staatsordnung

Chairman of the Supreme Soviet -
Vorsitzender des Obersten Sowjets -
Predsedatel' Verchovnogo Soveta — - LAZAREV, A.M.

Deputies-Stellvertreter-Zamestiteli — - PANČENKO, G.P.   PROCENKO, V.A.
                                      PEREGUDOVA, V.A. STRUŽUK, E.F.

Council of Ministers of the Moldavian SSR - Ministerrat der Moldauischen SSR - Sovet Ministrov Moldavskoj SSR

Chairman-Vorsitzender-Predsedatel'   - GROSSU, S.K.

First Deputy - Erster Stellvertreter -
Pervyj Zamestitel'   - EREMEJ, G.I.

Deputies-Stellvertreter-Zamestiteli   - DOBYNDE, I.G.   STEPANOV, G.A.
                                           POLJAKOV, N.D. USTJAN, I.G.

Union Republican Ministries of - Unionsrepublikanische Ministerien für -
Sojuzno-respublikanskie Ministerstva:

Agriculture - Landwirtschaft - sel'skogo chozjajstva   - BEREŽNOJ, I.N.
Communications - Post-und Fernmeldewesen - svjazi   - RUSSU, V.P.
Construction - Bauwesen - stroitel'stva   - ZBARAZSKIJ, V.V.
Construction Materials Industry - Baustoffindustrie -
  promyšlennosti stroitel'nych materialov   - AKINFIEV, V.I.
Culture - Kultur - kul'tury   - KONSTANTINOV, A.S.
Education - Volksbildung - narodnogo obrazovanija   - KERDIVARENKO, V.A.
Finance - Finanzen - finansov   - ARPENTEV, V.A.
Food Industry - Nahrungsmittelindustrie - piščevoj promyšlennosti - CEKOJ, A.I.
Foreign Affairs - äußere Angelegenheiten - inostrannych del - GROSSU, S.K.[1]
Forestry - Forstwirtschaft - lesnogo chozjajstva   - VASALATIJ, G.I.
Health - Gesundheitswesen - zdravoochranenija   - DRAGANJUK, K.A.
Internal Affairs - innere Angelegenheiten - vnutrennich del - BRADULOV, N.M.
Justice - Justiz - justicii   - VOLOSJUK, V.M.
Land Reclamation and Water Resources - Melioration u.Wasser-
  wirtschaft - melioracii i vodnogo chozjajstva   - OLEKSIČ, V.N.
Furniture and Wood Processing Industry - Möbel-u.holzbearbeitende
  Industrie - mebel'noj i derevoobrabatyvajuščej promyšlennosti - TERECHOV, B.P.
Light Industry - Leichtindustrie - legkoj promyšlennosti   - ŽITNJUK, G.M.
Meat and Dairy Industry - Fleisch-und Milchindustrie -
  mjasnoj i moločnoj promyšlennosti   - TIUNOV, A.I.
Procurement - Beschaffungen - zagotovok   - TUSLOV, M.I.
Rural Construction - Landbauwesen - sel'skogo stroitel'stva - JARUTIN, V.K.
Trade - Handel - torgovli   - ČOLAK, M.I.

Republican Ministries of - Republikanische Ministerien für - Respublikanskie
Ministerstva:

Construction and Utilization of Highways - Bau und Nutzung
  der Autobahnen - stroitel'stva i ekspluatacii avtomobil'-
  nych dorog   - BOLBAT, I.S.
Consumer Services - Dienstleistungen - bytovogo
  obsluživanija naselenija   - KUSKEVIČ, I.V.
Local Industry - lokale Industrie - mestnoj promyšlennosti   - NEČAENKO, A.V.

[1] Also Deputy Chairman of the Council of Ministers
glz.stellv.Vorsitzender des Ministerrates

4.4.9 State Structure
Staatsordnung

Motor Transport - Kraftverkehr - avtomobil'nogo transporta	- FOMIN, V.M.
Municipal Services - Kommunalwirtschaft - kommunal'nogo chozjajstva	- POLOŽENKO, N.V.
Social Security - Sozialfürsorge - social'nogo obespečenija	- BYKOVA, O.V.
	Chairman/Chief Vorsitzender/Leiter Predsedatel'/Načalnik
State Planning Committee - Staatl. Plankomitee - Gosudarstvennyj Planovyj komitet - GOSPLAN	- USTJAN, S.G.[1]
State Committee for Construction Affairs - Staatskomitee für Bauwesen - Gosudarstvennyj komitet po delam stroitel'stva	- GRAFOV, S.S.
Committee for People's Control - Komitee für Volkskontrolle - Komitet narodnogo kontrolja	- VORONIN, P.V.
State Committee for Prices - Staatskomitee für Preispolitik - Gosudarstvennyj komitet cen	- KUTYRKIN, V.G.
State Committee for Vocational and Technical Education - Staatskomitee f.berufstechnische Ausbildung - Gosudarstvennyj komitet po professional'no-techničeskomu obrazovaniju	- SIDORENKO, S.S.
State Committee for Labor - Staatskomitee für Arbeit - Gosudarstvennyj komitet po trudu	- JAKUBOVSKIJ, P.I.
State Committee for Television and Broadcasting - Staatskomitee für Fernseh- und Rundfunkwesen - Gosudarstvennyj komitet po televideniju i radioveščaniju	- LOZAN, S.I.
State Committee for the Protection of Nature - Staatskomitee für Naturschutz - Gosudarstvennyj komitet po ochrane prirody	- KOTJACY, I.A.
State Committee for Cinematography - Staatskomitee für Filmwesen - Gosudarstvennyj komitet po kinematografii	- IORDANOV, I.E.
State Committee for Publishing Houses, Printing Plants and the Book Trade - Staatskomitee für Verlagswesen, Polygraphie und Buchhandel - Gosudarstvennyj komitet po delam izdatel'stv, poligrafii i knižnoj torgovli	- CHROPOTINSKIJ, V.P.
Committee for State Security - Komitee für Staatssicherheit - Komitet gosudarstvennoj bezopasnosti	- RAGOZIN, A.P.
Agrarian-Industrial Association for Viticulture and Winemaking - Agrar-industrielle Vereinigung für Weinbau und Weinbereitung - Agrarno-promyšlennoe ob'edinenie po vinogradarstvu i vinodeliju	- LUKJANOV, N.N.
Agrarian-Industrial Association for the Production, Procurement, Industrial Processing and Sale of Vegetables and Fruits - Agrar-Industrielle Vereinigung für Produktion, Beschaffung, industrielle Verarbeitung und Verkauf von Gemüse und Obst - Agrarno-promyšlennoe ob'edinenie po proizvodstvu,zagotovkam,promyšlennoj pererabotke i sbytu ovoščej i fruktov	- IVAŠCUK, D.I.
State Committee for Production-Technological Supply in in Agriculture - Staatskomitee für produktionstechnische Versorgung der Landwirtschaft - Gosudarstvennyj komitet po proizvodstvenno-techničeskom obespečeniju sel'skogo chozjajstva	- BONDARENKO, M.V.
State Committee for Material and Technical Supply - Staatskomitee für materiell-technische Versorgung - Gosudarstvennyj komitet po material'no-techničeskomu snabženiju	- PARFENOV, V.G.
Agrarian-Industrial Association for the Cultivation, Processing and Sale of Tobacco - Agrar-industrielle Vereinigung für Zucht, Verarbeitung und Verkauf von Tabak - Agrarno-promyšlennoe ob'edinenie po tabaku	- VERBICKIJ, N.F.
Central Statistical Administration - Statistische Zentralverwaltung - Central'noe statističeskoe upravlenie	- KOZUB, K.I.

[1] also Deputy Chairman of the Council of Ministers
glz.stellv.Vorsitzender des Ministerrates

State Structure 4.4.10
Staatsordnung

4.4.10 Latvijskaja SSR

Supreme Soviet of the Latvian SSR - Oberster Sowjet der Lettischen SSR - Verchovnyj Sovet Latvijskoj SSR

Presidium-Präsidium-Prezidija

Chairman-Vorsitzender-Predsedatel' — STRAUTMANIS, P.Ja.

Deputy Chairmen - stellv.Vorsitzende -
Zamestiteli predsedatelja   — BLUM, V.A.   DRIZUL, A.A.

Secretary - Sekretär - Sekretar'   — ZORIN, K.E.

Presidium Members - Mitglieder des
Präsidiums - Členy prezidiuma   — GRAUDS, L.Ju.   LENEV, O.K.
                                      GRIGULIS, A.P.   PLAUDE, A.K.
                                      IKAUNIEKS, A.E.   VOSS, A.E.
                                      KALNBERZIN, Ja.E.   ZIEMELIS, G.K.
                                      KRONBERG, V.V.   DUBRA, M.Ja.

Chairman of the Supreme Soviet -
Vorsitzender des Obersten Sowjets -
Predsedatel' Verchovnogo Soveta   — KLIBIK, V.S.

Deputies-Stellvertreter-Zamestiteli — EGOROV, I.T.   ZVAIGZNE, D.Ja.

Council of Ministers of the Latvian SSR - Ministerrat der Lettischen SSR - Sovet Ministrov Latvijskoj SSR

Chairman-Vorsitzender-Predsedatel' — RUBEN, Ju.Ja.

First Deputy - Erster Stellvertreter -
Pervyj Zamestitel'   — VERRO, R.O.

Deputies-Stellvertreter-Zamestiteli — BONDALETOV, I.V.   PETERSON, E.K.
                                      KRUMIN, V.M.   RAMAN, M.L.

Union Republican Ministries of - Unionsrepublikanische Ministerien für -
Sojuzno-respublikanskie Ministerstva:

Agriculture - Landwirtschaft - sel'skogo chozjajstva   — ANSPOK, K.S.

Communications - Post- und Fernmeldewesen - svjazi   — STUNGREVIC, O.K.

Construction - Bauwesen - stroitel'stva   — ULMANIS, I.N.

Construction Materials Industry - Baustoffindustrie -
promyšlennosti stroitel'nych materialov   — DOROFEEV, N.I.
Culture - Kultur - kul'tury   — KAUPUŽ, V.I.

Education - Volksbildung - prosveščenija   — KARKLIN, M.Ja.

Finance - Finanzen - finansov   — PRAUDE, R.V.

Food Industry - Nahrungsmittelindustrie - piščevoj promyšlennosti   — KUZNECOVA, I.D.

Foreign Affairs - auswärtige Angelegenheiten - inostrannych del   — KRUMIN, V.M.[1]

Forestry and Timber Industry - Forstwirtschaft und Holz-
industrie - lesnogo chozjajstva i lesnoj promyšlennosti   — VITOL, L.P.
Health - Gesundheitswesen - zdravoochranenija   — KANEP, V.V.

Internal Affairs - innere Angelegenheiten - vnutrennich del   — DROZD, M.F.

Justice - Justiz - justicii   — DZENITIS, Ja.E.

[1] Also Deputy Chairman of the Council of Ministers
glz.stellv.Vorsitzender des Ministerrates

4.4.10 State Structure
Staatsordnung

Land Reclamation and Water Resources - Melioration u.Wasser-
wirtschaft - melioracii i vodnogo chozjajstva — SAMOLEVSKIJ, V.N.
Light Industry - Leichtindustrie - legkoj promyšlennosti — JABLONSKIJ, E.Ja.
Higher and Secondary Specialized Education - Hochschul-u.mittl.
Fachschulbildung - vysšego i srednego special'nogo obrazovanija— LINDE, E.V.
Meat and Dairy Industry - Fleisch-und Milchindustrie -
mjasnoj i moločnoj promyšlennosti — VANNACH, S.E.
Procurement - Beschaffungen - zagotovok — GIRGENSON, Z.V.
Trade - Handel - torgovli — AZAN, V.D.
Wood-Working Industry - holzbearbeitende Industrie -
derevoobrabatyvajuščej promyšlennosti — BIRKENFELD, V.Ja.

Republican Ministries of - Republikanische Ministerien für - Respublikanskie
Ministerstva:

Consumer Services - Dienstleistungen - bytovogo
obsluživanija naselenija — TUMOVS-BEKIS, Ja.D.
Local Industry - lokale Industrie - mestnoj promyšlennosti — ALTUCHOV, N.G.
Motor Transport and Highways - Kraftverkehr und Land-
straßen - avtomobil'nogo transporta i šossejnych dorog — SLIEDE, E.E.
Municipal Services - Kommunalwirtschaft - kommunal'nogo
chozjajstva — BERZIN, I.P.
Social Security - Sozialfürsorge - social'nogo obespečenija — PICHELS, V.S.

Chairman/Chief
Vorsitzender/Leiter
Predsedatel'/Načalnik

State Planning Committee - Staatl. Plankomitee -
Gosudarstvennyj Planovyj komitet - GOSPLAN — RAMAN, M.L.[1]
State Committee for Construction Affairs - Staatskomitee für
Bauwesen - Gosudarstvennyj komitet po delam stroitel'stva — RUBINS, Ja.F.
Committee for People's Control - Komitee für Volkskontrolle -
Komitet narodnogo kontrolja — BEMAN, E.K.
State Committee for Labor - Staatskomitee für Arbeit -
Gosudarstvennyj komitet po trudu — LEONOVA, V.V.
State Committee for Vocational and Technical Education -
Staatskomitee f.berufstechnische Ausbildung - Gosudarstvennyj
komitet po professional'no-techničeskomu obrazovaniju — BRODELIS, Ja.Ja.
State Committee for Television and Broadcasting - Staats-
komitee für Fernseh- und Rundfunkwesen - Gosudarstvennyj
komitet po televideniju i radioveščaniju — BARTKEVIČ, L.L.
State Committee for Cinematography - Staatskomitee für Film-
wesen - Gosudarstvennyj komitet po kinematografii — RUDNEV, O.A.
State Committee for Publishing Houses, Printing Plants and
the Book Trade - Staatskomitee für Verlagswesen, Poly-
graphie und Buchhandel - Gosudarstvennyj komitet po delam
izdatel'stv, poligrafii i knižnoj torgovli — REIMANE, I.A.
State Committee for Prices - Staatskomitee für Preispolitik -
Gosudarstvennyj komitet cen — SEDOLS, V.I.
Committee for State Security - Komitee für Staatssicherheit -
Komitet gosudarstvennoj bezopasnosti — AVDJUKEVIČ, L.I.
State Committee for Production-Technological Supply in
Agriculture - Staatskomitee für produktionstechnische Versor-
gung der Landwirtschaft - Gosudarstvennyj komitet po proiz-
vodstvenno-techničeskom obespečeniju sel'skogo chozjajstva — BABKIN, N.A.
State Committee for Material and Technical Supply - Staats-
komitee für materiell-technische Versorgung - Gosudarstvennyj
komitet po material'no-techničeskogo snabženija — PROŠKOVIČ, Ju.L.
Central Statistical Administration - Statistische Zentral-
verwaltung - Central'noe statističeskoe upravlenie — BALTIN, G.A.

[1] Also Deputy Chairman of the Council of Ministers -
glz.stellv.Vorsitzender des Ministerrates

State Structure 4.4.11
Staatsordnung

4.4.11 Kirgizskaja SSR

Supreme Soviet of the Kirgiz SSR - Oberster Sowjet der Kirgisischen SSR - Verchovnyj Sovet Kirgizskoj SSR

Presidium-Präsidium-Prezidija

Chairman-Vorsitzender-Predsedatel'	– IBRAIMOV, S.I.	
Deputy Chairmen - stellv.Vorsitzende - Zamestiteli predsedatelja	– AJTIEV, G.	BUSS, A.A.
Secretary - Sekretärin - Sekretar'	– TUMENBAEVA, D.	
Presidium members - Mitglieder des Präsidiums - Členy prezidiuma	– ALYMBEKOV, N. ČYNYBAEV, K. DŽOLDOŠEVA, A. GANIN, P.A. KOŠOEV, T.Ch. LEBEDEVA, R.I.	DMITRIEV, A.I. MOLDOBAEV, K.M. SULAJMANOVA, K. TRUŠKINA, M.N. USUBALIEV, T.U.
Chairman of the Supreme Soviet - Vorsitzender des Obersten Sowjets - Predsedatel' Verchovnogo Soveta	– TABYŠALIEV, S.	
Deputies-Stellvertreter-Zamestiteli	– KRAVČENKO, P.I.	MUKAŠEVA, K.

Council of Ministers of the Kirgiz SSR - Ministerrat der Kirgisischen SSR - Sovet Ministrov Kirgizskoj SSR

Chairman-Vorsitzender-Predsedatel'	– SUJUMBAEV, A.S.	
First Deputy - Erster Stellvertreter - Peryj Zamestitel'	– CHODOS, P.M.	
Deputies-Stellvertreter-Zamestiteli	– BEGMATOVA, S. BEGALIEV, S.	MOISEEV, S.Č. PONOMAREV, O.B.

Union Republican Ministries of - Unionsrepublikanische Ministerien für - Sojuzno-respublikanskie Ministerstva:

Agriculture - Landwirtschaft - sel'skogo chozjajstva	– TURSUNOV, S.T.
Communications - Post-und Fernmeldewesen - svjazi	– TJUREBAEV, V.N.
Construction - Bauwesen - stroitel'stva	– KUZNECOV, A.N.
Construction Materials Industry - Baustoffindustrie - promyšlennosti stroitel'nych materialov	– BESSMERTNYJ, I.S.
Culture - Kultur - kul'tury	– KONDUČALOVA, K.
Education - Volksbildung - narodnogo obrazovanija	–
Finance - Finanzen - finansov	– TOKTONALIEV, A.
Food Industry - Nahrungsmittelindustrie - piščevoj promyšlennosti	– USMANOV, R.B.
Foreign Affairs - auswärtige Angelegenheiten - inostrannych del	– BEGMATOVA, S.[1]
Health - Gesundheitswesen - zdravoochranenija	– PETROSJANC, V.A.
Internal Affairs - innere Angelegenheiten - vnutrennich del	– GABIDULIN, A.K.
Justice - Justiz - justicii	– DŽUMABAEV, M.A.

[1] Also Deputy Chairman of the Council of Ministers - glz.stellv.Vorsitzender des Ministerrates

4.4.11 State Structure
Staatsordnung

Land Reclamation and Water Resources - Melioration u.Wasserwirtschaft - melioracii i vodnogo chozjajstva — KOŽOMKULOV, A.
Light Industry - Leichtindustrie - legkoj promyšlennosti — SATAROV, K.
Meat and Dairy Industry - Fleisch-und Milchindustrie - mjasnoj i moločnoj promyšlennosti — SUETOV, I.G.
Procurement - Beschaffungen - zagotovok — OROZBEKOV, T.
Rural Construction - Landbauwesen - sel'skogo stroitel'stva — KIM, N.K.
Trade - Handel - torgovli — ATAŠEV, K.K.

Republican Ministries of - Republikanische Ministerien für - Respublikanskie Ministerstva:

Consumer Services - Dienstleistungen - bytovogo obsluživanija naselenija — DADABAEV, Ch.
Local Industry - lokale Industrie - mestnoj promyšlennosti — KONURBAEV, M.O.
Motor Transport and Highways - Kraftverkehr und Landstraßen - avtomobil'nogo transporta i šossejnych dorog — CHILIMONČIK, V.P.
Municipal Services - Kommunalwirtschaft - kommunal'nogo chozjajstva — DŽUMANALIEV, K.
Social Security - Sozialfürsorge - social'nogo obespečenija — SALIEVA, B.

Chairman/Chief
Vorsitzender/Leiter
Predsedatel'/Načalnik

State Planning Committee - Staatl. Plankomitee - Gosudarstvennyj Planovyj komitet - GOSPLAN — BEGALIEV, S.[1]
State Committee for Construction Affairs - Staatskomitee für Bauwesen - Gosudarstvennyj komitet po delam stroitel'stva — CHOCHLAČEV, M.E.
Comitee for People's Control - Komitee für Volkskontrolle - Komitet narodnogo kontrolja — MINIČ, N.G.
State Committee for Labor - Staatskomitee für Arbeit - Gosudarstvennyj komitet po trudu — ENDOVICKIJ, M.V.
State Committee for Forestry - Staatskomitee für Forstwirtschaft - Gosudarstvennyj komitet lesnogo chozjajstva — BEKBAEV, D.B.
State Committee for Vocational and Technical Education - Staatskomitee f.berufstechnische Ausbildung - Gosudarstvennyj komitet po professional'no-techničeskomu obrazovaniju — KASENDEEV, I.
State Committee for Television and Broadcasting - Staatskomitee für Fernseh-und Rundfunkwesen - Gosudarstvennyj komitet po televideniju i radioveščaniju — TOKOMBAEV, A.
State Committee for Cinematography - Staatskomitee für Filmwesen - Gosudarstvennyj komitet po kinematografii — BAJALINOV, M.K.
State Committee for Publishing Houses, Printing Plants and the Book Trade - Staatskomitee für Verlagswesen, Polygraphie und Buchhandel - Gosudarstvennyj komitet po delam izdatel'stv, poligrafii i knižnoj torgovli — ABAKIROV, A.
State Committee for Prices - Staatskomitee für Preispolitik - Gosudarstvennyj komitet cen — ČONOEV, A.
Committee for State Security - Komitee für Staatssicherheit - Komitet gosudarstvennoj bezopasnosti — LOMOV, N.P.
State Committee for Production-Technological Supply in Agriculture - Staatskomitee für produktionstechnische Versorgung der Landwirtschaft - Gosudarstvennyj komitet po proizvodstvenno-techničeskom obespečeniju sel'skogo chozjajstva — IVANČENKO, M.L.
State Committee for Material and Technical Supply - Staatskomitee für materiell-technische Versorgung - Gosudarstvennyj komitet po material'no-techničeskom snabženiju — PITENKOV, N.A.
Central Statistical Administration - Statistische Zentralverwaltung - Central'noe statističeskoe upravlenie — ALMAEV, T.M.

1 Also Deputy Chairman of the Council of Ministers - glz.stellv.Vorsitzender des Ministerrates

State Structure 4.4.12
Staatsordnung

4.4.12 Tadžikskaja SSR

Supreme Soviet of the Tadzhik SSR - Oberster Sowjet der Tadschikischen SSR - Verchovnyj Sovet Tadžikskoj SSR

Presidium-Präsidium-Prezidija

Chairman-Vorsitzender-Predsedatel'	- CHOLOV, M.	
Deputy Chairmen - stellv.Vorsitzende - Zamestiteli predsedatelja	- OPLANČUK, V.Ja.	ZARIPOVA, N.
Secretary - Sekretär - Sekretar'	- GADOEV, D.	
Presidium members - Mitglieder des Präsidiums - Členy prezidiuma	- AŠURALIEV, F. JUSUPOV, A. KASIMOV, U. KOZLOVA, V.I. KURBANOVA, R. MACHMADALIEV, M.	MAMADNAZAROV, Ch. MUCHAMEDOV, D. RADŽABOV, Ch. RASULOV, D. USMANOV, U.G.
Chairman of the Supreme Soviet - Vorsitzender des Obersten Sowjets - Predsedatel' Verchovnogo Soveta	- DŽURAEV, K.S.	
Deputies-Stellvertreter-Zamestiteli	- ALOVIDDINOV, U.A.	ŠODYEVA, Z.

Council of Ministers of the Tadzhik SSR - Ministerrat der Tadschikischen SSR - Sovet Ministrov Tadžikskoj SSR

Chairman-Vorsitzender-Predsedatel'	- NABIEV, R.	
First Deputy - Erster Stellvertreter - Pervyj Zamestitel'	- NOVIČKOV, V.E.	
Deputies-Stellvertreter-Zamestiteli	- JUSUFBEKOV, R. MACHKAMOV, K.	MAKSUMOV, A.N.

Union Republican Ministries of - Unionsrepublikanische Ministerien für - Sojuzno-respublikanskie Ministerstva:

Agriculture - Landwirtschaft - sel'skogo chozjajstva	- ZAIROV, M.
Communications - Post-und Fernmeldewesen - svjazi	- POPOV, D.I.
Construction - Bauwesen - stroitel'stva	- ŠARIPOV, M.
Construction Materials Industry - Baustoffindustrie - promyšlennosti stroitel'nych materialov	- ŠEVČENKO, I.V.
Culture - Kultur - kul'tury	- NAZAROV, M.N.
Education - Volksbildung - narodnogo obrazovanija	- DADABOEV, R.
Finance - Finanzen - finansov	- LAFIZOV, D.
Food Industry - Nahrungsmittelindustrie - piščevoj promyšlennosti	- KURBANOV, I.I.
Foreign Affairs - auswärtige Angelegenheiten - inostrannych del	- NABIEV, R.
Health - Gesundheitswesen - zdravoochranenija	- SAŽENIN, I.A.
Internal Affairs - innere Angelegenheiten - vnutrennich del	- ABDULCHAKOV, N.
Justice - Justiz - justicii	- RADŽABOV, S.

4.4.12 State Structure / Staatsordnung

Land Reclamation and Water Resources - Melioration u. Wasserwirtschaft - melioracii i vodnogo chozjajstva — KASIMOV, A.
Light Industry - Leichtindustrie - legkoj promyšlennosti — MIRCHALIKOV, T.
Meat and Dairy Industry - Fleisch-und Milchindustrie - mjasnoj i moločnoj promyšlennosti — CHAEEV, I.
Procurement - Beschaffungen - zagotovok — JACHŠIBAEV, U.
Rural Construction - Landbauwesen - sel'skogo stroitel'stva — GAFUROV, R.
Trade - Handel - torgovli — GRIŠINA, R.M.

Republican Ministries of - Republikanische Ministerien für - Respublikanskie Ministerstva:

Consumer Services - Dienstleistungen - bytovogo obslužzivanija naselenija — KASYMOVA, A.T.
Local Industry - lokale Industrie - mestnoj promyšlennosti — BAJMATOV, A.
Municipal Services - Kommunalwirtschaft - kommunal'nogo chozjajstva — KURBANOV, R.M.
Social Security - Sozialfürsorge - social'nogo obespečenija — RACHIMOVA, A.M.
Transportation and Roads - Transport und Straßenwesen - transporta i dorožnogo chozjajstva — JAKUBOV, N.Ch.

    Chairman/Chief
    Vorsitzender/Leiter
    Predsedatel'/Načalnik

State Planning Committee - Staatl. Plankomitee - Gosudarstvennyj Planovyj komitet - GOSPLAN — MACHKAMOV, K.[1]
State Committee for Construction Affairs - Staatskomitee für Bauwesen - Gosudarstvennyj komitet po delam stroitel'stva — AVGITOV, L.G.
State Committee for Forestry - Staatskomitee für Forstwirtschaft - Gosudarstvennyj komitet lesnogo chozjajstva — ZACHVATOV, V.E.
Committee for People's Control - Komitee für Volkskontrolle - Komitet narodnogo kontrolja — KARMYŠEV, L.
State Committee for Publishing Houses, Printing Plants and the Book Trade - Staatskomitee für Verlagswesen, Polygraphie und Buchhandel - Gosudarstvennyj komitet po delam izdatel'stv, poligrafii i knižnoj torgovli — PULATOV, S.
State Committee for Cinematography - Staatskomitee für Filmwesen - Gosudarstvennyj komitet po kinematografii — SAIDOV, Š.
State Committee for Labor - Staatskomitee für Arbeit - Gosudarstvennyj komitet po trudu — NARZIBEKOV, M.
State Committee for Vocational and Technical Education - Staatskomitee f. berufstechnische Ausbildung - Gosudarstvennyj komitet po professional'no-techničeskomu obrazovaniju — CHASANOV, K.G.
State Committee for Television and Broadcasting - Staatskomitee für Fernseh-und Rundfunkwesen - Gosudarstvennyj komitet po televideniju i radioveščaniju — KALANDAROV, G.
State Committee for Prices - Staatskomitee für Preispolitik - Gosudarstvennyj komitet cen — RAFIEV, M.M.
Committee for State Security - Komitee für Staatssicherheit - Komitet gosudarstvennoj bezopasnosti — PERVENCEV, E.I.
State Committee for Material and Technical Supply - Staatskomitee für materiell-technische Versorgung - Gosudarstvennyj komitet po material'no-techničeskom snabženiju — MERZAEV, B.A.
Main Administration for Production, Processing and Sale of Fruit, Vegetables, Melons and Potatoes - Hauptverwaltung für Produktion, Verarbeitung und Verkauf von Obst, Gemüse, Melonen und Kartoffeln - Glavnoe upravlenie po proizvodstvu, zagotovke, pererabotke i realizacii fruktov, ovoščej, bachčevych kul'tur i kartofelja — CHAKNAZAROV, S.

[1] Also Deputy Chairman of the Council of Ministers - glz. stellv. Vorsitzender des Ministerrates

State Structure 4.4.12
Staatsordnung 4.4.13

State Committee for Production-Technological Supply in
  Agriculture - Staatskomitee für produktionstechnische Versor-
  gung der Landwirtschaft - Gosudarstvennyj komitet po proiz-
  vodstvenno-techničeskom obespečeniju sel'skogo chozjajstva   - BABAEV, A.M.
Administration of Geology - Verwaltung für Geologie -
  Upravlenie geologii   - KOŠLAKOV, G.V.
Administration of the Cotton-Cleaning Industry -
  Verwaltung für die Baumwollreinigungsindustrie -
  Upravlenie chlopkoočistitel'noj promyšlennosti   - KOBILOV, U.
Central Statistical Administration - Statistische Zentral-
  verwaltung - Central'noe statističeskoe upravlenie   - KAPUSTIN, E.D.
Agrarian-Industrial Association for Fruit-Culture, Viticulture
  and Winemaking - Agrar-industrielle Vereinigung für Obstbau,
  Weinbau und Weinbereitung - Agrarno-promyšlennoe ob'edinenie
  po plodovodstvu, vinogradarstvu i vinodeliju   - KASIMOV, M.

4.4.13 Armjanskaja SSR

Supreme Soviet of the Armenian SSR - Oberster Sowjet der Armenischen SSR - Verchovnyj Sovet Armjanskoj SSR

Presidium-Präsidium-Prezidija

Chairman-Vorsitzender-Predsedatel'	- SARKISOV, B.E.	
Deputy Chairmen - stellv.Vorsitzende - Zamestiteli predsedatelja	- BAGDASARJAN, O.M.	BAJRAMOV, M.B.o.
Secretary - Sekretär - Sekretar'	- BACHČINJAN, M.M.	
Presidium members - Mitglieder des Präsidiums - Členy prezidiuma	- AJRAPETJAN, A.A. ANDREASJAN, A.M. ARUTJUNJAN, D.A. ARUTJUNJAN, V.F. ASATRJAN, N.O. AVETISJAN, S.S. CHANDŽJAN, G.S.	DAVTJAN, P.M. DEMIRČJAN, K.S. DOLABČJAN, Z.L. MANUKJAN, A.G. MINASJAN, R.A. PETROSJAN, S.D. VARDIKJAN, B.D. OGANJAN, G.A. SARKISJAN, A.G.
Chairman of the Supreme Soviet - Vorsitzender des Obersten Sowjets - Predsedatel' Verchovnogo Soveta	- AMBARCUMJAN, S.A.	
Deputies-Stellvertreter-Zamestiteli	- ARAKELJAN, A.G. MSTOJAN, M.A.	NUŽNYJ, V.I.

Council of Ministers of the Armenian SSR - Ministerrat der Armenischen SSR - Sovet Ministrov Armjanskoj SSR

Chairman-Vorsitzender-Predsedatel'	- SARKISJAN, F.T.	
First Deputy - Erster Stellvertreter - Pervyj Zamestitel'	- KIRAKOSJAN, A.M.	
Deputies-Stellvertreter-Zamestiteli	- AJRAPETJAN, G.A. GAMBARJAN, K.A. MOVSESJAN, V.M.	SAGOJAN, G.S. SVETLOVA, R.Ch.

Union Republican Ministries of - Unionsrepublikanische Ministerien für - Sojuzno-respublikanskie Ministerstva:

Agriculture - Landwirtschaft - sel'skogo chozjajstva	- TARDŽUMANJAN, G.V.
Communications - Post-und Fernmeldewesen - svjazi	- MINASJANC, T.S.
Construction Materials Industry - Baustoffindustrie - promyšlennosti stroitel'nych materialov	- VARTANJAN, G.O.
Culture - Kultur - kul'tury	- PARSAMJAN, R.O.
Education - Volksbildung - prosveščenija	- ACHUMJAN, S.T.

4.4.13 State Structure
       Staatsordnung

Finance - Finanzen - finansov   - DŽANOJAN, D.A.
Food Industry - Nahrungsmittelindustrie - piščevoj promyšlennosti - ARAKELJAN, S.V.
Foreign Affairs - auswärtige Angelegenheiten - inostrannych del- KIRAKOSJAN, A.M.[1]
Health - Gesundheitswesen - zdravoochranenija   - GABRIELJAN, E.S.
Higher and Secondary Spezialized Education - Hochschul-u.mittl.
  Fachschulbildung - vysšego i srednego special'nogo obrazovanija-GARIBDŽANJAN, L.P.
Industrial Construction - Industriebauwesen - promyšlennogo
  stroitel'stva   - AKOPJAN, K.A.
Internal Affairs - innere Angelegenheiten - vnutrennich del   - PATALOV, E.G.
Justice - Justiz - justicii   - GEVORKJAN, A.A.
Land Reclamation and Water Resources - Melioration u.Wasser-
  wirtschaft - melioracii i vodnogo chozjajstva   - SAGOJAN, R.A.
Light Industry - Leichtindustrie - legkoj promyšlennosti   - GEVORKJAN, A.A.
Meat and Dairy Industry - Fleisch-und Milchindustrie -
  mjasnoj i moločnoj promyšlennosti   - VARTANJAN, S.A.
Procurement - Beschaffungen - zagotovok   - OVAKIMJAN, O.T.
Rural Construction - Landbauwesen - sel'skogo stroitel'stva   - TATEVOSJAN, G.A.
Timber and Wood Processing Industry - Holz-und holzbearbeitende
  Industrie - lesnoj i derevoobrabatyvajuščej promyšlennosti   - STEPANJAN, A.A.
Trade - Handel - torgovli   - SAFARJAN, S.R.

Republican Ministries of - Republikanische Ministerien für - Respublikanskie
  Ministerstva:

Construction and Utilization of Highways - Bau und Nutzung
  der Autobahnen - stroitel'stva i ekspluatacii avtomobil'
  nych dorog   - MELKUMJAN, G.A.
Consumer Services - Dienstleistungen - bytovogo
  obsluživanija naselenija   - TUMANJAN, S.A.
Local Industry - lokale Industrie - mestnoj promyšlennosti   - ZURABJAN, M.A.
Motor Transport - Kraftverkehr - avtomobil'nogo transporta   - DRAMPJAN, Ch.A.
Municipal Services - Kommunalwirtschaft - kommunal'nogo
  chozjajstva   -
Social Security - Sozialfürsorge - social'nogo obespečenija   - GALSTJAN, R.S.

                                                    Chairman/Chief
                                                    Vorsitzender/Leiter
                                                    Predsedatel'/Načalnik

State Planning Committee - Staatl. Plankomitee -
  Gosudarstvennyj Planovyj komitet - GOSPLAN   - SAGOJAN, G.S.[1]
State Committee for Construction Affairs - Staatskomitee
  für Bauwesen - Gosudarstvennyj komitet po delam stroitel'stva - MARUTJAN, K.A.
Committee for People's Control - Komitee für Volkskontrolle -
  Komitet narodnogo kontrolja   - MARTIROSJAN, G.A.
State Committee for Utilization and Conservation of Surface
  and Underground Water Resources - Staatskomitee für Nutzung
  und Schutz der Wasserreserven auf und im Erdboden -
  Gosudarstvennyj komitet po ispol'zovaniju i ochrane
  poverchostnych i podzemnych vodnych resursov   - MOVSESJAN, K.M.
State Committee for Labor - Staatskomitee für Arbeit -
  Gosudarstvennyj komitet po trudu   - OGANESJAN, O.G.
State Committee for Cinematography - Staatskomitee für Film-
  wesen - Gosudarstvennyj komitet po kinematografii   - AJRJAN, G.A.
State Committee for Forestry - Staatskomitee für Forstwirt-
  schaft - Gosudarstvennyj komitet lesnogo chozjajstva   - AVAKJAN, G.A.

---
1 Also Deputy Chairman of the Council of Ministers -
  glz.stellv.Vorsitzender des Ministerrates

State Structure 4.4.13
Staatsordnung 4.4.14

State Committee for Publishing Houses, Printing Plants and
the Book Trade - Staatskomitee für Verlagswesen, Polygraphie
und Buchhandel - Gosudarstvennyj komitet po delam izdatel'stv,
poligrafii i knižnoj torgovli — - BAGDASARJAN, S.B.
State Committee for Vocational and Technical Education -
Staatskomitee f.berufstechnische Ausbildung - Gosudarstvennyj
komitet po professional'no-techničeskomu obrazovaniju — - MIKAELJAN, S.A.
State Committee for Television and Broadcasting - Staats-
komitee für Fernseh- und Rundfunkwesen - Gosudarstvennyj
komitet po televideniju i radioveščaniju — - POGOSJAN, S.K.
State Committee for Prices - Staatskomitee für Preis-
politik - Gosudarstvennyj komitet cen — - ARUTJUNJAN, G.T.
Committee for State Security - Komitee für Staatssicherheit -
Komitet gosudarstvennoj bezopasnosti — - JUZBAŠJAN, M.A.
State Committee for the Supervision of Labor Safety in
Industry and Mining - Staatskomitee f.d.Überwachung
d.Arbeitssicherheit i.d.Industrie u.f.Bergwerksaufsicht -
Gosudarstvennyj komitet po nadzoru za bezopasnym vedeniem
rabot v promyšlennosti i gornomu nadzoru — - GASPARJAN, G.A.
State Committee for Production-Technological Supply in
Agriculture - Staatskomitee für produktionstechnische Versor-
gung der Landwirtschaft - Gosudarstvennyj komitet po proiz-
vodstvenno-techničeskom obespečeniju sel'skogo chozjajstva — - NAVASARDJAN, G.G.
Main Administration of Material and Technical Supply -
Hauptverwaltung für materiell-technische Versorgung -
Glavnoe upravlenie po material'no-techničeskomu snabženiju — - ASCATRJAN, E.T.
Main Administration for Installation and Special Construction
Projects - Hauptverwaltung für Montage- und Spezialbau-
arbeiten - Glavnoe upravlenie po montažnym i special'nym
stroitel'nym rabotam — - GAMBARJAN, G.O.
Administration of Geology - Verwaltung für Geologie -
Upravlenie po geologii — - GULJAN, E.Ch.
Administration of Nonferrous Metallurgy - Verwaltung für
Buntmetallurgie - Upravlenie cvetnoj metallurgii — - PETROSJAN, F.A.
Main Administration for Gasification - Hauptverwaltung für
Gasifizierung - Glavnoe upravlenie gazifikacii — - MUTAFJAN, St.G.
Central Statistical Administration - Statistische Zentral-
verwaltung - Central'noe statističeskoe upravlenie — - PACHLEVANJAN, G.A.

4.4.14 Turkmenskaja SSR

Supreme Soviet of the Turkmen SSR - Oberster Sowjet der
Turkmenischen SSR - Verchovnyj Sovet Turkmenskoj SSR

Presidium-Präsidium-Prezidija

Chairman-Vorsitzender-Predsedatel'   - KLYČEV, A.

Deputy Chairmen - stellv.Vorsitzende -
Zamestiteli predsedatelja   - KARRYEVA, R.M.   TELKOV, N.T.

Secretary - Sekretärin - Sekretar'   - NAZAROVA, O.

Presidium members - Mitglieder des
Präsidiums - Členy prezidiuma   - AKGAEV, A.   IVANOV, V.S.
                                           AMANBERDYEV, K.   MICHAJLOV, V.V.
                                           ATDAEV, Ch.   PIRKULIEV, A.
                                           CHAKIMOV, D.   POLIKAROVA, M.S.
                                           IŠANKULIEVA, D.I. URAEV, K.
                                           GAPUROV, M.G.

---

1 Also Deputy Chairman of the Council of Ministers -
glz.stellv.Vorsitzender des Ministerrates

4.4.14 State Structure
Staatsordnung

Chairman of the Supreme Soviet -
Vorsitzender des Obersten Sowjets -
Predsedatel' Verchovnogo Soveta   - DURDYEV, A.A.

Deputies-Stellvertreter-Zamestiteli   - ANNAEVA, S.   MIŠČENKO, G.S.

Council of Ministers of the Turkmen SSR - Ministerrat der Turkmenischen SSR - Sovet Ministrov Turkmenskoj SSR

Chairman-Vorsitzender-Predsedatel'   - JAZKULIEV, B.

First Deputy - Erster Stellvertreter -
Pervyj Zamestitel'   - BURAŠNIKOV, B.F.

Deputies-Stellvertreter-Zamestiteli   - ABRAMOV, V.E.   SUJUNOV, N.T.
                                             BAZAROVA, R.A.   ŽULENEV, V.F.

Union Republican Ministries of - Unionsrepublikanische Ministerien für - Sojuzno-respublikanskie Ministerstva:

Agriculture - Landwirtschaft - sel'skogo chozjajstva   - SACHATMURADOV, K.

Communications - Post- und Fernmeldewesen - svjazi   - ABDYKERIMOV, A.

Culture - Kultur - kul'tury   - ESENOV, R.M.

Education - Volksbildung - prosveščenija   - PALVANOVA, B.

Finance - Finanzen - finansov   - SUCHANOV, CH.

Food Industry - Nahrungsmittelindustrie - piščevoj promyšl. - NURMUCHAMEDOV, R.

Foreign Affairs - auswärtige Angelegenheiten - inostrannych del-JAZKULIEV, B.[1]

Construction Affairs - Bauwesen - stroitel'stva   - ŠEREMETEV, N.V.

Construction Materials Industry - Baustoffindustrie -
promyšlennosti stroitel'nych materialov   - BRJUŠKOV, I.V.

Cotton-Cleaning Industry - Baumwollreinigungsindustrie -
chlopkoočistitel'noj promyšlennosti   - IZOTOV, V.D.

Health - Gesundheitswesen - zdravoochranenija   - CHODŽAKULIEV, G.

Higher and Secondary Specialized Education - Hochschul-u.mittl.
Fachschulbildung-vysšego i srednego special'nogo obrazovanija-   --

Internal Affairs - innere Angelegenheiten - vnutrennich del   - BERDYEV, R.N.

Justice - Justiz - justicii   - AJMAMEDOV, A.

Land Reclamation and Water Resources - Melioration u.Wasser-
wirtschaft - melioracii i vodnogo chozjajstva   - ATAEV, K.

Light Industry - Leichtindustrie - legkoj promyšlennosti   - CHANAEV, K.

Meat and Dairy Industry - Fleisch- und Milchindustrie -
mjasnoj i moločnoj promyšlennosti   - GUKASOV, S.B.

Procurement - Beschaffungen - zagotovok   - BABAEV, S.

Rural Construction - Landbauwesen - sel'skogo stroitel'stva - GULMANOV, B.

Trade - Handel - torgovli   - RYBALOV, E.G.

Republican Ministries of - Republikanische Ministerien für - Respublikanskie Ministerstva:

Consumer Services - Dienstleistungen - bytovogo
obsluživanija naselenija   - CHODŽAMAMEDOV, K.

Local industry - lokale Industrie - mestnoj promyšlennosti - BAJMACHANOVA, A.

Motor Transport and Highways - Kraftverkehr und Landstraßen -
avtomobil'nogo transporta i šossejnych dorog   - GURBANGELDYEV, Ch

Municipal Services - Kommunalwirtschaft - kommunal'nogo
chozjajstva   - ORAZMAMEDOV, S.

Social Security - Sozialfürsorge - social'nogo obespečenija - MAMEDOVA, D.

State Structure 4.4.14
Staatsordnung

	Chairman/Chief Vorsitzender/Leiter Predsedatel'/Načalnik
State Planning Committee - Staatl. Plankomitee - Gosudarstvennyj Planovyj komitet - GOSPLAN	- ABRAMOV, V.E.[1]
State Committee for Construction Affairs - Staatskomitee für Bauwesen - Gosudarstvennyj komitet po delam stroitel'stva	- ORAZMUCHAMEDOV, N.
Committee for People's Control - Komitee für Volkskontrolle - Komitet narodnogo kontrolja	- MAKARKIN, N.V.
State Committee for Television and Broadcasting - Staatskomitee für Fernseh- und Rundfunkwesen - Gosudarstvennyj komitet po televideniju i radioveščaniju	- ANNAKURBANOV, Č.
State Committee for Cinematography - Staatskomitee für Filmwesen - Gosudarstvennyj komitet po kinematografii	- REDŽEPOV, P.
State Committee for Forestry - Staatskomitee für Forstwirtschaft - Gosudarstvennyj komitet lesnogo chozjajstva	- FROLOV, M.I.
State Committee for Publishing Houses, Printing Plants and the Book Trade - Staatskomitee für Verlagswesen, Polygraphie und Buchhandel - Gosudarstvennyj komitet po delam izdatel'stv, poligrafii i knižnoj torgovli	- BADAEV, M.B.
State Committee for Vocational and Technical Education - Staatskomitee f.berufstechnische Ausbildung - Gosudarstvennyj komitet po professional'no-techničeskomu obrazovaniju	- CHODŽAEV, E.
State Committee for Labor - Staatskomitee für Arbeit - Gosudarstvennyj komitet po trudu	- ALOVOV, N.
State Committee for Prices - Staatskomitee für Preispolitik - Gosudarstvennyj komitet cen	- ORAZOV, N.
Committee for State Security - Komitee für Staatssicherheit - Komitet gosudarstvennoj bezopasnosti	- KISELEV, Ja.P.
State Committee for Production-Technological Supply in Agriculture - Staatskomitee für produktionstechnische Versorgung der Landwirtschaft - Gosudarstvennyj komitet po proizvodstvenno-techničeskom obespečeniju sel'skogo chozjajstva	- ASLANOV, A.I.
State Committee for the Supervision of Labor Safety in Industry and Mining - Staatskomitee f.d.Überwachung der Arbeitssicherheit i.d.Industrie und für Bergwerksaufsicht - Gosudarstvennyj komitet po nadzoru za bezopasnym vedenien rabot v promyšlennosti i gornomu nadzoru	- KLYČEV, N.-D.
State Committee for Material and Technical Supply - Staatskomitee für materiell-technische Versorgung - Gosudarstvennyj komitet po material'no-techničeskom snabženiju	- ZUBRILIN, A.F.
Administration for Geology - Verwaltung für Geologie - Upravlenie po geologii	- --
Main Administration for Gasification - Hauptverwaltung für Gasifizierung - Glavnoe upravlenie gazifikacii	- SABASANOV, M.K.
Agrarian-Industrial Association for Production, Procurement, Processing and Sale of Vegetables, Potatoes, Melons and Berries - Agrar-Industrielle Vereinigung für Produktion, Beschaffung, Verarbeitung und Verkauf von Gemüse, Kartoffeln, Melonen und Beeren - Agrarno-promyšlennoe ob'edinenie po proizvodstvu, zagotovkam, pererabotke i realizacii ovoščej, kartofelja, bachčevych i plodojagodnych kul'tur	-
Central Statistical Administration - Statistische Zentralverwaltung - Central'noe statističeskoe upravlenie	- SAFARMAMEDOV, A.S.

[1] Also Deputy Chairman of the Council of Ministers - glz.stellv.Vorsitzender des Ministerrates

4.4.15 Estonskaja SSR

Supreme Soviet of the Estonian SSR - Oberster Sowjet der Estnischen SSR - Verchovnyj Sovet Estonskoj SSR

Presidium-Präsidium-Prezidija

Chairman-Vorsitzender-Predsedatel'	- KEBIN, I.G.	
Deputy Chairmen - stellv.Vorsitzende - Zamestiteli predsedatelja	- RJUJTEL, A.F.	VANNAS, M.V.
Secretary - Sekretär - Sekretar'	- VACHT, V.A.	
Presidium members - Mitglieder des Präsidiums - Členy prezidiuma	- BEEKMAN, V.E. ILVES, H.I. KANTE, E.K. VAJNO, K.G. LEBEDEV, K.V.	NYMMIK, E.A. TAAL, A.E. TOOME, I.H. VOCHMJANINA, G.K.
Chairman of the Supreme Soviet - Vorsitzender des Obersten Sowjets - Predsedatel' Verchovnogo Soveta	- LOTT, I.A.	
Deputies - Stellvertreter - Zamestiteli	- ECHALA, E.S.	TIKK, V.A.

Council of Ministers of the Estonian SSR - Ministerrat der Estnischen SSR - Sovet Ministrov Estonskoj SSR

Chairman-Vorsitzender-Predsedatel'	- KLAUSON, V.I.	
First Deputy - Erster Stellvertreter - Pervyj Zamestitel'	- TYNURIST, E.G.	
Deputies-Stellvertreter-Zamestiteli	- GREN, A.K. TREGUBOV, A.I.	SAUL, B.E. TYNSPOEG, G.A.

Union Republican Ministries of - Unionsrepublikanische Ministerien für - Sojuzno-respublikanskie Ministerstva:

Agriculture - Landwirtschaft - sel'skogo chozjajstva	- MJANNIK, H.A.
Communications - Post-und Fernmeldewesen - svjazi	- KALDMA, A.U.
Construction - Bauwesen - stroitel'stva	- PALU, P.K.
Construction Materials Industry - Baustoffindustrie - promyšlennosti stroitel'nych materialov	- VICHVELIN, L.A.
Culture - Kultur - kul'tury	- JURNA, Ju.-K.M.
Education - Volksbildung - prosveščenija	- EISEN, F.M.
Finance - Finanzen - finansov	- NORAK, A.A.
Food Industry - Nahrungsmittelindustrie - piščevoj promyšlennosti	- TEPANDI, Ja.Ja.
Foreign Affairs - auswärtige Angelegenheiten - inostrannych del	- GREN, A.K.[1]
Forestry and Protection of Nature - Forstwirtschaft und Naturschutz - lesnogo chozjajstva i ochrany prirody	- TEDER, H.O.
Health - Gesundheitswesen - zdravoochranenija	- RJATSEP, V.Jo.
Higher and Secondary Specialized Education - Hochschul-u.mittl. Fachschulbildung - vysšego i srednego special'nogo obrazovanija	- NUUT, I.Ju.
Internal Affairs - innere Angelegenheiten - vnutrennich del	- ANI, V.F.

[1] Also Deputy Chairman of the Council of Ministers - glz.stellv.Vorsitzender des Ministerrates

State Structure 4.4.15
Staatsordnung

Justice - Justiz - Justicii	- SILVET, E.P.
Light Industry - Leichtindustrie - legkoj promyšlennosti	- KRAFT, Ju.A.
Meat and Dairy Industry - Fleisch-u.Milchindustrie - mjasnoj i moločnoj promyšlennosti	- ESSENSON, A.R.
Procurement - Beschaffungen - zagotovok	- PEDAJAS, A.A.
Timber and Wood Processing Industry - Holz-und holzbearbeitende Industrie - lesnoj i derevoobrabaty-vajuščej promyšlennosti	- ČERNYŠEV, V.V.
Trade - Handel - torgovli	- TODESON, K.E.

Republican Ministries of - Republikanische Ministerien für - Respublikanskie Ministerstva:

Consumer Services - Dienstleistungen - bytovogo obsluživanija naselenija	- CHALMJAGI, V.A.
Local Industry - lokale Industrie - mestnoj promyšlennosti	- JURGENS, F.E.
Motor Transport and Highways - Kraftverkehr und Landstraßen - avtomobil'nogo transporta i šossejnych dorog	- SIBUL, R.Ja.
Municipal Services - Kommunalwirtschaft - kommunal'nogo chozjajstva	- BLUM, A.I.
Social Security - Sozialfürsorge - social'nogo obespečenija	- SARRI, G.E.

Chairman/Chief
Vorsitzender/Leiter
Predsedatel'/Načalnik

State Planning Committee - Staatl. Plankomitee - Gosudarstvennyj Planovyj komitet - GOSPLAN	- TYNSPOEG, G.A.[1]
State Committee for Construction Affairs - Staatskomitee für Bauwesen - Gosudarstvennyj komitet po delam stroitel'stva	- PAALMAN, E.R.
Committee for People's Control - Komitee für Volkskontrolle - Komitet narodnogo kontrolja	- MERIMAA, O.O.
State Committee for Prices - Staatskomitee für Preispolitik - Gosudarstvennyj komitet cen	- VLADYČIN, Ju.N.
State Committee for Cinematography - Staatskomitee für Filmwesen - Gosudarstvennyj komitet po kinematografii	- LIJVIK, F.Jo.
State Committee for Publishing Houses, Printing Plants and the Book Trade - Staatskomitee für Verlagswesen, Polygraphie und Buchhandel - Gosudarstvennyj komitet po delam izdatel'stv, poligrafii i knižnoj torgovli	- KAJK, L.Ju.
State Committee for Vocational and Technical Education - Staatskomitee f.berufstechnische Ausbildung - Gosudarstvennyj komitet po professional'no-tehničeskomu obrazovaniju	- ŠIŠKIN, A.A.
State Committee for Land Reclamation and Water Resources - Staatskomitee für Melioration und Wasserwirtschaft - Gosudarstvennyj komitet melioracii i vodnogo chozjajstva	- VALING, O.Ja.
State Committee for Television and Broadcasting - Staatskomitee für Fernseh-und Rundfunkwesen - Gosudarstvennyj komitet po televideniju i radioveščaniju	- PENU, R.A.
State Committee for Labor - Staatskomitee für Arbeit - Gosudarstvennyj komitet po trudu	- KONSTANTINOV, V.N.
Committee for State Security - Komitee für Staatssicherheit - Komitet gosudarstvennoj bezopasnosti	- PORK, A.P.
State Committee for Production-Technological Supply in Agriculture - Staatskomitee für produktionstechnische Versorgung der Landwirtschaft - Gosudarstvennyj komitet po proizvodstvenno-techničeskom obespečeniju sel'skogo chozjajstva	- METTE, A.A.
Main Administration of Material and Technical Supply - Hauptverwaltung für materiell-technische Versorgung - Glavnoe upravlenie material'no-techničeskogo snabženija	- TOOTS, E.Ja.
Central Statistical Administration - Statistische Zentralverwaltung - Central'noe statističeskoe upravlenie	- KIMASK, G.K.

---

[1] Also Deputy Chairman of the Council of Ministers - glz.stellv.Vorsitzender des Ministerrates

5.1.1 Economy
Wirtschaft

5. ECONOMY — WIRTSCHAFT —

5.1 INDUSTRY - INDUSTRIE -

5.1.1 OUTPUT OF THE MOST IMPORTANT
PRODUKTION DER WICHTIGSTEN
PROIZVODSTVO VAŽNEJŠICH VIDOV
(1922-1977)

		1922	1928	1937	1940	1945	1950
1.	Electric power, '000 mill. kWh Elektroenergie, Mrd. Kw Elektroenergija, mrd. kvt-č	0.8	5.0	36.2	48.3	43.3	91.2
2.	Crude oil, mill. tons Erdöl, Mill. t Neft', mln. t	4.7	11.6	28.5	31.1	19.4	37.9
3.	Crude oil (incl. gas condensate), mill. tons Erdöl (einschl. Gaskondensat), Mill. t Neft' (vključaja gazovyj kondensat), mln. t	4.7	11.6	28.5	31.1	19.4	37.9
4.	Natural gas, '000 mill. cu.m. Erdgas, Mrd. m³ Gaz estestvennyj, mrd. m³	0.03	0.3	2.2	3.2	3.3	5.8
5.	Coal, mill. tons Kohle, Mill. t Ugol', mln. t	11.3	35.5	128.0	165.9	149.3	261.1
6.	Peat for fuel, mill. tons (of standard moisture) Heiztorf, Mill. t (bedingter Feuchtigkeit) Torf toplivnyj, mln. t (uslovnoj vlažnosti)	2.2	5.3	24.0	33.2	22.4	36.0
7.	Pig-Iron, mill. tons Roheisen, Mill. t Čugun, mln. t	0.2	3.3	14.5	14.9	8.8	19.2
8.	Steel, mill. tons Stahl, Mill. t Stal', mln. t	0.3	4.3	17.7	18.3	12.3	27.3
9.	Rolled steel, total, mill. tons Walzstahl - insg., Mill. t Prokat černych metallov - vsego, mln. t	0.26	3.4	13.0	13.1	8.5	20.9
10.	of which finished rolled steel darunter fertige Walzerzeugnisse v tom čisle gotovyj prokat	0.24	3.2	11.1	11.4	7.4	18.0
11.	Iron ore, mill. tons Eisenerz, Mill. t Železnaja ruda, mln. t	0.2	6.1	27.8	29.9	15.9	39.7
12.	Sulphuric acid in monohydrate, mill. tons Schwefelsäure als Monohydrat, Mill. t Sernaja kislota v monogidrate, mln. t	0.03	0.2	1.4	1.6	0.8	2.1

NARODNOE CHOZJAJSTVO

Economy 5.1.1
Wirtschaft

PROMYŠLENNOST'

INDUSTRIAL BRANCHES
INDUSTRIEZWEIGE
PROMYŠLENNOJ PRODUKCII
(1922-1977)

1955	1960	1965	1970	1971	1972	1973	1974	1975	1976	1977	
170	292	507	741	800	857	915	976	1,038	1.111	1.150	1.
70.8	147	242	349	372	393.8	421	451	482	--	--	2.
70.8	148	243	353	377	400.4	429	459	491	520	546	3.
9.0	45.3	128	198	212	221	236	261	289	321	346	4.
390	510	578	624	641	655	668	685	701	712	722	5.
50.8	53.6	45.7	57.4	54.3	61.2	58.5	39.8	53.8	32.8	--	6.
33.3	46.8	66.2	85.9	89.3	92.3	95.9	99.9	103	105	107	7.
45.3	65.3	91.0	116	121	126	131	136	141	145	147	8.
35.3	51.0	70.9	92.5	95.9	99.5	104	109	115	118	118	9.
30.6	43.7	61.7	80.6	84.1	87.5	91.5	94.3	98.6	101	102	10.
71.9	106	153	195	203	208	216	225	233	239	240	11.
3.8	5.4	8.5	12.1	12.8	13.7	14.9	16.7	18.6	20.0	21.1	12.

5.1.1 Economy
Wirtschaft

	1922	1928	1937	1940	1945	1950
13. Soda ash (95 per cent), '000 tons Kalzinierte Soda (95%ige), Tsd. t Soda kal'cinirovannaja (95%-naja), tys. t	32	217	528	536	235	749
14. Caustic soda (92 per cent), '000 tons Kaustische Soda (92%ige), Tsd. t Soda kaustičeskaja (92%-naja), tys. t	10	59	164	190	128	325
15. Mineral fertilizers, mill. tons: Mineralische Düngemittel, Mill. t: Mineral'nye udobrenija, mln. t:						
in terms of 100 per cent content of nutrients umgerechnet auf 100% Reinnähr- stoffgehalt v peresčete na 100%-noe soderžanie pitatel'nych veščestv	0.0	0.03	0.7	0.7	0.3	1.2
in conventional units in Bezugseinheitsmaßen v uslovnych edinicach	0.0	0.1	3.2	3.2	1.1	5.5
16. Herbicides, '000 tons: Chemische Pflanzenschutzmittel, Tsd. t: Chimičeskie sredstva zaščity rastenij, tys. t:						
in terms of 100 per cent active base berechnet auf 100% Wirkstoff- gehalt v 100%-nom isčislenii po dejstvujuščemu načalu	...	...	...	...	...	5.1
in conventional units in Bezugseinheitsmaßen v uslovnych edinicach	...	...	...	...	...	13.0
17. Synthetic resins and plastics, '000 tons Kunstharze und Plaste, Tsd. t Sintetičeskie smoly i plastičeskie massy - tys. t	--	0.3	8.0	10.9	21.3	67.1
18. Synthetic fibres, '000 tons Chemische Fasern, Tsd. t Chimičeskie volokna, tys. t	--	0.2	8.6	11.1	1.1	24.2
19. Tires, mill. units Reifendecken, Mill. Stck. Avtopokryški, mln. št.	0.1	0.1	2.7	3.0	1.4	7.4

Economy 5.1.1
Wirtschaft

1955	1960	1965	1970	1971	1972	1973	1974	1975	1976	1977
1,437	1,887	2,871	3,668	3,820	4,068	--	--	--	--	--
563	765	1,303	1,938	2,028	2,141	--	--	--	--	--
2.3	3.3	7.4	13.1	14.7	15.9	17.4	19.4	22.0	22.6	--
9.7	13.9	31.3	55.4	61.4	66.1	72.3	80.4	90.2	92.3	96.7
14.9	32.3	103	164	155	173	200	231	264	276	--
30.0	62.6	198	292	273	299	338	387	438	456	487
160	312	803	1,673	1,864	2,042	2,320	2,493	2,840	3,061	3,300
110	211	407	623	676	746	830	887	955	1,020	1,088
10.2	17.2	26.4	34.6	36.2	38.8	42.3	47.1	51.5	54.5	57.4

5.1.1 Economy / Wirtschaft

	1922	1928	1937	1940	1945	1950
20. Synthetic detergents and soap (in terms of 40 per cent of fatty acid), '000 tons Synthetische Waschmittel und Seife (umgerechnet auf 40% Fettsäuregehalt), Tsd. t Sintetičeskie mojuščie sredstva i mylo (v peresčete na 40%-noe soderžanie žirnych kislot), tys.t		311	495	700	229	816
21. Of which synthetic detergents darunter synthetische Waschmittel v tom čisle sintetičeskie mojuščie sredstva	--	--	--	--	--	--
22. Turbines, '000 kW Turbinen, Tsd. kW Turbiny, tys. kvt	--	44	1,156	1,179	230	2,704
23. Turbine generators, '000 kW Generatoren für Turbinen, Tsd. kW Generatory k turbinam, tys. kvt	--	75	561	468	265	934
24. A.C.electric motors, above 100 kW: Wechselstrommotoren, über 100 kW: Elektrodvigateli peremennogo toka, svyše 100 kvt:						
'000 units-Tsd.Stck.-tys.št.	--	0.4	3.4	3.1	3.2	15.8
'000 kW-Tsd.kW-tys.kvt	--	55	612	527	681	2,536
25. A.C.electric motors, 0.25-100 kW: Wechselstrommotoren, 0,25-100 kW: Elektrodvigateli peremennogo toka, 0,25-100 kvt:						
'000 units-Tsd.Stck.-tys.št.	0.4	33	275	261	111	787
'000 kW-Tsd.kW-tys.kvt	26.1	204	1,221	1,328	559	4,238
26. Metal-cutting lathes, '000 units Spanabhebende Werkzeugmaschinen, Tsd. Stck. Stanki metallorežuščie - tys.št.	0.3	2.0	48.5	58.4	38.4	70.6
of which with numerical control, units darunter mit numerischer Programmsteuerung, Stck. v tom čisle s čislovym programmnym upravleniem-št.	--	--	--	--	--	--
27. Automatic and semi-automatic lines for engineering and metal-working, lines Automatische und halbautomatische Fertigungsstraßen für Maschinenbau und Metallbearbeitung, Anzahl der Maschinensätze Avtomatičeskie i poluavtomatičeskie linii dlja mašinostroenija i metalloobrabotki- komplektov	--	--	--	1	--	10

Economy
Wirtschaft 5.1.1

1955	1960	1965	1970	1971	1972	1973	1974	1975	1976	1977	
1,077	1,474	1,926	1,912	1,758	1,756	1,802	2,148	2,344	2,370	--	20.
1.2	22.9	144	471	497	535	613	659	769	828	825	21.
5,571	9,200	14,625	16,191	16,800	16,427	15,100	17,300	18,900	19,600	18,900	22.
4,526	7,915	14,390	10,578	12,634	15,158	16,500	16,000	17,100	16,600	18,100	23.
12.5	19.5	25.2	28.0	28.9	30.8	31.6	33.5	35.5	37.8	--	24.
2,241	4,104	5,295	5,486	5,647	5,664	6,031	6,522	6,970	7,500	--	
1,532	2,820	4,688	5,837	6,381	6,379	7,209	7,578	8,026	8,513	--	25.
6,574	13,493	21,595	27,833	29,574	32,339	31,738	33,458	34,719	35,400	--	
117	156	186	202	207	211	214	226	231	231	236	26.
--	16	49	1,588	2,538	3,062	3,788	4,410	5,532	5,994	6,300	
115	174	228	579	639	637	805	743	715	730	--	27

5.1.1 Economy / Wirtschaft

	1922	1928	1937	1940	1945	1950
28. Forge and pressing machines, '000 units Schmiede- und Preßmaschinen, Tsd. Stck. Kuznečno-pressovye mašiny, tys.št.	0.0	0.1	3.1	4.7	2.9	7.7
29. Instruments, means of automation and spare parts to them, mill. rubles: Geräte, Automatisierungsmittel und Ersatzteile, Mill.Rubel: Pribory, sredstva avtomatizacii i zapasnye časti k nim, mln.rub.:						
at factory wholesale prices as of July 1, 1955 in Großhandelspreisen der Betriebe vom 1. Juli 1955 v optovych cenach predprijatij na 1 ijulja 1955 g.	...	...	...	30.6	65.5	115
at factory wholesale prices as of July 1, 1967 in Großhandelspreisen der Betriebe vom 1. Juli 1967 v optovych cenach predprijatij na 1 ijulja 1967 g.						
30. Data processing equipment and spare parts, mill. rubles: elektron.Datenverarbeitung und Ersatzteile, Mill.Rubel: Sredstva vyčislitel'noj techniki i zapasnye časti k nim, mln. rub.:						
at factory wholesale prices as of July 1, 1955 in Großhandelspreisen der Betriebe vom 1. Juli 1955 v optovych cenach predprijatij na 1 ijulja 1955 g.	...	...	...	0.3	0.5	2.0
at factory wholesale prices as of July 1, 1967 in Großhandelspreisen der Betriebe vom 1. Juli 1967 v optovych cenach predprijatij na 1 ijulja 1967 g.						
31. Coal combines with separators, units Kohlenkombiner mit Separatoren, Stck. Kombajny ugol'nye očistnye, štuk	--	--	--	22	5	344
32. Oil drilling equipment, '000 t Erdöl-Bohrausrüstungen, Tsd.t Nefteapparatura, tys. t	--	--	5.3	15.5	1.4	47.9

Economy
Wirtschaft 5.1.1

1955	1960	1965	1970	1971	1972	1973	1974	1975	1976	1977	
17.1	29.9	34.6	41.3	42.3	44.0	46.5	48.9	50.5	51.9	54.3	28.
374	1,102	1,851									29.
		1,280	2,364	2,610	2,960	3,356	3,798	4,241	3,700	4,100	
15.0	79.9	245									30.
		138	710	905	1,213	1,699	2,221	2,917	2,300	2,800	
731	881	998	1,130	1,218	1,121	1,057	1,148	1,119	1,200	1,200	31.
48.8	93.0	140	127	139	157	159	172	170	164	171	32.

181

5.1.1 Economy / Wirtschaft

	1922	1928	1937	1940	1945	1950
33. Steam locomotives for trunk lines, units Lokomotiven für Hauptstreckenverkehr, Stck. Parovozy magistral'nye, ŝtuk	106	479	1,172	914	8	985
34. Diesel locomotives for trunk lines, sections Diesellokomotiven für Hauptstreckenverkehr, Zugeinheiten Teplovozy magistral'nye, sekcij	--	--	4	5	--	125
35. Electric locomotives for trunk lines, units Elektrolokomotiven für Hauptstreckenverkehr, Stck. Elektrovozy magistral'nye, ŝtuk	--	--	32	9	--	102
36. Railway freight cars for trunk lines, '000 units Güterwaggons für Hauptstreckenverkehr, Tsd. Stck. Vagony gruzovye magistral'nye, tys. ŝt.	0.4	7.9	29.8	30.9	0.8	50.8
37. Passenger carriages for trunk lines, units Personenwaggons für Hauptstreckenverkehr, Stck. Vagony passaẑirskie magistral'nye, ŝtuk	1	387	912	1,051	5	912
38. Automobiles, total, '000 Kraftfahrzeuge, insg., Tsd.Stck. Avtomobili, vsego, tys. ŝt.	--	0.84	199.9	145.4	74.7	362.9
of which - davon - iz nich:						
Trucks-LKW-gruzovye avtomobili	--	0.74	180.3	136.0	68.6	294.4
Passenger cars - PKW - legkovye avtomobili	--	0.05	18.3	5.5	5.0	64.6
Buses - Busse - avtobusy	--	0.05	1.3	3.9	1.1	3.9
Trolleybuses-Obusse-trollejbusy	--	--	192	74	--	171
39. Automobile trailers, '000 Kraftfahrzeuganhänger, Tsd.Stck. Avtomobil'nye pricepy, tys.ŝt.	--	--	14.1	40.5	9.3	44.0
40. Tractor trailers, '000 Traktoranhänger, Tsd.Stck. Traktornye pricepy, tys. ŝt.	--	--	--	--	--	--
41. Tractors-Traktoren-Traktory: '000 - Tsd.Stck. - tys. ŝt.	--	1.3	51.0	31.6	7.7	117
aggregate capacity of tractor engines, mill. hp Summarische Motorleistung, Mill.PS Summarnaja moŝčnost' dvigatelej, mln. l.s.	--	0.03	2.0	1.5	0.4	5.5

Economy
Wirtschaft 5.1.1

1955	1960	1965	1970	1971	1972	1973	1974	1975	1976	1977	
654	--	--	--	--	--	--	--	--	--		33.
134	1,303	1,485	1,485	1,485	1,488	1,415	1,434	1,375	1,455	--	34.
194	396	641	323	341	351	354	358	395	410	--	35.
34.4	36.4	39.6	58.3	63.7	68.9	71.8	72.4	69.9	71.9	71.2	36.
1,772	1,656	1,991	1,791	1,871	2,001	2,001	2,051	2,090	2,078	--	37.
445.3	523.6	616.3	916.1	1,142.6	1,378.8	1,602.2	1,846	1,964	2,025	2,088	38.
328.1	362.0	379.6	524.5	564.3	596.8	629.5	666	696	716	734	
107.8	138.8	201.2	344.2	529.0	730.1	916.7	1,119	1,201	1,239	1,280	
9.4	22.8	35.5	47.4	49.3	51.9	56.0	61	67	70	--	
360	610	1,540	2,238	2,270	1,971	1,836	1,726	1,900	1,993	--	
80.8	64.5	92.9	124	133	137	142	148	155	156	--	39.
4.6	56.7	132	296	339	319	277	283	290	299	--	40.
163	239	355	459	472	478	500	531	550	562	569	41.
7.4	11.4	21.0	29.4	31.3	33.4	36.3	39.8	41.8	44.3	45.4	

5.1.1 Economy
Wirtschaft

	1922	1928	1937	1940	1945	1950
42. Tractor ploughs, '000 Traktor-Pflüge, Tsd.Stck. Plugi traktornye, tys.št.	--	0.5	96.4	38.4	8.5	121.9
43. Tractor drills, '000 Traktor-Drillmaschinen, Tsd.Stck. Sejalki traktornye, tys.št.	--	0.6	62.9	21.4	1.6	117.7
44. Tractor cultivators, '000 Traktor-Kultivatoren, Tsd.Stck. Kul'tivatory traktornye, tys.št.	--	--	68.1	32.3	0.9	98.9
45. Tractor mowers, '000 Traktor-Mähmaschinen, Tsd.Stck. Kosilki traktornye, tys.št.	--	--	1.3	3.3	--	41.2
46. Grain combines, '000 Mähdrescher, Tsd. Stck. Kombajny zernouboročnye, tys.št.	--	--	43.9	12.8	0.3	46.3
47. Excavators, units Bagger, Stck. Ekskavatory, štuk	--	--	522	274	10	3,540
48. Bridge cranes, electric (incl. travelling and overhead cranes), units Elektrische Brückenkräne (einschl. Spezialkräne), Stck. Krany mostovye električeskie (vključaja special'nye),štuk	--	46	340	302	194	1,060
49. Truck hoists, units Autokräne, Stck. Krany na avtomobil'nom chodu,štuk	--	--	137	139	17	4,152
50. Pneumatic cranes, units Kräne mit pneumatischem Antrieb, Stck. Krany na pnevmatičeskom chodu-štuk	--	--	--	--	--	1
51. Spinning machines, units Spinnmaschinen, Stck. Prjadil'nye mašiny, štuk	--	66	884	1,109	11	1,958
52. Looms, '000 Webstühle, Tsd.Stck. Tkackie stanki, tys.štuk	--	3.7	4.1	1.8	0.02	8.7
53. Shipments of commercial timber, mill. compact cu.m. Nutzholzeinschlag, Mill. fm^3 Vyvozka delovoj drevesiny, mln. plotnych m^3	8.2	36.0	114.2	117.9	61.6	161.0
54. Sawed timber, mill. cu.m. Schnittholz, Mill. m^3 Pilomaterialy, mln. m^3	3.1	13.6	33.8	34.8	14.7	49.5
55. Cellulose, '000 tons Zellulose, Tsd. t Celljuloza, tys. t	13	86	426	529	276	1,100

Economy 5.1.1
Wirtschaft

1955	1960	1965	1970	1971	1972	1973	1974	1975	1976	1977	
103	149	166	212	221	227	232	218	205	202	--	42.
115	112	262	163	141	145	160	178	180	191	--	43.
113	84.8	206	219	184	178	195	178	188	190	--	44.
22.6	87.5	122	144	150	155	131	93.0	83.9	89.4	--	45.
48.0	59.0	85.8	99.2	102	95.7	84.8	88.4	97.5	102	106	46.
5,242	12,589	21,565	30,844	33,164	34,875	35,831	37,059	38,965	40,400	41,500	47.
2,316	3,264	6,764	5,740	5,772	5,750	5,928	6,359	6,523	6,865	--	48.
5,505	6,695	11,141	15,397	16,231	16,369	17,186	18,989	19,681	20,162	--	49.
112	835	1,236	1,963	2,180	2,235	2,272	2,459	2,442	2,504	--	50.
2,040	2,679	3,227	4,027	3,855	4,442	4,761	5,149	5,359	--	--	51.
16.0	16.5	24.3	19.8	18.6	19.5	25.0	28.8	31.3	30.9	--	52.
212	262	274	299	298	298	304	304	311	303	--	53.
75.6	106	111	116	119	119	116	115	115	114	--	54.
1,742	2,282	3,234	5,110	5,412	5,684	6,070	6,340	6,840	7,200	7,400	55.

5.1.1 Economy / Wirtschaft

	1922	1928	1937	1940	1945	1950
56. Paper, '000 tons Papier, Tsd. t Bumaga, tys. t	40	285	832	812	321	1,180
57. Cement, mill. tons Zement, Mill. t Cement, mln. t	0.1	1.8	5.5	5.7	1.8	10.2
58. Precast reinforced concrete structures and articles, mill. cu.m. of articles Montierbare Stahlbetonkonstruktionen und Einzelteile, Mill. m^3 der Erzeugnisse Sbornye železobetonnye konstrukcii i detali - mln. m^3 izdelij	--	--	0.0	0.3	0.5	1.2
59. Construction bricks, '000 mill.pcs Bauziegel, Mrd.Stck. Kirpič stroitel'nyj, mrd. št.	0.1	2.8	8.7	7.5	2.0	10.2
60. Cotton fabrics, mill.m^2 Baumwollstoffe, Mill.m^2 Chlopčatobumažnye tkani, mln.m^2	--	1,821	2,431	2,715	1,149	2,745
61. Woollen fabrics, mill.m^2 Wollstoffe, Mill.m^2 Šerstjanye tkani, mln.m^2	--	112	139	155	65	193
62. Linen fabrics, mill.m^2 Leinenstoffe, Mill.m^2 L'janye tkani, mln.m^2	--	177	274	272	98	257
63. Silk fabrics, mill.m^2 Seidenstoffe, Mill.m^2 Šelkovye tkani, mln.m^2	--	8.0	49.0	67	29.2	106
64. Hosiery, mill. pairs Strumpf-u.Sockenwaren, Mill.Paar Čuločno-nosočnye izdelija,mln.par	2.2	67.7	409	485	91.0	473
65. Knitted wear, mill. pcs. Wäsche und Obertrikotagen,Mill.Stck. Bel'evoj i verchnij trikotaž,mln.št	1.9	8.3	157	183	50.0	197
66. Leather footwear, mill.pairs Lederschuhe, Mill. Paar Obuv' kožanaja, mln.par	6.8	58.0	183	211	63.1	203
67. Clocks and watches, mill.pcs. Uhren, Mill.Stck. Časy bytovye, mln.št.	0.02	0.9	4.0	2.8	0.3	7.6
of which wrist watches darunter Armbanduhren v tom čisle naručnye	--	--	--	0.2	0.1	1.5
68. Radios and radiogramophones, '000 Rundfunkgeräte und -empfänger mit eing.Plattenspieler, Tsd.Stck. Radiopriemniki i radioly širokoveščatel'nye, tys.št.	--	3.0	200	160	14	1,072

Economy
Wirtschaft 5.1.1

1955	1960	1965	1970	1971	1972	1973	1974	1975	1976	1977	
1,848	2,334	3,231	4,185	4,407	4,613	4,908	5,040	5,215	5,389	5,500	56.
22.5	45.5	72.4	95.2	100.3	104.3	190.5	115.1	122	124	127	57.
5.0	30.2	56.1	84.6	90.8	96.1	102.9	108.5	114	117	121	58.
20.8	35.5	36.6	43.2	44.6	45.7	46.8	46.7	47	47	--	59.
4,227	4,838	5,499	6,152	6,397	6,421	6,578	6,624	6,635	6,775	6,800	60.
316	439	466	643	675	681	703	724	740	764	800	61.
272	516	548	707	760	775	796	796	778	807	800	62.
415	675	801	1,146	1,190	1,270	1,345	1,413	1,508	1,598	1,600	63.
772	964	1,350	1,338	1,309	1,337	1,411	1,469	1,494	1,538	--	64.
432	583	903	1,229	1,274	1,294	1,360	1,389	1,420	1,458	1,511	65.
271	419	486	679	682	647	666	684	698	725	735	66.
19.7	26.0	30.6	40.2	42.1	44.1	47.5	50.6	55.0	57.9	60.7	67.
8.0	16.3	14.8	21.7	23.3	24.6	26.6	28.9	31.3	--	--	
3,549	4,165	5,160	7,815	8,794	8,842	8,615	8,753	8,376	8,443	8,700	68.

5.1.1 Economy / Wirtschaft

	1922	1928	1937	1940	1945	1950
69. Television sets, '000 Fernsehgeräte, Tsd.Stck. Televizory širokoveŝčatel'nye, tys.ŝt.	--	--	--	0.3	--	11.9
70. Refrigerators, '000 Kühlschränke, Tsd.Stck. Cholodil'niki bytovye, tys.ŝt.	--	--	--	3.5	0.3	1.2
71. Washing machines, '000 Waschmaschinen, Tsd.Stck. Stiralnye mašiny bytovye, tys.ŝt.	--	--	--	--	--	0.3
72. Vacuum cleaners, '000 Elektr. Staubsauger, Tsd.Stck. Elektropylesosy bytovye, tys.ŝt.	--	--	--	--	1.1	6.1
73. Sewing machines, '000 Nähmaschinen, Tsd.Stck. Švejnye mašiny bytovye, tys.ŝt.	--	286	510	175	--	502
74. Motorcycles and scooters, '000 Motorräder und -roller, Tsd.Stck. Motocikly i motorollery, tys.ŝt.	--	--	13.1	6.7	4.7	123
75. Granulated sugar, '000 tons Streuzucker, Tsd. t Sachar-pesok, tys. t	210	1,283	2,421	2,165	465	2,523
of which made from sugar beats darunter aus Zuckerrüben v tom čisle iz sacharnoj svekly	210	1,283	2,421	2,165	465	2,523
76. Meat (incl. subproducts of 1st category), '000 tons Fleisch (einschl. Subprodukte der 1.Güterklasse), Tsd. t Mjaso (vključaja subprodukty I kategorii), tys. t	260	678	1,002	1,501	663	1,556
77. Fish catch, incl. sea animals, whales, and other sea products, '000 tons Fischfang, Fang von Seetieren, Walen und anderen Meeresprodukten, Tsd. t Ulov ryby, dobyča morskogo zverja, kitov i moreproduktov, tys.t	483	840	1,609	1,404	1,125	1,755
78. Butter, '000 tons Butter, Tsd. t Maslo životnoe, tys.t	25	82	185	226	117	336
79. Dairy products in terms of milk, mill. tons Vollmilcherzeugnisse, umgerechnet auf Milch, Mill. t Cel'nomoločnaja produkcija v perescete na moloko, mln.t	0.0	0.1	0.8	1.3	0.6	1.1

Economy
Wirtschaft 5.1.1

	1955	1960	1965	1970	1971	1972	1973	1974	1975	1976	1977	
	495	1,726	3,655	6,682	5,817	5,980	6,271	6,569	6,961	7,060	7,100	69.
	151	529	1,675	4,140	4,557	5,030	5,423	5,426	5,606	5,834	5,800	70.
	87	895	3,430	5,243	4,052	3,001	2,987	3,075	3,284	3,509	3,600	71.
	131	501	800	1,509	1,738	2,168	2,658	3,319	2,920	2,655	--	72.
	1,611	3,096	800	1,400	1,408	1,439	1,400	1,366	1,360	1,358		73.
	235	533	711	833	872	898	932	960	1,029	1,059		74.
	3,419	6,363	11,037	10,221	9,025	8,903	10,714	9,446	10,382	9,200	12,000	75.
	3,239	5,266	0,924	0,139	7,805	7,307	8,449	7,848	7,445	--	--	
	2,524	4,406	5,245	7,144	8,182	8,723	8,346	9,367	9,883	8,265	--	76.
	2,737	3,541	5,774	7,828	7,785	8,209	9,005	9,622	10,357	--	--	77.
	463	737	1,072	963	1,022	1,080	1,239	1,260	1,231	1,263	1,400	78.
	2.6	8.3	11.7	19.7	19.7	19.9	21.2	23.0	23.6	23.4	24,3	79.

5.1.1 Economy
Wirtschaft

	1922	1928	1937	1940	1945	1950
80. Vegetable oil, '000 tons Pflanzliche Fette, Tsd. t Maslo rastitel'noe, tys.t	86	448	539	798	292	819
81. Canned food, '000 mill. conventional cans Konserven, Mrd. Normdosen Konservy, mrd. uslovnych banok	0.0	0.1	1.0	1.1	0.6	1.5
82. Mixed feed, mill. tons Mischfutter, Mill. t Kombikorma, mln. t	--	0.0	0.9	1.2	0.2	1.1

Economy
Wirtschaft 5.1.1

1955	1960	1965	1970	1971	1972	1973	1974	1975	1976	1977	
1,168	1,586	2,770	2,784	2,923	2,827	2,676	3,411	3,354	2,787	2,900	80.
3.2	4.9	7.1	10.7	11.3	12.1	13.0	14.2	14.5	14.5	15.0	81.
2.5	9.3	15.5	23.7	26.7	28.3	31.7	37.7	41.8	46.0	51.0	82.

5.1.2.1 Economy
Wirtschaft

5.1.2 ELECTRIC POWER – ELEKTROENERGIE – ELEKTROENERGETIKA

5.1.2.1 Capacity of Electric Power Stations and Output of Electric Power
Kapazität der Elektrizitätswerke und Elektroenergieerzeugung
Moščnost'elektrostancij i proizvodstvo elektroenergii

Year Jahr Gody	All electric power stations Gesamte Elektrizitätswerke Vse elektrostancii		Hydroelectric stations Wasserkraftwerke Gidroelektrostancii	
	Capacity Kapazität Moščnost' '000 kW 1.000 Kw tys.kvt	Output of electric power Elektroenergie- erzeugung Proizvodstvo elektroenergii mill.kWh Mill.Kwh mln.kvt-č	Capacity Kapazität Moščnost' '000 kW 1.000 Kw tys.kvt	Output of electric power Elektroenergie- erzeugung Proizvodstvo elektroenergii mill.kWh Mill.Kwh mln.kvt-č
1913[1]	1,098	1,945	16	35
1913[2]	1,141	2,039	16	35
1916	1,192	2,575	16	37
1921	1,228	520	18	10
1922	1,247	775	19	12
1928	1,905	5,007	121	430
1932	4,677	13,540	504	812
1937	8,235	36,173	1,044	4,184
1940	11,193	48,309	1,587	5,113
1945	11,124	43,257	1,252	4,841
1946	12,338	48,571	1,427	6,046
1950	19,614	91,226	3,218	12,691
1955	37,246	170,225	5,996	23,165
1960	66,721	292,274	14,781	50,913
1961	74,098	327,611	16,366	59,122
1962	82,461	369,275	18,622	71,944
1963	93,050	412,418	20,830	75,859
1964	103,584	458,902	21,251	77,361
1965	115,033	506,672	22,244	81,434
1966	123,007	544,566	23,077	91,823
1967	131,727	587,699	24,813	88,571
1968	142,504	638,661	27,035	104,040
1969	153,790	689,050	29,645	115,181
1970	166,150	740,926	31,368	124,377
1971	175,365	800,360	33,448	126,099
1972	186,239	857,435	34,846	122,899
1973	195,560	914,606	35,320	122,345
1974	205,442	975,754	36,978	132,030
1975	217,484	1,038,607	40,515	125,987

[1] within the borders of the U.S.S.R. up to 17.9.1939 – in den Grenzen der UdSSR bis 17.9.1939 – v granicach SSSR do 17 sentjabrja 1939 g.
[2] within the present borders of the U.S.S.R. – in den heutigen Grenzen der UdSSR – v sovremennych granicach SSSR

Economy
Wirtschaft 5.1.2.2

5.1.2.2 CONSUMPTION OF ELECTRIC POWER – VERBRAUCH AN ELEKTROENERGIE – POTREBLENIE ELEKTROENERGII

Territory of the U.S.S.R. / Territorium der UdSSR / Territorija SSSR	Year / Jahr / Gody	Total / Insgesamt / Vsego '000 mill. Mrd. kWh mlrd.kvt-č	%	Industry & Construct Industrie u.Bauwesen Promyšlennost'ju i stroitel'stvom '000 mill. Mrd. kWh mlrd.kvt-č	%	Transport Transport Transportom '000 mill. Mrd. kWh mlrd.kvt-č	%	Agriculture Landwirtschaft Sel'skim chozjajstvom '000 mill. Mrd. kWh mlrd.kvt-č	%	Communal Economy and other Consumers Kommunalwirtschaft u. andere Konsumenten Kommunal'nym chozjajstvom i pročimi potrebiteljami '000 mill. Mrd. kWh mlrd.kvt-č	%	Losses in the Distribution Network Verluste im Netz d. allgemeinen Nutzung Poteri v setjach obščego pol'zovanija '000 mill. Mrd. kWh mlrd.kvt-č	%
SSSR	1965	505.2	100	361.3	71.5	37.1	7.3	21.1	4.2	50.6	10	35.1	6.9
	1970	735.7	100	503.4	68.4	54.4	7.4	38.6	5.2	81.0	11	58.3	7.9
	1975	1027.0	100	678.0	65.9	74.0	7.2	74.0	7.2	119.0	11.7	82.0	8.0
RSFSR	1965	339.3	100	245.1	72.2	28.9	8.5	10.5	3.1	33.5	9.9	21.4	6.3
	1970	478.7	100	330.8	69.1	41.2	8.6	18.9	3.9	52.8	11.0	35.0	7.3
	1975	658.8	100	441.3	66.9	55.6	8.4	36.4	5.7	77.2	11.8	48.3	7.2
Ukrainskaja SSR	1965	92.2	100	67.7	73.4	5.3	5.7	4.5	4.9	8.0	8.7	6.7	7.3
	1970	134.5	100	94.8	70.5	8.1	6.0	7.8	5.8	12.9	9.6	10.9	8.1
	1975	182	100	124.4	68.2	10.4	5.8	13.9	7.8	18.3	10	15	8.2
Belorusskaja SSR	1965	7.55	100	4.8	63.6	0.23	3.0	0.52	6.9	1.17	15.5	0.79	10.5
	1970	14.3	100	9.1	63.6	0.63	4.4	1.14	8.0	—	14.0	1.4	9.8
	1975	22.7	100	14.5	63.9	0.8	3.5	2.3	10.1	3.17	13.7	2	8.8
Kazachskaja SSR	1965	19.6	100	13.7	69.9	0.99	5.1	1.7	8.7	2.1	10.7	1.1	5.6
	1970	36.4	100	25.3	69.5	2.0	5.5	2.5	6.9	3.9	10.7	2.7	7.4
	1975	57.7	100	38.9	67.4	3.1	5.4	5.3	9.2	6	10.4	4.4	7.6
Transcaucasian Republics / Transkaukasische Republiken / Respubliki Zakavkaz'ja	1965	19.35	100	12.9	66.7	0.85	4.4	1.0	5.2	2.1	10.9	3.7	12.9
	1970	27.1	100	17.2	63.5	1.3	4.8	1.66	6.1	3.2	11.8	3.7	13.7
	1975	35	100	20.4	58.3	2.3	6.6	2.8	8	4.7	13.3	4.8	13.8
Baltic Republics / Baltische Republiken / Pribaltijskie respubliki	1965	9.1	100	5.4	59.3	0.31	3.4	0.8	8.8	1.48	16.3	1.1	12.1
	1970	16.0	100	9.3	58.1	0.44	2.7	1.7	10.6	2.65	16.6	1.9	11.5
	1975	21.44	100	12.0	56	0.54	2.5	3.0	14	3.4	16.0	2.5	11.5
Middle Asiatic Republics / Mittelasiatische Republ. / Srednaziatskie respubliki	1965	16.2	100	10.5	64.8	0.48	3.0	1.82	11.2	2.0	12.3	1.39	8.6
	1970	26.6	100	16.2	60.9	0.7	2.6	4.0	15.0	3.4	12.8	2.3	8.6
	1975	42.8	100	23.7	55.4	1.2	2.8	8.5	19.8	5.2	12.2	4.2	9.8
Moldavskaja SSR	1965	1.9	100	0.91	47.9	0.06	3.2	0.36	18.9	0.37	19.5	0.22	11.6
	1970	3.8	100	1.67	43.9	0.08	2.1	0.93	24.5	0.64	16.8	0.48	12.6
	1975	6.5	100	2.9	44.6	0.1	1.6	1.6	24.6	1.0	15.4	0.9	13.8

5.1.2.3 ENERGETIC CAPACITY AND CONSUMPTION OF ELECTRIC POWER BY THE MOST IMPORTANT INDUSTRIAL BRANCHES
ENERGETISCHE KAPAZITÄTEN UND VERBRAUCH AN ELEKTROENERGIE NACH DEN WICHTIGSTEN INDUSTRIEZWEIGEN
ENERGETIČESKIE MOŠČNOSTI I POTREBLENIE ELEKTROENERGII PO VAŽNEJŠIM OTRASLJAM PROMYŠLENNOSTI

Industrial branches Industriezweige Otrasli promyšlennosti	Year Jahr Gody	Capacity, mill.kWh Kapazität, Mio Kwh Moščnost', mln.kvt			Consumption of electric power,'000 mill.kWh Verbrauch an Elektroenergie, Mrd.Kwh Potreblenie elektroenergii, mlrd.kvt-č				Anzahl d.Stunden d. Nutzungskapazität Čislo časov ispol'zovanija ustanovlennoj moščnosti	
		Total Insg. Vsego	Electro-motors Elektro-motoren Elektro-dvigatelej	Electric apparatus Elektro-apparate Elektro-apparatov	Total Insg. Vsego	Technological demand Technologi-scher Bedarf Technologi-českie nuždy	Electro-motors Elektro-motoren Elektro-dvigatelej	Lighting Beleuchtung Osveščenie	Electro-motors Elektro-motoren Elektro-dvigatelej	Electric apparatus Elektro-apparate Elektro-apparatov
Industry, total Industrie, insg. Vsego po promyšlennosti	1970 1975	218.0 295.5	175.2 236.9	42.8 58.6	437.9 588.0	125.0 170.6	275.0 367.0	37.9 50.4	1,570 1,560	2,920 2,920
of which-darunter-v tom čisle: fuel industry Brennstoffindustrie Toplivnaja prom.	1970 1975	25.2 33.2	24.3 32.2	0.9 1.0	46.0 60.8	0.9 1.7	42.5 56.0	2.6 3.1	1,750 1,740	1,000 1,700
Iron & steel industry Eisen-u.Stahlindustrie Černaja metallurgija	1970 1975	37.8 52.0	32.7 45.5	5.1 6.5	70.7 94.5	18.7 25.4	45.9 61.6	6.1 7.5	1,405 1,350	3,670 3,930
Buntmetallurgie Cvetnaja metallurgija	1970 1975	18.9 25.9	11.5 15.2	7.4 10.7	67.3 92.4	43.4 61.5	19.3 26.0	4.6 4.9	1,680 1,730	5,870 5,750
Chemical & petrolchem. Chemische u.petrolchem. Chimičeskaja i neftech.	1970 1975	23.3 31.6	19.1 26.5	4.2 5.1	64.2 91.6	15.7 21.1	44.8 65.1	3.7 5.4	2,350 2,470	3,740 4,140
Mach.build.& metal work. Masch.bau u.Metallbear. Mašinostroenie i metalloobrabotka	1970 1975	61.5 83.6	42.3 56.4	19.2 27.2	65.6 90.3	25.1 34.8	33.3 45.6	7.2 9.9	787 810	1,306 1,280

5.1.2.4
POWER CAPACITY OF THE POWER STATIONS IN THE USSR
ENERGETISCHE KAPAZITÄTEN IN DEN KRAFTWERKEN DER UdSSR
VVOD V DEJSTVIE ENERGETIČESKICH MOŠČNOSTEJ NA ELEKTROSTANCIJACH SSSR

	1971 - 1975		1976 - 1980		Increase in the X.Five-Year's Plan compared with the IX. Wachstum im X.Fünfjahrplan verglichen mit dem IX. Rost v desjatom pjatiletii po sravneniju s devjatym
	mill.kWh Mio Kwh mln.vKt	%	mill.kWh Mio Kwh mln.vKt	%	%
Total-Insg.-Vsego	58	100	71	100	122
of which-darunter- v tom čisle: nuclear power stations Kernkraftwerke na atomnych elektro- stancijach	3.8	6.5	13.8	19.4	363
Hydroelectric stations Wasserkraftwerke na gidravličeskich elektrostancijach	9.0	15.5	13.4	20.0	148
Thermal electric stations Wärmekraftwerke na teplovych elektrostancijach	45.2	78.0	43.8	61.6	97

5.1.2.5   ELECTRIC POWER OUTPUT PER CAPITA
ELEKTROENERGIEERZEUGUNG PRO KOPF DER BEVÖLKERUNG
PROIZVODSTVO ELEKTROENERGII NA DUŠU NASELENIJA

Union Republics Unionsrepubliken Sojuznye respubliki	1965	1970	1975	1975 to-zu-k 1965	1975 to-zu-k 1970
	kWh-Kwh-kVt-č			%	
SSSR	2,194	3,052	4,082	185	133.7
RSFSR	2,625	3,607	4,764	181	132
Ukrainskaja SSR	2,083	2,909	3,968	191	136
Belorusskaja SSR	977	1,669	2,846	291	170
Uzbekskaja SSR	1,106	1,511	2,388	216	158
Kazachskaja SSR	1,655	2,682	3,642	220	136
Gruzinskaja SSR	1,350	1,904	2,341	173	123
Azerbajdžanskaja SSR	2,279	2,328	2,577	113	111
Litovskaja SSR	1,296	2,340	2,713	209	116
Moldavskaja SSR	926	2,117	3,563	385	168
Latvijskaja SSR	656	1,135	1,159	177	102
Kirgizskaja SSR	898	1,193	1,298	145	109
Tadžikskaja SSR	624	1,101	1,333	214	121
Armjanskaja SSR	1,295	2,426	3,235	250	133
Turkmenskaja SSR	742	842	1,743	235	207
Estonskaja SSR	5,502	8,482	11,622	211	137

5.1.2.6 ELECTRIC POWER OUTPUT IN THE UNION REPUBLICS
ELEKTROENERGIEERZEUGUNG IN DEN UNIONSREPUBLIKEN
PROIZVODSTVO ELEKTROENERGII PO SOJUZNYM RESPUBLIKAM
('000 mill.kWh - Mrd.Kwh - mlrd.kVt-č)

	1940	1965	1970	1971	1972	1973	1974	1975	1976	1977
SSSR	48	507	741	800	857	915	976	1,038	1,111	1,150
RSFSR	30.8	333	470	503	537	568	606	640	686	709
Ukrainskaja SSR	12.4	94.6	138	150	158	172	181	194	209	215
Belorusskaja SSR	0.5	8.4	15.1	18.5	21.0	23.0	24.7	26.7	29.0	30.1
Uzbekskaja SSR	0.5	11.5	18.3	21.3	23.8	26.1	30.0	33.6	35.1	34.9
Kazachskaja SSR	0.6	19.2	34.7	37.8	41.5	44.2	48.7	52.5	55.6	58.2
Gruzinskaja SSR	0.7	6.0	9.0	9.5	10.0	10.7	11.1	11.6	12.1	12.0
Azerbajdžanskaja SSR	1.8	10.4	12.0	12.3	12.7	13.5	14.2	14.7	15.3	15.7
Litovskaja SSR	0.04	3.9	7.4	7.5	9.5	9.9	9.2	9.0	9.7	10.7
Moldavskaja SSR	0.02	3.1	7.6	8.5	9.6	10.6	12.2	13.7	13.7	13.6
Latvijskaja SSR	0.13	1.5	2.7	2.5	2.3	2.2	2.5	2.5	2.5	3.3
Kirgizskaja SSR	0.05	2.3	3.5	3.9	4.0	4.3	4.4	4.4	4.8	4.9
Tadžikskaja SSR	0.06	1.6	3.2	3.4	3.6	3.8	3.9	4.7	5.2	7.3
Armjanskaja SSR	0.4	2.9	6.1	7.3	7.5	7.9	8.5	9.2	9.7	10.9
Turkmenskaja SSR	0.08	1.4	1.8	1.9	2.1	2.5	3.9	4.5	5.2	5.6
Estonskaja SSR	0.1	7.1	11.6	13.0	14.5	16.2	16.0	16.7	18.6	18.9

5.1.3
IRON AND STEEL INDUSTRY - EISEN- UND STAHLINDUSTRIE - ČERNAJA METALLURGIJA

5.1.3.1
OUTPUT OF PIG IRON, STEEL, FINISHED ROLLED STEEL AND STEEL TUBES
PRODUKTION VON ROHEISEN, STAHL, EISEN-U.STAHLWALZGUT UND STAHLROHREN
PROIZVODSTVO ČUGUNA, STALI, PROKATA ČEPNYCH METALLOV I STAL'NYCH TRUB

Year Jahr Gody	Pig iron Roheisen Čugun	Steel Stahl Stal'	Finished rolled steel Fertiges Walzgut Gotovyj prokat	Steel tubes Stahlrohre stal'nye truby	
				'ooo tons Tsd. t tys.tonn	mill.meters Mio m mln.metrov
	('000 tons-Tsd. t-tys.t)				
1913[1]	4.216	4.231	3.287	77.7	
1913[2]	4.216	4.307	3.372	77.7	
1928	3,282	4,251	3,213	171	
1932	6,161	5,927	4,060	310	
1937	14,487	17,730	11,108	923	
1940	14,902	18,317	11,430	966	
1945	8,803	12,252	7,358	571	
1946	9,862	13,346	8,263	796	
1950	19,175	27,329	17,973	2,001	
1955	33,310	45,272	30,556	3,549	
1960	46,757	65,294	43,679	5,805	883
1965	66,184	91,021	61,650	9,014	1,381
1966	70,264	96,907	66,139	9,905	1,503
1967	74,812	102,224	70,621	10,582	1,641
1968	78,788	106,537	74,079	11,215	1,751
1969	81,634	110,330	76,272	11,551	1,819
1970	85,933	115,889	80,645	12,434	1,917
1971	89,256	120,660	84,124	13,356	2,000
1972	92,327	125,592	87,470	13,829	2,148
1973	95,933	131,481	91,462	14,369	2,237
1974	99,868	136,230	94,295	14,961	2,305
1975	102,968	141,344	98,686	15,967	2,396
1976	105,374	144,825	101,442	16,806	2,478
1977	107,000	147,000	102,000	17,000	--

[1] within the borders of the U.S.S.R. up to 17.9.1939 - in den Grenzen der UdSSR bis 17.9.1939 - v granicach SSSR do 17 sentjabrja 1939 g.
[2] within the present borders of the U.S.S.R. - in den heutigen Grenzen der UdSSR - v sovremennych granicach SSSR

5.1.3.2 Economy
5.1.3.3 Wirtschaft

5.1.3.2 OUTPUT OF IRON AND MANGANESE ORE (commercial type)
GEWINNUNG VON EISEN- UND MANGANERZ (Handelsware)
DOBYČA ŽELEZNOJ I MARGANCEVOJ RUDY (tovarnoj)
('000 tons - Tsd. t - tvs. t)

Year Jahr Gody	Iron ore Eisenerz Železnaja ruda	Manganese ore Manganerz Margancevaja ruda	Year Jahr Gody	Iron ore Eisenerz Železnaja ruda	Manganese ore Manganerz Margancevaja ruda
1913	9,214	1,245	1967	168,246	7,175
1922	195	84	1968	176,616	6,564
1928	6,133	702	1969	186,134	6,551
1932	12,086	832	1970	195,492	6,841
1937	27,770	2,752	1971	203,008	7,318
1940	29,866	2,557	1972	208,127	7,819
1945	15,864	1,470	1973	216,104	8,245
1946	19,327	1,730	1974	224,831	8,155
1950	39,651	3,377	1975	232,803	8,459
1955	71,862	4,743	1976	239,110	8,636
1960	105,857	5,872	1977	240,000	8,548 (Plan)
1961	117,633	5,972			
1962	128,111	6,402			
1963	137,502	6,663			
1964	145,856	7,096			
1965	153,432	7,576			
1966	160,271	7,706			

5.1.3.3 PIG IRON OUTPUT IN THE UNION REPUBLICS
ROHEISENGEWINNUNG IN DEN UNIONSREPUBLIKEN
VYPLAVKA ČUGUNA PO SOJUZNYM RESPUBLIKAM
('000 tons - Tsd.t - tys.t)

	1940	1965	1970	1971	1972	1973	1974	1975	1976	1977
SSSR	14,902	66,184	85,933	89,256	92,327	95,933	99,868	102,968	105,000	107,000
RSFSR	5,260	31,158	41,972	44,000	45,146	48,169	51,037	52,183	52,700	--
Ukrainskaja SSR	9,642	32,582	41,411	41,982	43,105	43,511	44,642	46,367	47,300	--
Kazachskaja SSR	--	1,625	1,767	2,528	3,366	3,512	3,408	3,634	4,600	--
Gruzinskaja SSR	--	819	783	746	710	741	781	784	796	--

Economy 5.1.3.4
Wirtschaft 5.1.3.5

5.1.3.4 STEEL OUTPUT IN THE UNION REPUBLICS
STAHLGEWINNUNG IN DEN UNIONSREPUBLIKEN
VYPLAVKA STALI PO SOJUZNYM RESPUBLIKAM
('000 tons - Tsd.t - tys.t)

	1940	1965	1970	1971	1972	1973	1974	1975	1976	1977
SSSR	18,317	91,021	115,889	120,660	125,592	131,481	136,230	141,344	145,000	147,000
RSFSR	9,311	50,058	63,877	66,846	69,248	72,438	75,646	79,881	82,600	83,700
Ukrainskaja SSR	8,938	36,980	46,599	47,363	49,181	50,961	52,370	53,061	53,100	53,700
Belorusskaja SSR	5.2	163.8	196.2	206.6	214.2	221.9	240.0	257.5	--	--
Uzbekskaja SSR	11.4	367.6	389.0	399.1	400.5	404.4	408.2	409.0	410.6	--
Kazachskaja SSR	--	1123.4	2225.3	3252.3	4024.7	4791.2	4829.6	4907.3	5000.6	--
Gruzinskaja SSR	0.2	1364.2	1410.9	1395.3	1303.3	1387.1	1430.7	1471.6	1475.0	--
Azerbajdžanskaja SSR	23.7	811.0	732.6	730.2	748.4	790.4	806.7	824.6	788.0	--
Litovskaja SSR	--	3.0	6.2	6.14	6.2	6.2	6.7	6.5	--	--
Moldavskaja SSR	--	--	0.1	1.1	1.6	2.1	2.8	3.0	--	--
Latvijskaja SSR	27.9	139.2	442.7	444.8	447.3	460.2	464.1	496.2	502.0	--
Kirgizskaja SSR	--	1.9	2.0	6.3	6.1	6.9	8.3	8.9	--	--
Tadžikskaja SSR	--	1.9	2.3	2.6	3.6	4.3	7.9	7.3	--	--
Armjanskaja SSR	--	0.5	0.6	0.52	0.7	0.6	0.7	1.1	--	--
Estonskaja SSR	--	7.0	5.3	5.74	5.8	6.3	7.8	8.6	--	--

5.1.3.5
PRODUCTION OF FINISHED ROLLED STEEL IN THE UNION REPUBLICS
PRODUKTION VON FERTIGEM EISEN- UND STAHLWALZGUT IN DEN UNIONSREPUBLIKEN
PROIZVODSTVO GOTOVOGO PROKATA ČERNYCH METALLOV PO SOJUZNYM RESPUBLIKAM
('000 tons - Tsd.t - tys.t)

	1940	1965	1970	1971	1972	1973	1974	1975	1976	1977
SSSR	11,430	61,650	80,645	84,124	87,470	91,462	94,295	98,686	101,000	102,000
RSFSR	5,747	33,117	43,164	45,593	47,739	49,819	50,976	54,208	56,700	57,300
Ukrainskaja SSR	5,647	26,004	32,669	33,429	34,145	35,354	36,710	37,682	37,700	37,800
Belorusskaja SSR	4.1	57.0	60.3	61.8	61.7	64.9	64.9	65.3	--	--
Uzbekskaja SSR	--	255.0	321.8	331.4	336.2	342.9	349.1	354.8	360.7	--
Kazachskaja SSR	--	390.0	2432.6	2610.9	3081.6	3527.3	3749.4	3846.4	4,000	--
Gruzinskaja SSR	--	960.4	1142.9	1129.1	1046.0	1162.5	1206.0	1234.3	1,274	--
Azerbajdžanskaja SSR	8.5	604.0	585.0	602.6	626.0	665.0	661.0	670.2	--	--
Latvijskaja SSR	23.9	262.3	269.6	366.4	435.0	526.0	578.3	623.7	--	--

5.1.4.1 Economy / Wirtschaft

5.1.4 FUEL INDUSTRY - BRENNSTOFFINDUSTRIE - TOPLIVNAJA PROMYŠLENNOST'

5.1.4.1
FUEL OUTPUT BY TYPES (CONVERTED TO CONVENTIONAL UNITS OF 7000 GREAT CALORIES)
BRENNSTOFFGEWINNUNG NACH ARTEN (UMGERECHNET AUF DIE MASSEINHEIT 7000 KCAL)
DOBYČA TCPLIVA PO VIDAM (V PEREŠČETE NA USLOVNOE TOPLIVO 7000 KILOKALORIJ)

Year Jahr Gody	Total Insg. Vsego	Mineral oil (incl. gas condensate) Erdöl (inkl. Gaskondensat) Neft' (vključaja gazovyj kondensat)	Gas Gas Gaz	Coal Kohle Ugol'	Peat Torf Torf	Shale Schiefer Slancy	Firewood Brennholz Drova
A	B	C	D	E	F	G	H

Mill.tons - Mio t - mln.tonn

1913	48.2	14.7	--	23.1	0.7	--	9.7
1922	29.7	6.7	0.03	9.0	0.9	0.0	13.1
1940	237.7	44.5	4.4	140.5	13.6	0.6	34.1
1945	185.0	27.8	4.2	115.0	9.2	0.4	28.4
1946	202.7	31.0	4.5	127.3	11.2	0.7	28.0
1950	311.2	54.2	7.3	205.7	14.8	1.3	27.9
1955	479.9	101.2	11.4	310.8	20.8	3.3	32.4
1960	692.8	211.4	54.4	373.1	20.4	4.8	28.7
1961	732.7	237.5	70.8	370.1	19.5	5.2	29.6
1962	778.6	266.5	84.6	379.7	12.9	5.8	29.1
1963	847.1	294.7	105.1	388.4	21.7	6.5	30.7
1964	912.2	319.8	127.0	403.3	22.2	7.1	32.8
1965	966.6	346.4	149.8	412.5	17.0	7.4	33.5
1966	1,033.1	379.1	170.1	420.1	24.4	7.5	31.9
1967	1,088.4	411.9	187.4	428.6	22.4	7.5	30.6
1968	1,126.6	442.1	201.2	428.7	18.3	7.6	28.7
1969	1,177.4	469.6	215.5	439.6	16.7	8.0	28.0
1970	1,221.8	502.5	233.5	432.7	17.7	8.8	26.6
1971	1,284.9	537.3	250.6	444.2	16.7	9.5	26.6
1972	1,353.8	572.6	264.6	459.8	21.2	9.9	25.7
1973	1,420.6	613.5	282.4	468.8	20.2	10.6	25.1
1974	1,497.1	656.3	311.4	480.2	13.9	11.3	24.0
1975	1,590.3	701.8	345.7	490.4	16.9	11.7	23.8

Percent of total - Prozentsatz der Gesamtgewinnung - v procentach k itogu

1913	100	30.5	--	48.0	1.4	--	20.1
1922	100	22.5	0.1	30.3	3.0	0.0	44.1
1940	100	18.7	1.9	59.1	5.7	0.3	14.3
1945	100	15.0	2.3	62.2	4.9	0.2	15.4
1946	100	15.3	2.2	62.8	5.5	0.4	13.8
1950	100	17.4	2.3	66.1	4.8	0.4	9.0
1955	100	21.1	2.4	64.8	4.3	0.7	6.7

Economy 5.1.4.1
Wirtschaft 5.1.4.2

A	B	C	D	E	F	G	H
1960	100	30.5	7.9	53.9	2.9	0.7	4.1
1961	100	32.4	9.7	50.5	2.7	0.7	4.0
1962	100	34.2	10.9	48.8	1.7	0.7	3.7
1963	100	34.8	12.4	45.9	2.5	0.8	3.6
1964	100	35.1	13.9	44.2	2.4	0.8	3.6
1965	100	35.8	15.5	42.7	1.7	0.8	3.5
1966	100	36.7	16.5	40.7	2.3	0.7	3.1
1967	100	37.8	17.2	39.4	2.1	0.7	2.8
1968	100	39.2	17.9	38.0	1.6	0.7	2.6
1969	100	39.9	18.3	37.3	1.4	0.7	2.4
1970	100	41.1	19.1	35.4	1.5	0.7	2.2
1971	100	41.8	19.5	34.6	1.3	0.7	2.1
1972	100	42.3	19.4	34.0	1.6	0.7	1.9
1973	100	43.1	20.0	33.0	1.4	0.7	1.8
1974	100	43.8	20.8	32.1	0.9	0.7	1.6
1975	100	44.1	22.6	30.8	1.1	0.7	1.5

5.1.4.2
COAL OUTPUT BY TYPES-KOHLEGEWINNUNG NACH ARTEN-DOBYČA UGLJA PO VIDAM
('000 tons - Tsd.t - tys.tonn)

Year Jahr Gody	Total Insg. Vsego	Hard coal Steinkohle Kamennyj ugol'	Anthracite Anthrazit Antracit	Brown coal Braunkohle Buryj ugol'	of total coal output, in open pit mining v.d.gesamten Kohlegewinnung,gewonnen im Tagebau iz obščej dobyči uglja dobyto otkrytym sposobom
1913[1]	29,117	27,987	4,778	1,130	185
1913[2]	29,153	27,987	4,778	1,166	185
1922	11,324	9,318	2,221	2,006	150
1928	35,510	32,453	8,003	3,057	300
1932	64,360	57,471	18,139	6,889	366
1937	127,968	109,878	28,010	18,090	2,504
1940	165,923	139,974	35,657	25,949	6,309
1945	149,333	99,428	16,896	49,905	17,781
1946	164,063	114,295	21,576	49,768	17,928
1950	261,089	185,225	40,158	75,864	27,141
1955	389,868	276,615	57,834	113,253	64,466
1960	509,623	374,925	74,128	134,698	101,977
1961	506,364	377,019	73,585	129,345	106,625
1962	517,408	386,432	72,536	130,976	114,280
1963	531,722	395,132	72,729	136,590	121,254
1964	553,997	408,870	74,898	145,127	130,854
1965	577,731	427,881	76,467	149,850	140,517
1966	585,629	439,195	76,775	146,434	146,035
1967	595,237	451,422	77,139	143,815	151,164
1968	594,180	455,881	76,896	138,299	150,770
1969	607,802	467,316	76,711	140,486	156,670
1970	624,114	476,406	75,803	147,708	166,627
1971	640,881	487,539	75,760	153,342	179,153
1972	655,188	499,469	75,417	155,719	190,200
1973	667,581	510,621	76,433	156,960	199,440
1974	684,508	523,867	75,828	160,641	212,713
1975	701,280	537,647	76,965	163,633	225,751

5.1.4.3 Economy
5.1.4.4 Wirtschaft

5.1.4.3 COAL OUTPUT IN THE UNION REPUBLICS
KOHLEGEWINNUNG IN DEN UNIONSREPUBLIKEN
DOBYČA UGLJA PO SOJUZNYM RESPUBLIKAM
('000 tons - Tsd.t - tys.tonn)

	1940	1965	1970	1971	1972	1973	1974	1975	1976	1977
SSSR	165,923	577,731	624,114	640,881	655,188	667,581	684,508	701,280	712,000	722,000
RSFSR	72,798	325,889	344,827	353,318	358,749	363,952	372,076	381,059	387,000	394,000
Ukrainskaja SSR	83,841	194,298	207,082	209,461	211,184	212,607	213,674	215,736	218,000	217,000
Uzbekskaja SSR	3.4	4,533	3,747	3,811	3,908	4,275	4,722	5,263	5,412	
Kazachskaja SSR	6,972	45,820	61,578	67,339	74,457	79,819	86,972	92,225	93,700	
Gruzinskaja SSR	625	2,621	2,298	2,322	2,160	2,119	2,152	2,050	1,930	
Kirgizskaja SSR	1,475	3,666	3,695	3,741	3,830	3,912	3,980	4,079	4,270	
Tadžikskaja SSR	204	904	887	889	900	897	932	868	800	

5.1.4.4 MINERAL OIL OUTPUT (INCL. GAS CONDENSATE) IN THE UNION REPUBLICS
ERDÖLGEWINNUNG (MIT GASKONDENSAT) IN DEN UNIONSREPUBLIKEN
DOBYČA NEFTI (VKLJUČAJA GAZOVYJ KONDENSAT) PO SOJUZNYM RESPUBLIKAM
('000 tons - Tsd.t - tys.tonn)

	1940	1965	1970	1971	1972	1973	1974	1975	1976	1977
SSSR	31,121	242,888	353,039	377,075	400,440	429,037	458,948	490,801	520,000	546,000
RSFSR	7,039	199,929	284,753	304,417	325,556	351,002	379,793	411,325	445,000	478,000
Ukrainskaja SSR	353	7,580	13,909	14,330	14,500	14,107	13,494	12,770	11,600	10,500
Belorusskaja SSR	--	39	4,234	5,303	5,846	7,030	7,864	7,954	6,200	
Uzbekskaja SSR	119	1,800	1,805	1,753	1,595	1,535	1,395	1,352	1,282	
Kazachskaja SSR	697	2,022	13,161	16,023	18,112	20,433	22,308	23,889	23,200	
Gruzinskaja SSR	41	30	24	27	24	22	44	261		
Azerbajdžanskaja SSR	22,231	21,500	20,187	19,203	18,365	18,239	17,716	17,169	16,476	
Kirgizskaja SSR	24	305	298	292	277	243	235	230	225.2	
Tadžikskaja SSR	30	47	181	192	203	231	242	274	312	344
Turkmenskaja SSR	587	9,636	14,487	15,535	15,962	16,195	15,857	15,577	14,774	

5.1.4.5 NATURAL GAS OUTPUT IN THE UNION REPUBLICS
GASGEWINNUNG IN DEN UNIONSREPUBLIKEN
DOBYČA GAZA PO SOJUZNYM RESPUBLIKAM
(mill.cu.m. - Mio m^3 - mill.ku.m.)

	1940	1965	1970	1971	1972	1973	1974	1975	1976	1977
SSSR	3,219	127,666	197,945	212,398	221,386	236,326	260,553	289,268	321,000	346,000
RSFSR	210	64,257	83,321	87,483	87,400	87,841	100,046	115,217	136,000	158,000
Ukrainskaja SSR	495	39,362	60,877	64,669	67,236	68,161	68,318	68,703	68,700	
Belorusskaja SSR	--	--	178	295	401	413	511	568		
Uzbekskaja SSR	0.7	16,474	32,094	33,653	33,739	37,104	37,064	37,211	36,100	
Kazachskaja SSR	4	29	2,092	2,747	3,525	4,847	5,372	5,199	5,200	
Azerbajdžanskaja SSR	2,498	6,180	5,521	5,822	6,880	8,399	9,151	9,890	10,989	
Kirgizskaja SSR	--	155	367	383	395	396	323	285	260.5	
Tadžikskaja SSR	2	52	388	447	498	520	496	419	319	
Turkmenskaja SSR	9	1,157	13,107	16,899	21,312	28,645	39,272	51,776	62,581	

5.1.5.1 Economy / Wirtschaft

5.1.5 MACHINE BUILDING AND METAL WORKING INDUSTRY
MASCHINENBAU UND METALLBEARBEITENDE INDUSTRIE
MAŠINOSTROENIE I METALLOOBRABOTKA

5.1.5.1 OUTPUT OF EQUIPMENT FOR VARIOUS BRANCHES OF THE INDUSTRY
PRODUKTION VON AUSRÜSTUNGEN FÜR VERSCHIEDENE INDUSTRIEZWEIGE
PROIZVODSTVO OBORUDOVANIJA DLJA RAZLIČNYCH OTRASLEJ PROMYŠLENNOSTI

	1940	1965	1970	1971	1972	1973	1974	1975
Metallurgical installations, '000 tons: Metallurgische Ausrüstungen, Tsd.t: Metallurgičeskoe oborudovanie, tys.t:								
Blast furnace equipment - Hochofenausrüstung - domennoe oborudovanie	7.0	83.9	110.8	111.4	120.1	119.4	124	124
Steel smelting equipment - Stahlschmelzausrüstung - staleplavil'noe oborudovanie	6.5	37.2	50.7	54.5	45.8	57.3	63.3	63.4
Installations for uninterrupted steel teeming- Anlagen für ununterbrochenes Stahlgießen - ustanovki nepreryvnoj razlivki stali	-.-	10.0	12.4	16.4	15.1	20.3	24.3	22.1
Installations for steel rolling - Walzwerkausrüstung - prokatnoe oborudovanie	10.2	111.2	140.1	140.7	141.1	144.8	127	132
Heading combines, units - Vortriebkombiner, Stck.- Prochodčeskie kombajny, št.	-.-	131	327	363	424	451	487	510
Coal cutting machines, units - Schrämmaschinen, Stck. - Vrubovye mašiny, št.	1,256	202	115	110	110	85	90	90
Mine loading machines, units - Schachtlademaschinen, Stck. - Mašiny šachtnye pogruzočnye, št.	194	2,802	2,459	2,553	2,433	2,674	2,811	2,807
Mine electric locomotives, units - Grubenlokomotiven,Stck. - Elektrovozy rudničnye, št.	511	2,411	2,548	2,492	2,585	2,621	2,554	2,605
Oil drilling equipment,'000 tons - Erdölapparaturen,Tsd.t - Nefteapparatura,tys.t	15.5	139.7	126.6	139.1	156.9	158.7	172	171
Deep-well pumps,'000 units - Tiefbrunnenpumpen,Tsd.Stck. - Nasosy glubinnye,tys.št.	31.9	92.8	77.0	81.0	81.0	82.0	85.0	85.1
Turbo-drills,sections - Turbobohrer, Sektionen - Turbobury,sekcij	90	8,439	6,562	7,384	7,694	8,103	9,328	9,780

Economy
Wirtschaft 5.1.5.1

	1940	1965	1970	1971	1972	1973	1974	1975
Electric drills, units - Elektrotiefbohrgeräte, Stck. - Elektrobury, št.	--	220	115	114	86	112	104	97
Drilling installations for exploitation and deep prospecting, sets - Bohranlagen für Ausbeutungs-u.tiefe Schürfungsbohrungen, Satz - Ustanovki burovye dlja ekspluatacionnogo i glubokogo razvedočnogo burenija, komplektov	129	520	480	497	512	516	483	544
Pumps (except deep-well), '000 units - Pumpen (ohne Tiefbrunnenpumpen), Tsd.Stck. - Nasosy (krome glubinnych), tys.št.	27.0	774.3	1,160	1,199	1,191	1,213	1,328	1,378
Air and gas compressors, '000 units - Luftverdichter u.Gasantriebskompressoren, Tsd. - Kompressory vozdušnye i gazovye privodnye, tys.	4.8	66.0	89.5	93.8	95.6	99.9	107	112
Industrial refrigerators, '000 sets-Kühlanlagen für Industriezwecke, Tsd. - Cholodil'nye ustanovki promyšlennogo tipa, tys.komplektov	1.1	141.9	237.5	267.5	291.3	307.9	338	360
Oxygen and liquified gas installations, sets - Anlagen zur Gewinnung von Sauerstoff u.seltener Gase, Satz - Kislorodnye ustanovki i ustanovki redkich gazov, komplektov	...	459	259	246	275	300	327	344
Production equipment for cellulose and paper industries, mill.rubles: Technologische Ausrüstung für Zellulose- u.Papierindustrie, Mio Rubel: Technologičeskoe oborudovanie dlja celljuloznobumažnoj promyšlennosti, mln.rub.:								
at factory wholesale prices of July 1, 1955 zu Großhandelspreisen d.Betriebe z.1.Juli 1955 v optovych cenach predprijatij na 1 ijulja 1955		40.1						
at factory wholesale prices of July 1, 1967 zu Großhandelspreisen d.Betriebe z.1.Juli 1967 v optovych cenach predprijatij na 1 ijulja 1967			84.1	91.8	100.1	114.2	128	143
Industrial fixtures, mill.pcs. - Industrielle Armaturen, Mio Stck. - armatura promyšlennaja, mln.št.	...	54.1	74.1	76.8	73.1	78.6	84	86

5.1.5.2 Economy / Wirtschaft

5.1.5.2 OUTPUT OF INSTRUMENTS, MEANS OF AUTOMATION, AND COMPUTERS (MILL.RUBLES)
PRODUKTION VON GERÄTEN, AUTOMATISATIONSMITTELN UND EDV (MIO RUBEL)
PROIZVODSTVO PRIBOROV, SREDSTV AVTOMATIZACII I SREDSTV VYČISLITEL'NOJ TECHNIKI (MLN.RUB.)

	At factory wholesale prices of July 1, 1955 / In Großhandelspreisen der Betriebe zum 1.Juli 1955 / V optovych cenach predprijatij na 1 ijulja 1955 g.			At factory wholesale prices of July 1, 1967 / In Großhandelspreisen der Betriebe zum 1.Juli 1967 / V optovych cenach predprijatij na 1 ijulja 1967 g.							
	1940	1965	1967	1967	1970	1971	1972	1973	1974	1975
Instruments, means of automation, and their spare parts, total - Geräte, Automationsmittel u.Ersatzteile dazu, insg. - Pribory, sredstva avtomatizacii i zapasnye časti k nim, vsego	30.6	1850.7	2369.9	1631.4	2364.1	2610.4	2955.9	3354.3	3.798	4,254
Optic-mechanical instruments & apparatuses - Optisch-mechanische Geräte u.Apparaturen - pribory i apparatura optiko-mechaničeskie	5.8	277.6	341.2	256.0	331.6	356.9	392.1	438.3	482	520
Electric measurement instruments - Elektrische Meßgeräte - pribory elektroizmeritel'nye	3.9	229.5	320.4	224.2	314.2	350.5	402.3	460.7	533	623
Technological control instruments - Geräte zur Kontrolle u.Steuerung technischer Prozesse - pribory kontrolja i regulirovanija technologičeskich processov	5.0	442.8	570.2	416.5	565.3	627.2	710.1	807.0	921	1,041
Instruments for physical research - Geräte für physikalische Forschungen - pribory dlja fizičeskich issledovanij	2.0	109.4	106.9	86.7	121.1	131.3	146.6	151.0	159	173
Mechanical measurement instruments - Mechanische Meßgeräte - pribory dlja izmerenija mechaničeskich veličin	4.1	143.7	184.8	148.2	196.6	218.5	241.1	272.8	316	352

Economy 5.1.5.2
Wirtschaft 5.1.5.3

	1940	1965	1967	1967	1970	1971	1972	1973	1974	1975
Instruments for medicine, physiology, and biology - Medizinische, physiologische Geräte u.biologische Geräte - pribory dlja mediciny, fiziologii i biologii	0.2	69.1	87.4		73.5	91.1	93.9	101.3	114.0	128	145
Time measuring instruments Zeitmeßgeräte - pribory vremeni	3.4	341.4	435.0		208.5	281.5	312.4	347.3	394.2	441	503
Instruments for mechanization and automation of engineering & technical jobs - Geräte zur Mechanisierung u.Automatisierung ingenieur-technischer Arbeiten - pribory dlja mechanizacii i avtomatizacii inženerno-techničeskogo truda	4.1	86.8	131.5		85.8	238.1	269.4	322.6	375.5	408	422
Computers and spare parts - EDV und Ersatzteile dazu - Sredstva vyčislitel'noj techniki i zapasnye časti k nim	0.3	245.3	376.1		260.8	709.7	904.9	1.213	1.699	2.221	2.927

5.1.5.3
PRODUCTION OF CHEMICAL EQUIPMENT - PRODUKTION VON CHEMISCHEN AUSRÜSTUNGEN - PROIZVODSTVO CHIMIČESKOGO OBORUDOVANIJA

	1965	1967	1970	1971	1972	1973	1974	1975
Chemical equipment and spare parts,total,mill.rub. Chemische Ausrüstungen u.Ersatzteile dazu,insg.,Mio Rub. Chimičeskoe oborudovanie i zapasnye časti k nemu, vsego, mln.rub.:								
1		357	399	453	488	542	607	675
2	340	361						
Of the total of chemical equipment: Aus der Gesamtmenge der chemischen Ausrüstungen: Iz obščego količestva chimičeskogo oborudovanija: Equipment made of alloy steel, mill.rubles - Ausrüstungen aus Sonderstahl, Mio Rubel - oborudovanie iz special'nych stalej, mln.rub.:								
1		105.3	113.1	127.4	135.1	159.7	175	194
2	87.4	107.4						

1 at factory wholesale prices of July 1, 1955 - in Großhandelspreisen der Betriebe zum 1.Juli 1955 - v optovych cenach predprijatij na 1 ijulja 1955 g.
2 at factory wholesale prices of July 1, 1967 - in Großhandelspreisen der Betriebe zum 1. Juli 1967- v optovych cenach predprijatij na 1 ijulja 1967 g.

5.1.5.3 Economy
5.1.5.4 Wirtschaft

	1965	1967	1970	1971	1972	1973	1974	1975
Equipment made of non-ferrous metals (except of titanium and alloys), mill.rubles – Ausrüstungen aus Buntmetallen (ohne Ausrüstungen aus Titan und seinen Legierungen), Mio Rubel – oborudovanie iz cvetnych metallov (bez oborudovanija iz titana i ego splavov), mln.rub.								
1	16.7	16.3	15.0	13.6	10.9	12.8	10.4	10.3
2		15.0						
Equipment with chemically stable enamel coating, mill.rubles – Ausrüstungen mit chemisch beständigem Emailleüberzug, Mio Rubel – oborudovanie s chimičeski stojkim emalepokrytiem, mln.rub.								
1	7.6	13.7	27.8	38.8	43.3	46.1		
2		12.9						
Equipment for reprocessing of polymer materials and spare parts,mill.rubles – Ausrüstungen f.d.Verarbeitung von Polymeren u.Ersatzteile,Mio Rubel – oborudovanie dlja pererabotki polimernych materialov i zapasnye časti k nemu, mln.rub.								
1	42.7	66.6	65.2	76.5	81.4	92.0	92.3	96.0
2		68.3						

5.1.5.4 PRODUCTION OF MATERIAL-HANDLING EQUIPMENT (UNITS)
PRODUKTION VON HEBE- UND TRANSPORTAUSRÜSTUNGEN (STCK.)
PROIZVODSTVO PODEMNO-TRANSPORTNOGO OBORUDOVANIJA (ST.)

	1940	1965	1970	1971	1972	1973	1974	1975
Electric bridge cranes (incl.special) – Elektrische Brückenkräne (einschl. Spezialkräne) – Krany mostovye električeskie (vključaja special'nye)	302	6,764	5,740	5,772	5,750	5,928	6,359	6,523
Railway cranes – Eisenbahnkräne – Krany na železnodorožnom chodu	258	463	493	496	509	482	474	499
Truck hoists – Kräne mit Automobilfahrwerk – Krany na avtomobil'nom chodu	139	11,141	15,397	16,231	16,369	17,186	18,989	19,681

1 at factory wholesale prices of July 1, 1955 – in Großhandelspreisen der Betriebe zum 1.Juli 1955 – v optovych cenach predprijatij na 1 ijulja 1955 g.
2 at factory wholesale prices of July 1, 1967 – in Großhandelspreisen der Betriebe zum 1.Juli 1967 – v optovych cenach predprijatij na 1 ijulja 1967 g.

Economy 5.1.5.4
Wirtschaft 5.1.5.5

	1940	1965	1970	1971	1972	1973	1974	1975
Tower cranes – Turmkräne – Krany bašennye	57	3,455	3,925	4,161	4,393	4,593	4,589	4,641
Cranes on pneumatic wheels – Kräne mit Luftreifen-fahrwerk – Krany na pnevmokolesnom chodu	--	1,236	1,963	2,180	2,235	2,272	2,459	2,442
Elevators – Aufzüge – Lifty	513	8,639	18,107	20,746	22,804	24,259	25,323	25,218

5.1.5.5 OUTPUT OF PRODUCTION EQUIPMENT FOR THE LIGHT, FOOD, AND PRINTING INDUSTRIES,
AND TRADE AND PUBLIC CATERING ENTERPRISES
PRODUKTION VON TECHNOLOGISCHEN AUSRÜSTUNGEN FÜR DIE LEICHT-, NAHRUNGSMITTEL-
UND POLYGRAPHISCHE INDUSTRIE UND FÜR BETRIEBE DES HANDELS UND DER ÖFFENTLICHEN ERNÄHRUNG
PROIZVODSTVO TECHNOLOGIČESKOGO OBORUDOVANIJA DLJA LEGKOJ, PIŠČEVOJ, POLIGRAFIČESKOJ
PROMYŠLENNOSTI I PREDPRIJATIJ TORGOVLI I OBSČESTVENNOGO PITANIJA

	1940	1965	1967	1970	1971	1972	1973	1974	1975
Production equipment for light industry and spare parts, mill.rubles – Technologische Ausrüstungen f.d.Leichtindustrie und Ersatzteile dazu, Mio Rubel – Technologičeskoe oborudovanie i zapasnye časti k nemu dlja legkoj promyšlennosti, mln.rub.									
1	...	311	406						
2			376	430	458	498	560	629	691
Production equipment for textile industry and spare parts, mill.rubles – Technologische Ausrüstungen f.d.Textilindustrie und Ersatzteile dazu, Mio Rubel – Technologičeskoe oborudovanie i zapasnye časti k nemu dlja tekstil'noj promyšlennosti, mln.rub.									
1	...	188	238						
2			231	265	285	316	361	423	476
Combing machines for cotton industry, units – Krempel f.d.Baumwollindustrie, Stck. – Česal'nye mašiny dlja chlopčatobumažnoj promyšlennosti, št.	1,312	3,796	4,564	5,177	5,902	4,153	3,637	3,300	2,500

1 at factory wholesale prices of July 1, 1955 – in Großhandelspreisen der Betriebe zum 1.Juli 1955 – v optovych cenach predprijatij na 1 ijulja 1955 g.
2 at factory wholesale prices of July 1, 1967 – in Großhandelspreisen der Betriebe zum 1.Juli 1967 – v optovych cenach predprijatij na 1 ijulja 1967 g.

5.1.5.5 Economy / Wirtschaft

	1940	1965	1967	1970	1971	1972	1973	1974	1975
Spinning machines, units – Spinnmaschinen, Stck. – prjadil'nye mašiny, št.	1,109	3,227	3,923	4,027	3,855	4,442	4,761	5,100	5,400
Winding machines (except those for silk), units – Haspelmaschinen (ohne Seidenhaspelmaschinen), Stck. – motalnye mašiny (bez šelkomotal'nych), št.	27	566	541	352	354	560	570	518	540
Looms, '000 Units – Webstühle, Tsd.Stck. – tkackie stanki, tys.št.	1.8	24.3	21.3	19.8	18.6	19.5	25.0	28.8	31.3
Production equipment for the knitted goods industry and spare parts, mill.rubles – Technologische Ausrüstungen f.d.Trikotagenindustrie und Ersatzteile dazu, Mio Rubel – Technologičeskoe oborudovanie i zapasnye časti k nemu dlja trikotažnoj promyšlennosti, mln.rub.									
1	...	24.8	38.4	36.0	36.1	37.7	40.8	41.2	43.7
2			31.6						
Automatic hosiery machines, units – Strumpf- u.Sockenrundstrickautomaten, Stck. – krugločuločno-nosočnye avtomaty, št.	1,243	3,249	4,707	3,135	2,654	2,679	2,836	2,800	2,900
Production equipment for the clothing industry and spare parts, mill.rubles – Technologische Ausrüstungen f.d.Bekleidungsindustrie u.Ersatzteile dazu, Mio Rubel – Technologičeskoe oborudovanie i zapasnye časti k nemu dlja švejnoj promyšlennosti, mln.rub.									
1	...	37.7	48.2	47.9	55.9	61.7	67.3	67.4	70.8
2			37.0						
Industrial sewing machines, '000 units – Nähmaschinen für Industriezwecke, Tsd.Stck. – švejnye promyšlennye mašiny, tys.št.	20	105	126	129	157	165	180	170	148
Dye and decoration work machinery and spare parts, mill.rubles – Färbe- u.Dekorationsausrüstungen u.Ersatzteile dazu, Mio Rubel –									

1 at factory wholesale prices of July 1, 1955 – in Großhandelspreisen der Betriebe zum 1.Juli 1955 – v optovych cenach predprijatij na 1 ijulja 1955 g.
2 at factory wholesale prices of July 1, 1967 – in Großhandelspreisen der Betriebe zum 1.Juli 1967 – v optovych cenach predprijatij na 1 ijulja 1967 g.

Economy
Wirtschaft 5.1.5.5

	1940	1965	1967	1970	1971	1972	1973	1974	1975
Krasil'no-otdeločnoe oborudovanie i zapasnye časti k nemu, mln.rub.									
1	...	18.8	30.5						
2			30.3	29.2	26.9	25.5	28.4	36.5	36.1
Production equipment for leather shoes, furs, and haberdashery industries and spare parts, mill.rubles – Technologische Ausrüstungen f.d. Leder-, Schuh-, Pelz-u.Lederkurzwarenindustrie u.Ersatzteile dazu, Mio Rubel – Technologičeskoe oborudovanie i zapasnye časti k nemu dlja koževenno-obuvnoj, mechovoj i kožgalanterejnoj promyšlennosti, mln.rub.									
1	...	15.8	22.2						
2			19.8	24.5	25.3	28.1	29.4	27.5	29.0
Production equipment for the food industry, and spare parts, mill.rubles – Technologische Ausrüstungen f.d.Nahrungsmittelindustrie u.Ersatzteile dazu, Mio Rubel – Technologičeskoe oborudovanie i zapasnye časti k nemu dlja piščevoj promyšlennosti, mln.rub.									
1	...	249	317						
2			279	344	354	388	420	465	501
Automatic pasteurization and cooling plate installations, with capacity of 3,000-10,000 litres p.hr.,sets – Automatisierte plattenförmige Pasteurisier-u.Kühleinrichtungen mit einer Leistung von 3.000-10.000 l/h – Avtomatizirovannye plastinčatye pasterizacionno-ochladitel'nye ustanovki proizvoditel'nosti 3000-10000 l/čas, komplektov	--	871	1,692	2,187	1,034	1,531	1,916	2,319	2,661
Equipment lines for washing and bottling milk and milk products, with capacity of 2.000-12.000 bottles p.hr.,sets –									

1 at factory wholesale prices of July 1, 1955 – in Großhandelspreisen der Betriebe zum 1.Juli 1955 – v optových cenach predprijatij na 1 ijulja 1955 g.
2 at factory wholesale prices of July 1, 1967 – in Großhandelspreisen der Betriebe zum 1.Juli 1967 – v optových cenach predprijatij na 1 ijulja 1967 g.

5.1.5.5 Economy
Wirtschaft

	1940	1965	1967	1970	1971	1972	1973	1974	1975
Einrichtungen f.Flaschenreinigung,Einfüllen von Milch u.Dickmilch u.Verschließen der Flaschen m.e.Leistung von 2.000–12.000 Flaschen/h,Satz – Linii oborudovanija dlja mojki butylok,razliva v nich moloka,prostokvaši i ukuporki proizvoditel' nostiju 2000–12000 butylok v čas, komplektov	--	89	174	329	140	216	234	194	79
Printing equipment and spare parts, mill.rub.– Polygraphische Ausrüstungen u.Ersatzteile dazu, Mio Rubel – Poligrafičeskoe oborudovanie i zapasnye časti k nemu, mln.rub.									
1	1	36.2	43.3						
2			42.2	50.4	51.5	54.0	55.2	60.9	60.7
Composing machines, units – Setzmaschinen, Stck. – nabornye mašiny, št.	145	1,314	1,306	1,626	1,683	1,841	1,814	1,493	1,019
Printing presses, units – Druckmaschinen, Stck. – pečatnye mašiny, št.	411	1,512	2,748	2,293	2,319	2,363	2,107	2,394	2,017
Production equipment for the trade and catering industries and spare parts, mill.rubles – Technologische Ausrüstungen f.d.Betriebe d.Handels u.d.öffentlichen Ernährung u.Ersatzteile dazu, Mio Rubel – Technologičeskoe oborudovanie i zapasnye časti k nemu dlja predprijatij torgovli i obščestvennogo pitanija, mln.rub.									
1	...	145.6	220.6						
2			177.6	277	301	343	385	412	443

1 at factory wholesale prices of July 1, 1955 – in Großhandelspreisen der Betriebe zum 1.Juli 1955 – v optovych cenach predprijatij na 1 ijulja 1955 g.
2 at factory wholesale prices of July 1, 1967 – in Großhandelspreisen der Betriebe zum 1.Juli 1967 – v optovych cenach predprijatij na 1 ijulja 1967 g.

Economy 5.1.5.6
Wirtschaft

5.1.5.6 OUTPUT OF SANITARY ENGINEERING EQUIPMENT
PRODUKTION VON SANITÄR-TECHNISCHEN AUSRÜSTUNGEN
PROIZVODSTVO SANITARNO-TECHNICESKOGO OBORUDOVANIJA

	1965	1970	1971	1972	1973	1974	1975
Heating boilers, mill. standard sq.m - Heizungskessel, Mio m² - Kotly otopitel'nye, mln.uslovnych m²	2.8	3.7	3.7	3.8	3.9	4.1	4.3
Heating radiators and convectors, mill.equivalent sq.m- Heizkörper u.Konvektoren, Mio äquivalente m² - Radiatory i konvektory otopitel'nye,mln.ekvivalentnych m²	25.5	29.7	32.2	34.2	36.6	40.0	42.1
Air heaters, mill.sq.m - Kaliroferen, Mio m² - Kalorifery, mln.m²	8.0	10.6	11.3	12.0	12.1	11.9	12.2
Iron sewer pipes and moulded parts, '000 tons - Gußeiserne Kanalisationsrohre u.Formteile dazu,Tsd.t- Truby kanalizacionnye čugunnye i fasonnye časti k nim, tys.t	320.6	367.1	383.0	385.8	408.9	425	437
Gilled tubes, mill.sq.m - Rippenrohre, Mio m² - Truby rebristye, mln.m²	3.1	3.1	3.0	2.9	2.9	2.7	2.8
Enameled bathtubs, '000 units - Emaillierte Badewannen, Tsd.Stck. - Vanny emalirovannye, tys.št.	1,613	1,886	1,892	1,944	2,025	2,226	2,235
Water heaters for baths, '000 units - Badeöfen, Tsd.Stck. - Kolonki vodogrejnye dlja vann, tys.št.	659	890	957	995	970	763	765

213

5.1.5.7 Economy / Wirtschaft

OUTPUT OF AGRICULTURAL MACHINES – PRODUKTION VON LANDWIRTSCHAFTSMASCHINEN – PROIZVODSTVO SEL'SKOCHOZJAJSTVENNYCH MAŠIN

	1940	1965	1970	1971	1972	1973	1974	1975
Agricultural machinery, mill.rubles – Landwirtschaftsmaschinen, Mio Rubel – Sel'skochozjajstvennye mašiny, mln.rub.: at factory wholesale prices – in Großhandelspreisen d. Betriebe – v optovych cenach predprijatij of July 1 – zum 1.Juli – na 1 ijulja 1955 of July 1 – zum 1.Juli – na 1 ijulja 1967	50	1,461	2,121	2,346	2,623	2,989	3,470	3,772
Basic types of agricultural machines, '000 units – Grundarten der Landwirtschaftsmaschinen, Tsd.Stck. – Osnovnye vidy sel'skochozjajstvennych mašin, tys.št.								
Tractor ploughs – Schlepperpflüge – Plugi traktornye	38.4	166	212	221	227	232	218	205
of which, mounted – darunter Anbaupflüge – v tom čísle navesnye	–	54.1	124	131	140	138	140	144
Tractor stubble breakers – Schlepperschälpflüge – LušČil'niki traktornye	3.8	18.4	22.8	26.4	26.6	28.7	30.1	32.1
Tractor drills – Traktor-Drillmaschinen – Sejalki traktornye	21.4	262	163	141	145	160	178	180
of which, mounted – darunter Anbaudrillmaschinen – v tom čísle navesnye	–	28.3	39.6	49.3	58.8	54.5	57.4	56.8
Potato planters – Kartoffellegemaschinen – Kartofelesažalki traktornye	3.6	16.1	18.0	13.0	6.9	2.3	7.2	9.1
Tractor cultivators – Traktor-Hackmaschinen – Kul'tivatory traktornye	32.3	206	219	184	178	195	178	188
of which, mounted – darunter Anbauhackmaschinen – v tom čísle navesnye	1.3	83.6	114	121	114	124	122	122
Sprayers and dusters – Kombinierte Spritz-u.Stäubegeräte – Opryskivateli i opylivateli traktornye	2.9	26.9	31.2	32.7	34.0	37.8	39.9	33.1
Windrowers – Mäher mit seitlichem Mähwerk – Žatki rjadkovye	–	97.8	47.7	51.8	60.4	63.7	83.5	92.1
Grain combines – Mähdrescher – Kombajny zernouboročnye	12.8	85.8	99.2	102	95.7	84.8	88.4	97.5

Economy
Wirtschaft 5.1.5.7

	1940	1965	1970	1971	1972	1973	1974	1975
Potato harvesting machines – Kartoffelvollerntemaschinen – Kombajny kartofeleuboročnye	-.-	4.9	7.0	8.0	8.6	8.8	8.8	9.4
Beet harvesters – Rübenvollerntemaschinen – Kombajny sveklouboročnye	-.-	17.5	9.1	10.1	11.4	14.1	15.9	17.1
Corn harvesters – Maisvollerntemaschinen – Kombajnye kukuruzouboročnye	-.-	6[1]	5.1	7.0	8.2	9.1	10.1	10.3
Grain cleaning machines – Getreidereinigungsmaschinen – Zernoočistitel'nye mašiny	4.3	24.1	22.0	20.6	19.1	19.0		
Cotton-picking machines (in physical units) – Baumwollerntemaschinen (in physikalischen Einheiten) – Chlopkouboročnye mašiny (v fizičeskich edinicach)	5[1]	7.7	5.9	6.7	6.8	6.7	7.4	7.6
Sprinkling machines – Bewässerungsmaschinen – Doždeval'nye mašiny	...	14.3	12.3	13.8	13.2	22.4	25.0	27.1
Tractor mowers – Schleppermähmaschinen – Kosilki traktornye	3.3	122	144	150	155	131	93.0	83.9
of which, mounted – darunter Anbaumähmaschinen – v tom čisle navesnye	-.-	53.6	99.2	115	124	101	77.5	73.8
Tractor rakes – Schlepperrechen – Grabli traktornye	0.9	39.9	61.7	49.6	48.0	59.1	53.0	46.1
Pick-up balers – Sammelpressen – Press-podborščiki	...	7.0	15.8	18.1	20.8	23.0	25.5	28.1
Forage harvesters – Silokombiner – Kombajny silosouboročnye	-.-	20.0	34.3	40.2	53.9	60.1	68.4	70.9
Loaders – Lademaschinen f.d.Landwirtschaft – Pogruzčiki universal'nye sel'skochozjajstvennogo naznačenija	...	68.7	78.2	82.0	87.4	85.8	85.9	90.1
Feed crushers – Futterzerkleinerungsmaschinen – Drobilki kormov	-.-	17.6	14.2	16.2	20.2	28.0	32.0	33.2
Automated troughs – Selbsstränken für Rindvieh – Avtopoilki dlja krupnogo rogatogo skota	-.-	3,831	5,305	5,560	5,366	5,301	5,339	5,169
Milking machines – Melkanlagen – Doil'nye ustanovki	-.-	6.7	39.2	56.1	57.1	55.3	54.0	53.3

1 pieces – Stück – štuk

5.1.5.8 Economy / Wirtschaft

5.1.5.8 OUTPUT OF TRACTORS BY TYPES – PRODUKTION VON TRAKTOREN NACH ARTEN – PROIZVODSTVO TRAKTOROV PO VIDAM
('000 units – Tsd.Stck. – tys.št.)

	1940	1965	1970	1971	1972	1973	1974	1975
Total – Insgesamt – Vsego	31.6	354.5	458.5	472.0	477.8	499.6	531.1	550.4
Caterpillars – Raupenschlepper – guseničnye	26.5	157.0	217.7	225.5	229.5	230.1	239.5	252.6
Wheel-type – Radschlepper – kolesnye	5.1	197.5	240.8	246.5	248.3	269.5	291.6	297.8
Of the total of tractors – Aus der Gesamtzahl der Traktoren – Iz obščego količestva traktorov:								
Cultivating – Ackerschlepper – propašnye	5.1	206.6	247.7	251.3	245.9	255.2	266.0	271.1
Ploughing – Pflugschlepper – pachotnye	26.5	133.9	193.8	203.3	213.6	226.8	246.0	259.4
Skidding – Holzrückschlepper – trelevočnye	--	14.0	17.0	17.4	18.3	17.6	19.1	19.9

5.1.6 CHEMICAL INDUSTRY – CHEMISCHE INDUSTRIE – CHIMIČESKAJA PROMYŠLENNOST'

5.1.6.1 OUTPUT OF MINERAL FERTILIZERS BY TYPES ('000 tons)
PRODUKTION VON MINERALDÜNGER NACH ARTEN (Tsd.t)
PROIZVODSTVO MINERAL'NYCH UDOBRENIJ PO VIDAM (tys.t)

	1940	1950	1960	1965	1970	1971	1972	1973	1974	1975
Converted to 100% consumable contents – Umgerechnet auf 100%igen Nährstoffgehalt – V pereščete na 100%-noe soderžanie pitatel'nych veščestv										
Mineral fertilizers, total – Mineraldünger,insg. – Mineral'nye udobrenija,vs.	746	1,236	3,281	7,389	13,099	14,670	15,931	17,429	19,352	21,998
of which – darunter – v tom čisle:										
nitrogen – Stickstoff – azotnye	199	392	1,003	2,712	5,423	6,055	6,551	7,241	7,856	8,535
phosphate – Phosphate – fosfatnye	253	440	912	1,599	2,500	2,772	2,929	3,236	3,868	4,452
potassium – Kali – kalijnye	221	312	1,084	2,368	4,087	4,807	5,433	5,918	6,586	7,944
ground phosphorite – Phosphoritmehl – fosforitnaja muka	73	92	280	701	1,085	1,030	1,011	1,025	1,034	1,059
In standard units – in Normeinheiten – V uslovnych edinicach										
Mineral fertilizers, total – Mineraldünger,insg. – Mineral'nye udobrenija,vs.	3,238	5,497	13,867	31,253	55,400	61,398	66,066	72,332	80,357	90,202
of which – darunter – v tom čisle:										
nitrogen – Stickstoff – azotnye	972	1,913	4,892	13,217	26,442	29,530	31,945	35,310	38,308	41,628
phosphate – Phosphate – fosfatnye	1,352	2,351	4,878	8,550	13,370	14,826	15,663	17,305	20,683	23,816
potassium – Kali – kalijnye	532	750	2,606	5,691	9,824	11,556	13,061	14,224	15,832	19,097
ground phosphorite – Phosphoritmehl – fosforitnaja muka	382	483	1,473	3,690	5,709	5,420	5,319	5,395	5,442	5,573

5.1.6.2 Economy
5.1.6.3 Wirtschaft

5.1.6.2
OUTPUT OF MINERAL FERTILIZERS IN THE UNION REPUBLICS (IN STANDARD UNITS, '000 tons)
PRODUKTION VON MINERALDÜNGER IN DEN UNIONSREPUBLIKEN (IN NORMEINHEITEN, Tsd.t)
PROIZVODSTVO MINERAL'NYCH UDOBRENIJ PO SOJUZNYM RESPUBLIKAM (V USLOVNYCH EDINICACH,tys.t)

	1940	1965	1970	1971	1972	1973	1974	1975	1976	1977
SSSR	3,238	31,253	55,400	61,398	66,066	72,332	80,357	90,202	92,300	96,700
RSFSR	2,164	16,197	27,277	29,669	31,341	33,797	36,771	42,444	43,200	45,900
Ukrainskaja SSR	1,012	7,312	11,541	12,310	13,023	14,052	16,349	18,265	19,400	20,000
Belorusskaja SSR	13	1,850	6,120	7,250	8,105	9,001	9,873	11,033	11,400	11,700
Uzbekskaja SSR	2	2,146	4,091	4,570	4,920	5,351	5,801	6,132	5,839	5,878
Kazachskaja SSR	--	776	1,957	2,822	3,348	4,186	5,334	5,822	5,800	6,500
Gruzinskaja SSR	--	436	467	561	560	648	672	696	713	749
Azerbajdžanskaja SSR	--	448	580	489	624	754	853	896	940	979
Litovskaja SSR	--	593	1,168	1,411	1,640	1,862	1,977	2,111	2,207	2,470
Tadžikskaja SSR	--	--	252	261	324	373	387	406	402	405
Armjanskaja SSR	--	103	253	299	345	393	400	401	385	416
Turkmenskaja SSR	--	257	368	395	404	402	397	431	430	428
Estonskaja SSR	--	804	1,326	1,361	1,432	1,513	1,543	1,565	1,400	1,382

5.1.6.3 OUTPUT OF SYNTHETIC RESINS AND PLASTICS
PRODUKTION VON SYNTHETISCHEN HARZEN UND KUNSTSTOFFEN
PROIZVODSTVO SINTETIČESKICH SMOL I PLASTIČESKICH MASS

Year Jahr Gody	'000 tons Tsd. t tys.tonn	Year Jahr Gody	'000 tons Tsd. t tys.tonn
1928	0.3	1967	1,113
1932	2.4	1968	1,291
1937	8.0	1969	1,453
1940	10.9	1970	1,673
1945	21.3	1971	1,864
1946	26.3	1972	2,042
1950	67.1	1973	2,320
1955	160.3	1974	2,493
1960	311.6	1975	2,842
1965	802.9	1976	3,100
1966	971.1	1977	3,300

5.1.6.4 OUTPUT OF CHEMICAL FIBRES - PRODUKTION VON CHEMISCHEN FASERN - PROIZVODSTVO CHIMIČESKICH VOLOKON
('000 tons - Tsd.t - tys.tonn)

	Chemical fibres-chemische Fasern-chimičeskie volokna					Synthetic fibres-synthetische Fasern-sintetičeskie volokna		
Year Jahr Gody	Total Insg. Vsego	Artificial fibres Kunst-fasern Iskusstven-nye volokna	Silk(with-out cord) Seide(ohne Seide f.Kord) šelk(bez šel-ka dlja korda)	Silk for cord Seide für Kord šelk dlja korda	Staple fibre S=apel-faser štapel'noe volokno	Total Insg. Vsego	Silk (without cord and tech-nical articles) Seide (ohne Seide f.Kord u.techni-sche Erzeugnisse) šelk(bez šelka dlja korda i tech-ničeskich izdelij)	Silk for cord and technical articles Seide f.Kord u.technische Erzeugnisse šelk dlja korda i techničeskich izdelij	Staple fibre Stapel-faser štapel'noe volokno

Year	Total	Artificial	Silk w/o cord	Silk for cord	Staple fibre	Total Synth	Silk w/o cord+tech	Silk for cord+tech	Staple fibre
1928	0.2	0.2	0.2	--	--	--	--	--	--
1932	2.8	2.8	2.8	--	0.01	--	--	--	--
1937	8.6	8.6	7.6	--	1.0	--	--	--	--
1940	11.1	11.1	8.6	--	2.5	--	--	--	--
1945	1.1	1.1	0.7	--	0.4	--	--	--	--
1946	3.2	3.2	2.0	--	1.2	--	--	--	--
1950	24.2	22.9	11.2	2.2	9.5	1.3	1.2	--	0.1
1955	110.5	101.6	30.4	14.2	57.0	8.9	5.5	1.4	2.0
1960	211.2	196.2	47.4	53.7	95.1	15.0	6.6	4.1	4.3
1965	407.3	329.8	78.6	86.0	165.2	77.5	20.3	33.9	23.3
1966	458.3	362.0	82.1	99.2	180.7	96.3	22.4	47.4	26.5
1967	510.7	394.8	87.4	104.2	203.2	115.8	27.6	57.5	30.7
1968	553.7	424.0	88.8	117.1	218.1	129.7	31.2	63.0	35.5
1969	583.5	441.0	90.7	127.1	223.2	142.5	36.4	67.0	39.1
1970	623.0	456.4	93.1	129.0	234.3	166.5	39.5	75.6	51.4
1971	676.4	473.3	98.2	132.3	242.8	203.1	42.0	90.3	70.8
1972	746.1	507.5	105.4	139.8	262.3	238.6	47.9	109.3	81.4
1973	830.0	543.1	110.1	149.2	283.8	286.9	51.6	124.6	110.7
1974	887	569	111	156	302	318	54	141	123
1975	955	590	122	159	309	365	60	171	134
1976									
1977									

5.1.6.5 Economy / Wirtschaft

5.1.6.5 OUTPUT OF TIRES BY TYPES (mill.pics.)
PRODUKTION VON KRAFTFAHRZEUG- UND FAHRRADDECKEN (Mio Stck.)
PROIZVODSTVO AVTOPOKRYSEK PO VIDAM I VELOSIPEDNYCH POKRYSEK (mill.št.)

	1940	1965	1970	1971	1972	1973	1974	1975
Automobile tires - Kraftfahrzeugdecken - Avtopokryški	3.0	26.4	34.6	36.2	38.8	42.3	47.1	51.5
of which - darunter - v tom čísle: for trucks - für LKW - dlja gruzovych avtomobilej	1.1	16.0	17.2	17.9	18.5	19.5	20.6	21.3
for passenger cars - für PKW - dlja legkovych avtomobilej	1.8	3.8	5.2	6.2	7.5	9.2	11.5	13.9
for wheel tractors and agricultural machines - für Radschlepper u.Landwirtschaftsmaschinen - dlja kolesnych traktorov i sel'skochozjajstvennych mašin	--	3.6	6.0	6.8	7.6	8.2	9.0	9.7
for motorcycles and -rollers - für Motorräder und -roller - dlja motociklov i motorollerov	0.05	3.0	6.2	5.3	5.2	5.4	6.0	6.6
Bicycle tires - Fahrraddecken - Pokryški velosipednye	0.8	12.9	13.5	13.9	14.2	14.9	15.0	15.2

5.1.7 FORESTRY, WOOD WORKING AND CELLULOSE-PAPER INDUSTRY
FORST-, HOLZBEARBEITENDE UND ZELLULOSE-PAPIER-INDUSTRIE
LESNAJA, DEREVOOBRABATYVAJUŠČAJA I CELLJULOZNO-BUMAŽNAJA PROMYŠLENNOST'

5.1.7.1
TIMBER LOGGING (mill.compact cu.m) - NUTZHOLZEINSCHLAG (Mio fm³) - VYVOZKA DREVESINY (mill.plotnych kubičeskich metrov)

Year Jahr Gody	Timber, total Holz, insg. Vsja drevesina	Commercial timber Nutzholz Delovaja drevesina	Firewood Brennholz Drova	Year Jahr Gody	Timber, total Holz, insg. Vsja drevesina	Commercial timber Nutzholz Delovaja drevesina	Firewood Brennholz Drova
1913[1]	60.6	27.2	33.4	1966	373.5	271.7	101.8
1913[2]	67.0	30.5	36.5	1967	383.0	286.9	96.1
1928	61.7	36.0	25.7	1968	380.4	289.9	90.5
1932	164.7	99.4	65.3	1969	374.2	286.3	87.9
1937	209.0	114.2	94.8	1970	385.0	298.5	86.5
1940	246.1	117.9	128.2	1971	384.7	298.3	86.4
1945	168.4	61.6	106.8	1972	382.9	297.6	85.3
1946	185.5	80.3	105.2	1973	387.8	304.3	83.5
1950	266.0	161.0	105.0	1974	388.5	303.7	82.3
1955	333.9	212.1	121.8	1975	395.1	312.9	81.7
1960	369.5	261.5	108.0	1976			
1965	378.9	273.8	105.1	1977			

5.1.7.2
EXPLOITATION OF DENSELY WOODED REGIONS - ERSCHLIESSUNG DER WALDREICHEN REGIONEN - OSVOENIE MNOGOLESNYCH RAJONOV

	1940	1965	1970	1971	1972	1973	1974	1975
Timber logging, mill.compact cu.m. - Holzeinschlag, Mio fm³ - Vyvozka drevesiny, mln.plotnych m³	246.1	378.9	385.0	384.7	383.0	387.6	388	395
in densely wooded regions-in waldreichen Regionen - iz mnogolesnych rajonov	132.2	263.3	276.5	276.4	277.2	282.8	285	290
in poorly wooded regions - in waldarmen Regionen - iz malolesnych rajonov	113.9	115.6	108.5	108.3	105.8	104.8	103	105

1 within the borders of the U.S.S.R. up to 17.9.1939 - in den Grenzen der UdSSR bis 17.9.1939 - v granicach SSSR do 17 sentjabrja 1939 g.
2 in the present borders of the U.S.S.R. - in den heutigen Grenzen der UdSSR - v sovremennych granicach SSSR

5.1.7.2 Economy
Wirtschaft

	1940	1965	1970	1971	1972	1973	1974	1975
Of the total timber logged, commercial timber, mill. compact cu.m. - vom gesamten Holzeinschlag, Nutzholz, Mio fm³ - iz obščej vyvozki drevesiny, delovaja drevesina, mln.plotnych m³	117.9	273.8	298.5	298.3	297.6	304.2	304	313
in densely wooded regions - in waldreichen Regionen - iz mnogolesnych rajonov	69.8	201.0	225.9	225.6	226.1	231.2	231	238
in poorly wooded regions - in waldarmen Regionen - iz malolesnych rajonov	48.1	72.8	72.6	72.7	71.5	73.0	73	75
Portion of total timber logged (percent of total) - Anteil am gesamten Holzeinschlag (in %) - Udel'nyj ves vo vsej vyvozke drevesiny (v procentach):								
Timber from densely wooded regions - Holz aus waldreichen Rayons - drevesiny iz mnogolesnych rajonov	54	69	72	72	72	73	73	73
Timber from poorly wooded regions - Holz aus waldarmen Rayons - drevesiny iz malolesnych rajonov	46	31	28	28	28	27	27	27
Portion of total commercial timber logged (percent of total) - Anteil am gesamten Nutzholzeinschlag (in %) - Udel'nyj ves vo vsej vyvozke delovoj drevesiny (v procentach):								
Timber from densely wooded regions - Holz aus waldreichen Regionen - drevesiny iz mnogolesnych rajonov	59	73	76	76	76	76	76	76
Timber from poorly wooded regions - Holz aus waldarmen Regionen - drevesiny iz malolesnych rajonov	41	27	24	24	24	24	24	24

The densely wooded regions are - Zu den waldreichen Regionen gehören - K mnogolesnym rajonam otneseny: Archangel'skaja, Vologodskaja i Murmanskaja oblasti, Karel'skaja ASSR, Komi ASSR, Kirovskaja oblast', Baškirskaja ASSR, Permskaja i Sverdlovskaja oblasti, Altajskij kraj, Kemerovskaja, Tomskaja i Tjumenskaja oblasti, Krasnojarskij kraj, Irkutskaja i Čitinskaja oblasti, Burjatskaja ASSR, Tuvinskaja ASSR, Primorskij i Chabarovskij kraja, Amurskaja, Kamčatskaja, Magadanskaja i Sachalinskaja oblasti, Jakutskaja ASSR, Vostočno-Kazachstanskaja oblast'.

5.1.7.3 OUTPUT OF SAWED TIMBER AND PLYWOOD – PRODUKTION VON SCHNITTHOLZ UND FURNIERPLATTEN – PROIZVODSTVO PILOMATERIALOV I FANERY KLEENOJ

Year Jahr Gody	Sawed timber, mill.cu.m. Schnittholz, Mio m³ Pilomaterialy, mln.m³	Plywood, '000 cu.m. Furnierplatten, Tsd. m³ Fanera kleenaja, tys. m³	Year Jahr Gody	Sawed timber, mill.cu.m. Schnittholz, Mio m³ Pilomaterialy, mln.m³	Plywood, '000 cu.m. Furnierplatten, Tsd. m³ Fanera kleenaja, tys. m³
1913[1]	11.9	130.0	1966	106.7	1,830
1913[2]	14.2	203.5	1967	109.0	1,878
1928	13.6	185.4	1968	110.0	1,899
1932	24.4	423.6	1969	112.3	1,946
1937	33.8	678.9	1970	116.4	2,045
1940	34.8	731.9	1971	118.8	2,083
1945	14.7	192.2	1972	118.7	2,110
1946	19.6	251.6	1973	116.2	2,142
1950	49.5	657.5	1974	115	2,160
1955	75.6	1,049	1975	116	2,196
1960	105.6	1,354			
1965	111.0	1,756			

5.1.7.4 OUTPUT OF SAWED TIMBER IN THE UNION REPUBLICS ('000 compact cu.m.)
PRODUKTION VON SCHNITTHOLZ IN DEN UNIONSREPUBLIKEN (Tsd. fm³)
PROIZVODSTVO PILOMATERIALOV PO SOJUZNYM RESPUBLIKAM (tys.kubičeskich metrov)

	1940	1965	1970	1971	1972	1973	1974	1975
SSSR	34,831	110,975	116,391	118,842	118,709	116,193	114,748	116,219
RSFSR	28,755	89,924	91,829	93,401	93,786	92,678	91,725	93,513
Ukrainskaja SSR	2,981	9,036	10,377	10,680	10,698	10,024	9,568	9,479
Belorusskaja SSR	1,635	2,762	3,070	3,286	3,250	3,127	3,176	3,171
Uzbekskaja SSR	30	630	709	803	720	589	602	579
Kazachskaja SSR	320	2,694	2,551	2,671	2,727	2,639	2,694	2,645
Gruzinskaja SSR	258	633	659	667	658	595	619	577
Azerbajdžanskaja SSR	77	403	386	375	349	332	330	331
Litovskaja SSR	223	1,044	1,313	1,285	1,204	1,111	1,034	1,098
Moldavskaja SSR	19	540	624	624	592	589	505	526
Latvijskaja SSR	244	1,205	1,352	1,552	1,362	1,224	1,041	999
Kirgizskaja SSR	54	441	335	355	324	322	327	288
Tadžikskaja SSR	13	229	262	276	221	204	230	210
Armjanskaja SSR	52	236	197	173	162	136	129	128
Turkmenskaja SSR	12	171	237	156	131	103	114	171
Estonskaja SSR	158	730	798	814	838	828	901	796

5.1.7.5
TIMBER LOGGING IN THE UNION REPUBLICS - HOLZEINSCHLAG IN DEN UNIONSREPUBLIKEN -
('000 compact cu.m. - Tsd. fm^3 - tys.plotnych kubičeskich metrov)

	1940		1965		1970		1971	
	Timber, total Holz, insg. Vsja drevesina	of which, commercial timber darunter Nutzholz v tom čisle delovaja						
	A	B	A	B	A	B	A	B
SSSR	246,062	117,906	378,906	273,834	385,019	298,548	384,689	298,320
RSFSR	215,746	101,750	346,074	252,123	353,991	276,767	352,679	275,610
Ukrainskaja SSR	7,768	5,210	12,529	9,704	9,271	7,030	9,261	7,176
Belorusskaja SSR	10,208	6,108	7,183	4,884	6,262	4,707	6,663	4,941
Uzbekskaja SSR	165	10	64	5	67	1	75	0.4
Kazachskaja SSR	2,104	713	2,039	1,232	1,901	1,245	1,955	1,336
Gruzinskaja SSR	939	323	1,009	557	651	408	608.4	399
Azerbajdžanskaja SSR	185	89	222	86	160	59	146	65
Litovskaja SSR	3,000	1,260	2,530	1,277	2,685	1,519	2,698	1,527
Moldavskaja SSR	57	8	184	79	237	110	215	95
Latvijskaja SSR	3,969	1,344	4,991	2,659	7,307	5,012	7,854	5,481
Kirgizskaja SSR	261	137	40	22	41	22	40	19
Tadžikskaja SSR	82	1	21	2	22	3	22	2.4
Armjanskaja SSR	110	39	106	65	74	46	65.2	40
Turkmenskaja SSR	120	--	62	--	9	--	12	--
Estonskaja SSR	1,348	914	1,852	1,139	2,341	1,619	2,395	1,628

Economy
Wirtschaft 5.1.7.5

VYVOZKA DREVESINY PO SOJUZNYM RESPUBLIKAM

1972		1973		1974		1975	
A	B	A	B	A	B	A	B
382,930	297,602	387,792	304,325	388,468	303,650	395,054	312,902
353,176	276,515	358,982	283,527	360,746	283,295	366,915	292,024
9,199	7,146	9,330	7,338	9,280	7,398	9,635	7,715
6,475	4,852	6,387	4,927	6,161	4,912	6,190	5,054
80	0.2	86	3.5	73	--	60	--
1,956	1,402	2,110	1,538	2,259	1,618	2,210	1,584
658	403	605	368	638	401	564	345
124.1	52	122	58	137	62	119	68
2,598	1,602	2,775	1,812	2,515	1,787	2,685	1,835
217	98	210	94	211	97	206	97
5,937	3,851	4,767	2,960	4,037	2,350	3,937	2,287
42	20	44	25	41	21	39	19
21	3	20	3.7	22	4	25	4
65	40	65	41	63	40	58	39
8.4	--	8	--	5	--	5	--
2,373	1,618	2,281	1,630	2,280	1,665	2,406	1,831

5.1.7.6 Economy
5.1.7.7 Wirtschaft

5.1.7.6 OUTPUT OF CELLULOSE, NEWSPRINT, AND CARDBOARD ('000 tons) – PRODUKTION VON ZELLULOSE, PAPIER UND KARTON (Tsd.t) – PROIZVODSTVO ZELLJULOZY, BUMAGI I KARTONA (tys.tonn)

Year Jahr Gody	Cellulose Zellulose zelljuloza	Newsprint & cardboard Papier und Karton bumaga i karton	Newsprint Papier bumaga	Cardboard Karton karton	Year Jahr Gody	Cellulose Zellulose zelljuloza	Newsprint & cardboard Papier und Karton bumaga i karton	Newsprint Papier bumaga	Cardboard Karton karton
1913[1]	41	226	197	29	1966	3,599	5,231	3,568	1,663
1913[2]	258	310	269	41	1967	4,031	5,677	3,9P1	1,876
1928	86	332	285	47	1968	4,341	5,970	3,955	2,015
1932	185	544	471	73	1969	4,615	6,284	4,046	2,238
1937	426	976	832	144	1970	5,110	6,701	4,185	2,516
1940	592	991	838	153	1971	5,412	7,086	4,407	2,679
1945	276	377	321	56	1972	5,684	7,424	4,613	2,811
1946	328	614	514	100	1973	6,070	7,890	4,908	2,982
1950	1,100	1,485	1,180	305	1974	6,340	8,198	5,040	3,158
1955	1,742	2,408	1,848	560	1975	6,840	8,583	5,215	3,368
1960	2,282	3,227	2,334	893	1976	7,200	8,916	5,389	3,527
1965	3,234	4,680	3,231	1,449	1977	7,400	9,100	5,500	3,600

5.1.7.7 OUTPUT OF NEWSPRINT IN THE UNION REPUBLICS ('000 tons) – PAPIERERZEUGUNG IN DEN UNIONSREPUBLIKEN (Tsd.t) – PROIZVODSTVO BUMAGI PO SOJUZNYM RESPUBLIKAM (tys.tonn)

	1940	1965	1970	1971	1972	1973	1974	1975	1976	1977
SSSR	838	3,231	4,185	4,407	4,613	4,908	5,040	5,215	5,389	5,500
RSFSR	691	2,659	3,476	3,662	3,833	4,085	4,192	4,317	4,500	4,500
Ukrainskaja SSR	28	166	187	193	201	213	222	235	245	250
Belorusskaja SSR	51	90	103	122	139	158	165	178	174.6	178.4
Uzbekskaja SSR	1.9	17	23	23	24	24.5	24.7	26.1	26.1	26.2
Kazachskaja SSR	--	--	--	--	1.6	1	10	18.3	--	10.7
Gruzinskaja SSR	9.7	32	36	35	36	40	36	33	33.1	35.5
Litovskaja SSR	11	72	102	106	110	113	116	119	122	124
Latvijskaja SSR	24	98	148	157	159	164	162	174	169	169
Armjanskaja SSR	--	2	5	8	8	6	8.6	11.1	--	--
Estonskaja SSR	21.6	95	105	101	101	103	104	103	104	106

1 within the borders of the U.S.S.R. up to 17.9.1939 – in den Grenzen der UdSSR bis 17.9.1939 – v granicach SSSR do 17 sentjabrja 1939 g.
2 in the present borders of the U.S.S.R. – in den heutigen Grenzen der UdSSR – v sovremennych granicach SSSR

5.1.8
CONSTRUCTION MATERIALS INDUSTRY - BAUSTOFFINDUSTRIE - PROMYŠLENNOST' STROITEL'NYCH MATERIALOV

5.1.8.1 OUTPUT OF CEMENT BY TYPES, IN 1975 ('000 tons) - ZEMENTERZEUGUNG NACH SORTEN IM JAHRE 1975 (Tsd. t) - PROIZVODSTVO CEMENTA PO MARKAM V 1975 G. (tys.tonn)

	Cement type Zementsorte Marka cementa						Average type of cement (kg/cm^2) Durchschnittl. Zementsorte (kg/cm^2) srednjaja marka cementa (kg/sm^2)
	200	300	400	500	600		
Cement, total Zement, insg. Cement, vsego	761	22,249	73,480	21,902	379		399
of which, portland darunter Portlandzement v tom čisle portlandskij	--	1,419	55,546	21,883	379		427

5.1.8.2 OUTPUT OF CEMENT IN THE UNION REPUBLICS ('000 tons) - ZEMENTERZEUGUNG IN DEN UNIONSREPUBLIKEN (Tsd.t) - PROIZVODSTVO CEMENTA PC SOJUZNYM RESPUBLIKAM (tys.tonn)

	1940	1965	1970	1971	1972	1973	1974	1975	1976
SSSR	5,773	72,388	95,248	100,331	104,299	109,521	115,145	122,057	124,000
RSFSR	3,567	43,931	57,680	60,309	62,712	65,427	68,890	73,119	74,500
Ukrainskaja SSR	1,218	12,341	17,271	17,836	18,740	20,198	21,489	22,462	22,500
Belorusskaja SSR	200	1,748	1,929	1,940	1,952	1,987	2,040	2,169	2,180
Uzbekskaja SSR	267	2,465	3,196	3,222	3,360	3,434	3,480	3,536	3,572
Kazachskaja SSR	--	4,037	5,653	5,991	6,144	6,297	6,491	6,782	7,300
Gruzinskaja SSR	118	1,375	1,451	1,496	1,481	1,534	1,601	1,671	1,675
Azerbajdžanskaja SSR	112	1,274	1,409	1,455	1,346	1,439	1,453	1,398	1,381
Litovskaja SSR	--	798	1,121	1,875	2,060	2,157	2,279	2,993	3,308
Moldavskaja SSR	--	574	760	899	940	1,025	1,175	1,231	1,236
Latvijskaja SSR	125	762	862	869	875	887	853	903	877
Kirgizskaja SSR	--	508	990	1,013	1,029	1,048	1,076	1,131	1,180
Tadžikskaja SSR	--	940	872	941	967	975	993	1,010	995
Armjanskaja SSR	95	620	730	1,078	1,243	1,563	1,768	1,828	1,816
Turkmenskaja SSR	--	340	360	436	464	534	510	564	615
Estonskaja SSR	71	675	964	971	986	1,016	1,047	1,260	1,196

5.1.8.3 Economy / Wirtschaft

5.1.8.3 OUTPUT OF VARIOUS TYPES OF PRECAST CONCRETE STRUCTURES AND COMPONENTS ('000 cu.m. of articles) -
PRODUKTION EINZELNER ARTEN VON MONTIERBAREN STAHLBETONKONSTRUKTIONEN UND DETAILS (Tsd. m^3 der Erzeugnisse) -
PROIZVODSTVO OTDEL'NYCH VIDOV SBORNYCH ŽELEZOBETONNYCH KONSTRUKCIJ I DETALEJ (tys.kubičeskich metrov izdelij)

	1965	1970	1971	1972	1973	1974	1975	1976
Precast concrete structure and components, total - Montierbare Stahlbetonkonstruktionen u.Details,insg.- Sbornye železobetonnye konstrukcii i detali-vsego	56,106	84,561	90,763	96,067	102,949	108,540	114,161	118,702
of which - davon - iz nich:								
Wall slabs - Wandplatten - Stenovye paneli	6,357	11,580	12,866	14,129	15,784	17,340	18,649	19,359
Concrete poles for electric power and tele-communication lines;precast components for the system of electrified roads & lighting networks- Stahlbetonstützen für Kraftübertragungsstrecken u.Fernmeldelinien; Elemente des Montagenetzes d. elektrifizierten Bahnen u.Lichtleitungsnetze - Železobetonnye opory dlja linij elektroperedači i svjazi;elementy montažnoj seti elektrificirovannych dorog i osvetitel'nych setej	809	1,362	1,408	1,402	1,444	1,460	1,537	1,585
Concrete railroad sleepers - Stahlbetonschwellen für Eisenbahn - Železobetonnye železnodorožnye špaly	278	744	834	902	945	1,086	989	1,030
Concrete blocks and tubing for tunnels and mining piles - Stahlbetonblöcke und -tübbings für Tunnelbau und Schachtausbau - Železobetonnye bloki i tjubingi dlja tonnelej i šachtnaja krep'	307	485	524	597	587	626	631	625
Concrete pipes - Stahlbetonrohre - truby železobetonnye	958	1,185	1,298	1,384	1,490	1,649	1,774	1,838
Of the total of precast concrete structures and components,those of prestressed reinforced concrete - Aus der Gesamtmenge der montierbaren Stahlbeton-konstruktionen und Details, Spannbeton Iz obščego količestva sbornych železobetonnych konstrukcij i detalej-s predvaritel'no naprjažennym armirovaniem	10,045	19,330	20,551	21,853	23,437	25,545	27,167	28,269

5.1.8.4 OUTPUT OF WALL CONSTRUCTION MATERIALS (mill.standard type bricks)
PRODUKTION VON BAUSTOFFEN NACH ARTEN (Mio Stck. Einheitsziegel)
PROIZVODSTVO STENOVYCH MATERIALOV PO VIDAM (mln.št. uslovnogo kirpiča)

	1965	1970	1971	1972	1973	1974	1975	1976
Wall construction materials, total – Baustoffe, insg. – Stenovye materialy, vsego	46,553	56,860	58,717	60,122	61,565	61,832	62,997	62,779
of which–darunter–v tom čisle: Bricks for construction – Bauziegel – Kirpič stroitel'nyj	36,574	43,153	44,561	45,650	46,709	46,727	47,212	46,447
of which baked bricks – davon gebrannte Ziegel – v tom čisle obožžennyj	28,177	32,378	33,239	33,876	34,257	33,788	33,726	32,477
Large concrete and silicate blocks (incl. concrete blocks for basement walls) – Große Beton- und Silikatblöcke (einschl. Betonblöcke für Kellermauern) – Stenovye krupnye betonnye i silikatnye bloki (vključaja betonnye bloki sten podvalov)	3,409	5,289	5,674	6,056	6,383	6,635	6,891	7,283
Small blocks (for walls) – Kleine Blöcke – Stenovye melkie bloki	1,962	2,595	2,580	2,674	2,768	2,368	2,416	2,307
Blocks of natural stone (for walls) – Blöcke aus Naturstein – Stenovye bloki iz estestvennogo kamnja	4,495	5,376	5,283	5,086	4,974	4,820	5,028	5,116
Blocks of cellular concrete (for walls) – Blöcke aus Zellenbeton – Stenovye bloki iz jačeistych betonov	113	447	619	656	731	1,282	1,450	1,626

5.1.8.5 Economy
5.1.8.6 Wirtschaft

5.1.8.5 OUTPUT OF ROOFING MATERIALS - PRODUKTION VON BEDACHUNGSMATERIALIEN - PROIZVODSTVO KROVEL'NYCH MATERIALOV

Year Jahr Gody	Soft roofing and insulating materials (mill.squ.m) Weiche Bedachungs-u. Isolationsmaterialien (Mio m^2) Mjagkie krovel'nye materialy i izol (mln.m^2)	Asbestos slate (mill.unit plates) Asbestschiefer (Mio Einheitsplatten) Sifer asbesto-cementnyj (mln.uslovnych plitok)	Tiles (mill.squ.m roofage) Dachziegel (Mio m^2 Dachfläche) Čerepica (mln.m^2 krojuŝčej poverchnosti)
1913[1]	8.8	9.0	1.9
1913[2]	10.2	9.0	2.1
1928	19.2	38.5	...
1932	66.0	112	3.7
1937	161	187	8.9
1940	130	212	10.5
1945	71.2	83.6	1.8
1946	126	170	3.8
1950	286	546	13.1
1955	504	1,488	28.3
1960	750	2,991	51.1
1965	1,083	4,162	20.3
1966	1,157	4,512	19.6
1967	1,207	4,864	18.2
1968	1,182	5,145	16.3
1969	1,261	5,222	12.0
1970	1,334	5,840	8.7
1971	1,369	6,200	5.6
1972	1,417	6,571	4.9
1973	1,557	6,978	4.0
1974	1,684	7,367	2.9
1975	1,760	7,840	1.9
1976	1,885	8,114	1.2
1977 (Plan)	1,904	8,310	--

5.1.8.6 OUTPUT OF LINOLEUM - PRODUKTION VON LINOLEUM - PROIZVODSTVO LINOLEUMA

Year Jahr Gody	mill.squ.m. Mio m^2 mln.m^2	Year Jahr Gody	mill.squ.m. Mio m^2 mln.m^2
1955	5.0	1970	57.4
1960	13.3	1971	59.8
1965	31.2	1972	60.1
1966	33.4	1973	61.1
1967	38.8	1974	64.2
1968	45.4	1975	71.9
1969	51.3	1976	78.7

[1] within the borders of the U.S.S.R. up to 17.9.1939 - in den Grenzen der UdSSR bis 17.9.1939 - v granicach SSSR do 17 sentjabrja 1939 g.
[2] within the present borders of the U.S.S.R. - in den heutigen Grenzen der UdSSR - v sovremennych granicach SSSR

5.1.9 LIGHT INDUSTRY – LEICHTINDUSTRIE – LEGKAJA PROMYŠLENNOST'

5.1.9.1 OUTPUT OF THE MOST IMPORTANT PRODUCTS OF THE LIGHT INDUSTRY
PRODUKTION DER WICHTIGSTEN ERZEUGNISSE DER LEICHTINDUSTRIE
PROIZVODSTVO VAŽNEJŠICH IZDELIJ LEGKOJ PROMYŠLENNOSTI

Economy 5.1.9.1
Wirtschaft

	1940	1965	1970	1971	1972	1973	1974	1975	1976	1977 (Plan)
Cotton fibre, '000 tons – Baumwollfaser, Tsd.t – Chlopok-volokno, tys.t	849	1,835	2,129	2,361	2,360	2,471	2,476	2,648	2,590	2,611
Raw silk, tons – Rohseide, t – Šelk-syrec, t	1,816	2,645	3,020	3,078	3,119	3,303	3,435	3,461	3,414	3,610
Cotton yarn, '000 tons – Baumwollgarn, Tsd.t – Chlopčatobumažnaja prjaža, tys.t	655	1,292	1,435	1,495	1,505	1,535	1,557	1,573	1,583	1,655
Cotton fabrics – Baumwollgewebe – Chlopčatobumažnye tkani:										
mill.running m – Mio lfd.m – mln.pog.m	3,970	7,077	7,482	7,716	7,680	7,839	7,857	7,810	7,899	8,196
mill.squ.m – Mio m² – mln.m²	2,715	5,499	6,152	6,397	6,421	6,578	6,624	6,634	6,779	7,004
Cotton twists, mill.reels (in reels of 200 m) – Baumwollfäden, Mio Rollen (in 200-Meter-Rollen) – Chlopčatobumažnye nitki, mln.katušek (v 200-m-namotke)	1,222	2,256	2,594	2,685	2,751	2,853	2,879	2,887	– –	– –
Wool yarn, '000 tons – Wollgarn, Tsd.t – Šerstjanaja prjaža, tys.t	84.7	236	350	371	377	393	408	417	429	461
Wool fabrics – Wollgewebe – Šerstjanye tkani:										
mill.running m – Mio lfd.m – mln.pog.m	122	365	496	515	518	530	541	552	567	603
mill.squ.m – Mio m² – mln.m²	155	466	643	675	681	703	724	740	764	816
Linen yarn, '000 tons – Leinengarn, Tsd.t – L'njanaja prjaža, tys.t	114	209	252	264	264	267	267	260	268	280
Linen fabrics – Leinengewebe – L'njanye tkani:										
mill.running m – Mio lfd.m – mln.pog.m	289	587	725	773	776	795	797	768	781	794
mill.squ.m – Mio m² – mln.m²	272	548	707	760	775	796	796	779	807	822
Silk fabrics – Seidenstoffe – Šelkovye tkani:										
mill.running m – Mio lfd.m – mln.pog.m	80.4	937	1,241	1,273	1,348	1,401	1,447	1,517	1,588	1,618
mill.squ.m – Mio m² – mln.m²	66.7	801	1,146	1,190	1,270	1,345	1,413	1,508	1,599	1,648

5.1.9.1 Economy
Wirtschaft

	1940	1965	1970	1971	1972	1973	1974	1975	1976	1977 (Plan)
Ready-to-wear products, '000 mill.rubles (at factory wholesale prices of July 1, 1967) – Konfektionserzeugnisse, Mrd.Rubel (in Großhandelspreisen der Betriebe zum 1.7.1967 – Svejnye izdelija, mlrd.rub. (v optovych cenach predprijatij na 1 ijulja 1967 g.)	...	9.0	16.0	17.0	17.2	17.5	18.0	19.0	19.8	19.7
Hosiery and socks, mill.pairs – Strumpf-Socken-Erzeugnisse, Mio Paar – Čuločno-nosočnye izdelija,mln.par	489	1,350	1,338	1,309	1,337	1,411	1,469	1,495	1,540	1,542
Linen hosiery, mill.pcs. – Wäschetrikotagen, Mio Stck. – Bel'evoj trikotaž, mln.št.	127	715	814	828	843	900	920	955	990	1,031
Outer hosiery, mill.pcs. – Obertrikotagen, Mio Stck.– Verchnij trikotaž, mln.št.	58.9	188	415	446	451	460	469	465	472	491
Leather shoes, mill.pairs – Lederschuhe, Mio Paar – Kožanaja obuv', mln.par	212	486	679	682	647	666	684	698	724	742
Rubber shoes, mill.pairs – Gummischuhe, Mio Paar – Rezinovaja obuv', mln.par	71.4	161	173	179	180	194	205	205	203	204
Felt shoes, mill.pairs – Filzschuhe, Mio Paar – Valjanaja obuv'(vključaja fetrovuju), mln.par	18.0	33.3	31.8	31.5	30.9	30.8	30.5	30.1	29.2	29.8
Carpets and carpet products, mill.squ.m.– Teppiche und Teppicherzeugnisse, Mio m² – Kovry i kovrovye izdelija, mln.m²	...	19.6	30.3	33.1	35.9	39.0	44.7	47.5	52.2	61.7

5.1.9.2 OUTPUT OF COTTON FABRICS IN THE UNION REPUBLICS (Mill.running meters)
PRODUKTION VON BAUMWOLLGEWEBEN NACH UNIONSREPUBLIKEN (Mio laufende Meter)
PROIZVODSTVO CHLOPČATOBUMAŽNYCH TKANEJ PO SOJUZNYM RESPUBLIKAM (mln.pogonnych metrov)

	1940	1965	1970	1971	1972	1973	1974	1975	1976[1]
SSSR	3969.6	7076.9	7481.9	7716.3	7679.7	7838.6	7856.8	7809.9	6,779
RSFSR	3707.2	6002.0	6144.0	6297.9	6226.8	6319.7	6265.9	6104.6	5,153
Ukrainskaja SSR	13.8	184.9	247.7	255.4	260.6	293.7	364.3	429.4	437
Belorusskaja SSR	9.1	8.4	86.1	100.2	108.4	110.9	111.7	100.5	116.5
Uzbekskaja SSR	107.4	254.1	210.1	210.7	212.0	215.7	217.7	223.1	184.2
Kazachskaja SSR	0.1	22.5	64.1	65.8	79.8	80.3	94.0	96.7	103.3
Gruzinskaja SSR	0.4	59.2	63.9	52.8	56.4	64.7	65.7	66.2	56.7
Azerbajdžanskaja SSR	49.1	132.2	132.9	132.1	125.8	122.8	127.0	125.5	107.4
Litovskaja SSR	2.4	23.1	33.7	38.4	39.5	55.6	76.6	86.3	85.8
Moldavskaja SSR	---	2.1	3.5	3.9	4.3	4.1	3.9	18.5	36.3
Latvijskaja SSR	20.6	59.7	63.5	65.6	69.1	69.2	61.5	62.8	55.0
Kirgizskaja SSR	0.04	1.8	1.7	35.8	40.0	44.9	46.0	64.0	71.9
Tadžikskaja SSR	0.2	78.7	99.9	97.9	99.8	108.0	109.4	113.1	93.3
Armjanskaja SSR	26.8	88.3	94.5	95.7	86.9	89.4	94.3	100.1	81.7
Turkmenskaja SSR	9.7	19.8	19.0	19.8	20.1	22.3	23.1	23.1	20.8
Estonskaja SSR	22.8	140.1	217.3	244.3	250.2	237.3	195.7	196.0	172.0

5.1.9.3 OUTPUT OF WOOLEN FABRICS IN THE UNION REPUBLICS (mill.running meters)
PRODUKTION VON WOLLGEWEBEN NACH UNIONSREPUBLIKEN (Mio laufende Meter)
PROIZVODSTVO ŠERST'JANYCH TKANEJ PO SOJUZNYM RESPUBLIKAM (mln.pogonnych metrov)

	1940	1965	1970	1971	1972	1973	1974	1975	1976[1]
SSSR	121.8	365.0	495.7	515.5	518.0	529.9	540.9	551.6	764
RSFSR	101.5	279.1	358.1	374.0	375.8	384.5	386.5	390.8	535
Ukrainskaja SSR	12.0	23.6	48.8	51.2	51.9	53.3	53.7	54.4	73.7
Belorusskaja SSR	0.3	19.8	24.8	26.1	26.5	27.3	28.1	29.0	42.7
Kazachskaja SSR	0.4	3.9	5.0	5.4	5.5	5.5	10.8	14.1	23.9
Gruzinskaja SSR	1.9	3.4	6.5	6.9	6.3	6.0	5.8	5.3	7.8
Azerbajdžanskaja SSR	0.5	5.2	8.5	9.0	9.9	10.8	11.8	12.4	16.1
Litovskaja SSR	2.0	8.4	10.8	10.5	10.8	11.1	11.9	12.4	18.4
Moldavskaja SSR	---	0.02	0.9	0.9	0.9	0.9	0.9	0.9	0.8
Latvijskaja SSR	1.8	10.6	13.4	13.0	12.9	13.3	13.8	14.0	18.0
Kirgizskaja SSR	0.3	2.6	8.3	8.0	7.0	6.3	6.8	6.9	11.4
Armjanskaja SSR	0.02	3.8	5.2	4.9	4.2	4.4	4.1	4.6	7.7
Turkmenskaja SSR	---	0.7	1.0	1.1	1.2	0.9	0.9	0.7	0.9
Estonskaja SSR	1.1	3.7	4.4	4.6	4.7	5.1	5.3	5.3	7.4

[1] mill.squ.m. - Mio m^2

5.1.9.4 Economy
5.1.9.5 Wirtschaft
5.1.9.6

5.1.9.4 OUTPUT OF LINEN FABRICS IN THE UNION REPUBLICS (mill.running meters)
PRODUKTION VON LEINENGEWEBEN NACH UNIONSREPUBLIKEN (Mio laufende Meter)
PROIZVODSTVO L'NJANYCH TKANEJ PO SOJUZNYM RESPUBLIKAM (mln.pogonnych metrov)

	1940	1965	1970	1971	1972	1973	1974	1975	1976[1]
SSSR	289.0	587.3	725.3	772.5	776.0	794.6	796.6	768.4	807
RSFSR	263.4	458.1	564.8	604.4	606.0	612.6	614.2	583.8	584
Ukrainskaja SSR	2.1	30.6	53.9	59.2	60.1	67.1	68.6	69.8	86.7
Belorusskaja SSR	15.8	57.0	60.9	62.3	63.0	64.4	65.4	68.4	86.3
Litovskaja SSR	1.6	18.3	20.8	21.3	20.1	21.2	20.5	19.0	24.3
Latvijskaja SSR	3.8	13.8	16.6	16.8	18.7	20.9	21.1	21.3	19.0
Estonskaja SSR	2.3	9.5	8.3	8.5	8.1	8.4	6.8	6.1	6.6

5.1.9.5 OUTPUT OF SILK FABRICS IN THE UNION REPUBLICS (mill.running meters)
PRODUKTION VON SEIDENGEWEBEN NACH UNIONSREPUBLIKEN (Mio laufende Meter)
PROIZVODSTVO ŠELKOVYCH TKANEJ PO SOJUZNYM RESPUBLIKAM (mln.pogonnych metrov)

	1940	1965	1970	1971	1972	1973	1974	1975	1976[1]
SSSR	80.4	937.1	1241.2	1272.6	1347.5	1401.0	1447.1	1517.0	1,599
RSFSR	61.6	728.1	903.5	892.6	925.9	936.9	952.8	973.1	978
Ukrainskaja SSR	---	48.8	84.4	105.7	126.7	149.2	150.7	159.2	189
Belorusskaja SSR	0.005	2.6	19.9	19.9	20.7	20.8	26.3	42.0	71.8
Uzbekskaja SSR	4.5	37.8	50.4	59.7	69.5	75.2	86.2	94.2	93.6
Gruzinskaja SSR	5.3	20.7	38.2	40.3	40.6	39.5	41.1	42.8	43.8
Azerbajdžanskaja SSR	0.2	10.5	18.5	20.0	22.3	25.1	29.6	31.7	34.6
Litovskaja SSR	1.7	16.2	25.7	27.0	28.4	29.7	30.1	30.9	34.7
Moldavskaja SSR	---	8.1	16.8	18.8	21.1	24.9	27.0	28.9	30.3
Latvijskaja SSR	3.7	10.5	11.4	12.2	14.0	14.7	17.3	19.9	24.0
Kirgizskaja SSR	0.04	8.5	8.6	8.8	8.3	8.9	8.8	9.4	9.7
Tadžikskaja SSR	1.6	34.2	43.2	44.5	45.3	49.2	49.2	54.0	56.2
Armjanskaja SSR	0.2	7.9	12.1	13.0	13.8	14.7	16.1	18.2	18.7
Turkmenskaja SSR	0.1	0.06	4.9	5.3	5.7	6.5	5.9	6.4	6.6
Estonskaja SSR	1.5	3.1	3.6	4.8	5.0	5.5	5.8	5.9	6.0

5.1.9.6 OUTPUT OF COTTON FIBRES IN THE UNION REPUBLICS ('000 tons)
PRODUKTION VON BAUMWOLLFASERN NACH UNIONSREPUBLIKEN (Tsd.t)
PROIZVODSTVO CHLOPKA-VOLOKNA PO SOJUZNYM RESPUBLIKAM (tys.t)

	1940	1965	1970	1971	1972	1973	1974	1975	1976	1977(P
SSSR	849	1,835	2,129	2,361	2,360	2,471	2,476	2,648	2,590	2,611
Uzbekskaja SSR	534	1,237	1,384	1,541	1,515	1,583	1,581	1,659	1,673	1,759
Kazachskaja SSR	32.9	70.4	96.6	105.7	100.4	100.8	103.4	113.5	--	--
Azerbajdžanskaja SSR	58.2	118.5	131.4	139.9	147.1	158.4	146.9	177.8	--	--
Kirgizskaja SSR	27.9	60.0	59.2	68.5	68.9	66.5	71.7	69.8	--	70.5
Tadžikskaja SSR	60.9	195.0	235.0	252.3	257.7	255.8	258.4	277.6	273	266
Turkmenskaja SSR	71.5	150.3	222.7	253.3	271.4	307.0	314.5	350.1	--	--

[1] mill.squ.m. - Mio m^2

5.1.9.7 OUTPUT OF RAW SILK IN THE UNION REPUBLICS (tons)
PRODUKTION VON ROHSEIDE NACH UNIONSREPUBLIKEN (t)
PROIZVODSTVO ŠELKA-SYRCA PO SOJUZNYM RESPUBLIKAM (tonn)

	1940	1965	1970	1971	1972	1973	1974	1975	1976	1977
SSSR	1,816	2,645	3,020	3,078	3,119	3,303	3,435	3,461	3,414	3,610(Pla
Ukrainskaja SSR	---	150	167	169	171	174	176	176	172	--
Uzbekskaja SSR	693	936	1,172	1,144	1,162	1,287	1,379	1,399	1,430	1,582
Gruzinskaja SSR	312	345	424	426	426	437	439	441	436	--
Azerbajdžanskaja SSR	292	358	409	439	446	476	501	512	484	--
Moldavskaja SSR	---	111	127	126	126	126	126	125	121	--
Kirgizskaja SSR	84	109	123	117	118	118	122	124	127	--
Tadžikskaja SSR	254	313	322	355	375	376	363	355	326	--
Armjanskaja SSR	21	51	47	52	51	52	53	54	51	--
Turkmenskaja SSR	149	272	229	250	244	257	276	275	267	279

5.1.9.8 OUTPUT OF HOSIERY AND SOCKS IN THE UNION REPUBLICS (mill.pairs)
PRODUKTION VON STRUMPF-SOCKEN-ERZEUGNISSEN NACH UNIONSREPUBLIKEN (Mio Paar)
PROIZVODSTVO ČULOČNO-NOSOČNYCH IZDELIJ PO SOJUZNYM RESPUBLIKAM (mln.par)

	1940	1965	1970	1971	1972	1973	1974	1975	1976	1977
SSSR	489	1,350	1,338	1,309	1,337	1,411	1,469	1,495	1,540	1,542(Pla
RSFSR	278.8	651.3	570.5	542.0	541.4	579.1	600.7	600.0	619.4	--
Ukrainskaja SSR	79.4	270.6	282.8	284.5	292.6	304.9	318.8	323.9	331	336
Belorusskaja SSR	81.0	102.1	109.8	110.2	117.0	121.4	125.4	129.3	132.7	134.7
Uzbekskaja SSR	8.6	29.4	30.1	31.2	32.8	33.8	35.7	36.6	38.1	39.3
Kazachskaja SSR	0.2	42.2	56.3	54.7	59.0	62.0	64.6	66.5	67.2	67.2
Gruzinskaja SSR	2.8	12.6	15.7	17.2	16.1	20.6	22.1	24.3	25.4	22.2
Azerbajdžanskaja SSR	20.9	34.5	24.9	24.9	24.1	26.1	27.0	28.1	31.1	33.6
Litovskaja SSR	2.0	58.2	73.3	75.0	75.5	78.4	80.8	84.2	86.5	86.1
Moldavskaja SSR	---	23.5	29.0	27.7	29.7	30.2	32.1	32.2	33.6	34.0
Latvijskaja SSR	3.3	37.3	58.3	59.4	60.3	61.4	62.6	64.7	65.8	66.0
Kirgizskaja SSR	0.3	8.6	7.5	7.3	7.3	7.9	9.5	11.8	12.2	12.6
Tadžikskaja SSR	0.2	16.2	25.5	26.1	26.3	27.5	27.8	28.3	28.2	28.7
Armjanskaja SSR	9.8	49.3	42.0	36.6	41.4	43.1	45.4	47.9	52.1	51.5
Turkmenskaja SSR	0.6	4.9	3.8	3.0	2.8	3.0	3.7	4.0	3.6	3.7
Estonskaja SSR	1.6	9.3	8.3	9.3	10.6	12.0	12.5	13.0	13.3	13.6

5.1.9.9 Economy
5.1.9.10 Wirtschaft

5.1.9.9 OUTPUT OF LINEN HOSIERY IN THE UNION REPUBLICS (mill.pcs.)
PRODUKTION VON WÄSCHETRIKOTAGE NACH UNIONSREPUBLIKEN (Mio Stck.)
PROIZVODSTVO BEL'EVOGO TRIKOTAŽA PO SOJUZNYM RESPUBLIKAM (mln.št.)

	1940	1965	1970	1971	1972	1973	1974	1975	1976	1977
SSSR	127	715	814	828	843	900	920	955	990	1,031(Plar
RSFSR	60.5	326.8	346.9	347.5	346.3	370.4	375.7	388.3	397.3	--
Ukrainskaja SSR	30.3	147.2	147.0	158.4	168.8	186.1	188.2	194.3	201.4	205
Belorusskaja SSR	17.5	42.2	51.8	54.8	58.4	61.4	63.4	64.0	72.6	83.3
Uzbekskaja SSR	2.5	16.6	21.4	21.6	23.5	26.9	27.0	29.8	29.8	30.0
Kazachskaja SSR	0.1	30.1	37.4	37.3	41.5	45.0	45.5	47.2	50.6	55.0
Gruzinskaja SSR	2.4	17.7	20.5	19.4	16.7	17.5	18.4	20.1	21.5	21.7
Azerbajdžanskaja SSR	5.3	12.7	15.9	15.6	15.8	17.0	17.7	18.6	18.4	18.6
Litovskaja SSR	0.8	25.4	43.3	44.6	43.9	43.7	42.6	43.2	43.5	43.8
Moldavskaja SSR	0.0	8.6	24.0	25.5	25.8	29.6	36.9	44.7	45.9	--
Latvijskaja SSR	3.2	25.3	27.7	28.1	28.0	27.0	26.0	25.1	24.1	--
Kirgizskaja SSR	0.1	8.3	10.3	10.3	10.5	10.8	11.0	11.8	12.0	--
Tadžikskaja SSR	0.5	4.7	5.7	5.8	5.6	6.0	6.0	5.8	5.9	--
Armjanskaja SSR	2.0	36.7	44.6	41.7	40.8	43.1	44.7	46.5	51.4	54.5
Turkmenskaja SSR	0.5	5.4	4.2	4.4	4.5	4.6	4.5	4.8	5.1	5.4
Estonskaja SSR	1.3	7.1	13.7	13.2	12.7	11.3	12.5	10.9	11.0	11.6

5.1.9.10 OUTPUT OF OUTER HOSIERY IN THE UNION REPUBLICS (mill.pcs.)
PRODUKTION VON OBERTRIKOTAGEN NACH UNIONSREPUBLIKEN (Mio Stck.)
PROIZVODSTVO VERCHNEGO TRIKOTAŽA PO SOJUZNYM RESPUBLIKAM (mln.št.)

	1940	1965	1970	1971	1972	1973	1974	1975	1976	1977
SSSR	58.9	188	415	446	451	460	469	465	472	491(Pl.
RSFSR	40.2	101.4	201.9	212.3	210.9	213.6	217.8	215.0	216.0	--
Ukrainskaja SSR	12.0	32.6	71.0	73.8	72.7	73.9	73.7	73.4	76.3	77.8
Belorusskaja SSR	1.2	9.9	31.0	36.3	37.9	38.4	39.8	39.1	39.9	38.1
Uzbekskaja SSR	1.0	5.4	11.0	11.2	12.0	12.6	12.8	13.2	14.8	17.2
Kazachskaja SSR	0.2	7.0	23.9	27.4	28.1	28.5	29.0	27.7	27.3	28.1
Gruzinskaja SSR	1.5	4.9	9.6	10.7	11.9	12.5	13.1	14.1	13.6	15.0
Azerbajdžanskaja SSR	0.7	1.2	4.6	5.3	5.7	6.7	7.4	8.8	10.4	11.3
Litovskaja SSR	0.3	6.7	12.8	13.5	14.5	14.5	14.5	14.5	14.5	14.7
Moldavskaja SSR	0.1	2.6	5.7	5.7	6.0	6.8	7.4	7.7	7.8	--
Latvijskaja SSR	0.2	6.5	12.6	15.6	18.8	19.6	19.3	19.1	18.5	--
Kirgizskaja SSR	0.1	2.3	5.4	6.4	7.0	6.8	6.9	6.5	6.2	--
Tadžikskaja SSR	0.0	0.0	3.6	4.1	2.8	3.3	3.7	3.7	3.8	--
Armjanskaja SSR	1.0	4.1	15.4	15.8	15.3	14.0	15.6	15.4	16.0	16.4
Turkmenskaja SSR	0.2	0.8	2.0	2.1	1.8	2.3	2.0	1.8	1.8	1.9
Estonskaja SSR	0.2	2.5	4.7	5.4	6.0	6.3	5.6	5.5	5.3	9.8

5.1.9.11 PRODUCTION OF WOVEN FABRICS AND HOSIERY CONTAINING SYNTHETIC FIBRES
PRODUKTION VON GEWEBEN UND TRIKOTAGENERZEUGNISSEN UNTER VERWENDUNG VON CHEMISCHEN FASERN
PROIZVODSTVO TKANEJ I TRIKOTAŽNYCH IZDELIJ S PRIMENENIEM CHIMIČESKICH VOLOKON

Economy / Wirtschaft 5.1.9.11

	1965	1970	1971	1972	1973	1974	1975	1976	Portion (in per cent) of type of woven and knitted fabric of total production / in % zum Gesamtumfang der Produktion jedes Gewebe- und Trikotagenerzeugnisses / v procentach k obščemu ob"emu proizvodstva každogo vida tkanej i trikotažnych izdelij						
									1965	1970	1971	1972	1973	1974	1975	1976
Cotton fabrics, mill.runn.m - Baumwollgewebe, Mio lfd.m - Chlopčatobumažnye tkani, mln.pog.m	891	1,036	1,100	1,130	1,156	1,159	1,146	1,117		12.6	13.8	14.2	14.7	14.8	14.7	14.1
Wool fabrics, mill.runn.m - Wollgewebe, Mio lfd.m - Serstjanye tkani, mln.pog.m	311	425	437	433	435	448	450	461	85	86	85	84	83	82	82	81
worsted yarn - Kammgarn - kamvol'nye	140	201	206	208	215	219	232	239	85	83	82	83	82	83	82	81
Fine cloth - Feintuch - tonkosukonnye	157	204	211	206	203	211	201	203	90	89	88	85	83	84	82	82
Coarse cloth - Grobtuch - grubosukonnye	14	20	20	19	17	18	17	19	55	78	78	76	73	72	72	73
Silk fabrics, mill.runn.m - Seidengewebe, Mio lfd.m - Šelkovye tkani, mln.pog.m	900	1,198	1,228	1,301	1,355	1,600	1,470	1,541	96	97	96	97	97	97	97	97
Linen fabrics, mill.runn.m - Leinengewebe, Mio lfd.m - L'njanye tkani, mln.pog.m	255	339	346	352	378	388	377	391	43	47	45	45	48	49	49	50
Hosiery and socks (all-synthetic), mill.pairs - Strumpf-Socken-Erzeugnisse (reinsynthetisch), Mio Paar - Čuločno-nosočnye izdelija (čistosintetičeskie), mln.par	275	476	497	518	569	585	590	575	20	36	38	39	40	40	39	37
Linen hosiery, mill.pcs. - Wäschetrikotage, Mio Stck. - Bel'evoj trikotaž, mln.št.	281	358	374	394	418	403	424	444	39	44	45	47	46	44	44	45
Outer hosiery, mill.pcs. - Obertrikotage, Mio Stck. - Verchnij trikotaž, mln.št.	34	126	141	157	178	200	202	215	18	30	32	35	39	43	43	46

5.1.10 FOOD INDUSTRY - NAHRUNGSMITTELINDUSTRIE - PIŠČEVAJA PROMYŠLENNOSTI

5.1.10.1 OUTPUT OF THE MOST IMPORTANT PRODUCTS OF THE FOOD INDUSTRY (without those listed on pages 239-242)
PRODUKTION DER WICHTIGSTEN ERZEUGNISSE DER NAHRUNGSMITTELINDUSTRIE (ohne die auf S.239-242 aufgezählten)
PROIZVODSTVO VAŽNEJŠICH VIDOV PRODUKCII PIŠČEVOJ PROMYŠLENNOSTI

	1940	1965	1970	1971	1972	1973	1974	1975	1976	1977 (Plan)
Animal fats, '000 tons - Tierische Fette, Tsd.t - Maslo životnoe, tys.t	252	1,072	963	1,022	1,080	1,239	1,260	1,231	1,263	1,340
Fat and sheep cheese, '000 tons - Fett-u.Schafskäse, Tsd.t Syr i brynza žirnye, tys.t	53	310	478	463	483	536	565	562	613	620
Margarine, '000 tons - Margarine, Tsd.t - Margarinovaja produkcija, tys.t	121	670	762	850	850	883	997	999	1,040	1,150
Dried fruit, '000 tons - Trockenobst, Tsd.t - Suchie frukty, tys.t	23.4	57.3	34.7	36.2	40.1	43.9	37.8	45.2	33.2	--
Deep-frozen vegetables, '000 tons - Tiefkühlgemüse, Tsd.t - Svežezamoroženne ovošči, tys.t	...	1.1	4.0	3.9	3.4	2.8	3.6	2.6	3.1	--
Confectionery, '000 tons - Konditoreierzeugnisse, Tsd.t - Konditerskie tovary, tys.t	797	2,315	2,896	2,890	2,961	3,144	3,267	3,247	3,387	3,610
of which candies - davon Zuckerwaren - iz nich sacharistye	...	1,351	1,745	1,737	1,759	1,858	1,959	1,934	1,989	--
Farinaceous pastes, '000 tons - Teigwaren, Tsd.t - Makaronnye izdelija, tys.t	325	1,251	1,184	1,191	1,328	1,342	1,224	1,337	1,476	1,440
Beer, mill.gall. - Bier, Mio Gal. - Pivo,mln.gal.	124	317	419	441	469	508	540	571	592	675
Salt (extraction), mill.tons - Salz (Gewinnung), Mio t - Sol' (dobyča), mln.t	4.4	9.5	12.4	12.0	12.2	12.9	13.4	14.3	14.2	15.5
Flour, mill.tons - Mehl, Mio t - Muka, mln.t	29	37	42	43	44	43	42	42	42	42

5.1.10.2 PRODUCTION OF CASTOR AND REFINED SUGAR – PRODUKTION VON STREUZUCKER UND RAFFINADE –
PROIZVODSTVO SACHARA-PESKA I SACHARA-RAFINADA
('000 tons – Tsd.t – tys.t)

Year Jahr Gody	Castor sugar Streuzucker Sachar-pesok	Refined sugar Raffinade Sachar-rafinad	Year Jahr Gody	Castor sugar Streuzucker Sachar-pesok	Refined sugar Raffinade Sachar-rafinad
1913[1]	1,352	828	1966	9,740	1,960
1913[2]	1,363	846	1967	9,939	1,976
1928	1,283	656	1968	10,766	1,781
1932	828	438	1969	10,347	1,766
1937	2,421	1,032	1970	10,221	2,005
1940	2,165	628	1971	9,025	2,027
1945	465	54	1972	8,903	1,934
1946	466	100	1973	10,714	2,265
1950	2,523	701	1974	9,446	2,330
1955	3,419	1,285	1975	10,382	2,478
1960	6,363	1,915	1976	9,249	2,525
1965	11,037	2,197	1977	12,000	--

5.1.10.3 PRODUCTION OF CASTOR SUGAR BY UNION REPUBLICS – PRODUKTION VON STREUZUCKER IN DEN UNIONSREPUBLIKEN –
PROIZVODSTVO SACHARA-PESKA PO SOJUZNYM RESPUBLIKAM
('000 tons – Tsd.t – tys.t)

	1940	1965	1970	1971	1972	1973	1974	1975	1976	1977
USSR – UdSSR – SSSR	2,165	11,037	10,221	9,025	8,903	10,714	9,446	10,382	9,249	12,000
of which – darunter – v tom čisle:										
RSFSR	359	3,086	2,915	2,254	2,034	2,978	2,693	2,844	2,725	3,600
Ukrainskaja SSR	1,580	6,686	5,973	5,479	5,549	6,222	5,429	6,035	5,032	6,800
Belorusskaja SSR	--	127.5	130.5	201.0	191.5	229.9	221.3	248.9	244.2	298.0
Kazachskaja SSR	70.9	171.3	176.2	149.1	172.7	184.8	169.3	147.3	154.2	120.2
Gruzinskaja SSR	13.1	60.2	40.2	30.9	16.7	30.9	34.7	38.5	42.6	--
Litovskaja SSR	24.0	167.4	147.8	150.0	145.3	170.0	161.9	203.2	198.1	207.0
Moldavskaja SSR	11.8	344.9	356.5	341.2	322.8	409.8	282.0	395.1	339.4	424.7
Latvijskaja SSR	41.0	186.2	217.6	228.7	257.7	259.1	234.0	256.1	251.4	271.0
Kirgizskaja SSR	65.5	173.8	198.0	171.1	197.8	219.7	211.1	205.8	249.1	270.9
Armjanskaja SSR	--	32.9	16.1	19.5	14.4	9.5	9.8	8.7	11.9	--

[1] within the borders of the U.S.S.R. up to 17.9.1939 – in den Grenzen der UdSSR bis 17.9.1939 –
v granicach SSSR do 17 sentjabrja 1939 g.
[2] in the present borders of the U.S.S.R. – in den heutigen Grenzen der UdSSR – v sovremennych granicach SSSR

5.1.10.4 Economy
5.1.10.5 Wirtschaft

5.1.10.4 MEAT PRODUCTION BY TYPES – FLEISCHPRODUKTION NACH ARTEN – PROIZVODSTVO MJASA PO VIDAM
('000 tons – Tsd.t – tys.t)

	1940	1965	1970	1971	1972	1973	1974	1975	1976
Meat (incl.subproducts of the 1st quality category)– Fleisch (einschl.Subprodukte I.Güteklasse)– Mjaso (vključaja subprodukty I kategorii) total – insg. – vsego	1,544	5,245	7,144	8,182	8,723	8,346	9,367	9,862	8,368
Beef and veal – Rind-u.Kalbfleisch – Govjadina i teljatina	850	2,412	3,463	3,667	3,889	3,911	4,365	4,511	4,434
Mutton – Hammelfleisch – Baranina	169	425	422	408	367	386	421	427	379
Pork – Schweinefleisch – Svinina	373	1,783	2,249	2,925	3,179	2,751	3,114	3,335	2,108
Poultry – Geflügelfleisch – Mjaso pticy	52	167	357	432	480	522	625	705	695
Other meat types and subproducts of the 1st quality category – Andere Fleischarten und Subprodukte der I.Güteklasse – Pročie vidy mjasa i subprodukty I kategorii	100	458	653	750	808	776	842	884	752

5.1.10.5 MEAT PRODUCTION BY UNION REPUBLICS (including subproducts of the 1st quality category)
FLEISCHPRODUKTION NACH UNIONSREPUBLIKEN (einschl.Subprodukte der I.Güteklasse)
PROIZVODSTVO MJASA PO SOUZNYM RESPUBLIKAM (vključaja subprodukty I kategorii)
('000 tons – Tsd.t – tys.t)

	1940	1965	1970	1971	1972	1973	1974	1975	1976	1977
SSSR	1,544	5,245	7,144	8,182	8,723	8,346	9,367	9,862	8,368	14,800
RSFSR	859	2,830	3,693	4,315	4,584	4,173	4,792	5,032	4,131	7,400
Ukrainskaja SSR	299	1,107	1,565	1,791	1,955	1,929	2,104	2,215	1,858	3,500
Belorusskaja SSR	60.3	232.1	427.6	465.4	489.9	510.1	553.9	586.2	536.6	585
Uzbekskaja SSR	26.7	90.8	94.2	99.7	106.9	107.4	120.4	147.4	160.2	100.8
Kazachskaja SSR	97.0	411.4	525.0	568.4	578.5	609.0	678.4	694.2	537.6	596.5
Gruzinskaja SSR	11.5	30.5	48.4	54.3	59.3	58.4	67.5	75.5	78.1	71.3
Azerbajdžanskaja SSR	17.7	30.0	47.9	54.0	58.3	57.3	61.0	63.6	60.4	56.0
Litovskaja SSR	56.3	149.1	238.8	265.9	287.8	295.2	317.2	331.2	324.6	347.0
Moldavskaja SSR	5.6	79.6	106.2	124.7	127.1	136.2	154.3	161.5	140.1	144.6
Latvijskaja SSR	53.8	86.7	143.0	160.1	176.0	162.8	179.8	193.2	188.7	193.0
Kirgizskaja SSR	16.8	68.3	78.8	88.5	90.1	94.9	102.5	111.2	97.2	89.7
Tadžikskaja SSR	7.0	26.7	32.9	35.1	36.7	39.3	42.6	44.5	45.5	43.7
Armjanskaja SSR	8.6	22.2	27.3	28.9	37.0	43.0	46.6	47.9	45.6	46.7
Turkmenskaja SSR	8.5	16.1	16.8	21.1	21.0	22.4	25.1	28.8	27.4	26.0
Estonskaja SSR	16.7	65.1	98.6	110.6	115.4	108.2	122.2	130.1	137.3	136.0

5.1.10.6 PRODUCTION OF ANIMAL FATS BY UNION REPUBLICS - PRODUKTION VON TIERISCHEN FETTEN NACH UNIONSREPUBLIKEN - PROIZVODSTVO MASLA ŽIVOTNOGO PO SOJUZNYM RESPUBLIKAM
('000 tons - Tsd.t - tys.t)

	1940	1965	1970	1971	1972	1973	1974	1975	1976	1977
SSSR	252	1,072	963	1,022	1,080	1,239	1,260	1,231	1,263	1,400
RSFSR	141.1	559.0	486.3	515.9	546.3	631.4	644.6	628.1	614.6	683.0
Ukrainskaja SSR	33.3	281.0	245.2	265.9	280.7	329.0	327.7	313.7	340.5	386.0
Belorusskaja SSR	7.3	57.4	62.4	64.6	71.3	81.9	84.1	88.1	93.7	105
Uzbekskaja SSR	1.0	6.8	6.4	7.0	7.3	8.4	8.9	8.6	8.4	9.5
Kazachskaja SSR	12.1	45.1	42.2	43.7	45.3	50.1	48.0	44.9	47.0	55.6
Gruzinskaja SSR	0.5	1.0	0.9	0.9	0.9	1.0	1.1	1.2	1.3	1.4
Azerbajdžanskaja SSR	1.4	3.2	3.0	3.6	3.8	4.3	4.5	4.1	4.0	--
Litovskaja SSR	16.0	36.2	39.2	39.6	43.6	45.4	47.9	49.4	55.3	58.0
Moldavskaja SSR	0.1	11.9	10.4	10.6	11.1	13.5	13.6	14.3	14.1	16.7
Latvijskaja SSR	23.0	34.3	32.8	33.8	33.3	33.4	36.6	34.6	37.2	40.0
Kirgizskaja SSR	1.2	7.5	6.9	7.7	7.9	8.4	8.2	8.4	8.7	9.2
Tadžikskaja SSR	0.1	2.1	2.1	2.4	2.7	2.8	3.2	3.6	3.6	4.1
Armjanskaja SSR	1.6	3.0	1.7	2.0	1.7	1.8	1.7	1.7	1.5	--
Turkmenskaja SSR	0.3	1.9	1.9	2.0	2.1	2.4	2.6	2.6	2.7	2.9
Estonskaja SSR	13.2	21.6	21.6	22.0	22.6	24.9	27.1	28.0	30.8	30.4

5.1.10.7 PRODUCTION OF VEGETABLE FATS BY UNION REPUBLICS - PRODUKTION VON PFLANZLICHEN FETTEN NACH UNIONSREPUBLIKEN - PROIZVODSTVO MASLA RASTITEL'NOGO PO SOJUZNYM RESPUBLIKAM
('000 tons - Tsd.t - tys.t)

	1940	1965	1970	1971	1972	1973	1974	1975	1976	1977
SSSR	804	2,770	2,784	2,923	2,827	2,676	3,411	3,344	2,775	2,900
RSFSR	421.6	1185.9	983.5	1134.6	986.7	915.6	1326.7	1265.9	945.4	1,200
Ukrainskaja SSR	158.7	872.2	1071.3	956.0	976.7	879.1	1149.8	1143.9	906.9	--
Belorusskaja SSR	10.3	25.8	22.1	17.9	21.2	15.7	20.0	21.4	21.0	--
Uzbekskaja SSR	141.7	308.6	293.6	367.0	380.2	391.6	403.7	430.9	439.2	450.0
Kazachskaja SSR	4.7	58.2	61.8	72.9	77.4	79.2	82.0	69.1	81.7	87.2
Gruzinskaja SSR	4.5	6.8	8.8	11.3	12.1	10.2	16.1	16.7	9.3	9.2
Azerbajdžanskaja SSR	10.3	24.1	28.1	33.3	33.8	28.0	32.2	36.0	40.2	40.9
Litovskaja SSR	9.0	7.2	5.4	5.3	4.5	3.9	5.3	5.5	3.9	--
Moldavskaja SSR	14.0	132.7	154.7	146.6	147.3	163.4	177.0	147.5	123.6	108.0
Latvijskaja SSR	2.5	20.3	21.7	22.9	22.4	23.1	25.2	25.0	20.4	--
Kirgizskaja SSR	0.4	17.2	16.9	19.4	20.5	20.8	20.8	20.6	20.8	20.1
Tadžikskaja SSR	3.5	62.7	68.8	76.5	84.4	84.7	90.9	94.5	93.5	88.0
Armjanskaja SSR	6.1	8.8	11.0	12.3	11.0	12.9	13.0	13.0	12.8	11.8
Turkmenskaja SSR	15.2	39.6	36.8	46.7	48.4	49.1	48.9	53.4	56.7	57.3

5.1.10.8 Economy
Wirtschaft

5.1.10.8 PRODUCTION OF CANNED GOODS BY TYPES - KONSERVENPRODUKTION NACH ARTEN - PROIZVODSTVO KONSERVOV PO VIDAM
(mill.standard cans - Mio Normdosen - mln.uslovnych banok)

	1940	1965	1970	1971	1972	1973	1974	1975	1976
Canned goods, total - Konserven, insg. - Konservy, vsego	1,118	7,078	10,678	11,304	12,057	13,037	14,155	14,565	14,520
of which-darunter-v tom čisle:									
Meat and meat dishes - Fleisch u.Fleisch- gerichte - mjasnye i mjaso-rastitel'nye	109	723	817	971	1,293	1,153	1,136	1,395	920
Fish - Fisch - rybnye	124	977	1,393	1,500	1,660	1,735	1,936	2,207	2,377
Vegetables - Gemüse - ovoščnye	110	1,484	2,611	2,723	2,894	3,285	3,372	3,016	2,960
Tomatoes - Tomaten - tomatnye	341	1,067	1,303	1,408	1,633	1,744	2,286	2,351	2,289
Fruit - Obst - fruktovye	264	1,380	1,526	1,540	1,285	1,509	1,474	1,434	1,637
of which marmalade, preserves, jam - davon Marmelade, Konfitüre, Jam - iz nich povidlo, varen'e, džem	...	796	629	638	.567	623	616	562	666
Milk - Milch - moločnye	71	707	1,104	1,151	1,169	1,278	1,384	1,465	1,459
Natural juices - Natursäfte - soki natural'nye	44	729	1,892	1,987	2,105	2,297	2,508	2,644	2,809

Economy 5.2.1
Wirtschaft

5.2 AGRICULTURE - LANDWIRTSCHAFT - SEL'SKOE CHOZJAJSTVO

5.2.1 GROSS AGRICULTURAL OUTPUT BY UNION REPUBLICS
(in all types of agricultural enterprises[1]; in prices compared to those of 1965)
BRUTTOPRODUKTION DER LANDWIRTSCHAFT NACH UNIONSREPUBLIKEN
(in allen landwirtschaftlichen Betrieben[1]; in Vergleichspreisen von 1965)
VALOVAJA PRODUKCIJA SEL'SKOGO CHOZJAJSTVA PO SOJUZNYM RESPUBLIKAM
(vo vsech kategorijach chozjajstv[1]; v sopostavimych cenach 1965 g.)
(in mill.rubles - in Mio Rubel - mln.rub.)

	1965	1970	1971	1972	1973	1974	1975
SSSR	70,867	86,992	87,928	84,314	97,919	95,242	89,215
RSFSR	34,926	43,502	42,941	39,202	47,967	45,776	42,755
Ukrainskaja SSR	17,355	19,615	20,805	20,032	23,150	22,750	20,359
Belorusskaja SSR	3,761	4,433	4,529	4,603	5,082	4,940	4,969
Uzbekskaja SSR	2,742	3,474	3,432	3,648	3,863	4,136	4,083
Kazachskaja SSR	3,680	5,673	5,664	6,358	6,462	5,844	5,066
Gruzinskaja SSR	913	1,173	1,075	1,066	1,181	1,294	1,372
Azerbajdžanskaja SSR	697	883	878	908	1,036	1,222	1,187
Litovskaja SSR	1,453	1,826	1,894	1,864	1,942	1,923	2,007
Moldavskaja SSR	1,498	1,720	1,861	1,882	2,130	2,064	2,051
Latvijskaja SSR	1,001	1,166	1,176	1,123	1,185	1,167	1,163
Kirgizskaja SSR	741	911	928	993	1,046	1,034	1,054
Tadžikskaja SSR	622	770	835	815	868	961	962
Armjanskaja SSR	353	445	448	432	481	489	524
Turkmenskaja SSR	500	692	716	699	794	863	863
Estonskaja SSR	625	709	746	689	732	779	800

---

[1] collective and state farms and individual subsidiary plots
Kolchosen, Sowchosen und private Nebenwirtschaften
Kolchozy, sovchozy i ličnye podsobnye chozjajstva

5.2.1.1 Economy / Wirtschaft

5.2.1.1	Agricultural output / Produktion des Ackerbaus / Produkcija zemledelija						Output of livestock products / Produktion der Viehwirtschaft / Produkcija životnovodstva						
	1965	1970	1971	1972	1973	1974	1975	1965	1970	1971	1972	1973	1974	1975
SSSR	34,800	44,130	43,564	40,214	51,107	45,995	41,180	36,067	42,862	44,364	44,100	46,812	49,247	48,035
RSFSR	15,668	20,711	19,232	15,981	23,427	19,666	17,531	19,258	22,791	23,709	23,221	24,540	26,110	25,224
Ukrainskaja SSR	9,263	10,141	11,095	10,288	12,678	11,814	9,750	8,092	9,474	9,710	9,744	10,472	10,936	10,609
Belorusskaja SSR	1,953	2,182	2,241	2,213	2,488	2,259	2,335	1,808	2,251	2,288	2,390	2,594	2,681	2,634
Uzbekskaja SSR	2,091	2,640	2,565	2,743	2,889	3,126	3,073	651	834	867	905	974	1,010	1,010
Kazachskaja SSR	1,278	2,788	2,678	3,321	3,242	2,561	1,891	2,402	2,885	2,986	3,037	3,220	3,283	3,175
Gruzinskaja SSR	588	824	710	705	802	900	951	325	349	365	361	379	394	421
Azerbajdžanskaja SSR	423	545	543	567	652	815	776	274	338	335	341	384	407	411
Litovskaja SSR	563	664	692	667	724	666	724	890	1,162	1,202	1,197	1,218	1,257	1,283
Moldavskaja SSR	1,052	1,174	1,310	1,330	1,536	1,455	1,416	446	546	551	552	594	609	635
Latvijskaja SSR	368	460	430	377	443	385	370	633	706	746	746	742	782	793
Kirgizskaja SSR	335	435	434	497	514	500	512	406	476	494	496	532	534	542
Tadžikskaja SSR	461	569	616	591	631	706	698	161	201	219	224	237	255	264
Armjanskaja SSR	194	254	239	210	254	254	278	159	191	209	222	227	235	246
Turkmenskaja SSR	325	488	507	507	568	628	615	175	204	209	192	226	235	248
Estonskaja SSR	238	255	272	217	259	260	260	387	454	474	472	473	519	540

5.2.2 OUTPUT OF AGRICULTURAL PRODUCTS (in all types of agricultural enterprises[1])
ERZEUGUNG DER LANDWIRTSCHAFTLICHEN PRODUKTE (in allen landwirtschaftl. Betrieben[1])
PROIZVODSTVO SEL'SKOCHOZJAJSTVENNOJ PRODUKCII (vo vsech kategorijach chozjajstv[1])

Year Jahr Gody	A. Gross agricultural output (in prices compared to those of 1965), '000 mill. rubles / Bruttoproduktion der Landwirtschaft (in Vergleichspreisen von 1965), Mrd. Rubel / Valovaja produkcija sel'skogo chozjajstva (v sopostavimych cenach 1965 g.), mlrd. rub.	B. Grain, mill. tons / Getreide, Mio t / Zerno, mln.t	C. Raw cotton, mill. tons / Rohbaumwolle, Mio t / Chlopok-syrec, mln.t	D. Sugar-beet (for factory processing), mill. tons / Zuckerrüben (Fabrikrüben), Mio t / Sacharnaja svekla (fabričnaja), mln.t	E. Sunflower seeds, mill. tons / Sonnenblumenkerne, Mio t / Podsolnečnik, mln.t	F. Flax fibre, '000 tons / Flachsfaser, Tsd. t / L'novolokno, tys.t	G. Potatoes, mill. tons / Kartoffeln, Mio t / Kartofel', mln.t	H. Vegetables, mill. tons / Gemüse, Mio t / Ovošči, mln.t	I. Meat (slaughter weight), mill. tons / Fleisch (im Schlachtgewicht), Mio t / Mjaso (v ubojnom vese), mln.t	J. Milk, mill. tons / Milch, Mio t / Moloko, mln.t	K. Eggs, '000 mill. / Eier, Mrd. Stck. / Jajca, mrd.št.	L. Wool, '000 tons / Wolle, Tsd.t / Šerst', tys.t
1913	28.1	86.0	0.74	11.3	0.75	401	31.9	5.5	5.0	29.4	11.9	192
1940	39.6	95.6	2.24	18.0	2.64	349	76.1	13.7	4.7	33.6	12.2	161
1945	24.1	47.3	1.16	5.5	0.84	150	58.3	10.3	2.6	26.4	4.9	111
1946	26.8	39.6	1.64	4.3	0.79	133	55.6	8.9	3.1	27.7	5.2	119
1947	34.5	65.9	1.70	14.0	1.39	170	74.5	14.9	2.5	30.2	4.9	125
1948	38.4	67.2	2.20	12.9	1.93	257	95.0	13.2	3.1	33.4	6.6	146
1949	39.3	70.2	2.53	15.7	1.85	310	89.6	10.8	3.8	34.9	9.1	163
1950	39.3	81.2	3.54	20.8	1.80	255	88.6	9.3	4.9	35.3	11.7	180
1951	36.6	78.7	3.73	23.6	1.74	193	58.8	8.8	4.7	36.2	13.3	192
1952	39.8	92.2	3.78	22.2	2.21	213	69.2	9.8	5.2	35.7	14.4	219
1953	41.0	82.5	3.85	23.2	2.63	162	72.6	11.4	5.8	36.5	16.1	235

[1] collective and state farms and individual subsidiary plots - Kolchosen, Sowchosen und private Nebenwirtschaften - Kolchozy, sovchozy i ličnye podsobnye chozjajstva

5.2.2 Economy / Wirtschaft

Year Jahr God	A.	B.	C.	D.	E.	F.	G.	H.	I.	J.	K.	L.
1954	43.1	85.6	4.20	19.8	1.91	218	75.0	11.9	6.3	38.2	17.2	230
1955	47.8	103.7	3.88	31.0	3.80	381	71.8	14.1	6.3	43.0	18.5	256
1956	54.3	125.0	4.33	32.5	3.95	521	96.0	14.3	6.6	49.1	19.5	261
1957	55.4	102.6	4.21	39.7	2.80	440	87.8	14.8	7.4	54.7	22.3	289
1958	61.4	134.7	4.34	54.4	4.63	438	86.5	14.9	7.7	58.7	23.0	322
1959	61.7	119.5	4.64	43.9	3.02	364	86.6	14.8	8.9	61.7	25.6	356
1960	63.0	125.5	4.29	57.7	3.97	425	84.4	16.6	8.7	61.7	27.4	357
1961	64.7	130.8	4.52	50.9	4.75	399	84.3	16.2	8.7	62.6	29.3	366
1962	65.7	140.2	4.30	47.4	4.80	432	69.7	16.0	9.5	63.9	30.1	371
1963	60.7	107.5	5.21	44.1	4.28	380	71.8	15.2	10.2	61.2	28.5	373
1964	69.5	152.1	5.28	81.2	6.06	346	93.6	19.5	8.3	63.3	26.7	341
1965	70.9	121.1	5.66	72.3	5.45	480	88.7	17.6	10.0	72.6	29.1	357
1966	77.0	171.2	5.98	74.0	6.15	461	87.9	17.9	10.7	76.0	31.7	371
1967	78.1	147.9	5.97	87.1	6.61	485	95.5	20.5	11.5	79.9	33.9	395
1968	81.6	169.5	5.95	94.3	6.68	402	102.2	19.0	11.6	82.3	35.7	415
1969	78.9	162.4	5.71	71.2	6.36	487	91.8	18.7	11.8	81.5	37.2	390
1970	87.0	186.8	6.89	78.9	6.14	456	96.8	21.2	12.3	83.0	40.7	419
1971	87.9	181.2	7.10	72.2	5.66	486	92.7	20.8	13.3	83.2	45.1	429
1972	84.3	168.2	7.30	76.4	5.05	456	78.3	19.9	13.6	83.2	47.9	420
1973	97.9	222.5	7.66	87.0	7.39	443	108.2	25.9	13.5	88.3	51.2	433
1974	95.2	195.7	8.41	77.9	6.78	402	81.0	24.8	14.6	91.8	55.5	461
1975	89.2	140.1	7.86	66.3	4.99	493	88.7	23.4	15.0	90.8	57.5	467
1976	--	223.8	8.28	99.9	5.28	507	85.1	25.0	13.4	89.1	55.6	433
1977	--	195.5	8.76	93.3	5.87	--	83.4	23.0	14.8	94.8	61.0	458

5.2.3 YIELD OF AGRICULTURAL CROPS (in all agricultural enterprises; mill.tons)
BRUTTOERNTEERTRAG DER LANDWIRTSCHAFTLICHEN KULTUREN (in allen landwirtschaftl.Betrieben; Mio t)
VALOVOJ SBOR SEL'SKOCHOZJAJSTVENNYCH KUL'TUR (vo vsech kategorijach chozjajstv; mln.t)

	1940	1965	1970	1971	1972	1973	1974	1975	1976	1977
Grain crops – Getreidekulturen – Zernovye kultury	95.6	121.5	186.8	181.2	168.2	222.5	195.7	140.1	223.8	195.5
of which-darunter-v tom čisle:										
wheat – Weizen – pšenica	31.8	59.7	99.7	98.8	86.0	109.8	83.9	66.2	96.9	92.0
rye – Roggen – rož'	21.1	16.2	13.0	12.8	9.6	10.8	15.2	9.1	14.0	8.5
maize (ripe) – Körnermais – kukuruza na zerno	5.2	8.0	9.4	8.6	9.8	13.2	12.1	7.3	10.1	11.0
barley – Gerste – jačmen'	12.0	20.3	38.2	34.6	36.8	55.0	54.2	35.8	69.5	52.7
oats – Hafer – oves	16.8	6.2	14.2	14.6	14.1	17.5	15.3	12.5	18.1	18.4
millet – Hirse – proso	4.39	2.20	2.10	2.04	2.12	4.42	2.91	1.13	3.2	2.0
buckwheat – Buchweizen – grečicha	1.31	0.95	1.08	1.17	0.81	1.30	0.97	0.49	0.90	1.0
rice – Reis – ris	0.30	0.53	1.28	1.43	1.65	1.77	1.91	2.01	2.0	2.2
legumes – Hülsenfrüchte – zernobobovye	2.18	6.69	7.62	6.95	7.10	8.45	8.71	5.32	8.65	7.5
Raw cotton – Rohbaumwolle – Chlopok-syrec	2.24	5.66	6.89	7.10	7.30	7.66	8.41	7.86	8.28	8.75
Sugar-beet (for factory processing) – Zuckerrüben (Fabrikrüben) – Sacharnaja svekla (fabričnaja)	18.0	72.3	78.9	72.2	76.4	87.0	77.9	66.3	99.9	93.1
Oil-seed – Ölsaatgut – Semena masličnych kul'tur	3.22	6.07	6.97	6.46	5.52	8.15	7.42	5.92	5.99	6.6
of which sunflower – darunter Sonnenblume – v tom čisle podsolnečnik	2.64	5.45	6.14	5.66	5.05	7.39	6.78	4.99	5.28	5.9
Flax fibre,'000 tons – Flachsfaser,Tsd.t – L'novolokno, tys.t	349	480	456	486	456	443	402	493	507	-.-
Potatoes – Kartoffeln – kartofel'	76.1	88.7	96.8	92.7	78.3	108.2	81.0	88.7	85.1	83.6

5.2.3 Economy
5.2.4 Wirtschaft

	1940	1965	1970	1971	1972	1973	1974	1975	1976	1977
Vegetables - Gemüse - ovošči	13.7	17.6	21.2	20.8	19.9	25.9	24.8	23.4	25.0	24.1
Maize for ensilage and feed Mais für Silos und Grünfutter - Kukuruza na silos i zelenyj korm	...	181	212	211	206	282	226	193	277	247
Hay and green fodder in terms of hay, total Heu u.Grünfutter umgerechnet auf Heu, insg. - Seno i zelenyj korm v peresčete na seno, vsego	75.0	82.5	110.3	112.7	114.5	126.1	130.7	115.8	131.2	-.-
Hay from perennial grass Heu von mehrjährigem Gras - seno mnogoletnich trav	10.2	18.3	34.3	35.8	40.5	45.8	50.9	45.4	50.3	-.-
Hay from annual grass Heu von einjährigem Gras - seno odnoletnich trav	4.1	20.1	26.5	27.9	27.0	32.3	31.5	25.3	35.0	-.-
Hay from natural meadows Heu von natürlichen Wiesen - seno estestvennych senokosov	60.7	44.1	49.5	49.0	47.0	48.0	48.3	45.1	45.9	-.-

SHARE OF TOTAL PRODUCTION OF AGRICULTURAL RAW PRODUCTS OF STATE FARMS, COLLECTIVE FARMS
AND OTHER STATE-OWNED ENTERPRISES

5.2.4 ANTEIL DER PRODUKTION LANDWIRTSCHAFTLICHER GRUNDERZEUGNISSE DER KOLCHOSEN, SOWCHOSEN UND ANDEREN STAATLICHEN LANDWIRTSCHAFTLICHEN BETRIEBEN AN DER GESAMTPRODUKTION (%)

UDEL'NYJ VES PROIZVODSTVA OSNOVNYCH SEL'SKOCHOZJAJSTVENNYCH PRODUKTOV KOLCHOZAMI, SOVCHOZAMI I DRUGIMI GOSUDARSTVENNYMI CHOZJAJSTVAMI V OBŠČEM PROIZVODSTVE (%)

	1940	1965	1970	1971	1972	1973	1974	1975	1976
Among the collective and state farms and other state agricultural enterprises - Anteil der Kolchosen, Sowchosen und anderen staatlichen landwirtschaftl. Betrieben - Udel'nyj ves kolchozov, sovchozov i drugich gosudarstvennych chozjajstv									
Grain - Getreide - Zernovye kul'tury	88	98	99	99	99	99	99	99	99
Raw cotton - Rohbaumwolle - Chlopok-syrec	100	100	100	100	100	100	100	100	100
Sugar-beet (for factory processing) - Zuckerrüben (Fabrikrüben) - Sacharnaja svekla (fabričnaja)	94	100	100	100	100	100	100	100	100

Economy
Wirtschaft 5.2.4

	1940	1965	1970	1971	1972	1973	1974	1975	1976	1977
Sunflower seeds – Sonnenblumenkerne – Podsolnečnik	89	98	98	98	98	98	98	97	98	
Potatoes – Kartoffeln – Kartofel'	35	37	35	37	38	39	36	41	38	
Vegetables – Gemüse – ovošči	52	59	62	63	64	66	67	66	73	
Meat – Fleisch – mjaso	28	60	65	65	66	67	68	69	69	
Milk – Milch – moloko	23	61	64	65	66	67	68	69	70	
Eggs – Eier – jajca	6	33	47	50	53	57	59	61	63	
Wool – Wolle – šerst'	61	80	81	80	79	79	80	80	80	
of which state farms and other agricultural enterprises – darunter Anteil der Sowchosen und anderen staatlichen landwirtschaftl. Betrieben – v tom čisle udel'nyj ves sovchozov i drugich gosudarstvennych chozjajstv										
Grain – Getreide – Zernovye kul'tury	8	37	46	46	49	46	43	44	47	
Raw cotton – Rohbaumwolle – Chlopok-syrec	6	20	23	24	24	26	27	28	29	
Sugar-beet (for factory processing) – Zuckerrüben (Fabrikrüben) – Sacharnaja svekla (fabričnaja)	4	9	8	8	7	9	9	8	9	
Sunflower seeds – Sonnenblumenkerne – Podsolnečnik	2	14	20	20	20	21	19	20	23	
Potatoes – Kartoffeln – kartofel'	2	15	14	14	15	16	14	18	15	
Vegetables – Gemüse – ovošči	9	34	36	37	37	39	40	41	43	
Meat – Fleisch –mjaso	9	30	32	32	33	33	34	35	36	
Milk – Milch – moloko	6	26	28	29	29	29	30	30	31	
Eggs – Eier – jajca	2	20	33	36	39	43	46	49	54	
Wool – Wolle – šerst'	12	39	42	42	42	43	45	45	45	

5.2.5 Economy / Wirtschaft

PRODUCTION OF MARKETABLE AGRICULTURAL PRODUCTS
MARKTPRODUKTION DER LANDWIRTSCHAFT
TOVARNAJA PRODUKCIJA SEL'SKOGO CHOZJAJSTVA

	1940	1965	1970	1971	1972	1973	1974	1975	1976
Production of marketable agricultural products (harvest of year given above), mill.tons									
Marktproduktion des Ackerbaus (Ernte des entsprechenden Jahres), Mio t									
Tovarnaja produkcija zemledelija (iz urožaja sootvetstvujuščego goda), mln.t									
Grain crops – Getreidekulturen – zernovye kul'tury	38.3	41.1	80.8	70.5	67.2	100.0	80.8	55.3	101.5
of which wheat – darunter Weizen – v tom čisle pšenica	16.2	24.7	56.3	52.1	47.2	64.1	42.2	32.5	54.3
Raw cotton – Rohbaumwolle – Chlopok-syrec	2.24	5.66	6.89	7.10	7.30	7.66	8.41	7.86	8.28
Sugar-beet (for factory processing) – Zuckerrüben (Fabrikrüben) – Sacharnaja svekla	17.4	67.5	71.4	64.3	68.0	77.8	67.5	61.9	85.3
Sunflower seeds – Sonnenblumenkerne – Podsolnečnik	1.87	4.27	5.16	4.71	4.02	6.14	5.64	4.17	4.05
Potatoes – Kartoffeln – Kartofel'	12.9	15.8	18.1	18.0	16.4	23.1	17.3	20.7	20.6
Vegetables – Gemüse – Ovošči	6.1	9.9	13.8	14.0	13.7	17.3	17.0	16.4	18.4
Production of marketable livestock products (during calender year)									
Marktproduktion der Viehwirtschaft (im Kalenderjahr)									
Tovarnaja produkcija životnovodstva (za kalndarnyj god)									
Meat (slaughter weight), mill.tons – Fleisch (im Schlachtgewicht), Mio t – mjaso (v ubojnom vese), mln.t	2.6	7.0	9.4	10.4	10.9	10.7	11.8	12.2	10.9
Milk and milk products (converted to milk), mill.tons – Milch u.Milchprodukte (umgerechnet auf Milch), Mio t – Moloko i moločnye produkty (v peresčete na moloko), mln.t	10.8	40.9	48.0	49.4	50.8	55.6	58.3	58.5	58.4
Eggs, '000 mill. – Eier, Mrd.Stck. – Jajca, mrd .št.	4.7	13.9	22.1	25.6	28.2	31.5	34.6	36.5	36.3
Wool, '000 tons – Wolle, Tsd.t – Šerst', tys.t	120	331	395	406	400	416	447	454	424

5.2.6 SHARE OF TOTAL MARKETABLE PRODUCTION OF THE CO-OPERATIVE AGRICULTURE OF STATE AND
COLLECTIVE FARMS AND OTHER STATE-OWNED ENTERPRISES (in percent)
ANTEIL DER WARENPRODUKTION DER GESELLSCHAFTLICHEN LANDWIRTSCHAFT DER KOLCHOSEN, SOWCHOSEN UND ANDEREN
STAATLICHEN WIRTSCHAFTEN AN DER GEMEINSAMEN WARENPRODUKTION (%)
UDEL'NYJ VES TOVARNOJ PRODUKCII OBŠČESTVENNOGO SEL'SKOGO CHOZJAJSTVA KOLCHOZOV, SOVCHOZOV I DRUGICH
GOSUDARSTVENNYCH CHOZJAJSTV V OBŠČEJ TOVARNOJ PRODUKCII (%)

Economy 5.2.6
Wirtschaft

	1940	1965	1970	1971	1972	1973	1974	1975	1976
Share of state and collective farms and other state-owned enterprises Anteil der Kolchosen, Sowchosen und anderen staatlichen Wirtschaften - Udel'nyj ves kolchozov, sovchozov i drugich gosudarstvennych chozjajstv									
of the total marketable agricultural production - an der gesamten Warenproduktion der Landwirtschaft - vo vsej tovarnoj produkcii sel'skogo chozjajstva	73	87	88	88	87	89	88	88	-.-
of the total marketable field-crop production - an der gesamten Warenproduktion des Ackerbaus - vo vsej tovarnoj produkcii zemledelija	87	89	92	91	91	92	91	90	-.-
of the marketable production of - An der Warenproduktion von - v tovarnoj produkcii:									
Grain - Getreide - zerna	97	100	100	100	100	100	100	100	100
Raw cotton - Rohbaumwolle - chlopka-syrca	100	100	100	100	100	100	100	100	100
Sugar-beet - Zuckerrüben - sacharnoj svekly	94	100	100	100	100	100	100	100	100
Potatoes - Kartoffeln - kartofelja	46	55	60	62	61	60	58	63	58
Vegetables - Gemüse - ovošče̅j	82	88	87	86	86	87	86	87	90
of the total marketable livestock production - an der gesamten Warenproduktion der Vieh- wirtschaft - vo vsej tovarnoj produkcii životnovodstva	46	85	86	85	85	86	86	86	-.-
of the marketable production of - An der Warenproduktion von - v tovarnoj produkcii:									
Meat - Fleisch - mjasa	45	83	83	82	81	83	83	83	84
Milk - Milch - moloka	49	93	95	95	94	94	94	95	94

5.2.6 Economy / Wirtschaft

	1940	1965	1970	1971	1972	1973	1974	1975	1976
Eggs – Eier – jaic	7	64	81	84	86	88	89	91	93
Wool – Wolle – šersti	74	86	85	84	83	82	82	82	81
Share of state farms and other state-owned enterprises – Darunter Anteil der Sowchosen und anderen staatlichen Wirtschaften – V tom čisle udel'nyj ves sovchozov i drugich gosudarstvennych chozjajstv									
of the total marketable agricultural production – an der gesamten Warenproduktion der Landwirtschaft – Vo vsej tovarnoj produkcii sel'skogo chozjajstva	12	36	40	40	41	41	41	42	
of the total marketable field-crop production – an der gesamten Warenproduktion des Ackerbaus – Vo vsej tovarnoj produkcii zemledelija	10	28	36	35	36	37	36	36	
of the marketable production of – An der Warenproduktion von – V tovarnoj produkcii:									
Grain – Getreide – zerna	10	38	52	50	58	50	46	44	51
Raw cotton – Rohbaumwolle – chlopka-syrca	6	20	23	24	24	26	27	28	29
Sugar-beet – Zuckerrüben – sacharnoj svekly	4	9	9	8	8	9	8	10	9
Potatoes – Kartoffeln – kartofelja	5	27	29	30	28	30	26	30	28
Vegetables – Gemüse – ovoščej	16	53	53	53	52	53	53	56	56
of the total marketable livestock production – an der gesamten Warenproduktion der Viehwirtschaft – vo vsej tovarnoj produkcii životnovodstva	16	41	42	43	43	44	45	46	
of the marketable production of – An der Warenproduktion von – V tovarnoj produkcii:									
Meat – Fleisch – mjasa	16	42	41	41	41	42	43	43	44
Milk – Milch – moloka	15	41	42	42	42	42	42	42	42
Eggs – Eier – jaic	3	39	58	61	64	67	70	74	80
Wool – Wolle – šersti	15	42	44	44	44	45	46	46	46

5.2.7   GROSS YIELD OF GRAIN CROPS BY UNION REPUBLICS[1]
           BRUTTOERNTEERTRAG AN GETREIDE NACH UNIONSREPUBLIKEN[1]
           VALOVOJ SBOR ZERNOVYCH KUL'TUR PO SOJUZNYM RESPUBLIKAM

	1940	1965	1970	1971	1972	1973	1974	1975	1976	1977
SSSR	95,638	121,141	186,795	181,175	168,238	222,530	195,708	140,118	223,755	195,500
RSFSR	55,637	69,665	113,457	104,810	91,568	128,990	111,815	77,521	127,059	108,600
Ukrainskaja SSR	26,420	31,651	36,392	39,398	32,566	48,422	45,873	33,803	44,567	48,600
Belorusskaja SSR	2,727	3,335	4,239	5,440	4,592	5,732	6,826	5,121	7,404	6,615
Uzbekskaja SSR	601	628	980	655	970	1,326	1,234	1,079	2,001	1,730
Kazachskaja SSR	2,516	7,604	22,240	21,085	29,039	27,687	18,490	12,007	29,826	17,700
Gruzinskaja SSR	538	658	621	580	666	796	813	715	766	704
Azerbajdžanskaja SSR	567	645	723	609	860	870	910	893	1,184	1,073
Litovskaja SSR	1,536	1,691	2,099	2,526	1,872	1,944	2,773	2,143	3,220	2,880
Moldavskaja SSR	1,810	2,494	2,438	2,170	2,777	2,890	2,485	2,677	2,258	3,071
Latvijskaja SSR	1,372	946	1,323	1,606	972	1,261	1,643	1,243	1,889	1,547
Kirgizskaja SSR	588	560	1,014	868	1,172	1,252	1,087	1,055	1,360	1,132
Tadžikskaja SSR	324	226	222	144	227	233	186	227	305	237
Armjanskaja SSR	223	244	252	250	261	286	224	296	314	317
Turkmenskaja SSR	124	83	69	100	120	127	182	224	258	199.8
Estonskaja SSR	655	711	726	934	576	714	1,167	1,114	1,344	1,243

5.2.8   GROSS YIELD OF WINTER AND SUMMER WHEAT BY UNION REPUBLICS[1]
           BRUTTOERNTEERTRAG AN WINTER- UND SOMMERWEIZEN NACH UNIONSREPUBLIKEN[1]
           VALOVOJ SBOR OZIMOJ I JAROVOJ PŠENICY PO SOJUZNYM RESPUBLIKAM[1]

	1940	1965	1970	1971	1972	1973	1974	1975
SSSR	31,781	59,686	99,734	98,760	85,993	109,784	83,913	66,224
RSFSR	19,306	34,282	62,870	57,070	46,865	58,558	48,725	35,515
Ukrainskaja SSR	8,407	16,148	15,606	21,977	13,249	26,681	18,949	18,247
Belorusskaja SSR	191	255	794	939	683	719	591	456
Uzbekskaja SSR	272	276	409	185	294	344	189	123
Kazachskaja SSR	1,644	5,842	17,173	15,802	21,716	19,891	12,487	8,421
Gruzinskaja SSR	117	177	190	206	212	295	259	263
Azerbajdžanskaja SSR	298	446	504	442	589	592	617	629
Litovskaja SSR	166	311	322	376	359	374	514	447

[1] in all types of agricultural enterprises; '000 tons - in allen landwirtschaftlichen Betrieben; Tsd.t - vo vsech kategorijach chozjajstv; tys.t

5.2.8
5.2.9 Economy
5.2.10 Wirtschaft
5.2.11

	1940	1965	1970	1971	1972	1973	1974	1975
Moldavskaja SSR	343	1,094	710	726	839	1,047	428	964
Latvijskaja SSR	197	193	189	222	204	229	283	226
Kirgizskaja SSR	332	279	595	479	603	638	524	477
Tadžikskaja SSR	221	145	127	68	109	115	76	96
Armjanskaja SSR	144	134	171	159	154	174	100	186
Turkmenskaja SSR	62	43	28	45	56	44	56	53
Estonskaja SSR	81	61	46	64	61	83	115	121

5.2.9 GROSS YIELD OF WINTER AND SUMMER RYE BY UNION REPUBLICS[1]
BRUTTOERNTEERTRAG AN WINTER- UND SOMMERROGGEN NACH UNIONSREPUBLIKEN[1]
VALOVOJ SBOR OZIMOJ I JAROVOJ RŽI PO SOJUZNYM RESPUBLIKAM[1]

	1940	1965	1970	1971	1972	1973	1974	1975
SSSR	21,125	16,228	12,972	12,787	9,633	10,759	15,223	9,064
RSFSR	14,277	11,185	9,819	9,353	6,638	6,385	10,992	5,568
Ukrainskaja SSR	4,102	1,885	1,176	1,241	1,002	1,783	1,411	1,108
Belorusskaja SSR	1,369	1,937	1,189	1,354	1,257	1,724	1,789	1,709
Kazachskaja SSR	89	88	201	143	76	74	313	37
Litovskaja SSR	623	572	284	326	340	376	397	320
Moldavskaja SSR	69	31	12	10	13	14	7	13
Latvijskaja SSR	399	365	197	232	208	276	208	196
Estonskaja SSR	191	162	86	123	90	115	98	108

5.2.10 GROSS YIELD OF MAIZE (RIPE) BY UNION REPUBLICS[1]
BRUTTOERNTEERTRAG AN KÖRNERMAIS NACH UNIONSREPUBLIKEN[1]
VALOVOJ SBOR KUKURUZY NA ZERNO PO SOJUZNYM RESPUBLIKAM[1]

	1940	1965	1970	1971	1972	1973	1974	1975
SSSR	5,170	8,030	9,428	8,597	9,830	13,216	12,104	7,328
RSFSR	1,056	1,498	1,018	854	1,350	2,743	2,056	1,318
Ukrainskaja SSR	2,550	4,724	6,337	5,921	5,947	7,815	6,982	3,080
Uzbekskaja SSR	34	54	67	79	143	327	516	504
Kazachskaja SSR	10	106	154	162	204	299	218	286
Gruzinskaja SSR	325	392	333	277	361	371	428	342
Azerbajdžanskaja SSR	10	34	22	18	27	24	42	28
Moldavskaja SSR	1,150	1,113	1,387	1,183	1,649	1,568	1,642	1,450
Kirgizskaja SSR	31	98	103	95	138	151	154	191
Tadžikskaja SSR	2	5	5	6	9	12	24	41
Armjanskaja SSR	1	4	1	1	1	1	1	1
Turkmenskaja SSR	--	2	1	1	1	5	41	87

5.2.11 GROSS YIELD OF MILLET BY UNION REPUBLICS[1]
BRUTTOERNTEERTRAG AN HIRSE NACH UNIONSREPUBLIKEN[1]
VALOVOJ SBOR PROSA PO SOJUZNYM RESPUBLIKAM[1]

	1940	1965	1970	1971	1972	1973	1974	1975
SSSR	4,391	2,205	2,100	2,043	2,123	4,416	2,907	1,125
RSFSR	2,707	1,354	1,123	1,163	1,102	3,364	1,661	597
Ukrainskaja SSR	1,400	688	694	523	722	629	773	435
Kazachskaja SSR	206	149	277	353	293	421	470	91

1 in all types of agricultural enterprises; '000 tons - in allen landwirtschaftlichen Betrieben; Tsd.t - vo vsech kategorijach chozjajstv; tys.t

Economy 5.2.12
Wirtschaft 5.2.13
5.2.14

5.2.12 GROSS YIELD OF BUCKWHEAT BY UNION REPUBLICS[1]
BRUTTOERNTEERTRAG AN BUCHWEIZEN NACH UNIONSREPUBLIKEN[1]
VALOVOJ SBOR GREČICHI PO SOJUZNYM RESPUBLIKAM[1]

	1940	1965	1970	1971	1972	1973	1974	1975
SSSR	1,314	950	1,081	1,170	811	1,304	974	485
RSFSR	569	552	679	677	380	897	620	308
Ukrainskaja SSR	581	338	285	322	253	300	304	133
Belorusskaja SSR	145	50	25	21	23	28	10	5
Kazachskaja SSR	0.1	8	92	150	155	79	40	39

5.2.13 GROSS YIELD OF RICE BY UNION REPUBLICS[1]
BRUTTOERNTEERTRAG AN REIS NACH UNIONSREPUBLIKEN[1]
VALOVOJ SBOR RISA PO SOJUZNYM RESPUBLIKAM[1]

	1940	1965	1970	1971	1972	1973	1974	1975
SSSR	303.1	583.4	1279.3	1429.5	1647.2	1765.0	1913.3	2009.3
RSFSR	43.2	256.9	603.2	696.9	788.4	850.7	972.6	1154.1
Ukrainskaja SSR	4.9	62.2	164.7	169.4	199.3	154.6	170.8	217.2
Uzbekskaja SSR	125.5	115.3	184.9	204.2	238.9	280.6	280.6	291.2
Kazachskaja SSR	55.5	93.3	276.7	307.6	371.3	428.4	436.6	283.4
Azerbajdžanskaja SSR	48.5	17.3	5.6	4.4	3.8	2.7	2.2	2.9
Kirgizskaja SSR	9.0	3.1	1.7	1.4	1.4	1.6	1.2	1.7
Tadžikskaja SSR	10.5	23.2	27.2	29.0	25.9	30.0	30.2	31.4
Turkmenskaja SSR	3.5	12.0	15.3	16.6	18.2	16.4	19.1	27.4

5.2.14 GROSS YIELD OF LEGUMES BY UNION REPUBLICS[1]
BRUTTOERNTEERTRAG AN HÜLSENFRÜCHTEN NACH UNIONSREPUBLIKEN[1]
VALOVOJ SBOR ZERNOBOBOVYCH KUL'TUR PO SOJUZNYM RESPUBLIKAM[1]

	1940	1965	1970	1971	1972	1973	1974	1975
SSSR	2,181	6,689	7,619	6,948	7,103	8,447	8,714	5,321
RSFSR	1,117	3,982	4,910	4,364	4,355	5,729	5,505	2,927
Ukrainskaja SSR	809	2,041	2,141	1,939	2,072	2,001	2,517	1,905
Belorusskaja SSR	70	281	192	214	229	252	191	145
Kazachskaja SSR	1	45	36	70	112	153	93	62
Gruzinskaja SSR	26	19	13	9	6	13	12	11
Azerbajdžanskaja SSR	10	9	7	6	8	9	9	9
Litovskaja SSR	73	149	149	216	168	160	224	163
Moldavskaja SSR	22	109	144	102	123	100	134	75
Latvijskaja SSR	33	27	15	16	12	13	13	10
Kirgizskaja SSR	1	4	2	2	3	2	1	1
Tadžikskaja SSR	6	8	5	4	7	5	6	6
Armjanskaja SSR	2	3	2	3	2	4	2	1
Estonskaja SSR	5	11	3	3	4	5	6	5

[1] in all types of agricultural enterprises; '000 tons - in allen landwirtschaftlichen Betrieben; Tsd.t - vo vsech kategorijach chozjajstv; tys.t

5.2.15
5.2.16 Economy
5.2.17 Wirtschaft
5.2.18

5.2.15 GROSS YIELD OF SUGAR-BEET (FOR FACTORY PROCESSING) BY UNION REPUBLICS[1]
BRUTTOERNTEERTRAG AN ZUCKERRÜBEN (FABRIKRÜBEN) NACH UNIONSREPUBLIKEN[1]
VALOVOJ SBOR SACHARNOJ SVEKLY (FABRIČNOJ) PO SOJUZNYM RESPUBLIKAM[1]

	1940	1965	1970	1971	1972	1973	1974	1975	1976	1977
SSSR	18,018	72,276	78,942	72,185	76,424	87,047	77,948	66,314	99,872	93,300
RSFSR	3,239	20,655	23,903	17,957	16,057	30,443	20,378	19,226	27,832	28,500
Ukrainskaja SSR	13,052	43,793	46,309	46,101	49,563	47,520	48,258	38,342	61,840	55,500
Belorusskaja SSR	--	856	1,030	797	1,349	1,172	1,077	1,138	1,068	1,353
Kazachskaja SSR	385	1,930	2,223	2,129	2,478	2,363	2,044	1,959	2,140	--
Gruzinskaja SSR	72	124	124	142	131	119	127	141	132	135
Litovskaja SSR	255	569	526	553	1,007	760	897	801	641	756
Moldavskaja SSR	119	2,019	2,816	2,626	3,599	2,438	2,965	2,549	4,089	3,009
Latvijskaja SSR	251	330	236	229	302	262	268	205	194	336
Kirgizskaja SSR	628	1,875	1,685	1,562	1,829	1,854	1,799	1,799	1,768	1,802
Armjanskaja SSR	17	125	90	89	109	116	135	154	168	188

5.2.16 GROSS YIELD OF FLAX FIBRE BY UNION REPUBLICS[1]
BRUTTOERNTEERTRAG AN FLACHSFASER NACH UNIONSREPUBLIKEN[1]
VALOVOJ SBOR L'NOVOLOKNA PO SOJUZNYM RESPUBLIKAM[1]

	1940	1965	1970	1971	1972	1973	1974	1975	1976
SSSR	349	480	456	486	456	443	402	493	507
RSFSR	239	262	248	241	213	172	164	244	207
Ukrainskaja SSR	19	78	89	103	116	139	123	118	155
Belorusskaja SSR	36	114	102	121	107	116	99	113	131
Litovskaja SSR	30	17	12	15	13	10	12	13	20
Latvijskaja SSR	18	7	4	5	6	5	3	4	5
Estonskaja SSR	7	2	1	1	1	1	1	1	2

5.2.17 GROSS YIELD OF SUNFLOWER SEEDS BY UNION REPUBLICS[1]
BRUTTOERNTEERTRAG AN SONNENBLUMENSAMEN NACH UNIONSREPUBLIKEN[1]
VALOVOJ SBOR SEMJAN PODSOLNEČNIKA PO SOJUZNYM RESPUBLIKAM[1]

	1940	1965	1970	1971	1972	1973	1974	1975	1976	1977
SSSR	2,636	5,449	6,144	5,663	5,048	7,385	6,784	4,990	5,277	5,870
RSFSR	1,430	2,365	3,066	2,611	2,145	3,698	3,407	2,193	2,831	2,700
Ukrainskaja SSR	946	2,629	2,654	2,634	2,398	3,154	2,989	2,385	2,111	2,670
Kazachskaja SSR	23	54	78	90	91	92	11	75	87	--
Gruzinskaja SSR	11	19	11	6	23	22	25	14	17	12
Moldavskaja SSR	162	378	331	319	387	415	347	319	226	334

5.2.18 GROSS YIELD OF POTATOES BY UNION REPUBLICS[1]
BRUTTOERNTEERTRAG AN KARTOFFELN NACH UNIONSREPUBLIKEN[1]
VALOVOJ SBOR KARTOFELJA PO SOJUZNYM RESPUBLIKAM[1]

	1940	1965	1970	1971	1972	1973	1974	1975	1976	1977
SSSR	76,130	88,676	96,783	92,655	78,329	108,201	81,022	88,703	85,102	83,400
RSFSR	36,424	49,795	53,933	48,106	34,797	61,851	39,580	51,112	38,902	44,900
Ukrainskaja SSR	20,664	18,157	19,726	23,437	22,115	22,167	20,908	16,469	23,724	18,800
Belorusskaja SSR	11,879	12,116	13,234	12,316	13,020	14,472	12,437	12,736	14,126	11,256

[1] in all types of agricultural enterprises; '000 tons - in allen landwirtschaftlichen Betrieben; Tsd.t - vo vsech kategorijach chozjajstv; tys.t

Economy 5.2.18
Wirtschaft 5.2.19
5.2.20

	1940	1965	1970	1971	1972	1973	1974	1975	1976	1977
Uzbekskaja SSR	113	167	180	158	186	195	222	214	190	208
Kazachskaja SSR	394	1,131	1,896	1,710	2,049	1,917	1,689	1,728	1,747	--
Gruzinskaja SSR	139	228	299	177	209	233	298	267	276	320
Azerbajdžanskaja SSR	82	166	130	91	102	131	158	89	161	176
Litovskaja SSR	2,726	2,601	2,721	2,543	2,402	2,884	2,203	2,547	2,251	1.912
Moldavskaja SSR	147	321	297	287	312	300	358	238	393	--
Latvijskaja SSR	2,093	2,007	2,328	1,904	1,525	1,993	1,328	1,491	1,554	1.402
Kirgizskaja SSR	105	248	278	280	324	290	324	280	268	272
Tadžikskaja SSR	38	51	67	76	97	95	123	113	110	120
Armjanskaja SSR	97	198	267	139	143	246	277	190	207	280
Turkmenskaja SSR	6	9	13	12	12	12	12	13	12	--
Estonskaja SSR	1,223	1,481	1,414	1,419	1,036	1,415	1,105	1,216	1,181	1.156

5.2.19 GROSS YIELD OF VEGETABLES BY UNION REPUBLICS[1]
BRUTTOERNTEERTRAG AN GEMÜSE NACH UNIONSREPUBLIKEN[1]
VALOVOJ SBOR OVOŠČEJ PO SOJUZNYM RESPUBLIKAM[1]

	1940	1965	1970	1971	1972	1973	1974	1975	1976	1977
SSSR	13,732	17,627	21,212	20,840	19,941	25,927	24,811	23,351	25,008	23.000
RSFSR	6,391	8,289	10,066	9,381	8,020	11,894	10,777	10,600	9,346	9,100
Ukrainskaja SSR	5,486	5,350	5,807	6,231	5,944	7,557	7,117	6,038	8,213	6,600
Belorusskaja SSR	673	820	855	616	880	851	705	710	699	621
Uzbekskaja SSR	311	483	781	894	983	1,027	1,317	1,412	1,710	1,805
Kazachskaja SSR	172	590	798	792	847	957	956	918	885	--
Gruzinskaja SSR	104	261	327	317	325	369	446	406	491	499
Azerbajdžanskaja SSR	63	271	410	419	466	555	607	604	793	795
Litovskaja SSR	170	292	366	277	390	385	359	355	228	241
Moldavskaja SSR	98	479	553	629	724	897	1,028	930	1,136	984
Latvijskaja SSR	87	187	275	206	238	243	224	196	155	176
Kirgizskaja SSR	45	134	194	218	252	245	332	310	308	317
Tadžikskaja SSR	44	72	206	242	246	237	274	284	298	324
Armjanskaja SSR	33	187	280	317	306	381	339	299	432	384
Turkmenskaja SSR	32	121	156	168	178	197	199	182	233	228
Estonskaja SSR	23	91	138	133	142	132	131	107	81	--

5.2.20 GROSS YIELD OF GRAPES BY UNION REPUBLICS[1]
BRUTTOERNTEERTRAG AN WEINTRAUBEN NACH UNIONSREPUBLIKEN[1]
VALOVOJ SBOR VINOGRADA PO SOJUZNYM RESPUBLIKAM[1]

	1940	1965	1970	1971	1972	1973	1974	1975	1976
SSSR	1,131	3,723	4,011	4,467	2,786	4,583	4,608	5,400	5,435
RSFSR	73	712	724	690	364	671	681	748	834
Ukrainskaja SSR	161	958	904	1,034	706	1,254	940	1,187	810
Uzbekskaja SSR	130	215	290	259	305	320	367	373	390
Kazachskaja SSR	2	54	81	91	134	98	123	88	133
Gruzinskaja SSR	150	385	579	461	258	412	450	563	448
Azerbajdžanskaja SSR	81	158	352	322	233	440	631	706	765
Moldavskaja SSR	403	980	700	1,224	550	1,043	987	1,263	1,585

[1] in all types of agricultural enterprises; '000 tons - in allen landwirtschaftlichen Betrieben; Tsd.t - vo vsech kategorijach chozjajstv; tys.t

5.2.20 Economy
5.2.21 Wirtschaft
5.2.22

	1940	1965	1970	1971	1972	1973	1974	1975	1976
Kirgizskaja SSR	0.4	22	21	25	41	39	46	56	62
Tadžikskaja SSR	49	71	95	114	64	109	137	147	167
Armjanskaja SSR	66	142	229	209	106	142	186	206	201
Turkmenskaja SSR	16	26	36	38	25	55	60	63	40

5.2.21 GROSS YIELD OF FRUIT AND BERRIES (INCL. GRAPES) BY UNION REPUBLICS[1]
BRUTTOERNTEERTRAG AN OBST UND BEERENOBST (EINSCHL.WEINTRAUBEN) NACH UNIONSREPUBLIKEN[1]
VALOVOJ SBOR FRUKTOV I JAGOD (VKLJUČAJA VINOGRAD) PO SOJUZNYM RESPUBLIKAM[1]

	1940	1965	1970	1971	1972	1973	1974	1975	1976
SSSR	3,873	8,100	11,690	12,307	9,570	13,351	12,441	14,235	15,252
RSFSR	1,093	1,857	3,045	3,169	1,988	2,977	3,048	3,293	3,618
Ukrainskaja SSR	951	2,818	3,254	3,578	2,888	4,520	3,583	3,697	3,927
Belorusskaja SSR	70	125	439	681	243	315	125	693	541
Uzbekskaja SSR	266	423	696	499	777	744	850	1,015	985
Kazachskaja SSR	37	107	284	185	380	253	294	284	427
Gruzinskaja SSR	293	593	1,088	796	656	846	950	1,085	970
Azerbajdžanskaja SSR	196	240	509	417	348	575	812	858	965
Litovskaja SSR	36	58	131	247	95	165	36	231	209
Moldavskaja SSR	580	1,304	1,321	1,891	1,431	2,036	1,770	1,870	2,314
Latvijskaja SSR	19	19	101	78	46	76	38	45	178
Kirgizskaja SSR	42	76	106	92	190	163	156	244	244
Tadžikskaja SSR	170	212	241	251	275	300	355	423	370
Armjanskaja SSR	95	221	375	301	178	260	288	367	346
Turkmenskaja SSR	21	40	57	61	50	89	86	101	60
Estonskaja SSR	4	7	43	61	25	32	50	29	98

5.2.22 SOWING AREA OF GRAIN BY UNION REPUBLICS[2]
GETREIDEANBAUFLÄCHE NACH UNIONSREPUBLIKEN[2]
POSEVNYE PLOSČADI ZERNOVYCH KUL'TUR PO SOJUZNYM RESPUBLIKAM[2]

	1940	1965	1970	1971	1972	1973	1974	1975	1976
SSSR	110,728	128,024	119,261	117,937	120,158	126,738	127,187	127,920	127,760
RSFSR	70,143	77,594	72,689	71,801	73,131	76,623	76,486	77,023	77,196
Ukrainskaja SSR	21,385	16,495	15,518	15,503	15,288	16,648	16,692	16,540	15,942
Belorusskaja SSR	3,475	2,890	2,505	2,537	2,659	2,621	2,603	2,603	2,766
Uzbekskaja SSR	1,480	1,252	1,160	1,057	1,114	1,129	1,117	1,124	1,182
Kazachskaja SSR	5,817	24,320	22,603	22,407	23,154	24,778	25,441	25,568	25,518
Gruzinskaja SSR	749	501	389	386	379	392	379	373	365
Azerbajdžanskaja SSR	797	658	621	493	648	615	623	611	626
Litovskaja SSR	1,638	1,043	856	948	924	942	1,029	1,070	1,096

1 in all types of agricultural enterprises; '000 tons - in allen landwirtschaftlichen Betrieben; Tsd.t - vo vsech kategorijach chozjajstv; tys.t
2 '000 hectares - Tsd. ha - tys.gektarov

Economy 5.2.22
Wirtschaft 5.2.23
5.2.24

	1940	1965	1970	1971	1972	1973	1974	1975	1976
Moldavskaja SSR	1,672	968	832	806	809	793	751	911	788
Latvijskaja SSR	1,132	623	573	610	579	615	627	645	703
Kirgizskaja SSR	778	607	583	562	576	628	573	546	596
Tadžikskaja SSR	567	397	321	223	285	300	211	200	262
Armjanskaja SSR	340	219	186	170	166	174	161	172	165
Turkmenskaja SSR	183	133	84	84	106	115	106	116	121
Estonskaja SSR	572	324	341	350	340	365	388	418	434

5.2.23   SOWING AREA OF WINTER WHEAT BY UNION REPUBLICS[1]
WINTERWEIZENANBAUFLÄCHE NACH UNIONSREPUBLIKEN[1]
POSEVNYE PLOSČADI OZIMOJ PŠENICY PO SOJUZNYM RESPUBLIKAM[1]

	1940	1965	1970	1971	1972	1973	1974	1975
SSSR	14,318	19,794	18,505	20,694	14,979	18,340	18,610	19,593
RSFSR	5,045	9,069	9,004	10,095	6,448	6,592	9,377	8,936
Ukrainskaja SSR	6,317	7,346	5,960	7,310	5,144	8,330	5,953	7,953
Belorusskaja SSR	76	171	437	423	341	302	217	190
Uzbekskaja SSR	616	523	540	415	417	368	411	367
Kazachskaja SSR	213	809	908	942	1,046	1,148	1,261	574
Gruzinskaja SSR	233	186	127	143	129	137	132	140
Azerbajdžanskaja SSR	449	429	418	344	415	398	407	409
Litovskaja SSR	142	166	129	143	139	126	154	156
Moldavskaja SSR	447	416	288	258	253	270	112	317
Latvijskaja SSR	70	80	75	82	76	79	88	84
Kirgizskaja SSR	243	206	274	272	271	285	260	224
Tadžikskaja SSR	230	206	181	104	141	147	97	85
Armjanskaja SSR	128	100	102	94	86	92	71	92
Turkmenskaja SSR	84	69	43	44	48	36	36	28
Estonskaja SSR	25	18	19	25	25	30	34	38

5.2.24   SOWING AREA OF SUMMER WHEAT BY UNION REPUBLICS[1]
SOMMERWEIZENANBAUFLÄCHE NACH UNIONSREPUBLIKEN[1]
POSEVNYE PLOSČADI JAROVOJ PŠENICY PO SOJUZNYM RESPUBLIKAM[1]

	1940	1965	1970	1971	1972	1973	1974	1975
SSSR	25,984	50,411	46,725	43,341	43,513	44,815	41,066	42,392
RSFSR	20,427	31,473	29,909	27,471	27,581	28,282	24,582	25,091
Ukrainskaja SSR	901	493	70	47	77	33	33	24
Belorusskaja SSR	186	16	5	7	8	6	5	6
Uzbekskaja SSR	396	212	124	74	78	129	70	147
Kazachskaja SSR	3,234	17,916	16,492	15,650	15,692	16,288	16,327	17,085
Gruzinskaja SSR	39	9	3	2	2	1	1	1
Azerbajdžanskaja SSR	22	10	2	1	3	3	3	3
Litovskaja SSR	61	2	1	1	0.3	0.2	0.3	0.3
Moldavskaja SSR	62	3	--	--	0.2	0.1	--	--
Latvijskaja SSR	88	26	2	1	1	1	0.3	0.3
Kirgizskaja SSR	207	105	52	38	30	29	16	11
Tadžikskaja SSR	180	82	39	32	24	29	16	11
Armjanskaja SSR	100	31	15	11	9	7	7	5
Turkmenskaja SSR	36	23	8	5	8	6	3	3
Estonskaja SSR	45	10	3	1	0.5	1	1	1

[1] in all types of agricultural enterprises; '000 hectares - in allen landwirtschaftlichen Betrieben; Tsd. ha - vo vsech kategorijach chozjajstv; tys.gektarov

5.2.25
5.2.26 Economy
5.2.27 Wirtschaft
5.2.28

5.2.25 TOTAL SOWING AREA OF WINTER AND SUMMER RYE BY UNION REPUBLICS[1]
GESAMTANBAUFLÄCHE AN WINTER- UND SOMMERROGGEN NACH UNIONSREPUBLIKEN[1]
POSEVNYE PLOSCADI OZIMOJ I JAROVOJ RZI PO SOJUZNYM RESPUBLIKAM[1]

	1940	1965	1970	1971	1972	1973	1974	1975
SSSR	23,362	16,030	10,020	9,507	8,160	7,012	9,810	8,010
RSFSR	16,740	11,813	7,751	7,451	6,288	4,880	7,623	5,933
Ukrainskaja SSR	3,691	1,424	833	740	630	858	705	755
Belorusskaja SSR	1,583	1,715	858	731	693	749	728	808
Kazachskaja SSR	216	232	244	241	189	153	433	186
Litovskaja SSR	594	453	159	168	174	174	171	161
Moldavskaja SSR	84	16	7	6	6	6	3	7
Latvijskaja SSR	295	277	109	110	120	129	99	105
Estonskaja SSR	148	93	45	50	47	47	38	44

5.2.26 SOWING AREA OF MAIZE (RIPE) BY UNION REPUBLICS[1]
ANBAUFLÄCHE AN KÖRNERMAIS NACH UNIONSREPUBLIKEN[1]
POSEVNYE PLOSCADI KUKURUZY NA ZERNO PO SOJUZNYM RESPUBLIKAM[1]

	1940	1965	1970	1971	1972	1973	1974	1975
SSSR	3,690	3,177	3,353	3,332	4,012	4,031	3,955	2,652
RSFSR	865	630	421	454	666	1,058	714	532
Ukrainskaja SSR	1,560	1,814	2,262	2,192	2,597	2,220	2,391	1,247
Uzbekskaja SSR	17	25	25	30	45	66	97	94
Kazachskaja SSR	10	48	45	55	69	59	62	78
Gruzinskaja SSR	355	216	184	165	172	174	171	156
Azerbajdzanskaja SSR	10	19	12	10	13	13	17	12
Moldavskaja SSR	842	382	372	389	407	392	450	463
Kirgizskaja SSR	27	37	29	34	38	40	38	42
Tadzikskaja SSR	2	2	2	2	4	5	4	8
Armjanskaja SSR	2	1	0.3	0.3	0.5	0.3	0.3	0.2
Turkmenskaja SSR	--	3	1	1	1	4	11	20

5.2.27 SOWING AREA OF MILLET BY UNION REPUBLICS[1]
HIRSEANBAUFLÄCHE NACH UNIONSREPUBLIKEN[1]
POSEVNYE PLOSCADY PROSA PO SOJUZNYM RESPUBLIKAM[1]

	1940	1965	1970	1971	1972	1973	1974	1975
SSSR	5,970	3,253	2,691	2,397	2,724	2,850	2,970	2,774
RSFSR	3,995	2,055	1,449	1,376	1,601	1,852	1,778	1,615
Ukrainskaja SSR	955	438	521	306	395	326	427	327
Kazachskaja SSR	903	742	716	711	724	671	754	831

5.2.28 SOWING AREA OF BUCKWHEAT BY UNION REPUBLICS[1]
ANBAUFLÄCHE AN BUCHWEIZEN NACH UNIONSREPUBLIKEN[1]
POSEVNYE PLOSCADI GRECICHI PO SOJUZNYM RESPUBLIKAM[1]

	1940	1965	1970	1971	1972	1973	1974	1975
SSSR	2,063	1,794	1,879	1,768	1,720	1,648	1,589	1,459
RSFSR	1,066	1,184	1,296	1,151	1,097	1,076	1,085	1,012
Ukrainskaja SSR	723	395	364	292	304	277	276	239
Belorusskaja SSR	245	96	40	48	62	51	37	30
Kazachskaja SSR	1	115	178	277	257	244	191	178

[1] in all types of agricultural enterprises; '000 hectares - in allen landwirtschaftlichen Betrieben; Tsd.ha - vo vsech kategorijach chozjajstv; tys.gektarov

5.2.29 SOWING AREA OF RICE BY UNION REPUBLICS[1]
REISANBAUFLÄCHE NACH UNIONSREPUBLIKEN[1]
POSEVNYE PLOSČADI RISA PO SOJUZNYM RESPUBLIKAM[1]

	1940	1965	1970	1971	1972	1973	1974	1975
SSSR	175	217	350	390	421	462	495	500
RSFSR	19	81	153	175	194	220	248	270
Ukrainskaja SSR	2	12	32	35	39	39	39	39
Uzbekskaja SSR	83	56	63	70	71	78	79	66
Kazachskaja SSR	28	42	82	90	99	107	112	105
Azerbajdžanskaja SSR	25	11	4	3	2	2	2	2
Kirgizskaja SSR	6	1	1	1	1	1	0.5	0.7
Tadžikskaja SSR	8	9	7	8	7	7	7	7
Turkmenskaja SSR	3	5	8	8	8	8	8	10

5.2.30 SOWING AREA OF LEGUMES BY UNION REPUBLICS[1]
ANBAUFLÄCHE AN HÜLSENFRÜCHTEN NACH UNIONSREPUBLIKEN[1]
POSEVNYE PLOSČADI ZERNOBOBOVYCH KUL'TUR PO SOJUZNYM RESPUBLIKAM[1]

	1940	1965	1970	1971	1972	1973	1974	1975
SSSR	3,184	6,759	5,070	5,178	5,855	6,083	5,780	5,670
RSFSR	1,955	4,853	3,403	3,521	4,115	4,403	4,015	4,025
Ukrainskaja SSR	836	1,199	1,280	1,174	1,196	1,127	1,200	1,131
Belorusskaja SSR	166	290	168	178	200	183	156	146
Kazachskaja SSR	5	158	42	93	123	155	172	162
Gruzinskaja SSR	14	15	8	8	9	9	9	10
Azerbajdžanskaja SSR	27	11	9	9	8	8	8	6
Litovskaja SSR	86	95	59	94	99	101	115	113
Moldavskaja SSR	24	76	78	78	77	66	80	51
Latvijskaja SSR	36	20	6	6	9	8	6	6
Kirgizskaja SSR	2	6	1	2	2	2	1	1
Tadžikskaja SSR	13	16	9	8	10	10	9	9
Armjanskaja SSR	4	4	2	2	1	2	2	2
Estonskaja SSR	5	7	2	2	2	4	3	3

5.2.31 TOTAL SOWING AREA OF INDUSTRIAL CROPS BY UNION REPUBLICS[1]
GESAMTANBAUFLÄCHE AN TECHNISCHEN KULTUREN NACH UNIONSREPUBLIKEN[1]
POSEVNYE PLOSČADI VSECH TECHNIČESKICH KUL'TUR PO SOJUZNYM RESPUBLIKAM[1]

	1940	1965	1970	1971	1972	1973	1974	1975
SSSR	11,789	15,333	14,486	14,233	14,361	14,665	14,710	14,122
RSFSR	6,201	7,211	6,528	6,253	6,245	6,614	6,511	5,947
Ukrainskaja SSR	2,700	4,248	3,939	3,897	4,049	4,042	4,075	4,027
Belorusskaja SSR	313	354	313	309	315	312	312	302
Uzbekskaja SSR	1,022	1,582	1,741	1,739	1,713	1,712	1,759	1,800
Kazachskaja SSR	341	448	406	458	426	386	364	348
Gruzinskaja SSR	52	44	40	43	45	46	45	44
Azerbajdžanskaja SSR	213	232	210	222	214	216	228	231
Litovskaja SSR	114	89	69	76	78	78	80	80
Moldavskaja SSR	261	399	381	369	409	387	391	392

[1] in all types of agricultural enterprises; '000 hectares - in allen landwirtschaftlichen Betrieben; Tsd.ha - vo vsech kategorijach chozjajstv; tys.gektarov

5.2.31
5.2.32 Economy
5.2.33 Wirtschaft
5.2.34

	1940	1965	1970	1971	1972	1973	1974	1975
Latvijskaja SSR	75	48	29	29	29	29	29	29
Kirgizskaja SSR	114	148	149	144	144	143	139	138
Tadžikskaja SSR	161	244	266	272	269	270	273	279
Armjanskaja SSR	36	20	12	13	13	13	14	14
Turkmenskaja SSR	160	261	400	405	408	413	485	487
Estonskaja SSR	26	5	3	4	4	4	5	4

5.2.32   SOWING AREA OF COTTON BY UNION   REPUBLICS[1]
          BAUMWOLLANBAUFLÄCHE NACH UNIONSREPUBLIKEN[1]
          POSEVNYE PLOSČADI CHLOPČATNIKA PO SOJUZNYM RESPUBLIKAM[1]

	1940	1965	1970	1971	1972	1973	1974	1975	1976
SSSR	2,076	2,442	2,746	2,770	2,735	2,742	2,880	2,924	2,949
Uzbekskaja SSR	924	1,550	1,709	1,707	1,681	1,683	1,731	1,773	1,778
Kazachskaja SSR	102	112	118	118	116	115	115	110	110
Azerbajdžanskaja SSR	188	215	193	206	197	198	210	211	216
Kirgizskaja SSR	64	73	75	77	75	74	74	72	72
Tadžikskaja SSR	106	228	254	261	261	262	265	271	282
Turkmenskaja SSR	150	257	397	401	405	410	485	487	491

5.2.33 SOWING AREA OF SUGAR-BEET (FOR FACTORY PROCESSING) BY UNION   REPUBLICS[1]
       ANBAUFLÄCHE AN ZUCKERRÜBEN (FABRIKRÜBEN) NACH UNIONSREPUBLIKEN[1]
       POSEVNYE PLOSČADI SACHARNOJ SVEKLY (FABRIČNOJ) PO SOJUZNYM RESPUBLIKAM[1]

	1940	1965	1970	1971	1972	1973	1974	1975	1976
SSSR	1,226	3,882	3,368	3,321	3,486	3,553	3,610	3,666	3,754
RSFSR	336	1,669	1,398	1,356	1,460	1,524	1,523	1,557	1,613
Ukrainskaja SSR	820	1,863	1,659	1,657	1,696	1,701	1,759	1,769	1,788
Belorusskaja SSR	--	59	49	49	54	50	47	51	50
Kazachskaja SSR	15	67	70	70	73	79	81	75	79
Gruzinskaja SSR	6	4	4	3	3	4	3	4	4
Litovskaja SSR	13	36	25	32	34	35	35	35	34
Moldavskaja SSR	4	103	98	94	104	98	100	112	123
Latvijskaja SSR	15	23	10	10	10	10	10	10	10
Kirgizskaja SSR	15	54	51	46	48	48	47	48	48
Armjanskaja SSR	2	4	4	4	4	4	5	5	5

5.2.34   SOWING AREA OF LONG-FIBRE FLAX BY UNION   REPUBLICS[1]
           ANBAUFLÄCHE AN FASERLEIN NACH UNIONSREPUBLIKEN[1]
           POSEVNYE PLOSČADI L'NA-DOLGUNCA PO SOJUZNYM RESPUBLIKAM[1]

	1940	1965	1970	1971	1972	1973	1974	1975	1976
SSSR	2,099	1,476	1,284	1,244	1,251	1,248	1,210	1,215	1,214
RSFSR	1,525	888	727	691	692	688	641	664	656
Ukrainskaja SSR	118	224	230	230	235	237	241	237	238
Belorusskaja SSR	275	282	261	256	258	258	261	247	253
Litovskaja SSR	96	52	44	44	43	42	44	44	43
Latvijskaja SSR	59	25	19	19	19	19	19	19	18
Estonskaja SSR	26	5	3	4	4	4	4	4	6

1 in all types of agricultural enterprises; '000 hectares - in allen landwirtschaftlichen Betrieben; Tsd.ha - vo vsech kategorijach chozjajstv; tys.gektarov

Economy
Wirtschaft

5.2.35   SOWING AREA OF SUNFLOWER SEEDS BY UNION REPUBLICS[1]
ANBAUFLÄCHE AN SONNENBLUMENSAMEN NACH UNIONSREPUBLIKEN[1]
POSEVNYE PLOSČADI PODSOLNEČNIKA PO SOJUZNYM RESPUBLIKAM[1]

	1940	1965	1970	1971	1972	1973	1974	1975	1976
SSSR	3,543	4,870	4,777	4,498	4,394	4,745	4,686	4,045	4,534
RSFSR	2,452	2,734	2,744	2,520	2,303	2,693	2,656	2,060	2,528
Ukrainskaja SSR	720	1,777	1,710	1,662	1,748	1,728	1,718	1,672	1,703
Kazachskaja SSR	165	94	93	102	103	100	88	99	97
Gruzinskaja SSR	15	21	17	16	17	18	17	16	14
Moldavskaja SSR	178	239	208	193	218	202	202	194	188

5.2.36   SOWING AREA OF POTATOES BY UNION REPUBLICS[1]
KARTOFFELANBAUFLÄCHE NACH UNIONSREPUBLIKEN[1]
POSEVNYE PLOSČADI KARTOFELJA PO SOJUZNYM RESPUBLIKAM[1]

	1940	1965	1970	1971	1972	1973	1974	1975	1976
SSSR	7,738	8,612	8,064	7,894	7,960	8,017	7,983	7,912	7,087
RSFSR	4,078	4,723	4,391	4,335	4,404	4,467	4,457	4,449	3,890
Ukrainskaja SSR	2,060	2,108	1,988	1,899	1,900	1,901	1,890	1,857	1,702
Belorusskaja SSR	929	1,003	956	949	945	918	897	879	845
Uzbekskaja SSR	23	26	21	19	21	26	26	25	21
Kazachskaja SSR	100	180	193	190	193	200	205	203	170
Gruzinskaja SSR	25	24	25	25	25	26	28	28	26
Azerbajdžanskaja SSR	22	16	15	16	15	17	17	17	18
Litovskaja SSR	210	209	174	172	171	170	169	167	146
Moldavskaja SSR	29	46	37	37	38	39	41	40	41
Latvijskaja SSR	139	140	131	119	119	120	121	120	107
Kirgizskaja SSR	14	24	26	26	27	27	27	26	19
Tadžikskaja SSR	9	7	8	7	8	9	9	9	8
Armjanskaja SSR	13	17	18	18	17	19	19	19	18
Turkmenskaja SSR	4	2	2	2	2	2	2	2	2
Estonskaja SSR	83	87	79	80	75	76	75	71	74

5.2.37   SOWING AREA OF VEGETABLES BY UNION REPUBLICS[1]
GEMÜSEANBAUFLÄCHE NACH UNIONSREPUBLIKEN[1]
POSEVNYE PLOSČADI OVOSČEJ PO SOJUZNYM RESPUBLIKAM[1]

	1940	1965	1970	1971	1972	1973	1974	1975	1976
SSSR	1,507	1,404	1,499	1,519	1,578	1,621	1,642	1,652	1,562
RSFSR	827	632	676	676	706	731	732	735	645
Ukrainskaja SSR	486	464	466	476	486	496	496	499	493
Belorusskaja SSR	62	48	48	48	51	47	47	46	47
Uzbekskaja SSR	25	36	53	58	61	63	73	76	84
Kazachskaja SSR	23	48	51	53	56	59	60	61	55
Gruzinskaja SSR	14	24	30	29	29	31	32	33	35
Azerbajdžanskaja SSR	14	25	32	32	35	36	38	38	42
Litovskaja SSR	14	21	21	21	21	22	22	22	17
Moldavskaja SSR	11	48	52	56	61	62	68	67	69
Latvijskaja SSR	9	14	15	12	13	12	12	13	11
Kirgizskaja SSR	5	11	12	13	13	13	14	14	13

[1] in all types of agricultural enterprises; '000 hectares - in allen landwirtschaftlichen Betrieben; Tsd.ha - vo vsech kategorijach chozjajstv; tys.gektarov

5.2.37 Economy
5.2.38 Wirtschaft
5.2.39

	1940	1965	1970	1971	1972	1973	1974	1975	1976
Tadžikskaja SSR	5	6	12	12	12	13	13	14	14
Armjanskaja SSR	5	11	14	15	15	16	16	16	17
Turkmenskaja SSR	5	10	11	12	13	14	13	13	15
Estonskaja SSR	2	6	6	6	6	6	6	5	5

5.2.38   SOWING AREA OF FODDER CROPS BY UNION REPUBLICS[1]
ANBAUFLÄCHE AN VIEHFUTTER NACH UNIONSREPUBLIKEN[1]
POSEVNYE PLOŠČADI KORMOVYCH KUL'TUR PO SOJUZNYM RESPUBLIKAM[1]

	1940	1965	1970	1971	1972	1973	1974	1975	1976
SSSR	18,088	55,178	62,846	65,201	66,066	63,387	64,417	65,587	66,308
RSFSR	10,432	33,554	37,427	38,661	39,221	37,104	37,642	38,179	38,474
Ukrainskaja SSR	4,441	10,292	10,733	10,927	11,016	10,166	10,201	10,527	11,088
Belorusskaja SSR	433	1,738	2,224	2,213	2,173	2,270	2,324	2,342	2,238
Uzbekskaja SSR	447	395	452	516	544	580	573	636	595
Kazachskaja SSR	494	5,496	7,675	8,410	8,537	8,706	9,051	9,472	9,450
Gruzinskaja SSR	53	174	251	264	278	267	270	276	267
Azerbajdžanskaja SSR	66	207	308	356	352	362	360	402	379
Litovskaja SSR	520	1,078	1,165	1,110	1,161	1,140	1,069	1,035	1,035
Moldavskaja SSR	76	460	519	561	502	540	576	413	510
Latvijskaja SSR	609	730	793	770	834	806	805	795	760
Kirgizskaja SSR	141	376	490	504	511	494	529	517	511
Tadžikskaja SSR	55	105	151	186	171	173	207	192	191
Armjanskaja SSR	38	129	174	183	182	184	188	193	200
Turkmenskaja SSR	48	94	116	140	143	156	169	173	189
Estonskaja SSR	235	350	368	400	441	439	453	435	426

5.2.39 SOWING AREA OF SEASONAL AND PERENNIAL GRASS INCL. WINTER SOWING
FOR GREEN FODDER BY UNION REPUBLICS[1]
ANBAUFLÄCHE AN MEHR- UND EINJÄHRIGEN GRÄSERN EINSCHL. WINTERAUSSAAT
FÜR GRÜNFUTTER NACH UNIONSREPUBLIKEN[1]
POSEVNYE PLOŠČADI MNOGOLETNICH I ODNOLETNICH TRAV, VKLJUČAJA POSEVY
OZIMYCH NA ZELENYJ KORM, PO SOJUZNYM RESPUBLIKAM[1]

	1940	1965	1970	1971	1972	1973	1974	1975
SSSR	16,314	30,009	39,684	41,770	42,264	40,517	41,571	42,068
RSFSR	9,496	18,041	23,645	24,355	24,716	23,142	23,823	23,741
Ukrainskaja SSR	3,831	5,084	5,368	5,797	5,725	5,256	5,193	5,367
Belorusskaja SSR	414	1,033	1,667	1,737	1,708	1,785	1,846	1,925
Uzbekskaja SSR	445	233	295	338	375	415	417	441
Kazachskaja SSR	459	3,154	5,519	6,213	6,344	6,484	6,810	7,134
Gruzinskaja SSR	46	84	151	153	180	175	184	185
Azerbajdžanskaja SSR	59	91	197	241	237	246	245	278
Litovskaja SSR	450	815	914	862	843	855	783	780
Moldavskaja SSR	54	171	249	305	306	310	328	298
Latvijskaja SSR	562	558	645	633	662	657	644	659
Kirgizskaja SSR	137	269	394	409	417	409	443	422
Tadžikskaja SSR	55	55	106	141	128	132	165	149
Armjanskaja SSR	35	98	143	149	148	152	156	162
Turkmenskaja SSR	47	51	77	89	90	104	125	129
Estonskaja SSR	224	272	314	348	385	395	409	398

[1] in all types of agricultural enterprises; '000 hectares - in allen landwirtschaftlichen Betrieben; Tsd.ha - vo vsech kategorijach chozjajstv; tys.gektarov

Economy 5.2.40
Wirtschaft 5.2.43

5.2.40 AREA OF IRRIGATED GROUND IN COLLECTIVE AND STATE FARMS AND OTHER
STATE ENTERPRISES BY UNION REPUBLICS ('000 hectares)
BEWÄSSERTE BODENFLÄCHE IN KOLCHOSEN, SOWCHOSEN UND ANDEREN STAAT-
LICHEN WIRTSCHAFTEN NACH UNIONSREPUBLIKEN (Tsd.ha)
PLOŠČAD' OROŠAEMYCH ZEMEL' V KOLCHOZACH, SOVCHOZACH I DRUGICH
GOSUDARSTVENNYCH CHOZJAJSTVACH PO SOJUZNYM RESPUBLIKAM (tys.gektarov)

	1940	1965	1970	1971	1972	1973	1974	1975	1976
SSSR	8,318	9,812	10,891	11,270	11,774	12,533	13,437	14,241	15,073
RSFSR	1,063	1,510	1,955	2,127	2,393	2,810	3,278	3,684	4,068
Ukrainskaja SSR	156	503	923	1,011	1,096	1,195	1,332	1,483	1,650
Belorusskaja SSR	--	--	--	--	10	61	108	139	170
Uzbekskaja SSR	2,276	2,639	2,696	2,721	2,774	2,832	2,915	3,006	3,132
Kazachskaja SSR	1,393	1,368	1,451	1,479	1,509	1,551	1,601	1,648	1,707
Gruzinskaja SSR	282	348	347	353	360	368	370	368	380
Azerbajdžanskaja SSR	1,160	1,278	1,108	1,111	1,117	1,122	1,128	1,141	1,148
Moldavskaja SSR	17	74	115	124	129	139	148	156	165
Kirgizskaja SSR	937	861	883	891	897	905	904	911	924
Tadžikskaja SSR	361	468	518	528	535	543	552	567	582
Armjanskaja SSR	219	249	252	253	256	265	275	283	258
Turkmenskaja SSR	454	514	643	672	698	727	796	819	846

5.2.41 see page 266 - siehe Seite 266
5.2.42 see page 267 - siehe Seite 267

5.2.43 AREA OF VITICULTURE OF ALL GROWING PHASES BY UNION REPUBLICS[1]
WEINBAUFLÄCHE ALLER WACHSTUMSPHASEN NACH UNIONSREPUBLIKEN[1]
PLOŠČAD' VINOGRADNYCH NASAŽDENIJ VSECH VOZRASTOV PO SOJUZNYM RESPUBLIKAM[1]

	1940	1965	1970	1971	1972	1973	1974	1975	1976
SSSR	425	1,064	1,087	1,118	1,083	1,093	1,138	1,203	1,258
RSFSR	42	169	164	169	158	159	168	175	184
Ukrainskaja SSR	103	330	287	288	263	267	277	275	265
Uzbekskaja SSR	28	51	56	58	59	59	61	62	66
Kazachskaja SSR	2	17	20	21	22	22	22	23	22
Gruzinskaja SSR	70	106	118	119	116	117	121	126	134
Azerbajdžanskaja SSR	33	89	122	133	152	150	159	178	195
Moldavskaja SSR	118	235	251	260	242	247	257	289	315
Kirgizskaja SSR	1	6	6	6	6	6	7	7	7
Tadžikskaja SSR	8	16	18	19	20	21	21	22	23
Armjanskaja SSR	16	36	36	36	35	35	35	35	36
Turkmenskaja SSR	4	9	9	9	10	10	10	11	11

[1] in all types of agricultural enterprises; '000 hectares - in allen landwirtschaftlichen Betrieben; Tsd.ha - vo vsech kategorijach chozjajstv; tys.gektarov

5.2.41 Economy / Wirtschaft

SOWING AREA OF AGRICULTURAL CROPS ON IRRIGATED GROUND IN COLLECTIVE AND STATE FARMS AND OTHER STATE ENTERPRISES BY UNION REPUBLICS, 1975
ANBAUFLÄCHE AN LANDWIRTSCHAFTLICHEN KULTUREN AUF DEM BEWÄSSERTEN BODEN IN KOLCHOSEN, SOWCHOSEN UND ANDEREN STAATLICHEN WIRTSCHAFTEN NACH UNIONSREPUBLIKEN, 1975
POSEVNYE PLOŠČADI SEL'SKOCHOZJAJSTVENNYCH KUL'TUR NA OROŠAEMYCH ZEMLJACH V KOLCHOZACH, SOVCHOZACH I DRUGICH GOSUDARSTVENNYCH CHOZJAJSTVACH PO SOJUZNYM RESPUBLIKAM V 1975 G.
('000 hectares – Tsd.ha – tys.gektarov)

	Total sowing area, crop 1975 / Gesamte Anbaufläche für Ernte 1975 / Vsja posevnaja ploščad' pod urožaj 1975 g.	Agricultural crops / Getreide-kulturen / Zernovye kul'tury	of which–darunter–v tom čisle				Industrial crops / Technische Kulturen / techn. kul'tury	of which sugar-beet (for factory processing) / darunter Zuckerrüben (Fabrikrüben) / v tom čisle sacharnaja svekla (fabričnaja)	Potatoes, Vegetables and Melons / Kartoffeln, Gemüse u.Melonen / Kartofel'i ovošče-bachčevye kul'tury	Fodder crops / Futterkulturen / Kormovye kul'tury
			Winter & summer wheat / Winter-u. Sommerweizen / pšenica ozimaja i jarovaja	Maize (Ripe) / Körnermais / kukuruza na zerno	Rice / Reis / ris					
SSSR	10746.4	2866.1	1206.0	371.8	497.0	3228.0	165.5	895.9	3756.4
RSFSR	2097.9	786.1	272.1	78.2	270.0	45.5	19.3	304.5	961.8
Ukrainskaja SSR	1207.2	375.3	195.7	53.6	38.7	28.5	11.1	197.4	606.0
Uzbekskaja SSR	2675.5	249.6	28.4	78.7	64.9	1798.6	--	99.4	528.1
Kazachskaja SSR	1408.4	507.4	197.2	71.0	105.1	196.4	74.7	89.7	614.9
Gruzinskaja SSR	170.9	69.5	37.2	15.0	--	10.4	3.1	26.7	64.3
Azerbajdžanskaja SSR	868.0	362.6	247.6	7.0	2.6	225.9	--	31.9	247.6
Moldavskaja SSR	121.1	31.7	16.0	11.6	--	10.6	4.6	40.0	38.8
Kirgizskaja SSR	782.8	272.4	135.4	30.2	0.4	136.3	47.9	21.6	352.5
Tadžikskaja SSR	448.8	40.2	12.0	6.4	5.1	275.8	--	17.9	114.9
Armjanskaja SSR	154.2	59.5	37.0	0.1	--	12.4	4.7	21.3	61.0
Turkmenskaja SSR	790.2	108.0	26.7	20.0	10.2	487.6	--	36.3	158.3

5.2.42 FRUIT-GROWING AND VITICULTURE (in all agricultural enterprises; '000 hectares)
OBST- UND WEINBAU (in allen landwirtschaftlichen Betrieben; Tsd.ha)
SADOVODSTVO I VINOGRADARSTVO (vo vsech kategorijach chozjajstv; tys.gektarov)

	1940	1965	1970	1971	1972	1973	1974	1975	1976
Sowing area of fruit and berries (incl. citrus fruits) Anbaufläche von Obst und Beeren (einschl. Zitrusfrüchte) Ploščad'plodovo-jagodnych nasaždenij (vključaja citrusovye)	1,790	3,626	3,848	3,815	3,773	3,734	3,690	3,628	3,571
of which at fruit-bearing state - darunter in fruchttragendem Alter - v tom čisle v plodonosjaščem vozraste	1,042	1,495	2,431	2,444	2,483	2,509	2,555	2,561	2,529
Area of viticulture - Weinbaufläche - Ploščad' vinogradnych nasaždenij	425	1,064	1,087	1,118	1,083	1,093	1,138	1,203	1,258
of which at fruit-bearing state - darunter in fruchttragendem Alter - v tom čisle v plodonosjaščem vozraste	330	765	813	828	781	759	784	818	827

5.2.44 Economy
5.2.45 Wirtschaft

5.2.44   AREA OF VITICULTURE AT FRUIT-BEARING STATE BY UNION   REPUBLICS[1]
         WEINBAUFLÄCHE IM FRUCHTTRAGENDEN STADIUM NACH UNIONSREPUBLIKEN[1]
         PLOŠCAD' VINOGRADNYCH NASAŽDENIJ V PLODONOSJAŠČEM VOZRASTE PO SOJUZNYM RESPUBLIKAM[1]

	1940	1965	1970	1971	1972	1973	1974	1975	1976
SSSR	330	765	813	828	781	759	784	818	827
RSFSR	24	125	127	129	124	120	116	114	111
Ukrainskaja SSR	74	262	237	232	213	200	198	195	185
Uzbekskaja SSR	22	30	38	40	42	43	46	47	47
Kazachskaja SSR	1	11	14	15	15	15	16	17	17
Gruzinskaja SSR	53	74	93	96	92	87	94	98	100
Azerbajdžanskaja SSR	30	41	70	81	89	88	98	106	113
Moldavskaja SSR	105	179	178	178	148	148	157	181	194
Kirgizskaja SSR	0.2	3	5	5	4	5	5	6	5
Tadžikskaja SSR	7	9	14	15	16	16	16	16	17
Armjanskaja SSR	11	25	29	30	30	29	30	30	30
Turkmenskaja SSR	3	6	8	7	8	8	8	8	8

5.2.45   SOWING AREA OF TEA BY UNION   REPUBLICS[1]
                  TEEANBAUFLÄCHE NACH UNIONSREPUBLIKEN[1]
                  PLOŠCAD' ČAJNYCH NASAŽDENIJ PO SOJUZNYM RESPUBLIKAM[1]

	1940	1965	1970	1971	1972	1973	1974	1975	1976
SSSR	55.3	71.0	74.4	75.5	74.7	73.9	75.5	76.0	76.8
RSFSR	0.6	2.0	1.7	1.7	1.6	1.7	1.7	1.7	1.7
Gruzinskaja SSR	49.6	62.6	64.8	65.6	65.0	64.8	65.6	65.8	66.1
Azerbajdžanskaja SSR	5.1	6.4	7.9	8.2	8.1	7.4	8.2	8.5	9.0

[1] in all types of agricultural enterprises; '000 hectares - in allen landwirtschaftlichen Betrieben; Tsd.ha - vo vsech kategorijach chozjajstv; tys.gektarov

5.2.46 LIVESTOCK-BREEDING - VIEHWIRTSCHAFT - ŽIVOTNOVODSTVO

5.2.46.1 LIVESTOCK - VIEHBESTAND - POGOLOV'E SKOTA
(in all agricultural enterprises; January 1; million head)
(in allen landwirtschaftlichen Betrieben; Stand 1.Januar; Mio Stck.)
(vo vsech kategorijach chozjajstv; na 1 janvarja; mln.golov)

Year Jahr Gody	Cattle Rinder Krupnyj roga- tyj skot	of which cows davon Kühe v tom čisle korovy	Pigs Schweine Svin'i	Sheep Schafe Ovcy	Goats Ziegen Kozy	Horses Pferde Lošadi
1916	58.4	28.8	23.0	89.7	6.6	38.2
1941	54.8	28.0	27.6	80.0	11.7	21.1
1951	57.1	24.3	24.4	82.6	16.4	13.8
1956	58.8	27.7	34.0	103.3	12.9	13.0
1961	75.8	34.5	58.7	133.0	7.3	9.9
1966	93.4	39.3	59.6	129.8	5.5	8.0
1967	97.1	40.3	58.0	135.5	5.5	8.0
1968	97.2	40.5	50.9	138.4	5.6	8.0
1969	95.7	40.1	49.0	140.6	5.5	8.0
1970	95.2	39.6	56.1	130.7	5.1	7.5
1971	99.2	39.8	67.5	130.0	5.4	7.4
1972	102.4	40.0	71.4	139.9	5.4	7.3
1973	104.0	40.6	66.6	139.1	5.6	7.1
1974	106.3	41.5	70.0	142.6	5.9	6.8
1975	109.1	41.9	72.3	145.3	5.9	6.8
1976	111.0	41.9	57.9	141.4	5.7	6.4
1977	110.3	42.0	63.1	139.8	5.5	--

5.2.46.2 Economy / Wirtschaft

5.2.46.2 DAIRY CATTLE AND LIVESTOCK IN INDIVIDUAL AGRICULTURAL ENTERPRISES (January 1; '000 head)
NUTZVIEHBESTAND IN DEN EINZELNEN LANDWIRTSCHAFTLICHEN BETRIEBEN (zum 1.Januar; Tsd.Stck.)
POGOLOV'E PRODUKTIVNOGO SKOTA PO KATEGORIJAM CHOZJAJSTV (na 1 janvarja; tys.golov)

	1941	1966	1971	1972	1973	1974	1975	1976	1977
Cattle – Rinder – Krupnyj rogatyj skot									
A. all agricultural enterprises – alle landwirtschaftlichen Betriebe – Vse kategorii chozjajstv of which-darunter-v tom čisle:	54,773	93,436	99,225	102,434	104,006	106,266	109,122	111,034	110,346
B. State farms and other state enterprises – Sowchosen u.andere staatl.Wirtschaften – Sovchozy i drugie gosudarstvennye chozjajstva	3,528	27,222	32,539	34,369	35,259	36,718	38,293	39,402	39,706
C. of which state farms – davon Sowchosen – iz nich sovchozy	2,462	24,501	29,073	30,658	31,435	33,288	34,605	35,588	37,049
D. collective farms-kolchosen-kolchozy	20,096	38,341	41,733	43,142	44,071	44,933	46,320	48,167	47,827
E. Individual subsidiary plots of collective farmers,workers,employees and other population groups – Private Nebenwirtschaften der Kolchosbauern,Arbeiter,Angestellten u. anderen Bevölkerungsgruppen – Ličnye podsobnye chozjajstva kolchoznikov,rabočich,služaščich i drugich grupp naselenija	31,149	27,873	24,953	24,923	24,676	24,615	24,509	23,465	22,813
Cows – Kühe – Korovy									
A.	27,993	39,347	39,762	39,969	40,569	41,421	41,910	41,917	41,987
B.	1,308	9,520	10,696	11,153	11,634	12,212	12,611	12,854	13,062
C.	952	8,918	10,005	10,374	10,739	11,482	11,874	12,096	12,784
D.	5,678	13,182	13,546	13,746	14,243	14,723	15,067	15,323	15,537
E.	21,007	16,645	15,520	15,070	14,602	14,486	14,232	13,740	13,388

Economy
Wirtschaft 5.2.46.2

	1941	1966	1971	1972	1973	1974	1975	1976	1977
Pigs – Schweine – Svin'i									
A.	27,603	59,576	67,483	71,434	66,593	70,032	72,273	57,899	63,055
B.	3,260	16,745	21,366	23,725	22,607	24,385	25,498	19,943	22,812
C.	1,910	12,535	16,603	18,607	17,991	19,447	20,494	16,151	19,700
D.	8,235	24,629	29,555	31,855	30,677	32,089	33,124	25,729	28,475
Sheep – Schafe – Ovcy									
A.	80,030	129,764	138,059	139,916	139,086	142,634	145,305	141,436	139,834
B.	7,125	48,266	55,752	57,744	58,697	62,388	65,121	64,862	64,959
C.	5,841	46,207	53,106	55,219	55,989	59,666	62,478	62,398	63,684
D.	39,148	53,925	53,488	53,853	52,649	52,833	52,907	51,576	50,380
E.	33,757	27,572	28,819	28,319	27,740	27,413	27,277	24,998	24,495
Goats – Ziegen – Kozy									
A.	11,682	5,552	5,362	5,417	5,604	5,900	5,927	5,655	5,539
B.	124	232	386	421	495	565	618	665	776
C.	67	224	379	415	488	557	611	660	769
D.	2,800	663	615	599	582	612	588	575	477
E.	8,758	4,657	4,361	4,397	4,527	4,723	4,721	4,415	4,286

5.2.46.3 Economy
5.2.46.4 Wirtschaft

5.2.46.3 BEEF CATTLE BY UNION REPUBLICS[1]
RINDERBESTAND NACH UNIONSREPUBLIKEN[1]
POGOLOV'E KRUPNOGO ROGATOGO SKOTA PO SOJUZNYM RESPUBLIKAM[1]

	1941	1966	1971	1972	1973	1974	1975	1976	1977
SSSR	54,773	93,436	99,225	102,434	104,006	106,266	109,122	111,034	110,346
RSFSR	27,855	48,207	51,602	53,180	53,691	54,747	56,508	57,615	56,928
Ukrainskaja SSR	10,997	21,324	21,352	22,255	22,662	23,042	23,548	24,180	24,196
Belorusskaja SSR	2,844	4,704	5,383	5,581	5,769	5,987	6,261	6,406	6,494
Uzbekskaja SSR	1,672	2,494	2,907	2,951	2,996	3,095	3,182	3,218	3,217
Kazachskaja SSR	3,356	6,833	7,285	7,470	7,648	7,890	7,955	7,723	7,645
Gruzinskaja SSR	1,607	1,514	1,475	1,487	1,516	1,528	1,513	1,537	1,493
Azerbajdžanskaja SSR	1,357	1,460	1,577	1,576	1,565	1,637	1,653	1,667	1,646
Litovskaja SSR	1,054	1,526	1,814	1,857	1,897	1,961	2,023	2,121	2,136
Moldavskaja SSR	514	914	905	987	1,050	1,053	1,064	1,084	1,062
Latvijskaja SSR	986	1,108	1,203	1,266	1,289	1,326	1,359	1,389	1,385
Kirgizskaja SSR	556	857	912	925	939	949	973	942	940
Tadžikskaja SSR	580	818	1,008	1,036	1,063	1,075	1,090	1,095	1,101
Armjanskaja SSR	599	662	666	690	714	719	694	704	721
Turkmenskaja SSR	268	405	444	455	463	486	511	532	556
Estonskaja SSR	528	610	692	718	744	771	788	821	826

5.2.46.4 DAIRY CATTLE BY UNION REPUBLICS[1]
KÜHEBESTAND NACH UNIONSREPUBLIKEN[1]
POGOLOV'E KOROV PO SOJUZNYM RESPUBLIKAM[1]

	1941	1966	1971	1972	1973	1974	1975	1976	1977
SSSR	27,993	39,347	39,762	39,969	40,569	41,421	41,910	41,917	41,987
RSFSR	14,250	20,701	20,595	20,677	20,958	21,408	21,766	21,760	21,795
Ukrainskaja SSR	5,965	8,484	8,563	8,623	8,785	8,899	8,969	8,978	9,002
Belorusskaja SSR	1,956	2,331	2,490	2,510	2,550	2,611	2,608	2,680	2,688
Uzbekskaja SSR	622	1,012	1,140	1,133	1,148	1,190	1,216	1,214	1,230
Kazachskaja SSR	1,259	2,526	2,533	2,575	2,622	2,718	2,727	2,624	2,626
Gruzinskaja SSR	575	602	595	595	602	602	592	596	585
Azerbajdžanskaja SSR	489	576	605	595	592	620	623	622	614
Litovskaja SSR	782	807	839	834	835	858	873	890	887
Moldavskaja SSR	181	342	342	351	361	368	378	388	386
Latvijskaja SSR	797	580	571	571	580	587	589	586	584
Kirgizskaja SSR	219	343	360	361	363	370	375	366	366
Tadžikskaja SSR	188	315	372	375	389	394	397	403	403
Armjanskaja SSR	212	260	262	270	278	280	268	272	279
Turkmenskaja SSR	96	162	186	190	192	197	204	208	213
Estonskaja SSR	402	306	309	309	314	319	325	330	329

1 in all agricultural enterprises; January 1; '000 head - in allen landwirtschaftlichen Betrieben; Stand 1.Januar; Tsd.Stck. - vo vsech kategorijach chozjajstv; na 1 janvarja; tys.golov

5.2.46.5 PIGS BY UNION REPUBLICS[1]
SCHWEINEBESTAND NACH UNIONSREPUBLIKEN[1]
POGOLOV'E SVINEJ PO SOJUZNYM RESPUBLIKAM[1]

	1941	1966	1971	1972	1973	1974	1975	1976	1977
SSSR	27,602	59,576	67,483	71,434	66,593	70,032	72,273	57,899	63,055
RSFSR	12,090	29,497	33,225	35,557	32,722	34,981	36,460	27,771	30,611
Ukrainskaja SSR	9,186	18,920	20,746	21,397	19,600	20,197	20,802	16,847	18,195
Belorusskaja SSR	2,520	3,688	4,004	4,072	4,115	4,291	4,328	3,999	4,158
Uzbekskaja SSR	103	230	296	338	363	377	393	305	217
Kazachskaja SSR	451	1,735	2,266	2,710	2,732	2,791	2,619	1,678	2,218
Gruzinskaja SSR	615	574	687	726	694	699	746	762	732
Azerbajdžanskaja SSR	120	85	113	122	129	143	151	135	141
Litovskaja SSR	1,068	1,731	2,297	2,334	2,223	2,365	2,346	2,141	2,326
Moldavskaja SSR	339	1,187	1,574	1,626	1,549	1,563	1,652	1,633	1,570
Latvijskaja SSR	588	913	1,075	1,196	1,136	1,230	1,273	1,195	1,275
Kirgizskaja SSR	87	224	244	291	284	290	290	216	220
Tadžikskaja SSR	21	61	78	93	97	99	106	86	99
Armjanskaja SSR	59	86	121	156	152	145	163	174	173
Turkmenskaja SSR	36	53	69	89	103	113	128	122	129
Estonskaja SSR	319	592	688	727	694	748	816	835	891

5.2.46.6 SHEEP AND GOATS BY UNION REPUBLICS[1]
SCHAF- UND ZIEGENBESTAND NACH UNIONSREPUBLIKEN[1]
POGOLOV'E OVEC I KOZ PO SOJUZNYM RESPUBLIKAM[1]

	1941	1966	1971	1972	1973	1974	1975	1976	1977
SSSR	91,712	135,316	143,421	145,333	144,690	148,534	151,232	147,091	145,373
RSFSR	51,235	61,416	66,964	67,659	66,256	67,304	68,673	66,109	65,361
Ukrainskaja SSR	7,325	9,342	8,971	9,069	9,082	9,301	9,547	9,115	8,911
Belorusskaja SSR	2,578	846	692	657	661	629	604	565	554
Uzbekskaja SSR	5,792	7,956	7,978	7,955	7,756	8,326	8,539	8,235	7,986
Kazachskaja SSR	8,132	30,120	31,776	32,596	33,555	34,609	35,386	34,579	34,438
Gruzinskaja SSR	2,194	2,174	1,955	1,997	2,052	2,094	1,984	2,080	1,984
Azerbajdžanskaja SSR	2,907	4,035	4,371	4,478	4,692	5,078	5,164	5,128	5,145
Litovskaja SSR	627	198	161	153	146	134	113	96	78
Moldavskaja SSR	1,464	1,676	1,419	1,400	1,333	1,266	1,253	1,230	1,158
Latvijskaja SSR	613	386	328	334	340	311	292	280	251
Kirgizskaja SSR	2,529	8,303	9,455	9,521	9,698	9,816	9,890	9,851	9,906
Tadžikskaja SSR	2,174	2,431	2,634	2,713	2,660	2,786	2,861	2,896	2,908
Armjanskaja SSR	1,221	2,222	2,063	2,192	2,321	2,363	2,285	2,331	2,290
Turkmenskaja SSR	2,596	4,036	4,489	4,439	3,956	4,337	4,465	4,423	4,251
Estonskaja SSR	325	175	165	170	182	180	176	173	152

[1] in all agricultural enterprises; January 1; '000 head -
in allen landwirtschaftlichen Betrieben; Stand 1.Januar; Tsd.Stck. -
vo vsech kategorijach chozjajstv; na 1 janvarja; tys.golov

5.2.46.7 Economy
5.2.46.8 Wirtschaft

5.2.46.7 SHEEP BY UNION REPUBLICS ('000 head)[1]
SCHAFBESTAND NACH UNIONSREPUBLIKEN (Tsd.Stck.)[1]
POGOLOV'E OVEC PO SOJUZNYM RESPUBLIKAM (tys.golov)[1]

	1941	1966	1971	1972	1973	1974	1975	1976	1977
SSSR	80,030	129,764	138,059	139,916	139,086	142,634	145,305	141,436	139,834
RSFSR	46,716	58,695	64,245	64,862	63,355	64,233	65,586	63,218	62,554
Ukrainskaja SSR	6,700	8,646	8,614	8,748	8,779	9,022	9,281	8,863	8,669
Belorusskaja SSR	2,539	789	663	631	635	603	579	541	531
Uzbekskaja SSR	4,245	7,617	7,541	7,521	7,287	7,803	7,995	7,685	7,428
Kazachskaja SSR	6,988	29,632	31,254	32,032	32,947	33,950	34,725	33,955	33,827
Gruzinskaja SSR	1,692	2,011	1,814	1,867	1,924	1,968	1,867	1,973	1,886
Azerbajdžanskaja SSR	2,269	3,864	4,192	4,297	4,499	4,872	4,962	4,924	4,843
Litovskaja SSR	611	187	154	147	140	129	108	92	74
Moldavskaja SSR	1,450	1,613	1,389	1,373	1,309	1,244	1,233	1,211	1,142
Latvijskaja SSR	602	368	318	324	330	302	284	272	244
Kirgizskaja SSR	1,844	8,111	9,240	9,322	9,502	9,621	9,688	9,654	9,712
Tadžikskaja SSR	1,054	2,065	2,182	2,250	2,188	2,279	2,334	2,369	2,376
Armjanskaja SSR	999	2,151	1,999	2,128	2,255	2,303	2,233	2,281	2,245
Turkmenskaja SSR	1,999	3,844	4,291	4,246	3,756	4,127	4,256	4,226	4,052
Estonskaja SSR	322	171	163	168	180	178	174	172	151

5.2.46.8 POULTRY BY UNION REPUBLICS (mill.head)[1]
GEFLÜGELBESTAND NACH UNIONSREPUBLIKEN (Mio Stck.)[1]
POGOLOV'E PTICY PO SOJUZNYM RESPUBLIKAM (mln.golov)[1]

	1941	1966	1971	1972	1973	1974	1975	1976	1977
SSSR	255.7	490.7	652.7	686.5	700.0	747.7	792.4	734.9	778.9
RSFSR	135.2	269.7	358.2	380.5	382.9	408.0	434.3	394.6	422.2
Ukrainskaja SSR	69.6	120.5	155.2	160.8	163.7	177.3	185.3	168.3	177.1
Belorusskaja SSR	14.7	20.6	27.0	28.3	29.6	30.8	32.0	31.9	32.1
Uzbekskaja SSR	2.4	8.1	13.8	14.6	15.5	17.5	18.6	16.9	17.4
Kazachskaja SSR	6.7	19.9	29.5	31.8	33.2	35.1	37.4	36.7	38.0
Gruzinskaja SSR	7.1	8.3	11.7	12.3	13.9	13.3	14.2	14.9	15.5
Azerbajdžanskaja SSR	3.8	6.9	8.8	8.9	10.6	12.4	13.2	12.8	13.4
Litovskaja SSR	3.8	7.3	9.6	9.4	9.5	9.7	10.3	10.8	11.1
Moldavskaja SSR	4.4	11.0	12.1	11.5	11.3	12.1	12.7	13.3	13.9
Latvijskaja SSR	2.0	4.0	5.9	6.4	6.6	7.0	7.6	7.5	8.3
Kirgizskaja SSR	1.1	5.3	7.3	6.9	7.2	7.6	7.9	7.8	8.2
Tadžikskaja SSR	0.9	1.6	2.7	3.2	3.2	3.4	4.0	4.1	4.6
Armjanskaja SSR	1.7	3.1	4.5	5.0	5.8	6.1	6.6	7.0	7.8
Turkmenskaja SSR	0.7	1.9	2.7	3.0	3.1	3.3	3.9	3.6	4.1
Estonskaja SSR	1.6	2.5	3.7	3.9	3.9	4.1	4.4	4.7	5.2

---

[1] in all agricultural enterprises; January 1 - in allen landwirtschaftlichen Betrieben; Stand 1.Januar - vo vsech kategorijach chozjajstv; na 1 janvarja

5.2.46.9 BASIC LIVESTOCK PRODUCTS - GRUNDERZEUGNISSE DER VIEHWIRTSCHAFT -
OSNOVNYE PRODUKTY ŽIVOTNOVODSTVA

Year Jahr Gody	Meat (slaughter weight),mill.tons Fleisch (Schlacht-gewicht), Mio t Mjaso (v ubojnom vese), mln.t	Milk (mill.tons) Milch (Mio t) Moloko (mln.t)	Eggs ('000 mill.) Eier (Mrd.Stck.) Jajca (mrd.št.)	Wool ('000 tons) Wolle (Tsd.t) Šerst' (tys.t)
A.	B.	C.	D.	E.

All agricultural enterprises
Alle landwirtschaftlichen Betriebe
Vse kategorii chozjajstv

1940	4.7	33.6	12.2	161
1945	2.6	26.4	4.9	111
1950	4.9	35.3	11.7	180
1955	6.3	43.0	18.5	256
1960	8.7	61.7	27.4	357
1965	10.0	72.6	29.1	357
1966	10.7	76.0	31.7	371
1967	11.5	79.9	33.9	395
1968	11.6	82.3	35.7	415
1969	11.8	81.5	37.2	390
1970	12.3	83.0	40.7	419
1971	13.3	83.2	45.1	429
1972	13.6	83.2	47.9	420
1973	13.5	88.3	51.2	433
1974	14.6	91.8	55.5	461
1975	15.0	90.8	57.5	467
1976	13.4	89.1	55.6	433
1977	14.7	95.0	61.2	459

Collective and state farms and other state enterprises
Kolchosen, Sowchosen und andere staatliche Unternehmen
Kolchozy, sovchozy i drugie gosudarstvennye chozjajstva

1940	1.3	7.5	0.7	98
1945	1.0	4.7	0.5	75
1950	1.6	8.9	1.3	141
1955	3.0	17.0	2.3	207
1960	5.1	32.6	5.3	279
1965	6.0	43.9	9.5	284
1966	6.3	45.8	10.8	295
1967	7.0	48.8	12.6	315
1968	7.2	51.0	14.5	332
1969	7.6	51.2	16.3	307
1970	8.0	53.2	19.0	337
1971	8.7	53.9	22.4	343
1972	9.1	54.8	25.5	333
1973	9.1	59.4	29.1	343
1974	10.0	62.7	32.5	369
1975	10.3	62.9	34.8	373
1976	9.3	62.2	35.1	346

5.2.46.9 Economy / Wirtschaft

A.	B.	C.	D.	E.
Collective farms and inter-farm enterprises - Kolchosen und zwischenwirtschaftliche Betriebe - Kolchozy i mežchozjajstvennye predprijatija				
1940	0.9	5.6	0.5	79
1945	0.8	3.6	0.4	62
1950	1.1	6.8	1.0	119
1955	2.2	13.6	1.7	170
1960	3.2	22.5	2.9	183
1965	3.0	25.3	3.8	147
1966	3.2	26.1	4.1	151
1967	3.6	27.6	4.5	158
1968	3.8	29.3	4.9	164
1969	4.0	29.3	5.0	152
1970	4.1	30.2	5.5	163
1971	4.4	30.1	6.2	163
1972	4.6	30.6	6.6	157
1973	4.6	33.4	7.0	155
1974	5.0	35.2	7.1	163
1975	5.0	35.3	6.4	161
1976	4.5	34.7	4.9	150
State farms and other state enterprises / Sowchosen und andere staatliche Unternehmen / Sovchozy i drugie gosudarstvennye chozjajstva				
1940	0.4	1.9	0.2	19
1945	0.2	1.1	0.1	13
1950	0.5	2.1	0.3	22
1955	0.8	3.4	0.6	37
1960	1.9	10.1	2.4	96
1965	3.0	18.6	5.7	137
1966	3.1	19.7	6.7	144
1967	3.4	21.2	8.1	157
1968	3.4	21.7	9.6	168
1969	3.6	21.9	11.3	155
1970	3.9	23.0	13.5	174
1971	4.3	23.8	16.2	180
1972	4.5	24.2	18.9	176
1973	4.5	26.0	22.1	188
1974	5.0	27.5	25.4	206
1975	5.3	27.6	28.4	212
1976	4.8	27.5	30.2	196

5.2.46.10 BASIC LIVESTOCK PRODUCTS BY UNION REPUBLICS (in all agricultural enterprises; annual average)
GRUNDERZEUGNISSE DER VIEHWIRTSCHAFT NACH UNIONSREPUBLIKEN (in allen landwirtschaftl.Betrieben; Jahresdurchschnitt)
OSNOVNYE PRODUKTY ŽIVOTNOVODSTVA PO SOJUZNYM RESPUBLIKAM (vo vsech kategorijach chozjajstv; v srednem za god)

	Meat (slaughter weight),'000 tons Fleisch (Schlachtgewicht), Tsd.t Mjaso (v ubojnom vese), tys.t			Milk, '000 tons Milch, Tsd.t Moloko, tys.t			Eggs, mill.pcs. Eier, Mio Stck. Jajca, mln.št.			Wool, '000 tons Wolle, Tsd.t Šerst', tys.t		
	1961–1965	1966–1970	1971–1975	1961–1965	1966–1970	1971–1975	1961–1965	1966–1970	1971–1975	1961–1965	1966–1970	1971–1975
SSSR	9,320	11,583	14,004	64,714	80,553	87,446	28,737	35,840	51,427	361.6	397.8	442.1
RSFSR	4,839	5,949	7,108	36,177	44,541	46,710	16,450	20,757	29,942	177.1	194.6	218.7
Ukrainskaja SSR	2,177	2,677	3,280	14,525	17,937	20,360	7,237	8,293	11,215	24.5	24.2	26.6
Belorusskaja SSR	454	642	789	3,538	4,907	5,720	997	1,437	2,289	1.8	1.3	1.2
Uzbekskaja SSR	155	188	240	843	1,169	1,610	530	704	1,128	22.0	21.9	23.3
Kazachskaja SSR	675	815	987	2,930	3,812	4,059	972	1,383	2,430	76.9	90.4	101.0
Gruzinskaja SSR	92	100	123	461	498	527	274	346	479	4.5	5.0	5.1
Azerbajdžanskaja SSR	80	86	104	397	465	575	306	362	496	8.3	7.9	8.7
Litovskaja SSR	232	357	429	1,821	2,385	2,586	478	641	795	0.9	0.4	0.3
Moldavskaja SSR	130	173	212	606	752	913	379	527	618	3.3	3.3	2.7
Latvijskaja SSR	151	192	237	1,449	1,745	1,737	360	433	619	1.0	0.8	0.7
Kirgizskaja SSR	99	123	145	436	522	591	186	230	326	18.8	25.1	30.2
Tadžikskaja SSR	48	57	75	213	270	346	88	110	192	4.5	4.9	5.0
Armjanskaja SSR	39	48	62	327	363	403	183	212	306	3.9	4.0	4.4
Turkmenskaja SSR	49	50	64	142	178	218	67	105	160	13.5	13.6	13.8
Estonskaja SSR	100	126	149	849	1,009	1,091	230	300	432	0.6	0.4	0.4

5.2.46.11 Economy
5.2.46.12 Wirtschaft

5.2.46.11 MEAT PRODUCTION BY UNION REPUBLICS (slaughter weight)[1]
FLEISCHERZEUGUNG NACH UNIONSREPUBLIKEN (Schlachtgewicht)[1]
PROIZVODSTVO MJASA PO SOJUZNYM RESPUBLIKAM (v ubojnom vese)[1]

	1940	1965	1970	1971	1972	1973	1974	1975	1976	1977
SSSR	4,695	9,956	12,278	13,272	13,633	13,527	14,620	14,968	13,395	14,800
RSFSR	2,373	5,203	6,213	6,836	6,970	6,763	7,421	7,548	6,700	7,400
Ukrainskaja SSR	1,127	2,221	2,850	3,035	3,199	3,213	3,438	3,516	3,100	3,500
Belorusskaja SSR	275	508	685	734	765	789	815	842	825	895
Uzbekskaja SSR	84	162	208	223	225	236	250	268	263	268
Kazachskaja SSR	224	768	916	927	923	976	1,032	1,075	893	975
Gruzinskaja SSR	75	93	104	112	117	122	127	136	141	136
Azerbajdžanskaja SSR	41	70	94	96	97	104	110	115	115	119
Litovskaja SSR	134	267	390	432	429	410	437	438	439	472
Moldavskaja SSR	51	140	176	190	200	214	229	230	228	245
Latvijskaja SSR	123	160	205	222	241	222	244	255	254	266
Kirgizskaja SSR	41	116	134	137	135	145	150	157	248	260
Tadžikskaja SSR	30	51	64	68	71	73	78	84	86	89
Armjanskaja SSR	23	40	52	54	59	63	68	67	69	73
Turkmenskaja SSR	22	50	51	62	55	60	65	75	63	79
Estonskaja SSR	72	107	136	144	147	137	156	162	173	182

5.2.46.12 MILK PRODUCTION BY UNION REPUBLICS[1]
MILCHERZEUGUNG NACH UNIONSREPUBLIKEN[1]
PROIZVODSTVO MOLOKA PO SOJUZNYM RESPUBLIKAM[1]

	1940	1965	1970	1971	1972	1973	1974	1975	1976	1977
SSSR	33,640	72,563	83,016	83,183	83,181	88,300	91,760	90,804	89,158	94,800
RSFSR	17,832	40,149	45,371	45,228	44,310	47,015	48,930	48,066	46,800	49,800
Ukrainskaja SSR	7,114	16,629	18,712	18,947	19,339	20,718	21,511	21,287	21,200	22,200
Belorusskaja SSR	2,005	4,124	5,264	5,168	5,467	5,813	6,044	6,109	6,087	6,534
Uzbekskaja SSR	461	923	1,333	1,453	1,543	1,638	1,709	1,708	1,857	1,842
Kazachskaja SSR	1,089	3,328	3,932	3,900	3,943	4,192	4,218	4,045	4,055	4,331
Gruzinskaja SSR	358	471	518	530	487	509	532	575	578	612
Azerbajdžanskaja SSR	275	408	478	486	502	604	625	658	666	701
Litovskaja SSR	1,383	2,042	2,490	2,459	2,527	2,578	2,661	2,703	2,750	2,817
Moldavskaja SSR	182	676	792	802	818	931	978	1,035	1,042	1,070
Latvijskaja SSR	1,537	1,654	1,713	1,718	1,703	1,686	1,792	1,787	1,806	1,880
Kirgizskaja SSR	210	481	548	562	573	599	608	611	616	632
Tadžikskaja SSR	135	230	285	305	322	347	372	383	408	418
Armjanskaja SSR	170	338	363	388	406	401	409	411	439	463
Turkmenskaja SSR	107	155	192	195	197	218	237	245	218	256
Estonskaja SSR	782	955	1,025	1,042	1,044	1,051	1,134	1,181	1,202	1,217

1 in all agricultural enterprises; '000 tons - in allen landwirtschaftlichen Betrieben; Tsd.t - vo vsech kategorijach chozjajstv; tys.t

5.2.46.13   EGG PRODUCTION BY UNION REPUBLICS (mill.pcs.)[1]
             EIERPRODUKTION NACH UNIONSREPUBLIKEN (Mio Stck.)[1]
             PROIZVODSTVO JAIC PO SOJUZNYM RESPUBLIKAM (mln.št.)[1]

	1940	1965	1970	1971	1972	1973	1974	1975	1976	1977
SSSR	12,214	29,068	40,740	45,100	47,910	51,154	55,509	57,463	55,626	61,000
RSFSR	6,577	16,794	23,594	26,350	27,993	29,654	32,343	33,371	32,500	35,400
Ukrainskaja SSR	3,272	6,941	9,202	9,858	10,464	11,266	12,059	12,429	12,000	13,100
Belorusskaja SSR	612	1,106	1,669	1,867	2,067	2,289	2,528	2,694	2,544	2,741
Uzbekskaja SSR	139	558	860	990	1,031	1,122	1,247	1,247	1,238	1,227
Kazachskaja SSR	307	1,052	1,708	2,013	2,200	2,413	2,691	2,835	2,913	3,144
Gruzinskaja SSR	251	305	397	422	429	494	516	537	558	577
Azerbajdžanskaja SSR	158	290	413	429	447	498	528	578	573	642
Litovskaja SSR	187	541	701	768	761	776	827	844	838	909
Moldavskaja SSR	235	369	578	601	594	608	613	672	682	777
Latvijskaja SSR	174	346	500	566	614	619	636	662	637	700
Kirgizskaja SSR	47	190	268	297	300	325	347	361	394	408
Tadžikskaja SSR	38	85	131	157	166	190	210	236	261	284
Armjanskaja SSR	46	193	238	251	273	312	340	353	371	391
Turkmenskaja SSR	37	80	122	145	136	151	174	194	160	224
Estonskaja SSR	134	218	359	386	435	437	450	450	444	461

5.2.46.14   WOOL PRODUCTION BY UNION REPUBLICS ('000 tons)[1]
             ERZEUGUNG VON WOLLE NACH UNIONSREPUBLIKEN (Tsd.t)[1]
             PROIZVODSTVO ŠERSTI PO SOJUZNYM RESPUBLIKAM (tys.t)[1]

	1940	1965	1970	1971	1972	1973	1974	1975	1976	1977
SSSR	161.1	356.9	418.9	428.8	420.1	433.3	461.6	466.6	432.8	458.0
RSFSR	98.0	172.0	209.1	218.5	213.0	208.4	226.9	226.6	208.0	226.0
Ukrainskaja SSR	13.4	22.1	24.9	25.1	25.6	25.9	27.6	28.8	24.9	29.6
Belorusskaja SSR	3.3	1.4	1.2	1.2	1.2	1.2	1.2	1.0	1.0	1.1
Uzbekskaja SSR	7.1	21.4	22.0	21.9	21.0	23.4	24.6	25.4	25.0	24.1
Kazachskaja SSR	13.4	80.0	95.0	94.1	93.0	101.5	107.1	109.6	102.1	102.8
Gruzinskaja SSR	3.5	4.5	4.7	5.1	4.7	5.2	5.2	5.5	5.3	5.1
Azerbajdžanskaja SSR	4.2	6.7	7.6	7.6	7.9	9.2	9.2	9.5	9.9	10.0
Litovskaja SSR	1.6	0.6	0.4	0.4	0.3	0.3	0.3	0.2	--	--
Moldavskaja SSR	2.2	3.2	3.1	2.8	2.7	2.6	2.6	2.6	2.4	2.4
Latvijskaja SSR	2.3	0.8	0.7	0.7	0.8	0.7	0.7	0.6	--	--
Kirgizskaja SSR	3.3	22.7	27.1	28.3	28.5	30.9	31.2	32.1	31.3	31.6
Tadžikskaja SSR	1.6	4.3	4.9	4.8	4.7	5.0	5.1	5.3	--	--
Armjanskaja SSR	1.5	3.9	3.9	4.2	4.1	4.6	4.5	4.9	4.6	4.5
Turkmenskaja SSR	4.9	12.8	14.0	13.7	12.1	14.0	15.0	14.1	13.8	15.0
Estonskaja SSR	0.8	0.5	0.3	0.4	0.5	0.4	0.4	0.4	--	--

1 in all agricultural enterprises - in allen landwirtschaftlichen Betrieben - vo vsech kategorijach chozjajstv

5.2.47.1 Economy
Wirtschaft

5.2.47 COLLECTIVE FARMS - KOLCHOSEN - KOLCHOZY

5.2.47.1 BASIC INDICATORS OF COLLECTIVE FARM DEVELOPMENT - HAUPTKENNZIFFERN DER ENTWICKLUNG DER KOLCHOSEN - OSNOVNYE POKAZATELI RAZVITIJA KOLCHOZOV

	1965	1970	1971	1972	1973	1974	1975	1976
Total number of collective farms (end-of-year figures), '000 - Gesamtzahl der Kolchosen (zum Jahresende), Tsd. - Čislo vsech kolchozov (na konec goda), tys.	36.9	33.6	32.8	32.1	31.4	30.0	29.0	27.7
of which (without fishing co-operatives) - darunter (ohne Fischfangkolchosen) - v tom čisle bez rybolověckich	36.3	33.0	32.3	31.6	30.9	29.6	28.5	27.3
number of households at collective farms, mill. - darin vorhandene Kolchosbauernhöfe, Mio - v nich naličnych kolchoznych dvorov, mln.	15.4	14.4	14.1	14.0	13.9	13.7	13.5	13.3
Average annual number of persons engaged at the collective farms[1], mill. - Jahresdurchschnittszahl aller an der Arbeit in Kolchosen beteiligten Kolchosbauern[1], Mio - Srednegodovaja čislennost' vsech kolchoznikov, prinimavšich učastie v rabotach kolchozov[1], mln.	18.6	16.7	16.3	16.1	15.9	15.7	15.2	14.8
Gross agricultural production (compared to prices of 1965), '000 mill.rubles - Bruttoproduktion der Landwirtschaft (in Vergleichspreisen von 1965), Mrd.Rubel - Valovaja produkcija sel'skogo chozjajstva (v sopostavimych cenach 1965 g.), mlrd.rub.	29.0	34.6	34.5	32.9	39.0	37.9	33.6	--
Non-distributable assets of collective farms[1] in fixed and circulating means (end-of-year figures), '000 mill.rubles - Unteilbare Fonds der Kolchosen[1] in Grund-u.Umlaufmitteln (zum Jahresende),Mrd.Rubel - Nedelimye fondy kolchozov[1] v osnovnych i oborotnych sredstvach (na konec goda), mlrd.rub.	42.3	60.0	64.2	69.2	79.4	85.0	91.7	95.4

[1] without fishing co-operatives - ohne Fischfangkolchosen - bez ryboloveckich

Economy 5.2.47.1
Wirtschaft

	1965	1970	1971	1972	1973	1974	1975	1976
Gross income of collective farms[1] in prices of corresponding years,'000 mill.rubles - Bruttoeinkommen der Kolchosen[1] in Preisen des jeweiligen Jahres, Mrd.Rubel - Valovoj dochod kolchozov v cenach sootvetstvujuščich let, mlrd.rub.	17.9	22.8	22.8	22.1	24.3	24.1	22.3	23.1
Payments in cash and kind for collective farmers' work, '000 mill.rubles - Arbeitsentgelt der Kolchosbauern in bar und Waren, Mrd.Rubel - Vydano v oplatu truda kolchoznikam deneg i produktov,mlrd.rub.	11.5	15.0	15.3	15.6	16.6	17.1	16.7	17.5
per one working day, rubles - umgerechnet auf 1 Arbeitstag, Rubel - v rasčete na 1 otrabotannyj čeloveko-den', rub.	2.68	3.90	4.03	4.11	4.38	4.50	4.54	4.77
Mutually-owned crops sown, mill.hectares - Gesamte genossenschaftl.Anbaufläche, Mio ha - Ploščad'vsech obščestvennych posevov, mln.ga	105.1	99.1	96.9	97.6	98.6	98.4	98.2	98.2
of which - darunter - v tom čisle:								
grain crops - Getreidekulturen - zernovych kul'tur	62.6	55.8	54.0	54.5	57.0	56.6	56.6	56.2
industrial crops-techn.Kulturen-techničeskich kul'tur	11.7	10.6	10.3	10.3	10.6	10.6	10.1	10.5
potatoes, vegetables and melons - Kartoffel-,Gemüse- und Melonenkulturen - kartofelja i ovošče- bachčevych kul'tur	3.2	2.8	2.7	2.8	2.8	2.8	2.7	2.6
fodder crops - Futterpflanzen - kormovych kul'tur	27.6	29.9	29.9	30.0	28.2	28.4	28.8	28.9
Productive mutually-owned livestock (end-of-year figures), mill.head - Genossenschaftlicher Nutzviehbestand (zum Jahresende), Mio Stck. - Pogolov'e obščestvennogo produktivnogo skota (na konec goda), mln.golov:								
cattle - Rinder - krupnyj rogatyj skot	38.3	41.7	43.2	44.1	44.9	46.3	48.2	47.0
of which cows-darunter Kühe-v tom čisle korovy	13.2	13.5	13.7	14.2	14.7	15.1	15.3	15.5
Pigs - Schweine - svin'i	24.6	29.6	31.9	30.7	32.1	33.1	25.7	26.2
Sheep - Schafe - ovcy	53.9	53.5	53.9	52.6	52.8	52.9	51.5	49.9
Goats - Ziegen - kozy	0.7	0.6	0.6	0.6	0.6	0.6	0.6	0.4

[1] without fishing co-operatives - ohne Fischfangkolchosen - bez rybolovcekich

5.2.47.1 Economy / Wirtschaft

	1965	1970	1971	1972	1973	1974	1975	1976
Tractors (end-of-year figures) - Traktoren (zum Jahresende) - Čislo traktorov (na konec goda): '000 - Tsd.Stck. - tys.št.	756	942	965	1,001	1,029	1,049	1,064	1,071
aggregate capacity of tractor engines, mill.hp - summarische Motorleistung, Mill. PS - summarnaja moščnost' dvigatelej, mln.L.S.	34.8	50.3	52.6	55.8	59.5	63.6	66.1	69.3
Number of grain harvesters (end-of-year figures), '000 - Anzahl der Mähdrescher (zum Jahresende), Tsd.Stck. - Čislo zernouboročnych kombajnov(na konec goda), tys.št.	224	292	295	297	294	299	298	296
Lorries (end-of-year figures) - Lastkraftwagen (zum Jahresende) - Čislo gruzovych avtomobilej(na konec goda): '000 - Tsd.Stck. - tys.št.	426	479	478	494	505	513	520	516
Load capacity, '000 tons - Summarische Ladefähigkeit, Tsd. t - summarnaja gruzopod'emnost', tys.t	1,127	1,279	1,299	1,348	1,379	1,398	1,446	1,465
Average per collective farm - Durchschnittliche Größe der Kolchose - Prichoditsja v srednem na odin kolchoz								
Collective-farm households (end-of-year figures) - Kolchosbauernhöfe (zum Jahresende) - Kolchoznych dvorov (na konec goda)	426	435	439	443	449	463	473	
Agricultural area, '000 hectares - landwirtschaftliche Nutzfläche, Tsd.ha - sel'skochozjajstvennych ugodij,tys.ga	6.1	6.1	6.2	6.2	6.2	6.3	6.4	
Arable land, '000 hectares - Ackerland, Tsd.ha - Pašin, tys.ga	3.1	3.2	3.2	3.2	3.3	3.4	3.6	
Tractors, pc. - Traktoren, Stck. - Traktorov, štuk	21	29	30	32	33	35	37	
Mutually-owned crops sown, '000 hectares - Genossenschaftliche Anbaufläche, Tsd.ha - Obščestvennych posevov, tys.ga	2.9	3.0	3.0	3.1	3.2	3.3	3.4	
Mutually-owned livestock (end-of-year figures), head - Genossenschaftlicher Nutzviehbestand (zum Jahresende),Stck.- Obščestvennogo skota (na konec goda), golov:								
cattle - Rinder - krupnogo rogatogo skota	1,056	1,258	1,332	1,388	1,447	1,556	1,664	
of which cows-darunter Kühe-v tom čisle korov	363	409	426	450	475	508	535	

	1965	1970	1971	1972	1973	1974	1975
Pigs – Schweine – sviny	667	891	983	964	1,022	1,089	844
Sheep and goats – Schafe und Ziegen – ovec i koz	1,506	1,633	1,684	1,680	1,724	1,801	1,813
Non-distributable fixed and circulating assets, '000 rubles – Unteilbare Fonds in Grund-u.Umlaufmitteln, Tsd.Rub. – Nedelimych fondov v osnovnych i oborotnych sredstvach, tys.rub.	1,166	1,815	1,991	2,190	2,569	2,875	3,216
Gross income, '000 rubles – Bruttoeinkommen, Tsd.Rub. – Valovogo dochoda, tys.rub.	494	689	705	700	788	816	781

5.2.47.2 BREAKDOWN OF COLLECTIVE FARMS BY AMOUNT OF GROSS INCOME PER 100 HECTARES' ARABLE LAND (in percent)
GLIEDERUNG DER KOLCHOSEN NACH HÖHE DES BRUTTOEINKOMMENS PRO 100 HA ACKERLAND (in Prozent)
GRUPPIROVKA KOLCHOZOV PO RAZMERU VALOVOGO DOCHODA NA 100 GA PAŠIN (v procentach)

	1965	1970	1971	1972	1973	1975	1976
Total collective farms – alle Kolchosen – vsego kolchozov	100	100	100	100	100	100	100
of which collective farms with gross income per 100 ha arable land – davon Kolchosen mit Bruttoeinkommen umgerechnet auf 100 ha Ackerland – iz nich kolchozov, imejuščich valovoj dochod v rasčete na 100 ga pašin:							
– 1,000 Rub.	1.1	0.7	0.7	0.7	0.3	1.0	1.0
1,000 – 5,000 Rub.	8.3	2.8	3.0	3.2	1.9	5.2	4.2
5,000 – 10,000 Rub.	19.4	10.6	12.6	11.4	9.8	12.3	12.9
10,000 – 15,000 Rub.	17.7	15.0	14.4	13.2	13.5	12.4	13.5
15,000 – 20,000 Rub.	16.6	15.4	13.6	12.8	12.9	11.9	12.0
20,000 – 30,000 Rub.	} 36.9	23.8	21.9	19.6	23.2	19.4	19.3
30,000 – 40,000 Rub.		12.4	12.8	12.4	14.1	12.2	12.7
40,000 Rub.and more-und mehr-svyše		19.3	21.0	26.7	24.3	25.6	24.4

5.2.47.3 Economy / Wirtschaft

5.2.47.3 BREAKDOWN OF COLLECTIVE FARMS BY NUMBER OF HOUSEHOLDS (in percent)
GLIEDERUNG DER KOLCHOSEN NACH ANZAHL DER HÖFE (in Prozent)
GRUPPIROVKA KOLCHOZOV PO ČISLU DVOROV (v procentach)

	1940	1965	1970	1971	1972	1973	1975	1976
Total collective farms – alle Kolchosen – vsego kolchozov	100	100	100	100	100	100	100	100
of which collective farms with households – davon Kolchosen mit Kolchoshöfen – iz nich kolchozov, imejuščich kolchoznych dvorov:								
– 100	73.7	4.3	3.0	2.7	2.8	2.7	2.3	2.3
101 – 200	19.1	18.4	17.8	17.0	16.4	15.9	13.7	12.6
201 – 300	4.9	19.5	19.8	20.0	20.0	20.3	19.7	19.2
301 – 500	2.0	28.1	29.0	29.4	29.4	29.7	30.3	30.4
501 and more – und mehr – svyše	0.3	29.7	30.4	30.9	31.4	31.4	34.0	35.5

Economy 5.2.47.4
Wirtschaft

5.2.47.4 BREAKDOWN OF COLLECTIVE FARMS BY LIVESTOCK (in percent)
GLIEDERUNG DER KOLCHOSEN NACH VIEHBESTAND (in Prozent)
GRUPPIROVKA KOLCHOZOV PO POGOLOVJU SKOTA (v procentach)
(end-of-year figures - zum Jahresende - na konec goda)

	1965	1976
Beef cattle - Rindvieh - Krupnyj rogatyj skot		
Collective farms with beef cattle - Kolchosen mit Rindviehbestand - Kolchozy imejuščie krupnyj rogatyj skot	99.8	99.6
Head - Stück - golov:		
- 600	34.2	9.8
600 - 999	27.3	16.1
1,000 - 3,000	35.1	62.9
over-über-svyše 3,000	3.2	10.8
Cows - Kühe - Korovy		
Collective farms with cows - Kolchosen mit Kühebestand - Kolchozy imejuščie korov	99.8	98.5
Head - Stück - golov:		
- 300	47.9	20.6
300 - 499	28.4	26.4
500 - 1,000	19.9	40.9
over-über-svyše 1,000	3.6	10.6
Pigs - Schweine - Svini		
Collective farms with pigs - Kolchosen mit Schweinebestand - Kolchozy imejuščie svinej	83.9	65.4
Head - Stück - golov:		
- 500	39.2	19.9
500 - 999	23.1	13.6
1,000 - 3,000	19.8	25.5
over-über-svyše 3,000	1.8	6.4
Sheep and goats - Schafe und Ziegen - Ovcy i kozy		
Collective farms with sheep and goats - Kolchosen mit Schaf- und Ziegenbestand - Kolchozy imejuščie ovec i koz	73.8	53.3
Head - Stück - golov:		
- 500	30.8	11.4
500 - 999	17.8	12.2
1,000 - 2,999	15.9	16.6
3,000 - 9,999	6.2	8.5
10,000 - 20,000	1.6	2.6
over-über-svyše 20,000	1.5	2.0

5.2.47.5 BASIC INDICATORS OF COLLECTIVE FARM DEVELOP-
HAUPTKENNZIFFERN DER ENTWICKLUNG DER KOLCHO-
OSNOVNYE POKAZATELI RAZVITIJA KOLCHOZOV PO

	All collective farms (end-of-year figures) Alle Kolchosen (zum Jahresende) Čislo vsech kolchozov (na konec goda)	of which (without fishing cooperatives) darunter (ohne Fischfangkolchosen) v tom čisle bez rybolobeckich	Collective farm households[1], '000 Kolchosbauernhöfe in den Kolchosen[1], Tsd. Čislo naličnych kolchoznych dvorov v kolchozach[1], tys.	Non-distributable assets of collective farms[1] in fixed and circulating means (end-of-year) '000 rubles Unteilbare Fonds d. Kolchosen[1] in Grund- u. Umlaufmitteln (zum Jahresende, Tsd.Rub. Nedelimye fondy kolchozov v osnovnych i oborotnych sredstvach (na konec goda), mln.rub.
SSSR	28,953	28,515	13,496	91,704
RSFSR	12,871	12,579	4,766	37,647
Ukrainskaja SSR	7,688	7,603	4,791	28,297
Belorusskaja SSR	2,070	2,070	804	5,152
Uzbekskaja SSR	953	948	802	3,663
Kazachskaja SSR	422	404	201	2,044
Gruzinskaja SSR	877	872	327	1,142
Azerbajdžanskaja SSR	873	867	252	776
Litovskaja SSR	967	966	247	3,268
Moldavskaja SSR	467	467	471	2,644
Latvijskaja SSR	403	392	128	1,822
Kirgizskaja SSR	216	216	169	1,322
Tadžikskaja SSR	242	242	216	1,213
Armjanskaja SSR	371	371	88	380
Turkmenskaja SSR	334	330	175	1,353
Estonskaja SSR	199	188	59	981

1 without fishing cooperatives - ohne Fischfangkolchosen - bez rybolobeckich

Economy
Wirtschaft 5.2.47.[5]

MENT BY UNION REPUBLICS, 1975
SEN NACH UNIONSREPUBLIKEN, 1975
SOJUZNYM RESPUBLIKAM V 1975 G.

Gross income of collective farms[1] (mill.Rubles) Bruttoeinkommen der Kolchosen[1] (Mio Rubel) Valovoj dochod kolchozov[1] (mln.rub.)	Mutually-owned sowing area of all crops, '000 ha Genossenschaftliche Anbaufläche aller Kulturen,Tsd.ha Ploščad' obščestvennych posevov vsech kul'tur, tys.ga	of which– darunter– grain crops Getreide– kulturen zernovych kul'tur	Mutually-owned productive livestock (end-of-year figures), '000 head Genossenschaftlicher Nutzviehbestand (zum Jahresende), Tsd.Stck. Pogolov'e obščestvennogo produktivnogo skota (na konec goda),tys.golov			
			Cattle Rinder krupnyj rogatyj skot	cows Kühe korovy	Pigs Schweine svin'i	Sheep and goats Schafe und Ziegen ovcy i kozy
22,280	98,231	56,552	48,167	15,323	25,729	52,151
7,622	57,374	36,152	22,988	7,546	10,510	25,091
6,735	24,016	12,366	15,431	4,741	9,742	6,580
1,281	3,529	1,635	3,317	1,084	1,622	319
1,791	1,694	278	835	208	57	1,435
380	4,296	3,010	936	250	183	5,553
380	355	187	389	103	165	870
430	848	395	499	129	49	1,895
648	1,445	671	1,001	356	1,160	9
815	1,353	680	670	221	1,100	472
302	871	373	588	228	526	38
389	693	306	396	119	74	5,621
465	436	120	330	81	33	1,142
143	180	84	210	70	45	603
688	719	101	247	62	104	2,520
211	422	194	330	125	359	3

5.2.48.1 Economy / Wirtschaft

5.2.48 STATE FARMS - SOWCHOSEN - SOVCHOZY

5.2.48.1
NUMBER OF STATE FARMS (END-OF-YEAR FIGURES) - ANZAHL DER SOWCHOSEN (ZUM JAHRESENDE) - ČISLO SOVCHOZOV (NA KONEC GODA)

	1965	1970	1971	1972	1973	1974	1975	1976
Number of state farms - Anzahl der Sowchosen - čislo sovchozov	11,681	14,994	15,502	15,747	17,300	17,717	18,064	19,617
of which - darunter - v tom čisle:								
grain crops (incl. seed-growing) - Getreidesowchosen (einschl.Saatzuchtsowchosen) - zernovye (vključaja semenovodčeskie)	1,261	1,467	1,502	1,519	1,526	1,579	1,510	1,494
beet state farms - Rübensowchosen - sveklovičnye	320	283	292	294	291	282	314	313
cotton state farms - Baumwollsowchosen - chlopkovye	156	212	223	235	244	300	309	322
other state farms for special crops (essential oils, tobacco, tea) - andere Sowchosen für spezielle Kulturen (ätherische Öle, Tabak, Tee) - cial'nych kul'tur (efirnomasličnye, tabačnye, čajnye)	119	128	150	152	160	158	152	147
state farms for fruit and grapes, fruit and vegetables, and potatoes-vegetables - Obst-u.Weintrauben-, Obst-Gemüse- und Kartoffel-Gemüsesowchosen - plodovo-vino-gradnye, plodovo-ovoščnye i kartofele-ovoščnye	1,668	2,368	2,519	2,577	2,602	2,643	2,878	3,094
Dairy and meat-dairy state farms - Milch-u.Fleisch-Milch-Sowchosen - moločnye i mjasomoločnye	4,633	6,210	6,528	6,571	6,672	6,814	6,815	6,892
Pig-breeding state farms - Schweinezucht-Sowchosen - svinovodčeskie	636	853	842	873	875	952	972	992
Sheep-breeding state farms (incl. Karakul sheep-breeding)- Schafzucht-Sowchosen(einschl.Karakulschafzucht) - ovcevodčeskie (vključaja karakulevodčeskie)	1,008	1,189	1,226	1,250	1,298	1,385	1,506	1,542
Horse-breeding state farms - Pferdezucht-Sowchosen - konevodčeskie	74	94	95	97	97	94	93	99

	1965	1970	1971	1972	1973	1974	1975	1976
Deer-breeding state farms – Hirschzucht-Sowchosen – olenevodčeskie	61	95	99	92	92	108	123	129
Fur state farms – Pelztierzucht-Sowchosen – zverovodčeskie	102	139	141	147	148	135	125	128
Poultry state farms – Geflügelzucht-Sowchosen – pticevodčeskie	716	1,006	1,054	1,083	1,113	1,128	1,104	1,145

5.2.48.2 BASIC INDICATORS ON STATE FARM DEVELOPMENT – GRUNDKENNZIFFERN DER ENTWICKLUNG DER SOWCHOSEN – OSNOVNYE POKAZATELI RAZVITIJA SOVCHOZOV

	1965	1970	1971	1972	1973	1974	1975	1976
Number of state farms (end-of-year figures) – Anzahl der Sowchosen (zum Jahresende) – Čislo sovchozov (na konec.goda)	11,681	14,994	15,502	15,747	17,300	17,717	18,064	19,617
Average annual number of persons engaged in all branches of production, thousands – Jahresdurchschnittszahl der in allen Bereichen Beschäftigten, Tsd. – Srednegodovaja čislennost'rabotnikov,zanjatych vo vsech otrasljach chozjajstva sovchozov, tys.čelovek	8,230	8,888	9,212	9,328	9,830	10,107	10,260	10,960
of whom in agriculture – darunter in der Landwirtschaft – v tom čisle v sel'skom chozjajstve	7,350	7,688	7,951	8,040	8,544	8,728	8,825	9,392
workers – Arbeiter – iz nich rabočich	6,882	7,040	7,287	7,354	7,783	7,931	7,991	8,485
Gross agricultural output (in prices compared to 1965),'000 mill.rubles – Bruttoproduktion der Landwirtschaft (in Vergleichspreisen zu 1965),Mrd.Rub. – Valovaja produkcija sel'skogo chozjajstva (v sopostavimych cenach 1965 g.), mlrd.rub.	16.9	24.3	25.0	24.8	29.8	30.1	28.6	--
Wages of state farm workers, rubles – Arbeitslohn der Sowchosarbeiter, Rubel – Zarabotnaja plata rabotnikov sovchozov, rub.:								
average monthly wages – durchschnittl.Monatslohn – srednemesjačnaja	74.6	101.1	106.6	112.1	117.9	124.7	127.3	135.0
converted to one worker's day – umgerechnet auf 1 Arbeitskräftetag – v rasčete na 1 otrabotannyj čeloveko-den'	3.21	4.43	4.65	4.89	5.13	5.42	5.51	5.83

5.2.48.2 Economy / Wirtschaft

	1965	1970	1971	1972	1973	1974	1975	1976
Total sowing area, '000 hectares – Gesamte Anbaufläche, Tsd.ha – Vsja posevnaja ploščad', tys.ga	89,062	91,749	94,417	96,561	103,973	105,844	107,240	111,431
of which – darunter – v tom čisle:								
grain crops – Getreidekulturen – zernovye kul'tury	59,643	57,383	57,886	59,345	65,636	66,597	67,367	69,486
industrial crops – techn.Kulturen-techničeskie kul't.	3,391	3,535	3,644	3,684	3,777	3,807	3,697	3,944
Potatoes and vegetable-melon crops – Kartoffeln und Gemüse-Melonenkulturen – kartofel' i ovošče-bachčevye kul'tury	1,925	1,838	1,879	1,977	2,121	2,154	2,169	2,309
Fodder crops – Futterkulturen – kormovye kul'tury	24,103	28,993	31,008	31,555	32,439	33,286	34,007	35,692
Livestock (end-of-year figures), '000 head – Viehbestand (zum Jahresende), Tsd.Stck. – Pogolov'e skota (na konec goda), tys.golov:								
Cattle – Rinder – krupnyj rogatyj skot	24,501	29,073	30,658	31,435	33,288	34,605	35,588	37,049
of which cows – darunter Kühe – v tom čisle korovy	8,918	10,005	10,374	10,739	11,482	11,874	12,096	12,784
Pigs – Schweine – sviny	12,535	16,603	18,607	17,991	19,447	20,494	16,151	19,700
Sheep and goats – Schafe u.Ziegen – ovcy i kozy	46,431	53,485	55,634	56,477	60,223	63,089	63,058	64,453
of which sheep – darunter Schafe – v tom čisle ovcy	46,207	53,106	55,219	55,989	59,666	62,478	62,398	63,684
Number of tractors (end-of-year figures) – Anzahl der Traktoren (zum Jahresende) – Čislo traktorov (na konec goda), '000 - Tsd.Stck. - tys.št.	681	803	837	865	942	994	1,038	1,125
aggregate capacity of tractor engines, mill.hp – summarische Motorleistung, Mio PS – summarnaja moščnost'dvigatelej, mln.L.S.	33.7	47.4	50.6	53.8	60.7	66.5	70.9	79.2
Number of grain harvesters (end-of-year figures), '000 – Anzahl der Mähdrescher (zum Jahresende), Tsd.Stck. – Čislo zernouboročnych kombajnov (na konec goda),tys.št.	265	294	306	320	338	346	351	369
Number of lorries (end-of-year figures) – Anzahl der Lastkraftwagen (zum Jahresende) – Čislo gruzovych avtomobilej (na konec goda):								
'000 - Tsd.Stck. - tys.št.	335	381	387	407	430	453	468	509
load capacity,'000 tons – summarische Ladefähigkeit, Tsd.t-summarnaja gruzopod'emnost', tys.t	914	1,069	1,113	1,154	1,258	1,354	1,406	1,562

5.2.48.3   NUMBER OF STATE FARMS BY UNION   REPUBLICS (END-OF-YEAR FIGURES)[1]
ANZAHL DER SOWCHOSEN NACH UNIONSREPUBLIKEN (ZUM JAHRESENDE)[1]
ČISLO SOVCHOZOV PO SOJUZNYM RESPUBLIKAM (NA KONEC GODA)[1]

	1965	1970	1971	1972	1973	1974	1975
SSSR	11,681	14,994	15,502	15,747	17,300	17,717	18,064
RSFSR	6,321	8,594	8,897	9,015	10,308	10,502	10,624
Ukrainskaja SSR	1,343	1,605	1,615	1,621	1,635	1,674	1,763
Belorusskaja SSR	630	820	834	835	839	840	830
Uzbekskaja SSR	283	361	392	412	445	537	572
Kazachskaja SSR	1,521	1,625	1,631	1,653	1,783	1,826	1,864
Gruzinskaja SSR	168	231	265	265	269	282	310
Azerbajdžanskaja SSR	285	406	428	428	465	467	496
Litovskaja SSR	316	300	299	293	286	282	270
Moldavskaja SSR	81	145	213	213	239	242	224
Latvijskaja SSR	187	230	230	236	235	233	230
Kirgizskaja SSR	84	103	109	111	121	146	154
Tadžikskaja SSR	55	89	107	115	123	124	147
Armjanskaja SSR	203	261	265	338	340	354	358
Turkmenskaja SSR	47	53	53	53	55	55	56
Estonskaja SSR	157	171	164	159	157	153	166

1 All state farms of the USSR Ministry of Agriculture were completely transferred on full profit and loss account in 1975 -
Seit 1975 arbeiten alle Sowchosen des Ministeriums für Landwirtschaft der UdSSR nach wirtschaftlicher Rechnungsführung -
S.1975 g. vse sovchozy Ministerstva sel'skogo chozjajstva SSSR rabotajut na polnyj chozjajstvennyj rasčet.

5.2.49　STATE PURCHASES OF AGRICULTURAL PRODUCTS
STAATLICHE AUFKÄUFE VON LANDWIRTSCHAFTLICHEN ERZEUGNISSEN
GOSUDARSTVENNYE ZAKUPKI PRODUKTOV SEL'SKOGO CHOZJAJSTVA

5.2.49.1　STATE PURCHASES OF BASIC AGRICULTURAL PRODUCTS FROM THE COLLECTIVE AND STATE FARMS AND OTHER
STATE AGRICULTURAL ENTERPRISES (percentage of total)
ANTEIL DER AUFKÄUFE DER LANDWIRTSCHAFTLICHEN GRUNDERZEUGNISSE IN DEN KOLCHOSEN, SOWCHOSEN UND
ANDEREN STAATLICHEN BETRIEBEN AN DEN GESAMTEN STAATLICHEN AUFKÄUFEN (in Prozent)
UDEL'NYJ VES ZAKUPOK OSNOVNYCH SEL'SKOCHOZJAJSTVENNYCH PRODUKTOV U KOLCHOZOV, SOVCHOZOV I
DRUGICH GOSUDARSTVENNYCH CHOZJAJSTV V OBŠČICH ZAKUPKACH (v procentach)

	1940	1965	1970	1971	1972	1973	1974	1975	1976
Collective and state farms and other state agricultural enterprises – Anteil der Kolchosen, Sowchosen und anderen staatlichen Betriebe – Udel'nyj ves kolchozov, sovchozov i drugich gosudarstvennych chozjajstv									
Grain – Getreide – Zernovye kul'tury	97	100	100	100	100	100	100	100	100
Raw cotton – Rohbaumwolle – Chlopok-syrec	100	100	100	100	100	100	100	100	100
Sugar-beet – Zuckerrüben – Sacharnaja svekla	94	100	100	100	100	100	100	100	100
Sunflower seeds – Sonnenblumensamen – Podsolnečnik	95	100	100	100	100	100	100	100	100
Potatoes – Kartoffeln – Kartofel'	61	73	84	87	80	80	82	83	77
Vegetables – Gemüse – Ovošči	98	93	94	94	94	94	94	95	95
Cattle and poultry – Schlachtvieh und Geflügel – Skot i ptica	63	90	89	87	86	87	87	87	89
Milk – Milch – Moloko	66	96	97	96	95	95	95	95	95
Eggs – Eier – Jajca	7	74	89	90	92	93	93	94	96
Wool – Wolle – Šerst'	76	86	86	85	84	84	84	84	83
of which state farms and other agricultural enterprises – darunter Anteil der Sowchosen und anderen staatlichen Betriebe – v tom čisle udel'nyj ves sovchozov i drugich gosudarstvennych chozjajstv									
Grain – Getreide – Zernovye kul'tury	10	37	50	49	57	49	44	43	50
Raw cotton – Rohbaumwolle – Chlopok-syrec	6	20	23	24	24	26	27	28	29
Sugar-beet – Zuckerrüben – Sacharnaja svekla	4	9	9	8	8	9	8	10	9
Sunflower seeds – Sonnenblumensamen – Podsolnečnik	2	14	19	20	19	21	19	20	23
Potatoes – Kartoffeln – Kartofel'	2	33	39	39	35	36	36	39	35
Vegetables – Gemüse – Ovošči	6	57	57	56	56	56	57	60	37

	1940	1965	1970	1971	1972	1973	1974	1975	1976
Cattle and poultry - Schlachtvieh und Geflügel - Skot i ptica	22	45	43	43	43	44	44	45	46
Milk - Milch - Moloko	16	41	42	43	42	42	42	42	42
Eggs - Eier - Jajca	3	45	65	66	69	71	73	77	84
Wool - Wolle - Šerst'	18	42	44	45	44	46	47	47	47

STATE PURCHASES OF AGRICULTURAL PRODUCTS (IN ALL AGRICULTURAL ENTERPRISES)
STAATLICHE AUFKÄUFE VON LANDWIRTSCHAFTLICHEN ERZEUGNISSEN (IN ALLEN LANDWIRTSCHAFTL.BETRIEBEN)
GOSUDARSTVENNYE ZAKUPKI PRODUKTOV SEL'SKOGO CHOZJAJSTVA (VO VSECH KATEGORIJACH CHOZJAJSTV)

	1940	1965	1970	1971	1972	1973	1974	1975	1976
Agricultural products (crops of the corresponding year) Erzeugnisse des Ackerbaus (Ernte des jeweiligen Jahres) Produkty zemledelija (iz urožaja sootvetstvujuščego goda)									
Grain, mill.tons - Getreide, Mio t - Zernovye kul'tury, mln.t	36.4	36.3	73.3	64.1	60.0	90.5	73.3	50.2	92.1
Raw cotton, mill.tons - Rohbaumwolle, Mio t - Chlopok-syrec, mln.t	2.24	5.66	6.89	7.10	7.30	7.66	8.41	7.86	8.28
Sugar-beet, mill.tons - Zuckerrüben, Mio t - Sacharnaja svekla, mln.t	17.4	67.5	71.4	64.3	68.0	77.8	67.5	61.9	85.3
Oil seeds, '000 tons - Ölsaat, Tsd.t - Semena masličnych kul'tur, tys.t	1,867	4,271	5,220	4,861	3,933	5,994	5,568	4,456	4,197
of which sunflower seeds - davon Sonnenblumensamen - v tom čisle podsolnečnik	1,500	3,888	4,613	4,359	3,753	5,553	5,228	3,841	3,763
Flax fibre, '000 tons - Flachsfaser, Tsd.t - L'novolokno, tys.t	245	433	431	461	439	421	364	478	473
Hemp, '000 tons - Hanf, Tsd.t - Pen'ka, tys.t	44	74	67	69	67	50	55	47	26
Tobacco, '000 tons - Tabak, Tsd.t - Tabak, tys.t	73	169	228	230	275	273	292	287	299
Machorka-tobacco, '000 tons - Machorka-Tabak, Tsd.t - Machorka, tys.t	168	43	30	24	17	26	18	9	12
Potatoes, mill.tons - Kartoffeln, Mio t - Kartofel', mln.t	8.6	9.9	11.2	11.5	11.1	15.4	11.1	14.5	13.6
Vegetables, mill.tons - Gemüse, Mio t - Ovošči, mln.t	3.0	7.7	10.9	11.5	11.2	14.1	14.7	13.9	16.2
Fruit (incl.berries), '000 tons - Obst (einschl. Beeren), Tsd.t - Frukty i jagody, tys.t	596	4,477	6,180	6,351	5,325	7,793	7,933	8,541	9,628

5.2.49.2 Economy / Wirtschaft

	1940	1965	1970	1971	1972	1973	1974	1975	1976
of which - darunter - v tom čisle:									
stone fruit - Kern-und Steinobst - plody semečkovye i kostočkovye	262	1,533	2,900	2,719	3,204	4,149	4,040	4,008	5,112
grapes - Weintrauben - vinograd	306	2,875	3,145	3,544	2,026	3,544	3,722	4,329	4,404
citruses - Zitrusfrüchte - plody citrusovye	23.4	28.6	86.2	33.2	46.1	45.1	114.3	143.0	112.4
Tea, '000 tons - Tee, Tsd.t - Čajnyj list, tys.t	52	197	273	280	291	305	330	352	375
Livestock products (per calendar year) Erzeugnisse der Viehwirtschaft (pro Kalenderjahr) Produkty životnovodstva (za kalendarnyj god)									
Cattle and poultry (live weight), mill.tons - Schlachtvieh und Geflügel (Lebendgewicht),Mio t - Skot i ptica (v vese živogo skota i pticy),mln.t	2.2	9.3	12.6	14.2	15.0	14.7	16.2	16.8	14.7
in terms of slaughter weight, mill.tons - umgerechnet auf Schlachtgewicht, Mio t - v peresčete na ubojnyj ves , mln.t	1.3	5.8	8.1	9.2	9.7	9.5	10.5	10.9	9.4
Milk and dairy products (in terms of milk), mill.t- Milch und Milchprodukte (umgerechnet auf Milch), Mio t - Moloko i moločnye produkty (v peresčete na moloko), mln.t	6.5	38.7	45.7	47.1	48.4	53.0	55.8	56.3	56.2
Eggs, '000 mill. - Eier, Mrd.Stck. - Jajca, mlrd.št.	2.7	10.5	18.1	21.6	24.3	27.6	30.9	33.1	32.9
Wool (in weight charged), '000 tons - Wolle (in Anrechnungsgewicht), Tsd.t - Šerst' (v začetnom vese), tys.t	120	368	441	457	452	470	507	511	480
Silk cocoons, '000 tons - Seidenkokons, Tsd.t - Kokony, tys.t	20.5	34.8	33.7	36.7	41.4	39.9	38.7	39.1	45.0

STATE PURCHASES OF STAPLE AGRICULTURAL PRODUCTS (IN ALL AGRICULTURAL ENTERPRISES), mill.t
STAATLICHE AUFKÄUFE VON GRUNDERZEUGNISSEN DER LANDWIRTSCHAFT (IN ALLEN LANDWIRTSCHAFTL.BETRIEBEN), Mio t
GOSUDARSTVENNYE ZAKUPKI OSNOVNYCH PRODUKTOV SEI'SKOGO CHOZJAJSTVA (VO VSECH KATEGORIJACH CHOZJAJSTV), mln.t

Year Jahr Gody	Grain Getreide Zerno A.	Raw cotton Rohbaumwolle Chlopok-syrec B.	Sugarbeet Zuckerrüben Sacharnaja svekla C.	Sunflower seeds Sonnenblumensamen Podsolnečnik D.	Flax fibre, '000 tons Flachsfaser, Tsd.t L'novolokno, tys.t E.	Potatoes Kartoffeln Kartofel' F.	Vegetables Gemüse Ovošči G.	Cattle & poultry (live weight) Schlachtvieh u. Geflügel (Lebendgewicht) Skot i ptica (v vese živogo skota i pticy) H.	Milk & dairy products (in terms of milk) Milch u. Milchprodukte (umger.auf Milch) Moloko i moločnye produkty (v peresčete na moloko) I.	Eggs, '000 mill. Eier, Mrd.Stck. Jajca, mrd.št. J.
1940	36.4	2.24	17.4	1.5	245.2	8.6	3.0	2.2	6.5	2.7
1945	20.0	1.16	4.7	0.5	64.5	4.5	1.8	1.3	2.9	1.1
1946	17.5	1.64	3.8	0.5	74.6	4.6	1.5	1.4	4.9	1.2
1947	27.5	1.70	12.2	0.8	92.8	5.2	2.1	1.4	5.3	0.7
1948	30.2	2.20	11.8	1.1	162.4	7.2	2.0	1.7	6.7	1.1
1949	32.1	2.53	15.3	1.2	208.5	7.0	1.9	1.8	7.5	1.4
1950	32.3	3.54	19.7	1.1	174.4	6.9	2.0	2.3	8.5	1.9
1951	33.6	3.73	23.4	1.2	159.0	5.2	1.8	2.6	9.4	2.3
1952	34.7	3.78	22.0	1.3	188.7	5.6	1.8	3.2	10.1	2.4
1953	31.1	3.85	22.9	1.8	145.5	5.4	2.5	3.6	10.6	2.6
1954	34.6	4.20	19.5	1.2	192.2	6.6	3.0	4.0	11.3	2.7
1955	36.9	3.88	30.7	2.3	347.1	5.9	3.9	4.2	13.5	2.9
1956	54.1	4.33	31.5	2.4	426.5	9.2	3.8	4.4	17.3	3.3
1957	35.4	4.21	38.5	1.8	386.7	7.9	4.2	5.1	20.5	4.3
1958	56.6	4.34	51.0	2.6	392.1	7.0	4.2	5.7	22.1	4.5
1959	46.6	4.64	41.4	1.9	332.8	6.8	4.5	7.5	25.0	5.7
1960	46.7	4.29	52.2	2.3	369.0	7.1	5.1	7.9	26.3	6.5
1961	52.1	4.52	47.7	2.9	368.6	7.0	5.5	7.3	28.3	7.4
1962	56.6	4.30	43.9	3.1	394.8	5.7	6.2	8.6	29.2	8.5
1963	44.8	5.21	41.5	3.0	368.5	8.0	6.3	9.3	28.5	8.7
1964	68.3	5.28	76.1	3.9	316.8	11.1	7.9	8.3	31.4	8.3
1965	36.3	5.66	67.5	3.9	432.6	9.9	7.7	9.3	38.7	10.5
1966	75.0	5.98	69.7	4.7	426.3	9.3	8.0	10.3	40.1	11.6

5.2.49.3 Economy
5.2.49.4 Wirtschaft

	A.	B.	C.	D.	E.	F.	G.	H.	I.	J.
1967	57.2	5.97	81.6	4.9	446.9	11.7	9.5	11.5	42.5	12.9
1968	69.0	5.95	84.2	4.9	355.5	11.7	9.1	11.9	44.0	14.1
1969	55.5	5.71	65.3	4.3	447.2	10.6	9.6	11.7	43.8	15.4
1970	73.3	6.89	71.4	4.6	431.4	11.2	10.9	12.6	45.7	18.1
1971	64.1	7.10	64.3	4.4	461.3	11.5	11.5	14.2	47.1	21.6
1972	60.0	7.30	68.0	3.8	439.1	11.1	11.2	15.0	48.4	24.3
1973	90.5	7.66	77.8	5.6	420.7	15.4	14.1	14.7	53.0	27.6
1974	73.3	8.41	67.5	5.2	364.1	11.1	14.7	12.2	55.8	30.9
1975	50.2	7.86	61.9	3.8	477.7	14.5	13.9	16.8	56.3	33.1
1976	92.1	--	85.3	3.8	472.9	13.6	16.2	14.7	56.2	32.9

5.2.49.4 STATE PURCHASES OF GRAIN CROPS BY UNION REPUBLICS (IN ALL AGRICULTURAL ENTERPRISES), '000 tons
STAATLICHE AUFKÄUFE AN GETREIDEKULTUREN NACH UNIONSREPUBLIKEN (IN ALLEN LANDWIRTSCHAFTL. BETRIEBEN), Tsd.t
GOSUDARSTVENNYE ZAKUPKI ZERNOVYCH KUL'TUR PO SOJUZNYM RESPUBLIKAM (VO VSECH KATEGORIJACH CHOZJAJSTV), tys.t

	1940	1965	1970	1971	1972	1973	1974	1975	1976
SSSR	36,446	36,331	73,284	64,119	59,971	90,529	73,285	50,213	92,107
RSFSR	24,238	21,848	45,672	36,521	29,503	52,186	42,965	26,231	52,580
Ukrainskaja SSR	9,368	10,343	11,659	12,573	9,237	17,521	16,507	14,013	14,922
Belorusskaja SSR	436	346	521	675	1,003	1,106	1,154	1,501	1,301
Uzbekskaja SSR	238	211	387	255	448	624	545	536	1,024
Kazachskaja SSR	1,282	2,373	13,377	12,306	17,413	16,658	9,868	5,080	19,608
Gruzinskaja SSR	35	72	100	105	140	170	172	204	201
Azerbajdžanskaja SSR	130	131	170	168	231	243	268	271	349
Litovskaja SSR	--	126	186	246	280	249	365	371	345
Moldavskaja SSR	356	546	555	609	915	1,003	651	1,063	824
Latvijskaja SSR	--	125	207	242	255	235	253	331	286
Kirgizskaja SSR	208	63	236	196	293	266	260	300	315
Tadžikskaja SSR	75	40	56	35	67	58	49	59	74
Armjanskaja SSR	40	22	35	43	54	56	46	63	70
Turkmenskaja SSR	40	26	26	34	38	42	46	48	55
Estonskaja SSR	--	59	97	111	94	112	136	142	153

5.2.49.5   STATE PURCHASES OF WHEAT BY UNION REPUBLICS[1]
            STAATLICHE AUFKÄUFE AN WEIZEN NACH UNIONSREPUBLIKEN[1]
            GOSUDARSTVENNYE ZAKUPKI PŠENICY PO SOJUZNYM RESPUBLIKAM[1]

	1940	1965	1970	1971	1972	1973	1974	1975
SSSR	15,645	21,840	51,046	47,338	42,106	57,995	38,268	29,522
RSFSR	10,268	12,351	31,878	26,360	20,434	29,323	21,232	14,499
Ukrainskaja SSR	3,831	6,843	6,498	9,420	5,236	13,377	8,785	9,562
Belorusskaja SSR	19	13	80	138	155	167	121	155
Uzbekskaja SSR	140	111	199	82	175	214	92	50
Kazachskaja SSR	953	1,962	11,573	10,520	14,963	13,721	7,108	3,911
Gruzinskaja SSR	20	36	67	77	91	123	113	134
Azerbajdžanskaja SSR	85	103	139	136	186	189	215	228
Litovskaja SSR	--	28	72	94	120	90	158	178
Moldavskaja SSR	82	258	205	231	348	419	123	410
Latvijskaja SSR	--	27	57	66	86	69	78	96
Kirgizskaja SSR	136	48	179	124	186	177	134	149
Tadžikskaja SSR	54	29	42	22	46	40	32	38
Armjanskaja SSR	28	10	29	31	38	43	22	51
Turkmenskaja SSR	29	15	10	17	19	20	22	23
Estonskaja SSR	--	6	18	20	23	23	33	38

5.2.49.6   STATE PURCHASES OF RYE BY UNION REPUBLICS[1]
            STAATLICHE AUFKÄUFE AN ROGGEN NACH UNIONSREPUBLIKEN[1]
            GOSUDARSTVENNYE ZAKUPKI RŽI PO SOJUZNYM RESPUBLIKAM[1]

	1940	1965	1970	1971	1972	1973	1974	1975
SSSR	7,992	5,451	5,399	4,809	2,978	3,188	6,618	2,865
RSFSR	6,231	4,457	4,502	3,847	2,045	1,789	5,347	1,595
Ukrainskaja SSR	1,386	429	275	288	205	536	339	277
Belorusskaja SSR	282	296	294	333	418	548	454	704
Kazachskaja SSR	53	35	122	84	23	24	196	7
Litovskaja SSR	--	93	81	108	136	124	159	132
Moldavskaja SSR	38	3	0.4	0.7	0.7	0.7	0.3	0.7
Latvijskaja SSR	--	86	77	87	97	99	70	88
Estonskaja SSR	--	50	46	61	53	66	49	60

5.2.49.7   STATE PURCHASES OF SUGAR-BEET BY UNION REPUBLICS[1]
            STAATLICHE AUFKÄUFE AN ZUCKERRÜBEN NACH UNIONSREPUBLIKEN[1]
            GOSUDARSTVENNYE ZAKUPKI SACHARNOJ SVEKLY PO SOJUZNYM RESPUBLIKAM[1]

	1940	1965	1970	1971	1972	1973	1974	1975	1976
SSSR	17,357	67,500	71,385	64,329	68,043	77,799	67,484	61,880	85,294
RSFSR	3,044	18,955	21,362	16,127	14,421	26,095	18,680	17,838	24,659
Ukrainskaja SSR	12,669	41,153	41,847	40,632	43,700	43,303	40,364	35,925	51,203
Belorusskaja SSR	--	768	932	726	1,206	1,054	960	1,057	961
Kazachskaja SSR	384	1,840	2,127	2,030	2,350	2,236	1,948	1,864	2,014
Gruzinskaja SSR	71	123	122	139	130	118	121	134	130
Litovskaja SSR	220	545	483	499	876	650	740	700	553
Moldavskaja SSR	119	1,935	2,612	2,398	3,284	2,260	2,649	2,360	3,812
Latvijskaja SSR	216	305	208	205	253	218	195	182	167
Kirgizskaja SSR	618	1,755	1,604	1,487	1,717	1,750	1,695	1,672	1,634
Armjanskaja SSR	16	121	88	86	106	115	132	148	161

[1] in all agricultural enterprises; '000 tons - in allen landwirtschaftlichen Betrieben; Tsd.t - vo vsech kategorijach chozjajstv; tys.t

5.2.49.8 Economy
5.2.49.9 Wirtschaft
5.2.49.10

5.2.49.8   STATE PURCHASES OF FLAX FIBRES BY UNION REPUBLICS[1]
STAATLICHE AUFKÄUFE AN FLACHSFASER NACH UNIONSREPUBLIKEN[1]
GOSUDARSTVENNYE ZAKUPKI L'NOVOLOKNA PO SOJUZNYM RESPUBLIKAM[1]

	1940	1965	1970	1971	1972	1973	1974	1975	1976
SSSR	245.2	432.6	431.4	461.3	439.1	420.7	364.1	477.7	472.9
RSFSR	178.9	228.6	233.9	223.3	205.6	157.2	149.6	231.4	166.4
Ukrainskaja SSR	10.4	70.6	84.1	98.9	112.7	135.5	118.3	116.2	154.0
Belorusskaja SSR	21.6	110.4	98.7	118.5	104.3	113.4	82.5	112.8	126.1
Litovskaja SSR	16.4	15.0	10.6	14.0	10.1	9.6	10.0	13.2	19.2
Latvijskaja SSR	12.9	6.2	3.0	5.1	5.1	4.2	3.0	3.3	5.1
Estonskaja SSR	5.0	1.8	1.1	1.5	1.3	0.8	0.7	0.8	2.1

5.2.49.9   STATE PURCHASES OF SUNFLOWER SEEDS BY UNION REPUBLICS[1]
STAATLICHE AUFKÄUFE AN SONNENBLUMENSAMEN NACH UNIONSREPUBLIKEN[1]
GOSUDARSTVENNYE ZAKUPKI SEMJAN PODSOLNECNIKA PO SOJUZNYM RESPUBLIKAM[1]

	1940	1965	1970	1971	1972	1973	1974	1975	1976
SSSR	1,500	3,888	4,613	4,359	3,753	5,553	5,228	3,841	3,763
RSFSR	911	1,799	2,303	2,010	1,594	2,831	2,634	1,675	2,095
Ukrainskaja SSR	486	1,767	1,982	2,017	1,795	2,359	2,340	1,875	1,435
Kazachskaja SSR	12	38	58	67	68	72	4	54	62
Gruzinskaja SSR	3	11	8	4	16	16	16	10	12
Moldavskaja SSR	86	273	262	261	280	275	234	227	159

5.2.49.10   STATE PURCHASES OF POTATOES BY UNION REPUBLICS[1]
STAATLICHE AUFKÄUFE AN KARTOFFELN NACH UNIONSREPUBLIKEN[1]
GOSUDARSTVENNYE ZAKUPKI KARTOFELJA PO SOJUZNYM RESPUBLIKAM[1]

	1940	1965	1970	1971	1972	1973	1974	1975	1976
SSSR	8,642	9,946	11,233	11,482	11,087	15,410	11,156	14,527	13,636
RSFSR	5,192	6,429	7,221	6,676	4,424	9,963	5,424	9,061	6,977
Ukrainskaja SSR	1,823	1,620	1,706	2,387	2,731	2,500	2,483	2,023	3,064
Belorusskaja SSR	1,296	1,157	1,259	1,360	2,412	1,655	1,920	2,069	2,073
Uzbekskaja SSR	21	58	63	61	76	81	98	96	108
Kazachskaja SSR	37	60	206	219	329	296	246	196	310
Gruzinskaja SSR	19	59	68	37	68	60	96	102	101
Azerbajdžanskaja SSR	26	19	18	16	18	21	31	29	33
Litovskaja SSR	10	139	177	198	291	222	218	278	261
Moldavskaja SSR	10	9	13	22	29	22	23	10	24
Latvijskaja SSR	146	168	206	212	342	238	178	238	248
Kirgizskaja SSR	12	56	63	63	72	64	73	69	74
Tadžikskaja SSR	8	9	21	21	32	34	56	49	53
Armjanskaja SSR	11	14	44	24	36	53	76	61	70
Estonskaja SSR	30	149	165	182	224	197	231	242	235

1 in all agricultural enterprises; '000 tons - in allen landwirtschaftlichen Betrieben; Tsd.t - vo vsech kategorijach chozjajstv; tys.t

Economy 5.2.49.11
Wirtschaft 5.2.49.12
5.2.49.13

5.2.49.11   STATE PURCHASES OF VEGETABLES BY UNION REPUBLICS[1]
STAATLICHE AUFKÄUFE AN GEMÜSE NACH UNIONSREPUBLIKEN[1]
GOSUDARSTVENNYE ZAKUPKI OVOSČEJ PO SOJUZNYM RESPUBLIKAM[1]

	1940	1965	1970	1971	1972	1973	1974	1975	1976
SSSR	2,970	7,724	10,918	11,467	11,234	14,125	14,657	13,883	16,180
RSFSR	1,335	3,273	4,720	4,693	4,177	5,718	5,960	5,829	6,064
Ukrainskaja SSR	1,329	2,679	3,364	3,630	3,515	4,343	4,354	3,836	5,203
Belorusskaja SSR	68	118	233	178	251	333	276	255	279
Uzbekskaja SSR	70	352	614	738	811	865	993	1,027	1,169
Kazachskaja SSR	25	299	452	456	503	573	580	547	597
Gruzinskaja SSR	23	101	157	159	155	184	229	215	272
Azerbajdžanskaja SSR	25	185	268	296	338	413	447	455	586
Litovskaja SSR	--	30	60	53	91	80	75	86	77
Moldavskaja SSR	47	315	414	523	611	757	808	750	911
Latvijskaja SSR	--	41	84	87	92	102	102	89	84
Kirgizskaja SSR	8	84	118	141	158	158	195	178	206
Tadžikskaja SSR	5	33	88	101	117	111	148	159	168
Armjanskaja SSR	9	108	188	230	221	281	266	250	321
Turkmenskaja SSR	12	76	109	131	139	153	162	154	191
Estonskaja SSR	--	30	49	51	55	55	62	53	52

5.2.49.12   STATE PURCHASES OF FRUITS AND BERRIES (INCL. GRAPES) BY UNION REPUBLICS[1]
STAATLICHE AUFKÄUFE AN OBST UND BEEREN (EINSCHL. WEINTRAUBEN) NACH UNIONSREPUBLIKEN[1]
GOSUDARSTVENNYE ZAKUPKI FRUKTOV I JAGOD (VKLJUČAJA VINOGRAD) PO SOJUZNYM RESPUBLIKAM[1]

	1940	1965	1970	1971	1972	1973	1974	1975	1976
SSSR	596	4,477	6,180	6,351	5,325	7,793	7,933	8,541	9,628
RSFSR	116	1,108	1,593	1,469	1,129	1,812	1,966	1,990	2,435
Ukrainskaja SSR	140	1,235	1,446	1,649	1,396	2,287	1,962	2,101	2,135
Belorusskaja SSR	2	33	124	46	19	17	11	49	174
Uzbekskaja SSR	59	186	266	199	351	357	401	479	531
Kazachskaja SSR	7	71	148	117	232	165	194	184	257
Gruzinskaja SSR	71	354	658	478	397	474	669	778	716
Azerbajdžanskaja SSR	59	166	370	316	276	466	694	757	818
Litovskaja SSR	--	29	59	75	37	93	17	98	108
Moldavskaja SSR	84	998	1,004	1,524	1,091	1,637	1,432	1,403	1,754
Latvijskaja SSR	--	7	16	17	13	21	12	18	41
Kirgizskaja SSR	2	38	55	55	112	94	95	124	126
Tadžikskaja SSR	12	82	130	116	93	115	159	189	179
Armjanskaja SSR	36	142	272	249	147	198	249	295	289
Turkmenskaja SSR	8	25	30	33	24	50	56	66	41
Estonskaja SSR	--	3	9	8	8	7	16	10	24

5.2.49.13   STATE PURCHASES OF GRAPES BY UNION REPUBLICS[1]
STAATLICHE AUFKÄUFE VON WEINTRAUBEN NACH UNIONSREPUBLIKEN[1]
GOSUDARSTVENNYE ZAKUPKI VINOGRADA PO SOJUZNYM RESPUBLIKAM[1]

	1940	1965	1970	1971	1972	1973	1974	1975	1976
SSSR	306	2,875	3,145	3,544	2,026	3,544	3,722	4,329	4,404
RSFSR	47	635	662	632	322	633	628	698	785
Ukrainskaja SSR	52	711	685	778	474	913	701	936	625

[1] in all agricultural enterprises; '000 tons - in allen landwirtschaftlichen Betrieben; Tsd.t - vo vsech kategorijach chozjajstv; tys.t

5.2.49.13 Economy
5.2.49.14 Wirtschaft
5.2.49.15

	1940	1965	1970	1971	1972	1973	1974	1975	1976
Uzbekskaja SSR	42	137	173	150	201	220	241	246	293
Kazachskaja SSR	1	48	73	87	126	90	115	80	124
Gruzinskaja SSR	36	245	392	307	160	226	322	409	291
Azerbajdžanskaja SSR	40	133	307	284	212	397	599	668	709
Moldavskaja SSR	42	765	513	967	339	798	755	910	1,187
Kirgizskaja SSR	--	18	21	24	39	31	38	32	39
Tadžikskaja SSR	7	54	83	84	31	61	91	98	119
Armjanskaja SSR	31	111	213	203	103	135	182	200	195
Turkmenskaja SSR	8	18	23	28	19	40	50	52	37

5.2.49.14 GROSS YIELD (PURCHASES) OF RAW TEA (HIGH GRADE) BY UNION REPUBLICS[1]
BRUTTOERNTEERTRAG (AUFKÄUFE) AN SORTENTEEBLÄTTERN NACH UNIONSREPUBLIKEN[1]
VALOVOJ SBOR (ZAKUPKI) OSNOVNOGO (SORTOVOGO) ČAJNOGO LISTA PO SOJUZNYM RESPUBLIKAM[1]

	1940	1965	1970	1971	1972	1973	1974	1975	1976	1977
SSSR	51.6	197.0	272.7	280.2	291.1	305.4	329.9	352.3		
RSFSR	0.01	2.7	4.0	4.3	4.0	4.4	4.6	4.6		
Gruzinskaja SSR	51.3	186.1	258.8	265.8	276.4	289.4	312.2	334.6		
Azerbajdžanskaja SSR	0.24	8.2	9.9	10.1	10.7	11.6	13.1	13.1		

5.2.49.15 STATE PURCHASES OF BASIC LIVESTOCK PRODUCTS IN INDIVIDUAL
AGRICULTURAL ENTERPRISES
STAATLICHE AUFKÄUFE VON GRUNDERZEUGNISSEN DER VIEHWIRTSCHAFT
IN DEN EINZELNEN LANDWIRTSCHAFTLICHEN BETRIEBEN
GOSUDARSTVENNYE ZAKUPKI OSNOVNYCH PRODUKTOV ŽIVOTNOVODSTVA PO
KATEGORIJAM CHOZJAJSTV

Year / Jahr / Gody	Cattle & poultry (live weight), mill.tons / Vieh u.Geflügel (Lebendgewicht), Mio t / Skot i ptica (v vese živogo skota i pticy), mln.t	Milk & dairy products (in terms of milk), mill.tons / Milch u.Milchprodukte (umgerechnet auf Milch), Mio t / Moloko i moločnye produkty (v peresčete na moloko), mln.t	Eggs '000 mill. / Eier Mrd.Stck. / Jajca mlrd.št.	Wool (charging weight), '000 tons / Wolle (Anrechnungsgewicht), Tsd.t / Šerst' (v začetnom vese), tys.t
	A.	B.	C.	D.
All agricultural enterprises - alle landwirtschaftlichen Betriebe - vse kategorii chozjajstv			
1940	2.2	6.5	2.7	120
1945	1.3	2.9	1.1	67
1950	2.3	8.5	1.9	136
1955	4.2	13.5	2.9	230
1960	7.9	26.3	6.5	358
1965	9.3	38.7	10.5	368
1966	10.3	40.1	11.6	380
1967	11.5	42.5	12.9	410
1968	11.9	44.0	14.1	429
1969	11.7	43.8	15.4	402
1970	12.6	45.7	18.1	441

1 in all agricultural enterprises; '000 tons - in allen landwirtschaftlichen Betrieben; Tsd.t - vo vsech kategorijach chozjajstv; tys.t

Economy   5.2.49.15
Wirtschaft 5.2.49.16

	A.	B.	C.	D.		A.	B.	C.	D.
1971	14.2	47.1	21.6	457	1975	16.8	56.3	33.1	511
1972	15.0	48.4	24.3	452	1976	14.7	56.2	32.9	480
1973	14.7	53.0	27.6	470					
1974	16.2	55.8	30.9	507					

Collective and state farms and other state enterprises - Kolchosen, Sowchosen und andere staatliche Betriebe - Kolchozy, sovchozy i drugie gosudarstvennye chozjajstva

	A.	B.	C.	D.		A.	B.	C.	D.
1940	1.4	4.3	0.2	91	1969	10.8	42.7	13.5	345
1945	0.9	1.9	0.2	54	1970	11.3	44.2	16.1	380
1950	1.6	4.8	0.8	116	1971	12.3	45.2	19.5	391
1955	3.5	11.2	1.4	212	1972	12.9	46.2	22.3	380
1960	6.8	24.4	4.1	307	1973	12.8	50.6	25.6	395
1965	8.4	37.0	7.8	320	1974	14.2	53.2	28.8	427
1966	8.9	38.6	8.9	329	1975	14.6	53.7	31.1	427
1967	10.0	41.0	10.4	357	1976	13.1	53.4	31.7	400
1968	10.3	42.8	11.9	373					

Collective farms - Kolchosen - Kolchozy

	A.	B.	C.	D.		A.	B.	C.	D.
1940	0.9	3.3	0.1	69	1969	5.6	24.3	3.8	171
1945	0.8	1.6	0.2	45	1970	5.8	24.9	4.4	184
1950	1.0	3.5	0.6	95	1971	6.1	25.1	5.2	186
1955	2.5	8.7	0.9	171	1972	6.5	25.7	5.5	179
1960	4.3	16.0	2.2	198	1973	6.4	28.4	6.0	180
1965	4.2	21.1	3.0	164	1974	7.0	29.7	6.1	190
1966	4.6	21.9	3.2	168	1975	7.1	29.9	5.6	186
1967	5.1	23.1	3.5	179	1976	6.4	29.6	4.1	175
1968	5.3	24.5	3.7	184					

State farms and other state enterprises - Sowchosen und andere staatliche Betriebe - Sovchozy i drugie gosudarstvennye chozjajstva

	A.	B.	C.	D.		A.	B.	C.	D.
1940	0.5	1.0	0.1	22	1969	5.2	18.4	9.7	174
1945	0.1	0.3	--	9	1970	5.5	19.3	11.7	196
1950	0.6	1.3	0.2	21	1971	6.2	20.1	14.3	205
1955	1.0	2.5	0.5	41	1972	6.4	20.5	16.8	201
1960	2.5	8.4	1.9	109	1973	6.4	22.2	19.6	215
1965	4.2	15.9	4.8	156	1974	7.2	23.5	22.7	237
1966	4.3	16.7	5.7	161	1975	7.5	23.8	25.5	241
1967	4.9	17.9	6.9	178	1976	6.7	23.8	27.6	225
1968	5.0	18.3	8.2	189					

5.2.49.16 STATE PURCHASES OF CATTLE AND POULTRY BY UNION REPUBLICS (LIVE WEIGHT)[1]
STAATLICHE AUFKÄUFE VON VIEH UND GEFLÜGEL NACH UNIONSREPUBLIKEN (LEBENDGEWICHT)[1]
GOSUDARSTVENNYE ZAKUPKI SKOTA I PTICY PO SOJUZNYM RESPUBLIKAM
(V VESE ŽIVOGO SKOTA I PTICY)[1]

	1940	1965	1970	1971	1972	1973	1974	1975	1976
SSSR	2,217	9,280	12,595	14,163	15,023	14,695	16,187	16,756	14,706
RSFSR	1,194	4,909	6,404	7,358	7,832	7,350	8,237	8,482	7,360
Ukrainskaja SSR	516	1,841	2,626	2,938	3,235	3,229	3,503	3,632	3,134
Belorusskaja SSR	141	410	750	812	855	891	954	1,010	937
Uzbekskaja SSR	38	149	147	153	164	168	180	197	200
Kazachskaja SSR	162	979	1,201	1,245	1,218	1,321	1,423	1,490	1,113

[1] in all agricultural enterprises; '000 tons - in allen landwirtschaftlichen Betrieben; Tsd.t - vo vsech kategorijach chozjajstv; tys.t

5.2.49.16 Economy
5.2.49.17 Wirtschaft
5.2.49.18

	1940	1965	1970	1971	1972	1973	1974	1975	1976
Gruzinskaja SSR	21	53	74	86	95	97	111	120	130
Azerbajdžanskaja SSR	23	58	84	92	91	97	103	106	106
Litovskaja SSR	18	250	442	510	511	501	536	532	543
Moldavskaja SSR	12	125	173	197	205	222	241	243	244
Latvijskaja SSR	15	144	234	258	288	272	300	313	317
Kirgizskaja SSR	23	134	158	174	170	188	201	213	185
Tadžikskaja SSR	12	47	57	62	64	66	70	75	77
Armjanskaja SSR	13	38	50	57	66	72	81	82	84
Turkmenskaja SSR	10	34	36	44	45	47	50	53	54
Estonskaja SSR	19	109	159	177	184	174	197	208	222

5.2.49.17 STATE PURCHASES OF CATTLE AND POULTRY BY UNION REPUBLICS (SLAUGHTER WEIGHT) - STAATLICHE AUFKÄUFE VON VIEH UND GEFLÜGEL NACH UNIONS-REPUBLIKEN (UMGERECHNET AUF SCHLACHTGEWICHT) - GOSUDARSTVENNYE ZAKUPKI SKOTA I PTICY PO SOJUZNYM RESPUBLIKAM (V PERESČETE NA UBOJNYJ VES)[1]

	1965	1970	1971	1972	1973	1974	1975	1976
SSSR	5,813	8,110	9,184	9,712	9,471	10,474	10,861	9,361
RSFSR	3,085	4,111	4,763	5,036	4,731	5,325	5,478	4,598
Ukrainskaja SSR	1,191	1,728	1,957	2,134	2,123	2,313	2,432	2,074
Belorusskaja SSR	260	502	540	559	581	629	678	621
Uzbekskaja SSR	88	88	94	102	104	112	123	123
Kazachskaja SSR	551	699	728	728	779	836	858	643
Gruzinskaja SSR	31	52	54	60	61	72	78	84
Azerbajdžanskaja SSR	32	48	53	53	56	60	61	62
Litovskaja SSR	174	312	357	358	350	374	369	380
Moldavskaja SSR	86	123	141	144	154	170	171	167
Latvijskaja SSR	96	161	181	201	191	208	218	221
Kirgizskaja SSR	76	90	100	99	107	115	122	105
Tadžikskaja SSR	26	34	35	40	40	43	46	45
Armjanskaja SSR	21	29	33	41	44	49	49	51
Turkmenskaja SSR	19	20	24	27	28	30	31	31
Estonskaja SSR	77	113	124	130	122	138	147	156

5.2.49.18 STATE PURCHASES OF MILK AND DAIRY PRODUCTS BY UNION REPUBLICS (IN TERMS OF MILK) - STAATLICHE AUFKÄUFE VON MILCH UND MILCHPRODUKTEN NACH UNIONS-REPUBLIKEN (UMGERECHNET AUF MILCH) - GOSUDARSTVENNYE ZAKUPKI MOLOKA I MOLOČNYCH PRODUKTOV PO SOJUZNYM RESPUBLIKAM (V PERESČETE NA MOLOKO)[1]

	1940	1965	1970	1971	1972	1973	1974	1975	1976
SSSR	6,453	38,700	45,681	47,078	48,444	52,978	55,768	56,296	56,220
RSFSR	4,239	21,399	25,339	26,018	26,359	28,749	30,351	30,692	30,154
Ukrainskaja SSR	1,006	9,171	10,545	11,002	11,467	12,829	13,325	13,179	13,184
Belorusskaja SSR	231	1,939	2,549	2,609	2,850	3,208	3,381	3,530	3,592
Uzbekskaja SSR	31	291	354	380	403	445	479	506	534
Kazachskaja SSR	271	1,560	1,783	1,784	1,835	1,986	2,001	1,923	1,988
Gruzinskaja SSR	24	141	175	183	179	193	211	224	234
Azerbajdžanskaja SSR	39	156	182	197	204	231	243	248	259
Litovskaja SSR	126	1,121	1,440	1,455	1,612	1,664	1,797	1,895	2,003

[1] in all agricultural enterprises; '000 tons - in allen landwirtschaftlichen Betrieben; Tsd.t - vo vsech kategorijach chozjajstv; tys.t

Economy 5.2.49.18
Wirtschaft 5.2.49.19
5.2.49.20

	1940	1965	1970	1971	1972	1973	1974	1975	1976
Moldavskaja SSR	3	411	492	512	523	600	624	664	675
Latvijskaja SSR	263	1,203	1,286	1,325	1,332	1,345	1,471	1,463	1,531
Kirgizskaja SSR	27	265	315	331	343	359	368	373	384
Tadžikskaja SSR	6	85	114	125	131	142	156	165	177
Armjanskaja SSR	20	155	186	202	214	220	227	239	254
Turkmenskaja SSR	8	66	81	85	90	99	107	114	118
Estonskaja SSR	159	737	840	870	902	909	1,027	1,081	1,133

5.2.49.19   STATE PURCHASES OF EGGS BY UNION REPUBLICS (mill.)[1]
STAATLICHE AUFKÄUFE VON EIERN NACH UNIONSREPUBLIKEN (Mio Stck.)[1]
GOSUDARSTVENNYE ZAKUPKI JAIC PO SOJUZNYM RESPUBLIKAM (mln.št.)[1]

	1940	1965	1970	1971	1972	1973	1974	1975	1976
SSSR	2,679	10,478	18,054	21,570	24,299	27,544	30,892	33,065	32,897
RSFSR	1,454	6,380	11,202	13,495	15,185	17,019	19,131	20,410	20,142
Ukrainskaja SSR	1,039	2,566	3,786	4,425	5,000	5,771	6,400	6,800	6,554
Belorusskaja SSR	112	262	483	586	699	885	994	1,106	1,167
Uzbekskaja SSR	--	154	304	353	392	456	518	558	620
Kazachskaja SSR	38	325	717	877	1,047	1,203	1,427	1,539	1,606
Gruzinskaja SSR	14	97	161	180	191	260	275	292	327
Azerbajdžanskaja SSR	10	81	133	152	162	180	201	223	220
Litovskaja SSR	--	94	212	251	283	310	345	386	406
Moldavskaja SSR	6	97	205	242	261	288	311	353	376
Latvijskaja SSR	--	143	268	327	356	370	397	426	433
Kirgizskaja SSR	--	71	138	163	162	178	199	207	232
Tadžikskaja SSR	--	44	85	105	113	131	148	169	195
Armjanskaja SSR	6	55	102	108	114	146	171	200	217
Turkmenskaja SSR	--	28	61	81	81	00	101	117	113
Estonskaja SSR	--	81	197	225	253	259	274	279	289

5.2.49.20 STATE PURCHASES OF WOOL BY UNION REPUBLICS (WEIGHT CHARGED), '000 tons[1]
STAATLICHE AUFKÄUFE VON WOLLE NACH UNIONSREPUBLIKEN (ANRECHNUNGSGEW.),Tsd.t[1]
GOSUDARSTVENNYE ZAKUPKI ŠERSTI PO SOJUZNYM RESPUBLIKAM (V ZAČETNOM VESE), tys.t[1]

	1940	1965	1970	1971	1972	1973	1974	1975	1976
SSSR	119.8	368.5	440.9	457.4	451.6	470.1	506.8	510.9	480.5
RSFSR	67.9	173.2	216.6	230.1	226.2	225.9	251.5	250.8	234.2
Ukrainskaja SSR	12.2	23.2	26.0	26.7	27.1	27.8	30.0	31.1	27.5
Belorusskaja SSR	1.2	1.1	1.1	1.1	1.2	1.2	1.2	1.2	1.1
Uzbekskaja SSR	7.9	20.4	21.5	21.2	20.5	23.1	24.3	25.0	24.5
Kazachskaja SSR	13.8	88.6	105.2	104.7	104.5	113.6	119.2	120.6	112.2
Gruzinskaja SSR	2.6	5.0	5.2	5.7	5.2	5.5	5.6	5.9	5.7
Azerbajdžanskaja SSR	3.1	7.2	8.0	8.6	8.8	9.6	9.6	9.8	10.6
Moldavskaja SSR	0.6	1.8	1.8	1.9	1.9	1.9	1.9	2.1	1.9
Kirgizskaja SSR	3.7	27.9	32.6	34.2	34.7	37.8	38.8	39.6	38.3
Tadžikskaja SSR	1.1	4.5	5.0	5.0	5.0	5.3	5.4	5.6	5.7
Armjanskaja SSR	1.0	3.6	4.0	4.5	4.5	4.5	4.5	4.9	4.7
Turkmenskaja SSR	4.7	12.0	13.9	13.7	12.0	13.9	14.8	14.3	14.1

1 in all agricultural enterprises - in allen landwirtschaftlichen Betrieben -
vo vsech kategorijach chozjajstv

5.2.50 Economy / Wirtschaft

SUPPLY OF TRACTORS, LORRIES AND AGRICULTURAL MACHINES TO AGRICULTURE (thousands)
BELIEFERUNG DER LANDWIRTSCHAFT MIT TRAKTOREN, LASTKRAFTWAGEN UND LANDMASCHINEN (Tsd.Stck.)
POSTAVKA SEL'SKOMU CHOZJAJSTVU TRAKTOROV, GRUZOVYCH AVTOMOBILEJ I SEL'SKOCHOZJAJSTVENNYCH MAŠIN (tys.št.)

	1940	1965	1970	1971	1972	1973	1974	1975	1976	1977
Tractors, total – Traktoren, insg. – Traktory, vsego	20.3	239.5	309.3	313.2	312.8	323.0	348.0	370.4	368.6	364.6
aggregate capacity of tractor engines, mill.hp – summarische Motorleistung, Mio PS – summarnaja moščnost' dvigatelej vsech traktorov,mln.l.s.	0.9	12.8	19.0	20.0	21.2	22.6	25.3	27.3	28.5	28.3
Lorries – Lastkraftwagen – gruzovye avtomobili	17.5	70.2	125.8	137.3	152.7	188.4	212.4	228.5	226.1	224.2
Specialized automobiles – Spezialkraftfahrzeuge – Specializirovanye avtomobili	...	24.1	30.8	32.1	34.8	36.4	38.3	40.9	43.0	43.9
Tractor ploughs – Traktorenpflüge – Plugi traktornye	38.4	158.5	207.2	217.0	219.0	215.1	203.4	191.1	184.6	176.2
Tractor stubbler ploughs – Traktorenschälpflüge – Luščil'niki traktornye	12.8	44.2	38.2	28.0	27.6	26.5	30.5	31.3	28.7	31.7
Tractor drills – Traktorendrillmaschinen – sejalki traktornye	21.4	259.5	187.0	170.1	175.7	194.4	211.0	213.7	222.6	--
Tractor cultivators – Traktorengrubber – Kul'tivatory traktornye	32.3	208.3	204.6	183.0	176.3	190.0	176.2	181.7	186.6	181.6
Grain harvesters – Mähdrescher – Zernouboročnye kombajny	12.8	79.4	97.1	99.0	92.8	81.5	83.4	92.0	97.5	100.8
Windrowers – Schwadenmähmaschinen – Žatki rjadovye	--	97.7	47.7	51.4	59.2	63.3	82.9	91.5	92.1	--
Maize harvesters – Maisvollerntemaschinen – Kukuruzouboročnye kombajny	--	0.1	5.0	7.0	8.2	8.9	10.0	10.1	10.9	10.8
Potato harvesters – Kartoffelvollerntemaschinen – Kartofeleuboročnye kombajny	--	6.1	8.0	9.7	11.3	11.9	12.1	12.0	12.2	12.1
Beet harvesters – Rübenvollerntemaschinen – Sveklouboročnye kombajny	--	17.3	9.6	10.4	11.9	14.7	16.0	17.3	14.3	14.4
Silage harvesters – Silofeldhecksler – Silosouboročnye kombajny	--	22.9	32.9	39.7	55.7	66.3	67.7	70.1	53.6	57.3
Cotton-pickers – Baumwollerntemaschinen – Chlopkouboročnye kombajny	--	8.0	5.9	6.8	6.7	6.5	7.3	7.5	7.9	--
Tractor mowers – Traktormähmaschinen – Kosilki traktornye	3.3	120.9	142.6	148.7	150.7	128.8	92.0	82.7	87.2	96.3

	1940	1965	1970	1971	1972	1973	1974	1975	1976	1977
Tractor rakers - Traktorrechen - Grabli traktornye	0.9	39.8	61.0	52.1	51.3	60.7	53.9	46.6	41.1	47.4
Press pickers - Räum-und Sammelpressen - Press-podborščiki	--	6.0	13.9	17.4	23.9	26.8	29.9	33.4	33.1	31.5
Loaders (universal) - Universalladevorrichtungen - Pogruzčiki universal'nye	--	68.9	75.3	78.8	86.0	84.2	83.8	87.3	93.0	--
Milking machines - Melkanlagen - Doilnye ustanovki	--	6.1	50.0	58.5	65.6	64.8	57.6	54.5	54.5	56.0
Sprinklers and sprinkling plants - Beregungsmaschinen und -anlagen - Doždeval'nye mašiny i ustanovki	--	13.5	12.7	13.5	13.3	22.5	25.0	27.9	28.3	--

5.2.51 NUMBER OF TRACTORS IN AGRICULTURE BY UNION REPUBLICS (END-OF-YEAR FIGURES)
TRAKTORENPARK IN DER LANDWIRTSCHAFT NACH UNIONSREPUBLIKEN (ZUM JAHRESENDE)
PARK TRAKTOROV V SEL'SKOM CHOZJAJSTVE PO SOJUZNYM RESPUBLIKAM (NA KONEC GODA)

In physical units, '000 - in physischen Einheiten, Tsd.Stck. - v fizičeskich edinicach, tys.št.

	1940	1965	1970	1971	1972	1973	1974	1975	1976
SSSR	530.8	1613.2	1977.5	2045.7	2111.9	2188.5	2266.5	2336.0	2402.0
RSFSR	342.2	840.4	1012.6	1045.4	1079.4	1119.7	1157.7	1191.3	1227.8
Ukrainskaja SSR	94.6	257.0	317.1	329.1	340.8	349.2	359.7	371.7	382.9
Belorusskaja SSR	10.4	55.4	81.6	85.4	90.8	95.9	99.4	102.5	105.9
Uzbekskaja SSR	23.0	89.9	121.3	127.2	130.6	138.8	144.0	147.6	149.5
Kazachskaja SSR	30.8	194.3	198.6	200.4	201.5	206.9	216.5	226.1	233.0
Gruzinskaja SSR	3.0	12.9	18.4	18.8	19.4	19.7	20.6	20.8	22.9
Azerbajdžanskaja SSR	6.1	21.1	25.3	26.7	27.9	28.8	29.8	30.8	31.6
Litovskaja SSR	1.2	28.3	40.3	42.5	44.4	45.7	47.8	48.7	48.8
Moldavskaja SSR	1.4	23.1	35.4	37.9	40.0	42.4	44.4	45.9	47.3
Latvijskaja SSR	1.3	19.5	29.1	29.8	30.5	31.2	31.9	32.2	31.9
Kirgizskaja SSR	5.2	19.3	23.2	24.3	24.6	25.0	25.5	25.4	25.6
Tadžikskaja SSR	3.9	15.3	22.0	22.6	24.3	25.4	26.7	28.4	29.2
Armjanskaja SSR	1.5	7.2	9.4	9.7	10.4	10.8	11.2	11.7	12.0
Turkmenskaja SSR	4.4	15.5	25.7	27.7	28.6	30.1	32.1	33.5	34.1
Estonskaja SSR	1.8	12.3	17.5	18.2	18.7	18.9	19.2	19.4	19.5

5.2.51 Economy
5.2.52 Wirtschaft

Total capacity of tractor engines, mill.hp - Summarische Motorleistung, Mio PS -
Summarnaja moŝčnost' dvigatelej vsech traktorov, mln.l.s.

	1940	1965	1970	1971	1972	1973	1974	1975	1976
SSSR	17.6	77.6	111.6	117.6	124.3	133.8	144.5	152.5	163.0
RSFSR	11.7	41.6	59.8	63.2	67.0	72.0	77.6	81.4	86.7
Ukrainskaja SSR	3.0	11.8	16.9	17.7	18.7	20.0	21.5	23.0	24.8
Belorusskaja SSR	0.3	2.5	4.0	4.2	4.4	4.8	5.2	5.5	5.9
Uzbekskaja SSR	0.6	3.3	5.7	6.1	6.4	7.1	7.9	8.2	8.7
Kazachskaja SSR	1.1	11.2	13.6	13.8	14.4	15.7	16.8	18.1	19.4
Gruzinskaja SSR	0.09	0.5	0.9	0.9	1.0	1.1	1.1	1.1	1.2
Azerbajdžanskaja SSR	0.2	0.9	1.3	1.4	1.5	1.6	1.7	1.8	1.9
Litovskaja SSR	0.03	1.2	1.9	2.1	2.2	2.3	2.5	2.6	2.8
Moldavskaja SSR	0.04	1.0	1.8	1.9	2.0	2.2	2.3	2.4	2.6
Latvijskaja SSR	0.03	0.8	1.2	1.3	1.4	1.5	1.7	1.8	1.9
Kirgizskaja SSR	0.2	0.8	1.1	1.2	1.2	1.3	1.4	1.4	1.4
Tadžikskaja SSR	0.1	0.6	1.0	1.1	1.2	1.2	1.4	1.5	1.6
Armjanskaja SSR	0.1	0.3	0.5	0.5	0.6	0.6	0.6	0.7	0.7
Turkmenskaja SSR	0.1	0.6	1.2	1.4	1.5	1.6	1.9	2.0	2.3
Estonskaja SSR	0.04	0.5	0.7	0.8	0.8	0.8	0.9	1.0	1.1

5.2.52
NUMBER OF GRAIN HARVESTERS IN AGRICULTURE BY UNION REPUBLICS (IN PHYSICAL UNITS; END-OF-YEAR FIGURES), thousands
MÄHDRESCHERPARK IN DER LANDWIRTSCHAFT NACH UNIONSREPUBLIKEN (IN PHYSISCHEN EINHEITEN; ZUM JAHRESENDE), Tsd.
PARK ZERNOUBOROČNYCH KOMBAJNOV V SEL'SKOM CHOZJAJSTVE PO SOJUZNYM RESPUBLIKAM (V FIZIČ.EDINICACH; NA KONEC GODA), tys.

	1940	1965	1970	1971	1972	1973	1974	1975	1976
SSSR	181.7	519.7	622.6	639.1	655.8	658.5	673.0	679.8	684.8
RSFSR	130.1	320.3	381.0	389.6	398.6	399.1	408.8	411.1	414.8
Ukrainskaja SSR	33.4	56.9	81.2	83.6	81.8	79.7	81.9	82.5	81.7
Belorusskaja SSR	1.7	13.5	24.5	26.8	29.0	29.6	29.8	29.9	30.0
Uzbekskaja SSR	1.6	4.7	6.8	6.6	6.4	6.6	6.7	6.9	7.0
Kazachskaja SSR	11.8	98.8	94.6	97.7	104.9	107.9	108.8	111.6	113.6
Gruzinskaja SSR	0.5	1.7	1.6	1.6	1.4	1.4	1.4	1.4	1.6
Azerbajdžanskaja SSR	0.7	4.0	4.1	4.0	4.1	4.2	4.3	4.4	4.4
Litovskaja SSR	--	4.0	9.0	9.4	9.8	10.0	10.4	10.6	10.5
Moldavskaja SSR	0.2	3.1	3.4	3.5	3.2	3.3	3.3	3.2	3.1

	1940	1965	1970	1971	1972	1973	1974	1975	1976
Latvijskaja SSR	--	3.7	6.1	6.0	6.1	6.2	6.7	7.0	6.9
Kirgizskaja SSR	1.1	3.0	3.4	3.5	3.8	3.8	3.9	4.0	4.0
Tadžikskaja SSR	0.1	1.3	1.2	1.2	1.2	1.2	1.2	1.2	1.3
Armjanskaja SSR	0.3	1.6	1.6	1.5	1.5	1.5	1.5	1.5	1.5
Turkmenskaja SSR	0.2	0.8	1.0	1.0	1.0	0.9	1.0	1.0	1.0
Estonskaja SSR	--	2.3	3.1	3.1	3.0	3.1	3.3	3.5	3.4

5.2.53 SUPPLY OF MINERAL FERTILIZERS TO AGRICULTURE ('000 tons) – BELIEFERUNG DER LANDWIRTSCHAFT MIT MINERALISCHEN DÜNGEMITTELN (Tsd.t) – POSTAVKA MINERAL'NYCH UDOBRENIJ SEL'SKOMU CHOZJAJSTVU (tys.t)

	1940	1965	1970	1971	1972	1973	1974	1975	1976
In conventional units – umgerechnet auf Bezugseinheiten – v peresčete na uslovnye edinicy	3,159	27,066	45,649	50,547	54,795	59,988	65,884	75,265	**77,169**
of which – darunter – v tom čisle:									
nitrogenous – Stickstoffdünger – azotnye	789	11,132	22,463	25,279	27,436	30,519	32,908	36,132	35,750
phosphate – Phosphatdünger – fosfatnye	1,371	8,044	11,821	13,584	14,741	15,964	19,320	22,325	24,068
phosphorite meal – Phosphoritmehl – fosforitnaja muka	473	3,246	5,122	4,916	4,756	4,740	4,650	4,731	4,395
potash – Kalidünger – kalijnye	526	4,547	6,187	6,703	7,784	8,667	8,914	11,991	12,875
In terms of 100 per cent content of nutrients – umgerechnet auf 100% Reinnährstoffgehalt – v peresčete na 100% pitatel'nych veščestv	727	6,303	10,368	11,451	12,530	13,756	14,572	17,477	18,028
of which – darunter – v tom čisle:									
nitrogenous – Stickstoffdünger – azotnye	162	2,282	4,605	5,182	5,606	6,224	6,696	6,746	7,427
phosphate – Phosphatdünger – fosfatnye	256	1,474	2,160	2,442	2,612	2,731	3,276	4,175	4,501
phosphorite meal – Phosphoritmehl – fosforitnaja muka	90	617	973	934	904	901	884	899	835
potash – Kalidünger – kalijnye	219	1,891	2,574	2,788	3,238	3,605	3,708	4,988	5,356

5.2.54.1 Economy / Wirtschaft

5.2.54 CADRES IN AGRICULTURE - KADER IN DER LANDWIRTSCHAFT - KADRY V SEL'SKOM CHOZJAJSTVE

5.2.54.1 AVERAGE ANNUAL NUMBER OF PERSONS ENGAGED AT COLLECTIVE AND STATE FARMS, SUBSIDIARY AND OTHER AGRICULTURAL PRODUCTION ENTERPRISES (mill.head) - JAHRESDURCHSCHNITTSZAHL DER BESCHÄFTIGTEN IN KOLCHOSEN, SOWCHOSEN, NEBEN- UND ANDEREN LANDWIRTSCHAFTLICHEN PRODUKTIONSBETRIEBEN (Mio Personen) - SREDNEGODOVAJA ČISLENNOST' RABOTNIKOV, ZANJATYCH V KOLCHOZACH, SOVCHOZACH, PODSOBNYCH I PROČICH PROIZVODSTVENNYCH SEL'SKOCHOZJAJSTVENNYCH PREDPRIJATIJACH (mln.čelovek)

	1940	1965	1970	1971	1972	1973	1974	1975	1976
Persons engaged in all branches of production of the collective and state farms, subsidiary and other agricultural production enterprises, total - Beschäftigte in allen Wirtschaftszweigen der Kolchosen, Sowchosen, Neben-u. anderen landwirtschaftl.Produktionsbetriebe,insg. - Zanjato rabotnikov vo vsech otrasljach chozjajstva kolchozov,sovchozov,podsobnych i pročich proizvodstvennych sel'skochozjajstvennych predprijatij, vsego	31.3	28.0	26.8	26.6	26.5	26.6	26.7	26.4	26.6
of which - darunter - v tom čisle:									
in collective farms (social production) - in Kolchosen (gesellschaftliche Wirtschaft) - v kolchozach (obščestvennoe chozjajstvo)	29.0	18.9	17.0	16.5	16.2	16.1	15.9	15.4	15.0
in state farms,subsidiary and other agricultural production enterprises - in Sowchosen,Neben-u.anderen landwirtschaftl.Produktionsbetrieben - v sovchozach, podsobnych i pročich proizvodstvennych sel'skochozjajstvennych predprijatijach	1.8	9.1	9.8	10.1	10.3	10.5	10.8	11.0	11.4
in engine-tractors and repair-technical stations - in Maschinen-Traktoren-u.reparaturtechnischen Stationen - v mašinno-traktornych i remontno-techničeskich stancijach	0.5	--	--	--	--	--	--	--	--
Moreover persons engaged in other enterprises and organizations drafted to work on collective and state farms - Außerdem zur Arbeit in Kolchosen u.Sowchosen herangezogene Beschäftigte aus anderen Betrieben u.Organisationen - Krome togo,privlečeno rabotnikov iz drugich predprijatij i organizacij dlja raboty v kolchozach i sovchozach	0.1	0.5	0.6	0.7	0.8	0.9	0.9	1.0	1.0
From the total of persons (incl.persons drafted to) working in agriculture, total - Aus der Gesamtzahl der Beschäftigten(einschl.der herangezogenen Personen) arbeiten i.d.									

308

	1940	1965	1970	1971	1972	1973	1974	1975	1976
Landwirtschaft, insg. - Iz obščego čisla rabotnikov (vključaja privlečennych lic) zanjato v sel'skom chozjajstve, vsego	28.1	25.6	23.8	23.3	23.5	23.5	23.6	23.5	23.3

5.2.54.2 AVERAGE ANNUAL NUMBER OF ALL COLLECTIVE FARMERS PARTICIPATING IN WORK ON COLLECTIVE FARMS[1], BY UNION REPUBLICS (thousands) - JAHRESDURCHSCHNITTSZAHL ALLER KOLCHOSBAUERN, DIE SICH AN DER ARBEIT DER KOLCHOSEN[1] BETEILIGTEN, NACH UNIONSREPUBLIKEN (tsd.) - SREDNEGODOVAJA CISLENNOST' VSECH KOLCHOZNIKOV, PRINIMAVŠICH, UČASTIE V RABOTACH KOLCHOZOV[1],PO SOJUZNYM RESPUBLIKAM (tys.)

	1965	1970	1971	1972	1973	1974	1975
SSSR	18,644	16,715	16,313	16,108	15,919	15,697	15,173
RSFSR	7,343	6,303	6,035	5,903	5,833	5,665	5,492
Ukrainskaja SSR	6,042	5,427	5,357	5,321	5,216	5,190	4,948
Belorusskaja SSR	1,144	1,028	1,010	997	975	958	928
Uzbekskaja SSR	972	1,029	1,059	1,060	1,067	1,047	1,047
Kazachskaja SSR	301	288	286	284	285	281	280
Gruzinskaja SSR	429	384	373	364	379	380	345
Azerbajdžanskaja SSR	320	274	276	283	282	296	292
Litovskaja SSR	327	307	301	295	286	279	268
Moldavskaja SSR	671	633	570	577	567	558	530
Latvijskaja SSR	182	155	154	149	149	143	137
Kirgizskaja SSR	216	215	213	212	207	213	204
Tadžikskaja SSR	285	263	264	262	258	262	265
Armjanskaja SSR	121	104	105	87	89	89	90
Turkmenskaja SSR	217	244	254	259	272	283	295
Estonskaja SSR	74	61	56	55	54	53	52

[1] without fishing cooperatives - ohne Fischfangkolchosen - bez rybolovečkich

5.2.54.3 Economy / Wirtschaft

5.2.54.3
NUMBER OF SPECIALISTS WITH HIGHER AND SPECIALIZED SECONDARY EDUCATION ENGAGED AT COLLECTIVE AND STATE FARMS, SUBSIDIARY AND OTHER AGRICULTURAL PRODUCTION ENTERPRISES (thousands) -
ANZAHL DER SPEZIALISTEN MIT HOCHSCHUL- UND MITTLERER FACHSCHULBILDUNG, DIE IN KOLCHOSEN, SOWCHOSEN, NEBEN- UND ANDEREN LANDWIRTSCHAFTLICHEN PRODUKTIONSBETRIEBEN BESCHÄFTIGT SIND (Tsd.) -
ČISLENNOST' SPECIALISTOV S VYSŠIM I SREDNIM SPECIAL'NYM OBRAZOVANIEM, ZANJATYCH V KOLCHOZACH, SOVCHOZACH, PODSOBNYCH I PROČICH PROIZVODSTVENNYCH SEL'SKOCHOZJAJSTVENNYCH PREDPRIJATIJACH (tys.čelovek)

	1970	1973	1975
At collective farms - in Kolchosen - v kolchozach			
A. Specialists with higher and specialized secondary education of all branches - Spezialisten mit Hoch-u.mittlerer Fachschulbildung aller Fachrichtungen - Specialistov s vysšim i srednim special'nym obrazovaniem vsech special'nostej	390	482	548
B. of which agricultural specialists - darunter landwirtschaftl.Spezialisten - v tom čisle sel'skochozjajstvennych special'nostej	352	431	479
C. of which agriculturists, zoo engineers, veterinary staff - davon Agronomen, Zootechniker, veterinärmedizinisches Personal - iz nich agronomov, zootechnikov i veterinarnych rabotnikov	234	274	297
At state farms, subsidiary and other agricultural production enterprises - In Sowchosen, Neben-u.anderen landwirtschaftl.Produktionsbetrieben - V sovchozach,podsobnych i pročich proizvodstvennych sel'skochozjajstvennych predprijatijach			
A.	431	555	659
B.	364	456	525
C.	255	307	344
Total at collective and state farms,subsidiary and other agricultural production enterprises - Insgesamt in Kolchosen,Sowchosen,Neben-u.anderen landwirtschaftl.Produktionsbetrieben - Vsego v kolchozach,sovchozach,podsobnych i pročich proizvodstvennych sel'skochozjajstvennych predprijatijach			
A.	821	1,037	1,207
B.	716	887	1,004
C.	489	581	641

5.2.54.4

NUMBER OF SPECIALISTS WITH HIGHER AND SPECIALIZED SECONDARY EDUCATION ENGAGED AT COLLECTIVE AND STATE FARMS, SUBSIDIARY AND OTHER AGRICULTURAL PRODUCTION ENTERPRISES, BY UNION REPUBLICS (November 15, 1973 and November 14, 1975)
ANZAHL DER SPEZIALISTEN MIT HOCH-UND MITTLERER FACHSCHULBILDUNG, DIE IN KOLCHOSEN, SOWCHOSEN, NEBEN- UND ANDEREN LANDWIRTSCHAFTLICHEN PRODUKTIONSBETRIEBEN BESCHÄFTIGT SIND, NACH UNIONSREPUBLIKEN (15.11.1973 und 14.11.1975)
ČISLENNOST' SPECIALISTOV S VYSŠIM I SREDNIM SPECIAL'NYM OBRAZOVANIEM, ZANJATYCH V KOLCHOZACH, SOVCHOZACH, PODSOBNYCH I PROČICH PROIZVODSTVENNYCH SEL'SKOCHOZJAJSTVENNYCH PREDPRIJATIJACH, PO SOJUZNYM RESPUBLIKAM (na 15.11.1973 i 14.11.1975 g.)

	Specialists with high and specialized secondary education, total Spezialisten mit Hoch-u. mittl.Fachschulbildung, insg. Vsego specialistov s vysšim i srednim special'nym obrazovaniem		of which - darunter - v tom čisle			
			Specialists with higher education Spezialisten mit Hochschulbildung specialistov s vysšim obrazovaniem		Specialists with specialized secondary education Spezialisten mit mittl.Fachschulbildung specialistov so sred. special'nym obrazov.	
	1973	1975	1973	1975	1973	1975
SSSR	1,037,334	1,207,450	294,847	341,246	742,487	866,204
RSFSR	496,130	578,115	142,789	163,896	353,341	414,219
Ukrainskaja SSR	233,940	267,027	57,729	66,506	176,211	200,521
Belorusskaja SSR	51,030	60,156	13,483	15,855	37,547	44,301
Uzbekskaja SSR	42,647	51,966	14,739	17,405	27,908	34,561
Kazachskaja SSR	65,358	76,781	19,990	23,618	45,368	53,163
Gruzinskaja SSR	20,689	21,945	9,525	10,221	11,164	11,724
Azerbajdžanskaja SSR	20,765	24,559	5,905	6,951	14,860	17,608
Litovskaja SSR	25,015	28,022	4,373	5,069	20,642	22,953
Moldavskaja SSR	19,547	26,395	6,111	8,146	13,436	18,249
Latvijskaja SSR	17,817	20,176	3,852	4,503	13,965	15,673
Kirgizskaja SSR	11,366	13,157	4,393	4,987	6,973	8,170
Tadžikskaja SSR	7,454	9,028	3,222	3,817	4,232	5,211
Armjanskaja SSR	7,220	8,045	3,172	3,584	4,048	4,461
Turkmenskaja SSR	6,139	6,856	2,470	2,732	3,669	4,124
Estonskaja SSR	12,217	15,222	3,094	3,956	9,123	11,266

5.2.54.5 Economy / Wirtschaft

NUMBER OF LEADING CADRES ON COLLECTIVE FARMS[1] BY JOBS AND UNION REPUBLICS (April 1, 1976; persons)
ANZAHL DER LEITENDEN KADER DER KOLCHOSEN[1] NACH IHREN POSTEN, NACH UNIONSREPUBLIKEN (zum 1.April 1976; Personen)
ČISLENNOST' RUKOVODJAŠČICH RABOTNIKOV KOLCHOZOV PO ZANIMAEMYM DOLŽNOSTJAM PO SOJUZNYM RESPUBLIKAM (na 1 aprelja 1976 g.; čelovek)

	Collective farm's chairmen — Kolchosvorsitzende — Predsedatelej kolchozov	Chief deputies of collective farm's chairmen — Hauptamtliche Stellvertreter der Kolchosvorsitzenden — Osvoboždennye zamestiteli predsedatelej kolchozov	Chief specialists (chief agriculturists, chief zoo engineers, chief veterinarians, chief engineers — Hauptspezialisten (Chefagronomen, Chefzootechniker, Chefttierärzte, Chefingenieure) — Glavnye specialisty (gl.agronomy, gl.zootechniki, gl.vetvrači, gl.inženery)	Agriculturists — Agronomen — Agronomy	Zoo engineers — Zootechniker — Zootechniki	Veterinarians, asst. veterinarians, veterinary engineers — Tierärzte, Tierunterärzte, Veterinärtechniker — Vetvrači, vetfel'dšery, vettechniki	Engineers and technicians — Ingenieure und Techniker — Inženery i techniki	Brigadiers in production brigades in agriculture — Brigadiere der Produktionsbrigaden im Ackerbau — Brigadiry proizvodstvennych brigad v zemledelii	Chiefs and brigadiers of cattle-breeding farms — Leiter und Brigadiere der Viehzuchtfarmen — Zavedujuščie i brigadiry životnovodčeskich ferm
SSSR	27,737	17,888	88,726	44,854	35,433	51,675	89,007	136,582	83,685
of which females — davon Frauen — v tom čísle ženščiny									
RSFSR	12,473	6,222	39,773	18,407	16,954	23,692	40,850	47,315	39,630
Ukrainskaja SSR	7,307	6,502	25,011	14,019	10,632	17,638	23,914	32,996	23,104
Belorusskaja SSR	2,014	1,429	6,843	1,212	1,229	1,835	3,697	8,037	5,114
Uzbekskaja SSR	943	948	2,906	2,751	474	928	4,739	17,091	1,988
Kazachskaja SSR	403	255	1,592	712	940	1,663	2,255	1,787	1,352
Gruzinskaja SSR	744	61	1,175	1,186	329	608	605	5,082	1,362
Azerbajdžanskaja SSR	860	22	1,815	1,113	561	817	1,566	5,696	2,361
Litovskaja SSR	870	975	3,191	1,341	1,407	985	2,664	2,230	2,973
Moldavskaja SSR	462	432	1,416	1,179	490	909	1,753	3,451	1,147
Latvijskaja SSR	378	247	1,382	744	790	684	2,009	1,087	914
Kirgizskaja SSR	214	163	833	475	557	1,046	1,283	1,496	910
Tadžikskaja SSR	212	137	690	572	238	291	1,309	3,736	606
Armjanskaja SSR	372	6	556	142	94	236	254	1,188	770
Turkmenskaja SSR	333	356	967	480	166	69	1,100	4,951	792
Estonskaja SSR	152	133	576	521	572	274	1,009	439	662

1 without fishing cooperatives — ohne Fischfangkolchosen — bez rybolovečkich

5.2.54.6 NUMBER OF LEADING CADRES ON STATE FARMS BY JOBS AND UNION REPUBLICS (April 1, 1976; persons)
ANZAHL DER LEITENDEN KADER DER SOWCHOSEN NACH IHREN POSTEN, NACH UNIONSREPUBLIKEN (1.April 1976; Personen)
ČISLENNOST' RUKOVODJAŠČICH RABOTNIKOV SOVCHOZOV PO ZANIMAEMYM DOLŽNOSTJAM PO SOJUZNYM RESPUBLIKAM
(na 1 aprelja 1976 g.; čelovek)

	Directors of the state farms – Direktoren der Sowchosen – Direktora sovchozov	Heads of departments (farms) – Leiter der Abteilungen (Farmen) – Upravljajuščie otdelenijami (fermami)	Chief specialists (chief agriculturists, chief zoo engineers, chief veterinarians, chief engineers, Hauptspezialisten (Chefagronomen, Chefzootechniker, Chefletierärzte, Chefingenieure) – Glavnye specialisty (gl.agronomy, gl.zootechniki, gl.vetvrači, gl.inženery)	Agriculturists – Agronomen – Agronomy	Zoo engineers – Zootechniker – Zootechniki	Veterinarians, sub-veterinarians – Tierärzte, Tierunterärzte, Veterinärtechniker – Vetvrači, vetfel'dšery, vettechniki	Engineers and technicians – Ingenieure und Techniker – Inženery i techniki	Brigadiers of the production brigades in agriculture – Brigadiere der Produktionsbrigaden im Ackerbau – Brigadiry proizvodstvennych brigad v zemledelii	Chiefs and brigadiers of cattle-breeding farms – Leiter und Brigadiere der Viehzuchtfarmen – Zaveduuščie i brigadiry životnovodčeskich ferm
SSSR	18,876	40,769	70,732	43,375	42,416	57,755	110,315	99,187	69,753
of which females – davon Frauen – v tom čisle ženščiny	295	2,072	8,247	12,428	19,358	21,687	8,203	17,652	28,247
RSFSR	11,176	24,798	41,951	24,096	25,821	34,788	63,238	45,659	44,561
Ukrainskaja SSR	1,711	4,006	6,774	4,554	3,376	5,325	13,356	9,735	7,887
Belorusskaja SSR	901	405	3,450	1,118	1,295	2,520	4,103	4,275	3,044
Uzbekskaja SSR	583	2,337	2,035	2,900	1,042	1,585	6,055	13,714	1,370
Kazachskaja SSR	1,873	4,900	7,340	5,436	7,280	8,479	12,849	7,930	4,475
Gruzinskaja SSR	379	1,093	1,128	1,113	271	673	971	3,949	1,254
Azerbajdžanskaja SSR	507	247	1,765	1,113	348	726	1,368	4,159	1,237
Litovskaja SSR	345	1,163	1,381	545	602	599	1,320	903	1,507
Moldavskaja SSR	257	191	891	622	206	281	1,790	2,058	435
Latvijskaja SSR	246	423	942	566	586	618	1,790	873	983
Kirgizskaja SSR	158	324	559	276	493	865	919	1,117	412
Tadžikskaja SSR	161	254	537	280	199	402	845	1,984	429
Armjanskaja SSR	358	11	1,164	185	202	397	376	1,472	1,041
Turkmenskaja SSR	56	122	170	73	126	111	195	546	23
Estonskaja SSR	165	495	665	498	569	386	1,140	813	1,095

5.2.54.7 Economy / Wirtschaft

5.2.54.7 NUMBER OF MECHANIST-CADRES AT COLLECTIVE AND STATE FARMS (April 1; thousands)
ANZAHL DER MECHANISATOREN-KADER IN DEN KOLCHOSEN UND SOWCHOSEN (zum 1.April; Tsd.Personen)
ČISLENNOST' MECHANIZATORSKICH KADROV V KOLCHOZACH I SOVCHOZACH (na 1 aprelja; tys.čelovek)

	1940	1965	1971	1972	1973	1974	1975	1976	1977
Number of tractorists-machinists, tractorists, harvester drivers and motorcar drivers, total – Zahl der Traktoristen-Maschinisten, Traktoristen, Kombineführer und Kraftfahrer, insg. – Čislennost' traktoristov-mašinistov, traktoristov, kombajnerov i šoferov, vsego	1,401	3,094	3,503	3,532	3,595	3,798	3,941	4,074	4,161.8
of which – darunter – v tom čisle:									
at collective farms – in Kolchosen – v kolchozach	1,298	1,876	2,068	2,053	2,087	2,148	2,181	2,181	2,203.1
at state farms – in Sowchosen – v sovchozach	103	1,218	1,435	1,479	1,508	1,650	1,732	1,850	1,958.7
From the total number of mechanist-cadres – Aus der Gesamtzahl der Mechanisatoren-Kader – Iz obščej čislennosti mechanizatorskich kadrov:									
Tractorists-machinists, tractorists, harvester drivers, total – Traktoristen-Maschinisten, Traktoristen, Kombineführer, insg. – traktoristov-mašinistov, traktoristov, kombajnerov, vsego	1,237	2,245	2,449	2,459	2,494	2,636	2,736	2,810	2,853.7
of which – darunter – v tom čisle:									
at collective farms – in Kolchosen – v kolchozach	1,153	1,383	1,476	1,457	1,473	1,518	1,542	1,541	1,549.0
at state farms – in Sowchosen – v sovchozach	84	862	973	1,002	1,021	1,118	1,176	1,242	1,304.7
Motorcar drivers, total – Kraftfahrer, insg. – Šoferov, vsego	164	849	1,054	1,073	1,101	1,162	1,205	1,264	1,308.1
of which – darunter – v tom čisle:									
at collective farms – in Kolchosen – v kolchozach	145	493	592	596	614	630	639	646	654.1
at state farms – in Sowchosen – v sovchozach	19	356	462	477	487	532	556	608	654.0

314

5.2.54.8 NUMBER OF MECHANIST-CADRES AT COLLECTIVE AND STATE FARMS
BY UNION REPUBLICS (April 1, 1976; thousands
ANZAHL DER MECHANISATOREN-KADER IN DEN KOLCHOSEN UND SOWCHOSEN
NACH UNIONSREPUBLIKEN (zum 1.April 1976; Tsd.Personen)
ČISLENNOST' MECHANIZATORSKICH KADROV V KOLCHOZACH I SOVCHOZACH
PO SOJUZNYM RESPUBLIKAM (na 1 aprelja 1976 g.; tys.čelovek)

	at collective farms-in Kolchosen- v kolchozach		at state farms - in Sowchosen - v sovchozach		Total (A,B) Insg. (A,B) Vsego (A,B)
	Tractorists-machinists, tractorists, harvester drivers Traktoristen-Maschinisten, Traktoristen, Kombineführer traktoristov-mašinistov, traktoristov, kombajnerov	Motorcar drivers Kraftfahrer šoferov			
	A.	B.	A.	B.	
SSSR	1540.8	640.4	1242.1	608.2	4074.0
RSFSR	674.0	268.7	734.3	341.7	2029.4
Ukrainskaja SSR	466.2	203.8	125.4	74.7	874.4
Belorusskaja SSR	85.1	34.6	49.5	24.2	194.0
Uzbekskaja SSR	94.6	23.6	60.7	20.5	201.2
Kazachskaja SSR	37.8	18.5	177.9	87.2	321.8
Gruzinskaja SSR	6.9	7.4	8.4	7.3	30.9
Azerbajdžanskaja SSR	14.8	10.3	10.2	8.9	44.6
Litovskaja SSR	29.3	14.3	14.0	7.3	64.9
Moldavskaja SSR	36.9	15.5	17.1	8.0	99.7
Latvijskaja SSR	15.9	8.9	12.0	6.4	43.2
Kirgizskaja SSR	16.5	9.1	10.0	6.6	42.6
Tadžikskaja SSR	19.0	8.3	8.2	5.1	40.9
Armjanskaja SSR	4.1	3.8	3.9	4.7	16.6
Turkmenskaja SSR	31.9	9.3	2.1	1.4	45.1
Estonskaja SSR	7.8	4.3	8.4	4.2	24.7

5.3 TRANSPORT AND COMMUNICATIONS – TRANSPORT-, POST- UND FERNMELDEWESEN – TRANSPORT I SVJAZ'

5.3.1 Economy / Wirtschaft

5.3.1 FREIGHT TRANSPORT BY ALL TYPES OF PUBLIC TRANSPORT ('000 million ton-kilometres)
GÜTERTRANSPORTLEISTUNG ALLER TRANSPORTZWEIGE DES ÖFFENTLICHEN VERKEHRS (Mrd.Tonnen-Kilometer)
GRUZOOBOROT VSECH VIDOV TRANSPORTA OBŠČEGO POL'ZOVANIJA (mlrd. tonno-kilometrov)

Year Jahr Gody	All types of transport Alle Transportzweige Vse vidy transporta	Railway Eisenbahn železnodorožnyj	Marine Seeschiffahrt morskoj	Inland navigation Binnenschiffahrt rečnoj	Pipelines (oil and oil products) Rohrfernleitungen (Erdöl und Erdölprodukte) truboprovodnyj (nefte-i nefteproduktoprovody)	Motor transport Kraftverkehr avtomobil'nyj	Air transport Luftverkehr vozdušnyj
	A.	B.	C.	D.	E.	F.	G.
1913[1]	114.5	65.7	19.9	28.5	0.3	0.1	–
1913[2]	126.0	76.4	20.3	28.9	0.3	0.1	–
1928	119.5	93.4	9.3	15.9	0.7	0.2	–
1932	218.4	169.3	20.1	25.0	2.9	1.1	0.0
1937	434.4	354.8	36.8	33.3	3.6	5.9	0.02
1940	487.6	415.0	23.8	36.1	3.8	8.9	0.02
1945	374.8	314.0	34.2	18.8	2.7	5.0	0.06
1946	395.5	335.0	29.4	20.6	2.9	7.5	0.08
1950	713.3	602.3	39.7	46.2	4.9	20.1	0.14
1955	1,165.0	970.9	68.9	67.7	14.7	42.5	0.25
1960	1,885.7	1,504.3	131.5	99.6	51.2	98.5	0.56
1965	2,764.0	1,950.2	388.8	133.9	146.7	143.1	1.34
1966	2,918.3	2,016.0	442.8	137.7	165.0	155.3	1.45
1967	3,186.8	2,160.5	527.1	143.9	183.4	170.2	1.66
1968	3,421.8	2,274.8	586.8	155.4	215.9	187.1	1.80
1969	3,575.1	2,367.1	601.3	160.1	244.6	200.1	1.95
1970	3,829.2	2,494.7	656.1	174.0	281.7	220.8	1.88
1971	4,088.0	2,637.3	696.0	183.8	328.5	240.4	1.98

[1] within the borders of the U.S.S.R. up to 17.9.1939 – in den Grenzen der UdSSR bis 17.9.1939 – v granicach SSSR do 17 sentjabrja 1939 g.
[2] in the present borders of the U.S.S.R. – in den heutigen Grenzen der UdSSR – v sovremennych granicach SSSR

	A.	B.	C.	D.	E.	F.	G.
1972	4,275.7	2,760.8	698.4	130.3	375.9	258.1	2.19
1973	4,623.8	2,958.0	750.7	139.5	439.4	283.8	2.37
1974	4,936.5	3,097.7	778.1	212.3	533.4	312.5	2.49
1975	5,200.8	3,236.5	736.2	221.7	665.8	338.0	2.59
1976	5,432.3	3,295.4	762.1	222.7	794.6	354.8	2.71
1977(Plan)	5,787.8	3,440.0	824.1	239.9	896.0	385.0	2.82

5.3.2 PASSENGER TRANSPORT BY ALL TYPES CF PUBLIC TRANSPORT ('000 million ton-kilometres)
PERSONENBEFÖRDERUNGSLEISTUNG ALLER TRANSPORTZWEIGE DES ÖFFENTLICHEN VERKEHRS (Mrd.Passagier-Kilometer)
PASSAŽIROOBOROT VSECH VIDOV TRANSPORTA OBŠČEGO POL'ZOVANIJA (milliardov passaźiro-kilometrov)

Year Jahr Gody	All types of transport Alle Transportzweige Vse vidy transporta	Railway Eisenbahn železnodorožnyj	Marine Seeschiffahrt morskoj	Inland navigation Binnenschiffahrt rečnoj	Motor transport (buses) Autoverkehr (Öffentliche Buse) avtomobil'nyj (avtobusy obščego pol'zovanija)	Air transport Luftverkehr vozdušnyj
	A.	B.	C.	D.	E.	F.
1913[1]	27.6	25.2	1.0	1.4	--	--
1913[2]	32.7	30.3	1.0	1.4	--	--
1928	27.1	24.5	0.3	2.1	--	--
1932	89.9	83.7	1.0	4.5	0.2	0.0
1937	97.3	90.9	0.9	3.2	0.7	0.01
1940	106.3	98.0	0.9	3.8	2.2	0.1
1945	69.8	65.9	0.6	2.3	3.4	0.2
1946	105.3	97.9	1.4	3.2	0.5	0.5
1950	98.3	88.0	1.2	2.7	1.8	1.0
1955	170.2	141.4	1.5	3.6	5.2	1.2
1960	249.5	170.8	1.3	4.3	20.9	2.8
1965	366.6	201.6	1.5	4.9	61.0	12.1
1966	408.3	219.4	1.6	5.2	120.5	38.1
1967	447.9	234.4	1.7	5.3	137.0	45.1
1968	492.0	254.1	1.8	5.5	153.0	53.5
					168.5	62.1

1 within the borders of the U.S.S.R. up to 17.9.1939 - in den Grenzen der UdSSR bis 17.9.1939 - v granicach SSSR do 17 sentjabrja 1939 g.
2 in the present borders of the U.S.S.R. - in den heutigen Grenzen der UdSSR - v sovremennych granicach SSSR

5.3.2 Economy
5.3.3.1 Wirtschaft

	A.	B.	C.	D.	E.	F.
1969	523.0	261.3	1.7	5.5	183.0	71.5
1970	553.1	265.4	1.6	5.4	202.5	78.2
1971	586.6	274.6	1.7	5.7	215.8	88.8
1972	624.9	285.8	1.9	5.7	235.6	95.9
1973	657.1	296.6	1.9	5.9	253.9	98.8
1974	702.4	306.3	2.1	6.1	279.1	108.8
1975	747.1	312.5	2.1	6.3	303.6	122.6
1976	779.6	315.1	2.4	6.0	325.3	130.8
1977 (Plan)	811.6	323.0	2.4	6.4	342.3	137.5

5.3.3 RAILWAY TRANSPORT – EISENBAHNTRANSPORT – ŽELEZNODOROŽNYJ TRANSPORT

5.3.3.1 LENGTH OF RAILWAY NETWORK FROM THE MINISTRY OF RAILWAYS (END-OF-YEAR FIGURES); '000 kilometres
LÄNGE DES BENUTZTEN EISENBAHNNETZES DES MINISTERIUMS FÜR VERKEHRSWESEN (ZUM JAHRESENDE); Tsd. km
EKSPLUATACIONNAJA DLINA ŽELEZNYCH DOROG MINISTERSTVA PUTEJ SOOBŠČENIJA (NA KONEC GODA); tys.km

Year Jahr Gody	Total length of railway network Gesamtlänge des benutz- ten Eisenbahnnetzes Vsja ekspluatacionnaja dlina železnych dorog A.	of which electrified davon elektrifiziert iz nich elektrifi- cirovannych B.	Year Jahr Gody	A.	B.
1913[1]	58.5	--	1966	132.5	27.0
1913[2]	71.7	--	1967	133.3	29.1
1928	76.9	--	1968	133.6	30.8
1932	81.8	0.06	1969	134.6	32.4
1937	84.9	1.6	1970	135.2	33.9
1940	106.1	1.9	1971	135.4	35.0
1945	112.9	2.0	1972	136.3	36.2
1946	114.1	2.1	1973	136.8	37.2
1950	116.9	3.0	1974	137.5	38.1
1955	120.7	5.4	1975	138.3	38.9
1960	125.8	13.8	1976	138.5	39.7
1965	131.4	24.9			

1 within the borders of the U.S.S.R. up to 17.9.1939 – in den Grenzen der UdSSR bis 17.9.1939 – v granicach SSSR

5.3.3.2

Economy 5.3.3.2
Wirtschaft 5.3.3.3

LENGTH OF RAILWAY NETWORK FROM THE MINISTRY OF RAILWAYS BY UNION REPUBLICS (END-OF-YEAR FIGURES); '000 kilometres
LÄNGE DES BENUTZTEN EISENBAHNETZES DES MINISTERIUMS FÜR VERKEHRSWESEN NACH UNIONSREPUBLIKEN (ZUM JAHRESENDE); Tsd. km
EKSPLUATACIONNAJA DLINA ŽELEZNYCH DOROG MINISTERSTVA PUTEJ SOOBŠČENIJA PO SOJUZNYM RESPUBLIKAM (NA KONEC GODA); tys. km

	1940	1965	1970	1971	1972	1973	1974	1975	1976
SSSR	106.1	131.4	135.2	135.4	136.3	136.8	137.5	138.3	138.5
RSFSR	58.68	75.44	77.55	77.59	78.21	78.64	78.93	79.75	79.87
Ukrainskaja SSR	20.10	21.73	22.06	22.09	22.12	22.15	22.23	22.27	22.24
Belorusskaja SSR	6.44	5.35	5.43	5.45	5.44	5.46	5.46	5.46	5.47
Uzbekskaja SSR	1.91	2.71	2.95	2.95	3.28	3.29	3.34	3.38	3.38
Kazachskaja SSR	6.58	12.47	13.77	13.89	14.09	14.08	14.12	14.12	14.14
Gruzinskaja SSR	1.13	1.41	1.41	1.42	1.42	1.42	1.42	1.42	1.42
Azerbajdžanskaja SSR	1.21	1.73	1.81	1.81	1.84	1.85	1.85	1.85	1.85
Litovskaja SSR	2.01	2.02	2.02	2.02	1.95	1.96	2.00	2.00	2.00
Moldavskaja SSR	0.82	1.03	1.07	1.11	1.11	1.11	1.11	1.11	1.11
Latvijskaja SSR	3.21	2.82	2.61	2.60	2.48	2.48	2.45	2.43	2.46
Kirgizskaja SSR	0.22	0.37	0.37	0.37	0.37	0.37	0.37	0.37	0.37
Tadžikskaja SSR	0.25	0.26	0.26	0.26	0.26	0.26	0.43	0.43	0.45
Armjanskaja SSR	0.40	0.55	0.56	0.56	0.58	0.58	0.59	0.59	0.71
Turkmenskaja SSR	1.75	2.10	2.11	2.11	2.12	2.12	2.12	2.12	2.12
Estonskaja SSR	1.39	1.40	1.20	1.18	1.02	1.00	1.03	1.00	0.95

5.3.3.3 PASSENGER TRAFFIC BY RAILWAY - PERSONENBEFÖRDERUNG PER BAHN - PASSAŽIROOBOROT ŽELEZNODOROŽNYM TRANSPORTOM

	1940	1965	1970	1971	1972	1973	1974	1975	1976
Passenger traffic, '000 mill.passenger-kilom. - Personenbeförderung, Mrd.Passagier-km - Passažirooborot, mlrd.passažiro-kilometr.	100.4	201.6	265.4	274.6	285.8	296.6	306.3	312.5	315.1
A.of which in suburban traffic-darunter im Vorortverkehr-v tom čisle v prigorodnom soob.	26.5	51.6	71.8	75.7	79.8	83.7	85.9	88.7	91.0
Passengers carried, mill.persons - Beförderte Passagiere, Mio Personen - Perevezeno passažirov, mln.čelovek	1,377	2,301	2,930	3,053	3,167	3,306	3,389	3,470	3,545
A.	1,025	2,049	2,616	2,729	2,837	2,970	3,048	3,130	3,201
Average travel distance of passengers, km - Durchschnittl.Reiseentfernung d.Passagiere,km- Srednjaja dal'nost'poezdki passažirov, km	73	88	91	90	90	90	90	89
A.	26	25	27	28	28	28	28	28	28

5.3.4   MARINE TRANSPORT - SEETRANSPORT - MORSKOJ TRANSPORT

5.3.4.1 Economy / Wirtschaft

BASIC INDICATORS OF MARINE TRANSPORT FROM THE MINISTRY OF THE HIGH-SEA FLEET[1]
GRUNDKENNZIFFERN DES SEETRANSPORTS DES MINISTERIUMS FÜR HOCHSEESCHIFFAHRT[1]
OSNOVNYE POKAZATELI MORSKOGO TRANSPORTA MINISTERSTVA MORSKOGO FLOTA[1]

	1940	1965	1970	1971	1972	1973	1974	1975	1976
Freight turnover, '000 mill.tons nautical miles - Frachtumsatz, Mrd.t Seemeilen - Gruzooborot, mlrd. tonnomil'	13.4	209.9	354.3	375.8	377.1	405.4	420.2	397.5	411.5
Goods carried, mill.tons - Beförderte Güter, Mio t - Perevezeno gruzov, mln.t	32.9	119.3	161.9	170.9	178.0	186.7	192.2	200.0	214.5
Average transport distance, 1 ton goods-nautical mile - durchschnittl.Transportentfernung, 1 t Güter-Seemeile - srednjaja dal'nost' perevozki 1 t gruza-mil	409	1,759	2,188	2,199	2,118	2,171	2,186	1,988	1,919
Passenger turnover, mill.passenger-nautical miles - Passagierumsatz, Mio Passagier-Seemeilen - Passažirooborot,mln.passažiro-mil'	480	796	859	928	1,012	1,048	1,127	1,153	1,306
Passengers carried, mill.persons - Beförderte Passagiere, Mio Personen - Perevezeno passažirov, mln.čelovek	9.7	37.2	38.5	38.4	43.3	45.3	48.9	51.6	49.9
Average travel distance per passenger, nautical mile - durchschnittl.Reiseentfernung pro Passagier, Seemeile - srednjaja dal'nost' poezdki odonogo passažira, mil'	50	21	22	24	23	23	23	22	26

[1] without Central Asian steam navigation - ohne Mittelasiatische Dampfschiffahrt - bez Sredneaziatskogo parochodstva

5.3.5 INLAND WATER TRANSPORT – BINNENWASSERTRANSPORT – REČNOJ TRANSPORT

5.3.5.1 BASIC INDICATORS ON PUBLIC INLAND WATERWAY TRANSPORT
GRUNDKENNZIFFERN DES ÖFFENTLICHEN BINNENWASSERTRANSPORTS
OSNOVNYE POKAZATELI REČNOGO TRANSPORTA OBŠČEGO POL'ZOVANIJA

(Ministry of Inland Navigation of the RSFSR, Administrations and shipping companies of the union republics, district administrations of inland navigation,and the Central Asian Shipping Company of the Ministry of the High-Sea Fleet)
(Ministerium für Binnenschiffahrt der RSFSR, Verwaltungen und Reedereien der Binnenschiffahrt der Unionsrepubliken, Gebietsverwaltungen der Binnenschiffahrt und die Mittelasiatische Reederei des Ministeriums für Hochseeschiffahrt)
(Ministerstvo rečnogo flota RSFSR, upravlenija i parochodstva rečnogo transporta sojuznych respublik, oblrečtransy i Sredneaziatskoe parochodstvo Ministerstva morskogo flota)

	1940	1965	1970	1971	1972	1973	1974	1975	1976
Length of the navigable inland waterways used by all organizations, '000 kilometres – Länge der schiffbaren Binnenwasserstraßen, die von allen Organisationen benutzt werden, Tsd.km – Protjažennost'vnutrennich vodnych sudochodnych putej soobščenija, ekspluatirovavšichsja vsemi organizacijami, tys.km	108.9	142.7	144.5	144.6	146.1	145.6	146.3	145.4	146.4
Length of the artificial navigable waterways, '000 kilometres – Länge der künstlichen schiffbaren Wasserstraßen, Tsd.km – Protjažennost' iskusstvennych vodnych sudochodnych putej soobščenija, tys.km	4.2	16.6	18.6	18.8	18.8	19.0	19.1	19.6	20.4
Freight turnover, '000 mill.tons/kilometres – Frachtumsatz, Mrd. t/km – Gruzooborot, mlrd.tkm	36.1	133.9	174.0	183.8	180.3	189.5	212.3	221.7	222.7
Goods carried, mill.tons – beförderte Güter, Mio t – perevezeno gruzov, mln.t	73.9	269.4	357.8	381.2	395.7	419.2	452.4	475.5	484.9
of which – darunter – v tom čisle:									
Petroleum and petrpleum products – Erdöl und Erdölprodukte – neft' i nefteprodukty	9.6	25.0	33.5	35.2	33.7	33.9	37.8	39.0	38.1
Wood and timber in rafts – Holz und Brennholz in Flößen – les i drova v plotach	33.3	77.1	71.8	71.3	67.5	66.3	68.2	65.3	68.0

5.3.5.1 Economy / Wirtschaft

	1940	1965	1970	1971	1972	1973	1974	1975	1976
dry cargoes – trockene Güter – suchogruzy of which – davon – iz nich:	31.0	167.3	252.5	274.7	294.6	319.0	346.4	371.2	378.8
Wood and timber in boats – Holz und Brennholz in Schiffen – les i drova v sudach	7.6	20.0	19.4	19.7	19.3	19.1	20.1	20.2	19.4
Bituminous coal and coke – Steinkohle und Koks – kamennyj ugol' i koks	2.2	14.4	17.6	18.6	18.8	20.4	22.1	23.4	24.0
Ore – Erz – ruda	0.1	3.4	5.2	5.2	5.9	6.5	7.8	8.9	--
Mineral construction materials – Mineralbaustoffe – mineral'nye stroitel'nye materialy	7.6	107.8	180.9	200.1	219.8	239.3	259.6	281.0	288.5
of which cement–darunter Zement– v tom čisle cement	0.4	1.1	1.7	1.7	1.8	2.2	2.2	2.4	--
Chemical cargoes and mineral fertilizers – chemische Güter und Mineraldünger – chimičeskie gruzy i mineral'nye udobrenija	0.4	1.2	1.7	1.8	2.1	2.1	2.6	2.9	--
Metals and scrap iron – Metalle und Schrott – metally i metallolom	0.5	1.1	2.0	2.3	2.6	2.7	3.2	3.6	3.6
Grain – Getreide – chlebnye gruzy	5.2	5.6	6.8	7.1	5.5	7.3	7.0	6.0	6.6
Fruits and vegetables – Früchte und Gemüse – plody i ovošči	0.8	0.6	0.6	0.6	0.6	0.7	0.8	0.7	--
Average transport distance of 1 t cargo, km – durchschnittl.Transportentfernung von 1 t Güter,km – srednjaja dal'nost'perevozki 1 t gruza, km	489	497	486	482	456	452	469	466	459
Passenger turnover, '000 mill.passenger-km – Passagierumsatz, Mrd.Passagier-km – Passažirooborot, mlrd.passažiro-kilometrov	3.8	4.9	5.4	5.7	5.7	5.9	6.1	6.3	6.0
Passengers carried, mill.persons – Beförderte Passagiere, Mio Personen – Perevezeno passažirov, mln.čelovek	73.0	133.9	145.2	146.5	150.4	146.7	152.3	161.4	145.3
Average travel distance per passenger, km – durchschnittl.Reiseentfernung pro Passagier, km – srednjaja dal'nost'poezdki odnogo passažira, km	52	37	37	39	38	40	40	39	42

5.3.5.2   FREIGHT CARRIED AND PASSENGER TRAFFIC IN PUBLIC INLAND WATER TRANSPORT, BY UNION REPUBLICS
GÜTERTRANSPORT UND PERSONENBEFÖRDERUNG IM ÖFFENTLICHEN BINNENWASSERTRANSPORT, NACH UNIONSREPUBLIKEN
PEREVOZKI GRUZOV I PASSAŽIROV REČNYM TRANSPORTOM OBŠČEGO POL'ZOVANIJA PO SOJUZNYM RESPUBLIKAM

Freight carried, '000 tons – Beförderte Güter, Tsd.t – Perevezeno gruzov, tys.t	1940	1965	1970	1971	1972	1973	1974	1975
SSSR	73,934	269,443	357,760	381,231	395,728	419,162	452,378	475,457
RSFSR	65,006	238,169	311,039	330,043	340,219	359,011	386,823	405,905
Ukrainskaja SSR	4,637	17,351	27,283	29,781	32,163	35,424	38,590	42,303
Belorusskaja SSR	1,681	3,480	5,295	5,991	6,751	7,466	8,646	8,770
Kazachskaja SSR	628	3,936	5,647	6,451	7,221	7,605	7,758	7,559
Litovskaja SSR	146	1,035	1,578	1,652	1,854	2,022	2,157	2,249
Moldavskaja SSR	9	728	1,378	1,479	1,901	1,909	2,217	2,343
Latvijskaja SSR	637	1,613	2,233	2,422	2,434	2,475	2,657	2,648
Central Asian Shipping Company of the Ministry of High-Sea Fleet – Mittelasiatische Reederei des Ministeriums für Hochseeschiffahrt – Sredneaziatskoe parochodstvo Ministerstva morskogo flota	873	2,749	2,752	2,810	2,590	2,638	2,885	3,054

Passengers carried, thousands – Beförderte Passagiere, Tsd.Personen – Perevezeno passažirov, tys.čelovek	1940	1965	1970	1971	1972	1973	1974	1975
SSSR	73,401	133,901	145,202	146,466	150,403	146,666	152,289	161,425
RSFSR	63,909	109,073	116,738	116,372	118,298	114,501	118,822	124,084
Ukrainskaja SSR	6,810	18,692	21,379	22,587	23,715	23,514	24,681	27,914
Belorusskaja SSR	1,964	1,759	1,324	1,296	1,363	1,315	1,358	1,293
Kazachskaja SSR	177	438	1,135	1,268	1,501	1,545	1,638	1,662
Litovskaja SSR	150	1,230	1,989	2,265	2,409	2,699	2,509	2,872
Moldavskaja SSR	39	1,708	1,604	1,595	2,091	2,170	2,362	2,442
Latvijskaja SSR	190	702	784	835	837	773	782	1,010
Central Asian Shipping Company of the Ministry of High-Sea Fleet – Mittelasiatische Reederei des Ministeriums für Hochseeschiffahrt – Sredneaziatskoe parochodstvo Ministerstva morskogo flota	78	--	--	--	--	--	--	--

5.3.6.1 Economy
5.3.6.2 Wirtschaft

5.3.6 PIPELINE – ROHRFERNLEITUNGEN – MAGISTRAL'NYJ TRUBOPROVODNYJ TRANSPORT

5.3.6.1 PIPELINE FOR PETROLEUM AND PETROLEUM PRODUCTS – ROHRFERNLEITUNGEN FÜR ERDÖL UND ERDÖLPRODUKTE – NEFTE- I NEFTEPRODUKTOPROVODY

Year Jahr Gody	Length (end-of-year figures), '000 km Länge (zum Jahres- ende), Tsd.km Protjažennost' (na konec goda),tys.km A.	Transfer of petroleum and petroleum products, mill.tons Umpumpen von Erdöl u. Erdölprodukten, Mio t Perekačka nefti i nefteproduktov, mln.t B.	Freight turnover, '000 mill.t/km Frachtumsatz, Mrd.t/km Gruzooborot, mlrd. tkm C.
1913	1.1	0.4	0.3
1928	1.6	1.1	0.7
1932	2.9	4.8	2.9
1937	3.9	7.5	3.6
1940	4.1	7.9	3.8
1945	4.4	5.6	2.7
1946	4.4	6.0	2.9
1950	5.4	15.3	4.9
1955	10.4	51.7	14.7
1960	17.3	129.9	51.2
1965	28.2	225.7	146.7
1966	29.5	247.7	165.0

Year Jahr Gody	A.	B.	C.
1967	32.4	273.3	183.4
1968	34.1	301.3	215.9
1969	36.9	324.0	244.6
1970	37.4	339.9	281.7
1971	41.0	352.5	328.5
1972	42.9	388.5	375.9
1973	47.2	421.4	439.4
1974	53.0	457.2	533.4
1975	56.9	497.6	665.8
1976	58.6	531.7	794.6

5.3.6.2 GAS LINES – GASLEITUNGEN – GAZOPROVODY

	1950	1965	1970	1971	1972	1973	1974	1975	1976
Length (end-of-year figures), '000 km – Länge (zum Jahresende), Tsd.km – Protjažennost' (na konec goda), tys.km	2.3	41.8	67.5	71.5	77.7	83.5	92.1	99.2	103.5
Gas transport, '000 mill.cu.m, – Gasförderung, Mrd.m³ – Podača gaza, mlrd.m³	1.5	112.1	181.5	209.8	219.9	231.1	245.7	279.4	309.5

Economy 5.3.7.1
Wirtschaft 5.3.7.2

5.3.7 MOTOR TRANSPORT - KRAFTVERKEHR - AVTOMOBIL'NYJ TRANSPORT

5.3.7.1 BASIC INDICATORS FOR FREIGHT TRANSPORT
GRUNDKENNZIFFERN DES VOLKSWIRTSCHAFTLICHEN KRAFTVERKEHRS
OSNOVNYE POKAZATELI AVTOMOBIL'NOGO TRANSPORTA NARODNOGO CHOZJAJSTVA

Year Jahr Gody	Freight turnover, '000 mill.t/km Frachtumsatz, Mrd. t/km Gruzooborot, mlrd. tkm	Goods carried, mill.tons Beförderte Güter, Mio t Perevezeno gruzov, mln.t	Average transport distance of 1 t goods, km Durchschnittl.Beförderungs- entfernung pro t Güter,km Srednjaja dal'nost' pere- vozki 1 t gruza, km
1940	8.9	858.6	10.4
1945	5.0	420.0	12.0
1946	7.5	610.0	12.3
1950	20.1	1,859.2	10.8
1955	42.5	3,730.0	11.4
1960	98.5	8,492.7	11.6
1965	143.1	10,746.0	13.3
1966	155.3	11,457.3	13.6
1967	170.2	11,947.0	14.2
1968	187.1	12,800.4	14.6
1969	200.1	13,392.1	14.9
1970	220.8	14,622.8	15.1
1971	240.4	15,688.2	15.3
1972	258.1	16,703.8	15.5
1973	283.8	18,243.5	15.6
1974	312	19,600	15.9
1975	338	21,000	16.1
1976	355	21,500	16.5

5.3.7.2 LENGTH OF MOTOR ROADS WITH HARD PAVEMENT (END-OF-YEAR FIGURES); '000 km
LÄNGE DER AUTOSTRASSEN MIT HARTER DECKE (ZUM JAHRESENDE); Tsd.km
PROTJAŽENNOST' AVTOMOBIL'NYCH DOROG S TVERDYM POKRYTIEM (NA KONEC GODA); tys.km

Year Jahr Gody	Total roads with hard pavement Alle Straßen mit harter Decke Vse dorogi s tverdym pokrytiem	of which improved (with cement-asphalt concrete and bituminous pavement) davon verbesserte (mit Zement-Asphalt- beton- und Schwarzdecke) iz nich usoveršenstvovannye (s cementno- asfal'tobetonnym pokrytiem i černoe šosse)
1940	143.4	7.1
1945	155.3	10.2
1946	164.6	13.4
1950	177.3	19.2
1955	206.8	41.1
1960	270.8	77.1
1965	378.3	131.7
1966	405.6	146.0
1967	433.0	161.1
1968	456.4	176.7
1969	483.2	191.0
1970	511.6	207.0
1971	540.4	224.3
1972	567.3	241.5
1973	598.4	260.1
1974	628.3	277.8
1975	660.5	296.7
1976	689.7	315.1

5.3.7.3 Economy / Wirtschaft

5.3.7.3 LENGTH OF MOTOR ROADS BY UNION REPUBLICS
LÄNGE DER AUTOSTRASSEN NACH UNIONSREPUBLIKEN
PROTJAŽENNOST' AVTOMOBIL'NYCH DOROG PO SOJUZNYM

	1940		1965		1970		1971	
	All roads / Alle Straßen / Vse dorogi A.	of which with hard pavement / darunter mit harter Decke / v tom čisle s tverdym pokrytiem B.	A.	B.	A.	B.	A.	B.
SSSR	1531.2	143.4	1362.7	378.3	1363.9	511.6	1369.6	540.4
RSFSR	872.9	67.8	747.4	168.1	751.7	221.5	757.5	233.2
Ukrainskaja SSR	270.7	29.3	236.1	67.2	223.5	90.8	221.3	96.7
Belorusskaja SSR	69.7	11.2	65.2	18.6	65.8	25.8	66.0	27.3
Uzbekskaja SSR	31.6	4.3	27.5	13.7	28.3	20.7	29.1	23.0
Kazachskaja SSR	106.6	1.5	109.3	24.4	110.3	41.1	110.0	44.2
Gruzinskaja SSR	13.6	8.1	19.5	14.7	20.9	16.4	21.1	16.7
Azerbajdžanskaja SSR	11.0	3.0	19.3	10.3	21.1	13.4	21.2	13.5
Litovskaja SSR	37.8	2.2	33.2	11.9	33.5	14.5	33.4	14.9
Moldavskaja SSR	15.0	1.1	12.9	5.4	10.2	7.1	10.2	7.
Latvijskaja SSR	36.0	2.6	24.0	8.1	24.2	11.1	24.2	11.
Kirgizskaja SSR	11.5	1.2	17.8	8.4	19.6	11.4	19.6	11.
Tadžikskaja SSR	13.5	0.9	12.3	4.8	13.4	8.0	13.4	8.
Armjanskaja SSR	7.2	2.6	8.1	4.9	8.3	5.4	8.4	5.
Turkmenskaja SSR	11.9	0.5	7.7	2.4	8.7	4.7	8.7	5.
Estonskaja SSR	22.2	7.1	22.4	15.4	24.4	19.7	25.4	21.

Economy 5.3.7.3
Wirtschaft

(END-OF-YEAR FIGURES); '000 kilometres
(ZUM JAHRESENDE); Tsd. km
RESPUBLIKAM (NA KONEC GODA); tys.km

1972		1973		1974		1975		1976	
A.	B.	A.	B.	A.	B.	A.	B.	A.	B.
1359.8	567.3	1398.0	598.4	1421.6	628.3	1403.0	660.5	1405.6	689.7
758.5	245.3	796.5	258.6	829.5	273.5	840.3	291.4	847.2	306.5
209.7	102.0	206.8	108.4	193.2	112.8	173.8	116.7	167.4	120.8
65.9	28.9	66.2	30.8	68.1	32.6	71.0	33.9	71.1	35.6
29.3	24.5	29.4	25.7	30.1	26.8	30.5	27.6	30.7	28.3
109.9	47.7	111.4	51.7	111.5	55.0	96.7	58.4	96.9	61.6
21.1	16.9	21.1	17.1	21.3	17.4	21.5	17.7	21.6	18.0
21.4	13.7	21.6	14.0	22.1	14.4	22.1	14.7	22.9	15.9
33.3	15.6	33.3	16.3	33.3	17.2	33.2	18.0	33.1	18.9
10.2	7.6	10.2	7.9	10.2	8.0	10.3	8.3	10.3	8.4
24.2	11.9	24.2	12.4	24.2	13.0	24.2	13.5	24.2	14.0
20.2	12.3	20.6	13.0	21.1	13.7	21.3	14.2	21.7	14.6
13.3	8.3	13.5	8.9	13.5	9.3	13.4	9.7	13.3	9.9
8.4	5.6	8.4	5.8	8.5	5.9	8.5	6.0	8.6	6.1
8.7	5.3	8.8	5.4	8.8	5.8	9.5	6.7	9.9	7.0
25.7	21.7	26.0	22.4	26.2	22.9	26.7	23.7	27.0	24.1

5.3.7.4 Economy
5.3.7.5 Wirtschaft

5.3.7.4 PASSENGER BUS TRANSPORT IN THE PUBLIC TRANSPORTATION SYSTEM, BY UNION REPUBLICS (millions)
PERSONENBEFÖRDERUNG MIT AUTOBUSSEN DER ÖFFENTLICHEN VERKEHRSMITTEL, NACH UNIONSREPUBLIKEN (Mio Personen)
PEREVOZKA PASSAŽIROV AVTOBUSAMI TRANSPORTA OBŠČEGO POL'ZOVANIJA PO SOJUZNYM RESPUBLIKAM (mln.čelovek)

	1940	1965	1970	1971	1972	1973	1974	1975	1976
SSSR	590.0	18656.6	27343.8	28752.1	30347.9	32133.1	34251.5	36468.8	37866.6
RSFSR	429.1	10967.5	15053.5	15647.3	16566.6	17588.1	18828.7	20039.3	20918.4
Ukrainskaja SSR	29.4	2885.3	5060.9	5514.5	5933.7	6285.2	6688.0	7089.3	7223.2
Belorusskaja SSR	10.5	629.5	1117.0	1146.8	1171.3	1218.3	1307.6	1397.2	1434.7
Uzbekskaja SSR	8.8	629.7	1042.9	1100.2	1155.2	1237.3	1349.8	1462.0	1552.5
Kazachskaja SSR	10.3	1278.9	1926.7	2063.7	2151.7	2316.9	2435.2	2634.9	2735.4
Gruzinskaja SSR	17.0	373.2	475.9	495.0	508.3	498.3	511.3	541.9	553.5
Azerbajdžanskaja SSR	3.8	245.3	351.4	382.4	395.3	413.8	439.3	462.4	480.7
Litovskaja SSR	30.7	389.5	569.5	590.8	611.9	644.7	658.6	675.0	689.4
Moldavskaja SSR	0.5	142.3	204.2	222.2	237.3	244.0	255.6	268.6	276.8
Latvijskaja SSR	4.4	224.6	302.2	304.0	317.5	328.4	348.6	362.6	373.9
Kirgizskaja SSR	2.9	257.6	353.9	365.4	386.5	390.0	406.1	433.8	449.1
Tadžikskaja SSR	6.2	139.4	194.7	214.4	216.5	230.0	246.8	269.0	293.1
Armjanskaja SSR	3.3	164.3	249.3	250.6	233.2	261.4	286.0	306.6	330.0
Turkmenskaja SSR	17.5	137.7	170.0	175.0	180.8	186.5	193.3	213.7	237.1
Estonskaja SSR	15.6	191.8	271.7	279.8	282.1	290.2	296.6	312.0	318.8

5.3.7.5 MUNICIPAL PASSENGER TRANSPORT WITH BUSES OF THE PUBLIC TRANSPORT SYSTEM
STÄDTISCHE PERSONENBEFÖRDERUNG MIT AUTOBUSSEN DER ÖFFENTLICHEN VERKEHRSMITTEL
VNUTRIGORODSKIE PASSAŽIRSKIE PEREVOZKI AVTOBUSAMI TRANSPORTA OBŠČEGO POL'ZOVANIJA

	1965	1970	1971	1972	1973	1974	1975	1976
Number of cities and city settlements with intercity bus lines - Zahl der Städte u.Stadtsiedlungen mit innerstädtischen Buslinien - Čislo gorodov i poselkov gorodskogo tipa, imejuščich vnutrigorodskoe avtobusnoe soobščenie	1,618	2,002	2,056	2,075	2,100	2,136	2,209	2,233
Passengers carried, '000 millions - Beförderte Passagiere, Mrd.Personen - Perevezeno passažirov, mlrd.čelovek	14.4	20.5	21.3	22.2	23.6	25.1	26.9	27.8

Economy 5.3.7.5
Wirtschaft 5.3.7.6
5.3.7.7

	1965	1970	1971	1972	1973	1974	1975	1976
Passenger turnover, '000 million passenger-km - Passagierumsatz, Mrd.Passagier-km - Passažirooborot, mlrd.passažiro-kilometrov	57.1	97.5	102.2	110.3	120.8	135.3	149.7	159.2
Average travel distance per passenger, km - Durchschnittl.Reiseentfernung pro Passagier, km - Srednjaja dal'nost' poezdki odnogo passažira, km	4.0	4.8	4.8	5.0	5.1	5.4	5.6	5.7

5.3.7.6 SUBURBAN PASSENGER TRANSPORT WITH BUSES OF THE PUBLIC TRANSPORT SYSTEM
VORORT-PERSONENBEFÖRDERUNG MIT AUTOBUSSEN DER ÖFFENTLICHEN VERKEHRSMITTEL
PRIGORODNYE PEREVOZKI PASSAŽIROV AVTOBUSAMI TRANSPORTA OBŠČEGO POL'ZOVANIJA

	1965	1970	1971	1972	1973	1974	1975	1976
Passengers carried, millions - Beförderte Passagiere, Mio Personen - Perevezeno passažirov, mln.čelovek	3,385	5,401	5,950	6,546	6,858	7,324	7,716	8,094
Passenger turnover, '000 million passenger-km - Passagierumsatz, Mrd. Passagier-km - Passažirooborot, mlrd.passažiro-kilometrov	34.0	56.0	61.7	69.3	73.3	78.8	83.6	91.9
Average travel distance per passenger, km - Durchschnittl.Reiseentfernung pro Passagier, km - Srednjaja dal'nost' poezdki odnogo passažira, km	10.1	10.4	10.4	10.6	10.7	10.8	10.8	11.4

5.3.7.7 UTILIZATION OF PASSENGER TAXIS IN THE PUBLIC TRANSPORT SYSTEM
NUTZUNG DER PERSONENTAXI DER ÖFFENTLICHEN VERKEHRSMITTEL
ISPOL'ZOVANIE LEGKOVYCH TAKSOMOTOROV TRANSPORTA OBŠČEGO POL'ZOVANIJA

	1940	1965	1970	1971	1972	1973	1974	1975	1976
Total distance covered, mill. kilometres - Gesamte durchlaufene Strecke, Mio km - Obščij probeg, mln.km	107	4,644	7,222	7,924	8,622	9,206	10,055	10,995	11,865
of which paid distance covered - davon bezahlte durchlaufene Strecke - v tom čisle platnyj probeg	89	3,515	5,951	6,570	7,179	7,695	8,444	9,291	10,097

5.3.8.1 Economy / Wirtschaft

5.3.8 MUNICIPAL ELECTRIFIED PASSENGER TRANSPORTATION
STÄDTISCHE ELEKTRIFIZIERTE PERSONENVERKEHRSMITTEL
GORODSKOJ PASSAŽIRSKIJ ELEKTRIČESKIJ TRANSPORT

5.3.8.1 DEVELOPMENT OF MUNICIPAL ELECTRIFIED PASSENGER TRANSPORTATION
ENTWICKLUNG DER STÄDTISCHEN ELEKTRIFIZIERTEN PERSONENVERKEHRSMITTEL
RAZVITIE GORODSKOGO PASSAŽIRSKOGO ELEKTRIČESKOGO TRANSPORTA

	1940	1965	1970	1971	1972	1973	1974	1975	1976
Length of lines (end-of-year figures), in kilometres - Länge der Linien (zum Jahresende), km - Protjažennost' putej (na konec goda), km:									
Length of single tramlines in operation - Länge der benutzten Straßenbahneinzellinie - Protjažennost' ekspluatacionnogo odinočnogo tramvajnogo puti	4,475	7,312	8,261	8,358	8,456	8,572	8,666	8,769	8,810
Length of single trolley lines in operation - Länge der benutzten Trolleybuseinzellinie - Protjažennost' ekspluatacionnoj odinočnoj trollejbusnoj linii	329	5,016	8,142	8,707	9,317	9,908	10,548	11,253	11,912
Length of subway lines in operation (double lines) - Länge der benutzten U-Bahn-Linie in zweigleisiger Berechnung - Protjažennost'ekspluatacionnogo puti metropolitenov v dvuchputnom isčislenii	23	147	214	224	240	240	243	274	278
Movable stock (end-of-year figures) - Beweglicher Bestand (zum Jahresende) - Podvižnoj sostav (na konec goda):									
Number of tramway passenger cars - Zahl der Straßenbahnpersonenwagen - Čislo tramvajnych passažirskich vagonov	11,391	20,921	22,051	21,793	21,614	21,080	21,000	20,800	20,700
Number of trolley passenger buses - Zahl der Personentrolleybusse - Čislo passažirskich trollejbussov	795	10,172	15,767	16,941	17,946	18,778	19,600	20,300	21,300
Number of subway passenger cars - Zahl der U-Bahn-Personenwagen - Čislo passažirskich vagonov metropolitenov	278	1,691	2,544	2,808	3,035	3,278	3,500	3,500	3,700

Economy 5.3.8.1
Wirtschaft 5.3.8.2

Passengers carried, in millions -
Beförderte Passagiere, Mio Personen -
Perevezeno passažirov, mln.čelovek:

	1940	1965	1970	1971	1972	1973	1974	1975	1976
Tramway - Straßenbahn - Tramvajami	7,283	8,242	7,962	7,975	7,952	7,998	8,074	8,235	8,343
Trolley bus - Trolleybus(O-Bus) - Trollejbusami	294	4,298	6,122	6,588	6,974	7,298	7,639	7,963	8,345
Subway - U-Bahn - Metropolitenami	377	1,652	2,294	2,443	2,592	2,727	2,836	2,972	3,229

At the end of 1976 109 cities had tramway and 146 cities trolley bus connections. Moscow, Leningrad, Kiev, Charkov, Tbilisi and Baku have subways.
Ende 1976 hatten 109 Städte Straßenbahn- und 146 Trolleybusverbindungen. In Moskau, Leningrad, Kiew, Charkov, Tbilisi und Baku gibt es U-Bahnen.
K koncu 1976 g. tramvajnoe soobščenie imeli 109 gorodov, trollejbusnoe - 146. B. Moskve, Leningrade, Kieve, Charkove, Tbilisi i Baku imejutsja metropoliteny.

5.3.8.2 PASSENGER TRANSPORT ON SUBWAYS BY UNION REPUBLICS (millions)
PASSAGIERBEFÖRDERUNG IN U-BAHNEN NACH UNIONSREPUBLIKEN (Mio Personen)
PEREVOZKI PASSAŽIROV METROPOLITENAMI PO SOJUZNYM RESPUBLIKAM (mln. čelovek)

	1965	1970	1971	1972	1973	1974	1975	1976
SSSR	1652.4	2294.4	2443.3	2591.7	2727.0	2836.3	2972.0	3228.6
RSFSR	1592.0	2046.5	2156.2	2253.7	2344.1	2431.0	2520.4	2696.2
of which - darunter - v tom čisle:								
City of Moscow - Stadt Moskau - g.Moskva	1328.7	1628.1	1696.4	1770.4	1841.0	1906.8	1966.4	2083.4
City of Leningrad - Stadt Leningrad - g. Leningrad	263.3	418.4	459.8	483.3	503.1	524.2	554.0	612.8
Ukrainskaja SSR	60.4	126.8	144.2	177.7	189.0	197.4	236.3	307.8
City of Kiev - Stadt Kiew - g.Kiev	60.4	126.8	144.2	177.7	189.0	197.4	204.4	210.7
City of Charkov - Stadt Charkov - g.Charkov	--	--	--	--	--	--	31.9	97.1
Gruzinskaja SSR (Tbilisi)	--	74.4	87.5	97.4	102.3	106.9	110.5	114.9
Azerbajdžanskaja SSR (Baku)	--	46.7	55.4	62.9	91.6	101.0	104.8	109.7

5.3.8.3

LENGTH OF PUBLIC TRANSPORTATION ROUTES BY UNION REPUBLICS (END-OF-YEAR FIGURES; km)
LÄNGE DER BENUTZTEN VERKEHRSWEGE NACH UNIONSREPUBLIKEN (ZUM JAHRESENDE; km)
PROTJAŽENNOST' EKSPLUATACIONNYCH PUTEJ PO SOJUZNYM RESPUBLIKAM (NA KONEC GODA; km)

	1965	1970	1971	1972	1973	1974	1975	1976
Single tramlines - Straßenbahneinzellinien - Odinočnye tramvajnye puti:								
SSSR	7,312	8,261	8,358	8,456	8,572	8,666	8,769	8,810
RSFSR	4,649	5,312	5,383	5,448	5,540	5,627	5,702	5,758
Ukrainskaja SSR	1,685	1,869	1,893	1,925	1,951	1,964	1,986	1,996
Belorusskaja SSR	111	109	109	107	110	117	117	117
Uzbekskaja SSR	136	226	226	233	231	242	244	244
Kazachskaja SSR	216	234	236	235	235	238	242	224
Gruzinskaja SSR	106	90	90	96	96	86	86	86
Azerbajdžanskaja SSR	148	141	141	128	127	110	109	101
Litovskaja SSR	--	--	--	--	--	--	--	--
Moldavskaja SSR	--	--	--	--	--	--	--	---
Latvijskaja SSR	138	143	143	147	145	145	146	147
Kirgizskaja SSR	--	---	--	--	--	--	--	--
Tadžikskaja SSR	--	--	--	--	--	--	--	--
Armjanskaja SSR	86	99	99	99	99	99	99	99
Turkmenskaja SSR	--	--	--	--	--	--	--	--
Estonskaja SSR	37	38	38	38	38	38	38	38
Single trolley lines - Trolleybuseinzellinien - Odinočnye trollejbusnye linii:								
SSSR	5,016	8,142	8,707	9,317	9,908	10,548	11,253	11,912
RSFSR	2,708	4,309	4,541	4,854	5,218	5,543	5,925	6,317
Ukrainskaja SSR	1,241	2,032	2,148	2,277	2,364	2,508	2,660	2,783
Belorusskaja SSR	120	226	250	281	293	348	364	402
Uzbekskaja SSR	126	206	268	291	329	367	454	491
Kazachskaja SSR	94	211	248	282	318	337	346	361
Gruzinskaja SSR	111	185	211	213	231	234	241	251
Azerbajdžanskaja SSR	109	145	163	166	174	184	186	190
Litovskaja SSR	66	144	147	155	158	158	158	181
Moldavskaja SSR	63	114	110	141	149	175	182	188
Latvijskaja SSR	127	159	166	166	170	171	171	171
Kirgizskaja SSR	88	109	109	111	112	119	129	133
Tadžikskaja SSR	41	87	101	103	109	115	129	129
Armjanskaja SSR	79	129	132	164	169	170	180	186
Turkmenskaja SSR	35	55	74	74	74	79	88	88
Estonskaja SSR	8	31	39	39	40	40	40	41
Subways in double lines - U-Bahn-Linie in zweigleisiger Berechnung - Puti metropolitenov v dvuchputnom isčislenii:								
SSSR	147	214	224	240	240	243	274	278
RSFSR	134	179	182	193	193	196	217	217
Ukrainskaja SSR	13	14	18	18	18	18	28	30
Gruzinskaja SSR	--	10	13	13	13	13	13	13
Azerbajdžanskaja SSR	--	11	11	16	16	16	16	18

Economy
Wirtschaft 5.3.8.4

5.3.8.4 MOVABLE STOCK OF THE MUNICIPAL ELECTRIFIED PASSENGER TRANSPORTATION
SYSTEM BY UNION REPUBLICS (END-OF-YEAR FIGURES)
BEWEGLICHER BESTAND DER STÄDTISCHEN ELEKTRIFIZIERTEN VERKEHRSMITTEL
NACH UNIONSREPUBLIKEN (ZUM JAHRESENDE)
PODVIŽNOJ SOSTAV GORODSKOGO PASSAŽIRSKOGO ELEKTRIČESKOGO TRANSPORTA
PO SOJUZNYM RESPUBLIKAM (NA KONEC GODA)

	1965	1970	1971	1972	1973	1974	1975	1976
Number of tramway passenger cars -								
Zahl der Straßenbahnpersonenwagen -								
Čislo tramvajnych passažirskich vagonov:								
SSSR	20,921	22,051	21,793	21,614	21,080	20,987	20,766	20,664
RSFSR	13,394	14,260	14,078	13,976	13,613	13,616	13,508	13,491
Ukrainskaja SSR	4,944	5,285	5,225	5,174	5,099	5,142	5,171	5,159
Belorusskaja SSR	350	385	375	354	348	344	323	298
Uzbekskaja SSR	496	481	482	473	457	436	419	443
Kazachskaja SSR	387	404	414	440	428	371	335	295
Gruzinskaja SSR	285	233	214	214	177	142	124	134
Azerbajdžanskaja SSR	296	181	179	168	164	166	153	135
Litovskaja SSR	--	--	--	--	--	--	--	--
Moldavskaja SSR	--	--	--	--	--	--	--	--
Latvijskaja SSR	384	436	440	432	425	410	407	409
Kirgizskaja SSR	--	--	--	--	--	--	--	--
Tadžikskaja SSR	--	--	--	--	--	--	--	--
Armjanskaja SSR	221	236	236	233	217	208	176	156
Turkmenskaja SSR	--	--	--	--	--	--	--	--
Estonskaja SSR	164	150	150	150	152	152	150	144
Number of trolley passenger buses -								
Zahl der Personentrolleybusse -								
Čislo passažirskich trollejbusov:								
SSSR	10,172	15,767	16,941	17,946	18,778	19,618	20,289	21,344
RSFSR	5,616	8,274	8,871	9,391	9,764	10,135	10,446	10,989
Ukrainskaja SSR	2,509	4,016	4,341	4,627	4,827	5,040	5,159	5,503
Belorusskaja SSR	238	548	607	664	692	732	802	857
Uzbekskaja SSR	249	418	449	476	522	565	603	636
Kazachskaja SSR	160	279	334	370	410	477	505	515
Gruzinskaja SSR	215	295	317	330	357	341	370	374
Azerbajdžanskaja SSR	194	221	220	239	241	244	247	245
Litovskaja SSR	124	297	326	340	347	380	392	414
Moldavskaja SSR	140	288	301	343	372	397	430	458
Latvijskaja SSR	257	354	364	368	387	398	403	408
Kirgizskaja SSR	156	190	177	170	176	188	202	197
Tadžikskaja SSR	79	195	196	188	205	209	217	225
Armjanskaja SSR	191	257	277	279	323	333	344	346
Turkmenskaja SSR	35	66	76	76	65	75	65	59
Estonskaja SSR	9	69	85	85	90	104	104	118
Number of subway passenger cars -								
Zahl der U-Bahn-Personenwagen -								
Čislo passažirskich vagonov metropolitenov:								
SSSR	1,691	2,544	2,808	3,035	3,278	3,507	3,539	3,740
RSFSR	1,624	2,292	2,512	2,691	2,919	3,088	3,024	3,192
Ukrainskaja SSR	67	142	179	215	225	242	334	345
Gruzinskaja SSR	--	62	69	69	69	87	87	95
Azerbajdžanskaja SSR	--	48	48	60	65	90	94	108

333

5.3.9.1 Economy / Wirtschaft

5.3.9 AIR TRAFFIC - LUFTVERKEHR - VOZDUŠNYJ TRANSPORT

5.3.9.1 BASIC INDICATORS ON AIR TRAFFIC FROM THE MINISTRY OF CIVIL AVIATION
GRUNDKENNZIFFERN DES LUFTVERKEHRS DES MINISTERIUMS FÜR ZIVILE LUFTFAHRT
OSNOVNYE POKAZATELI VOZDUŠNOGO TRANSPORTA MINISTERSTVA GRAŽDANSKOJ AVIACII

	1940	1965	1970	1971	1972	1973	1974	1975	1976
Total length of airways (without intersecting lines), '000 kilometres - Gesamtlänge der Luftlinien (ohne die sich überschneidenden Strecken), Tsd.km - Obščaja protjažennost' vozdušnych linij (bez perekryvajuščichsja učastkov), tys.km	146.3	481.1	773.4	778.0	780.0	798.0	824	827	860
of which length of airways within the USSR territory - darunter Länge der Linien innerhalb des Territoriums der UdSSR - v tom čisle protjažennost' linij v predelach territorii SSSR	143.9	435.0	596.0	596.5	615.7	623.8	630	645	652
of which airways of union importance - davon Luftlinien von Unionsbedeutung - iz nich vozdušnye linii sojuznogo značenija	51.3	157.9	254.0	254.2	264.8	269.4	273	285	287
Freight turnover (incl. mail), mill.tons/km - Frachtumsatz (einschl.Post), Mio t/km - Gruzooborot (vključaja počtu), mln.tkm	23.2	1,338	1,877	1,982	2,188	2,372	2,485	2,590	2,710
Goods carried and mail, '000 tons - Beförderte Güter und Post, Tsd.t - Perevezeno gruzov i počty, tys.t	58.4	1,228	1,844	1,960	2,087	2,206	2,331	2,472	2,603
Passenger turnover, '000 millions passenger-km - Passagierumsatz, Mrd.Passagier-km - Passažirooborot, mlrd.passažirov-kilometrov	0.2	38.1	78.2	88.8	95.9	98.8	108.8	122.6	130.8
Passengers carried, millions - Beförderte Passagiere, Mio Personen - Perevezeno passažirov, mln.čelovek	0.4	42.1	71.4	78.1	82.5	84.3	90.5	98.1	100.9

	1940	1965	1970	1971	1972	1973	1974	1975	1976
Size of air-chemical works in agriculture and forestry, mill.hectares - Umfang der flugchemischen Arbeiten in Land-u.Forstwirtschaft, Mio ha - Ob-em aviachimičeskich rabot v sel'skom i lesnom chozjajstve, mln.ga	0.9	55.0	83.3	85.8	83.4	86.6	90.4	84.9	84.8

5.3.9.2 BASIC INDICATORS ON AIR TRAFFIC ON AN INTERNATIONAL BASIS
GRUNDKENNZIFFERN DES LUFTVERKEHRS AUF INTERNATIONALER EBENE
OSNOVNYE POKAZATELI VOZDUŠNOGO TRANSPORTA V MEŽDUNARODNOM SOOBSČENII

	1965	1970	1971	1972	1973	1974	1975	1976
Freight turnover (incl.mail), mill.tons/km - Frachtumsatz (einschl.Post), Mio t/km - Gruzooborot (vključaja počtu),mln.tkm	50.1	97.3	145.2	171.0	172.1	190.7	231.3	253.6
Goods carried and mail, '000 tons - Beförderte Güter und Post, Tsd.t - Perevezeno gruzov i počty, tys.t	13.2	28.3	46.0	52.9	47.8	46.6	56.6	65.0
Passenger turnover, '000 mill. passenger-km - Passagierumsatz, Mrd.Passagier-km - Passažirooborot, mlrd.passažiro-kilometrov	1.1	2.7	3.7	4.6	4.8	5.6	6.9	7.1
Passengers carried, millions - Beförderte Passagiere, Mio Personen - Perevezeno passažirov, mln.čelovek	0.3	0.9	1.4	1.6	1.5	1.7	2.1	2.1

5.3.10.1 Economy / Wirtschaft

5.3.10 COMMUNICATIONS - POST- UND FERNMELDEWESEN - SVJAZ'

5.3.10.1 BASIC INDICATORS ON COMMUNICATION DEVELOPMENT - GRUNDKENNZIFFERN DER ENTWICKLUNG DES POST- UND FERNMELDEWESENS - OSNOVNYE POKAZATELI RAZVITIJA SVJAZI

	1940	1965	1970	1971	1972	1973	1974	1975	1976
Number of Post, telegraph and telephone offices (end-of-year figures), '000 - Anzahl der Post-,Telegraphen-und Telephonämter (zum Jahresende), Tsd. Čislo predprijatij počty, telegrafa i telefona (na konec goda), tys.	51	72	81	83	84	85	86	88	88
of which in rural areas - darunter in ländlichen Gebieten - v tom čisle v sel'skich mestnostjach	44	54	60	60	61	62	62	63	63
Air mail, '000 tons - Postbeförderung auf dem Luftwege, Tsd.t - Perevezeno počty aviacionnym transportom, tys.t	12.1	263.1	323.8	305.3	326.4	340.7	356	375	386
Services rendered by communications enterprises, '000 mill.rubles - Leistungen des Post-u. Fernmeldewesens, Mrd.Rubel - Produkcija svjazi, mlrd.rub.	0.6	2.0	3.3	3.5	3.8	4.1	4.5	4.8	5.1
Number of items posted, mill. - abgeliefert wurden, Mio - Otpravleno,mln.:									
letters - Briefsendungen - pisem	2,580	5,241	8,020	8,341	8,532	8,714	8,868	8,969	9,000
newspapers and magazines - Zeitungen u. Zeitschriften - gazet i žurnalov	6,698	22,599	33,242	35,092	36,892	38,264	39,500	41,100	41,700
parcels - Pakete - posylok	45	128	176	180	187	197	203	215	229
money orders and pension payments - Geldüberweisungen u.Rentenauszahlungen - denežnych perevodov i pensionnych vyplat	99	494	655	675	687	697	709	724	732
telegrams - Telegramme - telegramm	141	273	365	372	385	404	421	443	458

Economy
Wirtschaft 5.3.10.1

	1940	1965	1970	1971	1972	1973	1974	1975	1976
Number of long-distance calls, mill. - Zahl der Ferngespräche, Mio - Količestvo meždugorodnych telefonnych razgovorov, mln.	92	257	431	479	535	604	684	768	868
Number of telephones within public service network (end-of-year figures), '000 - Anzahl der Fernsprechapprate im öffentlichen Fernsprechnetz (zum Jahresende), Tsd.- Čislo telefonnych apparatov na obščej telefonnoj seti (na konec goda), tys.	1,729	6,399	10,987	12,078	13,199	14,463	15,825	17,167	18,422
of which - darunter - v tom čisle:									
within municipal service network - im städtischen Fernsprechnetz - na gorodskoj telefonnoj seti	1,548	5,490	9,504	10,436	11,380	12,450	13,589	14,694	15,712
within rural service network - im ländlichen Fernsprechnetz - na sel'skoj telefonnoj seti	181	909	1,483	1,642	1,819	2,013	2,236	2,473	2,710
automatic telephones, '000 - Wählapparate, Tsd. - avtomatičeskie apparaty, tys.	414	4,450	9,471	10,657	11,821	13,116	14,631	16,050	17,385
of which - darunter - v tom čisle:									
within municipal service network - im städtischen Fernsprechnetz - na gorodskoj telefonnoj seti	414	4,110	8,473	9,472	10,442	11,511	12,767	13,912	14,983
within rural service network - im ländlichen Fernsprechnetz - na sel'skoj telefonnoj seti	--	340	998	1,185	1,379	1,605	1,864	2,138	2,402
Number of TV stations (end-of-year figures) - Anzahl der Fernsehsender (zum Jahresende) - Čislo programmnych televizionnych stancij	2	653	1,233	1,344	1,466	1,620	1,749	1,957	2,116
Number of radio receivers (end-of-year figures), mill. - Anzahl der Funkempfangsanschlüsse (zum Jahresende), Mio - Čislo radiopriemnych toček (na konec goda), mln.	7.0	89.5	129.6	139.2	150.7	159.5	168.6	177.7	185.5

5.3.10.1 Economy
5.3.10.2 Wirtschaft

		1940	1965	1970	1971	1972	1973	1974	1975	1976
radio sets – Rundfunkgeräte – radiopriemnikov		1.1	38.2	48.6	50.8	53.2	54.8	57.1	59.8	61.5
TV sets – Fernsehgeräte – televizorov		400	15.7	34.8	39.3	45.4	49.2	52.5	55.2	57.6
rediffusion loudspeakers – Drahtfunkleitstellen – transljacionnych radiotoček	sets-St.	5.9	35.6	46.2	49.1	52.1	55.5	59.0	62.7	66.4

5.3.10.2 NUMBER OF POST, TELEGRAPH AND TELEPHONE OFFICES BY UNION REPUBLICS
ANZAHL DER POST-, TELEGRAPH- UND TELEPHONÄMTER NACH UNIONSREPUBLIKEN
ČISLO PREDPRIJATIJ POČTY, TELEGRAFA I TELEFONA PO SOJUZNYM RESPUBLIKAM

	1940	1965	1970	1971	1972	1973	1974	1975	1976
SSSR	51,353	72,179	81,435	82,595	83,857	85,092	86,332	87,579	88,418
RSFSR	32,278	42,483	46,057	46,447	46,927	47,399	47,910	48,413	48,711
Ukrainskaja SSR	8,370	11,667	14,114	14,471	14,824	15,163	15,496	15,790	16,001
Belorusskaja SSR	2,163	3,259	3,735	3,815	3,921	4,031	4,150	4,279	4,346
Uzbekskaja SSR	752	2,297	2,974	3,033	3,090	3,142	3,196	3,264	3,334
Kazachskaja SSR	2,252	4,137	4,667	4,740	4,823	4,907	4,987	5,078	5,156
Gruzinskaja SSR	663	1,226	1,430	1,471	1,511	1,552	1,587	1,624	1,660
Azerbajdžanskaja SSR	524	1,098	1,555	1,598	1,640	1,675	1,712	1,751	1,786
Litovskaja SSR	716	1,150	1,161	1,167	1,172	1,174	1,179	1,190	1,184
Moldavskaja SSR	293	1,008	1,252	1,277	1,301	1,322	1,336	1,353	1,362
Latvijskaja SSR	1,566	1,128	1,167	1,173	1,175	1,173	1,175	1,177	1,178
Kirgizskaja SSR	352	682	887	907	924	944	964	986	991
Tadžikskaja SSR	263	482	650	676	698	718	737	750	760
Armjanskaja SSR	242	469	621	644	667	693	719	742	764
Turkmenskaja SSR	247	412	476	487	493	505	516	524	531
Estonskaja SSR	672	681	689	689	691	694	668	658	654

NUMBER OF RADIO RECEIVERS (RADIO SETS, TV SETS AND REDIFFUSION LOUDSPEAKERS) BY UNION REPUBLICS (thousands)
ANZAHL DER FUNKEMPFANGSANSCHLÜSSE (RUNDFUNKGERÄTE, FERNSEHGERÄTE UND DRAHTFUNKLEITSTELLEN) NACH UNIONSREPUBLIKEN (Tsd.)
ČISLO RADIOPRIEMNYCH TOČEK (RADIOPRIEMNIKOV, TELEVIZOROV I TRANSLJACIONNYCH RADIOTOČEK) PO SOJUZNYM RESPUBLIKAM (tys.)

	1940	1965	1970	1971	1972	1973	1974	1975	1976
SSSR	6,976	89,559	129,604	139,164	150,701	159,468	168,615	177,658	185,549
RSFSR	4,641	54,294	77,590	83,329	90,255	95,419	100,819	106,162	110,992
Ukrainskaja SSR	1,303	17,724	25,591	27,260	29,359	31,099	32,808	34,574	36,065
Belorusskaja SSR	191	2,688	4,507	4,958	5,399	5,748	6,120	6,483	6,769
Uzbekskaja SSR	72	2,822	4,066	4,347	4,703	5,006	5,273	5,495	5,676
Kazachskaja SSR	151	3,765	5,609	6,074	6,611	7,080	7,645	8,189	8,657
Gruzinskaja SSR	67	1,295	1,748	1,829	1,989	2,069	2,162	2,257	2,349
Azerbajdžanskaja SSR	64	1,241	1,701	1,791	1,926	2,010	2,123	2,224	2,296
Litovskaja SSR	96	841	1,341	1,474	1,625	1,733	1,816	1,883	1,947
Moldavskaja SSR	18	1,014	1,611	1,756	1,918	2,037	2,164	2,315	2,433
Latvijskaja SSR	167	1,030	1,491	1,615	1,708	1,727	1,788	1,858	1,885
Kirgizskaja SSR	24	606	952	1,042	1,144	1,229	1,310	1,390	1,453
Tadžikskaja SSR	17	560	873	957	1,052	1,128	1,199	1,255	1,299
Armjanskaja SSR	38	586	866	939	1,056	1,109	1,182	1,247	1,307
Turkmenskaja SSR	28	481	780	866	948	1,020	1,095	1,179	1,240
Estonskaja SSR	99	612	878	927	1,008	1,054	1,111	1,147	1,181

5.4.1 Economy
Wirtschaft

5.4 CAPITAL CONSTRUCTION - INVESTITIONSBAU - KAPITAL'NOE STROITEL'STVO

5.4.1 COMMISSIONED FIXED ASSETS (in comparable prices; '000 million rubles)[1]
INANSPRUCHNAHME DER GRUNDFONDS (in Vergleichspreisen; Mrd.Rubel)[1]
VVOD V DEJSTVIE OSNOVNYCH FONDOV (v sopostavimych cenach; mlrd.rub.)[1]

	Total fixed assets commissioned by state and co-operative enterprises and organizations, collective farms and population Gesamtinanspruchnahme der Grundfonds durch staatl.u.genossenschaftliche Betriebe u.Organisationen, Kolchosen u.Bevölkerung Vsego vvedeno osnovnych fondov gosudarstvennymi i kooperativnymi predprijatijami i organizacijami, kolchozami i naseleniem A.	of which state and co-operative enterprises and organizations darunter durch staatl. u.genossenschaftliche Betriebe u.Organisationen v tom čisle gosudarstvennymi i kooperativnymi predprijatijami i organizacijami B.
1918-1977 insgesamt-total-vsego	1575.8	1372.0
1918-1928 (excl.fourth quarter- ohne 4.Quartal - bez IV kvartala 1928)	3.9	1.5
First Five-Year Plan (1929-1932, incl.fourth quarter of 1928) - 1. Fünfjahrplan (1929-1932, einschl.4.Quartal 1928) - Pervaja pjatiletka (1929-1932, vključaja IV kvartal 1928)	9.3	8.5
Second Five-Year Plan (1933-1937) - 2.Fünfjahrplan (1933-1937) - Vtoraja pjatiletka (1933-1937)	17.2	15.5
Three and a half years of the Third Five-Year Plan (1938-first half of 1941) - Dreieinhalb Jahre des 3.Fünfjahrplanes (1938-1.Halbjahr 1941) Tri s polovinoj goda tret'ej pjatiletki (1938 g.-I polugodie 1941 g.)	18.3	15.7

[1] On capital construction the comparable prices represent current estimated prices as of January 1, 1969 in this and in all other tables - Hier und in allen folgenden Tabellen über Investitionsbauwesen sind als Vergleichspreise die veranschlagten Preise vom 1.1.1969 zugrundegelegt - Zdes' i vo vsech tablicach po kapital' nomu stroitel'stvu v kačestve sopostavimych cen prinjaty smetnye ceny na 1 janvarja 1969 g.

Economy 5.4.1
Wirtschaft 5.4.2

	A.	B.
Four and a half years (July 1,1941-Jan.1,1946) - Viereinhalb Jahre (1.Juli 1941-1.Jan.1946) - Četyre s polovinoj goda (s 1 ijulja 1941 g. do 1 janvarja 1946 g.)	18.9	15.6
Fourth Five-Year Plan - 4. Fünfjahrplan - Četvertaja pjatiletka (1946-1950)	42.2	34.7
Fifth Five-Year Plan - 5. Fünfjahrplan - Pjataja pjatiletka (1951-1955)	79.9	67.2
Sixth Five-Year Plan - 6. Fünfjahrplan - Šestaja pjatiletka (1956-1960)	155.8	128.5
Seventh Five-Year Plan - 7. Fünfjahrplan - Sed'maja pjatiletka (1961-1965)	228.4	199.6
of which-darunter-v tom čisle: 1965	51.4	45.3
Eighth Five-Year Plan - 8. Fünfjahrplan - Vos'maja pjatiletka (1966-1970)	319.0	280.1
of which-darunter-v tom čisle: 1970	76.4	67.7
Ninth Five-Year Plan - 9. Fünfjahrplan - Devjataja pjatiletka (1971-1975)	460.8	407.8
1971	81.3	72.0
1972	83.9	74.1
1973	92.8	82.1
1974	97.2	85.9
1975	105.6	93.7
1976	107.2	95.2
1977 (planned - geplant)	114.9	102.1

5.4.2 PRODUCTIVE CAPACITIES COMMISSIONED BY EXPANDING AND RECONSTRUCTING
EXISTING AND BUILDING NEW ENTERPRISES
ANTEIL DER PRODUKTIONSKAPAZITÄTEN DURCH ERWEITERUNG UND REKONSTRUKTION
VON BESTEHENDEN UND BAU VON NEUEN BETRIEBEN
VVOD V DEJSTVIE PROIZVODSTVENNYCH MOŠČNOSTEJ ZA SČET RASŠIRENIJA I
REKONSTRUKCII DEJSTVUJUŠČICH I STROITEL'STVA NOVYCH PREDPRIJATIJ

	1961-1965	1966-1970	1971-1975	1975	1976	1977
Electric power stations, mill.kW - Kraftwerke, Mio kW - Elektrostancii, mln.kVt	48.2	54.6	58.1	12.9	11.9	
Capacities for the production of - Kapazitäten für die Förderung von - Moščnosti po dobyče:						
coal,mill.tons p.year - Kohle, Mio t pro Jahr - uglja, mln.t v god	80	95.1	114.2	24.4	12.6	
iron ore,mill.tons per year - Eisenerz, Mio t pro Jahr - Železnoj rudy, mln.t v god	129.9	120.5	131.5	19.8	46.4	

341

5.4.2 Economy / Wirtschaft

	1961–1965	1966–1970	1971–1975	1975	1976
Capacities for the production of – Kapazitäten für die Erzeugung von – Moščnosti po proizvodstvu:					
pig-iron, mill.tons per year – Roheisen, Mio t pro Jahr – čuguna, mln.t v god	12.6	9.7	12.9	1.8	2.25
steel, mill.tons per year – Rohstahl, Mio t pro Jahr – stali, mln.t v god	15.6	18.1	10.9	4.0	1.2
rolled ferrous metals(finished), mill.tons per year – Walzstahl (Fertigerzeugnisse),Mio t pro Jahr – prokata černych metallov (gotovogo), mln.t v god	9.1	14.3	12.2	3.5	4.0
steel pipes, '000 tons per year – Stahlrohre, Tsd.t pro Jahr – stal'nych trub, tys.t v god	2,432	2,469	2,383	425	340
mineral fertilizers (conventional units),mill.tons per year – mineralische Düngemittel (in Bezugseinheiten), Mio t pro Jahr – mineral'nych udobrenij (v uslovnych edinicach), mln.t v god	23.3	33.2	38	11.6	7.3
sulphuric acid,mill.tons per year – Schwefelsäure, Mio t pro Jahr – sernoj kisloty, mln.t v god	4.1	4.2	8.6	1.8	2.6
soda ash, '000 tons per year – kalzinierte Soda, Tsd.t pro Jahr – sody kal'cinirovannoj, tys.t v g.	720	1,221	1,038	347	244
plastic and synthetic resins, '000 tons per year – synthetische Harze u.Plaste, Tsd.t pro Jahr – sintetičeskich smol i plastičeskich mass, tys.t v god	548	706	981	142	310
chemical fibre and threads, '000 tons per year – chemische Fasern u.Fäden, Tsd.t pro Jahr – chimičeskich volokon i nitej,tys.t v g.	221	151	349	63	32
automobile tires, mill.per year – Kraftfahrzeugdecken, Mio Stck.p.J.– avtomobil'nych šin,mln.št.v.god	10	8.3	12.9	0.5	3.9
turbines, '000 kW per year – Turbinen, Tsd.kW pro Jahr – turbin, tys.kVt v god	3,092	4,257	5,600	1,130	399
power transformers, mill.kVA p.y.– Leistungstransformatoren,Mio kVA pro Jahr – transformatorov silovych, mln.kV A v god	55.1	28.2	20.6	6.0	0.8
excavators, '000 per year – Bagger, Tsd.Stck. pro Jahr – ekskavatorov, tys.št.v god	4.6	5.2	6.7	0.6	3.0

	1961-1965	1966-1970	1971-1975	1975	1976
metal-cutting lathes, '000 per year- spanabhebende Werkzeugmaschinen, Tsd.pro Jahr - metallorežuščich stankov, tys.št. v god	35.1	21.5	25.4	6.9	4.0
automobiles (incl.buses), '000 p.y.- Kraftfahrzeuge (einschl.Busse), Tsd. Stck.p.J. - avtomobilej (vključaja avtobusy), tys.št. v god	158.7	423.9	973.9	71.4	92.4
tractors, '000 per year - Traktoren, Tsd.Stck. pro Jahr - traktorov, tys.št. v god	135.1	121.0	79.6	16.0	26.7
cement, mill.tons per year - Zement, Mio t pro Jahr - cementa, mln.t v god	28.2	17.4	20.7	4.4	1.2
cellulose, mill.tons per year - Zellulose, Mio t pro Jahr - celljulozy, mln. t v god	1.3	2.2	2.1	0.5	0.2
paper, '000 tons per year - Papier, Tsd.t pro Jahr - bumagi, tys.t v god	1,291	502	509	65	2
Installed-installiert-Ustanovleno:					
Spinning spindles, mill. - Spindeln von Spinnmaschinen,Mio - prjadil'nych vereten, mln.št.	3.2	3.1	2.2	0.2	0.3
Looms, '000 - Webstühle, Tsd.Stck. - tkackich stankov, tys.št.	52.3	47.6	41.6	6.8	0.7
Capacities for the production of - Kapazitäten für die Erzeugung von - Moščnosti po proizvodstvu:					
leather footwear,mill.pairs per year- Lederschuhe, Mio Paar pro Jahr - kožanoj obuvi, mln.par v god	55.1	149.0	67.4	9.2	2.2
knitted outerwear and underwear, mill.per year - Ober-u.Untertrikota- gen,Mio Stck.pro Jahr - verchnego i bel'evogo trikotaža,mln.št.v god	108.9	410.3	162.5	93.3	2.3
porcelain and china ware,mill.p.year- Erzeugnisse aus Porzellan u.Stein- gut,Mio Stck.pro Jahr - farforo- fajansovych izdelij, mln.št.v god	36.5	176.5	487.2	178.9	35.0
granulated sugar,'000 centners of beet processed daily-Streuzucker, Tsd.dz verarbeitete Zuckerrüben pro Tag-sachara-peska, tys.c pererabotki svekly v sutki	1,180	682	861	253	92
vegetable oil,'000 t of oil seeds ex- tracting processed daily - Pflanzen- öle,Tsd.t pro Tag im Extraktions- verfahren verarbeitete Ölsamen - rastitel'nogo masla, tys.t pererabotki maslosemjan v sutki metodom ekstrakcii	3.7	4.4	2.8	0.1	0.3

5.4.2 Economy / Wirtschaft

	1961-1965	1966-1970	1971-1975	1975	1976
meat, '000 tons per shift - Fleisch, Tsd.t pro Schicht - mjasa, tys.t v smenu	4.9	2.2	4.1	1.1	1.0
whole milk products, '000 tons of milk per shift - Vollmilcherzeugnisse,Tsd.t Milch pro Schicht - cel'nomoločnoj produkcii,tys.t moloka v smenu	12.3	12.4	12.3	1.7	1.1
cheese, tons per shift - Käse, t pro Schicht - syra, tonn v smenu	133.5	312.6	260.9	20.2	12.5
Constructed-gebaut-postroeno:					
gas pipelines,mains and branches, '000 km - Erdgashaupt-u.Nebenfernleitungen,Tsd.km - gazoprovodov magistral'nych i otvodov ot nich, tys.km	21.9	25.5	33.7	7.3	4.7
oil and oil product pipelines,mains, '000 km - Erdölhaupt-u.Erdölproduktfernleitungen, Tsd.km - nefteprovodov i nefteproduktoprovodov magistral'nych, tys.km	11.8	10.1	22.6	5.0	3.0
new railways, '000 km - neue Eisenbahnstrecken, Tsd.km - novych železnodorožnych linij, tys.km	5.1	3.8	3.6	0.8	0.3
Electrified railways, '000 km - Elektrifizierte Eisenbahnstrecken, Tsd.km - Elektrificirovano železnych dorog, tys.km	10.8	8.7	4.8	0.8	0.7
Grain elevators, mill.tons - Elevatoren, Mio t - Elevatory, mln.t	3.5	8.7	16.6	4.2	4.3
Grain and grain-seed shops, mill.tons - Getreide-u.Getreidesamenspeicher,Mio t- Zernosklady i zernosemenochranilišča, mln.t	42.3	48.2	30.4	6.6	5.7
Irrigated land, mill.hectares - Bewässerter Boden, Mio ha - Orošaemye zemli, mln.ha	1.5	1.8	4.6	1.2	0.8
Reclaimed land, mill.hectares - Entwässerter Boden, Mio ha - Osušennye zemli, mln.ha	3.0	3.9	4.4	1.0	0.7

5.4.3 INVESTMENTS BY THE STATE AND COLLECTIVE FARMS IN AGRICULTURE (in comparable prices; mill.rubles)
INVESTITIONEN DES STAATES UND DER KOLCHOSEN IN DER LANDWIRTSCHAFT (in Vergleichspreisen; Mio Rubel)
KAPITAL'NYE VLOŽENIJA GOSUDARSTVA I KOLCHOZOV V SEL'SKOE CHOZJAJSTVO (v sopostavimych cenach; mln.rub.)

Economy
Wirtschaft 5.4.3

	Total investments Gesamtinvestitionen Vse kapital'nye vloženija	of which for productive purposes davon für Produktionszwecke iz nich po ob'ektam proizvodstvennogo naznačenija	of the total investments − von den Gesamtinvestitionen − iz obščego ob'ema kapital'nych vloženij			
			State investments Staatl. Investitionen gosudarstvennye kapital'nye vloženija	of which for productive purposes davon für Produktionszwecke iz nich po ob'ektam proizvodstvennogo naznačenija	collective farm investments Investitionen der Kolchose kapital'nye vloženija kolchozov	of which for productive purposes davon für Produktionszwecke iz nich po ob'ektam proizvodstvennogo naznačenij
	A.	B.	C.	D.	E.	F.
1918-1976 total-insg.- vsego	324,536	271,133	195,207	160,946	129,329	110,187
1918-1928 (without fourth quarter-ohne 4.Quartal- bez IV kvartala 1928)	145	137	115	109	30	28
First Five-Year Plan - 1.Fünfjahrplan - Pervaja pjatiletka	1,522	1,357	1,157	1,001	365	356
Second Five-Year Plan - 2. Fünfjahrplan - Vtoraja pjatiletka	2,605	2,331	1,443	1,243	1,162	1,088
Three and a half years of Third Five-Year Plan - Dreieinhalb Jahre des 3. Fünfjahrplanes - Tri s polovinoj goda tretej pjatiletki July 1,1941-Jan.1,1946 - 1.Juli 1941-1.Jan.1946 - S 1 ijulja 1941 g. do 1 janvarja 1946 g.	2,413 2,015	2,195 1,923	880 287	770 266	1,533 1,728	1,425 1,657

5.4.3 Economy
Wirtschaft

	A.	B.	C.	D.	E.	F.
Fourth Five-Year Plan – 4. Fünfjahrplan – Četvertaja pjatiletka	6,099	5,617	2,554	2,370	3,545	3,247
Fifth Five-Year Plan – 5. Fünfjahrplan – Pjataja pjatiletka	14,621	12,754	7,184	6,256	7,437	6,498
Sixth Five-Year Plan – 6. Fünfjahrplan – Šestaja pjatiletka	28,319	23,984	13,304	10,985	15,015	12,999
Seventh Five-Year Plan – 7. Fünfjahrplan – Sed'maja pjatiletka	45,311	37,759	26,679	21,253	18,632	16,506
of which–darunter–v tom čisle: 1965	11,465	9,471	7,085	5,699	4,380	3,772
Eighth Five-Year Plan – 8. Fünfjahrplan – Vos'maja pjatiletka	74,108	59,667	44,930	36,205	29,178	23,462
of which–darunter–v tom čisle: 1970	17,458	14,281	10,913	8,895	6,545	5,386
Ninth Five-Year Plan – 9. Fünfjahrplan – Devjataja pjatiletka	118,278	99,059	77,174	64,188	41,104	34,871
1971	19,692	16,414	12,587	10,357	7,105	6,057
1972	21,453	17,969	13,788	11,435	7,665	6,534
1973	23,528	19,840	15,229	12,752	8,299	7,088
1974	25,703	21,561	16,933	14,122	8,770	7,439
1975	27,902	23,275	18,637	15,522	9,265	7,753
1976	29,100	24,350	19,500	16,300	9,600	8,050

5.4.4 STRUCTURE OF INVESTMENTS IN FIXED ASSETS (percentage) - STRUKTUR DER INVESTITIONEN (in Prozent) - STRUKTURA KAPITAL'NYCH VLOŽENIJ (v procentach)

	1940	1965	1970	1971	1972	1973	1974	1975	1976
Total - Insgesamt - Vsego	100	100	100	100	100	100	100	100	100
of which - davon - v tom čisle:									
building and installation work - Bau- und Montagearbeiten - stroitel'no-montažnye raboty	82	63	61	62	62	60	60	59	57
equipment, tools and implements - Ausrüstungen, Instrumente und Inventar - oborudovanie, instrument i inventar'	13	31	31	30	30	32	32	33	34
project prospecting - Forschungs-, Projektierungs-u.Schürfarbeiten- proektno-izyskatel'skie raboty	2	1	2	2	2	2	2	2	2
other capital works and expenditures - übrige Investitionsarbeiten und Aufwendungen- pročie kapital'nye raboty i zatraty	3	5	6	6	6	6	6	6	7

5.4.5 Economy
Wirtschaft

5.4.5
NUMBER OF PLANTS, BUILDING AND OTHER PROJECTS WHICH WERE CONSTRUCTED,
ARE BEING CONSTRUCTED OR ARE PLANNED WITH THE TECHNICAL AID OF THE USSR
SINCE 1945 (up to January 1, 1977)
ANZAHL DER BETRIEBE, BAUTEN UND ANDEREN OBJEKTE, DIE SEIT 1945 MIT TECHNISCHER
HILFE DER UdSSR IM AUSLAND GEBAUT WURDEN, SICH IM BAU BEFINDEN ODER GEBAUT
WERDEN SOLLEN (zum 1. Januar 1977)
ČISLO PREDPRIJATIJ, SOORUŽENIJ I DRUGICH OB'EKTOV, POSTROENNYCH POSLE 1945 G.,
STROJAŠČICHSJA I PODLEŽAŠČICH STROITEL'STVU ZA GRANICEJ PRI TECHNIČESKOM
SODEJSTVII SSSR (na 1 janvarja 1977)

	Total Insg. Vsego A.	of which in operation davon in Betrieb genommen v tom čisle vvedeno v ekspluataciju B.
Total - Insgesamt - Vsego	3,103	2,001
in the socialist countries - in den sozialistischen Ländern	2,137	1,487
Albania - Albanien	45	45
Bulgaria - Bulgarien	302	152
China	256	256
Cuba - Kuba	239	143
Czechoslovakia - Tschechoslowakei	35	21
Democratic Republic of Vietnam - Demokratische Republik Vietnam	245	175
German Democratic Republic - DDR	35	20
Hungary - Ungarn	93	67
Korean People's Democratic Republic - Volksdemokratische Republik Korea	73	53
Mongolian People's Republic - Mongolei	389	294
Poland - Polen	187	116
Romania - Rumänien	132	110
Yugoslavia - Jugoslawien	106	35
in the developing countries - in den Entwicklungsländern	954	507
Afghanistan	114	67
Algeria - Algerien	91	49
Bangladesh - Bangladesch	17	3
Burma - Birma	7	5
Egypt - Ägypten	103	86
Ethiopia - Äthiopien	9	3
Guinea	28	16
India - Indien	68	40
Iran	108	58
Iraq - Irak	104	45
Mali	14	12
Morocco - Marokko	3	1
Nepal	7	6
Pakistan	12	6
Somalia	35	14
Sri Lanka	8	6

	A.	B.
Sudan	15	8
Syria - Syrien	38	19
Turkey - Türkei	10	6
Yemen - Jemen	13	10
Yemen (People's Democratic Republic of) - Jemen (Volksdemokratische Republik)	21	10

5.4.6

NUMBER OF ENTERPRISES, BUILDINGS AND OTHER PROJECTS WHICH WERE CONSTRUCTED, ARE BEING CONSTRUCTED OR ARE PLANNED IN FOREIGN COUNTRIES WITH THE TECHNICAL AID OF THE USSR SINCE 1945 (up to Jan. 1977)

ANZAHL DER BETRIEBE, BAUTEN UND ANDEREN OBJEKTE, DIE SEIT 1945 MIT TECHNISCHER HILFE DER UdSSR IM AUSLAND GEBAUT WURDEN, SICH IM BAU BEFINDEN ODER GEBAUT WERDEN SOLLEN, NACH WIRTSCHAFTSZWEIGEN (zum 1. Januar 1977)

ČISLO PREDPRIJATIJ, SOORUŽENIJ I DRUGICH OB'EKTOV, POSTROENNYCH POSLE 1945 G., STROJAŠČICHSJA I PODLEŽAŠČICH STROITEL'STVU ZA GRANICEJ PRI TECHNIČESKOM SODEJSTVII SSSR, PO OTRASLJAM CHOZJAJSTVA (na 1 janvarja 1977)

	Total Insg. Vsego	of which in operation davon in Betrieb genommen	of which-darunter-v tom čisle			
			in socialist countries in sozialist. Ländern		in developing countries in Entwicklungsländern	
			total insg.	of which in operation davon in Betrieb genommen	total insg.	of which in operation davon in Betrieb genommen
	A.	B.	C.	D.	E.	F.
Total - Insg. - Vsego	3,103	2,001	2,137	1,487	954	507
by economic branches - nach Wirtschaftszweigen - po otrasljam chozjajstva:						
Industry - Industrie - promyšlennost'	1,957	1,314	1,523	1,103	426	208
electric power - Elektroenergie - elektroenergetika	332	228	251	193	74	33
ferrous metallurgy - Eisenhüttenindustrie - černaja metallurgija	100	64	78	51	21	12
nonferrous metallurgy - Buntmetallurgie - cvetnaja metallurgija	125	75	108	72	17	3
coal industry - Kohlenindustrie - ugol'naja promyšlennost'	82	54	68	48	14	6
petroleum refining and petrochemical industry-erdölverarbeitende Industrie u.Petrochemie-neftepererabatyvajuščaja i neftechimičeskaja promyšlennost'	95	51	83	42	12	9

5.4.6 Economy / Wirtschaft

	A.	B.	C.	D.	E.	F.
chemical industry - chemische Industrie - chimičeskaja promyšlennost'	121	66	107	60	14	6
machine building and metal industry - Maschinenbau und Metallindustrie - mašinostroenie i metalloobrabotka	270	199	217	159	53	40
construction materials industry - Baustoffindustrie - promyšlennost' stroitel'nych materialov	170	78	139	70	31	8
light industry - Leichtindustrie - l'egkaja promyšlennost'	71	41	46	34	25	7
food industry - Nahrungsmittelindustrie - piščevaja promyšlennost'	259	201	203	179	56	22
mill and mixed provender industry - Mühlen- und Mischfutterindustrie - mukomol'no-krupjanaja i kombikormovaja promyšlennost'	108	75	40	37	68	38
Agriculture - Landwirtschaft - Sel'skoe chozjajstvo	342	192	204	126	138	66
Transport and communications - Transport, Post-u.Fernmeldewesen - Transport i svjaz'	310	228	218	166	88	58
Education, culture, health, sporting grounds - Volksbildung, Kultur, Gesundheitswesen, Sportanlagen - Prosveščenie, kul'tura, zdravoochranenie, sportivnye sooruženija	329	169	114	40	215	129
Housing and municipal services - Wohnungs- und Kommunalwirtschaft - ziliščnoe i kommunal'noe chozjajstvo	53	38	44	32	9	6

Economy
Wirtschaft 5.5.1

5.5 FOREIGN TRADE - AUSSENWIRTSCHAFTLICHE BEZIEHUNGEN - VNEŠNJAJA TORGOVLJA

5.5.1 FOREIGN TRADE TURNOVER - AUSSENHANDELSUMSATZ - OB'EM VNEŠNEJ TORGOVLI

(in prices of the corresponding years; '000 million rubles -
in Preisen der entsprechenden Jahre; Mrd.Rubel -
v cenach sootvetstvujuščich let; mlrd.rub.)

Year Jahr Gody	Turnover Umsatz Oborot	Export Eksport	Import
1938	0.5	0.2	0.3
1946	1.3	0.6	0.7
1950	2.9	1.6	1.3
1955	5.8	3.1	2.7
1956	6.5	3.3	3.2
1957	7.5	3.9	3.6
1958	7.8	3.9	3.9
1959	9.5	4.9	4.6
1960	10.1	5.0	5.1
1961	10.6	5.4	5.2
1962	12.1	6.3	5.8
1963	12.9	6.5	6.4
1964	13.9	6.9	7.0
1965	14.6	7.4	7.2
1966	15.1	8.0	7.1
1967	16.4	8.7	7.7
1968	18.0	9.6	8.4
1969	19.8	10.5	9.3
1970	22.1	11.5	10.6
1971	23.6	12.4	11.2
1972	26.0	12.7	13.3
1973	31.3	15.8	15.5
1974	39.6	20.8	18.8
1975	50.7	24.0	26.7
1976	56.8	28.0	28.8

5.5.2 Economy / Wirtschaft

5.5.2 FOREIGN TRADE BY COUNTRY GROUPS – AUSSENHANDEL NACH LÄNDERGRUPPEN – VNESNJAJA TORGOVLJA PO GRUPPAN STRAN
('000 mill.rubles – Mrd.Rubel – mlrd.rub.)

	1946	1965	1970	1971	1972	1973	1974	1975	1976
Total foreign trade – Gesamter Außenhandel	1.3	14.6	22.1	23.6	26.0	31.3	39.6	50.7	56.8
of which with – darunter mit the socialist countries – den sozialistischen Ländern	0.7	10.1	14.4	15.4	16.8	18.3	21.4	28.6	31.5
of which with the CMEA countries – davon mit den RGW-Mitgliedsländern	0.5	8.5	12.3	13.3	15.5	16.9	19.4	26.3	28.8
the developed capitalist countries – den industriell entwickelten kapitalistischen Ländern	0.5	2.8	4.7	5.1	5.9	8.3	12.4	15.8	18.7
the developing countries – den Entwicklungsländern	0.1	1.7	3.0	3.1	3.3	4.7	5.8	6.3	6.6
E x p o r t s – A u s f u h r	0.6	7.4	11.5	12.4	12.7	15.8	20.8	24.0	28.0
of which to – darunter in the socialist countries – die sozialistischen Länder	0.4	5.0	7.5	8.1	8.3	9.1	11.1	14.6	16.4
of which to the CMEA countries – davon in die RGW-Mitgliedsländer	0.3	4.2	6.3	6.7	7.5	8.3	9.9	13.4	14.9
the developed capitalist countries – die industriell entwickelten kapitalistischen Länder	0.2	1.4	2.2	2.5	2.4	3.7	6.3	6.1	7.9
the developing countries – die Entwicklungsländer	0.0	1.0	1.8	1.8	2.0	3.0	3.4	3.3	3.7
I m p o r t s – E i n f u h r	0.7	7.2	10.6	11.2	13.3	15.5	18.8	26.7	28.8
of which from – darunter aus the socialist countries – den sozialistischen Ländern	0.3	5.1	6.9	7.3	8.5	9.2	10.3	14.0	15.1
of which from the CMEA countries – davon aus den RGW-Mitgliedsländern	0.2	4.3	6.0	6.6	8.0	8.6	9.5	12.9	13.9
the developed capitalist countries – den industriell entwickelten kapitalistischen Ländern	0.3	1.4	2.5	2.6	3.5	4.6	6.1	9.7	10.8
the developing countries – den Entwicklungsländern	0.1	0.7	1.2	1.3	1.3	1.7	2.4	3.0	2.9

Economy
Wirtschaft 5.5.3

5.5.3 FOREIGN TRADE BY COUNTRIES -- AUSSENHANDELSUMSATZ NACH LÄNDERN -- OB'EM VNEŠNEJ TORGOVLI PO STRANAM
(mill.rubles -- Mio Rubel -- mln.rub.)

Country Land		1970	1971	1972	1973	1974	1975	1976
Total -- Insg.	A. Turnover-Umsatz	22,078.6	23,656.5	26,043.6	31,342.6	39,567.0	50,704.3	56,752.9
	B. Export	11,520.1	12,425.6	12,734.4	15,801.8	20,737.8	24,033.7	28,022.2
	C. Import	10,558.5	11,230.9	13,309.2	15,540.8	18,829.2	26,670.6	28,730.7
Europe -- Europa:								
Austria -- Österreich	A.	154.9	172.3	163.5	189.3	339.6	444.8	466.5
	B.	66.7	90.9	82.7	99.6	166.0	218.2	274.1
	C.	88.2	81.4	80.8	89.7	173.6	226.6	192.4
Belgium -- Belgien	A.	149.0	157.7	174.5	354.3	603.4	529.8	541.3
	B.	74.0	97.9	108.1	194.3	297.9	243.6	323.1
	C.	75.0	59.8	66.4	160.0	305.5	286.2	218.2
Bulgaria -- Bulgarien	A.	1,816.5	2,068.7	2,345.2	2,554.8	2,904.1	3,990.8	4,465.5
	B.	844.0	984.0	1,121.4	1,230.8	1,478.5	2,059.6	2,276.7
	C.	972.5	1,084.7	1,223.8	1,324.0	1,425.6	1,931.2	2,188.8
Czechoslovakia -- Tschechoslowakei	A.	2,193.2	2,421.8	2,625.9	2,759.6	3,029.5	3,911.2	4,543.3
	B.	1,082.7	1,217.6	1,253.7	1,354.0	1,511.1	2,019.5	2,320.5
	C.	1,110.5	1,204.2	1,372.2	1,405.6	1,518.4	1,891.7	2,222.8
Denmark -- Dänemark	A.	43.8	47.9	48.9	79.9	119.9	146.1	208.4
	B.	20.8	26.0	24.9	53.8	78.1	105.7	154.9
	C.	23.0	21.9	24.0	26.1	41.8	40.4	53.5
Finland -- Finnland	A.	530.7	569.1	601.7	777.4	1,539.7	1,755.5	1,979.1
	B.	258.3	322.8	297.6	415.1	937.6	918.2	990.3
	C.	272.4	246.3	304.1	362.3	602.1	837.3	988.8
France -- Frankreich	A.	412.8	476.2	544.3	721.6	941.0	1,296.5	1,697.0
	B.	126.0	194.3	194.0	272.2	397.9	495.7	773.8
	C.	286.8	281.9	350.3	449.4	543.1	800.8	923.2
German Democratic Republic -- DDR	A.	3,295.0	3,443.4	3,705.5	3,965.3	4,315.3	5,623.4	5,997.2
	B.	1,738.1	1,715.9	1,670.8	1,856.4	2,164.6	2,980.3	3,217.9
	C.	1,556.9	1,727.5	2,034.7	2,108.9	2,150.7	2,643.1	2,779.3

353

5.5.3 Economy / Wirtschaft

Country / Land		1970	1971	1972	1973	1974	1975	1976
Germany, Federal Republic of – BRD	A.	544.0	666.6	827.3	1,210.2	2,208.7	2,777.3	3,008.8
	B.	223.4	254.7	255.9	453.8	834.5	857.9	1,069.2
	C.	320.6	411.9	571.4	756.4	1,374.2	1,919.4	1,939.6
Greece – Griechenland	A.	63.1	46.7	62.2	79.2	154.9	194.3	224.2
	B.	31.7	29.7	32.4	42.6	89.0	138.0	162.4
	C.	31.4	17.0	29.8	36.6	65.9	56.3	61.8
Hungary – Ungarn	A.	1,479.9	1,659.6	1,881.7	2,063.5	2,282.3	3,273.7	3,492.1
	B.	758.3	880.8	903.6	975.6	1,134.5	1,657.7	1,771.3
	C.	721.6	778.8	978.1	1,087.9	1,147.8	1,616.0	1,720.8
Iceland – Island	A.	17.4	21.3	22.1	23.2	56.2	60.9	54.2
	B.	8.3	10.2	10.7	15.7	38.1	36.8	36.9
	C.	9.1	11.1	11.4	7.5	18.1	24.1	17.3
Ireland – Irland	A.	2.1	4.6	3.4	6.2	28.5	31.1	20.0
	B.	2.0	4.3	2.9	5.6	12.6	10.7	12.2
	C.	0.1	0.3	0.5	0.6	15.9	20.4	7.8
Italy – Italien	A.	471.9	494.6	463.5	613.6	1,136.8	1,426.8	1,778.5
	B.	190.5	233.1	228.0	309.5	597.6	638.0	1,069.3
	C.	281.4	261.5	235.5	304.1	539.2	788.8	709.2
Luxembourg – Luxemburg	A.	0.3	11.7	15.3	17.0	22.6	21.8	29.2
	B.	0	0.5	0.6	3.9	7.3	6.0	5.7
	C.	0.3	11.2	14.7	13.1	15.3	15.8	23.5
Malta	A.	0.7	2.4	1.3	1.1	2.1	3.1	0.4
	B.	0.7	2.2	1.3	1.1	1.2	3.1	0.4
	C.	0	0.2	0	0	0.9	0	0
Netherlands – Niederlande	A.	222.9	224.1	222.3	356.3	570.7	451.0	541.7
	B.	151.2	153.6	154.6	260.6	394.3	303.8	366.8
	C.	71.7	70.5	67.7	95.7	176.4	147.2	174.9
Norway – Norwegen	A.	46.8	58.1	37.9	51.2	91.9	137.8	101.2
	B.	24.3	42.1	21.8	34.7	46.8	64.6	43.9
	C.	22.5	16.0	16.1	16.5	45.1	73.2	57.3
Poland – Polen	A.	2,349.8	2,519.9	2,802.7	3,000.3	3,583.6	4,853.3	5,235.0
	B.	1,214.9	1,292.4	1,306.9	1,445.0	1,838.2	2,447.2	2,750.1
	C.	1,134.9	1,227.5	1,495.8	1,555.3	1,745.4	2,406.1	2,484.9

Economy
Wirtschaft 5.5.3

Country Land		1970	1971	1972	1973	1974	1975	1976
Portugal	A.	--	--	--	--	6.9	77.9	115.5
	B.	--	--	--	--	6.3	64.9	75.1
	C.	--	--	--	--	0.6	13.0	40.4
Romania – Rumänien	A.	918.6	935,5	1,052.7	1,130.3	1,190.8	1,525.8	1,599.9
	B.	444.6	426.5	470.3	519.1	578.5	702.1	770.2
	C.	474.0	509.0	582.4	611.2	612.3	823.7	829.7
Spain – Spanien	A.	13.4	19.0	43.8	40.6	149.4	189.0	226.0
	B.	7.7	10.0	20.9	30.0	122.0	143.6	164.7
	C.	5.7	9.0	22.9	10.6	27.4	45.4	61.3
Sweden – Schweden	A.	234.9	196.5	188.6	232.3	435.5	545.4	539.4
	B.	105.4	111.0	108.9	130.7	285.8	289.5	280.5
	C.	129.5	85.5	79.7	101.6	149.7	255.9	258.9
Switzerland – Schweiz	A.	95.1	110.6	121.2	167.7	244.6	323.2	371.4
	B.	24.6	35.9	30.7	67.9	79.5	89.7	108.1
	C.	70.5	74.7	90.5	99.8	165.1	233.5	263.3
United Kingdom – Großbritannien	A.	641.4	606.8	557.8	715.2	889.8	959.3	1,231.8
	B.	418.2	406.8	371.1	540.6	690.2	591.1	824.9
	C.	223.2	200.0	186.7	174.6	199.6	368.2	406.9
West Berlin	A.	24.8	31.9	25.7	35.3	63.0	96.9	135.4
	B.	7.8	8.0	10.3	28.2	46.1	68.3	98.4
	C.	17.0	23.9	15.4	7.1	16.9	28.6	37.0
Yugoslavia – Jugoslawien	A.	519.8	548.4	569.3	670.9	1,239.6	1,558.4	1,821.1
	B.	293.5	293.5	281.7	336.8	680.1	782.4	920.9
	C.	226.3	254.9	287.6	334.1	559.5	776.0	900.2
Asia – Asien:								
Afghanistan	A.	66.9	79.9	68.9	68.1	122.4	132.2	154.3
	B.	36.0	45.3	38.1	33.7	61.8	67.9	87.5
	C.	30.9	34.6	30.8	34.4	60.6	64.3	66.8
Bangladesh – Bangladesch	A.	--	--	16.6	53.3	58.1	52.2	36.6
	B.	--	--	8.8	43.5	40.0	37.2	23.5
	C.	--	--	7.8	9.8	18.1	15.0	13.1

5.5.3 Economy / Wirtschaft

Country / Land		1970	1971	1972	1973	1974	1975	1976
Burma – Birma	A.	4.4	5.0	6.6	2.4	3.4	4.9	2.0
	B.	3.0	3.2	3.9	1.9	3.1	4.5	1.3
	C.	1.4	1.8	2.7	0.5	0.3	0.4	0.7
China	A.	41.9	138.7	210.6	201.3	213.9	200.9	314.4
	B.	22.4	70.1	100.2	100.5	108.4	93.1	179.8
	C.	19.5	68.6	110.4	100.8	105.5	107.8	134.6
Cyprus – Zypern	A.	9.3	12.2	13.8	12.7	19.8	16.8	27.1
	B.	4.1	7.3	7.1	7.6	10.8	12.7	16.7
	C.	5.2	4.9	6.7	5.1	9.0	4.1	10.4
India – Indien	A.	364.9	372.1	457.2	588.8	615.5	685.6	647.5
	B.	122.3	116.3	138.5	222.8	269.4	292.1	271.0
	C.	242.6	255.8	318.7	366.0	346.1	393.5	376.5
Indonesia – Indonesien	A.	29.5	20.2	9.4	6.9	27.9	28.6	32.3
	B.	4.5	10.1	2.6	2.7	8.0	7.7	4.4
	C.	25.0	10.1	6.8	4.2	19.9	20.9	27.9
Iran	A.	231.2	239.4	229.5	275.0	495.7	509.7	444.6
	B.	169.0	139.3	95.5	137.3	265.8	281.5	217.9
	C.	62.2	100.1	134.0	137.7	229.9	228.2	226.7
Iraq – Irak	A.	63.5	104.6	151.7	332.1	453.1	599.5	714.5
	B.	59.4	99.1	90.1	141.5	182.3	274.1	341.6
	C.	4.1	5.5	61.6	190.6	270.8	325.4	372.9
Japan	A.	652.3	733.6	815.6	994.4	1,679.8	1,922.4	2,120.5
	B.	341.4	377.4	381.7	622.0	905.7	668.9	748.4
	C.	310.9	356.2	433.9	372.4	774.1	1,253.5	1,372.1
Jordan – Jordanien	A.	6.4	5.9	0.6	2.5	2.4	4.0	4.0
	B.	6.4	5.9	0.6	2.5	2.4	4.0	4.0
	C.	--	--	--	--	--	--	--
Kambodsha – Kambodscha	A.	1.7	0.1	--	--	--	--	--
	B.	0.3	0.1	--	--	--	--	--
	C.	1.4	--	--	--	--	--	--
Korea, People's Democratic Republic	A.	329.3	452.3	380.0	357.3	343.2	338.2	300.5
Koreanische Volksdemokratische Rep.	B.	207.0	330.1	251.6	224.0	194.3	186.8	181.8
	C.	122.3	122.2	128.4	133.3	148.9	151.4	118.7

Economy 5.5.3
Wirtschaft

Country Land		1970	1971	1972	1973	1974	1975	1976
Kuwait – Kuweit	A.	10.0	18.1	14.5	7.9	4.7	3.5	10.1
	B.	9.7	17.4	14.5	7.9	4.7	3.5	10.1
	C.	0.3	0.7	--	--	--	--	--
Laos	A.	--	--	--	--	--	--	10.6
	B.	--	--	--	--	--	--	10.6
	C.	--	--	--	--	--	--	--
Lebanon – Libanon	A.	17.5	22.0	18.2	19.1	32.9	21.4	10.8
	B.	13.7	18.4	13.8	11.5	25.5	15.2	6.8
	C.	3.8	3.6	4.4	7.6	7.4	6.2	4.0
Malaysia	A.	112.6	79.1	59.4	97.6	188.7	102.1	107.7
	B.	1.6	1.5	1.0	0.9	0.7	0.8	4.2
	C.	111.0	77.6	58.4	96.7	188.0	101.3	103.5
Mongolia – Mongolei	A.	230.9	235.3	287.2	338.5	404.3	480.4	614.5
	B.	178.3	163.8	210.2	250.6	285.2	355.1	474.7
	C.	52.6	71.5	77.0	87.9	119.1	125.3	139.8
Nepal	A.	1.5	1.6	1.2	1.0	2.1	5.5	6.4
	B.	0.7	0.6	0.6	0.7	2.1	5.0	6.4
	C.	0.6	1.0	0.6	0.3	--	0.5	--
Pakistan	A.	60.4	60.8	36.2	36.4	54.8	60.7	58.6
	B.	32.1	25.8	17.5	12.6	30.2	37.1	43.0
	C.	28.3	35.0	18.7	23.8	24.6	23.6	15.6
Philippines – Philippinen	A.	--	--	--	--	--	12.8	68.3
	B.	--	--	--	--	--	0.4	1.4
	C.	--	--	--	--	--	12.4	66.9
Saudi-Arabia – Saudi-Arabien	A.	5.4	5.4	4.5	2.9	2.8	5.6	13.2
	B.	5.4	5.4	4.5	2.9	2.8	5.6	13.2
	C.	--	--	--	--	--	--	--
Singapore – Singapur	A.	8.4	8.1	9.0	9.6	18.0	14.5	21.0
	B.	5.5	4.4	4.4	6.4	4.5	3.8	11.9
	C.	2.9	3.7	4.6	3.2	13.5	10.7	9.1
Sri Lanka	A.	17.0	23.0	13.0	13.1	34.2	22.4	28.6
	B.	5.0	8.5	3.1	6.3	22.2	12.0	14.6
	C.	12.0	14.5	9.9	6.8	12.0	10.4	14.0

357

5.5.3 Economy / Wirtschaft

Country / Land		1970	1971	1972	1973	1974	1975	1976
Syria - Syrien	A.	59.1	78.3	112.3	118.8	172.4	167.8	235.4
	B.	41.8	51.9	58.6	72.1	70.1	99.0	138.5
	C.	17.3	26.4	53.7	46.7	102.3	68.8	96.9
Thailand	A.	3.4	6.6	6.0	4.5	11.1	17.3	10.2
	B.	2.6	2.5	2.8	2.1	1.3	4.0	7.8
	C.	0.8	4.1	3.2	2.4	9.8	13.3	2.4
Turkey - Türkei	A.	83.3	102.0	144.7	132.8	129.1	95.3	114.5
	B.	56.2	68.4	110.8	93.9	72.3	38.2	54.5
	C.	27.1	33.6	33.9	38.9	56.8	57.1	60.0
Vereinigte Arabische Emirate	A.	--	--	--	--	--	1.9	4.6
	B.	--	--	--	--	--	1.9	4.6
	C.	--	--	--	--	--	--	--
Vietnam, Democratic Republic - Demokratische Republik Vietnam	A.	183.2	160.8	116.8	179.8	235.7	206.5	296.1
	B.	166.5	139.3	94.2	142.9	192.3	158.7	232.5
	C.	16.7	21.5	22.6	36.9	43.4	47.8	63.6
Yemen, Arab Republic - Arabische Republik Jemen	A.	11.0	7.5	2.7	3.6	8.6	5.6	9.2
	B.	10.0	7.2	2.3	3.4	8.5	5.0	8.8
	C.	1.0	0.3	0.4	0.2	0.1	0.6	0.4
Yemen (People's Democratic Republic) - Volksdemokratische Republik Jemen	A.	4.5	2.2	6.5	11.6	15.2	13.9	20.0
	B.	4.3	2.2	6.5	11.5	15.1	13.8	20.0
	C.	0.2	--	--	0.1	0.1	0.1	--
Africa - Afrika:								
Algeria - Algerien	A.	118.3	121.9	114.5	116.8	171.7	247.0	190.3
	B.	62.5	52.6	55.9	64.7	110.3	112.3	131.4
	C.	55.8	69.3	58.6	52.1	61.4	134.7	58.9
Angola	A.	--	--	--	--	--	--	19.7
	B.	--	--	--	--	--	--	5.3
	C.	--	--	--	--	--	--	14.4
Benin (formerly-früher: Tahomé)	A.	0.7	1.9	1.4	3.4	1.6	3.0	2.7
	B.	0.7	1.0	1.4	1.3	1.6	2.5	2.7
	C.	--	0.9	--	2.1	--	0.5	--

Economy
Wirtschaft 5.5.3

Country Land		1970	1971	1972	1973	1974	1975	1976
Cameroon - Kamerun	A. B. C.	7.5 0.6 6.9	5.1 1.4 3.7	4.1 0.9 3.2	4.2 0.7 3.5	12.3 1.0 11.3	36.6 1.9 34.7	36.7 3.3 33.4
Central African Empire - Zentralafrikanisches Reich (formerly-früher: Republic-Republik)	A. B. C.	-- -- --	1.4 1.4 --	0.1 0.1 --	0.4 0.4 --	0.5 0.5 --	0.1 0.1 --	0.1 0.1 --
Congo, People's Republic - Volksrepublik Kongo	A. B. C.	1.5 0.8 0.7	4.8 4.2 0.6	1.3 0.3 1.0	3.8 1.2 2.6	4.0 2.0 2.0	4.2 1.8 2.4	4.5 2.5 2.0
Egypt - Ägypten	A. B. C.	606.4 326.9 279.5	643.9 343.2 300.7	513.7 266.1 247.6	541.1 277.2 263.9	728.1 301.3 426.8	710.3 262.0 448.3	530.6 199.8 330.8
Equatorial Guinea - Äquatorial-Guinea	A. B. C.	-- -- --	0.9 0.9 --	0.1 0.1 --	3.1 -- 3.1	-- -- --	2.0 0.5 1.5	2.6 1.3 1.3
Ethiopia - Äthiopien	A. B. C.	2.1 1.3 0.8	4.2 1.3 2.9	3.7 1.6 2.1	3.8 1.6 2.2	6.2 2.6 3.6	5.3 3.2 2.1	4.3 3.6 0.7
Ghana	A. B. C.	49.7 9.9 39.8	19.6 12.7 6.9	39.9 9.2 30.7	37.7 9.7 28.0	49.9 25.3 24.6	57.0 10.7 46.3	81.2 16.9 64.3
Guinea	A. B. C.	14.2 11.2 3.0	36.2 31.2 5.0	50.5 44.9 5.6	43.7 41.8 1.9	27.3 22.4 4.9	34.1 19.7 14.4	50.1 23.3 26.8
Guinea-Bissau	A. B. C.	-- -- --	-- -- --	-- -- --	-- -- --	-- -- --	0.3 0.3 --	1.4 1.4 --
Ivory Coast - Elfenbeinküste	A. B. C.	1.5 0.4 1.5	12.4 1.2 11.2	5.3 1.7 3.6	10.1 3.9 6.2	28.2 8.6 19.6	32.7 13.2 19.5	24.3 9.6 14.7
Kenia	A. B. C.	1.3 1.4 0.4	3.4 1.2 2.2	1.4 0.7 0.7	0.2 0.2 --	1.0 0.4 0.6	3.3 0.3 3.0	1.1 0.1 1.0

5.5.3 Economy / Wirtschaft

Country / Land		1970	1971	1972	1973	1974	1975	1976
Liberia	A.	--	--	--	--	3.0	3.1	3.7
	B.	--	--	--	--	2.6	2.6	3.4
	C.	--	--	--	--	0.4	0.5	0.3
Libya – Libyen	A.	12.9	8.9	38.6	44.5	28.5	18.8	16.2
	B.	12.9	8.9	8.6	14.1	28.5	18.8	16.2
	C.	--	--	30.0	30.4	--	--	--
Madagascar – Madagaskar	A.	0.6	0.9	1.2	0.3	0.7	1.1	3.4
	B.	--	--	--	--	--	--	0.1
	C.	0.6	0.9	1.2	0.3	0.7	1.1	3.3
Mali	A.	6.4	4.1	2.3	3.2	4.9	6.6	5.5
	B.	4.7	2.3	1.1	2.7	4.2	5.8	4.9
	C.	1.7	1.8	1.2	0.5	0.7	0.8	0.6
Mauritania – Mauretanien	A.	0.4	0.1	--	--	--	--	--
	B.	0.4	0.1	--	--	--	--	--
	C.	--	--	--	--	--	--	--
Morocco – Marokko	A.	50.1	47.1	55.2	54.4	87.1	86.9	105.6
	B.	32.5	28.2	31.5	28.3	54.1	45.7	55.3
	C.	17.6	18.9	23.7	26.1	33.0	41.2	50.3
Nigeria – Nigerien	A.	31.2	56.7	28.8	39.9	91.9	108.3	50.5
	B.	10.9	15.7	9.0	11.0	21.5	24.3	23.9
	C.	20.3	41.0	19.8	28.9	70.4	84.0	26.6
Rwanda – Ruanda	A.	--	--	--	--	0.8	1.8	0.9
	B.	--	--	--	--	0.8	0.9	0.9
	C.	--	--	--	--	--	0.9	--
Senegal	A.	1.2	0.9	1.7	4.9	16.3	3.2	1.6
	B.	1.2	0.9	1.4	4.9	16.3	3.2	0.4
	C.	--	--	0.3	--	--	--	1.2
Sierra Leone	A.	1.6	2.3	2.4	2.7	1.1	2.2	2.1
	B.	1.6	2.3	0.8	1.2	1.1	1.7	2.1
	C.	--	--	1.6	1.5	--	0.5	--
Somalia	A.	3.2	7.3	14.6	12.6	18.8	26.5	23.4
	B.	2.8	5.5	11.7	11.5	16.8	22.2	18.7
	C.	0.4	1.8	2.9	1.1	2.0	4.3	4.7

Economy
Wirtschaft 5.5.3

Country Land		1970	1971	1972	1973	1974	1975	1976
Sudan	A. B. C.	77.4 32.5 44.9	67.1 20.1 47.0	18.2 17.1 1.1	2.5 2.5 --	6.2 3.8 2.4	12.6 4.7 7.9	19.0 4.5 14.5
Tanzania – Tansania	A. B. C.	1.8 1.1 0.7	2.2 0.6 1.6	1.4 0.6 0.8	3.1 0.6 2.5	5.1 2.3 2.8	8.5 2.6 5.9	4.0 1.2 2.8
Togo	A. B. C.	4.0 1.2 2.8	6.2 1.8 4.4	5.3 1.4 3.9	1.4 1.4 --	1.7 1.7 --	2.8 2.8 --	4.5 2.9 1.6
Tunisia – Tunesien	A. B. C.	5.7 3.1 2.6	9.9 3.6 6.3	9.6 2.7 6.9	11.2 5.8 5.4	17.1 8.1 9.0	10.5 3.5 7.0	14.8 9.9 4.9
Uganda	A. B. C.	3.0 1.1 2.8	3.9 3.9 --	4.1 3.4 0.7	3.3 0.9 2.4	5.7 0.9 4.8	6.1 1.4 4.7	1.5 1.5 --
Zambia – Sambia	A. B. C.	-- -- --	-- -- --	-- -- --	-- -- --	3.2 3.2 --	7.5 7.5 --	2.3 2.3 --
America – Amerika:								
Argentina – Argentinien	A. B. C.	29.9 1.7 28.2	32.3 1.9 30.4	24.7 1.8 22.9	76.7 4.5 72.2	137.5 6.0 131.5	304.4 10.7 293.7	233.9 8.5 225.4
Bolivia – Bolivien	A. B. C.	3.1 -- 3.1	9.0 -- 9.0	3.3 0.8 2.5	16.2 4.0 12.2	15.5 4.1 11.4	12.6 3.0 9.6	16.5 4.2 12.3
Brazil – Brasilien	A. B. C.	23.2 2.4 20.8	43.7 2.0 41.7	72.9 7.1 65.8	125.8 9.3 116.5	202.0 90.0 112.0	396.1 93.3 302.8	445.5 76.1 369.4
Canada – Kanada	A. B. C.	125.3 7.5 117.8	148.6 12.4 136.2	299.8 18.7 281.1	265.0 20.9 244.1	111.0 28.9 82.1	471.2 31.9 439.3	541.2 41.9 499.3
Chile	A. B. C.	0.8 0.5 0.3	7.8 7.0 0.8	18.9 11.6 7.3	28.6 16.0 12.6	-- -- --	-- -- --	-- -- --

5.5.3 Economy
Wirtschaft

Country Land		1970	1971	1972	1973	1974	1975	1976
Colombia – Kolumbien	A.	10.9	5.4	3.9	10.1	5.3	9.0	5.0
	B.	1.5	1.1	2.7	0.8	1.0	1.9	1.7
	C.	9.4	4.3	1.2	9.3	4.3	7.1	3.3
Costa-Rica	A.	6.2	2.2	2.8	5.3	2.2	0.5	2.8
	B.	--	--	--	0.2	0.6	0.5	0.6
	C.	6.2	2.2	2.8	5.1	1.6	--	2.2
Cuba – Kuba	A.	1,045.0	890.9	821.7	1,109.7	1,642.3	2,589.0	2,872.1
	B.	580.0	602.0	616.2	679.2	926.1	1,141.3	1,351.3
	C.	465.0	288.9	205.5	430.5	716.2	1,447.7	1,520.8
Dominican Republic – Dominikanische Republik	A.	--	--	2.8	15.6	--	--	--
	B.	--	--	--	--	--	--	--
	C.	--	--	2.8	15.6	--	--	--
Ecuador	A.	0.8	3.3	2.4	0.9	4.9	13.5	7.8
	B.	0.1	--	0.1	0.2	0.5	0.6	0.4
	C.	0.7	3.3	2.3	0.7	4.4	12.9	7.4
Guatemala	A.	--	--	--	4.3	--	--	--
	B.	--	--	--	--	--	--	--
	C.	--	--	--	4.3	--	--	--
Guyana – Guayana	A.	--	--	0.3	6.9	4.7	24.5	--
	B.	--	--	0.3	--	0.2	--	--
	C.	--	--	--	6.9	4.5	24.5	--
Jamaica – Jamaika	A.	0.7	2.3	1.0	3.9	9.5	11.2	--
	B.	--	--	--	--	--	--	--
	C.	0.7	2.3	1.0	3.9	9.5	11.2	--
Mexico – Mexiko	A.	1.0	9.5	8.4	0.6	2.4	6.1	18.0
	B.	0.7	0.3	0.6	0.5	1.1	4.4	6.9
	C.	0.3	9.2	7.8	0.1	1.3	1.7	11.1
Panama	A.	--	--	--	--	--	2.6	3.8
	B.	--	--	--	--	--	2.6	3.8
	C.	--	--	--	--	--	--	--
Peru	A.	0.3	0.2	2.0	19.7	9.3	118.5	32.0
	B.	0.1	--	0.2	4.3	4.6	28.3	13.9
	C.	0.2	0.2	1.8	15.4	4.7	90.2	18.1

Economy
Wirtschaft 5.5.3

Country Land		1970	1971	1972	1973	1974	1975	1976
Salvador	A.	--	--	2.8	3.7	--	0.1	--
	B.	--	--	--	--	--	0.1	--
	C.	--	--	2.8	3.7	--	--	--
USA	A.	160.9	183.6	537.8	1,161.0	742.2	1,599.5	2,205.5
	B.	57.8	54.4	76.4	137.8	177.3	137.4	198.7
	C.	103.1	129.2	461.4	1,023.2	564.9	1,462.1	2,006.8
Uruguay	A.	1.8	2.2	3.4	6.1	25.5	15.0	5.4
	B.	0.8	0.9	1.2	0.8	0.8	1.0	1.3
	C.	1.0	1.3	2.2	5.3	24.7	14.0	4.1
Venezuela	A.	--	--	4.2	1.2	0.2	0.2	0.3
	B.	--	--	0.1	0.6	0.1	0.2	0.3
	C.	--	--	4.1	0.6	--	--	--
Australia and Oceania – Australien und Ozeanien:								
Australia – Australien	A.	61.8	69.4	73.0	198.0	183.9	329.4	409.7
	B.	1.5	1.3	1.8	3.2	5.4	2.1	3.1
	C.	60.3	68.1	71.2	194.8	178.5	327.3	406.6
New Zealand – Neuseeland	A.	19.6	27.4	22.6	38.7	60.4	32.5	81.1
	B.	0.7	1.3	1.0	1.4	2.4	2.0	2.4
	C.	18.9	26.1	21.6	37.3	58.0	30.5	78.7

5.5.4 Economy / Wirtschaft

5.5.4 EXPORT STRUCTURE - STRUKTUR DES EXPORTS - STRUKTURA EKSPORTA
(in percent - in Prozent - v procentach)

	1970	1971	1972	1973	1974	1975	1976
Total - Insgesamt - Vsego	100.0	100.0	100.0	100.0	100.0	100.0	100.0
of which - darunter - v tom čisle:							
machines, equipment and means of transportation - Maschinen, Ausrüstungen und Transportmittel - mašiny, oborudovanie i transportnye sredstva	21.5	21.8	23.6	21.8	19.2	18.7	19.4
combustibles and electric power - Brennstoffe und Elektroenergie - toplivo i elektroenergija	15.6	18.0	17.7	19.2	25.4	31.4	34.3
ores and concentrates, metals and metal products - Erze und Konzentrate, Metalle u.Metallerzeugnisse - rudy i koncentraty, metally i izdelija iz nich	19.6	18.7	19.0	17.1	14.7	14.3	13.2
chemical products, fertilizers, caoutchouc - chemische Produkte, Düngemittel, Kautschuk - chimičeskie produkty, udobrenija, kaučuk	3.5	3.4	3.3	3.0	3.6	3.5	3.0
timber, cellulose and paper products - Nutzholz, Zellulose- und Papiererzeugnisse - lesomaterialy i celljulozno-bumažnye izdelija	6.5	6.3	6.1	6.4	6.9	5.7	5.3
textile raw materials and semifinished goods - Textilrohstoffe und Halbfabrikate - tekstil'noe syr'e i polufabrikaty	3.4	3.3	3.8	3.3	3.3	2.9	2.9
furs and raw furs - Rauchwaren und Rohfelle - pušnina i mechovoe syr'e	0.4	0.4	0.4	0.3	0.3	0.2	0.3
food and luxuries and raw materials for their production - Nahrungs-u.Genußmittel u.Rohstoffe für deren Produkt.- piščevkusovye tovary i syr'e dlja ich proizvodstva	8.4	9.2	5.9	5.6	7.1	4.8	3.0
industrial consumer products - Industriegüter des Volksbedarfs - promyšlennye tovary narodnogo potreblenija	2.7	2.9	3.1	3.0	2.9	3.1	3.0

5.5.5 IMPORT STRUCTURE — STRUKTUR DES IMPORTS — STRUKTURA IMPORTA
(in percent — in Prozent — v procentach)

	1970	1971	1972	1973	1974	1975	1976	1977
Total — Insgesamt — Vsego	100.0	100.0	100.0	100.0	100.0	100.0	100.0	100.0
of which — darunter — v tom čisle:								
machines, equipment and means of transportation — Maschinen, Ausrüstungen und Transportmittel — mašiny, oborudovanie i transportnye sredstva	35.5	34.0	34.6	34.3	32.4	33.9	36.3	
combustibles and electric power — Brennstoffe und Elektroenergie — toplivo i elektroenergija	2.0	2.7	3.0	3.4	3.5	3.9	3.6	
ores and concentrates, metals and metal products — Erze und Konzentrate, Metalle u.Metallerzeugnisse — rudy i koncentraty, metally i izdelija iz nich	9.6	9.8	8.9	9.9	13.6	11.6	10.8	
chemical products, fertilizers, caoutchouc — chemische Produkte, Düngemittel, Kautschuk — chimičeskie produkty, udobrenija, kaučuk	5.7	5.4	4.9	4.3	6.3	4.7	4.3	
timber, cellulose and paper products — Nutzholz, Zellulose- und Papiererzeugnisse — lesomaterialy i celljulozno-bumažnye izdelija	2.1	2.1	1.8	1.6	1.9	2.2	1.8	
textile raw materials and semifinished goods — Textilrohstoffe und Halbfabrikate — tekstil'noe syr'e i polufabrikaty	4.8	4.5	3.3	3.7	4.1	2.4	2.3	
food and luxuries and raw materials for their production — Nahrungs-u.Genußmittel und Rohstoffe für deren Produktion — piščevkusovye tovary i syr'e dlja ich proizvodstva	15.8	15.2	18.0	20.2	17.1	23.0	22.8	
industrial consumer products — Industriegüter des Volksbedarfs — promyšlennye tovary narodnogo potreblenija	18.3	20.1	18.6	15.9	14.6	12.9	12.6	

5.5.6 SHARE OF THE MOST IMPORTANT PRODUCTS IN EXPORT - ANTEIL DER WICHTIGSTEN GÜTER AM EXPORT - UDEL'NYJ VES VAŽNEJŠICH TOVAROV V EKSPORTE
(in percent - in Prozent - v procentach)

Products-Güter-Tovary	1970	1971	1972	1973	1974	1975	1976	1977
Total - Insgesamt - Vsego	100.0	100.0	100.0	100.0	100.0	100.0	100.0	
machines, equipment and means of transportation - Maschinen, Ausrüstungen und Transportmittel - mašiny, oborudovanie i transportnye sredstva	21.5	21.8	23.6	21.8	19.2	18.7	19.4	
of which - davon - iz nich:								
machine tools - Werkzeugmaschinen - stanki metallorežuščie	0.7	0.6	0.7	0.6	0.6	0.6	0.7	
energetic equipment - energetische Ausrüstungen - energetičeskoe oborudovanie	1.9	1.6	1.9	1.8	1.5	1.3	1.6	
electrotechnical equipment - elektrotechnische Ausrüstungen - elektrotechničeskoe oborudovanie	0.2	0.3	0.3	0.3	0.3	0.3	0.3	
equipment for underground and open-pit mining of mineral resources - Ausrüstungen für Untertage- u.Tagebau von Bodenschätzen - oborudovanie dlja podzemnoj i otkrytoj razrabotki poleznych iskopaemych	0.4	0.6	0.7	0.6	0.6	0.7	0.8	
hoisting devices - Hebetransportausrüstungen - pod'emno-transportnoe oborudovanie	0.4	0.4	0.4	0.4	0.4	0.4	0.3	
road and road construction equipment & machines - Straßen-u.Straßenbauausrüstungen und -maschinen - oborudovanie i mašiny dorožnye i dorožno-stroitel'nye	0.8	0.8	0.8	0.7	0.6	0.6	0.7	
tractors - Traktoren - traktory	0.7	0.6	0.7	0.7	0.6	0.6	0.7	
grain harvesters - Mähdrescher - kombajny	0.2	0.2	0.7	0.2	0.3	0.3	0.2	
Diesel locomotives - Diesellokomotiven - teplovozy	0.3	0.4	0.4	0.4	0.4	0.4	0.4	
trucks and garage equipments - Lastwagen und Garageausrüstungen - avtomobili gruzovye i garažnoe oborudovanie	2.3	2.4	2.5	2.1	1.7	1.9	2.0	
ships and ship equipment - Schiffe und Schiffsausrüstungen - suda i sudovoe oborudovanie	0.6	0.6	0.6	0.6	0.4	0.4	0.3	
air transport vehicles - Luftverkehrsmittel - sredstva vozdušnogo soobščenija	1.3	1.8	2.1	2.5	1.6	1.3	1.3	

Economy
Wirtschaft 5.5.6

	1970	1971	1972	1973	1974	1975	1976	1977
Passenger cars, motorcycles, motor scooters – Personenwagen, Motorräder, Motorroller – avtomobili legkovye, motocikly, motorollery	1.2	1.8	2.3	2.2	2.1	2.0	2.2	
Pit and anthracite coal – Stein-und Anthrazitkohle – Ugol'kamennyj i antracit	2.4	2.7	2.5	2.0	2.1	3.3	2.9	
Hard-coal coke – Steinkohlenkoks-Koks kamennougol'nyj	0.8	0.9	0.9	0.7	0.6	0.9	0.7	
Crude oil – Rohöl – Neft' syraja	7.2	8.5	8.6	8.5	11.2	15.6	18.3	
Mineral oil products, liquid synthetic combustibles – Erdölprodukte, synthetische flüssige Brennstoffe – Nefteprodukty, sintetičeskoe židkoe toplivo	4.3	4.8	4.4	6.7	9.8	9.0	9.1	
Fuel gas – Brenngas – Gaz gorjučij	0.4	0.5	0.4	0.6	1.0	1.9	2.6	
Electric power – Elektroenergie – Elektroenergija	0.4	0.6	0.6	0.6	0.5	0.7	0.6	
Iron ore – Eisenerz – Ruda železnaja	2.5	2.4	2.5	2.2	1.8	2.1	1.7	
Manganese ore – Manganerz – Ruda margancevaja	0.2	0.2	0.1	0.1	0.1	0.1	0.1	
Chromic ore – Chromerz – Ruda chromovaja								
Asbestos – Asbest – Asbest	0.4	0.4	0.4	0.3	0.3	0.4	– –	
Pig iron – Roheisen – Cugun	1.9	1.7	1.6	1.4	1.1	1.4	1.1	
Ferro alloys – Ferrolegierungen – Ferrosplavy	0.5	0.5	0.4	0.4	0.4	0.4	0.3	
Rolling stock of ferrous metals and steel – Walzgut aus Fe-Metallen – Prokat černych metallov	6.6	5.9	5.6	4.5	3.7	4.8	4.3	
Tubes – Rohre – Truby	0.5	0.7	0.5	0.4	0.3	0.4	0.6	
Copper – Kupfer – Med'	0.8	1.3	1.7	1.8	1.6	0.9	– –	
Aluminium – Aluminium – Aljuminij	1.4	1.4	1.6	1.5	1.3	1.1	– –	
Rolling stock of non-ferrous metals – Walzgut aus NE-Metallen – Prokat cvetnych metallov	0.9	0.7	0.8	0.6	0.5	0.4	0.4	
Chemical products – chemische Produkte – Chimičeskie produkty	1.5	1.4	1.3	1.2	1.4	1.1	1.1	
Fertilizers – Düngemittel – Udobrenija	0.9	0.9	0.9	0.8	1.4	1.5	1.1	
Synthetic caoutchouc – Synthesekautschuk – Kautschuk sintetičeskij	0.2	0.2	0.2	0.2	0.2	0.2	– –	
Tires – Reifen – Siny	0.3	0.4	0.3	0.3	0.3	0.3	– –	
Cement – Zement – Cement	0.3	0.3	0.2	0.3	0.3	0.3	0.2	
Round wood – Rundholz – Kruglyj les	2.2	2.1	2.0	2.6	2.7	1.9	1.7	
Sawn timber – Schnittholz – Pilomaterialy	2.6	2.5	2.4	2.3	2.7	2.3	2.2	
Paper – Papier – Bumaga	0.6	0.5	0.6	0.5	0.5	0.5	0.4	
Cotton fibers – Baumwollfasern – Chlopok-volokno	2.9	2.9	3.4	3.0	3.1	2.7	2.7	
Wool – Wolle – Šerst'	0.2	0.2	0.1	0.1	0.1	0.1	– –	

5.5.6 Economy / Wirtschaft

	1970	1971	1972	1973	1974	1975	1976	1977
Furs and raw furs (without finished fur products) – Rauchwaren und Rohpelze (ohne fertige Pelzerzeugnisse – Pušnina i mechovoe syr'e (krome gotovych mechovych izdelij)	0.4	0.4	0.4	0.3	0.3	0.2	0.3	
Corn (without barley) – Korn (ohne Graupen) – Zerno (krome krupjanogo)	3.1	4.4	–	–	–	–	–	
Sunflower seeds – Sonnenblumenkerne – Semja podsolnečnika	0.2	0.1	0.1	0.1	–	–	–	
Meat and meat products – Fleisch u. Fleischprodukte – Mjaso i mjasoprodukty	0.3	0.2	0.3	0.3	0.2	0.2	0.1	
Butter – Maslo korov'e	0.5	0.2	0.1	0.1	0.1	0.1	0.1	
Fish and fish products – Fisch u. Fischprodukte – Ryba i ryboprodukty	0.6	0.7	0.6	0.6	0.6	0.6	0.5	
Flour – Mehl – Muka	0.5	0.4	0.2	0.3	0.4	0.3	0.3	
Refined sugar – Raffinadezucker – Sachar rafinirovannyj	0.8	0.8	–	–	–	–	–	
Salad-oils – Speiseöle – Masla rastitel'nye prodovol'stvennye	0.8	1.0	0.9	0.6	1.3	0.9	0.5	
Cotton and cotton-like fabrics – Baumwoll- und baumwollähnliche Stoffe – Tkani chlopčatobumažnye i tipa chlopčatobumažnych	0.4	0.4	0.4	0.3	0.2	0.2	0.2	
Medicines – Medikamente – Medikamenty	0.3	0.4	0.4	0.3	0.3	0.3	0.3	
Household machines and appliances – Haushaltmaschinen und -geräte – Mašiny i pribory bytovye	0.9	0.9	0.9	0.8	0.9	1.1	1.1	

Economy 5.5.7
Wirtschaft

5.5.7 FOREIGN TRADE ORGANIZATIONS - AUSSENHANDELSORGANISATIONEN -
VNEŠNETORGOVYE ORGANIZACII (V/O)

> The USSR Chamber of Commerce and Industry -
> Handels- und Industriekammer der UdSSR -
> Torgovo-promyšlennaja palata SSSR
> Moskva 103097, ul. Kuibyševa 6
> Tel.: 2210811, 223423
> Telex: 7126
>
> Bank for Foreign Trade of the USSR -
> Außenhandelsbank der UdSSR -
> Vneštorgbank SSSR
> Moskva K-16, Neglinnaja ul. 12
> Tel.: 296- 34- 77, 296- 31- 38
> and-und:
> Moskva K-16, Kopjevskij Per. 3/5
> Tel.: 296- 30- 12, 228- 48- 60
> Telex: 7174,7175,7176,7177,7178

ALMAZJUVELIREXPORT
Moskva 121019, Prospekt Kalinina 29
Tel.: 202-81-90, Telex: 7125
  Exports and imports diamonds, jewellery articles with precious and semi-
  precious gems, articles of silver, amber articles, precious gems, jewel gems
  and natural semi-precious gems in jewellery made of gold, silver and platinum,
  synthetic quartz, precious metals in nuggets and powder form, silver solder
  for silver articles, industrial articles of precious metals and their
  alloys -
  Aus- und Einfuhr: Brillanten, Juwelierwaren mit Edelsteinen und Halbedel-
  steinen, silberne Gegenstände, Bernsteinschmuck, Edelsteine, Schmucksteine
  und natürliche Halbedelsteine in Schmuck aus Gold, Silber und Platin, synthe-
  tischer Quarz, Edelmetalle in Barren und Pulverform, Silberlot für Silber-
  waren, diverse Industrieerzeugnisse aus Edelmetallen und ihre Legierungen.

AVIAEXPORT
Moskva 121200, Smolenskaja-Sennaja pl. 32/34
Tel.: 244-26-86, Telex: 7257
  Exports and imports aircrafts, helicopters, aircraft engines, aircraft units,
  cockpit equipment , electrical and radio-navigation equipment, control and
  testing apparatus and aircraft spare parts; ground equipment for the operation
  and technical maintenance of aircraft and helicopters, propellers and para-
  chutes; provides technical servicing of aircraft equipment and training
  of aircraft specialists -
  Aus- und Einfuhr: Flugzeuge, Hubschrauber, Flugmotoren, Aggregate, Flugzeug-
  bordgeräte, elektrische und Funknavigationsgeräte, Kontroll- und Prüfgeräte
  sowie Flugzeugersatzteile; ferner Bodenausrüstungen für den Betrieb und die
  technische Wartung von Flugzeugen und Hubschraubern, Propeller und Fallschirme;
  vermittelt die Durchführung der Reparatur, sichert die Wartung der verkauften
  Maschinen und Ausrüstungen, veranstaltet die Schulung der Flugzeugfachleute.

5.5.7 Economy
Wirtschaft

AVTOEXPORT
Moskva 121019, ul. Volchonka 14
Tel.: 202-85-35, Telex: 7135, 7253
Exports and imports passenger cars and lorries, motor coaches, truck-tractors, tip-up lorries, motorcars for special purposes, motorcycles, motor scooters, bicycles and mopeds; exports garage and repair equipment.Buyers are guaranteed technical servicing of supplied vehicles and training of foreign specialists -
Aus- und Einfuhr: Personen- und Lastkraftwagen, Omnibusse, Zugmaschinen und Kipper, Kraftwagen für Sonderzwecke, Motorräder, Motorroller, Fahrräder und Mopeds; exportiert Garagen- und Reparaturwerkstättenausrüstungen. Erteilt den Kunden jegliche Unterstützung bei der technischen Bedienung der aus der UdSSR gelieferten Maschinen und führt Schulungen für ausländische Fachleute durch.

AVTOPROMIMPORT
Moskva 109017, Pjatnickaja ul. 50/2
Tel.: 231-81-26, Telex: 7264
Imports complete plants for the automobile industry including equipment for foundry, thermal treatment, stamping and pressing, mechanical, painting, plating, body building and assembly shops; complete production lines, welding and laboratory equipment, test sets and stands, factory transport facilities, universal equipment for plants and single departments, warehouse and other equipment for new buildings or modernization of motorcar plants or similar plants as well as test and repair equipment for motorcars -
Einfuhr: Komplette Ausrüstungen für Kraftwagenherstellerwerke einschl. zur Komplettierung von Härtereien, Schmieden und Pressereien, mechanischen Abteilungen, Anstreichereien, galvanischen Abteilungen, Karosseriefertigungsabteilungen und Montageschlossereien, komplette Taktstraßen, Schweißanlagen und Laboreinrichtungen, Prüfgeräte und Prüfeinrichtungen, innerbetriebliche Transportmittel, Universalausrüstungen für Werke und einzelne Abteilungen, Lager-und andere Einrichtungen für Neubauten oder zur Modernisierung von Kraftwagenherstellerwerken oder verwandter Werke sowie auch Anlagen zur Untersuchung und Wartung von Kraftwagen.

ELEKTRONORGTECHNIKA
Moskva 103006, Kaljaevskaja ul. 5
Tel.: 251-39-46, Telex: 7586
Exports and imports general-purpose digital and analogue electronic computers, peripheral devices for computers, management control equipment devices for acquisition and primary processing of data, including desk key-operated computers and calculating punches. Exports valves, semi-conductor devices, integrated circuits, S.H.F. instruments, gas-discharge devices, camera and oscillographic tubes, electronic multipliers, photocells, ferrite elements, resistors and condensators. Renders assistance to buyers in erecting, mounting and starting the equipment, in maintaining the equipment delivered from the USSR and in training personnel from different countries. -
Aus- und Einfuhr: Elektrische Digital- und Analogrechenmaschinen von allgemeiner Bestimmung, Außenanlagen zu diesen Rechenmaschinen, Vorrichtungen zum Sammeln bzw. zur primären Bearbeitung von Informationen einschl. Tischtasten- und Perforationsrechenmaschinen. Ausfuhr von: Elektronenröhren, Halbleitergeräten, integrierten Schaltungen, Hochfrequenzgeräten, Gasentladungsgeräten, Fernsehröhren und Oszillographenröhren, Fotomultiplier, Fotozellen, Erzeugnisse aus Ferromaterialien, Kurzschluß-Strom-Begrenzungswiderstände und Kondensatoren. Erteilt den Kunden Unterstützung beim Erstellen, Bau und der Inbetriebnahme von Ausrüstungen, bei der Wartung der aus der UdSSR gelieferten Ausrüstungen und bei der Schulung von Personal aus verschiedenen Ländern.

ENERGOMAŠEXPORT
Moskva 117330, Mosfilmovskaja ul. 35
Tel.: 147-21-77, Telex: 7565

Economy
Wirtschaft 5.5.7

Exports equipment and component parts for thermal and hydro-electric stations, Diesel engines and Diesel generators, Diesel plants, gas-electric units, electric engines, rectifiers and equipment for low voltage, equipment for electric welding, induction-heating plants, gas welding equipment; equipment and installations for railways, rolling stock for railways and electric road traffic, spare parts, also exports electric power. Provides assistance in mounting, starting and maintenance of the equipment delivered from the USSR and in training foreign specialists. -

Ausfuhr: Komplette Ausrüstungen und Einzelteile für Wärmekraft- und Wasserkraftwerke; Dieselmotoren und Dieselgeneratoren, Dieselkraftwerke, benzinelektrische Aggregate, Elektromotoren, Gleichrichter und Ausrüstungen für Niederspannung, ferner Ausrüstungen für das Elektroschweißen, die Elektrothermie, Gasschweißen, Ausrüstungen und Einrichtungen für die Eisenbahn, rollendes Material für Eisenbahnen und den elektrischen Straßenverkehr, Ersatzteile, exportiert auch elektrischen Strom. Hilfe bei der Montage, Inbetriebnahme und Wartung der aus der UdSSR gelieferten Ausrüstungen und Ausbildung ausländischer Fachkräfte.

EXPORTCHLEB
Moskva 121200, Smolenskaja-Sennaja pl. 32/34
Tel.: 244-47-01, Telex: 7145, 7146, 7147
Exports and imports wheat, rye, barley, oats, maize, rice, pulse, flour, groats, oil seeds, oil cakes, oil-seed meal, and other grain and fodder products, as well as seeds and seedlings -
Aus- und Einfuhr: Weizen, Roggen, Gerste, Hafer, Mais, Reis, Hülsenfrüchte, Mehl, Grütze, Ölsamen, Ölkuchen, Schrot und sonstiges Tierfutter sowie Samen, Saat- und Pflanzengut.

EXPORTLES
Moskva 121200, Smolenskaja-Sennaja pl. 32/34
Tel.: 241-60-44, Telex: 7229
Exports and imports sawn timber of Siberian larch, pine and fir timber, timber sleepers, pitprops, pulpwood, round wood, lumber, plywood, fibreboards and chipboards, cellulose, paper, carton, cardboard, furniture, prefabricated wooden houses and other goods -
Aus- und Einfuhr: Schnittholz von sibirischen Lärchen, Kiefern- und Tannenschnittholz, Holzschwellen, Grubenholz, Rundholz, Papierholz, Sägematerial, Sperrholz, Holzfaser- und Holzspanpreßplatten, Zellulose, Papier, Karton, Pappe, Möbel, zusammensetzbare Holzhäuser und verschiedene andere Artikel.

EXPORTLJON
Moskva 117393, ul. Architektora Vlasova 33
Tel.: 128-07-86, Telex: 205
Exports and imports cotton, linter, flax, flax tow, long hemp fibers, flax for spinning, sheep, goat and camel wool, goat fluff, cotton, wool, silk, spun rayon fabrics and products, linen, cotton yarn, nets for fishing and net materials, also waste from natural silk, cotton, linen, hemp and from the production of chemical fibers. Imports cotton, sheep wool, woollen yarn, jute and jute goods, sisal, raw silk, artificial and synthetic fibers, fabrics, rayon and acetate yarn, cord -
Aus- und Einfuhr: Baumwolle, Linters, Flachs, Flachshede, lange Hanffasern, spinnfertigen Flachs und Hanfwerg, Schaf-, Ziegen- und Kamelwolle, Ziegenflaum, Baumwoll-, Woll-, Seiden-, Zellwollstoffe und Erzeugnisse aus ihnen; Leinen, Baumwollgarn, Netze für den Fischfang und Netzmaterialien, Abfälle von Naturseide, Baumwolle, Leinen, Hanf und Abfälle der Chemiefaserproduktion. Importiert Baumwolle, Schafwolle, Wollgarn, Jute und Erzeugnisse aus Jute, Sisal, Rohseide, Kunstfasern und synthetische Fasern, Stoffe, Viskose- und Azetatgarn, Kord.

5.5.7 Economy / Wirtschaft

LICENSINTORG
Moskva 113461, ul. Kachovka 31
Tel.: 122-02-54, Telex: 7246

Handles operations involving the sale of licenses for Soviet inventions in all fields of industry and undertakes obligations for rendering license purchasers skilled technical assistance, transfer of know-how and technical documents; purchases licenses for foreign inventions and scientific and technical improvements; sells and buys machines, equipment, materials and manufactured goods whose delivery as prototypes and samples is stipulated in the terms of license agreements; renders on a commercial basis engineering services in the fields of metallurgical, foundry, and chemical technology and some other fields of industry by carrying out research and planning work, giving recommendations on industrial construction and technical consultations, etc. -

Verkauf von Lizenzen auf sowjetische Erfindungen in sämtlichen Bereichen der Industrieproduktion, Erwerb von Lizenzen auf ausländische Erfindungen und wissenschaftliche und technische Verbesserungen; Ausfuhr und Einfuhr von Maschinen, Ausrüstungen, Werkstoffen und Erzeugnissen, deren Lieferung als Prototypen oder Musterstücke durch die Lizenzabkommen vorgesehen ist; technische Unterstützung auf dem Gebiet der Metallurgie, Gießerei, chemischen Technologie und anderen Gebieten der Industrieproduktion durch Forschungs- und Planungsarbeit, Empfehlungen beim Bau von Industrieobjekten, technische Konsultationen usw.

MAŠINOEXPORT
Moskva 117330, Mosfilmovskaja ul. 35
Tel.: 147-15-42, Telex: 7207

Exports equipment and tools for oil and gas drilling, geological prospecting and geophysical operations, as well as for oil-fields; tanks for storage of oil and oil products, liquefied gases and equipment for them, conveyors, elevators, escalators, jacks, pulleys, tackles, winches, lifts, hoisting machines; various cranes and excavators, blast furnace, steel-smelting, foundry, rolling, drawing, finishing equipment, equipment for continuous steel pouring; sintering and coking equipment, equipment for non-ferrous metallurgy, equipment for the building material and building industries; crushing and grinding, ore-dressing equipment; material handling equipment, drilling and building machines; equipment for pipeline construction, for sinking mines and extraction of minerals, for loading minerals and mechanization of transportation work in mines, for building underground railway tunnels, as well as for underground and open-pit mining; peat extracting equipment; garage and repair equipment for technical servicing of excavators, cranes, loaders, pipe-layers and other machinery. Supplies spare parts for all machinery delivered. Renders technical assistance in the assembly, maintenance and servicing. Trains technical personnel of customers. -

Ausfuhr: Ausrüstungen und Instrumente für Erdöl- und Naturgasbohrungen, für geologische Erkundungsarbeiten und geophysikalische Arbeiten, für den Erdölbergbau und die erdölerzeugende Industrie; Behälter für Erdöl, Erdölprodukte und verflüssigte Gase sowie entsprechende Ausrüstungen; Fördermaschinen, Elevatoren, Rolltreppen, Hebeböcke, Blöcke, Flaschenzüge, Fahrstühle, Aufzüge, verschiedene Kräne und Bagger, Hochofen-, Stahlschmelzerei-, Gießerei-, Walzwerkausrüstungen, Ziehbänke mit Zubehör, Adjustageausrüstungen; Ausrüstungen zum kontinuierlichen Vergießen von Stahl, Ausrüstungen zum Sintern und Verkoken, Ausrüstungen für die Buntmetallurgie, Ausrüstungen für die Baumaterialien- und Bauindustrie; Zerkleinerungs- und Mahlmaschinen, Aufbereitungsanlagen, Beladungs- und Entladungseinrichtungen, Bohr- und Baumaschinen für den Bergbau; Ausrüstungen für die Rohrverlegung; Ausrüstungen für den Streckenvortrieb und zur Förderung von Bodenschätzen; Ausrüstungen zum Verladen der Bodenschätze und zur Mechanisierung der Förderanlagen in den Bergwerken, Ausrüstungen für den Bau von U-Bahn-Tunnels, ferner für die Arbeiten unter Tage und des Tagebaus; Montangrubenausrüstungen und Ausrüstungen zur Torfgewinnung; Garagen-

und Reparaturwerkstättenausrüstungen zur technischen Wartung von Baggern, Kränen, Lademaschinen, Rohrbiegemaschinen und anderen Maschinen; Lieferung von Ersatzteilen; erteilt technische Unterstützung beim Zusammenbau, bei der Wartung und bei Vorsorgereparaturen; führt Schulungen für Kundenpersonal durch.

MASINOIMPORT
Moskva 121200, Smolenskaja-Sennaja pl. 32/34
Tel.: 244-33-09, Telex: 7231, 7232
    Imports power engineering and electrotechnical equipment, hoisting and haulage, pumping and compressing equipment, excavators, railway rolling stock, oil extracting and oil refining equipment and industrial fittings -

    Einfuhr: Kraftwerksausrüstungen, elektrotechnische Ausrüstungen, Hebe- und Förderausrüstungen, Pumpen- und Kompressorausrüstungen, Selbstfahrkräne, Bagger, rollendes Eisenbahnmaterial, Ausrüstungen für die Rohölförderung und Erdölraffinerie sowie Industriearmaturen.

MASPRIBORINTORG
Moskva 121200, Smolenskaja-Sennaja pl. 32/34
Tel.: 244-27-75, Telex: 7235, 7236
    Exports and imports wire and radio communication equipment, electric and measuring instruments, checking and measuring instruments and automatic devices, material testing machines and instruments, meteorological, aerological, oceanographic and hydrological instruments and equipment, photographic and motion picture equipment, radio and TV sets, watches, optical instruments for industrial and scientific purposes -

    Aus- und Einfuhr: Ausrüstungen zur Nachrichtenübermittlung über Leitungen und Funkverbindungen, Elektro- und Hochfrequenzmeßgeräte, Kontroll- und Meßgeräte, Ausrüstungen zur Automatisierung technologischer Prozesse, Maschinen und Geräte zur Werkstoffprüfung, meteorologische, aerologische, ozeanographische und hydrologische Geräte und Ausrüstungen, Fotokameras und Kinoapparate, Rundfunk- und Fernsehempfänger, Uhren, optische Geräte für industrielle und wissenschaftliche Zwecke.

MEDEXPORT
Moskva 113461, ul. Kachovka 31
Tel.: 121-01-54, Telex: 7247
    Exports various medical preparations: antibiotics, vitamins, sulphanylamides, etc., pharmaceutical raw materials for manufacture of medicines; up-to-date medical equipment and surgical appliances, a wide assortment of medical instruments; Tibetan medicines; vaccines and serums. Imports medicines, medical equipment, instruments and other goods -

    Ausfuhr: Verschiedene gebrauchsfertige medizinische Präparate: Antibiotika, Vitamine, Sulfanilamide usw., Ausgangsstoffe für die pharmazeutische Industrie, Vakzine und Seren, medizinische Einrichtungen, Geräte und Apparate, eine große Auswahl medizinischer und tierärztlicher Instrumente; Artikel der tibetanischen Medizin sowie Verbandszeug. Einfuhr: Arzneimittel, medizinische Ausrüstungen, Instrumente und andere Waren.

MEŽDUNARODNAJA KNIGA
Moskva 121200, Smolenskaja-Sennaja pl. 32/34
Tel.: 244-10-22, Telex: 7160
    Exports books, newspapers, magazines, sheet music, postcards, colour reproductions, albums, gramophone records, postage stamps for collections, film strips and slides. Handles operations involving the publication of Soviet books and musical works abroad. Imports books, newspapers, magazines, gramophone records -

5.5.7 Economy / Wirtschaft

Ausfuhr: Bücher, Zeitungen, Zeitschriften, Musikalien (Notenwerke), künstlerische Druckwerke (Kunstblätter und Alben), Schallplatten, Briefmarken für philatelistische Sammlungen, Filmstreifen und Diapositive. Erledigt die mit der Veröffentlichung von sowjetischen Büchern und musikalischen Werken im Ausland zusammenhängenden Arbeiten. Import: Bücher, Zeitungen, Zeitschriften, Schallplatten.

METALLURGIMPORT
Moskvá 117393, ul. Architektora Vlasova 33
Tel.: 128-37-20, 128-07-75, Telex: 7588

Imports mining, ore-dressing and drilling equipment: tunnelling and extracting machines, timbering, drilling equipment for mines, handling and transporting machines, conveyors, rotor and multi-bucket excavators, crushing and milling equipment, ore-dressing equipment, coal and peat briquetting plants;
metallurgical and foundry equipment: sintering and ore pelletizing equipment, equipment for coke-oven, blast-furnace, steel-making and foundry plants, equipment for non-ferrous metallurgy;
rolling equipment: blooming and slabbing mill trains, steel-sheet and section mills, flattening mills, railway-wheel mills and other rolling equipment;
drawing and finishing equipment for rolling and sizing shops at rolling plants: draw and push benches, pointing machines, automatic lines and equipment for sizing, straightening, cutting, trimming, grinding and polishing of rods, sheets and strips, packing lines and lines for other finishing operations;
handling and transporting equipment for metallurgical industry: cranes for metallurgical operations, ore and coal reloaders and other handling machinery for metallurgical plants;
equipment for integrated plants: equipment for mining, handling and dressing of iron and non-ferrous metal ores, equipment for mining and stripping operations, ferrous and non-ferrous plants, coke-oven plants, peat-briquetting plants. -

Einfuhr: Einrichtungen für Schacht- und Grubenausbau sowie Aufbereitung: Streckenvortriebs-, Gewinnungs-, Lade- und Fördermaschinen, Ausrüstungen für den Grubenausbau, Bohranlagen für den Bergbau, Bandförderer u.a. Steigförderer, Schaufelrad- und andere Mehrgefäßbagger, Zerkleinerungs- und Vermahlungsausrüstungen, Ausrüstungen zur Aufbereitung von Bodenschätzen, Anlagen zur Brikettierung von Kohle und Torf;
Hütten- und Gießereiausrüstungen: Ausrüstungen zur Agglomerierung von Erzen und Sinteranlage, Ausrüstungen für Kokereien und chemische Nebenbetriebe, Hochöfen, SM-Stahlwerke, Gießereien, ferner Ausrüstungen für verschiedene Metallhütten;
Walzwerkausrüstungen: Block- und Brammenstraßen, Blech- und Formstahlwalzwerke, Plattfederstahl-Radscheiben-, Rohrwalz- und Rohrschweißwalzwerke sowie andere Walzwerkausrüstungen;
Ziehbank- und Nachbearbeitungsausrüstungen für Walz- und Kalibrierungszwecke der Hüttenwerke: Ziehbänke, Zieh- und Wetzmaschinen, Kalibrierungs-, Richt-, Schneide-, Schleif- und Polierungsstraßen für Stangen, Blech und Stahlband, ferner Verpackungs- und andere Nachbearbeitungsausrüstungen;
Hebe- und Förderanlagen für Hüttenwerke: Krananlagen, Umladevorrichtungen für Erze und Kohle sowie andere Hebe- und Förderanlagen für Hüttenwerke;
komplette Werke: Montan- und Aufbereitungswerke für Eisen- und Nichteisenerze, komplette Werkanlagen für den Aufschluß von Lagerstätten, Eisenhüttenwerke und verschiedene Metallhüttenwerke sowie Koks- und Torfbrikettierungswerke.

Economy 5.5.7
Wirtschaft

NEFTECHIMPROMEXPORT
  Moskva 113324, Ovčinnikovskaja Nab. 18/1
  Tel.: 220-11-09
    Renders technical assistance in the projecting and building of complete
    plants for the oil refining, petrochemical, chemical and paper-and-pulp
    industries abroad. Handles surveying, research and designing work , exports
    equipment, materials and spare parts, undertakes author's supervision,
    assembly and adjustment work , commissioning of enterprises and training
    of customers' personnel in Soviet enterprises or in the customers' countries
    directly, delegates specialists -

    Technische Unterstützung bei der Projektierung und beim Bau kompletter
    Werke der erdölverarbeitenden, petrolchemischen, chemischen, Zellstoff- und
    Papierindustrie im Ausland. Führt wissenschaftliche Forschungs- und Projek-
    tierungsarbeiten durch, exportiert Ausrüstungen, Materialien und Ersatzteile,
    übernimmt die technische Aufsicht, erledigt Montage- und Einrichtungsarbei-
    ten, führt die Inbetriebnahme von Werkanlagen durch und bildet technisches
    Personal des Auftraggebers in den Betrieben der Sowjetunion oder direkt in
    den Ländern ihrer Kunden aus, entsendet Fachkräfte.

NOVOEXPORT
  Moskva 103287, ul. Bašilovskaja 19
  Tel.: 285-66-90, Telex: 7254
    Exports and imports art handicraft articles of wood, metal, bone; handwoven
    carpets, uncut semiprecious and precious stones; works by Soviet painters,
    graphic artists and sculptors; ceramic articles; fishing tackle and hunting
    gear; model products; pearl paste; equipment for city transport and railway
    passengers; peat, household wooden articles and other goods. Assists foreign
    firms and merchant companies in setting up business contacts with Soviet
    foreign trade organizations in signing deals for commercial exchange -

    Aus- und Einfuhr: Kunstgewerbeerzeugnisse aus Holz, Metall, Elfenbein, Stein;
    handgewebte Teppiche, rohe Schmucksteine; Werke sowjetischer Maler, Graphiker
    und Bildhauer; Kunstkeramik; Angel- und Jagdsportzubehör; Modellbauteile;
    Perlenpaste; Einrichtungen in den Fahrzeugen des Straßen- und Eisenbahnver-
    kehrs; Torf, Holzerzeugnisse für den Wirtschaftsbedarf und andere Waren.
    Unterstützt ausländische Firmen und Handelsgesellschaften bei der Erstellung
    von Geschäftsbeziehungen mit sowjetischen Außenhandelsorganisationen durch
    die Unterzeichnung von Abkommen über Handelsaustausch.

PRODINTORG
  Moskva 121200, Smolenskaja-Sennaja pl. 32/34
  Tel.: 244-26-29, Telex: 7201, 7206
    Exports and imports sugar, soft and pressed caviar, tinned fish and crabmeat,
    fresh and quick-frozen fish, seafood; trepang, squid, shrimp, frozen
    shark ; meat, meat products, meat subproducts, tinned meat; endocrine and
    enzyme products; poultry, eggs and egg products, wild fowl; milk and tinned
    milk, dairy products and cheese; fats, butter and vegetable oils, sunflower
    seeds; pedigree, horses (for breeding,work and slaughter); pedigree cattle
    and animals for zoos -

    Aus- und Einfuhr: Zucker, großkörnigen und Preßkaviar, Fisch- und Krabbenkon-
    serven, frische und tiefgekühlte Fische, Produkte des Seefischfangs; Trepange,
    Kalmare, Garnelen, gefrorenes Haifischfleisch; Fleisch, Fleischprodukte, Fleisch-
    konserven; Ausgangsstoffe zur Hormon- und Enzymegewinnung; Geflügel, Eier und
    Produkte aus Eiern, Wildfleisch; Milch und Kondensmilch, Milchprodukte und
    Käse; Fette, Butter und pflanzliche Öle, Sonnenblumenkerne; Zucht-, Arbeits-
    und Fleischpferde; Zuchtvieh und Tiere für zoologische Gärten.

5.5.7 Economy
Wirtschaft

PROMMAŠEXPORT
Moskva 113324, Ovčinnikovskaja Nab. 18/1
Tel.: 295-51-14, Telex: 7532

Renders technical assistance in the construction of industrial enterprises and projects for heavy and farm machine-building; ship, automobile, tractor building, machine-tool-making, electrical engineering and radio-engineering communications; fish processing factories; in organizing commercial fisheries and fishing, as well as in the construction of refrigerating plants; supplies complete equipment for motion picture studios. Undertakes designing and surveying, technical supervision of building and assembly work in conformity with design and technical documents. It renders technical assistance in setting up and organizing enterprises and other projects. Undertakes industrial training of personnel both in the USSR and in the client's country. -

Technische Unterstützung beim Bau von Werken und Betrieben für Schwer- und Landwirtschaftsmaschinenbau; Schiffs-, Automobil- und Traktorenbau, Werkzeugproduktion, Elektroindustrie und Rundfunktechnik; Einrichtungen für die Fischverarbeitung; bei der Einrichtung von Fischerei- und Fischzuchtbetrieben sowie beim Bau von Eisfabriken; liefert komplette Einrichtungen für Filmstudios. Übernimmt Entwurf und Überwachung, technische Aufsicht von Bau- und Montagearbeiten in Übereinstimmung mit Entwürfen und technischen Unterlagen, erteilt technische Unterstützung bei der Einrichtung und Inbetriebnahme von Werken und anderen Projekten. Führt industrielle Schulung von Personal sowohl in der UdSSR als auch im Kundenland durch.

PROMMAŠIMPORT
Moskva 121200, Smolenskaja-Sennaja pl. 32/34
Tel.: 244-43-57, Telex: 7260, 7261

Imports equipment for cellulose, paper and cardboards-making factories, equipment for the manufacture of corrugated cardboard and packaging materials, equipment for making semi-finished and finished paper goods, equipment for sawmills and furniture factories, chipboards and fibreboards, plywood and parquetry factories, woodworking tools and other equipment for the woodworking industry, installations for coating paper and other materials -

Einfuhr: komplette Ausrüstungen für Zellstoff-, Papier- und Kartonagenfabriken, für die Herstellung von Wellpappe und deren Weiterverarbeitung zu Verpackungsmaterial, für die Verarbeitung von Papier in Halbfabrikate und Fertigerzeugnisse, für Sägewerke und Möbelfabriken, für Betriebe zur Herstellung von Preßplatten aus Sägespänen und Holzfaserplatten, von Sperrholz, Parkett, Werkzeugmaschinen und andere Ausrüstungen für die holzverarbeitende Industrie, Ausrüstungen kompletter Anlagen zum Auftragen von Schutzschichten auf Papier und andere Materialien.

PROMSYRJOIMPORT
Moskva 121314, ul. Čajkovskogo 13
Tel.: 203-05-95, 203-05-77, Telex: 7151, 7152

Exports and imports pig-iron, ferro-alloys, steel billets, structural steel, quality and high-quality steels, sheets and plates, cast iron tubes and steel pipes, steel cylinders for gases, hot-rolled and cold-rolled strips, steel wire of various qualities and for various purposes, steel wire ropes, railway transport materials, chains, electrodes, bolts, nails, nuts, rivets and other small iron and steel products -

Aus- und Einfuhr: Roheisen, Ferrolegierungen, Stahlrohlinge, Form- und Profilstahl, Stahl-Grob- und Feinbleche, Qualitäts- und Edelstahl, Rohre aus Gußeisen und Stahl, Gasflaschen aus Stahl, warm- und kaltgewalzte Streifen, Stahldraht verschiedener Qualität und für zahlreiche Zwecke, Stahldrahtseile, Materialien für den Eisenbahntransport, Ketten, Elektroden, Bolzen, Nägel, Schrauben, Muttern, Nieten und diverse Eisen- und Stahlwaren.

Economy
Wirtschaft 5.5.7

RAZNOEXPORT
Moskva 107140, Verchne-Krasnosel'skaja ul. 15
Tel.: 264-56-56, Telex: 7163, 7161, 7162

Exports and imports portland cement, window, mirror, wire and ornamental glass, marble and granite, plaster, mica, perlite, products of cement asbestos, roofing felt, radiators, wall and floor tiles, products for sanitary-technical plants; refrigerators, washing machines, vacuum cleaners, floor polishers, flat irons, fans, and other electrical household appliances; electric and mechanic razors, razor blades and other accessories for hairdresser's shops; pen and sporting knives; electric lamps; insulators for high and low frequency, electric insulating materials ; household sewing machines, kerosene gas stoves, wind lanterns, tea-urns, kitchen equipment, hunting and sporting guns and ammunition, sporting and household accessories; porcelain, aluminum, enameled and zinced objects, glass ware, crystal products, tableware of stainless steel, musical instruments, office supplies and stationery, slide rules, drawing instruments, illustrative material for instruction purposes, pencils and fountain-pens; toys; sewn and knitted goods, embroideries and decorative woven goods; store and laundry equipment; fire-extinguishers and fire brigade equipment; gas cookers and gas-kitcheners; drafting machines; fiberglass laminated articles, various plastic foils and plastic articles; leather haberdashery and other ready-made leather goods, leather and rubber footwear; oriental types of leaf tobacco; matches and match sticks, cigarettes. -

Aus- und Einfuhr: Portlandzement, Fenster-, Spiegel-, Draht- und Ornamentglas, Marmor und Granit, Gips, Glimmer, Perlit, Zementasbesterzeugnisse, Dachpappe, Heizkörper, Wand- und Bodenfliesen, Erzeugnisse für sanitärtechnische Anlagen; Kühlschränke, Waschmaschinen, Staubsauger, Bohnermaschinen, Bügeleisen, Ventilatoren und andere elektrische Haushaltsgeräte; elektrische und mechanische Rasierapparate, Rasierklingen und anderes Zubehör für Frisiersalons; Feder- und Jagdmesser; elektrische Lampen; Isolatoren für Hoch- und Niederspannung, elektrische Installationsmaterialien und Isolierstoffe; Haushaltsnähmaschinen, Petroleumgaskocher, Windlaternen, Teemaschinen, Kücheneinrichtungen, Jagd- und Sportwaffen nebst Munition, Sport-und Haushaltswaren; Porzellan-, Aluminium-, emailliertes und verzinktes Geschirr, Glasgeschirr, Kristallerzeugnisse, Eßbestecke aus nichtrostendem Stahl, Musikinstrumente, Büro- und Schreibwaren, Rechenschieber, Reißzeuge, Anschauungsmaterial für Unterrichtszwecke, Bleistifte und Füllfederhalter; Spielzeug; Nähwaren und Trikotagen, Stickereien und Erzeugnisse der dekorativen Weberei; Geschäftseinrichtungen und Wäschereiausrüstungen; Feuerlöscher und Feuerwehrausrüstungen; Gaskocher und Gasherde; Zeichenmaschinen; Erzeugnisse aus Glasfaserstoffen, verschiedene Plastfolien und Erzeugnisse aus Plasten; Galanteriewaren aus Leder und andere Lederwaren, Leder- und Gummischuhwerk; orientalische Sorten von Blättertabak, Streichhölzer, Zündholzschachteln, Zigaretten.

RAZNOIMPORT
Moskva 121200, Smolenskaja-Sennaja pl. 32/34
Tel.: 244-34-72, 244-37-61, Telex: 7153, 7154

Imports and exports non-ferrous metals and alloys, foils and powders, cable articles, cable fittings and wires, non-ferrous rolled stock, natural and synthetic rubber, tires for lorries and passenger cars, buses, motorcycles, bicycles, tractors and farm machines, technical rubber goods, floor coatings -

Ein- und Ausfuhr: Buntmetalle und deren Legierungen, Metallfolien und -pulver, Kabel, Kabelarmaturen , Buntmetallwalzgut, Natur- und Synthesekautschuk, Reifen für Personen- und Lastkraftwagen, Omnibusse, Kraft- und Fahrräder, Traktoren und Landmaschinen, technische Gummierzeugnisse und Bodenbeläge.

377

5.5.7 Economy / Wirtschaft

SELCHOZPROMEXPORT
Moskva 113324, Ovčinnikovskaja Nab. 18/1
Tel.: 220-16-92, Telex: 7533
> Renders technical assistance in the construction of hydro-engineering and irrigation projects, grain elevators, grain storages, flour mills, fodder factories, machine rental and pump stations, livestock farms, repair shops, research centers for dry and irrigated farming, as well as mechanized farms for growing cotton, grain and oil-bearing crops. Carries out various prospecting and research jobs, ground levelling and preliminary work for the building of agricultural enterprises and other projects. Supervises building and assembly work, renders technical assistance in assembly and starting up of equipment delivered. Trains national personnel in the client's country and in the USSR for the above mentioned enterprises –
>
> Erteilt technische Hilfe beim Bau von Bewässerungsanlagen, Getreideelevatoren, Getreidespeichern, Mühlen, Futtermittelfabriken, Maschinenverleih- und Pumpstationen, Viehzuchtfarmen, Reparaturwerkstätten, Versuchsbetrieben für trockene und bewässerte Landwirtschaft sowie von maschinellen Baumwoll-, Getreide- und technischen Kulturen (Ölpflanzen). Führt verschiedene Untersuchungs- und Forschungsarbeiten, Bodennivellierungen und Vorkehrungen für den Bau von landwirtschaftlichen Betrieben und anderen Projekten durch. Überwacht den Bau und die Inbetriebnahme, erteilt technische Hilfe bei der Errichtung und Inbetriebnahme der gelieferten Ausrüstungen. Schult inländisches Personal im Kundenland und in der UdSSR für die oben erwähnten Unternehmungen.

SKOTOIMPORT
Moskva 103062, ul. Makarenko 6
Tel.: 297-22-32
> Imports slaughter meat cattle, sheep, goats, pigs, horses for slaughter as well as meat of poultry and game –
> Einfuhr von Schlachtvieh wie Rinder, Schafe, Ziegen, Schweine, Fleischpferde sowie Fleisch von Geflügel und Wildbret.

SOJUZATTRAKCION
Moskva 119034, ul. Ryleeva 25
Tel.: 241-59-98
> Advises amusement park enterprises (equipment and facilities) –
> Berät Schaustellergeschäfte, zuständig für Vergnügungseinrichtungen in Vergnügungsparks.

SOJUZCHIMEXPORT
Moskva 121200, Smolenskaja-Sennaja pl. 32/34
Tel.: 244-22-84, Telex: 7295, 7296
> Exports and imports products of basic chemistry, gases and elements, soda products, inorganic acids and salts, products of organic synthesis, alcohols and solvents, organic acids, products for the chemical processing of coke and wood, synthetic resins and plastics, crop dusting, synthetic dyes and other auxiliary products for the textile industry, synthetic industrial detergents, chemicals for the rubber industry, lacquers and paints, inorganic pigments, chemical reagents and pure preparation, film and photographic materials, photographic chemicals, chemicals for color film production, volatile oil, synthetic aromatic substances, perfumes, soap, household chemical goods, glycol, silicon fluids and dopes for oil products –
>
> Aus- und Einfuhr: Erzeugnisse der chemischen Grundstoffindustrie, Gase und Grundstoffe, Sodaprodukte, anorganische Säuren und deren Salze, Erzeugnisse der organischen Synthese, Alkohole und Lösungsmittel, organische Säu-

ren, Produkte der chemischen Bearbeitung von Koks und Holz, synthetische
Harze und Plaste, Schädlingsbekämpfungsmittel, synthetische Farbstoffe und
andere Hilfsstoffe für die Textilindustrie, synthetische Waschmittel für den
Industriebedarf, Chemikalien für die Gummiindustrie, Lackfarbstoffe, anorga-
nische Pigmente, chemische Reagenzen und Reinpräparate, Film- und Fotoartikel,
Fotochemikalien, Chemikalien für die Farbfilmproduktion, ätherische Öle und
synthetische Duftstoffe, Parfüms, Seife, Gegenstände der Haushaltschemie,
Glykole, Silikonöle und Zusätze für Erdölprodukte.

SOJUZGAZEXPORT
Moskva 117071, Seninskij Prospekt 20
Tel.: 234-39-50, 234-39-51, Telex: 7146, 7149
 Exports and imports specifically pipe line and liquefied natural gases -
 Aus- und Einfuhr von Leitungs- und flüssigem Erdgas.

SOJUZMEDTECHNIKA
Moskva 129090, Vtoroj Troickij Pereulok 6 a
Tel.: 281-98-41
 In charge of export and import, assembly and repair of medical equipment -
 Zuständig für die Aus- und Einfuhr, Montage und Reparatur medizinischer
 Einrichtungen.

SOJUZNEFTEEXPORT
Moskva 121200, Smolenskaja-Sennaja pl. 32/34
Tel.: 244-40-49, 244-40-48, Telex: 7148, 7149
 Exports crude oil, liquefied and natural gases, straight-run, automobile and
 aircraft fuel, kerosene, Diesel oils, masouts, lubricating oils,
 paraffin wax, benzene, toluene, ozokerite, petroleum coke, as well as imports
 various petroleum products -
 Ausfuhr: Roherdöl, Flüssig- und Naturgase, Destillatbenzin, Auto- und Flug-
 zeugbenzin, Leuchtpetroleum, Dieselbrennstoffe, Masut, Schmieröle, Paraffin-
 wachs, Benzol, Toluol, Erdwachs, Erdölkoks. Einfuhr: verschiedene Erdöl-
 produkte.

SOJUZPLODOIMPORT
Moskva 121200, Smolenskaja-Sennaja pl. 32/34
Tel.: 244-36-36, Telex: 7262
 Imports and exports fresh, dried and quick-frozen fruits, berries and vege-
 tables, canned fruits and vegetables, nuts, fruit and berry pulp and juices,
 wine additives, wines and liquors, brandies, mineral waters, various flavour-
 ings and spices, starches, confectionery goods, concentrated foods, baby foods
 and other foodstuffs. -

 Aus- und Einfuhr: Frisch-, Dörr- und Gefrierobst, Beeren und Gemüse, Obst-
 und Gemüsekonserven, Nüsse, Pulpe und Säfte von Früchten und Beeren, Zutaten
 zur Herstellung von Wein, Weine und Liköre, Weinbrand, Mineralwasser, ver-
 schiedene Gewürze und Würmittel, Stärke, Konditoreierzeugnisse, Speisekonzen-
 trate, Kindernährmittel und andere Nahrungsmittel.

SOJUZPROMEXPORT
Moskva 121200, Smolenskaja-Sennaja pl. 32/34
Tel.: 244-19-79, Telex: 7268
 Exports and imports coal, coke, anthracite, coal pitch; manganese, chrome
 and iron ores, peroxide; asbestos and products thereof; mineral fertilizers;
 graphite, magnesite and magnesite clinker, refractories, crucibles and
 graphite retorts for metal smelting; electric carbons, sodium sulphate, sul-
 phur pyrite; welding flux; sulphur; pyrite cinders, talcum, barite; precious
 metals and raw materials -

 Aus- und Einfuhr: Kohle, Koks, Anthrazit, Steinkohlenteerpech; Mangan-, Chrom-
 und Eisenerz, Braunstein; Asbest und Erzeugnisse davon; Mineraldünger; Graphit;
 Magnesit und Magnesitklinker, Schamotte und andere feuerfeste Materalien,

5.5.7 Economy / Wirtschaft

Elektrokohle, Natriumsulfat, Schwefelkies, Schweißpulver und -paste, Schwefel, Pyritabbrand, Talkum, Baryt, Edelmetalle und Rohstoffe.

SOJUZPUŠINA
Moskva 103012, ul. Kuibyševa 6
Tel.: 294-08-45, 223-09-23, Telex: 7150

Exports and imports mink, Persian lamb (karakul), sable and other furs, altogether more than 100 various kinds, raw skins, natural and artificial leather, bristles, animal hair, brushes and other products, wigs, slaughter cattle intestines and artificial skins for the sausage production, down and feathers, casein, glue and other goods of animal origin. Holds three fur actions a year in Leningrad, takes part in the Leipzig and London auctions, sells goods from warehouses in Moscow, Leningrad, London, Paris, and Stockholm, concludes long-term contracts for delivery of furs to foreign firms -

Aus- und Einfuhr: Nerz, Persianer (Karakul), Zobel und andere Rauchwaren, insgesamt über 100 verschiedene Sorten, Rohhäute, Natur- und künstliches Leder, Borsten, Tierhaare, Bürsten und andere Erzeugnisse, Perücken, Schlachttierdärme und künstliche Häute zur Verwendung in der Wurstfabrikation, Flaum und Federn, Kasein, Leim und andere Waren animalischen Ursprungs. Veranstaltet alljährlich drei Rauchwarenauktionen in Leningrad, beteiligt sich an den Auktionen in Leipzig und London, verkauft Waren aus ihren Lagern in Moskau, Leningrad, London, Paris und Stockholm und schließt mit ausländischen Firmen langfristige Abschlüsse über die Lieferung von Rauchwaren ab.

SOJUZVNESSTROJIMPORT
Moskva 121200, Smolenskaja-Sennaja pl. 2
Tel.: 241-49-27, Telex: 7261

Responsible for turn-key projects for which foreign companies will provide labor and equipment, such as hotel and gas pipeline construction -

Zuständig für Schlüsselprojekte, an denen sich ausländische Gesellschaften mit Arbeit und Ausrüstungen beteiligen, beispielsweise Hotels und Gasfernleitungsbau.

SOJUZVNESTRANS
Moskva 121200, Smolenskaja-Sennaja pl. 32/34
Tel.: 244-39-51, Telex: 7266, 7291

Renders transportation and expedition services for the foreign trade organizations of the USSR, fulfils orders for the transportation of export and import goods by sea, river, railway, highway and air; executes commissions in transportation and expedition of domestic, diplomatic and other goods for foreign companies, effects payments of expenditures for transportation, storage, transfer and expedition of these goods on the territory of the USSR at the expense of these companies. Undertakes shipment of transit goods through USSR territory from and to European and eastern (Asian) countries by all means of transportation; transit goods can be transported through Soviet territory to the frontiers, major inland cities as well as ports of destination at shippers' request -

Leistet Transport- und Speditionsdienste für die Außenhandelsorganisationen der UdSSR, erfüllt Aufträge zum Transport von Export- und Importgütern auf dem Seeweg, auf Binnenwasserstraßen, mit Eisenbahn, Kraftwagen und Flugzeugen; führt Transport- und Speditionsaufträge ausländischer Firmen von Nichtaußenhandelsgütern, diplomatischen und anderen Gütern durch, leistet für Rechnung dieser Gesellschaften Zahlungen für Kosten beim Transport, bei der Lagerung, beim Umladen und bei der Spedition dieser Güter auf dem Territorium der UdSSR. Übernimmt die Verschiffung von Transitgütern durch das Territorium der UdSSR aus europäischen in Ostländer und zurück mit allen Arten von Transportmitteln. Auf Wunsch des Verladers werden Transitgüter durch sowjetisches Territorium zu den Grenzen, inländischen Zentren und Bestimmungshäfen befördert.

Economy
Wirtschaft 5.5.7

SOVFRACHT
Moskva 121200, Smolenskaja-Sennaja pl. 32/34
Tel.: 244-24-11, Telex: 7168,7169,7170,7171,7172,7217,7541,7542
Carries out broker services involving chartering Soviet ships for the conveyance of goods of foreign charterers and charters foreign tonnage for the conveyance of cargoes of Soviet foreign trade organizations. Provides broker services in chartering foreign tonnage for the conveyance of cargoes of foreign charterers. Uses chartered foreign tonnage on time-charter terms. Books liner tonnage belonging to Soviet and foreign liner services in all directions. Delivers cargoes on direct Bills of Lading to any port of the world -

Frachtmakler, stellt unter anderem sowjetischen Schiffsraum zur Beförderung von Gütern ausländischer Befrachter bereit, frachtet ebenfalls ausländischen Schiffsraum zur Beförderung von Gütern sowjetischer Außenhandelsorganisationen. Frachtmakler für ausländischen Schiffsraum zur Beförderung von Gütern ausländischer Befrachter. Chartert ausländischen Schiffsraum zu den Bedingungen der Zeitcharter. Bucht Tonnage auf Linienschiffen in alle Richtungen, die sowjetischen und ausländischen Liniendiensten gehören. Spediert Güter auf direkten Seefrachtbriefen in jeden Hafen der Welt.

SOVEXPORTFILM
Moskva 103009, Kalašnyj Per. 14
Tel.: 290-50-09, Telex: 7143
Exports color and black-and-white full-length and short-reel films produced by all the studios of the Soviet Union on standard 35-mm film (ordinary and wide-screen versions), 70-mm (wide gauge) and 16-mm films. Documentaries and popular science films as well as newsreels can be supplied in their original language to be dubbed abroad or with a running commentary dubbed into any foreign language in the USSR. Imports full-length feature films and short-reels to be shown in the Soviet Union -

Ausfuhr: Farb- und Schwarzweißfilme, abendfüllende und Kurzfilme sämtlicher Filmstudios der Sowjetunion auf 35-mm-Normalfilm (mit Ausführungen für Normal- und Breitwand), 70-mm (Breitwand) und 16-mm-Filme. Dokumentar- und populärwissenschaftliche Filme sowie Wochenschauen können in ihrer Originalsprache zum Synchronisieren im Ausland oder mit einem in der UdSSR in eine ausländische Sprache synchronisierten Kommentar geliefert werden. Einfuhr: abendfüllende Spielfilme und Kurzfilme für den Filmverleih in der Sowjetunion.

SOVINFILM
Moskva 121069, ul. Vorovskogo 33
Tel.: 290-45-35, Telex: 7114
Coordinates commercial contacts of Soviet film studios with film organizations and motion picture firms in foreign countries in rendering and employing production and art services and in making joint film productions -

Koordinierung von kommerziellen Verbindungen sowjetischer Filmstudios mit ausländischen Filmgesellschaften und -organisationen, Erweisung filmtechnischer und schöpferischer Dienste sowie der Koproduktion von Filmen.

SOVINFLOT
Moskva 103012, ul. Ždanova 1/4
Tel.: 296-50-32, 296-53-76, Telex: 7217 (answer back-Rückantwort: "Sovfracht 2")
The main purpose of "Sovinflot" is to improve the services extended to Soviet ships that call at foreign ports, and also to raise the quality of services provided to foreign vessels in the ports of the Soviet Union. "Sovinflot", as the general agent of Soviet steamship companies, ensures proper negotiating, stevedoring and other services to Soviet ships in foreign ports, including their provision with bunkers and lubricants. It also sees to the legal interests of steamship companies abroad and handles individual

5.5.7 Economy / Wirtschaft

cases in courts of arbitration and law on their behalf. In Soviet ports it controls the activities of "Inflot" maritime agencies, which render assistance to captains and owners of foreign ships in going through port formalities, repairing ships, providing them with bunkers, supplies and food products -

Hauptaufgabe von "Sovinflot" ist die Verbesserung der Versorgung sowjetischer Schiffe, die in ausländischen Häfen anlegen, sowie eine qualitativ verbesserte Versorgung ausländischer Schiffe in sowjetischen Häfen. "Sovinflot" - als solche Generalagent der sowjetischen Schiffahrtsgesellschaften - garantiert die ordnungsmäßige Vermittlung, Stauerei und andere Leistungen für sowjetische Schiffe in ausländischen Häfen, einschließlich deren Versorgung mit Bunker und Schmierstoffen. Vertritt die Rechtsansprüche von Reedereien im Ausland und deren Interessen in Arbitrage- und Gerichtsstreitigkeiten. Kontrolliert in sowjetischen Häfen die Tätigkeit der "Inflot"-Schiffahrtsagenturen, die Schiffskapitänen und Eigentümern ausländischer Schiffe bei der Abwicklung von Hafenformalitäten, Schiffsreparaturen, Versorgung mit Bunker, Vorräten und Nahrungsmitteln behilflich sind.

SOVTRANSAVTO
Moskva 103012, Staropanskij Per. 1/5
Tel.: 221-36-53, Telex: 7251

International transport of goods and persons by motor vehicle, undertakes shipment for Soviet and foreign customers of foreign trade goods, diplomatic and personal baggage by truck to and from the Soviet Union and to European countries by transit through the Soviet Union -

Transport von Gütern und Personen im internationalen Kraftwagenverkehr, befördert für sowjetische und ausländische Auftraggeber Außenhandelsgüter, diplomatisches und persönliches Gepäck mit Lkw von und nach der Sowjetunion und nach europäischen Ländern im Transit durch die Sowjetunion.

STANKOIMPORT
Moskva 121200, Smolenskaja-Sennaja pl. 32/34
Tel.: 244-21-32, Telex: 7227, 7228

Exports and imports a wide range of metal-cutting machine-tools, wood-working machine-tools (export), forging and pressing equipment, measuring units and instruments, hand-operated electric and pneumatic tools, metal- and wood-cutting tools, mechanical tools, chucks, machine-tool accessories, hard-alloy products, abrasive products, ball and roller bearings -

Aus- und Einfuhr: ein weiter Bereich von spanabhebenden Werkzeugmaschinen, Werkzeugmaschinen für die Holzverarbeitung (Export), Ausrüstungen für Schmieden und Pressereien, Meßgeräte und Instrumente, elektrische und pneumatische Handwerkzeuge, Schneidewerkzeuge für die Metall- und Holzbearbeitung, mechanische Werkzeuge, Spannfutter, Zubehör für Werkzeugmaschinen, Erzeugnisse aus Hartlegierungen, Schleifmittel, Kugel- und Rollenlager.

SUDOIMPORT
Moskva 103006, Kaljaevskaja ul. 5
Tel.: 251-05-05, Telex: 7587, 7272

Exports hydrofoil ships, tugs, buckets, suction dredgers, motor boats; ship equipment - pumps, compressors, deck machinery, electrical and navigational equipment. Imports sea-going, river vessels, fishing and auxiliary craft, undertakes repairs of ships abroad -

Ausfuhr: Wasserfaltboote, Schlepper, Becher, Saugbagger, Motorboote; Schiffsausrüstungen: Pumpen, Kompressoren, Deckmaschinen, elektrische und Navigationsausrüstungen. Einfuhr: Hochsee- und Flußschiffe, Fischerei- und Hilfsschiffe; übernimmt Schiffsreparaturen im Ausland.

Economy 5.5.7
Wirtschaft

TECHMASEXPORT
   Moskva 117330, Mosfilmovskaja ul. 35
   Tel.: 147-15-62, Telex: 7568
      Exports modern textile, polygraphic, glass, paper-and-pulp, chemical, pump
      and compressor, oxygen and refrigeration equipment, industrial fittings and
      also technological equipment for the electronic and light engineering in-
      dustries -

      Ausfuhr: Ausrüstungen für die Textil-, polygraphische, Glas-, Papier- und
      Zellulose-, chemische, Pumpen- und Kompressoren-, Sauerstoff- und Kühl-
      industrie, Industriearmaturen sowie technologische Ausrüstungen für die
      elektronische und beleuchtungstechnische Industrie.

TECHMASIMPORT
   Moskva 121200, Smolenskaja-Sennaja pl. 32/34
   Tel.: 244-15-09, 244-11-41, Telex: 7194
      Imports equipment and machines for the chemical and oil-refining industry,
      for the production of basic chemical products, for organic synthesis, for the
      manufacture of chemical fibres and plastics, synthetic rubbers, rubber and
      rubber goods, dyestuffs, lacquers and paints, plant protective agents as well
      as equipment for the manufacture of plastic goods, refrigerating equipment
      and laundries and cleaners -

      Einfuhr: Ausrüstungen und Maschinen für die chemische Industrie und Petrol-
      chemie, zur Herstellung von Erzeugnissen der Grundstoffchemie und organischen
      Synthese, Chemiefasern und Plaste, Synthesekautschuk, Gummi und Gummierzeug-
      nissen, Farbstoffpigmenten, Lacken und Farben, Pflanzenschutzmitteln sowie
      Ausrüstungen für die Herstellung von Kunststofferzeugnissen, Ausrüstungen von
      Kühlanlagen sowie für chemische Reinigungsanstalten und industrielle Wäsche-
      reien.

TECHNOEXPORT
   Moskva 113324, Ovčinnikovskaja Nab. 18/1
   Tel.: 220-14-48, 220-16-70
      Renders technical assistance in geological studies of regions and also
      integrated prospecting for all types of raw materials, the development of
      explored oil deposits, in the construction of subways, highways, and rail-
      ways, bridges, tunnels, trestles, sea and river ports, apartment and ad-
      ministrative buildings, hotels, house building enterprises, building material
      factories, higher and secondary educational establishments, hospitals, poly-
      clinics, stadiums and sports installations, textile and garment factories.
      Sends physicians and teachers to work at the Client's medical and educational
      establishments, sports instructors to work as coaches and recommends culture
      and art experts -

      Technische Hilfe bei geologischen Studien von Regionen sowie bei der inte-
      grierten Schürfung nach allen Arten von Rohstoffen, beim Ausbau bereits er-
      schlossener Ölvorkommen, beim Bau von U-Bahnen, Autobahnen und Eisenbahnen,
      Brücken, Tunnels, See- und Binnenhäfen, Wohn- und Geschäftshäusern, Hotels,
      Hausbauunternehmen, Baustoffbetrieben, Hoch- und Mittelschulen, Kranken-
      häusern, Polikliniken, Stadien und Sporteinrichtungen, Textil- und Konfek-
      tionsfabriken. Entsendung von Ärzten und Lehrern zu Arbeiten in medizinischen
      und Bildungsstätten, Sportlehrern zur Arbeit als Trainer sowie Kultur- und
      Kunstexperten.

TECHNOPROMEXPORT
   Moskva 113324, Ovčinnikovskaja Nab. 18/1
   Tel.: 220-15-23, 220-14-26, Telex: 7158
      Renders technical assistance in the construction of thermal, atomic and
      hydro-power stations, transformer substations, electric power transmission
      lines, atomic power and other units for research and training purposes.
      Undertakes designing and surveying jobs, assembling, adjusting and
      building jobs -

5.5.7 Economy / Wirtschaft

Technische Unterstützung beim Bau von Wärme-, Atom- und Wasserkraftwerken, Umspannwerken, elektrischen Hochspannungsfernleitungen, Atomkraft- und sonstigen Einheiten für Forschungs- und Schulungszwecke. Projektierungs- und Erkundungsarbeiten, Montage- und Bauarbeiten sowie Inbetriebnahme von Anlagen.

TECHNOPROMIMPORT
Moskva 121200, Smolenskaja Sennaja pl. 32/34
Tel.: 244-27-87, 244-33-52, Telex: 7233

Imports equipment for the light, polygraphic, cable-making, glass, meat and dairy, confectionery, tobacco and winemaking industries, equipment for mills and elevators, packaging machines for the indicated industries as well as for medicines and vitamins, equipment for the electronic and light engineering and building materials industries, and for the production of ferments -

Einfuhr: Ausrüstungen für die polygraphische, Leicht-, Kabel-, Glas-, Fleisch- und Milchverarbeitungs-, Süßwaren-, Tabak- und Weinindustrie, Ausrüstungen für Mühlen und Getreideelevatoren, Verpackungsmaschinen für die erwähnten Industriezweige sowie für medizinische Präparate und Vitamine, Ausrüstungen für Elektronik und Lichttechnik, für die Baumaterialienindustrie sowie für die Produktion von Fermentpräparaten.

TECHSNABEXPORT
Moskva 121200, Smolenskaja-Sennaja pl. 32/34
Tel.: 244-32-85, Telex: 7628

Exports and imports rare and rare-earth metals and their alloys, isotopes, ionizing-radiation sources, deuterium and tritium targets, medical and flaw-detecting betatrons, elementary-particle accelerators, radio-isotope and dosimetric instruments, mass-spectrometers, medical radiological equipment, scientific and industrial X-ray equipment, biological shields and personal protective facilities for work with radioactive materials -

Aus- und Einfuhr: Seltene Metalle und Erdmetalle sowie deren Verbindungen, Isotopen, Strahlungsquellen, Deuterium- und Tritium-Antikathoden, Betatrone für medizinische Zwecke und Defektoskopie, Teilchenbeschleunigeranlagen, Radioisotopen- und dosimetrische Geräte, Massenspektrometer, radiologische medizinische Ausrüstungen, Röntgenausrüstungen für wissenschaftliche und industrielle Zwecke, Strahlenschutz- und Abschirmungsmittel für Einzelpersonen bei der Arbeit mit radioaktiven Stoffen.

TJAŻPROMEXPORT
Moskva 113324, Ovčinnikovskaja Nab. 18/1
Tel.: 220-16-10, 220-15-89, Telex: 7531

Renders technical assistance in the construction of complete industrial enterprises and buildings for the ferrous metallurgy and mining industries. Conducts surveying and research work, designs enterprises and buildings, exports and imports complete equipment, supervises building and erection work and mounting of equipment, renders technical assistance in starting up enterprises and in bringing them up to the projected capacity, carries out technical training of national personnel in the Client's country and in the enterprises of the USSR -

Technische Unterstützung beim Bau kompletter Industriebetriebe und Anlagen der Eisenhüttenmetallurgie und des Bergbaus. Überwachungs- und Forschungsarbeiten, Entwurf von Betrieben und Gebäuden, Aus- und Einfuhr kompletter Ausrüstungen, Überwachung von Bau- und Montagearbeiten, technische Unterstützung bei der Inbetriebnahme von Betrieben und beim Erreichen der veranschlagten Leistung, Ausbildung von einheimischem Personal im Kundenland und in den Betrieben der UdSSR.

Economy
Wirtschaft 5.5.7

TRAKTOREXPORT
   Moskva 103031, Kuzneckij most 21/5
   Tel.: 244-32-37, Telex: 7273
      Exports and imports tractors, farm and roadbuilding machines, special equipment, appliances and instruments for repairs and technical servicing of the indicated machines; renders technical assistance to its clients in the technical servicing of machines imported from the USSR and in training personnel -

      Aus- und Einfuhr: Traktoren, Land- und Straßenbaumaschinen, Spezialausrüstungen, Vorrichtungen und Geräte zur Reparatur und Wartung der angegebenen Maschinen; technische Unterstützung der Kunden bei der Wartung der aus der UdSSR importierten Maschinen und bei der Ausbildung des Personals.

CVETMETPROMEXPORT
   Moskva 113324, Ovčinnikovskaja Nab. 18/1
   Tel.: 220-18-61, Telex: 7158
      Renders technical assistance in surveying, designing, construction and erection projects, supplies equipment, sets up and puts enterprises into operation, and also trains clients' personnel both in their countries and in the USSR in the following industries: non-ferrous metallurgy - construction of pits, quarries, refining plants, metallurgical plants (for production of lead, copper, zink, aluminum and other non-ferrous metals), ferrous metals (aluminum, lead, etc.), treating plants, semiconductor materials (silicon, germanium, (etc.)production plants; coal industry - construction of coal pits, mines, refining plants; gas industry - laying of trunk gas pipelines, construction of gas-transfer stations, gas turbine installations, natural gasoline plants, laying of trunk oil pipelines, construction of oil transfer stations, and oil reservoirs -

      Technische Unterstützung bei Überwachungs-, Entwurfs-, Bau- und Montagearbeiten, Lieferung von Ausrüstungen, Erstellung und Inbetriebnahme von Betrieben, Schulung von Kundenpersonal sowohl in den entsprechenden Ländern als auch in der Sowjetunion in folgenden Industriezweigen: NE Metallurgie - Bau von Schächten, Steinbrüchen, Raffinerieanlagen, Eisenhüttenanlagen (zur Herstellung von Blei, Kupfer, Zink, Aluminium und anderer Buntmetalle), Eisenerze (Aluminium, Blei usw.)-Bearbeitungsbetriebe, Halbleitermaterialien (Silikon, Germanium usw.)-Herstellungsbetriebe; Kohleindustrie: Bau von Kohleschächten, Minen und Raffinerieanlagen; Gasindustrie: Verlegung von Gasfernleitungen, Bau von Gasübertragungsstationen, Gasturbinenanlagen, Erdgasanlagen, Verlegung von Ölfernleitungen, Bau von Ölübertragungsstationen und Ölreservoirs.

VNEŠPOSYLTORG
   Moskva 121200, Smolenskaja-Sennaja pl. 32/34
   Tel.: 241-89-39, 243-47-92, Telex: 7250
      Exports and sells for freely convertible currency manufactured goods and foodstuffs in small wholesale lots offering: passenger cars, motorcycles, electric utensils for household and daily use, TV sets, radio sets, motion-picture cameras for amateurs, binoculars, watches, cottage pianos, fur clothing, handicraft products of the USSR peoples as well as various goods (fabrics, perfumery etc.) and foodstuffs. Exports of manufactured goods and foodstuffs to Soviet citizens working abroad and to foreigners, to Soviet citizens having received foreign currency by bank transfer as inheritance, royalties or for other reasons, as well as to various foreign and national institutions (embassies, legations, foreign firms, shops, restaurants etc.). "Vnešposyltorg" offers the indicated goods to the diplomatic staff of embassies, legations and agencies of international organizations as well as the resident agents of foreign firms in special commercial houses of the USSR trade network for payment by cheques of the Bank for Foreign Trade of the USSR ("D" series) -

5.5.7 Economy / Wirtschaft

Ausfuhr und Verkauf von Industrieerzeugnissen und Lebensmitteln in kleineren Großhandelsposten gegen Devisen. Die Vereinigung offeriert: Personenkraftwagen, Motorräder, Elektrogeräte für den Haushalt und den täglichen Gebrauch, Fernsehgeräte, Rundfunkempfänger, Kinokameras für Amateure, Ferngläser, Uhren, Pianinos, Pelzkonfektion, Erzeugnisse des Kunsthandwerks der Völker der UdSSR sowie die verschiedensten Gebrauchsartikel (Stoffe, Parfümerie usw.) und Lebensmittel. Export von Industrieerzeugnissen und Lebensmitteln an Sowjetbürger, die im Ausland tätig sind und an Ausländer, an Sowjetbürger, die ausländische Devisen durch eine Banküberweisung als Erbschaft, Honorar oder aus anderen Ursachen erhalten haben sowie auch verschiedenen Institutionen im Ausland und in der UdSSR (Botschaften, Gesandtschaften, ausländische Firmen, Geschäfte, Restaurants usw.). "Vnešposyltorg offeriert die genannten Waren dem Diplomatischen Personal der Botschaften, Gesandtschaften und Vertretungen internationaler Organisationen sowie den ständigen Vertretungen ausländischer Firmen in den speziellen Handelshäusern des Handelsnetzes der UdSSR gegen Bezahlung mit Schecks der Serie "D" der Außenhandelsbank der UdSSR.

VNEŠTECHNIKA
Moskva 119034, Starokonjušennyj Per.6 and/und ul. Gorkogo 11
Tel.: 229-16-20

"Vneštechnika for scientific and technical exchange with foreign countries, renders assistance to Soviet and foreign research, designing and technological organizations, industrial plants and firms in handling commercial, transportation and legal problems involving in implementing scientific and technical collaboration in joint and contractual research, designing and technological work, in filling orders from Soviet and foreign organizations and firms for drawing up and delivery of blueprints and scientific equipment, as well as experimental samples of products and materials, in carrying out scientific and technical research, consultations, testing of equipment and materials, in implementing other types of scientific and technical exchange in individual fields -

Zuständig für den wissenschaftlich-technischen Austausch mit ausländischen Staaten, Unterstützung sowjetischer und ausländischer Forschungs-, Projektierungs- und Entwicklungsorganisationen, Industriebetriebe und Firmen bei der Lösung von Handels-, Transport- und Rechtsfragen, die mit der Abwicklung gemeinsamer und vertraglicher Forschungs-, Planungs- und Entwicklungsvorhaben verbunden sind, bei der Erfüllung von Aufträgen sowjetischer und ausländischer Organisationen und Firmen für die Ausarbeitung und Lieferung von Entwürfen und wissenschaftlichen Ausrüstungen sowie von Versuchsproben für Erzeugnisse und Materialien, bei der Durchführung wissenschaftlich-technischer Untersuchungen und andere Arten von wissenschaftlich-technischem Austausch in verschiedenen Bereichen.

VNEŠTORGIZDAT
Moskva 125807, Oružejnyj Per. 25 a
Tel.: 250-51-62, Telex: 7238

Publishes in Russian and foreign languages foreign trade advertising matter, catalogues, prospectuses, posters, booklets, leaflets, etc. as well as technical documents on Soviet exports. Accepts from foreign organizations and companies orders for publishing in Russian (including translations from foreign languages) technical documents, advertising matter and other material on goods intended for export and for display at international exhibitions organized in the USSR. Places orders for Soviet organizations with foreign firms for printing books and advertising matter in Russian and foreign languages -

Verlagsunternehmen, das Außenhandelswerbeliteratur, Kataloge, Prospekte, Plakate, Broschüren, Flugblätter usw. sowie technische Schriftstücke über sowjetische Exportgüter in russischer Sprache und in Fremdsprachen verlegt. Übernimmt von ausländischen Organisationen und Gesellschaften Aufträge zur Herausgabe von technischen Schriftstücken, Werbeliteratur und anderen Papieren in russischer Sprache (einschl. Übersetzung aus Fremdsprachen) für Waren, die zum Export und für in der UdSSR durchgeführte internationale Ausstellungen bestimmt sind. Läßt Bücher und Werbeschriften in russischer Sprache und in Fremdsprachen, die von sowjetischen Organisationen bestellt werden, im Ausland drucken.

VNESTORGREKLAMA
Moskva 113461, ul. Kachovka 31, Korp. 2
Tel.: 121-04-34, Telex: 7265
Carries out all kinds of commercial advertising for Soviet export goods abroad, including advertising in press, cinema, radio and TV, also handles matters connected with public relations; fills orders by foreign firms for all accepted types of commercial advertising within the USSR -

Vergabe von Werbeaufträgen ins Ausland für sowjetische Exportwaren einschl. Werbung in der Presse, im Kino, im Radio und Fernsehen, sowie Durchführung von Öffentlichkeitsarbeit; Übernahme von Werbeaufträgen ausländischer Firmen für alle zugelassenen Arten von Werbung innerhalb der UdSSR.

VOSTOKINTORG
Moskva 121200, Smolenskaja-Sennaja pl. 32/34
Tel.: 244-20-34, Telex: 7123
Handles operations involving export and import trade with the Mongolian People's Republic, Afghanistan, Iran, Turkey, the Arab Republic of Yemen and the People's Democratic Republic of Yemen. Exports rolled stock of ferrous and non-ferrous metals, building materials, cement, window glass, textile goods, clothing, leather and rubber footwear, sugar, tea, flour, fats and oils, tinned products and other foodstuffs, cigarettes, matches, porcelain, faience, glass and enamelled crockery, sewing machines, electric household appliances, sports and hunting gear, perfumery and haberdashery, musical instruments, sanitary-technical and other goods. Imports wool, cotton, skins and hides, fur pelts, coffee, fresh and dried fruit, citrus fruit, almonds, nuts, oilseeds, fats and oils, quick-frozen fish, caviar, gum tragacanth, henna, black dye, knitted wear, footwear and other traditional exports of the above-mentioned Eastern countries -

Unterstützung bei der Aus- und Einfuhr von und nach folgenden Ländern: Mongolische Volksrepublik, Afghanistan, Iran, Türkei, Arabische Republik Jemen und Volksdemokratische Republik Jemen. Ausfuhr: Walzgut aus Eisen- und Buntmetallen, Baustoffe, Zement, Fensterglas, Textilwaren, Kleidung, Leder- und Gummischuhwerk, Zucker, Tee, Mehl, Fette und Öle, Konserven und andere Nahrungsmittel, Zigaretten, Zündhölzer, Porzellan, Geschirr aus Glas und Email, Nähmaschinen, elektrische Haushaltgeräte, Sport- und Jagdzubehör, Parfümerie und Kurzwaren, Musikinstrumente, sanitär-technische und andere Waren. Einfuhr: Wolle, Baumwolle, Pelze und Felle, Kaffee, frisches und Dörrobst, Zitrusfrüchte, Mandeln, Nüsse, Ölsamen, Fette und Öle, tiefgefrorenen Fisch, Kaviar, Tragantgummi, Henna, schwarzer Farbstoff, Strickwaren, Schuhwerk und andere traditionelle Exportgüter aus den angegebenen Ostländern.

ZAPCASTEXPORT
Moskva 109029, ul. Vtoraja Skotoprogonnaja 35
Tel.: 278-63-05, Telex: 7243
Exports spare parts for cars, tractors, motorcycles, bicycles, road-building, farm and other special-purpose machines -
Ausfuhr: Ersatzteile für Kraftwagen, Traktoren, Motorräder, Fahrräder, Straßenbau-, Land- und andere Spezialmaschinen.

5.5.7.1 Economy
Wirtschaft

5.5.7.1   OTHER ORGANIZATIONS - ANDERE ORGANISATIONEN - DRUGIE ORGANIZACII

V/O ATOMENERGOEXPORT
   Moskva 113324, Ovčinnikovskaja Nab. 18/1
   Tel.: 220-14-36, Telex: 7158
      Exports atomic power plants, nuclear demineralization plants,
      research reactors, radio-chemical laboratories for the production of
      isotopes, acceleration of various systems, industrial cobalt plants, and
      nuclear physical laboratories; designing, prospecting and scientific
      research work, erection and construction work as well as training and
      delegation of specialists. Imports equipment and materials for atomic
      power plants; joint construction of atomic power plants with foreign
      firms -

      Ausfuhr: Atomkraftwerke, nukleare Entsalzungsanlagen, Untersuchungs-
      und Forschungsreaktoren, radiochemische Labors zur Isotopenerzeugung,
      Beschleunigung verschiedener Systeme, industrielle Kobaltanlagen und
      kernphysikalische Labors; Projektierungs-, Erkundungs- und wissenschaft-
      liche Forschungsarbeiten, Montage- und Bauarbeiten sowie Ausbildung und
      Entsendung von Fachleuten. Einfuhr: Ausrüstungen und Materialien für
      Atomkraftwerke; Bau von Atomkraftwerken in Gemeinschaftsarbeit mit
      ausländischen Firmen.

V/K DALINTORG
   Nachodka, Primorskij kraj 4
   Tel.: 67-17
      Handles export and import transactions in the Eastern Siberian and
      coastal region involving trade with the Far East and Japan and the
      Korean People's Democratic Republic; exports coal, mine-chemical products,
      round timber, timber goods and wooden by-products, marble, granite, fish
      and fish products, sea food, tinned food, medicinal raw materials,
      skins and hides, deer horns and other goods; imports fishing equipment
      and outfits, equipment for the fish processing industry, medical equipment
      and instruments, stationery, photographic goods, ropes, wire ropes, wires,
      cable, building materials, sewn and knitted goods, fabrics, footwear,
      crockery, vegetables, fruit and other goods -

      Abwicklung des Küsten- und Grenzhandels bei Aus- und Einfuhr zwischen
      den östlichen Regionen Sibiriens und dem Fernen Osten mit Japan und der
      Volksdemokratischen Republik Korea; Ausfuhr: Kohle, grubenchemische Pro-
      dukte, Rundholz, Holzwaren und Abfallprodukte aus Holz, Marmor, Granit,
      Fisch und Fischprodukte, Meerestiere, Nahrungsmittel in Konserven, medi-
      zinische Rohstoffe, Pelze und Felle, Hirschgeweihe und andere Waren;
      Einfuhr: Fischereiausrüstungen, Ausrüstungen für die fischverarbeitende
      Industrie, medizinische Ausrüstungen und Instrumente, Schreib- und Papier-
      waren, Fotoartikel, Seile, Drahtseile, Drähte, Kabel, Baustoffe, Strick-
      und Wirkwaren, Stoffe, Schuhwerk, Geschirr, Gemüse, Obst und andere Waren.

INGOSSTRACH
   Moskva 103012, ul. Kuibyševa 11/10
   Tel.: 223-49-27, Telex: 7144
      Undertakes all kinds of insurance and reinsurance, including transport
      insurance of cargo and ships, insurance of property against fire and na-
      tural calamities, insurance of motor vehicles as well as civil liability
      deriving from their use, insurance of airplanes and helicopters, and their
      owner's civil liability, accident insurance. Has a wide network of repre-
      sentatives and agents in the USSR and abroad -

"Ingosstrach" übernimmt alle Formen der Versicherung und Rückversicherung, darunter Transportversicherung von Frachten und Schiffen, Versicherung von Immobilien und Mobilien gegen Feuer und Naturkatastrophen, Kraftfahrzeug-Haftpflichtversicherung sowie Haftpflichtversicherung der Fahrzeuginsassen, Flugversicherung von Flugzeugen und Hubschraubern sowie die Inhaber-Haftpflichtversicherung, Unfallversicherung. Ingosstrach verfügt über ein weitverzweigtes Netz von Vertretungen und Agenturen in der UdSSR und im Ausland.

VA/O INTOURIST

Moskva 103009, Prospekt Marksa 16
Tel.: 292-29-89, 203-69-62, 292-27-67, Telex: 7211,7212,7213

Offers varied and fascinating itineraries by train, plane, motorship, by car and by boat, wonderful rest and medical treatment at the finest resorts on the Black Sea coast, at the Caucasian Spas, at Tskhaltubo in the Caucasus, camping trips in the country's most picturesque spots, car rental with or without the services of a chauffeur, hunting trips in the Northern Caucasus, Azerbaijan and Siberia, trips to the traditional art festival "Moscow Stars", "White Nights", "Russian Winter", boat cruises on the most beautiful rivers of Europe - the Volga and the Dnieper. Full information can be obtained at travel bureaus acting as agents of Intourist and also at information bureaus of Intourist in many countries of the world -

Organisation und Durchführung von Bahn-, Flug-, Motorschiff-, Auto- und Schiffsreisen, wunderbare Erholung und ärztliche Behandlung in den besten Kurorten an der Schwarzmeerküste, in den kaukasischen Heilbädern und in Tschaltubo (Kaukasus), Campingfahrten in die malerischsten Gegenden des Landes, Autoverleih mit und ohne Chauffeur, Jagdausflüge in den Nordkaukasus, nach Azerbaidschan und Sibirien, Reisen zu den traditionellen Kunstfestivals "Stars von Moskau", "Weiße Nächte" und "Russischer Winter", Kreuzfahrten auf den schönsten Flüssen Europas - Wolga und Dnjepr. Auskünfte erteilen die Reiseagenturen von Intourist sowie Auskunftbüros von Intourist in vielen Ländern der Welt.

V/K LENFINTORG

196084 Leningrad and/und Moskva, Moskovskij Prosp. 98
Tel.: 92-56-25, Telex: 518 (Leningrad)

Carries on barter trade in consumer goods with Finland and Norway. Exports bicycles, photographic goods, watches, electric bulbs, toys, refrigerators, art handicraft articles, aluminum and enamelled utensils, porcelain, cut glass, fabrics, soap, matches, hunting and sports gear, zoological goods, carpets, perfumery, musical instruments, tinned fish and crabmeat, salmon and sturgeon caviar, fruit and vegetables, juices, syrups, mineral water, wines and liquors, and other goods. Imports furniture, garments and knitted goods, footwear, plastic articles, household chemicals, cosmetics and perfumery, paper and cardboard goods, and other consumer goods -

Tauschhandel von Verbrauchsgütern mit Finnland und Norwegen. Ausfuhr: Fahrräder, Fotoartikel, Uhren, elektrische Glühbirnen, Spielzeug, Kühlschränke, Kunstgewerbeartikel, Aluminium- und Emailgeschirr, Porzellan, geschliffenes Glas, Stoffe, Seife, Zündhölzer, Jagd- und Sportzubehör, zoologische Artikel, Teppiche, Parfümerie, Musikinstrumente, Fisch- und Krabbenkonserven, Lachs und Störkaviar, Obst und Gemüse, Säfte, Sirup, Mineralwasser, Weine und Liköre, sowie andere Waren. Einfuhr: Möbel, Kleider und Strickwaren, Schuhbekleidung, Plastikartikel, Haushaltschemikalien, Kosmetik und Parfümerie, Papier- und Kartonagenartikel sowie andere Konsumgüter.

5.5.7.1 Economy / Wirtschaft

MORPASFLOT
Moskva, ul. Ždanova 1/4
Tel.: 291-93-31, 296-55-95, Telex: 7134

Central passenger agent, handles the chartering of passenger ships for Soviet organizations and foreign firms, concludes contracts with foreign firms on taking over the general agency for passenger traffic. The agency carries on negotiations and concludes contracts with foreign firms on the servicing of Soviet passenger ships in foreign ports. The agency reserves and sells tickets for passenger ships of the international lines in Moscow. "Morpasflot" together with the All-Union Corporation "Intourist" handles the transportation of foreign transit passengers through the USSR, reserves seats on ships and takes care of them in the ports. The Soviet ships travel on the various routes throughout the whole year –

Zentrale Fahrgastagentur, übernimmt das Verchartern von Fahrgastschiffen an sowjetische Organisationen und ausländische Firmen, schließt Verträge mit ausländischen Firmen zur Übernahme der Generalagentur im Fahrgastverkehr. Die Agentur führt Unterhandlungen und schließt Verträge mit ausländischen Firmen über die Bedienung sowjetischer Fahrgastschiffe in ausländischen Häfen. Sie reserviert und verkauft in Moskau Fahrkarten der Fahrgast-Seeschiffe des internationalen Linienverkehrs. "Morpasflot" übernimmt gemeinsam mit der Allunions-Aktiengesellschaft "Intourist" die Beförderung ausländischer Transit-Fahrgäste durch die UdSSR, ihre Versorgung mit Plätzen auf Seeschiffen sowie ihre Betreuung in den Häfen. Die sowjetischen Schiffe befahren das ganze Jahr hindurch die verschiedenen Reiserouten.

VKO SOJUZKOOPVNEŠTORG
Moskva 103003, Bolšoj Čerkasskij Per. 15/17
Tel.: 223-79-30, 225-09-14, Telex: 7127, 7128

"Sojuzkoopvneštorg" is a cooperative foreign trade organization in charge of foreign trade transactions with foreign cooperative organizations and firms. Exports honey, poppy seeds for cooking, cedar and hazel nuts, walnuts, dried vegetables and fruit, fruit compotes and jams, tomato-paste, dried mushrooms, salted and pickled mushrooms, salted and pickled cucumbers, onions, garlic, dried bilberries, cowberries in their own juice, cranberries, cloudberries, dried ashberries, pumpkin seeds, apple and bilberry pulp, potatoes and starc , live crawfish, and snails, salted and quick-frozen herring , canned fish, champagne, cognac, vodka, liquors, tea, medicinal and technical raw materials, non-standard skins and hides, horns and hooves, mackle-paper, rags, kitchen ware and household goods, petrol, kerosene, still cameras, watches, radio sets, radiogramophones, record-players, TV sets, electric household appliances, bicycles, motorcycles, and other consumer goods. Imports clothing, knitted wear and underwear, footwear, hosiery, haberdashery, furniture, paints, carpets, sporting gear, tinned vegetables and fruit, fresh apples –

"Sojuzkoopvneštorg" ist eine konsumgenossenschaftliche Außenhandelsorganisation, die Außenhandelsgeschäfte mit ausländischen konsumgenossenschaftlichen Organisationen und Firmen tätigt. Ausfuhr: Honig, küchenfertiger Mohn, Zedar- und Haselnüsse, Walnüsse, Dörrgemüse und -obst, Fruchtkompotte und Marmelade, Tomatenmark, getrocknete, eingelegte und marinierte Pilze, gesalzene und eingelegte Gurken, Zwiebeln, Knoblauch, getrocknete Heidelbeeren, Sumpfbrombeeren im eigenen Saft, Preiselbeeren, Moosbeeren, getrocknete Ebereschenbeeren, Kürbiskerne, Apfel- und Heidelbeermark, Kartoffeln und Stärke, lebende Krebse und Frösche, gesalzene und tiefgefrorene Heringe, Fischkonserven, Champagner, Cognac, Wodka, Liköre, Tee, medizinische und technische Rohstoffe, Rohlederabfall, Hörner und Hufe, Altpapier, Lappen, Küchen- und Haushaltsartikel, Benzin, Kerosin, Fotokameras, Uhren, Radioapparate, Radiogeräte mit Plattenspieler, Plattenspieler, Fernsehgeräte, elektrische Haushaltsgeräte, Fahrräder, Motorräder und andere Konsumgüter. Einfuhr: Bekleidung, Ober- und Untertrikotagen, Schuhwerk, Strumpfwaren, Kurzwaren, Möbel, Farben, Teppiche, Sportartikel, Gemüse- und Obstkonserven, frische Äpfel.

V/K TECHVNESTRANS
Moskva 113324, Ovčinnikovskaja Nab. 18/1
Tel.: 220-19-53

Handles transports in connection with the organization, construction and operation of industrial enterprises and other projects abroad. Organizes the transportation of the export and import goods of the aforementioned organizations "Technoexport", "Technopromexport", "Tjašpromexport", "Prommašexport", "Neftechimpromexport", "Selchospromexport" and "Tsvetmetpromexport" by all means of transportation -

Übernimmt die Transporte, die bei der Organisierung, beim Bau und Betrieb von Industriebetrieben und anderen Objekten im Ausland verbunden sind. Organisiert die Beförderung der Export- und Importgüter der vorgenannten Organisationen "Technoexport", "Technopromexport", Tjašpromexport", "Prommašexport", "Neftechimpromexport", "Selchospromexport" und "Tsvetmetpromexport" mit allen Transportmitteln.

6. LABOUR – ARBEITSRESERVEN – TRUDOVYE REZERVY

6.1 Labour / Arbeitsreserven

6.1 SHARE OF THE WORKING-AGE POPULATION ON TOTAL POPULATION
ANTEIL DER BEVÖLKERUNG IM ARBEITSFÄHIGEN ALTER AN DER GESAMTBEVÖLKERUNG
NASELENIE V TRUDOSPOSOBNOM VOZRASTE K OBŠČEJ ČISLENNOSTI NASELENIJA
(Census – Volkszählungen – Perepisi naselenija 1959, 1970)

	1 9 5 9			1 9 7 0			1970 % in relation to 1959 % im Verhältnis zu v & k			per 1,000 inhabitants je 1.000 Einwohner na 1.000 Žitelej					
										1959			1970		
	Total Insg. Vsego	males Männer mužčiny	females Frauen ženščiny	Total Insg. Vsego	males Männer mužčiny	females Frauen ženščiny	Total Insg. G.	m. M. H.	f. F. Ž. I.	m. M. J.	f. F. Ž. K.	m. M. L.	f. F. Ž. M.
	A.	B.	C.	D.	E.	F.							
SSSR													
1.	208226650	94050303	114776347	241720134	111399377	130320757	116	118	114	450	550	461	539
2.	119821618	55076204	64745414	130486541	64003489	66483052	109	116	103	460	540	490	510
3.	99977695	45208278	54769417	135991514	63026095	72965419	136	139	133	452	548	463	537
4.	62187956	28744501	33443455	81363923	40034653	41329270	131	139	124	462	538	492	508
5.	108848955	48842025	60006930	105728620	48373282	57355338	97	99	96	449	551	458	542
6.	57633662	26331703	31301959	49122618	23968836	25153782	85	91	80	457	543	488	512
RSFSR													
1.	117534306	52424832	65109474	130079210	59324787	70754423	111	113	109	446	554	456	544
2.	68609392	31341607	37267785	72991608	35883808	37107800	106	114	100	457	543	492	508
3.	61611074	27652664	33958410	80981143	37137193	43843950	131	134	129	449	551	459	541
4.	38629448	17778237	20851211	49310122	24195823	25114299	128	136	120	460	540	491	509
5.	55923232	24772168	31151064	49098067	22187594	26910473	88	90	86	443	557	452	548
6.	29979944	13563370	16416574	23681486	11687985	11993501	79	86	73	452	548	494	506

1. Urban and rural population – Stadt- und Landbevölkerung – Gorodskoe i sel'skoe naselenie
2. of which at working age (males 16–59, females 15–54 years) – davon im arbeitsfähigen Alter (Männer 16–59, Frauen 15–54 Jahre) – iz nich v trudosposobnom vozraste (mužčiny 16–59, ženščiny 16–54 let)
3. Urban population – Stadtbevölkerung – Gorodskoe naselenie
4. of which at working age (males 16–59, females 15–54 years) – davon im arbeitsfähigen Alter (Männer 16–59, Frauen 15–54 Jahre) – iz nich v trudosposobnom vozraste (mužčiny 16–59, ženščiny 16–54 let)
5. Rural population – Landbevölkerung – Sel'skoe naselenie
6. of which at working age – davon im arbeitsfähigen Alter – iz nich v trudosposobnom vozraste

Labour
Arbeitsreserven 6.1

	A.	B.	C.	D.	E.	F.	G.	H.	I.	J.	K.	L.	M.
Ukrainskaja SSR													
1.	41869046	18575382	23293664	47126517	21305320	25821197	113	115	111	444	556	452	548
2.	24882425	11272424	13610001	26191662	12654644	13537018	105	112	99	453	547	483	517
3.	19147419	8664550	10482869	25688560	11881383	13807177	134	137	132	453	547	463	537
4.	12188934	5645185	6544749	15544366	7624337	7920029	128	135	121	463	537	490	510
5.	22721627	9910832	12810795	21437957	9423937	12014020	94	95	94	436	564	440	560
6.	12693491	5627239	7066252	10647296	5030307	5616989	84	89	79	443	557	472	528
Belorusskaja SSR													
1.	8055714	3581485	4474229	9002339	4137816	4864522	112	116	109	445	555	460	540
2.	4447035	1994653	2452382	4765681	2303780	2461901	107	115	100	449	551	483	517
3.	2480505	1105079	1375426	3907783	1835603	2072180	158	166	151	446	554	470	530
4.	1532642	679553	853089	2410140	1169441	1240699	157	172	145	443	557	485	515
5.	5575209	2476406	3098803	5094555	2302213	2792342	91	93	90	444	556	452	548
6.	2914393	1315100	1599293	2355541	1134339	1221202	81	86	76	451	549	482	518
Uzbekskaja SSR													
1.	8119103	3897342	4221761	11799429	5743956	6055473	145	147	143	480	520	487	513
2.	3989406	1943388	2046018	4979189	2474731	2504458	125	127	122	487	513	497	503
3.	2728580	1284590	1443990	4321603	2089086	2232517	158	163	155	471	529	483	517
4.	1532505	725516	806989	2218425	1114401	1104024	145	154	137	473	527	502	498
5.	5390523	2612752	2777771	7477826	3654870	3822956	139	140	138	485	515	489	511
6.	2456901	1217872	1239029	2760764	1360330	1400434	112	112	113	496	504	493	507
Kazachskaja SSR													
1.	9294741	4414699	4880042	13008726	6262721	6746005	140	142	138	475	525	481	519
2.	4972625	2403588	2569037	6484030	3254007	3230023	130	135	126	483	517	502	498
3.	4067224	1922760	2144464	6538652	3151725	3386927	161	164	158	473	527	482	518
4.	2380101	1143233	1236868	3723723	1884869	1838854	156	165	149	480	520	506	494
5.	5227517	2491939	2735578	6470074	3110996	3359078	124	125	123	477	523	481	519
6.	2592524	1260355	1332169	2760307	1369138	1391169	106	109	104	486	514	496	504
Gruzinskaja SSR													
1.	4044045	1865345	2178700	4686358	2202580	2483778	116	118	114	461	539	470	530
2.	2268737	1054736	1214001	2466222	1204923	1261299	109	114	104	465	535	489	511
3.	1712897	779420	933477	2239738	1046903	1192835	131	134	128	455	545	467	533
4.	1071833	491196	580637	1299146	630483	668663	121	128	115	458	542	485	515
5.	2331148	1085925	1245223	2446620	1155677	1290943	105	106	104	466	534	472	528
6.	1196904	563540	633364	1167076	574440	592636	98	102	94	471	529	492	508

393

6.1 Labour / Arbeitsreserven

	A.	B.	C.	D.	E.	F.	G.	H.	I.	J.	K.	L.	M.
Azerbajdžanskaja SSR													
1.	3697717	1756561	1941156	5117081	2483035	2634046	138	141	136	475	525	485	515
2.	1902263	912051	990212	2242755	1118616	1124139	118	123	114	479	521	499	501
3.	1767270	836017	931253	2564551	1254991	1309560	145	150	141	473	527	489	511
4.	1004277	479636	524641	1313886	669631	644255	131	140	123	478	522	510	490
5.	1930447	920544	1009903	2552530	1228044	1324486	132	133	131	477	523	481	519
6.	897986	432415	465571	928869	448985	479884	103	104	103	482	518	483	517
Litovskaja SSR													
1.	2711445	1244678	1466767	3128236	1467950	1660286	115	118	113	459	541	469	531
2.	1536538	730425	806113	1677938	820706	857232	109	112	106	475	525	489	511
3.	1045965	472738	573227	1571737	741258	830479	150	157	145	452	548	472	528
4.	654192	304512	349680	954373	468393	485980	146	154	139	465	535	491	509
5.	1665480	771940	893540	1556499	726692	829807	93	94	93	463	537	467	533
6.	882346	425913	456433	723565	352313	371252	82	83	81	483	517	487	513
Moldavskaja SSR													
1.	2884477	1333794	1550683	3568873	1662275	1906598	124	125	123	462	538	466	534
2.	1593878	744861	849017	1899135	904158	994977	119	121	117	467	533	476	524
3.	642244	293768	348476	1130048	529339	600709	176	180	172	457	543	468	532
4.	392791	181586	211205	692681	333615	359066	176	184	170	462	538	482	518
5.	2242233	1040026	1202207	2438825	1132936	1305889	109	109	109	464	536	465	535
6.	1201087	563275	637812	1206454	570543	635911	100	101	100	469	531	473	527
Latvijskaja SSR													
1.	2093458	919008	1174450	2364127	1080616	1283511	113	118	109	439	561	457	543
2.	1218258	564458	653800	1329172	658358	670814	109	117	103	463	537	495	505
3.	1173976	508815	665161	1476602	675437	801165	126	133	120	433	567	457	543
4.	722994	330036	392958	901353	444280	457073	125	135	116	456	544	493	507
5.	919482	410193	509289	887525	405179	482346	97	99	95	446	554	457	543
6.	495264	234422	260842	427819	214078	213741	86	91	82	473	527	500	500
Kirgizskaja SSR													
1.	2065837	974620	1091217	2932805	1401557	1531248	142	144	140	472	528	478	522
2.	1030041	492012	538029	1325192	651340	673852	129	132	125	478	522	492	508
3.	696207	326442	369765	1097498	515622	581876	158	158	157	469	531	470	530
4.	400324	188409	211915	603981	292012	311969	151	155	147	471	529	483	517
5.	1369630	648178	721452	1835307	885935	949372	134	137	132	473	527	483	517
6.	629717	303603	326114	721211	359328	361883	115	118	111	482	518	498	502

Labour
Arbeitsreserven 6.1

	A.	B.	C.	D.	E.	F.	G.	H.	I.	J.	K.	L.	M.
Tadžikskaja SSR													
1.	1980547	964728	1015819	2899602	1426255	1473347	146	148	145	487	513	492	508
2.	993121	488843	506278	1222906	610843	612063	123	125	121	490	510	500	500
3.	646178	308021	338157	1076700	527776	548924	167	171	162	477	523	490	510
4.	367751	175831	191920	545612	276418	269194	148	157	140	478	522	507	493
5.	1334369	656707	677662	1822902	898479	924423	137	137	136	492	508	493	507
6.	625370	311012	314358	677294	334425	342869	108	108	109	497	503	494	506
Armjanskaja SSR													
1.	1763048	842406	920642	2491873	1217163	1274710	141	144	138	478	522	488	512
2.	921052	440802	480250	1202230	598575	603705	131	136	126	479	521	498	502
3.	881844	422307	459537	1481532	725022	756510	168	172	165	479	521	489	511
4.	495124	238026	257098	791020	396496	394524	160	167	153	481	519	501	499
5.	881204	420099	461105	1010341	492141	518200	115	117	112	477	523	487	513
6.	425928	202776	223152	411260	202079	209181	97	100	94	476	524	491	509
Turkmenskaja SSR													
1.	1516375	730333	786042	2158880	1063151	1095729	142	146	139	482	518	492	508
2.	768582	373230	395352	946739	483173	463566	123	129	117	486	514	510	490
3.	700797	335199	365598	1034199	512621	521578	148	153	143	478	522	496	504
4.	394808	189353	205455	521583	271148	250435	132	143	122	480	520	520	480
5.	815578	395134	420444	1124681	550530	574151	138	139	137	484	516	489	511
6.	373774	183877	189897	425156	212025	213131	114	115	112	492	508	499	501
Estonskaja SSR													
1.	1196791	525090	671701	1356079	620195	735884	113	118	110	439	561	457	543
2.	688265	321126	367139	762032	381827	380205	111	119	104	467	533	501	499
3.	675515	295908	379607	881168	402136	479032	130	136	126	438	562	456	544
4.	420232	194192	226040	533512	263306	270206	127	136	120	462	538	494	506
5.	521276	229182	292094	474911	218059	256852	91	95	88	440	560	459	541
6.	268033	126934	141099	228520	118521	109999	85	93	78	474	526	519	481

6.2 Labour / Arbeitsreserven

6.2 EDUCATIONAL LEVEL OF THE WORKING-AGE POPULATION
BILDUNGSSTAND DER BEVÖLKERUNG IM ARBEITSFÄHIGEN ALTER
UROVEN' OBRAZOVANIJA ZANJATOGO NASELENIJA
(Census - Volkszählungen - Perepisi naselenija 1959, 1970)

	per 1,000 people engaged - auf 1.000 Beschäftigte - na 1.000 zanjatych							
	1 9 5 9				1 9 7 0			
	Higher education (complete and incomplete) and secondary specialized education / Hochschulbildung (abgeschlossene u.nicht abgeschlossene) u.mittl.Fachschulbildung / Vysšee, nezakončennoe vysšee i srednee special'noe obrazovanie	Secondary education / Mittelschulbildung[1] / Srednee obrazovanie	Incomplete secondary education / Nicht abgeschlossene Mittelschulbildung / Nepolnoe srednee obrazovanie	Primary education / Grundschulbildung / Načal'noe obrazovanie				
	A.	B.	C.	D.	A.	B.	C.	D.

USSR
1. Urban and rural population - Stadt-und Landbevölkerung - Gorodskoe i sel'skoe naselenie

1.1 All social groups - Alle gesellschaftl.Gruppen - Vse obščestvennye gruppy

Total-Insg.-Vsego	109	64	260	331	183	159	311	248
Males-Männer-mužčiny	103	60	271	386	171	156	327	268
Females-Frauen-ženščiny	116	68	247	272	194	162	295	228

1.2 Workers-Arbeiter-rabočie

Total-Insg.-Vsego	22	62	312	412	37	162	387	308
Males-Männer-mužčiny	23	57	314	458	39	169	399	315
Females-Frauen-ženščiny	20	68	309	346	33	155	372	299

1.3 Employees-Angestellte-služaščie

Total-Insg.-Vsego	520	144	243	81	594	196	164	39
Males-Männer-mužčiny	521	124	222	115	647	159	137	49
Females-Frauen-ženščiny	519	162	260	51	557	221	184	32

1.4 Collective farmers-Kolchosbauern-kolchozniki

Total-Insg.-Vsego	9	23	194	355	28	75	290	393
Males-Männer-mužčiny	14	29	218	413	37	91	307	398
Females-Frauen-ženščiny	6	18	174	308	19	61	275	389

---
1 in the German Democratic Republic: high school - in der DDR: Oberschule

Labour
Arbeitsreserven 6.2

	1959				1970			
	A.	B.	C.	D.	A.	B.	C.	D.
2. Urban population-Stadtbevölkerung-Gorodskoe naselenie								
2.1 All social groups - Alle gesellschaftl.Gruppen - Vse obščestvennye gruppy								
Total-Insg.-Vsego	167	94	303	307	237	192	319	192
Males-Männer-mužčiny	153	82	302	362	225	181	334	214
Females-Frauen-ženščiny	184	109	304	243	250	201	304	170
2.2 Workers-Arbeiter-rabočie								
Total-Insg.-Vsego	26	73	333	403	44	189	409	275
Males-Männer-mužčiny	28	68	336	447	48	193	420	282
Females-Frauen-ženščiny	23	81	328	343	40	184	395	266
2.3 Employees-Angestellte-služaščie								
Total-Insg.-Vsego	522	151	240	76	609	196	156	33
Males-Männer-mužčiny	545	128	207	105	681	153	120	39
Females-Frauen-ženščiny	502	171	267	52	560	225	180	30
3. Rural population - Landbevölkerung - Sel'skoe naselenie								
3.1 All social groups - Alle gesellschaftl.Gruppen - Vse obščestvennye gruppy								
Total-Insg.-Vsego	59	36	221	352	95	106	298	338
Males-Männer-mužčiny	56	40	241	408	86	115	316	354
Females-Frauen-ženščiny	60	34	200	295	103	97	281	322
3.2 Workers-Arbeiter-rabočie								
Total-Insg.-Vsego	13	38	269	430	20	103	337	382
Males-Männer-mužčiny	15	37	271	478	21	116	350	389
Females-Frauen-ženščiny	12	40	265	354	18	87	320	374
3.3 Employees-Angestellte-služaščie								
Total-Insg.-Vsego	516	125	250	94	535	195	198	62
Males-Männer-mužčiny	464	114	260	139	519	181	197	89
Females-Frauen-ženščiny	569	136	239	49	548	206	199	41
3.4 Collective farmers - Kolchosbauern - kolchozniki								
Total-Insg.-Vsego	9	23	194	355	27	74	289	396
Males-Männer-mužčiny	13	29	218	412	36	89	305	402
Females-Frauen-ženščiny	6	18	174	309	19	61	275	391
RSFSR								
1.1 Total - Insg.	117	60	263	353	189	141	326	257
Males - Männer	108	52	268	424	173	132	341	289
Females - Frauen	127	68	257	277	207	149	311	224
1.2 Total - Insg.	20	54	304	435	33	137	397	329
Males - Männer	22	48	303	494	36	141	409	343
Females - Frauen	19	61	305	358	31	133	383	311
1.3 Total - Insg.	511	129	257	91	585	178	187	44
Males - Männer	517	105	230	131	644	139	152	57
Females - Frauen	506	148	280	58	548	202	209	36
1.4 Total - Insg.	8	16	177	392	27	44	289	435
Males - Männer	11	19	199	485	33	53	310	455
Females - Frauen	6	14	159	316	21	34	267	415

6.2 Labour
Arbeitsreserven

	1 9 5 9				1 9 7 0			
	A.	B.	C.	D.	A.	B.	C.	D.
2.1 Total - Insg.	163	84	304	326	231	170	336	206
Males - Männer	150	70	299	390	216	158	350	235
Females - Frauen	177	99	310	255	245	182	323	177
2.2 Total - Insg.	24	64	326	423	40	163	422	294
Males - Männer	25	58	327	479	43	165	433	307
Females - Frauen	22	72	325	354	36	161	409	277
2.3 Total - Insg.	516	136	253	84	602	181	175	37
Males - Männer	545	110	213	117	630	138	133	43
Females - Frauen	493	156	285	58	551	208	203	33
3.1 Total - Insg.	65	32	216	383	101	80	305	363
Males - Männer	59	31	231	464	81	81	324	399
Females - Frauen	72	33	201	300	123	79	285	327
3.2 Total - Insg.	13	32	256	460	17	72	334	418
Males - Männer	14	29	255	524	18	80	349	435
Females - Frauen	12	36	258	367	16	62	316	397
3.3 Total - Insg.	497	108	270	110	515	165	237	74
Males - Männer	443	92	275	167	490	143	239	114
Females - Frauen	546	123	266	58	531	179	235	49
3.4 Total-Insg.	8	16	176	392	26	43	288	438
Males - Männer	11	18	198	484	32	51	308	459
Females - Frauen	5	14	159	317	20	34	267	416
Ukrainskaja SSR								
1.1 Total - Insg.	99	67	272	315	175	191	302	233
Males - Männer	97	65	297	357	170	192	323	238
Females - Frauen	101	71	244	270	181	189	282	228
1.2 Total - Insg.	25	84	357	370	45	231	389	251
Males - Männer	27	74	359	408	47	233	399	254
Females - Frauen	23	101	353	308	42	228	377	247
1.3 Total - Insg.	551	158	222	60	627	224	119	25
Males - Männer	540	133	222	91	671	179	109	34
Females - Frauen	562	181	221	31	594	257	126	19
1.4 Total - Insg.	9	22	213	356	28	72	297	399
Males - Männer	13	27	249	401	37	96	322	386
Females - Frauen	6	18	186	322	21	52	277	410
2.1 Total - Insg.	169	113	318	275	246	244	299	157
Males - Männer	153	96	328	323	240	233	317	168
Females - Frauen	188	135	306	213	254	255	280	145
2.2 Total - Insg.	30	98	370	358	53	260	397	221
Males - Männer	32	86	375	396	57	262	408	222
Females - Frauen	27	115	362	299	49	258	384	220
2.3 Total - Insg.	547	170	218	56	639	223	112	21
Males - Männer	563	141	202	82	707	170	93	25
Females - Frauen	533	196	233	33	589	261	127	19
3.1 Total - Insg.	48	34	237	344	78	118	307	337
Males - Männer	48	37	271	386	70	133	331	339
Females - Frauen	47	32	207	305	86	103	284	336
3.2 Total - Insg.	14	51	325	398	22	155	368	328
Males - Männer	14	44	322	437	21	160	376	336
Females - Frauen	14	62	330	332	24	150	357	317

Labour
Arbeitsreserven 6.2

	1 9 5 9				1 9 7 0			
	A.	B.	C.	D.	A.	B.	C.	D.
3.3 Total - Insg.	564	124	230	70	569	229	149	44
Males - Männer	481	110	275	115	504	223	183	75
Females - Frauen	651	138	184	23	616	234	124	22
3.4 Total - Insg.	9	21	215	356	27	71	298	402
Males - Männer	13	26	251	400	36	95	322	389
Females - Frauen	6	18	188	323	21	52	278	411
Belorusskaja SSR								
1.1 Total - Insg.	80	52	199	364	167	154	273	298
Males - Männer	77	49	226	431	157	150	307	307
Females - Frauen	82	54	175	304	176	158	241	289
1.2 Total - Insg.	16	65	292	435	31	176	361	334
Males - Männer	17	55	298	488	31	176	386	336
Females - Frauen	15	79	284	367	32	176	331	332
1.3 Total - Insg.	542	147	236	69	615	207	142	31
Males - Männer	505	131	244	110	633	171	143	46
Females - Frauen	574	163	229	31	601	235	141	20
1.4 Total - Insg.	6	19	133	395	25	38	200	505
Males - Männer	8	23	163	474	30	50	245	506
Females - Frauen	4	17	111	336	20	29	163	504
2.1 Total - Insg.	176	108	304	297	253	226	307	169
Males - Männer	161	93	308	351	246	212	331	180
Females - Frauen	192	124	298	241	260	240	283	159
2.2 Total - Insg.	24	90	349	403	44	237	408	249
Males - Männer	25	76	354	448	44	234	432	249
Females - Frauen	22	107	342	349	44	242	381	248
2.3 Total - Insg.	529	160	244	61	632	208	134	23
Males - Männer	519	147	232	94	676	169	122	29
Females - Frauen	538	172	255	32	599	238	142	17
3.1 Total - Insg.	43	30	159	390	83	84	240	423
Males - Männer	41	31	190	465	71	89	283	431
Females - Frauen	44	29	132	326	94	79	200	415
3.2 Total - Insg.	8	38	232	470	13	91	295	453
Males - Männer	9	33	243	528	13	99	326	451
Females - Frauen	7	45	216	388	14	81	259	454
3.3 Total - Insg.	564	125	222	82	563	206	167	56
Males - Männer	484	102	264	137	507	178	204	96
Females - Frauen	643	146	181	28	605	227	138	27
3.4 Total - Insg.	5	19	133	395	24	38	199	507
Males - Männer	7	23	163	475	29	49	243	509
Females - Frauen	4	17	110	337	20	29	163	505
Uzbekskaja SSR								
1.1 Total - Insg.	87	80	280	203	155	213	295	191
Males - Männer	93	99	275	206	174	245	278	179
Females - Frauen	79	56	287	199	134	178	313	204
1.2 Total - Insg.	21	69	295	282	43	218	345	243
Males - Männer	25	82	300	287	50	255	339	227
Females - Frauen	15	45	286	273	31	160	355	268

6.2 Labour / Arbeitsreserven

	1 9 5 9				1 9 7 0			
	A.	B.	C.	D.	A.	B.	C.	D.
1.3 Total - Insg.	507	188	214	66	575	233	136	39
Males - Männer	515	194	189	72	619	217	107	39
Females - Frauen	497	180	246	59	529	250	166	40
1.4 Total - Insg.	9	54	289	180	19	196	347	232
Males - Männer	16	83	279	166	39	254	310	213
Females - Frauen	2	26	299	193	5	154	374	246
2.1 Total - Insg.	178	107	277	248	249	212	273	169
Males - Männer	157	106	277	272	236	222	280	176
Females - Frauen	210	108	276	213	264	201	264	160
2.2 Total - Insg.	30	79	308	339	57	212	354	248
Males - Männer	32	86	315	347	62	237	356	239
Females - Frauen	26	66	294	324	49	173	351	262
2.3 Total - Insg.	516	170	219	72	587	212	146	40
Males - Männer	533	167	185	83	645	184	112	42
Females - Frauen	501	173	251	60	543	233	172	38
3.1 Total - Insg.	45	68	282	182	89	213	311	207
Males - Männer	61	95	273	173	128	263	276	182
Females - Frauen	27	35	291	193	48	162	346	233
3.2 Total - Insg.	12	58	282	224	25	224	335	238
Males - Männer	16	77	285	223	36	277	318	213
Females - Frauen	6	25	278	227	11	145	360	274
3.3 Total - Insg.	491	220	205	57	551	275	116	39
Males - Männer	492	228	194	58	586	259	100	36
Females - Frauen	488	201	230	56	483	306	148	43
3.4 Total - Insg.	9	54	291	178	19	198	349	231
Males - Männer	15	83	281	164	39	256	311	212
Females - Frauen	2	26	300	192	5	155	377	245
Kazachskaja SSR								
1.1 Total - Insg.	106	67	274	310	175	155	324	239
Males - Männer	95	66	284	344	163	155	342	253
Females - Frauen	124	70	258	259	188	155	303	223
1.2 Total - Insg.	19	51	302	384	30	137	388	315
Males - Männer	21	52	312	408	33	153	405	310
Females - Frauen	17	49	284	335	26	115	363	322
1.3 Total - Insg.	466	154	270	89	543	209	192	46
Males - Männer	455	143	251	120	596	176	160	56
Females - Frauen	477	165	291	57	505	233	215	39
1.4 Total - Insg.	14	31	198	315	35	107	285	332
Males - Männer	22	41	222	332	51	128	301	322
Females - Frauen	6	19	170	297	16	83	266	343
2.1 Total - Insg.	147	86	307	307	221	173	336	200
Males - Männer	125	77	302	354	203	168	354	220
Females - Frauen	179	99	315	236	239	178	317	177
2.2 Total - Insg.	25	60	323	390	40	159	420	284
Males - Männer	26	59	324	420	43	172	433	283
Females - Frauen	22	63	320	335	36	140	400	285
2.3 Total - Insg.	470	153	269	88	569	196	186	41
Males - Männer	475	143	234	119	644	157	143	46
Females - Frauen	465	163	303	59	519	222	214	37

Labour
Arbeitsreserven 6.2

	1 9 5 9				1 9 7 0			
	A.	B.	C.	D.	A.	B.	C.	D.
3.1 Total - Insg.	75	53	246	312	113	131	307	292
Males - Männer	71	57	269	336	108	138	327	298
Females - Frauen	81	47	212	277	119	123	284	286
3.2 Total - Insg.	13	41	279	375	17	107	345	357
Males - Männer	15	45	298	395	19	126	366	350
Females - Frauen	11	33	240	336	15	84	319	366
3.3 Total - Insg.	459	155	272	91	485	238	205	60
Males - Männer	428	144	273	122	505	212	193	75
Females - Frauen	501	169	269	51	468	260	216	46
3.4 Total - Insg.	14	31	197	313	35	107	284	333
Males - Männer	21	41	222	327	51	128	298	324
Females - Frauen	6	19	170	297	16	83	268	343
Gruzinskaja SSR								
1.1 Total - Insg.	152	140	200	209	237	270	204	181
Males - Männer	150	139	225	232	238	265	223	182
Females - Frauen	154	140	170	182	236	276	184	179
1.2 Total - Insg.	41	162	295	280	66	312	277	224
Males - Männer	44	167	314	294	71	317	298	217
Females - Frauen	33	154	258	250	59	304	246	234
1.3 Total - Insg.	620	246	87	33	678	253	48	16
Males - Männer	620	220	95	46	704	214	54	21
Females - Frauen	621	273	78	20	655	286	43	11
1.4 Total - Insg.	28	82	184	234	56	200	261	295
Males - Männer	38	81	200	252	78	189	264	295
Females - Frauen	20	82	169	218	38	209	259	295
2.1 Total - Insg.	251	207	211	185	334	322	172	115
Males - Männer	230	197	233	210	322	313	195	121
Females - Frauen	279	221	180	149	348	332	146	107
2.2 Total - Insg.	43	186	297	275	76	372	272	192
Males - Männer	47	193	312	287	80	379	287	185
Females - Frauen	35	173	269	254	70	363	249	202
2.3 Total - Insg.	607	261	86	33	678	258	44	15
Males - Männer	625	229	85	43	719	214	44	17
Females - Frauen	589	293	86	23	643	296	44	12
3.1 Total - Insg.	89	97	193	224	141	218	237	246
Males - Männer	91	97	219	247	148	214	254	246
Females - Frauen	87	97	164	200	132	223	220	246
3.2 Total - Insg.	36	110	291	289	52	228	284	269
Males - Männer	38	113	317	309	59	231	313	262
Females - Frauen	29	102	228	240	43	222	242	279
3.3 Total - Insg.	653	210	90	32	679	236	60	19
Males - Männer	607	197	120	52	663	216	82	31
Females - Frauen	698	223	59	13	695	255	39	8
3.4 Total - Insg.	28	80	184	234	56	198	260	297
Males - Männer	37	79	200	252	78	186	261	299
Females - Frauen	19	82	170	218	38	208	260	295

6.2 Labour
Arbeitsreserven

	1959				1970			
	A.	B.	C.	D.	A.	B.	C.	D.
Azerbajdžanskaja SSR								
1.1 Total - Insg.	119	89	265	209	204	208	262	182
Males - Männer	130	104	290	220	225	239	265	163
Females - Frauen	105	70	233	195	176	170	259	206
1.2 Total - Insg.	32	91	321	293	51	224	333	230
Males - Männer	36	101	352	305	63	268	343	207
Females - Frauen	22	69	254	265	32	153	316	267
1.3 Total - Insg.	560	191	175	51	629	234	99	28
Males - Männer	582	185	151	55	676	207	79	27
Females - Frauen	533	197	205	47	575	264	121	29
1.4 Total - Insg.	15	49	259	207	36	132	309	277
Males - Männer	29	73	287	201	73	187	300	235
Females - Frauen	3	29	233	213	6	87	317	311
2.1 Total - Insg.	192	125	274	222	274	242	243	144
Males - Männer	175	124	294	248	272	252	257	145
Females - Frauen	221	126	243	180	277	228	224	144
2.2 Total - Insg.	33	95	322	304	65	247	333	217
Males - Männer	38	104	350	317	76	278	345	202
Females - Frauen	24	76	265	275	47	191	312	243
2.3 Total - Insg.	536	195	190	57	623	233	104	29
Males - Männer	565	188	157	63	686	197	79	27
Females - Frauen	505	202	224	51	563	267	128	30
3.1 Total - Insg.	62	61	258	199	112	164	287	232
Males - Männer	87	85	287	195	159	219	275	190
Females - Frauen	34	36	227	204	59	103	300	278
3.2 Total - Insg.	23	76	317	248	25	181	332	255
Males - Männer	28	90	358	260	38	247	338	218
Females - Frauen	9	37	191	211	8	91	323	305
3.3 Total - Insg.	644	174	125	33	650	236	80	24
Males - Männer	625	178	135	37	651	232	81	25
Females - Frauen	687	166	101	25	649	244	77	21
3.4 Total - Insg.	15	49	261	206	35	132	310	279
Males - Männer	28	73	291	198	72	187	298	237
Females - Frauen	3	29	236	212	6	88	321	312
Litovskaja SSR								
1.1 Total - Insg.	75	41	134	409	160	98	238	371
Males - Männer	65	36	139	446	139	84	264	387
Females - Frauen	87	46	128	366	183	113	211	353
1.2 Total - Insg.	13	31	185	510	26	81	314	442
Males - Männer	12	28	183	540	23	78	337	440
Females - Frauen	14	36	189	461	30	85	285	444
1.3 Total - Insg.	460	179	242	109	585	209	156	45
Males - Männer	426	160	240	157	615	174	145	61
Females - Frauen	492	198	243	63	563	234	165	34
1.4 Total - Insg.	4	5	60	424	41	11	132	565
Males - Männer	6	5	64	444	36	11	160	551
Females - Frauen	3	5	56	406	45	11	104	580

Labour
Arbeitsreserven 6.2

	1959				1970			
	A.	B.	C.	D.	A.	B.	C.	D.
2.1 Total - Insg.	156	87	229	370	227	146	283	271
Males - Männer	135	75	226	417	206	129	311	289
Females - Frauen	182	102	232	312	248	164	253	253
2.2 Total - Insg.	17	44	227	496	34	107	357	397
Males - Männer	17	41	227	526	31	103	387	392
Females - Frauen	18	48	226	454	37	110	322	404
2.3 Total - Insg.	465	187	247	92	595	215	148	38
Males - Männer	447	170	238	132	632	182	134	48
Females - Frauen	481	204	255	55	567	239	158	32
3.1 Total - Insg.	30	15	82	431	76	36	182	497
Males - Männer	25	13	88	463	56	28	207	507
Females - Frauen	36	17	75	394	96	46	154	486
3.2 Total - Insg.	5	11	119	533	12	32	231	527
Males - Männer	5	11	120	561	9	32	248	527
Females - Frauen	5	11	117	476	16	34	207	527
3.3 Total - Insg.	445	158	227	155	539	183	195	76
Males - Männer	362	130	249	233	528	134	200	127
Females - Frauen	523	183	207	83	546	213	191	46
3.4 Total - Insg.	4	4	60	424	40	11	130	567
Males - Männer	6	4	63	444	35	10	157	554
Females - Frauen	3	5	56	406	45	11	104	581
Moldavskaja SSR								
1.1 Total - Insg.	60	29	191	331	123	104	281	280
Males - Männer	59	30	224	389	116	107	309	300
Females - Frauen	62	28	158	276	128	102	255	261
1.2 Total - Insg.	22	48	274	398	29	134	368	294
Males - Männer	21	44	284	437	30	138	388	302
Females - Frauen	23	55	258	333	28	130	344	284
1.3 Total - Insg.	562	155	217	60	625	206	130	32
Males - Männer	517	144	237	92	638	170	134	48
Females - Frauen	605	165	198	29	615	232	128	20
1.4 Total - Insg.	6	8	165	348	17	36	267	365
Males - Männer	10	10	201	412	25	47	294	391
Females - Frauen	4	6	135	295	9	26	243	343
2.1 Total - Insg.	176	89	259	289	244	191	290	180
Males - Männer	150	80	271	339	230	181	315	196
Females - Frauen	209	101	243	225	257	202	265	163
2.2 Total - Insg.	27	65	300	390	43	186	390	257
Males - Männer	27	58	307	428	45	187	411	260
Females - Frauen	28	74	290	331	40	184	365	253
2.3 Total - Insg.	545	170	220	58	632	212	125	25
Males - Männer	524	162	220	84	676	171	112	33
Females - Frauen	564	177	221	34	601	242	134	19
3.1 Total - Insg.	34	15	175	341	60	59	277	331
Males - Männer	34	16	212	402	55	67	306	356
Females - Frauen	34	14	142	285	63	52	251	309
3.2 Total - Insg.	14	25	238	408	13	75	343	336
Males - Männer	14	24	254	448	12	82	362	350
Females- Frauen	15	26	209	336	14	66	319	320

403

6.2 Labour / Arbeitsreserven

	1959				1970			
	A.	B.	C.	D.	A.	B.	C.	D.
3.3 Total - Insg.	587	134	211	62	608	192	143	47
Males - Männer	507	120	260	103	548	167	185	84
Females - Frauen	665	147	164	21	650	211	113	21
3.4 Total - Insg.	6	8	166	348	16	36	268	366
Males - Männer	9	9	203	413	24	47	295	392
Females - Frauen	3	6	136	295	9	26	245	343
Latvijskaja SSR								
1.1 Total - Insg.	127	78	297	332	210	147	304	251
Males - Männer	120	63	308	367	198	123	328	271
Females - Frauen	135	94	284	295	222	171	280	231
1.2 Total - Insg.	39	64	370	387	62	135	381	321
Males - Männer	45	56	378	407	68	127	400	322
Females - Frauen	32	74	360	357	55	145	358	320
1.3 Total - Insg.	512	203	232	49	581	217	156	42
Males - Männer	540	163	218	73	658	154	134	48
Females - Frauen	492	232	242	32	531	256	170	38
1.4 Total - Insg.	18	17	209	430	67	35	305	404
Males - Männer	23	16	203	464	64	33	326	409
Females - Frauen	15	18	214	401	70	38	283	399
2.1 Total - Insg.	182	116	335	277	256	184	297	205
Males - Männer	172	93	350	311	252	156	323	220
Females - Frauen	191	141	319	241	260	210	272	191
2.2 Total - Insg.	46	78	395	367	70	161	388	297
Males - Männer	55	70	406	383	79	153	411	293
Females - Frauen	35	89	379	347	59	170	362	301
2.3 Total - Insg.	511	216	221	48	591	224	142	39
Males - Männer	549	173	205	68	674	159	119	42
Females - Frauen	485	248	233	33	536	266	157	37
3.1 Total - Insg.	61	32	250	399	114	69	319	347
Males - Männer	57	29	257	434	94	56	337	371
Females - Frauen	67	36	242	360	138	83	299	320
3.2 Total - Insg.	24	31	316	430	39	64	360	388
Males - Männer	26	29	321	455	38	58	371	397
Females - Frauen	21	34	305	385	41	72	347	376
3.3 Total - Insg.	516	147	276	57	529	179	228	59
Males - Männer	507	121	271	93	565	125	220	82
Females - Frauen	523	167	279	30	509	210	232	46
3.4 Total - Insg.	18	16	207	430	63	33	303	409
Males - Männer	21	15	201	464	58	31	321	416
Females - Frauen	15	17	213	401	68	37	284	401
Kirgizskaja SSR								
1.1 Total - Insg.	103	69	257	246	169	175	299	210
Males - Männer	102	79	268	266	166	188	311	212
Females - Frauen	105	57	242	221	171	162	287	208
1.2 Total - Insg.	21	65	303	341	36	174	367	268
Males - Männer	22	68	308	363	40	189	379	265
Females - Frauen	20	59	295	303	32	155	351	272

Labour
Arbeitsreserven 6.2

	1 9 5 9				1 9 7 0			
	A.	B.	C.	D.	A.	B.	C.	D.
1.3 Total - Insg.	537	158	225	64	607	204	150	31
Males - Männer	529	161	204	83	646	185	122	37
Females - Frauen	546	154	247	44	576	218	172	27
1.4 Total - Insg.	11	39	228	230	30	136	301	277
Males - Männer	19	59	251	230	51	165	312	262
Females - Frauen	4	19	205	230	9	108	290	292
2.1 Total - Insg.	180	97	290	265	246	192	302	172
Males - Männer	154	92	289	305	227	190	316	190
Females - Frauen	216	105	293	208	266	194	287	153
2.2 Total - Insg.	27	76	324	356	46	190	387	253
Males - Männer	27	75	324	384	48	197	399	257
Females - Frauen	28	79	322	309	44	180	371	247
2.3 Total - Insg.	584	151	232	68	617	190	154	31
Males - Männer	537	148	202	91	673	163	119	35
Females - Frauen	531	154	259	47	579	208	178	28
3.1 Total - Insg.	67	55	240	237	108	163	298	239
Males - Männer	74	72	.258	245	120	186	308	229
Females - Frauen	58	35	220	227	96	137	287	250
3.2 Total - Insg.	15	51	279	323	25	158	345	285
Males - Männer	17	59	288	339	30	181	357	274
Females - Frauen	12	37	265	295	19	128	330	299
3.3 Total - Insg.	543	166	215	58	588	229	142	33
Males - Männer	521	176	206	73	607	217	126	40
Females - Frauen	574	153	227	37	569	240	159	26
3.4 Total - Insg.	11	39	229	229	30	136	301	277
Males - Männer	19	59	252	228	51	166	312	262
Females - Frauen	4	19	206	230	9	109	291	292
Tadžikskaja SSR								
1.1 Total - Insg.	83	53	271	216	140	164	298	214
Males - Männer	90	63	271	224	154	183	296	209
Females - Frauen	75	40	270	205	124	141	301	221
1.2 Total - Insg.	22	53	285	314	35	170	352	256
Males - Männer	23	56	294	326	39	195	359	244
Females - Frauen	20	45	266	291	27	125	339	278
1.3 Total - Insg.	533	162	215	68	564	216	158	43
Males - Männer	551	168	183	72	599	212	124	44
Females - Frauen	511	155	255	63	523	221	197	42
1.4 Total - Insg.	8	27	277	200	13	126	325	274
Males - Männer	14	40	280	194	25	140	319	275
Females - Frauen	2	13	274	206	3	114	330	273
2.1 Total - Insg.	168	86	262	263	226	177	286	185
Males - Männer	145	83	259	294	210	188	294	195
Females - Frauen	203	91	266	217	247	163	277	172
2.2 Total - Insg.	24	57	281	349	42	163	356	265
Males - Männer	24	58	286	368	47	187	365	257
Females - Frauen	24	54	271	314	34	124	341	277
2.3 Total - Insg.	514	155	231	78	572	199	170	42
Males - Männer	531	157	192	91	626	185	124	44
Females - Frauen	498	153	267	67	531	210	206	40

6.2 Labour / Arbeitsreserven

	1959				1970			
	A.	B.	C.	D.	A.	B.	C.	D.
3.1 Total - Insg.	46	39	274	195	75	154	307	237
Males - Männer	64	54	277	190	112	179	298	218
Females - Frauen	24	19	271	200	29	125	319	259
3.2 Total - Insg.	17	44	295	240	22	184	345	241
Males - Männer	20	53	310	245	27	208	350	224
Females - Frauen	9	20	252	225	10	125	332	282
3.3 Total - Insg.	573	176	182	48	544	254	128	46
Males - Männer	576	181	173	47	564	246	123	43
Females - Frauen	562	161	209	49	473	284	147	55
3.4 Total - Insg.	8	26	279	199	12	125	326	275
Males - Männer	13	40	282	193	24	138	318	278
Females - Frauen	2	13	276	204	2	114	332	273
Armjanskaja SSR								
1.1 Total - Insg.	129	124	274	247	203	253	241	184
Males - Männer	127	123	294	260	206	243	259	188
Females - Frauen	134	125	245	229	198	264	221	181
1.2 Total - Insg.	25	118	344	307	47	251	319	245
Males - Männer	26	121	364	316	51	255	334	241
Females - Frauen	23	112	299	286	40	246	298	251
1.3 Total - Insg.	577	259	117	36	598	300	69	24
Males - Männer	574	232	131	48	638	243	77	30
Females - Frauen	581	289	100	23	560	353	61	19
1.4 Total - Insg.	17	67	282	288	33	131	317	293
Males - Männer	27	71	290	294	57	139	312	292
Females - Frauen	8	62	274	282	11	124	322	294
2.1 Total - Insg.	202	172	267	220	262	301	217	144
Males - Männer	176	159	293	243	254	283	241	154
Females - Frauen	248	195	222	180	273	322	188	133
2.2 Total - Insg.	28	135	346	307	57	298	318	222
Males - Männer	29	136	363	315	60	297	333	220
Females - Frauen	27	133	308	288	53	300	296	225
2.3 Total - Insg.	573	262	115	38	608	298	64	22
Males - Männer	575	234	125	50	653	242	69	27
Females - Frauen	572	293	103	24	568	348	59	18
3.1 Total - Insg.	66	82	280	270	97	168	285	255
Males - Männer	76	86	296	277	117	168	294	251
Females - Frauen	55	78	261	263	77	167	275	259
3.2 Total - Insg.	17	71	336	307	25	153	321	292
Males - Männer	20	76	368	319	32	160	335	286
Females - Frauen	12	62	276	283	17	143	303	299
3.3 Total - Insg.	589	247	123	32	551	305	95	33
Males - Männer	570	228	148	42	583	244	110	42
Females - Frauen	616	275	88	16	511	383	75	22
3.4 Total - Insg.	17	66	284	288	32	128	318	297
Males - Männer	26	70	292	294	57	133	310	299
Females - Frauen	8	62	275	282	11	124	324	294

Labour
Arbeitsreserven 6.2

	1 9 5 9				1 9 7 0			
	A.	B.	C.	D.	A.	B.	C.	D.
Turkmenskaja SSR								
1.1 Total - Insg.	103	65	329	191	158	176	348	179
Males - Männer	105	74	320	209	176	190	342	174
Females - Frauen	100	53	340	167	137	159	355	184
1.2 Total - Insg.	23	55	309	303	45	176	395	241
Males - Männer	25	63	331	310	48	205	407	224
Females - Frauen	17	39	259	286	40	124	372	271
1.3 Total - Insg.	499	144	257	77	575	200	169	43
Males - Männer	509	152	229	81	623	186	135	41
Females - Frauen	486	135	290	73	523	214	205	46
1.4 Total - Insg.	10	43	377	144	24	159	426	205
Males - Männer	18	54	352	147	43	174	403	196
Females - Frauen	2	32	401	141	8	146	445	213
2.1 Total - Insg.	168	82	291	249	228	173	312	178
Males - Männer	142	83	301	277	219	184	325	182
Females - Frauen	207	80	275	206	242	159	295	171
2.2 Total - Insg.	24	54	302	330	48	167	391	254
Males - Männer	27	61	325	340	53	193	405	242
Females - Frauen	19	41	254	306	41	121	366	274
2.3 Total - Insg.	478	143	269	87	564	194	182	48
Males - Männer	483	150	236	99	622	175	142	47
Females - Frauen	472	136	300	76	516	210	215	48
3.1 Total - Insg.	49	52	360	143	80	178	388	180
Males - Männer	71	66	338	146	124	196	363	164
Females - Frauen	22	34	387	139	32	159	414	197
3.2 Total - Insg.	17	58	336	200	34	209	407	197
Males - Männer	20	68	352	207	32	242	413	168
Females - Frauen	7	25	283	177	37	137	394	260
3.3 Total - Insg.	581	149	211	38	616	222	119	26
Males - Männer	572	156	213	38	626	212	118	26
Females - Frauen	615	122	202	40	585	250	123	26
3.4 Total - Insg.	10	43	378	142	23	157	428	207
Males - Männer	17	54	354	144	43	171	404	198
Females - Frauen	2	32	403	140	8	146	447	213
Estonskaja SSR								
1.1 Total - Insg.	125	86	237	470	203	153	304	310
Males - Männer	116	68	246	499	191	128	325	331
Females - Frauen	135	103	228	440	215	178	284	289
1.2 Total - Insg.	37	62	295	531	56	129	383	395
Males - Männer	38	54	299	549	57	122	400	394
Females - Frauen	36	74	288	506	55	138	362	396
1.3 Total - Insg.	469	216	214	99	545	228	160	63
Males - Männer	499	174	191	132	628	170	130	67
Females - Frauen	448	245	230	75	492	265	180	60
1.4 Total - Insg.	15	17	113	678	82	35	265	573
Males - Männer	21	16	117	675	76	33	291	557
Females - Frauen	11	17	110	681	89	37	234	591

407

6.2 Labour
6.3 Arbeitsreserven

	1959				1970			
	A.	B.	C.	D.	A.	B.	C.	D.
2.1 Total - Insg.	169	124	290	370	234	187	312	243
Males - Männer	158	97	300	409	231	159	336	257
Females - Frauen	181	152	279	329	239	212	289	230
2.2 Total - Insg.	42	78	327	489	62	154	404	346
Males - Männer	44	69	339	503	66	149	427	339
Females - Frauen	39	89	313	472	57	161	378	355
2.3 Total - Insg.	468	233	209	87	552	237	152	54
Males - Männer	509	187	186	114	645	176	121	54
Females - Frauen	439	267	225	67	492	277	172	54
3.1 Total - Insg.	68	36	170	598	129	75	287	465
Males - Männer	60	30	177	616	107	61	301	488
Females - Frauen	76	42	163	580	156	90	272	439
3.2 Total - Insg.	25	29	225	621	42	61	324	527
Males - Männer	25	25	224	638	35	57	331	533
Females - Frauen	26	35	227	592	51	68	313	519
3.3 Total - Insg.	473	150	233	142	510	180	199	106
Males - Männer	462	127	211	196	545	144	170	135
Females - Frauen	481	166	248	105	488	203	216	89
3.4 Total - Insg.	15	16	112	682	80	32	259	583
Males - Männer	21	15	115	677	72	28	281	573
Females - Frauen	11	17	109	685	88	35	233	594

6.3 EDUCATIONAL LEVEL OF THE POPULATION OF THE USSR BY PROFESSIONS
    BILDUNGSSTAND DER BEVÖLKERUNG DER UdSSR NACH BERUFEN
    UROVEN' OBRAZOVANIJA NASELENIJA SSSR PO ZANJATIJAM
    (Census - Volkszählung - Perepis' naselenija 1970)

	per 1,000 people - je 1.000 Personen - na 1.000 čelovek				
	Higher education Hochschulbildung Vysšee obrazovanie A.	Incomplete higher & secondary specialized education Nicht abgeschl.Hochschul-u. mittlere Fachschulbildung Nezakončennoe vysšee i srednee special'noe obrazovanie B.	Secondary education Mittelschulbildung Srednee obrazovanie C.	Incompl.secondary education Nicht abgeschl.Mittelschulb. Nepolnoe srednee obrazovanie D.	Primary education(complete and incomplete) Grundschulbildung (mit und ohne Abschluß) Načal'noe i nezakončennoe načal'noe obrazovanie E.
Total population employed - Beschäftigte insgesamt - Vse zanjatoe naselenie	65	118	159	311	347
Mainly with physical work - vorwiegend mit körperlicher Arbeit - zanjatye preimuščestvenno fizičeskim trudom	1	30	143	366	460

Labour
Arbeitsreserven 6.3

	A.	B.	C.	D.	E.
In power plants - in Kraftwerken - Zanjatye na silovych ustanovkach	2	36	107	335	520
Miners - Bergarbeiter - Gornjaki	3	40	145	404	408
Foundrymen and smelters - Hüttenarbeiter und Metallgießer - Metallurgi i litejščiki	4	51	184	402	359
In machine-building and metal industry - Im Maschinenbau und in der Metallindustrie - Zanjatye v mašinostroenni i metalloobrabotke	2	55	254	431	258
Chemical workers - Chemiearbeiter - Chimiki	4	79	270	388	259
In the production of construction materials, concrete and reinforced concrete, glass, porcelain and crockery products - In der Produktion von Baustoffen, Beton-, Eisenbeton-, Glas-, Porzellan-u.Steinguterzeugnissen- Zanjatye v proizvodstve stroitel'nych materialov, betonnych i železnobetonnych, stekol'nych i farforo-fajansovych izdelij	1	25	154	402	418
In production of wood and timber - In Holzbeschaffung und Abharzung - Zanjatye na lesozagotovkach i podsočke lesa	1	13	56	312	618
In wood working - in der Holzbearbeitung - Derevoobrabotčiki	1	21	130	386	462
Paper and cardboard workers - Papier-u.Kartonagearbeiter - Bumažniki i kartonažniki	2	40	173	389	396
In the printing industry - Polygraphiearbeiter - Poligrafisty	4	59	298	448	191
Textile workers - Textilarbeiter - Tekstil'ščiki	1	30	209	440	320
Clothing industry workers - Konfektionsarbeiter - Šveiniki	1	36	236	460	267
Leather workers and furriers - Lederarbeiter u.Kürschner - Koževniki i mechovščiki	2	25	157	391	425
Shoe workers - Schuharbeiter - Obuvščiki	1	22	181	412	384
Food industry workers - Arbeiter der Lebensmittelindustrie - piščeviki	2	30	149	386	433
Construction workers-Bauarbeiter-Stroiteli	1	19	116	405	459
Agricultural professions - landwirtschaftliche Berufe - Sel'skochozjajstvennye zanjatija	1	9	61	277	652
In fishing, fish-hatching and hunting - In Fischfang, Fischzucht und Jagd - Zanjatye v rybolovstve, rybovodstve i ochote	2	20	59	238	681
Railwaymen - Eisenbahner - Železnodorožniki	2	52	144	397	405
In navigation - in der Schiffahrt - Vodniki	4	65	203	456	272
In motor transport and municipal electrified transport - im Kraftverkehr und städtischen elektrifizierten Kraftverkehr - Zanjatye na avtotransporte i gorodskom elektrotransporte	1	18	153	511	317

6.3 Labour
Arbeitsreserven

	A.	B.	C.	D.	E.
Other transport workers – andere Transportarbeiter – pročie rabočie na transporte	1	13	75	279	632
Postmen – Briefträger – Počtal'ony	1	17	143	471	368
On elevating and conveying machines – Auf Hebe- und Transportmechanismen – Zanjatye na pod'emno-transportnych mechanizm.	1	26	181	446	346
In Trade and communal canteens – in Handel und Gemeinschaftsverpflegung – Rabočie v torgovle i obščestvennom pitanii	3	81	227	451	238
In municipal economy and public services – in der Kommunalwirtschaft und Dienstleistungsbetrieben – Rabočie kommunal'nogo i bytovogo obsluživanija	1	12	51	218	718
Nurses – Krankenpflegerinnen – Sanitarki, sidelki, njani	0.5	13	88	335	564
Machinists and enginemen – Maschinisten und Motorwärter – Mašinisty i motoristy	2	40	153	405	400
Laboratory assistants (workers) – Laboranten (Arbeiter) – Laboranty (rabočie)	5	127	479	306	83
Controllers, goods' examiners, assorters – Kontrolleure, Warenprüfer, Sortierer – Kontrolery, brakovščiki, sortirovščiki	3	87	324	400	186
Stockmen, weighing foremen, surveyors, distributors – Lageristen, Wiegemeister, Abnehmer, Ausgeber – Kladovščiki, vesovščiki, priemščiki, razdatčiki	3	53	201	482	261
Unskilled and warehouse hands – Hilfs-u.Lagerarbeiter – Raznorabočie, skladskie rabočie	1	15	109	324	551
Mainly with mental work – vorwiegend mit geistiger Arbeit – zanjatye preimuščestvenno umstvennym trudom	235	354	195	168	48
Heads of the municipal executives and their structural subdivisions – Leiter der Organe der Stadtverwaltung und ihrer strukturellen Unterabteilungen – Rukovoditeli organov gosudarstvennogo upravlenija i ich strukturnych podrazdelenij	354	244	207	164	31
Leaders of party, Komsomol, labor union and other social organizations – Leiter der Partei-,Komsomol-,Gewerkschafts-u.anderen gesellschaftl.Organisationen – Rukovoditeli partijnych,komsomol'skich,profsojuznych i drugich obščestvennych organizacij	370	317	214	84	15
Works managers(industry,architecture,agriculture,forestry,transport,communications) and their structural subdivisions – Betriebsleiter(Industrie,Bauwesen,Land-u.Forstwirtschaft,Transport-,Post-u.Fernmeldewesen) und ihrer strukturellen Unterabteilungen –					

Labour
Arbeitsreserven 6.3

	A.	B.	C.	D.	E.
Rukovoditeli predprijatij(promyšlennosti, stroitel'stva,sel'skogo i lesnogo chozjajstva, transporta,svjazi)i ich strukturnych podraz.	341	370	103	122	64
Technical engineering cadres - Ingenieur-technische Kader - Inženerno-techničeskie rabotn.	247	437	168	116	32
Agriculturists, zoo engineers, veterinarians and foresters(incl.chief specialists) - Agronomen,Zootechniker,Veterinäre und Förster (einschl.Hauptspezialisten) - Agronomy,zootechniki,veterinarnye rabotniki i lesničie (vključaja glavnych specialistov)	306	503	54	88	49
Physicians and medical staff - Ärzte und medizinisches Personal - Medicinskie rabotniki	222	585	98	73	22
Scientists, teachers, tutors - Wissenschaftler, Lehrer, Erzieher - Naučnye rabotniki, pedagogi, vospitateli	494	351	116	31	8
Men of letters and journalists - Literaten und Presseleute - Rabotniki literatury i pečati	549	191	216	37	7
In cultural and information work - Kultur- und Aufklärungsschaffende - Kul'turno-prosvetitel'nye rabotniki	128	275	326	225	46
Artists - Kunstschaffende - Rabotniki iskusstva	202	312	287	162	37
Juristic staff - juristisches Personal - Juridičeskij personal	703	158	93	39	7
In communications - im Post-u.Fernmeldewesen - Rabotniki svjazi	9	100	343	442	106
In trade, public catering, procurement , supply, and sale - in Handel, Gemeinschaftsverpflegung, Beschaffungen,Versorgung und Absatz - Rabotniki torgovli,obščestvennogo pitanija, zagotovok, snabženija i sbyta	78	276	215	313	118
In planning and statistics - in Planung und Statistik - Rabotniki planirovanija i učeta	80	273	298	302	47
In municipal economy and public services - in Kommunalwirtschaft und Dienstleistungsbetrieben - Rabotniki kommunal'nych predprijatij i bytovogo obsluživanija	58	183	221	361	177
Shorthand typists and stenographers - Stenotypisten u.Stenographen - Mašinistki i stenografistki	8	76	513	355	48
Secretaries and other secretarial staff - Sekretäre,Schriftführer u.anderes Schriftführerpersonal - Sekretari, deloproizvoditeli i pročij deloproizvodstvennyj personal	22	123	484	335	36
Agents and forwarding agents - Agenten und Expediteure - Agenty i ekspeditory	21	141	267	410	161

411

6.4 Labour / Arbeitsreserven

6.4 AVERAGE ANNUAL NUMBER OF WORKERS AND EMPLOYEES BY BRANCHES OF THE NATIONAL ECONOMY
JAHRESDURCHSCHNITTSZAHL DER ARBEITER UND ANGESTELLTEN NACH VOLKSWIRTSCHAFTSBEREICHEN
SREDNEGODOVAJA ČISLENNOST' RABOČICH I SLUŽAŠČICH PO OTRASLJAM NARODNOGO CHOZJAJSTVA
(thousands - Tsd. - tys.)

	1940	1965	1970	1975	1976
Total number of workers and employees in the national economy – Arbeiter und Angestellte in der Volkswirtschaft, insgesamt – Vsego rabočich i služaščich v narodnom chozjajstve	33,926	76,915	90,186	102,160	104,235
Industry (industrial production staff) – Industrie (Industrieproduktionspersonal) – Promyšlennost' (promyšlenno-proizvodstvennyj personal)	13,079	27,447	31,593	34,054	34,815
Agriculture – Landwirtschaft – Sel'skoe chozjajstvo	2,703	8,926	9,418	10,519	10,767
of which state farms, subsidiary and other agricultural enterprises – darunter Sowchosen, Neben- und sonstige landwirtschaftliche Betriebe – v tom čisle sovchozy, podsobnye i pročie proizvodstvennye sel'skochozjajstvennye predprijatija	1,760	8,471	8,832	9,785	9,970
Forestry – Forstwirtschaft – Lesnoe chozjajstvo	280	402	433	453	449
Transport – Verkehr – Transport	3,525	7,252	7,985	9,215	9,378
Railway – Eisenbahn – Železnodorožnyj	1,767	2,319	2,331	2,459	2,460
Waterways – See- und Binnenschiffahrt – vodnyj	206	348	370	404	411
Motor transport, municipal electrified and other transport, loading and unloading enterprises – Kraftverkehr, städtischer elektrifizierter und sonstiger Verkehr, Be-u.Entladeorganisationen – Avtomobil'nyj, gorodskoj električeskij i pročij transport, pogruzočno-razgruzočnye organizacii	1,552	4,585	5,284	6,352	6,507
Communications – Post- und Fernmeldewesen – Svjaz'	484	1,007	1,330	1,528	1,555
Construction – Bauwesen – Stroitel'stvo	1,993	7,301	9,052	10,574	10,716
of which building and installation work – darunter Bau- und Montagearbeiten – v tom čisle stroitel'no-montažnye raboty	1,620	5,685	6,994	7,930	7,999

Labour
Arbeitsreserven 6.4

	1940	1965	1970	1975	1976
Trade, public catering, material and technical supply, distribution and procurements – Handel, Gemeinschaftsverpflegung, materiell-technische Versorgung, Absatz und Erfassung – Torgovlja, obščestvennoe pitanie, material'no-techničeskoe snabženie i sbyt, zagotovki	3,351	6,009	7,537	8,857	9,010
Other activity in material production – Sonstige Tätigkeit in der materiellen Produktion – Pročie vidy dejatel'nosti sfery material'nogo proizvodstva	166	775	998	1,250	1,290
Housing and communal services – Wohnungs- und Kommunalwirtschaft, Dienstleistungen für die Bevölkerung – Žilíščno-kommunal'noe chozjajstvo i bytovoe obslužívanie naselenija	1,516	2,386	3,052	3,805	3,896
Public health, physical culture and social security – Gesundheitswesen, Körperkultur und Sozialfürsorge – Zdravoochranenie, fizkul'tura i social'noe obespečenie	1,512	4,277	5,080	5,769	5,878
Public education – Volksbildung – Prosveščenie	2,482	6,044	7,201	8,080	8,239
Culture – Kultur – Kul'tura	196	556	824	1,056	1,097
Art – Kunst – Iskusstvo	173	370	412	446	448
Science and scientific services – Wissenschaft und wissenschaftliche Dienstleistungen – Nauka i naučnoe obslužívanie	362	2,403	3,000	3,792	3,860
Credit and state insurance institutions – Kreditwesen und staatliche Versicherung – Kreditovanie i gosudarstvennoe strachovanie	267	300	388	519	546
State administration and economic management, administration of cooperative and mass organizations – Staats- und Wirtschaftsverwaltung, Verwaltung der genossenschaftlichen und gesellschaftlichen Organisationen – Apparat organov gosudarstvennogo i chozjajstvennogo upravlenija, organov upravlenija kooperativnych i obščestvennych organizacij	1,837	1,460	1,883	2,243	2,291

6.5 Labour / Arbeitsreserven

6.5 AVERAGE ANNUAL NUMBER OF WORKERS AND EMPLOYEES IN THE NATIONAL ECONOMY
JAHRESDURCHSCHNITTSZAHL DER ARBEITER UND ANGESTELLTEN IN DER VOLKSWIRTSCHAFT
SREDNEGODOVAJA ČISLENNOST' RABOČICH I SLUŽAŠČICH V NARODNOM CHOZJAJSTVE
(millions - Millionen - mln.)

Year Jahr Gody	Total number of workers & employees- Arbeiter und Angestellte insgesamt - Vsego rabočich i služaščich	of whom workers (incl. junior service staff and guards) - darunter Arbeiter (einschl. Hilfspersonal der unteren Stufe u. Personal für den Betriebsschutz) - v tom čisle rabočich (vkl. mladšij obsluživajuščij personal i rabotnikov ochrany)
1913 within the borders of the U.S.S.R. up to 17.9.1939 - in den Grenzen der UdSSR bis 17.9.1939 - v granicach SSSR do 17 sentjabrja 1939 g.	11.4	9.8
in the present borders of the U.S.S.R. - in den heutigen Grenzen der UdSSR - v sovremennych granicach SSSR	12.9	11.0
1928	11.4	8.7
1940	33.9	23.7
1950	40.4	28.7
1955	50.3	36.8
1960	62.0	45.9
1965	76.9	55.9
1970	90.2	64.3
1971	92.8	66.2
1972	95.2	67.5
1973	97.5	68.8
1974	99.8	70.2
1975	102.2	71.7
1976	104.3	73
1977 (planned-geplant)	106.2	74

Labour
Arbeitsreserven 6.6

6.6 PERCENTAGE OF FEMALES IN RELATION TO TOTAL NUMBER OF WORKERS AND EMPLOYEES BY BRANCHES OF THE NATIONAL ECONOMY
PROZENTUALER ANTEIL DER FRAUEN AN DER GESAMTZAHL DER ARBEITER UND ANGESTELLTEN NACH VOLKSWIRTSCHAFTSZWEIGEN
PROCENT ŽENŠČIN V OBŠČEJ ČISLENNOSTI RABOČICH I SLUŽAŠČICH PO OTRASLJAM NARODNOGO CHOZJAJSTVA

Branch of the national economy – Volkswirtschaftszweig – Otrasl' narodnogo chozjajstva	1940	1950	1960	1965	1970	1971	1972	1975
Total national economy – Gesamte Volkswirtschaft – Vse narodnoe chozjajstvo	39	47	47	49	51	51	51	51
Industry (industrial production staff) – Industrie (Industrie-Produktionspersonal) – Promyšlennost' (promyšlenno-proizvodstvennyj personal)	38	46	45	46	48	48	49	49
Agriculture – Landwirtschaft – Sel'skoe chozjajstvo	30	42	41	44	44	45	45	44
State farms, subsidiary and other agricultural production enterprises – Sowchosen, Neben- u. andere landwirtschaftliche Produktionsbetriebe – Sovchozy, podsobnye i pročie proizvodstvennye sel'skochozjajstvennye predprijatija	34	49	43	44	45	45	45	45
Transport – Verkehr – Transport	21	28	24	24	24	24	24	24
Communications – Post-und Fernmeldewesen – Svjaz'	48	59	64	65	68	68	68	68
Construction – Bauwesen – Stroitel'stvo	24	32	30	30	29	29	29	28
Building and installation work – Bau-und Montagearbeiten – Stroitel'no-montažnye raboty	23	33	29	29	26	26	26	25
Trade, public catering, material and technical supply and distribution, procurement – Handel, Gemeinschaftsverpflegung, materiell-technische Versorgung und Absatz, Beschaffung – Torgovlja, obščestvennoe pitanie, material'no-techničeskoe snabženie i sbyt, zagotovki	44	57	66	72	75	76	76	76
Housing and communal services, consumer services – Wohnungs-u. Kommunalwirtschaft, Dienstleistungen f.d. Bevölkerung – Žiliščno-kommunal'noe chozjajstvo i bytovoe obsluživanie naselenija	43	53	53	53	51	53	53	53

415

6.6 Labour
Arbeitsreserven

Branch of the national economy – Volkswirtschaftszweig – Otrasl' narodnogo chozjajstva	1940	1950	1960	1965	1970	1971	1972	1975
Public health, physical culture and social security – Gesundheitswesen, Körperkultur und Sozialfürsorge – Zdravoochranenie, fizkul'tura i social'noe obespečenie	76	84	85	86	85	85	85	84
Public education and culture – Volksbildung und Kultur – Prosveščenie i kul'tura	59	69	70	72	72	73	72	73
Kunst – Art – Iskusstvo	39	37	36	40	44	45	45	47
Science and science services – Wissenschaft und wissenschaftliche Betreuung – Nauka i naučnoe obsluživanie	42	43	42	44	47	48	48	50
Credit and state insurance institutions – Kreditwesen und staatliche Versicherung – Kreditovanie i gosudarstvennoe strachovanie	41	58	68	72	78	78	79	82
State administration and economic management, administration of cooperative and mass organizations – Staats- und Wirtschaftsverwaltung, Verwaltung der genossenschaftlichen u.gesellschaftlichen Organisationen – Apparat organov gosudarstvennogo i chozjajstvennogo upravlenija organov upravlenija kooperativnych i obščestvennych organizacij	34	43	51	55	61	62	62	65

Labour 6.7
Arbeitsreserven 6.8

6.7 PERCENTAGE OF FEMALES IN RELATION TO TOTAL NUMBER OF WORKERS AND EMPLOYEES
BY UNION REPUBLICS - PROZENTUALER ANTEIL DER FRAUEN AN DER GESAMTZAHL DER
ARBEITER UND ANGESTELLTEN NACH UNIONSREPUBLIKEN - PROCENT ŽENŠČIN V OBŠČEJ
ČISLENNOSTI RABOČICH I SLUŽAŠČICH PO SOJUZNYM RESPUBLIKAM

	1928	1940	1950	1960	1970	1975	1976	1977
SSSR	24	39	47	47	51	51	51	51.5
RSFSR	27	41	50	50	53	53	53	53
Ukrainskaja SSR	21	37	43	45	50	52	52	52
Belorusskaja SSR	22	40	45	49	52	53	53	53
Uzbekskaja SSR	18	31	40	39	41	42	43	43
Kazachskaja SSR	15	30	40	38	47	48	48	49
Gruzinskaja SSR	19	35	40	40	43	45	46	46
Azerbajdžanskaja SSR	14	34	40	38	41	43	42	42
Litovskaja SSR		30	38	43	49	51	51	51
Moldavskaja SSR	21	35	38	43	51	51	51	51
Latvijskaja SSR		36	45	49	53	54	55	55
Kirgizskaja SSR	11	29	41	41	47	48	48	48
Tadžikskaja SSR	7	29	39	37	38	38	38	38
Armjanskaja SSR	15	34	40	38	41	45	46	46
Turkmenskaja SSR	25	36	41	36	39	40	40	40
Estonskaja SSR		35	48	50	53	54	54	54

6.8 PERCENTAGE OF FEMALES IN RELATION TO AVERAGE ANNUAL NUMBER OF ALL COLLECTIVE
FARMERS HAVING PARTICIPATED IN THE WORK AT COLLECTIVE FARMS, BY UNION REPUBLICS-
PROZENTUALER ANTEIL DER FRAUEN AN DER JAHRESDURCHSCHNITTSZAHL ALLER KOLCHOS-
BAUERN, DIE SICH AN ARBEITEN IN DEN KOLCHOSEN BETEILIGT HABEN, NACH UNIONSREPUBLIKEN
PROCENT ŽENŠČIN V SREDNEGODOVOJ ČISLENNOSTI VSECH KOLCHOZNIKOV, PRINIMAVŠICH
UČASTIE V RABOTACH KOLCHOZOV, PO SOJUZNYM RESPUBLIKAM

	1960	1965	1970	1975	1976	1977
SSSR	52	50	50	48	48	
RSFSR	53	50	49	46	46	
Ukrainskaja SSR	54	53	52	50	51	
Belorusskaja SSR	55	53	52	50	50	
Uzbekskaja SSR	45	46	48	49	49	
Kazachskaja SSR	43	41	40	40	40	
Gruzinskaja SSR	47	46	48	50	51	
Azerbajdžanskaja SSR	47	47	46	48	50	
Litovskaja SSR	47	46	46	45	45	
Moldavskaja SSR	50	49	51	50	52	
Latvijskaja SSR	52	51	47	45	46	
Kirgizskaja SSR	44	43	43	43	42	
Tadžikskaja SSR	42	41	43	44	45	
Armjanskaja SSR	43	43	44	46	46	
Turkmenskaja SSR	50	50	48	48	48	
Estonskaja SSR	56	51	47	44	44	

6.9 Labour
6.10 Arbeitsreserven

6.9 NUMBER OF FEMALE SPECIALISTS WITH HIGHER AND SPECIALIZED SECONDARY EDUCATION, ENGAGED IN THE NATIONAL ECONOMY - ZAHL DER IN DER VOLKSWIRTSCHAFT BESCHÄFTIGTEN FRAUEN-SPEZIALISTEN MIT HOCHSCHUL- UND MITTLERER FACHSCHULBILDUNG - ČISLENNOST' ŽENSČIN-SPECIALISTOV S VYSŠIM I SREDNIM SPECIAL'NYM OBRAZOVANIEM, ZANJATYCH V NARODNOM CHOZJAJSTVE

Year Jahr Gody	Total Insg. Vsego	with higher education mit Hochschulbildung s vysšim obrazovaniem	with specialized second.education mit mittl.Fachschulbildung so srednim special'nym obrazovaniem	% of females in relation to total of specialists with higher and special. secondary education Proz.Anteil d.Frauen a.d. Gesamtzahl d.Spezialisten mit Hochschul-u.mittl. Fachschulbildung Procent ženščin v obščej čislennosti specialistov s vysšim i srednim special'nym obrazovaniem
		(in thousands - Tsd. - tys.)		
1928	151	65	86	29
1941	864	312	552	36
1955	3,115	1,155	1,960	61
1960	5,189	1,865	3,324	59
1965	6,941	2,518	4,423	58
1970	9,900	3,568	6,332	59
1973	11,998	4,397	7,601	59
1975	13,411	4,962	8,449	59
1976	14,100	5,230	8,870	59
1977				

6.10 NUMBER OF WOMAN DOCTORS IN ALL SPECIAL BRANCHES (END-OF-YEAR FIGURES)
ZAHL DER ÄRZTINNEN ALLER FACHRICHTUNGEN (ZUM JAHRESENDE)
ČISLENNOST' ŽENSČIN-VRAČEJ VSECH SPECIAL'NOSTEJ (NA KONEC GODA)

Year Jahr Gody	Thousands Tausend Tysjač	% in relation to total number of doctors % im Verhältnis zur Gesamtzahl der Ärzte V % k obščej čislennosti vračej
1913	2.8	10
1940	96.3	62
1950	204.9	77
1955	254.8	76
1960	327.1	76
1965	408.9	74
1970	479.6	72
1975	583.5	70
1976	600.6	69
1977		

6.11 PERCENTAGE OF WORKERS AND EMPLOYEES OF 55 YEARS OF AGE AND OLDER BY BRANCHES OF THE NATIONAL ECONOMY
PROZENTUALER ANTEIL VON ARBEITERN UND ANGESTELLTEN, DIE 55 JAHRE ALT UND ÄLTER SIND, NACH VOLKSWIRTSCHAFTSZWEIGEN
RASPREDELENIE RABOČICH I SLUŽAŠČICH V VOZRASTE 55 LET I STARŠE PO OTRASLJAM NARODNOGO CHOZJAJSTVA (v procentach)

Labour 6.11
Arbeitsreserven

	55–59 years–Jahre–let			60 and older–u.älter–i starše		
	1967	1973	in relation to 1973 im Verhältnis zu po sravneniju s 1967	1967	1973	in relation to 1973 im Verhältnis zu po sravneniju s 1967
Industry – Industrie – Promyšlennost'	3.0	2.9	− 0.1	1.1	2.0	+ 0.9
Agriculture – Landwirtschaft – Sel'skoe chozjajstvo	5.1	4.4	− 0.7	2.5	3.1	+ 0.6
Transport	4.5	4.2	− 0.3	1.2	2.5	+ 1.3
Railway – Eisenbahn – Železnodorožnyj	5.4	4.8	− 0.6	1.0	2.4	+ 1.4
Waterways – Schiffahrt – vodnyj	4.2	3.6	− 0.6	1.4	2.7	+ 1.3
Motor transport – Kraftverkehr – avtomobil'nyj	3.9	3.8	− 0.1	1.2	2.2	+ 1.0
Communications – Post-u.Fernmeldewesen – Svjaz'	2.8	3.3	+ 0.5	1.4	2.6	+ 1.2
Construction – Bauwesen – Stroitel'stvo	2.8	2.6	− 0.2	1.1	1.7	+ 0.6
Trade,public catering,material & technical supply & distribution,procurement – Handel,gesell.Verpflegung,materiel&techn.Versorgung u.Absatz,Beschaffungsw.– Torgovlja,obščestvennoe pitanie,material'no-techn.snabženie i sbyt,zagotovki	4.1	4.3	+ 0.2	2.2	3.7	+ 1.5
Public health,physical culture & social security – Gesundheitswesen, Körperkultur u.Sozialfürsorge – Zdravoochranenie,fizkul'tura i social'noe obespečenie[1]	3.8	4.6	+ 0.8	2.4	4.0	+ 1.6
Education and culture–Bildungswesen u.Kultur – Prosveščenie i kul'tura[2]	3.7	4.1	+ 0.4	2.1	3.2	+ 1.1
Science & scientific services – Wissenschaft u.wissenschaftliche Dienstleistungen – Nauka i naučnoe obsluživanie	3.7	3.3	− 0.4	1.9	3.2	+ 1.3
Credit & state insurance – Kreditwesen u.staatliche Versicherung – Kreditovanie i gosudarstvennoe strachovanie	4.5	5.0	+ 0.5	2.1	3.9	+ 1.8
Apparatus of the organs for state & economic management of cooperative & mass organizations – Apparat der Organe der staatl.u.wirtschaftl.Leitung der genossenschaftl.u.gesellschaftl.Organisationen – Apparat organov gosudarstvennogo i chozjajstvennogo upravlenija kooperativnych i obščestv.organ.	5.0	4.6	− 0.4	2.8	3.2	+ 0.4

[1] 1967: only includes public health – nur Gesundheitswesen – tol'ko zdravoochranenie
[2] 1967: only includes education – nur Bildungswesen – tol'ko prosveščenie

7. SOCIAL STRUCTURE – SOZIALE STRUKTUR – SOCIAL'NAJA STRUKTURA

7.1 Social Structure / Soziale Struktur

7.1 BREAKDOWN OF THE POPULATION OF THE USSR AND THE UNION REPUBLICS BY SOCIAL GROUPS[1]
AUFTEILUNG DER BEVÖLKERUNG DER UdSSR UND DER UNIONSREPUBLIKEN NACH GESELLSCHAFTLICHEN GRUPPEN[1]
RASPREDELENIE NASELENIJA SSSR I SOJUZNYCH RESPUBLIK PO OBŠČESTVENNYM GRUPPAM[1]

(Census – Volkszählungen – Perepisi naselenija 1959, 1970)

	A. Total population Gesamtbevölkerung Vse naselenie	1970 of which–darunter–v tom čisle			% in relation to total population im Verhältnis zur Gesamtbevölkerung V procentach ko vsemu naseleniju						
					1959			1970			
		B. Workers Arbeiter Raboćie	C. Employees Angestellte Služašćie	D. Collective farmers Kolchosbauern Kolchozniki	E. Workers Arbeiter Raboćie	F. Employees Angestellte Služašćie	G. Collective farmers Kolchosbauern Kolchozniki	H. Workers Arbeiter Raboćie	I. Employees Angestellte Služašćie	J. Collective farmers Kolchosbauern Kolchozniki
SSSR										
1. Urban & rural population Stadt-u.Landbevölkerung Gorodskoe i sel'skoe nas.	241436013	136930781	54551734	49461551	49.5	18.8	31.4	56.7	22.6	20.5
Males-Männer-mužčiny	111182265	66969787	23277923	20810291	51.8	18.0	29.9	60.2	21.0	18.7
Females-Frauen-ženšćiny	130253748	69960994	31273811	28651260	47.6	19.5	32.6	53.7	24.0	22.0
2. Urban population – Stadtbevölkerung Gorodskoe naselenie	135530189	89247466	42676887	3228191	68.0	28.5	3.3	66.0	31.5	2.4
Males-Männer-mužčiny	62677636	43626203	17888621	1123559	69.9	26.5	3.4	69.6	28.5	1.8
Females-Frauen-ženšćiny	72652553	45621263	24788266	2104632	66.5	30.1	3.2	62.8	34.1	2.9

[1] persons engaged and non-working dependants – Beschäftigte und abhängige Familienmitglieder – rabotajušćie i iždivency

Social Structure 7.1
Soziale Struktur

	A.	B.	C.	D.	E.	F.	G.	H.	I.	J.
3. Rural population – Landbevölkerung – Sel'skoe naselenie	106105824	47683315	11374847	46233360	32.5	9.9	57.3	44.9	11.2	43.6
Males–Männer–mužčiny	48504629	23343584	5389302	19686732	35.1	10.0	54.5	48.1	11.1	40.6
Females–Frauen–ženščiny	57601195	24339731	6485545	26546628	30.5	9.7	59.5	42.2	11.3	46.1
RSFSR										
1.	129941212	79617464	31528248	18634111	55.4	20.2	24.2	61.3	24.3	14.3
Males–Männer–mužčiny	59160721	38460469	15301671	7636144	57.6	19.3	22.8	65.0	22.0	12.9
Females–Frauen–ženščiny	70780491	41155995	16506577	10997967	53.6	20.9	25.3	58.2	26.1	15.5
2.	80631371	53725406	25506889	1339420	69.8	28.2	1.8	66.6	31.6	1.7
Males–Männer–mužčiny	36930897	26078725	10465382	373332	71.5	26.4	1.9	70.6	28.4	1.0
Females–Frauen–ženščiny	43700474	27646681	15041507	966088	68.4	29.8	1.7	63.3	34.4	2.2
3.	49309841	25892058	6021359	17294691	39.5	11.3	48.9	52.5	12.2	35.1
Males–Männer–mužčiny	22229824	12381744	2556289	7262812	42.1	11.4	46.1	55.7	11.5	32.7
Females–Frauen–ženščiny	27080017	13510314	3465070	10031879	37.5	11.2	51.0	49.9	12.8	37.0
Ukrainskaja SSR										
1.	47055852	23429542	9281475	14230270	42.1	16.1	41.4	49.8	19.7	30.3
Males–Männer–mužčiny	21284158	11519051	4006364	5727633	45.4	15.7	38.5	54.1	18.8	26.9
Females–Frauen–ženščiny	25771694	11910491	5275111	8502637	39.5	16.4	43.8	46.2	20.5	33.0
2.	25545650	16697867	7711579	1093887	66.4	27.1	6.2	65.4	30.2	4.3
Males–Männer–mužčiny	11823177	8107735	3308203	398657	68.5	25.3	5.9	68.6	28.0	3.3
Females–Frauen–ženščiny	13722473	8590132	4403376	695230	64.6	28.7	6.4	62.6	32.1	5.1
3.	21510202	6731675	1569896	13136383	21.7	6.7	71.1	31.3	7.3	61.1
Males–Männer–mužčiny	9460981	3411316	698161	5328976	25.2	7.3	67.0	36.1	7.4	56.3
Females–Frauen–ženščiny	12049221	3320359	871735	7807407	19.0	6.3	74.3	27.6	7.2	64.8
Belorusskaja SSR										
1.	8992190	4700161	17338519	2536091	35.7	15.1	48.5	52.3	19.3	28.2
Males–Männer–mužčiny	4129064	2281744	776521	1065771	37.8	14.9	46.5	55.3	18.8	25.8
Females–Frauen–ženščiny	4863126	2418417	961998	1470320	34.0	15.2	50.1	49.7	19.8	30.2
2.	3890580	2457684	1301929	126103	60.1	32.6	6.9	63.2	33.5	3.2
Males–Männer–mužčiny	1826626	1199560	578399	47588	61.2	31.3	7.0	65.7	31.6	2.6
Females–Frauen–ženščiny	2063954	1258124	723530	78515	59.2	33.6	6.8	61.0	35.0	3.8

7.1 Social Structure / Soziale Struktur

	A.	B.	C.	D.	E.	F.	G.	H.	I.	J.
3.	5101610	2242477	436590	2409988	24.9	7.3	67.0	44.0	8.6	47.2
Males-Männer-mužčiny	2302438	1082184	198122	1018183	27.4	7.6	64.2	47.0	8.6	44.2
Females-Frauen-ženščiny	2799172	1160293	238468	1391805	22.9	7.0	69.3	41.5	8.5	49.7
Uzbekskaja SSR										
1.	11773869	5358748	2345927	3997722	40.7	16.4	42.6	45.5	19.9	34.0
Males-Männer-mužčiny	5732096	2750015	1134011	1833047	42.2	15.6	41.9	47.9	19.8	32.0
Females-Frauen-ženščiny	6041773	2608733	1211916	2164675	39.3	17.2	43.2	43.2	20.1	35.8
2.	4297953	2725168	1375430	175260	62.9	30.6	5.9	63.4	32.0	4.1
Males-Männer-mužčiny	2076961	1383067	603419	85221	65.1	27.6	6.7	66.6	29.0	4.1
Females-Frauen-ženščiny	2220992	1342101	772011	90039	60.9	33.2	5.2	60.4	34.8	4.0
3.	7475916	2633580	970497	3822462	29.4	9.3	61.2	35.2	13.0	51.1
Males-Männer-mužčiny	3655135	1366948	530592	1747826	30.9	9.7	59.3	37.4	14.5	47.8
Females-Frauen-ženščiny	3820781	1266632	439905	2074636	28.0	8.8	63.1	33.2	11.5	54.3
Kazachskaja SSR										
1.	13009272	8854938	3056672	1074330	59.5	19.7	20.7	68.1	23.5	8.2
Males-Männer-mužčiny	6265985	4433409	1337959	490515	61.1	18.4	20.4	70.7	21.4	7.8
Females-Frauen-ženščiny	6743287	4421529	1718713	583815	58.0	20.9	21.0	65.6	25.5	8.6
2.	6512238	4496772	1930885	74443	72.0	26.2	1.7	69.1	29.6	1.1
Males-Männer-mužčiny	3139425	2300698	813037	24097	74.0	23.9	2.0	73.3	25.9	0.7
Females-Frauen-ženščiny	3372813	2196074	1117848	50346	70.3	28.2	1.4	65.1	33.1	1.5
3.	6497034	4358166	1125787	999887	49.8	14.6	35.5	67.1	17.3	15.4
Males-Männer-mužčiny	3126560	2132711	524922	466418	51.2	14.1	34.6	68.2	16.8	14.9
Females-Frauen-ženščiny	3370474	2225455	600865	533469	48.5	15.2	36.3	66.1	17.8	15.8
Gruzinskaja SSR										
1.	4674591	2185731	1163779	1307630	33.2	22.5	44.0	46.7	24.9	28.0
Males-Männer-mužčiny	2195490	1102759	518595	569674	36.5	20.3	42.9	50.2	23.6	26.0
Females-Frauen-ženščiny	2479101	1082972	645184	737956	30.3	24.4	45.0	43.7	26.0	29.8
2.	2210973	1272206	875742	56508	54.6	38.5	6.4	57.5	39.6	2.6
Males-Männer-mužčiny	1032535	626021	378734	25953	58.7	34.2	6.6	60.6	36.7	2.5
Females-Frauen-ženščiny	1178438	646185	497008	30555	51.1	42.1	6.4	54.8	42.2	2.6
3.	2463618	913525	288037	1251122	17.5	10.7	71.6	37.1	11.7	50.8
Males-Männer-mužčiny	1162955	476738	139861	543721	20.5	10.3	69.0	41.0	12.0	46.8
Females-Frauen-ženščiny	1300663	436787	148176	707401	14.8	11.1	74.0	33.6	11.4	54.4

Social Structure
Soziale Struktur 7.1

	A.	B.	C.	D.	E.	F.	G.	H.	I.	J.
Azerbajdžanskaja SSR										
1.										
Males-Männer-mužčiny	5116525	2662635	1188076	1253528	36.4	21.1	42.4	52.1	23.2	24.5
	2483631	1346408	571693	562276	38.8	19.6	41.4	54.2	23.0	22.7
Females-Frauen-ženščiny	2632894	1316227	615383	691252	34.2	22.5	43.2	50.4	23.4	26.3
2.										
Males-Männer-mužčiny	2549597	1643091	845564	60093	61.5	32.9	5.4	64.4	33.0	2.4
	1247303	834458	382265	29012	64.6	29.1	6.1	66.9	30.7	2.3
Females-Frauen-ženščiny	1302294	808633	458299	31081	58.7	36.2	4.9	62.1	35.2	2.4
3.										
Males-Männer-mužčiny	2566928	1019544	347512	1193435	13.4	10.3	76.2	39.7	13.5	46.5
	1236328	511950	169428	533264	15.5	10.9	73.5	41.4	15.3	43.2
Females-Frauen-ženščiny	1330600	507594	158084	660171	11.5	9.8	78.6	38.1	11.9	49.6
Litovskaja SSR										
1.										
Males-Männer-mužčiny	3118941	1684664	605643	816822	40.9	14.9	43.3	54.0	19.4	26.2
	1462850	827832	251702	368905	42.4	14.2	42.4	56.6	17.9	25.2
Females-Frauen-ženščiny	1656091	856832	343941	447917	39.7	15.5	44.0	51.7	20.8	27.1
2.										
Males-Männer-mužčiny	1557731	1021170	496228	36466	65.3	29.7	4.2	65.6	31.9	2.3
	733683	501549	215839	15119	66.5	28.6	4.0	68.3	29.4	2.1
Females-Frauen-ženščiny	824048	519621	280389	21347	64.4	30.5	4.4	63.1	34.0	2.6
3.										
Males-Männer-mužčiny	1561210	663494	109415	780356	25.6	5.7	67.8	42.5	7.0	50.0
	729167	326283	45863	353786	27.6	5.5	65.9	44.8	6.3	48.5
Females-Frauen-ženščiny	832043	337211	63552	426570	23.8	5.9	69.4	40.5	7.6	51.3
Moldavskaja SSR										
1.										
Males-Männer-mužčiny	3569846	1295839	497073	1768791	21.9	10.1	67.5	36.3	13.9	49.6
	1669166	652202	214328	799505	23.7	9.4	66.4	39.1	12.8	47.9
Females-Frauen-ženščiny	1900680	643637	282745	969286	20.4	10.8	68.4	33.8	14.9	51.0
2.										
Males-Männer-mužčiny	1123512	672353	356795	91679	59.5	29.2	10.7	59.8	31.8	8.2
	525339	331764	151957	40795	62.0	26.4	11.0	63.1	28.9	7.8
Females-Frauen-ženščiny	598173	340589	204838	50884	57.3	31.6	10.6	56.9	34.3	8.5
3.										
Males-Männer-mužčiny	2446334	623486	140278	1677112	11.2	4.7	83.7	25.5	5.7	68.6
	1143827	320438	62371	758710	12.9	4.6	82.1	28.0	5.5	66.3
Females-Frauen-ženščiny	1302507	303048	77907	918402	9.7	4.7	85.2	23.3	6.0	70.5
Latvijskaja SSR										
1.										
Males-Männer-mužčiny	2351903	1331971	600027	413523	53.1	20.3	26.1	56.6	25.5	17.6
	1073060	648165	244270	179002	56.1	18.6	24.8	60.4	22.7	16.7
Females-Frauen-ženščiny	1278842	683806	355757	234521	50.7	21.7	27.1	53.5	27.8	18.3

423

7.1 Social Structure
    Soziale Struktur

	A.	B.	C.	D.	E.	F.	G.	H.	I.	J.
2.	1463872	930863	502447	27542	64.7	29.7	5.1	63.6	34.3	1.9
Males-Männer-mužčiny	669067	451718	206093	10532	67.3	27.4	4.8	67.5	30.8	1.6
Females-Frauen-ženščiny	794805	479145	296354	17010	62.7	31.4	5.4	60.3	37.3	2.1
3.	888031	401108	97580	385981	38.2	8.4	52.9	45.2	11.0	43.4
Males-Männer-mužčiny	403993	196447	38177	168470	42.2	7.8	49.5	48.6	9.5	41.7
Females-Frauen-ženščiny	484038	204661	59403	217511	35.0	8.9	55.6	42.3	12.3	44.9
Kirgizskaja SSR										
1.	2933732	1517173	573585	833711	40.9	17.1	41.7	51.7	19.6	28.4
Males-Männer-mužčiny	1402186	753375	259581	386785	41.9	16.4	41.4	53.7	18.5	27.6
Females-Frauen-ženščiny	1531546	763798	314004	446926	40.0	17.8	42.0	49.9	20.5	29.2
2.	1095444	724127	333586	35190	65.5	28.6	5.5	66.1	30.5	3.2
Males-Männer-mužčiny	514626	356965	141597	15351	66.8	26.6	6.2	69.4	27.5	3.0
Females-Frauen-ženščiny	580818	367162	191989	19839	64.3	30.4	4.9	63.2	33.1	3.4
3.	1838288	793046	239999	798521	28.5	11.2	60.1	43.1	13.1	43.4
Males-Männer-mužčiny	887560	396410	117984	371434	29.5	11.2	59.1	44.7	13.3	41.8
Females-Frauen-ženščiny	950728	396636	122015	427087	27.6	11.2	61.0	41.7	12.9	44.9
Tadžikskaja SSR										
1.	2898317	1171877	528298	1189529	31.1	15.2	53.5	40.4	18.2	41.1
Males-Männer-mužčiny	1426928	614770	265227	545135	32.3	14.5	53.0	43.1	18.6	38.2
Females-Frauen-ženščiny	1471389	557107	263071	644394	30.1	15.8	53.9	37.8	17.9	43.8
2.	1073506	708799	317083	44671	64.5	28.9	6.1	66.0	29.5	4.2
Males-Männer-mužčiny	526361	359120	142290	24412	66.2	26.1	7.2	68.2	27.0	4.7
Females-Frauen-ženščiny	547145	349679	174793	20259	63.0	31.4	5.1	63.9	32.0	3.7
3.	1824811	463078	211215	1144858	15.0	8.5	76.4	25.4	11.6	62.7
Males-Männer-mužčiny	900567	255650	122937	520723	16.4	9.0	74.5	28.4	13.7	57.8
Females-Frauen-ženščiny	924244	207428	88278	624135	13.6	8.1	78.2	22.4	9.6	67.5
Armjanskaja SSR										
1.	2492616	1446098	604553	427133	41.1	21.2	37.5	58.0	24.3	17.1
Males-Männer-mužčiny	1217463	734756	283583	196755	43.5	19.8	36.4	60.3	23.3	16.2
Females-Frauen-ženščiny	1275153	711342	320970	230378	38.9	22.5	38.4	55.8	25.2	18.0
2.	1472723	953006	484216	29628	62.1	32.0	5.5	64.7	32.9	2.0
Males-Männer-mužčiny	721546	484929	221185	14493	65.0	29.0	5.6	67.2	30.7	2.0
Females-Frauen-ženščiny	751177	468077	263031	15135	59.4	34.8	5.5	62.3	35.0	2.0

Social Structure
Soziale Struktur 7.1

	A.	B.	C.	D.	E.	F.	G.	H.	I.	J.
3.										
Males-Männer-mužčiny	1019893	493092	120337	397505	20.1	10.4	69.4	48.3	11.8	39.0
Females-Frauen-ženščiny	495917	249827	62398	182262	21.9	10.6	67.4	50.4	12.6	36.7
	523976	243265	57939	215243	18.5	10.2	71.2	46.4	11.1	41.1
Turkmenskaja SSR										
1.										
Males-Männer-mužčiny	2152534	860366	479778	800549	37.6	19.8	42.1	40.0	22.3	37.2
Females-Frauen-ženščiny	1059540	448703	234955	373765	39.6	18.5	41.5	42.3	22.2	35.3
	1092994	411663	244823	426784	35.8	20.9	42.8	37.7	22.4	39.0
2.										
Males-Männer-mužčiny	1028429	654572	345910	24047	63.7	32.3	3.5	63.7	33.6	2.3
Females-Frauen-ženščiny	509400	336545	158288	13977	66.3	28.9	4.4	66.1	31.1	2.7
	519029	318027	187622	10070	61.3	35.5	2.7	61.3	36.2	1.9
3.										
Males-Männer-mužčiny	1124105	205794	133868	776502	15.2	9.0	75.3	18.3	11.9	69.1
Females-Frauen-ženščiny	550140	112158	76667	359788	16.8	9.8	72.9	20.4	13.9	65.4
	573965	93636	57201	416714	13.7	8.3	77.5	16.3	10.0	72.6
Estonskaja SSR										
1.										
Males-Männer-mužčiny	1354613	813574	360081	177811	56.9	21.9	20.6	60.1	26.6	13.1
Females-Frauen-ženščiny	619927	396129	147463	75379	60.5	20.0	19.0	63.9	23.8	12.2
	734686	417445	212618	102432	54.0	23.4	22.0	55.8	29.0	13.9
2.										
Males-Männer-mužčiny	876610	564382	297604	13254	67.2	30.3	2.1	64.4	33.9	1.5
Females-Frauen-ženščiny	400690	273349	121933	5020	69.8	27.8	2.1	68.2	30.4	1.3
	475920	291033	175671	8234	65.3	32.2	2.1	61.2	36.9	1.7
3.										
Males-Männer-mužčiny	478003	249192	62477	164557	43.5	11.0	44.7	52.1	13.1	34.4
Females-Frauen-ženščiny	219237	122780	25530	70359	48.5	9.9	40.8	56.0	11.6	32.1
	258766	126412	36947	94198	39.5	11.9	47.8	48.8	14.3	36.4

425

7.2 Social Structure / Soziale Struktur

BREAKDOWN OF GAINFULLY EMPLOYED POPULATION OF THE USSR AND THE UNION REPUBLICS BY SOCIAL GROUPS
AUFTEILUNG DER BESCHÄFTIGTEN BEVÖLKERUNG DER UdSSR UND DER UNIONSREPUBLIKEN NACH GESELLSCHAFTLICHEN GRUPPEN
RASPREDELENIE ZANJATOGO NASELENIJA SSSR I SOJUZNYCH RESPUBLIK PO OBŠČESTVENNYM GRUPPAM
(Census – Volkszählungen – Perepisi naselenija 1959, 1970)

	A. Total gainfully employed population	B. Workers	C. Employees	D. Collective farmers	E. Workers 1959	F. Employees 1959	G. Collective farmers 1959	H. Workers 1970	I. Employees 1970	J. Collective farmers 1970
		of which – darunter – v tom čisle 1970			% in relation to total gainfully employed population					
SSSR										
1. Urban & rural population – Gorodskoe i sel'skoe nas.	115204076	66321222	30617865	17899838	47.9	18.5	33.3	57.6	26.6	15.5
Males – Männer – mužčiny	57828454	36708783	12554160	8494957	53.9	16.8	29.0	63.5	21.7	14.7
Females – Frauen – ženščiny	57375622	29612439	18063705	9404881	41.4	20.4	38.0	51.6	31.5	16.4
2. Urban population – Gorodskoe naselenie	70900220	45911714	24367480	502440	68.6	28.6	2.7	64.7	34.4	0.7
Males – Männer – mužčiny	35490325	25338317	9858017	277418	73.0	24.3	2.5	71.4	27.8	0.8
Females – Frauen – ženščiny	35409895	20573393	14509463	225022	63.5	33.6	2.8	58.1	41.0	0.6
3. Rural population – Sel'skoe naselenie	44303856	20409508	6250385	17397398	29.4	9.4	60.8	46.1	14.1	39.3

Social Structure
Soziale Struktur 7.2

	A.	B.	C.	D.	E.	F.	G.	H.	I.	J.
Males–Männer–мужчины	22338129	11370462	2696143	8217539	35.6	9.6	54.4	50.9	12.1	36.8
Females–Frauen–женщины	21965727	9039046	3554242	9179859	23.1	9.4	67.2	41.1	16.2	41.8
RSFSR										
1.										
Males–Männer–мужчины	64818232	39902049	18425442	6379093	54.3	20.5	25.0	61.6	28.4	9.8
Females–Frauen–женщины	32240036	21781667	7190367	3245181	59.8	18.0	21.9	67.5	22.3	10.1
	32578196	18120382	11235075	313912	48.5	23.0	28.3	55.6	34.5	9.6
2.										
Males–Männer–мужчины	43732720	28603799	14964863	127487	70.1	28.4	1.4	65.4	34.2	0.3
Females–Frauen–женщины	21525027	15580840	5850444	88683	74.3	24.2	1.4	72.4	27.2	0.4
	22207693	13022959	9114459	38804	65.6	33.1	1.2	58.7	41.0	0.2
3.										
Males–Männer–мужчины	21085512	11298250	3460579	6251606	36.3	11.4	52.0	53.6	16.4	29.6
Females–Frauen–женщины	10715009	6200827	1339933	3156498	42.7	10.8	46.1	57.9	12.5	29.4
	10370503	5097423	2120656	3095108	29.8	12.0	58.0	49.2	20.4	29.8
Ukrainskaja SSR										
1.										
Males–Männer–мужчины	23270653	12059267	5400180	5725250	39.5	15.5	44.7	51.8	23.2	24.6
Females–Frauen–женщины	11528128	6644352	2280308	2585834	47.1	14.8	37.8	57.6	19.8	22.4
	11742525	5414915	3119872	3139416	31.5	16.2	52.0	46.1	26.6	26.7
2.										
Males–Männer–мужчины	13388366	8663567	4432525	241523	66.7	27.2	5.9	64.9	33.1	1.8
Females–Frauen–женщины	6751648	4753761	1877671	116721	71.7	23.3	4.8	70.4	27.8	1.7
	6636718	3929806	2555354	124802	60.4	32.2	7.3	59.2	38.5	1.9
3.										
Males–Männer–мужчины	9882287	3375700	967655	5483727	19.5	6.9	73.2	34.1	9.8	55.5
Females–Frauen–женщины	4776480	1890591	403137	2469113	25.8	7.5	66.3	39.6	8.4	51.7
	5105807	1485109	564318	3014614	13.9	6.3	79.4	29.1	11.1	59.0
Belorusskaja SSR										
1.										
Males–Männer–мужчины	4299658	2319374	994231	972805	33.2	13.1	53.1	54.0	23.1	22.6
Females–Frauen–женщины	2106810	1230314	428776	444575	38.8	13.2	47.3	58.4	20.4	21.1
	2192848	1089060	565455	528230	28.1	13.1	58.3	49.6	25.8	24.1
2.										
Males–Männer–мужчины	2101672	1349107	735840	9460	62.9	30.6	6.2	64.2	35.2	0.4
Females–Frauen–женщины	1030834	704220	320385	5729	66.1	28.0	5.4	68.3	31.1	0.6
	1070838	644887	419455	3731	59.5	33.2	7.1	60.2	39.2	0.3
3.										
Males–Männer–мужчины	2197986	970267	251391	963345	21.8	6.5	71.0	44.1	11.6	43.8
Females–Frauen–женщины	1075976	526094	103391	438846	27.3	7.0	64.9	48.9	10.1	40.8
	1122010	444173	145000	524499	17.0	6.0	76.3	39.6	13.0	46.7

7.2 Social Structure
    Soziale Struktur

	A.	B.	C.	D.	E.	F.	G.	H.	I.	J.
Uzbekskaja SSR										
1.										
Males-Männer-mužčiny	4238002	1938959	973330	1267614	39.2	14.9	45.7	45.7	23.0	29.9
Females-Frauen-ženščiny	2211336	1172399	495466	534545	44.4	14.9	40.4	53.0	22.4	24.2
	2026666	766560	477864	733069	32.6	14.8	52.4	37.8	23.6	36.2
2.										
Males-Männer-mužčiny	1756197	1059661	643991	37520	63.9	30.9	4.6	60.3	36.7	2.1
Females-Frauen-ženščiny	947589	650840	277476	17130	69.2	25.5	4.7	68.7	29.3	1.8
	808608	408821	366515	20390	55.8	39.2	4.5	50.6	45.3	2.5
3.										
Males-Männer-mužčiny	2481805	879298	329339	1230094	27.9	7.5	64.5	35.4	13.3	49.6
Females-Frauen-ženščiny	1263747	521559	217990	517415	31.7	9.6	58.5	41.3	17.3	40.9
	1218058	357739	111349	712679	23.3	4.9	71.7	29.4	9.1	58.5
Kazachskaja SSR										
1.										
Males-Männer-mužčiny	5492078	3639432	1519851	313919	58.4	19.9	21.6	66.3	27.7	5.7
Females-Frauen-ženščiny	2927805	2116953	638199	170123	63.6	17.2	19.1	72.3	21.8	5.8
	2564273	1522479	881652	143796	50.6	23.9	25.4	59.4	34.4	5.6
2.										
Males-Männer-mužčiny	3128810	2073404	1041289	6539	71.2	27.5	1.2	66.3	33.3	0.2
Females-Frauen-ženščiny	1663861	1242764	415896	4416	76.3	22.1	1.5	74.7	25.0	0.3
	1464949	830640	625393	2123	63.3	35.8	0.8	56.7	42.7	0.1
3.										
Males-Männer-mužčiny	2363268	1566028	478562	307380	48.2	13.8	37.9	66.3	20.2	13.0
Females-Frauen-ženščiny	1263944	874189	222303	165707	53.4	13.2	33.3	69.2	17.6	13.1
	1099324	691839	256259	141673	40.5	14.6	44.8	62.9	23.3	12.9
Gruzinskaja SSR										
1.										
Males-Männer-mužčiny	2101734	956780	608736	521575	31.7	20.2	47.8	45.5	29.0	24.8
Females-Frauen-ženščiny	1090852	569129	283443	235007	38.8	19.0	41.8	52.2	26.0	21.5
	1010882	387651	325293	286568	23.1	21.8	54.9	38.4	32.2	28.3
2.										
Males-Männer-mužčiny	1035524	558775	457263	15001	56.4	37.0	6.2	54.0	44.2	1.4
Females-Frauen-ženščiny	551529	332853	209475	8217	61.9	32.0	5.6	60.3	38.0	1.5
	483995	225922	247788	6784	48.5	44.2	7.1	46.7	51.2	1.4
3.										
Males-Männer-mužčiny	1066210	398005	151473	506574	15.9	9.6	74.3	37.3	14.2	47.5
Females-Frauen-ženščiny	539323	236276	73968	226790	22.0	9.5	68.2	43.8	13.7	42.1
	526887	161729	77505	279784	9.4	9.7	80.7	30.7	14.7	53.1

Social Structure
Soziale Struktur   7.2

	A.	B.	C.	D.	E.	F.	G.	H.	I.	J.
Azerbajdžanskaja SSR										
1.	1774737	914485	486630	364556	34.4	18.1	47.4	51.5	27.4	20.6
Males-Männer-mužčiny	986293	563884	258534	162050	42.1	17.9	39.8	57.2	26.2	16.4
Females-Frauen-ženščiny	788444	350601	228096	202506	24.4	18.4	57.1	44.5	28.9	25.7
2.	994337	597655	380592	12252	63.2	32.0	4.7	60.1	38.3	1.2
Males-Männer-mužčiny	571827	381783	183807	5721	68.8	26.4	4.6	66.8	32.1	1.0
Females-Frauen-ženščiny	422510	215872	196965	6531	54.0	41.1	4.8	51.1	46.6	1.6
3.	780400	316830	106038	352304	11.8	7.3	80.8	40.6	13.6	45.1
Males-Männer-mužčiny	414466	182101	74907	156329	17.0	9.9	72.9	43.9	18.1	37.7
Females-Frauen-ženščiny	365934	134729	31131	195975	6.3	4.5	89.2	36.8	8.5	53.6
Litovskaja SSR										
1.	1531249	833930	365002	324137	37.8	14.7	46.5	54.5	23.8	21.2
Males-Männer-mužčiny	787024	469079	151992	163592	43.4	13.3	42.3	59.6	19.3	20.8
Females-Frauen-ženščiny	744225	364851	213010	160545	31.3	16.3	51.5	49.0	28.6	21.6
2.	850719	547562	298357	2392	66.1	31.0	2.2	64.3	35.1	0.3
Males-Männer-mužčiny	429616	300666	126753	1728	69.9	27.3	2.0	70.0	29.5	0.4
Females-Frauen-ženščiny	421103	246898	171604	664	61.5	35.5	2.5	58.6	40.7	0.2
3.	680530	286368	66645	321745	22.2	5.7	71.0	42.1	9.8	47.3
Males-Männer-mužčiny	357408	168413	25239	161864	28.1	5.2	65.6	47.1	7.1	45.3
Females-Frauen-ženščiny	323122	117955	41406	159881	15.6	6.3	77.0	36.5	12.8	49.5
Moldavskaja SSR										
1.	1788606	682266	300705	800926	19.4	9.1	71.2	38.1	16.8	44.8
Males-Männer-mužčiny	868443	371578	126099	369298	24.6	9.0	66.0	42.8	14.5	42.5
Females-Frauen-ženščiny	920163	310688	174606	431628	14.3	9.2	76.2	33.7	19.0	46.9
2.	597768	365737	210603	19990	60.7	28.9	10.0	61.2	35.2	3.4
Males-Männer-mužčiny	295505	197619	88458	9156	65.8	24.8	8.8	66.9	29.9	3.1
Females-Frauen-ženščiny	302263	168118	122145	10834	54.1	34.0	11.7	55.6	40.4	3.6
3.	1190838	316529	90102	780936	9.9	4.6	85.2	26.6	7.5	65.6
Males-Männer-mužčiny	572938	173959	37641	360142	13.4	4.7	81.5	30.4	6.6	62.8
Females-Frauen-ženščiny	617900	142570	52461	420794	6.7	4.4	88.6	23.1	8.5	68.1

7.2 Social Structure / Soziale Struktur

	A.	B.	C.	D.	E.	F.	G.	H.	I.	J.
Latvijskaja SSR										
1.	1258382	729741	363868	160189	52.0	19.8	27.6	58.0	28.9	12.7
Males-Männer-mužčiny	626543	400199	141572	83802	58.8	16.4	24.3	63.8	22.6	13.4
Females-Frauen-ženščiny	631839	329542	222296	76387	44.7	23.5	31.2	52.1	35.2	12.1
2.	850351	538134	305719	4597	66.0	29.3	4.2	63.3	36.0	0.5
Males-Männer-mužčiny	415432	290582	120946	3549	71.5	24.3	3.8	69.9	29.1	0.9
Females-Frauen-ženščiny	434919	247552	184773	1048	60.1	34.8	4.6	56.9	42.5	0.2
3.	408031	191607	58149	155592	35.0	8.3	56.0	47.0	14.2	38.1
Males-Männer-mužčiny	211111	109617	20626	80253	43.4	6.9	49.1	51.9	9.8	38.0
Females-Frauen-ženščiny	196920	81990	37523	75339	25.9	9.8	63.6	41.6	19.0	38.3
Kirgizskaja SSR										
1.	1123774	602328	261791	252430	39.7	16.7	43.4	53.6	23.3	22.5
Males-Männer-mužčiny	579566	338837	115515	123715	44.8	15.9	39.0	58.5	19.9	21.3
Females-Frauen-ženščiny	544208	263491	146276	128715	33.4	17.6	48.9	48.4	26.9	23.6
2.	489867	314225	169829	4125	65.8	30.2	3.7	64.2	34.7	0.8
Males-Männer-mužčiny	250494	178565	69066	2500	70.7	25.1	3.8	71.3	27.6	1.0
Females-Frauen-ženščiny	239373	135660	100763	1625	58.8	37.5	3.5	56.7	42.1	0.7
3.	633907	288103	91962	248305	27.1	10.1	62.6	45.4	14.5	39.2
Males-Männer-mužčiny	329072	160272	46449	121215	31.2	11.0	57.5	48.7	14.1	36.8
Females-Frauen-ženščiny	304835	127831	45513	127090	22.3	9.0	68.6	41.9	14.9	41.7
Tadžikskaja SSR										
1.	1000906	421370	219341	356679	29.1	13.6	57.1	42.0	21.9	35.5
Males-Männer-mužčiny	551634	271435	118337	160929	34.4	13.7	51.7	49.2	21.4	29.2
Females-Frauen-ženščiny	452272	149935	101004	195759	22.0	13.6	64.3	33.2	22.3	43.3
2.	431530	269931	152467	7226	65.1	29.8	4.7	62.6	35.3	1.7
Males-Männer-mužčiny	234610	164454	65979	4019	70.6	24.2	4.8	70.1	28.1	1.7
Females-Frauen-ženščiny	196920	105477	86488	3207	57.0	38.2	4.5	53.6	43.9	1.6
3.	572376	151439	66874	349453	13.2	6.5	80.2	26.5	11.7	61.0
Males-Männer-mužčiny	317024	106981	52358	156910	17.4	8.7	73.8	33.8	16.5	49.5
Females-Frauen-ženščiny	255352	44458	14516	192543	7.9	3.8	88.3	17.4	5.7	75.4

430

Social Structure
Soziale Struktur 7.2

	A.	B.	C.	D.	E.	F.	G.	H.	I.	J.
Armjanskaja SSR										
1.										
Males-Männer-mužčiny	980140	551735	235383	132644	39.3	19.5	41.0	56.3	29.1	13.5
	526844	324583	138285	62852	45.7	18.3	35.7	61.6	26.3	11.9
Females-Frauen-ženščiny	453296	227152	147098	69792	30.4	21.1	48.4	50.1	32.5	15.4
2.										
Males-Männer-mužčiny	618152	372549	235261	6339	62.2	32.1	5.4	60.3	38.1	1.0
	338790	223927	110344	4178	67.7	27.1	4.8	66.1	32.6	1.2
Females-Frauen-ženščiny	279362	148622	124917	2161	52.6	40.9	6.4	53.2	44.7	0.8
3.										
Males-Männer-mužčiny	361988	179186	50122	126305	19.5	8.5	71.9	49.5	13.8	34.9
	188054	100656	27941	58674	23.2	9.4	67.2	53.5	14.9	31.2
Females-Frauen-ženščiny	173934	78530	22181	67631	15.1	7.5	77.3	45.1	12.8	38.9
Turkmenskaja SSR										
1.										
Males-Männer-mužčiny	800529	330107	194930	264541	37.3	18.1	44.2	41.2	24.4	33.0
	435803	213418	101697	119002	44.4	17.1	38.1	49.0	23.3	27.3
Females-Frauen-ženščiny	364726	116689	93233	145539	27.7	19.4	52.5	32.0	25.6	39.9
2.										
Males-Männer-mužčiny	419143	256347	153773	5622	65.3	31.7	2.6	61.2	36.7	1.3
	237564	162859	70662	3689	71.6	25.3	2.8	68.6	29.7	1.6
Females-Frauen-ženščiny	181579	93488	33111	1933	55.3	41.9	2.2	51.5	45.8	1.0
3.										
Males-Männer-mužčiny	381386	73760	41157	258919	14.1	6.8	78.7	19.3	10.8	67.9
	198239	50559	31035	115313	19.3	9.6	70.6	25.5	15.6	58.2
Females-Frauen-ženščiny	183147	23201	10122	143606	7.8	3.3	88.6	12.7	5.5	78.4
Estonskaja SSR										
1.										
Males-Männer-mužčiny	722396	439399	218445	63480	56.9	21.5	21.1	60.8	30.2	8.8
	361337	240956	35570	34452	64.1	17.6	17.9	66.7	23.7	9.5
Females-Frauen-ženščiny	361059	198443	132875	29028	49.4	25.5	24.6	55.0	36.8	8.0
2.										
Males-Männer-mužčiny	505064	321261	131108	2367	69.0	29.9	0.9	63.6	35.8	0.5
	245999	172588	71335	1982	74.3	24.5	1.0	70.2	29.0	0.8
Females-Frauen-ženščiny	259065	148673	109773	385	63.4	35.5	0.9	57.4	42.4	0.1
3.										
Males-Männer-mužčiny	217332	118138	37337	61113	41.4	10.6	47.2	54.4	17.2	28.1
	115338	68368	14235	32470	50.9	8.4	39.9	59.3	12.3	28.2
Females-Frauen-ženščiny	101994	49770	23102	28643	31.7	12.8	54.6	48.8	22.6	28.1

7.3 Social Structure / Soziale Struktur

BREAKDOWN OF THE POPULATION OF THE USSR AND THE UNION REPUBLICS BY MEANS OF INCOME
AUFTEILUNG DER BEVÖLKERUNG DER UdSSR UND DER UNIONSREPUBLIKEN NACH EINKOMMENS-QUELLEN
RASPREDELENIE NASELENIJA SSSR I SOJUZNYCH RESPUBLIK PO ISTOČNIKAM SREDSTV SUŠČESTVOVANIJA
(Census – Volkszählungen – Perepisi naselenija 1959, 1970)

(% IN RELATION TO TOTAL POPULATION – % IM VERHÄLTNIS ZUR GESAMTBEVÖLKERUNG – V PROCENTACH KO VSEMU NASELENIJU)

	1959						1970					
	A.	B.	C.	D.	E.	F.	A.	B.	C.	D.	E.	F.
SSSR												
1.	47.5	4.7	6.0	0.8	40.9	0.1	47.7	0.8	13.5	1.5	36.4	0.1
Males-Männer	54.8	1.0	5.9	1.0	37.2	0.1	52.0	0.2	9.8	1.5	36.4	0.1
Females-Frauen	41.5	7.8	6.0	0.7	43.9	0.1	44.0	1.3	16.7	1.4	36.5	0.1
2.	46.8	1.1	8.2	1.6	42.1	0.2	52.4	0.2	11.8	2.3	33.2	0.1
Males-Männer	55.8	0.1	8.1	1.9	34.0	0.1	56.6	0.0	9.3	2.4	31.6	0.1
Females-Frauen	39.4	1.9	8.3	1.3	48.9	0.2	48.7	0.3	13.9	2.3	34.6	0.2
3.	48.0	8.1	3.9	0.1	39.8	0.1	41.8	1.5	15.8	0.3	40.5	0.1
Males-Männer	53.8	1.8	3.9	0.2	40.2	0.1	46.1	0.3	10.6	0.4	42.5	0.1
Females-Frauen	43.4	13.2	3.8	0.1	39.4	0.1	38.1	2.5	20.2	0.3	38.8	0.1

A. Gainfully employed population – Beschäftigte Bevölkerung – Zanjatoe naselenie
B. Persons engaged in private agricultural subsid.enterprises – Beschäftigte i.d.privaten land-wirtschaftl.Nebenwirtschaften – Zanjatye v ličnom podsobnom sel'skom chozjajstve
C. Persons living on state welfare (pensioners and others) – Von der Staatsfürsorge lebende Personen (Rentner u.a.) – Lica,nachodjaščiesja na obespečenii gosudarstva (pensionery i drugie)
D. Scholars – Stipendiaten – Stipendiaty
E. Dependants of single persons – Abhängige Familienmitglieder einzelner Personen – Iždivency otdel'nych lic
F. Persons with other means of income, not indicated by them – Personen mit anderen, von ihnen nicht angegebenen Einkommensquellen – Lica imejuščie drugie istočniki sredstv suščestvovanija i ne ukazavšie istočnik

1. Urban and rural population – Stadt-u.Landbevölkerung – Gorodskoe i sel'skoe naselenie
2. Urban population – Stadtbevölkerung – Gorodskoe naselenie
3. Rural population – Landbevölkerung – Sel'skoe naselenie

Social Structure
Soziale Struktur 7.3

	1959						1970					
	A.	B.	C.	D.	E.	F.	A.	B.	C.	D.	E.	F.
RSFSR												
1.												
Males-Männer	47.8	4.2	7.0	0.9	40.0	0.1	49.9	0.5	14.3	1.5	33.7	0.1
Females-Frauen	55.0	0.6	6.8	1.0	36.5	0.1	54.5	0.1	9.9	1.5	33.9	0.1
2.												
Males-Männer	41.9	7.1	7.2	0.8	42.8	0.2	46.0	0.9	18.0	1.5	33.5	0.1
Females-Frauen	48.6	0.8	8.8	1.5	40.1	0.2	54.2	0.1	12.6	2.2	30.8	0.1
3.												
Males-Männer	56.5	0.1	8.3	1.7	33.3	0.1	58.3	0.0	9.4	2.1	30.1	0.1
Females-Frauen	42.1	1.4	9.2	1.4	45.7	0.2	50.8	0.2	15.3	2.3	31.3	0.1
Males-Männer	46.9	7.9	5.1	0.2	39.8	0.1	42.8	1.2	17.1	0.4	38.4	0.1
Females-Frauen	53.4	1.2	5.2	0.2	40.0	0.0	48.2	0.2	10.8	0.4	40.3	0.1
	41.8	13.3	5.1	0.1	39.6	0.1	38.3	2.1	22.3	0.3	36.9	0.1
Ukrainskaja SSR												
1.												
Males-Männer	49.8	6.2	5.5	0.8	37.6	0.1	49.5	1.1	15.7	1.4	32.2	0.1
Females-Frauen	57.5	1.5	6.0	1.1	33.8	0.1	54.2	0.3	11.9	1.5	32.0	0.1
2.												
Males-Männer	43.6	9.9	5.2	0.6	40.6	0.1	45.6	1.8	18.8	1.3	32.4	0.1
Females-Frauen	46.1	1.8	8.3	1.6	42.0	0.2	52.4	0.3	12.5	2.3	32.3	0.2
3.												
Males-Männer	57.2	0.2	9.1	2.1	31.3	0.1	57.1	0.1	10.9	2.5	29.3	0.1
Females-Frauen	36.8	3.1	7.7	1.3	50.8	0.3	48.4	0.6	13.8	2.2	34.8	0.2
Males-Männer	53.0	9.8	3.2	0.1	33.8	0.1	45.9	2.1	19.6	0.3	32.0	0.1
Females-Frauen	57.8	2.7	3.4	0.1	35.9	0.1	50.5	0.5	13.3	0.4	35.2	0.1
	49.3	15.3	3.1	0.1	32.2	0.0	42.4	3.3	24.5	0.2	29.5	0.1
Belorusskaja SSR												
1.												
Males-Männer	51.6	5.7	3.6	0.8	38.2	0.1	47.8	0.9	14.7	1.5	35.0	0.1
Females-Frauen	55.4	1.4	4.2	0.9	38.0	0.1	51.0	0.2	10.8	1.5	36.4	0.1
2.												
Males-Männer	48.6	9.2	3.2	0.7	38.2	0.1	45.1	1.5	18.1	1.5	33.7	0.1
Females-Frauen	46.5	1.8	6.9	2.2	42.4	0.2	54.0	0.2	9.4	3.0	33.3	0.1
3.												
Males-Männer	53.3	0.2	7.8	2.6	36.0	0.1	56.4	0.1	7.5	2.9	32.6	0.1
Females-Frauen	41.0	3.0	6.2	2.0	47.5	0.3	51.9	0.3	10.7	3.1	33.9	0.3
Males-Männer	53.9	7.5	2.2	0.2	36.3	0.0	43.1	1.5	18.8	0.3	36.2	0.1
Females-Frauen	56.3	1.9	2.6	0.2	39.0	0.0	46.7	0.3	13.0	0.4	39.5	0.1
	51.9	11.9	1.9	0.1	34.1	0.1	40.1	2.5	23.5	0.3	33.5	0.1
Uzbekskaja SSR												
1.												
Males-Männer	40.3	3.9	2.9	0.6	52.2	0.1	36.0	0.5	8.6	1.4	53.3	0.2
Females-Frauen	47.1	1.8	3.1	0.9	47.0	0.1	38.6	0.1	7.2	1.7	52.2	0.2
2.												
Males-Männer	33.9	5.9	2.7	0.4	57.0	0.3	33.5	0.8	9.9	1.1	54.5	0.2
Females-Frauen	37.6	0.6	5.5	1.7	54.3	0.3	40.9	0.2	7.7	3.2	47.7	0.3
Males-Männer	48.1	0.2	5.8	2.5	43.1	0.3	45.6	0.1	6.8	3.9	43.3	0.3
Females-Frauen	28.3	1.0	5.1	1.1	64.2	0.3	36.4	0.3	8.5	2.6	51.9	0.3

7.3 Social Structure / Soziale Struktur

			1959						1970			
	A.	B.	C.	D.	E.	F.	A.	B.	C.	D.	E.	F.
3.												
Males-Männer	41.5	5.6	1.6	0.1	51.1	0.1	33.2	0.7	9.0	0.3	56.6	0.2
Females-Frauen	46.7	2.6	1.8	0.1	48.8	0.0	34.6	0.2	7.4	0.4	57.2	0.2
	36.7	8.4	1.5	0.0	53.3	0.1	31.9	1.1	10.6	0.2	56.0	0.2
Kazachskaja SSR												
1.												
Males-Männer	40.0	5.2	4.2	1.0	49.5	0.1	42.2	0.8	8.9	1.4	46.6	0.1
Females-Frauen	50.7	0.7	4.7	1.3	42.5	0.1	46.7	0.1	7.8	1.4	43.9	0.1
	30.4	9.1	3.9	0.7	55.8	0.1	38.0	1.5	9.9	1.5	49.0	0.1
2.												
Males-Männer	40.7	1.5	5.7	1.7	50.2	0.2	48.1	0.2	8.6	2.4	40.6	0.1
Females-Frauen	52.0	0.2	6.4	2.0	39.3	0.1	53.0	0.1	7.7	2.2	36.9	0.1
	30.6	2.6	5.2	1.4	60.0	0.2	43.4	0.4	9.3	2.6	44.2	0.1
3.												
Males-Männer	39.4	8.1	3.1	0.4	48.9	0.1	36.4	1.4	9.2	0.4	52.5	0.1
Females-Frauen	49.6	1.1	3.4	0.7	45.1	0.1	40.4	0.2	7.8	0.5	51.0	0.1
	30.2	14.3	2.8	0.2	52.4	0.1	32.6	2.7	10.4	0.3	53.9	0.1
Gruzinskaja SSR												
1.												
Males-Männer	46.0	6.1	4.1	0.4	43.3	0.1	44.9	1.3	11.6	1.0	41.0	0.2
Females-Frauen	54.3	2.0	4.3	0.5	38.8	0.1	49.7	0.4	9.0	1.1	39.6	0.2
	38.8	9.7	4.0	0.2	47.2	0.1	40.8	2.2	14.0	0.8	42.0	0.2
2.												
Males-Männer	42.2	1.6	7.5	0.7	47.8	0.2	46.8	0.3	10.0	1.7	40.9	0.3
Females-Frauen	54.8	0.4	7.4	1.0	36.2	0.2	53.4	0.1	8.2	1.9	36.1	0.3
	31.7	2.6	7.5	0.5	57.5	0.2	41.1	0.4	11.6	1.5	45.1	0.3
3.												
Males-Männer	48.7	9.5	1.7	0.1	40.0	0.0	43.3	2.3	13.1	0.3	40.9	0.1
Females-Frauen	54.0	3.2	2.0	0.1	40.7	0.0	46.4	0.7	9.6	0.5	42.7	0.1
	44.2	15.0	1.4	0.0	39.4	0.0	40.5	3.7	16.2	0.3	39.2	0.1
Azerbajdžanskaja SSR												
1.												
Males-Männer	41.3	3.1	3.4	0.5	51.6	0.1	34.7	1.2	8.6	1.2	54.2	0.1
Females-Frauen	48.9	0.8	3.4	0.8	46.1	0.0	39.7	0.2	6.3	1.6	52.1	0.1
	34.5	5.2	3.4	0.3	56.5	0.1	30.0	2.1	10.7	0.9	56.2	0.1
2.												
Males-Männer	38.0	1.0	6.2	1.0	53.7	0.1	39.0	0.3	8.7	2.3	49.5	0.2
Females-Frauen	49.8	0.2	6.1	1.6	42.2	0.1	45.8	0.1	7.1	2.9	43.9	0.2
	27.4	1.7	6.2	0.6	64.0	0.1	32.4	0.5	10.1	1.8	55.0	0.2
3.												
Males-Männer	44.4	5.0	0.9	0.0	49.7	0.0	30.4	2.1	8.4	0.2	58.8	0.1
Females-Frauen	48.1	1.3	0.9	0.0	49.7	0.0	33.5	0.4	5.4	0.3	60.3	0.1
	41.0	8.4	0.9	0.0	49.7	0.0	27.5	3.7	11.3	0.1	57.3	0.1
Litovskaja SSR												
1.	49.9	5.9	2.9	0.8	40.2	0.3	49.1	2.0	12.3	1.9	34.4	0.3

Social Structure 7.3
Soziale Struktur

		1959				1970			
	A.	B.	C.	D.	E.	F.	A.	B.	C.	D.	E.	F.
Males-Männer	58.5	1.7	3.1	1.0	35.5	0.2	53.8	0.6	10.0	1.9	33.4	0.3
Females-Frauen	42.6	9.4	2.8	0.7	44.1	0.4	44.9	3.3	14.3	1.9	35.3	0.3
2.
Males-Männer	45.9	1.1	5.4	2.0	45.0	0.6	54.6	0.2	8.0	3.1	33.8	0.3
Females-Frauen	56.5	0.3	5.7	2.4	34.8	0.3	58.6	0.1	6.6	3.0	31.5	0.2
3.
Males-Männer	37.2	1.8	5.2	1.7	53.4	0.7	51.1	0.4	9.2	3.3	35.7	0.3
Females-Frauen	52.4	8.8	1.4	0.1	37.1	0.2	43.6	3.8	16.5	0.7	35.1	0.3
Males-Männer	59.7	2.5	1.4	0.2	36.0	0.2	49.0	1.0	13.4	0.9	35.4	0.3
Females-Frauen	46.0	14.3	1.3	0.1	38.1	0.2	38.8	6.2	19.3	0.6	34.8	0.3
Moldavskaja SSR
1.
Males-Männer	54.0	3.1	2.2	0.5	40.1	0.1	50.1	1.0	9.7	1.6	37.5	0.1
Females-Frauen	57.3	0.6	2.4	0.6	39.0	0.1	52.0	0.2	7.5	1.7	38.5	0.1
2.
Males-Männer	51.1	5.1	2.1	0.4	41.1	0.2	48.4	1.6	11.6	1.6	36.7	0.1
Females-Frauen	45.2	1.1	5.4	2.0	46.0	0.3	53.2	0.3	8.9	4.3	33.1	0.2
Males-Männer	55.4	0.1	6.3	2.3	35.7	0.2	56.2	0.1	8.2	4.0	31.3	0.2
Females-Frauen	36.7	1.9	4.6	1.7	54.7	0.4	50.5	0.6	9.5	4.5	34.7	0.2
3.
Males-Männer	56.5	3.6	1.3	0.1	38.4	0.1	48.7	1.3	10.0	0.4	39.5	0.1
Females-Frauen	57.9	0.7	1.2	0.1	40.0	0.1	50.1	0.3	7.2	0.6	41.7	0.1
Males-Männer	55.3	6.1	1.4	0.0	37.1	0.1	47.4	2.1	12.6	0.3	37.5	0.1
Latvijskaja SSR
1.
Males-Männer	51.6	4.7	7.2	1.0	35.3	0.2	53.5	1.1	15.4	1.5	28.3	0.2
Females-Frauen	61.0	1.3	6.5	1.0	30.1	0.1	58.4	0.1	12.0	1.7	27.4	0.2
2.
Males-Männer	44.3	7.3	7.8	0.9	39.4	0.3	49.4	1.8	18.2	1.3	29.1	0.2
Females-Frauen	50.4	1.0	9.8	1.3	37.2	0.3	58.1	0.0	12.2	2.0	27.5	0.2
Males-Männer	60.1	0.3	8.6	1.3	29.5	0.2	62.1	0.1	9.2	2.2	26.3	0.2
Females-Frauen	43.0	1.7	10.6	1.3	43.1	0.3	54.7	0.1	14.7	1.8	28.5	0.2
3.
Males-Männer	53.1	9.4	4.0	0.5	32.9	0.1	45.9	2.8	20.7	0.7	29.7	0.2
Females-Frauen	62.1	2.6	3.8	0.6	30.8	0.1	52.3	0.8	16.6	0.8	29.3	0.2
Males-Männer	45.9	14.8	4.1	0.5	34.5	0.2	40.7	4.5	24.0	0.5	30.1	0.2
Kirgizskaja SSR
1.
Males-Männer	40.5	5.3	3.3	0.7	50.1	0.1	38.3	0.7	9.6	1.3	50.0	0.1
Females-Frauen	47.7	1.9	3.8	1.0	45.5	0.1	41.3	0.2	8.1	1.3	49.0	0.1
2.
Males-Männer	34.0	8.3	2.9	0.5	54.2	0.1	35.5	1.2	11.0	1.4	50.8	0.1
Females-Frauen	39.1	1.5	5.6	2.0	51.5	0.3	44.7	0.2	8.9	3.2	42.8	0.2
Males-Männer	49.2	0.3	6.3	2.6	41.4	0.2	48.7	0.1	8.2	3.1	39.7	0.2
Females-Frauen	30.4	2.6	4.9	1.4	60.4	0.3	41.2	0.3	9.6	3.2	45.5	0.2
3.
Males-Männer	41.4	7.1	2.2	0.1	49.4	0.1	34.5	1.0	10.0	0.2	54.2	0.1
Females-Frauen	47.0	2.6	2.6	0.1	47.6	0.1	37.1	0.2	7.9	0.3	54.4	0.1
Males-Männer	35.8	11.2	1.9	0.0	51.0	0.1	32.1	1.8	11.8	0.2	54.0	0.1

7.3 Social Structure / Soziale Struktur

			1959						1970			
	A.	B.	C.	D.	E.	F.	A.	B.	C.	D.	E.	F.
Tadžikskaja SSR												
1.												
Males-Männer	41.8	5.0	2.1	0.8	50.2	0.1	34.7	2.3	7.7	1.3	53.8	0.2
Females-Frauen	48.9	1.4	2.4	1.2	46.0	0.1	38.7	0.2	6.6	1.8	52.5	0.2
2.	35.0	8.5	1.8	0.4	54.2	0.1	30.8	4.4	8.7	0.8	55.1	0.2
Males-Männer	39.1	1.9	4.1	2.2	52.5	0.2	40.2	0.9	6.7	3.1	48.9	0.2
Females-Frauen	49.0	0.3	4.6	3.3	42.6	0.2	44.6	0.1	6.2	4.4	44.6	0.1
3.	30.1	3.4	3.6	1.1	61.6	0.2	36.0	1.6	7.2	2.0	53.0	0.2
Males-Männer	43.1	6.6	1.1	0.1	49.1	0.0	31.4	3.2	8.2	0.2	56.7	0.3
Females-Frauen	48.8	1.9	1.4	0.2	47.7	0.0	35.2	0.3	6.8	0.3	57.1	0.3
	37.5	11.1	0.9	0.0	50.5	0.0	27.6	6.0	9.6	0.1	56.4	0.3
Armjanskaja SSR												
1.												
Males-Männer	39.8	4.3	3.8	0.3	51.6	0.2	39.3	0.9	8.3	1.5	49.7	0.3
Females-Frauen	48.5	1.0	3.9	0.5	46.0	0.1	43.3	0.1	6.3	1.8	48.2	0.3
2.	32.0	7.2	3.7	0.2	56.7	0.2	35.5	1.5	10.2	1.3	51.2	0.3
Males-Männer	36.9	0.7	6.0	0.7	55.4	0.3	42.0	0.2	7.7	2.3	47.5	0.3
Females-Frauen	48.8	0.2	6.2	1.0	43.6	0.2	47.0	0.0	6.3	2.6	43.8	0.3
3.	26.1	1.2	5.8	0.4	66.2	0.3	37.2	0.3	9.0	2.1	51.1	0.3
Males-Männer	42.7	7.9	1.6	0.0	47.8	0.0	35.5	1.8	9.1	0.4	52.9	0.3
Females-Frauen	48.1	1.9	1.6	0.1	48.3	0.0	37.9	0.4	6.2	0.5	54.7	0.3
	37.8	13.3	1.6	0.0	47.3	0.0	33.2	3.2	11.8	0.3	51.2	0.3
Turkmenskaja SSR												
1.												
Males-Männer	39.7	4.9	2.9	0.8	51.6	0.1	37.2	0.7	7.4	1.3	53.3	0.1
Females-Frauen	47.7	2.2	3.0	1.2	45.8	0.1	41.1	0.2	6.0	1.7	50.9	0.1
2.	32.2	7.5	2.8	0.5	56.9	0.1	33.4	1.2	8.7	0.9	55.7	0.1
Males-Männer	39.0	1.4	4.9	1.6	52.9	0.2	40.8	0.3	6.6	2.4	49.8	0.1
Females-Frauen	49.8	0.3	5.1	2.3	42.3	0.2	46.6	0.1	5.7	3.1	44.4	0.1
3.	29.0	2.5	4.8	1.0	62.5	0.2	35.0	0.5	7.4	1.8	55.1	0.2
Males-Männer	40.4	8.0	1.1	0.1	50.4	0.0	33.9	1.1	8.2	0.2	56.5	0.1
Females-Frauen	46.0	3.9	1.2	0.3	48.6	0.0	36.0	0.3	6.3	0.4	56.9	0.1
	35.1	11.8	1.0	0.0	52.1	0.0	31.9	1.8	9.9	0.1	56.2	0.1
Estonskaja SSR												
1.												
Males-Männer	51.4	2.8	7.4	0.9	37.4	0.1	53.3	0.7	15.8	1.4	28.6	0.2
Females-Frauen	59.6	1.1	6.5	1.0	31.7	0.1	58.3	0.2	11.7	1.4	28.2	0.2
2.	44.9	4.2	8.1	0.8	41.8	0.2	49.2	1.1	19.1	1.4	29.0	0.2
Males-Männer	51.3	0.3	8.9	1.2	38.1	0.2	57.6	0.0	12.1	1.7	28.3	0.2
Females-Frauen	59.9	0.1	7.7	1.4	30.8	0.1	61.4	0.0	8.9	1.6	27.9	0.2
3.	44.6	0.3	10.0	1.1	43.8	0.2	54.4	0.1	14.8	1.8	28.7	0.2
Males-Männer	51.5	6.1	5.5	0.4	36.4	0.1	45.5	1.9	22.4	0.7	29.2	0.3
Females-Frauen	59.2	2.3	5.1	0.4	32.9	0.1	52.6	0.7	16.9	0.9	28.7	0.2
Males-Männer					39.2	0.1	39.4	3.0	27.1	0.6	29.6	0.3

7.4 BREAKDOWN OF THE POPULATION OF THE USSR AND THE UNION REPUBLICS BY MEANS OF INCOME AND SOCIAL GROUPS

AUFTEILUNG DER BEVÖLKERUNG DER UdSSR UND DER UNIONSREPUBLIKEN NACH EINKOMMENS-QUELLEN UND GESELLSCHAFTL. GRUPPEN

RASPREDELENIE NASELENIJA SSSR I SOJUZNYCH RESPUBLIK PO ISTOČNIKAM SREDSTV SUŠČESTVOVANIJA I OBŠČESTVENNYM GRUPPAM

Social Structure / Soziale Struktur 7.4

	Both sexes – beide Geschlechter – Oba pola				Males – Männer – Mužčiny				Females – Frauen – Ženščiny			
	A. All social groups / Alle gesellschaftl. Gruppen / Vse obščestvennye gruppy	B. Workers / Arbeiter / rabočie	C. Employees / Angestellte / služaščie	D. Collective farmers / Kolchosbauern / kolchozniki	A.	B.	C.	D.	A.	B.	C.	D.
SSSR												
1.	241436013	136930781	54551734	49461551	111182265	65969787	23277923	20810291	130253748	69960994	31273811	28651260
1.1.	115204076	66321222	30617865	17899838	57828454	36708783	12554160	8494957	57375622	29612439	18063705	9404881
1.2.	1823499	917599	66606	828896	161874	64000	2925	92673	1661625	853599	63681	736223
1.3.	32641210	16607907	3962743	12050188	10923885	6147511	1736816	3032539	21717325	10460396	2225927	9017649
1.4.	3522580	1606681	1380593	533877	1682575	765795	632958	282995	1840005	840886	747635	250882
1.5.	87927859	51289626	18459212	18102706	40445310	23301004	8323995	8889538	47482549	28088622	10135217	9213168
1.6.	316789	187746	64715	46046	140167	82694	27069	17589	176622	105052	37646	28457

1. Urban and rural population – Stadt- und Landbevölkerung – Gorodskoe i sel'skoe naselenie
   of which – darunter – v tom čisle:
1.1. Gainfully employed population – beschäftigte Bevölkerung – zanjatoe naselenie
1.2. Persons engaged in private agricultural subsidiary erterprises – Beschäftigte i.d. privaten landwirtschaftlichen Nebenbetrieben – zanjatye v ličnom podsobnom sel'skom chozjajstve
1.3. Persons living on state welfare (pensioners and others) – von der Staatsfürsorge lebende Personen (Rentner u.a.) – lica, nachodjaščiesja na obespečenii gosudarstva (pensionery i drugie)
1.4. Scholars – Stipendiaten – stipendiaty
1.5. Dependants of single persons – abhängige Familienmitglieder einzelner Personen – iždivency otdel'nych lic
1.6. Persons with other means of income, not indicated by them –
     Personen mit anderen, von ihnen nicht angegebenen Einkommens-Quellen –
     Lica imejuščie drugie istočniki sredstv suščestvovanija i ne ukazavšie istočnik

7.4 Social Structure / Soziale Struktur

	Both sexes-beide Geschlechter-Oba pola				Males-Männer-Mužčiny				Females-Frauen-Ženščiny			
	A.	B.	C.	D.	A.	B.	C.	D.	A.	B.	C.	D.
2.	135330189	89247466	42676887	3228191	62677636	43626203	17888621	1123559	72652553	45621263	24788266	2104632
2.1.	70900220	45911714	24367480	502440	35490325	25338321	9858017	277418	35409895	20573393	14509463	225022
2.2.	221183	155877	13522	48276	17137	11275	882	4240	204046	144602	12640	44036
2.3.	15896027	10852294	3427701	1603645	5794361	3984862	1431304	374556	10101666	6867432	1996397	1229089
2.4.	3160628	1433698	1322042	403616	1479848	670251	603282	205575	1680780	763447	718760	198041
2.5.	4496338	30771508	13496104	662884	19814114	13568117	5974886	259601	25149224	17203391	7521218	403283
2.6.	188793	122375	50038	7330	81851	53377	20250	2169	106942	68993	29788	5161
3.	106105824	47683315	11874847	46233360	48504629	23343584	5389302	19688732	57601195	24339731	6485545	26546628
3.1.	4430856	20409508	6250385	17397398	22338129	11370462	2696143	8217539	21965727	9039046	3554242	9179859
3.2.	1602316	761722	53084	780620	144737	52725	2043	88433	1457579	708997	51041	692187
3.3.	16745183	5755613	535042	1044654	5129524	2162649	305512	2657983	11615659	3592964	229530	7788560
3.4.	361952	172983	58551	130261	202727	95544	29676	77420	159225	77439	28875	52841
3.5.	42964521	20518118	4963108	17439822	20631196	9632887	2349109	8629937	22333325	10885231	2613999	8809885
3.6.	127996	65371	14677	38716	58316	29317	6819	15420	69680	36054	7858	23296

RSFSR

	A.	B.	C.	D.	A.	B.	C.	D.	A.	B.	C.	D.
1.	129941212	79617464	31528248	18634111	59160721	38460469	13021671	7636144	70780491	41156995	18566577	10997967
1.1.	64818232	39902049	18425442	6379093	32240036	21781667	7190367	3245181	32578196	18120382	11235075	3133912
1.2.	669185	410895	21936	232265	42266	22327	867	18113	626919	388568	21069	214152
1.3.	18600875	10724363	2578953	5288348	5865234	3667996	1096268	1098352	12735641	7056367	1482685	4189996
1.4.	1955205	943397	812243	199010	880192	421711	361312	96935	1075013	521686	451131	102075
1.5.	43747702	27539677	9658447	6520444	20068785	12524462	4360336	3172772	23678917	15015215	5298111	3347672
1.6.	150013	97083	31027	14951	64208	42306	12521	4791	85805	54777	18506	10160

2. Urban population – Stadtbevölkerung – Gorodskoe naselenie
2.1. Gainfully employed population – beschäftigte Bevölkerung – zanjatoe naselenie
2.2. Persons engaged in private agricultural subsidiary enterprises – Beschäftigte i.d.privaten landwirtschaftlichen Nebenbetrieben – zanjatye v ličnom podsobnom sel'skom chozjajstve
2.3. Persons living on state welfare (pensioners and others) – von der Staatsfürsorge lebende Personen (Rentner u.a.) – lica, nachodjaščiesja na obespečenii gosudarstva (pensionery i drugie)
2.4. Scholars – Stipendiaten – stipendiaty
2.5. Dependants of single persons – abhängige Familienmitglieder einzelner Personen – iždivency otdel'nych lic
2.6. Persons with other means of income, not indicated by them –
Personen mit anderen, von ihnen nicht angegebenen Einkommens-Quellen –
Lica imejuščie drugie istočniki sredstv suščestvovanija i ne ukazavšie istočnik

3. Rural Population – Landbevölkerung – Sel'skoe naselenie
3.1. – 3.6. see above – siehe oben

Social Structure
Soziale Struktur 7.4

	Both sexes-beide Geschlechter-Oba pola				Males-Männer-Mužčiny				Females-Frauen-Ženščiny			
	A.	B.	C.	D.	A.	B.	C.	D.	A.	B.	C.	D.
2.	80631371	53725406	25506889	1339420	36930897	26078725	10465382	373332	43700474	27646681	15041507	966088
2.1.	43732720	28603799	14964863	127487	21525027	15580840	5850444	88663	22207693	13022959	9114419	38804
2.2.	69948	54440	3637	10549	4660	3376	243	766	65288	51064	3394	9783
2.3.	10152113	7064212	2236707	845167	3465813	2410486	903673	150193	6686300	4653726	1333034	694974
2.4.	1781297	846279	783442	151244	787870	370460	347916	69282	993427	475819	435526	81962
2.5.	24799331	17092957	7492965	201733	11105730	7685310	3352893	63653	13693601	9407647	4140072	138080
2.6.	95962	63719	25275	3240	41797	28253	10213	755	54165	35466	15062	2485
3.	49309841	25892058	6021359	17294691	22229824	12381744	2556289	7262812	27080017	13510314	3465070	10031879
3.1.	21085512	11298250	3460579	6251606	10715009	6200827	1339923	3156498	10370503	5097423	2120656	3095108
3.2.	599237	356455	18299	221716	37606	13951	624	17347	561631	337504	17675	204369
3.3.	8448762	3660151	342246	4443181	2399421	1257510	192595	948159	6049341	2402641	149651	3495022
3.4.	173908	97118	29001	47766	92322	51251	13396	27653	81586	45867	15605	20113
3.5.	18948371	10446720	2165482	6318711	8963055	4839152	1007443	3109119	9985316	5607568	1158039	3209592
3.6.	54051	33364	5752	11711	22411	14053	2308	4036	31640	19311	3444	7675

Ukrainskaja SSR

	A.	B.	C.	D.	A.	B.	C.	D.	A.	B.	C.	D.
1.	47055852	23429542	9281475	14230270	21284158	11519051	4006364	5727633	25771694	11910491	5275111	8502637
1.1.	23270653	12059267	5400180	5775250	11528128	6644352	2280308	2585834	11742525	5414915	3119872	3139416
1.2.	529219	196279	10652	320418	56963	6591	518	39358	472256	179688	10134	281060
1.3.	7398839	2707335	742838	3945568	2543872	1168722	350269	1023401	4854967	1538613	392569	2922167
1.4.	660607	286309	227936	146131	326208	145123	108212	72762	334399	141186	119724	73369
1.5.	15136464	8146749	2888676	4083608	6802338	3530183	1262590	2002619	8334126	4616566	1626086	2080989
1.6.	60070	33603	11193	9295	26649	14080	4467	3659	33421	19523	6726	5636
2.	25545650	16697867	7711579	1093887	11823177	8107735	3308203	398657	13722473	8590132	4403376	695230
2.1.	13388366	8683567	4432525	241523	6751648	4753761	1877171	116721	6636718	3929806	2555354	124802
2.2.	84241	54627	3517	25389	5580	3269	153	1990	78661	51358	3364	23399
2.3.	3187587	2038320	661734	485876	1288328	856609	300216	130816	1899259	1181711	361518	355060
2.4.	598239	264917	220613	112519	293340	133660	104507	55083	304899	131257	116106	57436
2.5.	8249611	5632429	2384018	226940	3469083	2350922	1022602	93659	4780528	3281507	1361416	133281
2.6.	37606	24007	9172	1640	15198	9514	3554	388	22408	14493	5618	1252
3.	21510202	6731675	1569896	13136383	9460981	3411316	698161	5328976	12049221	3320359	871735	7807407
3.1.	9882287	3375700	967655	5483727	4776480	1890591	403137	2469113	5105807	1485109	564518	3014614
3.2.	444878	141652	7135	295029	51383	13322	365	37368	393595	128330	6770	257661
3.3.	4211252	669015	81104	3459692	1255544	312113	50053	892585	2955708	356902	31051	2567107
3.4.	62368	21392	7323	33612	32868	11463	3705	17679	29500	9929	3618	15933
3.5.	6886853	2514320	504658	3856668	3333255	1179261	239988	1908960	3553598	1335059	264670	1947708
3.6.	22464	9596	2021	7655	11451	4566	913	3271	11013	5030	1108	4384

7.4 Social Structure / Soziale Struktur

	Both sexes-beide Geschlechter-Oba pola				Males-Männer-Mužčiny				Females-Frauen-Ženščiny			
	A.	B.	C.	D.	A.	B.	C.	D.	A.	B.	C.	D.
Belorusskaja SSR												
1.	8992190	4700161	1738519	2536091	4129064	2281744	776521	1065771	4863126	2418417	961998	1470320
1.1.	4299658	2319374	994231	972805	2106810	1230314	428776	444575	2192848	1089060	565455	528230
1.2.	83293	45651	2023	35369	8431	3375	95	4912	74862	42276	1928	30457
1.3.	1324474	574864	89694	659176	443885	211711	45497	186355	880589	363153	44197	472821
1.4.	134575	53592	44455	36503	62328	25262	19668	17394	72247	28330	24787	19109
1.5.	3142585	1702710	606572	830962	1504407	809481	281919	412101	1638178	893229	324653	418861
1.6.	7605	3970	1544	1276	3203	1601	566	434	4402	2369	978	842
2.	3890580	2457684	1301929	126103	1826626	1199560	578399	47588	2063954	1258124	723530	78515
2.1.	2101672	1349107	739840	9460	1030834	704220	320385	5729	1070838	644887	419455	3731
2.2.	6526	4626	368	1442	693	540	19	113	5833	4086	349	1329
2.3.	365767	223792	73824	67747	144148	86952	35302	21767	221619	136840	38522	45980
2.4.	117810	46198	42760	28836	53416	21435	18772	13205	64394	24763	23988	15631
2.5.	1294936	831623	444062	18436	596059	385565	203527	6728	698877	446058	240535	11708
2.6.	3869	2338	1075	182	1476	848	394	46	2393	1490	681	136
3.	5101610	2242477	436590	2409988	2302438	1082184	198122	1018183	2799172	1160293	238468	1391805
3.1.	2197986	970267	254391	963345	1075976	526094	108391	438846	1122010	444173	146000	524499
3.2.	76767	41025	1655	33927	7738	2835	76	4799	69029	38190	1579	29128
3.3.	958707	351072	15870	591429	299737	124759	10195	164588	658970	226313	5675	426841
3.4.	16765	7394	1695	7667	8912	3827	896	4189	7853	3567	799	3478
3.5.	1847649	871087	162510	812526	908348	423916	78392	405373	939301	447171	84118	407153
3.6.	3736	1632	469	1094	1727	753	172	388	2009	879	297	706
Uzbekskaja SSR												
1.	11773869	5358748	2345927	3997722	5732096	2750015	1134011	1833047	6041773	2608733	1211916	2164675
1.1.	4238002	1938959	973330	1267614	2211336	1172399	495466	534545	2026666	766560	477864	733069
1.2.	55701	24375	3664	26965	6990	2978	224	3627	48711	21397	3440	23338
1.3.	1009162	399358	88597	519798	412055	176828	38703	195851	597107	222530	49894	323947
1.4.	162680	63616	60785	37896	98177	38344	32049	27560	64503	25272	28736	10336
1.5.	6283480	2920655	1213962	2138556	2991135	1353289	564597	1068481	3292345	1567366	649365	1070075
1.6.	24844	11785	5589	6893	12403	6177	2972	2983	12441	5608	2617	3910
2.	4297953	2725168	1375430	175260	2076961	1383067	603419	85221	2220992	1342101	772011	90039
2.1.	1756197	1059661	643991	37520	947589	650840	277476	17130	808608	408821	366545	20390
2.2.	7935	4685	851	2057	1049	567	84	327	6886	4118	767	1730
2.3.	331045	227226	71644	31494	141303	97147	30247	13574	189742	130079	41397	17920
2.4.	139168	56066	55829	26932	81636	33243	28904	19290	57532	22823	26925	7642

Social Structure 7.4
Soziale Struktur

	Both sexes-beide Geschlechter-Oba pola				Males-Männer-Mužčiny				Females-Frauen-Ženščiny			
	A.	B.	C.	D.	A.	B.	C.	D.	A.	B.	C.	D.
2.5.	2052138	1370759	599551	76505	899650	597782	265036	34524	1152488	772977	334515	41981
2.6.	11470	6771	3564	752	5734	3488	1672	376	5736	3283	1892	376
3.	7475916	2633580	970497	3822462	3655135	1366948	530592	1747826	3820781	1266632	439905	2074636
3.1.	2481805	879298	329339	1230094	1263747	521559	217990	517415	1218058	357739	111349	712679
3.2.	47766	19690	2813	24908	5941	2411	140	3300	41825	17279	2673	21608
3.3.	678117	172132	16953	488304	270752	79681	8456	182277	407365	92451	8497	306027
3.4.	23512	7550	4956	10964	16541	5101	3145	8270	6971	2449	1811	2694
3.5.	4231342	1549896	614411	2062051	2091485	755507	299561	1033957	2139857	794389	314850	1028094
3.6.	13374	5014	2025	6141	6669	2689	1300	2607	6705	2325	725	3534
Kazachskaja SSR												
1.	13009272	8854938	3056672	1074330	6265985	4433409	1337959	490515	6743287	4421529	1718713	583815
1.1.	5492078	3639432	1519851	313919	2927805	2116953	638199	170123	2564273	1522479	881652	143796
1.2.	105222	81273	7181	16258	6759	4874	198	1567	98463	76399	6983	14691
1.3.	1153301	834899	125484	192043	485884	366977	63129	55514	667417	467922	62355	136529
1.4.	184837	98147	73902	12714	84936	46680	30811	7415	99901	51467	43091	5299
1.5.	6055522	4188923	1325956	537916	2752947	1892662	603975	255295	3302575	2296261	721981	282621
1.6.	18312	12264	4298	1480	7654	5263	1647	601	10658	7001	2651	879
2.	6512238	4496772	1930885	74443	3139425	2300698	813037	24097	3372813	2196074	1117848	50346
2.1.	3128810	2073404	1041289	6539	1663861	1242764	415896	4416	1464949	830640	625393	2123
2.2.	13363	10980	1048	1108	1025	780	67	154	12338	10200	981	954
2.3.	557344	423750	95877	37083	242024	188167	45283	8418	315320	235583	50594	28665
2.4.	157424	80652	67272	9426	69314	36638	27442	5204	88110	44014	39830	4222
2.5.	2645660	1901504	722650	20045	1159169	829478	323328	5845	1486491	1072026	399322	14200
2.6.	9637	6482	2749	242	4032	2871	1021	60	5605	3611	1728	182
3.	6497034	4358166	1125787	999887	3126560	2132711	524922	466418	3370474	2225455	600865	533469
3.1.	2363268	1566028	478562	307380	1263944	874189	222303	165707	1099324	691839	256259	141673
3.2.	91859	70293	6133	15150	5734	4094	131	1413	86125	66199	6002	13737
3.3.	595957	411149	29607	154960	243860	178810	17846	47096	352097	232339	11761	107864
3.4.	27413	17495	6630	3288	15622	10042	3369	2211	11791	7453	3261	1077
3.5.	3409862	2287419	603306	517871	1593778	1063184	280647	249450	1816084	1224235	322659	268421
3.6.	8675	5782	1549	1238	3622	2392	626	541	5053	3390	923	697
Gruzinskaja SSR												
1.	4674591	2185731	1163779	1307630	2195490	1102759	518595	569674	2479101	1082972	645184	737956
1.1.	2101734	956780	608736	521575	1090852	569129	283443	235007	1010882	387651	325293	286568

441

7.4 Social Structure / Soziale Struktur

	Both sexes-beide Geschlechter-Oba pola				Males-Männer-Mužčiny				Females-Frauen-Ženščiny			
	A.	B.	C.	D.	A.	B.	C.	D.	A.	B.	C.	D.
1.2.	62154	21912	3316	36769	8644	2189	358	6066	53510	19723	2958	30703
1.3.	543746	206767	79353	257322	197060	85395	31237	80324	346686	121372	48116	176998
1.4.	46135	14701	25065	6329	25131	8577	12435	4096	21004	6124	12630	2233
1.5.	1911434	980738	444972	483842	869361	435067	190086	243444	1042073	545671	254886	240398
1.6.	9388	4833	2337	1793	4442	2402	1036	737	4946	2431	1301	1056
2.	2210973	1272206	875742	56508	1032535	626021	378734	25953	1178438	646185	497008	30555
2.1.	1035524	558775	457263	15001	551529	332633	209475	8217	483995	225922	247788	6784
2.2.	6287	4175	582	1445	1067	633	146	277	5220	3542	436	1168
2.3.	221477	133259	66607	21343	85185	53314	24346	7432	136292	79945	42261	13911
2.4.	37576	11582	23497	2462	19747	6607	11579	1543	17829	4975	11918	919
2.5.	904319	560997	325877	16109	372296	230986	132395	8406	532023	330011	193482	7703
2.6.	5790	3418	1916	148	2711	1628	793	78	3079	1790	1123	70
3.	2463618	913525	288037	1251122	1162955	476738	139861	543721	1300663	436787	148176	707401
3.1.	1066210	398005	151473	506574	539323	236678	73968	226790	526887	161729	77505	279784
3.2.	55867	17737	2734	35324	7577	1556	212	5789	48290	16181	2522	29535
3.3.	322269	73508	12746	235979	111875	32081	6891	72892	210394	41427	5855	163087
3.4.	8559	3119	1568	3867	5384	1970	856	2553	3175	1149	712	1314
3.5.	1007115	419741	119095	467733	497065	204081	57691	235038	510050	215660	61404	232695
3.6.	3598	1415	421	1645	1731	774	243	659	1867	641	178	986

Azerbajdžanskaja SSR

	A.	B.	C.	D.	A.	B.	C.	D.	A.	B.	C.	D.
1.	5116525	2662635	1188076	1253528	2483631	1346408	571693	562276	2632894	1316227	616383	691252
1.1.	1774737	914485	486630	364556	986293	563884	258534	162050	788444	350601	228096	202506
1.2.	61423	24301	7108	29737	6103	1839	251	3944	55320	22462	6857	25793
1.3.	438229	214037	50700	173141	155814	84138	20524	50981	282415	129899	30176	122160
1.4.	64095	27552	27294	9209	39325	17047	15112	7139	24770	10505	12182	2070
1.5.	2771249	1478534	614786	675491	1292954	677757	276504	337607	1478295	800777	338282	337884
1.6.	6792	3726	1558	1394	3142	1743	768	555	3650	1983	790	839
2.	2549597	1643091	840564	60093	1247303	834458	382265	29012	1302294	808633	458299	31081
2.1.	994337	597655	380592	12252	571827	381783	183627	5721	422510	215872	196965	6531
2.2.	7126	4495	984	1471	815	492	62	208	6311	4003	922	1263
2.3.	221425	158932	45805	16483	89208	64294	18241	6557	132217	94638	27564	9926
2.4.	59750	25897	26439	7378	36325	15903	14604	5795	23425	9994	11835	1583
2.5.	1262878	853481	385568	22332	547162	370734	165159	10648	715716	482747	220409	11684
2.6.	4081	2631	1176	177	1966	1252	572	83	2115	1379	604	94

Social Structure
Soziale Struktur 7.4

	Both sexes-beide Geschlechter-Oba pola				Males-Männer-Mužčiny				Females-Frauen-Ženščiny			
	A.	B.	C.	D.	A.	B.	C.	D.	A.	B.	C.	D.
3.	2566928	1019544	347512	1193435	1236328	511950	189428	533264	1330600	507594	158084	660171
3.1.	780400	316830	106038	352304	414466	182101	74907	156329	365934	134729	31131	195975
3.2.	54297	19806	6124	28266	5288	1347	189	3736	49009	18459	5935	24530
3.3.	216804	55105	4895	156658	66606	19344	2283	44424	150198	35261	2612	112234
3.4.	4345	1655	855	1831	3000	1144	508	1344	1345	511	347	487
3.5.	1508371	625053	229218	653159	745792	307023	111345	326959	762579	318030	117873	326200
3.6.	2711	1095	382	1217	1176	491	196	472	1535	604	186	745

Litovskaja SSR

	A.	B.	C.	D.	A.	B.	C.	D.	A.	B.	C.	D.
1.	3118941	1684664	605643	816822	1462850	827832	261702	368905	1656091	856832	343941	447917
1.1.	1531249	833930	365002	324137	787024	469079	151992	163592	744225	364851	213010	160545
1.2.	62835	42820	474	19456	7875	4179	35	3641	54960	38641	439	15815
1.3.	383249	171682	22760	187802	146658	11118	10789	64301	236591	100564	11971	123501
1.4.	59357	25186	15091	19042	28008	12377	6703	8909	31349	12809	8388	10133
1.5.	1073380	606558	200966	264664	489159	269501	91585	127678	584221	337057	109381	136986
1.6.	8871	4488	1350	1721	4126	1578	598	784	4745	2910	752	937
2.	1557731	1021170	496228	36466	733683	501549	215839	15119	824048	519621	280389	21347
2.1.	850719	547562	298357	2392	429616	300666	126753	1728	421103	246896	171604	664
2.2.	3451	3184	60	189	426	377	3	46	3025	2807	57	143
2.3.	124703	88534	19812	15916	48727	33729	9077	5751	75976	54805	10735	10165
2.4.	48728	21340	14029	13325	21919	10143	6042	5715	26809	11197	7987	7610
2.5.	525718	357694	163079	4430	231256	155705	73619	1780	294462	201989	89460	2650
2.6.	4412	2856	891	214	1739	929	345	99	2673	1927	546	115
3.	1561210	663494	109415	780356	729167	326283	45863	353786	832043	337211	63552	426570
3.1.	680530	286368	66645	321745	357408	168413	25239	161864	323122	117955	41406	159881
3.2.	59384	39636	414	19267	7449	3802	32	3595	51935	35834	382	15672
3.3.	258546	83148	2948	171886	97931	37389	1712	58550	160615	45759	1236	113336
3.4.	10629	3846	1062	5717	6089	2234	661	3194	4540	1612	401	2523
3.5.	547662	248864	37887	260234	257903	113796	17966	125898	289759	135068	19921	134336

Moldavskaja SSR

	A.	B.	C.	D.	A.	B.	C.	D.	A.	B.	C.	D.
1.	3569846	1295839	497073	1768791	1669166	652202	214328	799505	1900680	643637	282745	969286
1.1.	1788606	682266	300705	800926	868443	371578	126099	369298	920163	310688	174606	431628
1.2.	34782	9402	438	24638	4010	887	55	2956	30772	8515	383	21682
1.3.	345131	85000	27214	232681	124862	36999	12655	75110	220269	48001	14559	157571
1.4.	58765	17706	12786	28257	28023	8497	4932	14582	30742	9209	7854	13675

443

7.4 Social Structure / Soziale Struktur

	Both sexes-beide Geschlechter-Oba pola				Males-Männer-Mužčiny				Females-Frauen-Ženščiny			
	A.	B.	C.	D.	A.	B.	C.	D.	A.	B.	C.	D.
1.5.	1338608	499673	155190	681334	642119	233579	70262	337194	696489	266094	84928	344140
1.6.	3954	1792	740	955	1709	662	325	365	2245	1130	415	590
2.	1123512	672353	356795	91679	525339	331764	151957	40795	598173	340589	204838	50884
2.1.	597768	365737	210603	19990	295505	197619	88458	9156	302263	168118	122145	10834
2.2.	3789	2010	134	1567	347	207	17	92	3442	1803	117	1475
2.3.	99539	53056	23587	22799	42822	22873	10511	9403	56717	30183	13076	13396
2.4.	47986	14278	11727	21969	21250	6294	4380	10568	26736	7984	7347	11401
2.5.	372160	235957	110142	25165	164515	104316	48330	11524	207645	131641	61812	13641
2.6.	2270	1315	602	189	900	455	261	52	1370	860	341	137
3.	2446334	623486	140278	1677112	1143827	320438	62371	758710	1302507	303048	77907	918402
3.1.	1190838	316529	90102	780936	572859	173959	37641	360142	617900	142570	52461	420794
3.2.	30993	7392	304	23071	3663	680	38	2864	27330	6712	266	20207
3.3.	245552	31944	3627	209882	82040	14126	2144	65707	163552	17818	1483	144175
3.4.	10779	3428	1059	6288	6773	2203	552	4014	4006	1225	507	2274
3.5.	966448	263716	45048	656169	477604	129263	21932	325670	488844	134453	23116	330499
3.6.	1684	477	138	766	809	207	64	313	875	270	74	453

Latvijskaja SSR

	A.	B.	C.	D.	A.	B.	C.	D.	A.	B.	C.	D.
1.	2351903	1331971	600027	413523	1073060	648165	244270	179002	1278843	683806	355757	234521
1.1.	1258382	729741	363868	160189	626543	400199	141572	83802	631839	329542	222296	76387
1.2.	25816	13923	486	11343	3316	1380	21	1904	22500	12543	465	9439
1.3.	361686	191888	45915	123057	128610	72569	17957	37926	233076	119319	27958	85131
1.4.	35195	14744	14889	5504	18117	7813	7597	2699	17078	6931	7292	2805
1.5.	666546	379006	174104	113053	294456	165013	76830	52529	372090	213993	97274	60524
1.6.	4278	2669	765	377	2018	1191	293	142	2260	1478	472	235
2.	1463872	930863	502447	27542	669067	451718	206093	10532	794805	479145	296354	17010
2.1.	850351	538134	305719	4597	415432	290582	120946	3549	434919	247552	184773	1048
2.2.	995	828	31	121	128	117	5	3	867	711	26	118
2.3.	178203	123721	39295	14653	61356	43019	14793	3456	116847	80702	24502	11197
2.4.	29167	12034	13951	3147	14809	6259	7028	1518	14358	5775	6923	1629
2.5.	402319	254313	142797	4926	176013	110895	63077	1981	226306	143418	79720	2945
2.6.	2837	1833	654	93	1329	846	244	25	1508	987	410	73
3.	888031	401108	97580	385981	403993	196447	38177	168470	484038	204661	59403	217511
3.1.	408031	191607	58149	155592	211111	109617	20626	80253	196920	81990	37523	75339
3.2.	24821	13095	455	11222	3188	1263	16	1901	21633	11832	439	9321

Social Structure
Soziale Struktur 7.4

	Both sexes-beide Geschlechter-Oba pola				Males-Männer-Mužčiny				Females-Frauen-Ženščiny			
	A.	B.	C.	D.	A.	B.	C.	D.	A.	B.	C.	D.
3.3.	183483	68167	6620	108404	67254	29550	3164	34470	116229	38617	3456	73934
3.4.	6028	2710	938	2357	3308	1554	569	1181	2720	1156	369	1176
3.5.	264227	124693	31307	108127	118443	54118	13753	50548	145784	70575	17554	57579
3.6.	1441	836	111	279	689	345	49	117	752	491	62	162

Kirgizskaja SSR

	A.	B.	C.	D.	A.	B.	C.	D.	A.	B.	C.	D.
1.	2933732	1517173	573585	833711	1402186	753375	259581	386785	1531546	763798	314004	446926
1.1.	1123774	602328	261791	252430	579566	338837	115515	123715	544208	263491	146276	128715
1.2.	20642	9735	1413	9415	1950	753	44	1118	18692	8982	1369	8297
1.3.	281304	134375	24611	122170	113167	59862	12444	40798	168137	74513	12167	81372
1.4.	39126	15366	14528	9220	18575	7320	6226	5021	20551	8046	8302	4199
1.5.	1465176	753119	270558	439858	687373	345652	125068	215925	777803	407467	145490	223933
1.6.	3710	2250	684	618	1555	951	284	208	2155	1299	400	410
2.	1095444	724127	333586	35190	514626	356965	141597	15351	580818	367162	191989	19839
2.1.	489867	314225	169829	4125	250494	178565	69066	2500	239373	135660	100763	1625
2.2.	2079	1520	208	309	270	198	4	42	1809	1322	204	267
2.3.	97768	67710	18448	11519	42408	29777	8792	3815	55360	37933	9656	7704
2.4.	34861	13363	13444	8042	16103	6109	5754	4232	18758	7254	7690	3810
2.5.	468807	325922	131211	11041	204547	141784	57807	4704	264260	184138	73404	6337
2.6.	2062	1387	446	154	804	532	174	58	1258	855	272	96
3.	1838288	793046	239999	798521	887560	396410	117984	371434	950728	396636	122015	427087
3.1.	633907	288103	91962	248305	329072	160272	46449	121215	304835	127831	45513	127090
3.2.	18563	8215	1205	9106	1680	555	40	1076	16883	7660	1165	8030
3.3.	183536	66665	6163	110651	70759	30085	3652	36983	112777	36580	2511	73668
3.4.	4265	2003	1084	1178	2472	1211	472	789	1793	792	612	389
3.5.	996369	427197	139347	428817	482826	203868	67261	211221	513543	223329	72086	217596
3.6.	1648	863	238	464	751	419	110	150	897	444	128	314

Tadžikskaja SSR

	A.	B.	C.	D.	A.	B.	C.	D.	A.	B.	C.	D.
1.	2898317	1171877	528298	1189529	1426928	614770	265227	545135	1471389	557107	263071	644394
1.1.	1003906	421370	219341	356679	551634	271435	118337	160929	452272	149935	101004	195750
1.2.	67645	17743	5063	44582	3302	719	132	2411	64343	17024	4931	42171
1.3.	222148	67172	17707	137052	93680	30382	9269	53921	128468	36790	8438	83131
1.4.	37444	14133	12660	10629	25970	9181	7443	9324	11474	4952	5217	1305
1.5.	1560334	648966	272523	637363	749137	301774	129556	317186	811197	347192	142967	320177
1.6.	6840	2493	1004	3224	3205	1279	490	1364	3635	1214	514	1860

7.4 Social Structure / Soziale Struktur

	Both sexes-beide Geschlechter-Oba pola				Males-Männer-Mužčiny				Females-Frauen-Ženščiny			
	A.	B.	C.	D.	A.	B.	C.	D.	A.	B.	C.	D.
2.	1073506	708799	317083	44671	526361	359120	142290	24412	547145	349679	174793	20259
2.1.	431530	269931	152467	7226	234610	164454	65979	4019	196920	105477	86488	3207
2.2.	9525	6128	1242	1963	520	2570	35	137	9005	5809	1207	1826
2.3.	71953	47551	13704	10618	32688	20570	6720	5346	39265	26981	6984	5272
2.4.	33826	12857	12173	8774	23080	8144	7144	7770	10746	4713	5029	1004
2.5.	524816	371150	136977	15961	234656	165113	62217	7057	290160	206037	74760	8904
2.6.	1856	1182	520	129	807	520	195	83	1049	662	325	46
3.	1824811	463078	211215	1144858	900567	255650	122937	520723	924244	207428	88278	624135
3.1.	572376	151439	66874	349453	317024	106981	52358	156910	255352	44458	14516	192543
3.2.	58120	11615	3821	42619	2782	400	97	2274	55338	11215	3724	40345
3.3.	150195	19621	4003	126434	60992	9812	2549	48575	89203	9809	1454	77859
3.4.	3618	1276	487	1855	2890	1037	299	1554	728	239	188	301
3.5.	1035518	277816	135546	621402	514481	136661	67339	310129	521037	141155	68207	311273
3.6.	4984	1311	484	3095	2398	759	295	1281	2586	552	189	1814

Armjanskaja SSR

	A.	B.	C.	D.	A.	B.	C.	D.	A.	B.	C.	D.
1.	2492616	1446098	604553	427133	1217463	734756	283583	196755	1275153	711342	320970	230378
1.1.	980149	551735	285383	132644	526844	324583	138285	62852	453296	227152	147098	69792
1.2.	21225	9500	1334	8807	1930	799	69	934	19295	8701	1265	7873
1.3.	206276	114936	26504	64005	76286	46173	10649	19246	129990	68763	15855	44759
1.4.	38444	13671	20037	4652	21588	7768	10771	2991	16856	5903	9266	1661
1.5.	1239712	752194	269797	215946	587339	353228	123229	110136	652373	398966	146568	105810
1.6.	6819	4062	1498	1079	3476	2205	580	596	3343	1857	918	483
2.	1472723	953006	484216	29628	721546	484929	221185	14493	751177	468077	263031	15135
2.1.	618152	372549	235261	6339	338790	223927	110344	4178	279362	148622	124917	2161
2.2.	2559	1592	433	382	274	173	32	52	2285	1419	401	330
2.3.	113324	78671	23893	10116	45378	32909	9252	3060	67946	45746	14641	7056
2.4.	34571	12086	19146	3255	19095	6736	10195	2106	15476	5350	8951	1149
2.5.	700113	485518	204318	9434	315992	219751	90917	5053	384121	265767	113401	4381
2.6.	4004	2590	1165	102	2017	1433	445	44	1987	1157	720	58
3.	1019893	493092	120337	397505	495917	249827	62398	182262	523976	243265	57939	215243
3.1.	361988	179186	50122	126305	188054	100656	27941	58674	173934	78530	22181	67631
3.2.	18666	7908	901	8425	1656	626	37	882	17010	7282	864	7543
3.3.	92952	36265	2611	53889	30908	13264	1397	16186	62044	23001	1214	37703
3.4.	3873	1585	891	1397	2493	1032	576	885	1380	553	315	512

Social Structure 7.4
Soziale Struktur

	Both sexes-beide Geschlechter-Oba pola				Males-Männer-Mužčiny				Females-Frauen-Ženščiny			
	A.	B.	C.	D.	A.	B.	C.	D.	A.	B.	C.	D.
3.5.	539599	266676	65479	206512	271347	133477	32312	105083	268252	133199	33167	101429
3.6.	2815	1472	333	977	1459	772	135	552	1356	700	198	425
Turkmenskaja SSR												
1.	2152534	860366	479778	800549	1059540	448703	234955	373765	1092994	411663	244823	426784
1.1.	800529	330107	194930	264541	435803	213418	101697	119002	364726	116689	93233	145539
1.2.	14691	4774	1312	8550	1812	306	32	1461	12879	4468	1280	7089
1.3.	159428	56128	15251	87933	63977	23188	7290	33438	95451	32940	7961	54495
1.4.	27384	9358	11691	6292	17566	5902	6639	4986	9818	3456	5052	1306
1.5.	1114948	458883	255916	432496	539186	205349	118943	214591	608762	253534	136973	217905
1.6.	2554	1116	678	737	1196	540	354	287	1358	576	324	450
2.	1028429	654572	345910	24047	509400	336645	158288	13977	519029	318027	187622	10070
2.1.	419143	256347	153773	5622	237564	162859	70662	3689	181579	93488	83111	1933
2.2.	2884	2228	401	208	187	141	6	33	2697	2087	395	175
2.3.	67561	48059	13760	5670	29152	19368	6459	3298	38409	28691	7301	2372
2.4.	25057	8859	11260	4897	15529	5459	6311	3722	9528	3400	4949	1175
2.5.	512372	338214	166222	7614	226307	148308	74621	3222	286065	189906	91601	4392
2.6.	1412	865	494	36	661	410	229	13	751	455	265	23
3.	1124105	205794	133868	776502	550140	112158	76667	359788	573965	93636	57201	416714
3.1.	381386	73760	41157	258919	198239	50559	31035	115313	163147	23201	10122	143606
3.2.	11807	2546	911	8342	1625	165	26	1428	10182	2381	885	6914
3.3.	91867	8069	1491	82263	34825	3820	831	30140	57042	4249	660	52123
3.4.	2327	499	431	1395	2037	443	328	1264	290	56	103	131
3.5.	635576	120669	89694	424882	312879	57041	44322	211369	322697	63628	45372	213513
3.6.	1142	251	184	701	535	130	125	274	607	121	59	427
Estonskaja SSR												
1.	1354613	813574	360081	177811	619927	396129	147463	75379	734686	417445	212618	102432
1.1.	722396	439399	218445	63480	361337	240956	85570	34452	361059	198443	132875	29028
1.2.	9666	5016	206	4324	1523	804	26	661	8143	4212	180	3663
1.3.	213362	125103	27162	60092	72841	45453	10136	17021	140521	79650	17026	43071
1.4.	18731	9203	7031	2489	8431	4193	3048	1182	10300	5010	3983	1307
1.5.	387719	233241	106787	47173	174614	104007	48515	21980	213105	129234	58272	25193
1.6.	2739	1612	450	253	1181	716	168	83	1558	896	282	170

7.4 Social Structure / Soziale Struktur

	Both sexes-beide Geschlechter-Oba pola				Males-Männer-Mužčiny				Females-Frauen-Ženščiny			
	A.	B.	C.	D.	A.	B.	C.	D.	A.	B.	C.	D.
2.	876610	564382	297604	13254	400690	273349	121933	5020	475920	291033	175671	8234
2.1.	505064	321261	181108	2367	245999	172588	71335	1982	259065	148673	109773	385
2.2.	475	359	26	76	96	86	6	--	379	273	20	76
2.3.	106218	75501	23004	7161	35821	25648	8392	1670	70397	49853	14612	5491
2.4.	15168	7290	6460	1410	6415	3161	2704	542	8753	4129	3756	868
2.5.	248160	158990	86667	2213	111679	71468	39358	817	136481	87522	47309	1396
2.6.	1525	981	339	27	680	398	138	9	845	583	201	18
3.	478003	249192	62477	164557	219237	122780	25530	70359	258766	126412	36947	94198
3.1.	217332	118138	37337	61113	115338	68368	14235	32470	101994	49770	23102	28643
3.2.	9191	4657	180	4248	1427	718	20	661	7764	3939	160	3587
3.3.	107144	49602	4158	52931	37020	19805	1744	15351	70124	29797	2414	37580
3.4.	3563	1913	571	1079	2016	1032	344	640	1547	881	227	439
3.5.	139559	74251	20120	44960	62935	32539	9157	21163	76624	41712	10963	23797
3.6.	1214	631	111	226	501	318	30	74	713	313	81	152

Social Structure 7.5
Soziale Struktur

7.5 SOCIAL STRUCTURE OF THE POPULATION OF THE UNION REPUBLICS (in percentage)
SOZIALE STRUKTUR DER BEVÖLKERUNG DER UNIONSREPUBLIKEN (in Prozent)
SOCIAL'NAJA STRUKTURA NASELENIJA SOJUZNYCH RESPUBLIK (v procentach)
1939

Republics - Republiken - Respublika	Total population - Gesamtbevölkerung - Vse naselenie				Main nation - Hauptnation - Korennaja nacional'nost'			
	Workers and employees Arbeiter u. Angestellte Rabočie i služaščie	Workers Arbeiter Rabočie	Employees Angestellte Služaščie	Collect. farmers Kolchos- bauern Kolchoz- niki	Other social groups Andere sozia- le Gruppen Drugie social' nye gruppy	Workers and employees Arbeiter u. Angestellte Rabočie i služaščie	Workers Arbeiter Rabočie	Employees Angestellte Služaščie	Collect. farmers Kolchos- bauern Kolchoz- niki	Other social groups Andere sozia- le Gruppen Drugie social' nye gruppy
SSSR	50.2	32.5	17.7	47.2	2.6	--	--	--	--	--
RSFSR	53.6	35	18.6	43.9	2.5	56.9	38.2	18.7	38.5	4.6
Ukrainskaja SSR	49.8	32.6	17.2	48.7	1.5	42.4	29.3	13.1	54.6	3.0
Belorusskaja SSR	36.4	21.9	14.5	57.2	6.4	31.5	20.7	10.8	60.4	8.1
Gruzinskaja SSR	36.7	19.5	17.2	52.7	10.6	29.4	12.4	17.0	58.2	12.4
Azerbajdžan- skaja SSR	41.7	25.1	16.6	54.2	4.1	21.7	12.2	9.5	70.1	8.2
Armjanskaja SSR	32.2	17.6	14.6	64.1	3.7	41.3	21.5	19.7	52.5	6.2
Uzbekskaja SSR	32.2	19.3	12.9	64.9	2.9	16.5	11.1	5.4	79.6	3.9
Turkmenskaja SSR	40.6	25.2	15.4	56.3	3.1	17.7	11.7	6.1	77.2	5.1
Tadžikskaja SSR	23.1	12.9	10.2	72.5	4.4	14.4	8.7	5.7	79.2	6.4
Kazachskaja SSR	51.2	33.8	17.4	47.5	1.3	33.6	25.6	8.0	60.8	5.6
Kirgizskaja SSR	33.7	21.3	12.4	62.2	4.1	12.1	7.5	4.6	83.8	4.1

449

7.6 Social Structure
    Soziale Struktur

7.6 SOCIAL STRUCTURE OF THE POPULATION OF THE UNION REPUBLICS (in percentage)
SOZIALE STRUKTUR DER BEVÖLKERUNG DER UNIONSREPUBLIKEN (in Prozent)
SOCIAL'NAJA STRUKTURA NASELENIJA SOJUZNYCH RESPUBLIK (v procentach)
1 9 5 9

Republics – Republiken	Total population – Gesamtbevölkerung – Vse naselenie			Main nation – Hauptnation – Korennaja nacional'nost'				
	Workers and employees Arbeiter u. Angestellte Rabočie i služaščie	Workers Arbeiter Rabočie	Employees Angestellte Služaščie	Collective farmers a.o. Kolchos- bauern u.a. Kolchozniki i.pr.	Workers and employees Arbeiter u. Angestellte Rabočie i služaščie	Workers–Arbeiter–Rabočie		Employees Angestellte Služaščie	Collective farmers a.o. Kolchos- bauern u.a. Kolchozniki i.pr.
						Total Insg. Vsego	Industrial workers Industrie- arbeiter v promyš- lennosti		
RSFSR	76	54	22	24	76	54	23	22	24
Ukrainskaja SSR	58	41	17	42	47	34	15	13	53
Belorusskaja SSR	51	35	16	49	43	31	11	12	57
Uzbekskaja SSR	57	40	17	43	35	27	4	8	65
Kazachskaja SSR	79	58	21	21	60	44	6	16	40
Gruzinskaja SSR	56	32	24	44	45	22	10	23	55
Azerbajdžanskaja SSR	57	35	22	43	39	24	8	15	51
Litovskaja SSR	56	40	16	44	48	34	12	14	52
Moldavskaja SSR	32	21	11	68	17	13	4	4	83
Latvijskaja SSR	73	51	22	27	65	46	19	19	35
Kirgizskaja SSR	58	40	18	42	30	22	4	8	70
Tadžikskaja SSR	46	30	16	54	26	18	4	8	74
Armjanskaja SSR	62	40	22	38	60	38	17	22	40
Turkmenskaja SSR	57	37	21	42	31	22	5	9	69
Estonskaja SSR	79	55	24	21	73	51	19	22	27
Total: U.S.S.R. 1959 Insg.: UdSSR 1959 Itogo: po SSSR 1959 g.	68	48	20	32					
1939 (for comparison – zum Vergleich – dlja sravnenija)	50	32	18	50					

450

8. SCIENCE – WISSENSCHAFT – NAUKA

8.1 ACADEMY OF SCIENCES OF THE USSR, ACADEMIES OF SCIENCES OF THE UNION REPUBLICS AND BRANCH ACADEMIES
AKADEMIE DER WISSENSCHAFTEN DER UdSSR, AKADEMIEN DER WISSENSCHAFTEN DER UNIONSREPUBLIKEN UND BRANCHENAKADEMIEN
AKADEMIJA NAUK SSSR, AKADEMII NAUK SOJUZNYCH RESPUBLIK I OTRASLEVYE AKADEMII
(end of 1975 – Stand: Ende 1975)

Academies of Sciences of – Akademien der Wissenschaften der Akademii Nauk	Year of foundation – Gründungsjahr – God osnovanija	Number of full and corresponding members – Zahl der ordentlichen u. korrespondierenden Mitglieder Čislo dejstvitel'nych členov i členov-korrespondentov	Number of scientific institutions of the academy – Zahl d. wissenschaftlichen Institutionen der Akademie – Čislo naučnych učreždenij, prinadležaščich akademii	Number of scientific staff of these institutions (not counting persons occupying several posts simultaneously) – Zahl d. wissenschaftl. Mitarbeiter dieser Institutionen (ohne Personen, die mehrere Posten zugleich bekleiden) – Čislo naučnych rabotnikov etich učreždenij (bez sovmestitelej)	Doctors of sciences – Doktoren der Wissenschaften – doktora nauk	of which – davon – iz nich Candidates of sciences – Kandidaten der Wissenschaften – kandidaty nauk
	A.	B.	C.	D.	E.	F.
SSSR	1724	678	246	41,836	3,633	18,553
Ukrainskaja SSR	1919	282	76	12,102	822	5,465
Belorusskaja SSR	1928	131	33	4,640	173	1,263
Uzbekskaja SSR	1943	96	31	3,699	172	1,524
Kazachskaja SSR	1945	132	33	3,731	177	1,493
Gruzinskaja SSR	1941	109	40	5,493	332	1,733
Azerbajdžanskaja SSR	1945	90	32	4,222	244	1,685
Litovskaja SSR	1941	39	12	1,534	53	707
Moldavskaja SSR	1961	37	19	883	56	492
Latvijskaja SSR	1946	52	16	1,760	68	702
Kirgizskaja SSR	1954	44	19	1,434	60	526
Tadžikskaja SSR	1951	42	19	1,213	47	476
Armjanskaja SSR	1943	90	31	2,835	170	898

8.1 Science
Wissenschaft

	A.	B.	C.	D.	E.	F.
Turkmenskaja SSR	1951	49	16	866	35	393
Estonskaja SSR	1946	44	16	949	56	500
Academy of Arts of the USSR - Akademie der Künste der UdSSR - Akademija chodožestv SSSR	1947	130	5	386	18	134
All-Union V.I.Lenin Academy of Agricultural Sciences - V.I.Lenin-Unionsakademie für Agrarwissenschaften - Vsesojuznaja akademija sel'skochozjajstvennych nauk imeni V.I.Lenina	1929	211	166	10,339	429	5,133
Academy of Medical Sciences of the USSR - Akademie der Medizinischen Wissenschaften der UdSSR - Akademija medicinskich nauk SSSR	1944	271	40	5,480	862	3,201
Academy of Pedagogical Sciences of the USSR - Akademie der Pädagogischen Wissenschaften der UdSSR - Akademija pedagogičeskich nauk SSSR	1943	131	14	1,711	122	749
Academy of Communal Economy of the RSFSR - Akademie für Kommunalwirtschaft der RSFSR - Akademija kommunal'nogo chozjajstva RSFSR	1931	--	5	427	10	216

8.2 SCIENTIFIC CENTERS OF THE ACADEMY OF SCIENCES - WISSENSCHAFTLICHE ZENTREN DER AKADEMIE DER WISSENSCHAFTEN - NAUČNYE CENTRY AKADEMIJ NAUK
(end of 1975 - Stand: Ende 1975)

Science 8.2
Wissenschaft

	A. Number of scientific institutions - Zahl der wissenschaftlichen Institutionen - Čislo naučnych učreždenij	B. Number of scientific staff (not counting persons occup. several posts simultaneously) Zahl der wissenschaftlichen Mitarbeiter (ohne Personen, die mehrere Posten zugleich bekleiden) - Čislo naučnych rabotnikov v nich (bez sovmestitelej)	C. of which – davon – Doctors of sciences - Doktoren d.Wissenschaften - doktora nauk	D. of which – davon – Candidates of sciences - Kandidaten d.Wissenschaften - kandidaty nauk
Siberian Department of the Academy of Sciences of the USSR - Sibirische Abteilung der Akademie der Wissenschaften der UdSSR - Sibirskoe otdelenie Akademii nauk SSSR Prospekt Nauki 21, Novosibirsk; Chairman-Vorsitzender-predsedatel': G.I.MARČUK	51	6,234	397	3,043
Branches - Filialen - Filialy: Burjat - Burjatische - Burjatskij ul. Fabričnaja 6, Ulan-Ude; Chairman of the presidium-Vorsitzender des Präsidiums - Predsedatel' prezidiuma: M.V.MOCHOSOEV	4	264	12	142
East Siberian - Ostsibirische - Vostočno-Sibirskij ul. Lenina 5, Irkutsk 33; Chairman-Vorsitzender-predsedatel': V.B.SOČAVA	9	1,045	47	462
Jakutsk - Jakutische - Jakutskij ul. Petrovskogo 36, Jakutsk; Chairman-Vorsitzender-predsedatel': N.V.ČERSKIJ	6	512	19	213

8.2 Science / Wissenschaft

	A.	B.	C.	D.
Scientific Centers of the Academy of Sciences of the USSR - Wissenschaftliche Zentren der Akademie der Wissenschaften der UdSSR - Naučnye centry Akademii Nauk SSSR:				
Far Eastern - Fernost - Dal'nevostočnyj ul. Leninskaja 50, Vladivostok Chairman-Vorsitzender-predsedatel': N.A.SILO	18	1,912	71	759
Urals - Ural - Ural'skij ul. Pervomajskaja 91, Sverdlovsk Chairman-Vorsitzender-predsedatel': S.V.VONSOVSKIJ	15	1,718	97	683
Branches of the Academy of Sciences of the USSR - Filialen der Akademie der Wissenschaften der UdSSR - Filialy Akademii nauk SSSR:				
Bashkir - Baschkirische - Baškirskij, ul. K.Marksa 6, Ufa Chairman-Vorsitzender-predsedatel': S.R.RAFIKOV	8	475	26	214
Daghestan - Dagestanische - Dagestanskij ul. Gadžieva 45, Machačkala; Chairman-Vorsitzender-predsedatel': K.I.AMIRCHANOV	4	352	12	137
Karelian - Karelische - Karelskij ul. Puškinskaja 11, Petrozavodsk; Chairman-Vorsitzender-predsedatel': V.A.SOKOLOV	8	347	16	179
Kola - Kol'skij Murmanskaja oblast, Apatity, ul. Fersmana 14 Chairman-Vorsitzender-predsedatel': G.J.GORBUNOV	8	768	12	220
Komi ul. Kommunističeskaja 24, Komi ASSR, Syktyvkar; Chairman-Vorsitzender-predsedatel': V.P.PODOPLELOV	4	288	8	113
Kazan - Kazanskij, ul. Lobačevskogo 2/31, Kazan Chairman-Vorsitzender: M.M.ZARIPOV	5	504	27	258
Karakalpaks Branch of the Academy of Sciences of the Uzbek SSR - Karakalpakische Filiale der Akademie der Wissenschaften der Usbekischen SSR - Karakalpaksij filial Akademii nauk Uzbekskoj SSR	3	182	8	120

Science / Wissenschaft 8.

Organizational Chart of the Academy of Sciences of the USSR

GENERAL ASSEMBLY OF THE ACADEMY OF SCIENCES OF THE U.S.S.R.
GENERALVERSAMMLUNG DER AKADEMIE DER WISSENSCHAFTEN DER UdSSR
OBŠČEE SOBRANIE AKADEMII NAUK SSSR

PRESIDIUM OF THE ACADEMY OF SCIENCES OF THE U.S.S.R.
PRÄSIDIUM DER AKADEMIE DER WISSENSCHAFTEN DER UdSSR
PRESIDIUM AKADEMII NAUK SSSR

Sections

- **SECTION OF PHYSICAL-TECHNICAL AND MATHEMATICAL SCIENCES**
  SEKTION DER PHYSIKOTECHNISCHEN U. MATHEMATISCHEN WISSENSCHAFTEN
  SEKCIJA FIZIKO-TECHNIČESKICH I MATEMATIČESKICH NAUK

- **SECTION OF CHEMISTRY, CHEMICAL TECHNOLOGY AND BIOLOGY**
  SEKTION DER CHEMIKO-TECHNOLOG. U. BIOLOGISCHEN WISSENSCHAFTEN
  SEKCIJA CHIMIKO-TECHNOLOGIČESKICH I BIOLOGIČESKICH NAUK

- **SECTION OF EARTH SCIENCES**
  SEKTION DER WISSENSCHAFTEN ÜBER DIE ERDKUGEL
  SEKCIJA NAUK O ZEMLE

- **SECTION OF SOCIAL SCIENCES**
  SEKTION DER GESELLSCHAFTSWISSENSCHAFT.
  SEKCIJA OBŠČESTVENNYCH NAUK

Scientific Councils (under each section)

SCIENTIFIC COUNCILS ON PROBLEMS, COMMISSIONS, SCIENTIFIC SOCIETIES - WISSENSCHAFTL. RÄTE FÜR PROBLEME, KOMMISSIONEN, WISSENSCHAFTL. GESELLSCHAFTEN - NAUČNYE SOVETY PO PROBLEMAM, KOMISSII, NAUČNYE OBŠČESTVA

DEPARTMENTS - ABTEILUNGEN - OTDELENIJA

- **GENERAL & TECHNICAL CHEMISTRY**
  ALLGEMEINE U. TECHN. CHEMIE
  OBŠČEJ I TECHNIČESKOJ CHIMII

- **PHYSICAL CHEMISTRY & TECHNOLOGY OF INORGANIC MATERIALS**
  PHYSIKO-CHEMIE UND TECHNOLOGIE D. ANORGANISCHEN MATERIAL
  FIZIKO-CHIMII I TECHNOLOGII NEORGANIČESKICH MATERIAL.

- **BIOCHEMISTRY, BIOPHYSICS & CHEMISTRY OF PHYSIOLOGICALLY ACTIVE COMP.**
  BIOCHEMIE, BIOPHYSIK U. CHEMIE D. PHYSIOLOGISCH AKTIVEN VERBINDUNGEN
  BIOCHIMII, BIOFIZIKI I CHIMII FIZIOLOGIČESKI AKTIVNYCH SOEDINENIJ

- **PHYSIOLOGY**
  PHYSIOLOGIE
  FIZIOLOGII

- **GENERAL BIOLOGY**
  ALLGEMEINE BIOLOGIE
  OBŠČEJ BIOLOGII

- **GEOLOGY, GEOPHYSICS AND GEOCHEMISTRY**
  GEOLOGIE, GEOPHYSIK U. GEOCHEMIE
  GEOLOGII, GEOFIZIKI I GEOCHIMII

- **OCEANOLOGY AND ATMOSPHERIC PHYSICS**
  MEERESKUNDE, GEOGRAPHIE & PHYSIK D. ATMOSPH.
  OKEANOLOGII, GEOGRAFII I FIZIKI ATMOSFERY

- **INSTITUTES AND OTHER SCIENTIFIC INSTITUTIONS**
  INSTITUTE U. ANDERE WISS. INSTITUTIONEN
  INSTITUTY I DRUGIE NAUČNYE UČREŽDEN.

Institutes and Scientific Councils in the Departments

- INSTITUTES AND OTHER SCIENTIFIC INSTITUTIONS / INSTITUTE U. ANDERE WISS. INSTITUTIONEN / INSTITUTY I DRUGIE NAUČNYE UČREŽDENIJA
- SCIENTIFIC COUNCILS IN THE DEPARTMENTS / WISSENSCHAFTL. RÄTE BEI DEN ABTEILUNGEN / NAUČNYE SOVETY PRI OTDELENIJACH

DEPARTMENTS - ABTEILUNGEN - OTDELENIJA

- **MATHEMATICS** / MATHEMATIK / MATEMATIKI
- **GENERAL PHYSICS AND ASTRONOMY** / ALLG. PHYSIK U. ASTRONOMIE / OBŠČEJ FIZIKI I ASTRONOMII
- **NUCLEAR PHYSICS** / KERNPHYSIK / JADERNOJ FIZIKI
- **PHYSICAL & TECHNICAL PROBLEMS OF ENERGY** / PHYSIKO-TECHNISCHE PROBLEME D. ENERGETIK / FIZIKO-TECHNIČESKICH PROBLEM ENERGETIKI
- **MECHANICS AND CONTROL PROCESSES** / MECHANIK U. STEUERUNGSPROZESSE / MECHANIKI I PROCESSOV UPRAVLEN.
- **HISTORY** / GESCHICHTE / ISTORII
- **PHILOSOPHY AND LAW** / PHILOSOPHIE UND RECHT / FILOSOFII I PRAVA
- **ECONOMICS** / WIRTSCHAFT / EKONOMIKI
- **LITERATURE & LINGUISTICS** / LITERATUR U. SPRACHE / LITERATURY I JAZYKA

- INSTITUTES AND OTHER SCIENTIFIC INSTITUTIONS / INSTITUTE U. ANDERE WISS. INSTITUTIONEN / INSTITUTY I DRUGIE NAUČNYE UČREŽDENIJA
- SCIENTIFIC COUNCILS IN THE DEPARTMENTS / WISSENSCHAFTL. RÄTE BEI DEN ABTEILUNGEN / NAUČNYE SOVETY PRI OTDELENIJACH

SIBERIAN DEPARTMENT OF THE ACADEMY OF SCIENCES OF THE U.S.S.R.
SIBIRISCHE ABTEILUNG DER AKADEMIE DER WISSENSCHAFTEN DER UdSSR
SIBIRSKOE OTDELENIE AKADEMII NAUK SSSR

- **BRANCHES OF THE SIBERIAN DEPARTMENT OF THE ACADEMY OF SCIENCES OF THE U.S.S.R.**
  FILIALEN DER SIBIRISCHEN ABTEILUNG DER AKADEMIE DER WISSENSCHAFTEN DER UdSSR
  FILIALY SIBIRSKOGO OTDELENIJA AKADEMII NAUK SSSR

- **INSTITUTES AND OTHER SCIENTIFIC INSTITUTIONS**
  INSTITUTE U. ANDERE WISSENSCH. INSTITUTIONEN
  INSTITUTY I DRUGIE NAUČNYE UČREŽDENIJA

- **JOINT SCIENTIFIC COUNCILS BY SCIENCE BRANCHES, SCIENTIFIC COUNCILS ON PROBLEMS, COMMISSIONS**
  VEREINIGTE WISS. RÄTE NACH WISSENSCH. ZWEIGEN, WISS. RÄTE FÜR PROBLEME, KOMMISSIONEN
  OB'EDINENNYE UČENYE SOVETY PO OTRASLJAM NAUK, NAUČNYE SOVETY PO PROBLEMAM, KOMISSII

SCIENTIFIC CENTERS AND BRANCHES OF THE ACADEMY OF SCIENCES OF THE U.S.S.R.
WISSENSCHAFTLICHE ZENTREN UND FILIALEN DER AKADEMIE DER WISSENSCHAFTEN DER UdSSR
NAUČNYE CENTRY I FILIALY AKADEMII NAUK SSSR

- INSTITUTES AND OTHER SCIENTIFIC INSTITUTIONS / INSTITUTE U. ANDERE WISS. INSTITUTIONEN / INSTITUTY I DRUGIE NAUČNYE UČREŽDENIJA

Additional Units

- **SCIENTIFIC COUNCILS ON PROBLEMS, COMMISSIONS, SCIENTIFIC SOCIETIES**
  WISS. RÄTE F. PROBLEME, KOMMISSIONEN, WISS. GESELLSCHAFTEN
  NAUČNYE SOVETY PO PROBLEMAM, KOMISSII, NAUČNYE OBŠČESTVA

- **SECTION OF APPLIED PROBLEMS**
  SEKTION DER ANGEWANDTEN PROBLEME
  SEKCIJA PRIKLADNYCH PROBLEM

- **INSTITUTES & OTH. SCIENTIF. INSTITUTIONS**
  INSTITUTE U. A. WISSENSCHAFTL. INSTITUTIONEN
  INSTITUTY I DRUGIE NAUČN. UČREŽDENIJA

- **COUNCIL ON COORDINATION OF SCIENTIFIC ACTIVITIES OF ACADEMIES OF THE UNION REPUBLICS**
  RAT F. D. KOORDINIERUNG D. WISS. TÄTIGKEIT D. AKADEMIEN D. WISSENSCHAFTEN D. UNIONSREPUBLIKEN
  SOVET PO KOORDINACII NAUČNOJ DEJATEL'NOSTI AKADEMIJ NAUK SOJUZNYCH RESPUBLIK

- **EDITORIAL & PUBLISHERS' BOARD**
  REDAKTIONS- U. VERLAGSKOLLEGIUM
  REDAKCIONNO-IZDATEL'SKIJ SOVET

- **PUBLISHING HOUSE**
  VERLAG
  IZDATEL'STVO "NAUKA"

- **PERMANENT EXHIBITION OF WORKS OF THE USSR ACADEMY OF SCIENCES ON EXHIBITION OF ACHIEVEMENTS OF THE NATIONAL ECONOMY**
  STÄNDIGE AUSSTELLUNG D. ARBEITEN D. AKADEMIE DER WISSENSCHAFTEN D. UdSSR AUF D. AUSSTELLUNG D. ERRUNGENSCHAFTEN D. VOLKSWIRTSCHAFT
  POSTOJANNAJA VYSTAVKA RABOT AKADEMII NAUK SSSR NA VYSTAVKE DOSTIŽENIJ NARODNOGO CHOZJAJSTVA

8.3 Science
Wissenschaft

8.3 PERSONNEL COMPOSITION OF THE ACADEMY OF SCIENCES OF THE USSR
PERSONELLE ZUSAMMENSETZUNG DER AKADEMIE DER WISSENSCHAFTEN DER UdSSR
SOSTAV AKADEMII NAUK SSSR

Presidium - Präsidium - Prezidia
Leninskij Prospekt 14, Moskva V-71

President-Präsident-Prezident: ALEKSANDROV, A.P.

Vice-Presidents -
Vize-Präsidenten -
Vice-Prezidenty:
FEDOSEEV, P.N.
KOTELNIKOV, V.A.
LOGUNOV, A.A.
MARČUK, G.I. (also Chairman, Siberian Department -
    glz.Vorsitzender der Sibirischen
    Abteilung)
OVČINNIKOV, Ju.A.
SIDORENKO, A.V.
VELICHOV, E.P.

Chief Learned Secretary -
Wissenschaftl.Generalsekretär -
Glavnyj učenyj sekretar': SKRJABIN, G.K.

Presidium members -
Mitglieder des Präsidiums -
Cleny prezidiuma:

BAEV, A.A.	BASOV, N.G.
GOBOLJUBOV, N.N.	VONSOVSKIJ, S.V.
BRECHOVSKICH, L.M.	GLEBOV, I.A.
GILJAROV, M.S.	INOZEMCEV, M.N.
EGOROV, A.G.	KAPICA, A.P.
ŽAVORONKOV, N.M.	KAPICA, P.L.
ŽUKOV, E.M.	LAVRENTEV, M.A.
KOSTJUK, P.G.	MELNIKOV, N.V.
MARKOV, M.A.	NESMEJANOV, A.N.
PETROV, B.N.	PATON, B.E.
PROCHOROV, A.M.	PILJUGIN, N.A.
SOKOLOV, B.S.	POSPELOV, P.N.
STYRIKOVIČ, M.A.	SADYKOV, A.S.
FEDORENKO, N.P.	SEMENOV, N.N.
CHRAPČENKO, M.B.	TROFIMUK, A.A.
EMANUEL, N.M.	TUČKEVIČ, V.M.
AMBARCUMJAN, V.A.	ŠILO, N.N.

Sections and Departments - Sektionen und Abteilungen - Sekcii i otdelenija

Section of Physical-Technical and Mathematical Sciences -
Sektion der physikalisch-technischen und mathematischen Wissenschaften -
Sekcija fiziko-techničeskich i matematičeskich nauk
  Chairman: LOGUNOV, A.A.

    Department of Mathematics - Abteilung für Mathematik -
    Otdelenie matematiki
      Academician-Secretary - Wissenschaftl.Sekretär -
      Akademik-Sekretar': BOGOLJUBOV, N.N.

Science 8.3
Wissenschaft

Department of General Physics and Astronomy -
Abteilung für allgemeine Physik und Astronomie -
Otdelenie obščej fiziki i astronomii
Academician-Secretary-Wissenschaftl.Sekretär-
Akademik-Sekretar': PROCHOROV, A.M.

Department of Physical and Technical Problems of Energy -
Abteilung für physikalisch-technische Probleme der Energetik -
Otdelenie fiziko-techničeskich problem energetiki
Academician-Secretary-Wissenschaftl.Sekretär-
Akademik-Sekretar': STYRIKOVIČ, M.A.

Department of Mechanics and Control Processes -
Abteilung für Mechanik und Steuerungsprozesse -
Otdelenie mechaniki i processov upravlenija
Academician-Secretary-Wissenschaftl.Sekretär-
Akademik-Sekretar': PETROV, B.N.

Section of Chemistry, Chemical Technology and Biology -
Sektion der chemisch-technologischen und biologischen Wissenschaften -
Sekcija chimiko-technologičeskich i biologičeskich nauk
Chairman: OVČINNIKOV, Ju.A.

Department of General and Technical Chemistry -
Abteilung für allgemeine und technische Chemie -
Otdelenie obščej i techničeskoj chimii
Academician-Secretary-Wissenschaftl.Sekretär-
Akademik-Sekretar': EMANUEL, N.M.

Department of Physical Chemistry and Technology of Inorganic Materials -
Abteilung für physikalische Chemie und Technologie anorganischer Stoffe -
Otdelenie fiziko-chimii i technologii neorganičeskich materialov
Academician-Secretary-Wissenschaftl.Sekretär-
Akademik-Sekretar': ŽAVORONKOV, N.M.

Department of Biochemistry, Biophysics and Chemistry of Physiologically
Active Compounds - Abteilung für Biochemie, Biophysik und Chemie physio-
logisch aktiver Verbindungen - Otdelenie biochimii, biofiziki i chimii
fiziologičeski aktivnych soedinenij
Academician-Secretary-Wissenschaftl.Sekretär-
Akademik-Sekretar': BAEV, A.A.

Department of Physiology - Abteilung für Physiologie - Otdelenie fiziologii
Academician-Secretary-Wissenschaftl.Sekretär-
Akademik-Sekretar': KOSTJUK, P.G.

Department of General Biology - Abteilung für allgemeine Biologie -
Otdelenie obščej biologii
Academician-Secretary-Wissenschaftl.Sekretär-
Akademik-Sekretar': GILJAROV, M.S.

Section of Earth Sciences - Sektion der Erdwissenschaften - Sekcija nauk i Zemle
Chairman: SIDORENKO, A.V.

Department of Geology, Geophysics and Geochemistry -
Abteilung für Geologie, Geophysik und Geochemie -
Otdelenie geologii, geofiziki i geochimii
Academician-Secretary-Wissenschaftl.Sekretär-
Akademik-Sekretar': SOKOLOV, B.S.

8.3 Science / Wissenschaft

Department of Oceanology, Atmospheric Physics and Geography -
Abteilung für Ozeanologie, physische Atmosphäre und Geographie -
Otdelenie okeanologii, fiziki atmosfery i geografii
Academician-Secretary-Wissenschaftl.Sekretär-
Akademik-Sekretar': BRECHOVSKICH, L.M.

Section of Social Sciences - Sektion der Gesellschaftswissenschaften -
Sekcija obščestvennych nauk
   Chairman: FEDOSEEV, P.N.

Department of History - Abteilung für Geschichte -
Otdelenie istorii
Academician-Secretary-Wissenschaftl.Sekretär-
Akademik-Sekretar': ŽUKOV, E.M.

Department of Philosophy and Law -
Abteilung für Philosophie und Recht -
Otdelenie filosofii i prava
Academician-Secretary-Wissenschaftl.Sekretär-
Akademik-Sekretar' EGOROV, A.G.

Department of Economics - Abteilung für Wirtschafts-
wissenschaften - Otdelenie ekonomiki
Academician-Secretary-Wissenschaftl.Sekretär-
Akademik-Sekretar' FEDORENKO, N.P.

Department of Literature and Linguistics -
Abteilung für Literatur und Sprache -
Otdelenie literatury i jazyka
Academician-Secretary-Wissenschaftl.Sekretär-
Akademik-Sekretar' STEPANOV, G.V.

Members and Corresponding Members - Mitglieder u.korrespondierende Mitglieder -
členy i členy korrespondenty

Name	Date of Birth / Geburtsdatum	Special Branch / Fachgebiet

Section of Physical-Technical and Mathematical Sciences -
Sektion der physikalisch-technischen u.mathematischen Wissenschaften

a) Members-Mitglieder:

Name	Date of Birth	Special Branch
ALEKKSANDROV, A.D.	22.7.(4.8.)1912	Mathematician-Mathematiker
ALEKKSANDROV, A.P.	31.1.(13.2.)1903	Physicist-Physiker
ALEKSANDROV, P.S.	25.4.(7.5.)1896	Mathematician-Mathematiker
BARMIN, V.P.	4.(17.)3.1909	Specialist for mechanics - Spezialist für Mechanik
BASOV, N.G.	14.12.1922	Physicist-Physiker
BELJAEV, S.T.	27.10.1923	Nuclear physicist-Kernphysiker
BERG, A.I.	29.10.(10.11.)1893	Specialist for radio-engineering - Spezialist für Radiotechnik
BOGOLJUBOV, N.N.	8.(21.)8.1909	Mathematician-Mathematiker
BOROVIK-ROMANOV, A.S.	18.3.1920	Physicist, Astronomer - Physiker, Astronom
BRUEVIČ, N.G.	31.10.(12.11.)1896	Specialist for mechanics - Spezialist für Mechanik
BUNKIN, B.V.	16.7.1922	Physicist, Specialist for radio-engineering - Physiker, Spezialist für Radiotechnik
CELIKOV, A.I.	7.(20.)4.1904	Specialist for mechanics - Spezialist für Mechanik

Science
Wissenschaft 8.3

ČELOMEJ, V.N.	17.(30.)6.1914	Specialist for mechanics - Spezialist für Mechanik
ČERENKOV, P.A.	15.(28.)7.1904	Nuclear physicist-Kernphysiker
CHARITON, J.B.	14.(27.)2.1904	Physicist-Physiker
CHOCHLOV, R.V.	15.7.1926	Specialist for radio-engineering - Spezialist für Radiotechnik
CHRISTIANOVIČ, S.A.	27.10.(9.11.)1908	Specialist for mechanics - Spezialist für Mechanik
DEVJATKOV, N.D.	29.3.(11.4.)1907	Specialist for electrical and radio engineering - Spezialist für Elektro- und Radiotechnik
DIKUŠIN, V.I.	26.7.(8.8.)1902	Specialist for mechanical engineering - Spezialist für Maschinenbau
DOLLEŽAL', N.A.	15.(27.)10.1899	Specialist for mechanics - Spezialist für Mechanik
FADDEEV, L.D.	1934	Mathematician-Mathematiker
FLEROV, G.N.	17.2.(2.3.)1913	Nuclear physicist-Kernphysiker
FRANK, I.M.	10.(23.)10.1908	Physicist-Physiker
GAPONOV-GRECHOV, A.V.	7.6.1926	Physicist,Specialist f.radio-engineering Physiker,Spezialist f.Radiotechnik
GINZBURG, V.L.	21.9.(4.10.)1916	Physicist-Physiker
GLEBOV, I.A.		Energetician-Energetiker
GLUŠKO, V.P.	20.8.(2.9.)1908	Specialist for thermics - Spezialist für Wärmetechnik
GLUŠKOV, V.M.	24.8.1923	Mathematician-Mathematiker
GRUŠIN, P.D.	15.(28.)1.1906	Specialist for mechanics - Spezialist für Mechanik
ISANIN, N.N.	9.(22.)4.1904	Specialist for ship-building - Spezialist für Schiffbau
IŠLINSKIJ, A.J.	24.7.(6.8.)1913	Specialist for mechanics - Spezialist für Mechanik
JAKOVLEV, A.S.		Aircraft constructor-Flugzeugkonstrukteur
JANENKO, N.N.	22.5.1921	Spec.f.mechanics - Spez.f.Mechanik
KADOMCEV, B.B.	9.11.1928	Physicist-Physiker
KANTOROVIČ, L.V.	6.(19.)1.1912	Mathematician-Mathematiker
KAPICA, P.L.	26.6.(8.7.)1894	Physicist-Physiker
KELDYŠ, L.V.		Physicist-Physiker
KIKOIN, I.K.	15.(28.)3.1908	Physicist-Physiker
KIRILLIN, V.A.	7.(20.)1.1913	Specialist for thermics-Wärmetechniker
KOBZAREV, J.B.	25.11.(8.12.)1905	Specialist for radio-engineering - Spezialist für Radiotechnik
KOČINA, P.J.	1.(13.)5.1899	Mathematician-Mathematikerin
KOLMOGOROV, A.N.		Mathematician-Mathematiker
KOTEL'NIKOV, V.A.	24.8.(6.9.)1908	Specialist for radio-engineering - Spezialist für Radiotechnik
KRASOVSKIJ, N.N.	7.9.1924	Spec.f.mechanics - Spez.f.Mechanik
KUZNECOV, N.D.	10.(23.)6.1911	Specialist for control operations - Spezialist für Steuerungsprozesse
KUZNECOV, V.I.	14.(27.)4.1913	Spec.f.mechanics - Spez.f.Mechanik
LAVRENT'EV, M.A.	6.(19.)11.1900	Mathematician-Mathematiker
LEONTOVIČ, M.A.	22.2.(7.3.)1903	Physicist-Physiker
LIFŠIC, I.M.	31.12.1916(13.1.1917)	Physicist -Physiker
LJUL'KA, A.M.	10.(23.)3.1908	Energetician,constructor of aircraft engines - Energetiker,Konstrukteur von Flugzeugtriebwerken
LOGUNOV, A.A.	30.12.1926	Nuclear physicist,Kernphysiker
MAKAREVSKIJ, A.I.	3.(16.)4.1904	Specialist for construction of airplanes- Spezialist für Flugzeugbau
MAKEEV, V.P.		Spec.f.mechanics - Spez.f.Mechanik

459

8.3 Science / Wissenschaft

MARDŽANIŠVILI, K.K.	13.(26.)8.1903	Mathematician-Mathematiker
MARKOV, M.A.	30.4.(13.5.)1908	Physicist-Physiker
MELENT'EV, L.A.	26.11.(9.12.)1908	Energetician-Energetiker
MIGDAL, A.B.	26.2.(11.3.)1911	Physicist-Physiker
MIKULIN, A.A.	2.(14.)2.1895	Constructor of airplanes - Flugzeugkonstrukteur
MIŠIN, V.P.	5.(18.)1.1917	Spec.f.mechanics - Spez.f.Mechanik
NIKOL'SKIJ, S.M.	17.(30.)4.1905	Mathematician-Mathematiker
NOVOŽILOV, V.V.	18.5.1910	Spec.f.mechanics - Spez.f.Mechanik
OBRAZCOV, I.F.	28.7.1920	Spec.f.mechanics - Spez.f.Mechanik
OBREIMOV, I.V.	8.3.1894	Physicist-Physiker
PETROV, B.N.	26.2.(11.3.)1913	Specialist for control operations- Spezialist für Steuerungsprozesse
PETROV, G.I.	18.(31.)5.1912	Spec.f.mechanics - Spez.f.Mechanik
PILJUGIN, N.A.	5.(18.)5.1908	Specialist f.automation & telemechanic Spezialist f.Automation u.Telemechani
POGORELOV, A.V.	1919	Mathematician-Mathematiker
PONTEKORVO, B.M.	22.8.1913	Physicist-Physiker
PONTRJAGIN, L.S.	21.8.(3.9.)1908	Mathematician-Mathematiker
POPKOV, V.I.	21.1.(3.2.)1908	Specialist for electrical engineering Spezialist für Elektrotechnik
PROCHOROV, A.M.	11.7.1916	Physicist-Physiker
PROCHOROV, J.V.	15.12.1929	Mathematician-Mathematiker
RABOTNOV, J.N.	11.(24.)2.1914	Spec.f.mechanics - Spez.f.Mechanik
SACHAROV, A.D.	21.5.1921	Physicist-Physiker
SAMARSKIJ, A.A.	1919	Mathematician-Mathematiker
ŠCUKIN, A.N.	9.(22.)7.1900	Specialist for radio-engineering - Spezialist für Radiotechnik
SEDOV, L.I.	1.(14.)11.1907	Specialist f.mechanics & hydromechan. Spezialist f.Mechanik u.Hydromechani
ŠEJNDLIN, A.E.	22.8.(4.9.)1916	Spec.f.energetics - Spez.f.Energetik
SEMENICHIN, V.S.	27.1.(9.2.)1918	Spec.f.mechanics - Spez.f.Mechanik
SEMENOV, N.N.	3.(15.)4.1896	Physicist, physical chemist - Physiker, Physikochemiker
SEVERNYJ, A.B.	28.4.(11.5.)1913	Astronomer - Astronom
SKOBEL'CYN, D.V.	12.(24.)11.1892	Physicist - Physiker
SKRINSKIJ, A.N.	15.1.1936	Physicist - Physiker
SOBOLEV, S.L.	23.9.(6.10.)1908	Mathematician, Spec.f.mechanics - Mathematiker, Spez.f.Mechanik
STRUMINSKIJ, V.V.	16.(29.)4.1914	Spec.f.mechanics - Spez.f.Mechanik
STYRIKOVIČ, M.A.	3.(16.)11.1902	Spec.f.thermics - Spez.f.Wärmetechni
SVIŠČEV, G.P.		Spec.f.mechanical engineering - Spez.f.Maschinenbau
TICHONOV, A.N.	17.(30.)10.1906	Mathematician - Mathematiker
TRAPEZNIKOV, V.A.	15.(28.)11.1905	Specialist for automation - Spezialist für Automation
TUČKEVIČ, V.M.	16.(29.)12.1904	Physicist - Physiker
VAJNŠTEIN, B.K.		Physicist, Spec.f.crystallography - Physiker, Spez.f.Kristallographie
VELICHOV, E.P.	2.2.1935	Physicist - Physiker
VERNOV, S.N.	28.6.(11.7.)1910	Nuclear physicist - Kernphysiker
VINOGRADOV, I.M.	2.(14.)9.1891	Mathematician- Mathematiker
VLADIMIROV, V.S.	9.1.1923	Mathematician- Mathematiker
VONSOVSKIJ, S.V.	20.8.(2.9.)1910	Physicist - Physiker
VORONOV, A.A.	15.(28.)11.1910	Spec.f.mechanics - Spez.f.Mechanik
VUL, B.M.	9.(22.)5.1903	Physicist, Astronomer - Physiker, Astronom
ZABABACHIN, E.I.	3.(16.)1.1917	Physicist - Physiker
ZEL'DOVIČ, J.B.	23.2.(8.3.)1914	Physicist - Physiker
ŽURKOV, S.N.	16.(29.)5.1905	Physicist - Physiker

Science
Wissenschaft 8.3

b) Corresponding members - korrespondierende Mitglieder:

ABDULLAEV, G.M.B.o.	20.8.1918	Physicist - Physiker
ABRIKOSOV, A.A.	25.6.1928	Physicist - Physiker
ALEKSANDROV, K.S.	9.1.1931	Physicist - Physiker
ALEKSEEVSKIJ, N.E.	10.(23.)5.1912	Physicist - Physiker
ALFEROV, Ž.I.	15.3.1930	Physicist - Physiker
ALICHANJAN, A.I.		Physicist - Physiker
ALTŠULER, S.A.		Physicist - Physiker
AMIRCHANOV, Ch.I.	9.(22.)4.1907	Physicist - Physiker
AVDUEVSKIJ, V.S.	28.7.1920	Spec.f.mechanics - Spez.f.Mechanik
BABAEV, J.N.	21.5.1928	Nuclear physicist - Kernphysiker
BABEBKO, K.I.		Specialist f.control operations - Spezialist f.Steuerungsprozesse
BABUŠKIN, M.N.		Specialist f.control operations - Spezialist f.Steuerungsprozesse
BACHRACH, L.D.	22.7.1921	Physicist - Physiker
BALDIN, A.M.	26.2.1926	Nuclear physicist - Kernphysiker
BARKOV, L.M.	24.10.1928	Nuclear physicist - Kernphysiker
BELJAKOV, R.A.		Specialist f.mechanical engineering - Spezialist f.Maschinenbau
BELOCERKOVSKIJ, O.M.	29.8.1925	Spec.f.mechanics - Spez.f.Mechanik
BICADZE, A.V.	9.(22.)5.1916	Mathematician - Mathematiker
BJUŠGENS, G.S.	3.(16.)9.1916	Spec.f.mechanics - Spez.f.Mechanik
BLINOVA, E.N.		Geophysicist - Geophysikerin
BLOCHINCEV, D.I.	29.12.1907(11.1.1908)	Physicist - Physiker
BOGOMOLOV, A.F.	20.5.1918	Physicist - Physiker
BOJARČUK, A.A.		Astrophysicist - Astrophysiker
BOLOTIN, V.V.		Spec.f.mechanics - Spez.f.Mechanik
BOLŠEV, L.N.		Mathematician - Mathematiker
BORISEVIČ, N.A.	21.9.1923	Physicist, Spec.f.optics - Physiker, Spezialist f. Optik
BOROVKOV, A.A.	6.3.1931	Mathematician - Mathematiker
BUNKIN, F.V.		Physicist - Physiker
BURCEV, V.S.		Specialist f.control operations - Spezialist f.Steuerungsprozesse
BUSLENKO, N.P.	15.2.1922	Mathematician - Mathematiker
BUŠUEV, K.D.	10.(23.)5.1914	Spec.f.mechanics - Spez.f.Mechanik
ČERNYJ, G.G.		Spec.f.mechanics - Spez.f.Mechanik
ČERSKIJ, N.V.	20.1.(2.2.)1905	Spec.f.mechanics - Spez.f.Mechanik
ČERTOK, B.E.	1.3.1912	Spec.f.mechanics - Spez.f.Mechanik
CHALATNIKOV, I.M.		Physicist - Physiker
CHIMIČ, G.L.	22.10.(4.11.)1908	Specialist f.mechanical engineering - Spezialist f.Maschinenbau
CHLOPKIN, N.S.		Energetician - Energetiker
CHRENOV, K.K.	13.(25.)2.1894	Specialist for electric welding - Spezialist f.Elektroschweißen
ČUCHANOV, Z.F.	8.(21.)10.1912	Technol.chemist-Chemiker-Technologe
ČUDAKOV, A.E.	16.6.1921	Nuclear physicist - Kernphysiker
CYPKIN, J.Z.		Specialist f.control operations - Spezialist f.Steuerungsprozesse
DELONE, B.N.		Mathematician - Mathematiker
DEMIRČAN, K.S.		Energetician - Energetiker
DENISJUK, J.N.	27.7.1927	Physicist, specialist for optics - Physiker, Spezialist für Optik
DŽELEPOV, B.S.	29.11.(12.12.)1910	Physicist - Physiker
DŽELEPOV, V.P.	30.3.(12.4.)1913	Physicist - Physiker
DZJALOŠINSKIJ, I.E.		Physicist - Physiker
EMELJANOV, I.J.		Nuclear energetician - Atomenergetiker
EMEL'JANOV, S.V.	18.5.1929	Spec.f.mechanics - Spez.f.Mechanik
ENEEV, T.M.	23.9.1924	Spec.f.mechanics - Spez.f.Mechanik

8.3 Science / Wissenschaft

ERŠOV, A.P.	19.4.1931	Mathematician - Mathematiker
ERŠOV, J.L.	1.5.1940	Mathematician - Mathematiker
FADDEEV, D.K.	17.(30.)6.1907	Mathematician - Mathematiker
FEJNBERG, E.L.	14.(27.)6.1912	Nuclear physicist - Kernphysiker
FEOFILOV, P.P.	31.3.(13.4.)1915	Physicist - Physiker
FEOKTISTOV, L.P.	14.2.1928	Nuclear physicist - Kernphysiker
FRADKIN, E.S.	24.2.1924	Nuclear physicist - Kernphysiker
FRIŠ, S.E.		Physicist, Specialist for optics - Physiker, Spezialist für Optik
FROLOV, K.V.		Specialist f.mechanical engineering - Spezialist für Maschinenbau
GALICKIJ, V.M.		Nuclear physicist - Kernphysiker
GALIN, L.A.	15.(28.)9.1912	Mathematician - Mathematiker
GAVRILOV, M.A.	29.10.(11.11.)1903	Specialist for automatic control - Spezialist f.automatische Steuerung
GELFAND, I.M.	20.8.(2.9.)1913	Mathematician - Mathematiker
GLEBOV, I.A.		Specialist f.energetic mechanic.engin.- Spezialist f.energet.Maschinenbau
GODUNOV, S.K.		Mathematician - Mathematiker
GONČAR, A.A.		Mathematician - Mathematiker
GOR'KOV, L.P.	14.6.1929	Physicist - Physiker
GOVORUN, N.N.	18.3.1930	Mathematician - Mathematiker
GRIBOV, V.N.	23.3.1930	Nuclear physicist - Kernphysiker
GRIGOLJUK, E.I.	13.12.1923	Spec.f.mechanics - Spez.f.Mechanik
GRINBERG, G.A.	3.(16.)6.1900	Physicist,Mathematician - Physiker, Mathematiker
GUREVIČ, I.I.	30.7.(13.7.)1912	Nuclear physicist - Kernphysiker
IEVLEV, V.M.	15.5.1926	Spec.f.thermodynamics and mechanics - Spez.f.Wärmephysik und Mechanik
IL'JUŠIN, A.A.	7.(20.)1.1911	Spec.f.aerodynamics-Spez.f.Aerodynamik
IVANOV, V.K.	18.9.(1.10.)1908	Mathematician - Mathematiker
JABLONSKIJ, S.V.	6.12.1924	Mathematician - Mathematiker
KAGAN, J.M.	6.7.1928	Physicist - Physiker
KARDAŠEV, N.S.		Astrophysicist - Astrophysiker
KISUNKO, G.V.	20.7.1918	Specialist f.radio-engineering - Spezialist f.Radiotechnik
KONOPATOV, A.D.		Energetician - Energetiker
KOSTENKO, M.V.	15.(28.)12.1912	Spec.f.energetics - Spez.f.Energetik
KOSTRIKIN, A.I.		Mathematician - Mathematiker
KOVALEV, N.N.	9.(22.)2.1908	Spec.f.mechanics - Spez.f.Mechanik
KOZLOV, V.J.	15.(28.)6.1914	Mathematician - Mathematiker
KOZYREV, B.M.	21.4.(4.5.)1905	Physicist - Physiker
KRASOVSKIJ, A.A.	10.4.1921	Spec.f.mechanics - Spez.f.Mechanik
KRAT, V.A.	8.(21.)7.1911	Astronomer - Astronom
KRUŽILIN, G.N.	24.5.(6.6.)1911	Spec.f.thermics - Spez.f.Wärmetechnik
KURBATOV, L.N.		Physicist - Physiker
KUTATELADZE, S.S.	5.(18.)7.1914	Energetician - Energetiker
LAVRENTEV, M.M.	2.7.1932	Mathematician - Mathematiker
LAVROV, S.S.	12.3.1923	Spec.f.mechanics - Spez.f.Mechanik
LEONTEV, A.F.	14.3.1917	Mathematician - Mathematiker
LIDORENKO, N.S.	20.3.(2.4.)1916	Specialist f.electrical engineering - Spezialist f.Elektrotechnik
LIFŠIC, E.M.	8.(21.)2.1915	Physicist - Physiker
LJUSTERNIK, L.A.	31.12.1899	Mathematician - Mathematiker
LOBAŠEV, V.M.	29.7.1934	Nuclear physicist - Kernphysiker
LUPANOV, O.B.	2.6.1932	Mathematician - Mathematiker
LUR'E, A.I.	6.(19.)7.1901	Physicist, Specialist f.mechanics - Physiker, Spezialist f.Mechanik
MAKAROV, I.M.		Specialist f.control operations - Spezialist f.Steuerungsprozesse

Science 8.3
Wissenschaft

MALMEJSTER, A.K.	5.(18.)10.1911	Spec.f.mechanics - Spez.f.Mechanik
MALYŠEV, N.A.		Energetician - Energetiker
MARKOV, A.A.	9.(22.)9.1903	Mathematician - Mathematiker
MATROSOV, V.M.		Specialist f.control operations - Spezialist f.Steuerungsprozesse
MELNIKOV, N.P.		Specialist f.mechanical and metal constructions - Spezialist f.Baumechanik u.Metallkonstruktionen
MELNIKOV, O.A.	20.3.(2.4.)1912	Astronomer - Astronom
MELNIKOV, V.A.		Mathematician - Mathematiker
MENŠOV, D.E.	6.(18.)4.1892	Mathematician - Mathematiker
MERGELJAN, S.N.	19.5.1928	Mathematician - Mathematiker
MEŠČERJAKOV, M.G.	4.(17.)9.1910	Physicist - Physiker
MIGULIN, V.V.	27.6.(10.7.)1911	Physicist - Physiker
MIŠČENKO, E.F.		Specialist f.control operations - Spezialist f.Steuerungsprozesse
MOISEEV, N.N.	10.(23.)8.1917	Spec.f.mechanics - Spez.f.Mechanik
MOLODENSKIJ, M.S.	3.(16.)6.1909	Geophysicist, spec.f.gravimetrics - Geophysiker, Spez.f.Gravimetrie
MUSTEL, E.R.	21.5.(3.6.)1911	Astronomer, astrophysicist - Astronom, Astrophysiker
NAUMOV, A.A.	14.(27.)1.1916	Nuclear physicist - Kernphysiker
NAUMOV, B.N.		Specialist f.control operations - Spezialist f.Steuerungsprozesse
NEGIN, E.A.		Spec.f.mechanics - Spez.f.Mechanik
NESTERICHIN, J.E.	10.10.1930	Physicist - Physiker
NOVIKOV, I.I.	15.(28.)1.1916	Spec.f.thermics - Spez.f.Wärmetechnik
NOVIKOV, S.P.	20.3.1938	Mathematician - Mathematiker
OCHOCIMSKIJ, D.E.	26.2.1921	Mathematician, specialist f.mechanics - Mathematiker, Spezialist f.Mechanik
OKUN, L.B.	7.7.1929	Nuclear physicist - Kernphysiker
OSIPJAN, J.A.	5.2.1931	Physicist - Physiker
OVSJANNIKOV, L.V.	22.4.1919	Spec.f.mechanics - Spez.f.Mechanik
PAVLOV, I.M.	10.(23.)6.1900	Spec.f.metallurgy - Spez.f.Metallurgie
PETROV, A.P.	19.8.(1.9.)1910	Spec.f.transportation - Spez.f.Transportwesen
PETROV, G.N.	22.4.(4.5.)1899	Specialist f.electrical engineering - Spezialist f.Elektrotechnik
PETROV, V.V.	9.(22.)9.1912	Specialist f.automatic control - Spezialist f.Regeltechnik
PETUCHOV, B.S.		Energetician - Energetiker
PISTOLKORS, A.A.	28.9.(10.10.)1896	Specialist f.radio-engineering - Spezialist f.Radiotechnik
PITAEVSKIJ, L.P.		Physicist - Physiker
POLIKANOV, S.M.		Nuclear physicist - Kernphysiker
POPOV, E.P.	1.(14.)2.1914	Spec.f.mechanics - Spez.f.Mechanik
POPYRIN, L.S.		Energetician - Energetiker
POSPELOV, G.S.	12.(25.)5.1914	Spec.f.mechanics - Spez.f.Mechanik
PROKOŠKIN, J.D.		Nuclear physicist - Kernphysiker
PUGAČEV, V.S.	12.(25.)3.1911	Spec.f.mechanics - Spez.f.Mechanik
RABINOVIČ, I.M.		Specialist f.mechanical construction - Spezialist für Baumechanik
RAUŠENBACH, B.V.	5.(18.)1.1915	Spec.f.mechanics - Spez.f.Mechanik
RAZIN, N.V.	13.(26.)4.1904	Hydroenergetician - Hydroenergetiker
REBANE, K.K.		Physicist - Physiker
REŠETNEV, M.F.		Specialist f.mechanical engineering - Spezialist f.Maschinenbau
RIZNIČENKO, J.V.	15.(28.)9.1911	Physicist - Physiker
RJAZANSKIJ, M.S.	23.3.(5.4.)1909	Specialist for radio-engineering - Spezialist für Radiotechnik

Science
Wissenschaft

RJUTOV, D.D.		Nuclear physicist - Kernphysiker
RUDENKO, J.N.		Energetician - Energetiker
RUMJANCEV, V.V.	19.7.1921	Spec.f.mechanics - Spez.f.Mechanik
RUSANOV, V.V.		Mathematician - Mathematiker
RYTOV, S.M.	20.6.(3.7.)1908	Physicist, Spec.f.radio-engineering - Physiker, Spez.f.Radiotechnik
RŽANOV, A.V.	9.4.1920	Specialist f.radio-engineering - Spezialist f.Radiotechnik
ŠAFAREVIČ, I.R.	3.6.1923	Mathematician - Mathematiker
ŠALNIKOV, A.I.	27.4.(10.5.)1905	Physicist - Physiker
ŠARVIN, J.V.	24.6.1919	Physicist - Physiker
SIDOROV, V.A.	19.10.1930	Nuclear physicist - Kernphysiker
SIFOROV, V.I.	18.(31.)5.1904	Specialist f.radio-engineering - Spezialist f.Radiotechnik
ŠIRKOV, D.V.	3.3.1928	Physicist - Physiker
ŠIRŠOV, A.I.	8.8.1921	Mathematician - Mathematiker
ŠKLOVSKIJ, I.S.	18.6.(1.7.)1916	Astronomer, astrophysicist - Astronom, Astrophysiker
SMOLENSKIJ, G.A.	10.(23.)6.1910	Physicist - Physiker
SOBOLEV, V.V.	20.8.(2.9.)1915	Astronomer - Astronom
SOKOLOVSKIJ, V.V.	4.(17.)10.1912	Spec.f.mechanics - Spez.f.Mechanik
SOLOUCHIN, R.I.	19.11.1930	Spec.f.mechanics - Spez.f.Mechanik
SPIVAK, P.E.	11.(24.)3.1911	Nuclear physicist - Kernphysiker
STEPANOV, V.E.	1.(14.)12.1913	Astronomer, physicist - Astronom, Physiker
SUBBOTIN, V.I.	12.12.1919	Physicist, thermal physicist - Physiker, Wärmephysiker
ŠUR, J.S.	7.(20.)4.1908	Physicist - Physiker
TATARSKIJ, V.I.		Physicist - Physiker
TICHOMIROV, V.V.	10.(23.)12.1912	Spec.f.radio-engineering & electronics- Spez.f.Radiotechnik u.Elektronik
TIMOFEEV, P.V.	12.(25.)6.1902	Spec.f.radio-engineering & electronics- Spez.f.Radiotechnik u.Elektronik
TROICKIJ, V.S.	12.(25.)3.1913	Physicist, Astronomer - Physiker, Astronom
TRUTNEV, J.A.	2.11.1927	Nuclear physicist - Kernphysiker
VAJNŠTEIN, L.A.	6.12.1920	Radiation physicist - Strahlenphysiker
VALIEV, K.A.	15.1.1931	Physicist - Physiker
VANIČEV, A.P.	29.7.(11.8.)1916	Spec.f.energetics - Spez.f.Energetik
VASILEV, O.F.	1.8.1925	Spec.f.mechanics - Spez.f.Mechanik
VAVILOV, A.A.		Specialist f.control operations - Spezialist f.Steuerungsprozesse
VELIKANOV, D.P.	12.(25.)10.1908	Specialist f.motor transportation - Spezialist f.Autotransport
VITUŠKIN, A.G.		Mathematician - Mathematiker
VLADIMIRSKIJ, V.V.	20.7.(2.8.)1915	Physicist - Physiker
VOJCECHOVSKIJ, B.V.	25.1.1922	Specialist f.hydromechanics - Spezialist f.Hydromechanik
VOROVIČ, I.I.	21.6.1920	Spec.f.mechanics - Spez.f.Mechanik
ZACEPIN, G.T.	15.(28.)5.1917	Nuclear physicist - Kernphysiker
ZACHARČENJA, B.P.		Physicist - Physiker
ŽELTUCHIN, N.A.	31.10.(13.11.)1915	Specialist f.mechanics and thermics - Spezialist f.Mechanik u.Wärmetechnik
ŽIMERIN, D.G.	12.(25.)10.1906	Energetician - Energetiker
ZOLOTOV, E.V.	29.4.1922	Mathematician - Mathematiker
ZOREV, N.N.		Specialist f.mechanical engineering - Spezialist f.Maschinenbau
ZUEV, V.E.	29.1.1925	Physicist - Physiker
ŽUKOV, M.F.	24.8.(6.9.)1917	Specialist for aerodynamics - Spezialist f.Aerodynamik
ZVEREV, M.S.	3.(16.)4.1903	Astronomer, astrophysicist - Astronom, Astrophysiker

Science
Wissenschaft 8.3

Section of Chemistry, Chemical Technology and Biology -
Sektion der chemisch-technologischen und biologischen Wissenschaften

a) Members-Mitglieder:

AGEEV, N.V.	17.(30.)6.1903	Chemist,metallurgist-Chemiker,Metallurg
ALIMARIN, I.P.	29.8.(11.9.)1903	Chemist - Chemiker
ARBUZOV, B.A.	4.11.1903	Organic chemist - organischer Chemiker
BAEV, A.A.	28.12.1903(10.1.1904)	Biologist,medical spec.-Biologe,Medizine1
BELJAEV, D.K.	4.(17.)7.1917	Biologist, geneticist-Biologe,Genetiker
BELOV, A.F.	15.(28.)3.1906	Specialist for metallurgy - Spezialist für Metallurgie
BOČVAR, A.A.		Spec.f.metallurgy - Spez.f.Metallurgie
BORESKOV, G.K.	7.(20.)4.1907	Physical chemist - Physikochemiker
BRAUNŠTEJN, A.E.	13.(26.)5.1902	Biochemist - Biochemiker
ČAJLACHJAN, M.Ch.	8.(21.)3.1902	Plant physiologist - Pflanzenphysiologe
ČERNIGOVSKIJ, V.N.	16.2.(1.3.)1907	Physiologist - Physiologe
CICIN, N.V.	6.(18.)12.1898	Botanist - Botaniker
DEVJATYCH, G.G.	14.12.1918	Chemist - Chemiker
DOLGOPLOSK, B.A.	31.10.(13.11.)1905	Organic chemist - organischer Chemiker
DUBININ, M.M.	19.12.1900(1.1.1901)	Physical chemist - Physikochemiker
DUBININ, N.P.	22.12.1906(4.1.1907)	Biologist, geneticist-Biologe,Genetiker
EMANUEL, N.M.	18.9.(1.10.)1915	Physical chemist - Physikochemiker
ENGELGARDT, V.A.	21.11.(3.12.)1894	Biochemist - Biochemiker
ENIKOLOPOV, N.S.		Chemist - Chemiker
FOKIN, A.V.	13.(26.)8.1912	Organic chemist - organischer Chemiker
GAZENKO, O.G.		Physiologist - Physiologe
GERASIMOV, I.P.	26.11.(9.12.)1905	Physical geographer-Physikogeograph
GILJAROV, M.S.	9.(22.)2.1912	Zoologist - Zoologe
IMŠENECKIJ, A.A.	26.12.1904(8.1.1905)	Microbiologist - Mikrobiologe
KABAČNIK, M.I.	27.8.(9.9.)1908	Organic chemist - organischer Chemiker
KIŠKIN, S.T.	17.(30.)5.1906	Spec.f.mechanics - Spez.f.Mechanik
KNUNJANC, I.L.	23.5.(4.6.)1906	Organic chemist - organischer Chemiker
KOČEŠKOV, K.A.	30.11.(12.12.)1894	Organic chemist - organischer Chemiker
KOLOSOV, M.N.	11.5.1927	Biochemist - Biochemiker
KOLOTYRKIN, J.M.	1.(14.)11.1910	Physical chemist - Physikochemiker
KONDRATEV, V.N.	19.1.(1.2.)1902	Chemist, physical chemist - Chemiker, Physikochemiker
KORŠAK, V.V.		Chemist - Chemiker
KOSTJUK, P.G.	20.8.1924	Physiologist, medical specialist - Physiologe, Mediziner
KRASNOVSKIJ, A.A.		Biochemist, biophysicist - Biochemiker, Biophysiker
KREPS, E.M.	19.4.(1.5.)1899	Physiologist - Physiologe
KURDJUMOV, G.V.	1.(14.)2.1902	Metallo-physicist - Metallophysiker
KURSANOV, A.L.	26.10.(8.11.)1902	Plant physiologist and biochemist - Pflanzenphysiologe und -biochemiker
LASKORIN, B.N.		Technological chemist - Chemiker-Technologe
LAVRENKO, E.M.	11.(23.)2.1900	Geographical botanist - Geobotaniker
LIVANOV, M.N.	7.(20.)10.1907	Physiologist - Physiologe
MIŠUSTIN, E.N.	9.(22.)2.1901	Microbiologist - Mikrobiologe
NESMEJANOV, A.N.	28.8.(9.9.)1899	Chemist - Chemiker
NIKOLSKIJ, B.P.	1.(14.)10.1900	Physical chemist - Physikochemiker
NOVOSELOVA, A.V.	11.(24.)3.1900	Chemist - Chemikerin
OPARIN, A.I.	18.2.(2.3.)1894	Biologist, biochemist - Biologe, Biochemiker
OVČINNIKOV, J.A.	2.8.1934	Chemist - Chemiker
PATON, B.E.	27.11.1918	Spec.f.metallurgy - Spez.f.Metallurgie
PETRJANOV-SOKOLOV,I.V.	5.(18.)6.1907	Physical chemist - Physikochemiker

8.3 Science / Wissenschaft

PETROVSKIJ, B.V.	14.(27.)6.1908	Surgeon – Chirurg
POSTOVSKIJ, I.J.	4.(16.)3.1898	Chemist – Chemiker
RAZUVAEV, G.A.	11.(23.)8.1895	Organic chemist – organischer Chemiker
REMESLO, V.N.		Geneticist – Genetiker
REUTOV, O.A.	5.9.1920	Chemist – Chemiker
RYKALIN, N.N.	14.(27.)9.1903	Spec.f.metallurgy – Spez.f.Metallurgie
SADOVSKIJ, V.D.	24.7.(6.8.)1908	Chemist – Chemiker
SADYKOV, A.S.	2.(15.)11.1913	Organic chemist – organischer Chemiker
SAGDEEV, R.Z.	26.12.1932	Physicist – Physiker
SEVERIN, S.E.	8.(21.)12.1901	Biochemist – Biochemiker
SOKOLOV, V.E.	1.2.1928	Zoologist – Zoologe
SPICYN, V.I.	12.(25.)4.1902	Chemist – Chemiker
SPIRIN, A.S.	4.9.1931	Biochemist – Biochemiker
TACHTADŽJAN, A.L.	28.5.(10.6.)1910	Botanist – Botaniker
TANANAEV, I.V.	22.5.(4.6.)1904	Chemist – Chemiker
VOLFKOVIČ, S.I.	11.(23.)10.1896	Chemist – Chemiker
VOROŽCOV, N.N.		Organic chemist – organischer Chemiker
ŽAVORONKOV, N.M.	25.7.(7.8.)1907	Chemist – Chemiker
ŽUKOV, A.B.	24.7.(6.8.)1901	Biologist – Biologe
ŽUKOV, B.P.	30.10.(12.11.)1912	Chemist – Chemiker

b) Corresponding members – korrespondierende Mitglieder:

ALEKIN, O.A.	10.(23.)8.1908	Chemist, hydrochemist – Chemiker, Hydrochemiker
ALESKOVSKIJ, V.B.	21.5.(3.6.)1912	Physical chemist – Physikochemiker
ANDRIJAŠEV, A.P.	19.8.1910	Zoologist – Zoologe
ASRATJAN, E.A.	31.5.1903	Physiologist – Physiologe
BAGDASARJAN, Ch.S.	18.11.1908	Physical chemist – Physikochemiker
BAŠKIROV, A.N.	9.(22.)12.1903	Chemist – Chemiker
BECHTEREVA, N.P.	7.7.1924	Physiologist, neurosurgeon – Physiologin, Neurochirurgin
BELECKAJA, I.P.		Chemist – Chemikerin
BEREZIN, I.V.	9.8.1923	Physical chemist – Physikochemiker
BERGELSON, L.D.	28.8.1918	Biochemist, organic chemist – Biochemiker, organischer Chemiker
BOKIJ, G.B.	26.9.(9.10.)1909	Physical chemist – Physikochemiker
BOLŠAKOV, K.A.	11.(24.)12.1906	Chemist – Chemiker
BUKIN, V.N.	15.(27.)1.1899	Biochemist – Biochemiker
BUSLAEV, J.A.	22.11.1929	Physical chemist – Physikochemiker
BUTENKO, R.G.		Biologist – Biologin
CHESIN-LURJE, R.B.		Biochemist – Biochemiker
CHOCHLOV, A.S.	23.6.(6.7.)1916	Biochemist – Biochemiker
ČIBISOV, K.V.	17.2.(1.3.)1897	Chemist – Chemiker
ČMUTOV, K.V.	8.(21.)3.1902	Physical chemist – Physikochemiker
ČUFAROV, G.I.	1.(14.)11.1900	Physical chemist – Physikochemiker
CVETKOV, V.N.	3.(16.)2.1910	Organic chemist-organischer Chemiker
DANILOV, S.N.	25.12.1888(6.1.1889)	Organic chemist-organischer Chemiker
DERJAGIN, B.V.	27.7.(9.8.)1902	Physical chemist– Physikochemiker
EICHFELD, J.H.	13.(25.)1.1893	Biologist, botanist – Biologe, Botaniker
ELJAKOV, G.B.	13.9.1929	Organic chemist-organischer Chemiker
ELJUTIN, V.P.	26.2.(-1.3.)1907	Spec.f.metallurgy – Spez.f.Metallurgie
EMELJANOV, V.S.	30.1.(12.2.)1901	Spec.f.metallurgy – Spez.f.Metallurgie
EVSTRATOV, V.F.		Chemist – Chemiker
EVSTIGNEEVA, R.P.		Chemist – Chemikerin
FEDOROV, A.A.	24.11.(7.12.)1906	Biologist – Biologe
FEDOROV, A.A.	17.(30.)10.1908	Botanist – Botaniker
FOMIN, V.V.	12.(25.)1.1909	Chemist – Chemiker
FREJDLINA, R.Ch.	7.(20.)9.1906	Organic chemist-organische Chemikerin
FRIDLJANDER, J.N.		Physicist-chemist – Physiker-Chemiker
GALAZIJ, G.I.	5.3.1922	Botanist – Botaniker

Science 8.3
Wissenschaft

GELD, P.V.	7.(20.)12.1911	Chemist - Chemiker
GEORGIEV, G.P.	4.2.1933	Biologist - Biologe
GERASIMOV, J.I.	10.(23.)9.1903	Physical chemist - Physikochemiker
GERSUNI, G.V.	21.7.(3.8.)1905	Medical specialist, physiology - Mediziner, Physiologie
GOLDANSKIJ, V.I.	18.6.1923	Physical chemist - Physikochemiker
GORLENKO, M.V.		Biologist - Biologe
GOVYRIN, V.A.		Physiologist - Physiologe
GUTYRJA, V.S.		Chemist - Chemiker
ISAEV, A.S.		Biologist - Biologe
IVANICKIJ, G.R.		Biologist - Biologe
IVANOV, V.T.		Chemist - Chemiker
IVANOV, V.E.	9.(22.)11.1908	Physical chemist - Physikochemiker
JAGODIN, G.A.		Chemist - Chemiker
JUNUSOF, S.J.	5.(18.)3.1909	Organic chemist-organischer Chemiker
KABANOV, V.A.	15.1.1934	Organic chemist-organischer Chemiker
KAFAROV, V.V.	5.(18.)6.1914	Chemist - Chemiker
KARAMJAN, A.I.	2.(15.)3.1908	Physiologist, medical specialist - Physiologe, Mediziner
KARAVAEV, N.M.		Chemist - Chemiker
KARPAČEV, S.V.	11.(24.)2.1906	Electro-chemist - Elektrochemiker
KAZANSKIJ, V.B.		Physical chemist - Physikochemiker
KAZARNOVSKIJ, I.A.	17.(29.)9.1890	Chemist - Chemiker
KIRPIČNIKOV, P.A.		Chemist - Chemiker
KNORRE, D.G.	28.7.1926	Chemist - Chemiker
KOČETKOV, N.K.	5.(18.)5.1915	Chemist, biochemist - Chemiker, Biochemiker
KOLESNIKOV, B.P.	17.(30.)5.1909	Specialist for forestry - Spezialist für Forstwesen
KOLOSOV, N.G.	17.(29.)4.1897	Histologist - Histologe
KONTRIMAVIČUS, V.L.	22.1.1930	Helminthologist (worm researcher) - Helminthologe (Wurmforscher)
KOPTJUG, V.A.	9.6.1931	Organic chemist-organischer Chemiker
KOTON, M.M.	16.(29.)12.1908	Chemist - Chemiker
KOVALSKIJ, A.A.	28.8.(10.9.)1906	Chemist - Chemiker
KOVDA, V.A.	16.(29.)12.1904	Soil scientist - Bodenkundler
KRETOVIČ, V.L.	14.(27.)1.1907	Biochemist - Biochemiker
KRUŠINSKIJ, L.V.		Biologist - Biologe
KUNAEV, A.M.		Physical chemist - Physikochemiker
KURSANOV, D.N.	1.(13.)4.1899	Organic chemist-organischer Chemiker
KUZIN, A.M.	17.(30.)5.1906	Radio-biologist - Radiobiologe
KUZNECOV, S.I.	4.(17.)11.1900	Microbiologist - Mikrobiologe
LAPIN, P.I.		Biologist - Biologe
LEGASOV, V.A.		Chemist - Chemiker
LEVIČ, V.G.	17.(30.)3.1917	Physical chemist - Physikochemiker
LEVKOEV, I.I.	19.11.(2.12.)1909	Chemist - Chemiker
MALININ, A.J.		Physical chemist - Physikochemiker
MALJUSOV, V.A.	21.6.(4.7.)1913	Chemist - Chemiker
MAMAEV, V.P.	30.11.1925	Chemist - Chemiker
MATULIS, J.J.	19.(31.)3.1899	Physical chemist - Physikochemiker
MEJSEL, M.N.	28.9.(11.10.)1901	Microbiologist - Mikrobiologe
MICHAJLOV, B.M.	21.3.(3.4.)1906	Organic chemist - organischer Chemiker
MINAČEV, Ch.M.	11.(24.)12.1908	Organic chemist - organischer Chemiker
MOLČANOV, A.A.	19.8.(1.9.)1902	Botanist - Botaniker
MOLIN, J.N.		Chemist - Chemiker
NAMETKIN, N.S.	3.(16.)8.1916	Organic chemist - organischer Chemiker
NEKRASOV, B.V.	6.(18.)9.1899	Chemist - Chemiker
NESMEJANOV, A.N.	2.(15.)1.1911	Chemist - Chemiker
NEUNYLOV, B.A.	20.9.(3.10.)1908	Biologist - Biologe
NIČIPOROVIČ, A.A.	30.10.(11.11.)1899	Physiologist - Physiologe

8.3 Science / Wissenschaft

NIKOLAEV, G.A.	4.(17.)1.1903	Specialist for welding - Spezialist für Schweißen
NIKOLSKIJ, G.V.	23.4.(6.5.)1910	Zoologist, ichthyologist - Zoologe, Ichthyologe
NOVIKOV, S.S.		Chemist - Chemiker
PETROV, A.A.	13.(26.)3.1913	Organic chemist-organischer Chemiker
PETROVSKIJ, G.T.		Physical chemist - Physikochemiker
PIRUZJAN, L.A.		Physiologist - Physiologe
PJAVČENKO, N.I.	18.11.(1.12.)1902	Soil scientist, geobotanist - Bodenkundler, Geobotaniker
PLATE, N.A.		Chemist - Chemiker
PORAJ-KOŠIC, M.A.		Chemist - Chemiker
PRAVEDNIKOV, A.N.		Chemist - Chemiker
PROKOFEV, M.A.	5.(18.)11.1910	Biochemist - Biochemiker
PUDOVIK, A.N.	2.(15.)3.1916	Organic chemist-organischer Chemiker
RAFIKOV, S.R.	6.(19.)4.1912	Chemist - Chemiker
RAKITIN, J.V.	23.4.(5.5.)1911	Botanist, plant physiologist - Botaniker, Pflanzenphysiologe
REIMERS, F.E.	12.(25.)7.1904	Plant physiologist - Pflanzenphysiologe
REŠETNIKOV, F.G.		Physical chemist - Physikochemiker
ROJTBAK, A.I.	17.2.1919	Physiologist - Physiologe
ROMANKOV, P.G.	4.(17.)1.1904	Chemist - Chemiker
RYŽIKOV, K.M.	13.(26.)9.1912	Biologist, helminthologist - Biologe, Helminthologe
RYŽKOV, V.L.	18.(30.)6.1896	Biologist, botanist - Biologe, Botaniker
SAMOJLOV, A.G.		Physical chemist - Physikochemiker
SAVICKIJ, E.M.	17.(30.)1.1912	Physical chemist - Physikochemiker
SKRJABIN, G.K.	4.(17.)9.1917	Biochemist, microbiologist - Biochemiker, Mikrobiologe
SKULAČEV, V.P.		Biochemist - Biochemiker
SLINKO, M.G.	2.(15.)9.1914	Chemist, physical chemist - Chemiker, Physikochemiker
SLYK, A.A.	1.11.1928	Botanist, plant physiologist - Botaniker, Pflanzenphysiologe
SOKOLOV, A.V.	25.7.(6.8.)1898	Agrochemist - Agrochemiker
ŠOSTAKOVIČ, M.F.	24.5.(6.6.)1905	Chemist - Chemiker
ŠPAK, V.S.	7.(20.)2.1909	Chemist - Chemiker
STRUNNIKOV, V.A.		Biologist - Biologe
ŠULC, M.M.		Physical chemist - Physikochemiker
ŠVEJKIN, G.P.		Chemist - Chemiker
SVETOVIDOV, A.N.	21.10.(3.11.)1903	Zoologist, ichthyologist - Zoologe, Ichthyologe
TALROZE, V.L.	15.4.1922	Physical chemist - Physikochemiker
TATARINOV, L.P.		Biologist - Biologe
TERSKOV, I.A.	11.9.1918	Physicist, biophysicist - Physiker, Biophysiker
TORGOV, I.V.	2.(15.)2.1912	Chemist - Chemiker
TROŠIN, A.S.	10.(23.)10.1912	Biologist, cytologist - Biologe, Zytologe
TUMANOV, I.I.	19.6.(1.7.)1894	Botanist, plant physiologist - Botaniker, Pflanzenphysiologe
TURPAEV, T.M.	20.10.1918	Physiologist - Physiologe
UGOLEV, A.M.	9.3.1926	Physiologist, medical specialist Physiologe, Mediziner
VATOLIN, N.A.	13.11.1926	Spec.f.metallurgy - Spez.f.Metallurgie
VDOVENKO, V.M.	23.12.1906(5.1.1907)	Radiochemist - Radiochemiker
VINBERG, G.G.		Biologist - Biologe
VOLKENŠTEJN, M.V.	10.(23.)10.1912	Biochemist - Biochemiker

Science 8.3
Wissenschaft

VOLOBUEV, V.R.	12.(25.)7.1909	Soil scientist, agrochemist - Bodenkundler, Agrochemiker
VORONIN, L.G.	22.7.(4.8.)1908	Physiologist - Physiologe
VORONKOV, M.G.	6.12.1921	Chemist - Chemiker
ZAJMOVSKIJ, A.S.	26.9.(9.10.)1905	Spec.f.metallurgy - Spez.f.Metallurgie
ZAMARAEV, K.I.		Physical chemist - Physikochemiker
ZAVARZIN, G.A.		Physiologist - Physiologe
ŽDANOV, J.A.	20.8.1919	Organic chemist-organischer Chemiker
ZEFIROV, A.P.	12.(25.)3.1907	Chemist, spec.f.metallurgy of rare and precious metals - Chemiker, Spez.f. Metallurgie seltener u.kostbarer Metalle
ŽIRMUNSKIJ, A.V.	15.10.1921	Biologist - Biologe
ZOLOTOV, J.A.	4.10.1932	Chemist - Chemiker

Section of Earth Sciences - Sektion der Erdwissenschaften

a) Members - Mitglieder:

AMBARCUMJAN, V.A.	5.(18.)9.1908	Astrophysicist - Astrophysiker
BELOV, N.V.	14.12.1891	Geochemist - Geochemiker
BRECHOVSKICH, L.M.	23.4.(6.5.)1917	Physicist, oceanologist - Physiker, Ozeanologe
ČUCHROV, F.V.	2.(15.)7.1908	Geochemist - Geochemiker
DORODNICYN, A.A.	19.11.(2.12.)1910	Geophysicist - Geophysiker
FEDOROV, E.K.	28.3.(10.4.)1910	Geophysicist - Geophysiker
JANŠIN, A.L.	15.(28.)3.1911	Geologist - Geologe
KORŽINSKIJ, D.S.	1.(13.)9.1899	Geologist, petrologist, mineralogist - Geologe, Petrograph, Mineraloge
KOSYGIN, J.A.	2.(22.)1.1911	Geologist - Geologe
KRYLOV, A.P.	1.(14.)8.1904	Geologist - Geologe
KUZNECOV, J.A.	6.(19.)4.1903	Geologist - Geologe
KUZNECOV, V.A.	30.3.(12.4.)1906	Geologist, geographer - Geologe, Geograph
MARČUK, G.I.	8.6.1925	Physicist - Physiker
MARKOV, K.K.	7.(20.)5.1905	Oceanologist, geophysicist, geographer - Ozeanologe, Geophysiker, Geograph
MELNIKOV, N.V.	15.(28.)2.1909	Mining specialist - Bergbaufachmann
MENNER, V.V.	11.(24.)11.1905	Geologist, palaeontologist - Geologe, Paläontologe
MICHAJLOV, A.A.	14.(26.)4.1888	Astronomer, gravimetric specialist - Astronom, Spezialist f.Gravimetrie
NALIVKIN, D.V.	13.(25.)8.1889	Geologist, palaeontologist - Geologe, Paläontologe
OBUCHOV, A.M.	5.5.1918	Geophysicist - Geophysiker
PEJVE, A.V.	27.1.(9.2.)1909	Geologist - Geologe
SADOVSKIJ, M.A.	24.10.(6.11.)1904	Geophysicist - Geophysiker
SIDORENKO, A.V.	6.(19.)10.1917	Geologist - Geologe
ŠILO, N.A.	25.3.(7.4.)1913	Geologist - Geologe
SMIRNOV, V.I.	18.(31.)1.1910	Geologist - Geologe
SOBOLEV, V.S.	17.(30.)5.1908	Petrologist, mineralogist - Petrograph, Mineraloge
SOČAVA, V.B.	7.(20.)6.1905	Geographer - Geograph
SOKOLOV, B.S.	27.3.(9.4.)1914	Geologist, geographer - Geologe, Geograph
ŠULEJKIN, V.V.	1.(13.)1.1895	Geophysicist - Geophysiker
TROFIMUK, A.A.	3.(16.)8.1911	Petrogeologist - Erdölgeologe

8.3 Science
Wissenschaft

b) Corresponding members - korrespondierende Mitglieder:

AGOŠKOV, M.I.	30.10.(12.11.)1905	Mining specialist - Bergbauspezialist
ALEKSEEV, A.S.	12.10.1928	Geophysicist - Geophysiker
AVSJUK, G.A.	16.(29.)12.1906	Hydrogeologist - Hydrogeologe
BABAEV, A.G.		Geographer - Geograph
BARSUKOV, V.L.		Geochemist - Geochemiker
BELOUSOV, V.V.	17.(30.)10.1907	Geologist - Geologe
BEZRUKOV, P.L.	20.1.(2.2.)1909	Oceanologist - Ozeanologe
BOGORODSKIJ, V.V.	22.4.1919	Oceanologist - Ozeanologe
BUDYKO, M.I.	20.1.1920	Geophysicist - Geophysiker
BULANŽE, J.D.	28.7.(10.8.)1911	Geologist, Geophysicist - Geologe, Geophysiker
BULAŠEVIČ, J.P.	28.6.(11.7.)1911	Geophysicist - Geophysiker
ČEPIKOV, K.R.	12.(25.)12.1900	Geologist - Geologe
CHAIN, V.E.	13.(26.)2.1914	Geologist, geophysicist - Geologe, Geophysiker
CHITAROV, N.I.	3.(16.)10.1903	Geochemist - Geochemiker
CHOMENTOVSKIJ, A.S.	11.(24.)3.1908	Geologist - Geologe
ČINAKAL, N.A.		Mining specialist - Bergbauspezialist
CYTOVIČ, N.A.	13.(26.)5.1900	Geologist - Geologe
DOKUKIN, A.V.		Geologist - Geologe
FEDOTOV, S.A.	19.3.1931	Geophysicist - Geophysiker
FLORENSOV, N.A.	15.(28.)1.1909	Geologist - Geologe
FOTIADI, E.E.	10.(23.)1.1907	Geologist, geophysicist - Geologe, Geophysiker
GORBUNOV, G.I.	13.10.1918	Geologist - Geologe
GUBIN, I.E.		Geologist - Geologe
ILIČEV, V.I.		Hydrologist - Hydrologe
IVANOV, S.N.	3.(16.)2.1911	Geologist - Geologe
IZRAEL, J.A.		Physicist - Physiker
KAPICA, A.P.	9.7.1931	Geologist, geomorphologist - Geologe, Geomorphologe
KONDRATEV, K.J.	14.6.1920	Meteorologist - Meteorologe
KOTLJAKOV, V.M.		Hydrologist - Hydrologe
KRASNYJ, L.I.	22.3.(4.4.)1911	Geologist - Geologe
KRATC, K.O.	16.6.1914	Mineralogist, petrologist - Mineraloge, Petrograph
KROPOTKIN, P.N.	11.(24.)11.1910	Geologist, geophysicist - Geologe, Geophysiker
KURBATKIN, G.P.		Physicist - Physiker
LISICYN, A.P.		Geophysicist - Geophysiker
LOMOV, B.F.		Physicist - Physiker
LUČICKIJ, I.V.	23.4.1912	Geophysicist - Geophysiker
MAGNICKIJ, V.A.	30.5.(12.6.)1915	Geophysicist - Geophysiker
MELNIKOV, P.I.	6.(19.)6.1908	Geophysicist - Geophysiker
MILANOVSKIJ, E.E.		Geologist - Geologe
MONIN, A.S.	2.7.1921	Oceanologist - Ozeanologe
MURATOV, M.V.	29.2.(13.3.)1908	Geologist - Geologe
NALIVKIN, V.D.	17.(30.)4.1915	Geologist - Geologe
NESTEROV, I.I.		Geologist - Geologe
ODINCOV, M.M.	23.10.(5.11.)1911	Geologist - Geologe
OVČINNIKOV, L.N.	26.9.(9.10.)1913	Geologist - Geologe
PARIJSKIJ, N.N.	17.(30.)9.1900	Geophysicist - Geophysiker
PUŠČAROVSKIJ, J.M.		Geologist - Geologe
PUZYREV, N.N.	9.(22.)11.1914	Geophysicist - Geophysiker
RADKEVIČ, E.A.	29.11.(12.12.)1908	Geologist - Geologin
RONOV, A.B.	3.(16.)12.1913	Geochemist - Geochemiker
RŽEVSKIJ, V.V.	23.7.1919	Mining specialist - Bergbauspezialist

470

Science
Wissenschaft 8.3

SAKS, V.N.	9.(22.)4.1911	Geologist, geographer-Geologe,Geograph
SAVARENSKIJ, E.F.	5.(18.)7.1911	Geologist, geophysicist - Geologe, Geophysiker
SEMJAKIN, E.I.		Mining specialist - Bergbauspezialist
SERGEEV, E.M.	10.(23.)3.1914	Hydrogeologist - Hydrogeologe
SOLONENKO, V.P.	2.(15.)11.1916	Geophysicist - Geophysiker
SOLOVEV, S.L.	12.4.1930	Spec.f.seismology,geophysics,hydrophysics- Spez.f.Seismologie,Geophysik,Hydrophysik
SPIVAKOVSKIJ, A.O.	17.(29.)1.1888	Mining specialist - Bergbauspezialist
ŠVECOV, P.F.		Geologist, hydrogeologist - Geologe, Hydrogeologe
TAUSON, L.V.	14.(27.)10.1917	Geochemist - Geochemiker
TIMOFEEV, P.P.		Geologist - Geologe
TREŠNIKOV, A.F.		Geographer - Geograph
TUGARINOV, A.I.	27.1.(12.3.)1917	Geochemist - Geochemiker
VARENCOV, M.I.	7.(20.)1.1902	Geologist - Geologe
VASSOEVIČ, N.B.	17.(30.)3.1902	Geologist - Geologe
VOROPAEV, G.V.		Hydrologist - Hydrologe
ŽARIKOV, V.A.	20.9.1926	Mineralogist - Mineraloge

Section of Social Sciences - Sektion der Gesellschaftswissenschaften

a) Members - Mitglieder:

AGANBEGJAN, A.G.	8.10.1932	Economic scientist-Wirtschaftswissenschaftler
ALEKSEEV, M.P.	24.5.(5.7.)1896	Literary scientist - Literaturwissenschaftler
ARBATOV, G.A.	19.5.1923	Economic scientist - Wirtschaftswissenschaftler
DELODED, T.K.	16.(29.)8.1906	Linguistic scientist - Sprachwissenschaftler
BORKOVSKIJ, V.I.	6.(19.)1.1900	Linguistic scientist - Sprachwissenschaftler
BROMLEJ, J.V.		Historian - Historiker
CHAČATUROV, T.S.	23.9.(6.10.)1906	Economic scientist - Wirtschaftswissenschaftler
CHRAPČENKO, M.B.	8.(21.)11.1904	Literary scientist, critic - Literaturwissenschaftler, Kritiker
DRUŽININ, N.M.	1.(13.)1.1886	Historian - Historiker
EFIMOV, A.N.	3.(16.)7.1908	Economic scientist - Wirtschaftswissenschaftler
EGOROV, A.G.	25.10.1920	Philosopher - Philosoph
FEDORENKO, N.P.	15.(28.)4.1917	Economic scientist - Wirtschaftswissenschaftler
FEDOSEEV, P.N.	9.(22.)8.1908	Philosopher - Philosoph
ILIČEV, L.F.		Philosopher - Philosoph
INOZEMCEV, N.N.	4.4.1921	Economic scientist - Wirtschaftswissenschaftler
KEDROV, B.M.	27.11.(10.12.)1903	Philosopher, historian - Philosoph, Historiker
KONONOV, A.N.	14.(27.)10.1906	Orientalist-turkologist - Orientalist-Türkologe
KONSTANTINOV, F.V.	8.(21.)2.1901	Philosopher - Philosoph
KOROSTOVCEV, M.A.		Orientalist
LEONOV, L.M.	7.(19.)5.1899	Writer - Schriftsteller
LICHAČEV, D.S.	15.(28.)11.1906	Literary scientist - Literaturwissenschaftler
MINC, I.I.	22.1.(3.2.)1896	Historian - Historiker
MITIN, M.B.	22.6.(5.7.)1901	Philosopher - Philosoph
NAROČNICKIJ, A.L.	3.(16.)2.1907	Historian - Historiker
NEČKINA, M.V.	12.(25.)2.1901	Historian - Historikerin

Science
Wissenschaft

NEKRASOV, N.N.	18.6.(1.7.)1906	Economic scientist - Wirtschaftswissenschaftler
OKLADNIKOV, A.P.	3.(16.)10.1908	Historian, archaeologist - Historiker, Archäologe
PIOTROVSKIJ, B.B.	1.(14.)2.1908	Archaeologist, orientalist - Archäologe, Orientalist
PONOMAREV, B.N.	4.(17.)1.1905	Historian - Historiker
POSPELOV, P.N.	7.(19.)6.1898	Historian - Historiker
RUMJANCEV, A.M.	3.(16.)2.1905	Economic scientist - Wirtschaftswissenschaftler
RYBAKOV, B.A.	21.5.(3.6.)1908	Historian, archaeologist - Historiker, Archäologe
SOLOCHOV, M.A.	11.(24.)5.1905	Writer - Schriftsteller
ŽUKOV, E.M.	23.10.1907	Historian - Historiker

b) Corresponding members - korrespondierende Mitglieder:

AFANASEV, V.G.	18.11.1922	Philosopher - Philosoph
AKSENENOK, G.A.	5.(18.)11.1910	Jurist
ANCISKIN, A.I.		Economic scientist - Wirtschaftswissenschaftler
ARCICHOVSKIJ, A.V.	13.(26.)12.1902	Archaeologist - Archäologe
ASIMOV, M.S.		Philosopher - Philosoph
AVANESOV, R.I.	1.(14.)2.1902	Linguistic scientist - Sprachwissenschaftler
AVRORIN, V.A.	10.(23.)12.1907	Linguistic scientist - Sprachwissenschaftler
BARCHUDAROV, S.G.		Linguistic scientist - Sprachwissenschaftler
BAZANOV, V.G.	14.(27.)10.1911	Literary scientist - Literaturwissenschaftler
BELCIKOV, N.F.	4.(16.)11.1890	Literary scientist - Literaturwissenschaftler
BERDNIKOV, G.P.		Literary scientist - Literaturwissenschaftler
BLAGOJ, D.D.	28.1.(9.2.)1893	Literary scientist - Literaturwissenschaftler
BOGOLJUBOV, M.N.	11.(24.)1.1918	Linguistic scientist - Sprachwissenschaftler
BOGOMOLOV, O.T.	20.8.1927	Economic scientist - Wirtschaftswissenschaftler
BUDAGOV, R.A.	23.8.(5.9.)1910	Philologist-Specialist in Romance languages - Philologe-Romanist
BUNIC, P.G.	25.10.1929	Economic scientist - Wirtschaftswissenschaftler
BUSMIN, A.S.	2.(15.)10.1910	Literary scientist - Literaturwissenschaftler
CAGIN, B.A.	10.(22.)3.1899	Philosopher - Philosoph
CCHIKVADZE, V.M.	19.12.1911(1.1.1912)	Jurist
CECHARIN, E.M.		Jurisprudent - Rechtswissenschaftler
DESNICKAJA, A.V.	10.(23.)8.1912	Linguistic & literary scientist - Sprach-u.Literaturwissenschaftler
FEDORENKO, N.T.	9.(22.)11.1912	Philologist,literary scientist-Sinolog. Philologe,Literaturwiss.-Sinologe
FILIN, F.P.	23.2.(7.3.)1908	Linguistic scientist - Sprachwissenschaftler
FROLOV, I.T.		Philosopher - Philosoph
GATOVSKIJ, L.M.	13.(26.)7.1903	Economic scientist - Wirtschaftswissenschaftler
GVISIANI, D.M.	24.12.1928	Philosopher - Philosoph

Science 8.3
Wissenschaft

IOVČUK, M.T.	6.(19.)11.1908	Philosopher - Philosoph
JANIN, V.L.	6.2.1929	Historian, Archaeologist - Historiker, Archäologe
JARCEVA, V.N.	21.10.(3.11.)1906	Philologist, linguistic scientist - Philologin, Sprachwissenschaftlerin
KAPUSTIN, E.I.		Economic scientist - Wirtschaftswissenschaftler
KARAKEEV, K.G.	25.10.(7.11.)1913	Historian - Historiker
KERIMOV, D.A.A.o.	18.7.1923	Jurist
KIM, G.F.		Orientalist
KIM, M.P.	12.(25.)5.1908	Historian - Historiker
KOVALČENKO, I.D.	26.11.1923	Historian - Historiker
KOZLOV, G.A.	22.1.(4.2.)1901	Economic scientist - Wirtschaftswissenschaftler
KRUŠANOV, A.I.	1.6.1921	Historian - Historiker
KRUŽKOV, V.S.	3.(16.)6.1905	Philosopher - Philosoph
KUDRJAVCEV, V.N.		Jurisprudent - Rechtswissenschaftler
KUKIN, D.M.	10.(23.)5.1908	Historian - Historiker
LOMIDZE, G.I.	15.(28.)7.1914	Literary scientist - Literaturwissenschaftler
MARKOV, D.F.	10.(23.)10.1913	Literary scientist - Literaturwissenschaftler
MIKULINSKIJ, S.R.		Historian of science - Historiker der Wissenschaften
MILEJKOVSKIJ, A.G.	2.(15.)1.1911	Economic scientist - Wirtschaftswissenschaftler
NOTKIN, A.I.		Economic scientist - Wirtschaftswissenschaftler
OJZERMAN, T.I.	1.(14.)5.1914	Philosopher - Philosoph
OLDEROGGE, D.A.	23.4.(6.5.)1903	Linguistic scientist (Africanist) - Sprachwissenschaftler (Afrikanist)
OMELJANOVSKIJ, M.E.	6.(19.)1.1904	Philosopher - Philosoph
PAŠKOV, A.I.	2.(15.)11.1900	Economic scientist - Wirtschaftswissenschaftler
PAŠUTO, V.T.		Historian - Historiker
PLOTNIKOV, K.N.	11.(24.)5.1907	Economic scientist - Wirtschaftswissenschaftler
POLJAKOV, J.A.	18.10.1921	Historian - Historiker
PRIMAKOV, E.M.		Economic scientist - Wirtschaftswissenschaftler
REIZOV, B.G.	19.10.(1.11.)1902	Literary scientist - Literaturwissenschaftler
RJABUŠKIN, T.V.	17.(30.)12.1914	Economic scientist - Wirtschaftswissenschaftler
RUTENBURG, V.I.		Historian - Historiker
RUTKEVIČ, M.N.	19.9.(2.10.)1917	Philosopher - Philosoph
SAMSONOV, A.M.	26.12.1907(8.1.1908)	Historian - Historiker
SANIDZE, A.G.	14.(26.)2.1887	Philologist (Armenian, Georgian) - Philologe (Armenist, Grusinist)
SATALIN, S.S.		Economic scientist - Wirtschaftswissenschaftler
ŠČERBINA, V.R.		Literary scientist - Literaturwissenschaftler
SEREBRENNIKOV, B.A.	21.1.(6.3.)1915	Linguistic scientist - Sprachwissenschaftler
SERGEEV, M.A.		Economic scientist - Wirtschaftswissenschaftler
SIDOROV, A.A.	1.(13.)6.1891	Art historian - Kunsthistoriker
SLADKOVSKIJ, M.I.	8.(21.)11.1906	Economic scientist - Wirtschaftswissenschaftler
SOLODOVNIKOV, V.G.	8.3.1918	Economic scientist - Wirtschaftswissenschaftler

8.3 Science / Wissenschaft

SOROKIN, G.M.	10.(23.)2.1910	Economic scientist - Wirtschaftswissenschaftler
SPIRKIN, A.G.		Philosopher - Philosoph
STEPANJAN, C.A.	19.12.1910(1.1.1911)	Philosopher - Philosoph
STEPANOV, G.V.		Linguistic scientist - Sprachwissenschaftler
STROGOVIČ, M.S.		Jurisprudent - Rechtswissenschaftler
TICHVINSKIJ, S.L.	1.9.1918	Historian - Historiker
TIMOFEEV, L.I.	23.12.1903(5.1.1904)	Literary scientist - Literaturwissenschaftler
TIMOFEEV, T.T.	30.11.1928	Economic scientist - Wirtschaftswissenschaftler
TRAPEZNIKOV, S.P.		Historian - Historiker
TRUBAČEV, O.N.		Linguistic scientist - Sprachwissenschaftler
TRUCHANOVSKIJ, V.G.	2.(15.)7.1914	Historian - Historiker
TUNKIN, G.I.		Jurisprudent - Rechtswissenschaftler
UDALCOVA, Z.V.		Historian - Historikerin
VINOGRADOV, V.A.	2.7.1921	Economic scientist - Wirtschaftswissenschaftler
VOLOBUEV, P.V.	1.1.1923	Historian - Historiker
ZASLAVSKAJA, T.I.	9.9.1927	Economic scientist - Wirtschaftswissenschaftler
ŽILIN, P.A.	20.2.(5.3.)1913	Historian - Historiker

Honorary Members - Ehrenmitglieder:

CHVOLSON, O.D.	4.12.1852 - 11.5.1934	Physicist - Physiker
EGOROV, D.F.	10.(22.)12.1869 - 10.9.1931	Mathematician - Mathematiker
GAMALEJA, N.F.	5.(17.)2.1859 - 29.3.1949	Microbiologist - Mikrobiologe
GLAZENAP, S.P.	13.(25.)9.1848 - 12.4.1937	Astronomer - Astronom
GORJAČKIN, V.P.	17.(29.)1.1868 - 21.9.1935	Spec.f.agricultural machines - Spez.f.Landwirtschaftsmaschinen
GRAVE, D.A.	25.8.(6.9.)1863 - 19.12.1939	Mathematician - Mathematiker
ILINSKIJ, M.A.	1.(13.)11.1856 - 18.11.1941	Organic chemist, spec.f.synthetic colours - organ.Chemiker, Spez.f. synthetische Farben
KABLUKOV, I.A.	21.8.(2.9.)1857 - 5.5.1942	Physical chemist - physikalischer Chemiker
KAREEV, N.I.	24.11.(6.12.)1850 - 18.2.1931	Historian - Historiker
KIŽNER, N.M.	27.11.(9.12.)1867 - 28.11.1935	Organic chemist - organischer Chemiker
KNIPOVIČ, N.M.	6.4.1862 - 23.2.1939	Zoologist, Hydrobiologist - Zoologe, Hydrobiologe
KOROLENKO, V.G.	15.(27.)7.1853 - 25.12.1921	Writer - Schriftsteller
KRUPSKAJA, N.K.	14.(26.)2.1869 - 27.2.1939	Theorist of the Marxist pedagogics - Theoretikerin d.marxist.Pädagogik
MENZBIR, M.A.	23.10.1855-10.10.1935	Zoologist - Zoologe
MIČURIN, I.V.	15.(27.)10.1855 - 7.7.1935	Biologist, selector - Biologe, Selektionär
MOROZOV, N.A.	25.6.(12.7.)1854 - 30.7.1946	Chemist,Astronomer,Culture historian, writer - Chemiker,Astronom,Kultur- historiker,Schriftsteller

Science 8.3
Wissenschaft

PAVLOVA, M.V.	15.(27.)6.1854 – 23.12.1938	Palaeontologist – Paläontologin
PEKARSKIJ, E.K.	13.(25.)10.1858 – 29.6.1934	Linguistic scientist, ethnographer – Sprachwissenschaftler, Ethnograph
SOKALSKIJ, J.M.	5.(17.)10.1856 – 26.3.1940	Geographer, Oceanologist – Geograph, Ozeanologe
STALIN (DŽUGAŠVILI), I.V.	9.(21.)12.1879 – 5.3.1953	Soviet state and party functionary – Sowjet. Staats-und Parteifunktionär
ŠUCHOV, V.G.	5.(17.)8.1854 – 2.2.1939	Spec.f.petrol technology, thermics, mechanical construction – Spez.f. Erdöltechnik,Wärmetechnik,Baumechanik
TAGANCEV, N.S.	19.2.(3.3.)1843 – 21.3.1923	Jurist, criminal investigator – Jurist, Kriminalist
VINOGRADSKIJ, S.N.	1.(13.)9.1856 – 24.2.1953	Microbiologist – Mikrobiologe

Foreign Members – Ausländische Mitglieder:

AKABORI, S. (Japan)	20.10.1900	Biochemist – Biochemiker
ALFVEN, H. (Sweden-Schweden)	30.5.1908	Spec.f.electronics, astrophysicist – Spez.f.Elektronik, Astrophysiker
AMALDI, E. (Italy-Italien)	5.9.1908	Physicist – Physiker
AUBOINE, J. (France-Frankreich)	1928	Geologist, tectonist – Geologe, Tektoniker
BACO, Z.M. (Belgium-Belgien)	31.12.1903	Biologist, Physiologist – Biologe, Physiologe
BALEVSKI, A.T. (Bulgaria-Bulgarien)	15.4.1910	Spec.f.mechanics & mechanical engineerg.– Spez.f.Mechanik u.Maschinenbau
BERGSTRÖM, S. (Sweden – Schweden)	1916	Biochemist, medical specialist – Biochemiker, Mediziner
BIRCH, A. (Australia-Australien)	1915	Organic chemist – Organischer Chemiker
BLAŠKOVIĆ, D. (Czechoslovakia-CSSR)	2.8.1913	Microbiologist – Mikrobiologe
BLOUT, E. (USA)	1919	Biochemist – Biochemiker
BROGLIE, L.V.prince de (France-Frankreich)	15.8.1892	Physicist – Physiker
CAYA, S. (Japan)	21.12.1898	Physicist – Physiker
CHAIN, E. (Great Britain-Großbritannien)	1906	Biochemist – Biochemiker
CHAN DAY NGIA (Vietnam)	13.9.1913	Specialist for mechanics – Spezialist für Mechanik
CORNU, A. (France-Frankr)	9.8.1888	Philosopher – Philosoph
ČUBRILOVIĆ, V. (Yugoslavia-Jugoslawien)	1897	Historian – Historiker
DASKALOV, C.S. (Bulgaria-Bulgarien)	1903	Geneticist – Genetiker
DIRAC, P.A.M. (Great Britain-Großbritannien)	8.8.1902	Physicist – Physiker
DRESCH, J. (France-Frankreich)	30.11.1905	Geographer – Geograph
EIGEN, M. (West Germany-BRD)	1927	Physical chemist – Physikochemiker
GANOVSKI, S.C. (Bulgaria-Bulgarien)	1897	Philosopher – Philosoph
GO MO-ŽO (China)	16.11.1892	Historian,writer,literary scientist, state functionary – Historiker,Schriftsteller,Literaturwiss.,Staatsfunktionär
GROSZKOWSKI, J. (Poland-Polen)	21.3.1898	Physicist, spec.f.electronics – Physiker, Spez.f.Elektronik

8.3 Science
    Wissenschaft

GUSTAFSON, T.	1911	Embryologist - Embryologe
(Sweden - Schweden)		
GYLLENBERG, H.	1924	Microbiologist - Mikrobiologin
(Finland - Finnland)		
HAGENMULLER, P.	1921	Chemist - Chemiker
(France - Frankreich)		
HARTKE, W.	1.3.1907	Philologist, Historian - Philologe, Historiker
(East Germany - DDR)		
HASAN, N. (India-Indien)	1921	Historian - Historiker
HODGKIN, A.	1914	Physiologist - Physiologe
(Great Britain-Großbritannien)		
HODGKIN, D.M.C.	1910	Molecular biologist - Molekularbiologin
(Great Britain-Großbritannien)		
ILIEV, L.G.	1913	Mathematician - Mathematiker
(Bulgaria - Bulgarien)		
JABLOŃSKI, H.	27.12.1909	Historian - Historiker
(Poland - Polen)		
KHORANA, H.G. (USA)	9.1.1922	Organic chemist - organ.Chemiker
KLAESSEN, St.	1917	Physical chemist - Physikochemiker
(Sweden - Schweden)		
KLARE, H. (DDR)	12.5.1909	Chemist - Chemiker
KOTARBIŃSKI, T.	31.3.1886	Philosopher - Philosoph
(Poland - Polen)		
KOTARI, D.S. (India-Indien)	1906	Astrophysicist - Astrophysiker
KOŽEŠNIK, J.	8.6.1907	Mathematician, spec.f.mechanics - Mathematiker, Spez.f.Mechanik
(Czechoslovakia - CSSR)		
KRYSTANOV, L.	15.11.1908	Geophysicist, meteorologist - Geophysiker, Meteorologe
(Bulgaria - Bulgarien)		
KUCZINSKI, J.	1904	Economic scientist - Wirtschaftswissenschaftler
(East Germany - DDR)		
KURATOWSKI, K.	2.2.1896	Mathematician - Mathematiker
(Poland - Polen)		
LERAY, J.	7.11.1906	Mathematician - Mathematiker
(France - Frankreich)		
LI SYN GI (Korea)	1905	Chemist - Chemiker
MARINELLO, V.Z. (Cuba-Kuba)	1919	Medical specialist - Mediziner
MARK, H.F. (USA)	3.5.1895	Physical chemist-Physikochemiker
MATEEV, E.G.	1920	Economic scientist - Wirtschaftswissenschaftler
(Bulgaria - Bulgarien)		
MOTHES, K.	3.11.1900	Biochemist,pharmacologist,plant physiol.- Biochemiker,Pharmakologe,Pflanzenphys.
(East Germany - DDR)		
MURGULESCU, I.	27.1.1902	Physical chemist - Physikochemiker
(Romania - Rumänien)		
NADŽAKOV, G.S.	26.12.1896	Physicist - Physiker
(Bulgaria - Bulgarien)		
NAŁĘCZ, M. (Poland-Polen)	1922	Spec.in cybernetics - Kybernetiker
NATTA, G. (Italy-Italien)	26.2.1903	Chemist - Chemiker
NEEL, L.E.F.	22.11.1904	Physicist - Physiker
(France - Frankreich)		
NGUEN, K.T. (Vietnam)	1907	Historian - Historiker
OCHOA, S. (USA)	24.9.1906	Biochemist - Biochemiker
OORT, J.H.	28.4.1900	Astronomer - Astronom
(Netherlands-Niederlande)		
PAL, L. (Hungary-Ungarn)	1925	Physicist - Physiker
PAULING, L.C. (USA)	28.2.1901	Chemist,physicist-Chemiker,Physiker
PAVLOV, T.	14.2.1890	Philosopher, literary critic - Philosoph, Literaturkritiker
(Bulgaria - Bulgarien)		
PEK NAM UN	17.3.1894	Historian, economic scientist - Historiker, Wirtschaftswissenschaft.
(Korea)		
PRELOG, V.	23.7.1906	Chemist - Chemiker
(Switzerland - Schweiz)		

Science
Wissenschaft 8.3

RIENÄCKER, G. (DDR)	13.5.1904	Chemist - Chemiker
REINHOLD, O. (DDR)	1925	Economic scient.-Wirtschaftswiss.
RODGERS, J. (USA)	1914	Geologist - Geologe
RYLE, M., Sir	27.9.1918	Radioastronomer - Spezialist für
(Great Britain-Großbritannien)		Radioastronomie
SALAM, A. (Pakistan)	29.1.1926	Physicist - Physiker
SAVIĆ, P.	10.1.1909	Physical chemist -
(Yugoslavia-Jugoslawien)		Physikochemiker
SEABORG, G.T. (USA)	19.4.1912	Chemist,physicist,spec.f.radiochemistry, nuclear chemistry and physics - Chemiker,Physiker, Spez.f.Radiochemie, Kernchemie und -physik
SHIRENDEV, B.	15.5.1912	Historian, state functionary -
(Mongolia - Mongolei)		Historiker, Staatsfunktionär
SIEGBAHN, K.M.G.	3.12.1886	Physicist - Physiker
(Sweden - Schweden)		
SIRÁCKY, A. (CSSR)	1900	Philosopher - Philosoph
SIŠKA, K. (CSSR)	19.3.1906	Medical spec.,surgeon-Mediziner,Chirurg
ŠORM, F. (CSSR)	28.2.1913	Organic chemist - organ. Chemiker
STEENBECK, M. (DDR)	21.3.1904	Physicist - Physiker
STENSJÖ, E.H.O.	2.10.1891	Palaeozoologist - Paläozoologe
(Sweden - Schweden)		
STOMMEL, H. (USA)	1920	Ozeanologist - Ozeanologe
SZABO, I. (Hungary-Ungarn)	1912	Jurisprudent-Rechtswissenschaftler
SZENT-GYÖRGYI, A. (USA)	16.9.1893	Biochemist - Biochemiker
SZENTÁGOTHAI, J.	1912	Physiologist, histologist -
(Hungary - Ungarn)		Physiologe, Histologe
SZÖKEFALVI-NADY, B.	29.7.1913	Mathematician - Mathematiker
(Hungary - Ungarn)		
THIESSEN, P.A. (DDR)	6.4.1899	Physical chemist - Physikochemiker
TITEICA, G.Ş.	27.3.1908	Physicist - Physiker
(Romania - Rumänien)		
TOMONAGA, S.-i. (Japan)	31.3.1906	Physicist - Physiker
TRZEBIATOWSKI, W.	1906	Chemist - Chemiker
(Poland - Polen)		
VENKATARAMAN, K.(India-Indien)		Organic chemist - organ.Chemiker
WEISSKOPF, V.F. (USA)	1908	Nuclear physicist - Kernphysiker
WOODWARD, R. (USA)	1917	Biochemist - Biochemiker
YUKAWA, H. (Japan)	23.1.1907	Physicist - Physiker
ZERVAS, L.	1902	Chemist (peptide and albumen) -
(Greece - Griechenland)		Chemiker (Peptid und Eiweiß)
ZOUBEK, V. (CSSR)	1903	Geologist - Geologe

Females - Frauen

a) Members - Mitglieder:

   3 from a total of 234 (Mathematician, chemist, historian) -
   3 von insgesamt 234 (Mathematikerin, Chemikerin, Historikerin)

b) Corresponding Members - korrespondierende Mitglieder:

   11 from a total of 487(3 chemist, 1 geophysicist, physiologist, biologist, geo-
                 logist, linguistic & literary scientist, linguistic
                 scientist, historian, economic scientist) -
   11 von insgesamt 487 (3 Chemikerinnen, 1 Geophysikerin, Physiologin, Biologin,
                 Geologin, Sprach-u.Literaturwiss., Sprachwiss., Histo-
                 rikerin, Wirtschaftswiss.)

8.3.1 Science
Wissenschaft

8.3.1
USSR BRANCH ACADEMIES - ZWEIG-AKADEMIEN DER UdSSR - OTRASLEVYE AKADEMII SSSR

USSR Academy of Medical Sciences - Akademie der Medizinischen Wissenschaften der UdSSR - Akademija medicinskich nauk SSSR
  Soljanka, 14, Moskva
    (founded - gegründet 1944)
    on 1/1/1977: 103 members, 150 corresponding members, 26 foreign members;
                 41 scientific institutes -
    zum 1.1.1977: 103 Mitglieder, 150 korrespondierende Mitglieder, 26 ausländische Mitglieder; 41 wissenschaftliche Forschungsinstitute
      President - Präsident   - BLOCHIN, N.N.
      Vice Presidents-Vizepräsidenten   - CERNUCH, A.M.   PAVLOV, A.S.
      Acting Vice President -   DEBOV, S.S.
      Amt. Vizepräsident   - VOLKOV, M.V.
      Academic Secretary-Akad. Sekretär- SIDORENKO, G.I.

USSR Academy of Pedagogical Sciences - Akademie der Pädagogischen Wissenschaften der UdSSR - Akademija pedagogičeskich nauk SSSR
  Poljanka, 58, Moskva
    (founded 1966 as successor to the Academy of Pedagogical Sciences of the RSFSR, founded 1943 - 1966 gegründet als Nachfolger der Akademie der Pädagogischen Wissenschaften der RSFSR, gegründet 1943)
    on 1/1/1977: 51 members, 76 corresponding members; 4 branches, 13 scientific research institutes, 14 experimental schools, 2 boarding-schools, National Scientific Pedagogical K.D.Ushinsky Library, Institute for further education of teachers of pedagogical sciences at universities and pedagogical institutes -
    zum 1.1.1977: 51 Mitglieder, 76 korrespondierende Mitglieder; 4 Filialen, 13 wissenschaftl.Forschungsinstitute, 14 experimentelle Schulen, 2 Schulinternate, Staatl.Wissenschaftl.Pädagogische K.D.Ušinskij-Bibliothek, Institut zur Erhöhung der Qualifikation der Lehrer für pädagogische Fächer an Universitäten und pädagogischen Hochschulen
      President - Präsident   - STOLETOV, V.N.
      Vice Presidents-Vizepräsidenten   - CHRIPKOVA, A.G.   PETROVSKIJ, A.V.
                                           KONDAKOV, M.I.
      Academic Secretary-Akad.Sekretär - PROTČENKO, I.F.

V.I.Lenin All-Union Academy of Agricultural Sciences - V.I.Lenin-Unionsakademie für Agrarwissenschaften - Vsesojuznaja Akademija sel'skochozjajstvennych nauk imeni V.I.Lenina
  Bol. Charitonevskij pereulok, 21, Moskva
    (founded - gegründet 1929)
    on 1/1/1977: 1 honorary member, 98 members, 106 corresponding members,
                 37 foreign members
      President - Präsident   - VAVILOV, P.P.
      Vice Presidents-Vizepräsidenten   - ERNST, L.K.   ŠATILOV, I.S.
                                           KUZMENKO, I.V.   SINJAGIN, I.I.
                                           PANNIKOV, V.D.
      Academic Secretary-Akad.Sekretär - MUROMCEV, G.S.

USSR Academy of Arts - Akademie der Künste der UdSSR - Akademija chudožestv SSSR
  Kropotkinskaja ulica, 21, Moskva
    (founded - gegründet 1947)
    on 1/1/1977: 48 members, 78 corresponding members, 11 honorary members
    zum 1.1.1977: 48 Mitglieder, 78 korrespondierende Mitglieder, 11 Ehrenmitglieder
      President - Präsident   - TOMSKIJ, N.V.
      Vice Presidents-Vizepräsidenten   - KEMENOV, V.S.   REŠETNIKOV, F.P.
      Academic Secretary-Akad.Sekretär - SYSOEV, P.M.

Science 8.3.2
Wissenschaft

8.3.2 ACADEMIES OF SCIENCES OF THE UNION REPUBLICS
AKADEMIEN DER WISSENSCHAFTEN DER UNIONSREPUBLIKEN
AKADEMII NAUK SOJUZNYCH RESPUBLIK

	President-Präsident
Academy of Sciences of the Ukrainian SSR - Akademie der Wissenschaften der Ukrainischen SSR ul. Vladimirskaja, 54, Kiev	- PATON, B.E.
Academy of Sciences of the Belorussian SSR - Akademie der Wissenschaften der Belorussischen SSR Leninskij prosp. 66, Minsk	- BORISEVIČ, N.A.
Academy of Sciences of the Uzbek SSR - Akademie der Wissenschaften der Usbekischen SSR ul. Kujbyševa, 15, Taškent	- SADYKOV, A.S.
Academy of Sciences of the Kazakh SSR - Akademie der Wissenschaften der Kasachischen SSR ul. Ševčenko, 28, Alma-Ata	- KUNAEV, A.M.
Academy of Sciences of the Georgian SSR - Akademie der Wissenschaften der Grusinischen SSR ul. Dzeržinskogo, 8, Tbilisi	- CHARADZE, E.
Academy of Sciences of the Azerbaidzhan SSR - Akademie der Wissenschaften der Aserbaidschanischen SSR Kommunističeskaja ul., 10, Baku	- ABDULLAEV, G.B.
Academy of Sciences of the Lithuanian SSR - Akademie der Wissenschaften der Litauischen SSR ul. K. Poželos, 2/8, Vilnius	- MATULIS, Ju.Ju.
Academy of Sciences of the Moldavian SSR - Akademie der Wissenschaften der Moldauischen SSR prosp. Lenina, 1, Kišinev	- ZUČENKO, A.A.
Academy of Sciences of the Latvian SSR - Akademie der Wissenschaften der Lettischen SSR Riga, ul. Turgeneva 19	- MALMEJSTER, A.K.
Academy of Sciences of the Kirghiz SSR - Akademie der Wissenschaften der Kirgisischen SSR Puškinskaja ul., 78, Frunze	- KARAKEEV, K.K.
Academy of Sciences of the Tadzhik SSR - Akademie der Wissenschaften der Tadschikischen SSR Dušanbe	- ASIMOV, M.S.
Academy of Sciences of the Armenian SSR - Akademie der Wissenschaften der Armenischen SSR ul. Abovjana, 61, Erevan	- AMBARCUMJAN, V.A.
Academy of Sciences of the Turkmen SSR - Akademie der Wissenschaften der Turkmenischen SSR Komsomol'skaja ul., 31, Aščhabad	- BABAEV, A.G.
Academy of Sciences of the Estonian SSR - Akademie der Wissenschaften der Estnischen SSR Kochtu ul., 6, Tallin	- REBANE, K.K.

8.4 Science / Wissenschaft

8.4 LIST OF INSTITUTES - VERZEICHNIS DER INSTITUTE

a) Section of Physical-Technical and Mathematical Sciences -
   Sektion der physikalisch-technischen u.mathematischen Wissensch.:

Department of General Physics and Astronomy -
Abteilung für allgemeine Physik und Astronomie:

Acoustics Institute - Akustisches Institut - Akustičeskij institut,
ul. Televidenija, 4, Moskva

Astronomical Council - Astronomischer Rat - Astronomičeskij sovet,
ul. Vavilova, 34, Moskva

Central Astronomical Observatory Pulkovo - Astronomisches Hauptobservatorium
Pulkovo - Glavnaja astronomičeskaja observatorija-Pulkovskaja observatorija,
GAO, Pulkovo bliz Leningrada

Crimean Astro-Physical Observatory - Astrophysikalisches Observatorium auf
der Krim -Krymskaja astrofizičeskaja observatorija, KAO, Partizanskoe

Special Astro-Physical Observatory - Astrophysikalisches Spezialobservatorium -
Special'naja astrofizičeskaja observatorija

Institute of Terrestrial Magnetism, Radio Research and the Ionosphere -
Institut für Erdmagnetismus, die Ionosphäre und die Ausbreitung von Radio-
wellen - Institut zemnogo magnetizma, ionosfery i rasprostranenija radiovoln,
IZMIRAN, Akademgorodok, Podolsky oblast

Institute of Precision Mechanics and Computing Equipment - Institut für
Feinmechanik und Rechentechnik - Institut točnoj mechaniki i vyčislitel'noj
techniki, ITOČMECh, Leninskij prosp., 51, Moskva

Institute of Solid State Physics - Institut für Festkörperphysik -
Institut fiziki tverdogo tela, ul.Radio, 23/29, Moskva

Institute of High-Pressure Physics - Institut für Hochdruckphysik -
Institut fiziki vysokich davlenij, IFVD, Akademgorodok, Podolskogo rajona

Leningrad Institute of Nuclear Physics - Institut für Kernphysik Leningrad -
Leningradskij institut jadernoj fiziki, Leningrad

Institute of Cosmic Rays - Institut für kosmische Forschungen - Institut
kosmičeskich issledovanij, Profsojuznaja ul.,88, Moskva

Institute of Crystallography - Institut für Kristallographie -
Institut kristallografii, IK, Leninskij prosp.,59, Moskva

Institute of Physical Problems - Institut für physikalische Probleme -
Institut fizičeskich problem im. S.I.Vavilova, IFP,
Vorobevskoe šosse,2, Moskva

Institute of Radio Engineering - Institut für Radiotechnik - Radiotechničeskij
institut, ul.8 Marta, 10-12, Moskva

Institute of Radio Engineering and Electronics - Institut für Radiotechnik
und Elektronik - Institut radiotechniki i elektroniki,
Prosp.Karla Marksa,18, Moskva

Institute of Spectroscopy - Institut für Spektroskopie - Institut spektroskopii

Institute of Theoretical Astronomy - Institut für theoretische Astronomie -
Institut teoretičeskoj astronomii, ITA, linija Mendeleeva,1, Leningrad, V.O.

Science
Wissenschaft 8.4

L.D.Landau Institute of Theoretical Physics - Institut für theoretische
Physik, L.D.Landau-Institut - Institut teoretičeskoj fiziki im. L.D.Landau,
ITF, pos.Černogolovka, Noginskogo rajona,Moskovskoj oblasti

P.N.Lebedev Physical Institute - Physikalisches Institut, P.N.Lebedev-Institut
Fizičeskij institut im. P.N.Lebedeva, FIAN, Leninskij prosp.,53, Moskva

Physical Laboratory - Physikalisches Laboratorium - Fizičeskaja laboratorija,
Vorobevskoe šosse,2, Moskva

A.F.Ioffe Physical-Technical Institute - Physikalisch-technisches Institut,
A.F.Joffe-Institut - Fiziko-techničeskij institut im. A.F.Joffe, LFTI,
Politechničeskaja ul.,2, Leningrad

Kazan Physical-Technical Institute - Physikalisch-technisches Institut
Kazan - Kazanskij fiziko-techničeskij institut, Kazan

Department of Nuclear Physics - Abteilung für Kernphysik

Department of Mathematics - Abteilung für Mathematik:

Institute of Applied Mathematics - Institut für angewandte Mathematik -
Institut prikladnoj matematiki,Miusskaja ploščad',4, Moskva

V.A.Steklov Institute of Mathematics - Mathematisches Institut, V.A.Steklov-
Institut - Matematičeskij institut im. V.A.Steklova, MIAN,
ul. Vavilova,42, Moskva

Leningrad Department - Abteilung Leningrad - Leningradskoe otdelenie,
Fontanka,25, Leningrad

Computing Center - Rechenzentrum - Vyčislitel'nyj centr ,
ul.Vavilova,40, Moskva

Department of Mechanics and Control Processes - Abteilung für Mechanik und
Regelungsprozesse:

Institute of Problems of Information Transmission - Institut für Probleme
der Informationsübertragung - Institut problem peredači informacii, IPPI,
Aviamotornaja ul.,8, korpus 2, Moskva

Institute of Problems of Mechanics - Institut für Probleme der Mechanik -
Institut problem mechaniki, Leningradskij prosp.,7, Moskva

Institute of Operating Problems - Institut für Probleme der Steuerung -
Institut problem upravlenija, Profsojuznaja ul.,81, Moskva

Department of Physical and Technical Problems of Energetics -
Abteilung für physikalisch-technische Probleme der Energetik:

Institute of Electromechanics - Institut für Elektromechanik - Institut
elektromechaniki, IEM, Dvorcovaja naberežnaja,18, Leningrad

Institute of High Temperature - Institut für hohe Temperaturen - Institut
vysokich temperatur, Krasnokazarmennaja ul.,17, korpus A, Moskva

b) **Section of Chemistry, Chemical Technology and Biology - Sektion
der chemisch-technologischen und biologischen Wissenschaften:**

Department of General Biology - Abteilung für allgemeine Biologie:

V.L.Komarov Botanical Institute - Botanisches Institut, V.L.Komarov-Institut -
Botaničeskij institut im. V.L.Komarova, ul.Popova,2, Leningrad

Experimental Scientific Research Station - Wissenschaftliche Versuchs-
station - Naučno-opytnaja stancija, Otradnoe, Priozerskij rajon

Great Botanical Garden - Großer Botanischer Garten - Glavnyj botaničeskij
sad, GBS, Botaničeskaja ul.,4, Moskva

8.4 Science / Wissenschaft

Laboratory of Helminthology - Helminthologisches Laboratorium - Laboratorija gel'mintologii, Leninskij prosp.,33, Moskva

Institute of General Genetics - Institut für allgemeine Genetik - Institut obščej genetiki, Profsojuznaja ul.,7, korpus 1, Moskva

Institute of Biology of Inland Waters - Institut für die Biologie von Binnengewässern - Institut biologii vnutrennich vod, p/o Borok, Nekouzskogo rajona, jaroslavskoj oblasti

Institute of Developmental Biology - Institut für Entwicklungsbiologie - Institut biologii razvitija im. N.K.Kol'cova, ul.Vavilova,26, Moskva

Institute of Forestry - Institut für Forstwesen - Institut lesovedenija, s.Uspenskoe, Odincovskogo rajona, Moskovskoj oblasti

Institute of Genetics - Institut für Genetik - Institut genetiki, IGEN, Leninskij prosp.,33, Moskva

Paleontological Institute - Paläontologisches Institut - Paleontologičeskij institut, PIN, Leninskij prosp.,33, Moskva

Zoological Institute - Zoologisches Institut - Zoologičeskij institut, ZIN Universitetskaja naberežnaja,1, Leningrad

Department of General and Technical Chemistry - Abteilung für allgemeine und technische Chemie:

Institute of Chemistry - Institut für Chemie - Institut chimii, ul.Artelnaja,11/15, Gorkij

Institute of Chemical Physics - Institut für chemische Physik - Institut chimičeskoj fiziki, IChF, Vorobevskoe šosse,2b, Moskva

Branch-Filiale-Filial: pos.Černogolovka, Noginskogo rajona, Moskovskoj oblasti

Laboratory of Anisotropical Structures - Laboratorium für anisotrope Strukturen - Laboratorija anizotropnych struktur, Kolobovskij per.,1/6, Moskva

Institute of Electro-Chemistry - Institut für Elektrochemie - Institut elektrochimii, IELAN, Leninskij prosp.,31, Moskva

Institute of Elementary Organic Compounds - Institut für elementare organische Verbindungen - Institut elementoorganičeskich soedinenij , IEOS, ul.Vavilova,28, Moskva

Institute of Macro-Molecular Compounds - Institut für hochmolekulare Verbindungen - Institut vysokomolekuljarnych soedninenij, Bol'šoj prosp.,31,Leningrad

N.D.Zelinsky Institute of Organic Chemistry - Institut für organische Chemie, N.D.Zelinskij-Institut - Institut organičeskoj chimii im.N.D.Zelinskogo, IOChAN, Leninskij prosp.,47, Moskva

A.E.Arbuzov Institute of Organic and Physical Chemistry - Institut für organische und physikalische Chemie, A.E.Arbuzov-Institut - Institut organičeskoj i fizičeskoj chimii im. A.E.Arbuzova, ul.Arbuzova,8, Kazan 83

A.V.Topchiev Institute of Oil Chemical Synthesis - Institut für petrochemische Synthese, A.V.Topčiev-Institut - Institut neftechimičeskogo sinteza im. A.V.Topčieva, INChS, Leninskij prosp.,29, Moskva

Institute of Physical Chemistry - Institut für physikalische Chemie - Institut fizičeskoj chimii, IFCh, Leninskij prosp.,31, Moskva

Department of Biochemistry, Biophysics and Chemistry of Physiologically Active Compounds - Abteilung für Biochemie, Biophysik und die Chemie physiologisch aktiver Verbindungen:

A.N.Bakh Institute of Biochemistry - Institut für Biochemie, A.N.Bach-Institut Institut biochimii im. A.N.Bacha, InBi, Leninskij prosp.,33, Moskva

Science
Wissenschaft 8.4

Kazan Biological Institute - Institut für Biologie, Kazan' - Kazanskij institut biologii, ul. Lobačevskogo,2/31, Kazan

M.M.Šemjakin Institute of Chemistry of Natural Compounds - Institut für die Chemie der Naturstoffverbindungen, M.M.Šemjakin-Institut - Institut chimii prirodnych soedinenij im. M.M.Šemjakina, IChPS, ul.Vavilova,32, Moskva

Institute of Microbiology - Institut für Mikrobiologie - Institut mikrobiologii, INMI, Profsojuznaja ul.,7a, Moskva

Institute of Molecular Biology - Institut für Molekularbiologie - Institut molekuljarnoj biologii, ul.Vavilova,32, Moskva

K.A.Timiryazev Institute of Plant Physiology - Institut für Pflanzenphysiologie, K.A.Timirjazev-Institut - Institut fiziologii rastenij im. K.A.Timirjazeva, Leninskij prosp., 33, Moskva

Institute of Cytology - Institut für Zytologie - Institut citologii, prosp.Maklina, 32, Leningrad

Scientific Center of Biological Research - Wissenschaftliches Zentrum für biologische Forschungen - Naučnyj centr biologičeskich issledovanij

Institute of Biochemistry and Physiology of Microorganisms - Institut für Biochemie und Physiologie der Mikroorganismen - Institut biochimii i fiziologii mikroorganizmov, g.Puščino

Institute of Biological Physics - Institut für biologische Physik - Institut biologičeskoj fiziki, Akademgorodok, Puščino

Institute of Agrochemistry and Soil Science - Institut für Agrochemie und Bodenkunde - Institut agrochimii i počvovedenija, Serpukov, Puščino

Institute of Albumen - Institut für Eiweiß - Institut belka, Puščino

Institute of Photosynthesis - Institut für Photosynthese - Institut fotosinteza, Akademgorodok, Puščino

Special Construction Office for the Construction of Biological Devices - Spezialkonstruktionsbüro für den Bau biologischer Apparaturen - SKB biologičeskogo priborostroenija, Puščino

Department of Physical Chemistry and Technology of Inorganic Materials - Abteilung für physikalische Chemie und Technologie anorganischer Stoffe:

N.S.Kurnakov Institute of General and Inorganic Chemistry - Institut für allgemeine und anorganische Chemie, N.S.Kurnakov-Institut - Institut obščej i neorganičeskoj chimii im. N.S.Kurnakova, IONCh, Leninskij prosp.,31, Moskva

I.V.Grebenshchikov Institute of Chemistry of Silicates - Institut für Chemie der Silikate, I.V.Grebenščikov-Institut - Institut chimii silikatov im. I.V.Grebenščikova, IChS, naberežnaja Makarova, 2, Leningrad

A.A.Baikov Institute of Metallurgy - Institut für Metallurgie, A.A.Bajkov-Institut - Institut metallurgii im. A.A.Bajkova, IMet, Leninskij prosp., 49, Moskva

Institute of New Chemical Problems - Institut für neue chemische Probleme - Institut novych chimičeskich problem, Leninskij prosp., 14, Moskva

Department of Physiology - Abteilung für Physiologie:

I.M.Sechenov Institute of Evolutionary Physiology and Biochemistry - Institut für Evolutionsphysiologie und Biochemie, I.M.Sečenov-Institut - Institut evoljucionnoj fiziologii i biochimii im. I.M.Sečenova, prosp. M.Toreza, 52, Leningrad

Institute of Higher Nervous Activity and Neurophysiology - Institut für höhere Nerventätigkeit und Neurophysiologie - Institut vysšej nervnoj dejatel'nosti i nejrofiziologii, IVNDiNF, Pjatnickaja ul., 48, Moskva

8.4 Science / Wissenschaft

I.P.Pavlov Institute of Physiology - Institut für Physiologie, I.P.Pavlov-Institut - Institut fiziologii im. I.P.Pavlova,
nabereznaja Makarova, 6, Leningrad

c) **Section of Earth Sciences - Sektion der Erdwissenschaften**

Institute of Geology - Geologisches Institut - Geologičeskij institut, GIN, Pyževskij per., 7, Moskva

A.A.Skochinsky Institute of Mining - Institut für Bergbau, A.A.Skočinskij-Institut - Institut gornogo dela im. A.A.Skočinskogo, IGD,
stancija Panki, Moskva

Institute of the Geology and Mining of Fuel - Institut für die Geologie und die Förderung von Brennstoffen - Institut geologii i razrabotki gorjučich iskopaemych, ul. Fersmana, 50, Moskva

Institute of Geology and Precambrian Geochronology - Institut für die Geologie und Geochronologie des Präkambriums - Institut geologii i geochronologii dokembrija,nabereznaja Makarova, 2, Leningrad

Institute of the Geology of Ore Deposits, Petrography, Mineralogy and Geochemistry - Institut für die Geologie von Erzvorkommen, Petrographie, Mineralogie und Geochemie - Institut. geologii rudnych mestoroždenija, petrografii, mineralogii i geochimii, IGEM, Staromonetnyj per.,35, Moskva

Institute of Experimental Mineralogy - Institut für experimentelle Mineralogie - Institut eksperimental'noj mineralogii, Noginskij naučnyj centr

V.I.Vernadsky Institute of Geochemistry and Analytical Chemistry - Institut für Geochemie und analytische Chemie, V.I.Verdnadskij-Institut - Institut geochimii i analitičeskoj chimii im. V.I.Vernadskogo, GEOChI, Vorobevskoe šosse, 47a, Moskva

Institute of Geography - Institut für Geographie - Institut geografii, IGAN, Staromonetnyj per., 29, Moskva

Institute of Limnology - Institut für Limnologie - Institut ozerovedenija, nabereznaja Makarova, 2, Leningrad

Institute of Mineralogy, Geochemistry and Crystallochemistry of Rare Elements - Institut für Mineralogie, Geochemie und Kristallchemie seltener Elemente - Institut mineralogii, geochimii i kristallochimii redkich elementov, IMGRE, Sadovničeskaja nabereznaja, 71, Moskva

Institute of Atmospheric Physics - Institut für die Physik der Atmosphäre - Institut fiziki atmosfery, IFA, Pyževskij per., 3, Moskva

O.Y.Schmidt Institute of Earth Physics - Institut für die Physik der Erde, O.Ju.Šmidt-Institut - Institut fiziki Zemli im. O.Ju.Šmidta, IFZ,
B.Gruzinskaja ul., 10, Moskva

Institute of Water Problems - Institut für Wasserfragen - Institut vodnych problem, Sadovaja-Černogrjazskaja ul., 13/3, Moskva

A.E.Fersman Mineralogical Museum - Mineralogisches Museum, A.E.Fersman-Museum - Mineralogičeskij muzej im. A.E.Fersmana, Leninskij prosp.,14/16, Moskva

P.P.Shirshov Institute of Oceanology - Ozeanologisches Institut, P.P.Širšov-Institut - Institut okeanologii im. P.P.Širšova, IOAN,
Letnjaja ul., 1, Ljublino

Science 8.4
Wissenschaft

All-Union Research Institute of Mineralogical Raw Materials and Prospecting - Unionsforschungsinstitut für die wirtschaftliche Nutzung mineralischer Rohstoffe und geologische Erkundung - Vsesojuznyj naučno-issledovatel'skij institut ekonomiki mineral'nogo syr'ja i geologorazvedočnych rabot, VIEMS, ul. Volodarskogo, 38, Moskva

d) **Section of Social Sciences - Sektion der Gesellschaftswissenschaften**

Institute of the International Working-Class Movement - Institut der internationalen Arbeiterbewegung - Institut meždunarodnogo rabočego dviženija, Kolpačnyj per., 9a, Moskva

Institute of Concrete Social Research - Institut für konkrete soziale Forschungen - Institut konkretnych social'nych issledovanij, Novočeremuškinskaja ul., 46, Moskva

Institute of Information and Fundamental Library on Social Sciences - Institut für wissenschaftliche Information und Fundamentalbibliothek der Gesellschaftswissenschaften - Institut naučnoj informacii i Fundamental'naja biblioteka po obščestvennym naukam, ul. Frunze, 11/11, Moskva

Department of History - Abteilung für Geschichte:

Archive of the Academy of Sciences of the U.S.S.R. - Archiv der Akademie der Wissenschaften der UdSSR - Archiv Akademii nauk SSSR, AAN, Moskva

N.N.Miklukho-Maklay Institute of Ethnography - Ethnographisches Institut, N.N.Miklucho-Maklaj-Institut - Institut etnografii im. N.N.Miklucho-Maklaja, ul. Dmitrija Ul'janova, 19, Moskva

Institute of General History - Institut für allgemeine Geschichte - Institut vseobščej istorii, ul. Dmitrija Ul'janova, 19, Moskva

Institute of Archaeology - Institut für Archäologie - Institut archeologii, IA, ul. Dmitrija Ul'janova, 19, Moskva

Institute of History of the U.S.S.R. - Institut für Geschichte der UdSSR - Institut istorii SSSR, ul. Dmitrija Ul'janova, 19, Moskva

Institute of Oriental Studies - Institut für Orientalistik - Institut vostokovedenija, Armjanskij per., 2, Moskva

Institute of Slavonic and Balkan Studies - Institut für Slawistik und Balkanistik - Institut slavjanovedenija i balkanistiki, Trubnikovskij per., 30a, Moskva

Laboratory for Preservation and Restoration of Documents - Laboratorium für die Konservierung und Restaurierung von Dokumenten - Laboratorija konservacii i restavracii dokumentov, LKRD, Leningrad

Petr-Velikij Museum of Anthropology and Ethnography - Museum für Anthropologie und Ethnographie, Petr-Velikij-Museum - Muzej antropologii i etnografii im. Petra Velikogo, Universitetskaja nabereźnaja, 3, Leningrad

Department of Literature and Linguistics - Abteilung für Literatur und Sprache:

Institute of Russian Language - Institut für die russische Sprache - Institut russkogo jazyka, IRJaz, Volchonka, 18/2, Moskva

Institute of Russian Literature (Pushkin House) - Institut für russische Literatur (Puškin-Haus) - Institut russkoj literatury (Puškinskij dom), nabereźnaja Makarova, 4, Leningrad

G.Ibraghimov Institute of Language, Literature and History - Institut für Sprache, Literatur und Geschichte, G.Ibragimov-Institut - Institut jazyka, literatury i istorii im. G.Ibragimova, Ul. Lobačevskogo, 2/31, Kazan

Institute of Linguistic Studies - Institut für Sprachwissenschaft - Institut jazykoznanija, IJaz, ul. Marksa i Engel'sa, 1/14, Moskva

8.4 Science / Wissenschaft

A.M.Gorky Institute of World Literature – Institut für Weltliteratur,
A.M.Gorkij-Institut – Institut mirovoj literatury im. A.M.Gor'kogo, IMLI,
ul. Vorovskogo, 25a, Moskva

Faculty of Foreign Languages – Lehrstuhl für Fremdsprachen – Kafedra
inostrannych jazykov, Moskva

L.N.Tolstoy State Literature Museum – Staatliches literarisches L.N.Tolstoj-
Museum – Gosudarstvennyj literaturnyj muzej L.N.Tolstogo,
Kropotkinskaja ul., Moskva

Department of Philosophy and Law – Abteilung für Philosophie und Recht:

Institute of History of Natural Science and Engineering – Institut für
Geschichte der Naturwissenschaft und der Technik – Institut istorii estest
voznanija i techniki, IIEsTech, Staropanskij per., 1/5, Moskva

Institute of State and Law – Institut für Staat und Recht – Institut
gosudarstva i prava, InPrav, ul. Frunze, 10, Moskva

Faculty of Philosophy – Lehrstuhl für Philosophie – Kafedra filosofii,
Leningrad

Philosophical Institute – Philosophisches Institut – Institut filosofii,
Volchonka, 14, Moskva

Department of Economics – Abteilung für Wirtschaftswissenschaften:

Africa Institute – Afrika-Institut – Institut Afriki,
Starokonjušennyj per., 16, Moskva

Institute of the Far East – Institut für den Fernen Osten – Institut
Dal'nego Vostoka, ul. Kržižanovskogo, 14, korp.2, Moskva

Institute of the U.S.A. – Institut für die Vereinigten Staaten von Amerika –
Institut Soedinennych Štatov Ameriki, Chlebnyj per., 2/3, Moskva

Institute of Economics of the International Socialist System – Institut für
die Wirtschaft des sozialistischen Weltsystems – Institut ekonomiki mirovoj
socialističeskoj sistemy, IEMSS, Novočeremuškinskaja ul., 46, Moskva

Institute of Latin America – Institut für Lateinamerika – Institut Latinskoj
Ameriki, B.Ordynka, 21, Moskva

Institute of World Economics and International Relations – Institut für
Weltwirtschaft und internationale Beziehungen – Institut mirovoj ekonomiki i
meždunarodnych otnošenij, IMEMO, Jaroslavskaja ul., 13, Moskva

Institute of Economics – Institut für Wirtschaftswissenschaften –
Institut ekonomiki, IE, Volchonka, 14, Moskva

Central Economic Mathematical Institute – Zentrales wirtschaftswissenschaft-
lich-mathematisches Institut – Central'nyj ekonomiko-matematičeskij institut,
CEMI, Leninskij prosp., 14, Korpus 7, Moskva

e) <u>Siberian Department – Sibirische Abteilung</u>

Novosibirsk:
Institute of Automation and Electrical Measuring – Institut für Automatik
und Elektrometrie – Institut avtomatiki i elektrometrii, Akademgorodok,
Novosibirsk

Institute of Semiconductor Physics – Institut für Halbleiterphysik –
Institut fiziki poluprovodnikov, Akademgorodok, Novosibirsk

Institute of Hydrodynamics – Institut für Hydrodynamik – Institut
gidrodinamiki, Akademgorodok, Novosibirsk

Institute of Nuclear Physics – Institut für Kernphysik – Institut
jadernoj fiziki, Akademgorodok, Novosibirsk

Science 8.4
Wissenschaft

Institute of Theoretical and Applied Mechanics - Institut für theoretische und angewandte Mechanik - Institut teoretičeskoj i prikladnoj mechaniki, ITiPM, Akademgorodok, Novosibirsk

Institute of Transport and Energy - Institut für Transportwesen und Energetik - Transportno-energetičeskij institut, TEI, Akademgorodok, Novosibirsk

Institute of Thermophysics - Institut für Wärmephysik - Institut teplofiziki Akademgorodok, Novosibirsk

Institute of Mathematics - Institut für Mathematik - Institut matematiki, Akademgorodok, Novosibirsk

Computing Center - Rechenzentrum - Vyčislitel'nyj centr, Akademgorodok, Novos.

Institute of Biology - Biologisches Institut - Biologičeskij institut, ul. Frunze, 23a, Novosibirsk

Institute of Inorganic Chemistry - Institut für anorganische Chemie - Institut neorganičeskoj chimii, Akademgorodok, Novosibirsk

Institute of Soil Science and Agrochemistry - Institut für Bodenkunde und Agrochemie - Institut počvovedenija i agrochimii, Sovetskaja 18, Novosibirsk

Institute of Chemical Kinetics and Combustion - Institut für chemische Kinetik und Verbrennungstechnik - Institut chimičeskoj kinetiki i gorenija, Akademgorodok, Novosibirsk

Institute of Catalysis - Institut für Katalyse - Institut kataliza, Akademgorodok, Novosibirsk

Institute of Organic Chemistry - Institut für organische Chemie - Institut organičeskoj chimii, Akademgorodok, Novosibirsk

Institute of Physiology - Institut für Physiologie - Institut fiziologii, Zolotodolinskaja, 75, Novosibirsk

Institute of Cytology and Genetics - Institut für Zytologie und Genetik - Institut citologii i genetiki, Akademgorodok, Novosibirsk

Experimental Station of the Institutes of Biology - Versuchsbetrieb der biologischen Institute - Eksperimental'noe chozjajstvo, Novosibirsk

Central Siberian Botanical Garden - Zentraler sibirischer botanischer Garten - Central'nyj Sibirskij botaničeskij sad, Novosibirsk

Institute of Mining - Institut für Bergbau - Institut gornogo dela, Akademgorodok, Novosibirsk

Institute of the Physical and Chemical Foundations of Mineral Processing - Institut für die physikalisch-chemischen Grundlagen der Verarbeitung von mineralischen Grundstoffen - Institut fiziko-chimičeskich osnov pererabotki mineral'nogo syr'ja, ul. Dzeržinskogo, 18, Novosibirsk

Institute of Geology and Geophysics - Institut für Geologie und Geophysik - Institut geologii i geofiziki, Akademgorodok, Novosibirsk

Institute of History, Philology and Philosophy - Institut für Geschichte, Philologie und Philosophie - Institut istorii, filologii i filosofii, Akademgorodok, Novosibirsk

Institute of Economics and Management of Industrial Production - Institut für Ökonomie und Organisation der Industrieproduktion - Institut ekonomiki i organizacii promyšlennogo proizvodstva, IEiOPP, Akademgorodok, Novosibirsk

Faculty of Foreign Languages - Lehrstuhl für Fremdsprachen - Kafedra inostrannych jazykov, Akademgorodok, Novosibirsk

Faculty of Philosophy - Lehrstuhl für Philosophie - Kafedra filosofii, Novosibirsk

8.4 Science / Wissenschaft

State Public Scientific and Technical Library of the Siberian Department's Presidium - Staatliche öffentliche wissenschaftlich-technische Bibliothek beim Präsidium der Sibirischen Abteilung - Gosudarstvennaja publičnaja naučno-techničeskaja biblioteka, GPNTB, pri Prezidiume SO AN SSSR, ul. Voschod, 15, Novosibirsk

Publishing House of the Siberian Department - Verlag der Sibirischen Abteilung - Izdatel'stvo Sibirskogo otdelenija AN SSSR, Novosibirsk

Irkutsk:
Institute for the Study of the Earth Crust - Institut für die Erforschung der Erdrinde - Institut zemnoj kory, ul. Favorskogo, 1, Irkutsk

Institute of Fuel Chemistry - Institut für Brennstoffchemie - Institut chimii topliv

Institute for the Geography of Siberia and the Far East - Institut für die Geographie Sibiriens und des Fernen Ostens - Institut geografii Sibiri i Dal'nego Vostoka, Vuzovskaja naberežnaja, 36, Irkutsk

Institute of Energy - Institut für Energetik - Energetičeskij institut, ul. Lermontova, 130, Irkutsk

Institute of Geochemistry - Institut für Geochemie - Institut geochimii, ul. Favorskogo, 1, Irkutsk

Irkutsk Institute of Organic Chemistry - Institut für organische Chemie- Irkutsk - Irkutskij institut organičeskoj chimii, ul. Favorskogo, 1, Irkutsk

Institute of Terrestrial Magnetism, the Ionosphere and Radio Wave Propagation - Institut zur Erforschung des Erdmagnetismus, der Ionosphäre und der Ausbreitung von Radiowellen - Institut zemnogo magnetizma, ionosfery i rasprostranenija radiovoln, ul. Lenina, 5, Irkutsk

Institute of Limnology - Limnologisches Institut - Limnologičeskij institut, Irkutsk

Siberian Institute of Plant Physiology and Biochemistry - Sibirisches Institut für die Physiologie und die Biochemie der Pflanzen - Sibirskij institut fiziologii i biochimii rastenij, ul. Lenina, 5, Irkutsk

Jakutsk:
Institute of Frozen Soils - Institut für Frostbodenkunde - Institut merzlotovedenija

Ionospheric Station - Ionosphärenstation - Ionosfernaja stancija

Station for the Continued Registration of the various Components of the Cosmic Radiation - Station für die kontinuierliche Registrierung der verschiedenen Komponenten der kosmischen Strahlung - Stancija nepreryvnoj registracii različnych komponentov kosmičeskogo izlučenija

Krasnojarsk:
V.N.Sukachev Institute of Forestry and Timber - Forst- und Holzinstitut, V.N.Sukačev-Institut - Institut lesa i drevesiny im. V.N.Sukačeva, Prospekt Mira, 53, Krasnojarsk

Institute of Geology and Geophysics - Institut für Geologie und Geophysik - Institut geologii i geofiziki

L.V.Kirensky Institute of Physics - Institut für Physik, L.V.Kirenskij-Institut - Institut fiziki im. L.V.Kirenskogo, Krasnojarsk

Others - Andere:
Institute of Atmosphere Optics - Institut für die Optik der Atmosphäre - Institut optiki atmosfery, ul. Gercena, 8, Tomsk

Institute of Oil Chemistry - Institut für Petrochemie - Institut chimii nefti, Kooperativnj per., 5, Tomsk

Science
Wissenschaft 8.4

Branches of the Siberian Department - Filialen der Sibirischen Abteilung:

East Siberian Branch - Ostsibirische Filiale - Vostočno-Sibirskij filial, ul. Lenina, 5, Irkutsk

    Department of Economics and Geography - Abteilung für Wirtschaftswissenschaften und Geographie - Otdel ekonomiki i geografii

    Institute of Chemistry - Institut für Chemie - Institut chimii

    Institute of Electro-Chemistry - Institut für Elektrochemie - Institut elektrochimii

    Institute of the Synthesis of Oil Chemistry and Coal Chemistry - Institut für petrochemische und kohlechemische Synthese - Institut nefte- i uglechimičeskogo sinteza

Yakutsk Branch - Filiale Jakutsk - Jakutskij filial, ul. Petrovskogo, 36, Jakutsk

    Department of Energy - Abteilung für Energetik - Otdel energetiki

    Department of Economics - Abteilung für Wirtschaftswissenschaften - Otdel ekonomiki

    Yakutsk Institute of Biology - Biologisches Institut Jakutsk - Jakutskij biologičeskij institut

    Botanical Garden - Botanischer Garten - Botaničeskij sad

    Geophysical Observatory - Geophysikalisches Observatorium - Geofizičeskaja observatorija

    Institute of Geology - Institut für Geologie - Institut geologii

    Institute of Space Physics Research and Aeronomics - Institut für kosmophysikalische Forschungen und Aeronomie - Institut kosmofizičeskich issledovanij i aeronomii

    Institute of Physical and Chemical Problems of the North - Institut für physikalisch-technische Probleme des Nordens - Institut fiziko-techničeskich problem Severa

    Institute of Linguistics, Literature and History - Institut für Sprache, Literatur und Geschichte - Institut jazyka, literatury i istorii

    Laboratory of Forestry and Plant Reserves - Laboratorium für Forsten und Pflanzenbestand - Laboratorija lesa i rastitel'nych resursov

    Laboratory of Cosmic Radiation - Laboratorium für kosmische Strahlung - Laboratorija kosmičeskich lučej

V.L.Komarov Far Eastern Branch - Fernöstliche Filiale, V.L.Komarov-Filiale - Dal'nevostočnyj filial im. V.L.Komarova, Leninskaja ul., 50, Vladivostok

    Department of Economic and Sociological Research - Abteilung für wirtschaftswissenschaftliche und soziologische Forschungen - Otdel ekonomičeskich i sociologičeskich issledovanij

    Bolshe-Chechcirski Reservation - Bol'še-Chechcirskij Naturschutzgebiet - Bol'še-Chechcirskij zapovednik

    Botanical Garden - Botanischer Garten - Botaničeskij sad

    Department of Chemistry - Chemische Abteilung - Chimičeskij otdel

    Far Eastern Institute of Geography - Fernöstliches Institut für Geographie - Dal'nevostočnyj institut geografii

    V.L.Komarov Mountain Taiga Station - Gebirgstaiga-Station, V.L.Komarov-Station - Gorno-taežnaja stancija im. V.L.Komarova

8.4 Science
   Wissenschaft

   Geophysical Observatory - Geophysikalisches Observatorium - Geofizičeskaja observatorija

   Laboratory of Automation - Laboratorium für Automatisierung - Laboratorija avtomatizacii

   Laboratory of Water Problems and Geochemistry of the Far Eastern Province - Laboratorium für den Wasserhaushalt und die Geochemie der Landschaft des Fernen Ostens - Laboratorija vodnogo balansa i geochimii landšafta Dal'nego Vostoka

   Laboratory of Geography and Cartography - Laboratorium für Geographie und Kartographie - Laboratorija geografii i kartografii

   Chingan Reservation - Naturschutzgebiet Čingan - Činganskij zapovednik

   Komsomol Reservation - Naturschutzgebiet Komsomol'sk - Komsomol'skij zapovednik

   Zeja Reservation - Naturschutzgebiet Zeja - Zejskij zapovednik

 Buryat Branch - Burjatische Filiale - Burjatskij filial, Fabričnaja 6, Ulan-Ude

   Buryat Institute of Social Sciences - Burjatisches Institut für Gesellschaftswissenschaften - Burjatskij institut obščestvennych nauk

   Buryat Institute of Natural Sciences - Burjatisches Institut für Naturwissenschaften - Burjatskij institut estestvennych nauk

   Complex Scientific Research Institute Kamchatka - Komplexes wissenschaftliches Forschungsinstitut Kamčatka - Kamčatskij kompleksnyj institut

   Transbaikal Complex Scientific Research Institute - Transbajkalisches komplexes wissenschaftliches Forschungsinstitut - Zabajkal'skij kompleksnyj naučno-issledovatel'skij institut

f) **Scientific Centers of the Academy of Sciences of the U.S.S.R. - Wissenschaftszentren der Akademie der Wissenschaften der UdSSR**

   Far Eastern Scientific Center - Wissenschaftszentrum Fernost - Dal'nevostočnyj naučnyj centr

   Institute of Biology and Soil Science - Institut für Biologie und Bodenkunde - Biologo-počvennyj institut, Vladivostok

   Far Eastern Institute of Geology - Fernöstliches geologisches Institut - Dal'nevostočnyj geologičeskij institut, Vladivostok

   Fundamental Library - Fundamentalbibliothek - Fundamental'naja biblioteka, Vladivostok

   Institute of Automation and Control Processes with Computinger Center - Institut für Automatik und Steuerungsprozesse mit Rechenzentrum - Institut avtomatiki processov upravlenija s Vyčislitel'nym centrom, Vladivostok

   Institute of Biologically Active Substances - Institut für biologisch aktive Stoffe - Institut biologičeski aktivnych veščestv, Vladivostok

   Institute of Chemistry - Institut für Chemie - Institut chimii, Vladivostok

   Institute of History, Archaeology and Ethnography of the Far Eastern Peoples - Institut für Geschichte, Archäologie und Ethnographie der Völker des Fernen Ostens - Institut istorii, archeologii i etnografii narodov Dal'nego Vostoka, Vladivostok

   Institute of Marine Biology - Institut für Meeresbiologie - Institut biologii morja

   Institute of Tectonics and Geophysics - Institut für Tektonik und Geophysik - Institut tektoniki i geofiziki, Chabarovsk

Science
Wissenschaft 8.4

Institute of Vulcanology - Institut für Vulkanologie - Institut vulkanologii, Petropavlovsk/Kamčatka

Institute of Economic Research - Institut für wirtschaftswissenschaftliche Forschungen - Institut ekonomičeskich issledovanij, Chabarovsk

Khabarovsk Complex Scientific Research Institute - Komplexes wissenschaftliches Forschungsinstitut Chabarovsk - Chabarovskij kompleksnyj naučno-issledovatel'skij institut

Sakhalin Complex Scientific Research Institute - Komplexes wissenschaftliches Forschungsinstitut Sachalin - Sachalinskij kompleksnyj naučno-issledovatel'skij institut, Novo-Aleksandrovsk

North-Eastern Complex Scientific Research Institute - Nordöstliches komplexes wissenschaftliches Forschungsinstitut - Severo-Vostočnyj kompleksnyj naučno-issledovatel'skij institut, Magadan

Pacific Institute of Geography - Pazifisches Institut für Geographie - Tichookeanskij institut geografii, Vladivostok

Urals Scientific Center - Wissenschaftszentrum Ural - Ural'skij naučnyj centr

Department of Polymer Physics - Abteilung für Physik der Polymere - Otdel fiziki polimerov, Perm'

Department of Physical and Technical Problems of Energetics - Abteilung für physikalisch-technische Probleme der Energetik - Otdel fiziko-techničeskich problem energetiki

Institute of Mining-Geology - Bergbau-geologisches Institut - Gorno-geologičeskij institut, Sverdlovsk

Botanical Garden - Botanischer Garten - Botaničeskij sad

Fundamental Library - Fundamentalbibliothek - Fundamental'naja biblioteka, Sverdlovsk

Institute of Mining - Institut für Bergbau - Institut gornogo dela

Institute of Chemistry - Institut für Chemie - Institut chimii, Sverdlovsk

Institute of Electrochemistry - Institut für Elektrochemie - Institut elektrochimii, Sverdlovsk

Institute of Geology and Geochemistry - Institut für Geologie und Geochemie - Institut geologii i geochimii

Institute of Geophysics - Institut für Geophysik - Institut geofiziki

Institute of Mathematics and Mechanics - Institut für Mathematik und Mechanik - Institut matematiki i mechaniki, Sverdlovsk

Institute of Metal Physics - Institut für Metallphysik - Institut fiziki metallov, IFM, ul. S.Kovalevskoj, 13, Sverdlovsk

Institute of Metallurgy - Institut für Metallurgie - Institut metallurgii, ul. Mamina-Sibirjaka, Sverdlovsk

Institute of Plant and Animal Ecology - Institut für die Ökologie der Pflanzen und der Tiere - Institut ekologii rastenij i životnych, Sverdlovsk

Institute of Economics - Institut für Wirtschaftswissenschaften - Institut ekonomiki

V.I.Lenin Ilmen State Reservation - Naturschutzgebiet Il'men'-See, V.I. Lenin-Naturschutzgebiet - Il'menskij zapovednik im. V.I.Lenina

Salekhard Station - Station Salechard - Salechardskij stacionar

8.4 Science
Wissenschaft

g) Branches of the Academy of Sciences of the U.S.S.R. -
Filialen der Akademie der Wissenschaften der UdSSR

Bashkir Branch - Filiale Baškirien - Baškirskij filial, Ufa

Department of Biochemistry and Citochemistry - Abteilung für Biochemie
und Zytochemie - Otdel biochimii i citochimii

Department of Physics and Mathematics (with computing center) -
Abteilung für Physik und Mathematik (mit Rechenzentrum) -
Otdel fiziki i matematiki s vyčislitel'nym centrom

Department of Economic Studies - Abteilung für wirtschaftswissenschaft-
liche Forschungen - Otdel ekonomičeskich issledovanij

Institute of Biology - Institut für Biologie - Institut biologii

Institute of Chemistry - Institut für Chemie - Institut chimii

Institute of Geology - Institut für Geologie - Institut geologii

Institute of History, Linguistics and Literature - Institut für Geschichte,
Sprache und Literatur - Institut istorii, jazyka i literatury

Daghestan Branch - Filiale Dagestan - Dagestanskij filial, Machačkala

Department of Biology - Abteilung für Biologie - Otdel biologii

Department of Biological Foundations of Fauna - Abteilung für die
Erforschung des Pflanzenbestandes - Otdel rastitel'nych resursov

Department of Economics - Abteilung für Wirtschaftswissenschaften -
Otdel ekonomiki

Institute of Geology - Institut für Geologie - Institut geologii

Institute of History, Linguistics and Literature - Institut für Geschichte,
Sprache und Literatur - Institut istorii, jazyka i literatury im. G.Cadasy

Institute of Physics - Institut für Physik - Institut fiziki

Karelian Branch - Filiale Karelien - Karel'skij filial, Petrozavodsk

Department of Water Problems - Abteilung für wasserwirtschaftliche
Probleme - Otdel vodnych problem

Department of Economics - Abteilung für Wirtschaftswissenschaften -
Otdel ekonomiki

Institute of Forestry - Forstinstitut - Institut lesa

Institute of Biology - Institut für Biologie - Institut biologii

Institute of Ore Mining - Institut für Erzbergbau - Gornometallurgičeskij
institut

Institute of Geology - Institut für Geologie - Institut geologii

Petrozavodsk Institute of Linguistics, Literature and History -
Institut für Sprache, Literatur und Geschichte - Petrozavodsk -
Petrozavodskij institut jazyka, literatury i istorii

S.M.Kirov Kola Branch - Filiale Kola, S.M.Kirov-Filiale - Kol'skij filial
im. S.M.Kirova, Kirov

Department of Economic Research - Abteilung für wirtschaftswissenschaft-
liche Forschungen - Otdel ekonomičeskich issledovanij

Murmansk Marine Biological Institute - Biologisches Meeresinstitut
Murmansk - Murmanskij morskoj biologičeskij institut

Science 8.4
Wissenschaft

Institute of Geology - Geologisches Institut - Geologičeskij institut

Institute of Chemistry and Technology of Rare Elements and Minerals - Institut für Chemie und Technologie seltener Elemente und mineralischer Rohstoffe - Institut chimii i technologii redkich elementov i mineral'nogo syr'ja

Institute of Ore Mining - Institut für Erzbergbau - Gornometallurgičeskij institut

Laboratory of Energetics - Laboratorium für Energetik - Laboratorija energetiki

Polar Alpine Botanical Garden - Polarer alpiner botanischer Garten - Poljarno-al'pijskij botaničeskij sad

Polar Institute of Geophysics - Polares geophysikalisches Institut - Poljarnyj geofizičeskij institut, Murmansk

Komi Branch - Komi-Filiale - Komi filial, Syktyvkar

Department of Economics - Abteilung für Wirtschaftswissenschaften - Otdel ekonomiki

Institute of Biology - Institut für Biologie - Institut biologii

Institute of Geology - Institut für Geologie - Institut geologii

Institute of Linguistics, Literature and History - Institut für Sprache, Literatur und Geschichte - Institut jazyka, literatury i istorii

Laboratory for Radiobiology - Laboratorium für Strahlenbiologie - Laboratorija radiobiologii

8.5 Science / Wissenschaft

8.5 NUMBER OF PERSONS ENGAGED IN THE SCIENTIFIC FIELD - ZAHL DER IM WISSENSCHAFTLICHEN BEREICH TÄTIGEN PERSONEN - ČISLENNOST' NAUČNYCH RABOTNIKOV

(end-of-year figures; in thousands - zum Jahresende; in Tsd. - na konec goda; tys.)

Year Jahr Gody	Total number of persons working in scientific field (incl. scientific-pedagogical cadres of universities) - im wissenschaftl.Bereich Tätige insg. (einschl.wissenschaftlich-pädagogische Kader der Hochschulen) - Vsego naučnych rabotnikov (vključaja naučno-pedagogičeskie kadry vuzov)	\multicolumn{6}{c}{of which - davon - v tom čisle}
		Doctors of sciences - Doktoren der Wissenschaften - doktora nauk	Candidates of sciences - Kandidaten der Wissenschaften - kandidaty nauk	Full or corresponding members of the Academy, professors - Ordentliche oder korrespondierende Mitglieder d.Akademie, Professoren Akademiki, členy-korrespondenty, professora	Assistant professors - Dozenten - docenty	Senior scientific collaborators - Ältere wissenschaftl.Mitarbeiter - staršie naučnye sotrudniki	Junior scientific collaborators and assistants - Jüngere wissenschaftl.Mitarbeiter und Assistenten - mladšie naučnye sotrudniki i assistenty
1950	162.5	8.3	45.5	8.9	21.8	11.4	19.6
1951	170.2	8.4	49.3	8.7	22.4	12.1	18.7
1952	179.1	8.4	53.8	8.6	23.4	12.4	19.0
1953	191.9	8.5	59.5	8.5	24.7	12.9	19.8
1954	210.2	9.0	69.2	8.8	26.8	14.0	16.2
1955	223.9	9.5	78.0	9.0	28.6	14.6	17.1
1956	239.9	9.8	85.7	9.1	30.4	15.6	17.8
1957	261.6	10.0	87.2	9.4	31.6	16.7	21.3
1958	284.0	10.3	90.0	9.6	32.7	17.2	23.6
1959	310.0	10.5	94.0	9.7	34.3	18.4	26.3
1960	354.2	10.9	98.3	9.9	36.2	20.3	26.7
1961	404.1	11.3	102.5	10.3	38.2	21.0	28.7
1962	524.5	11.9	108.7	11.0	40.6	23.8	45.0
1963	566.0	12.7	115.2	11.4	42.9	25.8	47.9
1964	612.0	13.7	123.9	12.0	46.0	27.2	48.2
1965	664.6	14.8	134.4	12.5	48.6	28.7	48.9
1966	712.4	16.6	152.4	13.6	52.8	30.2	47.6
1967	770.0	18.3	169.3	14.7	56.9	32.4	46.3
1968	822.9	20.0	186.4	15.9	60.9	35.1	48.0
1969	883.4	21.8	205.4	16.9	64.9	37.3	48.4
1970	927.7	23.6	224.5	18.1	68.6	39.0	48.8
1971	1002.9	26.1	249.2	19.5	73.2	42.4	49.2
1972	1056.0	28.1	269.5	20.6	77.0	45.4	47.5
1973	1108.5	29.8	288.3	21.6	80.5	47.8	47.1
1974	1169.7	31.7	309.5	22.5	84.4	50.7	46.4
1975	1223.4	32.3	326.8	22.9	87.9	53.3	45.0
1976							
1977							

Science 8.5.1
Wissenschaft 8.5.2

8.5.1 NUMBER OF PERSONS ENGAGED IN THE SCIENTIFIC FIELD BY NATIONALITY
ZAHL DER IM WISSENSCHAFTLICHEN BEREICH TÄTIGEN PERSONEN NACH NATIONALITÄT
ČISLENNOST' NAUČNYCH RABOTNIKOV PO NACIONAL'NOSTJAM SOJUZNYCH RESPUBLIK

(end-of-year figures - zum Jahresende - na konec goda)

	1950			1975		
	Total Insg. Vsego	Doctors of sciences Doktoren d. Wissensch. doktora nauk	Candidates of sciences Kandidaten d. Wissensch. kandidaty nauk	Total Insg. Vsego	Doctors of sciences Doktoren d. Wissensch. doktora nauk	Candidates of sciences Kandidaten d. Wissensch. kandidaty nauk
Total-Insg.-Vsego	162,508	8,277	45,530	1,223,428	32,264	326,767
Russkie	98,948	4,948	26,101	818,246	18,158	195,957
Ukraincy	14,692	415	3,731	134,243	3,196	38,076
Belorusy	2,713	93	692	26,501	557	7,070
Uzbeki	845	27	242	16,062	476	6,383
Kazachi	739	19	181	11,463	276	4,045
Gruziny	4,263	301	1,573	22,673	1,240	7,482
Azerbajdžancy	1,932	80	565	16,826	805	6,684
Litovcy	1,213	37	96	11,230	273	4,183
Moldavane	126	2	36	3,565	83	1,493
Latyši	1,468	57	188	7,469	192	2,307
Kirgizy	94	1	14	2,708	70	955
Tadžiki	168	5	32	3,235	93	1,219
Armjane	3,864	246	1,302	26,777	1,175	8,005
Turkmeny	128	6	38	2,549	64	1,173
Estoncy	1,235	63	198	5,829	221	2,185

8.5.2 NUMBER OF PERSONS ENGAGED IN THE SCIENTIFIC FIELD BY UNION REPUBLICS
ZAHL DER IM WISSENSCHAFTLICHEN BEREICH TÄTIGEN PERSONEN NACH UNIONSREPUBLIKEN
ČISLENNOST' NAUČNYCH RABOTNIKOV PO SOJUZNYM RESPUBLIKAM

(end-of-year figures - zum Jahresende - na konec goda)

	1940	1950	1960	1970	1975
SSSR	98,315	162,508	354,158	927,709	1,223,428
RSFSR	61,872	111,699	242,872	631,111	838,473
Ukrainskaja SSR	19,304	22,363	46,657	129,781	171,478
Belorusskaja SSR	2,227	2,629	6,840	21,863	31,020
Uzbekskaja SSR	3,024	4,541	10,329	25,244	30,835
Kazachskaja SSR	1,727	3,305	9,623	26,802	32,011
Gruzinskaja SSR	3,513	4,843	9,137	20,160	24,941
Azerbajdžanskaja SSR	1,933	3,364	7,226	17,082	21,280
Litovskaja SSR	633	1,402	3,320	8,978	12,538
Moldavskaja SSR	180	745	1,999	5,695	7,309
Latvijskaja SSR	1,128	2,184	3,348	8,895	12,024
Kirgizskaja SSR	323	841	2,315	5,867	7,131
Tadžikskaja SSR	353	715	2,154	5,067	6,629
Armjanskaja SSR	1,067	2,000	4,275	12,808	17,138
Turkmenskaja SSR	487	656	1,836	3,649	4,634
Estonskaja SSR	544	1,221	2,227	4,707	5,987

8.5.3 Science / Wissenschaft

8.5.3 NUMBER OF FEMALES ENGAGED IN THE SCIENTIFIC FIELD, BY UNION REPUBLICS
ZAHL DER IM WISSENSCHAFTLICHEN BEREICH TÄTIGEN FRAUEN NACH UNIONSREPUBLIKEN
ČISLENNOST' ŽENŠČIN V SOSTAVE NAUČNYCH RABOTNIKOV PO SOJUZNYM RESPUBLIKAM

(end-of-year figures - zum Jahresende - na konec goda)

	1960			1975		
	Total Insg. Vsego	Doctors of sciences Doktoren d. Wissensch. doktora nauk	Candidates of sciences Kandidaten d. Wissensch. kandidaty nauk	Total Insg. Vsego	Doctors of sciences Doktoren d. Wissensch. doktora nauk	Candidates of sciences Kandidaten d. Wissensch. kandidaty nauk
SSSR	128,730	1,149	28,761	488,306	4,485	94,013
RSFSR	90,731	875	20,711	341,418	3,114	63,327
Ukrainskaja SSR	15,417	132	3,627	61,949	590	12,121
Belorusskaja SSR	2,583	17	520	12,612	71	2,498
Uzbekskaja SSR	3,680	24	683	11,581	88	2,689
Kazachskaja SSR	3,456	11	536	13,161	117	2,862
Gruzinskaja SSR	3,103	35	809	10,227	156	2,231
Azerbajdžanskaja SSR	2,443	13	400	7,958	86	1,697
Litovskaja SSR	1,062	1	169	4,815	42	1,221
Moldavskaja SSR	682	3	139	2,677	22	724
Latvijskaja SSR	1,336	7	295	5,137	54	1,113
Kirgizskaja SSR	869	5	158	3,087	33	682
Tadžikskaja SSR	772	4	105	2,587	18	539
Armjanskaja SSR	1,279	13	376	6,805	65	1,309
Turkmenskaja SSR	673	3	103	1,827	12	416
Estonskaja SSR	644	6	130	2,465	17	584

Science
Wissenschaft 8.5.4

8.5.4 NUMBER OF ASPIRANTS - ZAHL DER ASPIRANTEN - ČISLENNOST' ASPIRANTOV
(end-of-year figures - zum Jahresende - na konec goda)

Year Jahr Gody	Total number of aspirants - Aspiranten, insg. Vsego aspirantov	at scientific institutions (without universities) - in wissenschaftl.Institutionen (ohne Hochschulen) v naučnych učreždenijach (bez vuzov)	of which-davon-iz nich			at universities - an Hochschulen - v vysšich učebnych zavedenijach	of which-davon iz nich	
			not pursuing an occupation - ohne Ausübung einer berufl. Tätigkeit - s otryvom ot proizvodstva	besides pursuing an occupation - neben Ausübung einer berufl. Tätigkeit - bez otryva ot proizvodstva			not pursuing an occupation - ohne Ausübung einer berufl. Tätigkeit - s otryvom ot proizvodstva	besides pursuing an occupation - neben Ausübung einer berufl. Tätigkeit - bez otryva ot proizvods.
1940	16,863	3,694	2,919	775		13,169	11,506	1,663
1950	21,905	9,418	6,944	2,474		12,487	11,199	1,288
1951	24,845	10,253	7,293	2,960		14,592	12,738	1,854
1952	26,704	11,004	7,623	3,381		15,700	13,534	2,166
1953	29,162	11,946	7,993	3,953		17,216	14,379	2,837
1954	30,841	12,773	8,485	4,288		18,068	14,644	3,424
1955	29,362	12,588	8,145	4,443		16,774	13,212	3,562
1956	25,495	11,408	7,160	4,248		14,087	10,592	3,495
1957	22,236	10,155	6,016	4,139		12,081	8,756	3,325
1958	23,084	10,756	6,528	4,228		12,328	9,004	3,324
1959	28,644	13,048	7,861	5,187		15,596	10,752	4,844
1960	36,754	16,348	9,515	6,833		20,406	13,463	6,943
1961	47,560	20,494	11,308	9,186		27,066	17,367	9,699
1962	61,809	25,475	13,584	11,891		36,334	23,130	13,204
1963	73,105	29,808	15,312	14,496		43,297	27,583	15,714
1964	83,271	33,749	16,737	17,012		49,522	31,191	18,331
1965	90,294	36,882	17,765	19,117		53,412	33,344	20,068
1966	93,755	38,729	18,427	20,302		55,026	34,509	20,517
1967	96,779	40,536	18,934	21,602		56,243	35,314	20,929
1968	98,139	41,594	19,126	22,468		55,545	35,892	20,653
1969	99,532	42,522	19,131	23,391		57,010	36,472	20,538
1970	99,427	42,518	18,725	23,793		56,909	36,299	20,610
1971	99,308	42,311	17,842	24,469		56,997	35,997	21,000
1972	98,945	41,693	16,903	24,790		57,252	35,598	21,654
1973	98,860	41,220	15,579	25,641		57,640	34,123	23,517
1974	96,939	40,369	14,163	26,206		56,570	31,194	25,376
1975	95,675	39,969	13,052	26,917		55,706	28,805	26,901
1976								
1977								

8.5.5 Science
      Wissenschaft

8.5.5 NUMBER OF ASPIRANTS BY UNION REPUBLICS – ZAHL DER ASPIRANTEN NACH
UNIONSREPUBLIKEN – ČISLENNOST' ASPIRANTOV PO SOJUZNYM RESPUBLIKAM

(end-of-year figures – zum Jahresende – na konec goda)

Year Jahr Gody	Total number of aspirants – Aspiranten, insg. – Vsego aspirantov A.	at scientific institutions (without universities – in wissenschaftl.Institu- tionen (ohne Hochschulen) v naučnych učreždenijach (bez vuzov) B.	of which–davon–iz nich			at universities – an Hochschulen – v vysšich učebnych zavedenijach E.	of which–davon–iz nich	
			not pursuing an occupation – ohne Ausübung einer berufl. Tätigkeit – s otryvom ot proizvodstva C.	besides pursuing an occupation – neben Ausübung einer berufl. Tätigkeit – bez otryva ot proizvodstva D.		not pursuing an occupation – ohne Ausübung einer berufl. Tätigkeit – s otryvom ot proizvodstva F.	besides pursuing an occupation – neben Ausübung einer berufl. Tätigkeit – bez otryva ot proizv. G.
RSFSR							
1960	24,578	10,348	4,907	5,441	14,230	9,366	4,864
1970	67,619	28,412	10,637	17,775	39,207	25,469	13,738
1975	65,728	26,952	8,057	18,895	38,776	21,817	16,959
Ukrainskaja SSR							
1960	4,536	1,478	1,040	438	3,058	1,901	1,157
1970	13,513	4,675	2,479	2,196	8,838	5,145	3,693
1975	12,955	4,489	1,768	2,721	8,466	3,486	4,980
Belorusskaja SSR							
1960	985	627	460	167	358	255	103
1970	2,739	1,329	620	709	1,410	818	592
1975	3,055	1,424	541	883	1,631	604	1,027
Uzbekskaja SSR							
1960	1,432	940	727	213	492	337	155
1970	3,197	1,636	1,037	599	1,561	983	578
1975	3,001	1,546	577	969	1,455	615	840
Kazachskaja SSR							
1960	879	511	350	161	368	273	95
1970	2,485	1,090	613	477	1,395	862	533
1975	2,557	1,061	397	664	1,496	667	829
Gruzinskaja SSR							
1960	804	382	299	83	422	255	167
1970	1,427	746	478	268	681	493	188
1975	1,176	627	224	403	549	250	299
Azerbajdžanskaja SSR							
1960	1,044	573	534	39	471	336	135
1970	1,991	1,315	756	559	676	429	247
1975	1,718	1,128	435	693	590	207	383
Litovskaja SSR							
1960	332	173	115	18	159	127	32
1970	1,041	435	269	166	606	381	225
1975	914	406	160	246	508	183	325
Moldavskaja SSR							
1960	201	96	74	22	105	78	27
1970	767	449	300	149	318	219	99
1975	655	387	145	242	268	104	164

Science 8.5.5
Wissenschaft 8.5.6

Year Jahr Gody	A.	B.	C.	D.	E.	F.	G.
Latvijskaja SSR							
1960	237	156	127	29	81	67	14
1970	908	328	214	114	580	374	206
1975	833	286	111	175	547	233	314
Kirgizskaja SSR							
1960	279	183	143	40	96	71	25
1970	721	506	328	178	215	127	88
1975	560	380	135	245	180	91	89
Tadžikskaja SSR							
1960	454	304	245	59	150	106	44
1970	648	349	243	106	299	228	71
1975	600	309	125	184	291	117	174
Armjanskaja SSR							
1960	364	206	168	38	158	112	46
1970	1,180	585	367	218	595	405	190
1975	897	422	179	243	475	237	238
Turkmenskaja SSR							
1960	291	193	141	52	98	87	11
1970	632	414	212	202	218	161	57
1975	572	337	114	223	235	92	143
Estonskaja SSR							
1960	338	178	145	33	160	92	68
1970	559	249	172	77	310	205	105
1975	454	215	84	131	239	102	137

8.5.6 NUMBER OF FEMALE ASPIRANTS - ZAHL DER FRAUEN-ASPIRANTEN - ČISLENNOST' ŽENŠČIN-ASPIRANTOV

(end-of-year figures - zum Jahresende - na konec goda)

Year Jahr Gody	Total number of female aspirants Frauen-Aspiranten,insg. Vsego Ženščin-aspirantov	of which educated - davon ausgebildet - v tomčisle obučavšichsja	
		at scientific institutions (without universities) in wissenschaftlichen Institutionen (ohne Hochschulen) v naučnych učreždenijach (bez vuzov)	at universities an Hochschulen v vysšich učebnych zavedenijach
1950	8,588	3,575	5,013
1960	8,405	3,625	4,780
1970	28,012	11,864	16,148
1975	27,021	10,950	16,071

499

8.5.7 BREAKDOWN OF ASPIRANTS BY NATIONALITIES RESP. ETHNIC ORIGIN
AUFTEILUNG DER ASPIRANTEN NACH NATIONALITÄT BZW. ETHNISCHER ABSTAMMUNG
ČISLENNOST' ASPIRANTOV PO NACIONAL'NOSTJAM SOJUZNYCH I AVTONOMNYCH
RESPUBLIK I AVTONOMNYCH OBLASTEJ

(end-of-year figures - zum Jahresende - na konec goda)

1 9 7 5

Total number of aspirants - Aspiranten insg. - Vsego aspirantov	95,675	Kabardincy	84
Russkie	59,120	Kalmyki	61
Ukraincy	11,863	Karakalpaki	90
Belorusy	2,634	Karely	21
Uzbeki	2,628	Komi, Komi-permjaki	70
Kazachi	2,011	Marijcy	52
Gruziny	1,638	Mordva	152
Azerbajdžancy	1,820	Narodnosti Dagestana	499
Litovcy	1,056	Osetiny	234
Moldavane	565	Tatary	1,419
Latyši	615	Tuvincy	11
Kirgizy	446	Udmurty	51
Tadžiki	502	Čečency	89
Armjane	2,036	Čuvaši	247
Turkmeny	450	Jakuty	122
Estoncy	480	Adygejcy	39
Abchazy	34	Altajcy	23
Balkarcy	30	Evrei	2,841
Baškiry	259	Karačaevcy	32
Burjaty	299	Chakasy	17
Inguši	28	Čerkesy	27

SCHEME OF THE STATE SYSTEM OF SCIENTIFIC-TECHNICAL INFORMATION
SCHEMA DES STAATLICHEN SYSTEMS DER WISSENSCHAFTLICH-TECHNISCHEN INFORMATION
SCHEMA GOSUDARSTVENNOJ SISTEMY NAUČNO-TECHNIČESKOJ INFORMACII

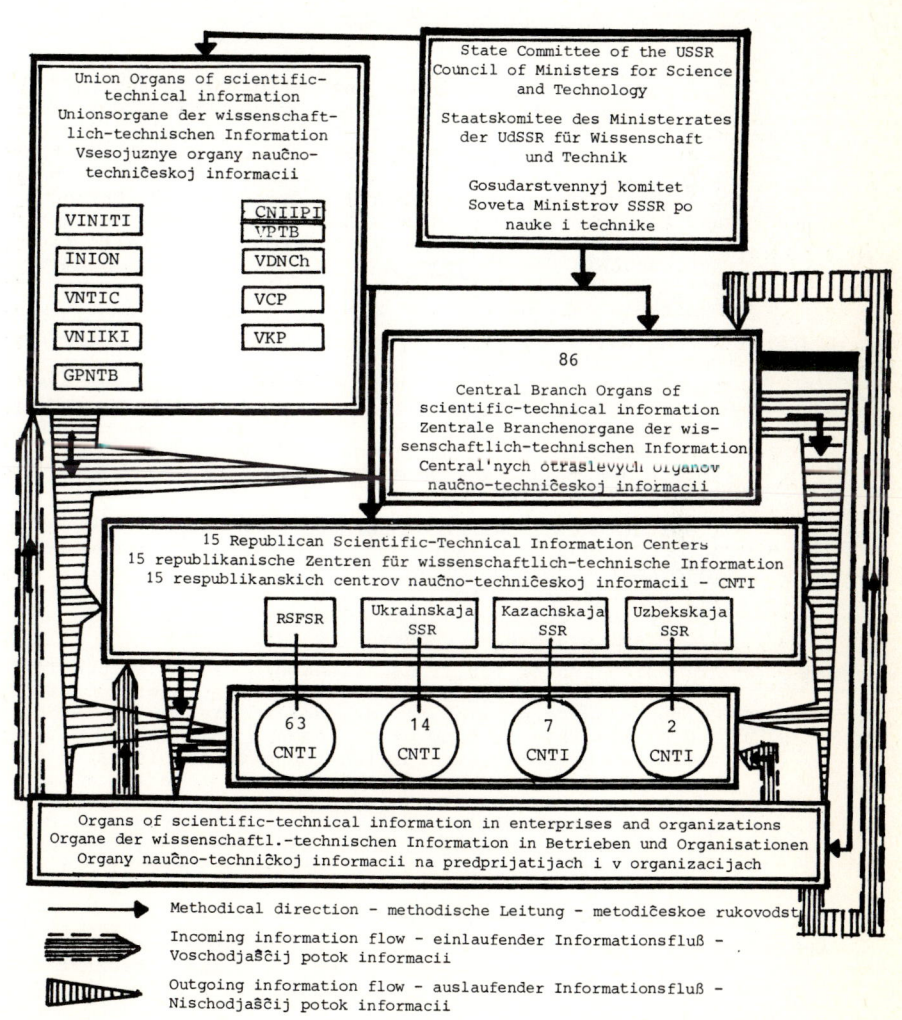

8.6 Science / Wissenschaft

8.6 SCIENTIFIC AND TECHNICAL INFORMATION
WISSENSCHAFTLICH-TECHNISCHE INFORMATION
NAUČNO-TECHNIČESKAJA INFORMACIJA

Union Organs of Scientific and Technical Information -
Unionsorgane der wissenschaftlich-technischen Information

CNIIPI - Central Scientific Research Institute for Patent Information and Technical-Economic Research of the State Committee of the USSR Council of Ministers for Inventions and Discoveries - Zentrales Wissenschaftliches Forschungsinstitut für Patentinformation und technisch-wirtschaftliche Forschungen des Staatskomitees des Ministerrates der UdSSR für Erfindungen und Entdeckungen - Central'nyj naučno-issledovatel'skij institut patentnoj informacii i techniko-ekonomičeskich issledovanij Gosudarstvennogo komiteta Soveta Ministrov SSSR po delam izobretenij i otkrytij
Raušskaja nabereznaja, 4, Moskva

GPNTB - State Public Scientific and Technical Library of the State Committee of the USSR Council of Ministers for Science and Technology - Öffentliche Wissenschaftlich-Technische Staatsbibliothek des Staatskomitees des Ministerrates der UdSSR für Wissenschaft und Technik - Gosudarstvennaja publičnaja naučno-techničeskaja biblioteka Gosudarstvennogo komitet Soveta Ministrov SSSR po nauke i technike
Kuzneckij most, 12, Moskva

INION - Institute of Scientific Information on Social Sciences of the USSR Academy of Sciences - Institut für Wissenschaftliche Information über gesellschaftliche Wissenschaften der Akademie der Wissenschaften der UdSSR - Institut naučnoj informacii po obščestvennym naukam Akademii Nauk SSSR
ul. Krasikova, 28/45, Moskva

VCP - All-Union Center for Translations of Scientific and Technical Literature and Documentation of the State Committee of the USSR Council of Ministers for Science and Technology and of the USSR Academy of Sciences - Unionszentrum für Übersetzungen der wissenschaftlich-technischen Literatur und Dokumentation des Staatskomitees des Ministerrates der UdSSR für Wissenschaft und Technik und der Akademie der Wissenschaften der UdSSR - Vsesojuznyj centr perevodov naučno-techničeskoj literatury i dokumentacii Gosudarstvennogo komiteta Soveta Ministrov SSSR po nauke i technike i Akademii nauk SSSR
ul. Kržižanovskogo, 14, Moskva

VDNCh - Exhibition of the Achievements of the USSR Economy - Ausstellung der Errungenschaften der Volkswirtschaft d.UdSSR - Vystavka dostiženij narodnogo chozjajstva SSSR
prospekt Mira, Moskva

Science
Wissenschaft 8.6

VINITI - All-Union Institute of Scientific and Technical Information of the State Committee of the USSR Council of Ministers for Science and Technology and of the USSR Academy of Sciences - Unionsinstitut für Wissenschaftliche und Technische Information des Staatskomitees des Ministerrates der UdSSR für Wissenschaft und Technik und derAkademie der Wissenschaften der UdSSR - Vsesojuznyj institut naučnoj i techničeskoj informacii Gosudarstvennogo komiteta Soveta Ministrov SSSR po nauke i technike i Akademii nauk SSSR
ul. Baltijskaja, 14, Moskva

VKP - All-Union Chamber of Books of the State Committee of the USSR Council of Ministers for Publishing Houses, Printing Plants and the Book Trade - Unions-Buchkammer des Staatskomitees des Ministerrates der UdSSR für Verlagswesen, Polygraphie und Buchhandel - Vsesojuznaja knižnaja palata Gosudarstvennogo komiteta Soveta Ministrov SSSR po delam izdatel'stv, poligrafii i knižnoj torgovli
Kremlevskaja naberežnaja, 1/9, Moskva

VNIIKI - All-Union Scientific Research Institute of Technical Information, Classification and Coding of the State Committee of the USSR Council of Ministers for Standards - Wissenschaftliches Unionsforschungsinstitut für technische Information, Klassifizierung und Kodierung des Staatskomitees des Ministerrates der UdSSR für Normen - Vsesojuznyj naučno-issledovatel'skij institut techničeskoj informacii, klassifikacii i kodirovanija Gosudarstvennogo komiteta standartov Soveta Ministrov SSSR
ul. Ščuseva, 4, Moskva

VNTIC - All-Union Scientific and Technical Information Center of the State Committee of the USSR Council of Ministers for Science and Technology - Wissenschaftlich-Technisches Unionsinformationszentrum des Staatskomitees des Ministerrates der UdSSR für Wissenschaft und Technik - Vsesojuznyj naučno-techničeskij informacionnyj centr Gosudarstvennogo komiteta Soveta Ministrov SSSR po nauke i technike
ul. Smol'naja, 14, Moskva

VPTB - All-Union Patent-Technical Library - Patent-technische Unionsbibliothek - Vsesojuznaja patentno-techničeskaja biblioteka
Berežkovskaja naberežnaja, 24, Moskva

9. Education
   Bildungswesen

9. EDUCATION — BILDUNGSWESEN — OBRAZOVANIE

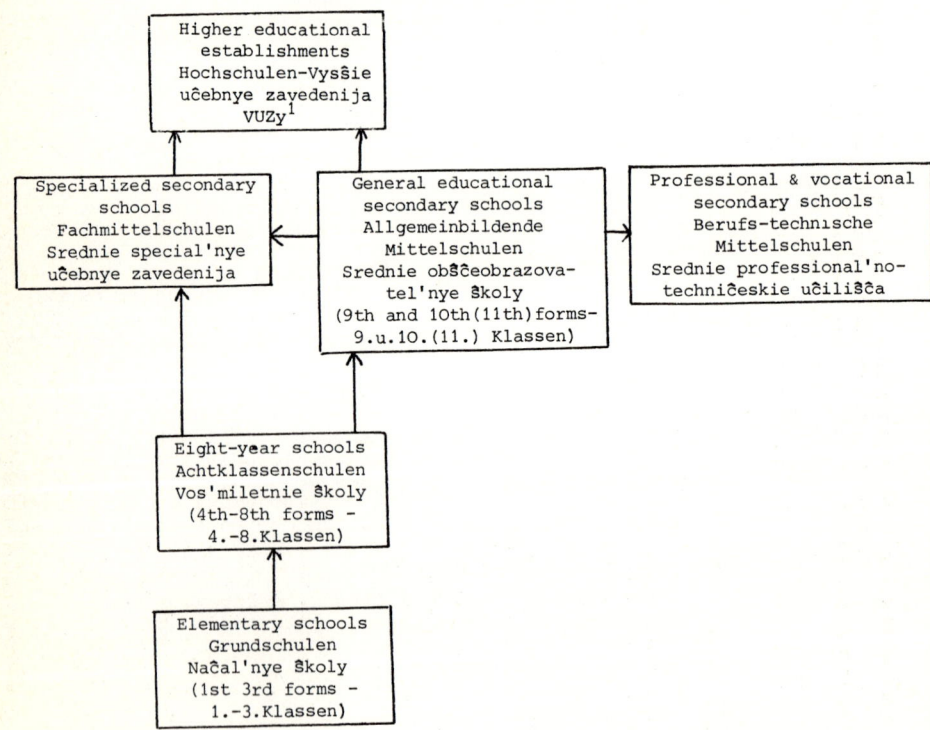

[1] VUZ = general term for universities, polytechnic, industrial and branch institutes, higher military secondary schools, conservatories etc. — VUZen als Oberbegriff für Universitäten, polytechnische, Industrie- und Brancheninstitute, Höhere Militärlehranstalten, Konservatorien u.a.

Education 9.1
Bildungswesen

9.1 NUMBER OF PUPILS AND STUDENTS BY TYPES OF EDUCATION - ZAHL DER SCHÜLER UND STUDENTEN NACH SCHULARTEN - ČISLENNOST' UČAŠČICHSJA PO VIDAM OBUČENIJA
(at the beginning of the school year, in thousands - zu Beginn des Schuljahres, in Tsd. - na načalo učebnogo goda, tysjač čelovek)

	1914/15	1950/51	1960/61	1970/71	1971/72	1972/73	1973/74	1974/75	1975/76
Total - Insgesamt - Vsego	10,588	48,770	52,693	79,634	80,287	80,985	85,552	89,841	92,605
in general educational schools - in allgemeinbildenden Schulen - v obščeobrazovatel'nych školach	9,656	34,752	36,187	49,193	48,937	48,857	48,533	48,088	47,594
in professional-vocational and FZU-schools - in berufstechnischen Lehranstalten u. FZU-Schulen - v professional'no-techničeskich učebnych zavedenijach i školach FZU[1]	106	882	1,141	2,591	2,717	2,910	3,065	3,250	3,381
of which-davon-iz nich:									
in professional-vocational secondary schools - in berufs-technischen Mittelschulen - v srednich professional'no-techničeskich učilišč.	--	--	--	180	295	468	691	953	1,216
in technical schools - in technischen Lehranstalten - v techničeskich učiliščach	--	--	174	191	229	265	317	364	408
in specialized secondary schools - in Fachmittelschulen - v srednich special'nych učebnych zavedenijach	54	1,298	2,060	4,388	4,421	4,438	4,448	4,478	4,525
at higher educational establishments - an Hochschulen - v vysšich učebnych zavedenij.	127	1,247	2,396	4,581	4,597	4,630	4,671	4,751	4,854
those who learned new trades and took refresher courses at enterprises, institutions, organizations, collective farms and other educational establishments - erlernten neue Berufe und qualifizierten sich in Betrieben, Institutionen, Organisationen, Kolchosen oder anderen Ausbildungsstätten - obučalis' novym professijam i povyšali svoju kvalifikaciju na predprijatijach, v učreždenijach, organizacijach i kolchozach, a takže byli ochvačeny drugimi vidami obučenija	645	10,591	10,909	18,881	19,615	20,150	24,835	29,274	32,251

[1] FZU-School: factory school - FZU-Schule: Betriebsschule - školach FZU: fabrično-zavodskoe učilišče

9.2 Education / Bildungswesen

GENERAL EDUCATIONAL DAY SCHOOLS BY UNION REPUBLICS — ALLGEMEINBILDENDE TAGESSCHULEN NACH UNIONSREPUBLIKEN — DNEVNYE OBŠČEOBRAZOVATEL'NYE ŠKOLY PO SOJUZNYM RESPUBLIKAM
(at the beginning of the school year — zu Beginn des Schuljahres — na načalo učebnogo goda)

Year Jahr Gody	A. Total number of schools — Schulen insg. — vsego škol	of which — darunter — v tom čisle				F. Total number of pupils, in thou. — Schüler insg., in Tsd. — Čislennost' učaščichsja, vsego, tys.	of which — darunter — v tom čisle v				K. Number of teachers, in thousands — Zahl der Lehrer, in Tsd. — Čislennost' učitelej, tys.
		B. Elementary schools — Grundschulen — načal'nych	C. Eight-year schools — Achtklassenschulen — nepolnych srednich škol	D. Secondary schools — Mittelschulen — srednich	E. Schools for physically and mentally disturbed children — Schulen für geistig u. körperlich behinderte Kinder — škol dlja detej s defektami umstvennogo i fizičeskogo razvitija		G. Elementary schools — Grundschulen — načal'nych	H. Eight-year schools — Achtklassenschulen — nepolnych srednich škol	I. Secondary schools — Mittelschulen — srednich škol	J. Schools for physically and mentally disturbed children — Schulen für geistig u. körperlich behinderte Kinder — školach dlja detej s defekt. umstvennogo i fizičeskogo razvitija	

SSSR

1. in towns and rural areas — in Städten u. auf dem Lande — v gorodach i sel'skich mestnostjach

1940/41	191,545	125,894	45,745	18,811	1,095	34,784	9,786	12,525	12,199	274	1,216
1945/46	186,853	131,625	41,687	12,836	705	26,094	9,430	9,558	7,021	85	1,043
1970/71	174,645	74,481	53,848	44,226	2,090	45,448	2,349	12,502	30,235	362	2,510
1975/76	149,486	47,869	47,748	51,466	2,403	42,611	1,037	8,731	32,406	437	2,583

2. in towns — in Städten — v gorodach

1940/41	21,501	6,903	4,831	8,887	880	10,778	1,370	2,182	7,118	108	374
1945/46	18,393	7,156	4,646	6,129	462	7,908	1,453	2,064	4,329	62	281
1970/71	33,243	4,018	8,577	19,307	1,341	23,069	425	4,012	18,373	259	1,127

3. in rural areas — auf dem Lande — v sel'skich mestnostjach

1940/41	170,044	118,991	40,914	9,924	215	24,006	8,416	10,343	5,081	166	842
1945/46	168,460	124,469	37,041	6,707	243	18,186	7,977	7,494	2,692	23	762
1970/71	141,402	70,463	45,271	24,919	749	22,379	1,924	8,490	11,862	103	1,383
1975/76	116,988	45,710	40,979	29,488	811	20,266	878	6,201	13,068	119	1,416

Education 9.2
Bildungswesen

Year Jahr Gody	A.	B.	C.	D.	E.	F.	G.	H.	I.	J.	K.
RSFSR											
1. 1940/41	113,880	80,958	22,221	9,932	769	20,229	6173.5	6,785	7,179	91	700
1945/46	113,453	85,896	20,523	6,698	336	15,018	5,826	5,079	4,071	42	615
1970/71	96,934	47,483	26,945	21,164	1,342	23,235	1,450	6,371	15,185	229	1,232
1975/76	80,097	30,710	23,394	24,476	1,517	20,176	608	4,030	15,274	263.5	1,173
2. 1940/41	12,511	4,629	2,375	4,872	635	6,619	955	1,230	4,362	72	221
1945/46	11,218	5,032	2,607	3,316	263	5,026	1,079	1,300	2,610	37	176
1970/71	19,013	2,727	4,851	10,572	863	13,018	306	2,356	10,189	167	607
1975/76	18,274	1,525	3,815	11,923	1,011	12,023	115	1,445	10268.5	194	598
3. 1940/41	101,369	76,329	19,846	5,060	134	13,610	5,219	5,555	2,817	19	479
1945/46	102,235	80,864	17,916	3,382	73	9,992	4,747	3,779	1,461	5	439
1970/71	77,921	44,756	22,094	10,592	479	10,217	1,144	4,015	4,996	62	625
1975/76	61,823	29,185	19,579	12,553	506	8,153	493	2,585	5,006	69	575
Ukrainskaja SSR											
1. 1940/41	30,881	15,310	10,957	4,435	179	6,687	1,177	2,846	2,592	72	251
1945/46	28,470	17,365	8,467	2,321	317	5,050	1,569	2,176	1,268	37	182
1970/71	27,558	8,700	11,206	7,279	373	7,565	249	2,573	4,676	67	453
1975/76	23,809	5,271	10,140	8,024	374	7,080	130	1,924	4,954	72	455
2. 1940/41	4,564	981	1,267	2,171	145	2,183	154	511	1,499	19	83
1945/46	3,456	1,021	1,059	1,223	153	1,431	189	435	787	20	50
1970/71	6,359	670	1,956	3,473	260	4,071	37	850	3,135	49	214
1975/76	5,978	285	1,578	3,856	259	4,014	15	571	3,375	53	220
3. 1940/41	26,317	14,329	9,690	2,264	34	4,504	1,023	2,335	1,093	53	168
1945/46	25,014	16,344	7,408	1,098	164	3,619	1,380	1,741	481	17	132
1970/71	21,199	8,030	9,250	3,806	113	3,494	212	1,723	1,541	18	239
1975/76	17,831	4,986	8,562	4,168	115	3,066	115	1,353	1,579	19	235
Belorusskaja SSR											
1. 1940/41	11,844	8,312	2,562	934	36	1,691	590	618	480	3	56
1945/46	10,915	8,910	1,641	353	11	1,337	749.8	391	194	2	40
1970/71	10,725	5,919	2,538	2,193	75	1,730	133	393	1,191	13	107
1975/76	8,492	3,822	2,240	2,346	84	1,586	65	284	1221.5	16	109

9.2 Education / Bildungswesen

Year / Jahr / Gody	A.	B.	C.	D.	E.	F.	G.	H.	I.	J.	K.
2. 1940/41	761	88	234	423	16	359	12	81	264	2	13
1945/46	454	92	124	227	11	214	18.9	54	139	2	7
1970/71	903	25	111	726	41	735	2	39	686	8	37
1975/76	960	24	75	810	51	769	1	23	735	10.5	42
3. 1940/41	11,083	8,224	2,328	511	20	1,332	578	537	216	1	43
1945/46	10,461	8,818	1,517	126	—	1,123	730.9	337	55	—	33
1970/71	9,822	5,894	2,427	1,467	34	995	131	354	505	5	70
1975/76	7,532	3,798	2,165	1,536	33	817	64	261	486.5	6	67

Uzbekskaja SSR

Year	A.	B.	C.	D.	E.	F.	G.	H.	I.	J.	K.
1. 1940/41	4,875	2,686	1,687	493	9	1,271	361	568	320.5	22	36
1945/46	4,523	2,014	2,009	498	2	920	190	487	242	1	34
1970/71	6,940	1,014	2,516	3,369	41	3,116	76	708	2,323	9	161
1975/76	7,292	605	2,340	4,283	64	3,545	25	587	2,917	15.6	206
2. 1940/41	520	112	174	229	5	283	28	79	172	4	9
1945/46	448	92	170	185	1	192	17	58	117	0.3	7
1970/71	1,062	24	200	811	27	957	3	102	846	6	46
1975/76	1,242	14	139	1,041	48	1,096	1	58	1,025	12	58
3. 1940/41	4,355	2,574	1,513	264	4	988	333	489	148	18	27
1945/46	4,075	1,922	1,839	313	1	728	173	429	125.4	0.4	27
1970/71	5,878	990	2,316	2,558	14	2,159	73	606	1,477	3	115
1975/76	6,050	591	2,201	3,242	16	2,449	24	529	1,892	4	148

Kazachskaja SSR

Year	A.	B.	C.	D.	E.	F.	G.	H.	I.	J.	K.
1. 1940/41	7,790	5,289	1,770	698	33	1,138	297	419	419	3	44
1945/46	7,869	5,437	1,708	714	10	792	252	250	289	1	40
1970/71	9,262	3,562	2,974	2,677	49	3,019	152	819	2,038	10	158
1975/76	8,533	2,486	2,589	3,380	78	3,051	80.2	575	2,379	17	176
2. 1940/41	823	339	174	279	31	352	51	79	218.5	3	11
1945/46	821	355	174	282	10	272	48	55	168	1	10
1970/71	1,782	259	520	966	37	1,327	39	262	1,018	8	60
1975/76	1,722	122	376	1,162	62	1,306	15	151	1,126	14	65
3. 1940/41	6,967	4,950	1,596	419	2	786	245.5	340	200.6	0.1	33
1945/46	7,048	5,082	1,534	432	—	520	204	195	121	—	30
1970/71	7,480	3,303	2,454	1,711	12	1,692	113	557	1,020	2	98
1975/76	6,811	2,364	2,213	2,218	16	1,745	65	424	1,253	3	111

Education 9.2
Bildungswesen

Year Jahr Gody	A.	B.	C.	D.	E.	F.	G.	H.	I.	J.	K.
Gruzinskaja SSR											
1. 1940/41	4,511	2,441	1,283	759	28	743	121	231	389	2	30
1945/46	4,114	2,168	1,186	756	4	593	99	175	319	0.3	35
1970/71	4,204	1,548	1,121	1,520	15	986	38	162	784	2	75
1975/76	3,952	1,247	1,034	1,655	16	953	21.5	130	800	2	81
2. 1940/41	378	53	55	256	14	194	5	14	174	1	8
1945/46	342	53	40	246	3	163	6.6	9	147	0.3	8
1970/71	671	42	57	560	12	449	2	13	432	2	29
1975/76	695	32	57	593	13	450	1	12	436	1	31
3. 1940/41	4,133	2,388	1,228	503	14	549	116	217	215	1	22
1945/46	3,772	2,115	1,146	510	1	430	92	166	172	0.0	27
1970/71	3,533	1,506	1,064	960	3	537	36	149	352	0.3	46
1975/76	3,257	1,215	977	1,062	3	503	20.5	118	364	1	50
Azerbajdžanskaja SSR											
1. 1940/41	3,575	1,668	1,240	654	13	655	102	229	322	2	22
1945/46	3,258	1,492	1,290	470	6	487	90	199	197	1	19
1970/71	4,343	1,221	1,821	1,287	14	1,356	66	470	817	3	71
1975/76	4,137	648	1,805	1,664	20	1,476	21	402	1,048	5	92
2. 1940/41	365	72	94	187	12	210	14	42	152	2	7
1945/46	322	77	86	153	6	155	18	34	102	1	5
1970/71	821	65	319	423	14	603	11	167	422	3	31
1975/76	855	31	278	526	20	633	2	120	506	5	38
3. 1940/41	3,210	1,596	1,146	467	1	445	88	187	170	0.1	15
1945/46	2,936	1,415	1,204	317	--	332	72	165	95	--	14
1970/71	3,522	1,156	1,502	864	--	753	55	303	395	--	40
1975/76	3,282	617	1,527	1,138	--	843	19	282	542	--	54
Litovskaja SSR											
1. 1940/41	2,829	2,723	39	67	--	376	335	6	35	--	9
1945/46	3,243	2,966	185	92	--	305	235	26	44	--	9
1970/71	3,611	2,297	793	493	28	539	64	118	352	5	33
1975/76	2,672	1,388	714	530	40	552	27.8	106	409	9	34
2. 1940/41	361	212	45	36	--	120	81	4	34.5	--	4
1945/46	292	206	13	73	--	85	44	3	38	--	3
1970/71	387	39	58	265	25	300	8	20	268	4	16
1975/76	406	15	47	309	35	341	0.8	15	317	8.2	18

9.2 Education / Bildungswesen

Year Jahr Gody	A.	B.	C.	D.	E.	F.	G.	H.	I.	J.	K.
3. 1940/41	2,468	2,450	16	2	--	256	254	2	0.5	--	5
1945/46	2,951	2,760	172	19	--	220	191	23	6	--	6
1970/71	3,224	2,258	735	228	3	239	56	98	84	1	17
1975/76	2,266	1,373	667	221	5	211	27	91	92	0.6	16

Moldavskaja SSR

1. 1940/41	1,839	1,463	288	88	--	437	233	88	44	72	10
1945/46	1,825	1,461	300	64	--	353	217.6	106	29	--	9
1970/71	1,828	315	739	735	39	734	16	210	502	6	41
1975/76	1,676	159	630	837	50	701	6	144	542	9	44
2. 1940/41	178	88	34	56	--	59	17	11	28.4	3	2
1945/46	132	62	23	47	--	37	10	7	20	--	1
1970/71	299	20	69	196	14	199	2	30	164	3	11
1975/76	304	8	51	229	16	205	1	17	183	4	12
3. 1940/41	1,661	1,375	254	32	--	378	216	77	16	69	8
1945/46	1,693	1,399	277	17	--	316	208	99	9	--	8
1970/71	1,529	295	670	539	25	535	14	180	338	3	30
1975/76	1,372	151	579	608	34	496	5	127	359	5	32

Latvijskaja SSR

1. 1940/41	1,586	679	821	67	19	238	44	167	25	1.5	9
1945/46	1,448	476	870	96	6	221	28	151	42	0.4	9
1970/71	1,113	227	578	265	43	323	9	113	195	6	23
1975/76	941	65	522	300	54	329	3	94	224	8	24
2. 1940/41	296	22	198	62	14	95	3	67	24	1	4
1945/46	226	12	136	72	6	79	1	44	34	0.4	3
1970/71	339	18	110	199	12	223	4	43	174	2	14
1975/76	341	6	91	226	18	235	2	32	198	3	14
3. 1940/41	1,290	657	623	5	5	143	41	100	1	0.5	5
1945/46	1,222	464	734	24	--	142	27	107	8	--	6
1970/71	774	209	468	66	31	100	5	70	21	4	9
1975/76	600	59	431	74	36	94	1	62	26	5	10

Kirgizskaja SSR

1. 1940/41	1,645	841	643	159	2	329	78	153	95	3	11
1945/46	1,537	639	689	207	2	223	45	98	80	0.1	12

Education 9.2
Bildungswesen

Year / Jahr / Gody	A.	B.	C.	D.	E.	F.	G.	H.	I.	J.	K.
1970/71	1,668	368	562	723	15	737	25	164	545	3	39
1975/76	1,618	217	503	878	20	797	11.1	134	647	5	46
2. 1940/41	119	30	35	52	2	62	7	16	39		2
1945/46	122	32	34	54	2	49	8	10	31	0.2	2
1970/71	268	15	61	185	7	236	2	33	199	0.1	11
1975/76	274	5	48	212	9	235	0.5	21	211	3	12
3. 1940/41	1,526	811	608	107	—	267	71	137	56	3	9
1945/46	1,415	607	655	153	—	174	37	88	49	—	10
1970/71	1,400	353	501	538	8	501	23	131	346	1	28
1975/76	1,344	212	455	666	11	562	10.6	113	436	2	34

Tadžikskaja SSR

	A.	B.	C.	D.	E.	F.	G.	H.	I.	J.	K.
1. 1940/41	2,628	1,745	815	66	2	304	131	135	38	0.4	13
1945/46	2,881	1,995	788	97	1	240	89	113	38	0.0	13
1970/71	2,889	1,169	809	902	9	748	48	151	547	2	41
1975/76	2,768	845	806	1,106	11	901	26	149.4	723	2.4	53
2. 1940/41	127	53	31	41	2	46	9	10	27	0.3	2
1945/46	135	47	33	54	1	40	6	8	26	0.0	2
1970/71	357	54	55	243	5	247	4	20	222	1	12
1975/76	383	46	55	276	6	282	2	18	260	1.5	15
3. 1940/41	2,501	1,692	784	25	—	258	122	125	11	0.1	11
1945/46	2,746	1,948	755	43	—	200	83	105	12	—	11
1970/71	2,532	1,115	754	659	4	501	44	131	325	1	29
1975/76	2,385	799	751	830	5	619	24.1	131.4	463	1	38

Armjanskaja SSR

	A.	B.	C.	D.	E.	F.	G.	H.	I.	J.	K.
1. 1940/41	1,155	255	572	325	3	327	14	115	198	0.1	11
1945/46	1,173	254	615	300	4	252	13	100	139	0.2	12
1970/71	1,338	103	493	729	13	628	4	96	526	2	35
1975/76	1,366	62	420	861	23	632	1.6	68	558	4	42
2. 1940/41	135	20	21	91	3	83	2	7	74.1	0.1	3
1945/46	163	27	33	99	4	76	2	10	64	0.2	3
1970/71	433	9	79	334	11	331	1	20	308	2	19
1975/76	483	5	63	394	21	344	0.1	14	326	4	22

511

9.2 Education
Bildungswesen

Year Jahr Gody	A.	B.	C.	D.	E.	F.	G.	H.	I.	J.	K.
3. 1940/41	1,020	235	551	234	—	244	12	108	124	—	8
1945/46	1,010	227	582	201	—	176	11	90	75	—	9
1970/71	905	94	414	395	2	297	3	76	218	0.2	16
1975/76	883	57	357	467	2	288	1.5	54	232	0.2	20

Turkmenskaja SSR

1. 1940/41	1,254	421	737	94	2	240	28	161	49	2	9
1945/46	1,089	296	676	115	2	178	18	116	44	0.1	9
1970/71	1,479	313	414	746	6	539	13	84	441	1	28
1975/76	1,546	256	320	960	10	640	8	53	577	2	34
2. 1940/41	179	31	81	66	1	69	2	29	37	0.6	3
1945/46	157	46	60	51	—	49	5	19	25	0.0	2
1970/71	352	40	66	240	6	231	2	21	207	1	12
1975/76	380	38	45	287	10	267	2	12	251	2	13
3. 1940/41	1,075	390	656	28	1	171	26	132	12	1	6
1945/46	932	250	616	64	2	129	13	97	19	0.0	7
1970/71	1,127	273	348	506	—	308	11	63	234	—	16
1975/76	1,166	218	275	673	—	373	6	41	326	—	21

Estonskaja SSR

1. 1940/41	1,253	1,103	110	40	—	119	102	4	13	—	5
1945/46	1,055	256	740	55	4	125	9	91	25	0.2	5
1970/71	753	242	339	144	28	193	6	70	113	4	13
1975/76	587	88	291	166	42	192	2.4	51	132	7	14
2. 1940/41	184	112	35	37	—	44	30	2	12	—	2
1945/46	105	2	54	47	2	40	1	18	21	0.1	2
1970/71	197	11	65	114	7	142	2	36	103	1	8
1975/76	201	3	51	134	13	145	0.6	21	120.5	3	9
3. 1940/41	1,069	991	75	3	—	75	72	2	0.6	—	3
1945/46	950	254	686	8	2	85	8	73	4	0.1	3
1970/71	556	231	274	30	21	51	4	34	10	3	5
1975/76	386	85	240	32	29	47	1.8	30	11.9	3.7	5

Education 9.3
Bildungswesen

9.3
GRADUATES FROM GENERAL EDUCATIONAL SCHOOLS OF ALL TYPES BY UNION REPUBLICS
ABSOLVENTEN AUS DEN ALLGEMEINBILDENDEN SCHULEN ALLER ARTEN NACH UNIONSREPUBLIKEN
VYPUSK UČAŠČICHSJA IZ OBŠČEOBRAZOVATEL'NYCH SKOL VSECH VIDOV PO SOJUZNYM RESPUBLIKAM

(in thousands - in Tsd. - tysjac čelovek)

Year Jahr Gody	Graduates from eight-year schools Absolventen aus den Achtklassenschulen okončili nepolnuju srednjuju školu		Graduates from secondary schools Absolventen aus den Mittelschule okončili polnuju srednjuju školu	
	Total Insg. vsego	day schools Tagesschulen dnevnuju školu	Total Insg. vsego	day schools Tagesschulen dnevnuju školu
SSSR				
1940	1,860	1,794	303	277
1950	1,491	1,360	284	228
1970	4,661	4,251	2,581	1,968
1975	5,201	4,951	3,564	2,716
RSFSR				
1960	1,281	1,117	519	319
1970	2,575	2,314	1,288	995
1975	2,628	2,490	1,717	1,307
Ukrainskaja SSR				
1960	536	490	252	180
1970	812	763	536	371
1975	880	850	693	475
Belorusskaja SSR				
1960	101	92	46	34
1970	181	167	104	82
1975	193	189	151	119
Uzbekskaja SSR				
1960	96	92	58	45
1970	245	233	178	140
1975	363	352	273	228
Kazachskaja SSR				
1960	93	84	42	29
1970	269	238	144	114
1975	354	326	222	175
Gruzinskaja SSR				
1960	48	45	29	23
1970	85	79	60	50
1975	105	100	75	65
Azerbajdžanskaja SSR				
1960	44	39	26	18
1970	104	96	66	50
1975	161	148	103	81
Litovskaja SSR				
1960	30	27	13	10
1970	51	46	22	17
1975	64	60	35	23
Moldavskaja SSR				
1960	31	25	10	7
1970	74	69	34	26
1975	85	83	59	43

9.3 Education
Bildungswesen

Year Jahr Gody	Graduates from eight-year schools Absolventen aus den Achtklassenschulen okončili nepolnuju srednjuju školu		Graduates from secondary schools Absolventen aus d.Mittelschulen okončili polnuju srednjuju školu	
	Total Insg. vsego	day schools Tagesschulen dnevnuju školu	Total Insg. vsego	day schools Tagesschulen dnevnuju školu
Latvijskaja SSR				
1960	25	23	11	8
1970	33	30	15	11
1975	36	35	21	15
Kirgizskaja SSR				
1960	21	19	12	8
1970	64	60	38	31
1975	84	80	58	48
Tadžikskaja SSR				
1960	25	23	10	8
1970	56	53.	33	28
1975	89	86	56	50
Armjanskaja SSR				
1960	21	19	11	8
1970	50	46	31	26
1975	75	71	47	41
Turkmenskaja SSR				
1960	17	16	9	7
1970	43	40	23	20
1975	63	61	42	37
Estonskaja SSR				
1960	14	13	7	5
1970	19	17	9	7
1975	21	20	12	9

Education 9.4
Bildungswesen

9.4 PERCENTAGE OF FEMALES IN RELATION TO TOTAL NUMBER OF TEACHERS AT GENERAL
EDUCATIONAL DAY SCHOOLS - ANTEIL DER FRAUEN AN DER GESAMTZAHL DER LEH-
RER DER ALLGEMEINBILDENDEN TAGESSCHULEN - ČISLENNOST' ŽENŠČIN V SOSTAVE
UČITELEJ DNEVNYCH OBŠČEOBRAZOVATEL'NYCH ŠKOL

(At schools of the USSR Ministries of Education and of Transport; at the beginning
of the school year - in den Schulen der Ministerien für Volksbildung und Verkehrs-
wesen der UdSSR; zu Beginn des Schuljahres - po školam Ministerstva prosveščenija
i Ministerstva putej soobščenija SSSR; na načalo učebnogo goda)

	Number of female teachers (without persons practising several occupations) Zahl der Lehrerinnen(ohne Personen mit mehreren Tätigkeiten) Čislennost' ženščin-učitelej (bez sovmestitelej) '000 - Tsd. - tys.	% in relation to total number of teachers % im Verhältnis zur Gesamtzahl der Lehrer V % k obščej čislennosti učitelej
All teachers (incl.principals) - Alle Lehrer (einschl.Schulleiter) - Vse učitelja (vkl.rukovoditelej škol):		
1950/51	999	70
1960/61	1,312	70
1970/71	1,669	71
1975/76	1,692	71
1976/77	1,673	70
of which-darunter-v tom čisle:		
Principals of elementary schools - Direktoren der Grundschulen - Direktora načal'nych škol	0.3	83
Principals of eight-year schools - Direktoren der Achtklassenschulen - Direktora vos'miletnich škol	15	33
Principals of secondary schools - Direktoren der Mittelschulen - Direktora srednich škol	16	30
Vice-principals of eight-year schools - Stellv.Direktoren d.Achtklassenschulen - Zamestiteli direktorov vos'miletnich škol	16	60
Vice-principals of secondary schools - Stellv.Direktoren der Mittelschulen - Zamestiteli direktorov srednich škol	77	66
Teachers of 1-10(11) forms, without teacher-principals - Lehrer der 1-10(11) Klassen, ohne Lehrer-Schulleiter - Učitelja 1-10 (11) klassov, krome učitelej-rukovoditelej škol	1,443	79
Teachers of music,singing,drawing, technical drawing,phys.educ.,manual work - Lehrer für Musik,Gesang,Zeichnen,techn.Zeichnen,Turnen u.Werken - Učitelja muzyki,penija,risovanija, čerčenija,fizkul'tury i po trudu	106	35

9.5 Education
Bildungswesen

9.5 NUMBER OF TEACHERS AT GENERAL EDUCATIONAL DAY SCHOOLS BY JOBS, ZAHL DER LEHRER AN ALLGEMEINBILDENDEN TAGESSCHULEN NACH ČISLENNOST' UČITELEJ DNEVNYCH OBŠČEOBRAZOVATEL'NYCH ŠKOL PO ZANIMAEMYM

(at the beginning of the school year 1975/76 - zu Beginn des

	Teachers,total (without) persons practising several functions),'000 Lehrer insg.(ohne Personen,die mehrere Funktionen zugleich ausüben), Tsd. Vsego učitelej (bez somestitelej), tys.	of which with -	
			Education - Schul-
		Higher education Hochschulbildung vysšee	Teacher colleges & equivalent educational institutions - Lehrerinstitute und gleichgestellte Lehranstalten - v ob'eme učitel'skich institutov i učebnych zavedenij, priravnennych k nim
	A.	B.	C.
SSSR			
1. Teachers,total - Lehrer insg. - vse učitelja of which-darunter:	2399.3	64.3	8.6
2. Principals of elementary schools-Direktoren der Grundschulen-direktora načal'nych škol	0.3	44.4	7.9
3. Principals of eight-year schools-Direktoren der Achtklassenschulen-direktora vos'miletnich škol	47.5	95.9	3.7
4. Principals of secondary schools-Direktoren der Mittelschulen-direktora srednich škol	51.3	99.6	0.4
5. Vice-principals of eight-year schools-stellv.Direktoren d.Achtklassenschulen-zamestiteli direktorov vos'miletnich škol	29.3	92.7	5.3
6. Vice-principals of secondary schools-stellv.Direktoren d.Mittelschulen-zamestiteli direktorov srednich škol	114.3	97.1	1.9
7. Teachers of 1-10(11) forms,without teacher-principals-Lehrer der 1-10(11)Klassen,außer Lehrer-Schulleiter - učitelja 1-10(11)klassov, krome učitelej-rukovoditelej škol	1848.1	65.4	9.8

1 USSR: at schools of the USSR Ministries of Education and of Transport- UdSSR: in SSSR: po školam Ministerstva prosveščenija i Ministerstva putej soobščenija SSSR - in den Schulen des Ministeriums für Volksbildung der UdSSR - po školam Ministerstva

Education 9.5
Bildungswesen

EDUCATION AND DURATION OF THEIR PEDAGOGICAL OCCUPATION
POSTEN, BILDUNG UND DAUER IHRER PÄDAGOGISCHEN TÄTIGKEIT
DOLŽNOSTJAM, UROVNJU OBRAZOVANIJA I STAŽU PEDAGOGIČESKOJ RABOTY[1]

Schuljahres 1975/76 - na načalo 1975/76 učebnogo goda)

davon mit - iz nich imejut (in %)			Duration of pedagogical occupation-Dauer d.pädagogischen Tätigkeit-staž pedag.raboty		
bildung - obrazovanie					
Secondary pedagogical education - Mittlere pädagogische Ausbildg.- srednee pedagogičeskoe	Specialized secondary educ.(non-pedagogical) & gen.secondary educ. Mittlere Fachausbildung (nicht pädagogisch) u.allgemeine mittl.Schulbildung- srednee special'noe (ne pedagogičeskoe) i srednee obščee	Incomplete secondary education - nicht abgeschlossene Mittelschulbildung - ne imejut polnogo srednego obrazovanija	up to 5 yrs. bis 5 Jahre do 5 let	5-25 yrs. 5-25 J. ot 5 do 25 let	25 yrs. & more 25 J. u.mehr 25 let i bolee
D.	E.	F.	G.	H.	I.
21.0	5.9	0.2	20.7	58.8	20.5
47.4	0.3	--	1.2	36.5	62.3
0.4	0.0	--	6.9	58.6	34.5
--	--	--	2.6	56.9	40.5
1.7	0.3	--	10.4	67.1	22.5
0.8	0.2	--	8.6	68.5	22.9
22.2	2.6	0.0	20.6	58.5	20.9

den Schulen der Ministerien für Volksbildung und für Verkehrswesen der UdSSR - Union Republics: at schools of the USSR Ministry of Education - Unionsrepubliken: prosveščenija SSSR

9.5 Education
Bildungswesen

	A.	B.	C.	D.	E.	F.	G.	H.	I.
8. Teachers of music,singing,drawing,technical drawing,phys.educ.,manual work - Lehrer für Musik,Gesang,Zeichnen, techn.Zeichnen,Turnen u. Werken - učitelja muzyki,penija,risovanija, čerčenija,fiz'kultury i po trudu	308.5	32.5	6.5	29.5	29.8	1.7	31.7	57.0	11.3
RSFSR									
1.	1061.7	60.7	8.4	24.6	5.9	0.4	20.5	57.5	22.0
2.	0.3	41.6	8.0	50.0	0.4	--	1.4	37.1	61.5
3.	23.0	95.6	4.0	0.4	0.0	--	9.0	56.3	34.7
4.	23.7	99.8	0.2	--	--	--	3.3	56.3	40.4
5.	12.3	92.2	6.0	1.7	0.1	--	11.7	65.2	23.1
6.	51.6	96.9	2.0	0.9	0.2	--	9.5	68.0	22.5
7.	806.9	61.8	9.7	26.3	2.2	0.0	20.0	57.2	22.8
8.	143.9	27.3	5.6	33.4	30.8	2.9	32.7	54.9	12.4
Ukrainskaja SSR									
1.	413.4	71.5	6.4	17.4	4.7	0.0	15.4	60.8	23.8
2.	0.0	44.5	22.2	33.3	--	--	--	22.2	77.8
3.	10.1	99.9	0.1	--	--	--	4.1	57.8	38.1
4.	8.0	100.0	--	--	--	--	1.6	55.6	42.8
5.	5.3	100.0	0.0	--	--	--	6.1	66.7	27.2
6.	17.9	99.9	0.1	--	--	--	6.6	67.4	26.0
7.	317.2	73.7	7.3	18.3	0.7	--	14.9	60.3	24.8
8.	54.9	37.7	6.1	24.7	31.3	0.2	26.6	62.1	11.3
Belorusskaja SSR									
1.	99.4	64.5	9.8	20.3	5.3	0.1	18.2	57.0	24.8
3.	2.3	96.6	3.4	--	--	--	9.4	58.6	32.0
4.	2.3	100.0	0.0	--	--	--	3.8	57.7	38.5
5.	0.9	94.0	5.8	0.2	--	--	14.2	64.2	21.6
6.	5.0	98.4	1.3	0.3	0.0	--	12.2	63.6	24.2
7.	76.1	65.4	11.6	20.2	2.8	0.0	16.9	56.5	26.6
8.	12.8	32.0	5.7	37.0	24.7	0.6	32.4	57.1	10.5
Uzbekskaja SSR									
1.	197.2	71.2	10.5	14.6	3.7	0.0	26.8	61.8	11.4
2.	0.0	100.0	--	--	--	--	--	100.0	--
3.	2.3	98.0	1.9	0.1	--	--	4.5	71.9	23.6
4.	4.3	99.5	0.5	--	--	--	2.3	63.2	34.5
5.	2.3	95.4	4.1	0.4	0.1	--	9.3	76.5	14.2
6.	10.5	96.8	2.3	0.5	0.4	--	7.9	74.9	17.2
7.	155.9	72.1	11.4	14.4	2.1	--	28.1	60.9	11.0
8.	21.9	42.4	11.0	28.7	17.8	0.1	35.7	58.8	5.5
Kazachskaja SSR									
1.	163.3	56.3	9.4	23.0	11.0	0.3	25.5	60.0	14.5
2.	0.0	42.1	10.5	47.4	--	--	--	42.1	57.9
3.	2.5	86.7	10.5	2.3	0.5	--	4.7	63.9	31.4
4.	3.3	97.3	2.7	--	--	--	1.8	62.3	35.9
5.	2.3	77.9	11.2	8.4	2.5	--	11.8	69.0	19.2
6.	7.9	91.1	5.0	3.0	0.9	--	9.6	72.7	17.7
7.	127.7	56.7	10.3	25.1	7.9	0.0	25.9	59.7	14.4
8.	19.6	26.6	6.3	25.3	39.5	2.3	37.5	54.4	8.1

Education 9.5
Bildungswesen

	A.	B.	C.	D.	E.	F.	G.	H.	I.
Gruzinskaja SSR									
1.	76.8	73.5	10.4	11.9	4.2	--	15.5	58.8	25.7
2.	0.0	50.0	--	50.0	--	--	--	--	100.0
3.	1.0	98.6	1.2	0.2	--	--	4.1	51.6	44.3
4.	1.6	100.0	--	--	--	--	0.9	45.5	53.6
5.	0.7	98.6	1.4	--	--	--	5.5	60.6	33.9
6.	3.5	99.3	0.6	0.1	--	--	5.3	61.8	32.9
7.	60.7	74.1	11.2	12.4	2.3	--	15.8	58.6	25.6
8.	9.3	51.0	12.0	17.4	19.6	--	22.5	61.9	15.6
Azerbajdžanskaja SSR									
1.	85.5	63.7	10.0	22.1	4.2	0.0	26.5	56.5	17.0
2.	0.0	100.0	--	--	--	--	--	--	100.0
3.	1.8	95.9	3.4	0.7	--	--	5.7	62.2	32.1
4.	1.6	99.9	0.1	--	--	--	1.6	58.0	40.4
5.	1.5	93.3	5.0	1.6	0.1	--	13.8	64.2	22.0
6.	3.1	96.9	1.9	0.8	0.4	--	9.7	64.6	25.7
7.	68.3	64.0	11.3	24.0	0.7	--	27.4	55.9	16.7
8.	9.2	33.6	6.5	26.3	33.3	0.3	36.1	55.7	8.2
Litovskaja SSR									
1.	30.2	56.1	14.3	21.0	8.5	0.1	18.1	62.6	19.3
3.	0.7	79.6	20.4	--	--	--	4.5	67.0	28.5
4.	0.5	97.5	2.5	--	--	--	0.8	60.5	38.7
5.	0.6	84.7	15.3	--	--	--	17.2	69.7	13.1
6.	1.3	97.8	2.2	--	--	--	7.1	72.8	20.1
7.	23.7	53.1	15.7	24.1	7.1	0.0	18.2	62.5	19.3
8.	3.4	45.1	9.9	18.1	26.3	0.6	27.2	57.8	15.0
Moldavskaja SSR									
1.	40.0	65.9	7.4	20.6	6.0	0.1	19.1	65.0	15.9
3.	0.6	97.9	2.1	--	--	--	7.6	68.9	23.5
4.	0.8	99.9	0.1	--	--	--	3.5	63.1	33.4
5.	0.5	96.0	3.4	0.6	--	--	12.6	69.0	18.4
6.	1.8	98.4	1.3	0.3	--	--	8.2	71.3	20.5
7.	31.5	67.5	8.4	21.1	3.0	0.0	18.9	65.3	15.8
8.	4.8	29.5	5.6	33.3	30.5	1.1	29.3	59.7	11.0
Latvijskaja SSR									
1.	20.0	64.6	11.6	14.7	9.0	0.1	17.3	60.0	22.7
2.	0.0	100.0	--	--	--	--	--	50.0	50.0
3.	0.5	91.4	8.6	--	--	--	1.3	63.1	35.6
4.	0.3	99.7	0.3	--	--	--	0.7	58.2	41.1
5.	0.5	91.8	7.4	0.8	--	--	3.5	74.6	21.9
6.	0.8	96.4	3.2	0.1	0.3	--	3.4	71.9	24.7
7.	14.6	65.4	13.2	15.8	5.6	--	17.6	59.2	23.2
8.	3.3	42.5	8.9	18.8	29.3	0.5	25.0	58.6	16.4
Kirgizskaja SSR									
1.	43.9	63.9	9.8	20.6	5.6	0.1	27.0	58.4	14.6
2.	0.0	66.7	--	33.3	--	--	--	66.7	33.3
3.	0.5	99.4	0.4	0.2	--	--	5.8	70.1	24.1
4.	0.9	100.0	--	--	--	--	2.2	69.0	28.8
5.	0.5	97.9	2.1	--	--	--	10.5	75.0	14.5
6.	2.2	98.7	0.9	0.3	0.1	--	8.1	74.1	17.8
7.	34.0	65.5	11.1	21.1	2.3	--	27.3	57.5	15.2
8.	5.8	31.0	8.4	31.0	29.1	0.5	38.6	53.6	7.8

9.5 Education
Bildungswesen

	A.	B.	C.	D.	E.	F.	G.	H.	I.
Tadžikskaja SSR									
1.	50.2	62.1	9.6	18.7	9.5	0.1	27.5	58.3	14.2
3.	0.8	94.5	5.0	0.5	--	--	7.4	68.7	23.9
4.	1.1	99.7	0.3	--	--	--	1.4	66.7	31.9
5.	0.7	86.5	9.9	2.4	1.2	--	12.5	72.1	15.4
6.	2.6	93.9	4.5	1.2	0.4	--	7.5	74.4	18.1
7.	40.0	61.6	10.7	20.8	6.9	0.0	29.0	56.9	14.1
8.	5.0	32.8	5.9	20.0	40.6	0.7	37.3	55.4	7.3
Armjanskaja SSR									
1.	40.2	69.2	7.4	17.1	6.3	0.0	27.2	52.8	20.0
3.	0.4	95.9	3.4	0.7	--	--	6.7	43.7	49.6
4.	0.9	99.8	0.2	--	--	--	2.7	39.5	57.8
5.	0.3	93.1	5.2	1.4	0.3	--	16.8	48.5	34.7
6.	1.8	98.1	0.8	0.5	0.6	--	8.1	53.0	38.9
7.	31.8	69.8	8.3	17.0	4.9	--	28.2	53.1	18.7
8.	5.0	46.6	5.7	29.1	18.6	0.0	34.4	53.7	11.9
Turkmenskaja SSR									
1.	32.0	68.1	9.2	16.6	6.0	0.1	27.6	55.7	16.7
2.	0.0	100.0	--	--	--	--	--	--	100.0
3.	0.3	94.9	4.5	0.6	--	--	8.0	65.0	27.0
4.	0.9	99.3	0.7	--	--	--	2.3	55.7	42.0
5.	0.3	91.7	6.9	0.7	0.7	--	11.3	74.5	14.2
6.	2.0	97.2	2.1	0.6	0.1	--	8.2	66.5	25.3
7.	26.0	66.5	10.3	18.0	5.2	0.0	29.4	54.7	15.9
8.	2.5	43.8	7.1	25.2	22.7	1.2	38.4	54.0	7.6
Estonskaja SSR									
1.	11.4	65.1	8.8	18.4	7.3	0.4	16.3	65.4	18.3
2.	0.0	100.0	--	--	--	--	--	--	100.0
3.	0.3	80.7	13.1	3.8	2.4	--	1.0	52.4	46.6
4.	0.2	98.2	1.8	--	--	--	--	48.5	51.5
5.	0.3	81.8	12.4	4.7	1.1	--	2.2	75.2	22.6
6.	0.4	93.7	3.7	1.9	0.7	--	4.0	68.9	27.1
7.	8.3	65.1	10.0	19.1	5.7	0.1	15.4	67.3	17.3
8.	1.9	51.2	4.0	24.9	18.0	1.9	29.1	57.9	13.0

Education 9.6
Bildungswesen

9.6 NUMBER OF TEACHERS OF THE UPPER FORMS AT GENERAL EDUCATIONAL DAY SCHOOLS BY SUBJECTS AND EDUCATION (INCLUDING INSTRUCTING PRINCIPALS)
ZAHL DER LEHRER DER OBEREN KLASSEN DER ALLGEMEINBILDENDEN TAGESSCHULEN NACH FÄCHERN UND BILDUNG (EINSCHLIESSLICH UNTERRICHTENDE SCHULLEITER)
ČISLENNOST' UČITELEJ STARŠICH KLASSOV DNEVNYCH OBŠČEOBRAZOVATEL'NYCH ŠKOL POSPECIAL'NOSTJAM I OBRAZOVANIJU (VKLJUČAJA RUKOVODITELEJ ŠKOL, VED.PREPODAVANIE)

(at the beginning of the school year 1975/76 - zu Beginn des Schuljahres 1975/76 - na načalo 1975/76 učebnogo goda)

	Teachers, total of 4-10(11) forms (without persons with several functions) - Lehrer der 4-10(11)Klassen insg.(ohne Personen mit mehreren Funktionen) - Vsego učitelej 4-10(11)klassov (bez sovmestitelej) '000 - Tsd. - tys.	Education-Schulbildung-obrazovanie (%)		
		Higher education - Hochschulbildung - vysšee	Teacher colleges and equivalent educational establishments - Lehrerinstitute u.gleichgestellte Lehranstalten - v ob'eme učitel'skich institutov i učebnych zavedenij, priravnennych k nim	Complete & incomplete secondary education - abgeschlossene u.nicht abgeschlossene Mittelschulbildung - srednee i ne imejut polnogo srednego obrazovanija
Russian language & literature - Russische Sprache u.Literatur - Russkogo jazyka i literatury:				
at schools with Russian language of instruction - in Schulen mit russischer Unterrichtssprache - v školach s obučeniem na russkom jazyka	225.7	83.9	10.6	5.5
at schools with non-Russian language of instruction - in Schulen mit nichtrussischer Unterrichtssprache - v školach s obučeniem na nerusskom jazyka	114.5	76.3	12.1	11.6
Native language (except Russian) and literature - Muttersprache(ohne Russisch) und Literatur - Rodnogo jazyka (krome russkogo) i literatury	144.0	81.7	11.6	6.7
History - Geschichte - istorii	172.6	86.6	8.7	4.7
Physics - Physik - fiziki	123.9	89.9	6.3	3.8
Mathematics-Mathematik-matematiki	320.2	81.3	12.3	6.4
Chemistry - Chemie - chimii	86.5	92.0	4.6	3.4
Geography - Geographie - geografii	105.1	83.9	9.7	6.4
Biology - Biologie - biologii	113.0	82.0	11.3	6.7
Foreign languages - Fremdsprachen - inostrannych jazykov	177.4	88.3	5.2	6.5

521

9.7 Education / Bildungswesen

9.7 GENERAL EDUCATIONAL EVENING (SHIFT) SCHOOLS IN THE UNION REPUBLICS
ALLGEMEINBILDENDE ABEND(SCHICHT-)SCHULEN IN DEN UNIONSREPUBLIKEN
VEČERNIE (SMENNYE) OBŠČEOBRAZOVATEL'NYE ŠKOLY PO SOJUZNYM RESPUBLIKAM

(at the beginning of the school year - zu Beginn des Schuljahres - na načalo učebnogo goda)

Year Jahr Gody	Number of schools Zahl der Schulen Čislo škol	Number of pupils Zahl der Schüler Čislo učaščichsja '000-Tsd.-tys.	of which in-darunter in-v tom čis.v	
			1-8 forms 1.-8. Klassen 1-8 klassach	9-10(11) forms 9.-10.(11.)Klassen 9-10(11)klassach
	A.	B.	C.	D.
SSSR				
1950/51	20.465	1.438	1.246	192
1960/61	25.229	2.770	1.709	1.061
1970/71	15.116	3.745	903	2.842
1975/76	14.736	4.983	453	4.530
RSFSR				
1950/51	9.610	788	680	108
1960/61	12.083	1.663	1.071	592
1970/71	6.836	2.049	604	1.445
1975/76	6.739	2.780	279	2.501
Ukrainskaja SSR				
1950/51	4.906	292	251	41
1960/61	6.643	566	325	241
1970/71	2.233	849	85	764
1975/76	1.871	983	40	943
Belorusskaja SSR				
1950/51	948	57	49	8
1960/61	1.412	90	56	34
1970/71	521	123	21	102
1975/76	361	136	5	131
Uzbekskaja SSR				
1950/51	1.188	54	49	5
1960/61	1.101	63	29	34
1970/71	2.239	154	27	127
1975/76	2.261	213	18	195
Kazachskaja SSR				
1950/51	363	30	25	5
1960/61	852	100	59	41
1970/71	885	207	73	134
1975/76	1.071	296	45	251
Gruzinskaja SSR				
1950/51	520	24	19	5
1960/61	364	36	20	16
1970/71	361	48	13	35
1975/76	388	53	9	44
Azerbajdžanskaja SSR				
1950/51	603	38	33	5
1960/61	596	52	28	24
1970/71	753	83	20	63
1975/76	432	149	22	127

Education
Bildungswesen 9.7

	A.	B.	C.	D.
Litovskaja SSR				
1950/51	144	15	11	4
1960/61	213	38	25	13
1970/71	148	33	12	21
1975/76	117	70	5	65
Moldavskaja SSR				
1950/51	1.119	69	68	1
1960/61	750	47	32	15
1970/71	327	56	10	46
1975/76	361	94	4	90
Latvijskaja SSR				
1950/51	109	14	10	4
1960/61	134	26	15	11
1970/71	65	29	7	22
1975/76	73	34	2	32
Kirgizskaja SSR				
1950/51	272	14	13	1
1960/61	215	17	9	8
1970/71	180	34	8	26
1975/76	156	61	7	54
Tadžikskaja SSR				
1950/51	226	13	12.5	0.7
1960/61	325	22	13	9
1970/71	189	24	6	18
1975/76	408	35	5	30
Armjanskaja SSR				
1950/51	245	17	15	2
1960/61	275	19	10	9
1970/71	167	23	7	16
1975/76	200	33	6	27
Turkmenskaja SSR				
1950/51	139	6	5	0.7
1960/61	180	12	6	6
1970/71	160	17	5	12
1975/76	247	23	3	20
Estonskaja SSR				
1950/51	73	7	5	2
1960/61	86	19	11	8
1970/71	52	16	5	11
1975/76	51	23	3	20

9.8 Education / Bildungswesen

9.8 PERMANENT PREPARATORY EDUCATIONAL ESTABLISHMENTS IN THE UNION REPUBLICS
STÄNDIGE VORSCHULEINRICHTUNGEN IN DEN UNIONSREPUBLIKEN
POSTOJANNYE DOŠKOL'NYE UČREŽDENIJA PO SOJUZNYM RESPUBLIKAM

(end-of-year figures - zum Jahresende - na konec goda)

Year Jahr Gody	Number of permanent preparatory educational establishments - Zahl der ständigen Vorschuleinrichtungen - Čislo postojannych doškol'nych učreždenij		Number of children, '000 Zahl der Kinder, Tsd. V nich detej, tys.	
	Total Insg. Vsego	Kindergarten & nursery schools - Kindergärten u.-krippen - detskich sadov i jaslej-sadov	Total Insg. Vsego	in kindergarten & nursery schools - in Kindergärten u.-krippen-v detskich sadach i jasljach-sadach
A.	B.	C.	D.	E.

SSSR
1. in towns and rural areas - in Städten u.a. dem Lande - v gorodach i sel'skich mestnostjach

1940	46.031	23.999	1.953	1.172
1950	45.251	25.624	1.788	1.169
1960	70.584	43.569	4.428	3.115
1970	102.730	83.134	9.281	8.100
1975	115.173	99.392	11.523	10.470

2. in towns - in Städten - v gorodach

1940	23.651	14.427	1.422	906
1950	26.290	17.055	1.380	958
1960	43.346	28.632	3.565	2.550
1970	61.516	49.008	7.380	6.396
1975	64.484	53.575	8.980	8.067

3. in rural areas - auf dem Lande - v sel'skich mestnostjach

1940	22.380	9.572	531	266
1950	18.961	8.569	408	211
1960	27.238	14.937	863	565
1970	41.214	34.126	1.901	1.704
1975	50.689	45.817	2.543	2.403

RSFSR

1.	1940	29.855	15.409	1.266	752
	1950	30.153	17.775	1.239	830
	1960	47.610	30.123	3.038	2.150
	1970	65.032	51.676	5.666	4.845
	1975	68.702	57.698	6.681	5.930
2.	1940	14.888	9.234	919	583
	1950	17.402	11.534	961	675
	1960	28.999	19.324	2.447	1.747
	1970	39.403	30.907	4.543	3.856
	1975	40.538	32.947	5.366	4.712
3.	1940	14.967	6.175	347	169
	1950	12.751	6.241	278	155
	1960	18.611	10.799	591	402.5
	1970	25.629	20.769	1.123	989
	1975	28.164	24.751	1.315	1.218

Education 9.8
Bildungswesen

A.	B.	C.	D.	E.	A.	B.	C.	D.	E.
Ukrainskaja SSR									
1. 1940	6.904	3.384	319	172	2. 1940	536	301	25	15
1950	5.165	2.839	213	141	1950	809	458	36	22
1960	9.299	5.283	589	399.4	1960	1.518	929	119	81
1970	16.509	13.257	1.574	1.391	1970	2.759	2.329	375	338
1975	20.164	17.707	2.038	1.886	1975	2.966	2.603	466	435
2. 1940	4.432	2.426	257	147	3. 1940	536	252	12	6
1950	4.070	2.476	205	136	1950	521	233	10	5
1960	6.620	4.153	516	359.9	1960	1.755	934	51	32
1970	9.992	7.874	1.277	1.126	1970	3.075	2.820	189	180
1975	10.659	8.947	1.603	1.472	1975	3.611	3.443	243	236
3. 1940	2.472	958	62	25	**Gruzinskaja SSR**				
1950	2.175	836	46	20	1. 1940	977	664	48	39
1960	2.679	1.130	73.5	39.5	1950	850	514	33	24
1970	6.517	5.383	297	265	1960	1.062	669	58	46
1975	9.505	8.760	435	414	1970	1.784	1.417	116	105
Belorusskaja SSR					1975	1.938	1.621	143	133
1. 1940	1.316	823	64	45.5	2. 1940	504	342	34	28
1950	732	425	29	20	1950	511	340	26	20
1960	1.373	877	98	70	1960	641	437	48	40
1970	2.430	2.062	274	247	1970	936	745	86	79
1975	2.968	2.668	373	348	1975	965	796	105	98
2. 1940	902	541	54	37.7	3. 1940	473	322	14	11
1950	523	336	25	18	1950	339	174	7	4
1960	996	651	88	63	1960	421	232	10	6
1970	1.658	1.385	246	221	1970	848	672	30	26
1975	1.864	1.627	329	306	1975	973	825	38	35
3. 1940	414	282	10	7.8	**Azerbajdžanskaja SSR**				
1950	209	89	4	2	1. 1940	1.298	909	57	44
1960	377	226	10	7.3	1950	850	539	31	22
1970	772	677	28	26	1960	1.006	668	53	40
1975	1.104	1.041	44	42	1970	1.600	1.250	111	100
Uzbekskaja SSR					1975	1.725	1.433	127	118
1. 1940	2.215	780	74	34	2. 1940	579	388	35	27
1950	2.182	757	66	30	1950	655	431	28	20
1960	2.964	1.426	173	110	1960	796	544	48	37
1970	3.353	2.827	348	311	1970	1.075	915	98	90
1975	5.194	4.873	561	532	1975	1.136	1.006	111	105
2. 1940	657	399	37	23	3. 1940	719	521	21.5	17
1950	765	493	35	23	1950	195	108	3	2
1960	1.164	793	102	73	1960	210	124	5	3
1970	1.735	1.451	248	220	1970	525	335	13	10
1975	2.035	1.792	332	307	1975	589	427	16	13
3. 1940	1.558	381	37	11	**Litovskaja SSR**				
1950	1.417	264	31	7	1. 1940	253	249	14	13
1960	1.800	633	71	37	1950	253	197	8	6.5
1970	1.618	1.376	100	91	1960	419	298	21	16
1975	3.159	3.081	229	225	1970	794	714	80	76
Kazachskaja SSR					1975	936	881	119	116
1. 1940	1.072	553	37	21	2. 1940	190	186	12	11
1950	1.330	691	46	27	1950	214	160	7	5.8
1960	3.273	1.863	170	113	1960	377	262	20	15.4
1970	5.834	5.149	564	518	1970	567	490	74	70
1975	6.577	6.046	709	671	1975	644	591	110	107

9.8 Education / Bildungswesen

	A.	B.	C.	D.	E.
3. 1940	63	63	2	2
1950	39	37	1	0.7
1960	42	36	1	1
1970	227	224	6	6
1975	292	290	9	9
Moldavskaja SSR				
1. 1940	106	58	5	3
1950	220	112	7	4
1960	442	263	28	19.8
1970	901	825	91	85
1975	1.780	1.728	188	183
2. 1940	79	50	4	3
1950	109	65	5	3
1960	252	162	21	15.3
1970	455	398	69	64
1975	533	487	103	98
3. 1940	27	8	1	0.3
1950	111	47	2	1
1960	190	101	7	4.5
1970	446	427	22	21
1975	1.247	1.241	85	85
Latvijskaja SSR				
1. 1940	97	87	6	5.5
1950	232	154	10	7
1960	438	305	26	20
1970	756	672	72	67
1975	831	757	91	86
2. 1940	87	78	6	5.2
1950	213	138	10	7
1960	361	246	24	18
1970	569	489	64	59
1975	602	530	78	73
3. 1940	10	9	0.3	0.3
1950	19	16	0.3	0.3
1960	77	59	2	2
1970	187	183	8	8
1975	229	227	13	13
Kirgizskaja SSR				
1. 1940	197	101	7	4
1950	297	170	10	7
1960	533	338	36	26
1970	845	718	90	81
1975	1.056	956	119	111
2. 1940	103	63	5	3
1950	155	104	7	5
1960	306	214	27	20.3
1970	488	406	63	55
1975	517	447	77	70
3. 1940	94	38	2	1
1950	142	66	3	2
1960	227	124	9	6
1970	357	312	27	26
1975	539	509	42	41

	A.	B.	C.	D.	E.
Tadžikskaja SSR				
1. 1940	325	103	8	3
1950	338	150	10	5
1960	370	252	32	23.3
1970	508	445	68	62
1975	594	543	87	82
2. 1940	129	59	5	2
1950	179	95	7	4
1960	280	187	28	20
1970	375	318	60	54
1975	410	363	75	70
3. 1940	196	44	3	1
1950	159	55	3	1
1960	90	65	4	3.3
1970	133	127	8	8
1975	184	180	12	12
Armjanskaja SSR				
1. 1940	376	286	18	14.5
1950	344	238	13	10
1960	498	416	33	30
1970	892	874	90	89
1975	1.012	998	111	110
2. 1940	206	143	13	9.7
1950	240	171	10	8
1960	360	300	28	25
1970	579	564	70	69
1975	628	614	87	86
3. 1940	170	143	5	4.8
1950	104	67	3	2
1960	138	116	5	5
1970	313	310	20	20
1975	384	384	24	24
Turkmenskaja SSR				
1. 1940	936	502	25	16
1950	1.017	463	27	15
1960	952	544	52	35
1970	848	684	78	69
1975	998	861	102	94
2. 1940	273	144	12	7
1950	263	145	11	6
1960	395	243	30.5	21
1970	498	385	57	50
1975	538	447	77	71
3. 1940	663	358	13	9
1950	754	318	16	9
1960	557	301	21	14
1970	350	299	21	19
1975	460	414	25	23

Education 9.8
Bildungswesen 9.9

A.	B.	C.	D.	E.	A.	B.	C.	D.	E.
Estonskaja SSR					1960	281	187	19	14
1. 1940	104	91	5	5	1970	427	352	50	45
1950	208	127	8	5.4	1975	449	378	61	57
1960	345	244	21	16	3. 1940	18	18	1	1
1970	644	564	59	54	1950	26	18	0.5	0.3
1975	698	622	74	70	1960	64	57	2	2
2. 1940	86	73	4	4	1970	217	212	9	9
1950	182	109	7	5.1	1975	249	244	13	13

9.9
NUMBER OF OTHER EDUCATIONAL INSTITUTIONS OF THE USSR MINISTRY OF EDUCATION
ZAHL DER AUSSERSCHULISCHEN EINRICHTUNGEN DES MINISTERIUMS FÜR VOLKSBILDUNG DER UdSSR
ČISLO VNEŠKOL'NYCH DETSKICH UČREŽDENIJ MINISTERSTVA PROSVEŠČENIJA SSSR

(end-of-year figures - zum Jahresende - na konec goda)

Year Jahr Gody	Pioneer and Pupils Palaces & Houses Pionier-u.Schüler-paläste u.häuser Dvorcy,doma pione-rov i škol'nikov	Stations of Young Technicians Stationen der Jungtechniker Stancii junych technikov	Stations of Young Naturalists Stationen d.jungen Naturforscher Stancii junych naturalistov	Excursion and Tourist Stations Ausflugs-und Touristenstationen Ekskursionno - turistskie stancii
1950	1.297	417	231	66
1960	3.142	324	269	147
1965	3.404	381	285	184
1966	3.497	399	293	176
1967	3.577	424	295	163
1968	3.687	463	305	161
1969	3.773	535	326	168
1970	3.857	589	337	169
1971	3.940	660	379	174
1972	4.040	720	413	177
1973	4.154	799	454	186
1974	4.285	899	525	197
1975	4.392	985	584	202

9.10 Education / Bildungswesen

9.10 MUSIC, ART AND BALLET SCHOOLS OF THE USSR MINISTRY OF CULTURE
IN THE UNION REPUBLICS
MUSIK-, KUNST- UND BALLETTSCHULEN DES KULTURMINISTERIUMS
DER UdSSR IN DEN UNIONSREPUBLIKEN
DETSKIE MUZYKAL'NYE, CHUDOŽESTVENNYE I CHOREOGRAFIČESKIE ŠKOLY
MINISTERSTVA KUL'TURY SSSR PO SOJUZNYM RESPUBLIKAM

(at the beginning of the school year - zu Beginn des Schuljahres -
na načalo učebnogo goda)

	Number of schools - Zahl der Schulen - Čislo škol				Number of pupils, '000 - Zahl der Schüler, Tsd. - Čislo učaščichsja, tys.			
	1960/61	1965/66	1970/71	1975/76	1960/61	1965/66	1970/71	1975/76
SSSR	1,750	2,829	4,510	6,109	314.9	488.9	761.5	1079.5
RSFSR	1,001	1,695	2,756	3,729	161.2	241.8	387.6	553.6
Ukrainskaja SSR	276	413	696	939	62.3	98.0	154.4	226.2
Belorusskaja SSR	93	120	161	227	17.5	24.4	30.3	42.6
Uzbekskaja SSR	44	100	159	211	9.6	19.4	34.9	54.0
Kazachskaja SSR	43	78	154	262	8.5	19.9	34.2	50.6
Gruzinskaja SSR	80	105	123	151	20.7	27.3	33.6	38.3
Azerbajdžanskaja SSR	38	52	84	97	8.0	12.1	18.2	22.5
Litovskaja SSR	29	42	64	70	4.2	6.4	10.7	14.3
Moldavskaja SSR	19	37	56	76	3.6	5.7	10.8	14.0
Latvijskaja SSR	39	42	46	52	4.0	5.0	6.7	8.6
Kirgizskaja SSR	13	29	43	57	1.9	5.1	7.4	9.6
Tadžikskaja SSR	6	26	32	61	1.6	5.5	6.5	10.5
Armjanskaja SSR	39	44	66	97	6.3	9.7	15.0	22.7
Turkmenskaja SSR	9	21	42	44	2.6	4.7	6.3	6.0
Estonskaja SSR	21	25	28	36	2.9	3.9	4.9	6.0

10. PRINTING AND PUBLISHING — DRUCK- UND VERLAGSWESEN — PEČAT'

10.1 PUBLICATION OF BOOKS AND BROCHURES IN THE LANGUAGES OF THE NATIONALITIES OF THE USSR AND FOREIGN LANGUAGES IN 1976
PUBLIKATION VON BÜCHERN UND BROSCHÜREN IN DEN SPRACHEN DER VÖLKER DER UdSSR UND DER VÖLKER DES AUSLANDS IM JAHRE 1976
VYPUSK KNIG I BROŠJUR NA JAZYKACH NARODOV SSSR I NARODOV ZARUBEŽNYCH STRAN V 1976 G.

	Publications, total Veröffentlichungen insg. Vse izdanija		of which translated davon übersetzte v tom čisle perevodnye		
	Number of books, brochures, printed units Zahl d.Bücher u.Broschüren, Druckeinheiten Číslo knig i brošjur, pečatnych edinic A.	Edition, '000 copies Auflage, Tsd.Exempl. Tiraž, tys.ekz. B.	Number of books, brochures, printed units Zahl d.Bücher u.Broschüren, Druckeinheiten Číslo knig i brošjur, pečatnych edinic C.	Edition, '000 copies Auflage, Tsd.Exempl. Tiraž, tys.ekz. D.	Number of language from which translations were made Zahl d.Sprachen, aus denen übersetzt wurde Číslo jazykov, s kotorych sdelan perevod E.
Total - Insg. - Vsego	84,304	1,744,515	8,208	281,980	108
In the languages of the USSR peoples- In den Sprachen d. Völker der UdSSR- Na jazykach narodov SSSR	80,713	1,666,009	5,581	235,770	108
of which-darunter-v tom čisle:					
Russian - Russisch - na russkom	66,126	1,412,897	2,023	132,544	102
Ukrainian - Ukrainisch - na ukrainskom	2,495	104,156	349	37,560	45
Belorussian - Belorussisch - na belorusskom	417	9,167	112	3,436	17
Uzbek - Usbekisch - na uzbekskom	909	24,036	305	10,820	28
Kazakh - Kasachisch - na kazachskom	661	13,297	201	5,332	20
Georgian - Georgisch - na gruzinskom	1,509	13,269	245	4,054	24
Azerbaidzhan - Aserbaidschanisch - na azerbajžanskom	804	9,292	211	4,784	19
Lithuanian - Litauisch - na litovskom	1,156	14,610	247	6,131	36

10.1 Druck-u.Verlagswesen

	A.	B.	C.	D.	E.
Moldavian - Moldauisch - na moldavskom	591	7,478	287	4,464	25
Latvian - Lettisch - na latyŝskom	1,097	12,166	251	6,590	25
Kirghiz - Kirgisisch - na kirgizskom	417	4,395	191	2,534	21
Tadzhik - Tadschikisch - na tadŻikskom	371	3,910	148	2,234	7
Armenian - Armenisch - na armjanskom	831	8,809	236	4,527	20
Turkmenian - Turkmenisch - na turkmenskom	207	3,838	74	1,880	3
Estonian - Estnisch - na estonskom	1,556	13,780	350	5,828	37
Abasinian - Abasinisch - na abazinskom	12	15	--	--	--
Abkhazian - Abchasisch - na abchazskom	62	96	10	13	3
Adegeyish - Adygeisch - na adygejskom	21	43	2	2	1
Altayish - Altaiisch - na altajskom	22	44	4	10	1
Balkar - Balkarisch - na balkarskom	25	39	3	3	1
Bashkir - Baschkirisch - na baŝkirskom	119	992	27	323	2
Buryat - Burjatisch - na burjatskom	35	116	4	5	1
In the languages of the Dagestan peoples - In den Sprachen der Völker Dagestans - na jazykach narodov Dagestana:					
Avark - Awarisch - na avarskom	29	194	7	48	1
Dargin - Darginisch - na darginskom	27	116	6	33	1
Kumuk - Kumykisch - na kumykskom	34	124	5	18	2
Lakish - Lakisch - na lakskom	14	29	2	3	1
Lesgian - Lesginisch - na lezginskom	34	124	8	28	2
Tabasaran - Tabasarnisch - na tabasaranskom	12	27	2	2	1
Dunganisch - Dunganisch - na dunganskom	4	5	--	--	--
Jewish - Jiddisch - na evrejskom	7	10	1	2	1
Inghushian - Inguschisch - na inguŝskom	20	75	4	8	1
Kabardian - Kabardinisch - na kabardinskom	31	153	3	6	1
Kalmyk - Kalmückisch - na kalmyckom	26	45	4	6	2
Karakalpak - Karakalpakisch - na karakalpaks.	102	673	46	402	5
Karachayish - Karatschaierisch - na karaĉaevskom	14	43	--	--	--
Komi - na jazyke komi	23	81	--	--	--
Komi and Permyak - Komi-Permjakisch - na komi-permjackom	9	20	--	--	--
Krim-Tatar - Krimtatarisch - na krymsko-tatarskom	15	32	2	6	1
Kurdish - Kurdisch - na kurdskom	7	23	--	--	--
Karelian - Karelisch - na karelskom	1	2	--	--	--
Mari - na marijskom	38	171	6	22	1
Mari (mountain dialect) - Mari (Bergdialekt)- na marijskom (gornoe nareĉie)	15	30	2	2	1
Mordvinian-Moksha - Mordwinisch-Mokŝa - na mordovskom-mokŝa	24	45	3	3	1
Mordvinian-Ersa - Mordwinisch-Ersa - na mordovskom-erzja	19	36	2	4	1
Nogaish - Nogaisch - na nogajskom	12	14	--	--	--
Ossetian - Ossetinisch - na osetinskom	89	235	13	14	4
In the languages of the Northern peoples - In den Sprachen der nördlichen Völker - na jazykach narodov Severa:					
Neneish - Neneisch - na neneckom	2	7	--	--	--
Chukchish - Tschukotisch - na ĉukotskom	4	6	4	6	1
Evenk - Ewenkisch - na evenkijskom	2	6	--	--	--
Tatar - Tatarisch - na tatarskom	214	3,249	66	1,263	5
Tatish - Tatisch - na tatskom	2	2	--	--	--
Tuvinian - Tuwinisch - na tuvinskom	47	283	17	119	4

Druck-u.Verlagswesen 10.1

	A.	B.	C.	D.	E.
Udmurt - Udmurtisch - na udmurtskom	33	108	1	3	1
Udegeish - Udegeisch - na udegejskom	1	7	--	--	--
Uyghur - Ujgurisch - na ujgurskom	87	255	45	153	3
Khakas - Chakasisch - na chakasskom	5	14	2	6	1
Circassian - Tscherkessisch - na čerkesskom	4	4	--	--	--
Chechenish - Tschetschenisch - na čečenskom	24	220	5	12	1
Chuvash - Tschuwaschisch - na čuvašskom	93	1,119	13	177	2
Yakut - Jakutisch - na jakutskom	83	856	28	315	3
in several languages of the USSR peoples - in mehreren Sprachen der Völker der UdSSR - na neskol'kich jazykach narodov SSSR	39	289	4	35	3
Dictionaries (in several languages) - Wörterbücher (in mehreren Sprachen) - slovari (na neskol'kich jazykach)	24	832	--	--	--
In languages of foreign peoples - In Sprachen der Völker des Auslands - Na jazykach narodov zarubežnych stran	3,591	78,506	2,627	46,210	24
of which-darunter-v tom čisle:					
English - Englisch - na anglijskom	1,263	26,799	914	11,589	17
Arabic - Arabisch - na arabskom	129	2,279	128	2,257	7
Afghan - Afghanisch - na amcharskom	4	26	4	26	1
Amharian - Amharisch - na amcharskom	14	223	14	223	3
Bulgarian - Bulgarisch - na bolgarskom	20	929	18	927	3
Hungarian - Ungarisch - na vengerskom	83	1,597	66	1,051	5
Vietnamese - Vietnamesisch - na v'etnamskom	27	731	26	731	1
Dutch - Niederländisch - na gollandskom	12	54	12	54	3
Greek - Griechisch - na grečeskom	3	87	2	77	1
Danish - Dänisch - na datskom	8	112	8	112	2
In languages of Indian peoples - in den Sprachen der Völker Indiens - na jazykach narodov Indii:					
Bengali	33	578	32	378	4
Gujarat - Gudsharati - gudžarati	8	48	8	48	3
Malajalami	16	379	16	379	2
Marathi - Maratchi	8	30	8	30	3
Punjab - Pendshabi - pendžabi	14	122	14	122	3
Tamil - Tamilisch - tamil'skom	17	131	15	130	2
Telug - Telugu	18	123	18	123	3
Urdu	20	125	20	125	2
Hindi - chindi	26	392	26	392	3
Kashmiri - Kaschmiri - Kašmiri	6	31	6	31	1
Orissa - Orija - orja	1	5	1	5	1
Indonesian - Indonesisch - na indonezijskom	10	127	10	127	5
Spanish - Spanisch - na ispanskom	326	10,934	306	10,100	10
Italian - Italienisch - na ital'janskom	39	416	39	416	4
Chinese - Chinesisch - na kitajskom	10	40	9	39	2
Korean - Koreanisch - na korejskom	9	54	9	54	1
Latin - Lateinisch - na latinskom	27	65	--	--	--
Malay - Malaiisch - na malajskom	4	13	4	13	1
Mongolian - Mongolisch - na mongol'skom	18	149	18	149	1
German - Deutsch - na nemeckom	400	12,690	205	4,632	12
Nepalese - Nepalesisch - na nepal'skom	9	120	9	120	2
Norwegian - Norwegisch - norvežskom	7	47	7	47	1
Persian - Persisch - na persidskom	30	279	24	270	5
Polish - Polnisch - na pol'skom	77	2,332	58	2,284	5
Portuguese - Portugiesisch - na portugal'skom	30	806	28	805	1

10.1
10.1.1 Druck-u.Verlagswesen

	A.	B.	C.	D.	E.
Romanian - Rumänisch - na rumynskom	28	559	28	559	3
Serbocroatic - Serbokoratisch - na serbskochorvatskom	17	249	16	244	1
Singalese - Singalesisch - na singal'skom	13	180	13	180	1
Slovak - Slowakisch - na slovackom	23	455	23	455	4
Slovenian - Slowenisch - na slovenskom	1	1	--	--	--
Somali	3	30	3	30	1
Kisuaheli - na suachili	10	21	10	21	2
Turkish - Türkisch - na tureckom	1	100	1	100	1
Finnish - Finnisch - na finskom	45	236	37	215	4
French - Französisch - na francuzskom	431	7,699	301	4,747	11
Hausa - Hausa - na chausa	8	7	8	7	1
Czech - Tschechisch - na češskom	31	833	30	818	5
Swedish - Schwedisch - na švedskom	22	262	21	247	4
Japanese - Japanisch - na japonskom	25	86	23	85	2
In several languages of foreign peoples - In mehreren Sprachen der Völker des Auslands - na neskol'kich jazykach narodov zarubežnych stran	105	929	30	626	4
Dictionaries (in several languages) - Wörterbücher (in mehreren Sprachen) - slovari (na neskol'kich jazykach)	101	3,976	--	--	--
Esperanto	1	10	1	10	1

10.1.1 In the Union Republics - in den Unionsrepubliken - po sojuznym respublikam:

RSFSR					
Total - Insg. - Vsego	54,440	1,374,942	3,991	158,588	103
Russian - Russisch - na russkom	50,509	1,296,107	1,466	113,213	102
In languages of other USSR peoples - in Sprachen anderer Völker der UdSSR - na drugich jazykach narodov SSSR	1,205	8,675	249	2,454	13
In languages of foreign peoples - in Sprachen der Völker des Auslands - na jazykach narodov zarubežnych stran	2,726	70,160	2,276	42,921	22
Ukrainskaja SSR					
Total - Insg. - Vsego	9,110	159,368	669	45,771	46
Ukrainian - Ukrainisch - na ukrainskom	2,494	104,154	348	37,558	45
Russian - Russisch - na russkom	6,252	50,460	130	6,519	9
Belorusskaja SSR					
Total - Insg. - Vsego	2,489	34,769	161	6,953	21
Belorussian - Belorussisch - na belorusskom	416	9,167	111	3,436	17
Russian - Russisch - na russkom	2,002	24,547	22	2,883	8
Uzbekskaja SSR					
Total - Insg. - Vsego	1,980	33,182	370	12,349	30
Uzbek - Usbekisch - na uzbekskom	897	23,986	297	10,777	27
Russian - Russisch - na russkom	944	8,026	25	1,164	5
Kazachskaja SSR					
Total - Insg. - Vsego	1,922	23,499	277	7,667	22
Kazakh - Kasachisch - na kazachskom	660	13,295	200	5,331	20
Russian - Russisch - na russkom	1,162	9,797	24	2,123	3

Druck-u.Verlagswesen 10.1.1

	A.	B.	C.	D.	E.
Gruzinskaja SSR					
Total - Insg. - Vsego	2,311	16,043	312	4,706	26
Georgian - Georgisch - na gruzinskom	1,508	13,269	244	4,054	24
Russian - Russisch - na russkom	642	2,106	35	570	3
Azerbajdžanskaja SSR					
Total - Insg. - Vsego	1,263	11,552	246	5,053	19
Azerbaidzhan - Aserbaidschanisch - na azerbajžanskom	798	9,283	209	4,781	17
Russian - Russisch - na russkom	426	1,988	22	227	2
Litovskaja SSR					
Total - Insg. - Vsego	1,476	17,001	313	7,102	35
Lithuanian - Litauisch - na litovskom	1,155	14,610	246	6,131	34
Russian - Russisch - na russkom	244	2,051	34	866	1
Moldavskaja SSR					
Total - Insg. - Vsego	1,557	13,486	303	6,147	26
Moldavian - Moldauisch - na moldavskom	574	7,341	282	4,440	25
Russian - Russisch - na russkom	964	5,829	21	1,707	4
Latvijskaja SSR					
Total - Insg. - Vsego	2,168	15,134	332	7,889	26
Latvian Lettisch - na latyšskom	1,095	12,164	250	6,590	25
Russian - Russisch - na russkom	981	2,388	59	1,034	1
Kirgizskaja SSR					
Total - Insg. - Vsego	897	7,872	198	3,505	24
Kirghiz - Kirgisisch - na kirgizskom	416	4,395	190	2,534	21
Russian - Russisch - na russkom	468	3,421	8	971	3
Tadžikskaja SSR					
Total - Insg. - Vsego	784	5,150	160	2,331	8
Tadzhik - Tadschikisch - na tadžikskom	369	3,909	147	2,234	7
Russian - Russisch - na russkom	397	1,185	6	54	1
Armjanskaja SSR					
Total - Insg. - Vsego	1,165	10,231	242	4,589	21
Armenian - Armenisch - na armjanskom	812	8,732	228	4,484	20
Russian - Russisch - na russkom	304	1,265	11	101	1
Turkmenskaja SSR					
Total - Insg. - Vsego	506	4,518	77	1,993	4
Turkoman - Turkmenisch - na turkmenskom	206	3,838	73	1,880	3
Russian - Russisch - na russkom	281	598	3	113	1
Estonskaja SSR					
Total - Insg. - Vsego	2,236	17,768	557	7,337	38
Estonian - Estnisch - na estonskom	1,555	13,780	349	5,828	37
Russian - Russisch - na russkom	550	3,129	157	999	1

10.2
10.3 Druck-u.Verlagswesen

10.2 BOOKS AND BOOKLETS IN RUSSIAN AND IN OTHER LANGUAGES OF USSR PEOPLES
BÜCHER UND BROSCHÜREN IN RUSSISCHER SPRACHE UND IN SPRACHEN ANDERER VÖLKER DER UdSSR
KNIGI I BROŠJURY NA RUSSKOM JAZYKE I JAZYKACH DRUGICH NARODOV SSSR

(in percent - in Prozent - v procentach)

Year Jahr Gody	in Russian in russischer Sprache na russkom jazyke	in languages of other USSR peoples in Sprachen anderer Völker der UdSSR na jazykach drugich narodov SSSR
1928	72.4	25.4
1940	75.0	23.3
1950	70.8	27.3
1956	73.5	24.0
1960	63.0	37.0
1971	76.0	24.0
1973	77.0	23.0
1975	77.5	22.5
1976	78.4	21.6

10.3 BOOK PRODUCTION BY SUBJECTS
BUCHPRODUKTION IN THEMATISCHER AUFTEILUNG
VYPUSK KNIŽNOJ PRODUKCII PO TEMATIČESKIM RAZDELAM

	A. Number of books, brochures, printed units - Zahl d.Bücher u.Broschüren, Druckeinheiten - Čislo knig i brošjur, pečatnych edinic	B. Edition, '000 copies - Auflage, Tsd.Exemplare - Tiraž, tys.eks.	C. Number of sheets, in '000 Druckbogenabzüge, Tsd. - Pečatnych listov-ottiskov, tys.	D. Average edition per book or brochure, '000 copies Durchschnittl.Auflage pro Buch u.Broschüre,Tsd.Exempl. Srednij tiraž odnoj knigi i brošjury, tys.eks.	E. Average number of pages per book and brochure,in sheets Durchschnittl.Umfang pro Buch u.Broschüre,Druckbogen Srednij obém odnoj knigi i brošjury,pečatnych listov
Total-Insg.-Vsego:					
1940	45,830	462,203	2,848,300	10.1	6.2
1950	43,060	820,529	6,980,341	19.0	8.5
1965	76,101	1,279,268	12,994,519	16.8	10.2
1970	78,875	1,309,648	13,953,541	16.6	10.7
1971	85,463	1,581,263	16,836,488	18.5	10.6
1975	83,439	1,671,782	17,601,688	20.0	10.5
1976	84,304	1,744,515	18,256,561	20.7	10.5
Political and economical literature - politische u. sozial-ökonomische Literatur - političeskaja i social'no-ekonomičeskaja literatura:					
1940	7,432	88,233	533,539	11.9	6.0
1950	7,353	216,792	1,381,879	29.5	6.4

Druck-u.Verlagswesen 10.3

	A.	B.	C.	D.	E.
1965	10,083	189,786	1,867,439	18.8	9.8
1970	11,541	228,844	2,359,746	19.8	10.3
1971	12.593	276,901	2,694,791	22.0	9.7
1975	11,878	253,927	2,739,326	21.4	10.8
1976	11,423	288,085	3,024,086	25.2	10.5

Natural sciences & mathematics -
Naturwissenschaften u.Mathematik -
Estestvennye nauki,matematika:

	A.	B.	C.	D.	E.
1940	3,639	58,795	533,124	16.2	9.1
1950	3,382	103,316	1,052,132	30.5	10.2
1965	7,067	188,552	2,166,539	26.7	11.5
1970	7,350	177,343	2,453,887	24.1	13.8
1971	8,164	188,804	2,635,513	23.1	14.0
1975	9,217	200,708	2,608,853	21.8	13.0
1976	10,262	199,489	2,629,898	19.4	13.2

Technology, industry, transport,
communications,municipal services -
Technik,Industrie,Transport,Post-
u.Fernmeldewesen,Kommunalwesen -
Technika,promyšlennost',transport,
svjaz', kommunal'noe delo:

	A.	B.	C.	D.	E.
1940	12,236	35,265	156,455	2.9	4.4
1950	12,062	65,531	393,114	5.4	6.0
1965	27,021	141,989	1,234,533	5.3	8.7
1970	29,271	139,060	1,189,795	4.8	8.6
1971	30,106	188,906	1,568,384	6.3	8.3
1975	28,484	175,844	1,564,455	6.2	8.9
1976	28,065	166,493	1,442,823	5.9	8.7

Agriculture - Landwirtschaft -
Sel'skoe chozjajstvo:

	A.	B.	C.	D.	E.
1940	4,127	23,909	116,047	5.8	4.9
1950	4,793	43,139	222,698	9.0	5.2
1965	6,101	37,386	264,103	6.1	7.1
1970	5,664	36,034	276,905	6.4	7.7
1971	5,850	37,019	304,324	6.3	8.2
1975	6,857	41,365	383,828	6.0	9.3
1976	6,620	41,303	383,314	6.2	9.3

Trade,procurement,public catering -
Handel,Beschaffungen,öffentliche
Verpflegung - Torgovlja,zagotovki,
obščestvennoe pitanie:

	A.	B.	C.	D.	E.
1940	765	5,458	10,975	7.1	2.0
1950	577	25,264	106,830	43.8	4.2
1965	905	14,228	137,224	15.7	9.6
1970	862	13,376	107,232	15.5	8.0
1971	909	10,384	98,793	11.4	9.5
1975	721	10,242	88,202	14.2	8.6
1976	750	12,850	115,949	17.1	9.0

Health, medicine -
Gesundheitswesen, Medizin -
Zdravoochranenie, medicina:

	A.	B.	C.	D.	E.
1940	2,236	13,456	46,022	6.0	3.4
1950	1,977	21,834	133,408	11.0	6.1
1965	3,404	44,398	280,826	13.0	6.3
1970	3,314	24,198	195,717	7.3	8.1

10.3 Druck-u.Verlagswesen

	A.	B.	C.	D.	E.
1971	3,492	30,753	242,915	8.8	7.9
1975	3,385	32,285	293,716	9.5	9.1
1976	3,222	30,523	298,043	9.5	9.8
Physical culture, sports - Körperkultur, Sport - Fizkul'tura, sport:					
1940	487	3,149	9,511	6.5	3.0
1950	519	6,849	24,718	13.2	3.6
1965	659	11,686	60,482	17.7	5.2
1970	636	10,970	72,616	17.2	6.6
1971	665	12,601	82,527	18.9	6.5
1975	649	10,333	79,569	15.9	7.7
1976	613	11,536	87,540	18.8	7.6
Culture, education, science - Kultur, Bildung, Wissenschaft - Kul'tura, prosveščenie, nauka:					
1940	3,358	19,301	56,347	5.7	2.9
1950	2,370	24,732	153,332	10.4	6.2
1965	4,002	42,213	335,268	10.5	7.9
1970	3,667	46,659	410,827	12.7	8.8
1971	4,070	54,344	540,317	13.4	9.9
1975	4,217	64,315	542,587	15.3	8.4
1976	4,312	63,802	578,682	14.8	9.1
Linguistics - Sprachwissenschaft - Jazykoznanie:					
1940	1,492	66,709	512,249	44.7	7.7
1950	1,273	77,416	861,118	60.8	11.1
1965	2,267	106,720	1,356,047	47.1	12.7
1970	2,273	111,768	1,516,182	49.2	13.6
1971	2,622	123,374	1,786,461	47.1	14.5
1975	2,256	99,830	1,383,250	44.3	13.9
1976	2,430	107,306	1,418,072	44.2	13.2
Science of literature - Literaturwissenschaft - Literaturovedenie:					
1940	744	17,351	275,341	23.3	15.9
1950	587	21,960	499,112	37.4	22.7
1965	1,084	32,368	560,163	29.9	17.3
1970	1,078	38,185	724,707	35.4	19.0
1971	1,276	53,559	987,949	42.0	18.4
1975	1,488	53,110	980,001	35.7	18.5
1976	1,464	48,339	847,967	33.0	17.5
Belles lettres - Belletristik - Chudožestvennaja literatura:					
1940	3,603	46,648	237,179	12.9	5.1
1950	4,688	178,892	1,902,259	38.2	10.6
1965	7,257	411,749	4,148,519	56.7	10.1
1970	6,847	416,463	3,942,706	60.8	9.5
1971	7,860	514,642	4,787,092	65.5	9.3
1975	7,818	650,513	5,936,729	83.2	9.1
1976	8,075	697,247	6,434,203	86.3	9.2

Druck-u.Verlagswesen 10.3

	A.	B.	C.	D.	E.
Russian literature - Russische Literatur - Russkaja literatura:					
1940	1,848	30,848	143,605	16.7	4.7
1950	2,762	136,520	1,438,296	49.4	10.5
1965	3,348	280,589	2,666,334	83.8	9.5
1970	2,814	286,788	2,561,556	101.9	8.9
1971	3,361	364,748	3,137,017	108.5	8.6
1975	3,721	464,308	3,823,782	124.8	8.2
1976	3,802	496,983	4,045,413	130.8	8.1
Literature of other USSR peoples- Literatur d.anderen Völker der UdSSR - Literatura drugich narodov SSSR:					
1940	1,407	10,700	54,516	7.6	5.1
1950	1,585	25,799	257,715	16.3	10.0
1965	3,071	75,758	668,927	24.7	8.8
1970	3,282	90,151	706,753	27.5	7.8
1971	3,687	101,953	849,964	27.7	8.3
1975	3,345	122,432	1,080,375	36.6	8.8
1976	3,472	118,679	1,055,840	34.2	8.9
Literature of foreign peoples - Literatur der Völker d.Auslands - Literatura narodov zarubežnych stran:					
1940	348	5,100	39,058	14.7	7.7
1950	341	16,573	206,248	48.6	12.4
1965	838	55,402	813,258	66.1	14.7
1970	751	39,524	674,397	52.6	17.1
1971	812	47,941	800,111	59.0	16.7
1975	752	63,773	1,032,572	84.8	16.2
1976	801	81,585	1,332,950	101.9	16.3
Art - Kunst - Iskusstvo:					
1940	1,338	7,534	21,016	5.6	2.8
1950	936	7,363	39,884	7.9	5.4
1965	1,860	21,708	190,933	11.7	8.8
1970	1,727	21,509	225,574	12.5	10.5
1971	2,363	27,614	288,428	11.7	10.4
1975	1,806	24,461	243,159	13.5	9.9
1976	1,729	25,529	257,783	14.8	10.1
Printing and publishing, library trade - Druck-u.Verlagswesen, Bücherkunde,Bibliothekswesen - Pečat', knigovedenie, bibliotečnoe delo, bibliografija:					
1940	1,095	4,214	9,944	3.8	2.4
1950	1,314	4,892	15,958	3.7	3.3
1965	2,528	14,626	128,900	5.8	8.8
1970	2,776	9,949	77,563	3.6	7.8
1971	3,484	16,220	148,172	4.7	9.1
1975	2,531	15,160	100,058	6.0	6.6
1976	3,270	14,478	108,323	4.4	7.5

10.4 Druck-u.Verlagswesen

10.4 PUBLICATION OF LITERATURE (BOOKS AND BROCHURES)
PUBLIKATION VON LITERATUR (BÜCHER UND BROSCHÜREN)
VYPUSK LITERATURY (KNIG I BROŠJUR) PO

	Total - Insgesamt - Vsego			
	Number of books and brochures, printed units Zahl d.Bücher u.Broschüren, Druckeinheiten Čislo knig i brošjur,pečatnych edinic	Edition, '000 copies Auflage, Tsd.Exempl. Tiraž, tys.eks.	Sheets, in thousands Druckbogenabzüge,Tsd. Pečatnych listovottiskov, tys.	Average edition per book or brochure,'000 copies Durchschnittl. Auflage pro Buch und Broschüre, Tsd. Exemplare Srednij tiraž odnoj knigi i brošjury, tys.eks.
	A.	B.	C.	D.
Marxism-Leninism - Marxismus-Leninismus - Marksizm-Leninizm	601	25,611	336,612	42.6
CPSU - KPdSU - KPSS	1,464	60,261	506,037	41.2
History of the CPSU - Geschichte der KPdSU - istorija KPSS	358	6,103	81,803	17.0
Lenin Communist Youth Association of the USSR - Leninscher Kommunistischer Jugendverband der UdSSR - VLKSM - Vsesojuznyj Leninskij Kommunističeskij Sojuz Molodeži	290	11,364	54,793	39.2
Philosophy-Philosophie- Filosofija	1,298	24,079	285,446	18.6
History-Geschichte-Istorija	1,545	57,485	949,818	37.2
History of the USSR - Geschichte der UdSSR - istorija SSSR	922	40,329	669,016	43.7
Economic sciences - Wirtschaftswissenschaften - Ekonomičeskie nauki	325	2,350	41,350	7.2
International relations,political & economic foreign status - internationale Beziehungen, politische u.Wirtschaftslage des Auslands - Meždunarodnye otnošenija,političeskoe i ekonomičeskoe položenie zarubežnych stran	1,040	22,425	221,601	21.6
Communist structure of the USSR - Kommunistischer Aufbau d.UdSSR - Kommunističeskoe stroitel'stvo SSSR	1,467	24,050	167,104	16.4

538

Druck-u.Verlagswesen 10.4

DIVIDED BY SUBJECTS FOR THE YEAR 1976
IN THEMATISCHER AUFTEILUNG IM JAHRE 1976
TEMATIČESKIM RAZDELAM V 1976 G.

Average number of pages per book and brochure, in sheets Durchschnittl. Umfang pro Buch u.Broschüre, Druckbogen Srednij obém odnoj knigi i brošjury,pečatnych listov E.	Literature of group "A" - Literatur der Gruppe "A" - literatura gruppy "A"				
	Number of books and brochures, printed units Zahl d.Bücher u.Broschüren, Druckeinheiten Čislo knig i brošjur,pečatnych edinic F.	Edition, '000 copies Auflage, Tsd.Exempl. Tiraž, tys.eks. G.	Sheets, in thousands Druckbogenabzüge,Tsd. Pečatnych listovottiskov, tys. H.	Average edition per book or brochure,'000 copies Durchschnittl. Auflage pro Buch und Broschüre, Tsd.Exemplare Srednij tiraž odnoj knigi i brošjury, tys.eks. I.	Average number of pages per book & brochure, in sheets Durchschnittl. Umfang pro Buch u.Broschüre, Druckbogen Srednij obém odnoj knigi i brošjury,pečatnych listov J.
13.1	582	25,576	336,561	43.9	13.2
8.4	1,100	59,032	503,660	53.7	8.5
13.4	288	5,994	81,534	20.8	13.6
4.8	218	10,850	53,560	49.8	4.9
11.9	1,009	23,070	282,336	22.9	12.2
16.5	1,394	56,904	947,889	40.8	16.7
16.6	852	40,023	668,057	47.0	16.7
17.6	248	2,250	40,953	9.1	18.2
9.9	845	21,981	220,193	26.0	10.0
6.9	1,127	21,971	160,297	19.5	7.3

10.4 Druck-u.Verlagswesen

	A.	B.	C.	D.
Planung,Statistik,Organisation d.Leitung - Planirovanie, učet, organizacija upravlenija	845	5,288	49,444	6.3
Finances - Finanzen - Financy	158	1,412	11,850	8.9
Labor - Arbeit - Trud	673	25,161	123,320	37.4
State and Law - Staat und Recht - Gosudarstvo i pravo	1,497	22,887	224,984	15.3
- Wehrwesen - Voennoe delo	1,986	30,426	315,292	15.3
Natural sciences, mathematics - Naturwissenschaften, Mathematik - Estestvennye nauki, matematika	10,262	199,489	2,629,898	19.4
Mathematics-Mathematik-matematika	1,398	80,041	1,061,183	57.3
Astronomy, geodesy - Astronomie, Geodäsie - astronomija,geodezija	268	4,186	51,941	15.6
Mechanics,physics - Mechanik, Physik - mechanika, fizika	2,598	28,216	452,928	10.9
Chemical sciences - chemische Wissenschaften - chimičeskie nauki	899	17,720	253,605	19.7
Geology - Geologie - geologija	2,722	6,930	68,320	2.5
Geography - Geographie - geografija	689	23,813	282,962	34.6
Biological sciences, general problems - biologische Wissenschaften, allgemeine Fragen - biologičeskie nauki, obščie voprosy	586	7,242	113,332	12.4
Botany - Botanik - botanika	320	4,863	77,536	15.2
Zoology - Zoologie - zoologija	253	4,399	56,658	17.4
Physiology - Physiologie-fiziologija	267	5,571	92,877	20.9
Technology,industry - Technik,Industrie - technika, promyšlennost'	23,205	122,656	994,261	5.3
General industrial problems - allgemeine Fragen d.Industrie - obščie voprosy promyšlennosti	1,222	5,359	47,679	4.4
General technical disciplines - allgemeine techn.Disziplinen - obščetechničeskie discipliny	685	9,135	106,808	13.3
Standards,technical quality regulations - Standards, technische Gütevorschriften - standarty, techničeskie uslovija	6,395	37,451	58,250	5.9
Construction-Bauwesen stroitel'noe delo	3,032	19,869	196,433	6.6
Power industry - Energiewirtschaft - energetika	3,748	16,810	234,163	4.5
Mining - Bergbau - gornoe delo	1,595	4,496	36,232	2.8
Metallurgy - Metallurgie - metallurgija	789	2,059	21,733	2.6
Technology of metals - Technologie der Metalle - technologija metallov	883	3,848	50,794	4.4
Machine building - Maschinenbau - mašinostroenie	1,311	7,184	87,489	5.5

Druck-u.Verlagswesen 10.4

E.	F.	G.	H.	I.	J.
9.4	449	4,513	46,147	10.1	10.2
8.4	91	904	10,116	9.9	11.2
4.9	402	23,597	120,862	58.7	5.1
9.8	1,075	21,795	219,065	20.3	10.1
10.4	1,806	29,301	311,110	16.2	10.6
13.2	6,388	193,828	2,603,895	30.3	13.4
13.3	1,030	78,274	1,051,452	76.0	13.4
12.4	173	4,132	51,723	23.9	12.5
16.1	1,023	27,151	448,809	26.5	16.5
14.3	590	17,025	251,132	28.9	14.8
9.9	1,700	6,238	63,887	3.7	10.2
11.9	586	23,046	280,279	39.3	12.2
15.6	402	7,068	112,510	17.6	15.9
15.9	259	4,715	76,998	18.2	16.3
12.9	232	4,365	56,500	18.8	12.9
16.7	198	5,511	92,617	27.8	16.8
8.1	7,284	55,285	804,462	7.6	14.6
8.9	478	3,912	41,491	8.2	10.6
11.7	321	7,250	97,822	22.6	13.5
1.6	7	497	10,391	71.0	20.9
9.9	1,164	10,081	145,072	8.7	14.4
13.9	1,961	13,163	214,886	6.7	16.3
8.1	711	1,972	23,630	2.8	12.0
10.6	377	1,355	17,226	3.6	12.7
13.2	393	2,993	48,475	7.6	16.2
12.2	588	5,174	80,172	8.8	15.5

10.4 Druck-u.Verlagswesen

	A.	B.	C.	D.
Chemical industry - chemische Industrie - chimičeskaja promyšlennost'	1,472	2,970	34,997	2.0
Timber and wood processing industry - Holz-u.holzbearbeitende Industrie - lesnaja i derevoobrabatyvajuščaja promyšlennost'	513	1,658	15,270	3.2
Light industry - Leichtindustrie - legkaja promyšlennost'	740	7,486	63,554	10.1
Food industry - Nahrungsmittelindustrie - piščevaja promyšlenn	713	2,853	34,076	4.0
Agriculture - Landwirtschaft - Sel'skoe chozjajstvo	6,620	41,303	383,314	6.2
General problems - allgemeine Fragen - obščie voprosy	1,275	9,140	75,132	7.2
Mechanization & electrification, agricultural machine building - Mechanisierung u.Elektrifizierung, Landwirtschaftsmaschinenbau - mechanizacija i elektrifikacija, sel'skochozjajstvennoe mašinos.	1,085	8,378	94,426	7.7
Plant cultivation - Pflanzenzucht - rastenievodstvo	2,309	12,877	122,508	5.6
Forestry - Forstwirtschaft - lesnoe chozjajstvo	375	1,426	12,235	3.8
Cattle breeding - Viehzucht - životnovodstvo	1,043	6,476	48,279	6.2
Hunting, fishing - Jagd, Fischereiwesen-ochota,rybolovstvo	286	1,570	15,611	5.5
Veterinary sciences - Veterinärwesen - veterinarija	247	1,436	15,123	5.8
Transport, transport machine building - Transport, Transportmaschinenbau - Transport, transportnoe mašinostr.	3,407	30,210	303,716	8.9
Railway transport - Eisenbahntransport - železnodorožnyj transport	513	3,825	44,801	7.5
City and highway transport - Stadt-u.schienenloser Verkehr - gorodskoj i bezrel'sovyj transport	950	17,859	163,397	18.8
Water transport - Wassertransport - vodnyj transport	784	2,919	41,056	3.7
Air transport - Luftverkehr - vozdušnyj transport	731	2,151	19,586	2.9
Space travel - Raumschiffahrt - kosmonavtika	109	2,349	24,961	21.6
Communications, radio technics - Post-u.Fernmeldewesen, Radiotechnik - Svjaz', radiotechnika	942	11,268	124,833	12.0
Trade, procurement, public catering - Handel,Beschaffungen,öffentl.Verpflegung - Torgovlja, zagotovki, obščestvennoe pitanie	750	12,850	115,949	17.1
Communal services - Kommunalwesen - Kommunal'noe delo	511	2,359	20,013	4.6
Health, medicine - Gesundheitswesen, Medizin - Zdravoochranenie,medicina	3,222	30,523	298,043	9.5

Druck-u.Verlagswesen 10.4

E.	F.	G.	H.	I.	J.
11.8	550	2,152	31,908	3.9	14.8
9.2	223	1,157	13,360	5.2	11.5
8.5	264	3,618	48,879	13.7	13.5
11.9	239	1,921	30,463	8.0	15.9
9.3	3,543	32,423	346,090	9.2	10.7
8.2	718	7,351	66,441	10.2	9.0
11.3	500	5,915	78,321	11.8	13.2
9.5	1,278	10,618	116,635	8.3	11.0
8.6	220	1,072	11,187	4.9	10.4
7.5	538	4,886	43,823	9.1	9.0
9.9	135	1,410	14,996	10.4	10.6
10.5	154	1,171	14,687	7.6	12.5
10.1	1,767	21,422	251,278	12.1	11.7
11.7	299	2,057	30,734	6.9	14.9
9.1	388	12,484	134,998	32.2	10.8
14.1	431	2,282	36,215	5.3	15.9
9.1	450	1,672	16,758	3.7	10.0
10.6	80	2,296	24,616	28.7	10.7
11.1	528	9,237	109,889	17.5	11.9
9.0	322	7,792	89,736	24.2	11.5
8.5	145	1,840	18,024	12.7	9.8
9.8	1,960	26,826	289,623	13.7	10.8

10.4
10.5 Druck-u.Verlagswesen

	A.	B.	C.	D.
Physical culture, sports - Körperkultur, Sport - Fizkul'tura, sport	613	11,536	87,540	18.8
Culture, education, science - Kultur, Bildung, Wissenschaft - Kul'tura, prosveščenie, nauka	4,312	63,802	578,682	14.8
Linguistics - Sprachwissenschaft - Jazykoznanie	2,430	107,306	1,418,072	44.2
Science of literature - Literaturwissenschaft - Literaturovedenie	1,464	48,339	847,967	33.0
Belles lettres - Belletristik - Chudožestvennaja literatura	8,075	697,247	6,434,203	86.3
Art - Kunst - Iskusstvo	1,729	25,529	257,783	14.8
Atheism, science & religion, religion - Atheismus, Wissenschaft u.Religion, Religion - Ateizm, nauka i religija, religija	220	5,712	51,727	26.0
Printing and publishing, library trade - Druck-u.Verlagswesen, Bücherkunde, Bibliothekswesen - Pečat', knigovedenie, bibliotečnoe delo, bibliografija	3,270	14,478	108,323	4.4
Library science - Bibliothekswesen - bibliotečnoe delo, bibliografija	586	2,147	14,180	3.7
Bibliographic indices - bibliographische Verzeichnisse - bibliografičeskie ukazateli	1,900	2,897	20,791	1.5
General reference-books, encyclopedia - Allgemeine Nachschlagwerke, Enzyklopädien - Spravočniki obščego charaktera, enciklopedii	83	7,109	314,586	85.7

10.5 PUBLICATION OF BOOKS AND BROCHURES
PUBLIKATION VON BÜCHERN UND BROSCHÜREN
VYPUSK KNIG I BROŠJUR PO TEMA-

	Books - Bücher - Knigi			
	Number of books, printed units Zahl d.Bücher, Druckeinheiten Čislo knig, pečatnych edinic	Edition, '000 copies Auflage, Tsd.Exempl. Tiraž, tys.eks.	Sheets, in thousands Druckbogenabzüge, Tsd. Pečatnych listov-ottiskov, tys.	Average edition per book, in thousands Durchschnittl. Auflage pro Buch, Tsd.Exemp. Srednij tiraž odnoj knigi, tys.eks.
	A.	B.	C.	D.
Total - Insg. - Vsego	52,915	1,222,680	17,254,972	23.1
Political & economical literature - politische u.sozialökonomische Literatur - političeskaja i social'noekonomičeskaja literatura	8,405	233,906	2,915,481	27.8

10.4
Druck-u.Verlagswesen 10.5

E.	F.	G.	H.	I.	J.
7.6	335	9,823	81,490	29.3	8.3
9.1	1,951	51,224	520,190	26.3	10.2
13.2	2,036	103,579	1,404,684	50.9	13.6
17.5	1,322	47,881	846,926	36.2	17.7
9.2	8,072	697,238	6,434,195	86.4	9.2
10.1	1,148	23,587	251,685	20.5	10.7
9.1	160	5,419	46,128	33.9	8.5
7.5	555	3,326	31,053	6.0	9.3
6.6	150	1,363	11,334	9.1	8.3
7.2	215	840	9,799	3.9	11.7
44.3	66	7,070	314,412	107.1	44.5

DIVIDED BY SUBJECTS FOR THE YEAR 1976
IN THEMATISCHER AUFTEILUNG IM JAHRE 1976
TIČESKIM RAZDELAM V 1976 G.

		Booklets - Broschüren - Brošjury			
Average number of pages per book, in sheets Durchschnittl. Umfang pro Buch, Druckbogen Srednij obem odnoj knigi, pečatnych listov	Number of brochures, printed units Zahl der Broschüren,Druckeinheiten Čislo brošjur, pečatnych edinic	Edition, '000 copies Auflage, Tsd.Exempl. Tiraž, tys.eks.	Number of sheets, in thousands Druckbogenabzüge,Tsd. Pečatnych listov-ottiskov, tys.	Average edition per brochure, '000 copies Durchschnittl. Auflage pro Broschüre, Tsd.Exemplare Srednij tiraž odnoj brošjuri, tys.eks.	Average number of pages per brochure, in sheets Durchschnittl. Umfang pro Broschüre, Druckbogen Srednij obem odnoj brošjuri, pečatnych listov
E.	F.	G.	H.	I.	J.
14.1	31,389	521,835	1,001,589	16.6	1.9
12.5	3,018	54,179	108,605	18.0	2.0

545

10.5 Druck- u. Verlagswesen

	A.	B.	C.	D.
Natural sciences, mathematics - Naturwissenschaften, Mathematik - Estestvennye nauki, matematika	7,426	193,190	2,617,019	26.0
Technology, industry, transport, communications, municipal services - Technik, Industrie, Transport, Post- u.Fernmeldewesen, Kommunalwesen - Technika, promyšlennost', transport, svjaz', kommunal'noe delo	13,220	100,553	1,332,904	7.6
Agriculture - Landwirtschaft - Sel'skoe chozjajstvo	4,182	31,223	364,692	7.5
Trade, procurement, public catering - Handel, Beschaffungen, öffentliche Verpflegung - Torgovlja, zagotovki, obščestvennoe pitanie	382	8,977	109,631	23.5
Health, medicine - Gesundheitswesen, Medizin - Zdravoochranenie, medicina	1,936	23,442	286,461	12.1
Physical culture, sports - Körperkultur, Sport - Fizkul'tura, sport	400	9,610	83,282	24.0
Culture, education, science - Kultur, Bildung, Wissenschaft - Kul'tura, prosveščenie, nauka	2,636	52,444	552,471	19.9
Linguistics - Sprachwissenschaft - Jazykoznanie	2,241	103,738	1,409,019	46.3
Science of literature - Literaturwissenschaft - Literaturovedenie	1,299	46,283	843,089	35.6
Belles lettres - Belletristik - Chudožestvennaja literatura	6,388	352,089	5,768,741	55.1
Art - Kunst - Iskusstvo	1,132	21,345	249,645	18.9
Printing and publishing, library trade - Druck- u.Verlagswesen, Bücherkunde, Bibliothekswesen - Pečat', knigovedenie, bibliotečnoe delo, bibliografija	1,505	10,454	99,810	6.9

Druck-u.Verlagswesen 10.5

E.	F.	G.	H.	I.	J.
13.5	2,836	6,299	12,879	2.2	2.0
13.3	14,845	65,940	109,919	4.4	1.7
11.7	2,438	10,080	18,622	4.1	1.8
12.2	368	3,873	6,318	10.5	1.6
12.2	1,286	7,081	11,582	5.5	1.6
8.7	213	1,926	4,258	9.0	2.2
10.5	1,676	11,358	26,211	6.8	2.3
13.6	189	3,568	9,053	18.9	2.5
18.2	165	2,056	4,878	12.5	2.4
16.4	1,687	345,158	665,462	204.6	1.9
11.7	597	4,184	8,138	7.0	1.9
9.5	1,765	4,024	8,513	2.3	2.1

10.6 PUBLICATION OF BOOKS AND BROCHURES BY SUBJECTS
PUBLIKATION VON BÜCHERN UND BROSCHÜREN NACH THEMATIK
VYPUSK KNIG I BROŠJUR PO CELEVOMU NAZNAČENIJU

	A. Number of books and brochures, printed units - Zahl d.Bücher u.Broschüren, Druckeinheiten - Čislo knig i brošjur, pečatnych edinic	B. Edition, '000 copies - Auflage, Tsd.Exemplare - Tiraž, tys.eks.	C. Number of sheets, in '000 Druckbogenabzüge, Tsd. - Pečatnych listov-ottiskov, tys.	D. Average edition per book and brochure, in '000 copies - Durchschnittl.Auflage pro Buch u.Broschüre,Tsd.Exempl. Srednij tiraž odnoj knigi i brošjury, tys.eks.	E. Average number of pages per book and brochure,in sheets- Durchschnittl.Umfang pro Buch u.Broschüre,Druckbogen- srednij obém odnoj knigi i brošjury, pečatnych listov
Total - Insg. - Vsego:					
1940	45,830	462,203	2,848,300	10.1	6.2
1950	43,060	820,529	6,980,341	19.0	8.5
1965	76,101	1,279,268	12,994,519	16.8	10.2
1970	78,875	1,309,648	13,953,541	16.6	10.7
1971	85,463	1,581,263	16,836,488	18.5	10.6
1975	83,439	1,671,782	17,601,688	20.0	10.5
1976	84,304	1,744,515	18,256,561	20.7	10.5
Political mass literature - Politische Massenliteratur - Massovaja političeskaja literatura:					
1940	3,360	63,849	261,044	19.0	4.1
1950	4,120	139,355	515,407	33.8	3.7
1965	4,177	98,351	667,759	23.5	6.8
1970	4,610	138,820	1,170,422	30.1	8.4
1971	5,016	184,038	1,444,184	36.7	7.8
1975	5,056	161,835	1,199,157	32.0	7.4
1976	4,411	174,760	1,311,200	39.6	7.5
Scientific literature - Wissenschaftliche Literatur - Naučnaja literatura:					
1940	4,514	11,517	124,870	2.6	10.8
1950	2,989	16,623	369,774	5.6	22.2
1965	7,291	12,844	264,131	1.8	20.6
1970	11,403	19,774	331,086	1.7	16.7
1971	13,059	23,598	404,344	1.8	17.1
1975	17,559	35,670	583,097	2.0	16.3
1976	18,903	37,677	639,272	2.0	17.0
Popular-science literature - Populärwissenschaftl.Literatur - Naučno-populjarnaja literatura:					
1940	1,145	12,779	30,231	11.2	2.4
1950	1,919	39,304	143,256	20.5	3.6
1965	2,214	59,984	470,074	27.1	7.8
1970	1,907	50,560	475,147	26.5	9.4
1971	2,222	66,338	683,617	29.9	10.3
1975	2,308	77,915	722,437	33.8	9.3
1976	2,379	81,745	739,983	34.4	9.1

Druck-u.Verlagswesen 10.6

	A.	B.	C.	D.	E.
Instructions - Instruktionen - Proizvodstvennaja i instruktivnaja literatura:					
1940	14,017	76,819	215,663	5.5	2.8
1950	13,495	100,463	451,035	7.4	4.5
1965	28,529	173,812	1,231,217	6.1	7.1
1970	28,221	151,940	1,093,122	5.4	7.2
1971	28,849	204,075	1,422,090	7.1	7.0
1975	26,764	175,979	1,284,951	6.6	7.3
1976	25,922	180,657	1,362,342	7.0	7.5
Official instructions and normatives - Offizielle Instruktionen u.Normativen - Instruktivno-oficial'naja i normativnaja literatura:					
1940	5,428	41,170	110,941	7.6	2.7
1950	6,465	40,997	81,211	6.3	2.0
1965	9,108	69,992	243,348	7.7	3.5
1970	10,374	53,634	203,235	5.2	3.8
1971	10,750	86,942	312,280	8.1	3.6
1975	9,309	60,911	176,027	6.5	2.9
1976	9,059	64,638	211,253	7.1	3.3
Textbooks - Lehrbücher - Učebnaja literatura:					
1940	5,965	164,286	1,579,291	27.5	9.6
1950	4,850	211,939	2,757,822	43.7	13.0
1965	11,206	376,198	4,944,457	33.6	13.1
1970	8,446	372,005	5,545,543	44.0	14.9
1971	9,407	417,722	6,364,995	44.4	15.2
1975	10,231	397,300	5,995,320	38.8	15.1
1976	10,727	394,470	5,948,220	36.8	15.1
for general educational schools - für allgemeinbildende Schulen - dlja obščeobrazovatel'noj školy:					
1940	2,162	125,493	1,241,033	58.0	9.9
1950	2,216	189,275	2,419,455	85.4	12.8
1965	2,606	310,699	3,908,698	119.2	12.6
1970	2,483	313,667	4,367,262	126.3	13.9
1971	2,693	345,246	4,881,405	128.2	14.1
1975	2,427	321,249	4,585,027	132.4	14.3
1976	2,444	321,171	4,663,754	131.4	14.5
for universities - für Hochschulen - dlja vysšej školy:					
1940	2,019	9,740	163,507	4.8	16.8
1950	1,452	9,099	182,561	6.3	20.1
1965	5,668	36,594	621,490	6.5	17.0
1970	4,316	32,084	693,266	7.4	21.6
1971	4,938	38,719	827,818	7.8	21.4
1975	5,855	39,057	778,578	6.7	19.9
1976	6,242	36,819	737,282	5.9	20.0
Program and methodical literature - Programm- und methodische Literatur - Programmnaja i metodičeskaja literatura:					
1940	5,484	20,176	55,390	3.7	2.7
1950	5,881	33,829	146,547	5.8	4.3

10.6 Druck-u.Verlagswesen

	A.	B.	C.	D.	E.
1965	8,482	63,830	357,513	7.5	5.6
1970	11,205	77,706	502,859	6.9	6.5
1971	12,398	79,713	618,820	6.4	7.8
1975	8,266	78,200	589,905	9.5	7.5
1976	7,435	84,571	645,135	11.4	7.6
Belles lettres (without children's books) - Belletristik (ohne Kinderbücher) - Chudožestvennaja literatura (bez detskoj):					
1940	2,568	20,975	161,939	8.2	7.7
1950	3,285	113,079	1,506,091	34.4	13.3
1965	5,045	223,213	3,194,965	44.2	14.3
1970	4,608	166,281	2,703,878	36.1	16.3
1971	5,104	187,681	3,125,876	36.8	16.7
1975	5,061	221,894	4,015,533	43.8	18.1
1976	5,137	236,626	4,368,929	46.1	18.5
Literature for children - Literatur für Kinder - Literatura dlja detej:					
1940	1,734	35,134	117,158	20.3	3.3
1950	1,697	72,977	448,468	43.0	6.1
1965	2,595	205,264	1,164,177	79.1	5.7
1970	2,540	265,996	1,410,419	104.7	5.3
1971	3,077	344,013	1,818,480	111.8	5.3
1975	3,031	448,675	2,139,105	148.0	4.8
1976	3,215	478,826	2,251,258	148.9	4.7
of which belles lettres - davon Belletristik - iz nee chudožestvennaja literatura:					
1940	1,462	32,426	105,015	22.2	3.2
1950	1,418	66,216	399,485	46.7	6.0
1965	2,212	188,536	953,554	85.2	5.
1970	2,239	250,182	1,238,828	111.7	5.0
1971	2,756	326,961	1,661,216	118.6	5.
1975	2,757	428,619	1,921,196	155.5	4.
1976	2,938	460,621	2,065,274	156.8	4.
Official documentary and reference-books - Offizielle Dokumentar- und Nachschlagwerke - Oficial'no-dokumental'naja i spravočnaja literatura:					
1940	4,477	18,998	64,413	4.2	3.
1950	4,035	43,140	190,332	10.7	4.
1965	6,351	57,986	590,043	9.1	10.
1970	5,416	43,847	452,145	8.1	10.
1971	5,920	49,480	732,097	8.4	14.
1975	4,627	53,550	759,658	11.6	14.
1976	5,700	54,736	730,205	9.6	13.

10.7 PUBLICATION OF PERIODICALS AND SERIALIZED LITERATURE (WITHOUT NEWSPAPERS)
PUBLIKATION VON PERIODISCHEN UND FORTSETZUNGSPUBLIKATIONEN (OHNE ZEITUNGEN)
VYPUSK PERIODIČESKICH I PRODOLŽAJUŠČICHSJA IZDANIJ (BEZ GAZET)

	A. Number of publications - Zahl der Publikationen - Čislo izdanij	B. Number of issues - Zahl der Nummern - Čislo nomerov	C. Total number of pages of all publications, in sheets - Umfang aller Publikationen, Druckbogen - Ob'em vsech izdanij, pečatnych listov	D. Annual edition, '000 copies - Jahresauflage, Tsd.Exempl. - Godovoj tiraž, tys.eks.	E. Number of sheets, '000 Druckbogenabzüge, Tsd. - Pečatnych listov-ottiskov, tys.	F. Average circulation per issue, in '000 copies - Durchschnittl.Auflage pro Nummer, Tsd.Exempl. - srednij razovyj tiraž odnogo nomera, tys.eks.
Total - Insg. - Vsego:						
1940	1,822	16,219	60,000	245,408	1,019,066	15.1
1950	1,408	11,605	46,833	181,282	754,119	15.6
1965	3,846	33,718	187,373	1,547,625	7,472,141	45.9
1970	5,969	48,346	278,950	2,675,013	13,688,296	55.3
1971	5,967	46,772	270,802	2,572,268	13,224,941	55.0
1975	4,726	49,482	241,747	3,080,189	15,677,190	62.2
1976	4,860	52,243	249,290	3,107,085	16,040,187	59.5
Journals - Zeitschriften - Žurnaly:						
1940	673	7,299	31,572	190,236	920,228	26.1
1950	430	4,934	25,350	136,665	663,334	27.7
1965	1,044	11,513	96,328	1,088,375	6,368,913	94.5
1970	1,204	13,121	115,259	1,995,295	11,483,744	152.1
1971	1,208	13,118	115,191	1,966,443	11,367,879	149.9
1975	1,334	14,437	127,489	2,310,233	13,484,957	160.0
1976	1,350	14,722	131,864	2,320,189	13,774,344	157.6
"Serialized pulp novels - "Roman-Zeitung" - "Roman-Gazeta"[1]:						
1970	1	24	239	52,800	536,800	2200.0
1971	1	24	244	36,000	366,000	1500.0
1975	1	24	245	37,500	382,813	1562.5
1976	1	24	240	38,323	383,232	1596.8

---

[1] up to and incl. 1966 was listed under "books and brochures" -
bis einschl.1966 unter der Rubrik "Bücher und Broschüren" geführt -
po 1966 (vključitel'no) učityvalas' v razdele "Knigi i brošjury"

10.7 Druck-u.Verlagswesen

	A.	B.	C.	D.	E.	F.
Notebooks for Agitators - Notizbücher des Agitators - Bloknoty agitatora:						
1940	9	140	200	7,537	9,158	53.8
1950	113	1,974	2,924	27,643	43,028	14.0
1965	74	1,727	2,713	34,240	83,680	19.8
1970	62	1,472	2,195	31,884	50,472	21.7
1971	59	1,403	2,216	27,881	47,073	19.9
1975	44	1,044	1,693	18,683	30,428	17.9
1976	41	968	1,510	17,218	27,172	17.8
Collections - Sammelbände - Sborniki[1]:						
1940	591	1,080	10,479	2,196	14,891	2.0
1950	632	1,162	12,155	2,444	24,513	2.1
1965	1,316	3,067	37,430	8,649	98,031	2.8
1970	2,306	6,008	67,301	12,986	138,345	2.2
1971	2,294	5,939	63,588	12,889	145,184	2.2
1975	261	712	5,952	10,312	100,955	14.5
1976	245	705	6,162	10,727	112,791	15.2
Bulletins - Bjulleteni:						
1940	488	7,025	10,244	27,143	33,889	3.9
1950	233	3,535	6,404	14,530	23,244	4.1
1965	1,412	17,411	50,902	416,361	921,517	23.9
1970	2,396	27,721	93,956	582,048	1,478,935	21.0
1971	2,405	26,288	89,563	529,055	1,298,805	20.1
1975	3,086	33,265	106,368	703,461	1,678,037	21.1
1976	3,223	35,824	109,514	720,628	1,742,648	20.1

```
All-Union Copyright Agency
Unionsagentur für Autorenrechte·
Vsesojuznoe Agenstvo po Avtorskim Pravam
Bol'šaja Bronnaja, 6A, Moskva
```

---

1 Since 1975 "Papers, scientific notes" and other similar literature without specific periodical characteristics are being listed under the heading "Books and Brochures" -
ab 1975 werden "Arbeiten, wissenschaftliche Notizen" und andere analogische Herausgaben ohne bestimmten Periodikacharakter unter der Rubrik "Bücher und Broschüren" geführt -
S 1975 g. "Trudy, učenye zapiski" i drugie analogičnye izdanija, ne imejuščie opredelennoj pereodičnosti vypuska, učteny v razdele "Knigi i brošjury".

10.8 PUBLICATION OF PERIODICALS AND SERIALS (WITHOUT NEWSPAPERS) IN THE
LANGUAGES OF THE MAIN NATIONALITIES OF THE USSR FOR THE YEAR 1976
PUBLIKATION VON PERIODISCHEN UND FORTSETZUNGSPUBLIKATIONEN (OHNE ZEITUNGEN)
IN DEN SPRACHEN DER HAUPTNATIONEN DER UdSSR IM JAHRE 1976
VYPUSK PERIODIČESKICH I PRODOLŽAJUŠČICHSJA IZDANIJ (BEZ GAZET) NA JAZYKACH
KORENNYCH NACIJ SSSR V 1976 G.

	A. Number of publications – Zahl der Publikationen – Čislo izdanij	B. Number of issues – Zahl der Nummern – Čislo nomerov	C. Total number of pages of all publications, in sheets – Umfang aller Herausgaben, Druckbogen – Ob'em vsech izdanij, pečatnych listov	D. Single edition, '000 copies Einzelauflage, Tsd.Exempl. Razovyj tiraž, tys.eks.	E. Annual edition, '000 copies Jahresauflage, Tsd.Exempl. Godovoj tiraž, tys.eks.	F. Number of sheets, in '000 Druckbogenabzüge, Tsd. – Pečatnych listov-ottiskov, tys.
In the languages of the USSR peoples – in den Sprachen der Völker der UdSSR – Na jazykach narodov SSSR	4,656	50,482	239,872	183,880	3,061,254	15,712,976
a) of which journals – darunter Zeitschriften – v tom čisle žurnaly	1,255	13,606	124,587	154,380	2,277,736	13,456,726
in Russian – in Russisch – na russkom	3,909	42,035	202,639	151,251	2,429,212	13,606,446
a)	941	9,930	101,194	129,050	1,896,032	11,798,082
in Ukrainian – in Ukrainisch – na ukrainskom	109	1,327	7,163	10,321	203,037	741,171
a)	63	692	5,589	9,112	158,922	648,953
in Belorussian – in Belorussisch – na belorusskom	30	324	1,898	1,582	30,233	92,281
a)	17	150	1,311	1,066	16,237	62,892
in Uzbek – in Usbekisch – na uzbekskom	32	450	1,987	4,975	101,707	290,004
a)	19	229	1,350	3,867	54,045	238,030
in Kazakh – in Kasachisch – na kazachskom	28	390	1,615	2,011	25,923	138,448
a)	14	155	992	1,717	19,968	122,046
in Georgian – in Georgisch – na gruzinskom	68	590	2,875	1,447	25,828	50,734
a)	24	254	1,534	930	13,389	40,595
in Azerbaidzhan – in Aserbaidschanisch – na azerbajdžanskom	65	614	2,661	1,699	34,893	84,341
a)	22	240	1,479	1,068	14,847	59,661

553

10.8
10.9 Druck-u.Verlagswesen

	A.	B.	C.	D.	E.	F.
in Lithuanian - in Litauisch - na litovskom	105	922	4,377	2,651	43,733	215,745
a)	23	297	1,939	1,746	23,896	133,994
in Moldavian - in Moldauisch- na moldavskom	17	255	1,078	965	26,880	63,637
a)	12	154	776	633	9,815	29,394
in Latvian - in Lettisch - na latyšskom	47	649	2,676	1,965	48,278	155,147
a)	19	248	1,452	1,325	19,090	99,836
in Kirghiz - in Kirgisisch - na kirgizskom	21	283	889	534	8,983	27,587
a)	9	120	612	449	5,588	24,232
in Tadzhik - in Tadschikisch - na tadžikskom	14	268	951	633	14,133	30,200
a)	8	120	575	498	7,564	23,458
in Armenian - in Armenisch - na armjanskom	58	680	3,101	905	18,008	56,985
a)	21	258	1,656	588	7,027	33,986
in Turkoman - in Turkmenisch - na turkmenskom	13	233	545	495	11,133	17,852
a)	8	108	443	352	4,449	14,682
in Estonian - in Estnisch - na estonskom	75	770	2,437	953	19,602	55,503
a)	18	250	1,463	619	8,660	44,216

10.9 PUBLICATION OF PERIODICALS AND SERIALS (WITHOUT NEWSPAPERS) BY SUBJECTS
FOR THE YEAR 1976
PUBLIKATION VON PERIODISCHEN UND FORTSETZUNGSPUBLIKATIONEN (OHNE ZEITUNGEN)
IN THEMATISCHER AUFTEILUNG IM JAHRE 1976
VYPUSK PERIODIČESKICH I PRODOLŽAJUŠČICHSJA IZDANIJ (BEZ GAZET) PO
TEMATIČESKIM RAZDELAM V 1976 G.

	Number of publications - Zahl der Veröffentlichungen Čislo izdanij A.	Number of iss.- Zahl d.Nummern Čislo nomerov B.	Single edition, '000 copies - Einzelauflage, Tsd.Exempl.- Razovyj tiraž, tys.eks. C.	Annual edition, '000 copies - Jahresauflage, Tsd.Exempl.- Godovoj tiraž, tys.eks. D.	Number of sheets,'000- Druckbogenabzüge, Tsd.- Pečatnych listov-ottiskov,tys. E.
Political & social-economical literature - politische und sozial-ökonomische Literatur - političeskaja i social'no-ekonomičeskaja literatura:					
1. Total publications - alle Publikationen - vse izdanija	627	7,798	52,865	774,735	4,512,120
2. Journals - Zeitschriften - Žurnaly	245	3,032	49,436	715,393	4,365,908

Druck-u.Verlagswesen 10.9

	A.	B.	C.	D.	E.
3. Notebooks for Agitators - Notizbücher des Agitators - Bloknoty agitatora	41	968	669	17,218	27,172
4. Collections - Sammelbände - Sborniki	23	83	155	343	3,992
5. Bulletins - Bjulleteni	318	3,715	2,605	41,781	115,048
Defense - Wehrwesen - Voennoe delo:					
1.	63	670	3,157	57,965	342,098
2.	29	442	3,037	57,402	339,215
5.	34	228	120	563	2,883
Natural sciences, mathematics - Naturwissenschaften, Mathematik - Estestvennye nauki, matematika:					
1.	506	4,952	10,654	124,147	1,213,670
2.	224	1,943	10,261	121,566	1,200,762
4.	45	100	116	309	3,337
5.	237	2,909	277	2,272	9,571
Technology,industry,transport,communications, municipal services - Technik, Industrie, Transport, Post- u.Fernmeldewesen, Kommunalwesen - Technika, promyšlennost', transport, svjaz', kommunal'noe delo:					
1.	1,586	18,101	20,545	442,998	1,482,887
2.	255	2,630	10,065	106,404	759,321
4.	45	141	295	1,586	13,273
5.	1,286	15,330	10,185	335,008	710,293
Agriculture - Landwirtschaft - Sel'skoe chozjajstvo:					
1.	271	2,696	5,673	63,631	383,804
2.	122	1,386	5,124	58,997	371,601
4.	5	12	207	225	2,649
5.	144	1,298	342	4,409	9,554
Trade,procurement ,public catering - Handel, Beschaffungen, öffentliche Verpflegung - Torgovlja, zagotovki, obščestvennoe pitanie:					
1.	58	673	1,595	18,513	89,788
2.	12	125	936	11,643	74,517
5.	46	548	659	6,870	15,271
Health, medicine - Gesundheitswesen, Medizin - Zdravoochranenie, medicina:					
1.	196	1,797	15,361	179,746	889,850
2.	109	1,082	15,076	178,043	885,695
4.	6	10	8	15	133
5.	81	705	277	1,688	4,022
Physical culture, sport - Körperkultur, Sport - Fizkul'tura, sport:					
1.	56	583	5,507	115,219	366,920
2.	10	124	3,561	42,749	220,951
4.	9	22	393	620	4,528
5.	37	437	1,553	71,850	141,441

10.9 Druck-u.Verlagswesen

	A.	B.	C.	D.	E.
Culture, education, science - Kultur, Bildung, Wissenschaft - Kul'tura, prosveščenie, nauka:					
1.	166	1,384	9,685	102,885	758,199
2.	71	744	8,657	87,505	709,752
4.	19	64	164	603	3,628
5.	76	576	864	14,777	44,819
Linguistics, comparative literature - Sprach- und Literaturwissenschaft - Jazykoznanie, literaturovedenie:					
1.	45	222	397	2,470	26,823
2.	25	153	274	2,076	20,878
4.	15	47	116	354	5,774
5.	5	22	7	40	171
Belles lettres - Belletristik - Chudožestvennaja literatura:					
1.	223	2,383	50,961	981,952	5,267,069
2.	161	2,090	45,527	844,968	4,377,841
Serialized pulp novels - "Roman-Zeitung" - "Roman-Gazeta"	1	24	1,597	38,323	383,232
4.	56	176	1,857	4,902	52,482
5.	5	93	1,980	93,759	453,514
Art - Kunst - Iskusstvo:					
1.	132	2,116	7,729	199,564	470,213
2.	34	405	3,985	73,004	283,864
4.	13	24	330	1,597	21,440
5.	85	1,687	3,414	124,963	164,909
Atheism, science & religion, religion - Atheismus, Wissenschaft u.Religion, Religion - Ateizm, nauka i religija, religija:					
1.	12	94	655	7,742	66,605
2.	11	93	655	7,742	66,601
5.	1	1	0	0	4
Printing and publishing, library trade - Druck-u. Verlagswesen, Bücherkunde,Bibliothekswesen - Pečat', knigovedenie, bibliotečnoe delo, bibliografija:					
1.	849	8,077	1,901	24,656	111,144
2.	14	160	607	7,246	56,361
4.	7	22	33	162	1,445
5.	828	7,895	1,261	17,248	53,338
Publications with other subjects - Publikationen mit gemischter Thematik - Izdanija smešannoj tematiki:					
1.	70	697	887	10,862	58,997
2.	28	313	421	5,451	41,077
4.	2	4	6	11	110
5.	40	380	460	5,400	17,810

	A.	B.	C.	D.	E.
Published from the total number of publications - aus der Gesamtzahl der Publikationen wurden herausgegeben - iz obščego čisla izdanij vyšlo:					
for children - für Kinder - dlja detej	46	494	23,573	280,354	1,007,653
of which journals-darunter Zeitschriften-v tom čisle žurnaly	40	466	23,131	277,240	1,000,865
for the youth - für die Jugend - dlja molodeži	37	492	17,281	242,056	1,674,105
of which journals-darunter Zeitschriften-v tom čisle žurnaly	27	348	16,330	238,483	1,634,567
for women - für Frauen - dlja ženščin (journals-Zeitschriften-žurnaly)	42	428	27,496	323,082	1,764,261

10.10 PUBLICATION OF PERIODICALS AND SERIALS (WITHOUT NEWSPAPERS) BY DESTINATION FOR THE YEAR 1976
PUBLIKATION VON PERIODISCHEN UND FORTSETZUNGSPUBLIKATIONEN (OHNE ZEITUNGEN) NACH ZIELBESTIMMUNG IM JAHRE 1976
VYPUSK PERIODIČESKICH I PRODOLŽAJUŠČICHSJA IZDANIJ (BEZ GAZET) PO CELEVOMU NAZNAČENIJU V 1976 G.

	Number of publications - Zahl der Publikationen - Čislo izdanij A.	Number of issues - Zahl der Nummern - Čislo nomerov B.	Single edition, '000 copies - Einzelauflage, Tsd.Exempl. - Razovyj tiraž, tys.eks. C.	Annual edition, '000 copies - Jahresauflage, Tsd.Exempl. - Godovoj tiraž, tys.eks. D.	Number of sheets, in '000 - Druckbogenabzüge - Tsd. - Pečatnych listov-ottiskov, tys. E.
Total - Insgesamt - Vsego	4,860	52,243	187,572	3,107,085	16,040,187
Mass publications - Massenpublikationen - Massovye izdanija	661	8,947	111,246	1,901,842	10,055,323
of which journals - darunter Zeitschriften-v tom c.žurnaly	387	5,216	98,437	1,617,426	8,843,412
of which-davon-iz nich: Party organs - Parteiorgane - partijnye	54	1,076	9,343	183,585	1,401,031
satirical and humorous - satirische u.humoristische - satiričeskie i jumorističeskie	22	457	11,827	342,398	911,707
Scientific publications - Wissenschaftliche Publikationen - Naučnye izdanija	493	3,165	1,914	15,608	209,382

10.10 Druck-u.Verlagswesen

	A.	B.	C.	D.	E.
of which journals - darunter Zeitschriften - v tom čisle Žurnaly	375	2,914	1,652	15,008	202,691
Scientific information- Wissenschaftliche Informationspublikationen - Naučno-informacionnye izdanija	1,122	12,452	2,022	22,048	226,823
of which journals - darunter Zeitschriften - v tom čisle Žurnaly	158	1,902	485	6,619	168,492
Popular-science publications - Populärwissenschaftl.Publikationen - Naučno-populjarnye izdanija	63	578	34,573	410,440	2,667,172
of which journals - darunter Zeitschriften - v tom čisle Žurnaly	48	521	34,332	408,775	2,650,307
Scientific practical and production-technological publications - Wissenschaftliche praxis-und produktionsbezogene Publikationen - Naučno-praktičeskie i proizvodstvennye izdanija	1,357	14,187	19,169	238,075	1,430,994
of which journals - darunter Zeitschriften - v tom čisle Žurnaly	317	3,527	16,065	209,441	1,328,851
Instructional and methodical publications - Instruktions- und methodische Publikationen - Instruktivno-metodičeskie izdanija	170	1,034	7,692	68,901	618,058
of which journals - darunter Zeitschriften - v tom čisle Žurnaly	46	453	6,603	61,264	564,928
Official documentary publications - Offizielle Dokumentarpublikationen - Oficial'no-dokumental'nye izdanija	87	1,458	1,096	26,853	51,311
Reference works - Nachschlagpublikationen - Spravočnye izdanija	889	10,205	9,795	422,637	777,144
of which journals - darunter Zeitschriften - v tom čisle Žurnaly	4	48	94	1,127	12,334
Publications with other subjects- Publikationen anderer Thematik - Izdanija drugich razdelov	18	217	65	681	3,980
of which journals - darunter Zeitschriften - v tom čisle Žurnaly	15	141	54	529	3,329

10.11 PUBLICATION OF NEWSPAPERS BY TYPES - PUBLIKATION VON ZEITUNGEN NACH TYPEN - VYPUSK GAZET PO TIPAM

	Number of publications - Zahl der Herausgaben - Cislo izdanij A.	Number of issues - Zahl der Nummern - Cislo nomerov B.	Single edition, '000 copies - Einzelauflage, Tsd.Exempl. - Razovyj tiraž tys.eks. C.	Annual edition, '000 copies - Jahresauflage, Tsd.Exempl. - Godovoj tiraž, tys.eks. D.	Average edition per newspaper, '000 copies - Durchschnittl.Auflage pro Zeitung, Tsd.Exempl. - srednij razovyj tiraž odnoj gazety, tys.eks. E.
Total - Insgesamt - Vsego:					
1940	8,806	946,681	38,355	7,528,062	4.4
1950	7,831	812,792	35,964	6,997,947	4.6
1965	7,687	777,439	103,030	23,072,627	13.4
1970	8,694	935,832	140,716	31,175,836	16.2
1971	7,863	923,505	145,463	32,431,663	18.5
1975	7,985	871,799	168,033	37,975,649	21.0
1976	7,844	878,804	168,994	38,457,593	21.5
All-union papers - Unionszeitungen - Svesojuznye:					
1940	46	7,065	8,769	2,158,340	191.3
1950	23	4,663	9,423	2,311,790	408.6
1965	23	4,185	45,161	11,899,243	1963.5
1970	28	4,874	62,364	16,232,309	2227.3
1971	28	4,872	64,189	16,710,505	2292.5
1975	29	4,875	75,970	19,570,514	2619.7
1976	29	4,835	76,103	19,735,681	2624.2
Republican papers - Republikanische Zeitungen - Respublikanskie:					
1940	135	22,029	5,284	1,064,392	39.3
1950	137	21,466	4,819	1,075,874	35.1
1965	154	26,071	18,728	3,763,350	121.6
1970	153	26,022	23,831	4,103,606	155.8
1971	152	25,972	24,345	4,270,148	160.2
1975	156	26,844	26,277	4,744,378	168.4
1976	156	26,947	26,174	4,802,715	167.8
Krai, Oblast and District papers - Krai-, Oblast- und Kreiszeitungen - Kraevye, oblastnye i okružnye:					
1940	321	67,622	6,978	1,749,728	21.7
1950	310	66,547	7,349	1,820,661	23.7
1965	258	58,590	12,855	3,405,839	49.8
1970	284	63,493	18,696	4,892,479	65.8
1971	286	65,393	19,814	5,164,579	69.3
1975	309	70,198	23,884	6,194,744	77.3
1976	312	71,191	24,187	6,304,705	77.5

10.11 Druck-u.Verlagswesen

	A.	B.	C.	D.	E.
Papers of the autonomous republics and oblasts - Zeitungen der autonomen Republiken u.Oblaste - Avtonomych respublik i oblastej:					
1940	119	23,437	1,197	280,517	10.1
1950	71	15,351	838	201,675	11.8
1965	95	20,660	2,231	555,206	23.5
1970	93	19,995	3,203	778,940	34.4
1971	93	19,946	3,494	842,610	37.6
1975	95	20,462	4,123	1,002,850	43.4
1976	95	20,495	4,188	1,019,751	44.1
City papers - Stadtzeitungen - Gorodskie[1]:					
1940	251	62,639	1,802	398,347	7.2
1950	346	60,382	1,493	315,149	4.3
1965	566	101,069	6,820	1,491,736	12.1
1970	617	120,614	10,723	2,483,484	17.4
1971	614	118,738	11,429	2,612,781	18.6
1975	655	127,877	14,840	3,400,043	22.7
1976	657	128,671	15,125	3,476,240	23.0
Rayon papers - Rayonzeitungen - Rajonnye:1940	3,502	486,251	8,647	1,430,213	2.5
1950	4,193	355,773	6,903	609,602	1.6
1965	2,388	317,011	11,302	1,587,044	4.7
1970	2,825	436,011	14,596	2,261,810	5.2
1971	2,858	434,136	16,125	2,415,952	5.6
1975	2,899	449,012	17,310	2,692,575	6.0
1976	2,907	451,669	17,517	2,732,541	6.0
Local papers - Lokalzeitungen - Nizovye[2]:1940	4,432	277,638	5,678	446,525	1.2
1950	2,751	288,610	5,139	663,188	1.8
1965	2,769	228,193	4,908	354,489	1.8
1970	3,251	242,209	6,268	406,325	1.9
1971	2,847	237,990	5,321	402,301	1.9
1975	2,932	154,907	4,922	356,572	1.7
1976	2,965	158,843	5,113	372,891	1.7
Kolkhoz papers - Kolchoszeitungen - Kolchoznye:					
1965	1,434	21,660	1,025	15,720	0.7
1970	1,443	22,614	1,035	16,883	0.7
1971	985	16,458	746	12,787	0.8
1975	910	17,624	707	13,973	0.8
1976	723	16,153	587	13,069	0.8

1 including papers published jointly by city and rayon organizations - einschl. der von Stadt-und Rayonsorganisationen gemeinsam herausgegebenen Zeitungen - Vključaja gazety, izdavaemye sovmestno gorodskimi i rajonnymi organizacijami

2 With large circulation, without kolkhoz papers - Mit großer Auflage, ohne Kolchoszeitungen - Mnogotiražnye, krome kolchoznych

Druck-u.Verlagswesen 10.12

10.12 PUBLICATION OF NEWSPAPERS IN THE LANGUAGES OF THE NATIONALITIES OF THE USSR AND FOREIGN LANGUAGES IN 1976
PUBLIKATION VON ZEITUNGEN IN DEN SPRACHEN DER VÖLKER DER UdSSR UND DES AUSLANDS IM JAHRE 1976
VYPUSK GAZET NA JAZYKACH NARODOV SSSR I NARODOV ZARUBEŻNYCH STRAN V 1976 G.

	Number of publications – Zahl der Publikationen – Cislo izdanij	Number of issues – Zahl der Nummern – Cislo nomerov	Single edition, '000 copies – Einzelauflage, Tsd.Exempl. – Razovyj tiraž, tys.eks.	Annual edition, '000 copies – Jahresauflage, Tsd.Exempl. – Godovoj tiraž, tys.eks.
In the languages of the USSR peoples – In den Sprachen d.Völker d.UdSSR – Na jazykach narodov SSSR	7,823	875,497	167,921	38,366,467
Russian-Russisch-na russkom	4,978	558,024	128,564	31,040,498
Ukrainian-Ukrainisch-na ukrainskom	1,392	112,171	16,129	2,924,035
Belorussian-Belorussisch-na belorusskom	128	19,934	1,669	280,988
Uzbek-Usbekisch-na uzbekskom	178	25,621	3,533	710,172
Kazakh-Kasachisch-na kazachskom	157	25,692	1,769	328,513
Georgian-Georgisch-na gruzinskom	123	14,954	2,714	578,264
Aserbaidzhan-Aserbaidschanisch-na azerbajdžanskom	101	13,245	2,295	412,684
Lithunian-Litauisch-na litovskom	89	10,889	1,822	348,254
Moldavian-Moldauisch-na moldavskom	68	7,917	1,212	213,566
Latvian-Lettisch-na latyšskom	54	6,690	1,070	218,551
Kirgiz-Kirgisisch-na kirgizskom	57	7,278	743	128,680
Tadshik-Tadschikisch-na tadžikskom	49	6,413	848	148,949
Armenian-Armenisch-na armjanskom	84	10,434	1,530	248,760
Turkmenian-Turkmenisch-na turkmenskom	14	2,174	606	115,108
Estonian-Estnisch-na estonskom	29	4,346	1,000	212,876
In languages of foreign peoples – In Sprachen der Völker des Auslands – Na jazykach narodov zarubežnych stran	21	3,307	1,073	91,126
English-Englisch-na anglijskom	2	104	566	29,431
Arabian-Arabisch-na arabskom	1	52	81	4,196
Hungarian-Ungarisch-na vengerskom	5	929	64	15,540
Greek-Griechisch-na grečeskom	1	259	4	1,036
Spanish-Spanisch-na ispanskom	1	52	27	1,420
Korean-Koreanisch-na korejskom	2	513	18	4,668
German-Deutsch-na nemeckom	3	416	187	14,619
Polish-Polnisch-na pol'skom	4	774	55	15,661
Finnish-Finnisch-na finskom	1	156	9	1,326
French-Französisch-na francuzskom	1	52	62	3,229

11. STANDARD OF LIVING, SOCIAL SECURITY
LEBENSSTANDARD, SOZIALFÜRSORGE
ZIZNENNYJ UROVEN', SOCIAL'NOE OBESPEČENIE

11.1 INCOME OF THE POPULATION - EINKOMMEN DER BEVÖLKERUNG DOCHOFY NASELENIJA

11.1.1 GROWTH OF THE REAL INCOME OF THE POPULATION (PER CAPITA)
WACHSTUM DES REALEINKOMMENS DER BEVÖLKERUNG (PRO KOPF DER BEVÖLKERUNG)
ROST REAL'NYCH DOCHODOV NASELENIJA (NA DUŠU NASELENIJA)

Year / Jahr / Gody	in percent / in Prozent / v procentach	Year / Jahr / Gody	in percent / in Prozent / v procentach
1970	5.2	1974	4.2
1971	4.5	1975	4.2
1972	4.0	1976	3.7
1973	5.0	1977	3.5

11.1.2 AVERAGE MONTHLY WAGES AND SALARIES OF WORKERS AND EMPLOYEES IN THE NATIONAL ECONOMY - DURCHSCHNITTLICHER MONATSLOHN DER ARBEITER UND ANGESTELLTEN IN DER VOLKSWIRTSCHAFT - SREDNEMESJAČNAJA ZARABOTNAJA PLATA RABOČICH I SLUŽAŠČICH V NARODNOM CHOZJAJSTVE
(Rubles - Rubel - rublej)

Year / Jahr / Gody	Average monthly wage and salary with allowances and benefits from social consumer funds / Durchschnittl.Monatslohn zuzüglich Zahlungen u.Leistungen aus d.gesellschaftl.Konsumationsfonds / Srednemesjačnaja zarabotnaja plata s dobavleniem vyplat i l'got iz obščestvennych fondov potreblenija A.	Average monthly wage and salary / Durchschnittl. Monatslohn / Srednemesjačnaja denežnaja zarabotnaja plata B.
1940	40.6	33.1
1946	62.4	48.1
1950	82.4	64.2
1955	91.8	71.8
1960	107.7	80.6
1965	129.2	96.5
1970	164.5	122.0

Standard of living, social security 11.1.2
Lebensstandard, Sozialfürsorge 11.1.3

	A.	B.
1971	169.8	125.9
1972	175.4	130.2
1973	182.6	134.9
1974	190.9	141.1
1975	198.9	145.8
1976	206.3	151.4
1977 (planned-geplant)	211	154.5

11.1.3 AVERAGE MONTHLY WAGES AND SALARIES OF WORKERS AND EMPLOYEES BY BRANCHES OF THE NATIONAL ECONOMY - DURCHSCHNITTLICHER MONATSLOHN DER ARBEITER UND ANGESTELLTEN NACH VOLKSWIRTSCHAFTSZWEIGEN - SREDNEMESJAČNAJA DENEŽNAJA ZARABOTNAJA PLATA RABOČICH I SLUŽAŠCICH PO OTRASLJAM NARODNOGO CHOZJAJSTVA
(Rubles - Rubel - rublej)

	1940	1965	1970	1975	1976
In the national economy, total - In der Volkswirtschaft insg. - Vsego po narodnomu chozjajstvu	33.1	96.5	122.0	145.8	151.4
Industry (industry-production staff) - Industrie (Industrie-Produktionspersonal)- Promyšlennost' (promyšlenno-proizvodstvennyj personal)	34.1	104.2	133.3	162.2	169.5
Workers-Arbeiter-rabočie	32.4	101.7	130.6	160.9	168.2
Engineers and techn.specialists - ingenieur-technische Kader - inženerno-techničeskie rabotniki	69.6	148.4	178.0	199.2	205.8
Employees-Angestellte-služaščhie	36.0	85.8	111.6	131.3	139.2
Agriculture - Landwirtschaft - Sel'skoe chozjajstvo	23.3	75.0	101.0	126.8	134.6
State farms, inter-farm enterprises, subsidiary and other agricultural enterprises - Sowchosen, zwischenwirtschaftliche Landwirtschaftsbetriebe, Nebenwirtschaften u.a.landwirtschaftl.Produktionsbetriebe - sovchozy, mežchozjajstvennye sel'skochozjajstvennye predprijatija,podsobnye i pročie proizvodstvennye sel'skochozjajstvennye predprijatija	22.0	74.6	100.9	126.7	134.7
Workers-Arbeiter-rabočie	20.7	72.4	98.5	124.7	133.1
Agronomical,zoo-technical,veterinary, engineering and techn. professions - agronomische,zootechnische,tierärztliche u.ingenieur-technische Kader - agronomičeskie,zootechničeskie,veterinarnye i inženerno-techničeskie rabotniki	50.4	138.4	164.3	179.4	182.9
Employees-Angestellte-služaščie	31.1	82.3	95.6	114.0	119.1
Transport	34.8	106.0	136.7	173.5	181.8
Railway - Eisenbahn - železnodoržnyj	34.2	98.7	123.4	158.1	159.9

11.1.3 Standard of living, social security
Lebensstandard, Sozialfürsorge

	1940	1965	1970	1975	1976
Water transport-Wassertransport-vodnyj	41.2	135.1	169.5	212.8	220.0
Automobile, municipal electrical and other transport; loading & unloading organizations-Automobil-, städtischer Elektro-u.a. Transport; Be-u.Entladeorganisationen - Avtomobil'nyj, gorodskoj električeskij i pročij transport; pogruzočno-razgruzočnye organizacii	34.5	107.5	140.3	177.1	187.7
Communications-Post-u.Fernmeldewesen-Svjaz'	28.2	74.2	96.8	123.6	133.7
Construction - Bauwesen - stroitel'stvo	36.3	111.9	149.9	176.8	181.0
Construction and assembling work - Bau-und Montagearbeiten - Stroitel'no-montažnye raboty	34.0	112.4	153.0	181.1	185.2
Workers - Arbeiter - rabočie	31.1	108.4	148.5	180.3	185.3
Engineers and techn.specialists - ingenieur-technische Kader - inženerno-techničeskie rabotniki	75.3	160.7	200.0	207.0	205.5
Employees - Angestellte - služaščie	45.8	102.4	136.8	145.8	145.6
Trade, public catering, material & technical supply and sale, procurements - Handel, öffentl.Verpflegung, materiell-technische Versorgung u.Absatz, Beschaffungen - Torgovlja,obščestvennoe pitanie,material'no-techničeskoe snabženie i sbyt,zagotovki	25.0	75.2	95.1	108.7	112.3
Housing and municipal services, consumer services - Wohnungs-u.Kommunalwirtschaft, Dienstleistungen für die Bevölkerung - Žiliščno-kommunal'noe chozjajstvo, bytovoe obsluživanie naselenija	26.1	72.0	94.5	109.0	112.7
Health, physical culture, social security - Gesundheitswesen, Körperkultur, Sozialfürsorge - Zdravoochranenie, fizkul'tura i social'noe obespečenie	25.5	79.0	92.0	102.3	104.0
Education - Volksbildung - prosveščenie	33.1	96.1	108.3	126.9	128.0
Culture - Kultur - kul'tura	22.3	67.3	84.8	92.2	93.2
Art - Kunst - Iskusstvo	39.1	78.2	94.8	103.1	103.3
Science and scientific services - Wissenschaft u.wissenschaftl.Dienstleistungen - Nauka i naučnoe obsluživanie	47.1	120.6	139.5	157.5	161.6
Banking and State Insurance - Banken u.staatliche Versicherung - Kreditovanie i gosudarstvennoe strachov.	33.4	86.3	111.4	133.8	134.2
Administration of state and economics, co-operative and social organizations - Staats-u.Wirtschaftsverwaltung, Verwaltung d.genossenschaftl.u.gesellschaftlichen Organisationen - Apparat organov gosudarstvennogo i chozjajstvennogo upravlenija, organov upravlenija kooperativnych i obščestvennych organizacij	39.0	105.9	122.2	130.6	132.4

Standard of living, social security 11.1.4
Lebensstandard, Sozialfürsorge 11.1.5
11.1.6

11.1.4 GROWTH OF THE MONTHLY WAGES AND SALARIES OF WORKERS AND EMPLOYEES
WACHSTUM DES DURCHSCHNITTLICHEN MONATSLOHNES DER ARBEITER U. ANGESTELLTEN
ROST SREDNEMESJAČNOJ DENEŽNOJ ZARABOTNOJ PLATY RABOČICH I SLUŽAŠČICH

Year Jahr Gody	Rubles Rubel rublej	As a percentage of the previous year In Prozent gegenüber dem Vorjahr V procentach k predydnšĉemu godu
1970	122	4
1971	126	3.3
1972	130.3	3.5
1973	135	3.7
1974	140.7	4.3
1975	146	3.5
1976	151	3.4
1977	155	2.6

11.1.5 AVERAGE MONTHLY WAGE AND SALARY IN THE NATIONAL ECONOMY AND IN BRANCHES WITH HIGHEST AND LOWEST WAGE AND SALARY BRACKET
DURCHSCHNITTLICHER MONATSLOHN IN DER VOLKSWIRTSCHAFT UND IN DEN ZWEIGEN MIT HÖCHSTER UND NIEDRIGSTER LOHNSTUFE
SREDNEMESJAČNAJA ZARABOTNAJA PLATA V NARODNOM CHOZJAJSTVE I V OTRASLJACH S VYSŠIM I NIZŠIM EE UROVNEM

Year Jahr Gody	Average monthly wage & salary Durchschnittl. Monatslohn Srednemesjaônaja zarabotnaja plata (Rub.)	Lowest wage & salary bracket-niedrigste Lohnstufe-nizšij uroven'		Highest wage & salary bracket-höchste Lohnstufe-vysšij uroven'	
		Rub.	in % to average wage & salary in % zum Durchschnittslohn	Rub.	in % to lowest wage and salary bracket in % zur niedrigsten Lohnstufe
1950	64.2	38.3	60.0	93.7	245.0
1965	96.5	67.3	70.0	116.8	174.0
1975	145.8	92.2	63.0	176.8	192.0

11.1.6 CORRELATION BETWEEN AVERAGE AND MINIMUM WAGE AND SALARY
VERHÄLTNIS ZWISCHEN DURCHSCHNITTS- UND MINIMALLOHN
SOOTNOŠENIE SREDNEJ I MINIMAL'NOJ ZARABOTNOJ PLATY

Year Jahr Gody	Average wage and salary Durchschnittslohn Srednjaja zarabotnaja plata (Rub.) A.	Minimum wage and salary Minimallohn Minimal'naja zarabotnaja plata (Rub.) B.	Difference between average and minimum wage and salary Unterschied zwischen Durchschnitts- und Minimallohn Raznost' meždu srednej i minimal'noj zarabotnoj platoj (Rub.) C.	Correlation between average and minimum wage and salary Verhältnis zwischen Durchschnitts-und Minimallohn Otnošenie srednej zarabotnoj platy k minimal'noj (%) D.
1946 end of - Ende -	48.1	22	26.1	219
Konec 1956	75.2	22	53.2	342

11.1.6
11.1.7 Standard of living, social security
11.1.8 Lebensstandard, Sozialfürsorge

	A.	B.	C.	D.
Beginning of - Anfang - Načalo 1957	75.2	27	48.2	278
End of - Ende - Konec 1964	93.6	27	66.6	347
Beginning of - Anfang - Načalo 1965	93.6	40	53.6	234
End of - Ende - Konec 1967	108.7	40	68.7	272
Beginning of - Anfang - Načalo 1968	108.7	60	48.7	181
End of - Ende - Konec 1975	148.4	60	88.6	248
1979 (planned - geplant)	165	70	95	236

11.1.7 GROWTH OF PAY OF KOLKHOZ WORKERS
WACHSTUM DER ENTLOHNUNG DER KOLCHOSBAUERN
ROST OPLATY TRUDA KOLCHOZNIKOV
(in percentage - in Prozent - v procentach)

Year Jahr Gody	%	Year Jahr Gody	%
1970	6.8	1974	5.0
1971	3.0	1975	3.0
1972	4.7	1976	6.0
1973	5.9	1977	4.3

11.1.8 SHARE OF INCOME FROM PRIVATE FARMING OF TOTAL INCOME
OF INDUSTRIAL AND KOLKHOZ WORKERS
ANTEIL DES EINKOMMENS AUS PRIVATEN NEBENWIRTSCHAFTEN
AM EINKOMMEN DER INDUSTRIEARBEITER UND KOLCHOSBAUERN
UDEL'NYJ VES DOCHODOV OT LIČNOGO PODSOBNOGO CHOZJAJSTVA
V DOCHODACH RABOČICH PROMYŠLENNOSTI I KOLCHOZNIKOV
(in percentage - in Prozent - v procentach)

	1940	1965	1970	1975
Workers - Arbeiter - Rabočie	11.4	2.0	1.5	1.0
Collective farmers - Kolchosbauern - Kolchozniki	50.0	40.6	35.8	29.0

11.1.9
ALLOWANCES AND BENEFITS FOR THE POPULATION OUT OF THE PUBLIC CONSUMER FUNDS
ZAHLUNGEN UND LEISTUNGEN FÜR DIE BEVÖLKERUNG AUS DEN ÖFFENTLICHEN BEDARFSFONDS
VYPLATY I L'GOTY, POLUČENNYE NASELENIEM IZ OBŠČESTVENNYCH FONDOV POTREBLENIJA
('000 mill. rubles - Mrd. Rubel)

	1940	1965	1970	1975	1976
Allowances and benefits, total - Zahlungen und Leistungen insg. - Vyplaty i l'goty vsego	4.6	41.9	63.9	90.1	95.0
Education (free schooling, cultural enlightenment) - Bildungswesen (unentgeltliche Schulbildung, kulturelle Aufklärungsarbeit) - Prosveščenie (besplatnoe obrazovanie, kul'turno-prosvetitel'naja rabota)	2.0	13.2	18.7	25.1	26.2
Health and physical culture (free medical care, cures in sanitariums and reconvalescent homes, physical education etc.) - Gesundheitswesen und Körperkultur (unentgeltliche ärztliche Hilfe, Betreuung in Sanatorien u. Kurheimen, körperliche Erziehung u.a.) - Zdravoochranenie i fizičeskaja kul'tura (besplatnaja medicinskaja pomošč', sanatorno-kurortnoe obsluživanie, fizičeskoe vospitanie i.d.)	1.0	6.9	10.0	12.9	13.6
Social security and social insurance - Sozialfürsorge und Sozialversicherung - Social'noe obespečenio i social'noe strachovanie	0.9	14.4	22.8	34.6	36.9
Pensions - Renten - Pensii	0.3	10.6	16.2	24.4	25.8
Financial aid - Unterstützungen - Posobija	0.5	3.5	6.1	9.2	9.9
State expenditures for maintenance of public housing (in cases where low rents do not cover maintenance) - Ausgaben des Staates für die Instandhaltung des Wohnfonds (in Fällen, wo sie nicht durch niedrige Mieten gedeckt wird) - Raschody gosudarstva na soderžanie žiliščnogo fonda (v časti, nepokryvaemoj nizkoj kvartirnoj platoj)	0.1	2.3	3.4	4.9	5.2
Allowances and benefits per capita, rubles - Zahlungen und Leistungen pro Kopf der Bevölkerung, Rubel - Vyplaty i l'goty na dušu naselenija, rublej	24	182	263	354	370

11.1.10 Standard of living, social security
11.1.11 Lebensstandard, Sozialfürsorge

11.1.10 GROWTH OF ALLOWANCES AND BENEFITS FOR THE POPULATION OUT OF THE PUBLIC CONSUMER FUNDS - WACHSTUM DER ZAHLUNGEN UND LEISTUNGEN FÜR DIE BEVÖLKERUNG AUS DEN ÖFFENTLICHEN BEDARFSFONDS - ROST VYPLAT I L'GOT NASELENIJU IZ OBSČESTVENNYCH FONDOV POTREBLENIJA

Year Jahr Gody	'000 mill.rubles Mrd. Rubel Mrd. Rublej	Percentage in relation to previous year In Prozent gegenüber dem Vorjahr
1970	64	7.3
1971	68.6	7.4
1972	73	6.4
1973	78	6.1
1974	83	6.4
1975	90	8.4
1976	94.5	5.0
1977	99.5	4.5

11.1.11 BASKET OF CONSUMER GOODS FOR MAY 1976, IN WORK UNITS
LEBENSMITTELKORB FÜR MAI 1976, IN ARBEITSEINHEITEN

Item Ware	Kgs	Washington	Moscow Moskau	Munich München	London	Paris
		(Minutes of worktime - Arbeitsminuten)				
Flour - Mehl	1.0	6	30	8	9	9
Bread - Brot	6.0	126	78	132	60	108
Noodles - Nudeln	2.0	46	54	58	56	28
Beef - Rindfleisch	1.0	66	144	115	147	166
Pork - Schweinefleisch	1.5	75	206	137	161	180
Minced beef - Rinderhack	1.0	34	208	58	76	100
Sausages - Würste	1.0	71	158	67	60	84
Cod - Kabeljau	1.0	49	56	52	98	113
Fish fingers - Fischstäbchen	0.5	22	44	21	39	50
Sugar - Zucker	4.0	36	260	48	60	52
Butter	0.5	23	130	31	29	39
Margarine	0.2	6	26	5	7	7
Milk (liters) - Milch (Liter)	10.0	70	210	90	110	80
Cheese - Käse	1.0	89	216	71	72	84
Eggs,cheapest,pieces- Eier,billigste,Stck.	17	15	111	27	19	39
Potatoes-Kartoffeln	9.0	72	63	72	207	117
Cabbage - Kohl	2.0	12	216	34	26	36
Carrots-Karotten	0.5	5	36	6	5	3
Tomatoes-Tomaten	0.5	9	108	12	24	14
Apples - Äpfel	1.0	25	50	10	20	12
Tea - Tee	0.1	9	75	29	6	18
Beer (liters) - Bier (Liter)	3.0	39	96	12	69	21
Gin/vodka (liters) - Gin/Wodka (Liter)	1.0	96	837	90	296	210
Cigarettes(units) - Zigaretten (Stck.)	120	60	138	108	162	48

Standard of living, social security 11.1.11
Lebensstandard, Sozialfürsorge 11.2.1

Item Ware	Washington	Moscow Moskau	Munich München	London	Paris
(Hours of worktime - Arbeitsstunden)					
Weekly basket, as above - Wöchentlicher Korb, wie oben	17.7	59.2	21.6	30.3	27.0
Rent, monthly - Miete,monatlich	46.5	9.9	32.0	48.5	35.6
Color TV - Farbfernseher	85.6	780.0	191.5	221.6	327.3
(Months of worktime - Arbeitsmonate)					
Fiat 131/Zhiguli VAZ-2101	6.9	37.5	7.7	11.1	10.6

(Keith Bush, Retail Prices in Moscow and four Western Cities in May 1976,
Osteuropa, Wirtschaft, No.2/1977, p.125)

11.2 HOUSING CONSTRUCTION - WOHNUNGSBAU - ŽILIŠČNOE STROITEL'STVO

11.2.1 NUMBER OF NEWLY BUILT APARTMENT HOUSES - FERTIGGESTELLTE WOHNHÄUSER - VVOD V DEJSTVIE ŽILYCH DOMOV
(Total useful floor-space, mill.sq.m. - Gesamte Nutzfläche der Wohnhäuser,
Mio m² - Millionov m² obščej (poleznoj) ploščadi žilišč)

	Total - Insgesamt - Vsego A.	By state & co-operative enterprises & organizations & by housing co-operatives - von staatl.u.genossen-schaftl.Betrieben u.Organisationen - u.Wohnungsbaugenossenschaften - Gosudarstvennymi i kooperativnymi predprijatijami i organizacijami i žilkooperaciej B.	By workers & employees at their own expense & with the help of state credits - von Arbeitern u.Angestell-ten aus eigenen Mitteln u.mit Hilfe staatl.Kredite - Rabočimi i slučaš-čimi za svoj sčet i s pomoščju gosudarstvennogo kredita C.	In collective farms(by collective farms,collective farmers & by rural intellectuals - in Kolchosen (von Kolchosen,Kolchosbauern u.ländlicher Intelligenz-v kolchozach(kolchozami, kolchoznikami i sel'skoj intellig.) D.
1918-1977 Total-Insg.-Vsego	3199.1	1807.8	544.5	846.8
1918-1928	203.0	23.7	27.5	151.8
First Five-Year Plan - Erster Fünfjahrplan - Pervaja pjatiletka (1929-1932)	56.9	32.6	7.6	16.7
Second Five-Year Plan - Zweiter Fünfjahrplan - Vtoraja pjatiletka (1933-1937)	67.3	37.2	7.1	23.0

11.2.1 Standard of living, social security
11.2.2 Lebensstandard, Sozialfürsorge

	A.	B.	C.	D.
Three and a half years of Third Five-Year Plan (1938 - first half of 1941) - Dreieinhalb Jahre des Dritten Fünfjahrplanes (1938 - 1.Halbjahr 1941) - Tri s polovinoj goda tretej pjatiletki (1938 - pervoe polugodie 1941 g.)	81.7	34.4	10.9	36.4
Four and a half years (July 1,1941-January 1,1946)- Viereinhalb Jahre (1.Juli 1941-1.Januar 1946) - Četyre s polovinoj goda (s 1.ijulja 1941 do 1 janvarja 1946)	102.5	41.3	13.6	47.6
Fourth Five-Year Plan - Vierter Fünfjahrplan - Četvertaja pjatiletka (1946-1950)	200.9	72.4	44.7	83.8
Fifth Five-Year Plan - Fünfter Fünfjahrplan - Pjataja pjatiletka (1951-1955)	240.5	113.0	65.1	62.4
Sixth Five-Year Plan - Sechster Fünfjahrplan - Šestaja pjatiletka (1956-1960)	474.1	224.0	113.8	136.3
Seventh Five-Year Plan - Siebenter Fünfjahrplan - Sed'maja pjatiletka (1961-1965)	490.6	300.4	94.0	96.2
1965	97.6	63.2	16.1	18.3
Eighth Five-Year Plan - Achter Fünfjahrplan - Vos'maja pjatiletka (1966-1970)	518.5	352.5	72.8	93.2
1970	106.0	76.6	13.0	16.4
Ninth Five-Year Plan - Neunter Fünfjahrplan - Devjataja pjatiletka (1971-1975)	544.8	407.3	64.3	73.2
1971	107.6	78.7	13.0	15.9
1972	106.7	79.4	12.5	14.8
1973	110.5	82.9	13.2	14.4
1974	110.1	83.0	13.0	14.1
1975	109.9	83.3	12.6	14.0
1976	106.2	82.7	11.4	12.1
1977	112.1	86.3	11.7	14.1

11.2.2   MUNICIPAL HOUSING FUND - STÄDTISCHER WOHNUNGSFONDS - GORODSKOJ ŽILIŠČNYJ FOND

(end-of-year figures; mill.sq.m. of total useful floor-space - zum Jahresende; Mio m² der gesamten Nutzfläche der Wohnhäuser - na konec goda; millionov m² obščej (poleznoj) ploščadi žilišč)

	1917	1940	1965	1970	1975	1976
Municipal housing fund, total - Städtischer Wohnungsfonds, insg. - Ves' gorodskoj žiliščnyj fond	185	421	1,238	1,529	1,867	1,932
socialized - verstaatlicht - obobščestvlennyj	27	267	806	1,072	1,385	1,446
private property - im Privatbesitz - v ličnoj sobstvennosti	158	154	432	457	482	486

Standard of living, social security 11.2.3
Lebensstandard, Sozialfürsorge   11.3.1

11.2.3 HOUSING FUNDS OF THE CAPITALS OF THE UNION REPUBLICS
WOHNUNGSFONDS DER HAUPTSTÄDTE DER UNIONSREPUBLIKEN
ŽILIŠČNYJ FOND STOLIC SOJUZNYCH RESPUBLIK

(end-of-year figures; '000 sq.m. of total useful floor-space -
zum Jahresende; Tsd.m^2 der gesamten Nutzfläche der Wohnhäuser -
na konec goda; tysjač m^2 obščej (poleznoj) ploščadi žilišč)

	1940	1965	1970	1975	1976
Moskva	28,165	78,537	97,713	117,030	120,679
Kiev	6,660	16,390	21,264	27,200	28,212
Minsk	1,804	6,915	10,051	14,052	14,729
Taškent	4,025	9,674	11,350	15,316	16,019
Alma-Ata	1,320	6,010	7,730	9,770	10,149
Tbilisi	4,609	7,891	9,772	12,242	12,690
Baku	5,830	11,020	13,061	14,970	15,434
Vilnius	...	3,296	4,467	5,616	5,715
Kišinev	...	2,909	3,936	5,453	5,715
Riga	...	8,494	9,970	11,676	11,928
Frunze	568	3,032	3,986	4,935	5,093
Dušanbe	457	2,703	3,440	4,351	4,487
Erevan	1,350	5,722	7,368	9,365	9,771
Aschabad	806	2,063	2,495	2,889	3,042
Tallin	...	4,025	4,966	6,084	6,306

11.3 RETAIL TRADE - EINZELHANDEL - ROZNIČNAJA TORGOVLJA

11.3.1 RETAIL STORES AND SALES FLOOR SPACE OF STATE AND COOPERATIVE ORGANIZATIONS IN THE UNION REPUBLICS
EINZELHANDELSBETRIEBE UND VERKAUFSFLÄCHE DER LÄDEN DER STAATLICHEN
UND GENOSSENSCHAFTLICHEN ORGANISATIONEN IN DEN UNIONSREPUBLIKEN
PREDPRIJATIJA ROZNIČNOJ TORGOVLI I TORGOVAJA PLOŠČAD' MAGAZINOV
GOSUDARSTVENNYCH I KOOPERATIVNYCH ORGANIZACIJ PO SOJUZNYM RESPUBLIKAM
(end of 1977 - Ende 1977 - na konec 1977 goda)

	Number of enterprises, '000 Zahl der Betriebe, Tsd. Čislo predprijatij, tys.			Selling area of the shops,'000 sq.m. Verkaufsfläche der Läden, Tsd.m^2 Torgovaja ploščad' magazinov,tys.m^2		
	Total - Insgesamt Vsego	in the cities - i.d.Städten - v gorodskich poselenijach	in the country - auf dem Lande v sel'skoj mestnosti	Total - Insgesamt Vsego	in the cities - i.d.Städten - v gorodskich poselenijach	in the country - auf dem Lande v sel'skoj mestnosti
	A.	B.	C.	D.	E.	F.
SSSR	695.5	360.6	334.9	42182.1	26914.3	15267.8
RSFSR	359.5	186.8	172.7	23403.0	15321.7	8081.3
Ukrainskaja SSR	146.9	79.2	67.7	8484.4	5509.0	2975.4
Belorusskaja SSR	24.6	10.4	14.2	1689.4	976.6	712.8
Uzbekskaja SSR	33.4	15.5	17.9	1634.5	821.7	812.8
Kazachskaja SSR	41.3	17.4	23.9	2292.3	1204.1	1088.2

11.3.1 Standard of living, social security
11.3.2 Lebensstandard, Sozialfürsorge

	A.	B.	C.	D.	E.	F.
Gruzinskaja SSR	15.4	9.1	6.3	766.0	519.1	246.9
Azerbajdžanskaja SSR	17.2	10.3	6.9	612.7	487.2	125.5
Litovskaja SSR	7.4	4.5	2.9	508.9	362.5	146.4
Moldavskaja SSR	10.2	4.0	6.2	529.9	270.1	259.8
Latvijskaja SSR	7.0	4.7	2.3	446.0	323.0	123.0
Kirgizskaja SSR	7.6	3.2	4.4	382.6	186.5	196.1
Tadžikskaja SSR	7.2	3.6	3.6	378:5	223.4	155.1
Armjanskaja SSR	7.0	4.9	2.1	437.4	296.2	141.2
Turkmenskaja SSR	6.1	3.8	2.3	324.6	195.3	129.3
Estonskaja SSR	3.9	2.4	1.5	254.5	180.5	74.0

11.3.2 COMMUNAL CATERING ORGANIZATIONS AND NUMBER OF AVAILABLE
PLACES IN THE UNION REPUBLICS
BETRIEBE DER GEMEINSCHAFTSVERPFLEGUNG UND ZAHL DER DORT VORHANDENEN
PLÄTZE IN DEN UNIONSREPUBLIKEN
PREDPRIJATIJA OBŠČESTVENNOGO PITANIJA I ČISLO MEST V NICH PO
SOJUZNYM RESPUBLIKAM
(end of 1977 - Ende 1977 - na konec 1977 goda)

	Number of enterprises, '000 Zahl der Betriebe, Tsd. Čislo predprijatij, tys.			Number of seats, '000 Zahl der Plätze, Tsd. Čislo mest, tys.		
	Total – Insgesamt – Vsego	in the cities – i.d.Städten – v gorodskich poselenijach	in the country – auf dem Lande – v sel'skoj mestnosti	Total – Insgesamt – Vsego	in the cities – i.d.Städten – v gorodskich poselenijach	in the country – auf dem Lande – v sel'skoj mestnosti
SSSR	286.2	196.7	89.5	15138.6	12134.7	3003.9
RSFSR	148.9	110.9	38.0	8255.6	7018.1	1237.5
Ukrainskaja SSR	54.7	37.1	17.6	3074.8	2402.4	672.4
Belorusskaja SSR	10.5	6.2	4.3	581.2	408.2	173.0
Uzbekskaja SSR	16.4	7.5	8.9	655.4	390.1	265.3
Kazachskaja SSR	14.8	9.0	5.8	636.1	450.0	186.1
Gruzinskaja SSR	7.1	4.5	2.6	284.3	218.8	65.5
Azerbajdžanskaja SSR	8.1	5.1	3.0	295.4	233.1	62.3
Litovskaja SSR	3.3	2.3	1.0	214.7	172.7	42.0
Moldavskaja SSR	3.8	2.0	1.8	204.6	126.6	78.0
Latvijskaja SSR	3.0	2.2	0.8	226.9	171.2	55.7
Kirgizskaja SSR	3.1	1.7	1.4	127.0	88.2	38.8
Tadžikskaja SSR	3.7	2.2	1.5	135.1	103.9	31.2
Armjanskaja SSR	3.6	2.4	1.2	187.3	144.0	43.3
Turkmenskaja SSR	2.7	1.6	1.1	101.2	76.5	24.7
Estonskaja SSR	1.9	1.4	0.5	125.4	97.3	28.1

Standard of living, social security
Lebensstandard, Sozialfürsorge 11.3.3

11.3.3 SELF-SERVICE SHOPS - SELBSTBEDIENUNGSLÄDEN - MAGAZINY SAMOOBSLUŽIVANIJA
(end of 1977 - Ende 1977 - na konec 1977 goda)

	A. Number of shops - Zahl der Läden - Čislo magazinov	B. Turnover in the 4th quart. - Warenumsatz im IV.Quartal - Tovarooborot za IV kvartal	Percentage of self-service shops - Prozentualer Anteil der Selbstbedienungsläden - Magaziny samoobsluživanija v % ko vsem magazinam	
			C. Number of shops Zahl der Läden Čislo magazinov	D. Turnover Warenumsatz Tovarooborot
State trade - Staatlicher Handel - Gosudarstvennaja torgovlja:				
Food stores - Lebensmittelgeschäfte - Prodovol'stvennye magaziny	35,912	6894.8	35.1	42.9
of which-darunter-v tom čisle:				
with universal assortment - mit universellem Warensortiment - s universal'nym assortimentom tovarov	6,613	3509.0	6.5	21.8
bread-shops - Brotgeschäfte - chlebnye	9,158	550.0	8.9	3.4
dairies - Milchgeschäfte - moločnye	1,074	159.4	1.0	1.0
fruit & vegetable shops - Obst-und Gemüseläden - plodoovoščnye	4,402	386.5	4.3	2.4
others-andere-pročie	14,665	2072.9	14.4	14.3
Department stores - Warenhäuser - Neprodovol'- stvennye magaziny	31,881	9950.1	48.0	62.7
of which-darunter-v tom čisle:				
department stores - Kaufhäuser - univermagi	588	2731.3	0.9	17.2
shoe-shops - Schuhgeschäfte - obuvi	2.074	527.5	3.1	3.3
clothing shops - Bekleidungsgeschäfte - odežby	2.263	1061.2	3.4	6.7
household articles shops - Haushaltswarengeschäfte - chozjajstvennye	4.088	484.5	6.2	3.4
bookshops - Buchhandlungen - knižnye	5.176	152.2	7.8	1.0

11.3.3 Standard of living, social security
11.3.4 Lebensstandard, Sozialfürsorge

	A.	B.	C.	D.
mixed - gemischte - Smešannye magaziny	1.854	237.7	9.3	20.4
Co-operative societies - Konsumgenossenschaften - Potrebitel'skaja kooperacija:				
Food stores - Lebensmittelgeschäfte - Prodovol'stvennye magaziny	60.321	3786.2	60.9	67.5
Department stores - Warenhäuser - Neprodovol'stvennye magaziny	77.915	5095.2	80.7	85.2
Mixed shops (articles of daily use) - Gemischte Läden (Waren des täglichen Gebrauchs) - Smešannye magaziny (tovarov povsednevnogo sprosa)	58.138	2068.6	52.9	61.6

11.3.4 GROWTH IN TRADE TURNOVER AND RETAIL OUTLETS
WACHSTUM DES WARENUMSATZES UND DES HANDELSNETZES IM EINZELHANDEL
ROST ROZNIČNOGO TOVAROOBOROTA I TORGOVOJ SETI

	1940	1965	1970	1975	1976
Retail trade turnover of the state and co-operative trade (in comparable prices; as a percentage of 1940) - Einzelhandelsumsatz des staatlichen und genossenschaftlichen Handels (in Vergleichspreisen; in % zu 1940) - Rozničnyj tovarooborot gosudarstvennoj i kooperativnoj torgovli (v sopostavimych cenach; v % k 1940 g.)	100	423	628	854	893
Trade turnover per capita (in comparable prices; in percentage of 1940) - Handelsumsatz pro Kopf der Bevölkerung (in Vergleichspreisen; in % zu 1940) - Tovarooborot na dušu naselenija (v sopostavimych cenach; v % k 1940 g.)	100	358	505	656	680
of which in rural areas-darunter auf dem Lande - v tom čisle v sel'skich mestnostj.	100	396	601	828	854
Per 10,000 of the population - auf 10.000 der Bevölkerung entfielen - na 10.000 čelovek naselenija prichodilos':					
retail trade - Einzelhandelsbetriebe - predprijatij rozničnoj torgovli	21	28	28	27	27
selling area of the shops, sq.m. - Verkaufsfläche in den Läden, m^2 - torgovoj ploščadi v magazinych, m^2	620	1,066	1,290	1,537	1,579
public catering enterprises - Betriebe der Gemeinschaftsverpflegung - predprijatij obščestvennogo pitanija	4	8	10	11	11
number of seats in public catering enterprises - Zahl der Plätze i.d.Betrieben der Gemeinschaftsverpflegung - čislo posadočnych mest na predprijatijach obščestvennogo pit.	112	295	411	537	560

Standard of living, social security
Lebensstandard, Sozialfürsorge   11.3.5

11.3.5 PROVISION OF CITY AND RURAL POPULATION WITH DURABLE CONSUMER
AND HOUSEHOLD GOODS
VERSORGUNG DER STADT- UND LANDBEVÖLKERUNG MIT LANGLEBIGEN KULTUR-
UND HAUSHALTSGÜTERN
OBESPEČENNOST' GORODSKOGO I SEL'SKOGO NASELENIJA PREDMETAMI KUL'-
TURNO-BYTOVOGO NAZNAČENIJA DLITEL'NOGO POL'ZOVANIJA
(end-of-year figures - zum Jahresende - na konec goda)

	Per 100 families je 100 Familien na 100 semej				Per 1,000 of the population je 1.000 der Bevölkerung na 1000 čelovek naselenija			
	1965	1970	1975	1976	1965	1970	1975	1976
Clocks and watches of all types - Uhren aller Art - Časy vsech vidov	319	411	455	470	885	1,193	1,319	1,362
Radio sets and radiograms - Rundfunkempfänger und Musiktruhen - Radiopriemniki i radioly	59	72	79	81	165	199	230	235
TV sets - Fernsehempfänger - Televizory	24	51	74	77	68	143	215	223
Photo cameras - Photoapparate - Fotoapparaty	24	27	27	27	67	77	77	78
Refrigerators - Haushaltskühlschränke - Cholodil'niki	11	32	61	67	29	89	178	194
Washing machines - Haushaltswaschmaschinen - Stiral'nye maš.	21	52	65	67	59	141	189	195
Vacuum cleaners - elektrische Staubsauger - Elektropylesosy	7	12	18	20	18	31	52	58
Motorcycles and scooters - Motorräder und -roller - Motocikly i motorollery	6	7	8	9	17	21	25	26
Bicycles and mopeds - Fahrräder und Mopeds - Velosipedy i mopedy	48	50	54	53	134	145	156	153
Sewing machines - Haushaltsnähmaschinen - Švejnye mašiny	52	56	61	62	144	161	178	181

11.4.1 Standard of living, social security
Lebensstandard, Sozialfürsorge

11.4 HEALTH - GESUNDHEITSWESEN - ZDRAVOOCHRANENIE

11.4.1 BASIC INDICATORS OF THE DEVELOPMENT OF HEALTH SERVICES
GRUNDKENNZIFFERN DER ENTWICKLUNG DES GESUNDHEITSWESENS
POKAZATELI RAZVITIJA ZDRAVOOCHRANENIJA

	1940	1950	1960	1975
Expenses for health and physical culture from the state budget (mill.rubles) - Ausgaben für Gesundheitswesen und Körperkultur aus dem Staatsbudget (Mio Rubel) - Raschody na zdravoochranenie i fizičeskuju kul'turu iz gosudarstvennogo bjudžeta (mln.rub.)	903.5	2162.6	4841.0	11469.9
Medical staff - medizinische Kader - Medicinskie kadry:				
Number of doctors of all special branches,'000 - Zahl der Ärzte aller Fachrichtungen, Tsd. Čislennost' vračej vsech special'nostej,tys.	155.3	265.0	431.7	834.1
Number of doctors per 10,000 of the population - Zahl der Ärzte pro 10.000 der Bevölkerung - Čislo vračej na 10.000 naselenija	7.9	14.6	20.0	32.6
Number of paramedical staff, in '000 - Zahl des mittleren medizinischen Personals,Tsd.- Čislennost' srednich medicinskich rabotnikov,tys.	472.0	719.4	1388.3	2515.1
Number of paramedical staff, per 10,000 population - Zahl des mittleren medizinischen Personals pro 10.000 der Bevölkerung - Čislo srednich medicinskich rabotnikov na 10.000 naselenija	24.0	39.6	64.2	98.4
Medical education - medizinische Ausbildung - medicinskoe obrazovanie:				
Number of higher medical educational establishments incl. university faculties - Zahl der höheren medizinischen Lehranstalten einschl.Fakultäten an den Universitäten - Čislo vysšich medicinskich učebnych zavedenij, vključaja fakul'tety universitetov	72	76	85	92
Number of students ('000) - Zahl der Studenten (Tsd.) - Čislo studentov (tys.)	116.0	105.5	175.0	318.9
doctors trained there ('000) - dort ausgebildete Ärzte (Tsd.) - Vypusk vračej (tys.)	16.4	19.5	28.2	47.5
Number of secondary medical educational establishments - Zahl der mittleren medizinischen Lehranstalten - Čislo srednich medicinskich učebnych zavedenij	990	565	498	632
Number of pupils ('000) - Zahl der Schüler (Tsd.) - Čislo učaščichsja (tys.)	222.8	112.8	170.2	397.4

Standard of living, social security 11.4.1
Lebensstandard, Sozialfürsorge

	1940	1950	1960	1975
Paramedical staff trained there, in '000 - dort ausgebildetes mittleres mediz.Personal (Tsd.) - Vypusk rednich medicinskich rabotnikov (tys.)	84.05	51.7	62.3	131.3
Hospital and dispensary care - Krankenhaus-und ambulant-poliklinische Betreuung - Bol'ničnaja i ambulatorno-polikliničeskaja pomošč':				
Number of hospital beds ('000) - Zahl der Krankenhausbetten (Tsd.) - Čislo bol'ničnych koek (tys.)	790.9	1010.7	1739.2	3009.2
Number of hospitals ('000) - Zahl der Krankenanstalten (Tsd.) - Čislo bol'ničnych učreždenij (tys.)	13.8	18.3	26.7	24.3
Number of hospital beds per 10,000 of the population - Zahl der Krankenhausbetten pro 10.000 d.Bevölkerung - Čislo bol'ničnych koek na 10.000 naselenija	40.2	55.7	80.4	117.8
Number of medical facilities for outpatient treatment (in '000) - Zahl der medizinischen Einrichtungen für ambulant-poliklinische Betreuung (Tsd.) - Čislo vračebnych učreždenij,okazyvajuščich ambulatorno-polikliničeskuju pomošč' (tys.)	36.8	36.2	39.3	35.6
Number of visits at medical-therapeutical facilities of the USSR Ministry of Health - Zahl der Besuche der medizinischen therapeutisch-prophylaktischen Einrichtungen des Ministeriums für Gesundheitswesen der UdSSR - Čislo poseščenij do vračebnych lečebno-profilaktičeskich učreždenij Ministerstva zdravoochranenija SSSR:				
ambulant (mill.-Mio) - na ambulantnom priеме(mln.)	513.1	630.0	1044.3	1969.5
House calls (mill.) - Hausbesuche (Mio) - na domu (mln.)	35.4	48.3	84.9	138.8
Number of specialized dispensary establishments - Zahl der spezialisierten dispensarischen Einrichtungen - Čislo specializirovannych dispansernych učreždenij	1284	1748	2787	3003
Cure and sanitarium treatment - Kurbetreuung - Sanatorno-kurortnaja pomošč:				
Number of boarding sanitariums and pensions with medical treatment (for children and adults) - Zahl der Ganztagssanatorien und Pensionen mit Heilbehandlung (für Erwachsene und Kinder) - Čislo sanatoriev kruglosutočnogo prebyvanija i pansionatov s lečeniem (dlja vzroslych i detej)	1838	2070	2106	2350
of which for children - darunter für Kinder - v tom čisle dlja detej	957	1027	1106	1219
Number of beds ('000) - Zahl der Betten (Tsd.) - Čislo koek (tys.)	240	255	325	504
of which for children ('000) - darunter für Kinder (Tsd.) - v tom čisle dlja detej (tys.)	95	95	120	162
Sanitary-epidemiological services - Sanitär-epidemiologischer Dienst - Sanitarno-epidemiologičeskaja služba:				

11.4.1 Standard of living, social security
Lebensstandard, Sozialfürsorge

	1940	1950	1960	1975
Number of sanitary-epidemiological stations - Zahl der sanitär-epidemiologischen Stationen - Čislo sanitarno-epidemiologičeskich stancij	1943	5756	4843	4754
Number of doctors of the sanitary anti-epidemical group ('000) - Zahl der Ärzte der sanitär-antiepidemischen Gruppe (Tsd.) - Čislo vračej sanitarno-protivoepidemičeskoj gruppy (tys.)	12.5	21.9	31.4	49.1
Number of paramedical staff in sanitary-epidemiological sector ('000) - Zahl des mittleren medizinischen Personals der sanitär-antiepidemischen Fachrichtung (Tsd.) - Čislo srednich medicinskich rabotnikov sanitarno-protivoepidemičeskogo profilja (tys.)	25.6	45.5	80.6	140.7
Therapeutic-prophylactic care of women and children - Therapeutisch-prophilaktische Betreuung von Frauen und Kindern - Lečebno-profilaktičeskaja pomošč' ženščinam i detjam:				
Number of gynecologists and accoucheurs ('000) - Zahl der Frauenärzte und Geburtshelfer (Tsd.) - Čislo vračej akušerov-ginekologov (tys.)	10.6	16.6	28.7	49.6
Number of midwives ('000) - Zahl der Geburtshelferinnen u.Hebammen (Tsd.) - Čislo feldšeric-akušerok i akušerok (tys.)	80.9	108.5	215.5	329.3
Number of beds (in hospitals and maternity homes) for pregnant women and women in childbed ('000) - Zahl der Betten (in Kranken-und Entbindungsstationen) für Schwangere und Wöchnerinnen (Tsd.) - Čislo koek (vračebnych i ekušerskich) dlja beremennych i rožemic (tys.)	147.1	143.0	213.4	223.6
Number of gynecological beds ('000) - Zahl der gynäkologischen Betten (Tsd.) - Čislo ginekologičeskich koek (tys.)	33.6	42.2	91.3	169.4
Number of children's specialists ('000) - Zahl der Kinderärzte (Tsd.) - Čislo vračej-pediatrov (tys.)	19.4	32.1	58.9	96.3
Number of maternity consultations, children's policlinics and dispensaries (independent or attached to other institutions, '000) - Zahl der Frauenberatungsstellen, Kinderpolikliniken und -ambulatorien (selbständige oder anderen Institutionen angehörende, Tsd.) - Čislo ženskich konsultacij, detskich poliklinik i ambulatorij (samostojatel'nych i vchodjaščich v sostav drugich učreždenij, tys.)	8.6	11.3	16.4	22.1
Number of hospital beds for children ('000) - Zahl der Krankenhausbetten für Kinder (Tsd.) - Čislo bol'ničnych koek dlja detej (tys.)	89.7	133.1	260.1	529.3
Number of children attending regular pre-school children's facilities ('000) - Zahl der Kinder, die ständige vorschulische Kindereinrichtungen besuchen (Tsd.) - Čislo detej, poseščajuščich postojannye detskie doškol'nye učreždenija, tys.	1953	1788	4428	11523

Standard of living, social security 11.4.1
Lebensstandard, Sozialfürsorge 11.4.2

	1940	1950	1960	1975
Pharmaceutical care - Pharmazeutische Betreuung - Aptečnaja pomošč:				
Number of pharmacies ('000) - Zahl der Apotheken (Tsd.) - Čislo aptek (tys.)	11.1	12.3	15.3	25.4
Number of pharmacists with university education ('000) - Zahl der Pharmazeuten mit Hochschulbildung (Tsd.) - Čislo farmacevtov s vysšim obrazovaniem (tys.)	9.5	12.2	26.5	61.9
Number of pharmacists with secondary education ('000) - Zahl der Pharmazeuten mit Mittelschulbildung (Tsd.) - Čislo farmacevtov so srednim obrazovaniem (tys.)	36.2	44.9	74.3	145.5

11.4.2 NUMBER OF DOCTORS OF ALL SPECIAL BRANCHES BY UNION REPUBLICS
ZAHL DER ÄRZTE ALLER FACHRICHTUNGEN NACH UNIONSREPUBLIKEN
ČISLENNOST' VRAČEJ VSECH SPECIAL'NOSTEJ PO SOJUZNYM RESPUBLIKAM

	Total number of doctors (in '000) Gesamtzahl der Ärzte (in Tsd.) Obščee čislo vračej (v tys.)				Number of doctors per 10,000 of the population Zahl der Ärzte pro 10.000 der Bevölkerung Čislo vračej na 10.000 naselenija			
	1940	1965	1970	1975	1940	1965	1970	1975
SSSR	155.3	554.2	668.4	834.1	7.9	23.9	27.4	32.6
RSFSR	90.8	315.5	378.4	468.9	8.2	24.8	29.0	34.8
Ukrainskaja SSR	35.3	110.6	131.0	157.1	8.4	24.3	27.0	32.0
Belorusskaja SSR	5.2	18.9	23.4	28.3	5.7	21.8	25.8	30.2
Uzbekskaja SSR	3.2	17.7	24.4	35.4	4.7	17.0	20.1	25.1
Kazachskaja SSR	2.7	22.5	28.8	39.2	4.3	18.7	21.8	27.3
Gruzinskaja SSR	4.9	15.8	17.1	20.4	13.3	35.0	36.2	41.1
Azerbajdžanskaja SSR	3.3	11.0	13.1	16.5	10.0	23.8	25.0	28.9
Litovskaja SSR	2.0	6.4	8.7	11.3	6.7	21.5	27.4	34.2
Moldavskaja SSR	1.1	6.0	7.4	10.1	4.2	17.9	20.5	26.2
Latvijskaja SSR	2.5	7.1	8.5	9.8	13.2	31.2	35.6	39.2
Kirgizskaja SSR	0.6	5.0	6.2	8.2	3.8	19.1	20.7	24.4
Tadžikskaja SSR	0.6	3.8	4.7	7.2	4.1	15.0	15.9	20.6
Armjanskaja SSR	1.0	6.0	7.3	9.8	7.5	26.7	28.8	34.8
Turkmenskaja SSR	1.0	4.1	4.8	6.6	7.6	21.2	21.4	25.7
Estonskaja SSR	1.1	3.8	4.6	5.3	10.0	29.5	33.1	36.8

11.4.3 Standard of living, social security
11.4.4 Lebensstandard, Sozialfürsorge

11.4.3 NUMBER OF WOMAN DOCTORS OF ALL SPECIAL BRANCHES
ZAHL DER ÄRZTINNEN ALLER FACHRICHTUNGEN
ČISLENNOST' ŽENŠČIN-VRAČEJ VSECH SPECIAL'NOSTEJ

(end-of-year figures - zum Jahresende - na konec goda)

	1940	1950	1960	1975	1976
in thousands - in Tausend - v tysjačach	96.3	408.9	479.6	583.5	600.6
in percentage to total of doctors - in Prozent zur Gesamtzahl der Ärzte - v % k obščej čislennosti vračej	62	74	72	70	69

11.4.4 NUMBER OF MEDICAL FACILITIES FOR AMBULANT TREATMENT
ZAHL DER MEDIZINISCHEN EINRICHTUNGEN FÜR AMBULANT-POLIKLINISCHE ÄRZTLICHE BETREUUNG
ČISLO MEDICINSKICH UČREŽDENIJ, OKAZYVAJUŠČICH VRAČEBNUJU AMBULATORNO-POLIKLINIČESKUJU POMOŠČ'

	All authorities Alle Behörden Vse vedomstva		System of the USSR Ministry of Health- System des Ministeriums für Gesundheitswesen der UdSSR - Sistema Ministerstva zdravoochranenija SSSR	
	1970	1975[1]	1970	1975[1]
SSSR	37,360	35,641	35,013	33,329
RSFSR	19,903	18,903	18,417	17,430
Ukrainskaja SSR	6,417	5,870	6,031	5,480
Belorusskaja SSR	1,493	1,357	1,430	1,292
Uzbekskaja SSR	1,767	1,848	1,746	1,799
Kazachskaja SSR	2,220	2,202	2,071	2,088
Gruzinskaja SSR	1,392	1,345	1,341	1,291
Azerbajdžanskaja SSR	1,075	1,044	1,025	985
Litovskaja SSR	484	429	471	416
Moldavskaja SSR	428	480	414	466
Latvijskaja SSR	405	367	384	347
Kirgizskaja SSR	343	341	336	332
Tadžikskaja SSR	371	389	365	382
Armjanskaja SSR	457	487	445	473
Turkmenskaja SSR	323	338	304	319
Estonskaja SSR	282	241	233	229

[1] Reduction of the number of establishments by consolidation - Verringerung der Zahl der Einrichtungen durch Zusammenlegung - Sniženie čisla učreždenij ob'jasnjaetsja ich ukrupleniem

Standard of living, social security
Lebensstandard, Sozialfürsorge 11.4.5

11.4.5 GROWTH IN NUMBER OF HOSPITALS AND HOSPITAL BEDS
WACHSTUM DES NETZES DER KRANKENANSTALTEN UND DES BETTENKONTINGENTS
ROST SETI BOL'NIČNYCH UČREŽDENIJ I KOEČNOGO FONDA

	1940	1960	1970	1975[1]
Number of hospitals ('000) - Zahl der Krankenanstalten (Tsd.) - Čislo bol'ničnych učreždenij (tys.)	13.8	26.7	26.2	24.3
Number of hospital beds ('000) - Zahl der Krankenhausbetten (Tsd.) - Čislo bol'ničnych koek (tys.)	790.9	1739.2	2663.3	3009.2
Number of hospital beds per 10,000 of the population - Zahl der Krankenhausbetten pro 10.000 der Bevölkerung - Čislo bol'ničnych koek na 10.000 naselenija	40.2	80.4	109.2	117.8

[1] Reduction of the number of hospitals by consolidation and disbandment of smaller hospitals - Verringerung der Zahl der Krankenanstalten durch Zusammenlegung und Auflösung kleiner Krankenhäuser - Nekotoroe umen'šenie čisla bol'ničnych učreždenij svjazano s ich ukrupleniem i likvidaciej melkich bol'nic

Note: Besides the hospitals of the USSR Ministry of Health there are special clinics for top functionaries of the Party, the Government, the USSR Ministry of Defense, the Committee for State Security and other agencies. These clinics are under the supervision of the IV. Main Administration of the USSR Council of Ministers. Besides psychiatric clinics there are special psychiatric clinics where - according to reports of Amnesty International - countless Soviet citizens are being "cured" of their political views. There are also so-called "Platnye polikliniki" (Paying Polyclinics) where Soviet citizens are treated for a nominal official fee. All persons holding the honorary title of "Hero of the Soviet Union" are treated in these medical centers and hospitals which are administered by the USSR Ministry of Defense, the Committee for State Security of the USSR Council of Ministers and the USSR Ministry of the Interior, in their respective home towns, depending on where they have served.

Anmerkung: Außerhalb des Netzes der Krankenanstalten des Ministeriums für Gesundheitswesen der UdSSR bestehen Sonderkliniken für Spitzenfunktionäre der Partei, der Staatsapparate, des Verteidigungsministeriums der UdSSR, des Komitees für Staatssicherheit u.a. Behörden. Sie werden von der IV. Hauptverwaltung des Ministerrates der UdSSR verwaltet. Neben psychiatrischen Kliniken bestehen psychiatrische Spezialkliniken, in welchen nach Berichten von Amnesty International viele Sowjetbürger aufgrund ihrer politischen Anschauungen "geheilt" werden. Auch gibt es sogenannte "Platnye polikliniki", in denen von den Bürgern für die ärztliche Behandlung ein geringer offizieller Tarif erhoben wird. Alle Inhaber des Ehrentitels "Held der Sowjetunion" werden an ihrem Wohnort in Polikliniken und Lazaretten (Krankenhäusern) des Verteidigungsministeriums der UdSSR, des Komitees für Staatssicherheit beim Ministerrat der UdSSR und des Innenministeriums der UdSSR behandelt, je nachdem, wo sie gedient haben.

12. PUBLIC ORGANIZATIONS
GESELLSCHAFTLICHE ORGANISATIONEN
OBŠČESTVENNYE ORGANIZACII

12.1   LIST OF LEADING PUBLIC ORGANIZATIONS
VERZEICHNIS DER WICHTIGSTEN GESELLSCHAFTLICHEN ORGANISATIONEN
SPISOK VAŽNEJŠYCH OBŠČESTVENNYCH ORGANIZACII

I. Trade Unions - Gewerkschaften Professional'nye Sojuzy

II. All-Union Leninist Young Communist League -
Leninscher Kommunistischer Jugendverband -
Vsesojuznyj Leninskij Kommunističeskij Sojuz Molodeži (Komsomol)

III. Consumers' Cooperatives - Genossenschaftliche Vereinigungen -
Kooperativnye ob'edinenija

   Agricultural Cooperative (collective farms) -
   Landwirtschaftliche Genossenschaft (Kolchosen) -
   Sel'skochozjajstvennaja kooperacija (kolchozy)

   Consumers' Cooperative - Konsumgenossenschaft -
   Potrebitel'skaja kooperacija

   Housing Construction Cooperative - Wohnungsbaugenossen-
   schaft - Žiliščno-stroitel'naja kooperacija

IV. Social-political organizations -
Gesellschaftspolitische Organisationen -
Obščestvenno-političeskie organizacii

   Soviet Peace Committee - Sowjetisches Friedenskomitee -
   Sovetskij komitet zaščity mira

   Committee of Soviet Women - Komitee sowjetischer Frauen -
   Komitet sovetskich ženščin

   USSR Committee of Youth Organizations - Komitee der Jugend-
   organisationen der UdSSR - Komitet molodežnych organizacij SSS

   Soviet Committee of War Veterans - Sowjetisches Komitee der
   Kriegsveteranen - Sovetskij komitet veteranov vojny

   Union of Soviet Societies for Friendship and Cultural
   Relations with Foreign Countries - Verband der sowjetischen
   Gesellschaften für Freundschaft und kulturelle Verbindungen
   mit dem Ausland - Sojuz sovetskich obščestv družby i kul'-
   turnoj svjazi s zarubežnymi stranami

   Soviet Committee for Solidarity with Asian and African
   Countries - Sowjetisches Komitee für Solidarität mit den
   Ländern Asiens und Afrikas - Sovetskij komitet solidarnosti
   stran Azii i Afriki

V. Scientific, scientific-technical and academic training
societies - Wissenschaftliche, wissenschaftlich-technische und
wissenschaftlich bildende Gesellschaften - Naučnye, naučno-
techničeskie i naučno-prosvetitel'nye obščestva

   All-Union Society for Knowledge - Unionsgesellschaft
   "Znanie" - Vsesojuznoe obščestvo "Znanie"

Public organizations
Gesellschaftl.Organisationen 12.1

Scientific-technical societies - Wissenschaftlich-technische Gesellschaften - Naučno-techničeskie obščestva

All-Union Society of Inventors and Innovators - Unionsgesellschaft der Erfinder und Rationalisatoren - Vsesojuznoe obščestvo izobretatelej i racionalizatorov - VOIR

All-Union Scientific-Medical Societies - Wissenschaftlich-medizinische Unionsgesellschaften - Vsesojuznye naučno-medicinskie obščestva

Society of Philosophers - Philosophen-Gesellschaft - Obščestvo filosofov

VI. Sports and defense societies - Sport- und Verteidigungsgesellschaften - Sportivnye i oboronnye obščestva

Voluntary Sports Societies - Freiwillige Sportgesellschaften - Dobrovol'nye sportivnye obščestva

All-Union Voluntary Society for the Promotion of the Army, Aviation and Navy - Freiwillige Gesellschaft zur Zusammenarbeit mit Armee, Luftwaffe und Flotte - Dobrovol'noe obščestvo sodejstvija armii, aviacii i flotu - DOSAAF

Society of Hunters and Anglers - Gesellschaft der Jäger und Angler - Obščestvo ochotnikov i rybolovov

River and shore patrol societies - Wasserwachtgesellschaften - Obščestva spasanija na vodach - OSVOD

VII. Cultural instructive societies - Kulturell bildende Gesellschaften - Kul'turno-prosvetitel'nye obščestva

Societies for the Protection of Nature - Naturschutzgesellschaften - Obščestva ochrany prirody

Societies for the Protection of Monuments - Gesellschaften für Denkmalschutz - Obščestva ochrany pamjatnikov istorii i kul'tury

Theatre societies - Theatergesellschaften - Teatral'nye obščestva

Choral societies - Chorgesellschaften - Chorovye obščestva

VIII. Creative unions - Schöpferische Verbände - Tvorčeskie sojuzy

USSR Writers' Union - Schriftstellerverband der UdSSR - Sojuz pisatelej SSSR

USSR Journalists' Union - Journalistenverband der UdSSR - Sojuz žurnalistov SSSR

USSR Artists' Union - Kunstmalerverband der UdSSR - Sojuz chudožnikov SSSR

USSR Composers' Union - Komponistenverband der UdSSR - Sojuz kompozitorov SSSR

USSR Cinema Workers' Union - Verband der Filmschaffenden der UdSSR - Sojuz rabotnikov kinematografii SSSR

USSR Architects' Union - Architektenverband der UdSSR - Sojuz architektorov SSSR

IX. Others - Andere - Pročie

Union of Societies of the Red Cross and Red Crescent of the USSR - Verband der Gesellschaften des Roten Kreuzes und des Roten Halbmondes der UdSSR - Sojuz obščestv Krasnogo Kresta i Krasnogo Polumesjaca SSSR

583

12.1 Public organizations
12.2.1 Gesellschaftl.Organisationen

Voluntary Fire-Brigade - Freiwillige Feuerwehr -
Dobrovol'noe požarnoe obŝčestvo

Philatelists' Society - Philatelisten-Gesellschaft -
Obŝčestvo filatelistov

12.2 TRADE UNIONS - GEWERKSCHAFTEN - PROFESSIONAL'NYE SOJUZY

12.2.1 NUMBER OF TRADE UNION MEMBERS AT USSR TRADE UNION CONGRESSES
ZAHL DER GEWERKSCHAFTSMITGLIEDER ZU GEWERKSCHAFTSKONGRESSEN DER UdSSR
ČISLO ČLENOV PROFESSIONAL'NYCH SOJUZOV K S'EZDAM PROFSOJUZOV SSSR
(in thousands - in Tausend - tys.čelovek)

Congress Kongress S'ezd	Date - Datum - data	Number of members Mitgliederzahl Čislo členov
I	January-Januar-Janvar' 1918	2,638.8
II	January-Januar-Janvar' 1919	3,422.0
III	April - Aprel' 1920	4,227.0
IV	May - Mai - Maj 1921	8,485.8
V	September - Sentjabr' 1922	5,100.0[1]
VI	November - Nojabr' 1924	6,400.0
VII	December - Dezember - Dekabr' 1926	9,236.0
VIII	December - Dezember - Dekabr' 1928	11,000.0
IX	April - Aprel' 1932	16,500.0
X	April - Aprel' 1949	28,500.0
XI	June - Juni - Ijun' 1954	40,420.0
XII	March - März - Mart 1959	52,780.0
XIII	October - Oktober - Oktjabr' 1963	68,175.6
XIV	February - Februar - Fevral' 1968	86,130.0
XV	March - März - Mart 1972	98,022.0
XVI	March - März - Mart 1977	113,500.0

[1] Decrease in membership due to change from obligatory to voluntary membership -
Verringerung der Mitgliederzahl im Zusammenhang mit dem Übergang von der Pflicht- zur freiwilligen Mitgliedschaft.

Public organizations 12.2.2
Gesellschaftl.Organisationen 12.2.3
12.2.4

12.2.2 CHAIRMEN OF THE ALL-UNION CENTRAL COUNCIL OF TRADE UNIONS
VORSITZENDE DES UNIONSZENTRALRATES DER GEWERKSCHAFTEN
PREDSEDATELI VSESOJUZNOGO CENTRAL'NOGO SOVETA PROFESSIONAL'NYCH SOJUZOV

ZINOVEV, G.E.	January-March - Januar-März 1918	1936 liquidated - liquidiert
TOMSKIJ, M.P.	March-März 1918 - 1929	1936 suicide-Selbstmord
ŠVERNIK, N.M.	1930-1944 and/und 1953-1956	1970 died-gestorben
KUZNECOV, V.V.	1944-1953	
GRIŠIN, V.V.	1956-1967	
ŠELEPIN, A.N.	1967-1975	1975 discharged - abgesetzt
SIBAEV, A.I.	1976-	

12.2.3 ALL-UNION CENTRAL COUNCIL OF TRADE UNIONS
UNIONSZENTRALRAT DER GEWERKSCHAFTEN
VSESOJUZNYJ CENTRAL'NYJ SOVET PROFESSIONAL'NYCH SOJUZOV
(August 1, 1978 - Stand v. 1.8.1978)

Address-Adresse: Leninskij prospekt, 42, Moskva

Chairman - Vorsitzender - Predsedatel'	- SIBAEV, A.I.	
Deputy - Stellvertreter - Zamestitel'predsedatelja	- PROCHOROV, V.I.	
Secretaries - Sekretäre - Sekretari	- BIRJUKOVA, A.P. BOGATIKOV, V.F. MACKJAVIČIUS, K.Ju. PIMENOV, P.T.	SALAEV, S.A. UŠAKOV, A.P. VIKTOROV, A.V. VLADYČENKO, I.M. ZEMIJANNIKOVA, L.A.
Chairwoman of the Auditing Commission - Vorsitzende der Revisionskommission - Predsedatel' revizionnoj	- GUGINA, E.F.	

12.2.4 CCs OF THE BRANCH TRADE UNIONS - ZKs DER BRANCHENGEWERKSCHAFTEN -
CK OTRASLEVYCH PROFESSIONAL'NYCH SOJUZOV
(January 1, 1977 - Stand v. 1.1.1977)

Trade Union - Gewerkschaft - Professional'nyj sojuz	Chairman - Vorsitzender - Predsedatel'
Aircraft and defense industry - Flugzeug- und Verteidigungsindustrie - rabočich aviacionnoj i oboronnoj promyšlennosti Leninskij prospekt, 42, Moskva	- KAREV, A.T.
Civil aviation - zivile Luftfahrt - aviacionnych rabotnikov ul. Kržižanovskogo, 20/30, Moskva	- ZUEV, V.A.

12.2.4 Public organizations
Gesellschaftl.Organisationen

Trade Union - Gewerkschaft - Professional'nyj sojuz	Chairman - Vorsitzender - Predsedatel'
Motor transport and road construction - Kraftverkehr und Straßenwesen - rabočich avtomobil'nogo transporta i šossejnych dorog ul. Kržižanovskogo, 20/30, Moskva	- KONNOV, V.K.
Geological prospecting - geologische Schürfarbeiten - rabočich geologorazvedočnych rabot ul. Kržižanovskogo, 20/30, Moskva	- KURZIN, L.N.
State trade enterprises and cooperative societies - Staatshandelsbetriebe und Konsumgenossenschaften - rabotnikov gosudarstvennoj torgovli i potrebitel' skoj kooperacii Leninskij prospekt, 42, Moskva	- SALAUROVA, A.G.
State institutions - staatliche Institutionen - rabotnikov gosudarstvennych učreždenij Leninskij prospekt, 42, Moskva	- MAKEEV, G.A.
Railway transport - Eisenbahntransport - rabočich železnodorožnogo transporta Sad.Spasskaja, 21, Moskva	- KOVALEV, N.I.
Culture - Kultur - rabotnikov kul'tury Leninskij prospekt, 42, Moskva	- PAŠKOV, M.V.
Timber, paper and wood processing industry - Holz-, Papier- und holzbearbeitende Industrie - rabočich lesnoj, bumažnoj i derevoobrabatyvajuščej promyšlennosti Leninskij prospekt, 42, Moskva	- BELIKOV, B.A.
Mechanical engineering industry - Maschinenbauindustrie - rabočich mašinostroenija Leninskij prospekt, 42, Moskva	- DRAGUNOV, N.V.
Public health - Gesundheitswesen - medicinskich rabotnikov Leninskij prospekt, 42, Moskva	- NOVAK, L.I.
Local industry, municipal and consumer services - lokale Industrie, Kommunal- und Dienstleistungsbetriebe - rabočich mestnoj promyšlennosti i kommunal'no-bytovych predprijatij Leninskij prospekt, 42, Moskva	- SOROKINA, G.P.
Metallurgical industry - Metallindustrie - rabočich metallurgičeskoj promyšlennosti Leninskij prospekt, 42, Moskva	- KOSTJUKOV, I.I.
High-sea and inland navigation - Hochsee- und Binnenschiffahrt - rabočich morskogo i rečnogo flota Leninskij prospekt, 42, Moskva	- PETRIKEEV, V.I.
Petrol, chemical and gas industry - Erdöl-, chemische und Gasindustrie - rabočich neftjanoj, chimičeskoj i gazovoj promyšlennosti Leninskij prospekt, 42, Moskva	- SVETCOV, N.P.
Food industry - Nahrungsmittelindustrie - rabočich piščevoj promyšlennosti Leninskij prospekt, 42, Moskva	- MATROSOVA, N.L.

Public organizations 12.2.4
Gesellschaftl.Organisationen 12.2.5

Trade Union - Gewerkschaft - Professional'nyj sojuz	Chairman - Vorsitzender - Predsedatel'
Schools, universities and scientific institutions - Schul- und Hochschulwesen und wissenschaftliche Institutionen - rabotnikov prosveščenija, vysšej školy i naučnych učreždenij Leninskij prospekt, 42, Moskva	- JANUŠKOVSKAJA, T.P.
Radio and electronic industry - Radio- und elektronische Industrie - rabočich radio- i elektronnoj promyšlennosti Golutvinskij p., 3, Moskva	- IVANOV, V.I.
Communications - Post- und Fernmeldewesen - rabotnikov svjazi ul. Vavilova, 68, Moskva	- KANAEVA, A.M.
Agriculture and registration organs - Landwirtschaft und Erfassungsorgane - rabočich i služaščich sel'skogo chozjajstva i zagotovok Leninskij prospekt, 42, Moskva	- ŠKURATOV, I.F.
Construction and construction materials industry - Bauwesen und Baustoffindustrie - rabočich stroitel'stva i promyšlennosti stroitel'nych materialov Leninskij prospekt, 42, Moskva	- LANŠIN, I.A.
Shipbuilding industry - Schiffsbauindustrie - rabočich sudostroitel'noj promyšlennosti Moskva	- BURIMOVIČ, A.G.
Textile and light industry - Textil- und Leichtindustrie - rabočich tekstil'noj i legkoj promyšlennosti Leninskij prospekt, 42, Moskva	- DOLŽENKOVA, M.G.
Coal industry - Kohlenindustrie - rabočich ugol'noj promyšlennosti Leninskij prospekt, 42, Moskva	- EFREMENKO, E.I.
Power plants and electrical engineering industry - Kraftwerke und elektrotechnische Industrie - rabočich elektrostancij i elektrotechničeskoj promyšlennosti Leninskij prospekt, 42, Moskva	- SIMOČATOV, N.P.

12.2.5 TRADE UNION COUNCILS OF THE UNION REPUBLICS - GEWERKSCHAFTSRÄTE DER UNIONSREPUBLIKEN - SOVETY PROFSOJUZOV SOJUZNYCH RESPUBLIK

Republic-Republik-Respublika A.	Chairman-Vorsitzender-Predsedatel' B.	Number of members (in millions) Mitgliederzahl (in Millionen) Čislo členov (mln. čelovek) 1.1.1977 C.
Ukrainskaja SSR	SOLOGUB, V.A.	22.0
Belorusskaja SSR	POLOZOV, N.N.	4.2
Uzbekskaja SSR	MACHMUDOVA, N.M.	3.5
Kazachskaja SSR	MUKAŠEV, S.M.	5.8
Gruzinskaja SSR	MOSAŠVILI, T.I.	2.0
Azerbajdžanskaja SSR	GUSEJNOVA, Z.I.	1.7
Litovskaja SSR	FERENSAS, A.A.	1.5

12.2.5 Public organizations
12.2.6 Gesellschaftl.Organisationen
12.3.1

A.	B.	C.
Moldavskaja SSR	PETRIK, P.P.	1.5
Latvijskaja SSR	ZITMANIS, A.K.	1.3
Kirgizskaja SSR	ABAKIROV, E.	1.0
Tadžikskaja SSR	CHAJDAROV, A.	0.8
Armjanskaja SSR	SAAKJAN, L.G.	1.2
Turkmenskaja SSR	CARYEV, M.A.	0.6
Estonskaja SSR	LENCMAN, L.N.	0.7

12.2.6
SOCIETIES AND ORGANIZATIONS WORKING UNDER THE GUIDANCE OF TRADE UNIONS
UNTER DER LEITUNG DER GEWERKSCHAFTEN TÄTIGE GESELLSCHAFTEN UND ORGANISATIONEN
POD RUKOVODSTVOM PROFSOJUZOV RABOTAJUŠCIE OBŠČESTVA I ORGANIZACII

Scientific-technical societies - Wissenschaftlich-technische Gesellschaften - Naučno-techničkie obščestva - NTO

All-Union Society of Inventors and Innovators - Unionsgesellschaft der Erfinder und Rationalisatoren - Vsesojuznoe obščestvo izobretatelej i racionalizatorov-VOIR

Voluntary sports societies - Freiwillige Sportgesellschaften - Dobrovol'nye sportivnye obščestva - DSO

Organizations for tourism and excursions - Organisationen für Tourismus und Exkursionen - Turistsko-ekskursionnye organizacii

12.3   ALL-UNION LENINIST YOUNG COMMUNIST LEAGUE
         LENINSCHER KOMMUNISTISCHER JUGENDVERBAND - KOMSOMOL
   VSESOJUZNYJ LENINSKIJ KOMMUNISTIČESKIJ SOJUZ MOLODEŽI - VLKSM

12.3.1 NUMBER OF MEMBERS AT KOMSOMOL CONGRESSES - ZAHL DER MITGLIEDER
         ZU KOMSOMOLKONGRESSEN - ČISLENNOST' VLKSM K S'EZDAM KOMSOMOLA

Congress Kongress S'ezd	Date - Datum - Data	Number of members Mitgliederzahl Čislo členov
I	October-Oktober-Oktjabr' 1918	22,100
II	February-Februar-Fevral' 1919	96,096
III	October-Oktober-Oktjabr' 1920	482,342
IV	September-Sentjabr' 1921	475,000
V	October-Oktober-Oktjabr' 1922	303,944
VI	July-Juli-Ijul' 1924	702,000
VII	March-März-Mart 1926	1,750,000
VIII	May-Mai-Maj 1928	1,960,000
IX	January-Januar-Janvar' 1931	2,897,000

Public Organizations
Gesellschaftl.Organisationen   12.

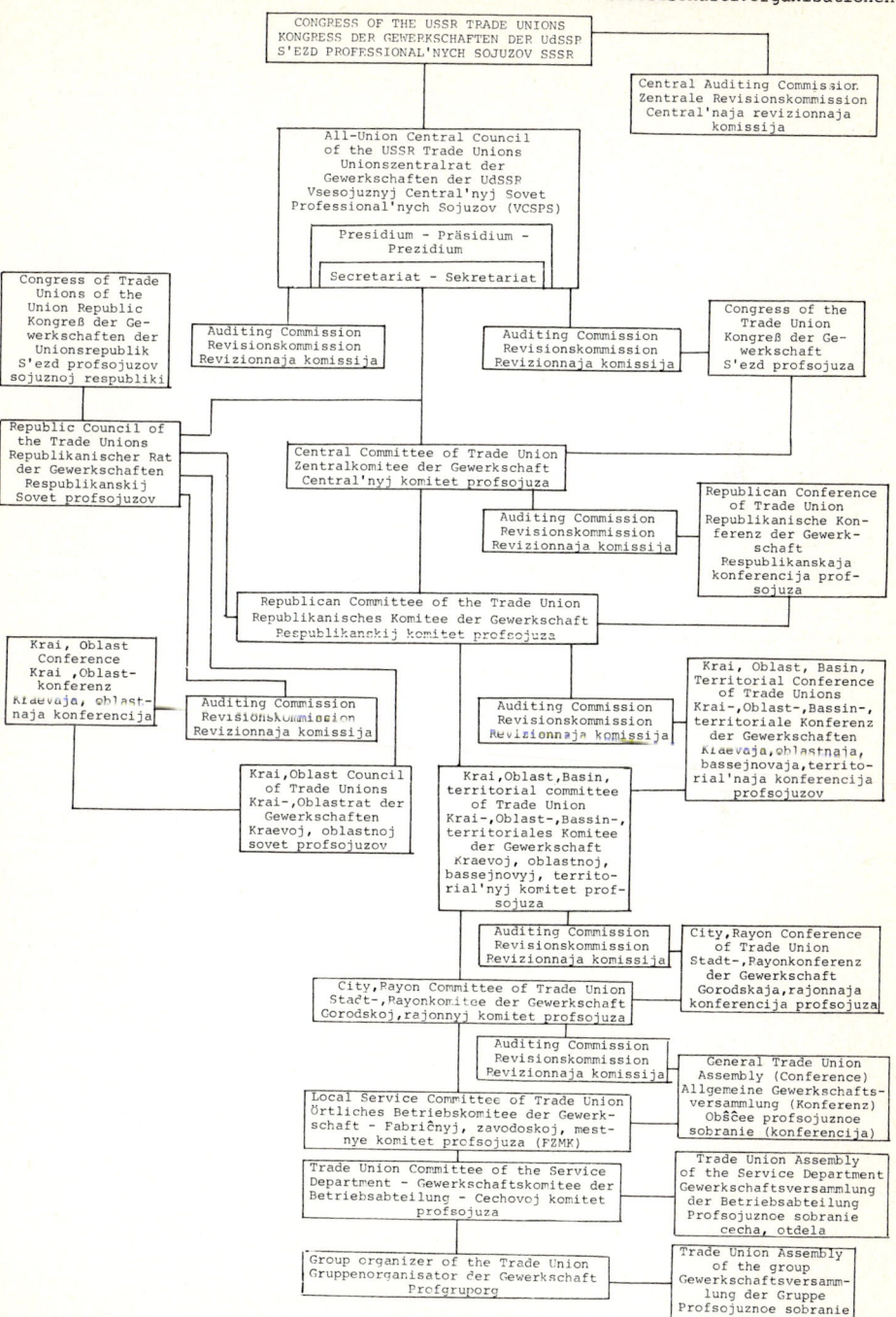

12.3.1 Public organizations
12.3.2 Gesellschaftl.Organisationen

Congress Kongress S'ezd	Date - Datum - Data	Number of members Mitgliederzahl Číslo členov
X	March-März-Mart 1936	3,981,777
XI	April-Aprel' 1949	9,283,289
XII	March-März-Mart 1954	18,825,327
XIII	April-Aprel' 1958	18,092,538
XIV	April-Aprel' 1962	19,400,000
XV	May-Mai-Maj 1966	23,050,700
XVI	May-Mai-Maj 1970	27,028,301
XVII	April-Aprel' 1974	33,760,000
XVIII	April-Aprel' 1978	35,600,000 (1.1.1977)

12.3.2 CC OF USSR KOMSOMOL - ZK DES KOMSOMOL DER UdSSR - CK VLKSM
(August 1, 1978 - Stand v. 1.8.1978)

First Secretary - Erster Sekretär - Pervyj sekretar'	- PASTUCHOV, B.N.	
Secretaries and members of the bureau - Sekretäre und Mitglieder des Büros - Sekretari i členy bjuro	- DEREVJANKO, A.P. GRIGOREV, V.V. GUSEJNOV, V.A. FEDULOVA, A.V. FILIPPOV, D.N.	MIŠIN, V.M. NOVOŽILOVA, Z.G. OCHROMIJ, D.A. ŽUGANOV, A.V.
Members of the bureau - Mitglieder des Büros - Členy bjuro	- BORCOV, A.G. GAFURŽANOV, E.G. GANIČEV, V.N. GLEBOV, V.S. JANAEV, G.I. KOLJAKIN, A.N.	KORNIENKO, A.I. LYSENKO, I.E. SIDORIK, V.G. SULTANOV, K.S. VOLČICHIN, V.G.
Candidates of the bureau - Kandidaten des Büros - Kandidaty v členy bjuro	- ANDRIANOV, N.E. BALTRUNAS, V.S. GROŠEV, V.P. KATUNIN, V.A.	KULEŠOV, S.P. PLATONOV, K.M. ROGATIN, B.N.
Chairman of the Central Auditing Committee - Vorsitzender der Zentralen Revisionskommission - Predsedatel' Central'noj revizionnoj komissii	- ARSENTEV, V.B.	

Public organizations 12.3.3
Gesellschaftl.Organisationen 12.3.4

12.3.3   CCs OF THE KOMSOMOL OF THE UNION REPUBLICS - ZKs DES KOMSOMOL
         DER UNIONSREPUBLIKEN - CK DES LKSM SOJUZNYCH RESPUBLIK

Republic Republik Respublika	First Secretary Erster Sekretär Pervyj Sekretar'	Number of members Mitgliederzahl Čislennost' členov (1.1.1977)
Ukrainskaja SSR	KORNIENKO, A.I.	5,962,920
Belorusskaja SSR	PLATONOV, K.M.	1,280,274
Uzbekskaja SSR	GAFURŻANOV, E.	1,721,923
Kazachskaja SSR	SULTANOV, K.S.	1,704,077
Gruzinskaja SSR	SARTAVA, Z.K.	634,424
Azerbajdżanskaja SSR	GUSEJNOV, V.A.	700,110
Litovskaja SSR	BALTRUNAS, V.S.	365,829
Moldavskaja SSR	GUCU, I.T.	505,272
Latvijskaja SSR	PLAUDE, A.K.	281,350
Kirgizskaja SSR	RYSMENDIEV, A.A.	387,475
Tadżikskaja SSR	SATOROV, A.	324,896
Armjanskaja SSR	KOTANDŻJAN, G.S.	401,700
Turkmenskaja SSR	ISANKULIEV, O.I.	315,395
Estonskaja SSR	TOOME, J.Ch.	145,773

12.3.4
NUMBER OF CPSU MEMBERS AND CANDIDATES WITHIN THE KOMSOMOL ("Party Core")
ZAHL DER IM KOMSOMOL TÄTIGEN MITGLIEDER UND KANDIDATEN DER KPdSU ("Parteikern")
KOLIČESTVO ČLENOV I KANDIDATOV KPSS RABOTAJUŠČICH V KOMSOMOLE ("Partijnoe jadro")
(as of January 1 of the corresponding year - zum 1. Januar des
jeweiligen Jahres - na 1 janvarja sootvetstvujuščego goda)

1966	268,240
1967	267,328
1968	310,152
1969	388,348
1970	460,638
1971	549,662
1978	1,100,000

12.3.5 Public organizations
12.4   Gesellschaftl. Organisationen

12.3.5 ALL-UNION PIONEERS ORGANIZATION - UNIONSPIONIERORGANISATION - VSESOJUZNAJA PIONERSKAJA ORGANIZACIJA

Chairwoman - Vorsitzende: FEDULOVA, A.V.

Number of members - Mitgliederzahl 1970: 23 million-Millionen

Organ: "Pionerskaja pravda" as well as the organs of the
       pioneers organizations in the 15 union republics -
       sowie Organe der Pionierorganisationen in den 15
       Unionsrepubliken

12.4 NUMBER OF MEMBERS OF SOME VOLUNTARY ALL-UNION SOCIETIES
     MITGLIEDERZAHL EINIGER FREIWILLIGER UNIONSGESELLSCHAFTEN
     ČISLENNYJ SOSTAV NEKOTORYCH VSESOJUZNYCH DOBROVOL'NYCH OBŠČESTV
                              (1965 - 1976)

Year Jahr God	NTO of USSR[1] NTO der UdSSR NTO SSSR ('000-Tsd.-tys.)	VOIR[2]	"Znaniye" "Znanie" ('000-Tsd.-tys.)	SOKK and KP[3] SOKK und KP SOKK i KP
1965	2477.4	3,580,048	1460.8	61,108,701
1966	2781.5	4,063,542	1637.3	65,573,881
1967	3059.3	4,451,607	1823.5	69,931,804
1968	3354.1	4,781,863	1980.7	75,358,889
1969	3644.9	5,080,715	2088.1	78,541,681
1970	4104.8	5,437,881	2187.9	81,829,718
1971	4752.8	5,781,528	2318.9	84,484,904
1972	5424.7	6,204,973	2457.1	87,151,138
1973	5965.0	6,536,702	2596.0	89,199,382
1974	6469.5	7,026,893	2705.3	91,216,309
1975	7012.2	7,607,126	2855.2	93,178,961
1976	7542.6	8,336,931	2979.3	94,976,471

[1]NTO   - USSR Scientific-Technical Society - Wissenschaftlich-Technische
          Gesellschaft der UdSSR - Naučno-Techničeskoe obščestvo SSSR
[2]VOIR - All-Union Society of Inventors and Innovators - Unionsgesellschaft
          der Erfinder und Rationalisatoren - Vsesojuznoe obščestvo izo-
          bretatelej i racionalizatorov
[3]SOKK - Union of Societies of the Red Cross and Red Crescent of the USSR -
   KP   Verband der Gesellschaften des Roten Kreuzes und des Roten Halbmondes
          der UdSSR - Sojuz obščestv Krasnogo kresta i Krasnogo polumesjaca

12.5
ADDITIONAL INFORMATION ON SOME PUBLIC ORGANIZATIONS
ZUSÄTZLICHE INFORMATIONEN ÜBER EINIGE GESELLSCHAFTL.ORGANISATIONEN

All-Union Society for Knowledge - Unionsgesellschaft "Znanie" -
Vsesojuznoe obščestvo "Znanie"
  Centr, Prosp. Serova, 4, Moskva
    founded - gegründet 1947
    Chairman - Vorsitzender: BASOV, N.G.
    on 1/1/1977 - z.1.1.1977: number of members - Mitgliederzahl: 3,130,400
    number of basic organizations - Zahl der Grundorganisationen: 146,869

All-Union Voluntary Society for the Promotion of the Army, Aviation & Navy -
Freiwillige Gesellschaft zur Zusammenarbeit mit Armee, Luftwaffe und Flotte -
Dobrovol'noe obščestvo sodejstvija armii, aviacii i flotu (DOSAAF)
    founded - gegründet 1951
    Chairman of the CC - Vorsitzender des ZK: POKRYŠKIN, A.I. (Marshal of the
        Air Force - Marschall der Luftwaffe)
    on 1/1/1977 - z.1.1.1977: number of members - Mitgliederzahl:
        above 80 million - über 80 Millionen
    number of basic organizations - Zahl der Grundorganisationen: 330,000
    Organs - Organe: Newspaper - Zeitung: "Sovetskij patriot"
    Journals - Zeitschriften: "Voennye znanija", "Krylja Rodiny", "Radio",
    "Za rulem"

Committee of Soviet Women - Komitee sowjetischer Frauen -
Komitet sovetskich ženščin
    founded - gegründet 1941
    Chairwoman - Vorsitzende: NIKOLAEVA-TEREŠKOVA, V.V. (cosmonaut,female-Kosmonautin)
    Organ: "Sovetskaja ženščina"

Committee of Youth Organizations of the USSR - Komitee der Jugendorganisationen
der UdSSR - Komitet molodežnych organizacij SSSR (KMO SSSR)
    founded - gegründet 1956
    Chairman - Vorsitzender: JANAEV, G.I.
    Organ: "Vestnik KMO SSSR"

Soviet Committee for European Security and Cooperation - Sowjetisches Komitee
für europäische Sicherheit und Zusammenarbeit - Sovetskij Komitet za evropejskuju
bezopasnost' i sotrudničestvo
    founded - gegründet 1971
    Chairman - Vorsitzender: SITIKOV, A.P.
    Organ: "Informacionnyj bjulleten'"

Soviet Committee for Solidarity with Asian and African Countries -
Sowjetisches Komitee für Solidarität mit den Ländern Asiens und Afrikas -
Sovetskij komitet solidarnosti stran Azii i Afriki (SKSSAA)
  Kropotkinskaja ul., 10, Moskva
    founded - gegründet 1956
    Chairman - Vorsitzender: IBRAGIMOV, M.A.
Soviet Committee of War Veterans - Sowjetisches Komitee der Kriegsveteranen -
Sovetskij komitet veteranov vojny
    founded - gegründet 1956
    Chairman - Vorsitzender: BATOV, P.I. (Army General - Armeegeneral)

Soviet Association for International Law - Sowjetische Gesellschaft für inter-
nationales Recht - Sovetskaja associacija meždunarodnogo prava
    founded - gegründet 1957
    Chairman - Vorsitzender: TUNKIN, G.I.

12.5 Public organizations
Gesellschaftl.Organisationen

number of members - Mitgliederzahl 1976: above 360 - über 360
Organ: "Sovetskij ežegodnik meždunarodnogo prava"

Soviet Peace Committee - Sowjetisches Friedenskomitee - Sovetskij komitet zaščity mira
  Kropotkinskaja ul., 10, Moskva
  founded - gegründet 1949
  Chairman - Vorsitzender: TICHONOV, N.S.
  Organ: "Vek XX i mir"

Soviet Sociological Association - Sowjetische Soziologische Gesellschaft - Sovetskaja Sociologičeskaja Asociacija
  founded - gegründet 1958

Union Council of Collective Farms - Unionsrat der Kolchosen - Sojuznyj Sovet Kolchozov
  Chairman - Vorsitzender: MESJAC, V.K. (USSR Minister of Agriculture - Landwirtschaftsminister der UdSSR)

Union of Societies of the Red Cross and Red Crescent of the USSR - Verband der Gesellschaften des Roten Kreuzes und des Roten Halbmondes der UdSSR - Sojuz obščestv Krasnogo Kresta i Krasnogo Polumesjaca SSSR (SOKK i KP SSSR)
  Pervyj Čeremuškinskij Prosp., 5, Moskva
  founded - gegründet 1925
  Chairman - Vorsitzender: BALTIJSKIJ, V.A.
  Number of basic organizations - Zahl der Grundorganisationen 1976: 410
  Organ: "Sovetskij Krasnyj Krest"

Union of Soviet Societies for Friendship and Cultural Relations with Foreign Countries - Verband der sowjetischen Gesellschaften für Freundschaft und kulturelle Verbindungen mit dem Ausland - Sojuz sovetskich obščestv družby i kul'turnoj svjazi s zarubežnymi stranami (SOD)
  Prosp. Kalinina, 14, Moskva
  founded - gegründet 1958
  Chairwoman - Vorsitzende: KRUGLOVA, Z.M.
  Organs - Organe: "Moskovaskie novosti", "Kul'tura i žizn'"

USSR Union of Architects - Architektenverband der UdSSR - Sojuz architektorov SSSR
  ul. Sčuseva, 3, Moskva
  founded - gegründet 1932
  First Secretary - Erster Sekretär: ORLOV, G.M.
  Number of members on 1/1/1977 - Mitgliederzahl z. 1.1.1977: 13,903
  Organ: "Architektura SSSR"

USSR Union of Artists - Kunstmalerverband der UdSSR - Sojuz chudožnikov SSSR
  Gogolevskij bul'var, 10, Moskva
  Chairman - Vorsitzender: PONOMAREV, N.A.
  First Secretary - Erster Sekretär: SALACHOV, T.T.
  Number of members on 1/1/1977 - Mitgliederzahl z. 1.1.1977: 15,390
  Organs - Organe: "Tvorčestvo", "Dekorativnoe iskusstvo", "Iskusstvo"
  Publishing house - Verlag: "Sovetskij chodožnik"

USSR Union of Cinema Workers - Verband der Filmschaffenden der UdSSR - Sojuz rabotnikov kinematografii SSSR
  Vasilevskaja ul., 13, Moskva
  founded - gegründet 1965
  First Secretary - Erster Sekretär: KULIDŽANOV, L.A.
  Number of members on 1/1/1977 - Mitgliederzahl z. 1.1.1977: 5,267
  Organs - Organe: "Iskusstvo kino", "Sovetskij ekran"

Public organizations
Gesellschaftl.Organisationen 12.5

USSR Union of Composers - Komponistenverband der UdSSR - Sojuz kompozitorov SSSR
ul. Neždanavoj, 8/10, Moskva
    founded - gegründet 1932
    First Secretary - Erster Sekretär: CHRENNIKOV, T.N.
    Number of members on 1/1/1977 - Mitgliederzahl z. 1.1.1977: 1,997
    Organs - Organe: "Sovetskaja muzyka", "Muzykal'naja žizn'"

USSR Union of Journalists - Journalistenverband der UdSSR -
Sojuz Žurnalistov SSSR
  Prospekt Mira, 30, Moskva
    founded - gegründet 1959
    Chairman - Vorsitzender: AFANASEV, V.G.
    Number of members - Mitgliederzahl 1976: above - über 60,000
    Organs - Organe: "Za rubežom", "Žurnalist", "Sovetskoe foto",
               "Demokratičeskij žurnalist", "Informacionnyj vestnik"

USSR Union of Writers - Schriftstellerverband der UdSSR - Sojuz pisatelej SSSR
ul. Vorovskogo, 52, Moskva
    founded - gegründet 1932
    First Secretary - Erster Sekretär: MARKOV, G.M.
    Number of members on 1/1/1977 - Mitgliederzahl z. 1.1.1977: 7,955
    Publishing houses - Verlage: "Literaturnaja gazeta", "Sovetskij pisatel'"
    Organs - Organe: "Literaturnaja gazeta"
    Journals - Zeitschriften: "Novyj Mir", "Znamja", "Družba narodov",
                    "Voprosy literatury", "Literaturnoe obozrenie",
                    "Detskaja literatura", "Inostrannaja literatura",
                    "Junost'", "Sovetskaja literatura", "Teatr",
                    "Sovetskaja rodina", "Zvezda", "Koster"

13. RELIGION – RELIGIJA

13.1
Council for Religious Affairs at the USSR Council of Ministers –
Rat für Religiöse Angelegenheiten beim Ministerrat der UdSSR –
Sovet po delam religij pri Soveta Ministrov SSSR

Smolenskij Bul'var, 11/2, Moskva

Chairman – Vorsitzender: KUROEDOV, V.A.

(In the 15 union republics: Councils at the Councils of Ministers of the Union Republics – in den 15 Unionsrepubliken: Räte bei den Ministerräten der Unionsrepubliken)

13.2 GENERAL DATA – ALLGEMEINE DATEN – OBŠČIE SVEDENIJA

	1917	1976
Number of churches – Zahl der Kirchen:		
Orthodox churches – orthodoxe Kirchen	77,676[1]	7,500
Catholic churches – katholische Kirchen	4,200[1]	ca. 1,000
Islam mosques – islamische Moscheen	24,500	ca. 1,000
Old Believers' churches – Kirchen der Altgläubigen	1,500	300
Synagogues – Synagogen	5,000	ca. 200
Sects – Sekten	--	4,000

	1977
Number of Orthodox priests – Zahl der orthodoxen Pfarrer	5,900
Number of rabbis – Zahl der Rabbiner	ca. 50
Number of believers – Zahl der Gläubigen[2]	approx. 20 to 25% of the grown-up urban and rural population – ca. 20-25% der erwachsenen Stadt- und Landbevölkerung
Number of all religions and denominations – Zahl aller Religionen und Richtungen	48
Number of religious sects – Zahl der religiösen Sekten	4,000
of which 60% loyal to the Soviet regime – davon 60% dem sowjetischen Regime loyal	
Number of illegal sects – Zahl der illegalen Sekten	1,200

---

[1] for – für 1939
[2] according to official data – nach offiziellen Angaben

13.3 THE RUSSIAN ORTHODOX CHURCH
DIE RUSSISCH-ORTHODOXE KIRCHE
RUSSKAJA PRAVOSLAVNAJA CERKOV'

Administrative formation - Administrative Gliederung:

    4 exarchies - Exarchien - Ekzarchata
   76 eparchies - Eparchien - Eparchij
   11 vicarages - Vikariate - Vikariatstv

Included are the eparchies and vicarages united in the three patriarchal exarchies abroad - Western Europe, Central Europe, Central and South America. In the Soviet Union there exist 2 theological academies, 3 seminaries and 16 monasteries. Publications: "Zhurnal Moskovskoy Patriarchy" (in Russian and English), theological papers, religious literature and church-calendars; in the Ukraine: "Pravoslavny visnyk". -

Darunter auch die in den drei patriarchalischen Exarchien im Ausland - Westeuropa, Mitteleuropa, Zentral- und Südamerika - vereinigten Eparchien und Vikariate. In der Sowjetunion gibt es 2 Geistliche Akademien, 3 Seminare und 16 Klöster. Publikationen: "Žurnal Moskovskoj Patriarchii" (in russischer und englischer Sprache), theologische Arbeiten, religiöse Literatur und Kirchenkalender; in der Ukraine: "Pravoslavnyj visnyk".

The Patriarch of Moscow and All Russia - Patriarch von Moskau und ganz Rußland:

                PIMEN (S.M. Izvekov)

Metropolitans, Resident Members of the Holy Synod -
Metropoliten, Ständige Mitglieder des Heiligen Synods:

		Metropolitan of - Metropolit von
NIKODIM	(B.G.Rotov)	Leningrad and/und Novgorod (died 9/5/1978 - gestorben 5.9.1978)
FILARET	(M.A.Denisenko)	Kiev and Galicia - Kiev und Galizien
ALEKSIJ	(A.M.Ridiger)	Tallinn and Estonia - Tallinn und Estland
IUVENALIJ	(V.K.Pojarkov)	Kruticy and/und Kolomna

Metropolitans - Metropoliten:

PALLADIJ	(Šerstjannikov)	Orel and/und Brjansk
FILARET	(K.V.Vachromeev)	Berlin and Central Europe - Berlin und Mitteleuropa
IOANN	(D.A.Razumov)	Pskov and/und Porchov
ANTONIJ	(A.Blum)	Suroga
IOANN	(K.N.Vendland)	Jaroslavl and/und Rostov
SERGIJ	(S.V.Petrov)	Kherson and/und Odessa
NIKOLAJ	(E.N.Jurik)	Lvov and/und Ternopol
ANTONIJ	(A.S.Melnikov)	Minsk and Belorussia - Minsk und Belorußland

Archbishops - Erzbischöfe:

		Archbishop of - Erzbischof von
ALEKSIJ	(A.E.van der Mensbrugghe)	Düsseldorf
ALEKSIJ	(V.A.Konoplev)	Kalinin and/und Kašir
ANTONIJ	(O.I.Vakarik)	Černigov and/und Nežin
DAMJAN	(D.G.Marčuk)	Volhynia and Rovno - Wolhynien und Rovno
GERMOGEN	(G.V.Orechov)	Krasnodar and/und Kuban
IONAFAN	(I.M.Kopalovič)	Kišinev and Moldavia/und Moldau
IOSIF	(I.M.Savraš)	Ivano-Frankovsk and/und Kolomyja
IRENEJ	(I.V.Zuzemil)	Baden and Bavaria/und Bayern
KASSIAN	(S.N.Jaroslavskij)	Kostroma and/und Galič
LEONID	(L.K.Poljakov)	Riga and Latvia/und Lettland

13.3 Religion

Archbishop of - Erzbischof von

LEONTIJ	(L.F.Bondar)	Orenburg and/und Buzuluk
LEONTIJ	(I.A.Gudimov)	Simferopol and Crimea / und Krim
MIKHAIL	(M.A.Čub)	Tambov and/und Mičurinsk
NIKODIM	(N.S.Rusnak)	Charkov and/und Bogoduchov
NIKOLAJ	(O.N.Syčkovskij)	Perm and/und Solikamsk
NIKOLAJ	(N.V.Kutepov)	Gorkij and/und Arzamas
PITIRIM	(K.V.Nečaev)	Volokolamsk
PLATON	(V.P.Udovenko)	Argentina and South America - Argentinien und Südamerika
VARFOLOMEJ	(N.N.Gandorovskij)	Taškent and Central Asia / und Mittelasien
VASILIJ	(Krivošein)	Brussels and Belgium - Brüssel und Belgien
VLADIMIR	(V.S.Kotljarov)	Vladimir and/und Suzdal
VLADIMIR	(V.M.Sabodan)	Dmitrov

Bishops - Bischöfe: Bishop of - Bischof von

AGATHANGEL	(A.M.Savvin)	Vinnica and/und Braclav
AMVROSIJ	(A.P.Sčurov)	Ivanovo and/und Kinešma
ANATOLIJ	(E.V.Kuznecov)	Zvenigorod
ANTONIJ	(A.M.Savgorodnij)	Stavropol and/und Baku
CHRISANT	(Ja.A.Čepil)	Kirov and/und Slobodskoj
CHRIZOSTOM	(G.F.Martyškin)	Kursk and/und Belgorod
DAMASKIN	(A.I.Bodryj)	Vologda and/und Velikij Ustijug
FEODOSIJ	(M.N.Dikun)	Poltava and/und Kremenčug
FEODOSIJ	(I.I.Procjuk)	Smolensk and/und Vjazma
GEDEON	(A.N.Dokukin)	Novosibirsk and/und Barnaul
GERMAN	(G.E.Timofeev)	Tula and/und Belev
HIOB	(D.Ja.Tyvonjuk)	Zarajsk
IAKOV	(Akkersdaik)	The Hague and Netherlands - Den Haag und Niederlande
IOANN	(I.M.Snyčev)	Kuibyšev and/und Syzran
IOANN	(V.N.Bodnarčuk)	Zitomir and/und Ovruč
IOASAF	(V.S.Ovsjannikov)	Rostov and/und Novočerkassk
IRENEJ	(I.P.Seredni)	Ufa and/und Sterlitamak
KIRILL	(Gundjaev)	Vyborg
KLIMENT	(A.A.Perestjuk)	Sverdlovsk and/und Kurgan
MAKARIJ	(L.N.Svistun)	Head of the delegation of the Moscow Patriarchate in Geneva - Leiter der Vertretung des Patriarchats Moskau in Genf
MARK	(Savykin)	Ladoga
MAKSIM	(B.Krocha)	Omsk and/und Tjumen
MELITON	(M.D.Solovev)	Tichvin
MELKHISEDEK	(V.M.Lebedev)	Penza and/und Saransk
MICHAIL	(M.N.Mudjugin)	Astrakhan and/und Enotaevka
NIKOLAJ	(P.Sajama)	Možajsk
NIKON	(N.V.Fomičev)	Kaluga and/und Borovsk
PANTELEJMON	(S.A.Mitrjukovskij)	Kazan and/und Marijsk
PIMEN	(P.V.Chmelevskij)	Saratov and/und Volgograd
PJOTR	(P.l'Huillier)	Korsun
SAVVA	(A.P.Babinec)	Mukačevo and/und Uzgorod
SERAFIM	(V.I.Rodinov)	Zürich
SERAFIM	(Gačkovskij)	Alma Ata and Kazakhstan/und Kasachstan
SERAPION	(N.S.Fadeev)	Irkutsk and/und Čita
SIMON	(S.M.Novikov)	Rjazan and/und Kasimov
VARLAAM	(A.T.Iljuščenko)	Černovcy and/und Bukovina
VARNAVA	(Kedrov)	Čeboksary and Chuvashia/und Tschuwaschien
VIKTORIN	(V.V.Beljaev)	Vilnius and Lithuania/und Litauen
SEVASTJAN	(S.Ja.Pilipčuk)	Kirovograd and/und Nikolaev

Religion 13.4
13.5
13.6
13.7

13.4 THE GEORGIAN ORTHODOX CHURCH
DIE GEORGISCHE ORTHODOXE KIRCHE
GRUZINSKAJA PRAVOSLAVNAJA CERKOV'

Patriarch-Catholicos of All Georgia -
Katholikos, Patriarch von ganz Georgien -
Katolikos-Patriarch vseja Gruzii   - IL'JA

Residence - Residenz: Tbilisi

1 theological seminary - 1 Geistliches Seminar in Mocheta

13.5 THE ARMENIAN GREGORIAN CHURCH
DIE ARMENISCH-GREGORIANISCHE KIRCHE
ARMJANO-GRIGORIANSKAJA CERKOV'

Supreme Patriarch-Catholicos of All Armenians -
Katholikos, Patriarch aller Armenier -
Verchovnyj Patriarch-katolikos vsech armjan   - VAZGEN I.
                                            (since-seit 1955)
Residence - Residenz: Ečmiadzin near-bei Erevan

1 theological academy - 1 Geistliche Akademie

13.6 THE OLD BELIEVERS - DIE ALTGLÄUBIGEN - STAROVERCY

Consists of three independent lines - besteht aus drei selbständigen Richtungen:

  Cerkov' belokrinickogo soglasija
    (Head: Archbishop of Moscow and All Russia -
    Oberhaupt: Erzbischof von Moskau und ganz Rußland)
  Cerkov' beglopopovskogo soglasija
    (Head: Archbishop of Novozybkov, Moscow and All Russia -
    Oberhaupt: Erzbischof von Novozybkov, Moskau und ganz Rußland)
  Cerkov' bespopovskogo tolka
    (rejects the ecclesiastical hierarchy, works independently and
    is united in the Lithuanian SSR by the Supreme Council of the
    Old Believers - lehnt die kirchliche Hierarchie ab, ist selb-
    ständig tätig und in der Litauischen SSR durch den Obersten
    Rat der Altgläubigen vereinigt)

13.7 ISLAM - MOSLEMS - ISLAM

Consists of two lines: Sunnites (in the central asiatic republics, Kazakhstan, Transcaucasia, the Autonomous Republics of North Caucasus and Volga district, and in various districts of the RSFSR) and Shiites (in the Azerbaidžan SSR). There exist four independent ecclesiastical boards of the Moslems: in Central Asia and Kazakhstan (Taškent); in the European part of the USSR and Siberia (Ufa); in the North Caucasus (Buinaksk, Daghestan); and in Transcaucasia (Baku); a theological college in Taškent. -

Besteht aus zwei Richtungen: Sunniten (in den mittelasiatischen Republiken, Kasachstan, Transkaukasien, in den Autonomen Republiken des Nordkaukasus und des Wolgagebietes und in verschiedenen Gebieten

13.7
13.8
13.9 Religion
13.10
13.11   der RSFSR) und Schiiten (in der Aserbaidschanischen SSR). Es
bestehen vier selbständige kirchliche Verwaltungen der Moslems:
in Mittelasien und Kasachstan (Taŝkent); im europäischen Teil der
UdSSR und in Sibirien (Ufa); im Nordkaukasus (Buinaksk, Dagestan)
und in Transkaukasien (Baku); Geistliche Hochschule in Taŝkent.

13.8 THE ROMAN CATHOLIC CHURCH - DIE RÖMISCH-KATHOLISCHE KIRCHE - RIMSKO-KATOLIĈESKAJA CERKOV'

To be found mostly in the Western Ukraine and Western Belorussia, Moldavia, in the Baltic republics and some parts of the Russian Federation. There is no single administrative center. It has a vicarage, seven dioceses, and parishes. -

Ist hauptsächlich in den westlichen Gebieten der Ukraine und Belorußlands, in Moldau, in den baltischen Republiken und in einigen Teilen der RSFSR verbreitet. Ein einheitliches Glaubenszentrum ist nicht vorhanden. Es gibt ein Vikariat, 7 Diözesen und Gemeinden.

13.9 THE EVANGELICAL LUTHERAN CHURCH - DIE EVANGELISCH-LUTHERISCHE KIRCHE - EVANGELIĈESKO-LJUTERANSKAJA CERKOV'

Members of the Church are to be found in the Baltic republics. There are three independent Consistories. The Latvian and Estonian congregations are headed by Archbishops, the Lithuanian congregation by the President of the Consistory. -

Im Baltikum tätig; es bestehen drei unabhängige Konsistorien. In der Lettischen und Estnischen SSR werden diese von Erzbischöfen, in der Litauischen SSR vom Präsidenten des Konsistoriums geleitet.

13.10   THE EVANGELICAL CHRISTIANS-BAPTISTS
DIE CHRISTLICH-EVANGELISCHEN BAPTISTEN
CERKOV' EVANGEL'SKICH CHRISTIAN-BAPTISTOV

Headed by the National Council of Evangelical Christians-Baptists - geleitet vom Unionsrat der christlich - evangelischen Baptisten - Vsesojuznyj sovet evangel'skich christian-baptistov (Moskva);
Chairman - Vorsitzender: IL'JA IVANOV;
Organ: "Bratskij vestnik" (Fraternal Information Sheet - Brüderliches Informationsblatt), Moskva.

13.11   JUDAISM - MOSAISCHE GLAUBENSGEMEINSCHAFTEN - IUDAIZM

To be found mostly among the Jewish population in the Russian Federation, Ukraine, Belorussia, Georgia, and some other rayons of the country. Each synagogue operates autonomously. -

Ist hauptsächlich unter der jüdischen Bevölkerung in der RSFSR, Ukraine, Belorußland, Georgien und in einigen anderen Rayons des Landes verbreitet. Jede Synagoge arbeitet autonom.

13.12 BUDDHISM - BUDDHISMUS - BUDDIZM

Believers are to be found in the Buryat, Kalmyk and Tuva autonomous republics and some parts of the Chita and Irkutsk regions of the Russian Federation. They are headed by the Central Theological Board of Buddhists of the USSR. A theological school in Ulan-Ude. -

Die Anhänger dieses Glaubensbekenntnisses leben in der Burjatischen, Kalmückischen und Tuwinischen ASSR und in einigen Teilen der Gebiete Čita und Irkutsk (RSFSR). Sie werden von der Zentralen Geistlichen Verwaltung der Buddhisten in der UdSSR geleitet. Geistliche Schule in Ulan-Ude.

13.13 OTHER DENOMINATIONS - ANDERE KONFESSIONEN - DRUGIE OBOZNAČENIJA

The Reformed Church in Transcarpathia (Ukraine) -
Die Reformierte Kirche in Transkarpatien (Ukraine) -
Reformatskaja cerkov' v Transkarpatskoj oblasti

The Methodist Church in Estonia -
Die Methodistische Kirche in Estland -
Metodistskaja cerkov' v Estonii

The Seventh-Day Adventists -
Die Adventisten des Siebenten Tages -
Adventisty sed'mogo dnja

Molokani - Molokanen - Molokane

Mennonites - Mennoniten - Mennonity

13.14 MOST IMPORTANT ILLEGAL CHURCHES AND SECTS WICHTIGSTE ILLEGALE KIRCHEN UND SEKTEN VAŽNEJŠIE NELEGAL'NYE CERKVI I SEKTY

The True Orthodox Church -
Die Wahre Orthodoxe Kirche -
Istinno-pravoslavnaja cerkov'

The Greek-Catholic Church (Western Ukraine) -
Die Griechisch-Katholische Kirche (Westukraine) -
Greko-katoličeskaja cerkov'

The Ukrainian Autonomous Orthodox Church (groups of believers) -
Die Ukrainische Autonome Orthodoxe Kirche (Gruppen von Anhängern) -
Ukrainska avtonomna pravoslavna cerkva

The Evangelical Christians-Baptists -
Die Christlich-Evangelischen Baptisten -
Evangel'skie christiane-baptisty - EChB (Initiativniki)

   (schismed in the early sixties from the legal church of the Evangelical Christians-Baptists. Organ: "Bjulleten' Soveta rodstvennikov uznikov Evangel'skich christian-baptistov" - The Council's Bulletin for relatives of Evangelical Christians-Baptists' prisoners -. In 1971 there was founded the Council of Churches ("Sovet Cerkvi EChB") but not recognized by the government. -

Anfang der 60er Jahre abgespaltet von der legalen Kirche der Christlich-Evangelischen Baptisten. Organ: Bulletin des Rates für Verwandte von Christlich-Evangelischen Baptisten-Häftlingen. 1971 wurde der Rat der Kirchen (EChB) gegründet, jedoch von der Regierung nicht anerkannt.)

Church of the True and Free Seventh-Day Adventists -
Kirche der Wahren, Freien Adventisten des Siebenten Tages -
Cerkov' vernych svobodnych adventistov sed'mogo dnja
  (schismed from the legal denomination of the Seventh Day Adventists - abgespaltet von der legalen Glaubensgemeinschaft der Adventisten des Siebenten Tages)

Pentecostals - Pentakosten - Pjatidesjatniki

Innocentives - Inokentivzen - Inokentivci
  (Moldavian republic - SSR Moldau)

Moroshkoves - Moroschkovzen - Moroŝkivci

Jehova's Witnesses - Zeugen Jehovas - Svideteli Ehovy
  (Organ: "Storoževaja bašnja" - watch-tower - Wachturm)

14. MISCELLANEOUS INFORMATION - DIVERSES

14.1 SOVIET ANTHEM - HYMNE DER SOWJETUNION

Great Russia has united forever
The indestructible alliance of free republics,
Long live the united powerful Soviet Union
Created by the will of the people.

Glory! Our free fatherland,
A reliable stronghold of peoples friendship,
The party of Lenin - the national strength
Leads us to the triumph of communism.

The sun of freedom shone upon us through storms,
And great Lenin lighted up the way to us,
He elevated the people to the just cause
And inspired us to work and to feats.

Glory! Our free fatherland,
A reliable stronghold of peoples' friendship
The party of Lenin - the national strength
Leads us to the triumph of communism.

The future of our country we see
In the victory of the immortal ideas of communism;
And we will always be selflessly loyal
To the red banner of our glorious fatherland.

Glory! Our free fatherland,
A reliable stronghold of peoples friendship
The party of Lenin - the national strength
Leads us to the triumph of communism.

Von Rußland, dem großen, auf ewig verbündet,
ragt hoch der Sowjetrepubliken Bastion.
Es lebe, vom Willen der Völker gegründet,
die einig' und mächtige Sowjetunion!

Dir, freies Vaterland, Ehre und Ruhm gebührt!
Freundschaft der Völker hast fest du gefügt.
Uns führt des Volkes Kraft, Lenins Partei uns führt
zum Kommunismus, zu unserem Sieg.

Die Sonne der Freiheit durch dunkles Gewölk drang,
und Lenin, der große, erhellte den Pfad,
entflammte zum Kampf für die Freiheit der Völker,
beseelt uns zum Schaffen, beschwingt uns zur Tat.

Dir, freies Vaterland, Ehre und Ruhm gebührt!
Freundschaft der Völker hast fest du gefügt.
Uns führt des Volkes Kraft, Lenins Partei uns führt
zum Kommunismus, zu unserem Sieg.

Wir schmieden den Sieg unsrer hehren Ideen,
in ihm wir erblicken die Zukunft des Lands.
Das Banner der ruhmreichen Heimat, es wehe,
wir schwören ihm Treue mit Herz und mit Hand.

Dir, freies Vaterland, Ehre und Ruhm gebührt!
Freundschaft der Völker hast fest du gefügt.
Uns führt des Volkes Kraft, Lenins Partei uns führt
zum Kommunismus, zu unserem Sieg.

14.2 TERRITORIAL EXPANSION AFTER THE SECOND WORLD WAR
TERRITORIALE AUSDEHNUNG NACH DEM ZWEITEN WELTKRIEG

Nov.1,1939: The Western Ukraine was annexed by the Soviet Union;
March 12,1940: The Karelian isthmus and the town of Vyborg, the western and northern shore of Lake Ladoga and islands in the Gulf of Finland, a region in the Northeast, east of Merkjärvi, and parts of the peninsulas of the Barents Sea (Rybačij, Srednij polu ostrov) were annexed by the Soviet Union;
Sept.19,1944: The Finnish part of Petsamo was incorporated with the Soviet Union;
June 28,1940: Bessarabia and the Northern Bukowina were annexed by the Soviet Union;
Aug.3,1940: The Lithuanian SSR was annexed by the Soviet Union;
Aug.5,1940: The Latvian SSR was annexed by the Soviet Union;
Aug.6,1940: The Estonian SSR was annexed by the Soviet Union;
Oct.13,1940: The Tuva People's Republic was incorporated with the Soviet Union;
June 29,1945: The Carpathian Ukraine (until then part of Czechoslovakia) was annexed by the Soviet Union.

1.11.1939: Anschluß der Westukraine an die Sowjetunion;
12.3.1940: Anschluß der Karelischen Landenge mit der Stadt Vyborg, des West- und Nordufers des Ladoga-Sees und Inseln im Finnischen Golf, ein Gebiet im Nordosten östlich von Merkjärvi und Teile der Halbinseln der Barents-See (der Fischer- und der Mittleren Halbinsel Finnlands) an die Sowjetunion;
19.9.1944: Eingliederung des finnischen Gebiets von Petsamo an die Sowjetunion;
28.6.1940: Anschluß Bessarabiens und der Nordbukowina an die Sowjetunion;
3.8.1940: Anschluß der Litauischen SSR an die Sowjetunion;
5.8.1940: Anschluß der Lettischen SSR an die Sowjetunion;
6.8.1940: Anschluß der Estnischen SSR an die Sowjetunion;
13.10.1940: Eingliederung der Tuwinischen Volksrepublik an die Sowjetunion;
29.6.1945: Anschluß der Karpato-Ukraine (bisher Tschechoslowakei) an die Sowjetunion.

14.3 THE BOUNDARIES OF THE USSR - DIE STAATSGRENZE DER UdSSR

In the northwest the Soviet Union borders on Norway and Finland, in the west on Poland, Czechoslovakia, Hungary and Romania, in the south on Turkey, Iran, Afghanistan, China and the Mongolian People's Republic, and in the southeast on Korea. The total length of the Soviet border is more than 60,000 km, of which 43,000 km are water and 17,000 national boundaries.

The Soviet Union borders on three oceans: the Atlantic, the Arctic and the Pacific Ocean, and on 12 seas: the Black Sea, the Sea of Azov, the Baltic Sea, the White Sea, the Barents Sea, the Kara Sea, the Laptev Sea, the East Siberian Sea, the Chukchi Sea, the Bering Sea, the Sea of Okhotsk and the Sea of Japan.

Im Nordwesten grenzt die UdSSR an Norwegen und Finnland, im Westen an Polen, die Tschechoslowakei, Ungarn und Rumänien, im Süden an die Türkei, Iran, Afghanistan, China und die Volksrepublik Mongolei, im Südosten an Korea. Die Gesamtlänge der sowjetischen Staatsgrenze beträgt über 60.000 km, davon 43.000 km Wasser- und 17.000 km Landgrenze.

Die Sowjetunion grenzt an drei Ozeane: Atlantik, Nördliches Eismeer und Pazifik; 12 Meere und Seen: Schwarzes Meer, Asowsches Meer, Ostsee, Weißes Meer, Barents-See, Karisches Meer, Laptev-See, Ostsibirische See, Tschuktschen-See, Bering-See, Ochotskisches Meer und Japanische See.

Others 14.4
Diverses 14.5
14.6

14.4 THE BIGGEST MOUNTAINS - DIE HÖCHSTEN BODENERHEBUNGEN

Name of the peak Name des Gipfels	Range of mountains Gebirgsmassiv	Altitude Höhe ü.M. (in m)
Pik Kommunizma	Pamirs - Pamir	7,495
Pik Pobedy	Tien Shan - Tjan' Šan'	7,439
Pik Lenina	Transalay mountain - Transalai-Gebirge	7,134
Pik Korženevskoj	Pamirs - Pamir	7,105
Pik Chan-Tengri	Tien Shan - Tjan' Šan'	6,995
Elbrus	Great Caucasus - Großkaukasus	5,633
Dych-Tau	Great Caucasus - Großkaukasus	5,198
Kazbek	Great Caucasus - Großkaukasus	5,047
Belucha	Altai	4,506
Aragac	Small Caucasus - Kleinkaukasus	4,095
Munku-Sardyk	East-Sayan - Ost-Sajan	3,492
Pobeda	Chersky mountain - Čerskij-Gebirge	3,147
Burun-Šibertuj	Daur mountain - Daur Gebirge	2,523
Sochondo	Borshchvochny mountain - Borščvočnyj-Gebirge	2,508
Golec Skalistyj	Kalar mountain - Kalar-Gebirge	2,467
Verchnij Zub	Kuzneckij-Alatau	2,178
Tardoki-Jani	Sichote-Alin'	2,078
Goverla	East Carpathian Mountains - Ostkarpaten	2,061

14.5 VOLCANOES - VULKANE

Name of the volcano Name des Vulkans	Range of mountains Gebirgsmassiv	Altitude Höhe ü.M. (in m)
Ključevaja sopka	Kamchatka Peninsula - Halbinsel Kamčatka	4,750
Tolbačik	Kamchatka Peninsula - Halbinsel Kamčatka	3,682
Korjakskaja sopka	Kamchatka Peninsula - Halbinsel Kamčatka	3,456
Šiveluč	Kamchatka Peninsula - Halbinsel Kamčatka	3,283
Sopka Županova	Kamchatka Peninsula - Halbinsel Kamčatka	2,929
Avačinskaja sopka	Kamchatka Peninsula - Halbinsel Kamčatka	2,751
Alaid	Kurile Islands, Atlasov Island - Kurilleninseln, Atlasov-Insel	2,339
Mutnovskaja sopka	Kamchatka Peninsula - Halbinsel Kamčatka	2,323

14.6 THE PRINCIPAL RIVERS - DIE WICHTIGSTEN FLÜSSE

Name of the river Name des Flusses	Length (in km) Länge (in km)
Amur (with Shilka and Onon - mit Šilka und Onon)	4,350
Lena	4,320
Enissej (with-mit Bij-Chem)	4,130
Ob (with-mit Katun')	4,070
Volga	3,460

14.6 Others
14.7 Diverses

Name of the river Name des Flusses	Length (in km) Länge (in km)
Syr-Darya (with-mit Naryn)	2,850
Amu-Darja (with-mit Pjandžem,Vachandarja,Vachdžiry)	2,600
Ural	2,530
Dnepr	2,280
Kolyma	2,150
Don	1,950
Indigirka	1,790
Pečora	1,790
Kura	1,510
Dnestr	1,410
North Dune - Nord-Düne (with-mit Suchona)	1,300
Jana (with-mit Dulgalach)	1,070
Selenga (with-mit Ider)	1,020
West Dune - West-Düne	1,020
Mezen'	966
Kuban'	906
Neman	854
Terek	626
Onega	416
Neva	74

14.7   THE BIGGEST LAKES - DIE GRÖSSTEN SEEN

Name of the lake Name des Sees	Area in sq.km Fläche in km^2	Altitude Höhe ü.M. (in m)	Deepest point Tiefster Punkt (in m)
Caspian Sea - Kaspisches Meer	395,000	28	980
Aral	65,500	53	68
Baikal	30,500	455	1,741
Ladoga	17,700	4	225
Balchaš	17,400	339	26
Onega	9,610	33	110
Issyk-Kul	6,130	1,609	702
Chanka	4,400	69	10
Peipus (with-mit Pskov)	3,560	30	14
Čany	2,600	105	10

Ilmen (maximum and minimum
  extent - Maximal- und
  Minimalausdehnung)
	2,330/660	19	5

Alakol	2,070	340	47
Zajsan	1,800	386	8
Sevan	1,410	1,914	99
White lake - Weißsee	1,120	111	11
Imandra	880	128	67
Teleckoe	230	436	325

14.8 THE PRINCIPAL PENINSULAS - DIE WICHTIGSTEN INSELN

Name of the peninsula Name der Insel	Area in sq.km Fläche in km²	Sea - Meer
Novaja Zemlja	82,600	Barents and Kara Seas - Barents- und Karskoe-Seen
Severnyj ostrov	48,200	
Južnyj ostrov	33,200	
Sachalin	76,400	Sea of Okhotsk-Ochotskisches M.
Novosibirskie ostrova	38,400	Laptev and East Siberian Seas - Laptev- und Ostsibirische Seen
Kotelnyj	12,000	
Zemlja Bunge	7,220	
Novaja Sibir'	6,460	
Bol'šoj Ljachovskij	5,240	
Fadeevskij	4,970	
Severnaja Zemlja	37,560	Laptev and Kara Seas - Laptev- und Karskoe-Seen
Oktjabrskoj Revoljucii	14,170	
Bolševik	11,440	
Komsomolec	9,260	
Pioner	1,600	
Zemlja Franca Josifa	16,500	Barents Sea - Barents-See
Zemlja Georga	2,900	
Zemlja Vilčeka	1,980	
Ostrov Greem Bell	1,700	
Zemlja Aleksandry	1,130	
Kuril'skie ostrova	10,010	Pacific Ocean - Stiller Ozean
Vrangelja	7,270	East Siberian and Chukchi Seas - Ostsibirische u. Khukotskoe-See
Kolguev	5,250	Barents Sea - Barents-See
Vajgač	3,250	Kara Sea - Karskoe-See
Sarema	2,650	Baltic Sea - Ostsee
Karaginskij	2,120	Bering Sea - Bering-See
Ajon	2,040	East Siberian Sea - Ostsibirische See
Bolšoj Šantar	2,000	Okhotsk Sea - Ochotskisches Meer
Belyj	1,910	Kara Sea - Karskoe-See
Dickson	26	Kara Sea - Karskoe-See

14.9 ECONOMY - WIRTSCHAFT

14.9.1 Official Exchange Rate of the Ruble (March 1978)
Offizieller Rubelkurs (März 1978)

Country - Land	Currency - Währung	Rate of exchange Umrechnungskurs
Afghanistan	100 Afghani-Afghanen	1.66
Algeria - Algerien	100 Dinar	17.02
Albania - Albanien	100 Lek	18.00
Argentina - Argentinien	100 Pesetas	0.10
Australia - Australien	100 Dollar	78.04
Austria - Österreich	100 Schilling	4.70
Belgium - Belgien	100 Franc	2.17
Burma - Birma	100 Kyat	10.00
Bulgaria - Bulgarien	100 Lev	76.92
Canada - Kanada	100 Dollar	61.42
China	100 Yuan	45.00

14.9.1 Others / Diverses

Country - Land	Currency - Währung	Rate of exchange Umrechnungskurs
Cuba - Kuba	1 Peso	0.90
Czechoslovakia - Tschechoslowakei	100 Koruna	12.50
Denmark - Dänemark	100 Krone	12.22
Egypt - Ägypten	1 Pound	1.75
Ethiopia - Äthiopien	100 Dollar	36.00
Finland - Finnland	100 Markka	16.45
France - Frankreich	100 Franc	14.31
Germany, Federal Republic of Deutsche Bundesrepublik	100 Deutsche Mark	33.88
German Democratic Republic - DDR	100 Mark	40.50
Ghana	1 Cedi	0.61
Greece - Griechenland	100 Drachma	1.95
Guinea	100 syli	3.18
Hungary - Ungarn	100 Forint	7.67
Iceland - Island	100 Króna	0.27
India - Indien	100 Rupee	8.50
Indonesia - Indonesien	1000 Rupiah	1.80
Iran	100 Rial	0.97
Iraq - Irak	1 Dinar	2.31
Italy - Italien	1000 Lira	0.80
Japan	1000 Yen	2.87
Korea	100 Won	74.93
Kuwait - Kuweit	1 Dinar	2.48
Lebanon - Libanon	100 Pound	23.35
Libya - Libyen	1 Dinar	2.38
Malaysia	100 Dollar	29.13
Mali	1000 Franc	1.42
Mexico - Mexiko	100 Peso	3.01
Mongolia - Mongolei	100 Tugrik	22.50
Morocco - Marokko	100 Dirham	16.05
Nepal	100 Rupee	5.53
Netherlands - Niederlande	100 Guilder	31.52
New Zealand - Neuseeland	100 Dollar	70.96
Norway - Norwegen	100 Krone	12.93
Pakistan	100 Rupee	7.54
Poland - Polen	100 Zloty	22.50
Portugal	100 Escudo	1.72
Romania - Rumänien	100 Leu	15.00
Singapore - Singapur	100 Dollar	29.59
Somalia	100 Shilling	10.97
Spain - Spanien	100 Peseta	0.87
Sudan	1 Pound	2.01
Sweden - Schweden	100 Krona	14.96
Switzerland - Schweiz	100 Franc	38.04
Sri Lanka	100 Rupee	4.50
Syria - Syrien	100 Pound	17.56
Tunisia - Tunesien	1 Dinar	1.63
Turkey - Türkei	100 Pound	3.61
United Kingdom - Großbritannien	1 Pound	1.34
USA	100 Dollar	68.48
Uruguay	100 Peso	12.75
Yemen Arab Republic - Arabische Republik Jemen	100 Riyal	16.06
Yemen, People's Democratic Republic of - VR Jemen	1 Dinar	2.16
Yugoslavia - Jugoslawien	100 Dinar	3.74

Others 14.9.2
14.9.3
Diverses 14.9.4

14.9.2 Five-Year Plans - Fünfjahrpläne

1st Five-Year Plan -	I. Fünfjahrplan	1929-1932
2nd Five-Year Plan -	II. Fünfjahrplan	1933-1937
3rd Five-Year Plan -	III. Fünfjahrplan	1938-1942
4th Five-Year Plan -	IV. Fünfjahrplan	1946-1950[1]
5th Five-Year Plan -	V. Fünfjahrplan	1951-1955
6th Five-Year Plan -	VI. Fünfjahrplan	1956-1960[2]
Seven-Year Plan -	Siebenjahrplan	1959-1965
8th Five-Year Plan -	VIII. Fünfjahrplan	1966-1970
9th Five-Year Plan -	IX. Fünfjahrplan	1971-1975
10th Five-Year Plan -	X. Fünfjahrplan	1976-1980

14.9.3 Wheat Imports - Weizenimporte ('000 tons - Tsd. t)

Country - Land	1973	1974	1975	1976
Argentina - Argentinien		206.2	810.1	961
Hungary - Ungarn		117.8	674.6	20
Canada - Kanada	3,534.8	410.5	2,196.8	2,038
USA	9,847.9	1,323.0	3,811.9	2,052

14.9.4 Mineral Oil and Mineral Oil Products Exports ('000 tons)
Export von Erdöl und Erdölprodukten (Tsd. t)

Country - Land	1973	1974	1975	1976
Total - Insgesamt	118,300	116,200	130,350	148,514
Afghanistan	165	193	149	149
Austria - Österreich	1,250	970	1,327	1,513
Belgium - Belgien	1,673	1,752	1,255	2,082
Bulgaria - Bulgarien	9,322	10,855	11,553	11,868
Cuba - Kuba	7,435	7,643	8,060	8,809
Czechoslovakia - Tschechoslowakei	14,340	14,836	15,965	17,233
Cyprus - Zypern	122	106	206	257
Denmark - Dänemark	633	703	1,178	1,632
Egypt - Ägypten	352	229	231	226
Finland - Finnland	10,028	9,173	8,768	9,620
France - Frankreich	5,348	1,360	3,307	5,729
Germany, Federal Republic of- Bundesrepublik Deutschland	5,849	6,340	7,634	7,132
Germany, Democratic Republic- DDR	12,985	14,424	14,952	16,766

[1] In the war years 1942-46 only annual, quarterly and monthly reports were published -
In den Kriegsjahren 1942-1946 gab es nur Jahres-, Quartal- und Monatspläne.

[2] The Seven-Year Plan was voted on before the end of the Sixth Five-Year Plan upon the initiative of N.S. Khrushchev at the XXI. Party Congress (1959) on the grounds that a number of major economic ventures needed a longer period of time in order to be realized. The Seven-Year Plan is not reflected in this statistic. -

Auf dem XXI.Parteitag (1959) wurde auf Initiative von N.S.Chruŝčev vor Ablauf des VI.Fünfjahrplanes der Siebenjahrplan beschlossen, mit der Begründung, eine Reihe wichtiger Wirtschaftsvorhaben benötigten eine längere Zeitspanne für deren Realisierung. In der Statistik wird der Siebenjahrplan nicht berücksichtigt.

14.9.4 Others
14.9.5 Diverses
14.9.6

Country - Land	1973	1974	1975	1976
Ghana	614	309	144	250
Great Britain - Großbritannien	834	918	1,503	4,051
Greece - Griechenland	797	1,032	1,888	1,948
Guinea	85	82	62	81
Hungary - Ungarn	6,294	6,729	7,535	8,435
Iceland - Island	468	460	448	417
India - Indien	477	1,009	1,207	1,113
Ireland - Irland	183	118	176	155
Italy - Italien	8,652	6,788	6,883	11,982
Japan	2,023	1,241	1,320	1,773
Korea	585	942	1,110	1,061
Morocco - Marokko	943	647	649	665
Mongolia - Mongolei	323	347	364	415
Netherlands - Niederlande	3,220	2,975	3,090	2,674
Norway - Norwegen	603	279	283	218
Poland - Polen	12,336	11,855	13,271	14,073
Somalia	75	113	118	136
Spain - Spanien	510	1,351	1,724	2,002
Sweden - Schweden	3,216	3,027	3,450	2,729
Switzerland - Schweiz	658	779	960	942
Vietnam	230	293	403	439
Yugoslavia - Jugoslawien	3,891	3,790	4,444	4,858

14.9.5 Natural gas export - Export von Erdgas
(mill.cu.m. - Mio m^3)

Country - Land	1973	1974	1975	1976
Total	6,832	14,039	19,333	25,780
Austria - Österreich	1,622	2,106	1,883	2,785
Bulgaria - Bulgarien	--	--	1,185	2,229
Czechoslovakia - Tschechoslowakei	989	1,094	3,694	4,287
Finland - Finnland	--	--	719	870
Germany, Federal Republic of - Bundesrepublik Deutschland	353	2,145	3,898	3,976
Germany, Democratic Republic- DDR	--	--	3,302	3,369
Italy - Italien	--	790	2,342	3,720
Poland - Polen	1,709	2,117	2,509	2,549

14.9.6
Share of Agricultural Production of Private Subsidiary Enterprises
Anteil der privaten Nebenwirtschaften an der landwirtschaftl.Produktion

Sowing area - Ackerbaufläche:	3.3 %	(3.4 mill.hectares-ha)
Pasture-ground - Weide:	0.3 %	(0.2 mill.hectares-ha)
Potatoes - Kartoffeln:	23 %	
Livestock and poultry - Vieh u.Geflügel:	11 %	
Wool - Wolle:	7 %	
Eggs - Eier:	7 %	
Milk - Milch:	5 %	
Vegetables - Gemüse:	5 %	

Others 14.10
Diverses 14.11
14.12

14.10 OTHER ORGANIZATIONS AND INSTITUTIONS OF CPSU CC
WEITERE ORGANISATIONEN UND INSTITUTIONEN DES ZK DER KPdSU

Institute of Marxism-Leninism of CPSU CC
Institut des Marxismus-Leninismus beim ZK der KPdSU
Institut Marksizma-Leninizma pri CK KPSS
   Tretij Sel'skochozjajstvennyj Pereulok, 4, Moskva

Higher Party School of CPSU CC
Parteihochschule des ZK der KPdSU
Vysŝaja Ordena Lenina Partijnaja Ŝkola pri CK KPSS (VPŜ)
   Miusskaja Ploŝĉad', 6, Moskva
   Tel.: 251 39 33

Institute of Social Sciences of CPSU CC
Institut für Gesellschaftswissenschaften des ZK der KPdSU
Institut Obŝĉestvennych Nauk pri CK KPSS

Academy of Social Sciences of CPSU CC
Akademie für Gesellschaftswissenschaften des ZK der KPdSU
Akademija Obŝĉestvennych Nauk pri CK KPSS
   Sadovaja-Kudrinskaja, 9, Moskva

Party High School for Correspondence Courses of the CC of the CPSU
Parteifernhochschule des ZK der KPdSU
Zaoĉnaja Partijnaja vysŝaja ŝkola pri CK KPSS
   Leningradskij prospekt, 17, Moskva
   Tel.: 250 03 42

14.11 PRESS AGENCIES - PRESSEAGENTUREN

USSR Telegraph Agency - TASS
Telegraphen-Agentur der UdSSR - TASS
Telegrafnoe Agentstvo Sovetskogo Sojuza - TASS
   Tverskoj Bul'var, 10, Moskva

Press Agency "Novosti" - APN
Presseagentur "Novosti" - APN
Agentstvo Peĉati "Novosti" - APN
   Puŝkinskaja Ploŝĉad', 2, Moskva
   Tel.: 299 00 03

14.12 USSR ORDERS - ORDEN DER UdSSR

Order of Lenin - Leninorden - Orden Lenina (since 4/6/1930-seit 6.4.1930)

Order of the October Revolution - Orden der Oktoberrevolution -
Orden Oktjabrskoj Revoljucii (since 10/31/1967-seit 31.10.1967)

Order of Victory - Siegesorden Orden "Pobeda"
(since 11/8/1943 - since 8.11.1943)

Order of Red Banner - Orden des Roten Banners - Orden "Krasnoe znamja"
(since 9/16/1918 - seit 16.9.1918)

14.12 Others / Diverses

Order of Suvorov - Suvorov-Orden - Orden Suvorova
(since 7/29-1942 - seit 29.7.1942)
1st, 2nd and 3rd class - I., II. und III. Klasse

Order of Ushakov - Ušakov-Orden - Orden Ušakova
(since 3/3/1944 - seit 3.3.1944)
1st and 2nd class - I. und II. Klasse

Order of Kutuzov - Kutuzov-Orden - Orden Kutuzova
(1st and 2nd class since 7/29-1942 - I. und II.Klasse seit 29.7.1942;
3rd class since 2/8/1943 - III. Klasse seit 8.2.1943)

Order of Nakhimov - Nachimov-Orden - Orden Nachimova
(since 3/3/1944 - seit 3.3.1944)
1st and 2nd class - I. und II. Klasse

Order of Bogdan Khmelnitsky - Bogdan-Chmelnickij-Orden -
Orden Bogdana Chmelnickogo (since 10/10/1943 - seit 10.10.1943)
1st, 2nd and 3rd class - I., II. und III. Klasse

Order of Aleksandr Nevsky - Aleksandr Nevskij Orden -
Orden Aleksandra Nevskogo (since 7/29 1942 - seit 29.7.1942)

Order of the Patriotic War - Orden des Vaterländischen Krieges -
Orden Otečestvennoj vojny (since 5/20/1942 - seit 20.5.1942)
1st and 2nd class - I. und II. Klasse

Order of the Red Banner of Labour - Orden des Roten Arbeitsbanners -
Orden "Trudovoe Krasnoe Znamja" (since 9/7/1928 - seit 7.9.1928)

Order of Friendship between Nations - Orden der Völkerfreundschaft -
Orden Družby narodov (since 12/17/1972 - seit 17.12.1972)

Order of the Red Star - Orden des Roten Sterns - Orden "Krasnaja zvezda"
(since 4/6/1930 - seit 6.4.1930)

Order "Honorary Badge" - Orden "Ehrenabzeichen" - Orden "Znak početa"
(since 11/25-1935 - seit 25.11.1935)

Order of Glory - Orden des Ruhmes - Orden slavy
(since 11/8/1943 - seit 8.11.1943)
1st, 2nd and 3rd class - I., II. und III. Klasse

Order of Labor Glory - Orden des Arbeitsruhmes - Orden trudovoj slavy
(since 1/18/1974 - seit 18.1.1974)
1st, 2nd and 3rd class - I., II. und III. Klasse

Order of the Heroic Mother - Orden "Mutter-Heldin" -
Orden "Mat'-geroinja" (since 7/8/1944 - seit 8.7.1944)

Order of Mother's Glory - Orden "Mutterruhm" - Orden
"Materinskaja slava" (since 7/8/1944 - seit 8.7.1944)
1st, 2nd and 3rd class - I., II. und III. Klasse

Others 14.13.1
Diverses 14.13.2
14.13.3

14.13 SOME CULTURAL INSTITUTIONS - EINIGE KULTURELLE INSTITUTIONEN

14.13.1 Libraries - Bibliotheken
(end-of-year figures - zum Jahresende)

	1960	1975
Total - Insgesamt (in thousands - in Tsd.)	382	350
Scientific, technical and professional libraries - Wissenschaftliche, technische und Fachbibliotheken (in thousands - in Tsd.)	50	65

14.13.2 Public Libraries in the Union Republics
Öffentliche Bibliotheken in den Unionsrepubliken
(end-of-year figures - zum Jahresende)

	Number of libraries Zahl der Bibliotheken (in thousands-in Tsd.)		Number of books and journals Zahl der Bücher u.Zeitschriften (in thousands-in Tsd.)	
	1960	1975	1960	1975
SSSR	135,721	131,354	845,183	1541,179
RSFSR	69,107	62,248	483,672	867,455
Ukrainskaja SSR	32,642	26,881	190,074	320,448
Belorusskaja SSR	7,300	7,153	28,810	70,822
Uzbekskaja SSR	3,316	6,302	17,968	39,857
Kazachskaja SSR	6,140	9,061	28,870	82,878
Gruzinskaja SSR	3,170	3,858	14,628	25,696
Azerbajdžanskaja SSR	2,494	3,479	14,732	26,702
Litovskaja SSR	2,389	2,661	12,780	21,799
Moldavskaja SSR	1,650	2,030	11,050	17,890
Latvijskaja SSR	1,998	1,418	11,037	17,964
Kirgizskaja SSR	1,060	1,542	5,761	12,430
Tadžikskaja SSR	884	1,412	4,962	9,385
Armjanskaja SSR	1,142	1,324	7,304	11,763
Turkmenskaja SSR	1,188	1,271	5,604	7,222
Estonskaja SSR	1,241	714	7,931	8,868

14.13.3 Number of Theatres in the Union Republics
Zahl der Theater in den Unionsrepubliken
(end-of-year figures - zum Jahresende)

	1960	1975			
		Total Insg.	Opera and ballet Oper und Ballett	Drama, Comedy and Music Drama, Komödie u.Musik	Children's and youth theatres Kinder-und Jugendtheater
		A.	B.	C.	D.
SSSR	502	570	42	373	155
RSFSR	288	313	20	196	97
Ukrainskaja SSR	68	77	6	44	27
Belorusskaja SSR	11	14	1	9	4
Uzbekskaja SSR	20	26	2	20	4
Kazachskaja SSR	19	28	1	25	2

14.13.3 Others
14.13.4 Diverses
14.13.5

	1960	1975			
		A.	B.	C.	D.
Gruzinskaja SSR	20	23	1	18	4
Azerbajdžanskaja SSR	12	14	1	11	2
Litovskaja SSR	11	11	2	7	2
Moldavskaja SSR	5	7	1	4	2
Latvijskaja SSR	11	10	1	7	2
Kirgizskaja SSR	8	7	1	5	1
Tadžikskaja SSR	6	11	1	8	2
Armjanskaja SSR	11	14	1	10	3
Turkmenskaja SSR	6	6	1	4	1
Estonskaja SSR	9	9	2	5	2

14.13.4 Circuses - Zirkusse (end-of-year figures - zum Jahresende)

	1960	1975
Total - insgesamt	80	94
Stationary circuses - ständige Zirkusse	46	56
Travelling circuses - Wanderzirkusse	14	18

14.3.5 Number of Museums in the Union Republics
Zahl der Museen in den Unionsrepubliken
(end-of-year figures - zum Jahresende)

	1960	1975
SSSR	929	1,295
RSFSR	492	646
Ukrainskaja SSR	132	154
Belorusskaja SSR	38	56
Uzbekskaja SSR	14	31
Kazachskaja SSR	25	37
Gruzinskaja SSR	68	81
Azerbajdžanskaja SSR	18	41
Litovskaja SSR	38	37
Moldavskaja SSR	12	36
Latvijskaja SSR	24	64
Kirgizskaja SSR	7	7
Tadžikskaja SSR	4	7
Armjanskaja SSR	22	35
Turkmenskaja SSR	4	11
Estonskaja SSR	31	52

ALA Reference Book of the Year 1978:

Who's Who in the Socialist Countries
A biographical encyclopedia of 10,000 leading personalities in 16 communist countries.
Edited by Borys Lewytzkyj and Juliusz Stroynowski.
1978. XVI, 736 pages. Cloth DM 198.00.
ISBN 3-7940-3193-8

Who's Who in the Socialist Countries is a pioneering work in its field and the only reference work of its kind in scope and comprehensiveness. For the first time ever some 10,000 biographies of the leadership of 16 communist countries have been collected into one volume. The result of extensive research by two distinguished communist-affairs analysts, it covers the world of politics, science, economics, literature, religion and the arts.

Each biography contains full name, date and place of birth, nationality, education, party affiliation, political activities, present and former positions held, decorations, orders and prizes as well as publications.

There are over 4,000 listings for the Soviet Union alone, including all major changes in the Politburo and the Central Committee of the Communist Party which occurred following the XXVth Party Congress in February 1976. The section on Communist China takes into account the changes following the death of Chairman Mao, and extensive material on Poland, Czechoslovakia and the German Democratic Republic offer the latest information available to Western observers.

The 16 territories covered are: The Soviet Union, the German Democratic Republic, Poland, Czechoslovakia, Romania, Bulgaria, Hungary, Yugoslavia, Albania, Mongolia, China, North Korea, Vietnam, Laos, Cambodia and Cuba.

K·G·SAUR   München · New York · London · Paris

Bibliography of Social Research in the Soviet Union (1960–1970)

Compiled by Sergej Woronitzin. 1973. 215 pages. Cloth DM 48.00. ISBN 3-7940-3650-6. In German and English.

This bibliography includes approximately 700 selected books and essays on the theoretical and practical aspects of social research in the USSR which were published in Russian or Ukrainian in the Soviet Union between 1960 and 1970.

Selection was made on the basis of significance of the information contained in the individual works, whereby the greatest value was attached to empirically gathered data. In order to facilitate use of the bibliography, translations in German and English are given with the original title, occasionally these translation also offer a brief explanation of the contents of a particular work. For the scientist interested in empirical data, tables of such data found in the works are indicated with a notation.

The bibliography consists of three main parts: compilations, theoretical and methodical foundations, and results of practical social research. The last part is divided into 15 sections according to individual fields of research.

Christine Kunze

Journalismus in der UdSSR

This publication explores the responsibilities and functions of Soviet journalists with special consideration given to the structure of the mass media in the USSR and examination of the profession in the periodical Zhurnalist. = Dortmunder Beiträge zur Zeitungsforschung, Vol. 27. 1978. 342 pages. Paperback DM 28,–. ISBN 3-7940-2527-X. In German.

Christine Kunze studied the original sources and in her extensive analysis of Soviet journalism, she thoroughly evaluates the Soviet Journalists' Association. Kunze portrays the journalistic profession against the background of a brief description of the media system. She emphasizes education and advanced training. The appendix includes documents on the development of journalism in the USSR as well as the by-laws of the Journalists' Association. (1959, 1966, and 1971)

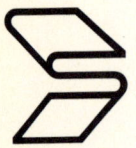

K · G · SAUR   München · New York · London · Paris

/947.085L678S>C1/